国家出版基金項目
NATIONAL PUBLICATION FOUNDATION

陝西出版資金資助項目

「十二五」國家重點圖書出版規劃項目

關學文庫·關學文獻整理系列

總主編 劉學智 方光華

李元春集

[清] 李元春 著
王海成 點校整理

西北大學出版社

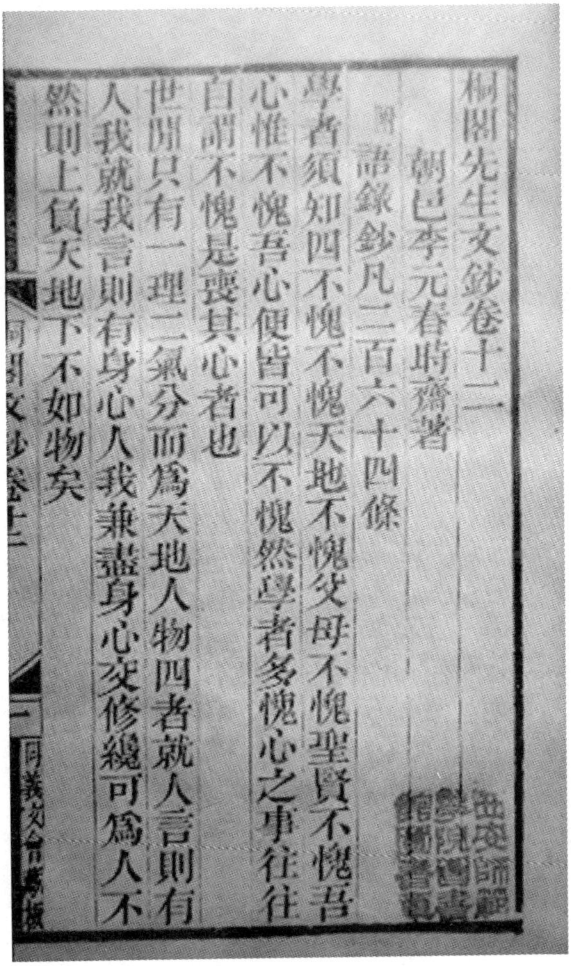
桐閣先生文鈔卷十二

朝邑李元春時齋著

語錄鈔凡二百六十四條

學者須知四不愧不愧天地不愧父母不愧聖賢不愧吾心惟不愧吾心便皆可以不愧然學者多愧心之事往往自謂不愧是喪其心者也

世間只有一理二氣分而爲天地人物四者就人言則有人我就我言則有身心人我兼盡身心交修纔可爲人不然則上負天地下不如物矣

光緒十年朝邑同義文會刊本

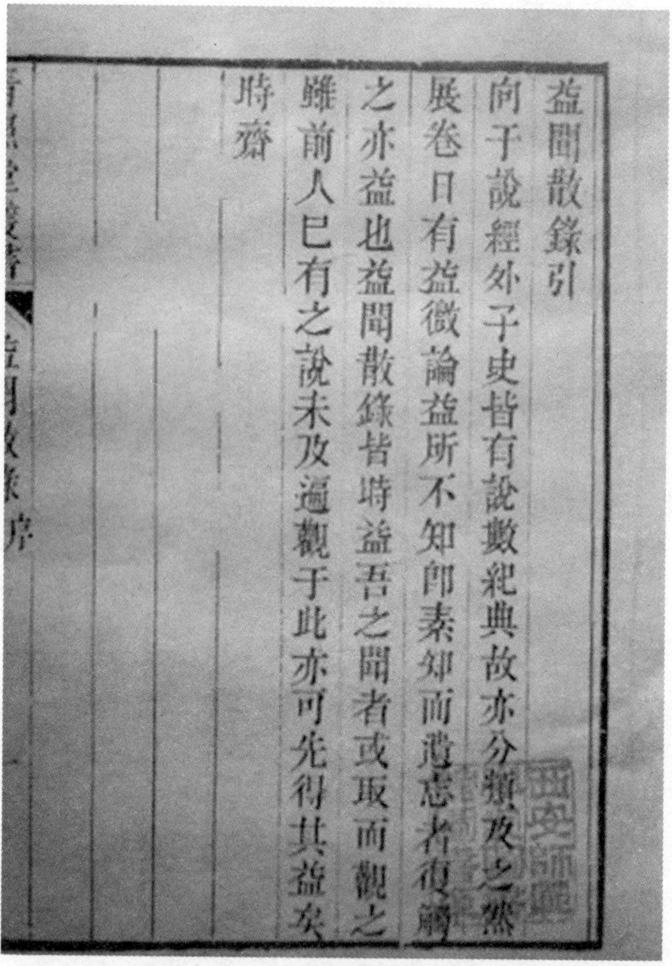

益聞散錄引

向于說經外子史皆有說數紀典故亦分類及之然展卷日有益徵論益所不知即素知而遺忘者復觸之亦益也益聞散錄皆時益吾之聞者或取而觀之雖前人已有之說未及遍觀于此亦可先得其益矣

時齋

青照堂叢書　益聞散錄　序

道光十五年《青照堂叢書》刊本

總序

張載（一〇二〇—一〇七七），字子厚，宋鳳翔府郿縣（今陝西眉縣）人，祖籍大梁，宋仁宗嘉祐二年（一〇五七）進士。張載出身於官宦之家。祖父張復在宋真宗時官至給事中、集賢院學士，死後贈司空。父親張迪在宋仁宗時官至殿中丞、知涪州事，贈尚書都官郎中。張迪死後，張載與全家遂僑居於鳳翔府郿縣横渠鎮之南。因他曾在此聚徒講學，世稱「横渠先生」。他的學術思想在學術史上被稱爲「横渠之學」，他所代表的學派被後人稱爲「關學」。張載與程顥、程頤同爲北宋理學的創始人。可以説，關學是由張載創立并於宋元明清以至民國初年，一直在關中地區傳衍的地域性理學學派，亦稱「關中理學」。

關學基本文獻整理與相關研究不僅是中國思想學術史的重要課題，也是體現中國思想文化傳承與創新的重要舉措。關學文庫·關學文獻整理系列以繼承、弘揚和創新中華文化爲宗旨，以文獻整理的系統性、全面性爲特點，是我國第一部對上起於北宋、下迄於清末民初，綿延八百餘年的關中理學的基本文獻資料進行整理的大型叢書。這項重點文化工程的完成，對於完整呈現關學的歷史面貌、發展脈絡和鮮明特色，彰顯關學精神，推動傳統文化創造性轉化、創新性發展無疑具有重要意義。因爲文庫·關學文獻整理系列的各部分均有整理者具體的前言介紹和點校説明，我這裏僅就關學、關學與程朱理學的關係、關學的思想特質、關學文庫·關學文獻整理系列的整體構成與學術價值等談幾點意見，以供讀者參考。

一、作爲理學重要構成部分的關學

衆所周知，宋明理學是中國儒學發展的新形態與新階段，一般被稱爲新儒學。但在新儒學中，構成較爲複雜。比較典型的則是程朱理學與陸王心學。南宋學者吕本中較早提到「關學」這一概念。南宋朱熹、吕祖謙編選的近思録較早地梳理了北宋理學發展的統緒，關學是作爲理學的重要一支來作介紹的。朱熹在伊洛淵源録中，將張載的「關學」與周敦頤的「濂學」、二程（程顥、程頤）的「洛學」并列加以考察。明初宋濂、王禕等人纂修元史，將宋代理學概括爲「濂洛關閩」四大派別，其中雖有地域文化的特色，但它們的思想内涵及其影響并不限於某個地域，而成爲中國思想文化史上重要的一頁，即宋代理學。

根據洛學代表人物程顥、程頤以及閩學代表人物朱熹對張載關學思想的理解、評價和吸收，張載創始的關學本質上當是理學，而且是影響全國的思想文化學派。過去，我們在編寫中國思想通史第四卷、宋明理學史上册的時候，在關學學術旨歸和歷史作用上曾作過探討，但是也不能不顧及古代學術史考鏡源流的基本看法。

需要注意的是，張載後學，如藍田呂氏等，在張載去世後多歸二程門下，如果拘泥門戶之見，似乎張載關學發展有所中斷，但學術思想的傳承往往較學者的理解和判斷複雜得多。關學，如同其他學術形態一樣，也是一個源遠流長、不斷推陳出新的形態。關學沒有中斷過，它不斷與程朱理學、陸王心學融合。明清時期以至民初，關學的學術基本是朱子學、陽明學的傳入及與張載關學的融會過程。因此，由宋至清末民初的關學，實際是中國理學的重要組成部分，它是一個動態的且具有包容性和創新性的概念，它開啓了清初王船山學術的先河。

關學文庫關學文獻整理系列所遴選的作品，結合學術史已有研究成果，如宋元學案、明儒學案、關學編及關學續編、關學宗傳等，均是關中理學的典型代表，上起北宋張載，下至晚清的劉光蕡、民國初期的牛兆濂，能够反映關中理學的發展源流及其學術内容的豐富性、深刻性。與歷史上的關中叢書相比，這套文庫文獻整理更加豐富醇純，是對前賢整理文獻思想與實踐的進一步繼承與發展，其學術意義不言而喻。

二、張載關學與程朱理學的關係

佛教傳入中土後，有所謂「三教合一」說，主張儒、道、釋融合滲透，或稱三教「會通」。唐朝初期可以看到三教并舉的文化現象。當歷史演進到北宋時期，由於書院建立，學術思想有了更多自由交流的場所，從而促進了學人的獨立思考，使他們對儒家經學箋注主義提出了懷疑，呼喚新思想的出現，於是理學應時而生。理學主體是儒學，兼采佛、道思想，研究如何將它們融合爲一個整體，這是一個重要的課題。從理學產生時起，不同時代有不同的理學學派。譬如，在「三教融合」過程中，如何理解「氣」與「理」(「理」的問題是迴避不開的，華嚴宗的「理事説」早在唐代就有很大影響)的關係？理學如何捍衛儒學早期關於人性善惡的基本觀點，又不致只在「善」與「惡」的對立中打圈子？如何理解宇宙？宇宙與社會及個人有何關係？君子、士大夫怎麽做才能維護自身的價值和尊嚴，又能堅持修齊治平的準則？這些都是中國思想史中宇宙觀與人生觀的大問題。對這些問題的研究和認識，不可能一開始就有一個統一的看法，需要在思想文化演進的歷史進程中逐步加以解決。宋代理學的產生及不同學派的存在，就是上述思想文化發展歷史的寫照，因而理學在實質上是中國思想文化的傳承創新，具有重要的歷史意義。

張載關學、二程洛學、南宋時朱熹閩學各有自己的特色。作爲理學的創建者之一，張載胸懷「爲天地立心，爲生民立命，爲往聖繼絶學，爲萬世開太平」的學術抱負，在對儒學學説進行傳承發展中做出了重要的理論貢獻。北宋時期，學者們重視對易的研究。易富於哲理性，張載通過對易的解説，闡述對宇宙和人生的見解，積極發揮禮記、論語、孟子等書中的義理，并融合佛、道，將儒家的思想提升到一個新的高度。

張載與洛學的代表人物程顥、程頤等人曾有過密切的學術交往，彼此或多或少在學術思想上相互產生過一定的影響。宋仁宗嘉祐元年(一〇五六)，張載來到京師汴京，講授易學，曾與程顥一起終日切磋學術，探討學問(參見二程集河南程氏遺書卷二上)。張載是二程之父程珦的表弟，爲二程表叔，二程對張載的人品和學術非常敬重。通過與二程的切磋與交流，張載對自成一家之言的學術思想充滿自信：「吾道自足，何事旁求！」(呂大臨橫渠先生行狀)

因爲張載與程顥、程頤之間爲親屬關係，在學術上有密切的交往，關學後傳不拘門戶，如呂氏三兄弟呂大忠、呂大鈞、呂大臨，蘇昞、范育、薛昌朝以及种師道、游師雄、潘拯、李復、田腴、邵彦明、張舜民等，在張載去世後一些人投到二程門下，繼續研究學術，也因此關學的學術地位在學術史上常常有意無意地受到貶低甚至質疑（包括程門弟子的貶低和質疑）。事實上，在理學發展史上，張載以其關學卓然成家，具有鮮明的特點和理論建樹，這是不能否定的。反過來，張載的一些觀點和思想也影響了二程的思想體系，對後來的程朱學說及閩學的形成也有重要的啓迪意義，這也是客觀的事實。

張載依據易建立自己的思想體系，但是，在基本點上和易的原有内容并不完全相同。他提出「太虛即氣」的觀點，認爲沒有超越「氣」之上的「太極」或「理」世界，換言之，「氣」不是被人創造出的産物。又由此推論出天下萬物由「氣」聚而成；物毀氣散，復歸於虛空（或「太虛」）。在氣聚、氣散即物成物毀的運行過程中，纔顯示出事物的條理性。張載說：「太虛不能無氣，氣不能不聚而爲萬物，萬物不能不散而爲太虛，循是出入，是皆不得已而然也。」（正蒙卷一）他用這個觀點去看萬物的成毀。這些觀點極大地影響了清初大思想家王船山。

張載在西銘中說：「乾稱父，坤稱母。予兹藐焉，乃混然中處。故天地之塞，吾其體；天地之帥，吾其性。民，吾同胞；物，吾與也。」天地是萬物和人的父母，人是天地間藐小的一物。天、地、人三者共處於宇宙之中。由於三者都是氣聚之物，天地之性就是人之性，所以人類是我的同胞，萬物是我的朋友，歸根到底，萬物與人類的本性是一致的。進而認爲，人們「尊高年，所以長其長；慈孤弱，所以幼其幼。聖，其合德；賢，其秀也。凡天下疲癃殘疾、惸獨鰥寡，皆吾兄弟之顛連而無告者也」。這裏所表述的是一種高尚的人道主義精神境界。

二程思想與張載有别，他們通過對張載氣本論的取捨和改造，又吸收佛教的有關思想，建構了「萬理歸於一理」的理論體系。在人性論方面，二程在張載人性論的基礎上進一步深化了孟子的性善論。二程贊同張載將人性分爲「天地之性」和「氣質之性」。但二程認爲「天地之性」是天理在人性中的體現，未受任何損害和扭曲，因而是至善無瑕的；「氣質之性」是氣化而生的，也叫「才」，它由氣禀決定，禀清氣則爲善，禀濁氣則爲惡，正因爲氣質之性不可避免地受到了「氣」的侵蝕而出現「氣之偏」，因而具有惡的因素。在二程看來，善與惡的對立，實際上是「天理」與「人欲」的對立。

朱熹將張載氣本論進行改造，把有關「氣」的學說納入他的天理論體系中。朱熹接受「氣」生萬物的思想，但與張載的氣本論不同，朱熹不再將「理」看成是「氣」的屬性，而是「氣」的本原。天理與萬事萬物是一種怎樣的關係？朱熹關於「理一分殊」的理論回答了這一問題。他認爲：「太極只是個極好至善的道理。人人有一太極，物物有一太極。」又說：「太極非是別爲一物，即陰陽而在陰陽，即五行而在五行，即萬物而在萬物，只是一個理而已。」（朱子語類卷九四）「理一分殊」理論包括一理攝萬理與萬理歸一理兩個方面，這與張載思想有別。

總之，宋明理學反映出儒、道、釋三者融合所達到的理論高度。這一思想的融合完成於兩宋時期。張載開創的關學爲此做出了重要的學術貢獻。正如清初思想家王船山所說：「張子之學，上承孔孟之志，下救來茲之失，如皎日麗天，無幽不燭，聖人復起，未有能易焉者也。」（張子正蒙注序論）船山之學繼承發揚了張載學說，又有新的創造。

三、關學的特色

關學既有深邃的理論，又重視經世致用。這可以概括爲以下幾個方面：

首先，學風篤實，注重踐履。黄宗羲指出：「關學世有淵源，皆以躬行禮教爲本。」（明儒學案師說）躬行禮教、學風樸質是關學的顯著特徵。受張載的影響，其弟子藍田「三呂」也「務爲實踐之學，取古禮，繹其義，陳其數，而力行之」（宋元學案呂范諸儒學案），特別是呂大臨。明代呂柟其行亦「一準之以禮」（關學編）。清代的關學學者王心敬、李元春、賀瑞麟等人，依然守禮不輟。

其次，崇尚氣節，敦善厚行。關學學者大都注意砥礪操行，敦厚士風，具有不阿權貴、不苟於世的特點。張載曾兩次被薦入京，但當發現自己的政治理想難以實現時，毅然辭官，回歸鄉里，教授弟子。明代楊爵、呂柟、馮從吾等均敢於仗義執言，即使觸犯龍顔，被判入獄，依舊不改初衷，體現了大義凜然的獨立人格和卓異的精神風貌。清代關學大儒李顒，在皇權面前錚錚鐵骨，操志高潔。這些關學學者「窮則獨善其身，達則兼善天下」，體現出「富貴不能淫，貧賤不能移，威武不能屈」的「大丈夫」氣節。

最後，求真求實，開放會通。關學學者大多不主一家，具有比較寬廣的學術胸懷。張載善於吸收新的自然科學成果，不斷充實豐富自己的儒學理論。他注意對物理、氣象、生物等自然現象做客觀的觀察和合理的解釋，具有科學精神。後世關學學者韓邦奇、王徵等都重視自然科學。三原學派的代表人物王恕以治易入仕，晚年精研儒家經典，强調用心求學，用心考證，求疏通之解，形成了有獨立主見的治國理政觀念。關學學者堅持傳統，但并不拘泥於傳統，能够因時而化，不斷地融合會通學術思想，具有鮮明的開放性和包容性特徵。由張載到「三呂」、呂柟、馮從吾、李顒等，這種融會貫通的學術精神得到不斷承傳和弘揚。

四、關學文庫關學文獻整理系列的整體構成與學術價值

關學文獻遺存豐厚，但是長期以來没有得到應有的保護和整理，除少量著作如正蒙、涇野先生五經說、少墟集、元儒考略等在清代收入四庫全書之外，大量的著作仍以綫裝書或手抄本的形式散存於陝西、北京、上海等地的圖書館或民間，其中有的已成孤本（如韓邦奇的禹貢詳略、李因篤的受祺堂文集家藏抄本），有的已殘缺不全（如南大吉集收入的瑞泉集殘本，現重慶圖書館存有原書，國家圖書館僅存膠片；收入的南大吉詩文，搜自西北大學圖書館藏周雅續）。即使晚近的劉光蕡、牛兆濂等人的著述，其流傳亦稀世罕見。二十世紀七十年代以來，中華書局出版了張載集，并將藍田呂氏遺著輯校、關學編、正蒙合校集釋、涇野子内篇、二曲集等收入理學叢書陸續出版，這些僅是關學文獻的很少一部分。全方位系統梳理關學學術文獻仍係空白。

關學典籍的收集與整理，是關學學術研究的重要基礎。這次關學文庫文獻的整理與編纂者在全國范圍的圖書館和民間廣泛搜集資料，一是搶救性發掘整理了一批關學文獻，二是對一些文獻以新發現的版本進行比對校勘、輯佚補充，從而使關學文庫關學文獻整理系列成爲目前最能反映關學學術史面貌，對關學研究具有基礎性作用的文獻集成。關學文獻整理系列圖書共涉及關學重要學人二十九人，編訂文獻二十六部，計一千八百六十餘萬字。這些文獻分別是：張子全書、

藍田呂氏集、李復集、元代關學三家集、王恕集、薛敬之張舜典集、馬理集、呂柟集涇野經學文集、呂柟集涇野子內篇、呂柟集涇野先生文集、韓邦奇集、南大吉集、楊爵集、馮從吾集、王徵集、王建常集、王弘撰集、李顒集、李柏集、李因篤集、王心敬集、李元春集、賀瑞麟集、劉光蕡集、牛兆濂集以及關學史文獻輯校等。其中的韓邦奇集、南大吉集、李柏集、李因篤集、牛兆濂集屬于搶救性整理；李復、王恕、薛敬之、呂柟、馬理、楊爵、王建常、王弘撰、王心敬、李元春、賀瑞麟等學人文獻屬于首次系統整理出版；張子全書、藍田呂氏集、李顒集、劉光蕡集、關學史文獻輯校是在進一步輯佚完善的基礎上整理出版的。總之，關學文獻整理的系統性和全面性得到了體現。

關學文庫文獻整理力圖突出全面性、系統性和深度整理的特點。就全面性和系統性而言，就是保證關學史上重要學人的文獻資料不被遺漏，這裏所選的二十九位學人，都是關學史上較爲重要的和代表了關學發展某一環節的學人。其中如張載、藍田「三呂」、馬理、呂柟、楊爵、馮從吾、王弘撰、李顒、李柏等人的著作集，是迄今文獻收集最爲齊全的。同時對於有關關學史的文獻也進行了全面系統的搜集和整理，如關學史文獻輯校，不僅重新點校整理了馮從吾的關學編，收録和點校整理了王心敬、李元春、賀瑞麟以及由劉光蕡、柏景偉重加整理校勘的關學續編，還首次點校整理了清末民初張驥的關學宗傳，并從諸多史書中輯録了一些零散的關學史資料，使之成爲目前能全面反映關學史面貌的文獻輯校本。關學文庫關學文獻整理系列，以豐富的關學史文獻，證明了「關學之源流初終，條貫秩然」，關學有其自身發展演變的歷史。就深度整理來說，關學文獻整理系列遵循古籍整理的傳統做法，采用繁體字、竪排版，標點、校勘，并對專用名詞做下劃綫處理。其目的不僅在於使整理與編纂者在文獻整理中提高自身的學術素養，同時也爲以後文獻研究者提供方便，推動關學研究深入開展，這也是關學文庫關學文獻整理系列圖書出版的重要目的。

關學文庫係「十二五」國家重點圖書出版規劃項目，國家出版基金項目、陝西出版資金資助項目，得到了中共陝西省委、陝西省人民政府、國家新聞出版廣電總局以及陝西省新聞出版廣電局的大力支持。西北大學、陝西師範大學、西北政法大學、中國人民大學、華東師範大學、鄭州大學等十餘所院校的數十位專家學者協力攻關，精益求精，體現出深沉厚重的歷史使命感和復興民族文化的責任感；他們孜孜矻矻，持之以恒，任勞任怨，樂於奉獻，以古人爲己之學相互勉勵，在整理研究古代文獻的同時，不斷錘煉學識，砥礪德行，努力追求樸實的學風和嚴謹的學術品格。出版社組織專業編輯、外審專家通力合作，希望盡最大可能提高本文庫的學術品質。我謹向大家卓有成效的工作表示衷心的感謝。由於時間緊迫、經驗不足等原因，文獻整理中存在的疏漏差錯難以完全避免。希望讀者朋友們在閱讀使用時加以批評指正，以便日後進一步修訂，努力使文庫文獻整理更加完善。

張豈之

二〇一五年一月八日

于西北大學中國思想文化研究所

前言

李元春，陝西朝邑（今大荔縣）人，字仲仁，又字又育，號時齋，生於清乾隆三十四年（公元一七六九年），卒於清咸豐四年（公元一八五四年），享年八十六歲。李元春幼時家貧，於嘉慶三年（公元一七九八年）中舉，任大理寺評事，繼後九上春官不第，遂絕意仕進，歸家教授，曾先後主講于潼川、華原等書院。李元春教生徒以程朱之學爲主而不廢舉業，故門下多士，造就頗衆，學者稱桐閣先生。咸豐六年（公元一八五六年），陝西巡撫吴振棫奏請入祀鄉賢祠。光緒元年（公元一八七五年），陝甘學政吴大澂奏請宣付國史館，列入儒林傳。

李元春著作甚富，據吴大澂所奏，計有諸經緒說、經傳摭餘、春秋三傳注疏說、諸史閒論、諸子雜斷、諸集揀批、群書摘旨、圖書搜纂、圖書揀要、拾雅、數記典故、左氏兵法、綱目大戰録、百里治略、循吏傳、朝邑縣志、潼川書院志、華原書院志、芻蕘私語、四禮辨俗、喪禮補議、勸鄉時家、教家約言、閒居鏡語、授徒閒筆、益聞散録、桐窗囈說、病床日劄、學薈性理論、餘生録、夕照編、餘暉録、花筆草、聿既藁、檢身冊、慰懊小簡、制義共百數十卷，所選有七種古文、關中兩朝文鈔、關中兩朝文鈔補、關中兩朝詩鈔、關中兩朝賦抄、西河古文録、西河詩録、西河文選要存、西河制藝録、制義通選、正學文要、正學語録、關中三先生要語録、關中道脈四種書、經世文要、經義文要、桐閣歷朝詩要、古律賦要、桐閣詩賦選要、桐閣史漢文選等。此外，李元春還爲朝邑劉氏主編過青照堂叢書，計收書八十九種，二百三十二卷。

李元春是清代中後期關學的代表人物之一，但其學術思想與張載所傳之關學並無多少學理上的繼承關係。據吴大澂所奏，李元春「年十四，得明儒薛瑄讀書録，自此立志學聖賢，偏求程朱文集、語録，熟讀精思」，于此可見李元春的思想淵源。薛瑄爲明代早期著名的理學大師，河東學派的創始人，明儒學案爲立河東學案。薛瑄宗程朱之學，曾言：「自考亭以還，斯道已大明，無煩著作，直須躬行耳。」（明史薛瑄傳）河東學派在山西、陝西等地傳播甚廣，河東學案載薛瑄後學十四人，其中陝西就有張鼎、張傑、薛敬之、李錦、呂柟、呂潛、張節、李挺、郭郛共九人，占到一半還多，可見其在陝西影響之大。

李元春受河東之學的影響，在思想上恪守朱子學，批判王學和漢學不遺餘力。李元春曾明言「予學宗朱子」（重刻戴大昌駁四書改錯序，桐閣文鈔卷四），其祭朱子文曰：「先生道本尼山，功闡鄒嶧，自漢晉以來正學若周程，非先生亦誰與紹？即元明而後真儒如許薛，非先生又誰爲開？鄭賈經說猶病其細，陸王良知自形其偏。昞先賢之遺澤，知婺源獨長，由後此而問流，冀泗水堪泝。」這段文字對朱子推崇備至，對其在儒學和宋明理學發展中的地位作了高度的評價。即使像李二曲這樣的關中大儒，李元春也因其講象山心學、陽明良知而頗有微詞。其弟子賀瑞麟亦稱其「自少講學即主程朱，于心學良知之說辟之甚力」（賀瑞麟李桐閣先生墓表，清麓文集卷二三）。

清代漢學興起，漢學學者往往將朱學、陸學概目爲宋學而加以批判，如毛奇齡的四書改錯便直接將矛頭對準了朱熹的四書集注，幾乎是逐條駁斥。對此，李元春直斥之爲「悖謬」，以爲「亂經敗道莫此爲甚，真人心世運之憂也」（重刻戴大昌駁四書改錯序，桐閣文鈔卷四）。在李元春看來，朱子並不是不講考據，只不過朱子是爲了闡發儒家經典之微言大義而進行考據，是以義理爲本而以考據爲末；今人則是爲了考據而考據，重考據而遺義理，其結果只能是舍本求末，使儒家經典之義理支離破碎。李元春雖然學宗程朱，在某些具體問題上卻並不盲從，他曾說：「吾學宗朱子，見人駁朱子者輒惡之。然于朱子有駁之是者，亦未嘗不以爲然，不但此也，己所見或與朱子不合，亦未嘗不辨之。又不但于朱子有然，於己說後之駁前者且不一而足。惟存一公心，然後可以論人，亦然後可以使人論己。」（餘生録）其諸經緒說、經傳摭餘等書對朱熹對經典的解釋亦有所駁正，其所著四禮辨俗等書雖大體上遵循朱子家禮，但亦有所損益修訂。

在心性論上，李元春作爲一個崇奉朱學的學者，堅持「性即理」之說，他說：「在天曰理，天予人曰命，人受之曰性，性之動爲情。性，體也；情，用也；皆統於心者也。」（釋性，桐閣文鈔卷一）從這段話可以看出，李元春對性、情、命、理這四個理學關鍵概念的定義與程朱並無差別。性即理，二者本質上是一致的，差別只在於在人不在人而已。性就人而言，人生之初所稟受者既有理又有氣，爲何只能說性即理，不能說性即氣呢？張載曾經提出過天地之性和氣質之性這樣一對概念來解釋這一問題，但張載也指出只有天地之性才是人之本性，氣質之性不是人真正的本性。李元春則從理氣先後的角度作了回答，他說：「世無無本之物，而世又何本？理而已矣。理生氣先而入爲主，聖人定之以中正仁義，則五常之理皆聖人定之，即皆聖人名之，聖之心即天地之心也。理無形，氣有形，故雖合而不雜。無形故靜，合氣則有感而動。合清明之氣，則善似無而實有，在中渾然，發則各以類應，本亦無不善，此固有莫知其然而然者。從其先入爲主者言之，故曰『性即理』。」（桐閣性理十三論）他認爲，人生之初也是先有理而後有氣，先有理故理先入而爲主，這就是我們只能說性即理而不能說性即氣的原因，但這個解釋顯然是比較牽強的。

李元春理學思想的重點在工夫論上。首先，他批評王學，但對於王學所常講的良知、心學，他並不反對，他之不滿於王學也主要不在本體之論，而在工夫論上。他說：「良知不悮，陽明講良知偏重前截輕後截耳。大學聖經一章，其學之全功即足以正之。」（夕照編）陽明講良知本于孟子，李元春並不反對，所謂「陽明講良知偏重前截輕後截」實質上是肯定陽明的良知之學於本體上不誤，誤在不知道如何復這本體，即工夫論上有缺陷。這一缺陷在陽明那裏並不明顯，因爲「金溪、姚江本由學悟得」，即是通過艱苦的修證工夫而來的。但陽明後學對本體的認知往往是通過講論，不是通過艱苦的修證工夫而最終洞見本體，這一缺陷也就凸顯出來了。

其次，李元春提出要以「學」對治王門後學的「不學」之弊。他指出：

> 金溪、姚江本由學悟得，心悟良知，後來反見得學輕耳，是高明之過也。不學而言心、言良知以自高，吾恐其徒欺人矣。（病床日劄）
>
> 言心、言良知本皆不謬，但其見偏，功夫因俱悮，皆只見得氣之後半截，於此過用其力耳。（餘生録）
>
> 以良知該良能，二曲說得最明，此自無失，其失處亦在專守良知。良知固無終蔽時，然自有蔽時矣，蔽則非積學何由徹？（病床日劄）

在本體層面，常人的良知和堯舜並無差別，但常人之所以爲常人而堯舜之所以爲堯舜的原因在於，常人的良知「自有蔽時」，其用就不能如堯舜之良知流行無礙，但一旦去蔽，則又和堯舜之良知沒有區別。如何去蔽呢？只能通過「學」。李元春所謂「學」包羅很廣，既包括儒家的義理之學，也包括記誦、考據、詞章之學，甚至還包括被目爲俗學的科舉之學。他認爲：「道學不以四書爲主，講四書不從制義入手終是粗。」（夕照編）他在潼川書院時曾立教規十條，其第三條曰：「讀書以經爲主，史爲輔，旁及諸子百家，不特制義也。」（潼川書院志）

第三，李元春堅持程朱一派的「主敬」、「存誠」，批評王學偏於虛寂的修養方法。李元春明確說：「朱子之學主於敬，吾生平得力亦只此一字。」（餘生録）並批評王學：「金溪、姚江講心學，何嘗不得要？但專言心便有異端寂守意。」（閒居鏡語）「主敬」由程伊川提出，經由朱子之手，其內容趨於完備。「主敬」法門的主要內容有：其一，「主敬」和「格物」緊密相連，人間是由事、物組成的世界，所以「主敬」意味着學者時時刻刻都要作轉化身心的工作；其二，「敬」貫動靜，意味着「主敬」是一種行爲的修行方式，而不僅僅是意識的修行方式；其三，「主敬」因爲必須經由「格物」、「窮理」的過程，這樣日積月累的歷程乃克有成，所以它一定是「漸教」的法門。與朱學的「主敬」相比，王學更傾向於「主靜」，江右王門的代表人物聶雙江、羅念庵更明確提出「歸寂」、「守靜」之說。與「主敬」相比，「主靜」更偏重於內在意識的轉化，不免有重內遺外之弊。他指出：「復性之事不外立身、盡倫兩大端。立身、盡倫不過慎言、敏行兩大端。復性之功則曰知行並進，存省效致，而其要惟在主敬、存誠、行恕而已。持此數端讀聖賢之書，爲聖賢之學，庶不患散而無統矣。」（閒居鏡語）這一段話可以說是他工夫論的總綱：立身指個人內在的道德修養，盡倫指個人對人際關係的處理。

第四，李元春繼承關學崇尚禮教的學風，重視禮的學習和踐履。關學創始人張載曾經「以禮爲教」，提出過「禮外無道」、「以禮立仁」的觀點，這一學風在後世得到傳承。在李元春的工夫論中，守禮、行禮是「主敬」的要求。「主敬」必有所「敬」，所「敬」的即作爲規範法則的「禮」或「理」，所以「主敬」的外在表現即對禮的踐履。李元春不僅以禮爲修身之具，也以其爲救衰世之法。李元春一生守禮甚謹，至老不衰，不僅教家人以禮，教生徒以禮，亦以禮規勸朋友。其禮學在大節上謹遵古人，在小節上則不無損益。他説：「冠履衣服之式變易無常，君子豈必隨時？揔以敦朴爲尚。」（四禮辨俗）又曰：「禮，時爲大。即先王之禮有未盡者，亦有尚缺者，有於今不宜者。大禮制自朝廷，其細微處則在知禮之君子。」（四禮辨俗）其禮學著作有四禮辨俗、喪禮補議等，既對當世冠、婚、喪、祭之禮的荒廢進行了批判，又根據實際情況對其進行了修訂，使之更適合時人遵行。

李元春也是一位傑出的文獻整理家，除儒家文獻外，他還曾編輯過關中兩朝文鈔、關中兩朝詩鈔、關中兩朝賦鈔、西河古文録、西河制義録、綱目大戰録、左氏兵法等文獻，這些文獻涉及史學、子學和軍事、地理等多個方面，對於研究陝西地方文化有重要的參考價值。李元春曾言：「楊、墨、佛、老吾斥之，記誦、詞章、考據吾爲之，而一以朱子之明其理而履其事爲宗，又不入于良知之家，庶幾乎與聖學相近矣。」（學術是非論，桐閣文鈔卷一）這句話可以視爲他對自己學術立場的總體概括。從中我們可以看出，李元春總體信奉的是朱子學，但對清代流行的漢學在方法上又不無借鑒吸收之處，而其學于經、史、子、集無不涉獵，又表現出關學和實學的影響。

王海成

二〇一四年八月

點校說明

李元春自著和選輯的著作既多且雜，有部分著作雖仍存世，但取用爲艱。根據關學文庫的要求和文獻利用方面的實際情況，遂在點校李元春集時作了必要的去取。李元春所輯的著作雖附有其評語，但過於龐雜，一概不收。其著作中，時齋文集、詩集取用爲艱，而其弟子賀瑞麟所選桐閣先生文鈔十二卷（光緒十年朝邑同義文會刊本），内附語録一卷，較爲精審，且該書比較常見，利用起來方便，因此，本集不收時齋文集、詩集而收入桐閣先生文鈔。其餘所收著作有經傳摭餘五卷（道光十五年青照堂叢書本，以下簡稱青照堂叢書本）、益聞散録三卷（青照堂叢書本）、諸子雜斷（道光二十四年刊本，不分卷）、桐閣先生性理十三論一卷（光緒十七年正誼書院刊本）、張子釋要一卷（道光十年關中道脈四種書本）、四禮辨俗一卷（青照堂叢書本）、芻蕘私語一卷（青照堂叢書本）、病床日劄一卷（青照堂叢書本）、桐閣雜著四種四卷（道光刊本，内含喪禮補議、潼川書院志、華原書院志、餘生録四種）、桐窗囈說一卷（青照堂叢書本）、夕照編一卷（青照堂叢書本）、閒居鏡語一卷（三原縣圖書館古籍室藏清刊本，以下簡稱清刊本）、教家約言一卷（清刊本）、授徒閒筆一卷（清刊本），共計十八種，三十五卷。

本集所收李元春著作，大部分衹有一種版本，故衹進行了標點。其中個別明顯錯誤的字、缺筆字逕改不出校，作者避本朝名諱的字不改，但其所引古書中因避本朝名諱而改的字則改回原字，不出校。桐閣先生文鈔爲賀瑞麟選自時齋文集、桐閣餘稿、桐閣拾遺諸集，本應取諸集參校，但由於時齋文集取用爲艱，加之時間有限，並沒有以之對校，頗爲遺憾。桐閣先生文鈔第十二卷爲賀瑞麟從李元春語録中輯選，由於李元春各語録本集基本上收録，因此未在桐閣先生文鈔中再作校正。

書稿在編輯加工過程中，陝西人民出版社退休編審郭文鎬先生曾通讀了全稿，並指出了點校過程中出現的許多問題，且對部分問題作了校正，在此謹致謝忱。

目録

總序……張豈之 一
前言……一
點校說明……一

桐閣先生文鈔

卷一……六
論辨類五十篇
釋性……六
原命……七
釋學……八
學術是非論……一一
是非得失論……一三
名實篇……一三
官家論……一四
大學論……一五
中庸論……一六
至德論……一七
詩論……一八
六官論……一九
管仲論……二〇
施伯論……二〇
晉世子申生論……二一
孔子不仕衛論……二三
後世惡秦論……二三
淮陰侯論……二四
客星犯帝座論……二四
管寧揮金不顧論……二五
劉宋廣陵之圍論……二六
許善心論……二七
唐太宗吞蝗論……二八
讀縱囚論……二九

趙清獻公請侯安石論……三〇
讀王鳳洲藺相如完璧歸趙論……三一
天下有宜裁之端五論……三二
大官法小官廉論……三四
為令難論……三四
賦役續論……三七

卷二……三九

禘祫解 諸說附辨……三九
昭穆班次解 附廟制辨……四二
中庸郊社解 祭天祭地分合附辨……四三
一貫解……四四
論語侍食先飯解 常說附辨……四七
論語侍食先飯續解……四八
廛無夫里之布解 周禮載師閭師注附辨……四九
詩亡解 春秋託始附辨……五〇
鴟鴞詩辨……五一
讀康誥附辨……五三
六天辨……五五
三禘辨……五七
裼襲解 論語裼裘及諸說附辨……五九
裼襲續解……六三
成周封國考辨……六三
成周軍制考辨……六五
井田溝洫考辨……六七
孔子為衛靈公次乘辨……六九
孔子對桓僖廟災辨……七〇
雍州洛水考 漆沮附辨……七一

卷三……七四

說議類二十九篇

孝說……七四
弟說……七五
忍說……七六
儉說……七六
儉说二……七七
勤說……七八
時說……七九

又育字說……八〇
明毀示諸子……八〇
窮說……八一
否泰說……八二
認真說……八三
鄉約說……八三
報說……八四
怪說……八五
五德嬗代說……八六
刑罰說……八七
救荒叢說……八八
題石生齋名說……九二
飼貓說……九三
釋蟲說……九四
木槿花說……九四
講學議……九五
師道議……九六
祠堂議……九七
毀天下寺觀議……一〇〇
毀一切淫祀議……一〇一
結寨團練議……一〇二
續擬時事策畧四條……一〇四
勸鄉時宜四要……一〇五

卷四……一〇八

序跋類三十五篇

河濱遺書鈔序……一〇八
河濱文選序……一〇九
河濱詩選序……一一一
續李氏族譜序……一一二
虛齋録序……一一三
紀誠詩卷序……一一四
重刻北行日劄序……一一五
文廟備考序……一一六
陝西志輯要後序……一一七
關中漢唐存碑跋後序……一一八
三南遊記序……一一八
四書心解序……一一九

關中書院講義序 …… 一二一
同里會文條規序 …… 一二二
左氏兵法序 …… 一二三
讀閫外春秋 …… 一二四
興賢學倉志序 …… 一二五
毛詩音韻考序 …… 一二六
重刻戴大昌駁四書改錯序 …… 一二七
緣攝尋字序 …… 一三八
劉氏均田冊序 …… 一四〇

卷五 …… 一四一

周二南古文序 …… 一四一
息存室吟後序 …… 一四二
醫學摘要序 …… 一四三
灘地定簿序 …… 一四三
燕雲士詩集序 …… 一四四
笑梅軒遺藁序 …… 一四七
如如精舍說跋 …… 一四七
敬畏齋跋 代 …… 一四八
退思齋跋 代 …… 一四八
書王漁洋木瓜詩辨後 …… 一四九
書王休徵傳後 …… 一四九
書王山史諸葛武侯家祀瞽宗論後 …… 一五〇
跋禹跡華夷二圖答王雲門 …… 一五二
題任母段孺人節孝圖冊 …… 一五二
贈序類十八篇
送趙斗屏司鐸中部序 …… 一五四
贈松軒內翰出任鎮原序 …… 一五五
贈雷省齋序 …… 一五六
贈劉仲高序 …… 一五七
贈楊伯楨序 …… 一五八
贈胡生晝士 …… 一五九
送楊南廬教授漢中序 …… 一五九
送劉孝堂司鐸永昌序 …… 一六一
張素先司鐸固原序 …… 一六二
送宋湘颸先生歸葬呂太恭人序 …… 一六三
趙斗屏七十壽序 …… 一六四
劉桐齋先生教澤序 …… 一六五

井鵬九先生八旬壽序……一六六
送王生赴禮部試序……一六七
贈馬虞操先生……一六八
贈薛君調五……一七〇
張惺園七十壽序……一七一
華麓茂亭李君行實序……一七二

卷六……一七四

書答類三十篇

與楊南廬論泰伯章文書……一七四
與任廉堂論鴟鴞章詩書……一七五
與張翔九論遷葬書……一七六
閱皇朝經解與井文圃書……一七七
與趙省齋論朱子魂魄説書……一七九
與霍松軒書……一七九
答岳一山書……一八一
與劉仁趾書……一八二
與岳一山乞作母壽序書……一八二
與姬杏農書……一八三
復党符六書……一八四
復王稼堂書……一八五
與某學師書……一八六
復趙斗屏論命書……一八六
答王維戊喪服問……一八八
與家子法言作令書……一八九
與劉生繼美……一九〇
復家海帆觀察 名宗傳……一九一
答楊可亭書……一九二
又與張玉藻……一九二
與崔生家修……一九三
與席雲占……一九三
答王千波書……一九四
答張乾伯書……一九四
與林慮徐山人書……二〇〇
上三大憲書……二〇二
上護院楊至堂大人言救荒書……二〇四
與周二南言盜書……二〇六
與王生尚榮……二〇七

擬上制嘆夷書……二〇九

卷七……二一一

傳狀類三十七篇

奇行傳……二一一
楊對峯別傳……二一二
劉洛濱王瀛洲兩先生傳……二一四
柴十翁家傳……二一六
白遠堂家傳 董孺人附……二一七
秦芙園夫子傳……二一九
楊子俊文學小傳……二二〇
張味田同年家傳……二二一
劉仰山家傳……二二二
王進士家傳……二二三
董功九家傳……二二五
董民章先生傳……二二六
文學馮鈞天先生家傳……二二六
嚴方伯傳……二二七
吳橋知縣席雲占傳……二三七
內邱知縣王景美傳……二三八
馬虞操先生傳……二四一
學博任莘田傳……二四三
楊丞傳……二四五
李善人傳……二四六
三仙人傳……二四七
五友傳……二四八
雲臺山人傳……二五〇
桐閣主人傳……二五一
孝婦雷氏傳……二五三
成貞女傳……二五四
節孝劉母李孺人傳……二五五
節孝薛孺人傳……二五六
都孺人家傳……二五七
楊孺人家傳……二五八
三節婦傳……二五九

卷八……二三七

趙烈婦傳……二六一
張烈婦傳……二六一
李烈婦傳……二六二
書陳媼事……二六三
先嚴文學公行狀……二六四
先慈張太孺人行狀……二六七

卷九……二六九

碑記類二十六篇

華山小記……二六九
劉氏北園記……二七一
清白堂記……二七二
陳義堂記……二七四
壽陽行記……二七五
東行記……二七六
遊十三陵記……二七七
夢醫疾記……二七八
蟻鬭記……二七九
讀任釣台禮記章句記……二七九
增修梓潼廟學舍記……二八〇
樂群會創建至聖先師祠記……二八一
韋林鎮義學記……二八二
西河書院升祀雙忠及修屋藏書記……二八三
重修朝邑會館記……二八四
惜陰亭記……二八五
祛疴齋記……二八六
拜忠獻崇祀記……二八七
員氏先塋記……二八八
創三戸祠堂並立祀田記……二八九
朝邑縣劉氏捐修貢院記 代……二九〇
朝邑縣劉氏捐增書院膏火記 代……二九一
咸豐二年壬子科題名碑……二九三
上憲飭諭同屬童試卷價頌德碑……二九三
上懇流差換倉二事減弊記……二九四
重革運倉餘弊立規垂遠記……二九五

卷十 …………………………………… 二九八

誌表類三十二篇

趙行齋墓誌銘 …………………… 二九八
趙得軒墓誌銘 …………………… 二九九
楊南廬墓誌銘 …………………… 三〇〇
中部訓導趙省齋墓誌銘 …………………… 三〇二
奉政大夫南昌府同知前翰林院庶吉士
霍松軒墓誌銘 …………………… 三〇三
雷儀庭墓誌銘 …………………… 三〇七
張翔九墓誌銘 …………………… 三〇九
馬生士泰墓誌銘 …………………… 三一〇
鄉飲耆賓乾行石公墓誌銘 …………………… 三一一
姬杏農墓誌銘 …………………… 三一二
王粲若同年墓誌銘 …………………… 三一四
張洛西墓誌銘 …………………… 三一五
高太君蘇氏墓誌銘 …………………… 三一七
柴婦王氏墓誌銘 …………………… 三一九
家兄蓬山墓誌銘 …………………… 三二〇
長姑墓誌銘 …………………… 三二二
霍氏姊墓誌銘 …………………… 三二二
郭氏妹墓誌銘 …………………… 三二三
井氏妹墓誌銘 …………………… 三二五
亡妻仇氏墓誌銘 …………………… 三二六
妻郭氏墓誌銘 …………………… 三二六
陳氏兩世墓表 …………………… 三二八
文學王左卿墓表 …………………… 三二九
明經楊君捷三墓表 …………………… 三三〇
明經張健菴墓表 …………………… 三三一
檢討孫酉峰先生墓表 …………………… 三三三
馮硯農先生墓表 …………………… 三三四
槐門李氏三世墓表 …………………… 三三六
處士貞堂賀君暨配蓋孺人墓表 …………………… 三三七
賢孝張孺人墓表 …………………… 三三九
節孝陳孺人墓表 …………………… 三四〇
旌表節孝王郝氏事略 …………………… 三四一

卷十一……三四三
哀祭類六篇
哭楊伯楨文……三四三
哭周通衢文……三四四
李儉菴哀辭……三四五
祭古塚文……三四六
祭妻郭氏文……三四七
哭訓女孫端娥……三四八
雜文類十一篇
祭朱子文……三四九
自訟辭……三四九
斷蠅蚊獄文……三五〇
責鼠文……三五一
梓里賦……三五一
秦賦　有序……三五七
續秦賦　有序……三七二
狗蠅賦　有序……三七六
創修朱文公祠募緣疏　代……三七七
書箋……三七八
道問……三八三
卷十二……三八七
附　語録鈔凡二百六十四條……三八七
桐閣文鈔後序……四二〇

經傳摭餘

經傳摭餘引……四二三
經傳摭餘一……四二四
易同類句……四二四
易古義……四二九
易異義……四三六
易要義……四三九
易傳授著述……四四四
經傳摭餘二……四四六
書古句……四四六

書古義……四四六
書異義……四五〇
書要義……四五四
書傳授著述……四六一
經傳摭餘三……四六三
詩同類句……四六三
詩古義……四六九
詩異義……四七五
詩要義……四七八
詩傳授著述……四八二
經傳摭餘四……四八四
春秋三傳略例……四八四
左傳摘釋……四八七
公羊傳摘釋……四九二
穀梁傳摘釋……四九六
春秋三傳總斷……四九八
經傳摭餘五……五〇〇
周禮雜釋……五〇〇
儀禮雜釋……五〇九
禮記雜釋……五一八
四書雜釋……五二五

益聞散録

益聞散録引……五三五
益聞散録上……五三六
經註遺言……五三六
事典遺義……五五〇
舊事辨訛……五六三
舊語辨訛……五六八
事有屢見……五七五
語有數說……五八二

益聞散録中……五八八
事物原始……五八八
事斷……六〇〇
文評……六〇五
事例……六一〇
文例……六一四
益聞散録下……六一七
訂俗……六一七
考祀……六一九
遺文……六二三
逸名字……六二八
補說……六三〇
數紀典補……六三四
諸子雜斷
鬻子……六四一
管子……六四一
晏子……六四六
子華子……六四八
老子……六四八
亢倉子……六五二
文子……六五二
列子……六五三
莊子……六五九
孫子……六六九
吳子……六七四
荀子……六七七
韓非子……六八一
孔叢子……六八三
淮南子……六八五
揚子……六九〇
抱樸子……六九三
文中子……六九六
桐閣先生性理十三論
性理十三論序……七〇一

桐閣先生性理十三論 …… 七〇二
太極本無極論 …… 七〇二
主靜立人極論 …… 七〇二
誠通誠復論 …… 七〇三
幾善惡論 …… 七〇三
太虛即氣無無論 …… 七〇四
乾父坤母論 …… 七〇四
為天地立心論 …… 七〇五
性合內外論 …… 七〇五
名實一物論 …… 七〇六
性即理論 …… 七〇六
學始不欺闇室論 …… 七〇七
知行先後輕重論 …… 七〇七
動止語默皆行論 …… 七〇八

張子釋要

張子釋要序 …… 七一一
張子東銘全注 …… 七一一
張子西銘全注 …… 七一二
張子正蒙釋要 …… 七一四
張子語録釋要 …… 七二四

四禮辨俗

四禮辨俗序 …… 七三一
四禮辨俗 …… 七三三
冠禮 …… 七三三
昏禮 …… 七三三
喪禮 …… 七三五
祭禮 …… 七三九
雜說 …… 七四二
四禮辨俗後序 …… 七四四

芻蕘私語

芻蕘私語 …… 七四九

病床日劄

病床日劄……七五五

桐閣雜著四種

刻桐閣雜著四種引……七六三
喪禮補議……七六四
潼川書院志……七七〇
華原書院志……七七六
餘生録……七八三

桐窗囈說

桐窗囈說……七九一
桐窗囈說後序……八〇六

夕照編

夕照編……八〇九

閒居鏡語

閒居鏡語……八二五
桐窗鏡語跋……八三三

教家約言

教家約言……八三七
教家約言後序……八四二

授徒閒筆

授徒閒筆……八四五

桐閣先生文鈔

陝甘學政臣吳大澂跪奏：　為名儒闡明理學，篤志力行，臚陳事實，請旨宣付史館，列入儒林傳，以崇正學而勵儒修，恭摺仰祈聖鑒事。

臣竊維關中素稱理學之邦，宋时横渠張子倡明斯道，繼往開來。同時有藍田呂大忠、呂大鈞、呂大臨兄弟及華陰侯仲良、武功蘇昞、游師雄等聞風興起，一時稱盛。明儒馮從吾纂關學編，自宋迄明，淵源相授三十餘人。國初講學諸儒自王建常、李中孚後落落如晨星，數十年來，幾成絶學。朝邑舉人李元春獨慨然有志於聖賢，紹述緒聞，恪守程朱格致誠正之功，教授生徒數十年，多所成就。臣所訪舉三原貢生賀瑞麟，朝邑生員楊樹椿皆其晚年入室弟子。跡其生平，踐履篤實，持論明通，卓然為關中儒者。咸豐六年，前任陝西巡撫臣吳振棫曾經題請崇禮鄉賢，由部核准，奉旨依議，欽此在案。

臣查得已故州同銜大理寺評事李元春，陝西朝邑縣人，由廪生中式嘉慶戊午科本省鄉試第七十二名舉人。道光十六年，經吏部截取知縣，改就大理寺評事。咸豐三年在本邑勸捐出力，前任巡撫臣王慶雲奏請獎勵，奉旨賞加州同銜。生於乾隆三十四年十一月初九日，卒於咸豐四年十一月二十七日，得年八十六歲。少時貧不能學，父名文英，以諸生游賈楚中，元春與母張居。八九歲時，拾薪飼瞽驢，代貧家磑碾，得麩糠，採蔬和蒸以為食。一日過里塾聞誦聲，歸告母欲讀書，母喜，遣入學，猶半日讀書，半日負薪。年十二三，塾師講論語「仁而不佞」章，輒苦思前後諸章言仁不同處，悟聖門求仁之要。年十四，得明儒薛瑄讀書録，自此立志學聖賢，徧求程朱文集、語録，熟讀精思，因父母望之切，不廢舉業。年三十領鄉薦，後九上春官不第，父没母老，遂絶意進取。先後主講潼川、華原兩書院，懇懇語諸生以身心性命之學，謂制義代聖賢立言，亦即藉以明道。嘗曰：「古人不近名，亦不逃名，實至而名歸。窮與達一也。」其學以誠敬為本，而要於有恒，讀書觀理以為行之端，處事審理以驗知之素，本末兼該，內外交養。其論學必主程朱，于心學良知之説辟之甚力。其所纂述，無非扶世教，正學術，為世道人心計，而不務空言。病革時猶誦大學格致傳，為諸生講論語鄉黨篇。嘗輯張子釋要，又集先儒語録為關中道脈書，增補馮從吾關學編。學者宗之，稱為桐閣先生。平居莊重嚴恪，接人則和易可親，至所當為必毅然引為己任。嘗率所居十六村聯為一社，議立條約，舉行保甲，鄰盜相戒不敢入。道光二十六年間，關中亢旱，元春捐谷賑給村民，又著救荒策數萬言，上書當道。大致謂村各護村，社各護社，族各護族，邑人賴以存活甚衆。南鄉瀕渭各村常以灘地構訟，元春為清經界，立簿存縣，以息衆爭。鄰村有糾衆械鬬者，元春至則數言而解，其至誠感人如此。其他事親孝，與人忠，敦睦宗族，矜恤孤寡，保全名節，善行不可枚舉。縣令欲以孝行上聞，堅辭之，又欲舉孝廉方正，皆謝不就，其務實而不務名又如此。

所著有四書簡題課解、諸經緒說、經傳摭餘、春秋三傳注疏說、諸史閒論、諸子雜斷、諸集揀批、群書摘旨、讀書搜纂、圖書揀要、拾雅、數記典故、左氏兵法、綱目大戰録、百里治略、循吏傳、朝邑縣誌、潼川書院志、華原書院志、芻蕘私語、四禮辨俗、喪禮補議、勸鄉時家、教家約言、閒居鏡語、授徒閒筆、益聞散録、桐窗囈語、病床日劄、學薈性理論、餘生録、夕照編、餘暉録、花筆草、聿既藁、檢身冊、慰懊小簡、文集、詩集、制義共百數十卷。所選有七種古文、關中兩朝詩文鈔、西河古文、西河詩録、制義通選、青照堂叢書九十餘種。生平於書無所不窺，而一以經史為宗。每日雞鳴起夜分乃寢，數十年如一日，嘉言懿行在人耳目，至今秦士大夫嘖嘖稱道之。臣竊思國家養士二百餘年，學士名臣，文章功業，超越往古，而處為純儒，出為純臣，莫非朝廷作育人才之效，原不以出處分途。如李元春之讀書明理，實踐躬行，洵屬近今所罕見，不愧純儒之目。合行仰懇聖慈將已故大理寺評事舉人李元春生平事實宣付國史館，列入儒林傳以備采擇之處，出自天恩。謹臚陳事實，繕摺具奏，伏乞皇太后、皇上聖鑒訓示。謹奏。

瑞麟年二十四始登桐閣先生之门，從遊幾十年。先生年八十六而歿。每進謁，先生時坐小椅，憑矮方几，就日光，或著書，作細楷不起草，或講論經義，和而莊，嚴而泰，貌樸而言厲，往往移時。如侍漢伏生、鄭高密，又如坐風立雪，聆委曲反覆告戒于程朱側也。自先生倡明關學，以興起斯文為己任，恪守洛、閩，躬行實踐，所著述不下數十種，其文集亦纍然尺許。然先生生平斥漢學之僻，辨心學之偏，嘗曰：「理學、考據、古文、時文，吾皆為之，而一衷於道。」故選輯關中兩朝文鈔及七種古文選，皆以張子釋要、諸先生語要、正學文要為歸宿，然則先生之為文，其亦可知已。

瑞麟無似，荒廢日甚，于先生之遠者大者不能稍有發明仔肩，深負期許，大懼貽羞師門，即先生之文亦未有以窺其高深。竊嘗略觀大旨，則翼經傳也，明學術也，敦倫紀也，扶世教也，恤民隱也，道人善也，無一非闡明斯道，而其所以為文者亦莫不本於德行事業之實。至其懇懇望人以聖賢之學，一編之中又未嘗不三致意焉，蓋皆出於中心之誠然而有不能自已者。當時知言君子固嘗尊其人，重其文，亦既有定論矣。學使吳公且奏請宣付史館，纂入儒林傳。後世讀先生之文，必將自有懸衡而非瑞麟之敢阿私也。

壬戌秦亂，版片遭燬。昔嘗與故友楊君仁甫，約共鈔録，重鋟公傳，而吾友旋亡，今十年矣，其弟信甫屢以為言。瑞麟重念衰年漸迫，同志益孤，用敢不揣固陋，乃取舊藏先生諸集，分類編次，並語録為十二卷，僅三之一。適先生之邑同義文會首事馬伯源及諸君謀付剞劂，則是先生之道之文終不可得而湮沒。惜不獲與吾友互相討論，未敢信其果能不謬，而先生有知，亦未審有當于先生之意否。嗚呼！先生篤實博大，磊落光明之氣概與夫精微嚴密，深醇剛毅之功夫，而以身任道之意亦庶乎！有以識之心，先生之心，學先生之學，志在求仁而功歸立誠，使見於文者亦皆由是以出，則關學將復為之一振也歟！仁甫名樹椿，受業先生伯子東莊而問學于先生。光緒甲申冬十一月癸亥，三原門人賀瑞麟謹識。

桐閣先生文鈔卷一

朝邑李元春時齋　著
三原門人賀瑞麟編輯

論辨類五十篇

釋性

在天曰理，天予人曰命，人受之曰性，性之動為情。性，體也；情，用也；皆統於心者也。情有運動之能曰才，未動而將動曰幾，初動曰念，念稍著為意，意成為欲，欲成為志，皆緣情而分者也。性善情亦善，有不善者，動則變而之他也。性不變而情變，有變必自其不變者言之。故雖情亦曰善，即才亦曰善，動而為念，猶善多而惡少。為意，為欲，為志，善惡乃分矣。

商書言「若有恆性」，夫子言「性相近」，子思則曰「天命之謂性，率性之謂道」，孟子則直曰「性善」。孟子之言本於子思，子思之言本于夫子，夫子之言本于商書。他如公孫尼子、告子、董子、韓子之說，皆不足置喙矣。而後世猶以夫子之言疑孟子解者，云夫子之言指其不離乎陰陽者也，孟子之言指其不雜乎陰陽者也。在夫子時言性者無甚異辭，在孟子時言性者實多歧說，故語各攸殊，蓋皆因救當世以立教耳，則請更為申之曰：

專言性不雜乎陰陽者，善也；不離乎陰陽者，亦善也。惟情因氣而動，感物而生，不免變遷之虞，故孟子曰「乃若其情，則可以為善良矣」。玩其辭，亦謂情容有不善，而必以為善乃見情之本然，更見性之本然也，此清源而並塞其流之旨也。何以言之？天之生人也，有理而後氣聚之，有氣而後質成之。理附於氣，然後五常分焉，七情具焉；氣成為質，然後五臟別焉，五官判焉。方其初，五常在心，理實居中而氣涵之，況氣未交於物而不動，則理雖附乎氣而弗淆，故謂不無剛柔清濁之異則可，謂有善惡之雜則不可。其曰相近，兼剛柔清濁之氣質言也，非以性合情尚有疑於惡者而云爾也。孟子之語，特以破紛紛之論，其言較為直截而已。試以字釋之：性從心，從生，夫人之生以理乎？抑以氣乎？非氣固不能生，然非理則氣亦不生，即生並不得為生矣，是其為主為輔不待辨也。告子「生之謂性」之說所以似是而實非也。至若情從心，從青，說文云「青聲」，竊謂亦以青該諸色。就心之感物而言，氣一感物乃有引之而云者，不然在中祇湑然守理耳，何有不善？然其初動偶動時必先自理發驗之，亦安見不善？近人或有謂性善而情惡者，似亦略大窺其義而終不若孟子之言為至當而無弊，其說亦蔓延牴牾，未可盡據也。或又謂性得之天，情得之地，與說文「陽氣為性，陰氣為情」之語符。然天為陽，地為陰，分言之實各具陰陽。陰陽合而生人，故劉康公曰「民受天地之中以生」，漢書律曆志曰「五六天地之中，合民所受以生也」。雖人之一身，有得天之氣多者，有得地之氣多者，而要不得過為區別。且天陽主動，地陰主靜，性靜而情動，安在性專為陽而情專為陰？以氣質分屬天地陰陽則得之，而以語性情亦不盡然也，程子不云乎「性即理也」？朱子釋「人皆有不忍人之心」章云：「仁、義、禮、智，性也。惻隱、羞惡、辭讓、是非，情也。」孟子而後，吾斷以宋儒之言為得。

原命

吾生也天定之，天有時而不定者也，非天不定也，天之定因乎人者也。天因乎人，則天為無權，而天豈無權也？嗚乎！斯可以知命矣。命在天而予於人有二焉：曰理，曰數。有理而乃有數，理也，數也，一而已矣。數有定者也，理無定者也，抑亦皆有定，皆無定也？ 有定者在吾生之初，無定者在吾生之後。 生而善惡不易，則富貴、貧賤、窮通、得喪亦不易，此所謂有定者也。 然富貴、貧賤、窮通、得喪，可聽其不易，而善惡不可聽其不易，此所謂數有定而理無定者也。 且使由善而惡則福轉為禍矣，如由惡而善則禍轉為福矣，此又所謂皆無定者也。 伯夷之餓也，仲尼之窮也，顏子之夭也，數也，非理也。 或曰：「未嘗非理也。 理之變，數之變也。」然而仲尼以聖稱，伯夷、顏子以仁著，榮遇不在一時而在萬世，德之厚者收名也遠，當前之富貴、貧賤、窮通、得喪非所論也。 此未嘗非理之常，數之常也，要之，聖賢者惟知盡其理耳，數則何計哉？ 今人而不自修其德，于富貴通達則喜之，於貧賤窮阨則戚之，是謂昧命。 業知有命，猶安意富貴通達而思逃貧賤窮阨，汲汲焉如不終日，是謂貪命。 知富貴、貧賤、窮通、得喪之出於一定，因而不自修其德，一切聽之於天，是謂諉命。 子曰：「不知命，無以為君子也。」知命則必安之，安之則必立之，能立命故命在天而還在人。 至於學成而行修，彼蒼自思所以位置之，而君子豈必容心於其閒也？ 余半生絕無佳況，累試禮部不第，因家貧親老，時亦不免惄憂，因不恤背夫子罕言之意作原命以自解。

釋學

孟子曰：「夏曰校，殷曰序，周曰庠，學則三代共之。」校、序、庠，鄉學也；學，國學也。 王制：「天子命之教，然後為學。 小學在公宮南之左，大學在郊。 天子曰辟雍，諸侯曰頖宮。」又曰：「有虞氏養國老於上庠，養庶老於下庠；夏后氏養國老於東序，養庶老於西序；殷人養國老於右學，養庶老于左學；周人養國老於東膠，養庶老于虞庠，虞庠在國之西郊。」鄭註王制，前言小學、大學，殷之制；後言上庠、右學，大學也，在西郊；下庠、左學，小學也，在國中王宮之東；東序、東膠亦大學也，在國中王宮之東；西序、虞庠亦小學也，在西郊。 周之小學為有虞之庠制，是以名庠，其鄉學亦如之。

按：四代學名相變，周兼用之，實皆通也。夏鄉學名校，左傳言「鄭人不毀鄉校」，知周之鄉學亦有校名。殷人之序即以夏之國學為鄉學之名，而國學則孟子所謂三代之通名者。周之庠，鄭謂取諸有虞是也。而文王世子言：「禮在瞽宗，書在上庠。」明堂位言：「米廩，有虞氏之學也。瞽宗，殷學也。頖宮，周學也。」是有虞氏之學別名米廩，殷學別名瞽宗，周用其學並用其名，而頖宮於此為類似，亦非專諸侯之學名。其在學記：「古之教者，家有塾，黨有庠，州有序，國有學」，參之周禮俱合，是周以虞之庠為黨學之名，又以夏后氏之序為州學之名。周禮：「鄉大夫不言學。」據左傳，鄉亦有學，名仍夏后氏鄉學之舊。蓋不獨國學兼用四代，雖鄉學亦然，但其名紛則其制難詳矣。鄭解王制小學、大學之說不盡然。陳氏祥道禮書據祭義，以為天子大學在內者三：中為辟雍，即五帝之成均；左東郊，即夏之東序；右瞽宗，即商之右學；而小學在外者一，曰虞庠。陸氏佃禮書據賈誼說，以天子大學在內者五，東學為東序，南學為成均，西學為瞽宗，北學即有虞之上庠，大學為辟雍；而小學在外者二，東膠與虞庠也。陳氏言中及左、右學近之而缺其二，陸氏謂有五學，得矣，而南學成均、北學虞庠於經無考，以東膠與虞庠皆為小學在內，則顯與王制乖。項氏謂周於近郊並建四學，虞庠在北，夏序在東，商校在西，當代之前學居中，南面，此與大學在郊之言合而亦未悉其實。張子曰：「天子、諸侯所視之大學必在國中，無在郊之理。」禮記義疏、易太初篇云天子旦入東學，晝入南學，莫入西學，夜入北學，大戴禮亦言之。東西南北四學，則中有大學為五，且此天子入之，必國學而非小學，一日周之，其地必相近而不在郊。總而論之，大學、小學以年分，鄉學、國學以地分。鄉學中有小大，國學中亦有小大。以年論，則八歲所入者名小學。天子小學在王宮之東，天子之子入焉，所謂虎門側者即此。諸侯小學在公宮南之左，諸侯之子入焉，不於正東，避天子也。大夫、士庶之子各在其家之塾。或天子、諸侯擇其公卿、大夫、適士之子之儁者與世子居遊，亦入，故周禮師氏「凡邊塞貴遊子弟學焉」。是天子、諸侯之小學有一常所，而卿大夫、士庶之子其小學無數，亦無定所也。若謂天子、諸侯之子八歲即入四郊之學，則太遠而不情。若謂卿大夫、士之子同入此宮左之小學，亦太雜而不倫矣。及其十有五年所入者皆謂之大學，而其地迥殊。士庶入黨庠，卿大夫之子及士庶之子由庠升者入州序，皆鄉學也。由鄉而升，乃入國學。諸侯之國學在郊，諸侯之子，卿大夫、元士之適子及自鄉而升者皆入焉。諸侯歲貢士于天子亦取諸此。故曰諸侯大學在郊，將出而效之天子也。天子之制，黨庠、州序、鄙庠、遂序以下大約與侯國同，而諸侯之郊學則視其國之大小，或一，或二，或三。天子之郊學則必四，蓋六鄉、六遂之所升既眾而諸侯亦歲貢士于天子，非四學不足以容，故各就其方居之。天子大學在郊，將收天下之人材入而用之也，大司徒掌其教，成乃升之大學。董子言：「五帝大學曰成均。」賈誼言：「三王大學曰辟雍。」陳氏言：「明之以法，和之以道曰辟雍。成其所虧，均其過不及曰成均。大樂正掌其教，天子之元子、眾子，內諸侯、公卿、大夫士之適子則不必由郊學升而即入於此。或天子年尚少，如太甲、成王，亦學於此。特以三公、三孤涖之，不專受教於大樂正，而此成均亦備五學之制也。」據此，天子、諸侯之學略相同，即三代亦略相近，而諸儒說多悞者。一在小學、大學之未明；一在國學、郊學之易混。請更得詳指其所疑而折衷以歸於一是：

鄭氏釋王制，以小學在公宮南之左，大學在郊為殷制，上庠、下庠，東序、西序，右學、左學，東膠、虞庠分大、小學。孔疏因謂以殷人養國老於右學，養庶老于左學，左學小，右學大，知前為殷制。若周則大學在國，小學在郊，亦具後文。夫以養國老為大學，四代大學皆在國，以周小學在郊，殷小學在公宮左，下庠、西序不言郊，亦當同。殷周之小學何變而獨遠？義疏之辨是矣。學記「家塾、黨庠、州序皆鄉學」，劉氏敞以為皆小學。古者八歲入小學，十五入大學，家塾即里塾，亦兼各家之學，庠序，其遞升者。如以鄉學皆小學，豈所教皆八歲以上、十五以下之人乎？惟家塾中有小學，然年至十五亦不能不教以大學。其升也，不容八岁遽升，亦不必十五即升，則謂家塾為小學可也，以為大學亦可也。餘鄉學斷皆大學也。王制言「大學在郊」，又有「移郊遂」之說，文王世子亦言「謂之郊人」，是明有郊學。而王制「大學在郊」下即曰「天子曰辟雍，諸侯曰頖宮」，則必非鄉學，至後復言養老之學，為在國乎？在郊乎？以為在郊，似與前者同例，然養老，天子諸侯必視學，如張子之言，則不以此為然也。以為在國，養庶老者既非小學，周之虞庠明言在國之西郊。養老舊說於一日行之，易太初篇、大戴禮旦晝暮夜入而必偏，與義疏「地必相近不在郊」之言何以解？諸謂養國老者在國，養庶老者在郊，與諸說仍相戾。東西、左右之名又何以解諸？且國學四學並建，郊學亦四學並建，建於郊者一處而並建四學耶？學各於其郊耶？

學各於其郊，視學養老即在郊學，一日不能徧，一也。玩西郊一語，則是四郊非一所有學明矣。竊以為郊學因國學而分，既皆大學，天子、諸侯皆視之，皆養老於此，特國學重而郊學輕，國學之視學、養老常也，郊學其偶也，或其年不在國學則於郊學。王制意在欲明郊學，故後言養老之學即承前言，而于周贅之曰虞庠，在國之西郊，明皆在郊也。其制或言四學，或言五學，據祭義，實止四學，言五學合中言之耳。中，教者及天子、諸侯視學所居，不以居學子，易太初篇、大戴禮亦不言入中學也。而四學又以東西南面統之東，之前曰東膠，周學也，亦謂之南學，養致仕之老於此。東之後曰東序以法夏，亦曰東學，養老更於此。西之前曰虞庠，西之後曰瞽宗，皆曰西學。瞽宗以法殷，亦曰右學。曰北學皆養死政之老，義疏亦言之。所謂國學者如此，准此以建郊學，亦只在東西兩郊而不必四郊皆有，故王制言四代之學，皆僅言兩面。周雖兼四代，統言之，東惟曰東膠，西惟曰虞庠，其實東西又各自分四學，但在東者以東膠為主，在西者以虞庠為主，故于文不害別言西郊，於事不嫌一日徧入四學也。郊學而並不及國學，郊學如此，國學概可知也。嗟乎！典禮久湮，微論諸儒之言多所難通，即王制亦出漢初博士諸生之手，吾安得而盡信之。顧今既列之為經，是以敢取諸儒之言，反復論難，求合於此，庶幾說之不至窒礙焉。已矣，後之博識精思者，其視吾說又以為如何哉！

學術是非論

學術至今日而愈歧矣，歧則淆，淆則不可以不知擇。夫學將以明其理而履其事者也。其目在小學則灑掃應對、進退學文，在大學則致知、格物、誠意、正心、修身、齊家、治國、平天下，先王之世不待家喻戶曉，無不習而守之者。春秋時異說已起，特以孔子之教大明而未著耳，至戰國，楊墨之說乃熾，兼以告子等之謬戾，雖有孟子之辨而幾乎不勝。漢以後，佛老並出，獨昌黎韓子力辟之，所謂今之教者處其三也，然猶顯然自為異端也。乃吾儒之學亦且分黨而角立，指其名則有記誦之學，有詞章之學，有良知之學，今又有考據之學，而皆不可語於聖賢義理之學之精。漢儒，記誦之學也。六朝及唐，詞章之學也。良知之學，竊聖賢之學而失之過者也。考據之學，襲漢儒之學而流於鑿者也。獨宋程朱諸子倡明正學而得其精，近世顧橫詆之，亦大可惑矣。夫程朱之學不過明其理而履其事，以此語今之人，且曰灑掃應對，進退學文，吾幼時所習聞也。致知、格物、誠意、正心、修身、齊家、治國、平天下，亦人人所厭於耳而熟於口，無煩告也。雖然，試舉數端而問之，果能明其理乎？果能履其事乎？

講良知者尊陽明、象山而謂本於孟子，不知孟子之旨在以學問反其良知。金谿、姚江專主乎此，則流於空虛，勢必與佛老之教等。然陸王學偏而行誼事功猶有可取，近世高明之士竊此而陰與朱子為敵，其實蕩檢踰閑，默默有不可問者，則真所謂僞學也。務考據者右漢儒而左朱子，彼謂漢儒近古，其所講說皆有傳受。夫近孔子而解經者孰如春秋之三傳，然「盟蔑」「盟昧」其地名各異，「尹氏」「君氏」其人云訛，此類疑竇猶不可勝數，何論漢儒？吾嘗思之，生數千載之下，欲講明於數千載之前，聖人已遠，簡編多缺，兼以僞書日出，將一一而考其實，有可據必有不可據，其據者有可通必有不可通。有不可據，不可通，是終不能盡考其實也，故斷不如朱子說理之為真。嗟乎！朱子豈不知考據者哉？但不如今人考據之鑿耳。詆朱子者以為所見無幾，甚者擊之無完膚，直若斥為千古之罪人，吾以為彼真的千古之罪人也。朱子之學為何如學？己之學為何如學？世無朱子將無人道，雖使讀書博于朱子而考據間有是者，亦祇得聖學之粗跡，自問與朱子功孰多？又孰不由朱子之門戶出？則第當存其說以與朱子相參，而況所見實多怪誕，顧謾罵前人欲相角而勝之，豈非無忌憚之尤者與。善夫！吾聞宋蘭山前輩之言矣：「今人好立說以駁朱子，名心勝也。」蓋不駁朱子則無以見己猶能讀漢儒之書，而朱子既駁，漢儒亦更無可說，故肆然而敢為此。此與講良知者之意等也，平心而斷之，彼其功僅比於記誦詞章而其罪則不減於楊、墨、佛、老也。然則儒者果將何所擇而守之乎？曰：楊、墨、佛、老吾斥之，記誦、詞章、考據吾為之，而且一以朱子之明其理而履其事為宗，又不入于良知之家，庶幾乎與聖學相近矣。

是非得失論

天下是非有定而得失無定。是非存乎己者也，得失存乎人、存乎天者也。人之言曰：「吾是而不見是，則應得而失矣；或非而不見非，則應失而得矣。是得失無定，是非亦無定也。」然應得而失，豈可遂以為非？應失而得，豈可遂以為是？韓昌黎三試吏部而不中，昌黎之文是乎？非乎？劉蕡下第，眾人登第，劉蕡之文是乎？非乎？文章之得失，無論也。屈原曰：「世人皆醉我獨醒，世人皆濁我獨清。」將以原之醒且清者為是乎？將以世人之醉且濁者為是乎？屈原亦無論也。孔孟抱道，方欲以轉移一世，濟天下之生民，而遊歷列國，卒不見用，且為接輿、沮、溺、淳于、景子輩所笑。如執得失以言，則孔孟皆有非而無是矣。言不必不見摘，期於無弊；行不必不見議，期於罔愆；人不必不見斥，期於弗愧。君子不以得失之故有自是而非天下之心，顧天下之公，烏容誣耶？荔之邑有村焉，人多為盜，不為盜者，眾輒謂其不才，逐而拒之于郭外。又有里焉，人習為優，善優者，爭與之女以為壻，不然雖求之或不許。夫不為盜，不為優，良民也，乃其黨之人逐之而外之，固不以為是也。然使其處於他境，未必遂以為非也。且夫人果有是而無非，雖失之，吾亦以為得，若有非而無是，雖得之，吾必以為失。何也？是即得，非即失，是非、得失一而已矣。雖然，此際何以信之？何以處之？曰：「以是非問之己，以得失聽之人，聽之天。」或又有疑焉者，曰：「以得失聽之一時，以是非聽之千載。」

名實篇

名者，實之賓；實者，名之主。名與實不可相離，有實而後有名。名與實本自相因，非其實則非其名，名與實不容相背。來瞿塘歷列名字，意在不可不有之名，然實不同名遂不同。曰名德，德其實也，名其虛也。曰名位，位其實也，名其虛也。曰名分，分其實也，名其虛也。德有凶有吉，德惟一，動罔不吉，則有一德之名。德二三，動罔不凶，不止二三其德，且不止二三其名矣。列貴賤者存乎位，位有大小，名各因之。然名非其實也，稱其位則予以稱位之名，不稱其位則予以非位之名，豈可假哉？事皆有分，少不如其分，名亦不假。故聖人有聖人之名，賢人有賢人之名，庸人有庸人之名，惡人有惡人之名。不虞之譽，是謂虛名；有意求名而得名，是謂僞名。虛名可恥也，僞名亦可羞也。無實，斷皆不可恃也，凡物皆然。馬不走，不可謂馬；駝不負，不可謂駝。以駝謂馬腫背，人其信乎？指鹿為馬，人可欺乎？飲羊而賣，不可以干孔子之化；柑馬而秣，不可以言大公之兵。麥有贋，不可為麥；穀有稗，不可為穀，稱名而非所謂名。知天下是非美疵之實，正以名別之。名者，勵世之具，亦怵世之用也。疾沒世而名不稱，聖人言名只此，此美名也，反乎美則為疵，無疵始可言名。聖人以名歸於一途，則必沒世而始定。何也？當世則盜名之智未已，知交之助皆多，事有反覆，論有變更，歷久真乃不可掩也。雖然，歷久不可議者，莫如朱子，何以當時小人有僞學之誣，後世君子反疑言道之誤？邱瓊山，君子也，何以於當世乃疾端毅，于宋世乃直秦檜？甚矣！學不可易言，知道不可易言，明夫亦辨其名而審其實已矣。

予自知學志道不敢高言逃名、避名，然亦毫無求名意，又甚憎夫無實之名。始入里塾，人即爭譽之，既為文，譽者益多，而已非其志，名稍著，反有忌而毀之者。四十五六後，絕意功名，毀譽不聞矣，以名之來在人，實之修在我也。晚文字勸規外，思現有補於鄉閭，立鄉約、保甲法，以恭敬行桑梓。聽信者非不眾，終有不便於宵匪，即不便於吏役，兼有假名而非實，又或畏名而失實者，官府遂並害其法，欲壞之，無怪萋菲之滋也。今年八十有三，閉門待死，棄人問事，名乃多謬聞於當代大君子。自問生平之實，沒世後竟當何如也？轉深懼矣。作名實篇。

官家論

五帝官天下，三王家天下，此二語未可以為定論也。官天下惟有堯舜耳。天下本公器，河、洛未出以前不可盡知，然羲、農、黄帝固未嘗官天下也。非有堯之德則不能以禪，堯之子非如丹朱亦不可以禪，德非舜亦不可以受堯禪，舜不傳商均而禪禹亦然。孟子以堯傳舜，舜傳禹，禹傳啟皆天，確論也。其實與者、受者皆視其人之德，則又似人而非天，不知人之德亦猶天德，由於天全於己，天人一也。但其中若有不可盡知者，理有定而氣運之遲速無定，欲以妄意測之，謬矣。然則官家將以何為主乎？曰：官天下，偶也；家天下，常也。以官天下為常，則覬覦者多，變且生。家天下稍能自守，即可不失故物，所謂繼世以有天下。天之所廢必若桀、紂者也。桀不殺關龍逢，紂不奴箕子、剖比干，猶不至自絶於天，結怨於民。此果天乎？民乎？人乎？己乎？德乎？吾竊有疑焉。

堯舜之德至矣，功亦大矣，何自不能化其子焉？堯舜不能化其子，堯舜不自以為恨，人亦何嘗有憾於堯舜。堯讓舜，舜讓禹，只一世即公於人，不惟不以為恨且以為大幸。禹傳啟，不惟無愧堯舜，且可以告天下萬世。於戲！堯為天下得舜，舜為天下得禹，官也，猶家也。夏四百年而失于桀，商六百年而失于紂，周八百年而失于東周，家也，猶官也。禹、湯、文、武豈自計其有天下哉？豈自計其有天下之久暫哉？雖然，吾猶有疑焉。禹、稷、契、皋、益皆傳堯舜之德，佐天下。禹有治水之功，稷有教稼之功，契有明倫之功，皋有明刑之功，益有作虞之功。禹及身而有天下，稷、契皆歷世始有天下。三代以下，秦為伯益後，有天下止二世，唐為皋陶後，有天下四百年，似皆功德之報，而世之遠近短長皆大懸絶。或又曰漢為堯後。外裔之主中國者，皆前代帝王有功於天下之後。皆誰主之？天也？人也？天主理而氣運之純雜本自主。人天地之心也，參贊化育，天地亦賴乎人，故惟自全其德者能反求諸己，因求驗於民而並無冀望於天之心。

大學論

大學之有古本，必非其舊，顧自漢唐以來，諸儒皆據以為定本，朱子出乃更訂之者。吾不敢謂朱子之訂即有合於當時之舊也，然以朱子之書求古先聖賢之學則得其序矣。夫學以明德為體，新民為用，至善為歸，致知為先，而誠意、正心、修身、齊家、治國、平天下為次，舉千古之鴻儒，有能外此以為功者哉？學之序由朱子之書而得，千古所不能外。必以朱子之所訂為不合于古，是猶衣衰而必求虞之十二章也。有好古者得一衣，或曰虞時之章服而繪繡顛倒，非復書說。善衣者稍本所聞而更制之，乃詑曰非虞服也。彼未嘗親見虞時之服而以所得之虞服即為虞服乎？凡事之不由親見者均不可信以為真，況所信者之有盭于常耶？朱子大學之訂，據經以訂傳，初不自以為得古本之真，故補傳並不擬其文，然必合者多而不合者少。或欲移經文「知止」二節及「聽訟」章，以作補傳，此則衣制再改矣，而亦安必其盡當哉？嘗觀孝經刊誤之作，亦仿大學之訂，其合與不合猶大學也，而讀之自有條理。又小學之輯，補大學耳，昔者許魯齋奉之如神明，敬之如父母，豈得以其非孔門所作而置之耶？然則將廢古本大學與？曰：譬如古衣，雖不服，藏之篋笥以為玩，且亦可知後所制者之有所取正也。

中庸論

中庸斷非子思不能作，而世儒顧多疑之。彼見大學、中庸皆在禮記中，禮記雜出漢人手，故亦以中庸為漢人作也。嗚乎！謬矣。大學言學，中庸言理，其書本同原而共貫。大學言學至為謹密，即似曾子之為人。中庸言理至為精博，即似子思之為人。言理者正以見為學之當然，是中庸又實因大學作也。於大學不疑，且必以古本為據，而獨疑中庸乎？漢人言理僅得其皮膚，於中庸並未能窺見萬一，而誰其作之？雖以文章論，中庸之文不如大學，然猶在孟子之上，況漢儒哉？疑之者曰：「子思，魯人也。其言載華嶽而不重。華嶽，關內山也，魯人言山當言泰山而不當言關內之山，足證其出於漢人。」此亦不通之說矣。夫漢都關內，漢人著書者，豈必皆關內人與？泰山為五嶽長，而華嶽實大，言山之重而舉華嶽，當時習語耳。涇以渭濁，非衛人詩耶？可以其言涇、渭而謂為秦人作耶？近人讀書每於無甚關要之處，好生異議，以自矜其特見，中庸之疑，其又奚怪？但平心思之，皆可不攻而自破也。或云：「子思生於周時，舉周境內之山，故言華嶽。」是說也，吾猶以為曲焉。

至德論

事有不可輕議，行有不可輕訾。所謂不可輕議者，天下之所不容有，不得已而有之者也。所謂不可輕訾者，聖人之所不願為，不得已而為之者也。自古歷數之傳，其局有三：曰世及，曰禪讓，曰征誅。世及，常也；禪讓，權也；征誅，變也。變則天下之所不容有也，天下之所不容有即聖人之所不願為，而且為之，而且有之，此皆不得已者也。不得已而為之，有之，固無害於至德矣。昔者湯不得已而放桀，武王不得已而伐紂，其心其事俱可以告諸天下萬世，孟軻氏論之詳矣。而妄者乃以為湯、武逆取而順守，至劉知幾、眉山蘇氏且從而橫詆之。其言曰：「湯武非聖人也，謂為聖人，固孟氏之言，孔子未有是說也。」吾則謂此讀孔子之書不熟也。孟氏願學孔子，言未有不自孔子出者，故凡其所推尊湯、武，皆孔子說也。于何見之？於孔子之稱至德見之。儒者或以至德為稱文王之服事，謂孔子果猶不滿於武王，不知所云至德非專美文王也，蓋以兼推武王也。使其專美文王，不曰文王之德而必曰周之德者，何耶？觀論語此章称武王治乱之臣与唐、虞媲美，因及文王之服事，而美之曰至德，以見三分有二已可以有天下，而猶守臣節，必待天下無一人不歸，然後武王不得已而取之。是周之征誅與唐虞之揖讓無殊矣，故曰至德兼推武王也。泰伯三以天下讓而泯其跡，直指而稱之以發潛德，與此旨固不同耳。或又謂征伐之事，聖人所諱言，故於此深隱其辭，而他亦少見。是亦不然，「湯武革命，順乎天而應乎人，壹戎衣而有天下，身不失天下之顯名」非孔子語耶？順天應人，顯名不失，可不謂至德乎？天下之變，事固不容有而聖人亦不願為，然當天與人歸，必謂名義不可犯，竟坐視天下之洶洶而不思所以救之，無論使暴主益無畏忌，肆虐於上而未有底止，勢將有如太康之為后羿所奪，厲王之為國人所逐，與夫後世揭竿斬木，紛紛起而爭之者，此又烏可以已乎？孟子曰：「聞誅一夫紂矣，未聞弒君也。」為天下之變事，不失天下之常理，乃所以为名义也，乃所以为至德也。特非以湯武遇桀紂之君，則不可藉為口實也。孔子于武王初無異論，獨於樂則曰「盡美，未盡善」，此亦以時遇所為，不無世運升降之感，非有所不足也。世之儒者何遽輕訾而議之哉？

詩論

詩何自興乎？曰興於風。古者廟有頌，朝有雅，固聖人君子之所為，亦皆因事而制者也。惟風之作，出於里巷歌謠，其感也有所自而在，作者或並不知其所由，先王以是為本天而動，故謂之風。風者，如風之行而可以感人者也。非獨里巷，雖出自宮闈，而言其所欲言，上之人不得知，知之亦不得而禁，無非風也。太史、輶軒之采以驗國政，即譜之樂以教天下，並能教後世之天下。美刺具備，與三頌、正雅之但主於美，變雅之但主於刺者異焉，故曰風者，詩之原也。子言：「詩三百，一言以蔽之，曰思無邪。」此其意亦在正天下之風耳。使天下之風皆正，則變雅可以不作，而頌可興矣。三百篇以風為首，不以是耶？然天下之風本於思，而天下之思之邪莫如淫。聖人録鄭、衛之風，於淫奔之詩備載而不刪，蓋正天下萬世風俗之微旨也。予嘗閲天下之獄，男女之訟，殆居其大半。其民間或有歌謠，亦言男女之事為多。古之世不異於今，即此可以知聖人録詩之意矣，即此亦可以知朱子解詩之說矣。凡詩之淫者，其詞氣聲音皆有褻狎佚蕩之意在，當時之人自以為曖昧之事人不能知，不知人皆知之而並使後世傳之，傳之且如是其多而不遺，蓋聲情意態並見焉，是所以為戒，是所以為教也。世疑朱子於鄭、衛之詩，如木瓜、遵路等篇，不應概指為淫詩，以為聖人録淫奔之詩，何至如是其多。是豈識正天下之風意哉？嗚呼！議禮如聚訟，今說詩者亦如聚訟焉。吾于朱子鄭、衛詩解，不敢謂其盡得詩人本旨，然即以朱子之說觀詩，正與夫子以「思無邪」蔽三百之意合，而所謂風、詩者，得其要矣，所謂雅、頌者，俱得其本矣，故曰詩興於風也。抑大雅不云乎：「吉甫作誦，其風肆好。」然則雅亦風也，而頌可知矣。

六官論

世多疑周禮設官與書周官不合，予詳讀兩經而知其說之非也。周官敘三公、三孤於六卿之上，而周禮僅有六官，各於所職之外，望以事即加以名。無其人，微論公之名當闕，而孤之名亦當闕。周官之別敘異其人，重其責也。周禮不特敘而分見諸職中，存其實亦重其責也。成王時，周公、太公、召公為三公，後顧命，同召太保奭等備六卿之職，而三公屬焉，依然周禮之制，豈與周官所言背哉？其事重者，其名尊，周禮六官之首曰冢宰，名更無尊於此矣。冢宰曰天官，司徒曰地官，事固定無過於此矣。三公燮理陰陽，三孤寅亮天地，寧有異績耶？或謂三公論道經邦，三孤貳公宏化，不得更掌他事。夫坐而論道，朝夕納誨，輔成君德之事也。此大臣于燕閒之時，可以從容而自盡者也。其曰經邦，非太宰之所謂以經邦國與？人君之用臣，事權必秉於一，天下之政乃得所統理而無紛雜之患。三公、三孤謂之六相亦可，而專任者，實惟一相。唐虞時，舜為百揆，而禹以下莫不稟程；禹為百揆，而皋陶以下莫不稟程。湯有左右相，而任事一聽阿衡。周公與太公、召公為三公，而周公之所為，二公有不知者，故百官總於冢宰，此不易之道也，而六官之外又安得復有六卿？嗟乎！德與職稱，然後受其名，兼受其爵祿而不愧。公、孤不可妄加，而不妨虛厥任；太宰，職不容闕，而並未易得其人。周公之立制為天下慮，至深且遠矣。先儒以公、孤為六卿加官非無成說，而猶有疑者。故自秦漢以來，太尉、丞相、僕射、平章、中書、閣老，名愈紛，爵愈濫而稱其位者益寡，或以資升而且託坐而論道之說，空縻厚祿，無所事事，而未能稍有補於人主，吾以為直去之可也。

管仲論

甚矣，聖人之樂與人善也。管仲之不死糾而相桓，罪本不可原者也。子路問之，子貢又問之，聖人但稱其功而不論其死與不死焉。豈以其不死而相桓為是哉？恐天下因此而並沒其功也。春秋、公、穀一，傳直糾而絀桓。自荀卿而下皆曰子糾兄也，桓公弟也，故薄昭與淮南王書謂桓公殺弟，韋昭猶以為諱辭。宋程子及胡氏則又曰：「桓公兄也，子糾弟也。」觀經於糾削子，而于小白系齊，左氏序二公子之出，先桓而後糾，程子、胡氏之言亦不為無據矣。然以糾為弟而謂管仲可以不死，則非也。何也？糾雖弟不宜為君，管仲奉之以出，始固欲其為君也。始即僅欲免禍，無輔之為君之心，後之爭國，固欲其為君也。若云輔糾為不義，後不妨變而從正，豈有輔糾以爭，已致糾於死，己乃變而從正者乎？家語言「子糾未成君，管仲未成臣」，若可稍為仲解，然亦後人之言而託之孔子者也。夫奉之以出，君臣之分已定矣，況明明爭國耶？關、張從先主於草澤，彼其始本未有君臣之義，而二人守節終身不渝，若仲者又豈可與此較論哉？故曰仲之不死而相桓，萬萬無可原者也。聖人之稱其功，恐因其罪而掩其功也。管仲之功固大矣，聖人稱之，曷嘗曰此自有功而無罪乎？稱其功則罪不忍言也，此所謂樂與人善也。「豈若匹夫匹婦之為諒，自經於溝瀆而莫之知」亦謂不死而其功赫赫，在人猶異於無故而死，泯泯無聞者耳。或乃以匹夫匹婦即為召忽言。允若是，召忽之死為非，而仲之不死為是，天下之臣節安在？聖人之言誠害義之甚矣。不然也。不然也。

施伯論

齊請管仲于魯，施伯曰：「管子天下才也，所在之國必得志焉，若用於齊，則必長為魯國憂矣。」嚴公曰：「何如？」

曰：「殺而以其屍與之。」異哉！施伯之為此謀也。彼果忠於魯耶？何不為嚴公言，使釋管仲而用之？仲既才，可得志於齊，亦可得志於魯，可得志於齊而為魯國憂，亦可得志於魯而為齊國憂。吾觀仲此時非必有用齊之志也，射鉤之事方無幾日，安在仲遂見桓之可以有為？所恃齊能用己者獨賴鮑叔之薦爾。施伯已知仲，設使其能為鮑叔，仲亦何必去魯而忍辱事仇，冀成有玷之功名哉？且天下之才，豈惟管仲乎？殺一管仲，齊更得一如管仲者而用之，其能為魯國憂猶是也。若謂此時齊強而魯弱，留管仲則齊必爭，詎殺仲，齊能甘之耶？況以仲之才，如三薰三沐而早禮之必思所以拒齊，亦必思所以報魯，齊固不得而強奪矣。自古負大才者，雖擇可事之主，未嘗不重知己之報。王景略不為桓溫用，而終身用於苻秦，秦亦遂以致霸，非以主之才也，況齊桓之才本亦不過中主乎？或曰：「仲既不能殺桓公，斯時鮑叔在齊，非齊莫能用己者，其思去齊，不肯留魯，必也。」若是，則施伯之欲殺又謬矣。與其殺之而不能禁齊之別用才臣，反使與己為仇，何如禮遣之，以樹德于仲，使與己為好。士會之將歸晉也，繞朝贈之以策曰：「勿謂秦無人，吾謀適不用也。」繞朝正猶施伯之見耳。安知秦伯非明知士會之必不可留，佯為不知以逸之，而因不用繞朝言？即云不知，從繞朝言而留一士會，不能禁晉不更用一如士會之人。失賢士之心而棄鄰國之好，何益也？然則繞朝、施伯之為謀皆見近而不能見遠，見小而不能見大。奈何世之人反多驚其智慧，而以不用其言為惜也。

晉世子申生論

予讀檀弓而竊悲申生之志也。古今家國、父子之變何可勝言！以謹畏無過之身，驪姬、優施亂於內，必欲致之死地，天下之冤孰甚於此？乃臨命而訣，略無怨其父之意，而諄諄然以伯氏之圖君為念，則不謂之愛其親，而弗計一己之存亡不得也。世儒之言曰：「申生陷父于惡，可以為恭，不可以為孝。」不知經之言恭，予之也，非有不足之意也。吳草廬以為申生惟知順親，其心蓋純然出於天理之公，若逃之他國，即為陷父于惡，不待殺身而後蹈此失當矣。顧予于申生終有惜焉，一己之身，關宗社之安危，系天下之名義，不可他適，未始不可自明，不可自明，則亦不必遽死。重耳始教申生言志于公，申生曰：「君安驪姬，是我傷公之心也。」然傷公之心其失小，成君之惡其失大。驪姬獨優施等為謀而已，其他附之者寡矣。令申生入而哀號，或使其臣多方解救，亦或可冀君之一悟，不然必欲無傷其意，則東海王疆之事固即申生之所以自處也。夫東海王疆之辭位，非正也。光武盛德之累，莫大于廢郭后一事，郅惲因此教疆辭位備藩，以盡孝道為自安之計，是使光武一失而成兩失矣。然以疆之事移于申生則無不可，何也？光武聖明，非有必廢太子之心也；驪姬為讒於獻公，則有必不容世子之勢也。其不容世子者，不过為奚齊耳。申生早知其謀，則乞哀於獻公，並乞哀于驪姬，以示不欲繼立之意，因而託以辭，終老曲沃，此亦全親全己之一術乎？雖然，以驪姬之忮險，獻公之蠱惑，事終有不可知者。予特悲申生之死，恨不從此萬有一然之策，蓋幾廢書而為之三歎也。

孔子不仕衛論

當衛輒之時，世皆言孔子不仕衛，吾以為非也。孔子不仕輒，正不必不仕衛。輒終為君，孔子斷無仕衛之理，輒既欲用孔子，孔子正不必無仕衛之心。史記魯哀公十年，孔子自楚反乎衛，時出公輒立已八年。使其不欲仕衛，其至衛何為哉？聖人棲棲皇皇，日周流於列邦者，將以救天下之亂而已矣。當是時，輒據國以拒父，天下之亂更未有甚於此者也。夫輒亦人子，豈絕無父子之愛，天性之良？拒父之事，蓋亦由其繼立已久，安于禰祖之說，兼以衛之臣子皆以蒯聵得罪於靈而不當受，而輒信之，故忍而為之也。孔子至衛，正欲以覲衛之勢耳。輒誠有必用孔子之意，則是有悔心也，不然則亦信聖人也。有悔心，則固可以反復曲諭而使之迎其父。信聖人而與之以柄，則不難上告下請而使之授其國，與子路正名之論，此為政之道即至衛之心，又安謂聖人不仕衛？

或曰：「輒雖欲用孔子，未必不冀其助己，使之迎其父而授以國，豈遽能乎？」曰：「此聖人之所必能也。陳曲逆謹事高后而使天下卒歸劉，狄梁公謹事則天而使天下不為武，況在聖人，必更有潛移默運之權而能行以光明正大之道。如謂輒之意未善，則當欲用孔子之時，自有以察其微而先示其意，故告子路之語即其可為輒告之語。所以終不仕者，輒未能實用孔子，自不能以局外之身預人家國事也。」或曰：「如子之說，蒯聵當立乎？」曰：「當立也。蒯聵得罪於靈公，在靈公不以為子，在出公則不可不以為父。胡氏立公子郢之說固為正論，然吾以為當靈之時，郢為宜，當輒之時，立蒯聵為宜。且使郢堅守子臧、季札之志，逃之海外，衛將無君耶？吾蓋讀春秋書納衛世子之義與論語正名之說，知蒯聵之當立，並知孔子是時至衛，有仕衛為政之心也。」

後世惡秦論

戰國七雄並爭，後世多右六國而斥秦，如蘇氏父子之論，其說稍異，其意則同。後儒甚有賢蘇秦者，皆若深恨六國之不滅秦也。嗚乎！六國與秦等耳，秦何獨可惡哉？秦之不如六國，特強於六國也。今使兩兒爭毆，一勝一負，旁觀之人不問曲直，大抵右負者而已。惡強秦，固人情也。然使秦強而有道，果勝於六國，雖強亦何惡？惟無道與六國同，而獨以強滅六國，所以人惟見強者之為無道也。且秦無道之可惡，不在未滅六國以前，而在既滅六國以後。夫逆取而順守，人猶有原之者。始皇有天下，其為無道之事，古今未有焉，故天下曰暴秦，一論及之，遂皆恨六國之不滅秦，而卒使秦滅六國以有天下也。然則秦非可惡，惡無道也，惡其君無道之甚，積而不可解，因而併其國亦惡之，而國奚咎之有？由此推之，人謂春秋狄秦，亦非也。秦出伯益，五臣之後與三代之嗣何異？使春秋狄秦，秦誓不附於書矣。若魯仲連之不肯帝秦，蓋亦由前預有以卜其後也。

淮陰侯論

世多冤淮陰侯之死而痛斥高皇。李子曰：「是何其不明於君臣之義乎？」人臣之事君也，寵之不敢任，殺之不敢怨。侯於漢固有不世之功矣，然漢待侯不為薄矣，侯亦自知之。顧一失其意而遂懷怨望，此豈人臣之道？此豈漢之所能容？且侯有可殺之道四而高皇無罪焉。

請封假王、論將自許、垓下之約不至、陳兵出入自衛，之數者，微論非純臣所為，即律以後世功臣稍知自愛以全身名者，夫誰有此？況累有告變之人哉？始之告變，執而降封，漢于侯不為不寬矣，而侯猶不悛，何也？然則侯之反果真耶？曰：不然。史記所言侯之反跡即舍人所告者，遷為漢臣，記事不得不爾。觀臨刑悔不用蒯徹之言，則此時之反跡虛矣。天下已集，乃謀畔逆，此遷之微詞也。然侯不聽徹計，吾以為侯之死，正徹殺之耳。何則？侯不學無術人也，沈長卿謂侯自行軍用兵外概無所窺，胸少成算，反不反亦不能自主，蓋真能見侯之微者。自徹進計後，侯雖不聽而意實未忘，其破楚而懷觀望，遷下邳而備爪牙，皆由於此。至羞與噲伍，居常鞅鞅之意，猶可想見，縱無告變者，高皇疑之、畏之已久矣。告變之言既入，且屢入焉，夫焉得而不信？脫令不信，一旦變生意外，悔之何及？故曰：侯之死，徹殺之，高皇無罪也。不然，侯之志不過封王，教以謙讓不伐，若汾陽之于唐固未必能，如或之教酇侯多買田宅以自污，權術保身，亦侯所可效而竟皆無望焉，則徹之誤侯誠多矣。惜乎侯死而徹乃以辨免，是實漢法之不均，而侯之不聽徹亦有足憐也。

客星犯帝座論

觀東漢何多矯矯持節之士哉！和帝時，若廬江毛義，安帝時，若扶風法真，俱能守志以終。延及漢末，徐孺子、管幼安輩，高出乎黨人之上者，更不可勝數。吾以為皆嚴子陵倡之也。子陵與光武同遊，及為天子，物色而至，引與共臥，此光武之有禮而子陵不為勢怵，亦足見子陵之高。天子盡其禮，處士成其高，一代盛事也，何異之有？

然則太史客星犯帝座之奏妄矣。吾嘗論天道遠而難知，凡星家所言皆後世以意命名，本不可以盡據，間有應者，或有非常之故而人不悟，則天乃以象告之。子陵，光武之故人，舊嘗共臥而復引與臥，豈天遂以為非常之故而著之為象？即著之為象，天必有意昭其美，亦豈可以犯言？且夫子陵不仕，光武非以賤驕貴也，欲完舊誼也。當王莽時，彼遯世之志已定，聞光武舉事，固應深以為駭。至於事定功成，以少賤之交，寧不知可以優遊自適？為天子臣，或稍見疑則君臣之道不終，而昔日之好亦棄。故不待以友而授以官，先儒謂光武尚未能盡尊賢處故人之義，而舉朝方驚光武為過分，子陵為偃蹇，此范升之劾所由入，而亦即太史之奏所由進也。嗚乎！范升劾之，太史又奏之，此子陵之所以亟去也。

管寧揮金不顧論

財利之際，聖賢之所審也。孔子曰「見利思義」，義不當得，君子宜有確乎不拔之操。若當取而不取，則是有私意於其間，而亦不可以為義，不可以為義即利也。何也？以有近名之心也，名與利，一也。管寧與華歆共鋤地，得金，寧揮金不顧，歆捉而擲之，人以此知其優劣。余以為幼安直未見金耳，幼安中心無欲，且志在於道，金在前不一入於目，故揮之。以為既見而又揮之不顧則不免近名矣。不然，亦未審於義利之說也。夫鋤地得金與不義迥殊，當此時如歆之見利而動，復矯情於一擲，其心跡固不待辨。揮金不顧特視捉而擲者，稍為鎮靜爾，能謂其心無計較之私哉？「貨惡其棄於地也」，幼安誠不愛金，不需金，使攜金而歸，散諸鄉里之貧者，如劉宋凝之之受衡陽王餉錢之事，於義誰曰不可，而必揮之以明己之廉乎？欲明己之廉則是矯廉而已矣。原思為宰，與之粟九百，思辭其多。子曰：「毋，以與爾鄰里鄉黨。」處財利之際，當如聖人之所折衷於義。如揮金不顧之事，視原思之辭粟，更為不近人情也。故余直斷以為幼安必未嘗見金。考漢史，幼安為人在徐穉、申屠蟠等以上。觀其避地遼東，與公孫度談論惟及經義，還山專講詩書，習俎豆，又嘗戒邴原潛龍當以不見為德，固非有意近名，抑亦必邃於學矣。或當世高其志，傳聞其事而甚言之，作史者因以取焉，是未可知。顧後之論者，何不聞以其事之不合於中而辨之？曰：「君子自守，寧過於廉，毋過於貪，此固可使見利而忘義如華歆輩者愧也。」

劉宋廣陵之圍論

竟陵王誕反廣陵，武帝詔沈慶之討之。誕初閉城，參軍賀弼固諫，誕抽刀向之。誕敗，或勸弼早出，弼曰：「公舉兵向朝廷，此事既不可從，荷公厚恩，又義無違背，惟當以死明心耳。」乃飲藥自殺。何康之等謀開門納官軍不果，斬關出降。誕為高樓，置康之母於其上，暴露之，不與食，母呼康之數日死。左司馬范義曰：「子不可以棄母，吏不可以叛君。必若康之而活，吾弗為也。」城破見殺。李子曰：此三人者，於道皆未盡也。弼知舉兵不可從，又不背誕，死是也，特當於誕始反之時即諫而死，及屢敗然后以死明心，晚矣。康之背誕棄母，出降之後，于母又何忍乎？即使顧母而不出降，亦終與母同死，為叛賊耳。范義譏康子，謂子不可以棄母，是也；謂吏不可以叛君，非也。君已叛，不叛君乃同為叛。義之不叛，其見正與弼等，而於死無救於叛，究何能免哉？故康之之出不可言孝，而弼與義之死不可言忠也。然則，為三人者當何如？曰：不有「人所應有盡有，人所應無盡無」之江智淵乎？誕有異志，智淵請假先還建康。見機而作，斯為智矣。智不及此，而待誕逆跡既形以諫死，則心事早著，雖有母猶可免。其次也，既見將敗，或去或不去，皆知不能曲全，不得已而自託，出於一途者也。若其時，山陽內史梁曠，家在廣陵，誕執曠妻子邀曠，曠斬其使。此固不可與弼與義論，而亦非有母之康之所得同也。

許善心論

死生之於人大矣哉。士君子致身家國，苟得安常處順，豈不甚願？不幸而遇事變，履患害，刀鋸加之而心不慴，鼎鑊臨之而色不沮，無他，見道明而持節已定也。不然，稍涉於遊移則貪生畏死之意起，遂有甘辱而不辭，致隳其畢生之名行者。吾讀南史，竊歎由宋以迄陳亡，歷更四朝，何忠臣義士之少也。蓋自魏晉以來，君皆篡竊，士尚浮薄，廉恥之風微而榮利之情勝，雖有一二稍知自好之人，而卒亦不能自全，如謝朏、許善心，皆君子所為腕惜者矣。謝朏當宋、齊禪代之際，不解璽綬，使於此弗愛一死，寧不卓卓乎可與袁、劉比？乃不能，然而忍為鬪兵之所容，識者固知其後之必仕也。許善心為陳使隋，見留。陳亡，衰服號泣，東向坐三日。隋主曰：「我平陳惟得一許善心。」夫善心之愈於他人者，獨能衰服號泣爾，而其仕隋，較之謝朏仕齊，則猶在先也。及隋將亡，宇文化及弒楊廣，百官皆賀，善心獨不至。噫，善心亦僅能不賀爾，猶未能死也，其死實化及殺之也。且善心本再嫁之女，即死尚不可以節言，而況其又不能哉。女有已嫁而夫死者，撫柩哀哭，若不勝情，顧服未終而旋已他適。君子止惜其後之失操，而不謂哀哭之時能不忘其偶。至再嫁而夫又亡，或勸以他適，女不應，旋亦見迫而死。君子益惜其前之失操，而不曰後此之死可無愧所天，善心之所為亦若是。已矣，抑善心之有負其母者不少也。當善心見殺，母范氏聞之，曰：「吾有子矣。」不食而卒。以此觀之，母固有志節者。善心若為後主死，則已在陳可與叔慎同榮，母之名當不在石龍夫人下，何至為化及逼，枉死無益，至累其母亦枉死耶？故如善心者，視其子敬宗誠為甚賢，而衡以宋以來之人，則亦謝朏之流，而忠臣義士所不予也。然則彼當以何時死？曰：方其使隋見留，隋固必欲滅陳，此即善心自裁之日也。既不爾，衰服號泣時更無可待矣。

唐太宗吞蝗論

三代以下之人君最近於霸者，其惟唐太宗乎？ 跡其德業之著，視漢高祖、光武，宋、明之太祖，皆若較優。而吾以為論其隱微，則太宗當遜於數君，何也？ 其精明已過而其名心獨盛也。有好名之心，因多不近人情之事，乃至以不可欺閭里小兒者而亦有意為之，則如吞蝗之事矣。夫謂太宗之吞蝗，全不出於愛民之心，非也。當貞觀之初，急於為治，若禁笞背、鬻子，種種善政，視百姓真不啻如痛癢之相關。胡致堂以為「耳目所接，其心必在於民」，固非過譽。然一念愛民而好名之心輒發於不自禁，除刑、贖子，此愛民而不必指為好名者也，吞蝗之事，此愛民而不能掩其好名者也。且吞蝗亦何補於愛民？觀其祝蝗曰：「民以穀為命，而汝食之，寧食吾之肺腸。」帝果甘食己之肺腸而免食民穀乎？ 蝗果能食帝之肺腸而不食民穀乎？ 即果然也，吞此數蝗何益？ 況食君之肺腸，民何賴焉？ 若謂欲以此動天心而消災，則又屬私心而非至誠也。故曰此太宗有意為之而不可以欺閭里小兒者也。

解者曰：「帝入苑中，見蝗，痛恨之極，故欲吞之。猝然之頃，初不覺其事之無謂。」曰：「不然。蝗本不可吞，太宗方欲吞蝗，左右或諫之矣，而必欲吞之，謂非有意而然，吾不信也。抑安知此時之入苑，非即欲為此而故留心於掇蝗耶？大凡聖人之所為，不越乎耳目之所習，無可驚可異之事也。『田祖有神，秉畀炎火』，去害苗之蟲，見於大田之詩，聖人之法如是而已。後姚崇遣使捕蝗，夜中設火，火邊掘坑，且焚且瘞，即引此為證。太宗即見蝗而憂，遣使督民自捕之可也；不然，發金為民雇役捕之可也；又不然，已被災者，賑恤之可也。不聞此而為無益之憂苦，亦獨何哉？」

嗟乎！ 三代以下，惟恐不好名，此亦不得已之論耳。然如太宗禁笞背、贖鬻子諸事，其為名與否亦不可知，而實有愛民之心，又實屬及民之政，雖為名，吾固原之。即其放囚使歸，尚能活數千人焉。惟吞蝗，則縱屬愛民而無實惠於民，徒使群臣嘆之，史官書之，以為誇君之美。余恐天下後世，皆效此為無益之事以博名而不求善治也，故特於此略其美而斥其失。

若林西仲謂太宗之吞蝗必屬假蝗，則未免過論矣。

讀縱囚論

太宗之縱囚，出於愛民之忱也，而其為名，則亦轉念而徇其素心者也。史云：「帝親録系囚，見應死者，憫之，縱使歸家，期以來秋來就死。」蓋太宗本欲赦之而無名，縱之使歸而知其必來，則此心可遂，然亦有意欲為非常之事，故未免於為名。歐陽公曰：「信義行於君子而刑戮加於小人，屢赦則殺人者不死，豈可以為常法？」此誠不易之說。夫殺人者不死則被殺者含冤，且凶頑以不死為幸，將益肆其惡而復冀大恩之至。即凡包藏禍心者，以此為鑒，知犯重刑猶可以生，而敢以操刃，必有如漢季張成，知當赦而教子殺人之類。是不特上下交相賊以要名，實使天下日尋於亂而未有已也。

予觀三代聖王，曾無赦令之下。周禮三宥、三赦乃罪之可原者，而春秋於肆大眚則垂為至戒。後世朝廷，有慶輒頒赦書於重囚，亦多解綱，何異放囮，而不虞虎狼之傷人？至若入金贖罪，以錢鬻獄，司牧者又顧考成，不務詳讞，而專從末減，曰「吾寧為生者原」。噫！惟刑罰之疑可原，不然，託於是而為生者原，則死者乃我殺之也。此全無愛人之心而惟以私意弛法，又太宗之罪人而歐陽公之所必誅也。歐陽公又謂縱囚使歸，而來，殺之無赦，又縱之，而又來，後可知其信義。是則不然，殺之而又縱之，仍以術馭天下也，何以言信義？公固云此必無之事，以為再縱必不來爾。余謂其初斷不當縱，詎可枉法與奸民相試哉？曾子曰：「如得其情則哀矜而勿喜。」孟子曰：「以生道殺民，雖死不怨殺者。」上誠愛民，見有罪則憐之，當用刑則慎之而已。天下固不當以太宗縱囚之事為正法，亦尚無以歐公再縱之文為正論。

趙清獻公請俟安石論

韓魏公安撫河北時，疏罷青苗法，神宗然之。安石稱疾不出，帝諭執政罷青苗，趙抃請俟安石出。安石求去，令呂惠卿諭旨，乃起視事，遂執青苗益堅。李子曰：清獻公請俟安石，誤事為不淺矣。青苗之法，吾直謂公成之也。君子一言以知，一言以為不知，言不可不慎也。公於此匪特不知，抑亦有巽愞不敢任事之意焉。天下事無兩是兩非，吾人處事亦不容依違而姑待，況事在國家，關百姓之利病，而忠臣、權相又相爭於其間。其事可行耶，苟勸之，少緩而將遂中止其事；不可行耶，苟止之，少緩而將遂難回。故曰「需，事之賊也」。

公果以青苗為非，則當慫恿神宗，使從魏公之言，如以青苗為是，即宜與魏公爭。而必俟安石出，豈可行與不行，當聽安石意哉？且青苗之法，公亦應知其決不可行者也。今有病者於此，醫投之劑而使病轉劇。有一醫焉，以為彼藥不可用，明知其忠言也而又欲待彼醫之至，吾不知彼醫既至，復用其藥乎？抑不用其藥乎？用其藥則病將死。若不用其藥，夫何取乎彼醫之至？當是時，神宗為安石所誤，初非不願治也，聽魏公之言而悟安石之非。安石去而新法一切可罷，元祐之治不難早見於熙寧之時。惟強安石使起，彼乃得以固持其說矣。吾故曰青苗之法，公實成之也。或謂公亦欲罷青苗耳，特俟安石出而罷之，則其後更不容置喙。曰：不然。權奸任事，止之少緩，而已不可回，此必然之勢也。公能與安石相爭為勝哉？可預知其必不能也。史稱公于仁宗朝為御史，不避權貴，有鐵面之號，先是大臣爭新法，又嘗折安石。然則謂公為不敢任事，即未必然也，於此以為不知，其亦無容辭矣。

讀王鳳洲藺相如完璧歸趙論

智者慮事必深明乎彼己，審量乎始終，而後直任之而不疑，卒之事定功成，可使身重朝廷，名顯天下，斷未有所料在可必、不可必之間而姑與嘗試之理。姑與嘗试乃庸妄之流以身徼幸之事，非智者所為也。藺相如完璧歸趙，千載下無不嘆服，即朱子亦嘗稱之。獨王鳳洲指為天幸，余竊以此為鳳洲持論之刻。鳳洲曰：「相如使舍人懷璧而逃，令秦王怒而僇相如于市，武安君十萬眾壓邯鄲，一勝而相如族，再勝而璧終入秦。」其所見未始不周，然相如有歸璧之計，即有保身之謀，並宜有扞國之策。

當是時，秦意未欲與趙絕，鳳洲固自言矣，此即相如之所料也。秦雖強，昭王之世，六國尚可與抗。觀其與齊稱帝，齊歸之，而秦亦旋去其號，非盡畏名實也，畏六國也，大抵不在韓、魏而在齊、楚、燕與趙也。微論其他，趙與燕為唇齒，燕昭王方強，令秦兵十萬來伐，相如謀於內，使廉頗將軍結燕，合樂毅兵以拒之，足以抗武安君而有餘。然則越韓、魏以攻趙，夫豈易易？且相如即以求獻璧進，正欲自見其才耳。彼慨然以完璧許惠文之前，必灼見夫秦不與城，秦不與城而已給璧以歸，秦必不以一璧之故而殺己。萬一欲殺己，因加兵於趙，亦當給之以逃，預為待之之方。身重朝廷，名顯天下，寔在此舉。不然，未能如其言而反璧，或璧反而身僇，而國亡，為當世笑。相如智士，蓄驚世之謀，居趙數年，何取乎？以此事見，故曰相如奉璧而往，深明乎彼己，審量乎始終，而後直任之而不疑也。

至於後數年，秦伐趙，取石城，非相如此時之所慮也。然當廉、藺見用，秦亦何能遽坑趙卒如欺不知合變之趙括哉？鳳洲又曰：「秦弗予城，相如當云『大王弗予城而紿趙璧，以一璧故失信於天下，臣請辭就死於國，以明大王之失信』，秦王未必不予璧。」此亦不然，戰國之君臣不可與春秋等，春秋時猶知信義而竊其名，戰國則專言利害，於信義乎何有？況秦虎狼之國，尤不可以理屈。今之以城易璧，欺趙也，亦試趙也，舍璧而走，責以不信，固秦人之所甘也，而豈以為恤？然則獻璧宜乎？曰：不宜。如楊龜山說，當以璧與之，盡事大之禮。如朱子說，璧為趙氏世傳之寶，若與之則國勢亦不振。意當秦使來，即依鳳洲云云，報之以書曰：「璧非趙寶也，而十五城，秦寶也。大王以璧故而亡十五城，十五城之子弟將厚怨大王棄我如草芥，璧入而城不與，則大王為失信。」反復曲諭，使知已見其情，若不聽，則嚴兵以待，而相如可以不往，庶幾近正而不涉於險。然而此理也，猶非相如意也。

天下有宜裁之端五論

今天下之患在民貧，祛貧之患在省一切無益之浮費，而就其中宜節裁者有二焉，宜盡裁而嚴禁者有三焉。其宜節裁者曰酒，曰茶，宜盡裁而嚴禁者曰賭，曰戲，曰蘭之水菸。

夫酒興于禹時，而禹即絕之，其後，酒誥之作，幾酒之禁，學者習聞。歷代亦非不師其意設為科條，而今世之酒患愈甚，酗酒、釀酒，禍無論矣。以中人之產計之，歲收粟二十石，無事亦歲有酒費十千，有事或且倍之。盡所得十分之二以供酒，大較皆然，甚有以一人飲酒而耗十人之食者。而通計天下穀之所出，其釀酒者亦什之二三。以穀釀酒則食減，以酒適口則無救於饑，而糜錢又多於穀，是舉天地所產，養人之半，徒以資昏醉也。

茶無酒之禍，而有茶稅則有私茶，其販鬻者類皆桀黠之徒，是亦藏奸所也。禍不與酒同，貽禍則與酒等，而其費天下之財亦與酒均。蓋自唐始有茶，宋以來即立茶馬司，以茶易西北之馬，國家需茶者，惟此耳。然民間之茶飲，其風遂漸而日甚，在東南則尤甚，往往一小市，茶館幾所，終日客常滿座。有乞食之人，積數錢亦援所知入其中歠飲談笑者。非此能飽，亦非盡解渴，相效成俗也，人家可知矣。是則茶之費少於酒，而飲茶之人多於酒，故通計天下，其費當亦相埒。以飲茶之錢為買穀之錢，其所補豈少哉？故如酒誥所言，祭祀、養老，此則酒之所用，猶茶之易馬，有益而不必廢，外此則皆可用可勿用也。是其所宜節裁者也。

賭之名多端，而博其大者，博亦曰局戲，又有葉子戲之賭。今之戲則昔之所謂優也。此二者，其來皆已久而其事常相因。觀閭里演戲之場，未有不設賭局者，即未有不沽茶酒者。則賭以戲為端，茶、酒之費亦惟賭與戲更甚。然閭里之賭者，皆無賴子耳，其演戲皆無知之民耳，乃若士大夫，無不荒於賭與戲，可怪也。父師之教不嚴，少年子弟方在學舍便已竊賭，或近地十餘里有名優，則公然相率入觀。及一上進，郡城都省以此二者為風流矣；及一宦達，私署官廨惟此二者為快樂矣。他繁華地吾未遊，京師南城，歌館十餘，皆隱其名曰茶園，非齋日無不演戲者，堂會則弗可計其數，通計一日戲費，約不下四五千金。觀戲者歸，且縱飲以盡一日之歡，少息而起，又聚賭終夜，摴蒱一擲百萬，而一歌童之昵，至不恤竭費。眾爭羡以此為豪華名輩，然窮丐號呼滿市，乃不肯少出囊錢以給之。即此而推，賭與戲之耗費，無益於世，較甚茶、酒明矣。

而尤甚者莫如水菸。吾少時，食水菸者僅偶一見之，此風不知何自而起，今北直亦尚未盛行，盛行者自西迄東南耳。有水菸則有菸筒，其始也，家置一筒，今也人各一筒。初惟男子效之，繼則女子並效之，嫁女者至以為奩具。昔葉子戲起宋時，於明萬曆時盛行，人皆以為妖。嗚乎！此顧尚可訓乎？若以其費言之，予嘗問之涇陽賈者，五泉菸自涇發者歲約金三百萬，若以菸筒、火奴言之，通計天下之費，其數亦當半。夫食水菸者不惟毫無益於饑渴，而貪者多以此成痼疾。以致疾之物而歲耗天下數百萬之財，亦無謂矣。不惟此，繁華之地，賣菸之頑童猶之歌童，多良家子弟為奸人誘而畜之者，名託賣菸而實為龍陽。又類為達官所寵，因以鑽穴公署，陰通賄賂，至習賭棍徒亦攜此如室而兼以愚人，是其為世蠹，真堪痛心也。故賭也，戲也，水菸也，不可不嚴禁而盡裁也。

然是五者縱欲者皆以為快，有此還欲得彼，雖在謹身節用之人，亦幾視若日用飲食之不可離矣，今欲並裁之，有不以為迂乎？然而非迂也。顧寧人日知録於酒禁、茶禁、賭博之禁，言之蓋詳。予嘗以為此雖細事，實經國之大法，讀是書者自知之。若戲，今京師南城有而內城無有，知朝廷本自有禁。而陸稼書先生亦有禁菸之文，獨未及水菸耳。昧者多曰菸本朝制也，不知非也。今皇家不食菸者多矣，無論水菸也。或又曰世以菸應客，遽去之，此必不行。然前此未有菸時，獨不應客乎？凡事驟行則共駭，而習久則不為怪。與其習久而受其害，何如驟行而去其害？予因水菸之為害於今，並及茶、酒、賭、戲，竊謂天下各知裁此五者，亦可以無貧民矣。

大官法小官廉論

天下勢而已，勢者，道之所因也，非勢則道不行，而非道則亦不可以為勢。勢有上下，勢之行必自上而下，一定之理也。大官、小官，此上下之較然者。大小不一等，凡在下者，以上視之即小；凡在上者，以下視之即大。大者為之，其勢易；小者為之，其勢難。而天下之最難為者，則莫如州縣。天下之治，治以州縣也。治在此，則責之皆在此，求之亦皆在此，故其勢不得自由，以官小而在上之大官多也。語曰：「大官法，小官廉。」官小而與民親，必以廉為主，大官則守法而已矣。法者，朝廷之法也，即道也。朝廷立法無一不本於道，其戒飭而考課者，亦惟以道、以法耳。然大官或不廉，則必有欺法之事，且將無畏法之心，而倚勢以苛求於下，下雖不堪其求，屈於勢，不得不背法以應之，其應之者非百計求之民間則不得焉，雖欲廉，惡能廉？故大官之守法也易，小官之勵廉也難，則官箴之責，重在大官矣。雖然，小官誠廉，大官自不能倚勢以求，求之者，皆其不廉者也。不廉而反或媚上，非有素凜四知之大官，則王密之金比比而進矣。雖然，暮夜之投不可以欺人，不可以欺天地鬼神，人惡之，天地鬼神奪之。貪墨之後，多不可問，此人人皆知者。而自古多汙吏，何也？見利而智昏，不自醒也。醒之必清其原，勢不能不求正于守法之大官，故法者所以飭廉也，廉者所以祇法也。以朝廷之法，勉天下之廉，使無不恪之州縣，其勢甚順，則治道之行如流水矣。

為令難論

今之縣令，實古之諸侯也，在昔為尊位，在今為卑官。然無諸侯之權而仍任諸侯之事，故曰難。漢宣帝曰：「與我共治者，惟良二千石。」二千石，郡守也。竊以為今天下之治否，不在守而更在令。天下分為郡，郡分為縣，縣治則郡治，郡治則天下治，而郡守之任乃專責治於縣令，則合天下之縣令為天下之安危，是其所責之重正其所為之難也。抑昔之為令難而今之為令尤難。吾嘗概規其勢，以為其所難者有八焉：

一到任難。縣令以舉人、進士，即用者到任需四五年，歸班者，速亦需十年。舉人入銓部，以予計之，大約四十年乃到班，非獲雋在弱冠前，則入仕已及致仕之年矣。就令不踰時而仕，而諮文之費，道路資斧之費，到京師友交際之費、部費，至省謁見禮費，比到任，以予計之，亦需五百金，他人將不啻倍。是將仕而先當身負重債，不然即破產，已伏貪墨之基也，故曰到任難也。

一事上難。縣令去君門遠，所事者上官耳。上官有守，有監司，有督撫，凡取於下皆謂之陋規。自有創為陋規不可裁之說者，此項之費遂無節限，而縣令官愈卑，所費自獨多。公廉者固能不妄取，否則谿壑難盈，升降遷調惟視所奉之多寡，又加以吏胥之需索不貲，巧宦斯能得意，稍拙有終身縣令至不能歸者，無論其貶黜也，故曰事上難也。

一馭下難。縣令內有幕客、斯僕，外有吏胥、差役。善良可倚者難得，大抵取在才能則欺盜之人多，稍一不察，非侵己即侵民。侵己害小，侵民害大，且多一人則多一弊。吾見有衙署內外無不囊橐日肥，而官窮急不可問者，故曰馭下難也。

一賦役難理。民亦子也，使父母奪赤子之食，剝赤子之衣，而聽其啼號，心能安乎？且凡在人者，天亦必令人奪之，不在其身則在其子孫，故賦役斷不可過也。自楊炎取代宗時之規，併役於賦，定為兩稅，至今行之，實則賦自賦而役仍自役。本徵已過多於古，然例於本徵外取之不過加一有餘，官取或倍之，又倍甚，且加七八，更多無名之征，以此習以為常，謂不受賄即為良有司。取不如舊，公用斯至不足，則賦役何以理之？

一教化難洽。民無藝，尚何言教化？惟恤民者教民正不啻教子。而民俗難變，大率驕奢淫佚者為多，一喻之以禮，輒駭以為怪，故每蹈故常而不改，則教化何以洽焉？

一訟獄難平。教化行民，訟獄自少，而未易言也。民有欲則爭，健訟者不可屈，慣訟者不可止，有買直即有鬻獄，而下人百方作奸，勢皆富民伸而貧民曲，冤抑可勝慨也耶？則訟獄之平誠難矣。

一災旱難恤。賦役常寬，雖有災旱，民亦不甚病。乃或歲上豐稔，民間遂罕有災旱。萬一災旱不可諱，賦役亦或且如故。朝廷即有寬恤之令，以官多挽報民欠，恩率在數年以前，及官而不及民。又或匿詔不遽出，以圖當年徵收之易。至倉儲之設，朝廷本為救災旱也，而有採買、換倉等名。或亦請諸上憲，謂此為陋規，亦習以為常，直於正賦外更取大半。遇奇災，或不畏罪戾，多方減賑恤之數，於其中更肆盜竊，此猶餓人手奪食，天理豈容？向有謂京師都會，赤身乞丐多為官者子孫，此言未為妄也。而亦有兢兢然軫念民命者，眾或反排擠之，則災旱之恤，誠難矣。

一盜賊難除。無教化則盜賊多，遇災旱則盜賊尤多。夫盜賊亦有人心，即不能如聖人言「賞亦不竊」，豈不可以撫而散之，如古者龔遂、郭伋、賈琮等事哉？不可以善撫，則嚴緝而深治之，若張敞、虞詡、尹賞、王式、崔安諸人法，史冊具著，無不可藉以生計也。如委懦因循，至使滋蔓盤結，始而竊，繼而奪攘，乃顧考成，雖傷人亦強逼改供，致終為寇亂。將即此輩，烏可不懼？然盜賊多藏賭博之場，且多與差役勾通，往往官欲捕而信已潛通，竟至不可蹤跡。幸而捕得久系，差役獲餌則挽病稟釋，此盜賊之除又難之難者矣。

凡此八難，縣令之通患也。將謂令不可為乎？曰：有當勉為其難者。到任難，惟自苦約耳。事上難，吾向有言焉，謹慎以事之，積誠以感之耳。馭下難，悉習以察之，親民以辨之耳。若夫賦役之難，既自苦約，不任在上之苛求，不致在下之盜竊，自可取之有制，即不盡如古。然寬一分，民自受一分之福，己亦減一分之罪，縱不為民受福計，獨不為己減罪計乎？教化雖難，身帥之，勸諭之，嚴懲之，因俗為禮，諒亦無不從也。平獄訟無他，可息者諭之使息，否則判以情理，讞以律例，當嚴則嚴，當寬則寬，不自受賕，而又不信胥役，不淹聽斷，斯為得之。恤災旱無他，緩催科，發倉廩，散貸平糶，實心救援，諸弊自絕。而酌行古人之法，其中惟勸捐尤善，周禮安富意正為此。而保甲則治盜賊之善法，治盜賊即治嘓嘍，惟患民間不實心奉行，則法雖存而實亡。為令者能盡心糾督，盜賊雖難除而無不可除，亦如于青天之於魚亮矣，令又何難為哉？其難焉者，吾直以為令非令也。非令，則令之難蓋不止於八也。嗚乎！吾又將何責？

賦役續論

古者征賦有三名：曰粟米之征，布縷之征，力役之征。粟米，百畝之賦也；布縷，桑麻之賦也；二者皆出田宅，力役則民賦。民種王田，自當為王役，本一事耳。自秦壞田法，民得私賣買，是三者遂分不可合，然賣買之符契必出於上，則田猶是王田，固不待新法之立名，夫人而盡知之，特賦法日增，此則不如古也。漢田賦外有口賦、算賦、更賦，更賦即兵役，口賦、算賦則民賦之加，以當他役，實則有築鑿征討，雖舊立七科，三更諸法，而仍賦平民。唐初租、庸、調三法，租即粟米之征，調即布縷之征，庸即力役之征，是為近古。楊炎兩稅似本孟子用一緩二之意，而三者實合為一，因永後世之規。然間架陌錢更多無名之賦，而兵則用募民，兵於是遂分。宋兵分屯、營，外有雇役、義役。雇役於正賦役賦外增取於民，義役以救雇役之弊，而亦民間之所出也。明以來，賦分地、丁二名，而仍合為一。地兼粟米、布縷，丁兼常役、兵役，而有穀草之納，有折色之納，例各不同。其遇兵興，民間又別任役賦，此自兩稅以來即然，百姓固安之矣。而有不同者，遇良吏，朝廷正賦加一五外更不多取，即有取，減一分，民斯受一分之福。遇虐吏則加七加八以取之，而民猶相安也。甚者，雜賦無名，雞犬至不能安。即以常平倉論，初立此本豐斂凶散，為救荒設。乃或凶不報災，自無開倉救民之事。而遇平歲，別立採買之名，請官銀作官價，謂之紅封，實則封不發民而民惟依正賦增攤以納官。又變而歲歲換倉，官取外，倉斗、胥吏、包戶，百弊叢生，民於正賦外，歲又有三五分之納，且倍納者，即遇凶年，不蒙賑而仍受此害。是後世賦日增于古，至以救民之端亦為取民之資矣。

往聞先皇以不報災責一大吏，謂是欺上惡聞災旱，知我國家愛民如子，糾吏甚嚴，凡為此者皆其敢為蒙蔽，徼幸不露者也。以役論，兵賦，民別出車馬，不惟安之，而且莫不急公。就今吾朝邑言，其急公更甚於他縣，何也？他縣皆無坐運之法，而朝邑則有坐運，專為兵差也。始以有兵差坐運，後雖無兵差而運亦不散。每年三十九里，分為三運，以十甲輪流在縣支差，值此甲者，他甲不與。顧本為急公而繼遂滋害，蓋無兵即無事，而是歲餽官之禮，各衙有之，各胥役有之，兼以祀神、合眾公讌，及官借、吏借，運頭、里長有黠者又不免侵蝕，雖無事歲，於正賦外，亦不止倍出。故百姓不堪其苦者，以為無故歲多此費，況無兵而守縣待兵不祥，恒欲散運，而竟不能也。

然舊猶無所謂流差車馬者。聞流差車馬，上屢有申諭，不得以擾農民，其在朝邑，向亦屢革屢復。乾隆三十年，本府喬奉上憲諭復革，現有碑立隍廟，後復歸此項於三十六村載行腳車之家。既三十六村有不載腳者，而此項不去，遂為村中之害。前署縣事董在任，三十六村慫恿縣紳數人言之。董欲立車櫃，出銀一千五百兩作生息以幫此項。乃車櫃甫立，有以阻奪行客之車控上憲者，上憲責問，遂去車櫃而歸此項於三十九里之運。歸運以後，向來兩馬車日以八百錢，覓者增至一千五百錢，官需車亦遂日多。有過囚必一人一車者，有差役辦公不應用車而用車者，有一戲班過境，運出車馬至費數十千錢者。每年運中無事，此項需錢至二千緡，有事需錢至六七千緡，而並不與兵役。設又遇大差，民何以應之？往者三十六村不應受此害而受此害，不圖三十九里不應受其害而受其害愈甚，在三十六村仍不能脫其害也。

凡此亦多吏役舞弊，而官何能盡悉？上憲又何能盡悉？竊思有上以撫民，有民以事上，上有命，民何敢不從？雖朝廷無例，民亦何敢不從？但事須度民之所可受，以民急公之心言之，亦必取民心之所共。平民正賦外，何事不支行費，何獨以載腳車戶之費並歸農民，使載腳車戶反倍取車費於農民而坐享無事之厚利。以理言，此項本有官任，自應載腳車戶隨需少價應役。矧既有三十六村所出生息者幫之，又衙中如前裁減車役，何患不足？即不足，三十九里如三十六村，更出兩千銀作生息幫之，亦所共願也。審此，仍以立車櫃為是，惟在上憲嚴定章程。凡本縣載腳之車，歲酌不應役者可出錢若干，他處載腳車到本縣者可出錢若干，而過境之車斷不許擾，則事自兩得無弊矣。予居桑梓，事系民瘼，不能不關心，而力無如何，作為此論，或有本縣父母及公祖大人偶得諸聞見，悉其弊而憐之，因以改之，則為吾邑之民造福者無窮，即自為造福者亦無窮，為國家造福者亦無窮。鄙人妄想，第比諸愚公移山之見而已。

桐閣先生文鈔卷二

禘祫解　諸說附辨

禘者，禘也，審諦昭穆也，又帝也。天子崩，措之廟，立之主曰帝，始自有虞，亦惟帝得舉也。祫者，合也，合祭先祖親疏遠近也。大傳：「禮『不王不禘』，王者禘其祖之所自出，以其祖配之，諸侯及其太祖，大夫、士有大事，省於其君，干祫及其高祖。」「禘其祖之所自出」，周官所謂「追祀」，爾雅所謂「禘，大祭也」。「及其太祖」，以大夫、士例之，亦大事，周官所謂「閒祀」，春秋「大事於太廟」，公羊所謂「大祫」也。禘有王禘，有魯禘。魯禘，僭也。祫有大祫，有時祫，時祫及群廟之主，大祫並及毀廟之主也。三年而祫，五年而禘，大禘、大祫之期也。禘於四月，祫於十月，大禘、大祫之時也。

王制：「天子、諸侯宗廟之祭，春曰礿，夏曰禘，秋曰嘗，冬曰烝。」又曰：「天子犆礿、祫禘，祫嘗、祫烝，諸侯礿則不禘，禘則不嘗，嘗則不烝。諸侯礿犆，禘一，犆一祫，嘗祫，烝祫。」鄭氏以此禘為夏、殷時祭之名，信乎？曰：此諸儒雜魯禘之言也。春祠、夏禴、秋嘗、冬烝，四代之時祭皆然。大禘因乎禴，大祫因乎烝，祭不欲數，當其年即以時祭為大祭。魯僭禮，亦於禴行禘，相沿久故謂禴為禘，以闕春一祭，遂以禴當祠，禴同礿。王制乃概指礿、禘為天子、諸侯之時祭，郊特牲、祭義又誤礿為禘也。如以為夏、殷時之祭，祭法虞、夏禘黄帝，殷、周禘嚳，不王不禘，禘其祖之所自出，有明徵矣。先王制禮，不應以大祭與時祭亂其名也。

魯禘與周禘同乎？曰：不盡同。明堂位：「季夏六月，以禘禮祀周公於太廟。」季夏在周禘後，祀周公亦未嘗祀文王，若周追后稷之所自出而禘嚳也。其他，牲尚白牡，灌無虎彝、蜼彝，尊無大尊，正爵用玉琖，而君加用璧，角不用玉爵，夫人加用璧，散不用璧角，類下天子一等。蓋魯之始封為伯禽，封伯禽雖為公，而公實未嘗之魯。死而於魯立廟，念殊勳宜報。疑魯公又有始祖之義，不當在昭穆之列，故使別立廟而賜之以祭。使以周公主東向而魯公配，其禮較隆於他國，若有類於禘而實非禘也，名為禘者，後此之僭耳。僭而益甚，禮既漸增，至於凡屬非常之祭，或者用其禮，皆名為禘焉。春秋「吉禘於莊公，禘於太廟，用致夫人」，是祔廟之祭以禘禮行之矣。「大事於太廟，躋僖公」，公羊以為大祫，杜預以為禘是大祫，以禘禮行之矣。禘于武公，禘於襄公，是群廟不時之祭亦以禘禮行之矣。然則魯之禘始於何時？祭統謂成王、康王追念周公之勳勞，賜之以重祭。成王、康王兩疑其辭，顯系傳聞附會。以後襄之請隧弗許，知周公制禮甚嚴，賢如成、康，且有召公、畢榮之輔，豈反不如襄，而有非禮之賜？所賜者不過使其禮隆於他國，祭周公常以魯公配而已，使隆其禮在為周公立廟之始，以伯禽配在為魯公立廟之後。趙匡謂魯禘文王，或謂伯禽受賜，皆非也。然羅長源、郝敬輿以春秋於僖公後始書郊禘，謂僭禮自僖公，是亦不然。「吉禘於莊公」在閔公二年，則已有禘之名矣。春秋常事不書。僖公以前，祭祀猶多循舊，僖公以後背常失禮愈甚爾。考呂覽，魯使宰讓如周請郊禘，王使史角諭止之。惠公怒，執王使而王不討，自此僭禮，信矣。惠公在春秋前，僭禮之始固不能追書於隱、桓之策也。

曰：周禘於四月，祫於十月，魯禘于六月，夏正耶？周正耶？曰：皆夏正之月也。殷、周改正朔，凡農事若祭祀之類皆不能違乎夏正，蓋農事隨乎節候，而祭祀因乎時物。故豳風言春日、言月，閟宮之詩言秋嘗，明堂位言郊、言禘，王制、爾雅言時祭，一依夏正。春秋時，月從周而祭祀因夏時而制者，非時則書。桓五年秋書「大雩」，左氏曰「書不時也。凡祀，啟蟄而郊，龍見而雩，始殺而嘗，閉蟄而烝，過則書」，此亦確證也。其不合于夏時，或合于周時而書者，皆失禮者也。

曰：薦以首時，祭用仲月，謂以時祭為大祭。禘於四月，為因禴，祫於十月，為因烝。魯禘於六月，亦謂因乎禴，何所據與？曰：祭用仲月，此未可據為定例也。左傳閉蟄而烝，乃建亥之月，而月令大飲烝亦在孟冬，大飲烝即大祫於此時之證。左傳始殺而嘗，集解以為建酉之月，而月令嘗在季秋大饗之後。月令、逸周書、大戴禮皆載之，非呂氏書意為可信。然其說不一，亦足見祭不必于仲月，而即秋冬之祭，祠禴可知也。魯禘六月以避周禘，於理為宜。祭不欲數，前已言之，王制言「時祭不別言大禘、大祫」亦以此也。若春秋吉禘莊公於五月，禘太廟致夫人于七月，禘武公於二月，大祫太廟於八月，春正月烝，夏五月又烝，禮既謬，時亦多乖，舉不足憑。

鄭氏謂禘小祫大，何也？曰：此誤於魯禘也。以禘行於祔廟及群廟，而公羊釋大事為大祫，故疑。然不知魯之郊禘，孔子嘗嘆其非禮，況祭統言大嘗禘，魯禘固非小禮。緯言三年祫，五年禘，明亦舉之疏者為大也。

又謂禘為祭天，何也？曰：鄭以魯之禘釋，禘為小祭，不得不以大傳、祭法之禘為祭天，合諸王制，是有三禘矣，吾總以大禮不可亂其名者正之也。

劉歆、賈逵、孔穎達以禘、祫為一，何也？曰：此亦誤於魯之禘、祫也。魯不禘文王而特僭其禮，於非常之祭皆行之，寧不行於大祫？行之於大祫，不及周公所自出之文王，是魯之祫、禘一也。而以概天子之祫、禘，不可也。或言：天子別無禘、祫，祫即王制所言禘祫、嘗祫、烝祫，但嘗、烝二祫止及群廟之主，而禘則上追太祖所自出，下及毀廟之主。然乎？曰：此亦本禘、祫為一之說，合王制而通之也。如其說，則歲歲行禘，行禘即行大祫矣。然周官時祭外明言追祀，言閒祀，爾雅時祭外明言大禘，恐不得謂大祫即大禘，大禘即每歲所行之時祭。況諸侯祭亦曰禘，名既不當混於所不得祭，又如魯歲闕一祭，當禘之時，反將於大祭而闕而於禘一犆一祫，是禘亦不重於嘗烝。顧謂天子獨于此舉盛祭，未必爾也。曰：趙匡、陸淳以祫取合食，禘取追遠，謂禘不及群廟之主，朱子因之，何以言審諦昭穆？曰：祭莫隆於禘。當祭之時，生者之昭穆咸在，而謂死者之昭穆不與此隆禮，於情不順。蓋漢唐以來，諸儒多言及廟主者。元黃楚望亦曰：「始祖率有廟，無廟之主以共用於所自出，所以使子孫皆得見其祖。又以世次久遠，見始祖之功德尤盛，其為制禘之意矣。」

禘與祫，行之何先何後？曰：無先無後，君立之年與時，先遇禘則先行禘，先遇祫則先行祫耳。凡先儒之說，多因魯之禘、祫紛紛不一，以平心參之，皆得而釋也。

昭穆班次解 附廟制辨

朱子曰：「宗廟之次，左為昭，右為穆，而子孫亦以為序。」宗廟有昭穆，子孫亦有昭穆也。子孫昭穆之次，解者不一矣。宜何從？曰：以前後為班，不以左右為班也。執左右為班之說者曰：左右之中乃分前後，豈不較當乎？曰：不然。當祭之時，主當阼，同姓皆於阼東，其為地也有幾？如左昭右穆則祖孫分前後，父子當並列矣。如左與右又分前後，則參差而不齊，亦不免於紛擾矣。

曰：宗廟之昭穆，不嫌並列，何也？曰：廟各自為一廟，昭不見穆，穆不見昭，非若生者之昭穆，顯然皆相見，且相近也。子孫亦以為序，非謂猶宗廟之序耶。曰：朱子謂亦以昭穆為序，不謂亦以左昭右穆為序也。然則宗廟昭穆之制，賈逵、孫毓之說，宜何從？按：孫說太祖廟在中，左昭右穆，以次而南，朱子從之。賈說太祖廟居中，昭居東，穆居西，皆並列，廟各別門，亦並列，兩旁各有南北隔牆，隔牆中夾通門。聘禮：「公迎賓於大門內，每門每曲揖，及廟門。」以此朱子謂其說尚宜考，而江永以為賈疏定說也，如孫說不得有每門每曲矣。予謂廟制宜從賈，而廟門隔牆之說則不然，何也？廟在庫門之內，東庫門通朝與廟之大門也。入庫門東行，又北，然後入廟門。則廟在寢東，而廟門當在雉門之北。廟各有門庭堂室而同為都宮。以諸侯例之，二昭二穆，以次在太祖廟南，由路寢及雉門之地能容三廟之門庭堂室乎？即能容，不已促乎？抑將謂大祖之廟安在？諸廟之廟門又安在？謂太祖廟門即都宮之通門，諸廟在太祖廟門之內，則太祖廟門去庭與堂為太遠，而由太祖廟門入諸廟門皆不順。謂於都宮各自為門，太祖廟門尚在諸廟之北，則行禮于太祖之廟，廟門去庫門為太遠，而廟之列亦不順。故曰廟制宜從賈也。然隔牆之制竊嘗為圖參之，廟各有門即各有牆屬於門，此廟門兩旁之牆，無庸者也。與其牆出於廟門之外而通門，何如牆止於廟門，可由廟之前過群穆之廟門，直入大廟之門？且牆之南有所屬耶？無所屬耶？無所屬，則可以由其前，不必有東西通門；有所屬，必外連通牆而無自入之路，則隔礙殊甚矣。總之，兩旁之隔牆可以不為而必為之，先王之制不如是之迂拙也。考士冠禮「賓立於外門之外，主人迎賓入，每曲揖，至於廟門」注曰「入外門，將東曲揖，直廟，將北曲，又揖」，此則天子、諸侯之廟，皆可得而知。蓋無論二廟、三廟、五廟、七廟，皆並列，廟門亦皆並列，俱有南北隔牆，由牆屬廟門，廟門又各有東西短牆相連，外則有通牆，環廟四周，其前有通門，是謂同為都宮之制。而朝亦有南北隔牆，雉門、庫門之間牆有小門通之，由庫門入，東轉，直朝牆之門，曲揖，出而行，又北，直都宮之門，曲揖。所謂「每門每曲揖」如是也。天子、諸侯、大夫，一而已矣。解經欲其通，不徒口言之，而必實驗之。子孫左昭右穆之說，實驗之而難通，猶孫氏廟以次南之說，實驗之而難通。孫氏之說猶賈氏隔牆之說，實驗之而難通，故不不得不有所去取也。

中庸郊社解 祭天祭地分合附辨

郊祭天，社祭地。天之祭不一，舉郊皆該之矣。地之祭不一，而祭社為次，與郊對舉，凡祭地亦皆該之矣。鄭氏言「祭天九，祭地二，天有感生之帝，地有崑崙之祇」，皆怪妄。今按孟春祈穀，孟夏大雩，季秋大饗，冬至圜丘，及兆五帝於四郊，此一歲祀天之常，其他即位類、出生類、巡狩、柴、大故、旅，皆因事而祭。惟圜丘之祭為大，圜丘即南郊，祈穀、大雩、肆類、大旅亦於是。四郊各祭五帝，均有郊名。饗于明堂，柴于方嶽，不在郊郊之類也。故曰舉郊則天之祭胥該也。周禮春官：「以禋祀昊天上帝，以血祭祭社稷。」禮記：「祭天，特牲。祭社稷，大牢。」社與稷並是視祭天為小矣。祭法：「王為百姓立社曰大社，王自為立社曰王社。」王社在籍田，大社在庫門之內。二月祭社，常期也；大災類社，因事而祭也，皆於大社。而王社之祭在耕藉之時。二者並血祭，祭大牢。祭地之大者，獨泰折瘞埋爾，其在周禮大司乐，以為方澤祭於夏至，說者以為北郊而無社之名。嘗試論之：王社以祭藉田之地，大社以祭畿內之地，北郊方澤以祭天下之地。社則北郊，方似言郊當以北郊，方澤配，然舉方澤則與言郊文殊，舉北郊則與言郊意混，且曰北郊、方澤不可該二社。曰：

澤之祭地不待言也。或謂古者合祭天地，言郊則天地俱該，而社以類及。是不然，祭地之外，復及社；天之外，凡天宗之祭俱不得畧矣。嘗考天地斷無合祭之禮，圜丘、方澤此最明著者也。然是二禮，諸經亦不概見。朱子曰：「古無北郊，只祭社便是。」按：召誥「用牲於郊」下言「社於新邑」，礼記郊特牲詳言事天事地，亦以郊與社次，此朱子說之確證也，即此郊、社對舉之確證也。社之禮卑於郊，猶母之禮屈于父。然則古者天地之祭惟有郊、社，而圜丘、方澤乃周官新創之禮。中庸郊、社亦因自古常行之禮之名而言也。王巳山疑祭法王社即為北郊，不知前言「泰壇」「泰折」，而後乃言「六宗」及「王社」等，故其說亦不可通。

一貫解

「吾道一以貫之」，夫子以詔曾子，言行之一貫也。「予一以貫之」，以詔子貢，言知之一貫也。學不外知行，知本為行，行正行其所知，此知行合一之說也。知先於行，子貢知之功多，故但以知言。曾悉知之，並皆行之，故專以行言也。然「一」與「貫」皆虛辭，文清公云：「性者，萬物之一源。」是一字實地，而言性者乃至今紛紛不一。大學言明德，乃推本堯舜以來道統，時尚未有性之名，故言明德，以此見大學確分經傳。傳之首章確釋「明明德」、太甲「顧諟天之明命」，以上溯於堯典。「天之明命」即湯誥言「惟皇降衷，若有恆性」，言性之始也。中庸直接此，開口言「天命之謂性」，而孟子性善之說定矣。孟子言性善，排告子，諸說驗於情，推之才，實之以仁義禮智，又何一理之不在性中？即「一貫」之旨也。

自漢至唐，復無人識性字。周子太極圖直原夫賦性之先。明道與張子言定性書專主義理，言識仁說亦然，聖門言仁即言性也。明道又曰「生之謂性」，又曰「論性不論氣，不備」，又曰「善是性，惡亦不可不謂之性」數語，後儒疑之，實即孟子「動心忍性」，「君子不謂性」之「性」，所謂「氣質之性，君子弗性者也」。伊川曰「性即理也」，朱子以解天命之性，且曰：「天以陰陽五行，化生萬物，氣以成形而理亦賦焉。此則所謂理不離乎陰陽，而亦不雜乎陰陽。就人言，正孟子所云性善也。」其解大學「明德」云：「人之所得乎天，而虛靈不昧，以具眾理而應萬事者也。」或曰明德是心不是性。據此注，似也。陳北溪云：「理與氣合，所以虛靈。」據此，即虞書所謂「道心」，詩所謂「懿德」，蓋即性也。道心人心之辨不明，則性之善不善終不明。

天生人，先有理而後有氣，理乃所以有是氣者，實一時俱有。理雖無形，有之卻是實函氣中，如生有父子，便有父子之理。天生一人於天地間，便萬物之理全具，無理則無氣矣。在天地先只有清淑之氣，合理而生，是生之本然，漸乃濁而雜，其初發亦先本清淑之氣出，故指清淑之氣純乎理者曰性。曰性善情善，才亦善，濁而雜者，雖生而然，亦謂之性，而非性之本然也。周、程、張、朱五子之言，以是求之皆曉然矣。五子者與孔孟之言同，與堯舜以來相傳之說亦無異，是真一脈相傳也。

自陸子靜與朱子講學有異，則同途而又遂不免歧出。朱子曰：「子靜之學在『尊德性』，吾之學在『道問學』。」平心論之，二句中加一「而」字，德性本也，功夫則全在「道問學」，「道問學」正所以「尊德性」也。朱子「道問學」即其「尊德性」處，觀注論語首章「學」字，提出人性皆善，指出明善、復初兩端，知行皆在於是，而他日改人「道問學」齋名為「尊德性」，其意昭然。陸子專主尊德性，非不問學，而問學之功輕矣。德曰性，可知大學之明德即性。而注解「止至善」云「必其有以盡夫天理之極而無一毫人欲之私」，解「中庸」云「不偏不倚，無過不及，而平常之理」，又曰「中庸雖若易能，而非義精仁熟無一毫人欲之私者不能及也」，解論語「仁」字，引延平曰「當理而無私心則仁矣」。知性本至善，至善即中。仁為性之所先得，統四端，兼萬善，皆合內外言之，而未嘗不重夫內，由內以及外，外皆歸於內。孔子、曾子、子思、孟子之所主，周、程、張、朱之所宗，祇此性也，名以為一耳。陸子靜講心學，亦堯舜以來相傳之旨，然道心與人心不同。羅整庵謂陸子靜言性只是知覺，只是心，但以雜乎氣質者言之，故學專以覺為主。楊慈湖益張其幟，陽明宗之，轉而為良知，亦本孟子。乃自以為得數千載不傳之秘，不知良能、良知，固孟子指出以驗仁義之性者，猶前言性善之謂也。以朱子之說證之，即所謂本體之明未嘗息，其云良知即所謂「因其所發而遂明之，以復其初也」。而陽明專以已發言，重本體反遺本體，重躬行反遺良能，宜乎以「無善無惡為性之體，有善有惡為意之動」，真同於告子之說也。

知、能本是兩端。孟子先言能，正重能也，後言功夫，所以知言更須養氣，以知該能，謂下文單言知，未思言知自見能，非無能也。人固有知而不能者，雖孩提亦然。氣拘物蔽，生而已然。曰「致良知」，又以格物為格吾心之私，微論正心、誠意皆為贅語。是知之本然，固有未盡善者，良知豈復可恃？朱子補致知傳云：「大學始教，必使學者即凡天下之物，莫不因其已知之理而益窮之，以求至乎其極。至於用力之久而一旦豁然貫通焉，則眾物之表裏精粗無不到，而吾心之全體大用無不明矣。」是即夫子教子貢以知之一貫之旨也。天下之物與「物有本末」之物同，物豈有內外？而見於外者多，故事亦曰物。「已知之理」即良知，「益窮之」是遇一事窮一事，遇一物窮一物，循序漸進，以至貫通，非求知即欲知至貫通也。知不在多學而識，必由多學而識方可與貫通，故詔子貢以一貫，正在多學而識以後，猶詔曾子以一貫必在凡事精察而力行以後也。究其旨，知行合一，論其序，先知後行，言其功，則必知行互進，方可統而歸一貫。聖經次節抽出「知止至於能得」，足見「知」大學一半功夫，「知止」豈偶然可至之事？豈容發念即是？雖「知止」，臨事尚有慮字一層，所謂驗於事物也。自「誠意」以下，皆在事物中，皆屬行，皆期得事物，皆以良知得之。平時不用講求，臨事又何慮為？格物即為誠意、正心，致知一條直可不用。聖賢講學，諄諄知行，即言一貫亦分別各言，何也？以此又見格致傳不可不補也。

中庸首末皆言存養、省察，皆屬行，重行也。中言知行，又是相須而成，豈行偏主一邊？其首先存養而後省察，見靜為動本，亦見用為體發，其末先省察而後存養則見其體用、動靜相因，用亦仍歸於體。程子曰：「其書始言一理，中散為萬事，末復合為一理。」書旨如是，聖賢之學亦如是，即夫子告顏淵博文約禮、克己復禮，兩事卒歸於一，內外兩事亦合於一。孟子知言養氣，不負性之本善，所謂一貫者，皆非可以猝言。而陸王兩家大抵高明之過，偏主於一，是濂溪、明道，非伊川、晦翁，以為不知本，其亦不自見其疵累之多也。夫理辨析毫芒，亦審幾微，毫芒不明，幾微不析，不得曲為之護。門戶之見斷非講道者所應有，而先入之解與偶啟之識，容或固結而不釋，又不免有護前私心，則門戶之見亦成矣。故有同一門戶而各為庇循者，有同一門戶而不無稍異者，有調停兩是而終覺其偏者。學不一則道不貫，此不可不嚴辨也。由陸王推之，白沙出康齋，專主靜虛；甘泉出白沙，又主延平隨事觀理、靜虛，似主體，謂本濂溪、明道。其實周、程之靜不如此，延平隨事觀理則主用，而延平請看未發前氣象又似主體。

曰：看又不專於靜，此於體用一原，動靜相因，一本萬殊，萬殊一本之理，俱不能該，猶之偏於一偏，于良知難言一貫也。其他主慎獨，主無欲，主改過，皆聖門切要之功，而總不若程朱之言復性合體用、動靜為得一之實。故予於性特詳辨之，知性則知一貫，而紛紛宗旨俱可無庸矣。近有言性者，以孔子不言性善，而孟子言之為非，是未解論語性、道之說，並不知易「各正性命」、「繼善成性」、「窮理盡性以至命」為何人語也，真夢矣。羅整庵恪守朱子者，謂即氣見理，因謂朱子言性不應以理氣分為二，吾鄉韓苑洛亦云爾。如是勢將以性為不盡善，予皆不以為然。

論語侍食先飯解 常說附辨

此常時禮，食之小者也，非公食大夫之禮。士相見禮：「若君賜之食，則君祭先飯，徧嘗膳，飲而俟。」則此是也。何以先飯？周禮「王日一舉」、「膳夫授祭品，嘗食，王乃食」，諸侯亦然，不敢當客禮，嘗食若膳夫也。玉藻云：「若賜之食，而君客之，則命之祭然後祭，先飯，徧嘗羞，飲而俟。」又曰：「若有嘗羞者，則俟君之食，然後食。」士相見禮亦言之，明客之必命之祭，命之祭乃嫌於當客而嘗食，不客則君自有膳宰嘗羞，不得先食。此不言命之祭，何也？不待言，故文不具也。不命之祭何？以知其客之也，即以先飯知之也。君亦祭，何也？侍食于先生，異爵者後。「祭先飯」言後祭，則先生異爵者先祭，明非一人祭。以此例之，君命己祭，君亦有祭也。古人禮食，人各異席，各有食，食雖同，各陳於其前，況臣與君乎？此侍食即玉藻「君賜之食」，其為異席各有食也審矣。大抵君命夫子祭，夫子祭，然後君祭，故為客之，不敢當客故嘗食。嘗食者，嘗己前之食以示為君審滋味，非嘗君前之食，儀禮賈疏言是也。

曰：君祭則有膳夫，授祭亦有膳夫，嘗食又先飯，何也？曰：賈疏「士相見禮以此為膳宰不在也」。常時君自食，君若客，膳宰若主，故常在側。今以客禮待臣，君不命膳宰為己授祭、嘗食，故有不在時也。邢疏謂此侍食非客禮。如非客之，據玉藻，不得先飯矣。或因其與玉藻不合，謂夫子視常禮有加焉，則越分之禮，果疑於諂矣。或又據士相見禮，以玉藻為變例，禮何以有變例？況士相見之言有與玉藻合者，是其說皆非也。

論語侍食先飯續解

士相見禮：「若君賜之食，則君祭先飯，徧嘗膳，飲而俟，君命之食，然後食。」鄉黨記孔子侍食先飯，即此禮也。禮當，然而孔子行之，何以記？當時有不盡如禮者也。鄉黨所記，多以是也。疏謂此小禮食，非正禮食，正禮食則公食大夫禮是也。玉藻言「若賜之食，而君客之，則命之祭然後祭，先飯，徧嘗羞，飲而俟」亦小禮食，與此同。君不盡客之，而猶客之者也。其言「若有嘗羞者」，則俟君之食然後食飯。「飲而俟」謂君不以客禮待之者也，與此異也。公食大夫禮，君前無食，此小禮食，群臣俱有食。惟君不盡客之，故君先祭。惟君猶客之，故君既祭，亦命之祭。玉藻不言君祭，君先祭，變例也。君或先命臣祭，臣不敢故君先祭，或君不命而輒先祭，無正禮故不言也。「命之祭然後祭」，禮之當然也，自君言之也。士相見禮及鄉黨此文不言命祭。祭，臣之所不敢也，不待命而先飯正以辭後祭，亦禮之當然也。自臣言之也，既先飯，自不可復祭。故曰辭後祭，且示為君嘗食，代膳宰也。何以代膳宰？君客臣，嫌於自尊，不用膳宰授祭、嘗食，膳宰不在也，何以知膳宰不在？以玉藻言「若有嘗羞者」知之也。君何不使膳宰兼侍？客臣不得用君之膳宰也。何不代授祭？代授祭則非君客之意，且君前不得越席也。故先飯嘗食者，嘗己前之食也。嘗己前之食，何以言為君嘗？君客臣，君臣之食同也。

廛無夫里之布解　周禮載師閭師注附辨

廛，市廛，非民廛也。布，泉也。夫里之布，夫布、里布也。夫布，有家力役之征。里布，民宅桑麻之稅，皆以布代，罰惰民也。周禮載師「凡宅不毛者有里布」即此「里布」也，「凡民無職事者出夫家之征」即此「夫布」也，閭師「凡無職者出夫布」亦此「夫布」，可互證也。鄭氏曰：「宅不毛者罰之，使出一里二十五家之布。」民間無職事者猶出夫稅、家稅，謂一夫百畝之稅，一家士徒、牛馬、車輦。後儒疑之，何也？一惰民而使出二十五家之布，則罰重，罰重則令不行矣。失其業即棄其田，田不耕既有屋粟之罰，無職事不當又有百畝之稅，且與閭師職過參差矣。朱子曰：「載師、閭師之罰，前重後輕，後以罰民，前以待士大夫之有土者。」「宅不毛」為其亭台也，「田不耕」為其池沼也，「民無職事」大夫家所養浮泛之人也，是固有之矣。有民自荒其田宅，或不食大夫之家，遊手者以夫布之罰概之，是過輕也。然則云里布，何也？里即宅也。書言百姓里居，記言田里不粥，皆宅里也。有宅則種桑麻，出絲枲，不毛以布代，當一宅之所出，罰之如其分也。夫家之征何也？有家而後為夫，猶小司徒、鄉大夫之所謂夫家也。夫家供力役，惰不事事，亦出布代其征，不言布，因上也，罰之亦如其分也。田不耕，出屋粟為三夫之稅，重于二者，何也？田不耕，空田也。夫三為屋，共田間之宅，雖有惰民，同屋可代耕，乃空田，其罪重，故以三夫之稅罰之，罰之如其分同也。閭師重言無職之罰，何也？無職事，為遊手，職之所不任也。無職，轉移執事之閒民也，雖轉移執事，力役之征當供也。夫布、夫家之征小異，夫家統乎家，括家三人、二家五人、家二人言也。常時出夫布，田與追胥有加也，夫布惟一夫布也。閒民當竭作，家有當者不重供，無職事餘人有無竭作皆征矣。市廛非可以種桑麻，市廛之民皆工商，未可應徭役，非閒民，不當以布罰。戰國時並取之苛，故戒其無也。或以為民廛，夫里布皆民廛之所應有也，非弊政，何以戒也？市廛前既言矣，此別言之，何也？若曰市固當廛，廛至今乃有甚焉者，不可不知也，不可不戒也。居廛者又兼工，不獨商，故必別言之，下曰民，曰氓，亦以此也。

詩亡解　春秋託始附辨

或問詩亡之說。曰：詩兼風、雅、頌言也，亡則皆亡矣。曰：或主頌言，或主雅言，或主風言，何也？曰：頌亡則當曰頌，雅亡則當曰雅，風亡則當曰風，不得概之曰詩亡。頌亡之說，趙注所謂「太平道衰，王迹止熄，頌聲不作」是也。然僖公諸詩，孔子不删，豈得云非頌乎？雅亡之說，始楊龜山、胡康侯，朱子集注取之者也。然有頌何得無雅？「周宗既滅，靡所止戾，赫赫宗周，褒姒滅之」明是東遷以後之詩。況詩因巡狩而采之，以行黜陟，於春秋所取之義尤切，又不當專以無雅為詩亡，鄭漁仲、李安溪、周理衷皆言之，宜矣。主風亡者，呂東萊、王伯厚也。夫變風終於陳靈，風亡則雅亡可知，雅亡則頌亡可知。詩譜具在，時固昭然，且使有一存者，孔子取之而孟子顧以為亡耶？或曰：春秋繼詩以存王迹，託始於魯隱、周平，而東遷以後，風、雅、頌，詩皆有之。顧寧人以西周之風篇什佚亡為詩亡。李安溪、周理衷以正風、正雅為詩亡，得毋近乎？曰：非也。西周之詩為詩，東周之詩豈曰非詩？孔子既並録而不删，則皆關於王迹者也。如顧說，邶風、柏舟，子貢詩傳以為管叔時詩，雖不可信，序不以為衛頃公時之詩乎？序說於諸國風，首多指為西周，即不可信，鄘風柏舟，衛共姜詩，衛風淇澳，武公詩，不皆在東遷以前乎？謂西周無風，亦云疎矣。如李與周說，正風、正雅皆成周盛時詩，詎有中隔數百年王迹熄滅，孔子乃以春秋敘於東遷之後，猶謂上繼乎詩耶？無論變詩之録為贅也。然則東遷以後之詩，亦天子巡狩而采之者與？曰：此則朱子詩傳序言之矣。昭、穆而後，寖以陵夷，至東遷而遂廢不講，是固王迹熄滅之實。其猶有詩者，蓋巡狩雖廢，太史尚間采之，而列國亦間陳之，故仍編之於策，無黜陟而未始不可為勸懲。自株林澤陂而後，凡有詩不為朝廷之所録，何論風？何論雅？何論頌？於王迹乃全無與矣。故曰詩亡也。

曰：詩終於陳靈，在魯宣之世，而春秋始隱公元年，平王之四十九年，何說？曰：詩終陳靈，詩亡之實也。東遷，政教號令不及天下，王跡熄滅之實，詩亡之始也。若夫不始東遷之初，吾有取于胡安定、顧寧人、周理衷之說，而亦不能無辨焉。考史記，平王元年東遷。二年，魯孝公薨，惠公立。四十八年，惠公卒，隱公立。隱之元年正平之四十九年，與竹書合。杜預、范甯謂其時相接，是也。然惠之立實東遷之始，胡為春秋始於隱？胡氏曰：「猶有所待也。」顧待之者亦謂既已東遷，或可再興。但事當草創，政教號令未暇修舉，久之安知不重新以復西周之盛？乃遲之四十餘年，而一切盡廢，則失望矣。此聖人之恕也，豈必若秦龍光謂有冀其西歸之意哉！竹書：「幽王十一年，申侯弑王，立宜臼于申，虢公立王子余臣于攜。平王二十一年，晉文侯殺余臣。」周理衷謂平王與聞乎弑，其立也未必是，而余臣之立未必非。攜王在則平王未全乎為君。夫周無廢適立庶之禮，平王先雖在申，申侯殺伯服，並弑幽王，未必即平王意也。小弁之詩可取，則平王之立不當議矣。使余臣當立，則伯服亦當立矣。況諸侯晉、鄭既皆輔之東遷，則又何不全乎其君之有？書取文侯之命於輔遷之臣，猶予焉而謂於數百年後欲奪平王之為君，豈理也乎？且將謂聖人若在當時，尚有觀望之意乎？特余臣尚在，未免政教之有阻，是亦胡氏所云，猶有可待者耳。顧氏曰：「惠公以上之春秋，固夫子所善而從之者。」據韓宣子適魯所見，此前之春秋必非不存，其存者必較善於東遷以後。然前之春秋善，孔子固不必更訂也；不善，孔子亦非敢竟刪也。裁自東遷以後，以自為書，固有深意焉，凡以存天下之政教而已。孟子曰「王者之迹熄而詩亡，詩亡然後春秋作」，然則春秋託始之意，吾亦以是斷之矣。

鴟鴞詩辨

解鴟鴞詩者，必與書金縢參觀，其義不當從孔，而當從鄭。孔安國以金縢「弗辟」之「辟」為法，以「居東」為東征。鄭康成箋詩，改讀「辟」為「避」，而分居東為二年，東征為三年。朱子作集傳，初從古注，後與蔡九峰書復謂宜依鄭氏，使據之以釋金縢。竊以為朱子晚年之說，定說也。其與蔡書云：「三叔流言，周公處骨肉之間，豈應以片言半語遽然興師以徵之？又成王方疑，周公固不得不請而自誅之。若請之于王，亦未必見從。雖曰聖人之心，公平正大，嫌疑似不必避，但舜避堯之子，禹避舜之子，自是合如此。設成王終不悟，公亦惟盡其忠誠而已矣。」蓋嘗即其意而推之，人臣受付託之命，當主少國疑之際，任其責不當即持其權。況在聖人竭忠藎以輔幼君，不幸而至於見疑，斷未有不自責者。周公之居東，待罪也，即所以自責也，其盡臣道于成王與舜之引慝以盡子道於瞽瞍一也。且周公踐阼以相，臣道而兼有父道。當是時，成王生十三年矣，國有流言而能疑之，縱不遽加罪於公，而上下之情必有所不安。不安則生畏，畏則事將難為，而亂機或伏此。漢宣于霍光所為若有芒刺在背，而非周公所以閔鬻孺子，輔成太平之意也。故避居於東，萬一冀孺子之能悟，使坦然居於其位，己乃可以奉命而圖天下之政。

今觀鴟鴞一詩，殆有恐己之誠猶未至，而惻然為成王心傷者焉。至於二年而疑猶未釋，此雷電大風之變所由作耳。遵孔說者謂孔氏本大誥，書序三監、淮夷之叛在成王即位之初，與鴟鴞詩序合，蔡仲之命致辟管叔，亦與金縢「弗辟」合，而鄭說他無所見。夫詩序、書序皆難盡據，雖使可據，詩序固未分明，大誥之序不過言三監等之叛在武王既喪後而已，未確指為崩之年也。諸經「辟」字有讀必歷切者，法也；有讀毗意切者，避也。豈必以「致辟管叔」之「辟」訓法，而牽合金縢「弗辟」之「辟」為同音、同義乎？況蔡仲之命「致辟」義自甚了，而金縢「弗辟」必訓為「弗以法法」，文則滯矣。是豈得謂其說之無別？若鄭氏所解不必證諸他書也，請即以金縢與鴟鴞詩反復思之。書言管叔與群弟流言，何嘗遂言與武庚叛？未叛而以流言征之，或直指流言為叛，均不免過。朱子晚年之辨，誠為當矣。矧謂之流言必三叔陰使人播其語於國中，而不肯明著為己說。三叔不著其名，而周公竟意及三叔，准以孟子不忍疑兄之論，亦恐其未然。如謂書略不言叛，而流言後實則即叛，試揆之以事勢：

三叔不無常人之見，本因疑周公踐阼而起釁。但武王甫喪，彼雖有叛心，何遽與武庚共定叛謀、成叛具？使叛于武王沒年之終，則居東二年而反於秋與東征之往反三年，固不符也。此其可據者一也。書言居東，而不曰東征，居與征絕不相謀，解居東為東征何如？即順其文意而解之，且金縢止曰居東，至下篇大誥乃曰東征，明系東征為居東既反以後事，此其可據者二也。「惟罪人斯得」，鄭以為成王多得周公官屬而誅之，未知所出，似乎於義不安。然書不言誅而言得，猶論語

「如得其情」之「得」。蔡氏解為始知倡為流言之人，正足見未遽東征而誅管叔與武庚，此其可據者三也。風雷交作以後，王始悔悟，故曰「昔公勤勞王家，惟予沖人弗及知」，是成王之疑周公顯然已久。為孔說者謂周公始奉命東征，既誅管叔而王乃疑之，公乃作鴟鴞之詩。夫使王未辨流言之誣，何以命公東征？使王已辨流言之誣，又何以疑公誅叔？孔氏于此應作何解？細玩經文曰「于後」公乃為詩以貽王，則前此罪人未明，尚未敢為詩也。王亦未敢誚公，則前此固有誚公之意矣。而非王之疑公久而未釋，天亦未必遽以變告，此其可據者四也。就詩言，鴟鴞四章略不見東征與誅叛意，舊解「既取我子」為武庚既敗管、蔡。吾意周公不應稱管、蔡為子，又玩其文義，此「子」字與下「鬻子」之「子」自當一例，不若解為武庚與管、蔡搖動成王，使相離異之為得。且武庚既與管叔同誅，則「無毁我室」一句解之亦不順矣，是則詩之可據者。或曰：三叔流言，終至於叛，周公不即遏絕禍萌，而避嫌疑退居散地，暨三叔之難作，設或張惶，則天下安危之寄，寧忍優遊坐視而委之他人？故朱子初與董叔重書及蔣氏悌生皆云爾，何以解？曰：周公但知國有流言，不知流言自三叔、武庚起，吾前言之矣。與周公同受付託之命者尚有二公在也，輔内政則召公可任，而禦外患則太公優為。周公之告二公，或猶有言，而史不傳也。夫金縢書與鴟鴞詩，關國家之大，故不可以迄無定論。朱子雖有與蔡書，而鴟鴞詩傳不改，至今聚訟，更多躓其初說。余讀詩而疑焉，恨不得起周公而問之。著為此篇，願天下不盡如周公之德而當周公之事，遭周公之謗，至見疑於其君者惟應待罪以自責，積誠以悟主，毋竟以疑似擅自興師，至傷於滅親，並近乎恃權也。

讀康誥附辨

康誥為武王之書無疑，其篇次與酒誥、梓材二篇當在金縢之前，而篇首四十八字為洛誥之錯簡亦無疑。世多以為成王書者，正以篇次之亂，篇首錯簡之誤。蓋自汲冢周書、尚書大傳、史記衛世家、漢書地理志，其說舊矣。胡五峰皇王大紀、朱子或問、蔡氏書傳，始正其謬。今觀書傳之所辨，固明且盡也，而近世如郝仲輿、徐仲山、毛西河、方文輈、李牧堂、周理衷輩猶力主舊說。其所據汲冢書最古，然汲冢，偽書也，如克殷解所言斬紂首，懸太白等事，豈復可信？或引竹書，成王三年殺武庚，遷殷民，四年封康叔。今竹書並無四年封康叔之文，不知所據何本。予考竹書，武王十三年，薦殷於太廟，遂大封諸侯；十五年，王初狩方嶽，誥於沫邑，誥沫邑，此正作酒誥事。康誥、酒誥、梓材三書，一類也，則十三年大封諸侯，康叔之封，康誥之作，必在是年。竹書、周書同出，是二者將何從？且既據竹書，何不引其有者，而乃飾其無者以為信乎？或又引左傳所言，以為不可易。夫左傳言武王克商，成王定之，選建明德，以藩屏周，為下封魯、封衛、封晉之總目耳，未明指封衛在成王時也。予又考子貢詩傳，管叔封于邶，與蔡叔、霍叔、康叔監殷。四國害周公，康叔諫不聽，三叔遂以殷畔，康叔憂王室，賦柏舟。是書固不可信，然其說必有所受，而亦不必遂據此也。則還以書文斷之而已。夫書，千古為文之祖；周公，千古行道之宗。武王已死，託其詞如親語，而其實臨之者已與成王，於言將何以無礙？於事將何以為憑？於情將何以為信？迂曲如此，非聖者所為也。使作誥果在黜殷之後，戒殷人之不靖，固最切之言，豈有舍其應誥者不誥，徒追奉先王之命以為義，致如此扞格不通耶？且追奉武王則無成王矣。郝仲輿謂封衛非臣子所得專，故辭必稱武王。成王立，天下事統之周公，實統之成王，安在不可以封國？蔡仲、唐叔之封能皆稱武王哉？徐仲山謂周公假武王之命以作辭，猶武王合文王之年以紀歲，此與郝氏說、周理衷並取之。夫泰誓十三年之謬說，歐陽氏、蔡氏辨之已明，而何得猶援彼以例此？必謂不忍忘先王，胡不敘其稟遺命之意於篇首，而乃以誥辭盡託之，若已死之武王尚在而能言哉？即封國必稟先王，而酒誥、梓材與大誥、洛誥一例，詎亦非先王之命不可？若謂此亦成王之書，曰封曰穆，考成王誥其叔父安得如是？況竹書明言武王誥沫邑乎？吾合三書觀之，不必復援蔡氏說也，直以吾說難焉，稱成王書者可不攻而自破也。諸稱成王書者，固以篇次、篇首之誤，又不過曰武庚封衛，康叔之封安在三監以殷畔，周公終黜之，書何不一及康叔？吾請得一一而釋之。

衛地甚廣，紂故都在今淇縣，武庚守之，他以處四叔固有余。矧蔡叔封蔡，霍叔封霍，惟管在朝歌境內，如更無康叔之封，則武庚之所食太侈。梓材曰「王啟監此」，康叔監殷之明驗也。傳曰：「武王克商，光有天下，兄弟之國十五人，姬姓之國四十人。」合諸竹書十三年大封之言，何獨康叔無封？康叔封衛監殷，則子貢詩傳所言亦情事之所應有。縱不信傳而信經，康叔出而監國，入為王朝司寇，其事容不與聞。故就書論，畔殷之事，管叔專謀者也，二叔共附之者也，康叔獨弗知者也。始而封衛監殷，繼乃兼畔者之地而封之，以此融會諸說，其亦可以胥得其實矣。或曰：康誥非衛誥也。此亦不然。康其始食采之邑，非國也。周、召當文王時即為食邑，康在武猶是也。采邑之賜何有誥？通是說也，誥為武王之書愈無疑矣。

六天辨

六天之謬，昔人辨之已詳，近復有表章鄭氏說者，故敢即其說而正之。夫天一而已矣，於穆之表，渾然一氣，析而指之曰六，是破碎天體也。人君父天母地而為天子，子不可有二，天安得有六？即云有眾子之說，亦無眾父之說，故六天之名，斷不可以為訓。鄭氏以北辰為昊天上帝，合五方之帝而為六，且各有名號，此本出於緯書。遵鄭者曰自秦襄公祀白帝，延至漢高，並有五帝之稱。又引甘石星經，有天皇大帝及五帝內座星名，又據開元占經引黃帝占「天皇大帝名耀魄寶」。此數說也，周公、孔子、七十子、孟子之徒不見稱，故「耀魄寶」諸名不一載於六經、論語、孝經七篇書中，後之人將何以為信？鄭氏言郊與圜丘為二，郊祀五帝，圜丘祭昊天上帝。遵鄭者曰：鄭據周官太宰言「祀五帝」，下云「祀大神祇掌」，次言「旅上帝」，下云「祀五帝」；典瑞言「祀天」，下云「旅上帝」；司服言「祀昊天上帝」，下云「祀五帝」；大司樂言「奏黃鐘，歌大呂，舞雲門，以祀天神」，下云「凡樂圜鐘為宮，黃鐘為角，大蔟為徵，姑洗為羽，冬日至於地上之圜丘奏之」。明昊天上帝與五帝非一，圜丘與天神非一。又據禮器「為高必因丘陵」以謂言圜丘之祭，「因吉土饗帝於郊」以謂言郊祭。又據郊特牲「王被袞，戴冕璪，乘素車，旂十有二旒」，與周禮祀天「服大裘，乘玉輅，建太常」不同，而郊必卜日辛與丁，圜丘祭於冬至則不用卜日，冬至與夏正南郊祭五帝服大裘，其他以時祭各方之帝於四郊，則各以其時服。又據爾雅釋天，有蒼、昊、旻、上之名，以謂五帝宜各有稱號。據釋丘非為人之丘，以謂圜丘，當如漢之甘泉，因山為宮，不得適在四郊。

吾以為諸所證據，皆讀書不精之過也。祭天歲有九：孟春祈穀，孟夏大雩，孟冬祈年，即位而類，出征而類，巡狩而柴，大故而旅，俱因事以祭。惟季秋大饗，冬至圜丘為大，而圜丘之祭為尤大。惟孟春祈穀，冬至圜丘稱郊，而圜丘之郊為尤重。圜丘即南郊所謂丘者，即祭法所言之泰壇，特以所以為祭者不一耳。大司樂奏黄鐘，歌大吕，舞雲門，概言祀天神也。圜鐘為宫云云，專屬冬至之祭，重其祭故殊其樂。天開於子，帝出乎震，函鐘，卯律，卯，震方也。禮器「為高必因丘陵」，言所以祭天之高者宜然，「因吉土饗帝于郊」乃申言王者祭天之事，此正郊即圜丘之證。郊特牲「被衮戴冕璪，乘素車，載大旂」言祈穀之郊祭，周禮「服大裘，乘玉輅，建太常」言冬至之郊祭，司服言祀五帝服大裘，則季秋大饗明堂之祭，大饗五帝咸在，未明而祭，故大裘可服，然大裘之上仍服衮衣，則郊祭之戴冕璪，俱同。其必卜日者，亦言祈穀郊祭，而非冬至之祭。魯郊正用周祈穀之祭。郊特牲言郊之用辛，以别祈穀之郊。鄭氏謂專言魯郊，亦非也。郊祀天，可該五帝，言祀五帝，則非郊天。周官祀五帝皆别言之，禮器、郊特牲言郊不稱五帝。以他章考之，中庸達孝章備言祭祀，祀天亦止曰「郊事上帝」，大宗伯備掌祭祀之禮，曰「以禋祀事昊天上帝」而不言郊，不言五帝，知禋祀即郊，昊天上帝即兼五帝也。獨小宗伯云「兆五帝於四郊」，言迎氣之祭並與司服之服大裘祀五帝不同。所謂五帝者，木火土金水五行之精，指天之一方而言耳，王子雍謂之五人帝，固非直以是為天，謂各有神焉主之，妄矣。為之名如爾雅蒼、昊、旻、上似也，而曰靈威仰、赤熛怒、含樞紐、白招拒、汁光紀，怪矣。若夫郊以地言，丘以形言，築土為壇而象丘，為圜形以象天。丘非人為而曰圜丘何？必非人所為，不然安在近國都之地，丘遂有圜者如圜不在近郊豈王者冬至祭天必遠行耶？要之，圜丘祈穀以郊天而季秋饗五帝，四時祭五帝俱不可曰郊，天帝猶可稱曰五，而天必不可稱曰六。

講鄭學者重讖字，今以字釋之。一大為天，老子曰「域中有四大」，一曰天是也，謂之六何與？鄭氏又云：「王者各感大之精而生，故夏正南郊，以祭感生之帝。」是其説更大怪且妄也。夫王者固天所生，謂不由父而各感天五帝之精，于何見之？將云偶觸之事耶？歷代帝王不聞盡有，所由生之符識昭然可信。將云嬗代一定之次第耶？五運相生，遲速久暫何不齊也？遵鄭者據經言，商頌長髮云帝立子生商，下云「元王桓撥」，毛傳云「元王，契也」，鄭箋云「帝也」。承黑帝而生子，故謂契為元王。又據論語引湯誓「予小子履敢用元牡」，「敢昭告於皇皇后帝」，以為元牲以禮感生黑帝，猶周郊牲用蒼以祀蒼帝，不知元王云者，言有深微之德，謂殷之祖感生黑帝而稱元王，何以感生蒼帝者未聞稱蒼王耶？孔氏解「元牡」，以為未變夏禮，義自正大。遵鄭者引周郊牲用蒼祀蒼帝以證祀感生黑帝未見所據，乃顯與禮經「牲用騂」相背，且謂感生之方色，與五德相勝之色不同。故周火德尚赤，而感生則蒼帝，是信五運嬗代，相生之說矣。夫漢儒信符讖，多惑于高祖聞老嫗之言秦白帝子，漢赤帝子，此又不似五德相勝乎？即以上古言，堯火德，舜土德，禹金德，稷、契與堯為兄弟，與舜為同時，胡為木、水之帝與三行之帝並有感生，而又有王有不王？彼謂古之神聖母感天而生，皆不由父，故稱天子，詎稷、契可稱天子哉？大抵聖人之降多有徵異，然斷無不由人道者。簡狄吞卵，姜嫄履拇，雖依鄭說，亦天偶示神奇，而必以卵為黑帝之遺，拇為蒼帝之跡，云因此而生二代之祖，而不關帝嚳，有識者皆將哂之。然則感生之帝真烏有之說，知無感生之帝則知六天亦烏有之說也。先儒謂康成大儒，解經最為有功，獨六天、三禘等不免乖戾，賴後人之辨，雖馬昭力申其是，說亦不能盡存。今之遵鄭者，顧更多引正經強為附和，吾亦即經以正之，庶乎不為所惑，其他雜引不足據者皆可勿論矣。

三禘辨

禘有三五年大禘，大傳所謂「禮，不王不禘」。王者禘其祖之所自出，以其祖配之是也。夏時殷時祭亦曰禘，王制春礿、夏禘，祭統礿禘陽義是也。魯之祫祭亦曰禘，春秋「禘於僖公」，「禘于武公」，「大事於太廟」，皆是也。周家變制，改夏、殷夏祭為殷祭之名，魯僭禮，以祫襲禘之名，其制亦略侈，實未嘗行禘。此皆鄭氏說，乃其所以言禘者，則又有異矣。祭法：「有虞氏、夏后氏禘黃帝，殷人、周人禘嚳。」鄭以為圜丘祭天。楊氏曰：「康成見禘在郊上，遂謂禘大於郊，不知祭法之序，以郊止及稷而禘則及嚳也。」今遵鄭者謂鄭據王制云「祭天地之牛角繭栗」，而楚語觀射父有「郊禘不過繭栗」之言，又周人無嚳廟而云禘嚳，知其為配天之祭。吾以為觀射父之言特以郊、禘連類及之，其云禘嚳者，非立嚳廟，尊嚳于太祖之廟也，則以禘為圜丘配天，非也。祭法言郊，大傳言「王者禘其祖之所自出」，鄭皆以為夏正郊天，此即祭感生帝之說。夫祖之所自出自有祖之父，何得略其父而言天？遵鄭者曰：鄭據郊特牲「萬物本乎天，人本乎祖」，所以配上帝。荀子禮論「王者天大祖」，春秋繁露觀德篇云「天地者，先祖之所出」云云，是皆未見以禘為郊之意，率合大傳言之，殊迂曲矣。且如其所據，天地為先祖之所出，然曰萬物本乎天，孰非出於天地耶？王者天大祖，然曰人本乎祖，祖獨不本于祖之父耶？彼又引公羊文「以郊為吉禘」，信鄭注禮運「魯之郊、禘，但以為郊」，不知吉禘為三年喪畢之祫祭，與郊迥異。禮運言郊、禘亦連言之，則以禘為夏正郊天，非也，祭法言祖宗。鄭謂明堂大饗祭五天帝配以文王，曰「祖祭五人帝，配以武王」，曰「宗」，皆禘祭，見周頌雝詩箋，以為禘太祖即宗祀文王於明堂。夫一禘也，謂之禘，謂之郊，又謂之祖，謂之宗，經言何其棼乎？遵鄭者曰鄭據堯典「受終文祖，格于藝祖、文祖，辟四門」云云。史記以為文祖堯，太祖即明堂。馬融云：「文祖，天也，天為文，萬物之祖。」又據逸禮、檀弓「王齋禘於清廟、明堂」。今觀書義，文祖、藝祖必非一廟，要未有舍堯之先祖而言天者。馬融曰「天為文」，獨不曰人文乎？而以天為祖又與祖之所自出之文異矣。若史記以太祖即明堂，既曰「堯，太祖」，明太祖非天也。「辟四門」云云，上言「詢于四嶽」，明是廣求賢俊之意。開明堂之門，何待詢于四嶽，又在「格文祖」下，豈既祭而始詢四嶽、辟四門耶？逸禮「王齋禘於清廟、明堂」，蓋由言禮者以清廟、明堂為一，此蔡邕明堂月令論所本。然檀弓文多譌謬，何況逸禮，請即以孝經正之。孝經云：「周公郊祀后稷以配天，宗祀文王於明堂以配上帝。」曰郊，曰宗祀，不曰禘也。不待證之孝經，祭法禘、郊、祖、宗並言，固各自為類矣，則以禘為明堂大饗，非也。抑嘗考諸禮經，未有以禘為祭天者，他皆不論。中庸達孝章備言祭祀，曰「郊社之禮，所以事上帝也；宗廟之禮，所以祀乎其先也」，下言「明乎郊社之禮，禘嘗之義」，是豈得以禘為郊？遵鄭者曰：此禘亦夏、殷之時祭，詎有言武王、周公制禮而復言夏、殷之禮者哉？或又據爾雅「禘，大祭也」，以為禘有天帝，故在釋天。夫礿、祠、烝、嘗、祭山、祭地皆在釋天，將皆以為祭天耶？爾雅此章文既言祭天，曰燔柴，於後乃云「禘，大祭也」，下即繼以「周曰繹，商曰肜，夏曰復胙」，則禘顯然為宗廟之祭，奈何考據者反取此以強解之？白虎通云：「禘之為言，諦也，序昭穆、諦諸父子也。」通典引後魏游明根議曰：「鄭氏之義，禘者大祭之名，大祭圜丘謂之禘者，審諦五精星辰也。大祭宗廟謂之禘者，審諦其昭穆百官也。」五精星辰，昭然在天，何用審諦？或又言禘之名以有天帝，古者惟天稱帝也。是說益復可哂。稽古帝堯，稽古帝舜，獨非謂帝與？則知以君為帝之名，舊矣。聖人制禮必委曲而周詳，功德起于始祖，尊始祖惟推及始祖之父，然後能盡始祖之心，而立廟有限，故尊始祖之所自出即在始祖之廟，以禘為配始祖于天而遺始祖之父則典為有缺矣。若謂感生由天而不由其父，故于始祖之父無祭，則惑世害道之言，莫甚於此也。凡考典必兼審理三禘之實，吾願與習康成說者更詳之，並願起康成而問之。

裼襲解　論語裼裘及諸說附辨

裼，易也，袒上服，露下服，變易其常也。襲，掩也，以上服掩其下服也。記曰：「裼、襲之不相因也，欲民之毋相瀆也。」注謂「禮盛者以襲為敬，禮不盛者以裼為敬」，實不盡然也。江昚齋云：「質事有襲，文事有裼。而質又有三：一禮盛為質，一輕略為質，一父党無容為質。」予按：行禮之時及常時皆有襲，亦皆有裼。常時居家處鄉，不裼則皆襲，是不盡以襲為敬也。而裼亦然，在父母舅姑之所，不有敬事不敢袒裼，是以裼為敬也。孟子言「袒裼裸裎」，是不以裼為敬也。孔氏曲禮疏：「凡衣近體，有袍襗之屬，外有裘，夏則衣葛，上有裼衣，裼衣上有襲衣，襲衣上有常著之服。」其疏聘禮云：「凡服，四時不同。假令冬有裘襯身，有襌衫，又有襦袴，襦袴之上有裘，裘上有裼衣，裼衣之上有上服。若夏以絺綌，絺綌之上有中衣，中衣之上有上服。若春秋二時，則衣袷褶，袷褶之上加中衣，中衣之上加上服。」論語邢疏：「凡朝祭服，先加明衣，次中衣。冬則加袍繭，次加裘，裘上加裼衣，裼衣上加朝祭服。夏則中衣，上不用裘而用葛，葛上加朝祭服。」是三說者，歧互不一，後儒辨之而未盡允，今請折衷於一是。

裼、襲一衣，無兩衣。孔疏曲禮與聘禮異，與賈疏亦不合，江氏謂曲禮孔疏偶誤，是也。玩諸疏，裘上為裼衣，餘服加衣為中衣，及禮「裼裘見美」之文，似裼本以裘名，因以他袒上服者皆謂之裼，他服雖袒其上，不必中即美於上也。行禮服、公服袒上，即袒其公服。常時服深衣，袒上即袒其深衣。裘上露裼，見裼即見裘矣。古者裘毛向外，故裘不可見，必於裼見也。餘服露中衣，中衣露即謂之裼衣，制與深衣同，雖服深衣亦服之。以在中故曰中衣，且素純，亦曰長衣，與深衣之純采殊。故非裘内服皆不必美於上服也，其敬蓋以變易為敬也。孔疏「上亦有中衣，為裼」，後儒韙之，而邢疏論語無此文。竊謂葛取其涼，猶裘取其煖，葛之内有裏衣，外有上服，上服内又有中衣，無為貴葛矣。據論語「表而出之」，常時葛在外，深衣並非當暑之所加，行禮時自惟宜有上服，然則邢疏為得也。設行禮于夏，袒上服，露其葛即為裼，不袒即為襲。如以葛為不可袒露，詩綠衣絺綌並言，又言「蒙彼縐絺」，豈皆褻服乎？展衣，婦人之禮服以展加絺綌，明絺綌上別無服可知也。婦人侍舅姑有敬事亦袒裼，與男子固一例也。孔疏曲禮近體之袍襗與聘禮疏所言襦袴，邢疏論語所言袍繭皆在裘内，與邢疏之中衣相當，邢疏中衣乃春秋二時及夏之裏衣，與孔疏當裼衣之中衣名相亂。言夏葛既有裏衣，與裘對，故論語言「表絺綌」，明内有衣也。言「緇衣羔裘」「素衣麑裘」「黄衣狐裘」，明外有衣也，此正二者連言之意也。且諸疏於裏衣不明則於裼、襲亦不明，請得而釋之。

孔疏曲禮，袍襗為近體衣，在裘内，是合裘與裼及上服為四重；疏聘禮，裘内有襦袴，儭身又有襌衫，則合裘與裼及上服為五重。春秋衣袷褶，與夏衣絺綌對，而不言内衣何服。以理言之，袷褶皆夾衣，内惟宜服襌衫，不應服綿、葛，可知是合中衣及上服亦為四重。邢疏論語，朝祭服皆先加明衣，猶孔疏之襌衫，春秋加中衣，冬加袍繭，若合袷、褶，裘與裼及上服又為五重，而惟夏葛無裼則四重。然邢疏亦不言春秋之袷、褶及裼也，其言明衣，蓋本論語「齋必有明衣」言之。齋時衣，祭時自不當復云，因意朝亦當然，不知論語言夫子必有，則他人不必有矣。夫襌衫與襌襦之屬皆裏衣而不必並服，以裘言，如衣狐，毛深而長，内有衫又有袍繭，外有裼衣，又有上服，毋乃太厚乎？若袷、褶之夾不當以綿為内，前固言之矣。是春秋及夏裏衣惟服衫，裘内或服衫或服綿夾。襗、襦非相兼也，而孔疏袍、襗、襦、袴為一類，袷、褶又不為一類，邢疏袍繭與袍、襗、襦、袴為類，不與袷、褶為類，俱言之未悉。玉藻纊為繭，緼為袍，襌為絅，帛為褶，此一類服特有著無著，與襌夾異耳。鄭注「絅有衣裳」，參之論語「衣敝緼袍與衣狐貉者立」，袍必非士人附身小衣。知數服皆當連衣裳，與深衣略同，與襌，與襦、袴迴異。襗即澤，親膚近垢澤故曰澤。無衣詩先言袍，次言澤，次言裳，明非一類。澤、襦一類也。說文：「襦，短衣也。」袴則下衣，襦、袴特連言之。可知近身衣惟澤、襦，言澤、襦即襌衫亦在內。而袍，繭也，絅也，帛褶也，猶在澤、襦之外也。袍、繭、帛褶皆在外，連衣裳之衣，則孔疏中衣之名當即謂此，春秋二時並別無裼衣，何況于夏。邢疏論語有見於此，言夏而不言春秋，所謂中衣，欲異孔疏而又誤也。論語「緇衣羔裘」節，疏以為裼裘之制，朱子因之。「緇衣羔裘」，疏曰：「謂朝服也。」江氏鄉黨圖考云：「亦祭服。」「素衣麑裘」，疏曰：「在國視朔之服也，受外國聘享亦然。」「黃衣狐裘」，疏謂：「大蠟，息民之祭服也。」蓋臘祭服也。要皆指衣裼裘言。江氏鄉黨圖考博引諸經注疏證之，且云古人服制，衣與冠同色，欲其上體稱也；屨與裳同色，欲其下體稱也；帶亦象衣，比韍亦象裳，故裼衣必象上服，使內外稱。近姚殿撰文田著此節文，以為裘隨衣，非衣因裘，其附辨甚詳。說云：

古人禮服皆有裳，色惟裘之所施，諸經無明文。樂記言「周還裼襲，禮之文也」，聘禮云「裼，降立」，又云「賓皮弁襲」，曲禮「執玉，其有藉者則裼，無藉者則襲」，檀弓「曾子襲裘而弔，子游裼裘而弔」，玉藻「弔則襲，尸襲，執玉龜襲，無事則裼」，故大裘不裼。明堂位「裼而舞大夏」，皆以裼、襲為辨，初不言所服之裘。如周官「司裘掌為大裘，以共王祀天之服」，鄭司農云「大裘，黑羔裘」，毛氏「羔羊之皮」傳「大夫羔裘以居」，白虎通「天子狐白，諸侯狐黃，大夫狐蒼，士羔」，然則羔裘亦無定論。論語本文「羔裘元冠不以弔」，是非弔皆用之矣。麛裘僅見玉藻，亦不明言所施。鄭以素衣推之，遂謂是視朔行聘之服。檀弓練衣以鹿裘，「衡長袪，袪，裼之可也」，鄭又以鹿裘推之，注云「吉時麛裘」。呂氏春秋「孔子始用魯，魯人鷖誦之曰『麛裘而韠，投之無戾』」，似又是常服矣。狐裘見於經者尤多，如旄邱「終南何有，檜之羔裘」，七月彼都人士及臧之狐裘，渾良夫紫衣狐裘，晏子一狐裘三十年之類。本文又言狐貉之厚以居，豈得皆為息民之服。蓋朝、祭、聘、朔，四時皆有，若裘則非寒不御，故古人詳于衣而略于裘，其意如此。

鄭風緇衣傳云：「緇衣，卿士聽朝之服。」蓋玄冠、緇衣、素裳謂之朝服。如易其裳為元裳、黃裳、雜裳，又名玄端。然則諸禮之用朝服玄端者，乃皆緇衣，如士冠禮「筮日、筮賓、請期皆朝服，有司、賓皆如主人服，及期，主人玄端，爵賓如主人服，兄弟畢袗玄，擯者、贊者皆玄端」，士昏禮「自納采至請期，使者、主人、從者皆玄端」，鄉飲酒禮「朝服謀賓、介」，鄉射禮「主人速賓及拜辱，賓出迎及拜賜皆朝服」，燕禮「朝服於寢」，聘禮「使者帥眾介夕，及釋幣於禰，又未入竟壹肆，入竟後三展幣，又賓使卿歸饔餼，賓禮辭，又賓問卿，又歸反命，皆朝服」，又「主君使卿郊，勞宰夫，設飧致餼，士介受餼，及賓問，卿使大夫迎于外門外，介問下大夫，君不親食，使大夫致侑幣，亦皆朝服」，公食大夫禮「賓自即位大門外至明日拜賜，皆朝服」，又若「不親食，使大夫致侑幣及賓受明日拜賜，又大夫相食，若不親食，則公作大夫致侑幣，亦皆朝服」，既夕禮「復者朝服」，特牲禮「其服皆朝服玄冠，惟尸祝佐食玄端，少牢饋食，禮主人及史宗人亦皆朝服」，曲禮「若使人於君所，則必朝服而命之，乘路馬，必朝服」，內則「國君世子生，卜士負之，吉者宿，齊朝服寢門外」，玉藻「朝，玄端深衣」。注謂「大夫、士也」。雜記「大夫卜宅，若筮，筮者朝服」，據此，則緇衣之用廣矣。

素衣見於經者有二：「素衣朱襮」謂以帛為中衣也，「庶見素衣兮」則練服也。惟皮弁用十五升白布，乃是禮服。經雖無文，然冠禮、雜記皆稱素積，以該皮弁。郊特牲云「皮弁素服而祭」，則先儒之言為可據。聘禮「賓皮弁聘」，又「君使卿韋弁歸饔餼，賓皮弁迎於大門外，君使卿皮弁還玉，賓皮弁襲迎於外門外」，雜記「大夫卜宅，占者皮弁」，學記「皮弁祭菜」，此皆用素衣之事。惟黃衣衹有臘祭，郊特牲黃衣黃冠而祭是也。三者皆有常，夫子因各取衣以配之。先儒謂以衣配裘，則倒說矣。

按：此即江氏裼衣必象上服意，裼衣象上服，裘亦因之，是則裘未嘗無制，特隨事為義而尊卑貴賤時有相通者耳。姚說允博洽，其謂緇衣不專朝、祭，素衣不專聘、朔，亦該通無疑，故備録之。但鄉黨此節文，裘與絺綌對言，自當以裘為主而白文及集注均未指何事之服，則亦泛言裼、裘也。泛言裼、裘則裼固裘制也，何也？公服有裼，常服亦有裼，所謂裼、裘者，非謂行禮之袒裼，乃裘上有裼衣之謂。古者惟裘必用裼，不與他服同，故玉藻備言裼、裘之制，非必專指公服，而鄉黨此一節亦當兼言公私之服。下言「褻裘長短右袂」，又言「狐貉之厚以居」，蓋提出別言之。注疏家於玉藻及鄉黨裼、裘，不免糾葛牽就，在皆以為行禮之裼也。行禮及常時皆以上服之，袒與不袒為裼、襲，而尋常服裘亦有無上服時。玉藻云：「朝玄端，夕深衣。」深衣並非終日服之，則裘之服或即以裼為外，其尋常袒裼之法，亦有微露其袖時，如裘之略袒裼衣而見裘亦然，非必如行禮之全袒其左袖見裼衣也。如此則鄉黨之言裼、裘，實該襲言矣。

裼襲續解

裼、襲一服，江氏說不可易，儀禮義疏亦謂襲即上服是也。然裼除裘則無別服。夏月行聘，内服葛，亦有裼時，但見其内服，此亦裼耳。内服、時服見之，使知其因時，且禮以相變為敬，故裼字從易。内則曰：「在父母舅姑之所，不有敬事不敢袒裼。」知裼、襲不獨行禮為然，常時亦有之。常時上服則深衣，據論語言，絺綌必表，狐貉以居，或裘葛自為深衣之制，不必別有上服。惟裘無裼則不可云裘，故玉藻言「裘、裼服、襲服謂上服」。有上服可裼，亦可襲，袒上服斯為襲而非裼即裘，他服見矣，即常服行禮見矣。袒上服，露下服曰裼，不露曰襲，此自正義。義疏云「古人禮服皆直領對襟，惟當膺左右各餘一寸以為衽，則以左掩右，掩之則為襲，開而摺于左，露其下衣則為裼，故一裼一襲可以俄頃為之」，亦一說也。禮以袒裼為敬。孟子以袒裼為不敬，當別論之。

成周封國考辨

先王之立制也，有一成之規，有通變之道，有因時而酌定之宜。一成者，立其要；通變者，濟其窮；因時而酌定者，以世故之不可知，不能不事於損益，而究無違乎其初，知此可與論成周封國之略矣。書武成言：「列爵惟五，分土惟三。」解者謂公、侯百里，伯七十里，子、男五十里，為分土之三等，與孟子合，自周官出而不無異同，儒家之眩惑至今莫定。則或曰：大司徒諸公，封疆方五百里，其食者半；諸侯封疆方四百里，諸伯封疆方三百里，其食者皆參之一；諸子封疆方二百里，諸男封疆方百里，其食者皆四之一，兼山川附庸閒田而言也。書武成與孟子所言，止計穀土而已，此固不易之說也，然在周官終有可疑者。考鄭氏衆解經，所謂食者，為諸侯自食租稅。康成為言天子所食。鄭氏鍔以為言地之可食。如鄭氏鍔之說，山林川澤，亦復何定，而大國可耕者尚半，次國、小國可耕者太少；如康成之說，大國宜制故貢重，小國宜字故貢輕，然經不應以貢為食，而諸侯除貢天子亦不應封地反多於諸公。惟先鄭說于文義為順，而公、侯、伯之地大，子、男之地小，山川附庸閒田所占子、男反多於公、侯、伯，況分等既不以三，就其實封亦卒不與武成、孟子文符，何耶？李子曰：是第以周官言周官而已矣。據諸公食五百里之半為二百五十里，諸侯食四百里參之一為一百三十余里，諸伯食三百里參之一為百里，諸子食二百里四之一為五十里，諸男食百里四之一為二十五里。諸公所食為極多，功大則加封，至是而止。又兼方伯連帥之職，設官出賦，不如此皆不足以優之，而封公者無幾，亦不嫌於占地多也。諸男所食為極少，功小則封絀，至是而止，或別有勞，尚示可進，亦寓勸勉之意。故都鄙有地，三等小者亦二十五里也，百三十餘里與百里相去不甚闊絕，侯、伯之封，其常也。諸子五十里與武成、孟子無異，與採地次等之封亦無異。若夫大國之虛封少而小國之虛封每多，大國雖虛封不得過五百里，而小國之實封亦不得下二十五里，然山林川澤在小國之地者容有不減於大國者也。其異于武成、孟子者，武成所言乃武王初制，而孟子本之周官，則周公因時酌定，未盡施行之典耳。大抵天下之勢，辟地日益廣，亡國亦常多。聖人有見於此，故列爵既為五等，分土因復為五等，皆稍增於其舊，惟諸男為較少，猶之諸公極多也。要之，封建豈膠柱之法哉？知井田之法則知封建之法，畫井者不盡可方之地，其間所餘奇零必多，井地有奇零，封域安得盡方？亦安得適如其數？加以不易，一易再易，田又不能一等，則百里、七十里、五十里，以此為率而不拘于此，可知二百五十里，百三十里，百里，五十里，二十五里，以此為極而不拘於此，又可知即山川附庸閒田之數亦然。則後之制，雖異於前，其懸絕者不過二百五十里，二十五里之封，侯、伯、子封國為多與初固不大遠爾，夫惟可以通變故可以因時而定，豈惟分土、列爵之等。孟子所言與武成且稍異，無論周官也。學者乃以固執之見說經，欲一一而求合宜，其多所不通也。

成周軍制考辨

周因田而為軍制，制有二：曰鄉遂之制、都鄙之制，天子諸侯皆然。天子六軍，大國三軍，次國二軍，小國一軍，鄉遂之制也。天子萬乘，諸侯大國千乘，卿大夫採地之大者百乘，都鄙之制也。古者出兵每不盡用，而徵發以近為便。鄉遂，天子、諸侯所自屬，故以此制軍。鄉不足，然後取於遂，遂不定，後取於都鄙，都鄙不足，天子調邦國諸侯援鄰封。其言國與家，每以乘封域之所止也。考鄉遂之制，家出一人為兵，一鄉萬二千一百家，一軍萬二千五百人，遂亦然。以天子言之，六鄉七萬五千家，六軍則七萬五千人，合六遂為十二軍，而常用其半，故曰六軍。諸侯鄉遂、民數同而鄉遂之數不同，如魯人三郊三遂，以次而差，可以盡推，是固無容疑也。

惟都鄙乘馬之制，學者惑焉。司馬法：「六尺為步，步百為晦，晦百為夫，夫三為屋，屋三為井，井十為通，通十為成，成方十里，成十為終，終十為同，同方百里，同十為封，封十為畿，畿方千里。」以十成算，本匠人合溝洫通率而言，而出賦則以小司徒為實數。故四井為邑，方二里，四邑為丘，方四里，四丘為甸，方八里，為六十四井，有戎馬四匹，兵車一乘。甸四旁各加一里即十里，一成百井，而旁加之里治洫，不出賦也。四甸為縣，方十六里，二百五十六井，據「成間有洫」，四旁各加二里則二十里。四縣為都，方三十二里，一千二十四井，據「成間有洫」，四旁各加四里則四十里。都方八十里，四千九十六井，通二千三百四井之地，治洫為六千四百井，於外又有三千六百井之地，治澮則四旁各加十里，即一同百里。萬井之地，有戎馬四百匹，兵車百乘，凡此鄭、賈之注釋周官詳矣。

等而上之，諸侯一封三百一十六里，提封十萬井，定出賦六萬四千井，戎馬四千匹，兵車千乘。天子畿方千里，提封百萬井，定出賦六十四萬井，戎馬四萬匹，兵車萬乘，皆得例解。而亦有不可不知者。鄭氏謂每甸旁加一里以治洫，至四都又旁加十里以治澮，非別有治洫與澮之地也，其所加者即洫也，澮也。不惟洫與澮，遂也，溝也，川也，遂上之徑，溝上之畛，洫上之塗，澮上之道，川上之路，胥在所加之内，則所加之一里、二里、四里、十里非專以在旁者言也。嘗計之，匠人「夫閒有遂，遂廣一尺，深二尺。井閒有溝，溝廣四尺，深四尺。成閒有洫，洫廣八尺，深八尺。同閒有澮，澮廣二尋，深二仞」。就一甸之區言，兩旁洫丈有六尺，中凡九溝，共三丈有六尺，雖合縱横之數，據六尺為步，尚不當一里，並其間之遂、徑、畛及洫上之塗乃庶幾焉。自同以上，兼除山川、坑岸、城池、邑居，則百里、三百一十六里、千里皆約略言之耳。

鄭氏謂四都旁加十里為一同。按：四都八十里，實出賦者四千九十六井，止得六十四乘。以此例之，諸侯之封，實出賦者止得六百四十乘；天子之畿，實出賦者止得六千四百乘，千乘、萬乘亦約略之辭也。蓋畫井之法，丘、甸、縣、都皆可以方百里之地，可方為一區者已鮮，故同封畿，特由丘、甸積算而名也。抑其閒又有宜辨者三：天子千里，舉邦畿之全境而言；諸侯三百一十六里，舉一國之全境而言。鄉遂制兵既不可易，天子鄉遂二百里，諸侯鄉遂百里，餘都鄙僅得三分之二，不待除去山川、坑岸、城池、邑居、溝塗等，而天子並不得有六千四百乘，諸侯並不得有六百四十乘之數，則卿大夫之百乘猶實，而千乘、萬乘太虛矣。

鄭氏解小司徒以合司馬法，謂一同兼四都為大都，則百乘乃天子卿大夫采邑之大者所出，而孟子言千乘之家，孟獻子百乘之家，其何以說？一井八家，每甸五百一十二家，一同五萬一千二百家，一封當五十一萬二千家，王畿當五百一十二萬家。而論語曰「千室之邑，百乘之家」，疏謂「卿大夫地有一同，民有千家者」，此孔子對武伯，亦以百乘之家為諸侯之卿大夫，而千室之邑又何其不符耶？

竊以為此三者一通則皆通矣。制賦必於都鄙，而家不藏甲，大夫安得有乘馬？大夫之乘馬皆天子之乘馬、諸侯之乘馬也。天子諸侯不過四面之都，而四面之都即一都之所積。小司徒之法至都而止，故丘、甸、縣、都乃天子諸侯征賦之實數，而千乘、萬乘則舉封域而言其例也。夫出賦與食采不同，食采者自食其采，出賦以為上，上可兼理乎下，而小或依附乎大。謂千乘為實有，與小司徒不合，而天子千里之地容千乘之家者亦寧有幾？謂千乘為未有，天子之卿大夫與諸侯之爵等，不應封土僅與諸侯之大夫等。固矣，不知天子之大夫言千乘，諸侯之大夫言百乘，合其兼理依附者而言也。且此亦以天子萬乘、諸侯千乘，約略相稱，遂以百乘稱諸侯之大夫，而孟子又從諸侯為例，舉千乘稱天子之卿大夫耳。然則循其名，天子曰萬乘，諸侯曰千乘，天子之卿大夫即曰千乘，諸侯之卿大夫即曰百乘可也。其實天子之卿大夫一同之地，極大矣。天子卿大夫一同之地為極大，則諸侯卿大夫千室之邑為不小矣。千室之邑猶孟子言萬室之國與萬乘、千乘、百乘，從其多者而約言之。千室、萬室從其小者而約言之也，邢氏之疏論語誤之甚者也。然則天子卿大夫封止百里，與諸侯之三百一十六里何以異？曰：三百一十六里，吾固以為概言矣。又考周制，天子卿大夫出封皆加一等，故邦國之設官較都鄙為多，都鄙更無都鄙，邦國則兼鄉遂、都鄙而並制之，其間大夫之采邑，加以附庸之國，其自食亦閒有多於百里者，然固無幾也。故子產謂列國一同，亦合都鄙邦國，約略之辭也。嗟乎，無專精之心則無以究立法之實，執膠固之說，愈多詞愈淆矣。吾安得與學者聚古人于一堂，究周室之封制哉！

井田溝洫考辨

周家井田之法通乎天下，其為法也，亦活變而不可以定例拘。大司徒言「都鄙以不易、一易、再易，差其等」，遂人言野以上地、中地、下地，兼夫萊，左傳「楚蔿掩庀賦書土田有山林、藪澤、京陵、湻鹵、疆潦、偃豬、原防、隰皋、衍沃九等」，是授田不得同矣。然皆以井田法行之，即皆以沃土之百畝概之。

蓋田有可井者，有不可井者，不可井者惟不及方里之地耳。雖不井亦人授百畝，外加十畝以當公賦，如孟子言什一之法，正濟井田之窮，與井田無異。若夫可井者有一同之地則為四千九十六井，有一都之地則為一千二十四井，有一縣之地則為二百五十六井，有一甸之地則為六十四井。詳驗畫井之法，必無通一同而畫者，微論一同，即縣、都之地，亦未能經界之皆通而當也。周制，甸出兵車一乘，大抵畫井以方十里之甸為率，由甸而下有一丘，則畫十六井；有一邑，則畫四井；有一里，則畫一井，但可為井而不必共在一區。自一井上可以方制亦可以長制，鄉、遂、都、鄙皆然也。且畫井先定溝洫，度一區之地，合溝洫田畝尺步而總計之，通數定則溝洫可定，溝洫定則田畝自定，所謂「仁政必自經界始」是矣。

鄭氏見遂人、匠人所言溝洫不同，謂鄉遂為溝洫法，都鄙為井田法，不知遂人、匠人之言一也，通志、義疏辨之矣。通志曰：「遂人云『十夫有溝，百夫有洫，千夫有澮，萬夫有川』，若按文讀則一同之地有九萬夫，當得九川，似乎太多。匠人云『井間有溝，成間有洫，同間有澮』，若按文讀則一同之地，惟有一澮，又似乎太少。其實匠人之制舉大概而言，遂人之制舉一端而言也。今畫為一圖，一成之地計九溝，橫通一洫，是十夫之地有一溝，百夫之地有一洫，九百夫之地有九洫而為一成之地。若一同之地有百成，九萬夫，一孔為一成，中有九洫，橫一列九，有十成，計九十洫，直通一大澮，橫九澮而兩周其外，是為九萬夫之地。合而言之，『成間有洫』是一成有九洫，『同間有澮』是一同有九澮也。」義疏曰：「百夫有洫，九百夫之地不過為洫者八，其外始有澮環之。千夫有澮，而九千夫之地亦不過為澮者七十有二，環澮之川九而已。其環於百里之外者，即環於三十三里外之川也。同間之澮數雖多而其實即千夫之澮，同間之澮所達之川即千夫之澮所達之川。」又曰：「遂人『夫間有遂』，匠人『井間有溝』以在外者言之也，匠人『成間有洫，同間有澮』以在內者言之也。」

按：田賦成於一甸，備于一同，即成一成，而溝、洫、澮具一同而川具。詩言南畝，試以南北言之，一成十里之地，據實地，止六十四井、九百夫，通論則百井。六十四井外四面皆為澮，中間東西為溝，南北為洫，溝小而洫大，其數則同。通志謂成間九洫，義疏以為八洫，實除澮惟有七洫。故直計一井九夫，田首各一溝，合溝則為十夫。獨兩端鄰澮別無溝，是以中為七溝，直計八井七十二夫，合兩端之澮則為九十夫，通溝言之則為百夫，旁共一洫，總一成言皆然，獨兩旁鄰澮別無洫，是以中為七洫，要之總曰「成間有洫」也。一同百里之地，百成、九萬夫，於四面為川，就其中每一成之四面言是千夫有澮，就其中每十成各通於川是萬夫有川，就其中東西南北每成旁通澮，如成間之有溝洫，是同間有澮。通志「橫九澮而兩川周其外」，總言之辭，東西南北皆然也。義疏「九千夫之地為澮者八，有川環之，以十成之」，通川言也；「九萬夫之地為澮者七十二，以各成言環澮之川九」，以各澮之通川言也。

然萬夫有川，同間有澮，亦言其大略耳，非果能以此方百里之地畫井也。特二說者皆足見遂人、匠人無異，法即可征，鄉遂、都鄙無異制也。或曰：如其言，孟子謂「請野九一而助，國中什一使自賦」何說？曰：孟子之言豈以鄉遂、都鄙分國中與野哉？國中，附城之地也。野，去城遠者也。爾雅：「邑外謂之郊，郊外謂之牧，牧外謂之野。」則都鄙、采邑亦有野矣。鄭氏釋周禮，于邦中云在城郭者，於野云郊外，於三等採地云百里之國有四都，五十里之國有四縣，二十五里之國有四甸，則野通百里外遂地而言，即採地亦名為國矣。而顧謂鄉遂用溝洫法，採地有井田法何耶？且若鄭說，遂人掌溝洫，不當言治野也。朱子注孟子，亦本鄭氏。余向守其解，審思晝井之法，並詳參諸周官，竊覺未安，故敢從通志、義疏而正之。

孔子為衛靈公次乘辨

史記衛靈公與夫人同車，宦者雍渠驂乘，使孔子為次乘，招搖市過之。孔子醜之，有「未見好德如好色」之嘆，因去衛。此言殆不可以為信。君出無與夫人同車之禮，與夫人同車，淫嫚褻狎莫甚焉，豈俟招搖過市而後足為醜？且以雍渠驂乘而使孔子次之，是以雍渠待孔子也。孔子至衛者五，初未嘗為臣，凡有非禮之命皆得以他故辭。當此之時，不知公將何之，然而有命甫至，其同車與驂乘者，孔子必與聞矣。與聞而不以為非，非所以為孔子。以為非而姑委曲任人宰割，尤非所以為孔子。「同子參乘，袁絲變色」，太史公與任安言之。竊意其臣如伯玉輩于此猶當諫而止焉，而孔子乃應其命耶？

夫其過市也，市之人必將指而目之，以為彼翺翔于車中者，君與夫人也，其為左驂者君之嬖人也，其為後車者，魯國之聖人也。哄然非笑，咸議其後，匪特市之人議其後，數千載下，念及此，尚心怍骨慄。顧謂聖人不能預待而辭之，當其際始引以為恥，豈其然哉？或曰：聖人之道大，無所不可，不辭次乘之命亦猶見南子耳。曰：南子本慕聖人，亦以禮見也。君與夫人同車而使孔子次宦者後，輕聖人也，且非禮也。若謂其初可以不辭，則其後亦不當醜之而去之矣。總之，不獨招搖可醜，與夫人同車即可醜，而與雍渠俱，更可醜。故謂「好德不如好色」之語因招搖過市而發或有之，謂孔子為次乘，則余未敢云爾也。

孔子對桓僖廟災辨

春秋哀公三年夏五月辛卯，桓宮、僖宮災。左傳：「孔子在陳聞火，曰：『其桓、僖乎？』」家語又記：「陳侯問：『何以知之？』子曰：『禮，祖有功而宗有德，故不毀其廟。今桓、僖之親盡，又功德不足以存其廟，是以天災加之。』」吾以為此必後人附益之說也。家語掇集傳記、諸子書，其中不盡可信，而此尤昭然，不容不辨者。

聖人之于人也，無毀無譽，隱惡而揚善，斷無議其先君之事，況對他國之君乎？吾觀答司敗「昭公知禮」之問與其所以任過，渾然無迹，不啻化工，固在陳之已事也。等吾君也，一則問辨已及而終不明斥，一則先言以啟人之問，既問因直指之，何盡禮於昭公而獨不盡禮於桓、僖？然則謂桓、僖親盡當毀，為聖人言猶似也；謂功德不足存，之說出於夫子，以為誣吾夫子也。若云昭公近而桓、僖遠，又不通之論也。范獻子聘魯，問具、敖焉。魯人曰：「先君獻、武之諱也。」獻、武視桓、僖更遠矣，在國不可舉其諱，則在外必不可訾其非。他人猶然而何論聖人？

近昚齋江氏以家語在齊對釐王廟災，為因在陳聞桓、僖廟災之事而增飾之以此，知在陳之對亦必因左傳增飾之也。然而左氏所記吾猶疑之。江氏曰：「億中之事，聖人不貴，私論或一及之。」豈以此炫明於君前？左傳所記其亦私論者耶？他日子貢論執玉，高卑子曰：「賜不幸言而中，是使賜多言也。」以此言之，私論亦非所取也。聖人之明如鏡然，當其前則照之，在其背則不必照矣。且天下感召之理有應有不應，不必言者而言之，徒以滋人疑耳。後世好異言聖人者，其誇更甚于左傳、家語，如示沙丘之亡，識豐、沛之興，留堂下之甕，事之有無，吾皆置諸不論云。

雍州洛水考 漆沮附辨

雍州之洛水見於周禮職方，固與渭同為巨浸，而不載禹貢，故言者至今紛紛莫定，吾規其說之悞端蓋有二：一在必欲合于禹貢而與漆、沮混；一在知洛水非漆、沮而不能實究其源流，言之欲分而仍合，徒使其名淆亂，且似禹貢果有疎脫之失。

考漢志，洛水出北蠻夷中，又云出歸德，又云出懷德。鄭康成注周禮，謂洛水出懷德，亦據漢志。歸德在唐宋為洛源縣，圖書編以洛源為今慶陽之環縣，或以為合水縣。懷德，易氏祓以為京兆之富平，朝邑志則以懷德為朝邑地。漢志於歸德下但注「洛水」，於懷德則云「洛水，雍州浸」，是歸德為洛之上流而懷德乃洛之下游無疑。

顧洛與漆、沮之名亂，自顏師古、賈公彥以來已不能明矣。顏師古注漢書以洛即漆、沮，而未嘗詳釋。賈公彥職方疏知洛非出上雒之洛，又似不以為漆、沮。宋程大昌雍録謂雍地四漆、沮。禹貢之漆、沮，惟富平石川河正當其地。然謂漆在沮東，沮受漆又南，東合洛逕同州、白水入渭。是知有漆、沮有洛，而不知逕同州、白水之實非石川河。朱子注吉日詩直以漆、沮為逕同州之洛，蓋亦本漢書注。至蔡氏書傳則專以沮水為洛。吾鄉韓五泉釋洛如朱子，王河汀辨洛非沮而謂洛出延安子午谷，與蔡傳言沮水之源同。地理今釋：「沮水出延安中部縣，西南流經宜君、同官二縣界，至耀州城南合漆水，東南入富平，名石川河，又南流至臨潼縣北交口入渭。漆水出同官縣北高山，流經縣城東合同官水至耀州入沮。」而皆不言合洛。友人趙斗屏司鐸中部，余使考洛水。他日以書來，即據中部志云：「洛水出甘肅合水縣白於山，流逕安化縣，合白豹川入陝西保安縣，西百里又東南入安塞縣，西北一百二十里又東南逕安塞縣西南入甘泉縣北四十里馬超洞，又東南流十里至白洛院寺，又三十里至甘泉縣，西逕太和山東，又東南流四十五里入鄜州，北三十里流七十里至洛川交口村，又東南入中部界，東北三十五里又南合沮水入宜君界，東北八十里又南與洛川接界，又東南入白水界，西北七十里又東南入澄城縣，西北七十里又東南入蒲城縣，東北七十里又南入同州，西北三十里又迤南折而東入朝邑界，其由朝邑西南又東迤南逕趙渡鎮以入河，余現今所目覩者。」由此言之，漢志歸德謂合水者是，而謂環縣者非矣。漢志懷德謂朝邑者是，而謂富平者非矣。然余詢吾鄉之賈，合水之洛實不出白於。又使賈北地者遍考之，十餘年始確得其源，云洛出今延安定邊縣琉璃廟。始出有三泉，一泉出水一升，流十里為白家河，逕慶陽、安化乃迤邐入保安、安塞、甘泉、鄜州地。定邊新置縣，在昔即番中。執是說也，漢志謂出北蠻夷中者，洛之始源，而歸德乃其著見之處也。斗屏又為余言：「子午嶺在中部之西，而洛由東過。」則出子午嶺者自沮水而非洛水。

至漆又在沮之西下，程大昌謂漆在沮東，是于二水已悮，何況於洛。而洛之混於漆、沮者亦有故。夫謂洛即漆、沮，其源其流固截然不一，謂洛非漆、沮。余嘗親過交口，觀漆、沮入渭之處，視洛水不啻減三之二，禹貢紀川源之著，不應言其小而反舍其大。觀導川言東過漆、沮，即言入河，是漆、沮中實有洛水矣。大凡名之亂，必其實之合，實果合，雖加以兩名亦可也。洛未始與漆合而曾與沮合。蓋沮出子午嶺，分為兩支，一支南行合漆，一東南行二十里合洛，自此洛中乃有沮，則謂之沮可，謂之洛亦可，獨不可謂之漆。禹貢言漆、沮，知當時洛已有沮名，但言漆、沮則皆該之矣。此古人文筆之簡也。若其所入，漢志或言洛入河，或言入渭。水之崩決原自無常，以余所見，入渭、入河已經兩改，後世或以此至謬矣。棲霞牟妻坡向以書來，斷洛即沮，而謂洛為沮聲之轉，亦非也。

嗟乎！考據之難，山水甚於星象。星象舉目可見，而山水非偏歷之則不能悉。以生洛濱者不少宏儒，而洛水今古聚訟，其他可知。以程大昌之博，雍録至今人據為定本，而言洛與漆、沮，謬誤更甚，其他何論。若雍録四漆、沮之說亦臆見也，今請得據文太青之說而正之。文氏曰：「同官有漆，至耀州而合沮。永壽為唐漆縣，求所謂漆者而弗得。近詢得於九嵕之間，細甚，又不當率西之道，其建邑蓋誤。以率西之滸為漆、沮而名，豈果有數漆、沮如雍録諸說？謂詩、書各不相協乎？書稱漆、沮既從同、耀之分，實入渭而清碧如漆也。詩止云『率西水滸』，不言漆，奈何強而傳之？其云『自土沮、漆』，亦非謂豳陝果在漆、沮間，蓋道其遐僻之界而陶復固在豳谷也。西滸，今大峪底窨諸水，而必以率漆、沮而西，宜其裂詩、書而二之。蓋豳地甚廣，寧州、真寧為北豳，豳之脈；淯化為南豳，豳之腓；同官、耀州為東豳；邠州、永壽為西豳，豳之腋；三水為中豳，豳之腹。而寧州、真寧、三水皆立豳谷中，自寧州城以北，原即直北，而淯化城以南，川即直南，固無所謂艮山坤水者也。觀此，則程大昌不惟言漆、沮者非，其以水滸為渭而閻百詩取之者，亦過信矣。」

桐閣先生文鈔卷三

說議類二十九篇

孝說

孝，美德也，以孝為美，則天下多孝子矣。然以孝為美，則天下無孝子矣。天下之為孝子者，其孝親之心不自親起也，自孝之名起也。是故孝本庸行而人或奇之，孝亦難事而人或易之。平日不孝而以一事之順託於孝，可乎？中心不孝而以外致之文飾為孝，可乎？有壽其親者，備樂舞，陳牲殽，修祝辭，跪而獻之親，親偶不怡，加以訶責，則因而懷怒，舉所有者而撤之，對客非怨，數日不至親側，此壽其親矣，不如不壽之為愈也。有葬其親者，親死而飾華棺，厚明器，潔修以陳奠，豐盛以款客，然而哀戚之心不存於中，親死之前未聞其能色養也，此其能葬，無異於不能葬也。割股，孝矣，而未可以為常焉；廬墓，孝矣，而未可以為信焉。故自割股之事行，窮巷之婦女皆不愛肌肉矣；自廬墓之事行，富家子弟皆不憚野處矣。留之女既嫁而孝于姑，姑疾，割臂膚以啖之，不使姑知。已而姑疾愈，聞其事，揚之閭里。士人爭表其門，孝之名於是乎彰。亡何，夫死家貧，乃背姑而將嫁，姑留之，不可，至相詬怨，卒失節守。表其門者雖欲不去之不得也。亳之兒聞古有廬墓者而悅，曰吾親死，將效之。及親死，壇場之中治為美室，錦衾繡褥，處之數月，有鵲鳴樹上，以為此吾孝之應也，見人而告之；有柳生墓側，以為此吾孝之應也，見人而又告之。媚之者為徧傳焉。人方將歌頌以為贈，而一夕或見其宿娼家，翌日人亦爭傳之，頌者乃止。不惟他宿之終必敗名也，衾褥室廬之麗，非所以處塋域也。見物而疑，應非所以致思慕也；親未死而訃死之事，非真愛親也。雖然，將謂壽親與美葬其親與割股、廬墓之事皆不得為孝乎？夫孝，美德也，德不可以僞。為慕孝親之名，任所為而非孝；盡孝親之實，無所之而非孝。孔子曰：「人不閒于其父母、昆弟之言。」人可盡欺耶？人可欺，父母、昆弟不可欺也。父母、昆弟可欺，吾心不可欺也。

弟說

自古孝與弟並稱。弟者，弟之所以事兄也。弟繼孝言，事即次乎孝也，且不弟則亦不孝矣，故言孝遂及弟也。僅言弟，何以獨寬兄乎？曰「責重在弟也，兄當友，弟當恭，雖兄不友，弟亦當恭。兩人並任其事而有失，必使一人任之，是宜任之弟也。故古人言孝並言友，猶兄弟並責也。言孝並言弟，則專責弟也。

吾見人之不弟者矣，曰：「彼與我兄弟也。」吾亦曰：「若與汝兄弟也。」其人曰：「彼兄也，非父也。」吾則曰：「彼兄也，次於父者也。兄而與弟同責，無為貴兄矣；弟而與兄共論，不當處弟矣。」他日，其人見其兄，匔匔然如畏，坐則起，行則隨，然背而日有訴言。吾語之曰：「此非所以施于兄也。弟于外而不弟，于內非弟也。面恭而退恨之，僞為弟者也。」未幾，兄弟各析箸，日爭有無，至於相鬬，弟且捽兄臂而毆之，謂人曰：「我非不愛兄也，其無禮者不能忍也。」吾語之曰：「愛于心而不忍于事，烏在其為愛乎？」

父母之有子也，得一子而喜，又得一子而益喜，謂他日可以相助，而他日反以生忌，反不如一子之為安，是以有弟貽父母罹矣。或父母憎長而愛少，遂恃父母之愛而欺兄，將使父母轉增其過，其為不孝不弟也乃彌甚。天下鬩牆之禍，無一人獨是者，一人是則必有以兼化之。使兄而化弟，不如以弟化兄之為順，此凡者所宜知也。雖然，吾見兄之虐其弟者實多，詎可謂吾為兄，可以任所欲為于弟，而不念此亦父母之子耶？

忍說

里有不悦于其兄者，與予言處家之道，以為張公藝之忍不如公也。予曰：「難言哉！子能公乎？」曰：「能。」「子之兄能公乎？」曰：「不能。」「子之家人能公乎？」「未可必也。」「子之弟能公乎？」「未可必也。」「自子而外皆不能公，何易言公也？夫公者，治己之道也；忍者，治家之道也。公者，聖賢無我之道也，忍者不能必天下皆如我，於無可如何之際，不得已而忍以容之，而俟之者也。忍豈獨治家哉？淮陰之俛首跨下也，以忍保身矣；勾踐之退棲會稽也，以忍保國矣；子犯之教重耳受塊也，以忍成霸矣；子房之教高祖謝罪也，以忍興王矣。忍其小而謀其大，忍其初而冀其後，吾無如天下何者，持之以忍而天下無如我何矣。古之豪傑當艱難困苦之時，處艱難困苦之事，未有不忍而能濟者也。不惟豪傑，聖賢不能無艱難困苦，即不能不行之以忍。特豪傑之行以忍也，或陰用其智，聖賢之行以忍也，必益修其道耳。然則聖賢之忍也，即公也，豪傑之忍也，雖不能公，以忍治人即以忍自治者也。今如子之說，專責望於人，是子之實不能公也。且己不能忍，況公乎？何也？子之言公，憤辭也。由子今日之言觀之，益知張氏之以忍處家，不易之道也。雖然，忍者，忍其所當忍者也。若夫不當忍而亦忍，忍同而所以忍者不同，是則忍心害理矣，又將有身、有家、有國、有天下者之所戒也。」

儉說

儉之字，始見於禹謨。以禹之聖，始曰「克儉」，儉豈易言乎？當禹之時，即以儉美，茅茨土階之世，詎已有不儉者乎？言勤於邦，言儉於家，舜之意即以儉為治家之宜乎？儉者，收斂，不敢肆之謂。以之治心，所謂澹泊明志，寧靜致遠也；以之治身，所謂不失足於人，不失色於人，不失口於人也；以之治事，所謂「以約失之者鮮也」；以之處官則能廉；以之為國則政簡易。曰：君子以儉德辟難，常變進退，皆以此矣。豈徒儉於用哉？豈徒儉於家哉？然未有用不儉而可以治家者，未有家不可以治而國可以治者。此禹之美也，此舜之意也，此老氏之旨合于聖人者也。

儉與侈反，故御孫曰：「儉，德之共也；侈，惡之大也。」儉豈猶有疵德乎？子曰「與其奢也，寧儉」，自後世之行儉而失者言之耳。今夫家之衰也，其漸皆由於極盛，無他，盛則滿，滿則溢，溢者，奢也。家之昌也，其始皆由於極艱，無他，艱則懼，懼則慎，慎斯儉也。或未盛而即奢，奢必不盛且將復衰；或未艱而即儉，儉必不艱，且將復昌。一衣也，向以布，今思帛；一食也，向以菽，今思粱，即縱奢極欲之端。其端不可啟也，知其失而速反之，則無虞矣。儉入奢易，奢入儉難，可不戒哉！雖然，儉以心，不以貌，儉以實，不以名。衣昭侯之敝袴而處智伯之室，為公孫之布被而舉何曾之箸，服文宗之澣衣而效德宗之斂，儉耶？非儉耶？孟子曰：「儉者不奪人。」儉於己，亦儉於人，儉必不貪，亦並非吝。國奢示儉，國儉示禮，示禮者謂夫儉而不中禮者也。其實，儉也，禮也，一也。禹之明德遠矣，吾將何法乎？蕭何曰：「後世賢，師吾儉。」吾先君取其意以名堂，恐吾子孫昧此意而忘之也，作儉說以告焉。

儉說二

天下上下皆一於儉，則天下治矣。老子曰：「聖人去甚，去奢，去泰。」解者云：「甚謂淫聲色，奢謂服飾飲食，泰謂宮室台榭。」夫貪淫聲色，未有能儉者也，而服飾、飲食、宮室、台榭之費為更多。此不特上之人為然，下之人尤而效之，弊且又甚焉。昔堯之王天下，茅茨不翦，采椽不斲，糲粢之食，藜藿之羹，冬日鹿裘，夏日葛衣，以是行之，後世民間皆為陋矣。人之言曰「俗之日趨於奢也，勢也」，吾以為不然，堯之時，文明已啟，天下不譏堯之陋，由其未見奢華也。後世華靡日滋，習焉而不知其非，則不陋者陋矣，特無人以倡之耳。主一家者，儉足以化一家；主一鄉者，儉足以化一鄉；主一國者，儉足以化一國；主天下者，儉足以化天下。奈何後世上下相競任其奢之流極而不知返乎？即以在下者言之，惟極貧則不能不儉。否則一飲食也，何曾之日費萬錢不足為豪矣；一服飾也，王相國女之一釵七十萬不足為多矣；一居處也，桓廟之丹楹刻桷不足為麗矣。其他玩好宴樂，一切無益之費，所以資聲色嗜欲之侈，蓋難勝窮。富者恃其富，至於貧者亦效之而不安於貧，卒之，富者終貧，而貧者且無以為生。後世閭閻之窮困，不特生財無術，職是故也，而上可知也。夫與其不儉而以貧困為憂，何如常自斂之為得？且不惟貧也，民不儉而貧，必為穿窬；士不儉而貧，必為乞憐；官不儉而貧，必為盜臣，為掊克；君不儉而貧，必為增賦，為濫征，取不當取之財而供可以已之用，自謂不甘陋，實則喪其守而失其德，亦胡樂乎效此？如其節而省之，亦不必過從嗇也，夫以堯之自奉，謂古今異，宜不可為在上之法，豈其猶不可為在下之法。吾未見法乎堯者之不足以訓俗也。況今天下凡事皆有制度，但使遵其制，自不為非分之費，無為之需，各端所裁，將在數倍而無慮乎甚貧，則下知恥辱，上禁貪暴，此世之所以安于和平無事也，故曰一於儉則天下治矣。

勤說

書曰「業廣惟勤」，勤者所以勵業也。業無分於上下，勤何論乎聖愚？吾嘗見農之耕焉，同一田也，勤則治，不勤則荒矣。吾嘗見士之學問焉，同一書也，勤則記，不勤則忘矣。有拙而鈍者，宜不可以有為，而終或多就，勤故也。有聰而敏者，宜不慮其自失，而卒至無成，弗勤故也。今夫仕宦之難也，不儉居其半，不勤亦居其半。不儉則祿不足以自養，勢必貪而弗廉。不勤則耽于逸樂，至庶務委積而不治，不能不獲罪戾，否則專任幕僚吏胥以理之，其中弊竇百出，已並有所不知。而一人有一人之需，責鉅者又多重貲以酬之，蓋雖欲儉且不能，迨乎無可措手而曰官不易為。嗚呼！豈官之不易為哉？昔舜稱禹曰「克勤則知」，平成之事，一勤奏之。成王稱周公曰「勤施則知」，碩膚之動，一勤殫之。顏淵之事斯語，惟勤可以全心德也。陶侃之運百甓，惟勤可以定禍亂也。且勤即不息之謂，有一時之失，一事之廢，一念之懈，皆非勤矣。舜耄期倦勤，是勤雖大聖人猶有所不盡也，下此者又何可不勉也。然而事之害於勤者亦多端，戲談也，遊獵也，觀劇也，嗜博也，飲食徵逐也，日事此而棄其正業，雖明達之士猶多不免，而昏惰者無論焉。吾懼天下以勤為習語而實不知勤，又勤非所勤，將不為庸愚，且為匪類矣，因著此說，幸毋視為腐談也。

時說

李子以時名其齋。或問曰：「子之于時，何取也？」曰：「天之道，以時而行；地之道，以時而成；往古來今之運，以時而異。物非時不生，人非時不立。學問修能，不知時則不進；窮通得喪，不知時則不安；是非可否，不知時則無變。何往而可昧于時也？」問者曰：「時之義，吾習聞之矣。然如子之朴拙，于時若不宜者，其取夫時也何故？」李子曰：「譖！君所謂時，亦異乎予所謂時也。夫時有是非可否，吾前既言之。使吾之所守者為是，為可，則吾為時，而何必從夫世之時。夏尚忠，商尚質，周尚文，時也。舍周之文而言夏、商之忠、質，非時矣。棄先進之文而效後進之華靡，亦非時矣。吾之樸拙，性也，變性真而逐習尚，庸為時乎？群蛙亂鳴不能強池魚之無聲，駃騠疾走不能強橐駝之緩步，戴勝花冠不能強野鶖之禿首。天地生物未嘗以異類而使不同時。時尚華靡，豈禁吾之樸拙？且恶知吾之樸拙者非時，而華靡者為時耶？」問者曰：「聖人乃稱時中，子之于時，何言之易與？」曰：「聖人有聖人之時，吾自有吾之時。子見南子之時也，子路不悅，子路之時也。無可無不可，聖人之時也。以吾之有可有不可學聖人之無可無不可，吾之時也。吾未到聖人之時，惟不詭隨其時，乃可以言時矣。若夫今之人，動云隨時，使彼所謂時者為是為可，何天下隨時者之多也？予病世之不知時，反以予為戾時，因以時名其齋，志與學蓋自有在，豈逐時而故我哉？」問者笑而退，曰：「聞子之說，乃于華靡偽巧之時知樸拙之為時也。」

又育字說

名與字皆命於天。吾之名父命之，其字師命之，父師之命，默中自有命之者也。凡人之名字頻更而未定者皆然，豈獨吾哉？始吾字仲仁，自名其齋曰「時」，時人呼時齋，不知吾為仲仁者三十餘年矣，是吾之字，天猶未定也。他日讀後漢李育傳，字乃與吾之名同，若有啟吾之心者，怳然曰：「育為吾乎？吾為育乎？既以育字為名，即可以育名為字，易而因之，育不知千載下有吾，吾何妨於千載上冒育。後之人如淆亂其名字，亦安知不以一人視也。」育敦朴，慎名行，樂讀書，不仕，吾愧不如。然自謂有似者，名字之同，非偶然矣，作育字說。

明毀示諸子

有毀予者，百方媒孽，至妄造事託諸他人之言，且假文辭痛詆之。諸門人不平，曰：「使渠言行，其謂人何？其謂後世何？」或為文亦有陰斥其人者，予皆改之。因示曰：甚矣。諸子之質未化也。是非毀譽之不明不釋，何以學為？夫人毀己，己亦毀人，是爭矣。爭之則相毀無已時矣，即不爭而弗忘，褊耳，亦愚耳。試問毀予者，何自起乎？自予知學以來，其人之有毀，非一日矣。予聞之而若弗知也，不惟忘渠之毀己，見人有毀渠者，必爭之以為毀人本小人之事，矧同氣之人，何忍使之不完。所毀者未必能使之不完，人將先斥毀者之為忌為薄，此一定之理也。且吾謂渠之毀於彼有損，於吾反無損而有益，何也？彼意薄而心忌，知其更不能反己修德矣。其毀吾者若誣也，則所毀非吾也，故無損也；其毀吾者果吾所有，則從而省之，省之而知其非，則改之，是毀者有以助吾之日新也。嗚乎！古今來豈有不遭多口之士哉？不遭多口，其人之不足齒可知也。吾不求人之譽，何患人之毀，不爭一時之毀譽，何聞後世之毀譽。公論在人，毀者自毀，譽者自譽，其實卒不可沒，聖賢皆然，而況於吾耶。吾生平論學，與人明辨則有之，未嘗敢毀人也，然何能禁人之不毀己也？諸子思之，聞是非毀譽而不動，始可以曆富貴貧賤患難而不動，此道也，當日共勵之矣。

窮說

天下何為而有窮哉？無窮也。天窮則無天，地窮則無地，時窮則無時，物窮則無物，人窮則無人，道窮則無道。奚窮之與有？有詰者曰：陰陽不時，雨暘不應，天之窮也，至亥而消無論矣。金寒、石泐、陵陷、谷遷，地之窮也，至戌而盡無論也。以時則有陽九之厄，以物則有衰毀之慮，若夫人窮則道亦窮，其窮又可勝言耶？天造草昧，天之窮，人之窮也。舉世無邦，地之窮，人之窮也。商季、周末，木變服妖，時窮物窮，皆人窮也。獻玉而見刖，效悃而見逐，是窮於君。富貴則相忘，患難則相棄，是窮于友。兄弟鬩牆，室人交謫，是窮於親。鄉閭失望，小兒見辱，是窮於眾。偶商什一，魑魅耶揄，是窮於鬼。窮不以貴，皆以賤，亦不以富，皆以貧。鶉衣百結，綈袍鮮贈，窮於寒也；蒙袂乞食，嗟來相呼，窮於餓也；典衣沽酒，囊無一錢，窮於用也；日暮失路，致哭阮籍，此謂途窮；逆旅獨酌，誰憐馬周，此謂客窮。雖懷瑾握瑜，自以為有道之士，而世不見知，人不我重，亦終窮而已矣。尚諱窮耶？

李子曰：子知其一未知其二也。夫窮通相因，窮者通之始，通者窮之終也，通則不窮矣。天也，地也，時也，物也，有窮皆有通，吾不暇與子詳論矣。至於人之窮，孰非所以為通乎？尺蠖先屈而後伸，神龍善藏以致用。大任之將降，孟子言之悉矣。且夫不窮者，道也，為有道之人，則有所以處窮者，而又何窮之有？窮於君不窮吾事君之心，窮于友不窮吾交友之義，窮於親吾不逆其親，窮於眾吾不戾夫眾，窮於鬼吾不信夫鬼。人見為窮，吾見為通。賤也，貧也，吾之素也；寒餓，吾所甘；阿堵，吾所鄙也。途窮不必哭，客窮不求憐也，世不我知，人不見重，而吾行信於有道之口，身後之名且將傳於無窮，雖終身窮而不通，其通也乃愈遠。斯其窮也，乃更愈於通。語曰「君子固窮」，又曰「窮且益堅」，聖人知其固窮而安之，志士堅其窮心而守之，吾不窮於窮，窮無如我何，故曰無窮也。昌黎之送窮有道，且笑之矣。詰者唯而退。為述其說以告世。

否泰說

易天地交為泰，不交為否。先泰而後否，言泰之必有否，戒之也。人有恆言曰「否泰，先否而後泰」，言否之必有泰，望之也。在易以天地言人，或以人言人，與天地一而已矣。天地之否泰，人人之否泰也，一人之否泰，天地之小否泰也。然則否泰，天乎？人乎？曰：天也，非人也。其為之者，人也，非天也。人事有得失，天地隨之矣。其得也，天心喜而百事吉，吉所以泰也。其失也，天心拂而百事厲，厲所以否也。泰之卦三陽先而三陰後，陽，君子致泰者也；陰，小人反泰而否者也。泰之中，即將否，狃于常泰也；否之卦三陰先而三陽後，小人之致否也，猶君子之致泰也，君子之反否而為泰也，猶小人之反泰而為否也。否之中即望泰，泰不可常狃，否亦不可常聽也。

泰而否，否而泰，否泰之相循，其一定者耶？曰：不然。有保泰之功則泰常泰，無傾否之力則否常否。易於三四之交，示轉移之道。蓋天下之事，始則進，終則反，中則在進反之間。於此而知泰之將否，不使之否，於此而知否之可泰，必欲其泰，繼事者益加振刷，則中猶始矣。一人之否泰亦然。命則天主之，道則己操之。道者，祛否求泰之柄也。當泰而思否，當否而思泰，轉移惟我耳。然吾觀人之於世，否者常多，泰者常少，非天之於人故刻也，將以否勵之也。且君子多否，而小人多泰，非天之于君子獨薄也，惟君子始能任否也。多否則知惕，知惕則道進。世多有道君子以維世於不敝，此天默默不言之私心乎？然常否而不泰，其何以慰君子？人又有恆言曰「否極而泰」，正為盡道者言也。若夫道不能盡，雖終身在否之中，不為過矣。

認真說

今世人習語有認真之說，而官場中尤多言之。認真即實心行事之謂，即所謂誠也。然世俗正以遇事多不認真者，故常言之。違乎理則非認真，違乎法則非認真，違乎心則非認真。以為官言，聖賢之理示以貪墨乎？朝廷之法聽其侵漁乎？習為貪墨侵漁而昧聖賢之理，棄朝廷之法，問諸本然之良心安乎？夫惟見利不見義，故不能認真為官，然凡為事皆然而亦有不同，或私而不能認真，或怠而不能認真，或徇而不能認真，亦或畏而不能認真，於理於法於心皆有違焉，至明明違理違法而猶託於認真，是欺心以欺人之甚者。試問人可欺耶？心可欺耶？人可欺，心可欺，理不可誣也，理不可誣，法亦終不可逃也。今人又有言曰「糊籠」，此即認真之反。嗚乎！一認真則事盡而行得矣，惟糊籠則行虧而事敗矣。

鄉約說

今之有鄉約即古比閭族黨之法也。成周五家為比，比有長，為下士；五比為閭，閭有閭胥，為中士；四閭為族，族有族師，為上士；上而州黨，則即大夫矣。蓋皆以其地之人自治其地，其法良善。秦變郡縣，別立官師，郡即大夫，縣則為士而不沒成周之法。漢之三老、嗇夫、亭長，猶其遺也。唐有坊正，宋有保甲，亦即其法而小變之。今或稱保，或稱正，或稱長，名不同而其實則一，但皆鄉人自立，無其權耳。藍田呂氏鄉約乃以士人自勵風俗，此又無與里閭推舉之數，然亦足見鄉約有關於風俗為重也。夫為一鄉之約則必舉一鄉之是非善惡而持正之，惟有才而且賢，為一鄉所雅敬者，乃可以當其任。正士之避任之自寧人而息事，為縣官省無窮之擾，無如里閭之所舉者，類多非其人也。舉非其人，以正士皆避不肯任也。正士之避以縣官待之或多不以禮，且時折辱之也。而里閭之弊，遂百出矣。規條不立，強陵弱，衆暴寡，智詐愚，勇苦怯，酗酒賭博，盜賊肆行無忌，一切外至之奸人，且得因依而藏匿。鄉約則概不問焉，有事亦不能公處和解，當報於官者又或陰食其利而隱諱之。如是風俗之壞既不可勝言。更有不能猝治者，縣官第循舊而佯聽之，有訟然後因時事而臆斷，往往積案不能結，冤抑不能伸，甚至自罣吏議，非所以為政也。然則鄉約之任當何如？曰：無里無才且賢之人，官飭鄉各舉二人，賢者為正，才者為副。正者主之，副者輔之。到官以禮優遇而弗辱，善其事不必歲更其人，終獎之以名不償之以利。斯則鄉約為官勤事，為鄉解患，變成周之法而猶有比閭族黨之意矣。

報說

善惡有報乎？伯夷餓而仲尼窮，顏淵夭而盜跖壽。善惡無報乎？羿、澆害及國家而不獲死，禹、稷功在生民而享厚福。報也者，天也。有人則有天，人之事天之所知也，人之心，天之所見也。天無往而不見人，人無往而不見天。闇室幽昧之中，鬼神在焉。鬼也，神也，即天也。鬼伺之，神鑒之，天主之，天不可得而欺，故報不容以爽。然報非天也，理也。吾所為善，善報之；吾所為惡，惡報之。報之以善，理也；報之以惡，亦理也。天之為天，人之為人，皆理而已矣。人違理，是違天也，實違己也。然則善與惡，非天報之，自報之矣。或曰：「理也有數焉，順理而報以惡者，數未至也；違理而報以善者，亦數未至也。」盧陵子曰：「善惡無不報，而遲速有時。速則報之目前，必其善惡之各已至極；遲則報之異日，必其善惡之猶有可待。數也，仍理也。其又不然者則以為，報不於其身，必報於子孫。故凡身善而食惡報者，所以報祖宗之惡；身惡而食善報者，所以報祖宗之善。於子孫報吾之身，猶於吾身報吾之祖宗也。若夫身惡而子孫之報猶善，報吾祖宗之善未盡也。身善而子孫之報猶惡，報吾祖宗之惡未盡也。盡則無不報矣。」雖然，謂報在祖宗與子孫，為善者不其怠？為惡者不猶自幸乎？曰：善之至能贖祖宗之愆，而福不待後；惡之至斯滅祖宗之德，而殃必自己。吾更有一說焉，其報甚速而不容緩。曰：為善者報之以令聞，為惡者報之以惡名。此非祖宗所能貽，亦非子孫所能改也。至於為善不望報，是則大賢；　為惡不思報，是則下愚而已矣。

怪說

天下何怪之有？反乎常則為怪矣，害乎常乃大怪矣。世之所謂怪，鬼怪，多魑魅罔兩，變態百出，以為怪誠足怪，然吾未見之也。不見何知其為怪，亦安信其為怪？有所知而信之者，則非怪之怪而在不怪之怪，不怪之怪實乃至怪。風非祥風則為怪風，雨非好雨則為怪雨，星非瑞星則為怪星。物之形異曰怪物，人之性殊曰怪人。夫人棄常則怪興，凡怪大抵皆人致之，即不必致怪而有可怪，其謂之怪。以此言怪，天下之怪良亦不少矣。尤有怪焉者，則天下之好言怪者也。聖人不語怪，其敘書，于洪荒以前刪而不録，外紀乃妄補之，若宓犧牛首，女媧蛇身，何其怪也。春秋不詳事蹟，左傳、國語乃妄言之，若狐突御于申生，丹朱憑于房後，何其怪也。後世有搜神、博異、集異、續齊諧，一切志怪之書，皆足以惑世誣民，而或且編之以為祕，甚者博學宏才尤而效之，有所欲言，胥託之於怪，如聊齋志異之類，方日出而不窮。數年以來，士往往舍經書不購而於此則家奉一帙，窮歲月而玩之，荒學問悮身心，卒不知其非。噫！誠可怪也已。不寧惟是，說經之家喜為怪說，為文之士喜為怪文，探奇鉤異，至横詆宋儒之言理守正為固陋。怪說一行，何往而不怪？而推其原亦有故。天下之常理，聖賢已盡言之，欲以欺世盜名，惟怪可言亦易言，言之又足以動人，此所謂惡畫犬羊而好圖鬼魅也。雖然，無可言亦已矣，何必言怪以自流於怪乎？昌黎云「不求其端，不訊其末，惟怪之欲聞」，言佛、老之怪也。今也於佛、老之外，更增其怪矣。余恐天下好怪不已，將盡人而為怪，並使萬世之人皆為怪也，作怪說。

五德嬗代說

上古之君，五德繼王，取五行之相生而嬗代。故宓犧以木德，神農以火德，黄帝以土德，少昊以金德，顓頊以水德，自帝嚳以至周皆以是推而定之。康成云：「王者各感太微五精而生。」其說怪異不經。王肅云：「易『帝出乎震』，震，東方，萬物之初，故王者制之。初以木德王天下，非謂木精之所生。五帝皆黄帝之子孫，各改號代變而以五行為次，何太微之精所生乎？」此义近矣。然王者初非自定為某德也。某德也，天有木火土金水，以隨時化育萬物，其神謂之五帝。聖人制禮祭天，並祭五帝，而謂不可不有以配之，乃取自古聖人立制創法，最有功德於民者而祀焉，而推宓犧為首，故以為木行之君，神農、黄帝、少昊、顓頊蓋皆以次及耳。禮制既行，至末世而稍湮，遂有言禮之儒，此又自帝嚳以至周五德嬗代之說所由起，而其實非也。使禹自定為金德，則夏不尚玄矣。使湯自定為水德，武自定為木德，則殷不尚白，周不尚赤矣。堯舜揖讓，事猶一家。改徽號易服色，三王之事也。禹以治水之功而尚玄，殷以兵取天下而尚白，周取勝殷而尚赤，各因所事以創制顯庸，新天下之耳目。

說者顧謂王者之興皆由五德代生，而王者之制皆取五德相勝，豈其然乎？夫所生以是則天運與王者之性情皆將在是，而所尚又取所勝，此必無之理也。若乃後世五德相尚之說多由符讖而定。秦自謂以水德王，取符瑞也。漢以火德，亦因老嫗言赤帝、白帝之异。先儒謂高祖聞老嫗之哭，猶陳勝、吳廣之託怪於魚書、狐鳴，本不可信。即云可信，秦水德尚黑，漢火德尚赤，而秦白帝子，所尚與感生者異，漢赤帝子，所尚又與感生者同。儒者之言牴牾不可通久矣，是以漢以後，五德繼王之說恒依違難定也。然則相嬗之說為然乎？相勝之說為然乎？曰：相勝之說在後世多出私意，然以之定制猶可也。若本感生之說云某君以某德王，某君以某德王，每代皆然，殊失上古五德相繼之意，作史者直删而去之可矣。

刑罰說

王制：「刑者，侀也。侀者，成也。一成而不可變，故君子盡心焉。」說文：「刑，剄也，从刀，幵聲。」「罰，辠之小者，從刀，從詈，但持刀罵詈，則當罰。」予謂刑亦法也，罰亦以言定罪之謂。古刑罰，偏言之則刑重而罰輕，專言之則刑罰皆可以相該。易曰：「先王以明罰敕法。」明罰，明其所當罰，此即所謂以言定罪也，言罰則刑可知矣，故曰敕法也。書皋陶曰：「罰弗及嗣。」呂刑曰：「苗民無辭於罰，乃絕厥世。」罰豈第罪之小者耶？呂刑多言罰，注謂出金贖罪，疏云：「經歷陳罰之鍰數，五刑之疑各自入罰，不令死疑入宮，宮疑入剕者，古之制也。」所以然者，以其所犯疑不能決，故使贖之，次刑非其所犯，故不得降相因。蔡氏曰：「呂刑專訓贖刑，蓋本舜典『金作贖刑』之語，然舜典所謂贖者，官府學校之刑爾，若五刑則固未嘗贖也。五刑之寬惟處以流，鞭撲之寬方許其贖。今穆王雖大辟亦與其贖，正如蕭望之所謂富者得生，貧者難免，恐開利路以傷治化。曾唐虞之世而有是贖哉？」按：孔氏謂五行之疑不降相因，蔡氏謂五刑之寬惟處以流，其說皆是。然罰非贖也，贖者有小罪而贖之，設於官府學校稍存其廉恥爾。周禮士師「五禁五戒，左右先後刑罰」，此刑罰合言，猶專言也。惟司圜，其刑人也，不虧體，其罰人也，不虧財，分言之則其義各別，然鄭注不虧財謂但任之以事，即大司寇所謂「萬民之有罪過而未麗於法者，恥諸嘉石，役諸司空」是也。是則罰正以其於刑無處，而罰之與贖迥不同矣。以罰為贖自穆王始耳。注疏于呂刑依文解之，謂五刑不得降相因，則是謂五刑古即有罰，則非。而呂刑五刑之罰出金又自有說。大司寇：「以兩造禁民訟，入束矢於朝然後聽之；以兩劑禁民獄，入鈞金三日乃致於朝，然後聽之。」鄭氏曰：「入矢取其直也，入金取其堅也。」王氏应電曰：「兩人皆至則詞不獲逞，兩劑並陳則詐不可逃，而各入束矢、鈞金則心有所惜，故雖健訟者，多相與和解而止。此所以為禁民訟，禁民獄之大法也。」按易言「噬乾胏，得金矢」，則入金矢蓋古法，此於禁民之中有喻民之意，亦所以為罰也。何以未見其罪而即罰之？訟即當罰也。其入金矢與贖之以金皆非利之也，說者以金為黃鐵，黃鐵，銅也。兵與刑通，刑之所以以供兵之用而已。司圜言「罰不虧財」，夏商衰世，必有罰而虧財者，殆因贖刑與禁民入金矢者而失之。穆王五刑之罰鍰，相沿而失之愈甚者也。然呂刑言五過之疵，一曰惟貨，未嘗不以貨為戒，故五罰皆罪之疑而不入于刑者，與後世並其罪而贖之者亦異矣。

救荒叢說

天災流行，國家代有水、旱、蟲、螟之傷，因時運亦有感召。故致災有由，而以人回天，救災豈容無術？鯫生生近八旬，經荒屢矣。今丙午之旱，關輔鄰近千餘里，自春無雨，麥已薄收，夏秋時有微雨，濕土不及寸，四野焦枯，及冬，麥又不能下種，是一年已兆兩年之災。糧價日踴，俗云「雨灑塵，餓死人」正謂此也。竊見道路之中，流亡紛紛，明歲將又甚焉，其何以支？鯫生實深憂之。中丞林現撫關中，知念民瘼，深可依賴。八月中即遣兒來南上書，躭悞未果。九月後，中丞已遍諭各屬，殷思所以救之者，但猶未詳示其法，因以意揣量，並叢集古人救荒之言而為說，或播吾說，未始不可為芻蕘之一獻也。周禮荒政十有二法，最明備，請試言之。

一曰散利，謂發倉廩。倉人、廩人、遺人所掌凶荒之頒本有常法，若後世常平之設。豐年增價而糴以利農，凶年減價而糶以抑商，斂散調劑，酌其平以為積儲，捄民之助，故曰常平，亦法之善者。此自東漢初年耿壽昌建議立之，張純即言其弊，而至今不能去，朱子且借其資本以立社倉也，孰知倉愈多而弊愈滋也。他處不盡知，以朝邑常平言，始有采買，即豐年斂法，其資原取本倉，斂散余息存於藩庫之金，發於民謂之紅封，實則令民見而不發，買竟專責於民。又有民借，即周禮賒貸，亦凶散之意，既乃不復採買，惟託民藉以為換倉之法，弊更不可勝言。蓋民借以青黃不接，春借秋還，民有願領者領，例不勒派。換倉本官自換，乃以專責之民。朝邑倉麥兩萬七千石，歲出六七千石，京斗一斛當市斗二斗半，六七千石應有萬餘斛，其領之一斛止得二斗二升，納之則須三斗不等，外又有使費。甚者民雖有高麥不能上納，故使包戶代納，包戶又厚責其費。大約民領一斛，只賣銀三錢餘，納以高麥，及斗餘，及使費，一斛賠銀便須兩餘。一歲出萬餘斛，民便歲賠萬余金，而歲歲領惡納好，所換倉一如不換，徒以救民者為飽倉胥之資，官之侵牟與否，吾不得而知也。聞今縣父母云救荒莫先開倉平糶，正與周禮意合，但不驗麥，驗斗斛，禁需索，絕包戶，民一借一還，弊仍如故，何以云救？意謂依本法，減價而糶，平糶之法亦即換倉之法，何事抑勒借民轉成大弊，至荒甚，慮倉粟不足，則惠氏廣糴之法可參也。惠氏士奇本辛棄疾之法，召官吏、儒生、商賈各舉有幹實者，貸以官錢，蠲其息，俾出糴他郡，糴十糴得二分息，或三分息，以本錢還官，剖息中分半賑饑，半予商。如是則不虧官，不虧民，亦不虧商。苟有可糴之粟，糴可不絕，賑無不濟矣。

二曰薄征，謂輕賦稅。此與已責不同，亦與緩征不同。已責者已而不收，薄征者少收于常賦，緩征者緩於他日帶征也。孔孟言薄斂，常時不分外多取即是薄。朱子以冉有急賦稅即是聚斂。自古愛民之君，以民為天，蠲租之令屢下，而居官者多貪婪。兒寬之負責，至使民車牛負擔而償陽城之催科。政拙遂考下，下或加耗，幾取其半，又以急賦，歲報七分收成以為常，有災因並不敢報。矧望如汲長孺之於河內開倉賑救，發後請罪，其誰能之？憶壬子關輔旱，有言於睿皇者，當時責撫臣曰：「朕保民如保赤子，旱而不報，是謂朕惡聞災旱也。此科陝闈即以康誥曰『如保赤子』命題。」以鯫生所見，朝廷因地方災傷輕重，下免糧、減糧、緩征恩詔不少，而州縣出詔之日糧尟有不早完者，是恩得及於官而不及於民，由州縣多不忠心奉上，但知為己而並不恤民之死生也。愚見緩征一條，立法又宜活，何也？惟民急公，但使力能納賦，固願年清年款，不欲緩併一時，反覺其難，其不能者則聽之可也。然災甚，民憂無糧，有糧又憂無錢，老幼嗷嗷，僅寬征何救於死？故散利為首，薄征為次。散之則薄之自不待言，散之而不能盡救其生，度非皇上不忍一民使饑之心，亦仁人大君子所不安。此鯫生言及二者所為，不禁刺棘也。其散之而中有尅扣與急賦而匿詔者同一無人心，想一視同仁之天下所斷不容矣。

三曰緩刑，以歲兇犯法者多也。民窮則濫，饑而蔑義，其情可原。緩之者固輕罪，即刑亦當薄之，凶荒必待深仁，自應如此。

四曰弛力，民饑則可役者少也。君子用一緩二，力役與粟米布縷等，常時且然，況凶荒乎？自唐兩稅法行，丁歸於地，至宋行雇役，又行募兵，國家本無役法，雖藉民車馬而錢仍出於公家，故累有不擾農之令。官吏不能體恤，乃復一切巧取於民，民愚不知，亦謹於奉公役，法之弊浸不可問，所在率然。而今朝邑，坐運為甚。始邑分三運，設局於縣，本以兵役之繁，後兵息而運不移，歲無一事，守縣待兵，無名之費不可貲。計以衙署無人不有需索，坐運者以交官為榮，其中亦有侵漁資賴，此害遂成膠固。民苦納運與換倉等，終歲號哭而無可如何。鯫生前以二者懇去弊於上憲，雖畧去而旋又如故。值茲大荒，民又何以堪？此故望救民於死，而二者之夙弊不能不復詳言而等於哀呼也。

五曰舍禁去山澤之征。山虞、澤虞等職具在漢元時，江園陂池屬少府者悉假貧民，亦是也。

六曰去幾、去門關之征，以通商，通糴之法正有賴於此。

七曰眚禮，省吉禮。

八曰殺哀、殺凶禮。

九曰藩樂閉，樂不作。

十曰多昏減聘幣，使及時。

數者皆節儉自省之道，禮言凶荒者多及之，亦歷代荒政所通行。

十有一曰索鬼神，此祈禱之法。凡有災，官民無不祈禱者。當知災有由召，亦有由弭。官之召災以虐民，民之召災以踰禮。乃禱之自官多奉行故事而無誠心，又或不知悔過遷善，禱非所禱，愚民之禱又何責焉。豈知衛人伐邢，興師而雨；東海孝婦，冤伸而雨。御史雨、狀元雨，古皆有之，理無不可信。天原無不雨之天，是不能無望於上下之各禱於心而卒獲鬼神之佑也。

十有二曰除盜賊，謂為民去害。此與緩刑當通觀。緩刑者，緩良民之刑也。盜賊本匪類，宵偷晝奪，皆足長亂。楊忠滑上徐少湖書嘗言之矣，曰：「盜生於貧，雖勢所必至，然凶年至於盜起，斯亦足憂也。聞各處撫按分付各屬官暫寬治盜，意恐生變，故各官于盜賊之獲俱姑息縱之。此端一開，為盜者眾，貧者日至放肆，富者日不安生，是民之為盜雖起於凶年，亦上之人有以教之。濟荒自有長策，未聞教民為盜以救之也。況漸不可長，民不可遏，隄防一徹，紀綱遂壞，其變有不可勝言者。宜行令，遇盜賊仍治如法，則禁盜乃所以止盜，而止盜乃所以救荒。」忠滑之言蓋即周禮意。予謂良民為盜，迫於不得已，情異匪類，自有可見。果系匪類藉端滋事，重懲首惡以警其餘，則亂萌消，眾心安矣。

夫聖王之世，豈盡無荒？而救之有術，荒去而民且若有所不知。使世皆如周公之慮民，雖荒何累于太平哉？或曰：春秋有勸分之事，後之救荒者多效之，而周禮何以不及？曰：備于上者周，不待求之下也。保息六曰：「安富，富安而沐上之化，必能自顧其鄉，或有如末世之相勸者，宜亦無不從也。或助官平糶，仍使不失其本，是亦所以安之也。」

惠氏荒政說以勸分、抑價、遏糴、行粥四者皆不可行。予又得而論之：抑價與定價異，定價者，就現在之價定之，不使長也。抑價者，就現在之價抑之，必使絀也。抑價似利貧民，然人心視利如命，使商人貴糴而賤糶，折閱其本，彼斷不甘，不甘則百偽俱生，粟雜紅朽，兼以外粟不至，本市之粟不能給所管之鄉，彼且匿粟不出，貧民持錢入市，守待終朝而不得升斗之粟，歸將何以為食？民眾勢必與商爭，當是時雖威以法亦不懼，是肇亂也。故定價可，抑價不可。早定價於糧價始踴之日可，定價於糧價大踴之日則已緩矣。欲救此，必計商現在所屯之粟尚有少利，斯為民亦不虧商。定價但以抑後來，或外商至，市粟日多，糧價漸減，亦自然之勢也。聖王有無遏糴之命，知遏糴斷非斯人一體之誼。在一統之世，此豐彼荒，無容遏，勢亦不得遏。或彼此俱荒，主其上者不能舍己恤人，亦情也，然遏之則粟不流通。為大吏者令商自屯粟，舊多之處運於粟少之處，則趙清獻在越州增價招商之法，似亦可行焉。月令行糜粥飲食尋常，當冬時即然。漢末三輔嘗出太倉米為粥食人矣。惠氏曰「東漢嘗行之，而民多餓死，良以胥吏乾沒，賑恤有虛，撩以石灰，揉以糧覈，名曰活人，其實殺人。又壯者得歠而不能及於細弱羸老之民，近者得餔而不能遍於窮岩深谷之域，活者二三而死者什七八矣。且萃數千人而行之於市氣之所蒸，將成癘疫。眾之所聚，必有奸倫，其患不小，惟閭里長厚者可施之一鄉而非有司之所宜行也。」按：此所言之弊，予近皆見之，然無錢急食之民，有不可不行粥者，還如惠氏說行釐戶之法，以民賑民，多設粥廠而已。

抑凡事必因人，因時，因地，相其可而為之，救荒亦然。依鯫生之見，開倉平糶，益以廣糴之法，此誠古今良策，近來大吏亦多行之。慮災荒郡邑地遠，人心自有籌畫，聞甘省多熟荒之地，邇有以皮包裹粟自黃河而下者可驗也。外此如范文正公在浙西大興土木，使民得傭力以食，朱子亦有築修陂池之事。今吾邑城可修，庫又存蒙姓輸公銀兩，固可彷而行也。富鄭公在貴州，擇堪為卒者充諸州軍，以予言之，饑民盜賊皆可審而用也。朱子勸誘上戶停蓄，亦助平糶法；減稅錢，禁牙人阻滯，亦通糴事；請告身亦勸分事。又如林希元之叢言言醫疾病，收棄兒，埋死亡，使之貴得人，行之戒遲緩，皆可酌而行也。鰥生老為斯世斯人憂，不復能言於當道大賢，效野蟲之自吟，雜哀所見而略分先後主從，冀有聞者。又總之數言曰：是在迪畏小民，恫瘝乃身，以實心行實政耳。此篇成，兒輩即書之獻于林少穆中丞，即令發府縣。中有觸忌，予亦不恤也。

題石生齋名說

石生全潤先後學桐閣十餘年，一日請予題其齋，自擇和、敬、果三字，乞定之，謂是三者皆其所短也。夫古人學必有主，石生學予久，年且近四十而所主猶未定哉。雖然，石生進矣。四十道明德立之時也，自科舉為學，稍自負者率能踔厲奮發，否則歲月既去，意灰而怠，潦倒困頓，遂不復自振。烏乎！志在道德者，豈有潦倒困頓之時？此科學為學之人以為非學也。石生為制義，不肯苟且隨時蹈膚淺，以此恒不售。既乃學詩，學古文，已皆可觀。近則兢兢然學予勉立行，今來不惜其失時而求所以自守，若始定志者。石生進矣，學與年進，守因見更，古人類然，患在所守之非，又不切己耳。和也，敬也，果也，生於此歉然，自見不足，知求其切己者矣。然是三者一道也，道得則俱得，夫何途之可分？如欲為一言之守，其主敬乎？主一無適之謂敬，心有二，非敬也，有他適，非主一也。敬者，學道之功而非道之主名。隨時隨事而有道則隨時隨事而有一，即隨時隨事而當敬。隨時與事，一心觀道而踐之，又何不果之有？又何不和之有？予少學朱子，所守惟敬，以之處事，事至則毅然为之，事去輒恝然置之，主一而不膠於一。為文亦然，專意為之，隨文不拘一律，無不立就。古人云文藝末也，予謂文亦事，以敬為之而皆得，向以是為勉，猶不敢自信，今則稍自信矣。石生學予者，舍是別無可與言，生其由是進益求進也。

飼貓說

予教授梓潼閣，學者多裹糧以從。庋食之處，群鼠公行，至白晝出穴相爭鬬，喝之不能去，齧物蓋幾無完者。有童子攜貓來，日鳴於室，鼠跡遂絕，而貓實未嘗捕得鼠，每向人求食。予方飼之，一童子曰：「貓不可飼也，彼不善捕鼠，徒糜食耳，善捕鼠者必無聲，然後鼠出，得擒而殺之。」予告之曰：「此非童子所知也。汝以鼠為患，鼠去是貓之功矣。豈必殺鼠而後為快乎？且鼠可盡殺也耶？今貓息聲屏氣，常守鼠穴而待之，一鼠出，捕得焉，眾鼠將不出。是貓也不過殺一鼠之功，其可飼幾何？又安知貓守此穴而彼穴之鼠不出也。秦上首功，所以待士卒，非所以待將帥善守國者。得名將而優禮之，委之以重任，養之以厚祿，不必折馘獻囚。風聞所播，天下自不能乘闉而竊窺，此其功將誰屬？可責之曰：『汝未嘗捕賊，不得食吾之食哉？』兵有先聲而後食，實具虛聲，亦足以懾人。李牧守雁門，虜不敢近邊；李廣守北平，敵不敢犯塞；史萬歲出馬邑，達頭聞之懼，引去，視王恢伏兵相邀而竟不能獲者何如也？李西平在軍中，必錦裘繡帽以自表異，郭汾陽免冑示回紇，又安在必自隱匿不使彼驚我而去乎？然此猶先以戰著者也。小范老子胸中有數萬甲兵，知其人而夏人之膽落矣，其動何如也？其可寵何如也？今此貓，何知其鳴也非必以聲懾鼠，然不謂鼠之去以貓之鳴則不可，使此貓常在，鼠固當永絕矣。不然，貓或饑而去，汝之食又將為鼠所飽也。」童子稍通書史，知予言為然，故特志其說以告天下之賴其益而不知，反惜爵祿以棄干城者。

釋蟲說

李子夜讀書，有蟲麼膺如蟣虱，自書上行。將手抹之，旋且止。喟然而嘆曰：「危哉！此蟲幾隕於非命矣。」蟲之來，吾不知其于何來也；蟲之去，吾不知其于何歸也。然而彼固有心焉，不可謂無所來而無所歸也。夫跂行、喙息、蠕動之類，莫不就安利避危殆。此蟲也，視書為安利之地，率意而過之，倘忽焉斃於指爪之下，何冤如之？

天地之生物也，無大與小，各予之以形即各予之以命。以為大，何者非大？以為小，何者非小？虎豹之食禽畜，彼視禽畜祇如此蟲爾。凶盜酷吏殺人于須臾，彼視人亦祇如此蟲爾。微特此，以天地視人，其小也不啻人之視此蟲也。使天地欲殺人，奚以異於手抹，而天地固未嘗無故而有所殺也。世亦有可殺者，蝮蛇之齧可殺，蠆尾之螫可殺，螾蟗之入耳可殺，虎豹肆捕噬，凶盜酷吏肆殘忍，尤可殺。然其殺之也，正以其於人於物有害也。若蝮蛇不齧，蠆尾不螫，螾蟗不入耳，則不必殺矣。虎豹不肆其捕噬，凶盜酷吏不肆其殘忍，則亦不必殺矣。何也？彼雖能為害，不為害而殺之，固不祥也，而況於此蟲乎？舉步避螻蟻，不知者以為拘儒所為，君子則以全吾心之仁耳。宋哲宗御經筵，手折一柳枝。程子曰：「方春萬物發生，不可非時毀折。」亦此意也。余於此蟲也有憫心焉，有懼心焉，故著之為說以自戒，並以戒天下之人，使知於有生者無大小皆當然也。若外氏於此講因果，則非吾儒之所敢知。

木槿花說

人有以木槿二株遺者，其家舊植也，不自玩而見遺，似以朝榮夕萎，意嫌之。予樹之窗前，盛夏開朱花，大而鮮，雖易敗然繼開不絕，直歷秋老然後已。日愛賞之，謂諸子曰：是花也，人多憐之，憐之是也，嫌之則非也。人生百年亦旦暮耳。

豈惟人？列代之改革亦旦暮耳。豈惟列代？天地開闢於子丑而閉消於戌亥，亦旦暮耳。木槿之榮萎，即以一日為百年千万年也。莊子曰「莫壽于殤子而彭祖為夭」，昔人云「一日千古」，則安在一日為促，而百年千萬年為長？為木槿者亦何久暫之與知哉？况乎萎者方萎而榮者復榮，只此物也，固不知幾旦暮矣。又有説焉：花有春有秋，春花早發，秋花晚香，是花乃榮以六月，不與蓮同為炎陽生色乎？然則槿亦蓮友也，盛暑熇暴，能爭而自顯，諸花誰復有此？故予於是花，為憐者慰之，為嫌者解之。讀空同子賦，竊謂其意之近于宮婉也。

講學議

天下何由而治乎？人盡知學則天下治矣。學之廢，其始也必有人焉從而壞之。學之興，其始也必有人焉起而倡之。甚矣，二三君子不可不思任其責也。昔者宣聖講學於洙泗，亞聖講學于鄒嶧，降而濂、洛、關、閩繼緒而倡明之，後之接武者亦不少。蓋君子在上則用其學于天下，君子在下則傳其學於天下，惟下有其傳斯上有其人。人心之不死，世道之不壞，皆賴是耳，故曰上無禮，下無學，賊民興，此真治亂之大機矣。

所謂學者，非世所講之學也。自漢唐以來多俗學，宋史乃立道學之名。自有道學之名，因有偽學之稱。學之真偽不待辨而知者也，概指道學為偽學，乃庸俗相忌之辭耳。陳公輔之乞禁程氏，胡紘之乞禁朱氏，皆以偽學詆之，其詆之者至謂以淫説侈詞簧鼓後進，徒惑世而無用。噫！彼自為學中之螟螣，而豈講道學者無用哉？宣和之時，高麗知問龜山，紹熙之時，女真知問朱子，為一時之重何如，傳其學於天下與用其學於天下者無論矣。明張江陵惡講學之風，盡毀天下書院。夫明季諸儒固不如宋儒之醇，要亦皆在君子之林，而一切惡之，此江陵之所以不滿於衆口也。然其弊猶不如今時之甚也。前代不過誣道學為偽學，令人之相輕者乃曰道學先生。於是士爭以道學為恥，遂皆以講學為諱，或欲從事於此則未詆之而先笑之，以不肖自處，以不肖待人，良可悲。夫世有有志者，不畏一己之難，不顧衆人之議，慨然振絕學於一旦，久之必有人焉為同聲之應，斯天下之幸也。顧必先有得於心而後可達諸口，必先自信於己而後可授之人，毋果流於僞學，或終不免為俗學，使悠悠者群相議也。

師道議

吾嘗慨於天下之無師也，非無師也，世之不知尊師也。世之不知尊師由師道之不立也。夫為師者先君相以治人，無善師則無善學，彼君相雖欲得人，其何從而求之？古之聖王知師道之重，故自天子至於庶人，皆立師。記曰：「當其為師，則弗臣也。」大學之禮，雖詔于天子，無北面，所以尊師也。道尊分斯不得不尊，己自尊人亦尊之，皆為道耳，己非自大而人非虛崇也。後世之師於道茫乎未聞，又烏能授之於人？其所為師者，學文授書而已。此猶其上也，甚且祗自為謀以為糊口之資而已。糊口固貧士之所不諱，然專謀及此，則品遂不立。既不免於自輕，其能免人之相輕乎？每見閭里之師，相與聚論，以為某館善，某館否，問其所以，不過曰學奉之多少也。又或言某得館，某不得館，得之則以為歡，不得則以為慼，斤斤焉以館之得不得為歡慼，視得館直不啻如得官，遂至始則奔走而伺候，既則搖尾而乞憐，致天下之延師者亦謂可以招之而來，麾之而去也。師以迎合為能，延師者以師之易與為喜，則其教與學皆可知矣。昌黎云：「巫醫藥師，百工之人不恥相師，今之士大夫獨恥相師。」孰知近世之患不在以相師為恥，患在巫醫百工之師貴而學者之師反賤也。豈不重可羞哉？夫人不知尊師則子弟之成材也難，師不知自尊則成人之子弟也難，欲人之尊己也亦難。今家塾黨庠皆為君相儲才地也，吾願舉天下之為師與天下之延師者胥恥其弊而返之也。何以返之？曰惟知道者能知師之宜尊，惟有道者能自尊以致人之尊。

祠堂議

祠堂之制非古也。古者天子七廟，諸侯五廟，大夫三廟，適士二廟，官師一廟，庶人祭於寢，寢即今民家之後堂也。其有祠堂始詳于朱子家禮。家禮云：「將營宮室，先立祠堂於正寢之東，為四龕以奉先世神主，旁親之無後者以其班祔。」此祠堂正權古廟制而為之者也。不為廟而為祠，避僭踰也。然廟制因乎宗法，自天子諸侯而下。今廢封建，無諸侯，而宗法亦亡，雖一品之貴皆曰大夫，則祠堂由大夫以至士庶通行之矣。

凡禮以義起，一切制度因時以酌其通，不可戾古而亦不得盡拘于古。古宗廟在宮左，左陽也，故家禮祠堂之制亦在寢東。然古者居皆南向，今民居東西南北無定，則祠在寢東而非專于左矣，如在左側則不必專在寢東也。廟之降殺以子孫尊卑及先人功德酌之耳。祠堂為四龕，奉高祖、曾祖、禰之神主。准禮，大夫、士、庶人似惟祭及祖、禰，而大夫則合始祖為三廟，諸侯則合始祖、高祖、曾祖、禰為五廟，四龕之設若無論貴賤，不誠有慮其僭者乎？程子又言：「冬至祭始祖，益以四龕，無貴賤，不皆與諸侯等乎？」不知服制及五世其祀之亦宜。然喪服為曾祖齊衰三月，注謂高祖服同，不幸子孫亡，適曾、玄承重于高，曾且為服斬矣。以齊、斬之親即遷之而不祀，豈禮之所安？大傳云：「大夫、士有大事省於其君，干祫及其高祖。」夫大夫、士不得常祫，祫而及高祖則其平時奉祀者必自高祖而下，特禘祭不祫祭也。苟不得祭，干祫何以及之？小記云：「大夫、士之妾祔于妾祖姑，亡則中一以上而祔，祔必以其昭穆。」夫與己同昭穆者祖也，與祖同昭穆者高祖也，中一者間一也，中一以上則高祖姑矣，祔于高祖姑則高祖有廟矣。更以宗法證之，宗其繼別子者，百世不遷者也。宗其繼高祖者，五世則遷者也。別子者，諸侯之弟別為大夫者也。別子為祖，繼別為宗，繼禰為小宗，有繼禰之宗因有繼高祖之宗。適玄孫祭高祖而族人之不得祭者悉宗之以祭，故曰「宗其繼高祖者」。苟祭惟及祖、禰，則有繼禰、繼祖之宗而無繼曾祖、繼高祖之宗矣。顧四親之祭同而廟不同者，有專廟、合廟之分也。適士二廟，其昭穆如大夫。官師一廟，就中自為昭穆。

此義朱子已發之，以為官師一廟，止有禰，卻於禰廟並祭祖。我朝顧寧人乃詳究之，謂大夫士皆得祭高、曾、祖、禰。然禮不下庶人，大夫、士與諸侯同，是庶人可以例知。寧人又以程子言天子至士庶五服，上至於高祖，其廟祭亦必上及于高祖為深合禮意。則朱子祠堂四龕之制本諸程子，而通乎大夫、士、庶，固參之于古，酌之於今，可共守而無疑者也。獨古者大夫得祭始祖而士庶無聞，故朱子疑程子冬至之祭為僭，家禮不取焉，然家禮不取而小學又取之。夫大夫之有始祖可與天子諸侯同，則士、庶人之祭始祖亦可與大夫同。今人家有神軸皆由始祖而下，呂涇野、王仲復俱不以為非。蓋宗法既廢，若皆不祭始祖則始祖貽無窮之奕葉，而反同若敖之鬼，於心斷不安矣。後世族繁則戶分，而始祖神軸多於總祠祀之，此猶宗法之遺也。共祭始祖于宗祠而各祭其四親，于程子、朱子之意亦皆不悖也。且宗法不明則祠祭終不明。宗法由別子而生，吾前言之矣，而鄭康成注小記指別子為諸侯之庶子，程叔子、呂伯恭、陳器之、陳用之、吳幼清皆因之。注大傳則兼言來自他國之臣，陳定宇、陳可大因之，更加起民庶為卿大夫者而為三。

按：傳云：「侯之子稱公子，公子不得禰先君。公子之子稱公孫，公孫不得祖諸侯。」此自卑別於尊者也。先王懼其尊卑無別而或至於僭故稱別子以嚴之，又懼其散而無紀，故為宗法以統之。如曰「兼他國始來」與「起於民庶者」，則彼固皆異姓之臣也，異姓之臣有何不別而稱之為別子？然君子之于禮有推而進者，有放而文者，宗法雖為宗子設而異姓之臣得依此而行，蓋推而進之，放而文之之意，此亦顧寧人說也。夫宗者主也，尊也。自人主之尊之而為宗，非自為祖禰宗也。故別子為祖而別子之適子為大宗，別子有弟別自為祖，而別子弟之適子別自為大宗，適子有弟則為禰，而禰之子為小宗。或別子有數弟則各為祖，而適子各為大宗；或適子有數弟則各為禰，而禰之子各為小宗。別子不得立廟，助祭於公而已。其弟亦助祭於公而已。若別子之子、之弟為禰者即其宗兄以祭禰者也。自別子之子而下，則別子始為祖，而傳之至於百世，祖不遷。斯世適之為大宗不遷，凡族人無論尊卑皆宗之。宗之者大，故曰大宗也。支子禰之子為小宗，小宗之弟則宗兄以祭禰，小宗弟之子則宗小宗以祭及祖，其孫則宗小宗以祭及曾祖，其曾孫則宗小宗以祭及高祖，此高祖即支子禰也。至其元孫則與正適小宗之元孫皆與己高祖之父所謂支子禰者無服，當遷而不祭矣。宗不過五世，宗者小故曰小宗也。

但在五世以內，無論尊卑，于小宗亦皆宗之。禰遞易，小宗亦遞遷，小宗以服而盡，禰則以世而易，以弟而分。凡為弟者為祖，為禰皆不為宗，而公子雖不為宗，亦有宗道。仕為大夫，公命之為宗，不別立小宗，是為有大宗而無小宗。仕為士，公命之為小宗，不別立大宗，是為有小宗而無大宗。或適或庶，止一人，不立宗，是為無宗，亦莫之宗，有宗乃有大小宗。在公子之世，定於適庶，其大小定于大夫、士。適庶者別子自有適庶也。適公子既命為宗，無論大夫為大，士為小，庶公子亦無論大夫、士，皆宗之。大夫為大宗，以大夫三廟，得有祖，士為小宗，以士二廟、一廟，不得有祖也。後世因乎始世祖、禰之宗，道已然，而百世、五世者可知。然則別子為祖，繼別為宗，繼禰為小宗，第因別子之為大夫者，其後有大宗、小宗言也。萬斯大曰：「宗有大小之分，實在五世之後。大宗以下復有小宗，小宗以後更有小宗，族人宗小宗而諸子之小宗復宗世適之小宗，族人宗小宗而群諸子之小宗相率而宗于大宗。」吾謂大宗、小宗由別子之大夫、士分者，其原也；大宗以下復有小宗，小宗以下更有小宗者，其流也。然大宗之支為小宗，即正適亦有時以大而為小，如胥原降在皁隸，則不得有祖矣。小宗之支為小宗，其適庶皆有時以小而為大，如臣僕升於公朝，則不僅立禰矣。由斯以推，庶子為大夫，視適子之大宗自為小，而不妨自立祖為大宗也。祖適子之小宗，若為大，而不妨自減禮為小宗也。若小宗則不待言而支分者無窮，其宗小宗固有盡而宗大宗實一也，則于始祖雖無廟而未始不祭也。

自宗法廢，其為始祖者皆來自他國與起民庶為卿大夫者耳。然宗法雖廢，無不可本宗法以行之。立祠者惟視己于宗為何屬，苟始祖有主之者，己宗之以祭可也；無主之者，夫焉得而不祭？四親之祭亦然。有同高、曾之適長，己宗之以祭高、曾，可也；有同祖之適長，己宗之以祭祖而自祭禰，可也。無適長，高、曾雖無祠猶應祭之，況有祠乎？其自徙於他處，封建之法既廢，不必在遠也。其自己始有官爵，世祿之法既廢，亦不必為卿大夫也。身稍殊異，祠堂之制既不同立廟之僭，豈己當為始祖而反自忘始祖與有服之親？始祖無服，非宗子猶可弗祭也；四親有服，必不可不祭也。自祭四親，而至其子孫以次遞遷，四親之服盡，乃以己為始祖，斯為合矣。何也？身徙則有服之先人其精神未必不從之，身貴則有服之先人於厚報亦自當受之。此固不得委於有主之者，使徙而先祀無主，或貴而官高，如古卿大夫，即始祖尚當及身而祭焉。

大宗得立始祖之廟，固不背于古，而祠堂四龕即合廟之制，並祭四親，亦詎有五廟之嫌哉？古之貴者，父子皆異宮，兄弟可知。異宮則異廟可知，異爨猶異宮也。為四龕以奉四親，旁親之無後者以其班祔，祔亦合廟之意。旁親可祔，正親愈可知，設數世同爨，旁親皆正親也。生者同爨而死者烏得不同祀，則亦以其班祔而已以矣。四親以上有祧主，在禮天子、諸侯有太廟、太室，亦謂之祧室，即祧主之所藏。大祫則合毁廟之主而祭之，大夫以下無大祫，必無毁廟之主，廟可毁，主亦可毁，毁者終不忍不祀，故宗子總祠之。有神軸，善之善者也。廟制左昭右穆，左陽也，有昭明之意，故為昭；右陰也，有深穆之意，故為穆。古人尚右，而事分吉凶陰陽，則吉事尚左，凶事尚右，陽事在左，陰事在右。朝廷之立，左祖右社，祀祖吉而陽也。

毁天下寺觀議

事有為患於天下而當去者，宜思滅其迹，使不見於目前，然後其患永絕，如去火者，舉燼而拂之則不復然。而必下之人奮然行之而不顧，尤在上之人斷然除之而不疑。自唐宋以來，儒者之辟佛、老，其説盡矣，而寺觀猶遍宇内也。嘗試即其弊之最著者而思之。

天下之變患在多奸民，而奸民多出於僧道。今世寺觀之廣，其容僧道不知幾千万人也，其占田不知幾千萬頃也，其莊飾精嚴，耗閭閻之財，費朝廷之用，不知幾千萬金也，害民蠹國莫此為甚。況聚遊手之徒，無所事事，問以釋迦之書、柱史之作，並不能解，惟日期誘男女之頑愚者，使燒香拜祝，醜惡之行無所不至。甚至講邪術以惑衆，小則傷風敗俗，大則變且不可測。是天下寺觀實為藏奸之所，亦何樂乎有此？即以釋、老法言之，彼言真，鑄像塑形是假也；彼言無，殿宇樓閣是有也；彼言清淨無為，聚衆而為會，人盡如狂，是極汙濁紛擾也。柴世宗盡毁天下銅佛像鑄錢，曰：「吾聞佛説以身世為幻妄而以利人為急，使其真身尚在，苟利於民，尚不憚割截，豈惜此銅像哉？」嘗以此為千古英畧世主，之行之言與狄梁公奏毁淫祀同一卓識。今之寺觀多於宋時者也，踵事增華，日以甚焉。昌黎云：「人其人，火其書，焚其廬。」如下有人焉倡於衆，上有人焉奏於朝，依此而行，於其廬亦不必焚而但毁之，一切淫祀並從此例，可得財若干，得田若干，又省將來無窮之費。無論在官在民，或于其地興學，或以其所出備荒，未始非美風化、權國計之一策。於人則或為民，或為兵，十年滋產，十年教訓，如傅奕之言，亦可以增戶口而益軍籍。蓋去其患即得其益，此亦天下事之大較矣。曰：僧、道以寺觀為家，往往有極富者，乍奪之使無所，不慮其聚而生變乎？曰：聖世之於民，雖遊手者必有以安之。僧、道之田與財亦間有自致者，即以毁寺觀所得酌其可與而稍與之，令各有家室，則何有不安？唐之毁淫祀，後周之毁佛像，固不聞天下之沸騰也。噫！世俗之奉佛、老，多因利害起耳，余故亦以利害言之，以見寺觀之宜毁，而日祈福而終不得福者，皆可以已也。若夫士大夫背聖人之法而逃釋、老類者，皆不得志，為出世計，彼其人國家夫何賴焉？著為厲禁，此風亦庶乎少息矣。

毁一切淫祀議

天下無名之祀，惑人心，縻財用，使世日趨於邪，日就於貧而不覺者多矣，豈惟寺觀哉？禮曰：「淫祀無福。」孔子曰：「非其鬼而祭之，諂也。」自天地山川社稷五祀以至先祖各有當祀，禮經言之，祀典載之，不可妄干。然天下之廟宇日以增，焚香跪拜者日以衆，亦以諂媚邀福之心勝，未有切切曉之者耳。夫諂神不必獲福，自古及今具有明效，即不為之曉，宜皆可以自悟，而終不悟，此真可怪之事也。試問之天下，神福仁而禍淫，使淫者諂之而得福，仁者不諂而得禍，尚可謂神乎？往見盜賊亦入祠禱神，神如福及盜賊，神亦盜賊而已矣。甚矣，人之愚也。有邀福之心則有恃其諂媚之心，有恃其諂媚之心，不惟不畏神且將恃神而敢於為非，是使祀神轉以誨淫也。況自古依神祠、假神怪以誑誘愚民，作奸犯科者，非僧也，即道耶。即不至作奸犯科而虔祀不聞獲福當前已陰受其害，亦何樂而為此？余嘗遍觀閭里，莫不各有神祠，其大者費或千萬金，小者亦費數百金。既創之後，歲祀費若干，時修葺費又若干，不時修葺而使大壞，為之費又如其舊，民至有典衣粥田而應之者。是一有神祠，直貽害於無窮也。至問其所祀，不特妄干非分，往往有世無其神，為道家之所託，小說之所傳，俳優之所演，巫覡之所飾，而民爭奉之以為靈。此猶不如佛之為佛，雖曰異端，尚屬古時外國之人，顧甘捐衣食之所資，甚至狂悖淫妄，敗行滅身而不悟，何與？昔狄梁公毀淫祀，僅餘閔子、子胥等祠。凡當祀之神皆有當祀之地，非其地非可祀者，如與寺觀均去之，天下無貧民，亦無奸民矣。

結寨團練議

孔子答子貢問政，曰：「足食，足兵，民信。」此三者富教兼修，德禮並至，深根固本，不易之道也，何至有必不得已之時哉？萬一生變，君臣上下一心仍以安民為要，民心安則天心亦固，縱有奸民，去之如發蒙振落耳。故有平日安民之政，即有臨時安民之政，而臨時安民莫如團練一法，團練尤以結寨為先。今湖、粵不靖，聞多土匪藉端滋事，此二者正治土匪之要務。

以結寨言，有平地之寨，有山險之寨，小者以五百人為率，大者以千人為率。舊有者補加高厚，無，結有力之家，擇地寬綽稍高而外有險者築之。良民居處星散皆許入其中，多一人則多一防禦，此即呂新吾所謂守城救命說也。人各自救其命，自全其家，亦何憚而不為。城基一丈二尺為准，外掘深濠，高一丈八尺為准，頂以五尺為准，外築蔽身小牆，內四圍皆留城巷中。南北東西皆括以大巷，房屋皆相依靠，或作暫寓，或為借寓計，搭棚撐屋亦可。但須先掘井兩處，又預運丸石四圍城下，並作數高梯，亦為上城之具。城門可出可入，大小酌量為之，資財麥谷各藏其保，堅壁清野之計亦全在是矣。

以團練言，古者寓兵于農，五人為伍，十人為聯，此即團練之始。自兵民分，兵由招募，民專農畝，欲復以民為兵，勢所不能。竊謂是正當分別論之：省、郡、州、縣卒有變，有倉有庫，兵不足仍當招募，招募之人素不習兵，亦必團練。厚其口糧，懸以爵賞，不用命則可以軍法從事。民間自為團練，全在鼓勵獎勸而已。夫民不習兵則莫不畏兵，試語於人曰「國家用汝為兵」，則懼不知所為。設諭之以各自保守，雖未審其方，亦皆喜，何則？諭以各自保守，是上之愛民也，以愛民之心動民，人皆知感，其喜宜也。

且用兵之道有二，曰守曰攻。守易而攻難，攻必戰，守惟自保。千人守可當萬人攻，以逸待勞，以靜制動，如善拳勇者坐視敵來則趁勢可擒。若人人結寨自保，即堅壁清野之道，野無所掠，稱兵者故不能擾其地，土匪亦自屏息，自不戰而屈人之兵，兵法孰善於此。

所謂鼓勵奬勸者，先在勸富民，次在擇丁壯。富者民之怨，此以俗情言之。周方盛時，井田行徹，無甚貧甚富之異，周禮十二荒政亦有安富一條，知富即為眾所賴。後世富者田連阡陌，貧者並無立錐。人心自有天理，但使各盡其道，平時不少通融，何況災難？災難莫如兵、荒，兵、荒相因，荒年賑貧，正富者所以自保。一遇兵亂，富者身家尤重，不得不藉于丁壯，與其擁餘財徒齎盜糧，何如結寨固守？身家可何，財亦可保，已散之財，他日猶可為也。擇丁壯者，擇其人耳。天下之民，良多莠少，團練正當審辨此，練其技亦練其心。練技宜用善拳之師，練心惟使明理紳士主之，教以孝弟忠信，練而成團，義勇之心亦油然生。忽有不測，能守亦能戰，此急則彼救，彼急則此救，土匪詎有幾何？況天作君師，總以為民，豈使無賴之人肆為殘害？大兵庇護，上下感應，君心亦天心也。至兵有神機，作陣用伏、用間、用諜，可進可退，忽分忽合，虛實實虛，要以善避為擊，期於百勝而不使一敗。子曰：「臨事而懼，好謀而成。」二句直括七書。淮陰談兵即本孫、吳，而諸將不悟，何況敵人？予欲教民兵，即以朝廷教大兵者教之，當世多有人不敢以此自見，使聞之姑憖置於耳，且笑為妄也。

龔氏景瀚有堅壁清野議，方氏積有團練議，白蓮教匪皆用之而效。予以堅壁清野，全在民自團練，與省、郡、州、縣不同。別作此議，以質同志。

續擬時事策畧四條

固人心

易曰：「何以守位？曰人。何以聚人？曰財。理財正辭，禁民為非曰義。」孟子曰：「得其民有道，得其心斯得民矣。得其心有道，所欲與之聚之，所惡勿施爾也。」夫人心不固則左右皆為敵人，故固人心為用兵之本。人心不固于平日，臨時而討之已無及矣。然臨時之人心又不能固，其何以守？且戰，古之人爭先赴敵，以少胜多，或轉敗為勝，或以小城而強兵不能克。此何恃乎？恃人心耳。人各有心，急而思，賴非誠以感之。烏乎！得而誠未可空言也。易之說與孟子之旨，此不待吾詳言，當事者均可思而得之，且不特得對壘之人心，又不失天下之人心方可與言固。

擇將帥

主戰全在將帥，將帥一失則事機即去。古者遣將，跪而推轂，此何如慎重其事。漢高之于韓信，一新得無名之人，登壇而拜，非實見才亦何能如是？太平御覽與閫外春秋所言將帥甚多，吾謂智將、戰將可以該之，二者又須得其人之賢，則一賢將可以該之。賢將者，心乎國，重乎己者也。以己為士卒之帥，帥之共盡忠于國，則凡非禮之事必不一涉於身，開私之念必不一存於心，士卒自莫不望而生勵。且一心戰勝則慎重必至，況乎恩威兼用，賞罰胥明，士豈有不用命，指揮如意者哉？

善招募

古用民兵，今皆募兵。在當時有兵之名而數或不備，或備其數而無教戰之實。則平時之募兵，臨時不足用、不可用者，其勢也。虞詡設三科以募壯士，募兵亦何常之有？吾謂臨時募兵有兩利焉：懸爵賞以待有功，則未必無狄武襄其人者；而誘群不逞之人以歸卒伍，亦可安靖四方，使無意外之變。此一舉而兼得，謀始而慮終之術也。抑招募即練鄉勇，則又以募兵兼民兵矣。

謹兵謀

子曰：「臨事而懼，好謀而成。」兩語盡兵家之事。世言兵不厭詐，非詐也，深謀以取勝也。予文士，閱七書，不盡愜其意，請皆以文言之。文有正有奇，而寓奇於正，則尤使人不測，故進退、遲速、虛實、明暗、分合、向背之法無不備，然後可以言文。兵亦然，用古人之法，又不盡用古人之法。武穆曰：「運用存乎一心，時時變化，夫又何窮？天下斷無不可破之敵，譬如習拳勇者均稱奇技，而必有一勝，則固存乎神智焉。」烏乎，此殆不可得而言傳矣。

勸鄉時宜四要

杞人憂天，杞人之愚也。不當憂而憂之，故愚。然杞人之愚，杞人之過慮也。愚而過慮，出於愚誠。愚誠，天或憐之，並不見災變焉以貽愚者憂，不必如移山之愚公，果有移山駭時之事也。吾之以愚見笑於人久矣，而憂人、憂世、憂時，愚病每無端而輒發，兼年老，中夜常不寐，則撐燈起坐。自幸非愛錢畏死未能睡，或觀書數十頁，興至，或有評論，細書卷頁上，或別自為文，隨手細書之，亦皆憂人、憂世、憂時之愚心也。今此病又發，不禁寢興，書四條，比於癡人之說夢，自以為要亦愚言也。時人或憐其愚誠而妄聽焉，愚者又狂笑矣。

一曰修城池。凡居民皆宜有城池，城皆宜高厚，池皆深，不但州府邑城也。懲於往時之教匪，近時之㖤夷，即以邇來盜竊之多，皆可知此為首務矣。人習太平，州府邑城間猶有毀圮者，鄉城則全不講。不知盜如勝、廣，不爭鄉城，然使有勝、廣之徒則鼠輩竊發，侵掠鄉邑者不可勝數，況今之偷兒又皆能梯城、穴城乎？呂新吾有守城救命說，為州府邑城言也，愚人則又諄諄於鄉城。州府邑城本朝廷事，自有當事者計之。要之城不修，何以守？何以救命？常時又何以禦偷？而鑿池使深即以增城之高厚，此人所共知也。

一曰聯保甲。保甲即周官聯什伍之法。王安石新法，保甲其一，諸賢共爭之，其失在於刺配，不知保甲當使民自為之而上不與，故聖諭廣訓諄諄此條，以除盜賊。愚謂常時以禦盜竊，或值不靖，即以禦寇掠，則保甲即鄉兵，鄉兵即周官民兵也。其法以伍家為伍，十家為聯，村堡相聯亦如之，糾察之法亦如之。相聯則同好，相糾察則同惡，姦宄既無容伏。守夜則更夫之外或伍或什，持弓箭、鳥鎗、矛戟，每夜暗巡城中四五次，兼亦潛伺城外。又仿北魏李崇村置樓鼓，一村有警，數村相聞。或即用廟社之鐘，聞警捕逐，互相截堵，有寇掠，救援亦如此，又即周官所謂追胥也。是法行，宵小萑蒲自不敢逞，有捉獲同以舉官。

其後耳聞⿰口英夷無狀，粵民自練鄉勇以扞之，知彼中有人。愚向亦謂⿰口英夷最不難制，何也？彼所恃者船礮耳，礮則常十萬、戚少保軟壁剛柔牌法可參而用之，船則如張叔夜之擒宋江，岳武穆之破楊么已事足法也，此無論。善用兵者制人而不制於人，想粵民所以扞⿰口英夷者，自有坐算。愚謂只練鄉勇及堅壁清野之法可以使之坐困。然今⿰口英夷少息矣，所在盜竊充斥，匪類盤窩。患成積小，事防未萌，愚人久以為憂，故聯鄰近為此法，私願同志者不以為迂而各自立法，如粵人之能聯通省，未必無助于時也。但此非有資賴，民亦未易聯。惟量貧富各出所有，營為官錢，富者身家尤重，不妨倍出。或設法亦有不費而自足之道，此皆在人為之耳。

一曰習技藝。此即練保甲之民為鄉勇也。古者士無不學射，而有若能踴，冉有用矛，聖門皆兼長技藝，況民乎？今鄉里閒暇無事，類從事於遊戲，何如以其閒學射演拳，他日尚可有用。即讀書者能習拳勇，並可當古人舞蹈以和其血气筋脈，故技藝末習也，愚亦謂不可廢也，而當其時則末習且為要事矣。向為學者言文，每語以避實擊虛，謂兵法亦然，即習拳勇者全是以避為擊。孟子以射譬聖智，曰「其至爾力，其中非爾力」，足見道無不通，學者固當本末兼該，以教鄉民，練鄉兵，其不得為未可知也。

一曰正禮俗。惟禮足以移風易俗。禮所以辨上下，定民志也。陳文恪公謂為官不取民加耗，能時講聖諭，斯為循吏。不取加耗即孟子薄斂之事，常講聖諭即孟子修其孝悌忠信之事。此自上之仁政，非下所得言。禮行於下則孝悌忠信無不修矣。人各自盡其道，豈必待在上之督責哉？天生君子，雖不為世用亦必有補於世，乃不為世蠹。又孟子所謂其君用之則安富尊榮，其子弟從之則孝悌忠信者，在下之民俗亦在下君子之責也。魯仲連豪俠國士爾，關心斯世斯民，君子守禮，何得徒自淑，不以導民？

民不知禮則聯保甲，練鄉勇，不使為賊，民亦為蠹民矣。故四者之中，禮尤為要。禮禁亂之所由生，猶防止水之所自來。以世俗言，迴狂瀾於既倒，為中游之底柱，大抵在崇儉黜奢。奢而犯禮，至於僭亂無度，上下之分不明，志因以不定，遂至渺不畏法，其耗費無論貴賤貧富，久而皆不自檢也。不自知此世之財所由匱絀不可支也，他未可悉數。以𠸄夷通商言，其所市於中國者，皆中國無用之物而所得於中國者皆民間之脂膏，正如東坡之論高麗，且有甚焉。何也？彼所市者，片菸、奇器為多，皆為害於人而其值不貲，則其為中國之蠹真難計量也。今食片菸、藏奇器者爭相視傚，問此耗財歲有幾何？導人於淫蕩惡途，日有幾輩？皆恬然迷而不悟，使群知返以自裁，片菸、奇器，人皆不用，彼之通商自窮，其餘犯禮之端，悉准此而檢之，省天下之費即以興。

此四條，人人共安熙洽不難矣。子曰：「百姓足，君孰與不足。」但令同志者日與百姓講禮，以聖諭參之，先聖先賢所言一切易奢而儉，數年間家給人足，在民者當與國家同。梁武謂十年可使黃金與土同價，此固誇辭，其理固不誣也。愚闕

桐閣先生文鈔卷四

序跋類三十五篇

河濱遺書鈔序

河濱遺書，自其全集簡而出之者也。河濱所著有霧堂集、甂閣集、想閣集、過楚集、朝萊山房稾、枕上集凡百餘卷，何以獨出此？不欲天下壓以文章之士目吾河濱也。古今作者繼起，圖書日增，幾為二酉之所不能藏，而四庫之所不能扣，識者有積薪之嘆矣。然天下之故日出而不窮，才人學士即安得無言？言亦安可以無作？故載籍之興，當與世運相終始。十三經、二十二史，群書之江河也；諸子百家，派衍而支分者也。經不可復續而傳可续，史有國史為之續，餘則各自為書，吾又惡識其所終極。

近世叢書之集，紛出匯低，寖而為巨澤，使人游泳其中，惟其意之所適，亦自足以快心，但或雜收無擇，不足以羽翼經史，反有害焉。即以漢魏叢書言，無論作者之為贗為真，周書固兗于穆傳，紀年亦等於越絕，若夫漢武、飛燕之傳，宜有微意而使讀者志邪，故不如白虎通、漢官儀也。神仙、搜神之作，自紀所聞而使閱者信怪，故不如群輔録、高士傳也。何也？凡書之傳，惟皆為斯世有用之言，乃不悖經史而有補于經史，否則非蛙鳴蟬噪，徒聒人耳，且等蠅蚊之聲，鬧亂人心矣。余嘗欲准此意，刪集諸家叢書，共為一部，分類別門，更隨世代為次，使後有作者皆得續入，以與全經、群史並為巨觀，傳於無窮，而竊以為論文猶後焉。

先河濱著書滿家，名震一代，當時文章圭臬如錢牧齋、李太虛皆遜謝以為不及，何論餘子。顧其自少鍵戶華山即思有為於世，故凡生平所作不為無用之言。惜全集已多散佚，所存者亦大半殘缺不完，當世景慕之士，有欲得片紙隻字，恨不可購者矣。余蒐羅校對，業已數年，思欲重刻公世，質于同年王子葵圃，葵圃謀于同里司馬畹九，暨文學雨蒼、雨謝君，皆樂出貲以成此舉。因合選諸集，分為三部，而先以遺書付梓，文選、詩選次焉。要皆非敢有去取也，就巾笥所存與存而無缺者擇之，故于全集尚不足什之一也。嘗觀魏晉以來即尚文集，大抵皆隨意論著，隨時應用之作，必自為一家而後可云集。河濱以不可一世之才，讀盡鄉嬛之書，時抒舊積，揮毫萬言。南州謂比于漢人當不在揚雄、桓譚以下。閱此數種後，或有裒集叢書與余同志者，吾知其不能遺矣。雖然，是未盡河濱之書，而中亦尚有缺簡世苟有藏吾家書，不自吝惜者，餘不敏，他日當扣校而補益之。

河濱文選序

辛未夏初，元春返自都，體甚不快，胸中痞積，養疴于馮翊，借居市樓，謝客而獨處。日長氣炎，西照臨窗，時亦畏之。偶見東南雲起，俄而雷聲遠聵，四面陰合，微雨灑地，心境稍爽。適蒯氏以河濱文選之刻已成，請序。予既序遺書矣，文集舊有南昌李太虛、晉安黃坤五、吳門沈石天、宛陵施愚山、池陽韓聖秋諸先正序，在小子复何敢置喙？顧以今選證之諸序，未能盡符，則又烏可無序邪？序之曰：

文章之道難言矣。義理為主而運之以法，行之以氣，古今同揆，未能有異。論者多以唐不如漢，宋不如唐，明不如宋，殆不盡然。漢之文氣厚而法渾，唐之文氣清而法密，宋明之文法則益嚴而神氣較卑。此第論其大概，似亦關乎時運，實則一二大家卓卓可傳之篇，後之人不皆肯讓前賢也。況在文人好尚攸殊，彼此相輕，亦復何定？棫林以空同為聖而震川譏之，方望溪于古人律以義法，惟取史遷、昌黎，雖以班掾、柳州，未能當意。吾里五泉作志，明以來推為巨筆，近猶有摘其字句而刪潤之者。予嘗思之，漢、唐、宋不敢議已，空同、震川先後難掩，此外若荊川，若弇州，若京山，若盟津，莫不蔚然名家。即以秦言，若槐野，若西極，若吾邑二韓，以韓聖秋明文西觀之，或蒼莽渾古，或沖澹玄微，足媲美漢人者固不少矣。必以世代升降分文之優劣，豈仲尼之聖不當賢於堯舜邪？蓋文不過理、氣、法，而其本原則在才與學而已。才稟於天，學則雖天亦不能限，何有于時？其才大，其學博且深，義利之微茫，人倫之賢否，古今事物之萬賘，天地山川之形勢，一一洞悉於中，無毫髮之眩惑，而又不以嗜欲紛華汩沒其心，不以患難困苦挫折其氣，當其搦管所欲言者自勃勃然不可遏抑。蓋積之厚，發之必充溢盈盛而不能揜。譬諸夏日之日，光灼赫奕，望者目眩，不敢正眂；譬諸天欲盛雨，劈歷奞聲，怪雲萬狀，礲磹閃耀，忽近忽遠，盆傾甕注，視夫風風之響，涓涓之滴，迴有異焉。若是可以知河濱之文矣。

河濱自少讀書，十行俱下，五夜不疲，老而益勤，又歷鼎革之際，賫志不遂，周行南北，閱盡天下之故。平時鬱積之氣，雖不執筆，幾幾乎欲吐而出，一有所作則觸緒成章，萬言立就。故其文不必明，不必宋，不必唐，不必漢，而又未嘗不明，不宋，不唐，不漢也。河濱之為文雖河濱亦無以自知其筆之所至，人又烏得而測之？善夫，錢虞山之論河濱也，以謂己之為文如巫師之求雨，為壇國門之外，植繪祭魚為龍，于其方儛而禱焉，恐其不我降也。河濱之為文如李靖之行雨靈山，置水器於馬鞍，滴水及鬃則平地尺。於虖，是誠知河濱之文，吾無以易之矣。

乃者漁洋於河濱推服備至，而猶惜其才大不能翦裁。是又不然，辭取達意，正恐不能達耳。聖人教人每不過一二語，其對哀公問政，連篇累牘而不能盡，反復變化，逶迤周至，後世文章之大觀莫能逾此，以為不如此不足以動哀公也。河濱為文亦如老坡，行乎其所不得不行，止乎其所不得不止。今觀其論著之作，有數千言不止者，如諸傳亦時寥寥數語而即止，此固有望溪所謂義法存乎其中，不似今人謏人，但以虛辭搬衍成篇也。向閱大泌山房集，病其應酬之文過多。是編于祝嘏之篇概從割愛，誌、表非甚著之人亦姑緩録，又以其晚年託于禪，原非本志，故或言涉外氏，復多置而不登，餘則巾笥所存無殘缺謬悞不可校補者悉取之。雖未盡河濱之文之什一，然一羽已足知鳳，一角已足知麐矣。予方欲選全秦之文以續聖秋之後，喜畹九、雨蒼、雨謝君之好義能成是舉，當先以河濱集之選擇為嚆矢焉。走筆書此，蓋幾忘炎赫之困人，且不覺胸中痞積頓為之消也。

河濱詩選序

詩與文一也。文無益於世可以不作，即有益於世而其言皆為前人之所已言，亦可以不作。維詩之道，旨不主於美刺，義無關於勸懲，又或無獨得之句，猶塵飯土羹耳。然則為文者必明盡天下之理，閱盡天下之情，讀盡天下之文，而後可為文。為詩者亦必明盡天下之理，閱盡天下之情，讀盡天下之詩，而後可為詩也。三百篇無非所以教世，而其言人情物理，纖微無不洞悉，實有後人之所不能言者。故予嘗謂風詩雖采之里鄉，亦多一時才人，聞事託詠，不盡其人之所自作。如小戎三章，于車馬兵戎之制言之一一詳盡而其詞又簡，必非出民間婦人之手，即出婦人，當亦若漢之班昭，晉之道韞，而豈尋常巾幗之所能。四始、六義為詩之崑崙，不但以其時矣。

顧詩文二者，旨義同而趣則殊，何也？詩者樂之本也，發乎性情，湊以天機，諧以音韻，非若散體之文可以惟意所為也。漢魏多為五言，齊、梁乃講四聲，隋唐因行律體，此亦如忠之變質，質之變文，世運之不得不然。然在古人，豈絕不論聲調哉？不論聲調亦可不論音韻，則直以文體行之，而何詩之為？特古人之聲韻較寬，不若後世之嚴也。持是以觀歷代詩文，每嘆千古才學之士，二者尠能兼擅，其兼擅者，唐之昌黎，宋之東坡，明之何、李、弇州諸人而已。國初漁洋山人，詩為一代宗工，文則如留侯，狀貌不稱其為人矣；望溪古文寔後來之勁，而有曾子固不會吟詩之恨，他可知焉。如是不得不推吾河濱也。河濱之詩富與文等而各詣其至。其教子嘗曰：「凡無關於天下國家之故，皆無益之言，皆可以不作。」此則其生平著述之意，固非肯漫然操觚者，又況才大於海，學富於山，世歷三移而身經百彭，於人情物理，隨在入目而驗之於心。故其為詩也，一有所觸，直抒胸臆，不屑屑於結構，不競競於雕琢，而深邃之思，豪邁之氣，蒼莽之色，俱令人不可摹擬，猶之乎其文也。向聞前輩言河濱欲以古詩擅絕一世，樂府之傳，當時高麗、龜茲皆有其書。以今觀之，四言直追風雅，樂府真比漢魏，五古何減顏、謝，而七古亦在李、杜、韓、蘇之間，即近體所不喜為，夫豈時人所有？是集具在，世有鐘嶸、司空表聖，自能辨之也。

然予録河濱之詩，私心不盡合者有二焉。世謂詩必入禪，此予之所不然也。河濱晚年潦倒，自悔以禪為寄，詩文之中，初不自掩，而見於詩者為多。今或以類及，或以佳句，固不得而盡芟矣。古人以樂譜詩，非以詩合樂，固無不可以入樂者。晚世樂亡，漢魏樂府就古詩中能譜入樂者名之耳，後以平仄為絕句，猶欲調聲調，存樂府也。又以絕句為律體，則益與古異而能入樂者尠矣。然既不論入樂與不入樂，而彭古人之舊，則凡摹仿樂府或取樂府之題而自為調，或自為題而氣體近於樂府，雖有平仄，俱以樂府別之可也。若無平仄，雖絕句亦入古風可也。唐人如伊州歌、清平調詞之類，皆謂之今樂府，而又概入絕句，且七絕必論平仄，五絕乃有不論平仄者，不其戾乎？河濱詩如青青水中蒲、自君之出矣二篇亦唐人之小樂府也，予本欲與不合平仄之絕句皆簡而出之，但以遽破常例，駴人耳目，故亦姑從舊選。若夫讀河濱之詩，有萁多幽愁悲歎之什，與世齟齬者，此則不知詩術也。夫詩必以美刺為旨，必以勸懲為義，其所謂關於天下國家之故者，又必有忠臣孝子之思。河濱慕善若渴，疾惡如仇，或美或譏，皆得風人之道。至其親見鼎移社遷，雖未嘗綰符先朝，顧使絕不傷心於故國舊君，忠臣孝子之義安在？故凡幽愁悲歎之什大抵多在鼎革流離之際。洎乎服本朝之化，享太平之富，忠愛之忱又未始不積而日深，如樂府中皇子生聖天歌，與華封之祝、擊壤之歌何異耶？嗚乎，予不能窺河濱之文，何能窺河濱之詩？就所見而論之如此，更恨未得生於其時，無由親訂殘缺，使佳篇猶多佚逸，且舉所疑問之以破半生之迷，不禁投筆而為之發喟也。

續李氏族譜序

甲子冬杪，予應詔公車，將北行，父老數人方議續族譜，屬予弁其首，未遑也。明年三月，失意歸，譜已成，第陞家伯取以示予，復趣為序。

夫譜之修越今廿餘載耳。讀先君子序，以司徒公及河濱文在前，猶若謙讓不勝，予小子復何贅。雖然，吾族日繁矣，譜不可不續，既續即烏能無言？蓋嘗論之，勵天下之風俗莫先於一鄉，勵一鄉之風俗莫先於一族。族由家而分，知其始之不異，雖派衍支別至於無窮而本源終不能忘。然則曰三族，曰九族，曰百族，系同皆當以親誼處之，即情有隆殺而心無隔膜。是以先王有合族之道，有百世婚姻不通之禁。推而究之，天下一家，中國一人，無非實理，不獨天下李家為一家，諺語有足據也。周禮司徒教民，令五家為比，五比為閭，四閭為族，五族為黨，五黨為州，五州為鄉。此所謂族，非必皆一姓，然保受和親之道於是焉明，而況乎同宗之族？昔蘇氏序其族譜曰：「服盡則親盡，親盡則情盡，情盡則喜不慶憂不弔，為塗之人而已，塗之人其初兄弟也。」是其語摯而義則未盡。既曰其初兄弟，雖服盡不可以塗之人視也。塗之人渺不相識者也，喜不慶而憂不弔，揆以司徒之教何居？予向欲效范文正公義田法與藍田呂氏鄉約，先行于吾李，以未獲通顯且年稚，不敢輒首於父兄宗族，而其志卒私藏之。今族譜具在也，統而觀之，某為某子，某為某後，自始祖以洎於今，戶不過六，世不過二十，比于江州陳氏宗族七百口則猶同室而共爨也。竊因是敢告於族之人曰：吾李共閭閈，無他族雜處，平居相呼者為弟季，為伯叔，為祖孫，且朔旦同拜，墳墓同掃，自茲以往，無相詬，無相犯，無事則善惡相勸戒，有事則緩急相賙恤，雖百世可也。於虖！苟明於此，不惟孝弟之心可以油然而生，吾知周官司徒之教，將共勵之矣。此天下雍睦親遜之風俗所為肇端也。若夫此譜之別例舊序具詳，予亦不及。

虛齋録序

洛西張錫九先生以其近年讀書手所鈔取釐為二卷，名曰虛齋録。虛齋者，先生之齋名也。以是名齋，以是名書，予以知先生讀書之志矣。學者讀書患在不虛耳，未能取善者不虛，挾己見者不虛。腹內痞積無蓄受之地，舉嘉言懿行視為故紙中陳迹，雖日披萬軸，于我何益？或索垢求瘢，稍得閒隙，輒取古人而詆諆之，不惟無益反有害焉。夫自有經史以來，考典者至漢儒而已盡，言理者至宋儒者而已盡。鄭、賈、程、朱諸人外，類不過掇拾成説，以為一書。其最稱博洽能自立説者，宋莫如王伯厚，明莫如楊升庵，近今莫如毛西河，然後之人已多異議，則何如虚心考鏡，取資身心之為得耶？

先生少為名諸生，試輒先曹偶，鄉薦後益泛濫百家，凡遇有裨日用之書即心嚮之。所繕寫如宋名臣言行録、王復齋太極圖集解、四禮慎行録、復齋餘稿、復齋日記、李子德儀小經、張楊園近古録，不下十餘部，皆端楷細字。蓋人所視為故紙陳迹者，先生經其手直如親聞古人之訓，親見古人之事也。是編乃其隨遇裒集者，不分類，不依次，不附斷，惟擇其意所尤鍾，時時自課以當虚己聽受之端。予取而讀之，亦皆素所誦習然忽而不省者多矣。且或覩切己之條，懲我夙諐，不啻遇牛醫兒，令人爽然若有所失，遂以消數日鄙吝之萌。然則先生是編豈可謂徒以自益而無益於人乎？先生于予為前輩，示予書並使予弁其首，是又足見其心之虚矣。予故不辭固陋而樂道先生之志，更願凡讀先生書者，勿以為掇拾成説而直眎為新聞，因共知所考鏡也。

紀誠詩卷序

明經柴臨泉先生砥誠于鄉。嘉慶辛酉，禱雨應，先是，乾隆辛卯又嘗以死衛其先人墓，皆異行也。余與楊子南廬、霍子松軒至都門，亟稱于賢士大夫，徵詩以紀其事。或問曰：「衛墓之詳可得聞乎？」曰：「鄉人嘗言之矣。方夏，渭水暴溢，一望瀰漫，浸潰垣屋，未可指數。先生乃持畚鍤，率子弟至兆所，盡力經營，幸期無虞。方去，水又大至，號哭復反，屢沒于水，黽勉自持，終日夜粒米不入口，於是凡墓俱淹而柴氏之墓獨全。」或曰：「其禱雨而應，何也？」余曰：「此余之所親見也。先生所居村去南山蒿岔百里許。當其禱雨歸，以七十餘歲老翁戴柳荷瓶，徒跣次於余里之城外，足盡腫，里人方齎湯往勞之，而雨大至矣。」有疑者曰：「信其誠足動天乎？」曰：「天人之際難言矣。子輿奉喪而江水減，戴封積薪而甘霖注，自古言之，不可謂非天也。且天之於人，或應，或不應，理有適合，數有恆乖，余所信者人耳，非天也。山雉濡羽以灑焚林，火為之滅，此可以天言也。精衛銜西山之石以填東海，海豈能為之陻？此又不可以天言也。其志之誠自足憐也。水伯肆虐，歲旱，四野如焚，人民憂悴，無可如何。先生慨然身為之請，豈敢以一介衰頓儒生，恃天貪天，而一念自不能已。匍匐泥塗者皆守其屋舍場圃，視死者之居沉災波濤中，若固然焉。先生悽然于地下之靈，不遑恤身之阽危，此又何心而為之？此亦何忍而不為，故余所信者人也，非天也。既而承戢其勢，雨適乘其時，則以為人可也，以為天亦可也，而又何疑焉？」於是聞者以為然，傳其事遍於都下，更相唱和，未幾而所得詩盈篋笥，歸而攜之，授先生子秀峰氏。秀峰恐他日傳之者以為侈，僅裒集鄉人詩，得若干首，使余題其端。余為顏以紀誠詩卷，因並序之曰：

天下之人心本一也。鄉曲閭巷之間，道一善事則相和而共稱，道一不善事則同聲而共詈，其慧者乃至作為歌謠，誠之所動蓋亦若不自知。在昔太史采風，播之管絃，使聞者興起，職以此也，況屬賢士大夫之雅制乎？今是詩也，其為言無一或偽。讀者但明乎先生衛墓、禱雨之皆出於誠而不必侈天之佑與不佑，感與不感，令閭里咸誦其事而無疑，夫亦足以勸矣。

重刻北行日劄序

予少從楊丹山師處，讀所鈔王山史與趙韞退大參書，愛之甚，以為即所言可見其氣節，百世下猶足廉頑立懦，而其文婉曲明透亦不在唐宋人下。是書在北行日劄中，近因搜山史全書，乃獲一本于井文圃氏。卷幅寥寥，不過三十餘頁，然隨筆劄記，無論短長，皆與與趙書一致。反復覽誦，不忍釋也。夫山史之名所以久而愈垂者，以康熙十七年一召，亦以辭十七年召耳。而赴闕辭召之本末具在是編，即一生學問文章立品之大端具見是編，矯世立名者豈得偽託？故他書之刊非是編不為完。予慕山史，寤寐以之，恨不得與之同世，拾片紙如珍拱璧矣。急付此於梓人，使重鋟以廣其傳。

文廟備考序

今之學者，吾惑焉，身日在膠庠，將以誦法聖賢而不知聖賢為何人也。自漢祀孔子，學宮之俎豆一歸尼山，後之君子苟能升堂而入室皆得列于宮牆，受萬世之享。當入學及春秋釋奠，使人瞻拜其中，覩禮容，考行事，思其所以與此之故，慕悅之心生而景行之意勤，此則學校修明，實國運日昌之大機焉。而今之學者，方舉孔子之典，實七十子之名字而不能悉，何況問以後賢。匪直此也，謬列衣衿，釋奠之儀視為故事，入學以後，或終身不一至大成殿及東西兩廡，教官亦置若罔聞。嗟乎！吾不知所以為教與所以為學者果安在矣。友人斗屏趙君，邑篤行君子也，以鄉進士秉鐸中部凡八年，歸而學問愈益進，專講求聖賢義理之業，日與余辨論性命諸大端，孳孳如恐不及。暇時乃以所輯文廟備考一書眎余。余讀之曰：斗屏之為此，用心亦殷矣。世莫肯為聖賢之業，故學宮茂草之傷，自古同然。我朝文教聿修，釐正祀典，並頒示學政全書于天下，學者亦可以考評而識所從矣。顧猶多茫然一無所知，學中之人且與凡民等。如文廟之建，列在通衢，豈不煥然昭爍，竟有過其前而目若不睹者。上有制而下弗庸心，其何以濟？斗屏于此蓋不惟為中部一邑慮，實為天下學校慮也。夫嘉言懿行，散著於天壤而世曾不聞，計莫如遍傳而告，其中必有人焉能聽之。論語開端兩言雖在田野小兒無不習誦，亦其大驗矣。

是書之例，前人曾為之，以余所見，闕里志外如平江彭氏之學宮備考、鈞台余氏之學宮輯略，繁簡不同，皆足為案頭珍，然行之久而漸湮，人反多未寓目。斗屏今日梓此，散之四方，使得家置一編，豈可謂非大功？世固有同此一事，經再傳而如新，復競道之以相示者，亦不知其何故也。

抑余讀斗屏之書，更有私幸焉。庸材下士不知向學，何怪其昧？先型而不恥其入吾道之中，自標門戶如金谿、姚江，高明者多為所誤，此知學而未醇於學，今並列廟庭，則一二儒先論之已詳。乃若稍知讀書之士涉獵偶多，或有一知半解，自以為得不傳之秘，援鄭、孔以詆程朱，妄肆雌黄，甚至訕罵，本小人儒而敢斥君子，非惟矜名兼亦忌善，此即莊、韓貶抑孔子之漸也。病此已久，思欲有以距之而力小不勝，得與斗屏朝夕議論，自謂孤軍之一助。是書也出，天下曉然知正學之宜尊，或相與廢然而返也，鄙人之微忱亦藉以伸。誠幸矣！幸矣！

陝西志輯要後序

郡國志，史例也，自漢有之。然合天下郡國之志而为一史，志必詳，史必畧。史載天下而郡國各載一方，史又為詳，志又為畧。若合累代之史薈為一史，合數百年之志彙為一志，則詳均難，畧亦均不易。劉昫舊唐書，歐陽公病其繁，作為新書，事多於前，文省於舊，而識者或以不如舊書之詳。宋史凡四百九十六卷，滿百萬言，自有史冊以來未有若是之多，體格在諸史亦獨劣。明代一統志倉皇匯輯，殊多缺漏。焦漪園之名勝志博矣，條例反猶未該。州、府、縣、邑之志，惟吾秦康、韓推巨制，以略而能詳也，而刪詳為略者則又尟。我朝一統志與郡國志頻修不一，積書者未能盡購，豈況披覽，甚至鄉土之故實無由悉，曩先河濱亦嘗有慨乎其言之矣。

少華王子魯泉承其家學，文章、政事之才俱重一時，使其早入承明，或綰符方面，可以作史，可以上書報最，顧髮白不得遇于時，君子惜之。然生平車轍半天下，所至尊官大人庭見郊迎，因是益得以聞其政，考其典，篋中著述遂亦日增。頃者盧中丞、顏方伯先後延于西安，論政之暇為陝西志輯要一書，固欲征信先其鄉土，亦為讀舊全陝志者未免目眯，且急思補未修之條耳。

於虖！是書也，畧乎？詳乎？予讀之，分野、沿革、疆域、城池、學校、戶口、田賦、風俗、關津、山川、古蹟、祠廟、陵墓、特產，例一因舊，其中裁省實多，宦績、人物、列女、仙釋、逸民、流寓，參之正史則有去取。魯泉子言：「吾所志，存其要者，此外可有亦可無。」魯泉子不予欺矣。予向讀柳州之晉問，倣其意而變其體，作為秦賦，亦非敢以繼班、張，聊紀鄉土近今故實也。以是書觀之，愧不能詳，即何足以言略，然則吾安得持是書以遍贈吾秦之士及游吾秦者乎？魯泉子於吾里多知交，謝君荔裳、典侯兄弟重友好義，見是書不忍使湮，自任剞劂之費，期公諸人，以魯泉子意委王子葵圃及予參校。予謂天下有不可少之書，是亦造物者所不欲秘也。

雖然，予于魯泉子有質焉。為郡國志例固當如此，思如廣輿記取一統、名勝志而約之，並宦績、逸民、流寓於人物，而列女遷固不紀，釋、老本之魏書，亦非正史所宜，可概從刪，其他疆域、山川、戶口、賦稅之類，或總或合，此亦欲詳征天下，畧之又畧之，法也。特力小不任，纂集恐艱，魯泉子既為是編，其亦有志於此乎否？予日願讀佳書不既矣。

關中漢唐存碑跋後序

少華東雲雛、郭允伯兩君近世通儒也，其學問文章均稱鴻才而又皆好書畫，精賞鑒。雲雛於書無論著，允伯有金石史，太華山史王無異為之序，擕以江南，江南名流大寶之。如首辨岐陽十鼓非石鼓，具有千古卓識，取證之該博，文章之簡峭無論也。吾友魯泉王子，生雲雛、允伯之鄉，家世淵源，富蓄佳籍、名帖，其績學、工文固不讓兩君，而于書法篆、隸、真、行無所不工，丐書者日不勝給，暇時乃為關中漢唐存碑跋一冊，跋其存者，征信也，亦欲愛惜者共守之也。斷自漢、唐、五季以後不取也，此可以知魯泉法古之志矣。允伯書以史名，而魯泉止曰跋，觀其考譌訂訛，廣參列傳，實亦史耳。趙國屏石墨鐫華以後，近世繼之者推允伯，而皆在吾秦，得魯泉而三矣。予閱鮑氏叢書，論石墨取允伯不取劉公㦷。自今魯泉此書傳之南北，安知不復有嗜奇如鮑氏者更收入叢書中？獨愧予不能為山史，為綴數語以當附尾，如之何？

三南遊記序

少華王子魯泉向刻陝西志輯略，附以漢南遊草，予曾為序之矣。遊草記與詩合刻，已復專彙其詩而別刻三南遊記，仍屬予序記之。首三南者，滇南、江南、漢南也。漢南記近隨盧中丞行部作，滇南、江南記則少侍其先司寇視學、司臬時作也。

古之君子納寰宇于在宥，無論隱見，隨其所至，莫不關心聖門。沂水舞雩，遊不忘學。毛萇言士大夫九能，登高能賦、山川能説居其二，文章政事因之矣。漢唐以來，馬遷好周覽天下，未嘗有紀遊之作，然所聞所見郁於中而發於外，史記百三十篇，雖謂皆遊記可也。柳州之文與昌黎埒，而遊記為勝，其所長還得史公一潔字，後之以文記遊者，多倣之。若凡所遊歷之境輒為一書，漁洋外鮮有聞焉。以南言之，以召伯循行布化，江、漢實開風氣，故南為詩首，民俗景物已漸盛于中原。至滇拓疆最後，紀録多缺，楊用修滇候記，少有知者，況其他乎？以其盛則不可不志，以其缺亦不可不志，此魯泉三記之所以作也。魯泉生名門，負雋才，自其為舉子業，即肆意劉覽，留心天下之故。顧其才益進，學益博，閱歷益熟而遇益窮。雖窮于遇，魯泉則未嘗少或熱中，自弛其心也。觀其游滇南，年甫成童耳，遊江南乃在中歲，游漢南則在六旬後，是自少至老學問文章魯泉早異於人，且無一日廢也。政事即未親，當世名卿大夫多延而問者，四方有難斷之獄請決之且立判，豈直佐其尊大人與盧中丞哉？然則魯泉又不可謂無遇矣。三記之作，本留心天下之故，初無意為文，如柳州諸記。予讀而愛之，則以為似漁洋，亦似柳州，一潔字足以盡之，未知魯泉然予言否乎？今魯泉委予序，方就養其少君襄陵，任行有期，吾知又將有河東遊記之作。予當俟其成，更讀而為之序也。

四書心解序

郃州王天如先生，二曲門人也。康熙中成進士，入翰苑，既辭官歸，決意舍去文章之業，潛心理道，刻意勵行，晚著參思録及四書心解二書。癸卯冬初，三原門人楊生秀芝攜四書心解來，又持先生鄉席生尚賓書，言其學師賈愚若先生將率闔學請祠先生于鄉賢並刊此書，求予序。

此書舊有刻，失其板，存者原藁尚有二曲序，予閱之意不盡合。予之學，朱子之學也，先生學二曲者也。二曲講象山心學、陽明良知。予嘗以為心學、良知皆不誤，宗朱子者辟象山、陽明亦大過，然謂象山、陽明於此無偏不可也，二曲之學亦然。今先生守此一脈，時又自出心解，不盡主三家，而解四書與朱子集注相戾者多，朱子之學之精盡在四書，其為功於後學亦盡在此，不知幾經研究而後得此，雖其文字之精亦斷非後人所能及。今先生書乃多異說，使予為序，當若何置筆？既而思之，此事公道也，阿前賢即不免誤後學。予不取象山、陽明之學而不以心學、良知為非宗朱子學，於四書亦有不盡取而取諸家之說者。如論語麻冕、紺緅、侍食先飯解，孟子請野節、鄉遂用貢、都鄙用助，俱本舊註是也。嘗自為說而亦不自知其是非，但平心考古，參理以俟後人而已矣。先生此書請略言其一二。

先生重躬行實踐而歸主於心，歸原於知，此真二曲之學。書言「亶聰明，作元后」，中庸言至聖五德而以聰明睿知為本，孟子言四端皆在心，以知先之，言愛親敬長，以知統之，本聖賢相傳之旨。顧謂言心可廢外，言知可該行，言良知無俟急於學，非也。知行不可偏廢，而以知為先，以行為重。良知本不昧，而氣拘物蔽有昧之時，則學為急，夫子屢言博學，孟子亦同。若謂知可該行，知得即行得，本為一事，譬如殺人，孰不確知其不可，竟有乘怒而殺之者；死君父之難，人孰不知其可，竟有隱忍而不死者，此孟子所謂知言又須養氣也。大學聖經以知、止、定、靜、安、慮兼行說，非也；又如格物一條，朱子、陽明大相戾者，而先生兼斥之，予以為皆非。朱子言窮至事物之理，是也；陽明以格物為去私，混學修為一矣。先生謂如朱子說，當問盡天下路然後走得，不知知行自並進耳，程朱累言之，即聖人四教，只文行二者之意。知行合一，惟聖人功至然後能之，先生說是不得朱子之意也。陽明說固非，以為空寂無為之學，亦不然，陽明如象山，講心學近空寂，此亦解格字非空寂無為也。又如論語首朱子解「學」為「效」，本於書，正辟象山先生解「學」字，又不如象山以「覺」為「學」猶有據，而似反涉於鑿。如此類可疑者不少，予焉能起先生於九京，與之一一相質哉？而蓄疑於心，亦安能不自獻其疑哉？

雖然，先生學二曲，陽明、象山之學，真學也；解四書，多以四書證四書，會之于心，時與舊說不同，此鑽研過深者，今人並不能如此用心也。今人多好駁朱子，不知析理之精，孟子後無如朱子。今人肯讀書者務漢學，博見或過於朱子，亦多據鄭、賈諸儒以駁朱子，而揆之理反多不合。竊觀考據莫盛於本朝，中亦有見之精者，而穿鑿正復不少。朱子所訂豈能盡合于古人，而以理參之合者自多，以朱子所訂之書當朱子之書讀之自得。然則先生之四書心解即作先生之書刊之、讀之可也。先生講理學不講漢學，故解理多而解典制名物為少。予謂理學、漢學當一以貫之。近有以薛退思野録、張百川四書辨疑貽予參訂謀刊者。退思野録，象山、陽明之學也；百川四書辨疑，意遵注疏，典制名物之學也。予不盡取焉而嘆前人用功之深，皆不啻倍過今人，于先生四書心解亦云爾。席生稱其鄉父老言先生家祀孔子，又置一厚磚，磚上有銘，少有過差即加磚頂上，跽神前，若弟子之對嚴師。此真二曲躬行實踐之學，今人所尤不能者，以入鄉賢何愧？宜二曲心許之也。讀心解者亦即比之于二曲反身録，不盡作解四書觀，斯為得之矣。

關中書院講義序

予既為西峰先生墓表，即取關中書院講義而序之。序講義重違先生曾孫鋌命，亦猶紓予自少嚮往先生之心也。先生主講關中書院凡三，故講義獨此為多。知先生倡關學全在四書翼，朱子全在集註，而一生精力又全在關中書院講義也。自程朱集四書，朱子為之註，後即以命題取士，予謂此不刊之令典。邇來朱竹垞、錢辛楣輩以命題多復，文因多襲取，欲移四書於後場，予竊非之。學宮所尊者孔子，吾儒所日講而為文者自當以四書為之主。聖道如天，其言之義無窮，猶之聖不可測，諸子本是以為衡，銖兩皆得其平。元、明以來，講四書、闡集註者豈止數十百家，中如蔡忠介之蒙引、陸稼書之困勉録，人所最推者也，然其義蘊即全集百家如諸疏，詎得而謂其盡發而無遺？而況說愈多又愈雜也。昔人謂解經而經亡，此不然，解之是且日有新義，何嫌于解？惟講之愈深則講之愈鑿，雖在正士宏儒猶不免於謬。予嘗得王端毅四書解，多與注背，猶不敢信，近見有改集註而刊行者，益不能不驚怪矣。然則關中書院講義，其為功於四書，有補于集註顧可少哉？

先生學朱子之學，心孔孟之心，其講解不為恢奇之論，不作蹈襲之語，出一言亦如從秤上稱者。他如論泰伯讓商、讓周，至今聚訟，且疑于翦商之志，先生曰：「此看得志字小耳。」大學「格致」，陸王之說混窮理於去私。講義及制義一篇直抵王山史之正學隅見。孔孟論性一也，近儒乃援孔子以疑孟子，此直強作解事，讀自改鄉墨及定性堂記，知講義之精確不磨矣。今人讀四書集註乃欲學為時文以應科舉，是村學究之見。好高者又棄此不為，不知時文科舉之學與古文訓詁之學，講正學者正不得歧而視之，予之教主是蓋本先生也。先生教人，四書並主集註，又教人補讀小學，本許魯齋、薛文清，其為教之意可知。則讀關中講義不當但以解書論也，而解書之精且細，其遠軼近儒者，亦豈可以盡數？抑即此講義之多，吾見先生教之切，教之不倦，讀其書皆如親受，先生之啟迪也。書院祀少墟，後當祀先生，語吾關人，其尚悉知之。

同里會文條規序

道之顯者謂之文，世不壞，道為之；道不絕，文為之。孔子以身系斯文之興喪，只言文不言道。宋儒有道學之名，以懲夫為文而不知道者，實則文在即道在矣。文不徒著於言辭而言辭為尤顯。經、史、諸子，文也，漢人之訓詁，唐人之論辨，文也。雜著變而為應制，應制變而為時文。有明以此取士，至今五百年不能易。時文即古文，亦即經義。尊其道而不苟，凡時文之卓然可傳者，其他文章與其學問、事業未嘗不為一代之偉人。前賢具在，可按也。予何知為文？

憶少時先君子與諸先生長者約同里子弟立課會文，忝以丱角追隨其後，心甚喜之。忽踰三紀，髮且半白，自問無所就，然以年論之，眎諸子弟已在先生長者之列矣。前之人殷勤以教我，顧弗彷之以行于後人，舉所聞於前人者後之人皆不能知，即能知之而不為導其聰明，是在一里中已不免程子為蠹之譏，況於世乎？因與同志謀出粟生資以祀先聖及先賢朱子及奎文之神，藉此依舊立課會文，又各量力醵金以為獎賞之費，以為長久之圖。事成，值課期，諸同人不憚朝夕督率，乃委予點定其文。予何知文？亦以所聞於前人者示後之人而已。抑予有說焉。為文在講法，其根本則在讀書。以予所見，里塾中句讀、點畫、聲音之不明，何以明書義，書義之不明，何以有可觀之文。試略舉而言之。

一句讀也。孟子「子思不悅」連下「於卒也」為句矣，易坤卦文言「坤至柔而動也剛」離「也」字為句矣。一點畫、聲音也。不知子賤之姓即宓犧之「宓」，子文名穀於菟，「㝅」切奴口，俗本訛「穀」，皆讀「穀」矣。詩之「翩翩者隹，有隹有駓」，不知「隹」上自為點，讀如「追」，竟書中畫為直豎，讀「佳」矣。其點畫同而音異者，「平平左右」、「王道平平」，「平」在先，韻非太平之平；「豆區釜鐘」，「區」音「甌」，非「區宇」之「區」。少時不講，入翰院或且以此被斥矣。至於義之不明，聖人開口言仁，誰知仁之實？子思開口言性，誰知性之真？以典言，曲禮席南向、北向、東向、西向之上下參以朱子之解而反益生疑，如此類者皆目前所易悉，顧習焉而不察，他可知也。為問諸生方均期於上達，毋亦於此有忽焉者乎？如其有之，是烏可以自安？如其不安，潛心讀書，以為為文之本容有窮哉？雖然，此猶其淺焉，近焉。故國家以此取士，非勵取其言也，將考其學問，卜其事業以成其人品也。時文、古文、經義、雜體一以貫之，明乎此則是會也所期者深且遠矣。予無復能為，猶願與同志共勉之，猶願與諸生共勉之，更願與後之人皆勉之。謹引其端並酌條規如右。

左氏兵法序

儒者不可以不知兵，固也。兵法之要，世謂七書盡之，予以為不然。七書中太公、六韜為先，而識者或以為偽書，次若孫子十三篇、吳子六篇，確有可據矣，乃皆在春秋左氏傳後，則左氏固兵法之祖也。

左氏喜談兵，敘兵事往往委曲詳盡，使人如見其形勢、計謀，固其為文不得不然，亦以兵事詭秘。如所謂軍志者，世不必有傳書，其傳者皆名將之所志，疆埸臨時之所用，故具書之以告後人，是又安見孫、吳之所言非即據左氏諸所述進以為藍本乎？

今觀春秋二百餘年，其為將多矣，其紀戰亦不少矣。戰言兵，不必戰而亦言兵，于兵事何一不備？即孫、吳之所言何一不該？孫、吳所言，空言也，左氏所言，驗之於事者也。後人之善用兵者皆知其出於孫、吳，烏知其寔出於左氏？試畧舉而言之：後貴用奇，奇莫如田單火牛，孫、吳未嘗明言也，左氏之「燧象」則先之矣。奇莫如宗慤畫獅，狄青銅面，孫、吳未嘗顯示也，左氏之「蒙馬」則先之矣。項羽救趙，軍鉅鹿，諸侯莫敢仰視，而其所以勝者不外孫子所謂兵勢，吳子所謂勵士，然曹劌之論戰則無不該也，即其沉舟破釜，塞井灶之法也。匈奴困漢高於白登，一時智略英雄盡從之而不能不竄其計中。冒頓之用兵宜出漢朝君臣上，然道不出孫子虛實，吳子應變兩篇，而實則本楚子之羸師也。即高祖所以解圍，猶射麋顧獻之意也。孫子校之以計而索其情，吳子衍之為料敵，子元之料陳，伯比之料隨，皆是矣。智罃三分四軍之謀，漢高用之以撓楚；齊桓遠結江、黃之計，孔明用之以圖魏。其小者，李光弼殺賊於將飯，一郱垂之敗戎人；白孝德取將於橫流，一平中之獲觀虎。若以陣法言，近世名將戚少保稱最矣，其鴛鴦陣固自鸛鵝、魚麗出，其方陣亦自左拒、右拒來耳。至如越王使罪人三行屬劍于頸衝吳陣，其故若亟思之而不可解，不知正以其不可解者為神奇，此雖孫、吳猶未能言，後人猶有不盡用也。

夫用兵如為文，神明變化，何有窮極！善為文者，讀古人文章，搦管操觚，不襲古人之字句而自能為至文；善用兵者閱古人兵書，運籌決勝，不效古人之謀劃而自能為奇兵。然使不讀古人文章，不閱古人兵書，必不可也。惟得之古人者深，或不用古人而古人自為我用，或用古人而使人不見古人之為我用，是正善用古人之至者，文與兵一也。關壯繆、岳武穆皆好讀左氏春秋，其生平用兵無一為左氏之所有而無一非左氏之所有。「運用之妙，存乎一心」，武穆之言，夫孰非左氏之所未言而實諄諄言之者也哉！予讀左氏傳，愛其文章，猶喜其言兵，暇日因取其言兵者別録為帙，加以評點，仿王文成之評七書，間即以七書印合之，名曰左氏兵法。私以為吾輩讀書縱不能如班定遠棄筆硯覓封侯萬里外，而為此寂寂使鄧禹笑人，即何妨以草廬茅舍作軍門、壁壘觀也。天下不少同志之人，或有攜吾書以出應當世者，未可知也。

讀閫外春秋

予既輯左氏兵法而評點之，思復輯春秋以下至明代之善用兵者為名將録，以續其後，久之未暇也。一日購得尹干皇閫外春秋三十二卷，中紀名將凡一百九十人，讀之既卒業，曰：「於虖！是即予所欲輯也。」左氏兵法予方欲待後之人，今此書先我而而為之矣，安知無先為左氏兵法者乎？小范老子胸中數萬甲兵，世所謂文，儒固多如此，而或概易之，不亦謬與？顧此書紀將，各以類別，曰大將，曰文將，曰忠將，曰智將，曰謀將，曰儒將，曰藝將，曰鬬將，予則謂戰與謀斯二者可以該之矣。戰將為謀將之所用而謀非智不深，智非忠不盡，此不專在文儒，而文儒之裕智謀者無不為大將。吾夫子蓋嘗教及門矣，曰「臨事而懼，好謀而成」，懼又謀之本也。是故聖人一言握千古用兵之要，尹書與吾書皆以是斷之也可。

興賢學倉志序

安康張子補山，予未獲面而知之甚早。往計偕，見店壁過函關詩，末聯云「書生不解雞鳴意，白日青天出雍州」，後書金州補山氏題，以此識其才，並意其為人。久之，補山主講臨潼書院，表章王零川先生，修祠置祭田，舉入鄉賢，刻其遺集，以書來，冀予襄事且作集序。予素遠名，亦不輕啟齒於人，未應也，而事皆竟就。既聞補山廣刻儒先書，皆適時有用，大益學者之卌，近又聞補山上書言時事，當道以為越分，而上未嘗無嘉予意。然則補山果光明偉俊足以有為之才，壁上之詩自道固不誣也，而興賢倉乃其晚不得意，見志事於其邑者爾。學倉之由來、規樵前序具詳之，補山復以序屬予。予老而學荒，然少志於學，竊不自揣，妄言其學之所見，遙與諸學者相質，即以質於補山氏。

大學以倉名，豈欲學至於穀哉？至穀非所以為學，而所以成就學者慮固不可不周也。許魯齋先為學者謀生計，後人或非之，不知橫渠井田之意，非薄待學者，正欲其壹志於學耳。聖賢教人窮理盡性，為名為利皆非為己之學，而先王設學興賢，方且養之以大烹，豈惟虞庠之米廩？故造士之意與士之自造不可以一概論也。抑今之學者不能壹志，其患正多，正學與俗學迥然分上下矣。朱陸皆自孔孟出，而祖朱者斥陸，右陸者左朱，門戶之見幾成水火，惟深於理者自見朱正而陸偏，亦復能參而合之。漢人訓故、唐人文章皆朱陸所輕，得其理亦豈絕為二端？即今科舉時文，鴻博之士或不究心，謂非所以取士，顧近世不少大儒古文、道學何一不出於是？在人為之而已。予謂「博學于文，約之以禮」，以此權衡數者，皆得其平。學倉之士知此則不負設倉教學之意，而利祿非所知也。至學必實有可以自信之處，不論窮達上下，不論毀譽，亦不敢是己而非人，總期於物我一體，淑己淑人，此予與補山所願質者而不能詳言，未知補山亦信之否？

毛詩音韻考序

自六書興而韻學即傳，六書之諧聲，音韻具矣。「韻」古為「均」，成均之中教樂為本，義正如此。周家同文之教，外史掌達書、名，書謂字，名謂音。達諸四方使天下無不同之字，無不同之音，此亦韻學之明驗。故世謂古詩皆本天籟，其有韻書實始齊、梁，非也。然音因乎地，亦因乎時，當時校之已難，其後轉變無常，生千百載以下，欲知古韻，何從而求之？所可求者，詩三百篇之存而已。夫詩之韻，上之所校而同也。乃繼其後者，孔子傳易韻已微異，離騷又異焉，漢魏又異焉。沈休文四譜無傳矣，隋陸法言之切韻、唐孫愐之唐韻、宋陳彭年之廣韻、丁度之集韻、毛晃之增修禮部韻略，元黄公紹之古今韻會舉要、明洪武之正韻，增損分合各不能同，足征時代之異，朝廷所無如何，則欲以古韻律今韻不可得，而欲以今韻合古韻亦不可得。然讀詩而不明本詩之音韻，是則未知詩教也。世俗小學即教讀詩，以韻讀者蓋寡。吳才老韻補，朱子詩傳用之，近世大儒如顧寧人輩或不以為然，而顧氏音學五書，十部之分，江慎修又分而為十三。至戴東原以七音分入聲為七部，各承平、上、去，所分與説文諧聲悉合，證之詩為尤得，此則善酌乎古今之通矣。

吾邑學博程南都先生承其尊人東崖先生家學，又自少隨宦粵西，長游太學，廣交名賢。獨精音韻之學，著有毛詩音韻考一書，參取諸家而以戴東原為主，云親受之楊書岩侗，不合者以己意辨之。將付梓，眎予，且屬為序。予讀之而嘆曰：得此始可讀毛詩矣。微論其隨章注釋，尋流歸源，使涇渭昭然，但觀篇首所列諸條，於三百篇音韻通其教乃無不通，不獨可通三百篇，以讀説文，無不得也；以求諸家韻學，無不知其要也；雖以證諸經傳百家之音韻，無不可會而一也。字音本小學，今成材者反多昧焉，安得執此書人人授之，使人人講之乎？予既為先生序，又語先生：「聞尚有六書形聲考，當與此書相成，祈並付梓，毋私篋笥也。」

重刻戴大昌駁四書改錯序

毛西河著述甚多，駤駁亦太甚，晚作四書改錯，尤為悖謬，論者謂雖以無道行之亦可畏也，此言似巧評而實不然。讀者明道，著書亦言道，若曰無道，兵力雖強勝人，人亦旋奪之，秦、隋可證也。强詞雖能奪理，理不醇，人亦旋攻之。儒者非誠盛德，矜名好勝之心未泯，鮮不習為排擊。自有考據之家崇漢學，往往務斥宋人於道學，則又右陸王而非程朱，欲勝所不可勝以自勝，亂經敗道莫此為甚，真人心世運之憂也。

迺由毛西河以來，此風益熾，專以駁朱子為事，即非其人亦且效尤。夫朱子有功聖門，得道統全在四書章句集註。我朝升朱子於十哲之次，承前明科舉士以四書為先，文之悖註者不取，數百年弗變，亦為是也。而西河改註，至謂無一不錯，是不惟欲廢註，將並四書而廢之。故和者非僅若陸王講大學之「格物」非致知工夫，講論語之「空空」、「屢空」真成佛氏。有以性善非孟子者，謂孔子所不言，是不知「乾道變化，各正性命，繼之者善，成之者性」，皆孔子語也。或且以朱子註經多非，謂易不主卜筮，斥朱子解「元亨利貞」之「元」為「大」，曰：「大哉乾元豈可曰大哉乾大？」如隨象之「大亨貞」，升象之「是以大亨」，孔子即以「大」釋「元」，何說乎？詩斥朱子不遵小序，或並小序而斥之，別信漢以下人異說，以二南為非文王詩。夫子詔伯魚之為周、召，何意乎？如此類者不少，四書改錯其甚也。予患此久矣，年八十心不死，録王豐川語要釋之，欲解陸王門戶之爭。聞霍生為樸有婺源戴氏斗源駁四書改錯，予姪青霄所評點，急索而觀之。多以矛刺盾，據典又全據理。西河以刻薄之口逞譏于朱子，戴氏即以尖利之辭反脣於西河。五夜觀畢，拍案稱快，向不暇自駁，固知世當有此，而果有之，天下何時何地無人耶？

雖然，讀聖賢之書，釋聖賢之言以傳於後，此公道也。戴氏言注經求是，已非回護朱子者，予學宗朱子，其有所疑，與朱子說亦不無異同。如大禘，朱子謂祭無群昭穆之主，以始祖配所自出之帝，群昭穆難為位也。予從後儒說以子孫昭穆咸在，群廟之主亦當在，但獨移左上一位耳。宗廟之制，朱子從孫毓說，以太祖之廟在上，群昭群穆以次而南。予按其形勢，主江昚齋從賈逵說，諸廟並列，各有隔牆而自不相妨。

「席不正不坐」，註亦略言，解者多引曲禮席南鄉、北鄉以西方為上，東鄉、西鄉以南方為上，乃閱註引朱子南鄉、東鄉之席皆上右，北鄉、西鄉之席皆上左，于本文反不明，是不知席制亦不知坐席、安席之分。席制狹而長，一頭有識為上，安席之上下視其識也，所鄉從人所坐之面也。康成云坐在陽上左，在陰上右，甚明。禮：席一人坐自在中間，不從安席之上。講席、飲食之席坐四人，乃從安席之上，自上而下。解者或以曲禮言席之上下與鄉飲酒禮異云。此室中布席之法。又謂鄉黨、禮記亦不可牽合，因註未詳，紛紛異論總不免於鶻突，皆以不知坐席、安席之分，則此夫子之不坐亦當云教以安席之法，自釋然也。

「侍食先飯」，註亦未詳言，致說者至今不明。俗師不讀儀禮，未見注疏，不知此為小禮食，與公食大夫大禮食異。大禮食，君前無食，臣前有食，此正以客禮待者。君不祭，自惟客祭。小禮食，君前有食，臣前亦有食，故君祭亦使臣祭，所謂君不客之而猶客之也。則嘗食為嘗已前之食，即為君嘗食，以食同也，而俗師不知也。玉藻：「若賜之食而君客之則命之祭，然後祭先飯，徧嘗羞，飲而俟。若有嘗羞者，則俟君之食然後食。」此命之祭而祭則非不敢當客。禮已祭先飯，以為大禮食之當客，君前無食，何用為君嘗食，雖經師亦多以玉藻與鄉黨異禮。同一侍食，明是君前臣前皆有食，大禮之外，小禮食，何以又有禮食？禮食既待以客，君祭而亦命己祭之，便是當客禮。先飯又是不當客，其何以解？周禮「王日一舉膳，膳夫授祭品，嘗食，王乃食」，與玉藻似同而明非客禮，引以證「侍食」似不合。日食有膳宰與客食有膳宰不待言，已何得嘗食？疏與禮言膳宰不在，江氏鄉黨圖考亦引之。朝廷禮法甚嚴，膳宰非一人，何得皆不在？以理言之，固當然。玉藻若有嘗羞者，非膳宰也。同侍食之長者或貴者祭，祇一人祭也。諸疑實未易猝解，是必先解玉藻而後可解鄉黨。玉藻「命之祭然後祭」本虛擬之辭，「先飯，徧嘗羞」正謂不待君命祭而即先之也。文有必用補筆者，經書類有之，然終無解於有膳宰嘗食也。予第以本文及註思之，膳夫授祭後始嘗食，夫子正當膳夫授君祭之時即嘗食，此聖人之妙于時也。近童氏璜此題文破云「以先飯辭後祭也」，予謂可當釋經，江氏鄉黨文所不到，抑鄉黨此二句本出士相見禮，聖人行之亦何足異？予課徒作此題，破云：「記聖人之先飯為侍食，存禮經也。」

講陸王之學者主簡捷徑悟，病朱子支離，真可謂不知學。如此類何能簡捷徑悟？何能不支離，而支離豈可謂之支離？禮文繁猥，經義不明即禮文不通，行之將何所守？道學家斥漢訓詁、唐宋文章，為古文之學者薄科舉、時文，考據家矜淹博，笑宋儒言理空疎無據。錢辛楣謂科舉先四書文，數百年命題發揮已盡，宜改為後場，予以知其見之皆非矣。

有若對哀公行徹曰：「百姓足，君孰與不足？」時文家以輸公言君民一體，本余意，注補出節用厚民，似亦疑徹之不足。予謂先王行徹本無不足，觀詩甫田、載芟、良耜諸章，君民一體，上下皆足之像藹然可見。春秋時，國用多不足，非不徹也，未能如先王之徹也。有若欲哀公法先王實行徹耳，「百姓」四句正指行徹言之。講家亦如此說，是矣，特於徹所以足之道見未明也。孟子告滕文公行井田云：「野九一而助，國中什一使自賦。」天子、諸侯宮廟所在，國中也；王子弟所封、卿大夫都邑即民所居之城，皆該之；邑外謂之郊，郊外謂之牧，牧外謂之野。各就其遠于所居者言，不必專指王城、國城之郊。舊說因孟子遂云鄉遂用貢，都鄙用助，不知井田本活法，可井者井之，不可井者如井行貢，井牧九等是也。鄉遂都鄙以天子言，鄉在百里內，遂在二百里內，都鄙在三百里、四百里、五百里。以是例之，諸侯大國百里便皆不可以井，不惟此，試以今所見一邑驗之，有野多山險而近城反平衍者。孟子亦據大概言之，舊說不察，分以鄉遂都鄙，而朱子因之，故先儒多不以為然。而時文名家猶云圭田半分公田，餘夫之田四分公田，未思其不必皆在井也。且孟子此時本欲行助法，以徹法久而弊生，合作多推諉，均分多爭分，公田多隱匿，不如助法之為善。故曰耕者九一，曰助而不稅，於告滕文始詳言之。註以合貢、助即徹法。予謂商之助法，各耕私田七十畝，代耕公田七畝。告滕文則曰「八家皆私百畝，同養公田，公事畢然後敢治私事」。是自耕私田、合耕公田皆百畝，所謂參徹以行助者如此，而先公後私，往日助徹之弊皆可以免。此孟子通古而不膠于古，足征大儒特識，世顧少言及之，亦未審本文也，今略舉予所見。此外，諸儒或與朱子所言異而予亦見為是，或與朱子所言殊而予又見為非，或朱子言未盡而後人不能申，見予論著者亦非一端。平心以抒所知，可否俱不妨存。參戴氏言之，即予亦豈阿私朱子，仇西河？不仇西河，私朱子，豈私戴氏哉？而其中有戴氏所不駁與駁不合予心者，未知戴氏尚別有解否，而予又不能不獻其疑也。

戴氏所不駁：人類 仲弓之父，毛以註「賤而行惡」「惡」字為「苛」。善惡相對，非善即惡，註意正從犁牛字生。毛引王制「簡不肖以絀惡」，謂「簡」但簡節之惡則斥之，不知此句本對上串說，非有兩意也。放勳，註謂堯號，毛以為放勳、重華、文命皆名，則史記以堯、舜、禹皆名而白虎通以堯、舜、禹為號，古說果將誰從？孟之反，只「子」與「之」字異，其不伐功近老氏，正與莊子所稱同。註云疑，是何碍？引文之多有微異，白圭、孟連引之，何以必信韓非而疑史記？趙註且疑孟子，以為兩人。琴張、曾皙，又何以不信孟子而反據莊子與檀弓？莊與禮記固西河所謂不足據者，且曾皙明是狂者，琴張如莊子所稱亦明是狂，何以謂孔子之稱及門必皆有兩人？

天類 夫子以獲罪于天折王孫賈。註「天即理也」，此程子語，西河輩忌道學家言理，若舍理言天，奧竈不可媚，其將媚天乎？近人多如毛說，予少講此章，早駁之矣。

地類 「丘隅」註本舊註，謂岑蔚之處是也。黃鳥必木棲，雖丘隅亦必于高而樹木深蔚之處，所謂知其所止也，目驗之皆然，註非以蔚為隅。

物類 「蒲盧」，毛據爾雅以為蜾蠃，以喻易生，殊不合，與樹字畢竟亦不貫。予以蒲盧為盧刪草，今遍地皆生。四書辨證所引皆非，亦非蘆葦、匏瓜，的是以無口匏不能飲食，戲喻不能有為。若云不可食為無用，匏非惟可渡水，世多剖作瓢，是有用矣。天星之解亦迂。若云苦瓜，苦瓜又非匏。

官師類 「百乘之家」註「有埰地者」，不言大，百乘自見。予於論語此句別有解益。「掌火」趙注：「掌火，火官。」如此解本文亦當。如下使契為司徒，有為字，毛亦未審上下語意，而未免拘文牽義。陽貨為大夫，此不待解說者。孔子為魯司寇，攝行相事。史記並非本家語，即以攝相為相何不可？「來百工則財用足」，以「財」為「材」，未免改字，「財」「用」二字連，明是經國大事，故註云「農末相資」，古言財皆出於農。校人掌馬，云以校人代魚人，即云主池沼亦無不可。餼廩既讀為餼，此言文武之政，在周禮先作生牲解，本餼羊，亦有之。

朝廟類「厚往薄來」，毛解朝聘內皆可該之。山節藻棁，毛解居蔡與此為兩事，皆與下文不貫。上祀先公，如所駁與本文不合，並不解羅泌路史。駁史記周家世系之不符。

邑里類都，註引左傳先君之廟，不必指前代，亦不必皆有。

宮室類「三歸」註引說苑是，如毛說娶三姓女，是下節僭分之事。「不日成之」，極言其速，如毛說無一日而成之，理不大泥乎？「穿窬」，解如儒行「圭窬」之「窬」，尤膠執。註「仞」字「或曰七尺，或曰八尺」，因舊說不同故兩見，何乃以為無主張？毛据漢書註，以伸臂一尋，定尋與仞同為八尺。人之臂豈無長短，是何可定？

器用類「殷輅」註「至商而有輅之名」，註按本文為言。毛據明堂位「四代皆名輅」以駁之。安知明堂位非本論語以為說，而復信禮記耶？其云樸素渾堅而等威已辨，所以乘必取殷。豈辨之專在金玉，而金玉之飾亦不在鸞和？註言甚詳，駁之皆非的義。「韞匵」，以韞為皮包物與匵對，不訓藏，又引陳琳賦「山節藻棁，既櫝且韞」，試問「石韞玉而山輝」作何解？「虆梩」，註：「虆，土籠；梩，土轝。」吾鄉並有此物，毛氏蓋未見而亂解。

衣服類「褞袍」，袍以枲著，明是衣之賤者。「纊繭」，以繭絲著褶，夾衣帛為裏，皆非賤。毛駁註是自不通經，不識字。「設裳衣」，古人上衣下裳，如毛說則衣裳分設矣。麻冕非緇布冠，江昚齋等亦言之，而純之功省于麻，麻須細辟，絲不用辟，多未言及黻冕，以冕為冠自該。服、黻、韍通，釋皆祭服，因上「致孝鬼神」言，常言冕亦多主祭祀就重言，改錯錯也。「當暑袗絺綌」以絺綌為裏衣與表不順，且何貴以此當暑？曰當暑亦非言公服也，下言裘與此正對。予下節題破云衣稱其服為裘，誌裼也。舊以三者為公服，以別於下文之褻服，不知褻服自抽出言短右袂耳。江眘齋亦悞因之，近姚殿撰疑三者非公服，而謂是裘隨衣非衣裼裘，亦不明註意，予故併及之。

飲食類「食不厭精」二句以「不厭」為不飽，文理俱不順，是不知聖人日用飲食猶人而不猶於人，記者亦善為言，而淺人乃謂如此己亦猶聖，何其輕而侮也。「割不正不食」，以「割」為殺牲，故解「正」與方字異。吾鄉前輩或亦因其説，非鄉黨記聖人細行意，江眘齋以此二句為教家人，是也。「放飯」不以為大飯而謂放粘飯於木器或篚，是不知禮，亦不識字音，又將以「流歠」作何解？須知古人言飯有二：一是稻米為飯，一如今方言餅餌亦為飯。若皆以飯為稻米之飯，則禮言團飯不可解矣，讀上聲之「飯」為去更難通。

井田類「余夫」，漢志：「二十受田，昏後成夫」，故十六為餘夫，必信他説改二為三，謂三十下為餘夫，則受田百畝者少，受二十五畝者多矣。

禮樂類「宗國」註解周公為長，故魯為宗國，與毛説大宗之義奚殊？「送往迎來，符節委積，互見非分屬正」與地官單言「委積」同。「君命召，不俟駕行矣」。註本鄭氏，「不俟駕」明使駕車，故曰「行」，出而駕車隨之，如此方見急趨意，若直急趨於朝，何言不俟駕？玉藻「在外不俟車」亦然。「疾，君視之東首」，此本鄭氏、包氏，當合伯牛有知章參看，皆古註之有補於經者。如毛説君入室必西就尊，東首示面，君則當路矣。「三家者以雍徹」，謂魯為宗國得祭出王，季氏為宗卿得祭桓公，因致三家皆僭不可深罪，真亂典章者，反謂程朱非所罪而罪之，何耶？孔子「先簿，正祭器」二句，此兢兢「祭器」有定，又泥看「四方」二字，蓋當時祭祀所取必有不合禮者，不然非改朱直欲改孟矣。「然後樂正」二句下句即是樂正，正樂不止正詩而詩其本，故樂正止言其大，曰雅頌得所，得所得用之所也。毛似未解二句文義，殘缺失次。詩樂何得無有？刪詩在何時耶？「朝服而立於阼階」，儺未言所，註亦並未言在廟在家。

喪祭類「期之喪，諸侯絶，大夫降」，祇言其大略，本文亦如此，為期之喪猶愈於已。註與疏異，固難詳言。「公行子子喪」，言朝廷不曆位踰階。註引周禮云若亦依本文言，其例薦時食，此兼禘祫言，祭有薦腥饋熟。註引內則，周禮俱有，亦言其例，故云。如云類若豆籩，時物何可的言？「序昭穆」，云「序生人是也」，註亦但序生人，定以先後為次，不分左右，毛卻不言。

故事類「三以天下讓」，予舊有論，主讓商，若曰讓季歷天下是推言，太伯斷無此心，子何得云爾？關雎註不言何人作，哀樂誰屬，其言宮人，舊說也。毛謂文王是時無宮人，近人亦多從之，不曰有「大子宮乎」？其斥魯詩、史記、蔡邕諸人，謂借文王以刺後王宮闈，與言作者直以哀樂屬文是也。五霸本趙註，是引丁氏，不言丁氏所本，亦引言之常。子產事本未能遍詳外，註亦非與仲文較優劣。「私淑艾」，註引陳亢。傷廉、傷惠、傷勇，註引子華受五秉，冉子與之。子路死衛、伐顓臾，註引史記，言二華之受，夫子不禁，子路仕衛死且哀哭，執泥遊移皆非也。請討陳恒，註引程子言非左氏，是論理且以聖人不可測，如毛說自明孫月峰輩皆云爾，未免私意，難言公理。若陽明之破宸濠，其初便不作此見，可見凡道學家皆異俗學。

記述類大學、曾子，毛云古經文是經，經註是傳，皆兩書不合，然古本大學則一書不分。六經皆傳自漢儒，伏生尚書大傳最在先，卻無傳名。註者名註自當附經，名傳不附經也，然則朱子于大學分經傳，作章句，為是必謂古本大學不悞者泥矣。章句云經，孔子之言而曾子述之，傳十章乃曾子之意而門人記之。賈逵云「大學、中庸皆子思作」，予以此俱為可信，而朱子猶作疑辭。則分傳補傳，即以朱子書讀之，於聖學途路無少差，毛氏與諸儒妄議、妄擬均無當也。

句讀類「聞文王作興」，「作興」二字連，畢竟重疊，此等註正不取前人而改之。

改經類「自經于溝瀆而莫之知」，毛：「『莫知』謂無所聞於天下。」註引後漢書，本應邵奏議「孔子謂召忽經於溝瀆而人莫之知」意，正取證此語與「無所聞於天下」同，非為本文增字也。然應邵以此為孔子言召忽，非也。召忽可曰匹夫、匹婦乎？毛氏固不知辨此。

改註類「蓋有不知而作」，以「作」為與前「述作」同，非作事，謂「作事在有為，何與聞見」真妄說。況每以遵包咸註為非，此又以不遵咸註為非，註將何從？「束牲載書」，以「載書」為盟載之書，註以加字替「載」字，本無異說，惟以「載書」為載事之書名則此四字不得通矣。蓋在盟時，「載」字為活字，盟後載為死煞字。曰「載書時不同，而字義因變」，不審字是，孰錯也？「自牖執其手」，此亦謂註襲包註鄉黨君視疾文而錯，以伯牛病癩，不欲見客故然，為此確註。吾鄉有信之者，因云夫子于此亦不忍見伯牛。試問不忍見何以視疾，自牖執手豈可云不見，見手不見面何以便知將已亡？夫子能疹脈耶？且夫子來問疾，伯牛何得不見？包咸註彼，不註此，亦必有本，正可因彼見此。君師，尊同也，反覆思之，註不悞而改說者悞耳。註「北牖」，「牖」字或悞。陳氏以當室之白而云牖亦可通。「畜君何尤？」「畜」作勅六反，若作愛意則許六反，下「何尤」二字不著力解，句亦只解上二字而下二字為賸矣。此等皆足見註改舊註之不錯而改錯之錯。「四海困窘，天祿永終」，以「永終」為「永長」，引據雖多，終無解本文「困窮」「困」字之難通。夫子「溫良」訓「易直」，正本樂記，孟子「不學而知」、「能」為「良」與「易」字適合，謂易直慈良三良字並出經，解廣博易良當為廣博良良是即大哉乾大曰角矣。前解「聞文王作」必以下「興」字與「作」連，又何說？

自造典制類「吾與汝弗如也」以「與」無作「許」解者，「吾與點也」、「與其潔也」之「與」何說？本王充、魏武言「吾與汝俱弗如」，聖人亦恐不如此說，若言各有一長，不如及門之例。「無違」解作從親之令，下文俱解不通。不明事理，肆侮之口，其輕薄真令人難耐。「不知為不知」解曰「知不知是知」，此良知家機緘，陽明告渭南南氏者如此。吾請轉問之曰：「知不知是知，如其未見未聞而為不知者果不待求而即知乎？否乎？」「事君數」，以數不是，言其為煩數、細數者皆不免強解。「文猶質也」節舊註「去文則文質不分，虎豹猶犬羊矣」似較直捷，而於「鞹」字未明。「當仁不讓于師」本孔安國當行仁之事，是非添補乎？以「人所自有」為仁在己，謂於「仁」字認不清。彼不知仁，何怪云爾？善名又必求物以實之，豈非癡人？「人不足與適」二句，人不作用，人泛云人民，於本句適字下君心皆難通。「政不足閒」謂亦當有「與」字，以上文對觀云然，與「小人之中庸也」一例，不如是則意不明。

小詁、大詁類「雅言不作」，常言作正言，豈夫子猶有不正之言？「克己」，古人文字中有字，言外有言或言有不足則當補，或一字而兩說，或一言而兩意，不得執論如此。「克己」之「己」中便藏一私字，與下「由己」之「己」不同，註改作「身之私欲」正照下節說，此句為古，為左氏演說皆不可知，告顏子要不得與他同。以此例毛說，可知徒費脣吻。「作巫醫」，以「作」訓「治」，謂醫不能療，巫不能決，文意亦殊不順，「壹是」據上下文意是一切之謂，非專一之謂。「囬也，其心三月不違仁」，註內外賓主以人言不以理言，若說無辨則違字說不去。毛說仍陸王之學，而于陸王尚未深窺。「夫子之道忠恕而已矣」，註借學者盡己推己之目，以著明之，一語最盡。毛不明註意，並未明中庸「忠恕違道不遠」，孟子「強恕而行，求仁莫近」意。

貶抑聖門類毛說朱子貶抑聖門，是用意誣之，以為己貶抑朱子之地，不知貶朱子正是貶抑聖門。朱子所有貶抑人處為道，公心也，故其言自心平而氣和，心虛而意切。妄人若毛氏貶抑朱子，飾己私心，直欲害道也，所以信口抨彈，毫無忌憚，他姑無論。

此條附記：湖舟之會，呂氏詬陽明，詆朱子為洪水猛獸。客曰：「朱仲晦借謝氏詬夫子臣事犬彘，借程氏詬夫子害義反覆，啟禍亂。」「借謝氏」即季氏使閔子騫為費宰節註，「借程氏」即管仲相桓公節註。毛引此，祇以由求仕季氏，夫子不禁，遂誣朱子詆夫子臣季氏。程子祇悞糾弟桓兄，管仲不應始事糾，反言以見管仲無罪有功，而不知夫子許管仲只重其功不忍其罪，是聖人寬處，予舊有論。毛遂以此誣朱子，藉以詆夫子，如是類委曲文致，殆甚于羅紺吉綱，其心不可問，其罪正不可掩。

予嘗謂今議朱子之人亦有四等，有學之而間有疑者，不妨志其疑，此非議之，正護之也。有學不同而說終異者，析理未明，初見未化，守其所見，行之無失，不害為君子，固無可厚非也。有本無學而逐人為議論者，此吠影吠聲之流也。有甚能讀書而所見既偏，其行本不可以對聖賢，因詆人所不敢詆，欲以掩己，且以彰己者，此叵測之人，而其實適自詆也。第恐無知而附和者多，將來為害不小。得戴氏駁毛氏書，亟重刻之，以廣其傳，亦云救也。其所未駁者，戴氏以人皆知而不待駁。予之淺誠不若戴，又覺不能不駁也。尚有當駁不駁者，尤易見者也。不當駁者固不能駁也，至戴氏所已駁而不合予心者凡十七條：

一「千歲之日至」。戴以「故」字如註，主已去之千歲。予謂「故」者發見已然之跡，非專指已去，治曆自當由見在星所躔不合處推已去所定曆元，看由何處差，別定曆元因以後年年日躔為曆法。註固由前以該後也，其年、月、日、時、甲子俱在冬至，此必由元會運世法推之，直到邃初為然。自太初曆有曆元之說，固不謂此。

一「東夷之人」。當時中國所在有夷，言夷但見其遠耳，與「西夷怨」、「北狄怨」同。本文言夷，註豈得不言夷？服、戴言東方夷，服似覺太遠，亦看註太煞。

一「朝聘以時」。註言五年一朝聘，據書、周官大概言之，六年之內五服各一朝，不言要服。周禮大行人「侯服歲一見，甸服二歲一見，男服三歲一見，采服四歲一見，衛服五歲一見」，是就十二年之中，五服朝之年，言本無不合。大行人時聘即王制比年小聘也，殷頫即三年大聘也。戴與毛於此似皆未明，以鄭註本不明也。

一「成于樂」及「不以六律不能正五音」。向見毛氏評楊忠滑集，以為樂音在器，似忘樂記「音生於心」之語。觀批此兩條，註言宮、商、角、徵、羽五者，是無字句之聲，十二律是無字句之竹管，焉能更唱迭和，以為歌舞、八音之節？歌舞有節，八音是樂，器豈有節？且歌舞非五聲十二律所得節也。予謂此與前說同，見實不知樂者。戴氏曰：「古十二管，後為十二鐘，京房又造律准，如瑟十三絃，隋時龜茲人蘇祇婆善胡琵琶，以入中國，鄭譯推演其聲更立七均，合成十二，以應十二律，為古今言樂者一大轉關。唐世因之作燕樂，用字譜以代五音，但用琵琶，與古黍律三分損益之說絕不相謀，為上、尺、工、六、五，如宮、商、角、徵、羽一。凡為變，宮變徵，又句為低尺，加下四、下一、下工、下凡、下五，共十五聲。而毛氏易之作定聲録、竟山樂録諸書，蓋強不知以為知。即蔡西山律呂新書未悟鄭譯八十四調皆假借之名，去二變而為六十四調，朱子載之性理，實無用也。」予謂樂主聲而聲之長短高下為音，聲音皆氣為之，而其本在心。天地之氣與人之氣一也，律管候氣，時地不同，伶倫之律亦難為准，故鐘絲皆可更。知音者曲調，亦能因人審定，不得謂古律今不可用，即用字譜亦依五聲、二變為之，雖是更有損益，而大要不能外。竊按：五聲，宮為土，出脾為喉音；商為金，出肺為舌音；角為木，出肝為牙音；徵為火，出心為齒音；羽為水，出腎為脣音。角舊不屬牙，非也。字譜之音不准，喉、舌、牙、齒、脣以配宮、商、角、徵、羽亦非。又黃鐘十一月律九寸，至長。應鐘十月，律至短，下月何以忽至長，人皆疑之。故李文利改黃鐘律，反短于應鐘，而下又何以相生？音又何以能調？意謂樂由陽來者也，自黃鐘以下至應鐘，律管皆以次漸短，皆以陽氣言。候氣之法，陽氣衝動管灰，由下漸上。十二律三分損益之法，十一月黃鐘下生，五月蕤賓，陰反上生。候氣與生律本不相同，而用律即同此，從來所未發，記之以俟知者。

一「旅酬」。是旅酬及於下為上，並該無算爵，戴說似尚未分曉。

一「外丙二年」二句。予有論斷，以程說為是。先舉二歲者，當是貴賤不同，或言之偶失次耳，湯崩之年不足據。

一「齊人伐燕」。阮芸台所輯經解載臧用中說，前是宣王，後是湣王，與毛說同而較詳，戴氏似未見所駁，亦與予合而專主孟子。宣王皆泯王之訛，予謂信史記、通鑑之年總不如信孟子也。

一「道千乘之國」。予有成周軍賦考，或可參看。

一「堯典」。據孟子二十有八載，則放勳未殂落以前事，必在堯典。王肅所訂，姚方興航頭所得之增似未必盡合，然如「重華協帝」之語未可謂必無。舜三十在位，五十年乃死，中可紀之事亦不少，今觀禹謨至禹貢猶多書舜時事，則以堯讓舜，禪讓一家，但附舜于堯，于讓初實紀其讓而不別為一史，故無舜典之名。舜讓禹，禹傳子，自為一代，則以舜後半截事盡附之禹，故左氏紀今舜典語直曰「夏書」。禹謨之首所紀猶今舜典也。舜受禪而復禪，此萬古僅見事，史法亦從來所未有，以是斷之，諸疑議可盡釋矣。然梅賾古文尚書自宋、元、明多疑其偽，有駁正，不獨閻百詩、惠定宇輩也，顧博如顧亭林獨不疑，今毛氏亦信之，乃詆朱子不信為謬。夫朱子疑其文字之不似古耳，而禹謨如「人心」、「道心」四語，直以為道統所由傳，豈盡不信乎？說者謂二十五篇，王肅、皇甫謐所為，又謂鄭康成曾見內府古尚書，衹註今書，肅師弟去康成不遠，謐亦曾讀秘書者，何苦必為其僞，且「人心」四語，魏晉人烏能為之？予初亦疑古文之僞，而以是終不敢疑，今戴駁毛氏而已不信古文，並謂朱子實不信，亦予所不然也。

一「廛無夫里之布」。予向有解，仍作市廛，此抽出別言之，戰國又有此征耳。如戴說作民廛亦可通。

一「語之而不惰」。毛謂聽言必恭，戴謂指請事斯語以後。予謂心解，正指語時惰則心不解矣。

一中庸「尊德性」節。此註以知該行，以「尊德性」亦行一邊事，「道問學」雖兼知行，不得不如此說。知行合一說本不誣，而知本為行，行必先知，工夫自兩層，良知家病在偏知耳。戴以此註疑陽明之學曲解之，若曲護之亦不必然。

一「唐虞之際」二句。戴謂唐虞之際以後乃於期而又為盛。予姪青霄謂於本節語氣不合，予謂且不免添字之病。

一「為之難」。毛以「之」字指仁，戴以「之」字指事，皆未明註意。予謂難正在心言。

一「天下歸仁」。戴自引己四書答問，言能克己復禮則吾心不見物我之有間，天下之大皆歸於吾心之仁，所謂仁者以天地萬物為一體也，為本戴東原，非此章意。

一「為長者折枝」。以折枝為折腰，本陸平原翼孟，亦不免改字曲解。

一「何事於仁」。以「事」為從事之事，亦非。

此十七條亦皆予舊說附及，並博請正。刊此之貲出邑文會，同商校者現司文會李君子衣應染、申君濬泉會壬、高生岫、王生聯治、雷生星海、李生滎渭、霍生為菜，及予兒來南、來瀚，及門石生全潤、王生會昌、楊生樹春也。

緣攝尋字序

形聲相益謂之字。古者六書之教，形聲為多。山川，形也；江河，聲也。太史掌達書名于四方，書以形言，名以聲言，同文者同此而已，而聲尤為多。許叔重說文所載可按也。然必先識形而後求聲。漢以此為小學，古文篆隸之變，其形幾莫可定，乃自隸書既作，傳之已久，聲音日轉，反難究詰矣。

夫聲音出於人心，本天地之自然，其分以方域者，所生不同，此亦有所難強。其因時代而異者則俗染為之，亦猶性之因習而變也。世謂四聲起沈約，周彥倫等韻起西僧釋神珙，予以為不然。不律為筆，壽夢為乘，古有翻切，即以翻切當其字。翻切之法，上為音下為韻，如不為脣音則筆亦脣音，律為入聲則筆亦入聲，而同在一韻。壽為舌音則乘亦為舌音，夢為去聲則乘亦為去聲，而同在一韻，以此知古即有四聲，亦有等韻。先王同文，正以此同天下之不同。特晉以來，呂靜韻集、李登聲類既不傳，而沈、周偶言之中，國人於等韻久昧而西僧偶竊之爾。顧有韻書亦豈能一天下之字音哉？西漢焦贛易林用韻已不同於詩，兩都、三京諸賦用韻亦不盡同于易林。隋陸法言切韻集五方人共定之，豈知百里之間讀字便不同，安在五方人遂足為定？孫愐唐韻，宋陳彭年廣韻，宋祁集韻，國子監別刊禮部韻，南宋毛晃平水，劉淵韻略，元黃公紹韻會，陰時夫韻府，所以代有增減分合而卒不免參錯也。今所用者洪武正韻耳。竊嘗論之，江韻次東、冬而今讀仍與陽為類；支有為類，微有徽類，魚有書類，虞有芻朱類，佳有街類，灰有槐類，元有門類，尤有謀類，今人多不能以一類讀。李笠翁詩韻於此類使各自相從，識者譏其不識古音，故其韻不行。又如古多通轉之韻，今何以劃然各分而又不相次？以予偏閱諸子百家，其用韻者若東與真、陽，支與佳、尤，又不止如今韻書之所註可通轉也。至平入之辨，如郭與鍋，姑與谷，南北人固多知者而讀之竟不能別。

韻不止一家，調四聲音紐皆不能同。邵康節皇極經世所謂天之用聲，地之用音，據今昔讀之，或不盡合。近見南人作調四聲之法，以實為詩之人質之，北人則舌根舌頭之音迥乎異矣。以翻切言，「東」字早梅韻德公切，正韻德紅切，韻會都籠切，德與都讀之者或有脣齒、開口、閉口之殊，公與紅、籠亦有上下輕重之殊，此類殆難枚舉。其故何也？地不同則音不同，方音各出於自然，固可通也。時不同則音或變，習染亦非其偶然，無怪轉也。然則音將不能一乎？曰：朝廷有同文之教，生其時，從上之所以同而已矣。喉舌齒牙之音或可稍易，平上去入之韻斷不可改，等韻家書固全辨四聲也。邵陽趙君某，本其舅氏楊乳南先生作緣攝尋字，亦猶等韻諸家為識四聲而設。一日持其卷首凡例問序於予，予詢其全書，則增多于等韻諸家，使識聲即因以識字，其所取皆本之字典，是亦遵一代同文之意，宜可與學者共質也，因為序之如此。

劉氏均田冊序

家與國一也。孔子曰：「有國有家者不患寡而患不均，不患貧而患不安。」是惟以均為重，故又曰：「均無貧，和無寡，安無傾。」朱子解之云：「均則不患於貧，而和則不患於寡，而安則不相疑忌而自無傾覆之患。」一均也，去貧寡，獲和安，卒免傾危，豈惟田哉？豈惟國家哉？陳孺子宰割里社，分肉甚均，父老曰：「善哉，陳孺子之割，他日宰天下當如是割矣。」大學八條目終於平天下，即均也。北魏孝文時行均田之法，以均名行於天下見此。歷代田法，以至明之魚鱗圖，名雖各異，其為均一也。均天下之田即均一家之田，而家自均其田則自析口分田起耳。

趙渡劉氏，邑善人家也。自可亭公行義於鄉，子及孫由兩衍為八，闔門鼎貴，而以食指浩繁，不免析爨，然田園廬舍猶礙於義，數年未忍甚分明也。門人念修繼美奉其叔父訒簃命，恐後或起爭端，遂有均田之議。念修心平而細，起例立法，理之數月，事乃就緒，因書為冊，乞予序其端，以叔姪多予門人，素奉予言也。予閱念修所為例，即本孔子言而意無不周，事亦更無不均，其家固皆心折，予遂為推其說以示之。念修方將宰百里，均一家之田即可施於一邑，施於一邑即可施於天下也。均不止田，均田固其要者也。抑古語不云乎，終身讓畔，不失一段，有讓則必有不均矣。然讓正所以為均也。漢薛包好學篤行，諸弟求分異，包不能止，田廬取其荒頓者，此亦以讓為均也。今劉叔姪兄弟既明于均字之義，服念修之無私，略無爭意，他日世更而人紛，或有不守此冊者，請更於予言思之。

桐閣先生文鈔卷五

周二南古文序

二南先生，山左耆宿也，以詩名，梓其前後集，不脛而走四方。其為人性情肫摯，篤行誼，喜友朋而豪於酒。遊關中，學人、才人皆與先生交。予見之潼關，一面如舊識。因憶往者以計偕同過濟南，閱趵突泉、大明湖諸勝，知其間必有奇人，已訪得陳茂才鶴峯，高士也。讀其著述，並與遊千佛山，遙望馬鞍、華不注各秀一隅，流連忘返者久之，今三十餘年矣，往事蓋如昨日。二南居正在會城，問以鶴峯，言曾為經紀其喪，於此益嘆二南之為人而恨當時未遇，今日相識為晚也。

二南於詩有偏好而間亦為古文，暇日出其諸作相質，且曰：「人謂我文少不副詩，兼傳不如專傳。」予讀之曰：「不然。先生詩傳，文不可不傳。」夫立言期不朽，為其有益於世耳。使言不本於性情行誼，於世一無所勸懲，詩與文均可不作矣，何論多寡哉？魯褒止作錢神論一篇，遂入晉史。二南之鄉人漁洋先生，詩為一代主盟，而文亦少，然人讀其詩亦欲讀其文，謂均有可資者。譬如趵突三泉湧出不過尺餘，然實踞會城第一奇觀，散而為大明湖，資遊賞者且無窮也。又譬如千佛望馬鞍、華不注皆不足當泰山之一峰，然濟南全勝實在此。二南詩文皆不為無用之言且多救時之意，即如片菸說一篇，吾直欲書萬本以當砭愚、訂頑，何況其他。由此言之，先生之文又可以少為嫌耶？先生將反里，予欲以言為贈，因其詩前已梓而文尚未梓，為序其制義並為序其古文。使兒瀚送之關門，囑酌酒為我語之，曰：「他日梓其文當寄我，且為問鶴峰家尚不落寞乎，抑嘗知三十年前有西人至其家曾一飯乎？鶴峰所詩十九首猶存乎？吾亦欲得之。」言至此，不勝愴然，魂夢間如偕先生車復神馳於三山七十二水間也。

息存室吟後序

息存室吟者，長安徐枚妻杭氏溫如守節四十八年，自道其苦之作也。室名息存，取朱子一息尚存之語，即未亡人之義也。癸卯秋，予以事寄長安，即有為予言氏事者。歸潼關，鳳山書院山長某氏鄉人也，介予姻韓君遜齋貽氏所吟兩冊，並屬為序。時予女孫端娥年十八，新寡，予悲憂甚，為哭孫壻員生卜益詩，又為哭訓端娥文，置是冊不忍觀。久乃撐燈讀之，不禁復哭失聲矣。詩如孤雁之哀鳴，字字足令人哭。又哭吾女孫嫁甫周歲而寡，大略與氏同也。而氏以全節終，其心之苦、志之貞，具見於所吟，是氏之為人正可以為吾孫師，氏之所吟即足為吾孫訓，然則此序之作，吾烏得而辭之？

易家人言「女貞」，貞不止為寡者言，而寡者獨苦，比之貞臣其難更甚。貞臣不事二君，尚有室家之娛，貞女則滿目皆愁慘像耳。其矢志終身，視一時徇夫亦為較難。一時徇夫，慷慨死節之事也，矢志終身，從容就義之謂也。漢之陳孝婦、魏之夏侯令女，所遇不同，其為苦節一也。吾女孫未嘗學詩，然諸經言婦道者及曹大家女誡，唐宋人言賢婦女詩，吾嘗皆教讀之，知氏讀此多矣，而其詩則又謝絮、蘇錦之所不能也。蓋貞婦之詩，實有裨於綱常風教，與才女之吟固大有間矣。

吾訓吾孫女曰：「汝自今更無復生人之趣。宜去脂粉，屏華飾，不輕出閨閣，常念亡者，代事汝翁姑。」是即氏繳奩詩之意也。吾又言尋常婦人生無足異，而貞婦沒有餘馨，是則氏已獲之效，而吾孫之所當師也。氏自傷詩云：「妾死姑可在，姑死妾何資？不然相繼死，姑婦常相隨。」繳奩詩末云：「含淚勸姑前，兒安命所遇。」吾向邀吾孫，不肯至，曰「吾無以慰吾姑」，似乎知此意者，故吾序此冊，願吾孫讀吾向所已教之書，更讀此詩，且天下不幸而遭失侶之婦皆以此詩教之也。

醫學摘要序

予方為王子魯泉參校五種書，魯泉因過桐閣相商。是時吾母病已兩月，泄痢日數十次，食又大減。醫者皆云脈洪，大與九旬人久病殊，不符老疾也。魯泉診之，乃遽賀予曰：「母脈大異人，壽當百年，非盡病脈也，可勿藥。」而吾母自是遂愈矣。魯泉為一世鴻才，醫名亦動遠邇，予所素信者，顧不意其視脈如此之神也。往吾兄蓬山學醫數十年，察人病亦十不失一，謂醫不由學問來終不能精，故生平喜讀性理大全諸書，晚且日夕與予窮究天文，曰：「醫道通於天，五運六氣，天門地戶其本耳。」由吾兄以觀魯泉之為醫，乃知世俗之所謂醫，難言醫矣。讀醫學摘要書乃知魯泉之為醫異於世俗之所謂醫，非偶然矣。

夫學必由博而約，約者精深之歸也，醫亦然。太史公作倉公傳，詳述其應詔對上所以治病者不過數紙書，今醫家誰能誦而解之？魯泉著此與前刻五種一也，非窮極睧見不能簡之又簡以至於此。在魯泉婆心固欲後之學醫者得此或可易能以濟斯世，然或竟易視之不得也。予自兄沒，事親愧不知醫，猶幸睧兄之緒論，於醫非深信不輕用其藥，得魯泉此書，學醫即不能，以之擇醫乃有據矣。魯泉將刻此以續五種，委序於予，予為略言之，使人知魯泉之於醫獨有心得如是。顧魯泉，儒也，非醫也，其著述無所不有，他日有采其全書者，自當入文學之中，豈得如張仲景、李士材諸人僅列方伎哉？

灘地定簿序

古者井地法行，田無侵佔之虞。自阡陌開，溝洫壞，患遂不可勝言。然朝廷因時定制，立稅契之法，田在民雖得賣買，其權仍操之上，則田似私而猶公，故巨君王田之名亦贅設也。特稅契必時清田，明代魚鱗圖，此瀀猶未盡失。官吏浸怠，稅契聽之，民欺隱詐冒，弊乃滋甚。是惟田畔下灰差足為憑，顧高田灰自有定，傍水之田崩淹無常，灰焉可恃？於是鄉間始有灘簿，乃人心不古，久之灘簿亦紛出矣。以此每一灘地，鬪訟繁興，終不免強者吞而弱者遺。

予居渭濱，深以是為憂，計欲厘清地界，定一灘簿呈官，用印存之公所。辛丑家居，適渭大漲，南畝一望彌漫，灘地勢不容復。已因公至縣，以向意懇于姚父母，祈得堂諭，據而行之。姚父母以此事未易，予謂在善行之耳。爰立條規，首以灘簿為准，灘簿不同以相同多者為准，有疑更參之契書，否則又問之左右鄰；灘簿契書俱無，鄰界所共讁者斥去其地；半可憑，半不可憑，量罰減之。現在地區能容即買空，本有價有糧，減留之亦然。地區不能容，有弊減去其多而已。此亦孟子所謂潤澤，合人情，宜土俗之法也。法立而事遂行，雖其中不無阻難，徐為調停而卒無梗者。予嘗謂周家井田本活法，後世無不可行，使不可行，孟子何以言之？張横渠與學者講求其法而行之，效固可見。歷代水利之興亦其類也。慨予未仕，於世無所補，而凡有濟於人，可行於鄉者，每思勉行之，亦吾人不論窮達，隨分自盡之意也。今老矣，後無復能為。幸灘地既定，命作六簿，一當存之關廟，餘五社各存一簿，存關廟者予自書之。自喜不恃優逮，夜間猶能作五六百字，惟久而昏倦，不無錯鑄，明志於後，以防他日生偽，並志分區之意，為後灘地法。時道光辛丑立春日也。

燕雲士詩集序

詩之要有三：曰情，曰趣，曰理。無情不可以言詩，無趣不可以言情，無理亦不可以言趣。情必有所感而動，趣則情之旨也，理則旨之歸也。三百篇之作，風為首，故情莫摯於風人，進而為雅則情愈深矣，進而為頌則情又大矣。

顧吾有說焉。頌猶後世承製作也，其情本乎理而趣因之；雅有正有變，變雅主規，正雅主勸，情與趣與理無不正者。然此皆上人之所為也。風則如風之行，被之人人，實天下政教之所由著。若其情之所感，趣之所涉，固不盡衷乎理，以在下之人有不可得而胥化者矣。故雅、頌詩少而風為多，無論正與邪，於詩教皆有關焉。

但詩以教人，非教人概學此詩也。如曰學詩，十五國之風可學者不過半爾，三代以下詩教既廢，始猶多歌詩之人，繼則通詩者亦少，而何有於作？漢後詩道興，乃為學士之業矣。郊廟諸樂府，頌也；韋、孟諷諫，雅也；十九首皆風體也。魏晉詩人愈多，既以詩為學，率皆士人之事，則變風詩多雅、頌詩少，而情也，趣也，理也，雖為風亦不可缺一。顧主是三者以學得亦恐以學失，何也？詩本于情，自然之感也，有意而為則強言者耳，無真情斯無真趣，理不足言矣。是以古人傳詩，不必其多，多正不盡可傳。少陵詩情鬱而趣幽，其理深；太白詩情豪而趣暢，其理肆，餘則備。是三者，凡稱詩人固不能盡同，然持是以律其可傳與否，不能逃也。及門王生德聚自西江來，持其師燕雲士先生詩一冊呈閱，且言雲士欲為序。予不識雲士，王生曰：「南中君子也。」予感其意，不敢言序，第言所見以質之雲士，必有以教我也。雲士詩不多，准以情、理、趣，無不可傳。予不暇細論，竊效漁洋之於愚山，摘其佳句與知詩者共誦之。

五言。為某寫蘭云：「楚國騷才大，湘江芳草多。」清溪晚泊云：「灘聲疑雨急，塔影共雲浮。」開場冬日雜吟云：「筍根山霧重，苗寨渚煙遮。」又云：「野市喧苗女，山祠奉竹王。土音羅鬼澀，蠻服布裙長。」又云：「瘴重窗難曉，風狂壁欲傾。」又云：「古屋塵封壁，枯池鳥啄泥。地圍千嶂入，城壓四山低。」又云：「嶺雲穿樹黑，池草入冬青。」又云：「古市擁葛布，荒籬掛酒簾。」又詠月云：「影扶堤樹立，光入夜窗多。」又沽酒云：「龍場通市遠，雉堞倚山高。」又雨後梨花云：「凍雲漫野合，飛絮撲人來。」又對雪云：「世界瓊瑤裏，人心混沌前。」雪後山云：「古樹依微處，孤峰縹緲間。」歲末云：「燭暗風初急，鄉愁一萬重。人情窗紙薄，世味酒杯濃。」

七言。開場官舍春日偶成云：「三徑柳陰春入晝，一簾花雨鳥窺書。」感懷云：「山霧撲人晴亦雨，夜寒欺我室無門。」旅思云：「綠野漸添春水色，黃鸝仍帶故鄉音。三千里外思歸意，四十年來作客心。」春感云：「將洄水才逢夜雨，早開花半怯春寒。」藕香亭春望云：「古戍煙高春瘴淨，山城雨過濕雲飛。名花有意依門長，野鳥無端勸客歸。」清明出遊云：「林間獨鳥呼游騎，郭外微風舞紙鳶。柳葉綠藏苗子寨，桃花紅透夕陽煙。」春歸云：「滿院槐陰連蟻陣，漫空柳絮上人衣。詩成短句吟懷減，日似長年過客稀。」冬夜感懷云：「三冬旅思催詩酒，半世生涯累友朋。自指頭顱呼負負，閑看骨相笑棱棱。」舟過洞庭云：「詩思狂能吞夢澤，眼光闊欲剗君山。」秋夜偶成云：「勝地無詩如負債，名場易老更傷秋。」和人秋夜聞蟋蟀云：「如將別緒逢人訴，可有雄心與世爭？」又云：「草痕三徑涼如水，花影一身薄似雲。」又云：「自笑依人如懶婦，偏能感我是他鄉。」洞庭晚泊云：「無邊旅思看歸雁，幾處漁歌唱晚風。」

七絕。春柳二首云：「千絲萬縷帶煙垂，小雨溟蒙翠黛低。綰住離愁飛不去，春風撩亂畫橋西。」「記得長亭又短亭，客中誰解惜星星？憐君半世風塵裏，到處相逢眼總青。」紅梅十首云：「天公昨夜降黃麻，九錫遙加綠萼花。教著緋衣開洞府，要他管領世間花。」「玉骨冰肌分外嬌，一枝斜傍小紅橋。蓬壺宴罷歸來晚，帶得醉顏下絳霄。」「萬樹淩寒爛漫紅，殘陽影裏斷霞中。臙脂自是好顏色，耐得冰霜更不同。」「幾樹高花映夕陽，空山寂寞放幽香。如何嫁得林和靖，也學杭州少婦妝。」「淩霜冒雪好花枝，綽約仙姿凍不肥。莫道紅顏多命薄，梅妃畢竟勝楊妃。」「一曲人歌玉笛風，小樓西畔畫橋東。花光欲透春消息，對著紅兒分外紅。」「東塗西抹勢如狂，也向春風學杏妝。自有神仙真骨相，不妨低格做文章。」「三分評定笑生渦，輸與滕六可奈何？脂粉薄施君再看，春光到底向誰多？」「瘦玉頻煩健步移，林間分得好花歸。春來子細窺東閣，不著山人舊日衣。」「名園到處擁煙霞，試問門牆是那家。抱得丹心作衣缽，才分春色與桃花。」常德道中作其五云：「滿窗紅日雨初晴，破曉舟行第幾程。夢裏不知灘勢險，惱人先有撥篙聲。」其七云：「淩空亂擲青芙蓉，散落諸天朵朵工。自是仙靈誇詭異，要開生面壓江東。」其八云：「晚泊荒村古渡濱，幾家煙火自為鄰。遊懷到處堪消遣，粗有桃花便算春。」其十五云：「梵王宮在白雲邊，古塔撐雲氣萬千。傍晚泛舟雲際泊，數聲清磬落窗前。」其十二云：「萬山高處莫撐橈，隔著煙雲手亂招。真個船如天上坐，一時送我到層霄。」其十三云：「繞岸雲峰斷複連，都迎客舶索詩篇。如何至此詩才退，也學灘頭上水船。」

詠古。李陵云：「獨有悲歌寄壯懷，河梁一曲名風開。誰教漢主輕邊事，錯認詩才作將才。」李太白云：「養成安史勢難當，九廟沉淪作戰場。不是詩人雙眼雋，更憑誰認郭汾陽？」馮道云：「四代恩榮共始終，馬前稽首樂融融。河山破碎圖書在，要算瀛王第一功。」王安石云：「文章議論劇縱橫，卓犖天才莫與爭。可惜夔皐心太切，卻將周禮誤蒼生。」古風君馬黄云：「君馬黄，臣馬蒼。君馬渡江，君馬臣馬兩相望。隔江水鳴鞭，君去矣。道傍楊柳何依依，一路飛花送馬蹄。」長篇如留月、數月、憎雞、諭鼠、續夢、妨鼾，題與詩並趣，黄鶴樓放歌詩亦足副題，不能盡書。

笑梅軒遺藁序

華陰王進士景美，五十後始舉於鄉即聯捷禮部，宰内邱，有善政，不久以病歸。既差，人勸之出，出有日，旋卒。予為之傳，比古循吏，又知其有笑梅軒稾。亡何，其子一桂遂以稾來，丐為序。詩百六十余首，文才十八篇耳。古之學者敦行實期有用，不尚著述。予傳稱進士之愛梅如陶彭澤之愛菊。以著述言，淵明集只兩冊，詩有陶體逸出漢魏，文如五柳先生傳、桃花源記，廖廖數篇，不待昌黎起衰，一空六朝陋習，著述何嫌於少哉？近世文章之富莫如王盟津擬山園集，其書法之傳奚啻等身，一失其身，唾棄而不欲觀者非一人，非一日矣。多亦烏足為重？予今于笑梅軒稾擬取侍母、憶弟諸詩及遷祖塋記，與孫明府書兩文入關中兩朝詩、文選，要以見其篤根本，裕作用，著述足傳，惟此為大。文兩篇外皆應酬之作，知梅軒詩如淵明，以此自娛並無意於他有著述也。然顧徵君論為文，一在樂道人之善，應酬文正如是，亦視人為之何如而已。一桂欲梓文集，予序之，又為定其次。詩當先，文宜後，可共合為一冊，以為何如？

如如精舍説跋

終南山人家雪木在國初與先河濱、富平家子德稱三李。後盩厔家二曲崛起，三李又益二曲而不復稱河濱，以河濱年長，得名稍先也。予讀槲葉集，服雪木之才不在三子下，而疑其學未底深醇。王生子培講書法，能辨古人真跡，得是冊以質。文不載終南集中，然觀如如之説，乍似涉釋氏，其實意本臨深履薄兩句，以主敬為聖賢切要之功，又引彭祖懸樹觀井圖，謂修養亦主敬。此題非他人所能名，文亦非他人所易。然則山人晚年之學進矣，書之蒼勁姑無論也。

敬畏齋跋　代

自典謨以來即言敬，曰欽，曰寅，曰祇，曰恭，曰敬，一而已矣。敬則無不畏，君子之戒謹恐懼，知敬知畏也，小人之無忌憚，不敬不畏也。學問在此為始終，事業於此覘成敗。敬惟主一，畏則有三。推言之，居官畏君亦畏民，在家畏親亦畏友，畏人實自畏耳。慮即於奢無一日之敢縱；慮至於弛，無一時之敢怠；慮流於偽，無一念之敢欺焉。往而不畏則焉往而不敬？弗畏人，畏敬之，敬之庶幾免矣。予少受先訓，嘗持此二字，有所為未始稍涉張惶。宦於外數十年，凜凜焉惟恐弗堪，讀禮「歸遺體」，行殆之虞愈不敢忘也。題額自省，猶願與吾兄弟及子侄共勉之。

退思齋跋　代

「進思盡忠，退思補過」，春秋士渥獨稱荀林父語也，而孝經亦言之。正義以補過為補君之過失，韋昭舊注云：「退居私室，思補其身過」。正義出唐宗制旨，邢昺疏鼆之。予謂韋昭之說是也。夫退不思補，何以言忠？忠未可知，何以言孝？士君子兢兢焉思免厥儩，事君、事親、居官、居家秖此心耳。夫子言孝即兼忠，知馬季長之作忠經非徒僭，亦贅矣。某奉父母歷宦浙東、粵西，幸不獲戾，然已往之咎不自知者，安從追之哉？今以憂退，思不辱吾親，益思不辱吾君，悚惶之忱倍深曩日。謹題此，又綴數語以當提撕。

書王漁洋木瓜詩辨後

予讀漁洋集至木瓜詩辨，竊怪漁洋之果于自信而輕詆前賢也。漁洋，文士耳，與朱子之學本異，觀其所著述，類多侈浮辭、談瑣事，於世無補，則于朱子書不論可也。顧於木瓜詩辨之，至斥朱子為愚為愎，何其不恭之甚哉！朱子之注此詩也，馬端臨輩皆言之，不自漁洋始也，而未若漁洋之辭之慢也。詩序「木瓜美齊桓」，疏引左氏內外傳以證之，於木瓜、瓊琚本未有實據。輔氏廣謂桓公之惠何止木瓜，而衛人實未有一物以報之，是矣。若如童子問，桓公既歿，衛文公伐齊，殺長立幼，衛人感桓公之惠而責文公之無恩，故為是詩以風其上。試即以衛風考盤刺莊公，芄蘭刺惠例之，則序宜云刺文公，不應云美齊桓。況左傳於此兩時事不如碩人例，明言賦木瓜，何耶？由此言之，詩序固多附會臆說也。朱子以男女贈答，本疑其辭，而子貢詩傳出于近世，以為朋友相贈，亦未可確信。即漁洋於詩在桓公戍漕、城楚邱之時與文公伐齊之後，尚未敢為定說，何遽于朱子痛詆乎？漁洋又嘗以名臣言行録內載安石斥朱子是非好與人異，不知安石亦非盡無可取者。朱子之心不沒人善，忠厚之心也，而漁洋之斥朱子，刻薄之見也。予好漁洋詩，於他著述皆不喜，於此篇則不得不距之矣。

書王休徵傳後

或有問於予曰：「王休徵純孝乎？」予曰：「純孝也。」「世傳臥冰，信有乎？」曰：「不盡如世俗所傳也。臥冰，情之所難信也，冰未甚則不待臥，甚則不可臥。當水澤腹堅，赤身寢於其上，安在冰之遽開？即冰開而身亦必死，是不得魚而徒貽親以殺子之名，孝子之心斷不如此之愚。況冰自可以積火而消，亦何俟以身暖也。」「然則無取魚之事乎？」曰：「有。史但言將解衣剖冰求之耳，非臥也。非臥何以皆言臥？孝心之積，實有以動天地，感鬼神，世欲奇其事，故甚其說也。郭巨之孝與休徵等，埋兒之事亦未可盡信也。己之子，親之孫，己愛之，親亦愛之，為養親而埋子，即有他子可以為嗣而傷親之心，又貽親以殺孫之名，烏可？此殆子垂死而埋之，天以報孝子，使其子生，並使得金。世奇其事，亦甚言之也，於臥冰更可知也。」曰：「子之事親，猶臣之事君，危急之際則死生不計，何論身？何論子？臥冰、埋兒，庸知不俱如世俗所云？」曰：「君親之急必若有不可救者，然後以其身殉之。明明有術可以濟其急，奚取乎為無益之事，亡身而並棄君親？且郭巨在道路流離之際，或勢不能以兩全，埋兒猶有可原。休徵在家庭安常之時，其事本易於區處，臥冰誠難為訓也。」「然則休徵善於事親，亦善於事君乎？」曰：「事親孝矣，事君之義則未盡也，何也？魏之太尉不應為晉之太保也。」曰：「忠與孝有二道乎？」曰：「其孝親至性也，其事魏復事晉，學不足也。休徵簡默慎重，不拜司馬昭固非詭隨阿世者，而未能全節，則誤於禪讓之說也。世不少篤行君子或見理不明，稍涉遊移，遂至於易代之際玷其身名，此皆聖賢之所惜也。」「然則于休徵將何取？」曰：「休徵純孝也，如世俗之說將滅其身以悅親心則為愚孝，至於國亡正殺身之時，惜乎休徵又未能也。然天下如休徵之孝者幾人？毋忘記其事親之誠，竟以事兩君為口實也。」

書王山史諸葛武侯家祀瞽宗論後

山史留心典禮，又名重當時，雖隱而不出，有所言多能達於當道。如論孔廟之祀，謂有子宜升十哲，牧皮宜入兩廡，秦冉、顏何不當入而復去，又謂諸葛武侯三代以下所僅見，當從祀，今皆行之矣。

然吾謂武侯之祀孔廟尚有可商者。夫自古學宮之祀先聖、先師，禮不明指為何人，大抵聖帝明王及輔世翊教者皆得與焉，以學本無上下之異耳。故言道統之傳必自伏羲、神農、黃帝以及於堯、舜、禹、湯、文、武之為君，臯、夔、伊、傅、周、召之為臣。漢以下祀既斷歸孔子，後之從祀者雖不必分窮達之異，然自當先論學術而後事功。學術，事功之本也。且以今例，則事功之著者自別有祀，如明帝王廟之以名臣配享，而不必在學校也。學術著者以學術祀，事功著者以事功祀，權其輕重自有定衡，故曰武侯之祀尚有可商也。武侯事功、學術之醇駁，吾姑勿論。據山史言，淡泊寧靜之說，朱子録入小學；出師二表，蘇文忠謂可與伊訓、說命相表裏，非無功于聖人之道者。信若是也，朱子於嘉言嘉行録入小學者多，豈皆以一二語可祀曹宗乎？伊尹、傅說今不祀于學而武侯祀之乎？學兼鄉國，既為學而祀，但言學自當體用具備。如恐人為無用之學，古今有用於天下者，即伊、傅外，詎獨武侯哉？由是推之，范文正、歐陽文忠之祀皆當更議也。

且山史所言學宫祀事尚有未行者，吾讀得而並論之。其一謂聖父及諸配享者當祀於其鄉，此本徐學謨、駱問禮之說，以為子雖齊聖，不先父食，子為正祀而父為旁祀，必非其所安。然啟聖祠建大成殿之東，上正符朱子所論祠堂之制，疑制之隆殺不同，不聞太上皇受天下之享果與皇帝同也。今曲阜之祀，木金父以下，寧與聖人制絕無分，況顏無繇、曾點皆孔子弟子，各祀於其鄉，則七十二賢之從祀不有缺耶？

其一謂孟懿子受學孔子，見於左傳，問孝見於論語，當與七十子同列。考左傳，僖子有受學之命而不詳其從學。論語問孝僅一見，書法亦與諸弟子不同，是疑懿子受教不如敬叔之專。且三家僭竊，聖人所深誅，懿子其一也，豈復願列於門牆者？一則專為揚雄辨冤，謂雄不從祀亦為缺典，其說據賀長白，云雄至京師年已四十余，自成帝建始改元至天鳳五年計五十有二歲，以五十二合四十餘，已近百年，與投閣時所謂年七十二者相抵牾。又雄至京師，大司馬王音奇其文，而音薨于永始初年，則雄來必在永始前，其沒在平帝末年，正七十餘，是雄未嘗延於莽年，劇秦美新或出於谷子雲輩。斯固不可謂無見矣。以吾觀，昔賢每以荀、揚與孟並稱，二子著述、文章、識解俱過王通遠甚，通從祀而二子否，若未允焉。然荀以言性惡見斥，其他篇禮家雖多取之，亦瑜不能掩其瑕。雄之媚莽既傳於千載，即有斯疑，亦姑存其說可也。山史言孔廟之祀多不直，患在於循名太拘而持論過嚴。吾謂道脈之所在，人心世運之所關，正不可以不嚴。然則新建之學不無門戶之別，諸儒多有論者，去其祀以衷於一，亦不為苛矣。

跋禹跡華夷二圖答王雲門

禹跡圖刻於阜昌七年四月，華夷圖刻於阜昌七年十月，蓋前後相繼為之者。然禹跡自依禹時，而州郡山水地名以今通之，華夷則依宋時，二圖相資而不盡同。唐書稱賈耽繪海内華夷圖，廣三丈，縱三丈三尺，以寸為百里。中國本禹貢，外夷本漢書，此圖引之，明是其所本，但較縮小且增減多耳。禹跡圖，宋毛晃禹貢指南言先儒亦有刻，圖不引，並無説，説惟具于華夷圖。乃禹跡圖每方為百里而華夷圖又不然，故知二圖相表裏，皆本之賈也。圖所載黑水是禹貢導川之黑水，與雍州、梁州皆無涉。畢秋帆關中金石記以此禹跡圖黑水與毛説合，蓋不然。毛説舊圖黑水在雍州西北，此則去雍州遠矣。洛可名沮，不可言漆，既圖禹跡當載漆、沮，不當載洛，而所載洛流則萬不容與漆混。金石記亦據舊説，以洛即漆、沮。圖之意固爾，但入河入渭，漢志本兩言之。金石記據圖云宋、金時始改流入河，因以譏朝邑韓志明成化時洛改入河之謬，是亦未知川原改革之無常，見人之疎而不自見其疎也。至漢水兩源，圖西漢水不與東漢水通，顯與禹貢乖，金石記駁之是也。要之，輿地不能遍遊，圖即不敢盡據。畢秋帆為西撫，只言山川之在西者，以證圖尚有不合有不合，即全圖可知，然二圖局小而大較分明。賈圖已不存，唐宋以來所存地圖惟此為古。閻百詩注困學記聞引元道士朱思森圖云本賈耽，恐未嘗見此，此則二圖有可寶者。有人從長安來，不知尚可致二幅乎？阜昌系劉豫偽號，其七年宋紹興七年，金天會之十五年也。

題任母段孺人節孝圖冊

右圖華陰文學任君大用為其母段孺人孝慈全節寫也。圖五幀：曰貨珥奉姑，一老嫗持杖坐堂上，母奉盤匜敬進，一小兒執戲具舞弄於側。曰績燈課讀，屋一所，燈一檠，紡車一具，母素裝趺坐持書，一小兒背誦。曰杖笞戒酒，小兒新衣，項系絲韁，面頳見酒容，母素服持荊杖怒責，鈴鎖冠幘散落地上，一白髮翁旁揖懇請。曰責食裹蒸，母狀如前，小兒作淚容，跪受杖，老人一，愁帳門外，旁置草器，有蓋。後幀石楔綽一，聖旨座一，香爐一，香合、匙各一，母戚服扶杖，旁立曾孫，男女各一人，左右掖之，子婦二人，孫媳各三人，前後跪，左右分列，凡十一人，曰建坊受旌。

前圖老嫗，文學之祖母繩也，小兒者文學也，白髮祈寬笞者，文學之族翁也，帳立門外，旁置草器之老人，鬻裹蒸者也。文學以遺腹生，父諱益祥，年十八歿，母年二十三。時文學在娠方二月，家又貧甚，母矢志奉姑三十餘年，盡孝且敬，婺幃百苦，育子勤教之，以至成。前圖一，文學所僅記憶也。教子圖三，豈盡生平，亦著其要爾。而課讀如師，如父，至一犯酒，一買食蒸餌之細過，忍愛而怒責之，若不容恕，夫亦嚴矣。此豈尋常孀母之所有也哉？今文學年幾五十，雖未登高科，然名噪諸生中，且砥學行，習詩、古文詞，志期為傳人，不可謂非感於母也，即其乞旌為此圖亦稍可報母矣。

吾母年將百歲，久擬乞旌。四圖所見，五十孀居前事吾伯祖父母，及五十後持家教予狀，文學固先我為之矣。夫事有可傳，行有可志，家庭中苦境正為樂地，不必富貴者為之，亦不必富貴者得之。漢陳孝婦之養姑，唐韓夫人之和丸，宋歐陽永叔母鄭氏之畫荻，皆傳千古，獨恨不為圖，使見之者無識與不識均展而玩之，動慕悅之意而生慈孝之心為益溥耳。故吾謂文學此圖可傳，亦可勸也。文學謌壽吾母九十詩，于諸士大夫中為佳什，復用其韻為詩乞題冊，吾用是樂，次其概以為四方大雅引，若曰人和而吾倡則不敢。

贈序類十八篇

送趙斗屏司鐸中部序

天下之治亂由人才，而人才之成就由學校。古之時，家有塾，黨有庠，術有序，國有學。家塾、黨庠、術序，皆鄉學也，其所受教則德行道藝也，其教之人則仕之歸老而有德者也，其受教者亦即其鄉之民，而以次升為士。人才多而風俗美，有由然矣。周衰，學校廢。漢之學昉于武帝，而州郡之學昉于蜀守文翁，縣邑之學昉于元、平之際，自是累代相沿不改。然惟士有教而民無教，亦與古大異，可取者獨胡安定蘇、湖二州之條約爾。

竊嘗論之，後世取士以經義、文章，故學校之教亦惟以經義、文章。准諸古人三物之數，此不過為六藝之一爾，舍其本而求其末，於其末並未能究，欲人才之如古，烏乎能？顧今之經義、文章不容廢也，即經義、文章正可以勵之于智仁、聖義、中和、孝友、睦婣、任恤之途，是在司學校之教者而已。司教者重立品，而士孰不端其趨？司教者重幹濟，而士孰不奮其才？司教者勤以課之，而士孰不佩其澤而服其化？惟於經義朝夕講焉，使反之于身心，于文章，精以擇焉，必得之於體驗，能則獎之，雖不能以時勸戒之，要以有學而兼有行為歸。吾知事不外于制科而其為國家儲才必有異也。今之居此職者則不然，或奉行課事而但視為具文，或於此即講宦術，奔走形勢，日事畔援，而累歲不與士接，甚者視諸生如民之可剝，營營焉計及錙銖，問以課士則茫然不知，至使世俗目之為腐官。烏乎！人才之成就又不僅在教法之非矣。斗屏趙君以孝廉司鐸中部，將之任，余賀之，因與道及於此，既即書之以為贈。斗屏志行端潔，常思卓然自見於世，即一命之膺，豈忘所守于彼，於此吾固信其能辨之也。

贈松軒内翰出任鎮原序

霍子松軒由庶常出宰臨涇，不獲親歌驪駒，祖帳西門外，私心終有歉焉。他日乃為文贈之曰：榮哉松軒，自是居民上可以行其所學也。蓋予與松軒共學有年矣。自闕門聚首，問字於雲間戴少白先生，先生嘗厚望吾兩人。吾兩人亦深相結，居同舍，業同商，功名同勸勉，至夢寐間恒往來不相離。此予之所能憶，而松軒之所能信也。

松軒貌頎而神爽，亦稍事結納，人皆疑為華，而予獨知其不能逐時。余性樸而質鈍，雅不習酬應，人多笑為拙，而松軒妄謂其不甘無用，無他，學同志亦同也。夫吾人之所學所志，忠孝節廉而已，節廉者所以成其忠孝者也。古之學者首嚴義利之辨，一介不以與人，一介不以取諸人，此事無窮達，亦無上下，豈得以精微之業專讓有莘之聖人哉？向者晦明風雨，誦讀之暇，兩人輒相與談心。謂我輩終身自矢，惟此本原之地不愛富貴之心，可以對師友而質神明。然一念之間未嘗不自懼，蓋君子之絕利欲如剪叢木，當以大斧除去根株，又時時而防治之，不然則欲有力而我反無權，或潛萌於不及覺，必有見可欲而心動者。譬之為盜，始垂涎於小利，不過攘雞攘羊，以為物來而自取之，於義無甚害，繼則又謂身名已玷，不復可為君子，且入人之室而胠篋攜囊，操持不定，終至蕩檢踰閑而不可禁。天下之為兩截人者不少矣，安得不惕然恒自警醒耶？抑予與松軒均有忠焉，忠厚之過或為小人所愚，亦足自敗其節行，是尤不可不察也。

松軒凡事振發有為，其進取每先於予。前入翰林，予方彈冠相慶，今一麾而出，予又以為賀，謂欲乘時自見正自親民之職始，而學道之化可施于武城，亦不得以割雞為小也。且臨涇本名邑，潛夫著書之山在焉。松軒讀其書悉其義，於此更當講明而深究之，以求其本原之所在。若夫刑律、錢谷之事，凡筮仕者莫不能知，而何足為吾松軒語。故予與松軒仍追憶疇昔，不言為官而言為學，猶是同舍之日業同商，功名同勉之意也。松軒知我，當終不以我為过矣。

贈雷省齋序

吾邑枕鐮山，挹渭、洛而對太華，背浴洪河。秀靈所毓，代有賢豪接踵而起，而一家皆美，前明三韓為最。昔先河濱志雍秦文獻曰：「朝邑三韓比於眉山三蘇。」余讀其言而私心慕之，以為父子兄弟之間，聞望並著，後先相符，歷宋至明，此亦希得之數，感事美談，儻亦造物所靳乎？乃今于省齋雷君有望也。雷君與其冢子五策應院試，詩賦文章俱冠諸生，季子五福未成童亦補博士弟子，同之人嘩焉，余欲賀之，不獲往，於今始為文而贈之。

夫余與雷君友，不自今始也。往先君子與其尊人雲峰先生同受知于督學楊公，稱齊契。已而吾兩人復共硯席，又同時出周蓮塘夫子門，余之得交雷君未可謂非天幸矣。然當吾兩人共業時，雷君已有名，顧久躓文場，必待與其兩子並噪一時。竊以為是亦天之故欲彰其美也，而余之所望于雷君則又不以此。

吾聞眉山蘇氏父子兄弟為師友，老泉中年學始成，著論至比賈誼。既率兩子游京師，歐陽公重愛之，以其書獻諸朝。東坡、潁濱又同時成進士，登制科，蘇氏之文名遂擅天下。今讀其所著，皆勃然有所郁於中而發於外，非猶夫世之習為應舉之文者也。彼惟讀書多，見理明，覽古今之成敗，驗時事之得失，當一室坐誦，即思卓然自立於世，亦其性情心術無一不養以君子之道而不肯與流俗相詭隨，故其文其人皆足千古。雖以潁濱之年少亦落落乎有不可磨之氣，何論其兄與父？眉山三人比之韓忠獻之八子為著，良以此也，豈以科名之隆哉？

三韓之在吾朝也，蓮峰公既以剛直著于時，苑洛、五泉學為大儒，仕為名臣，尤有明一代之所共推，而至今天下之所共仰。即以文章論，苑洛諸書直續遺經；五泉一志，遠躒前史；蓮峰之文雖多散佚不存，而疏論足動人主，以視三蘇，豈有遜焉？此先河濱所以並推而亦余所私慕，以為當更有人焉繼之者也。今謂省齋父子與古人班，近於諛矣，然以省齋之好學與其二子之才，弟以尋常期之，余所不願也。余又嘗讀東坡中宵風雨之句，觀五泉孝弟之碑，知其皆能篤于天倫，為學問文章根本。省齋家世以孝聞，五策、五福固教於墓廬中者，是行得乎古人之本矣。夫孝之獲福，尼山備言。省齋與兩子並致聲於一旦，報施之不爽，豈不或信？而報施寧但已耶？則請又告之曰：「天之眷於君者厚，君不可自安于薄，尚益砥礪，務蓄積，老泉中年始自見，君正其時也。」更為語兩君：「學不可自足，亦不可讓人，潁濱之成進士，十九歲耳；五泉之舉於鄉，十四歲耳，成進士，二十一歲耳。而兄若弟俱捷，其所就視後世之年少登科者又大異焉。今賓興方邇，兩君還得與其父同時歌鹿鳴，此當前所私祝而他日愈黽勉以成其德器，使天下之人謂河、華、洛、渭間復有如三蘇之三韓其人，是乃所謂豪傑之士而可以光其澤也，余以數世交與有榮施多多矣。」

贈劉仲高序

予至趙渡鎮，新訂交者二人，曰白子采塘、劉子仲高，采塘工詩而仲高則嗜書。近今吾鄉積書之多者，自開益齋外以仲高家為最。開益齋者，劉孝堂藏書室也。予之識仲高由孝堂氏。當其時，衆賓雲集，獨仲高貌臒而神清，不啻野鶴之在雞群，予見即屬目焉。詢諸孝堂，得其姓字，拱手揖之，一答而已。已去，問所為，孝堂曰「日持竿釣于大河之濱」，私心嗟異久之。既與晤於采塘氏所，聆其言論，亹亹然不可窮，乃知仲高固隱而好古者也。凡人之性情嗜好不可強同久矣。愛珠者剖腹以藏，愛玉者緹巾以襲，綺羅錦繡之美盈於篋笥而靡費歲猶數千金，獨于古人卷籍若熏蕕然，玩揚子雲之篇樂於居千乘之官，挾桓君山之書勝於積猗頓之財，此今人所諱言也，而仲高顧與世俗異，可不謂賢與？

仲高早孤，絕意於功名，足跡不入城市，漁釣外則植花卉，時觀玩，或習秦漢篆為圖章，皆能工。惟于書尤嗜之甚，凡四方鬻書客至，必以仲高為主，其精良者輒先取之。對人嘗自呼為蠹魚，又曰：「予之於書也，猶伯樂之于馬也，一過則美者皆盡。」此亦善自況也。吾聞丁顗聚書數千卷，曰「後世必有善讀書者為吾子孫」，且為仲高卜之矣。然予嘗至仲高家，見其手持一編，方喃喃不已。仲高誠賢哉。趙中令夜發篋中書，明日則遇事處決如流。國與家一也，惟書益人神智，雖不為功名計，而多見往事，知成敗以資考鏡，不徒飾架上之觀，並不徒待後之人。何至今天下熟于積金之計者，度其費而算其息，笑積書為不直也。仲高積書多而又雅不欲私，誠與有珠玉綺羅錦繡者迥殊。予時從之借觀，因為此以贈，並敢語之曰：「洪河之水方肥，將有陬隅躍出，倘投竿而有得，幸為我烹數尾，予將偕采塘氏飲酒賦詩以縱觀君之所藏。」

贈楊伯楨序

吾秦土厚而俗醇，兼以山川明秀，所在有志士奮時崛起，著望於一代，而華下為最。華之人孕神嶽之靈，負奇質，卒成大名，為天下所跂仰，史志所載，何可盡數，而楊氏為最。東漢以來，太尉四世清德，牧暨稔知；北魏延慶兄弟家風獨茂，沿及唐，文簡公益稱逴躒。此不必世同譜牒，要未可謂非一姓之榮，宜乎後之聞而興者歷久不絕矣。伯楨楊子，今之志士也。丁卯館予里，介於予，懇懇然請執弟子禮，予愧弗敢受，而楊子意益堅。既而讀其文，亟獎之。顧予方以應禮部試，不獲久與共晨夕，論精微。戊辰下第歸，楊子已解館去。未幾，復持數藝來，讀之見其業愈益進，則又亟稱之，而楊子遂以是秋捷。

夫自古有志之士，其一時所詣，苟或稍異於人，有識者皆得而見之。觀楊子之志，方將勤磨厲以待試，而鋒鋩既露即脫穎而出，乃有不自愛而恨人之不賞者，何為也？雖然，楊子生華下，為名宗後，其自立也易，其自立也亦難。史言文簡公左右圖史，凝塵滿几席。及拜平章，士大夫相賀于朝，至崔寬為毀池觀，黎幹為減騶從，郭汾陽為去音樂之四五，其品望誠一代之祥麟威鳳。故予謂自太尉後，公實第一人。是則楊子之所以自處不徒以弋科名為幸矣。若以科名言，文簡公第進士，以詩賦為天下冠。制舉加詩賦自文簡始，且傳為盛事美談。即在近世，子德以名進士著政聲，實甫以名進士立節義，亦前事之師也，楊子勖之哉！鵬翮圖南，一舉而九萬里，天下事奮志以往，不挫其氣者為得耳。如予之五舉不第，潦倒不可言矣，而楊子之志正銳，今方約共赴公車，使予得與楊子同時振翼天池，何榮如之？

然予又為楊子告焉：功名聽之天，聽之人者也，學問存乎己者也。昔椒山成進士，始執贄于予里韓恭簡，求天文、律呂、兵陣之學。恭簡作志，樂椒山實能匡不逮，予不敏，于恭簡之學未能窺其萬一，而願私淑。楊子善讀書，有椒山之志，他日奪錦歸，所以望其匡我者尚未有已也。

贈胡生畫士

耀州胡生沮川，年少善畫，往多與吾門諸生遊。其鄉喬生藴輝、涇陽劉生世奇、莊浪崔生家修、敬修兄弟、吾里石生全潤，皆其所素契。一日東來，介石生謁余桐閣，為改寫壽母賜果圖，又寫授書小照，餘無可寫者，然胡生之畫見矣。閱畫譜、畫苑、名畫録，古以畫名者不可具數，而卒皆文人，不然亦未有不為文士所重者。摩詰詩中有畫，畫中有詩，其趣一也。余嘗見一畫，寫「雪深三尺不知寒」之句，游、楊侍伊川，皆凝立無懈，門外一掃雪人，執帚縮手足，狀若噓凍不可耐。以示諸生，此文家旁寫法，筆亦能寫生。與胡生語及此，頗心解，其深于畫理可知。顧畫一藝耳，詩文亦一藝耳，人重詩文，與畫均重，否則皆不免覆瓿之譏。明文衡山輩入文苑，人固皆天下士。魏閹延黄石符寫像，石符踰垣逃，他日為先河濱作兩小照，河濱贈以詩。今胡生以劉生世奇贈己詩示余，並求一言。余為書此，知不足為胡生重，然冀胡生之或能重已也。

送楊南廬教授漢中序

予生寡交遊，二十年來，其共砥礪於學問功名之途者凡三人焉，一為霍子松軒，一為三原李子星庵，一則楊子南廬。松軒之交也以同學，星庵之交也以同譜，二人者年皆後於予。獨南廬長予六歲，而其交也，始以同學，繼以同譜，相知蓋尤在二人之外。憶予方弱冠，讀書潼川書院，亡何，松軒至，亡何，南廬又至。當是時，三人困苦略同，而名亦相若，志行亦相符，每並坐談心，未嘗不交勖以致身顯要，自見於時為期。甲寅，松軒捷於鄉，予與南廬初不以黜落為愧而方皆有彈冠之慶。戊午，吾二人乃同薦，自是及松軒公車共上者再。壬戌，松軒成進士，而吾二人之困苦如故也。壬戌之歸，始與星庵負裝攜手，同行二千有餘里，其投契不啻若松軒。乙丑，星庵成進士，而吾二人之困苦又如故也。今南廬亦進士矣。予交三人，先後不同時。即就鄉薦後言，過歲星一周者已更有三年，其間艱難萬狀，不惟南廬、松軒與予同，雖星庵亦如出一轍。當其潦倒失志，幾欲相對而泣，或慷慨激昂，發為詩歌以寫其抑鬱之意，往往語若符契，人之見之者不問而知其氣類之合。而少於予者既皆得雋以去，如南廬之予以兄事，與予共困苦又在二人之外，卒亦能有成，獨遺予長此窮愁，而遭遇之艱難且日益甚焉。松軒、星庵遠矣，未知南廬今日視予何如耶？

顧功名之途，何窮之有？吾輩之志于功名亦何窮之有？松軒、星庵皆由翰院出為宰，非其初願矣，進而復躓，猶潦倒耳。南廬則困極始遇，往時盛壯之氣自謂可見於世者消磨已殆盡，故以松軒、星庵之所不樂為且謝為不能為而自擇得漢中司鐸之職。南廬方將為予悲，予於此未嘗不為南廬惜也。

雖然，可見於世者豈以其職哉？士君子不能居顯要為國家豎奇猷，莫如儲材以報之。漢中人文所萃，今八屬之地，山川之所毓，豈少如漢之李固、唐之權德輿、宋之閔文叔、元之李孟、明之張羽其人者聚而教之？方正學之遺規猶在，此不得諉為異人任也。或講學之暇，時欲憑眺，七峯山非東坡之所遊乎？箕谷非鄧芝之所守乎？赤崖非趙順平侯之所退保乎？駱谷非姜伯約伐魏之所出乎？南廬氣雖挫而胸中之蘊自不可減，于此懷古證今，所至賞其奇秀，並知其扼塞之所在，因復發為詩歌文章以傳於世，是亦功名也，學問且自此進矣。往哉！南廬，至署應猶念予。予之命舛，功名既無望而學問則可自勉，倘得名弟子相切劘，使知潦倒河、渭間尚有舊友，予固不難遙相賡和，如向者與松軒、星庵慷慨激昂也。

送劉孝堂司鐸永昌序

鄉貢進士之借補教職，今例也，以資論則降就矣。蓋國家立此例以寬仕宦之途，使艱于上進者先得有所効以自見，固愛士之深意，士亦多以其職易盡而樂就之。吾以為不然。夫職之繁者莫如縣令，縣令治一邑之民，教官治一邑之士，果孰難孰易乎？職之重者莫如宰相，宰相收天下之人才，教官育天下之人才，又孰難孰易乎？見以為易，無論縣令、宰相皆易矣；以為難，雖閑冷如教官，正未始不難矣。世或曰縣令治民，何所不統？教官所司特教爾。若合天下之教官為天下育人才，事分而教易施，其視宰相遠甚。獨不云士者民之表，而一邑之中即可萃天下之人才乎？為治首風化，而風化自學校始，學校之士以次升試，兢兢焉患不得其真，教官乃親訓焉，是教官者實合縣令、宰相為治之本而握之。況所教中有縣令之才，教官則縣令之師也，有宰相之才，教官則宰相之師也。顧猶謂其官之卑，職之易，亦不達於事矣。

丁丑冬，孝堂劉君選永昌教諭，以書來，若以不勝其任為慮，而求一言以為贈。孝堂誠有見於教之難，如吾所云云哉。即此患不勝其任之心，吾知其優於任也。孝堂凡事謙謹，以凜凜之心自矢，何繁重之不勝，矧其為人師？往者孝堂嘗親炙韓城王文端公，其于宰相之事見之已稔。而今兩弟為丞為守，方皆以廉能稱，孝堂曾從其任，覩其政矣，其所志豈止於此？且孝堂向已選府谷而以疾辭，遲延數年，亦冀博一第以登清要，乃卒委曲就今選，於孝堂之初心實負，而孝堂之憂懼方深，孝堂自此進矣。古之人始教官而終宰相，若楊文貞者豈少也哉？如以教官而為縣令又其分內事耳。能大有為者未始不於其小試征之，而教官之責本又不可以為小。盡其職而俟其遇，是亦他日之兆也。孝堂之書曰：「教官，外翰也，何以免覆餗之咎？」夫以清白之職，正恐所食不盡公餗也，誰復慮其覆者？孝堂自此進矣。

張素先司鐸固原序

固原，古原州，在瓦亭、蕭關以北，歷代為用武之地，而文事或踈，然學校之設有自來矣，國家立官，雖邊圉匪盡輕儒術而重兵戎也。夫兵者，聖人不得已而用之。當其有事，習戰伐、簡徒役，率之以將帥，未始不主之以文臣；無事即鎮防不廢。然俎豆之光可以化干戈之氣，弦誦之俗可以消獷悍之風，則師儒之責更殷於督領。

說者謂西北名將之所自出，其士習亦將多武健而少彬雅，吾獨以為不然。李崆峒、趙景仁非皆西北產哉？兩人文章、氣節在前代均為第一，孰不自學校中來？況山川秀靈之鍾，固原乃其所凝聚，尤當有畸才異士，奮時而出與？且學校者，匪徒以教文也。春秋推郤縠為儒將，先軫薦之，以其說禮樂而敦詩書。孔子言「有文事必有武備」，其平日談兵，惟與子路一及，而以冉有之退、樊須之弱乃能立功於疆場。至幕庭之蹟，有若與焉，以素言孝弟禮義之士，又似乎為悍卒者。即以後世論，曲正甫亦北人耳，五鴿招兵，張魏公忌之，而史稱其善文。如予之迂腐無用，以經史授徒，暇亦曾輯左氏兵法一編、名將録一編，固謂儒者應世，自當無所不可。文可以兼武，而武亦不容廢文。今博士之職，本合文與武教之，隨其地而擇其人，將相之才宜莫不由己育之矣。吾友張子素先將司鐸固原，恐以其為積兵之鎮而疑也，贈之曰：

他邑士多於兵，固原兵多於士。兵非博士所隸，而盛朝之意，終將以文兼武，以服遠邇。才學之士可教也，使固原有如李崆峒、趙景仁其人者，不亦可乎？韜鈐之士可教也，使固原有如曲正甫其人者，不亦可乎？師誠善教，雖兵亦當佩其化。素先性文柔，與物無競，見之皆推為長者，而績學已久，教夙行于華下。其尊人注川先生，以名宿亦嘗司鐸延長，於北方之士習又稔知也。此行也，吾知其熏其德而善良聞其教，而慕悅者不徒在學校中也。

送宋湘颸先生歸葬呂太恭人序

汾陽宋湘颸先生以侍御丁其母呂太恭人憂。既逾期，吾同聘主豐登書院講席，士悦其教，學舍不能容。自春徂秋，將歸葬，衆謀送以文而問言於予。

予侍母守拙田間久矣。憶遑者困公車，走京師非一日，即吾鄉之達官貴人未嘗偶通刺，今耳目益隘，雖有言何足聞於侍御，又何足以知侍御之萬一。雖然，侍御之宦績不敢言知，侍御之教澤則得而知之。據諸生言，侍御來，不交答，不與宴，食淡衣素，月課文七百餘篇，必細加評點，與諸生講論，藹藹然如在里塾。謂侍御外和而内介，其性固然。予以為此亦以太恭人憂耳。居憂而不踰禮，未始非其性也，其勤於教則亦必其素教也。夫教士以言不如教士以身，以言教其入之也易，其感之也淺；以身教其服之也難，其感之也深。

侍御宦京師數十年，今為師，儼然師也，此其故豈偶然哉？諸生以侍御所為太恭人狀呈。侍御家世本積行，以儒業顯。封公純如先生雖以明經終，居常誨侍御，殷殷如薛文清之學，而太恭人佐之于内，於其羈貫時親授論語、二南，自是望之切，督之愈嚴，不啻韓夫人教仲郢諸子，故侍御能早成就。然則諸生服侍御之教，即以為封公、太恭人之教可也。

太恭人享年高，子孫衆多，畢生孝謹柔順，精女紅、五飯，吾母正似之。而不肖才薄志疎，終囿林泉，日以教授諸生為業，竟不能使慈親享一日之榮，視侍御殆如雲泥，此所為不敢進言于君子之前。而聞太恭人之教侍御，與侍御之能稟教及所以教諸生者，未嘗不悦之慕之。則使予代諸生言，就予得有所聞於侍御，或侍御亦稍有所聞於予，度必不以攀援左右為疑。且昔戊寅，侍御嘗典試吾秦矣，一時士額手頌得人。閲狀，知太恭人諄諄然教之於先。今太恭人雖已沒，以其教士于同，當日之取士于全秦者，益可知即數十年由部曹轉臺省，不敢忘封公、太恭人之教，以不負聖朝者無不可知。聞侍御治葬畢，尚將返同復皋比，諸生何幸哉！吾同之人何幸哉！講席一諾不肯間初終，他日服闋矢精白，以建言當路，使天下蒙無窮之福，姑且勿論此日之登堂而請業者，顧行有所成就，雖聞其德而慕悅之既久，以自化於清介和篤者，當亦不少也。予故因諸生堅請，兼以侄青霄在弟子之列，不以侍御送先生而以先生送侍御。或者以葬太恭人，欲為太恭人文。侍御登顯仕已久，則達官貴人必多因賻贈而述其生平者，況自有太史氏立傳，此斷非草茆賤士之所敢任。

趙斗屏七十壽序

予自十四五即有志于程朱之學，今六十矣，自恨學終不成而同志者亦寡。甚矣，立身之難也，其所以難，難於理不勝欲也。夫理一而已，而心思耳目口鼻與人世之紛華相接，其感之而易動者無非欲也，故勝之難。他無論，功名文章，亦欲耳。予以少未忘功名，因逐逐于時文，及功名之途艱，又逐逐於古文，舉程朱之學為兼涉之事，宜其至之未易矣。所自信者，理不敢一日不窮，行不敢一日不勉，恐失初志，有負此生也。顧以吾學語於人，非不見信，即以為迂，遂亦憚言此事矣。中年所樂與言者，乃得吾斗屏一人。

斗屏長予十歲，先予登鄉榜。其始亦為功名之學，秉鐸中部八年，且舉文章而置之，一惟程朱之道是求。平日所汲汲，四書五經外非近思録諸書不閱，所為册記彷張横渠、薛敬軒，有所得隨書之，以觀理即以檢身。歸示予，有不合予亦嘗與反復辨論，合則斗屏應時自改。其文廟備考一書，予序之，又斗屏終身之志所在，而亦予所資以自課者也。然斗屏每見予輒曰「此心茅塞矣」，足見斗屏朝夕勤省於理欲之間，不自昧，因常自惕其精神，無時或懈也。

世人終日昏昏睡夢中，舉其身心不自知為何狀，奚有于時、月、年、命？惟知道之君子，歲序遷流無不以為夙夜之憂，于人于天常恐其有愧有怍，乃能以無愧無怍。故歎老惜逝，非祈延世也，為道之不立也，而道立則亦延世矣。昔程子晚自涪歸，貌顏須髮皆異往時，以為惟學之故，故曰「不學便老而衰」，此未為不知者語也。朱子後來精力盡寄於四書集注，隨時自改，老猶未定。蓋直以是為歷年俟命之責而年之去來，命之修短，則並有所不計。古之賢哲有自信，有不自信，然有生之日何一非與時俱進之日哉？

斗屏與予同以程朱為學，其終不敢自信，兩人亦同。斗屏今七十，長予十歲，固視予多十年之修，兢兢猶有歉於心，必不喜言壽，亦不願人之言壽也。而予不自壽，亦不輕壽他人，獨有以壽斗屏也，何以壽之？朱子不云乎：「一息尚存，此志不容少懈。」斗屏聞是言，必讙然曰：「吾兩人共勉之矣。」

劉桐齋先生教澤序

先生名翬，字斯飛，邑文學也，沒數世矣。家子法士式録其麗牲之石、諸門人所記者，丐予別為文以序其事。子法欲藉予傳先生耳。予何足傳先生？然先生固傳矣。

據石末書名凡十一人，云自先生歿，人輸一金，每歲七月下旬取其息，備酒殽，因共歡燕，竟日罷。其記先生則曰：「溫純清謹，教人以敦本尚實為先，文亦如之。」予生晚，與先生里居又非密邇，即先生門下士亦皆前輩老成，年未及相接，面不一與謀，況先生之風烏得而盡聞之？然就十一人之所述，無異語、無繁言，知其無飾說並無溢詞，顧亦足以知先生矣。

末世虛憍相尚，師友間為甚，文章其後也。觀先生，詎惟傷典型云逝，其能無世道之感哉？且吾以十一人之述先生者知先生，以其不忘先生者愈益知先生。先生墓樹已成林，其時十一人想亦逮老，非復有功名望，何所感於心，乃俎豆而瞻拜之。吾於此且服十一人，不獨先生也。然則先生之澤信長矣。今十一人與先生並作古人非一日，其後人踵其事者不肯廢。於虖！先生其傳與？否與？視邊孝先之門人、崔烈之弟子，函丈間不免反脣相譏者何如與？即古之所謂名儒，尸猶未冷，有入室而操戈者，視此又何如與？子法與予教授為業，予故樂為序以頌先生，兼揚十一人，因以示世之為先生，而不足使人感為弟子而遽忘其師者。其十一人，劉君彥武、趙君克榮、李君宗德、南君方濟、李君其桂、劉君克炘、克英、王君九齡、劉君璠、韓君思信，士式之大父李君菁也。

井鵬九先生八旬壽序

甚矣，讀書之益於人也。一日讀書則有一日之受用，終身讀書則有終身之受用，可以檢身心，可以益聰明，並可以增年壽，而功名非所論焉。取簡冊而披之，見古人嘉言善行，自櫽栝其所為，有過未嘗不自愓，而有得未嘗不自喜。更遇事准以平日之見聞，遂凜然不敢自肆，此可以檢身心者也。見多則識廣，聞多則智生，就所已知可不惑，而未知之事亦因此而通。彼其耳目之用，用之正則滯塞去，雖老且不衰，此可以益聰明者也。聰明日益而身心有檢，一切外物對簡策則皆淡，日用間更無戕吾性之端，此精神之所由固而年壽之所由增也。若夫購數卷陳籍，剽竊應用以為弋取科名之資，得之則棄而不得亦棄，豈古人讀書之意哉？

吾里井鵬九先生，終身讀書人也。少時承其父茂春先生教，與其弟先師丕勳先生均有聲童試。先師文以以沖融勝，而先生每操筆則刻意求入，既先師入庠而先生竟不售。又久之，先生伯子書田入庠而先生仍不售。數年，先師沒，先生傷于懷，遂絕意試事矣，然而讀書則未嘗一日輟。元春時至其家，或佳節勝會，人方競宴樂，見先生手一編不置也。或耕迫農忙，偶值陰雨，人盡倦休，見先生手一編不置也。已老矣，非有故未嘗出外門，每見之無不把書者。蓋先生家世書香，其伯子又好購古籍，故廣積縹緗。先生日隨意取諸架上，讀必思，思必得，竟一編乃復易之。其言曰：「吾于人世奕博諸事性拙，無一能，獨於書生涯為近耳，然晚始見書親切有味，畢生歲月虛度矣。」又曰：「吾讀書自覺愧古人事甚多，其足慰者，境之艱，常以讀書置也；心之怒，常以讀書忘也；中之所欲，常以讀書靜也；事之所難處，常以讀書揆而度之也。」先生之于書可謂得其深矣。今年既八旬，步履尚健，觀細字尚不恃優逮，而善飯逾少壯時，豈非皆讀書之受用乎？

先生賦性本醇篤，兼以日對古人，故處家人父子及接物不苟言笑，而行之以真樸，日用自奉未肯事奢靡，見人奢靡亦不喜，又好勉後輩讀書。憶元春往者謬負幼慧譽，諸父執皆厚望之，先生尤望之切。年十三應縣試，先生見其文曰：「如此才須令我教之。」元春從丕勳師遊亦為親炙先生也。已而元春欲為古人學，未得其涯，日翻程朱書不肯讀，諸父執以為廢學，先生尤責之切。至今元春年五十，讀書未有成，有善先生未始不獎之，有咎先生未始不斥之，其受教者蓋無已也。而多病早衰，欲望如先生老益矍鑠，更讀書三十年，恐不可得。然先生之披簡冊以樂桑榆者，方未有量焉，是誠足羡也已。三月朔日，為先生覽揆辰，其伯子先期自洛陽以書來，使為侑觴辭，因書此以為序。

送王生赴禮部試序

王生會昌公車將行，求所以教者。余教王生久矣，今又何以教之哉？今歲秋榜發，桐閣弟子中式者三人，高生岫為解首，其次史生清鑒，而王生與焉。高、史兩生去門牆已踰三十年，王生追隨稍後，則篤志講程朱者同獲雋，實喜之。不喜其獲雋，喜其學當更進也。王生之求教志可知矣。教王生豈得不教高、史兩生？然則將何以教之哉？則亦還即予之游京師者教之而已。

予凡九試禮部，負裝往者七次，志在科名而不盡在科名。時正貧，以聖賢之學、科舉之學為一，勵名節，不受饋贈，至京師，不一登顯者門。每往返五閱月，邸寓途館，未嘗一日廢學，以為此可進可退之道也。向嘗語門人，游京師能令人小，能令人大。能令人小者京師人文聚會，見天下之大觀，斷無不益思自勵；能令人大者，京師雖貴宦，未嘗不以禮接，士中無識輒以此為榮。然人之見重不在人而在己，以人之榮為榮，豈復知自立之道哉？高、史、王三生皆素聞予說而至此始發軔，此正其自試時也。

新天子方以濂、洛、關、閩勵天下士，想得濂、洛、關、閩之深未有不獲雋者。三生偃蹇鄉科已久，豈復如余前日之困於公車？顧文章道德無論窮達，余自此望三生者不得不益殷也。抑濂、洛、關、閩皆宗孔子，生等欲吾言之無已，少不讀論語乎？富貴貧賤取捨之分明然後存養之功密，故曰：「君子無終食之間違仁，造次必於是，顛沛必於是。」又曰：「不知命無以為君子，不知禮無以立，不知言無以知人。」常以二章之言為念，由是更推而求之，凡所讀書一一體之於身，則持身、涉世、接物所在皆道，又何待吾教也。

贈馬虞操先生

馬虞操先生名大韶，吾邑舊學也，長予四歲，今年七十有八矣。憶往應秀才試于馮翊，即於列等前偶中聞先生名，以南北間隔，不獲一晤，後亦卒無訂交之緣。近與先生子安吉遇于龍門劉氏別墅，美其才，時相聚，譚語輒深，因言及先生學，其言其行多與予合。已劉氏邀予為別墅燕，亦邀先生至。聚三日，語果多如符契，恨相見晚，又恨先生如許丞重聽，言之未獲一暢也，然而一日之交即慰一生矣。予謬講聖賢之學，知交中得同道如先生者殆無三五人，故平日絕少印證之樂，即生徒如林，半多溺於科第功名，則先生與予不特學行似，雖聲氣亦似，而何幸得一朝相質之歡也。別先生後，安吉亦言先生見予，謂大副昔日之望，又各相恨不得久聚，共質其詳，寤寐之思，其何能已。乃使安吉細書先生素，以當夙昔之面對目見而耳領者。亡何，安吉書來，書滿數十紙，幾二萬餘言。閱之，無一誇辭而委曲周盡，使先生性情言行畢現楮上，文亦不假修飾，自然情深意摯，則又歎予不惟知先生者未早，知安吉者亦未早，而先生有子則亦可無憾於一生之苦心孤詣無以見知於人也。予既悉先生，即當有以贈先生，而其言其行有合者，間亦有不合者，更請大略言之。

先生論學，于諸儒取陸象山、王陽明、薛文清、吾鄉王復齋。予恪守朱子而又以諸儒斥良知之說為非。良知即性也，知可該行，孟子自言之，家二曲解之甚明。陽明良知之說本孟子，不為謬，則象山之心學亦本孟子、尚書，不為謬。特為金溪、姚江之學者多屬高明，故偏言覺悟，間有以博物為徇外之意。不知物理皆在吾心，孔孟屢言博學，則非多聞多見，無以為行之資，而必由本及末，自外反內，此孟子反約、夫子一貫之旨也。朱陸學本同原，惟其所見微異，而陸終不如朱見之正，心之虛，是以象山開導後學，朱子未嘗不心服。及陽明，門戶之見遂甚，其後各相排擊，陽明之徒比朱子於洪水猛獸，如呂新吾直上書欲殺陽明，陸稼書竟欲逐陽明于學宮之外，吾鄉復齋亦然。近人偏袒姚江，斥朱子復然。此皆入門操戈，吾學之憂也。竊謂但平心而求進，學至自無此患耳。

靜、敬二字，講者紛紛不同，遵朱子者以靜為陸王之學，予意不然。周子主靜，程朱主敬。動靜自易，發之天地之理不過如此。靜存動察，自子思發之，吾學之事不過如此。而靜為動本，王輔嗣之言，予亦以為能窺見道學者，世概指為老莊玄虛，非也。先生為學尚靜，謂異於佛氏寂滅，此不刊之論，確然之守。顧以靜即敬似不然，敬兼動靜而言，中庸戒慎不覩不聞，靜之敬也；慎獨，動之敬也。易「敬以直内」，敬也，「義以方外」，不言敬，敬可知也；行篤敬，敬事也；所謂虛以應物，虛亦敬也。周子主靜，即靜為動本之意，而靜與敬義異可知矣。此皆予與先生學同而微有不同者，向未獲相質，今不得不直言之。吾輩切劘，義當如此，一日足慰平生，先生知勿怪也。

大抵予性謹嚴而才平，先生性高曠而才敏，觀其一言一動，自處處物類皆如此，為文章亦然，惟根本節目之大則脗合居多，其甘貧苦安淡冷，不附熱趨炎，自吾兩人分也。禮法之塲，動與時違，即如居喪不作樂、不飲酒、不茹葷、不入内，吾行之毖有效焉。蓋本其心之所安，初不為名，因亦不顧人非，故不以割股廬墓為孝。又如世俗廟中所祀之神，非其分概不祭，此類吾不敢言其是非，與先生乃暗符焉。就其細微言之，吾五十後喪妻，法曾子不再娶，童年喜仙佛，十四五返學程朱。少時，先君子以過篤實，教之博，一試輒精，賭多赢，知志學乃不一寓目，兒輩遂無涉其事者。吾作天下宜裁之端五論，曰戲，曰賭，曰酒，曰茶，曰水煙，有禁已三十年，家自行之，而力不能及人。風俗侵敗，竟以鴉片釀成大亂，此類事雖小，予故不敢以小忽之，不知與先生亦何以不謀而合也。

先生著述多，安吉徒以孝經述宗寄予，即以此見先生之人，見先生之學，見先生之文，幸予注西銘，亦彷佛似之。安吉又言先生教人先以西銘，未審予所注可當先生之一盼否，亦未審先生可盡以所作示予否？先生可傳者多，予不足傳先生，以此贈，遂以之為質，其他安吉書備言之，他日以此傳之，勝於予言多矣。抑予尚欲以安吉之述先生者勉安吉，安吉亦當首肯也。

贈薛君調五

盩厔家二曲崛起寒家，不由勸督，不經師授，慨然為聖賢之學，當代文章宗工如方望溪謂天下真正讀書者二人，惟容城孫徵君與二曲。近時通儒全謝山景仰三人，黄黎洲、顧寧人中尤以二曲為難。然二曲為金溪、姚江之學，識者或猶以為病。予謂二曲賦資高明亦如象山、陽明，故由白門能突出為大儒，其言學遂易，謂人心果皆有仲尼，凡人皆可為聖賢，持論過甚，流弊或不免違孔孟博學之旨。然其心固救世之深心，其言亦即孟子皆可為堯舜之意，自己驗之，於人實確然無可惑也。觀所著觀感録，王心齋為鹽丁，朱光信為樵夫，李明祥為吏胥，韓樂吾為窯匠，夏雲峰為農夫，陳剩夫為賣油傭，周小泉為戍卒，朱貧士為網巾匠，林公敏為商賈。後又附華州張本德，以釘戥秤、鬻帽為業，聞馮少墟談學有感，遂購先儒語録，潛心密玩，每有所會輒舉以告人，惟恐不同歸於善，後學于都憲、曹真予、憲副張忠烈公，皆禮待有加。此諸人，其始皆非儒而其後乃為自少讀書之士所不及，固有所觀感而興，抑亦可使人人知所觀感也。予向以朱子之學誘人而亦不辟良知之説，謂皆本聖賢一脈所傳，特發明宗旨微有善否耳，而人顧均不見信，殊可慨矣。

及門薛生潤學桐閣有年，篤厚醇謹，則深以予之言行為信，予疑薛生固素有教焉。一日持其父自外與己書，乞予跋其後。予閲之詫曰：「此何所觀感而有此言有此行也，先生商賈中人，其諸二曲所述，林公敏之儔與？」觀所言「利人利物，代天行化，人生不作有益於世事便枉一生」，此何如胸襟也？又曰：「處世凡於我身行得去，斯於人身行得去，此則聖賢之所謂恕道矣。」又曰：「小人盡口以相傷，君子無故加之而不怒，則庶幾忘毁譽，知所謂犯而不校也。」自道其行曰：「家中一箕一帚，置之必令各得其所。在外嘗與人出遊，已出，其人故欹置座榻，側拂字畫以相試，必返更整之。」又曰：「為善有益，為惡有損，自驗生平，似乎不然，然終不肯變其為善之常。」此何如其心之正，志之堅乎？與人接，隨事勸諭以善，不道一無益之言則大似張本德。

於戲！調五學未卒業而自勵如是，心有仲尼，信矣。抑嘗兢兢於「四勿」之言，謂非有得于聖人之教不可也，使終身列名膠庠，其所就豈今學者之所能知哉？晚好讀二曲書，世有二曲其人，續調五於觀感録中，吾知後之學者定以録中諸人視調五也。調五少予數歲，予老矣，日觀所未見書，體驗身心，猶日有所益。作此贈調五，以當其書之跋，調五亦喜予言。既反，賈而老，棲于家，尚當於此共勉之。

張惺園七十壽序

予為生徒講有恆之義矣。有恆為作聖之基，無恒不可以作巫醫，且不免於取羞。論語兩章，一以勵學者，一以警學者，其意殆盡在易卦「久於其道」。予所謂見異思遷非恒也，恒久而不已，予所謂作輟無常，非恒也。盤庚之誥曰「永肩一心」，蔡氏釋云「永任一心，欲久而不變」，實於兩義兼之。即世俗責人亦每曰「無恒心」。恒之義大矣哉！今人凡事惟無恒故無成，予教生徒切切於是，先後多久從予者，予以為是亦有恆也。

大荔張生楷學於桐閣，稍後始來，先未啟予。其父惺園以牛車裹糧，攜而至，避沙苑，迂道東渡洛，歷七八十里，半夜方至閣。予怪之，轉訝其意之誠也。及予去閣，又從之潼川書院，已復從華原書院。今予方將謝生徒，歸老桐閣，是楷之從予能有終也，微論其所學何如，即從予者固得予教矣，而實皆其父惺園教也。惺園少予數歲，楷以七十祝嘏辭請。予久絕文字應酬，於楷則不忍拒，以楷從予久，且知惺園悉，則願贈之一言曰：「惺園蓋有恒心者，固宜其精神之固，能享長年也。」

惺園少讀書，能體父志，不以貧累，嘗數月不出門讀兩經。父歿，值大荒，遂廢書而賈。賈羌白，一家五六口賴以給，於母猶不缺甘旨。其作賈不妄取人。為某家主進，某家以析產停賈，所餘金已應分千兩，皆謝之。語楷兄弟曰：「吾承汝祖父母訓，恨儒業未成。作賈致富非所願也，償此志以書香傳家在楷耳。」此命楷出外就傅之意所以專且久也。楷幼多病，所讀小學、四書、易、書、詩三經皆惺園口授。賈羌白時，歸家二十餘里，途中常默誦前明文數十篇，時以之教楷。書法受大歐，楷書亦本之。目精明，雖老猶能燈下作小字。數十年謝賈事，手恒不釋卷，好讀理學書及予所著。五十後喪偶即不娶，此亦似予者，蓋其恒心類多同也。予又嘗謂恒心者誠心耳。張子曰：「有恆者不貳其心。」亡而為有，虛而為盈，約而為泰，三者皆虛誇之事，故不能有恆。觀惺園能不以貧富易心，亦不以得喪易心，已讀書未成而於書終不廢也。楷從予久，雖食廪餼而常躓秋闈，楷安之，惺園亦安之，不懈其為學之恒，非一心者能之乎？予固于牛車詣閣時即卜其往日與後日也。

惺園不好觀劇，不好樗蒱，不好戲謔閒談，教子以孝弟，教家人以禮法。勤儉終日，常端坐不苟，雖盛暑無晝寢，時既昏則便鎖門戶。一絲履、一絲裹袍褂歷三十年，有敝處尚無汙處。好飲酒，終日不過數盞，亦不敢以酒暖酒，念來處不易也，是皆守之有恆者。曾主社約，惡少皆屏息，既三社推主約。社有瞽者，夜慣竊人麥禾，時亦斂跡。或以爭地結仇累年，為和解之，一朝釋。向欲為里中置義學，力不能而心終未已，其志行之，恒信于人存於己者又如此。楷言其父不喜祝嘏事，但乞言欲以存其生平，予謂惺園此心亦似予。楷之意亦是也。但予與惺園相違已復數年，未知其老態視予何如，而惺園固喜予言者，故於其覽揆辰，樂贈之以當一觴，並約略其為人，發有恆之義，且終以為楷勉。

華麓茂亭李君行實序

山多峪，華東西以峪名者尤多，凡峪必有村聚，而竹峪在玉泉西數十里，以竹名，山多竹。予少嘗自華州循山而東，訪友於玉泉，所過邨聚不一，亦未知所謂竹峪者，然見多竹之處，覺山彌增秀，輒流連不能去，憶此時去今蓋四十年矣。壬辰春，方築宅授徒，外兼視工，略無寧晷。有後生過桐閣，問老門人李君科選設帳處。詢生里居姓氏，云在竹峪，亦李姓，飲以茶，示之李君館所。次日，偕李來，則備酒肉為其父乞撰行實。予未知竹峪，烏知李氏？命道其詳，因出所為狀，且曰將於四月初行禫祭，故為此。予以事迫而道遠，使淹一昔守候之。

按狀，君諱萃榮，字茂亭，號筠塢，父又綱公，生母衛，繼母馬，世父鉅公早卒，母寧以君為後。君事諸親皆盡職，幼讀書，性穎悟，以家計未卒業，乃勤課農桑，而家以大裕，園林半同里。然嘗曰：「吾幸生山水勝區，不能宅身藝圃，徒為富家翁以財遺後人，非夙志也。」於是家務責長子秀芬，日延名師督兩子秀芸、秀文理儒業，今來乞文者秀芸也。予未見君，顧觀秀芸恂恂書生，可知君之教，亦可想君生平之大略，且據狀所言，君孝慈高雅人也。太史公曰：「渭川千畝竹，其人與萬戶侯等。」竊謂渭川之竹，今多在華麓，不必千畝，但擅有園林之勝即不侯而侯矣。

予無以揚茂亭君，請為君說竹。竹中虛而直，性貞而節介，冬夏常榮，其中有孝竹，有慈竹，要於山水為近，非塵囂中所得有，故曰「無竹令人俗」。竹林之賢，竹溪之叟，古今六七人耳，非其人則性情不相洽，雖日與竹對不獲享其福也。君居竹峪，擁竹木之利，獨能盡孝慈，喜詩書，不專以封殖為子孫計，豈尋常世途人哉！夫其名與字型大小間固亦自道之矣。秀芸年少，向與予未一面，遠渡渭來乞文，知必不負父志者。予不佞，謬有王子敬之好，往游長安黃氏園林詩曰：「停眸別有怡情處，綠竹數竿依小亭。」因此日之文又不禁神往於少時訪友玉泉，經歷流連之地，他日再尋舊遊過秀芸，問乃父遺跡，亦當有一茶之飲也。

桐閣先生文鈔卷六

書答類三十篇

與楊南廬論泰伯章文書

頃示泰伯章文，讀之不禁拍案叫絕。某近評選國朝名文，令生徒抄寫已去，蔣作入君作矣。向欲為泰伯讓周辨，君之文與跋俱明晰，亦更無庸置喙，然翦商之說，尚願與質之。詩云：「居岐之陽，實始翦商。」晦翁註據之云太王有翦商之志，近來辨者紛紛然起，意多為太王原，夫欲為太王原則終無以處太伯，請列其說而言其所疑。

或曰：「詩言第溯天命人心所由歸，如書肇基王跡之謂。」此說誠善，君論亦云爾。然必以翦商為可疑而謂太王無此志，則其事武王固終行之。即就詩言，欲著先人之功而先冒以不美之名，未免誣其先，抑亦不得為善頌，是不可解也。

或本爾雅云「翦，勤也，與王季『其勤王家等』」，顧書何不亦以勤系之太王，而詩又何必直言「翦」以啟後人之疑？郭景純註爾雅，於「翦」義則曰「未詳」，蓋以勤之說與詩言有未合者。然雖訓詩之「翦」為勤，剪除暴虐正奉天勤民意，固不相背也。

或謂：「『翦』與『戩』通，福也。」按說文釋「戩」字「一云滅也」，而於「翦」未釋為福。是字通而義固不可以相通。又訓「翦」為福，與下文意有所未協，則其說亦未當。

或謂：「太王于商當武丁時，商道中興，何得有翦商之志？」考通鑑前編，太王遷岐在小乙二十六年。又二年小乙崩，武丁立。在位五十九年崩，祖庚立。七年及祖甲，二十八年季歷生子昌，是年太王薨。又考竹書紀年，武乙十五年，命周公亶父，賜以岐邑。三十一年，亶父始薨。此其年與事不盡符，則亦不可盡信，安知太王之欲翦商不在武乙衰亂之世？即據太王薨于祖甲二十八年，亦安知欲翦商不在武丁後而必以為適當武丁時乎？要之，太王欲翦商必屬暮年，觀詩稱曰古公，意其享年甚久，武王、周公皆親見之故稱。不然，大王豈古于祖紺以上，后稷以下哉？

夫使太王之志果卒無他，則泰伯之逃甚屬無謂，何至以讓稱，更以三讓稱？如君所云，泰伯自見天命人心之將歸於周而避之，孫西峰先生亦有此說。第思此時之天下何如文王時之天下，文王三分有二，率商之畔國以事紂，泰伯豈不能此而竟出於逃？且以未定之天，人遽遠而避焉，違棄子道，滅絕彝倫，其事孰重？若以為勢必及己，則一去寧不使人心益搖，人心益搖，寧能禁其不從己。況太王既與伯有同志，此意自可明言，使父亦愈修職分，乃託采藥而去荊蠻以泯其跡，又何以故？每論文王之事君，以為惟見臣道之當盡而于天命人心俱有所不知，於泰伯亦以為宜然也。孫西峰先生又曰：「疑太王有翦商之志者看得志字小耳。大抵太王之志即武王之志，然臣子處此終以文王為正。孔子稱文王為至德，又稱泰伯為至德，一也。」某素過於信註，故常以此解為得，雖然，欲諱翦商之說，誠無如君說，君之作，固不可不傳之作也。至欲為太王原而因以讓為讓周，是泰伯反若計及于圖商，其說斷不足存，則君廓清之功信大矣。

與任廉堂論鴟鴞章詩書

昨呈鴟鴞詩辨，本以莛叩鐘耳，足下遂有以益我，敬謝，敬謝。夫學問之事難言之矣，無論砥礪道德，必有資于師友。即以文章言，此中之境亦復何窮？曹子建好人譏彈其文，僕亦嘗念苟有所作，得一二知己時時指摘其失，以匡不逮，庶幾可成完璧。而今之朋友殊難望此，甚或面諛退嗤，故每不敢輕質於人。如足下者真所謂古之君子，可與講是而去非矣。所增文中兩條，細繹數日，幾不能舍，然願更有所商焉。

足下解「弗辟」後一層云：「雖使此『辟』字與『致辟』之『辟』同音同意，何不可曰周公欲辟罪人，而未知為誰，於是居東以察之，至二年始得其人，因作鴟鴞以悟王心而請王命。」此于文乃以寬為緊之法，亦較拙本氣足而益暢，何也？流言一播，成王固已疑之。周公不得其人而遽有欲至法之心，即未免恃己而忌人，恐非聖人反己自責之意，況專以察人之罪，何至舍朝廷而二年於東？若曰待罪東國而兼以察其罪人，則待罪非出於至誠而懷私乃益甚焉，周公之心斷不如是也。周公不知流言之起于管叔，烏知流言之起於東？當此之時，殷民雖尚未靖，而流言之誣以謗周公非以謗成王，則金縢之事，踐阼之疑，意非多士、多方之所知，亦非多士、多方之所言。觀書，二公及王問于諸史乃得周公代武王之說，是風雷未作，金縢未啟之先，二公猶不能釋然于周公，何論其他？然則流言安知不出於國內大臣，顧遠居而徐察之，非私則亦疑於固。金仁山曰：「『辟』字古作『屖』，為『屏避』之『辟』，作『⿰亻屖』，為『刑辟』、『君辟』之『辟』，惟『弗辟』、『辟』字書從『屖。』」據此則金縢與蔡仲之命，古文「辟」字本異，其同者今本假借用也。向疑古文尚書出於孔壁，安國寧不知此，故不采其說。然仁山必有見也。

「居攝」二字亦有未安，蓋此乃綱目加于王莽者。曾謁洛陽周廟，見周公抱成王像，南面立成王後，以手撫之頂，藹然有親愛之意，然猶疑其有不合者。蓋周公踐阼，當朝諸侯，時立于成王之側，西面以相耳，文王世子脫「相」字。言踐阼，明堂位「負扆南向立」，乃誤也。足下不以僕為不可言，實意示教，含此疑意，故不敢不復。抑望再為開發，以破執迷，則僕領受良多矣。

與張翔九論遷葬書

自春初相晤，忽忽三時，未能一日談心，匡我近咎，皆以舌耕餬口，僅隔數十里之遙，遂睽違如此，何悵如之！足下學與時茂，所見益通而處事益慎，此某所能信。近聞欲遷葬伯母，心竊惑焉，未知足下誤信堪輿家說耶？抑孝子之心別有所不安耶？蓋沙南一帶，室廬墳墓皆濱渭水，數年波臣屢侵，為害殊甚。其他沉災之患俱不必言，獨于先人塋兆往往崩潰，穴壙之中不免為泥塗所淤，念及化者能無痛心？足下之遷葬，此誠事死如生，事亡如存之意。雖然，幽明殊，隱顯異矣，棲九京者不可使暫出地上，與在兩間者不可使暫居地下無以異。國子曰：「葬也者，藏也。」藏也者，欲人之弗得見也。人死體魄則降，其髮膚肌骨雖附於棺，而血肉之精固已化而入土。若復啟其藏，遷於他處，不惟死者惡見天日，且是以親之骨血分於兩處也。周禮遷葬之禁，隸於媒氏，時亦未有堪輿家說，此固非為有不便而遷者也。然聖人禁之，亦可知既葬斷不如依舊之為安。若或有疑於此而別求福地，則更有所不可。夫堪輿之說某不信久矣。人之富貴貧賤生而即定，即云未定，其轉移在乎吾心，詎可求於既死之親尸？某向營葬先嚴，形者言舊塋不得科第，固求為覓善地，而某以舊塋祖宗所在，不忍使先嚴孤棲他處，卒不用其言，然某鄉薦之年即葬親之次年也。禍福定於天，亦存乎我，非坤靈所能移，非形家所能知，亦大略可睹矣。程子所言五患，惟在不為城郭，不為道路，不為溝池，不為耕犁所及，不為豪家所奪。司馬溫公為政，嘗乞禁天下葬書。吾儒之見率皆如是，雖有青囊赤霆、玉尺金斗之篇，何足為據？所卜牛眠，不知已定與否，若使尚未啟壙，固可復止。某非敢言愛人以德，但恐以足下之達觀，偶爾執迷，他日轉不勝其悔，故不得不獻。

閱皇朝經解與井文圃書

皇朝臧用中經解首言孔孟事，頗有可采而不無參差。其上錢辛楣書言：「孔子年五十四，於定十二年冬去魯適衛，主顏讎由；居十月去之，在定十三年；未幾返衛，主蘧伯玉，在定十四年；十五年去衛適陳，居衛已三年，有『苟有用我，三年有成』之嘆。其中有過匡、過蒲，將適晉、過宋、過鄭等事，皆在去衛、反衛、適陳之前。適陳主司城貞子。哀三年夏，魯桓、僖災時猶在陳，已三年有歸與之嘆。及厄陳、蔡，自楚反衛在哀六年。衛出公四年，哀十一年冬，自衛反魯，孔子年已六十八。」此皆據史記。而於十二年去魯，據年表及魯世家，以孔子世家所云十四年，年五十六，為後人悮讀竄改。又以年表，定十四年至陳，哀三年過宋皆悮。宋世家元公二十五年，孔子適宋，「五」為「三」字之譌，過宋、過鄭、適陳皆在是年，與孔子世家合。

于孟子言先見梁惠王，次見齊宣王，次見鄒穆公，次見滕文公，末見魯平公，以史記列傳為偶悮。齊宣、梁惠當互易，郊卿註之悮亦因史記。又據慈谿黃氏震述其鄉蔣曉言，史記齊伐燕有二事：齊宣伐燕，燕文公卒，因燕喪伐之，取十城，前梁惠公下篇所載是也。齊湣王伐燕，燕王噲以燕與子之，齊伐之，公孫丑下篇所載是也，援證甚悉。

又以孟子為孟氏後，系鄒人，非鄒國人。「鄒」即「騶」，本說文，孔子所生。故鄒城去孟子所居五十里，去邾、鄒則遠。故孟子對鄒穆公不似臣對君，葬母直書葬于魯，于魯平公之見，依依父母之邦也。

據孟子辨，孟子不一而足。竊按孔子年譜甚多而孟子編年則少。予素取江昚齋孔子年譜，臧所言與江亦不合，就其斷諸史記者，即以文法詳之未為不允。但如定十二年冬，孔子去魯，惟據郊後去魯，引明堂位「魯郊在孟春」注云「建子之月」為證。考禮記義疏，魯郊僅夏正正月祈穀之祭，不得僭冬至圜丘之祭。明堂位言「孟春」，魯諸儒故以夏正混周正，張大其事也，似此則江氏十三年春云去魯之說為近。又考春秋書，郊下月、四月、九月，實無定時。至定十一年書四月四卜郊，十五年書正月郊，牛傷，五月辛亥，郊，十二年至十四年，皆不書郊，安知郊在何月？郊非常非時乃書，春秋多書正月、四月，疑此兩月皆為郊之常期。禮記義疏與江氏年譜固恐難為定論，而臧氏既以為定十二年去魯，即不得云冬，且去魯適衛，居十月去之，亦不得在十三年。其後載武進劉氏說，仍以為十四年去魯，此一事不符，餘亦未必盡符。

又載江都淩氏說公、穀皆作襄公二十一年庚子，孔子生，駁後譜二十二年庚戌生，信史不如信經。此與江氏譜合，不知臧氏作此，何以故自歧互？孟子近有曹寅谷年譜，予向不以為然，得此可正。蓋孟子先至梁斷無可疑者，曹亦以孟子證孟子，於此復依隨前人曲為之說，故吾以臧說為是。即于伐燕斷為兩事，足釋千古之疑。然前伐燕取十城，與孟子言毀宗廟置君後去等語猶似不合。後伐燕為湣王，孟子未止湣王伐燕，王慙孟子何故？豈與或言，王已聞之耶？此當更參之。要之，臧讀書頗精，說多可採，如後載春秋條例、虞氏易圖，俱足資人考覽。特二冊明非完書，至中州尚能搜得之否？

與趙省齋論朱子魂魄說書

來書以朱子魂魄之解相質，足征念念在學，不肯蓄所不知，且不以下問為恥，至老而愈勤愈虛也。朱子云：「魂生於木，魄生於金，故曰三魂七魄，金木之數也。」此正以五行生成之次序言。魂陽故生於木，數之三，魄陰故合水一生六成，火二生七成，木三生八成之次序而曰生於金之七。若以金木生成之數分言之，則木生數符而合成數則不符矣。金四生九成，生成之數，皆不符矣。蓋天地之生，水火皆有形無質，至木則質成，故魂生；至金則質成而堅，故魄生。魂魄皆生於質。魂者，質之陽也；魄者，質之陰也。朱子論魂魄甚多，余竊以意約之，有體則有氣，有氣則有魂，有魂則有魄，氣結而魂魄因之，非體全則魂魄不具，魂有知覺，魄無知覺。先儒云：「鬼神非理非氣，而介在理氣之間。」余亦謂魂魄非氣非質而介在氣質之間。左傳「人生始化曰魄，既生魄，陽曰魂」，似魄先而魂後，然此就形成後言之，其實初生則魂為先，魄為後，故木生、金生之說不謬耳。試驗之，夢寢魂遊則為夢，是魂有知覺也，而精神困紈，夢寐間如別有人在旁，或疑為鬼厭，是魄無知覺也。又如人死則魂猶能為靈，是魂為氣之氣也。尸化後，其下入地往往有物，是魄為體之精也。魂魄之分，此其大略矣。因君下問，為妄解之，是非尚希再教也。

與霍松軒書

某謹因世弟戴穀致書松軒明府足下：前接來劄，稔署中清況與在翰林時無異，某以此竊為足下賀。何也？士惟貧始可以覘貞介，官惟貧始可以見節廉。矢節廉之志，固斷無不貧，又何嫌於貧？今之談仕宦者曰某缺善，某缺否，論所出之多寡也，猶貧士言設教曰某館善，某館否，論學俸之厚薄也。計其所獲而忘其所事，舉世如此，習為固然矣。然設教者之學俸猶屬應得，仕宦之所出更無公分，蓋自俸祿外無非取於下者也。而今州縣之俸祿尚不足供上官之節費，其他取求與幕僚束修無論焉，則欲不貧得乎？與其任富實之邑而在己終不免于貧，何若涖貧瘠之地而上官尚不疑其富？故某敢以此為足下幸。

呂氏童蒙訓當官三事：曰清，曰勤，曰慎。某欲以儉字補之，向為劉仁趾刺史言，今又不能不為足下言。夫儉者，清之源也。孔奮令姑臧，惟母極膳，妻子止食蔥韭；劉元明謂作縣令惟日食一升飯，不當飲酒；趙清獻任成都，一琴一鶴自隨。古之廉吏大抵如是耳。若謂業得貴仕即所酬宜厚，因不惜縱欲極奢，兼以賓客填署，臧獲滿廨，則供一日之食，餍一人之欲常恐不給，勢不得不賦卵於小民而受金於暮夜。然儉與三事實相因，儉而能勤則一身可以任眾事，而需人自少；儉而能慎則在我可以無過舉，而奉上無庸，然後得以行其清而節廉成矣。凡此本皆無足為足下言，而以吾兩人之交，意謂別無可以通慇懃者，是以輒不禁其聒聒也。

世弟縠到署，自當善遇，以全終始。某方欲足下裁省一切以成其廉，非又以此相累也。在三之義，不可與泛泛者等，並不可與他戚屬等。況以少白夫子成就吾兩人，人皆知之。幸而蒙栽培，讀書致通顯，而師僅遺寡妻弱子，又無他依賴，或不免行乞於市，吾兩人之心能安乎？吾兩人之義烏在乎？根本不恤而居官講節廉，豈所謂節廉耶？昔者李固得罪，王調貫械上書，趙承要鈇鑕通訴，後復治固獄，王成棄職，將其子燮浮江東下為酒家傭。古人盡道于其師，往往患難死亡之不避，況安常處順時哉？惟此一事不足以損足下之廉而足以成足下之義。足下與某有同心亦不得斥某言為贅也。縠年尚幼，識見未定，不惟宜善遇之，又宜善教之。使其一履邪徑，即吾兩人之職有所未盡，至於飲食衣服，足下一身自儉，而豈可使彼過奢，縠之所不能怨矣。前書來云竊案甚多，近復被竊，所點定二十部書盡為攫去。此等宵小誠足下切齒，足下新任，未能化民，遽使無盜，正當嚴為之督。怒于甲而欲移於乙，某固不無私意也，為之一笑。

答岳一山書

後六月初五日接來書，感愧交集。足下有意紹述前喆，關中文章大賴振興，而捜羅且及吾家，使先人散佚之帙復有完葺之望，何幸如之？但僕以前世舊業未能繕理而待，足下殷殷如此，反而自顧，真不勝汗浹，尚有顔啟口相答耶？

雖然，僕亦非敢以不肖自安也。程子曰：「無功於人而虚度歲月，宴然為天地一蠹，惟綴葺聖賢遺書庶有補爾。」僕自成童誦此言即私藏于心，顧少時見聞苦隘，直覺無可措手，既又以功名汩沒其心，此事竟束高閣。向閲韓聖秋明文西始知前朝古文作手萃于吾秦，其高者多軼唐宋而追秦漢，因慨然復觸素志。念往聖昔賢之編增釋傳刻已多積薪，無事更為塗附，其闡揚當自吾鄉始。吾鄉前喆多矣，其理之當自吾家始，而亦有難焉者。夫文章之業作與述一耳，無漆園之才即不可以註南華，無子雲之學即不可以詮太玄。先河濱淵源太青，其文閎肆奥衍，以僕之譾陋，讀之譬如坐大海之舟，茫然莫識彼岸，如觀明德之鼎，更多目所未經，間有帝虎之訛，思欲訂正，恐不免誤「金根」為「金銀」，何敢遽從而訂之？且僕於河濱本疎族也，其架上所藏亦未能盡經其手，是以存於己者無幾，然求之近境，戚友殘篇尚多可得。去歲以聞姚子方駕部致書其家，云曾言於曉嵐先生，圖刊河濱集，昨赴禮闈，思攜一編以往，又疑侈託家世，為夤緣之私，致令顔標笑人，故旋且止。今承足下意，雖愧無以自容而誼不得秘，責不得謝矣。

足下主講關中，遠繼少墟，近述酉峰，僕思就正已久而未有介紹以相通，由今以往即未知何時始登有道之堂，然已不勝御李之幸，非徒以表章先業為望也。承命謹先録河濱集卷數以聞，隨令生徒鈔寫，當以次便寄。

與劉仁趾書

比聞自粵西來者稱足下有神君之號，知口碑之溢於彼地也。然足下自言方欲然若有所不足，而殷殷乎芻蕘之是詢，此其兢惕謹慎，與古人不異矣。僕前曾致蕪詞，來書未見言及，豈浮沉他處，不獲達之足下耶？呂氏童蒙訓三字實盡當官之法，凡筮仕者皆能言之，但恐習為口頭話耳。僕前書所獻亦不過此，而欲以儉字補之。以清為當官第一事，固足下之所能，而儉為清之本，如足下平日之揮霍，僕意非此蓋別無可贈也。雖然，今又有說焉。向與尊君先生言，云粵西民黠而健訟，足下以嚴治之，而俗亦稍變，此國僑之所以教子大叔，夫子嘗稱為惠人者也。顧以愚見言，嚴終不如寬之為愈。夫寬非寬緩縱弛之謂，寬緩縱弛乃子大叔之行寬而失者也。德以化之，勸以督之，即有梗頑之民必為曲諭，使之自悟，諭之不可又再諭之，不可又反而自責，終不可，審其情真罪當，然後以刑治之而無赦。其法則嚴，其道則寬，所謂寬嚴相濟而必以寬為主也。昔韓延壽閉閤思過，風行於二十四縣，仇香云鷹鸇不如鸞鳳，漢之良吏猶恃此為治，何論三代以上者乎？僕之言此未免效老生常談，然腐儒所見大率如此，以足下屢欲問盲借聾，不禁復為聒聒，足下以為何如？

與岳一山乞作母壽序書

春景融和，知先生道履定異尋常。去歲漢中不靖，自長安來者云先生以太夫人故，得報即匐匍冒死以往。僕聞之，至為感泣。君子赴君親之急無容稍有遲回，冀親之安而不顧一身之危，即此可以勵關中人士矣。自先生去後，僕遇人問賊故，即問及先生，以先生之身吾秦文章所系也。先生幸而存，又幸而與太夫人俱全無恙，今復得來長安，僕亦不禁為之抃舞也。僕與先生未獲一面，于先生之文亦未得多讀，然向聞人言輒心識之，於今乃益信焉。非獨信其文，並信其行，因其行愈知其文之可貴也。不然，吾秦之習為古文辭者不止先生矣，安在其皆足傳哉？先生前以僕呈先河濱集，辱欲贈之以文，此實所不敢受，顧竊有求焉者，以先生之念太夫人，知其於僕必不忍靳。

蓋今歲七月四日，家母七十辰也。僕自少貧賤，兼未能竭力奉養，欲效他人之稱觴，誠不可得。獨念吾母向事先祖父母及先伯祖父母，日夜紡績以供甘膄，而自奉則日蒸麩作飯以為常，至佐先君子讀書與教僕讀書，皆恃茹苦給其資費。於今老矣，鄰里猶嘆其無夜績聲不及雞鳴，乃朝饔、夕飧亦終未能極滋味，享一日之樂。僕曾聞君子之行，于此寧不愧乎？故常反而自責，因思所以自盡，計惟丐有道者一言以祝康寧，而由僕度有道者之言，更無踰于先生。先生自愛其親當亦愛人之親，況夙為文章宗，但出其鴻筆，據實而道之，使後之彙先生集者見有吾母七十壽文，庶幾吾母畢生之苦藉先生不湮，是即僕之所以稱觴而他日于先生感佩之不忘者也。母氏張，先君文學公沒已十五年，遺僕兄弟三人，孫凡八，皆稍解讀書，鄉人或指此為吾母目前福附及之，他不暇縷述。

與姬杏農書

杏農足下無恙。前得岳一山舍人書，言足下自咸陽來，與晤講舍，猝然驚喜，不啻復聞足音，未知絳帳重設吾秦與，抑仍作汗漫遊也。僕赴禮闈試，以越幅見斥，歸而復理故業，一二好友盡皆散去，惝惘於邑，其何能已？因憶去歲足下過我，一夕快談，不勝今昔之感。莊子言：「一月之中，開口而笑者兩三日耳。」僕數月以來，雖半日解顏未有也。夫僕豈盡以功名役其志哉？念當十四五時見程朱之書而悅之，便欲棄去舉業，閉戶誦讀，學為宋人之學。顧以質諸師長，皆恐明志未能，終成山林樗櫟，為世所棄，不欲竟不就試。既而思之，制舉之業與程朱之學不相妨也，程朱在當時亦何嘗不就試。故自弱冠叨入庠序，四赴鄉科，至今貧困饑寒，日以較甚，而每遇公車之詔，輒思步人後塵，固非敢剽竊以取功名，要豈敢自謂可見於世耶？黃陶菴先生既成進士，猶上書願假歸讀書十年，僕邇日之志亦如是而已。然而讀書非一人事也，僕自少不能裹糧從師，生平又復寡交，一室講求，間亦不無所得，然于大難解處，或蓄疑數年而不釋。至夙夜之間未嘗不以君子自治，而腹內小人最為叵測，往往不免竊發。冀有明達樸直如足下輩者數人，不必朝夕聚處，但於旬月之內，時一晤對，舉所見所聞，肆意剖別，兼以消其鄙吝之萌，豈非大愉快事？而乃常付虛想，恐學問不能明而德業卒不能就，此僕所為恒鬱鬱也。僕向欲屈足下於敝邑，亦猶是心，事既不諧，何容復贅以矜鄭、賈未明之隱。今如駒留西安，依然在吾境內也，魚雁甚便，祈先示玉音，即當面談以破目前孤悶。僕後所商者尚多矣，臨楮不盡欲言。

復党符六書

來札屢以選刻河濱集當其難其慎為言，足見足下重眎此事，愛河濱及我，又附姬杏農意，並見杏農之愛我，然僕於此亦非敢苟也。河濱集凡百十卷，皆訂于其季子先標赤手，舊刻惟霧堂、甗閣兩集，餘俱未嘗梓行。僕搜羅數年始盡得而有之，顧觀其體例殊與私心不合。且霧堂、甗閣兩集本刻于南中，在當時板片已就散失，所印刷者過江以來復多為馮夷盜去。而未刻之編，書傭録寫未識藁底，遺落謬誤之中兼有空白未及填補，則考校而庚訂之此已難之又難，況河濱淹博，吾輩百不逮一，慮有妄疑「金根」之誚乎？況於百分之中，選不過八九，不免遺珠之譏乎？若裁汰從慵，去其無甚關係及與時違硋者，是則易辦耳。但如足下與杏農述沂水先生言，位卑而言高，輕于論政談史，以為河濱規諷，使僕慎擇而去此，竊以為不然。若如此則河濱之文可汰者多矣。不惟河濱，凡古人之文可汰者不少矣。且其汰者皆將為有關係之文而未汰者皆將為無關係之文矣。位卑而言高，為守職者言非為著述者言也；論政談史，古人以此為經濟之文，自言其理勢以抒其所見，而非必譏切時事。言之者無罪，聞之者足在戒，斯亦何不可之有？沂水之意特為其太甚者言之而已。足下又謂楚騷一卷，當去其太涉牢騷之語、此亦不然，去其牢騷之語則非騷也，所謂騷者，正以寫其牢騷不平之意也。且是集所言皆前明末年事，非至盛朝始作也。缶謠本序，事則往矣，言則不諱，河濱固自言之矣。其他篇有涉愁鬱者皆此類也。

僕近苦於文字酬應，日了一篇，案頭猶多委積，惟夜間生徒工課已畢，始閱選河濱集。惜近地無人分任其勞，足下與杏農等又不能聚首面質，所託足下檢閱者必更自檢然後安，故此苦幾不能堪，數日來自覺心血乾，目光闇矣，然猶未知自檢之能當否也。今擬定河濱遺書若干卷為一部，河濱文選若干卷為一部，河濱詩選若干卷為一部，其間應酬之文不録，涉外氏者不録，果有違碍與無甚關係者不録，殘缺不完、魚亥未定者不録。所録者或以事存，或以人存，而並不盡以其文。如傳部，凡屬節烈，雖寥寥短篇，未忍從刪，懼失當時表揚之意，致有陰譴也。例不從舊裁，惟因心含疑，未敢自信，俟梓工謄録既訖，尚當聚同人共酌之，因便布復，並示杏農，以為何如？

復王稼堂書

初六日，郃陽范澹園同年之姪楫來館舍。方與共飯，得接足下書，甚愧，甚喜。僕樗材，無似足下，謬相推獎，得微若太原之譽元邃乎？所刻初學典故，本暇時為子弟口授，積久所成，因為分類編次，而子弟憚於鈔寫，強付之梓，非有別見特識，堪當足下一嘖。其喜得來書者，以為吾輩氣類相關，亦若有天焉為之緣也。范澹園之死，想聞之久矣。僕不能前，即念澹園無立錐之地、一錢之積歿，遺寡妻弱子，方憂不能存活，又何以舉葬事？今其姪來，果言澹園之柩暴露於風日之中，未有寸椽半瓦覆於其上，妻若子日夜號哭而無如何。渠卜欲於今十九日舉葬，而戚友無一人賻者，願得一二同譜兄弟助十余金即可送之九京。僕聞此蓋不禁慘然泣下也。澹園生平傲兀不近人，兼以老困，不慎細行，見者多與之遠，況身已在殯，誰復相念。然西華兄弟冬月葛巾被練，人無恤者，劉孝標見而心惻。家太白世皆欲殺范傳正，為之改葬其喪，吾輩豈異人耶？僕與楫共議此事，思吾兄弟惟楊南廬、雷儀廷可通音問，餘皆散在四方，無由赴告，亦尚未計及足下主教關門，而足下之書適至，故甚喜，謂是實天之憐澹園，因巧使此書相值以啟僕之心而達於足下也。足下為義如不及，聞此不待僕之慫慂，必不能漠然。如有所助，祈即便寄，僕將於十九日親往郃陽送葬，代致其家。不惟澹園於地下感之，澹園之妻子及其姪感之，雖僕亦感之矣。來春北行，未可預定，所刻典故，承命亦不敢藏拙，謹奉一編以當覆瓿。

與某學師書

聞有道僕私議先生，意將與先生為難者，不知其說何自而起。僕抱拙守寂，於門外事一切不問，況敢妄生是非耶？然素喜文中子止謗之道，聞之固已置之矣。一日有邑中友數人，果詣僕言先生數事，皆謂甚有虧於風教，將援僕面質而爭之，始知前所聞非無因也。其他僕俱以為非所宜言，惟頒胙事僕向亦曾道及，今更不得不為先生言，以效芻蕘之獻。邑紳之得頒胙，雖非國典，而自昔行之，天下縣邑皆然，固舊例亦公禮也。所以必如是者，廣聖惠且重邑紳以崇文教耳。春秋兩丁乃入學，頒學之祭原非不在學者所得與，不與於祭而得與於胙，庶幾由學中上達之人均沾吾夫子之澤，而見在之學子亦將有所感而興起，故曰均聖惠，崇文教也。況祭品之費皆出邑里之供，是以歲祭簿書，除官司、學子所分外，出學諸紳亦除應分之數。若廢之，是使聖惠湮，文教絀，此應分之數，其又何歸與？此事廢實始舊任某，渠即以不與祭不得頒胙為口實，殊不足以服諸紳之心。當時雖無與爭者而物議紛然。後某繼任復頒之，邑之人遂莫不是某而非某，先生奈何蹈某之轍耶？禮與分姑勿論，以數百年之良規一日廢之而不行，使後之人謂某實作俑而某復效尤，先生其甘之乎？先生吾輩同氣，以此事使邑紳與爭，亦以為自傷其類，故敢破交淺言深之例，喋喋於前，願先生思之。往不可諫，來猶可追，苟不棄末議，使邑中之舊事常存，並以杜眾口而弭競端，僕不敢謂有匡于先生，先生惠僕良多矣。

復趙斗屏論命書

與君論命屢矣。前在敝齋，君復以人生墮地有聲，天地之氣始從口入而命定為言，僕辨之。數日，君又以書來，執前說剌剌不能已。竊以此理甚明，君何過拘成見耶？夫謂墮地有聲，天地之氣始入，命亦於此始定，是人生而氣與命皆後附也。後附者終不能與形體為一，雖曰流通周徹，既屬二物，終有隔阻，亦焉得而徹之？如灌園，畦口開，水入可滿畦，畢竟水自水而土自土，中邊俱徹，斷不能上下俱徹也。人以氣而生，非氣得人而始人。氣，天地之氣，非父母之氣也。父母非天地之氣則亦不生矣。朱子曰：「命定于有生之初，非以墮地然後為生也。」以墮地為生而氣始入，在母胎中是死物而無氣乎？以墮地為生而命始定，或死於母胎中，或方離母胎以難產不待墮地有聲而死，可謂非命乎？人在母胎十月，形體已全，未墮地有聲，氣不與形體俱受，此形體誰使漸至於全？謂隨母呼吸為呼吸，若無生氣亦何以能呼吸？謂呼吸為母之氣，母之呼吸誰呼吸耶？試譬之百穀，方其莩甲未拆，穀穗之胚胎已成，此胚胎豈可云尚無生氣？其生氣豈可云穀莖之氣而非天地之氣哉？如君說離母胎始可言生，始可言受天地之氣與命，則人亦祇可言生於母而不可言生於父矣。張子曰：「形而後有氣質之性。」始有胚胎已是形，但形未成耳。形未成則氣與命不全，母死胎亦死，猶穀本枯，枝莖胚胎俱枯，天地之氣不能通也。離母胎，己之身乃自與天地通，而不隔於母也。朱子謂命定於有生之初，特形體已全而生，然後命定耳。然朱子言生初之命而僕向又以為有生後之命，何也？天地之生氣盎然彌滿，無一物而不生，亦無一日而不生。人未生，得天地之氣以生，既生而成形，仍與天地生生之氣為一體。有生之初，貧賤富貴壽夭固定矣，顧使當貧賤而夭，或自黽勉而善全其生，則與天地吉祥純固之氣相迎，安在其不富貴且壽？使當富貴而壽，或自暴棄而故戕其生，則與天地吉祥純固之氣相戾，安在其不貧賤且夭？其又有相反者：氣數之曲折未能遽定，雖天地亦難自主，亦不得曰此生初之所定也。生初之命，主也；後之命，輔也。知其主不可忘其輔，此孟子有命不謂命之旨也。

然此言氣數之命而非義理之命，義理之命與氣數之命似為兩端，實亦一而已矣。何也？無理則無氣，理在而氣隨之，非氣聚而理始因之。自其予於天者言之謂之命，自其受於人者言之謂之性，均此理也。理在人，非氣固無安頓。要是理主而氣輔，蓋有此一團道理則氣即湊泊，氣湊泊理遂與氣俱足，所謂「氣以成形而理亦賦焉」。謂理與氣俱來，非謂先無此理，因氣而有也。惟是理不著氣則並無主名。請解之曰：其當有此氣，即理也。天下有無氣而有理者，予向以枯木死灰言之，今又得一說焉。如人所作陶瓦鐵冶器，何有氣而理未始不在也。人之生與天地之生無以異，易曰：「太極生兩儀。」周子曰：「無極而太極。太極動而生陽，靜而生陰。」程子曰：「太極者，道也。兩儀者，陰陽也。」然則理居氣之先，明矣。理與氣合則為性，性不離乎陰陽而亦不雜乎陰陽，故終以理為先，以理為主。不然先有氣而後有理，氣有清濁純雜，充其說，勢將謂性不盡同，而孟子性善之說果可疑矣。此皆向與君言及者，因君言而又瑣屑言之。吾輩窮理不嫌辨難，不厭反復，竊願更細參之，有不合者即復示我也。

答王維戊喪服問

周公制喪服，為父斬衰三年，父卒，為母齊衰三年，父在為母服期，此古今必不可易之禮。傳曰：「為父何以斬？父至尊也。為母何以期？屈也，至尊在不敢伸其私也。父必三年然後娶，達子之志也。」義疏：「為父斬衰三年，為母齊衰三年，此從子制之。父在為母齊衰、杖期，此從夫制之。家無二尊，所謂夫為妻綱，父為子綱也。」傳言：「屈與厭不同。屈者為服之人自屈而不得伸也，厭者為尊者所厭也。夫禮固緣人情，然情與禮公私自有不相干者，父在則禮統于父，情在子雖母亦私也。」張子曰：「抑其子之服於期而伸其父之不娶於三年？聖人損益，百世而不可改者，精矣。」又曰：「雖服期，而心喪之實未嘗不三年。」程子曰：「古為母，父在服期，今改三年，是家有二尊矣，可無嫌乎？處今之宜，服齊衰一年外，當以墨衰終月算。」李氏如圭曰：「疏『衰不廬，父在，為母、為妻居倚廬，期，大功，三月不御於內。父在，為母、為妻終喪不御內，期，既葬，食肉飲酒。』父在，為母、為妻，終喪不食肉飲酒，此皆其異者。」義疏又云：「古之為喪也，盡其實。後世之為喪也，侈其文。」古者服有減殺而居處飲食一一如禮，是文雖屈而不害其實之伸也。若實之亡而徒以三年為隆則偽而已矣。且祥禫而後，父將舉吉禮，而己之服不除則不可一於祭，非所以事父、承宗廟也。抑父則已禫矣，至三年闋而又禫，父主之乎？己主之乎？

觀此諸説，斯禮也愈可無疑矣。子降母之服，母不得降子之服，以祖亦以父也。父且不降，母可降耶？出妻之子猶為母期，在父不以為妻，在子不得以為非母。期以下更無可降，亦別無所以報也。為妻期，為母亦期，母疑于父則為父屈，妻遠于父則不為父屈。然妻為夫三年，夫為妻期，是亦猶母之屈于父也。王一歲而有三年之喪二，其於后謂三年不娶，此本一以達子之志，實亦猶雖期終不御內之意也。王子母死，其傅為請數月之喪，是禮廢而請復之，非無其禮而請增之也。大夫以下如母與嫡母無異，父與嫡母在亦自有降厭，且非為後者得伸其私也。總之，家無二尊，于父在為母降服之禮可以一言盡之。禮有因親而屈尊者，宗廟九獻，祭天七獻是也。有以尊而寬卑者，大夫之臣不稽首，以避君是也。禮窮則同者多，聖人制禮，固有委曲遷就之處，其委曲遷就正以求其精耳。今世于古禮廢者不一，尸也，席也，脱屨也，娣姪之媵也，古固有不必盡復者，以是謂聖人制禮之非則否矣。

與家子法言作令書

令，親民之官也。今之作令者患在不與民親耳，所以不與民親者，其故有三：曰昧為令之心，曰矜為令之勢，曰無為令之才。朝廷以天下之令治天下之民，令皆賢則天下無不治之地，故自令以上皆治官，惟令乃治民，令之重如此。士學古人，官得先為令以與民親，庶幾行其志矣。謂令不可為則將援上以求遷，以為令為幸則惟專利以自殖，于民復何有焉？夫今之令即古鄉遂之士也，在民上實在民間。盛世天子行幸，與民依依如家人父子，何況令？而令方自貴曰「吾官也」，擁衛導從，望之而不見，呼之而不聞，一有干犯且獲重譴，尚安問民間之疾苦？其有以疾苦告者，雖無惡民之意，抑無以應之亦或避之而不遑。試問讀書數十年，所學何事？學至則才生，舍章句之學而學治民，一心循良，握要持法，古人、今人無不可以益我聰明。顧等於泥塑木雕，不恤瘝官之譏，如是復烏能與民親？民不親，其所親者左右暱近之人而已矣，吏胥廝養之屬而已矣，奸豪奔競之徒而已矣。之數輩者，吾嘗熟聞而總較之，左右暱近與我共朝夕者也，如皆不可用，尚有可用之人乎？然一至官署，垂涎于閭閻之苞苴，子尚欺其父，妻尚欺其夫，他何足論？無以察之，民之為所蔽者不知凡幾也。若夫内處官衙，外結官好，非利則勢，多小人而少君子，此世所共知而吏胥廝養之黠方百方以愚我，奸豪奔競之狡亦百計以當我。自非無一念之惑、一毫之私，見之明而守之定，未有不受其欺並受其制者。陽晝之教子，賤呂氏之訓，後生不可不思也。

然則吾欲親民，其若何以親之？曰：莫如日去一弊焉。則告之、諭之於前，問之於後，不使有居其間而伸手者。倉山叟嘗誨此法矣，吾惡得而易諸？至於隨事酌宜，因俗為治，有為者豈患拘執不通，與民有違乎？或曰：「既與民親矣，何以知民情？」曰：「還以情度之，情不容妄則以理規之。」「親民而上有所制如何？」曰：「寬一分則民受一分之福。」「親民而己有所難如何？」曰：「惜一錢，使民得一錢之用。」家子法分符太原，來辭以為令之道請，與論之如此。將去，因書寸簡以貽之。

與劉生繼美

生司鐸鎮原幾一年，鎮原之士應幸得師矣。予竊有問也。猶記向者函丈間，日對案共食，切切講古人乎？以昔之學為今之教，以為弟子之心盡師之道，知其事不相遠也。雖然，生夙勤於學，今為師年尚盛，不可不以身教，即不可不以師自重。若予之於生則猶以學者望之矣。生前師呂涇野之鄉，涇野，河汾文清之弟子，予于古人中朝夕所心儀者。率是為學，率是為師，何往而不可？且鎮原亦文物地也，古人無論，今其邑有與生同姓者，予忘其字，名曰之藹，曩自京師共行二千里，於風塵中擬為異士，聞已由翰院出為宰，生為其邑師，此則可友之人也，幸為我訪而問之。

復家海帆觀察　名宗傳

劉訒簃觀察自浙歸，奉接手翰，慚愧，不勝汗浹。僕侍母閉戶讀書十餘年，足跡罕及三十里外，交遊稀疎，間有吟著，比於草間蟲鳴，何遽得入閣下耳目乎？昔歸太僕，自以名位不尊，惜生平無大手筆。僕之文正，然所謂適足見笑而自點者也。閣下政事文章，訒簃盛稱之。南遊無期，不得一覩襜帷，其以經濟衍為著述，定有大集流播三江，顧無由爭先快覩，以自參證，豈非恨事？焚香捧讀，竚有待矣。古人文字之交不謀面者頗多，即如家河濱之于施愚山，集中各極推獎，而實未嘗一晤。閣下自為愚山，僕特愧不能繼武河濱耳。年誼辱示，恐蹈四海九州之誚，然閣下聯之而僕乃避之是又等於草木之無情也。承命忘分，致詞即呈拙集一部，伏祈是正，河濱集容俟後寄。

附來書

夙仰芳聲，久殷瞻溯。祇以雲山迢遞，捧袂無由，翹企臨風，但深馳結。比諗時齋年兄先生逸情雲上，嘯吟風生，卜體履之恬適，遂私悰之願祝。弟方之江轉漕，瞬閱年餘，日切冰兢，時慚疎拙。昨於廣陵舟次晤張雲巢都轉，獲讀大集，閎深老健，不規規于古而於古文節奏無不脗合，其所載之事多有益於世用，尤為難能而可貴者。敬佩！敬佩！弟才識譾陋，鮮有所學，而一生結習未除，於此事嘗三致意。凡世之能文者無不思讀其文得見其人為快，即不得見其人，幸而讀其文，亦稍慰平生之願。今于閣下深以不得一見為憾，如蒙惠示大集，俾得朝夕展誦，則雖千里關山不啻親承教益矣。河濱先生全集海內傳播，無從購買，並祈見惠一部，統交劉訒簃觀察寄浙為望。專此敬候安祺，統惟藹照不具。

答楊可亭書

七月末得王葵圃同年書，兼獲尊翰，愧喜交集。所正文廟備考及省志輯略譌字皆是，此由刊成工人速于刷印，訂本後又少校一過，故多欺悮耳。然於此見閣下平日讀書心細，一字不肯放過，即凡事不肯苟且矣。孔子之郯一條，兩處矛盾，僕亦疑之，以此等本難盡據，且學官容即在魯之郯，容屬後事，於此附及，是以仍依原文弗刪也。

嚴樂園先生事業彪炳，他日定入正史，承命作傳，恐筆禿不能揄揚萬一，遲回久之而有未敢辭者。僕知樂園先生久矣，往時臨川楊中丞護見拙著，恨當世大老知僕者少，謂關中惟嚴太宗能知之，即指樂園也。僕本不求知，樂園亦卒不知僕，而以閣下之命為樂園傳，因此見文章亦有先兆。竊謂僕傳樂園，即不啻向蒙樂園之知僕。況今見知于樂園之弟子如閣下者，又何異見知於樂園也？閣下所為樂園小傳與孫徵君傳僭刪潤之，已各付梓。作樂園傳，以事多可為後法，於原狀每不忍棄，自覺殊少剪裁，然剪裁為文可，於事終略，作正史可，作野史不可。兩疏亦宜傳，移入論中，此又變諸史之例，閣下以為何如？舊刻拙著並希見教。

又與張玉藻

作官難，作知縣尤難。一縣之事煩而劇，隨在不昧吾心便得其平，非甚難也，難在獲上耳。援上不可，違上亦不可。以謹事之誠感之，未有不獲其心者，萬一有不獲，吾所為無缺，雖欲罪我亦無由，此則治民正獲上之道矣。吾子服官之初，切不可以不慎。

與崔生家修

生兄弟叔姪本皆可教之才，但聚處之日淺，學猶未明，志亦似猶未定也。然即生等東來之志原非苟自待者，予亦粗與言為學之意矣。從此求之，聖賢之所言無不可知，無不可行。刻意自勉，由強恕以至反身而誠，不愧吾身為萬物皆備之躬，只在此志耳。豈必曰親吾門哉？生等勿自棄，他日聞西北有真學人，使人謂嘗聞教於某，予有榮多矣。自今實日望之，叢書大約明春可成，如有便程即當順寄。

與席雲占

自任欒城，不能通一束以致賀，足下書來又不即答，疎懶之罪知己自能諒之。前累接葵圃劄，知足下勤職，譽溢北州，私幸二三同志出理煩劇，類不自負，不使俗子笑腐書生未能有為，真可快也。走生平守勤儉二字，以為救時之急務，人亦多笑為腐語。近觀內外官僚率以此蒙拔擢，又私幸所見之不謬，謂世當還淯返樸，吾輩人固猶可以自效。然公孫子曲學阿世，汲長孺譏之。今有以敝衣邀譽上官，且有內服鮮盛而外著破敗，委曲飾說，上官遂信之者，聞之令人大噱。又或微服私訪以矜明察，此亦如成風氣矣。竊謂為政有體，以足下之才，又以葵圃佐之，不待趨逐時尚，政聲自宜大起，為有真實本領在耳。雖然，夫子不云乎，「居之無倦，行之以忠」，忠固不易而無倦尤難。走不習應酬門面語，與知己言仍以腐書生所共讀獻之，何如？

答王千波書

往接來書，屬跋養拙圖，適病熱不能即答，命小兒札稟，自覺慢矣。近差，勉為七律呈上，未知當否？閣下自跋，文與詩俱佳，所言「鳩」與鄙心不甚合，並質之。

詩專言鳩者惟見鵲巢篇，謂拙鳩也。鳩之名拙鳩，實專之。曹風鳴鳩不專曰鳩，必非一物。詩言隹者兩見小雅，皆謂短尾者，獨不謂拙鳩。爾雅釋鳩以隹冠之謂。鳩皆短尾，亦非專以鳩為夫不。鄭、郭以下諸註疏家解隹與鳩紛歧錯互，幾不能自定，予甚疑之。鄭據爾雅，以詩四牡之「鵻」，南有嘉魚之「鵻」，皆指夫不，云鵓鳩也。鵓鳩，今鵓鴿也。以夫不為鵓鳩是矣，以南有嘉魚之「鵻」為鵓鳩，就詩取興意言亦似之。鵓鴿不木栖，四牡之「集栩」、「集杞」何以解乎？近漆霞牟妻坡著毛詩物名疏，以「集栩」、「集杞」為集其下，亦曲解耳。集，隹在木上，制字之意，昭然可見也。予詳參詩、爾雅、左傳諸文，又證之目見，竊謂夫不、鵓鳩即左傳祝鳩，然斷非四牡之鵻。四牡之鵻則郭氏以釋鶌鳩者，而並非鶻鵃、鳲鳩。鵠鶏即布穀而非拙鳩，拙鳩、鳲鳩一類而小異，鳲鳩曰布穀，兩字聲，拙鳩鳴三字聲。拙鳩爾雅之鶌鳩也，鶌音及。吾鄉呼拙鳩今猶如是，以是推之，鶻鳩之為兔鶻，鵙鳩之為魚鷹。左傳鷞鳩之為隼均可知矣。夙疑久未質於人，因示詩文，不禁覼縷，辱閣下不見棄，詳教之，幸甚。

答張乾伯書

六月十二日辱承教，書閱一過，甚愧，甚喜，即以書遍示學生，以為此真直諒之友。子路喜聞過，曹子建好人譏彈其文，僕生平兢兢於此，自恨寡交少知心，無面攻者。往時以文質周蓮塘師，譽之過甚。後見人自蓮塘師所來者多謬驚許，以為此皆蓮塘師私愛，且好獎進後學故耳。岳一山素不謀面，見僕文妄以歐、曾相期。王雲門亦向不相識，批舍姪文尾謂君家大阮，當今作者至欲相師。宋湘颷攜僕文至京師，一二負文望者或以書來。霍松軒、劉訒簃攜僕文至南中，亦有二三巨公致書索集。王魯泉、千波兄弟，永濟姬杏農又無端以僕揚于道路。僕近念此，深自懼。前走京師二十年未嘗與人通一刺，一登貴者之門。既自晦養親已二十年，何不應人知而人知之如此，此誤我也。因之每感知心之友當如是，他人畢竟不相知也，故得足下書，感之又過松軒、杏農矣。足下規僕好名，戒僕刻集，摘僕一二事之過及集中之失，此皆非直心快口不能，僕之所久欲聞也。僕以名為戒而刻集已久，固應不免好名之疑，但僕生鄙鄉，自十四五知讀書至今五十餘年，積書一屋，日夕披覽，不欲遺一字而所疑甚多，又鍵戶已久，少質辨之友，刻集正欲證之四方，使有識者糾之，得及見而改，僕集序固自言之。不惟此，有前刻自知其誤而後改之，不能改者後刻復正之，竊效顧寧人、閻百詩所為。邇聞私議僕之人亦不少，嘗以不得面聞確指其端為恨。有所著，生徒或勸付梓，復不禁，仍是前心耳。且愚者一得惟恐後生初學不皆知，此亦野人食葵之見，而又不欲如宋人之私燕石也。顧今足下所糾，僕尚有所不釋，敢一一詳質而俟再教焉。

墓銘無韻，墓表有銘，古人多矣。以韓、柳文言，是人人所讀者。韓文李元賓墓銘，散體也；施先生墓銘以銘為題，而詞作系散體也；盧君墓銘敘其乞銘詞，別無誌而系以告之，曰以為銘，散體也；鄭夫人殯表敘其歷履而有銘。表、碣集中間出，亂、序本一體，房公張君墓碣皆有銘。柳文周君、鄭君碣皆有銘，子厚叔父殿中侍御君墓表後銘作「文曰」而有韻。以吾鄉文言，涇野、渼陂、苑洛諸集，又吾鄉人人所見者，涇野范質菴墓銘、唐母任氏墓銘，苑洛趙仲禮諸銘皆先論而後少綴以韻語；涇野趙周氏墓表有銘，墓碣後或有辭有銘；渼陂苑洛父蓮峰公墓表有銘，其他文集中不可枚數。總之，志、表、碑、碣一類也。古人為文固須有本，而體不相襲，詞不相沿。左氏傳後「君子曰」，太史公易以贊，班孟堅易以論，三國志易以評，晉書有論又有贊，而贊作韻语。孔子易傳全用韻語，自秦漢而下或彷之，以韻為文，或以文為賦。六朝及河東諸集墓誌或作駢體，昌黎、太青諸家作碑好擬制誥，每用韻語，涇野墓碣諸文後或作贊，或作辭，或作銘，或作文，或作詩，此皆變文之法，亦不可枚數。僕為文如楊侶墓誌、程貞女墓表，欲少脫古人窠臼，然不敢違古人也。足下博覽，豈此等皆忘之耶？

抑僕所見謬耶？

程貞女傳不諱其母改嫁，當時諸友亦疑。此僕以事本如此，作傳宜直書，且范文正之母改嫁受封，何足諱？古之聖賢不係于世類，此語豈罵古聖賢乎？足下言之，僕因偶記向一學生言足下講「子謂仲弓」，斥朱子註仲弓父賤而行惡為無本，又以此有「曰」字，與「子謂子賤」、「子謂子產」諸例不同，必是面語。面語豈能斥其父為犂牛？此言近是。然仲弓生於不肖之父見家語，朱子門人亦嘗以有「曰」字為面語疑問，答曰：「子謂顏淵下有『曰』字，豈得為面語？」足下應讀此。此解僕不甚信，其有由。今指僕稱程女者，似有之程貞女傳等面語。要之，改嫁恒事，即其人其家亦不自諱，與行惡大不同。「世類」二字豈皆謂行惡哉？

李子法母墓誌銘「子生似父，女生似母」，此古語也。為其母作志，又以子法系王九齡先生外孫故云有時似其母。諸史傳中揚其母，沒其父者多矣，豈有母無父耶？鄭小同同康成，豈祖生耶？何無忌酷似其舅，又豈舅生耶？大荔李氏墓誌言近日吾鄉多肯藏書，此本實言，如予里河濱時藏書最富，予少時凡家塾中四書五經外，別無他籍。泊村王氏，一時之盛甲吾秦，近數十年寥落，無一秀才，所餘全書吾盡購之。時有興衰，豈能諱，亦何必諱？古人文揚古而嘆今者多矣，如足下為趙渡白氏墓誌，直斥趙渡，人皆言之。僕意在揚今而亦據實言，非抑昔也。且如吾鄉自閻衣庭後，二十年無進士，足下與霍松軒一會並捷，若為兩君作賀文得不謂文風勝於前二十年乎？文廟備考序起數語概言之，並非謂朝邑人也，亦自為不知聖學，不考文廟者言之，非謂知聖學能考文廟者也。言之者無罪，聞之者足以戒，古人作文大概如是。即足下文，僕見發感慨，斥時俗者不少，微論此，何莫由斯道也？今天下之人牧未有不嗜殺人者，如足下言，將舉世而盡忌之乎？

若此篇以係文廟備考，本題一「備」字，抑字下論及朱子、陸王，明是餘意。又以趙斗屏專講朱子斥陸王，僕亦見近日斥朱子如成風氣，甚惡之，謂是以子孫忘其祖父，故不覺言及之而詞過於激。近日又覺呂新吾、稼書、復齋輩斥陽明太過，皆不免門戶之見，悔前言為隨聲之附矣。釋性篇以閱近人文集，其中有斥程朱言性並據孔子斥孟子言性之非者，意亦為衛程朱及孟子，固知力小不勝，然孟子不云乎：「能言距楊墨者，聖人之徒也。」渠輩自以蚍蜉而撼樹，故亦不揣敢為螳螂之當車也。

禘祫之議自鄭、王後至今紛紛，近或謂五年禘、三年祫出緯書。二語禮緯固有之，僕考張純奏，似非始緯書見。近人集中有禘祫議，亦非奉旨議之者，渠意在從鄭，殊不合鄙意，又見足下批中庸達孝章，駁匪夸似是，而於禘祫殊未悉，故議及之，此亦不過淺人說書，如街談巷議耳。謂犯議禮之嫌，勿論遠者，國朝侯方域壯悔堂集有割股等議，朱錫鬯有經書取士等議，劉魯田有預備倉貸穀私議，陳和叔有養兵等議，沈冠雲有祖亡承重議，許典三有大宗議，劉武仲有賦役議，邱秀瑞有丁役議。前所言某集禘祫議及議政、議禮亦不可枚數，皆非已仕而奉旨議之者，不皆在可禁之例耶？

河濱文集序及詩序並未嘗有青山故國語，詩序中明言未嘗縮符先朝，使絕不傷心於故國舊君，忠臣孝子之義安在？洎服本朝之化，享太平之福，忠愛之忱日深，故有皇子生、聖天子等篇，此正為誣河濱仕兩朝與文有礙本朝者辨寃耳。足下奈何漫言之？

至於典故之刻，本為初學計，如三字經之類，非為有學者也。繼又以易九圖、九家易、天文曆法、納音、納甲、五運、六氣、樂律、壬奇諸類，稍長猶多不知，遂又有續集之刻。足下所指后妃一條，此自歷紀明一代著于史之后妃耳。蔣太后明謂興獻后，非謂孝宗二后也。僕于明史兼閱王史藁一部，以兩史今尚並行，如舊唐書之于新書，故從王藁録之，即因其序。足下與議者未知皆見明史藁否，願與拙録文義再詳之。

夫著述甚難，僕非不知。馬遷、班掾、揚子雲、李、杜、韓、柳、歐、蘇諸人所著，誰不有悮，當時、後世之糾正誰能免之？司馬公且疑孟子，林孝存、何休、胡安國等並疑周禮。何休作左氏膏肓、穀梁廢疾，康成乃箴膏肓、起廢疾，杜氏注左傳，服虔諸家，劉焯復作規杜正義，又於劉氏一一駁之，近又有專刻劉氏書于叢書中者。以近人言，毛西河且有四書疑，袁子才且有經書語病之摘。僕詳其所疑、所摘，皆不然，而書已盛行，僕何敢語此？惟以質疑兼啟初學之心不能自已。竊謂天下之大，馬走牛步，蟬噪蛙鳴，何所不容？僕書固多悮，然初學有之者，其先生父兄自能辨之，不使致悮，故雖有議者亦聽之。

惜乎僕多自疑其失，愛我如足下能直教之，而所教又使僕不能無疑也。楊南廬文僕固知一出名世，然竊謂以文品言不如戴少白師文遠甚，此足下與僕意見之殊，亦不必爭。刻桐窗會課文亦效前輩長者獎勵後學之意，又恐僕悮教諸弟子，故亦使質於人，待指摘，得以竊其教而已。

斂錢之疑，諸弟子具在，自知之也。僕生平學不足齒，惟慎取與，戒奔競，嚴交遊，自檢素履，確可自信，而恕人愛物之心又其素稟。公車上春官時，謝氏曾兩次送贐，皆卻之。負裝往來北道二十年，自甘也，此人所共知者。在京師不一履貴者之門，在家非厚交公務何嘗一履富者之門。為謝某遞呈，當時朋友諸弟子皆有阻者，僕亦卻之甚懇，而謝典侯跪而哀乞者屢，謂邑紳集議者數十輩，只待僕一人。因念謝典侯為不同家之姪能如此自屈誠求，此誠讀書知道者所難。且試院之建，吾邑人誰不感，卷價事逮成而不足，公集時，僕商於眾，無一人應者，時足下亦在焉，相視若駭而已。會畢，僕言於謝典侯，典侯慨然一人任之，且卒讓其名於兄。此典侯今已死而僕猶傷之，以為吾邑富室之中之年少人物竟不能長年，使多行義於鄉，無論當時之乞，終不能卻也。若謂渠自有應得之罪，聖人殷殷於赦過宥罪，惜小民無知而犯法之謂何，吾輩何過為刻薄？況朝廷自有成例，鄂中丞上之，朝廷亦允之，而謂僕使人疑諂，試問此事成，僕曾一受謝氏饋遺乎？僕作事求信心信理，不恤人言也，恤人言正為名之尤者爾。華原書院欲延本邑先達，此本前任楊、謝兩公意，諸紳恐上憲不准，姑以僕公舉上呈。僕不就，上憲始薦郃陽雷某，而諸紳又援僕舉党符六，暨後事端紛起，僕不肯進縣而頻以書勸止諸公。足下何知為僕事而亦以此為僕好名也？

僕以侍親，家居教授，今益謝外事，淡功名，惟念誘後學當以聖賢為期，思亦以吾鄉先達倡吾鄉，故欲重刻關學編以廣其傳，使學者家有其書。既將刻之，因考宋如游師雄為橫渠入室弟子，似不亞范巽之，明如劉子誠諸人，似亦不亞呂愧軒、王秦關諸人。少墟明有遺者，劉學師續少墟又不續少墟同學諸人，續復齋又不續二曲、豐川兩先生。今補十餘人，皆入祀鄉賢，素所深知而可信者，中惟蒲城王茂麟不甚悉，足下交蒲城人多，尚祈示之。此刻已將竣，何能已也？譚悮所指兩條之悮甚是，門下王生維戌亦言之。然可商者豈止兩條，刻悉仍其舊，以有其說便可備一則。如「自行束修」，漢人用之皆作檢飭，而檀弓明有束修之問語，且後人于前人著述即有疑可自辨，斷無刪改之理。「金根」、「金銀」之悮久傳笑柄，斷不敢妄自尊大，輕議人之悞以自昭其悞，況前輩乎？足下名進士，好讀書，僕謂此事大可商，以邇來相見稀，常以為歉，而兩次承教，皆與私心不合，甚怪之。如後學之稱，自昔于前輩皆然，以近人言亦不可枚舉其一二。全謝山敘困學紀聞稱後學，蔣維鈞序何義門讀書記稱後學，近見一名家集于前輩稱後學、眷晚生。僕即一稱謂之間自漢以來于古人標出今人所詫異者，亦有成書一卷，此類何一可輕議？足下向獨謂非孔子、宋五子皆不足下後學。試思宋五子猶可，譬如為孔子下後學毋乃猶世所傳斬鬼傳誅高傲者之對如來稱眷侍生乎？

前番論恐正與今同，足下謂僕果于自信而僕終身自覺不敢自信，聞人議己即所議未是亦必從人改之，正為受善言耳。周易圖說初刻稱後學，因足下言，繼刻已改之矣。今所指惜板已出不可遽改，然願足下再教，使萬必當改，改之敢忘大惠？不然，稍可存之以示初學，僕心癡卒未能已，即人用之覆醬瓿，有日指其失以正僕之學，即以規僕之行如足下者，又癡人之本願也。然則不能致譽而適招謗，猶弗恤焉，亦可知僕之非好名也。

是書既達，乾伯又以書來，於始詆吾文無本，吾既指其所本者，又以為與吾論今人不論古人，吾所據古今人固皆有之。渠意吾殊不解，渠又諄諄爭後學二字，復置其所言上半截，惟辨下半截，謂本孟子待後之學者，後字可稱，學字斷不可稱。夫吾輩皆當以聖賢為學，如此說，將使人廢學矣。吾書中指全謝山二人，渠或猶以為遠，不足信。道光三年，瑟菴尚書序陸文安公集稱後學，如渠說吾又不解。渠又甚斥「足下」及「僕」之稱。此在時下，人有忌之者，吾亦聞之，不知「足下」非如世所傳晉文公與介之推指足下履為言也。僕或變而為走、為役、為賤、為鯫生，一耳。自春秋、戰國、秦、漢直至本朝，近日諸名家如袁子才輩與平等友人書皆如此稱，何講古文而徇俗惡此？吾又不解。他所論古文具在，證之前人，卒亦未能得渠教意。附志於此，更願有愛我者為我啟其陋，破其迷，鄙人非護疾忌醫者也。

與林慮徐山人書

前枉過小齋，一夕之談，略見學問端倪，而不獲劇論。越兩日，艮山大人來，阻風渭水，遺送語録一冊。讀之，嘆其醇正細密，所見所守應為現今當途第一流人物，知先生平日與講契合無間。不揣愚矇，讀語録到快心處亦間附條質，本欲並呈拙著諸種請政，萬里道路恐裝帶為難，姑珍存俟之，兩部足征大略矣。璧歸語録，亦慮郵寄未的，致有浮沈。暇日與生徒更論程朱、陸王之分，有文，要所未盡者，謹摘其要，冀萬一得達遠域以當面語。艮山大人未獲親接，然亦知己也，均希垂鑒。

陸王之所以異于程朱者，總由性學不明。近人亦以不明性學，故濂、洛、關、閩、金谿、姚江之是非至今不能辨。道統自堯舜，堯典言德，大學「明德」之所本，舜典言「五教」，正德之實由中而見於外者也。中庸五達，道之所本。禹謨言道心、人心，即性也，而別道心于人心。成湯言「降衷」，言「恒性」，孟子言性善，明道「論性不論氣不備，論氣不論性不明」，伊川「性即理也」，朱子「道不離乎陰陽，而亦不雜乎陰陽」之所本。書蔡氏序「二帝三王之道本於心」，道本於心，心一於道，即性也。象山之學主心非不是，但只認心為氣，不知道心故不知性也。

近儒講考據者直以孔子不言性善，孟子言性善為背乎孔子，是真癡人說夢，敢誣聖賢者矣。贊蒸民之詩「民之秉彝，好是懿德」為知道，贊易乾彖「乾道變化，各正性命」，繫辭「一陰一陽之謂道，繼之者善也，成之者性也。仁者見之謂之仁，知者見之謂之知」，說卦「聖人作易，順性命之理」，非皆孔子言耶？「秉彝」與書「降衷」、「恒性」之言一也。懿德非性善而何？特性之名自湯始出，此正湯之所以繼禹也。「各正性命」，原於命曰「各正」，詎得曰不善？陰陽一道，繼亦曰善，直由原貫委。「見仁」、「見智」，仁智乃善之實，孔門講仁，孟子言四端，無非陰陽、五行之實理。理雖無形，實也，氣即有狀，虛也。明純一而不雜則氣從乎理矣，流行運注而多疵則理喪於氣矣。有無氣之處，斷未有無理之處，是以純善者自無惡，極惡者容有善。作易順性命，順吾性即順天命也。異端不明聖道，大抵皆見氣不見理，亦不知理與氣不相離，並不相雜。

虛無寂滅非性也，善惡不一非性也。聖人出語和易，性相近非謂性不盡同也。合氣質而言之，剛柔中正，氣質不同，猶智仁之各從其性也。下愚不移，氣質之昏庸猶在百倍其功者以外，非謂絕無理也。天地生物，先有理後有氣，理主而氣輔之，蓋所以應有是氣，即理也。若無理則氣直不應有，有之則天地人物皆泯棼耳。何以久？孟子言性善，歷唐、虞、三代，六經、孔子之書從其先為主者而言，曰情曰才，均有善無不善，但清源並澄其流，後言動心則謂義理之心，忍性則謂氣質之性。「性也，有命焉」則謂氣質之性，「命也，有性焉」是謂義理之性，言各有當。近儒據孔子議孟子之言性善，猶東坡據孔子議孟子之聖武王，竟忘革彖「順天應人」之為孔子語，若以孟子為懵懂者，然而不自知其懵懂也。

考據家多讀非聖之書，聖人之經反或昧焉，侈見聞而不顧理之當否，考據更多牴牾。以禹謨自古道統淵源精要之言未經伏生口授為魏晉間王肅、皇甫謐師弟所偽撰，又云古文尚書已入大內，鄭氏曾見之。予向言「危微精一」，魏晉人斷不能為此語。據晉書謐本傳，謐曾讀中秘，必見古文尚書，何苦又偽撰之？鄭氏曾見古文，而古文何以不傳？是其考據之不免牴牾者也，如所云尚書只今文並無古文矣。

觀今之考據家亦多右陸王，尚書不信古文，大學卻遵古本。王與陸一脈，而變心學為良知，特別立一新異宗旨之名目，然本孟子，非新異也。孟子言良能、良知，仍以證前言性善即下言「親親，仁也；敬長，義也」，旨意甚明。予屢為生徒言陽明未解源頭，只見下梢，謂性無善惡，顯與告子同。良知何自而來？又不悟性善之即道心，以心為一物與陸氏同，而以致知格物為去私，因謂朱子補致知格物傳之大非。既曰良知，又必去私，是猶有不良之知，則良知不可盡恃。去私，能也。以良知該良能，遵王者皆云然，不知孟子言所不學，所不慮，明有所當學，所當慮者矣。驗諸世之孩提，稍長亦誰不然，且知既皆良，尚何用致？致在去私，何云致知？講良知以朱子為忘本，不思良知專屬用而遺體，何如復性知行體用輕重先後俱得哉！予辨此六十餘年，反復推勘，覺程朱之正，怪諸大儒何以隳于陸王者，俱不能出。以陸王又知凡為宗旨者之皆可不必也。然文安、文成皆為不世出之人。文安明於義利之辨，為家為官，一時鮮有及者。文成雖悞認格物為去私而去私之功甚力，破宸濠，從容成莫大之業。予列之道學附編，以均非無得於道，而後之人不可徒慕其人而或昧其正也。學術固當如此，幸高明教之。

上三大憲書

鰥生李元春謹上書司臬大人，並祈轉呈中丞、藩伯兩大人先生閣下。

鰥生今年七十有五，自問生平雖極貧困未嘗一有乞假干謁，四十後即絕意功名，侍母讀書，閉門不問外事。桑榆遲暮，怵于程子為蠹天地之語，綴葺書傳外，鄉邑利弊乃時關心。向有自省出者，言今撫、藩、臬三大人任吾秦方面，吾秦之福也。以為三大人凡事一切認真。世言認真即聖賢所謂誠字、忠字，惟不能認真，是以雖有良法而竟成弊政。天下事大抵然也，可勝浩嘆哉！幸吾秦有三大人，秦中利病皆可以次興除，邇者黜虢安良，既有成效而又不能無私冀厚望焉。

本邑善事鰥生每效裴叔則之挹注，慫慂有力者為之。惟有兩端為邑中弊，日甚一日，一曰流差，一曰換倉，常思緣機調劑而不得，不得不仰而哀愬司臬先生。往本有舊，不恤罪戾，輒敢徑達中丞、藩伯，自嫌妄干，故祈轉呈。其或見聽，為吾邑植其福，亦為大人厚其德，即不然，芻蕘之言當亦大君子所不責矣。

以流差言之，流差者常流役民之征也。古力役與粟米、布縷為三，唐租庸調亦然，自楊炎行兩稅，並三而為一，如今之地丁，丁亦併於地也。及唐末、五代以以至於宋，兵興日煩，又以車馬責民，所謂差役是也。王安石免役法，使民出錢免役，雖不行差而害甚於差。故司馬公以差役為便而蘇軾又以雇役為便，雇役即免役，但不如責民出錢之弊為甚耳。朝邑三十九里，舊立三運法，分里輸流坐運，以待兵役，此他縣所無。鰥生常以為無兵而坐運待兵，其事不祥，且於地丁外使民應差，又使民出錢，差役與雇役相兼。朝廷立法，即使民應兵差，亦發差銀，何嘗如此？然此民猶安之也。本無兵差，歲歲不應費之浮費常數倍於正賦，民胡以堪？然此民猶不敢言也。所更不堪其苦者，流差也。流差例原不得擾農，上諭時下州縣。朝邑此項，先河濱曾言於當道，老民劉加恩亦嘗控於上憲，因之時復時革，後歸於三十六村行車覓載之家。既三十六村有不行車者，此項仍不能去。前署縣篆董來，有黠者醵金二千兩請於董，立車櫃以膺此項，又以千五百金置典，生息為歲費。事既成，櫃乃阻撓過客之車，客上控，董遂歸此項於運。其始歸運也，除存典之息百八十金外，此項歲僅費錢七百餘緡，次年即費兩千緡，後且無藝矣。今縣公某初下車稟中丞前在藩署之命裁省運費，其裁省者竟不勝其後之漸增，何也？取之運者甚便，故遂不覺其日加，兼以衙有狡獪之吏，運有齮齕之人，鈎手合謀，弊殆百出。有需十余兩車而以五十兩車給報者，他可知已。然此類猶差之小者。大吏臨境謂之大差，歲幫潼關過往謂之幫差，如往年趙渡河工謂之飛差，是皆不在流差之內而亦不關兵差。運加流差兼有此類，不可言矣。又值兵差，如前日海疆之事，民間愁苦悲嘆，至欲廢產而不能。此近日鯫生所目見也，顧在上憲皆謂此有公費，烏知民間之苦如是，而朝廷又烏得知耶？

若夫換倉、常平，巧取之名也，自漢耿壽昌立此倉，當時即有言其弊者。然豐年增價而糴，凶年減價而糶，本調之使平以濟民，法自不可易而行之惟乎人，故王安石竊之為青苗，朱子借之為社倉，豈意後世有此，不能為社倉之益而反甚於青苗之害乎？朝邑現惟此一倉，法亦屢變。舊時亦未聞凶年有散，但聞採買為多。採買即豐年之斂買，價出之官者謂之紅封，使民見之而實不與，第派民以田多寡填倉而已，亦不知倉所貯者于何歸也。近數十年始變換倉之法。夫凶散豐斂，換倉詎復外此？乃值大荒，不如古開倉平糶，而惟歲歲換倉。其換也，民有領有納，何數十年所納者皆新粒而所領者皆敗顆也？不惟此，領斛少而納斛多，領納皆有撒頭，有倉斗使費。遠鄉至縣苦令納之難又艱於資斧，委之包戶，而包戶復於此抽多，所納本數外，蓋歲出萬餘斛，民補賠即需萬余金之多。天下利弊之分較然難昧，以利民之事而貽弊無窮，誰不明此？鯫生不敢言官司之長短，事狃于因循，智昏於胥吏，即此足以殺民，況其甚焉者哉！

流差與換倉自非聯事，而弊實相因。換倉之時，民即不願而責之運長，其焉避之？故三運之設是拘民於陷阱中也。流差之歸雖不欲受，孰敢辭之？雖然，事之已行者去之為難，更化有漸，革弊自有漸。鯫生作事守先聖「義以為質，禮以行之，孫以出之，信以成之」四語，又以謂治民者即不能舉害民者而驟與盡去之，但寬一分民自受一分之福。坐運亦可已之事，以有里差，有里長，縱有兵差，一呼即應，何至延悞？而行之已久，不遽去，可也。流差歸運尚未十年，民所不堪，反恐害於兵差，去之甚易，則胡不去也？謂當仍立車櫃，使現行車覓載之家歲定限，各幫錢若干，閑時櫃亦出車覓載，又裁省流差款項，應易辦理。前縣中好義之家有輸公一項，質之邑紳即欲幫運，現存今縣公所。鯫生以此相商，渠意在修邑城。鯫生謂邑城為自省至京北道之要害，久遭大河之患，城臨西原，如或有變，賊據高窺下，見我虛實。此邑志所言，宜依舊址，半移長春宮，內外惟此功繁劇。邑人近以輸餉不遑，併及五六年後或可商也。若出現輸一二千金，合前存典一千五百金，幫立車櫃，應無不足。慮其阻撓客車，出示明諭，自無此患。不得已而免民于苦，莫如是矣。渠頷之而蓋未決也。

常平無歲換之理，前撫方奏三年一易，亦不明言歲換。且謂豐歲亦聽民便，意謂五六年中麥價即有低昂，價昂減價而糶，即以現值民亦樂糶，豈必春賒秋斂，有出少入多，出惡入好之異？價低則稍增其價，亦不患無善粒，否則亦待數年稍歉之歲，官親監其出納，依例使民自用准概，民亦無怨咨矣。又當大荒之時，盡出所藏，遵平糶，平糶之法仍如舊，以麥易穀則儲蓄而耐久，此亦未嘗不合方撫憲意，似可行也。

昔昌黎上書于司空，子由上書韓太尉，只以自陳。鯫生夙念民瘼，妄懷私見，來省原為請增學額。中宵不寐，忽興感於兩事，輒起書之，冒然獻之左右，亦特大人宏樂育之心，溥愛養之澤，無罪下之心而已。倘辱教而施行之，幸甚幸甚。

此書浮沉一年未達。予不得已率闔邑上懇，僅去其弊之半。後安得有力者舉其弊而盡除之，將不徒吾邑之民蒙福矣。

自記

上護院楊至堂大人言救荒書

朝邑縣戊午科舉人，七十有八鯫生李元春謹上書中丞至堂大人先生閣下。前生兩次使兒生員來瀚呈少穆中丞言救荒事，今不恤衰老，力赴省垣，本欲一見少穆先生，面陳紙筆所不可言。適少穆先生告疾而大人攝事，交代之余，瑞雪終日，知兩大人憂國憂民均有以感之也。生即可無復言矣，然未知此雪溥及敝邑否，心猶以為私憂。而朝邑之災比他處為甚，麥多未種，種亦未出，明歲雖少收，恐猶今歲之歉也，故又有不能嘿然者，不得不轉陳于大人也。

竊見現在饑民流徙滿路，或有縊樹赴水投崖而死者。其未徙之家，有闔門坐待餓殺者，有煮食乾瓜皮、辣菜葉而卒無以延生者。其中鬻妻，鬻子女，棄嬰兒者殆不可勝數，加以匪類所在多有，或以奪食而至斃人命，或聚眾黑夜強劫，或結夥白晝亂掠。向生呈少穆先生言沙苑、渭水間，荔、朝交界為藏奸之所，又報刀客李牛兒搶案。十月初四日夜，生村南留社城西門外炭廠有賊以大炭塊撞門而入，縛執主人，搶取銀錢。火把明光，見外賊尚多，皆白布裹首，約近百人，向西而去。近天明，遇賣蒸食人于黑子等，奪食兩擔，刀傷黑子頭手。黑子暗尾之，入大荔楊村。次兩夜復至韋林鎮，推城牆一堵，村眾以弓箭驅去。後各村屢有此警，報之縣，代書皆不肯寫，遂匿不得聞，然事實可憂。生所欲面陳者，此也。

因思救荒大端有二：曰拯饑民，曰治奸民。而拯饑大端亦有二，朱子所謂賑糶法以救有錢能糴，未甚貧之民也；所謂賑濟法以救無錢可糴，極貧之民也。賑糶即平糶，本常平舊法，換倉古即以此，兼使民春借秋還，本善政也。特胥吏滋弊，出少入多，入好出惡，又有使費，又欺愚弱者盡歸包戶。朝邑歲出麥六七千石，民賠累便得萬余金。前少穆先生奏請緩徵，意俟明春青黃不接，開倉賑救，此已深謀遠慮，若兩大人合辦自當嚴飭，監視得人，不至有舊弊。然開倉因糧，攤派與緩徵恩皆不能及于無田極貧之民，此朱子所為又別有賑濟一說，亦生有私欲面陳者。意謂賑濟莫如勸分、施粥兩法。平糶以現錢隨糴，隨糴固可接濟不足，亦可勸富民。自行平糶助之勸分，有餘即可隨處施粥，以救極貧之民。昔人雖有言施粥法不善者，然自黔敖以來，漢、唐、宋救荒者皆行之。每鄉村多勸設粥廠，令正直紳耆督之，何至有不公不周之患？如慮勸分之難，自來朝廷固有賞酬之格，朱子於星子、建昌、都昌亦奏行之。此固可以溥分，即可以溥勸，亦可以溥濟。憶嘉慶時直隸荒，有生員捐谷千石，欽賜舉人，一體會試，足見聖人之重民命。以此例之，鄉曲之間由千百金下至一二十金亦可賞，亦可勸也。設村少富民，勸高貲者多分，溥分，賞如其願，當亦樂從耳。

饑民安，奸民自不能煽惑。然奸民無論荒與不荒斷不能安分，其為民害，伏亂萌，自古而然，意惟聖諭保甲之法可以治之。生前以沙苑、渭水間多奸，聯十四村為保甲，稍亦有效。而因荒復有風浪，八月間謠言大荔界盜窩數處，聚有千餘人，欲東掠。自炭廠被竊，衆皆懼。生傳帖十四村，謂家拔一人，可得萬余人，何懼之有？既而院飭亦到，府縣捕李牛兒得之，似略安靜。但以民治民，法終易懈，此在大人能使到處嚴行其法，固不惟救荒之一道也。生少學亦思用世，四十後侍母閉戶讀書，不問外事，不入公署，晚以鄉人慫恿，懇去坐運、換倉二事之弊。雖上憲許去太甚而弊原未除，是以二事歲皆無故費民萬金。既經少減，立為條規，不久遂仍如故，不遇大君子，生亦不復敢言。今屢言之者，並非欲自見也，饑民之狀，奸民之害，深以為憂，幸大人能拯之。生烏敢不言以當芻蕘之一獻哉？祈諒老悖，恕其瞽妄，無任悚懼。

與周二南言盜書

二南先生如面。昨向晚一談，稍抒積私。歸來念先生不久赴同，某向有深憂，欲與福郡伯言者，可因先生一轉達之。以僕現在憂服，本不應旁言他事，而地方之憂實為切身之災，不言恐遂貽憂無窮。先生雖身處事外，本關心世道，軫念民隱之人，故敢乘此機緣，煩為緩頰也。

近來歲荒民饑，所在多盜而關內為甚，同、朝為尤甚，沙苑、洛、渭之間為尤甚。洛、渭間之盜雜有回、漢，皆窩囤楊村、蘇村、大村、拜家、丁家園子諸處，其來積有年所，並不關歲荒年饑。往者每值冬春日落後即數十為群，挾雲梯兵械，公然停人村外，三更後即入村。有執更夫撞門窗傷主人者，多盜牽騾馬牛驢，次日即許以銀抵贖，此事習為故常，每年不知多少。邇其夥益盛，大約人有數百，皆相連合，又串通各村小賊作線，無論四時，洛、渭十六村夜夜有被盜者，或至強搶人財至千餘兩。搶去人即追之，竟不能逼。渠等又與差役相通，即告發，差役甘受刑責，欺官並不肯捕，所以此輩益肆然無忌，每到村堡直掘城為大竇。今七月中，北石村村人自發一窩。小屋有一大穴，入之屈曲，有大窖數處，可容數十人。中奉觀音像，傍置兵械數十，牆掛人辮連肉者二，地擲人首乾骨二，櫃有簿，中皆人名。初發時，村人至，其人先逃，僅餘二少婦，村人亦聽其去，不復追。既聞此夥即逃之楊村一帶，審其情形又不止專事偷盜矣。村人恐有干害，竟不敢報官。

竊謂事由細而成巨，害積小而漸大，如此類今不能治，後將伊于胡底？ 予觀古人以治盜稱能者多矣，盜窩即在山谿無人之處，未有不能蹤跡者，況此類顯出村堡？ 朝廷法網昭然，豈盡無畏懼之心？ 古人如虞詡之治朝歌無論也，近若于清端之於魚亮，卒能擒之，且使甘於伏罪。 予嘗以沿渭十六村計之，平時受此等盜害皆思除之而未能，雖楊村諸處皆大堡，畢竟正人多而奸人少，亦未嘗不思去其害。 但使官下一令，一家拔一人，可得萬餘人。 是以民禦盜，縱有不測之事，擒之直如縛雞耳。 矧以官率之，有不畏而逃散者耶？ 但治之太驟亦慮激成禍變，盜賊亦有心意，當先教之而後防之。 一面出示，懼以利害，諭以義理； 一面令各村行保甲法，舉紳士為首，一家窩賊，十家連坐，鄉保不舉因責紳士。 又仿李崇村置樓鼓之法，或以廟鐘為號，一村有警，眾村回應。 如是則平日奸無所容而盜發亦難逃遁，久之，此類自散矣。 不散而後治之，雖拒捕，村民亦自可抵，尚復何虞之有？ 現十六村擬自如此立規，合同防禦，乃各村有賊中底線，多梗其事，亦有畏禍不肯者，惟法令自上則行之自無阻也。 此僕所欲言于郡伯而不能遽言者，先生如能乘間言之則同州數縣之人蒙先生之福且未必不陰為國家之福，豈惟僕一人之私感乎？ 燈下覼縷書此以當拜，乞毋哂鄙瑣。

與王生尚榮

王生足下，曩一見未能暢論，然偶一問辨，又閱見作時義一篇，知吾子之用力久而所得深也。 大易、春秋貫解兩冊日置案頭，亦未能專閱，生徒講課及應酬之暇時一覽之，以為吾子能用艱深之思，直不在揚子雲下。 但生既求質，以予之見，有不能不言者。

以易言，圖解悉盡舊說，實能自成一家，謂之貫解亦頗能貫，顧欲取數千載不能畫一之說以意見測度，匯而為一，此豈易事？ 在昔人殫心纂著，多有訂正之事，即未必盡合，亦見用心之勤。 朱子改正古本大學、古文孝經，何論其他？ 而非後此見取朝廷不能遽行於世，如以學宮久頒之書，忽焉變易舊所共遵。 遇非其時，前世固有以文字賈禍者矣，況聖經乎？ 吾儒讀書不能無疑，疑而記之，以俟後人，好斥駁前人亦學者一病。予向論易恪守朱子，朱子之說夫子之說也。來瞿塘于易全論錯綜，後人有以為過朱子者，予不謂然。錯綜就成卦後有此象爾，顛倒互翻，未免過奇，又未免太易。繫辭言參伍錯綜，只揲蓍求卦之法爾，王山史以此為言洛書，亦非也。三易在周官本皆卜筮之書，子所謂設卦觀象，系辭明吉凶，觀變玩占是也。楊斛山諸大儒以卜筮為易之一事，謂朱子專以卜筮言易為非其意，以易明天道性命之書，卜筮特小道爾，不知此正昔聖所以與天相通者。故就卜筮言而天人之理遂無不該，特卜筮教之以人事合天，非若術數家乃言一定之吉凶，則真成小道矣。如乾之元亨利貞，是以占詞而並見天之四德，足徵聖人見理之精，措語之該。若謂此言四德非占辭，則坤「利牝馬之貞」不可解矣。惟伏羲始畫八卦，原以道陰陽，卦既成而乃覺可筮。其筮也亦必伏羲作之，使人隨事問天，而後聖遂皆因之，則吉凶固不外陰陽也。圖、書之出只一陰陽，伏羲見之，因有以啟其心，而又仰觀俯察近取遠取，始畫八卦，繫辭明言之。「太極生兩儀，兩儀生四象，四象生八卦，八卦成列，象在其中，因而重之，爻在其中」，繫辭亦明言之。本義前九圖，朱子謂出陳圖南及邵氏，後儒多疑之者。據繫辭言，八卦之生又因八卦而重，則六十四卦所由成具可想見，而逐爻漸生三十二分六十四之說，猶未必然。如吾子說，以此生卦為易，恐非作易之本。予謂道本自然，聖人設卦觀象亦本自然，非必過求深奇。伏羲謂作八卦，于天道人事固已略盡，又重為六十四，則更無不盡矣。故予嘗謂京氏、關氏之增卦增畫，改易卦名皆非也。吾子謂太極即河圖未分，兩儀、四象、八卦即皆具河圖中，不待另畫而生，此見似度越前人，近于自然，其後八錯卦之變猶近，餘俱以四象翻變而出則未免曲而費詞矣。以此，卦之前後彖象，繫辭傳一概分配倒易，解經義亦全不用輔嗣、程、朱前後諸儒之說，殊覺駴目。吾子亦用瞿塘說為多而又自出獨見，近華容袁氏著石湖講易，亦本瞿塘，多改本義。聞其板出，已有人訐而毀之，然尚守本朝折中說不悖，故不致罪朱子本義。折中間有不取者而取之為多，於錯綜、互卦雖不駁前人而說爻象之詞多不主其說，以朱子所不言亦夫子所未顯言也。今駁朱子亦成風氣，功令即不甚罪而要违功令，竊以為世道之憂。向見新安姚氏著詩通排擊朱子，直成罪人，為之咋舌累日，為此故也。

吾子著此十餘年，煞費苦心，予謂諸圖猶可以存。存之，亦不用全取傳說為證，但略言己意，以比太玄諸家之自為一子。至解卦爻象詞直當去之，蓋其中牽強不合者多。即如前面小畜卦，吾子謂需上變陽一陰小，巽入以養乾，於彖傳得位之說似不甚合。上下應之，謂四二為正副，于文義宜言相應，不當言應之，謂應上益不合。又言全卦何得遺初、三、五？前陝闈易題繫辭釋謙九三曰「勞而不伐，有功而不德」，明以三為成卦之主，故有勞有功。吾子以為自明夷來初，為成卦之主，三五為正副而以互坎為勞，互卦非聖人所重，在謙互坎，在明夷亦互坎，何以明夷不取互而謙獨取互？

如左氏，昔人多言之，即如君氏、尹氏，胡傳亦遵公、谷，然魯臣無尹氏，天子之大夫亦不當赴于魯，春秋何以書卒？大抵諸經多訛而春秋尤甚。王安石以為斷爛朝報，固妄詆聖經，抑豈可謂中無乖謬乎？歐陽公不信繫辭，歸有光不信河、洛，說皆不行，亦自存其疑而已。予以為本朝所頒七經，諸儒參酌，士子所當遵守，間有疑者亦自記其疑可也，豈必為獨創之見哉？吾子苦心不可沒，意春秋例說與易圖不妨詳酌而存之，其逐一解經皆可割愛姑置。老夫荒瞶，任意言之，足下幸審察焉。

擬上制嘆夷書

嘆夷小丑，以小嫌侵蝕中國之地，此人神所共憤也。渠意在邀和通商，然始而通商猶可，今既敢作逆，微論片菸不可開，但使得入虎門以通他商，大失中國之體，將如宋人之于契丹，于夏，于金，雖一時不少名臣，載之史冊，長為後世所笑矣。聞皇上與二三輔弼斷不主和，此廟算遠軼千古，固天下人心所同然，但不使彼大挫，彼終跳樑，不肯降心。兵法當臨敵，隨機應變。吾未至其地，老亦無意功名事業，於鄉里遙擬所以制之、挫之者，其為計有四：

一曰破其所恃。彼所恃者船礮耳。考明史有佛郎機，即彼國船礮之名。知往時橫行海島，長技惟此而已。其船用兩輪搏水，施機紐轉，不待風而迅行，楊么在洞庭即用此。岳忠武伐木君山，塞港汊以腐木亂草，出賊背，從上流浮下，誘賊淺處戰而阨之，固有成事。不然則如韓蘄王於兀朮，用鐵綆貫大鉤曳船之法。不然則如魏崔延伯竹綆連貫車輪去綱，兩岸設轆轤為浮橋，使出沒任意，人不能測，亦可參用。其要則如張叔明破宋江，設伏近城，又設伏海旁，輕騎誘戰。彼戰則恃礮，其礮聞擊五六里，而吾自有不可擊之法在焉。惟柔能克剛，用白布繫其上，不繫其下，圍營或圍城，鳥鎗觸而即落，此見明史與臺灣志，常十萬嘗用之。如禦彼大礮，謂當用大氈，以水濡濕，如法用之，登壇必究。所謂輭壁、剛柔牌亦此類。又不然，用善泅之人設空城之計，相機為之，宜皆可恃也。以吾之可恃破彼之所恃，彼礮不足恃。吾用火箭射箬篷，其礮又將自擊，此謂以火攻火，未有不挫而大敗者。而船擁不得歸，又有伏兵邀之，直不難於盡殲，是萬全之策也。

一曰絕其所欲。夷人貪惏，彼志不過擄掠貨物，古人堅壁清野之法，我朝前滅白蓮教匪正以此，今仍宜用之。

一曰練鄉勇。今之鄉勇，古之民兵也。自守其地，自衛其家，民未有不盡心者。破白蓮教亦以此，今仍宜用之。

一曰善用間諜。用伏用間，兵家常法，然善用之者祇此法而自能使人不覺。運用之妙存乎一心，智將權變亦復何窮。至以夷治夷，亦間法也。此非厚賂不可也，然其本原又在將帥和而各忠所事，士民感而不生外心。子曰：「臨事而懼，好謀而成。」腐生常談，別無奇術，未知可當輿人之謀否。

桐閣先生文鈔卷七

傳狀類三十七篇

奇行傳

野史氏曰：「世好言今人不如古，非也。匹夫匹婦率性而行，一念之誠固于金石，雖生晚近，與堯舜之民何異？載筆者著之，於以維風式俗，不可謂非教化之澤焉。」余舊聞程太學劉女事，未悉也，張子錫九為吾道其詳，乃作奇行傳。

程太學允元者，淮安府山陽縣人也。父勳，賈於京，生允元。甫二歲，問字劉氏女，女故宦家。既成言，勳攜家歸而南，未幾沒，允元惟兄嫂是依，而劉女之父亦旋卒，家屬寄天津。兩地相隔遠，程與劉音問不能通蓋五十餘年。允元既長，訪劉無由得，或勸之他婚，堅不從。當是時，劉女亦長，人皆知其賢，舊族名門多議聘，女俱拒謝之，然兩人各不相知也。允元已喪兄嫂，日舌耕為糊口計，繼隨漕舟授蒙，因北行，冀萬一與女遇。顧行數月，時時微問之，竟無知女者。亡何，抵天津，泊舟間行至街里。而街里之人嘖嘖稱貞女，且嘆息。允元聞之，驚問其姓，曰：「劉。」問其鄉里，曰：「平谷人。」問其族，曰：「故蒲州府太守劉登庸女也。」因言幼許字某府某縣某之子，寄居此，家人相繼亡，獨女存，且具述女艱苦持節狀。允元心知己所聘，大驚失色，幾流涕，乃問所在，曰：「為尼矣。」問：「可見乎？」曰：「雖十歲之童不得覩其面也。」允元亦嘆息者再，歸舟中，求得老嫗，使詣所居菴，微言己。女遽怒曰：「妾許字時郎君方兩歲，而妾生亦甫期，然妾宦家女，郎君鄉籍生出盡悉之，奸人無漫起狂謀也。」老嫗徐言允元詳，女亦驚疑之，顧不敢遽謂然，竟拒焉。老嫗歸，允元不得已白之縣，縣官詢得其實，召女勸諭之，再三然後許。乃於堂上具禮，使合巹為夫婦。允元遂攜女南歸，當是時，兩人之髮皆白矣。

論曰：張子為余言此事在乾隆四十二年。已上聞，獲旌表，國史當自有傳，余為此欲廣傳之，使聞者興起耳。向讀唐史柳玭傳，稱魏元同許女于裴氏，未及婚，魏流嶺表。暨北還，女已踰笄。其家議無以給衣食，將祝髮為尼。一尼止之，乃還至荆門，而裴齎裝以迎，後子孫眾盛。為名閥論者皆多裴、魏之能守信誓，要其視程、劉各自完貞，異地同心，逮老不變，相去實遠矣。或言劉女之節無可議，允元但於不孝無後之義稍昧焉。然欲全此則不暇計彼，且亦終冀得女，得女而始立後，或更圖未晚也。如使允元遽他娶而女適至，將何以處之？夫惟顧慮多，斯全節少，責人者尚無於大端所係，好為異議哉。

楊對峯別傳

對峯楊公，余邑人，居邑城南五里，以七月七日生，將生又夢五色雲，故名之曰卿雲，字之曰瑞廷。其先累世寒微，祖三平早卒，祖母張苦節載邑乘，父中寶以孝稱於鄉，母韓皆以公官得貤贈。

公生而睿異，嬉戲即不與眾兒伍。既長就學，目數行下，又刻苦自責，恐父母憐過勞，嘗竊油終夜讀。年二十三入郡庠，益遠求良師友相切劘。科歲試，聲譽遂大起，冠軍凡三，文梓試牘中，遠近爭誦之。乾隆甲午舉優貢，丁酉領鄉薦，後試禮闈，屢下第，家居課徒，弟子日益進。

丁未，大挑一等，分發四川，歷署龍安府經歷，重慶府通判，綦江縣知縣，已補蒼溪知縣，一年餘以例復改補清溪。始之川，僕從一人，騎駝三頭耳，到官以廉勤自矢。在龍安，清肅地方，在重慶革空名書役，在綦江諭苗俗、糾壯勇、賑煢獨，在蒼溪判獄訟，諸善政多可紀。其聽訟也，拘至則即問，問之有可原必曲原，原之有可釋必速釋。或往驗皆自備資糧，雖廝役不得以一毫侵民。蒼溪地僻，多重案，公至，民乃不稱冤。以此聞上憲，有不決獄每委之，而平反者果多，故甫卸任即有清溪之補。清溪為雅州府屬，近口外，地瘠民貧，煙戶寥落，又為西藏、建昌交會通衢，泥頭、沈村、烹垻三驛站遼遠，故在川為尤苦缺。是冬又值巴勒布科爾喀不靖，兵差方繁。公乃立章程，修廢舉，稟請泥頭設正印站員以防土司強壓夫馬過境之弊。未幾，上憲復檄至省垣委審，又以秀山煩劇委署。數月歸舊任，接管前藏鼓鑄糧務，公一僕一騎往，歷一百三十二站，五千三百六十五里，備極艱險。而在藏謹慎小心，大臣多賴之總理菸務。松大司空嘗曰：「楊瑞廷語予安邊之道以休養生息為本，行之而效益友也。」既報滿，遂以其勤上聞。比歸，精力半耗減矣。上憲亦憐之，即委署崇慶州事，旋又改署南充縣。嘉慶元年，東鄉教匪興，公辦軍務，無巨細必躬親，積前勞已成疾，猶自捐口糧演壯丁，亡何遂不起。南邑之民當其時巷哭數日，真如喪父母也。

公生平以品自持，始家居，居雖附郭，終歲不入城市。或慕公名，多欲致之以為榮者，非其人，卒不肯一往。為文章獨出心得，其議論發皇不減國初名家。督學楊梅似先生重之，嘗閱其試卷，見初稾盡乙，並評出以為兩勝。後雖試他屬，必趣令公作，曰欲得佳文以快心目也。其教人，嚴立科條，以躬行實踐為切訓，而又率之以身。諸生小不如禮輒督責之，無不敬且憚者，每函丈共對則私相語曰：「閻羅坐殿上矣。」然待人以誠，於諸生亦愛之如子。既之官數年，諸生猶祝之曰不如歸教及門，傳道來學也。性樸素，不喜玩好，務節儉以養廉，半粒半布必惜之。作令十年，冬夏衣不盈二篋，隨斂補服金線多綻裂，家欲易之，終不可。既卒，天子録其勞，贈同知銜，並賜葬祭，其子文學孝陸承恩廕以縣丞用。

論曰：公沒，章桐門相國曾為傳。余與孝陸交，慕公為人，悵未獲親炙，故為別傳焉。公沒之夕有聞其呼役過渡，欲赴東嶽廟者，遂競相告，曰公為縣城隍矣。此事桐門相國亦著之，余不敢據為必然。然余嘗謂冥府別無神，皆生而聰明正直之人耳。公事果信，豈向生徒所私語已為先兆耶？今南充作公木主于文昌宮，又塑像東嶽廟後，令為題其額曰「遺愛」，祭祀不絕，祈禱且有靈，微論往所夢。觀邑人奉之誠，公之神即依之矣。抑亦可以信公之為人與所以為政者矣。

劉洛濱王瀛洲兩先生傳

劉洛濱先生名繩武，字繼先，朝邑縣南陽昌村人也，居近洛水，自號曰洛濱。其先世微，曾祖臣，祖煥皆庠生，父科捷貧，偕其母就食豫省，歸生先生人家園田中。先生少慧甚，讀書過目即了了，畢生不焚膏，不高吟，然晷刻手未嘗釋卷，故于經史百家無所不窺，早入庠為諸生。時邑中多名輩，而先生與王瀛洲先生為邑南碩望。應小試必高等，冠軍凡七，獨久困秋闈。乾隆己亥，年已近六旬，始以第四人售。文出，遍行坊間，其中名句天下科舉之士至今四十年猶無不能誦之者。兩試禮闈不第，遂歸老園田，曰：「此吾所以生也。」性方嚴古樸，弈、博、吹彈一無所好，飲酒不過三，既三飲，或勸之輒怒，他有以非禮干者類如此。廉於取與，一介不肯苟。嘗鬻米得散錢，或與之一緡，翼日即往還之。寡交遊，每曰吾生平相知惟王瀛洲一人。與人接不輕言笑，惟王瀛洲至則談笑終日未嘗倦。為文章出入經籍，亦少師承，特時與王瀛洲互相評點。晚授讀，不復為帖括，偶一為之，懼其荒，質之瀛洲。瀛洲曰：「不待質，今復欲作一累字累句不能矣。」授讀邑劉氏家數十年，遠近學者先後麇至。日為剖析疑義，學者信且愛之，蓋先生雖律身嚴而宅衷又以厚。有醫者寓鄰舍，知先生積館金，假他人名貸焉，先生不疑，傾囊付之。其人挾資逃，門下皆食閣使訟官，先生曰：「夙負耳，何足較也。」艱于嗣，元配楊、繼配宋皆無出，案置副室，後鄭氏舉一子，復夭，竟無後。享年七十有八，卒之前，召生徒弟，語之曰：「吾無強近親合昭穆者可承祧，自王瀛洲沒，後事又無朋友可託，可託者惟汝輩。吾田宅若干，俟宋、鄭兩室人老，施之同族及里中，為祠堂，為祭田，為公所，為義學。餘貲千兩出納取息以助鄉會試資斧，或施書院為膏火費。其各書諸石，鐫之，嵌中庭外。百金亦當生息，值生辰以祭我。汝輩因得共聚，吾視汝輩猶吾子，他日幸常念我也。」語畢遂瞑目。聞者莫不悲之。著有四書挾要、春秋隨見録、正蒙管見，皆未付梓。

王瀛洲先生者名楙，字無觀，韋林鎮人也，與劉洛濱所居陽昌村東西相距十餘里。父雲溪先生名廷輔，字公佐，以明經司訓古浪，品望文章為一時所仰，書畫法家河濱，觀者幾莫能辨。生瀛洲之夕嘗夢一狻猊臥床下，瀛洲生貌憨而厚，近所夢狀而聰穎絕人。八歲後，云溪教之詩文，教之歌詠、舞蹈，無弗能。十四以五經入邑庠，遠邇爭稱之。稍長應科歲，兩試愈有聲，遂與劉洛濱以名相交。值試期，並入試院，輒拍肩語劉曰：「吾兩人必高等，其首列君耶？我耶？」若相讓者然。然秋試迍邅，與劉等乾隆乙酉年四十餘始充選拔貢生。比劉魁鄉薦而瀛洲經數科仍終落，雖劉亦為頻惜之。

瀛洲家素貧，世以舌耕為生，禮部主事張孝舒先生，洛濱同里前輩也。嘗薦瀛洲于潼關王司馬，王疑其年少非老成，恐不堪為子弟師。孝舒曰：「生吾稔知之，成即為老，不必老於年，師何常？當師其學耳。」高臺崔明府，余同年少山編修之父，知瀛洲久，延為建康書院山長，院諸生仰之如山斗。院中多蘆杏，瀛洲題其柱曰「風聲唽嚦蘆當竹，月色黃昏杏作梅」，其風雅如此。初劉洛濱不喜為詩，詩時以諧語出之。瀛洲每為詩成，洛濱則以為姍姍仙筆也。然瀛洲性端重，畢生未嘗啟齒笑，詩文亦多矜意，而與人語殊好諧，善講論書義，亦如匡鼎說詩能解人頤。或至洛濱館舍，必命為生徒講四子書，生徒聽之未嘗不曰心脾頓醒也。至今所說書，所為諧語，人猶多傳之者。

其始貢至京師也，就職直隸州州判，既以衰暮就教職，已選醴泉教諭，未及任卒。將卒，其弟文學臺復夢狻猊如病狀，臥門外，曰：「吾兄不起矣」。享年七十有一。劉洛濱哭之曰：余與瀛洲居相近，年相若，皆少竊鄉曲之譽。余不足道也，如瀛洲髫齡穎發，博學能文，乃亦沉埋草澤中，不得綰半通，天竟何如？命竟何如哉？瀛洲著有燕堂詩集四卷，子夢白邑諸生，亦能世其家學。

時齋氏曰：吾邑舊多顯宦，百餘年來少衰矣，然通儒鴻材相繼不絕。以近今最著者言，如王通侯天衢、張文饒廷瑞、家伯氏端木直、先舅氏登五廷魁，皆視取青紫如拾芥，而卒不得遇於時。天命不可知，豈直洛濱、瀛洲兩先生乎？然洛濱不遇且無後，余尤悲之。瀛洲頭角早露，又征之於夢，宜若貴顯者，而亦坎壈終身，未可解也。或曰：「狻猊，師也。夢師當人為師。」是說也果然耶？

柴十翁家傳

柴十翁者，關內朝邑縣沙苑鄉人也，諱大鶴，字錫齡，號臨泉，例貢生，以篤行聞，里中愛敬之，稱以其行皆曰十翁云。翁少讀書守古人程，課必千遍乃已。為帖括學隆、萬，前輩咸深許之。然數奇，不獲遇，乃以例充明經科。

自翁祖父以來稍豐財，翁既丁家政，欲以施德繼先人，常孳孳如有不及者然。有姑適王氏，家赤貧，翁給肥田八畝，自輸租稅而令歲收其成。其卒也，衣衾棺木悉資焉。姊適張，負重債，以此兄弟欲析箸。翁為代償百餘金，時復佐薪水賫酒食，數十年如一日。族人某遺數十金，將投繯。翁聞其哭聲，持金如數往給，言已得金。某張目視之曰「非也」，義不受，然賴翁勸諭，得終解厄。族嫗李寡而無子，不能自存，憐之，為按月給粟米以全其節，終始未嘗衰。

所居北依沙，南濱渭，沙隨風飛走，積阜成岡，不惟害禾稼，兼能擁道，硋車馬，田其中者率以負擔為常。渭泛而善溢，時暴漲，秋成既無望，且壞及城邑垣屋，居民兩苦之。其里門外少北為往來通衢，而沙崇巇不易行。翁施地一段經營，使運土覆沙，遂成孔道。城東南隅圮垂四十年，獨出貲築之，防盜即備渭患也。

壬戌六月，渭水溢，里被重災者十餘戶。翁適自外歸，嗟嘆久之，各詣其家，親慰藉，因計口賑恤，無不踴躍爭感者。蓋翁慈祥為心，視人之利病常若切身，又少時讀書有得，故見義重而視財輕，無論親疏遠近，每遇堪憫者心輒不容自已，究亦不望報也。江右魏金工寓閭左，患疫不起。人懼傳染，避弗遑。翁時供湯水，延醫診眎，工卒得無恙。里之貧子弟或苦不能讀書，翁聚而教之。嘗欲施田三畝以為膏火費，而卒業者終鮮。某幼孤，翁加意教育二十年，後以小嫌時或侵侮翁，他人見之為弗平，翁乃置不問。其他集族人伸祀先之約，不廢歲節，為里甲定差役之規，不使通抬，知者多取以為法。翁性和厚而坦白，遇事多幹智，善區畫，然待物以誠，人故無不服。

天倫間亦以真意行之，無一毫矯飾，事其父耆賓公能得歡心。耆賓公歿時，伯兄年已始衰，每事咨稟之惟謹，季弟幼則使之就嚴師良友，後得中武科。乾隆辛卯，渭水溢，侵及耆賓公墓，翁偕一力作堤衛之，自旦及昏，水漸殺。歸聞水復大至，呼天哀號，曰：「水伯不仁，吾將以身殉。」秉燭荷鍤再往，水力強倒洪波流數十步，援枯荊得不死，而耆賓公墓竟獲全。

晚年以施與勤，家漸落，懼先人業自己替，益躬自督理。嘗往雲夢，泊舟近山嵎，遇盜發人。傳江湖間盜畏西人，聞其音言語即不敢輕逼，翁因乘月坐艦頭，背誦少時所記隆、萬文數十篇，盜果嘆息去。蓋翁意使聞聲知其西人，亦欲以感之也。

年已七十餘，值關内旱，自三月至於六月不雨。翁憂之，率里衆赤足行二百餘里，禱於嵩岔峪之龍神，歸，未至里門，大雨即滂沛。人言翁之肫誠不惟信於人，乃動神明矣。越二年，翁卒，卒之夕囑其子曰：「好事宜多作。自汝大父沒，吾所助於人者粟無慮百余石，金亦約數百兩，非人有求於吾，皆吾自致耳。或有稱貸，存券不能償者，當取而焚之。自今里中正人汝必親焉，家門子弟汝必教焉。」又環視姪輩曰：「皆志之，兄弟怡怡，並各勉之。」其子名毓靈，諸生，一姪名毓睿，舉人，皆以能文稱。

贊曰：翁衛墓禱雨事，關中士大夫多歌之，學使者合河康公、邑侯晉陵吳公又贈以聯額，予亦嘗以拙句附之矣。跡其生平，蓋真篤行君子，足以表勵一鄉者也。惜學成不遇，使不得以其施之鄉者施之國耳。雖然，後之人方彧彧以文章科名起，詎可謂天于翁無報哉？

白遠堂家傳　董孺人附

予館劉氏北園之次年始與白子采塘友。采塘喜吟詩，好交遊，間為古文辭，皆異俗，而守清貧，能不移其志，予雅喜之。日言己少孤，父遠堂公卒湖楚，喪未歸，夢寐不能忘。亡何，予教家塾，采塘果匍匐數千里，扶其父匱返。方擬往弔，而采塘卜葬有日，以狀來曰：「先君之行，不肖未能記憶，所述皆母董平日諄諄以訓不肖等。不肖等識之，又時以證諸戚友、鄉人之稱道者也。乞擇而筆之，將書諸清防以示後。」予非太史氏，不敢效班、馬體，顧念采塘言信而有征，公之行亦足式閭里，為摭次作遠堂公家傳而以董孺人附焉。

遠堂公諱起富，字涵若，太學生。先世由山西洪洞遷陝西朝邑縣之白家寨，遞傳至敬天公，是為父。父構一堂，公繼成之，顏曰「清遠」，故以遠堂為號。性剛明仁厚，畢生半寄荆襄間，三楚之地稱客中第一人。蓋公在市典，雖營子母未嘗不切切以利物為心，故其時沐恩者衆，道路傳播其名如一聲。嘗有質魚罾者，當贖罾敝，爭貲，商侶洶洶，欲共毆，公聞急止衆，厚酬之，且慰勉使之去。或自鄉里至，哀鴻求安，靡弗軫恤，為定廬旅，謀食飲。今有以傭書積多金豪江渚者，公所吹噓也。

公少時讀書本穎慧，以伯兄早喪，父敬天公又繼沒，乃棄儒服賈。兄子長曜，公所翼卵也，稍長，不忍公獨勞，亦習持籌。居去公百里許，公時時寄音問，惟恐稍有恙。已而長曜竟病癱，癱甚，延醫，醫至竟夕不能眠，卒弗愈，痛哭幾氣絶。有再從子五歲孤，其父冶金為生，年垂暮不能糊口。公攜孤於外，代之養且教，長為娶婦，其世父沒，俾瘞墳壠中。族子某負厚債，計貨垣墉僅可償其半，畏偪不能支，憂窘待斃，公為籌畫多方，債得弭。族子出，並託眷其室人，歲荒免凍餒。先是伯兄夭，哀悼甚，營葬事並從厚，曰：「吾同生四人，今失兄，折一翼，所余者兩姊耳。然姊亦兄也，不能友即非孝。」因檢焚姊家券，頻屬姊子代承歡。姊子病痔，輿之典舍覓醫方，與視長曜無少異。姊子死，復恤姊之孫，勉以讀書，薪火及縣府校比資時自外致之。

而公在外既久，自問生平，每以疎於晨昏為憾，故敬天公與母李太孺人卒，歸葬皆過豐，以是家亦漸以促。然忘己之貧以周人之急者，沒身未已也。始公中年尚乏嗣，或勸再立室，曰：「長曜在，使有後可承祧足矣。」長曜卒，不獲已，乃娶董孺人。

董孺人，孝昌人，及笄歸臼，氏盛年不喜豔妝，老益勤劬中饋業，而奉其姑李及與姊姒處。以遠堂公久於外，體其意，實能佐不逮。比有子，且以母代父訓。遠堂公卒，訓之乃益切，時召曰：「汝必罔羞乃父，汝如羞乃父，我乃不汝子。」遂指遠堂公畢生事，歷歷然，因之涕泗交流者不知凡幾矣。子三：長學詢，太學生，次采塘，名學詩，次學誼，俱庠生。

論曰：世云市鄽中難言篤行，以近利必忘義，予向不謂然。觀遠堂公所為，是說也亦仁義之賊哉！不自篤行而謂移於市鄽，市鄽何害焉？董孺人，吾不論其他，即其述遠堂公以教采塘兄弟，亦歐母之亞乎？然則遠堂公之行賴董孺人以傳矣。

秦芙園夫子傳

夫子秦姓，諱清蓮，字芙園，元春幼時所從受學師也。朝邑縣南鄉之南留社人，與元春同里而異閈。太夫子宜天公育嗣三人，夫子為中子，其族在吾里為最孤，先世皆業農，不著士籍。夫子少就里塾，塾師即愛之，三年遂為群學者先。群學者年或長於夫子，師他出輒屬命受夫子訓，夫子或竟督責之，群學者無不服。始為文清瘦，既學熊、劉，又以氣勝，遇一題目或搆兩三藝，讀之皆如萬斛泉湧，有不可遏抑之勢。年弱冠，郡試第二人，督學楊案臨，聞其名曰此當為第一人。是歲與先君子同入邑庠，里之人皆曰秦氏自此昌矣。而夫子以家世微，亦久蓄遠志，思欲振起之，因益刻勵於學。初應秀才試，未見錄，愧恨甚。次年臨揭榜，獨嘆曰：「今考落人後，何面目見鄉人也。」聞者訝其狂。然果以第二人得食廩餼，始知志發為言，言固不自誣。前輩於是咸畏之。

元春甫十齡，先君子語曰：「兒欲學，受業必於某。某吾所推，學行皆可師。」乃使執贄，帥以見。夫子見之喜，教誨甚勤。當是時，元春幼，尚未知學，但見夫子指授生徒畢，即盛暑必執卷朗聲誦，蚊眾嚙其背，皆弗知。冬夜寢常後生徒，以為讀書當如是。顧數奇，屢躓秋闈，以此鬱於心，兼積苦，竟患目疾。年四十，日益甚，場中卷幾不能書。五十舉明經，遂不復應鄉試。

夫子之為人樸直廉謹而善於事親，居恒衣冠不恥粗惡，農事迫則著短襦逐田畝，極負載之勞，未嘗憚。始入庠，賀者方在門，猶赤足守轆轤汲水灌園，人曰：「不顧青衿耶？」笑曰：「青衿自在耳。」然至禮法地，一毫不敢苟，於賓客，不冠則不見。里社歲事神，同祭者或交股坐，責之曰：「坐已非禮，況交股？」皆肅然。教生徒必以道，有身偶傾者，即厲聲叱之，犯理雖成人亦加以夏楚，大故則絕之。學俸之有無自教授未嘗計也。生平或假人一錢，雖至厚亦必還，有餽之無名者則不受，其勵志如此。宜天太夫子未知學，頗解大義，里中稱長者。夫子嘗曰：「吾每事不敢軼規矩，懼辱吾父也。」太夫子病，憂泣不能食。卒，葬之如禮。拜太孺人在堂，頃刻必省視。其卒也，已卜葬，渭水溢浸及墓旁，壙磚濕，葬之日省壙始見之，恨不能如禮，痛哭氣絕者再，自此目疾愈甚。又傷父母沒，己終未能顯榮，兒輩亦少成者，謝生徒，居家教兩孫，非甚不得已，往往足不出門外，年五十八卒。

元春曰：夫子向為予言太夫子望己切，每奉炷香禱神祠曰：「人老終須死，死無於鄉試年，防兒前程也。」予聞之，知夫子晚以目疾蓋有陰痛焉。雖然，夫子行方步矩，里中無不愛敬者，雖老叟童兒及女嫗，言之皆曰秦先生，雖以明經終，亦可以無愧矣。

楊子俊文學小傳

楊子俊名彥魁，朝邑縣西野鵲人。少失恃，父某屬其從叔母育之。讀書時貧賤不能自給，然苦志於學，嘗於廢寺中篝燈獨誦，徹夜不能息。偶出，燐火亂寺外，視之移時不少懼，且以資謳吟，聞者服其膽。為文筆快而奇，得題立就，有撼山嶽、走雷霆之概。應童試，屢前列，年二十九始以第一人入庠，人咸仰之。邑薛氏延主西席，學乃愈益純。一日對食貪觀書，悞以箸濡硯池，食畢，墨汁淋淋滿口旁，猶不自知也。館薛氏三年，輯四書諸家講義，參酌折中，顏以釋疑，曰：「邇來吾精力萃此矣。」當是時無不以捷兩試為子俊期者，既不遇，又迫家計，遂逃而賈。賈中州二十餘年，以從叔母老，仍歸教授，為養計耳。

為人醇謹質直，不飲酒，不觀優，不通賓客往來。貌頎而長須，迨老龐眉皓首，凜然愈若不可犯，然與人接則溫厚和平。事叔母，有佳饌必親饋，色養蓋兼至也。教授功課，老益嚴，生徒誦為之伴，作文為之程。某年秋穜未畢，牛病死，即率子弟曳耬以終畝，歸猶為生徒畢是日講授，其自苦如此。年七十二卒，卒時惟屬某處積銀若干以為叔母喪葬費，此外無他語。

論曰：科名限人豈不甚哉！以予所見賢達，老秀才中者多矣。如楊子俊之篤學負才，非其儔耶？迺阨而貧，貧而賈，賈而終守文墨，君子惜之。古重鄉舉里選，子俊又苦身修行，其奉叔母視李令伯之于祖母何如？使生東漢、魏、晉間猶當有薦而起之者，而遇卒如此，是可扼挐也已。子俊之叔母為吾門石生全潤之王姑，而全潤少嘗學於子俊，感其教澤，為子俊丐文於予。以全潤能不忘其師，且有慨於概如子俊而名湮者也，故著之。

張味田同年家傳

張子味田名書香，朝邑相底里人，予戊午同年副車也。性純靜安雅，少即不妄言，不輕遊戲，稍長亦不輕與人交。相底在朝邑稱富厚之里，張氏一族故多高貲，然爭延明師，蓄經籍，講讀書。味田生其中，尤無紈綺氣。始應童子試，見者望其豐儀即爭羨之。戊午榜發後，予與侶塗山先至長安，味田既來謁。時塗山年五十，予年三十，味田年十九耳，齒本不相及，而意自相投。味田與諸同年無一相往還，早暮時來吾兩人所，坐久亦不多語，語出皆敬慎，獨能飲，飲逾時亦不亂，塗山頗服之。

祖若父以味田厚重老成，欲早登仕版，謂可大興六閏，為捐貳郡。掣籤第一，赴銓入京師，厭其繁華，又以知宦途非性所宜，不久亟舍之。歸事父母，又上事其祖，均盡色養，意自樂也。父死，代理家政，專意以儉矯舊習，與諸昆季敦式好，意不合者漸積以移之。

朋友中莫逆莫如予，使弟文寶、從侄騂從予學，謬謂予可友亦可師也。邑有公事，眾議紛如，吾兩人意多相符。蓋味田信予，予亦信味田。大抵味田一生言動舉止皆不苟，人少見其惰容者。處世介然有守，雖於人無懺，然事有不可，百說終不能少有骫骳。晚年於其中門外大書「敬」字為額，予始謂味田篤謹乃其天性，觀此知其自少之所學矣。然誠敬一也，能敬即能誠。味田之心主於一，味田之心所以無欺也。溫公教劉元城為學自不妄語始，味田其有得於此乎？

憶戊午同榜，塗山父友年最老，味田年最少，於此聯譜，蓋亦有天焉，而心之所契，誼之所不可解，必其性情之兩相孚也。味田病篤，予視之，為作七十祝嘏辭，味田竟不能待。竊謂此一見與戊午之遇固相為終始也，而老於予、少於予者先後皆長逝，獨留予尚視息旦夕之間，寂寞無與，惟乘老興猶能時為文字，豈諸知好皆必邀予一言而瞑目乎？昨生而禱，旋死而傳，均不能已。獨恨草野私筆不能效國史體，期吾友之必傳也。然味田嗣子慰曾，少年文學，他日能勉力束修，其躬傳味田又自有在，正不可以今日限矣。

劉仰山家傳

公姓劉，諱廷高，號槐北，其先馮翊人，元末避地，始占籍於朝邑縣之龍門村。明成化時有諱偉者，韓恭簡舅氏也，以舉人官監察御史，出為兗州守。沒，或傳其仙去，趣恭簡公歸里。王雁峯辨之，然恭簡嘗自言，楊升菴與恭簡交，亦記其事，則或有之矣。顧公正人，洵如雁峯言，曾有手定家規，教以勤儉篤厚，劉氏至今守之。仰山公祖好秀，父鄉飲正賓化英，誥贈奉直大夫。耆賓公四子曰廷崑、廷淵，公次三，季廷陞。

公少讀書明義理，又早聞其先侍御遺教，事耆賓公盡色養。耆賓公好客，公治具佐讙，侍終日無懈意。暨耆賓公春秋高，晨省畢即翼入靜居，昏後復翼歸，一切飲食不肯諉諸童僕。恭于兩兄，仲兄治家嚴，稍違指輒訶責，公受之怡然，且惟謹。兄病革，嘗持數十金禱祠。季弟性喜學，公亦然，遇師儒皆尊奉之。已念父兄之勞，身未顯，援例為州同知，遂加級請封其兩世。時公家日豐，繼兄一守成規，自用絲毫不妄費，七旬後猶不倦勤，日必早起，部署幹力，程量曆注，裕如也。自侍御公有教不交官，然至公數世皆好施。公前後出粟救荒者六，里人累榜其門，初無德色。又嘗移建先祠，定祭田、學田，皆有規以貽後生。

有儀貌，言笑不苟而接物則以和，見者始憚之，久乃意移。性嗜酒，暇時銜杯，遇事則節之，未有失也。識能見遠，有闖然來者，張目忿怒，妄責公負錢甚急。公睇視，如其言償之使去，其人遽斃於道。或問公，公曰：「審若狀，窘迫無生望，來已飲酖矣。」聞者皆服公。既耄，值攬揆辰，戚黨祝難老，多為歌詩。公口占聯句，書之意歉然不自足，人以是益重公之德。卒之先，尚使舁行歷各所，屬後事畢，無疾，安寢二日逝，年八十。子學龐，庠生，孫賢書，曾孫福元，皆守公訓，習儒業。

桐閣外史曰：龍門村在吾邑為著里，蓋以劉烈女故，烈女即問義。侍御公死，讀恭簡、五泉兄弟志與記，令人仰之與高、程等。近又有以烈婦旌者，即仰山公季弟溫氏女也，然則侍御之為教長矣。仰山公償責負錢事，予聞昔人有行之者，未知公遇此觸而效之耶？抑其識暗合耶？至持金為兄禱，足見迫切之至情，推其義如元成之讓爵、許武之割產、趙孝之推肥同此心也。天下事有不可以理拘者，侍御不必仙，其死而見韓恭簡，鬼神事固難言之。且理悉則明，禍我者不得驟陷；情至或昧，福我者不妨過求。兄弟鬩牆，自古所患，慮吾無以化之也。若以金禱為弟而愚，兩烈女之事不皆可議乎？此末俗所為好論人而不達於事也。仰山公兩事皆足法，而非恒情所及，故予不勝流連焉，其他事之善著於篇，不具論。

王進士家傳

王進士名振江，字迴瀾，號竹亭，陝西同州府澄城人也。其九世祖寵以選貢官教授，後多補博士弟子者。高祖肱、曾祖琮若皆業農而豐財，施粟賑荒，縣公屢榜其門。祖賢，頻為貧戶完輸納，又嘗焚千金券，以齒德舉鄉飲賓，有二子利居、利仁，皆生員。利仁，進士父也。利居無嗣，以利仁次子九江後之。

進士甫十齡父即沒，從其叔祖學，應童子試輒前列。乾隆乙卯章桐門相國督同試，以第一入邑庠，旋食廩餼。嘉慶癸酉中本省鄉試第七名，再赴公車。甲戌，備薦不售。己卯春試前夢至一大官府，設二百餘晏，肴胾紛列，主席者撤一椀與之，曰此汝飯也，已而果得第。廷試後引見圓明園，賜佩文詩韻一部、紫微宮緞二端，蓋異數云。

進士少聰慧，然勤於學。身為家督事，繁如蝟毛，常入城市，為食指計。每於道塗中默誦經史，遇親友或時若弗覿，入夜扃戶篝燈，往往達曙不寐，以故卒有成就。嘗試春秋夏五題，綜會前人說，學使者指為老宿。課子弟讀書，不令一字譌，恒誦「功崇惟志，業廣惟勤」二句以語之，曰：「吾生平佩此不忘，汝曹毋虛擲歲月也。」

性孝友。痛早失怙，居祖父憂，雖沖幼哀毀如成人。事母李，終身愛敬。母既沒，與弟九江哭踊幾滅性。奠葬一準乎禮，遂匍匐請旌建坊入祠。弟九江始從學，有微愆，夏楚無少貸，或至流涕不能已。與從兄同居數十年，凜畏退讓見於形容，為禦外侮赴湯火不恤也。素豪飲，未嘗愆於儀。耕穫必躬履，凡家中事非親檢點則不慊。服御飲食自甘淡泊，侍師友則情文兼至，遇無狀人不少假辭色，而喜濟困厄。曾與某白鏹以千計，其人後昧金，終弗明言。鄰堡有孀婦貧甚，贈之金以勵其節。所為事敦厚符義，多此類。其為文章必期壽世，即尋常碑誌，有求者亦不肯視為應酬，苟且試筆。所著有槐堂私藁，未刊也。

進士本有用才，選期至，部文已下，而進士遽死，年僅五十三。未展其蘊，人咸惜之。子六：詢虞，郡庠增廣生，為從伯父嗣，詢說、詢範、詢牧、詢官俱業儒，寶官時尚幼。

桐閣外史氏曰：予往時未識進士，十年前遇於同州郡城，時進士子詢虞與余子來南方俱入庠，因講世好。然自此遂別，不得時相見，故進士行誼之詳無緣具聞。庚寅冬以府試復至郡，詢虞訪至舍，問其父，歿三年矣。次日，詢虞與其弟詢說具禮來，且持狀請為父文。予閱其狀，可傳也，乃據狀為之家傳。

抑予傳進士別有感焉者。進士之狀，其弟九江為之詞，旨悽惻若不勝情，非進士之孝友有以感之，能如是耶？古人處兄弟間，如牛吏部不能免射牛焚車之虐，此類甚多，且勿論。向讀渼陂集，見所為其弟副使九峯誌，知九峯自讀書入翰林，皆其兄教之，顧卒與兄若參商，將死始自悔，乞兄誌，而渼陂之誌亦不能掩其釁，亦令人嘆。天顯鞠子之情，名教中士或有時不如道路，此必歸咎一人，亦難言之。今九江之狀其兄如是，進士友于弟，信矣。其所言他行無飾詞概可知也。予又思往見進士，言動爽豁，語予曰：「關學必君振之。」已予刻王山史周易圖書，其底本乃得之進士。刻成，予寄語進士，惜此書人多不解，進士曰「人自不閱耳」，予於此益見進士之學焉。君子論人自有微識，不待求之與情。予傳進士亦云。至予與進士訂交一時，而別已十年，乃為蓋棺之文，念人生聚落離合，於此更不禁愴然已。

董功九家傳

董生九齡曩學於桐閣。其嗣父登第暨其生父爵廷皆頻謁予。兩君魁幹，厚貌篤實，有為君子也。均習賈，家漸以起。爵廷賈石嘴，與番人交，能為番語，予嘗問蒙古俗，言之甚悉。既九齡辭去，爵廷亦旋卒，甚惜之。亡何，登第君偕九齡來，云為其伯父功九公丐文識生平，且曰蓄此意久，以半生奔走，不暇耳。予未識功九公，即登第兩君已如見其崖略，閱九齡所為狀，又有契予心者，因為作家傳。

傳曰：功九公諱惟敘，朝邑伯士鎮人，祖伯顯，父復成，有公兄弟三人，公為長。少讀書，鄉先生多器之，艱於小試，乃就武，以此遂入庠，然非其志也，嘗切切戒子弟勿復為。晚年以詩書教鄉塾，里子弟多從問字，喜為聯句韻語，值應酬，或有觸輒口占成文。治家以勤樸，性情則和而嚴，於諸姪愛之如所生。居近白市，非不得已，戒無過街頭。尋常行道路有小徑，雖急不由也。訓卑幼處事時以詐諼為規。配王氏，相敬如賓。後夢炊臼，或勸再娶，曰「吾有子女，續斷絃非理」，終不許，享年七十有七沒。

時齋氏曰：予居桐閣，往返吾家有小徑，足未嘗一涉，里婦婦兒童有竊視而信之者。郭氏妻亡，朋友及吾子輩皆勸娶，予學曾子戒吉甫，志不可改也。此二事知者以為是，亦或以為迂。予未知予之可否，然守吾之素，人言不問也。觀功九公之行，見人心固有同然焉。一兩端足覘人生平，然則今傳功九公亦何事覼縷哉！

董民章先生傳

先生名元俊，字民章，華陰人。順治甲午舉人，己亥進士，事親以孝聞。筮仕黄岡知縣，繼補句容，除積弊二十餘條，興額外利七事。歲荒，捐俸賑濟。邑有虎患，獵捕不得，宿廟虔禱，虎遂遁跡。致仕後引掖後進，周恤宗黨，歷久不倦。崇祀鄉賢，見同州府志。

論曰：古者地邑民居必參相得，先生華陰人而世居渭北，隸朝邑縣境。予少聞先生，閲華陰志，載科名不著事蹟，而府志詳之，怪主筆者何不同，抑其時採訪者有至有不至與？予與先生居相近，鄉里所傳固可信也。觀府志，以其宦業並知其學術。然志言除弊二十條，興額外利七事，第渾舉之，又胡不臚列其實？世之巧宦者每言所至以不興利不除弊，安於無事為能，此欺人欺天欺君之説也。自古利民之事，衰世皆成弊政，謂興一利即有一弊，除一弊又生一弊，民將常受弊而不蒙其利，夫豈無善法厚澤足永世哉？有治人斯有治法。君子于此當知所以自為矣。縣邑利弊大約相同，豈果紛煩不可窮詰？民章先生如府志言，想除弊已略盡，利己少缺，顧不詳其目，奚以為法？是亦載筆者之失也。虎之遁跡，東漢劉昆以來事多有之，不可謂非。循吏之事，教來學、恤宗族，亦宦達之餘懿範也。先生裔步策乞予為先生傳，予故據府志書其概，不外加詞，而特論之如此，以為其家訓兼為世規。

文學馮鈞天先生家傳

予為馮鈞天先生德教碑，以蒙君蔭堂請也。已先生子建復丐文，予以向第言先生教澤而不詳他事，覆問先生要行。知先生不徒為學者式，實有概足為士林風者，又未嘗不嘆往者吾鄉風俗之厚，士多敦實行也，乃綜數事為先生家傳。

先生馮姓，名庚爽，字怡齋，鈞天其別號也，朝邑西野鵲里人。為人恭謹謙和，喜成人美且樂人善，人有過未嘗一形於口，處鄉里時為人排解紛難，於己事或不遑恤也。性聰慧，初讀書本里，後尋師南中。朝夕講讀，大暑日人皆輟業，先生功愈勤。夜對膏燈，蚊囓其背亦弗知，以是江左人大重之。某督學案臨陜西，有與先生交者，督學親屬也，將之署，勸先生歸應試，欲居中為力，使見售。先生曰：「是詭遇功名，吾弗為。且吾來此何意？學未成而遽歸耶？」勸者嘆謝之。又三年，先生始返，竟入庠。然是時，先生年已四十，學雖成，弗復一意圖上進，又以家貧，遂教授里中。今里中士多其弟子，先生沒，皆猶嘖嘖先生不能忘，不獨蒙君蔭堂也。若其教之勤，為人師不止為經師，前已為蔭堂言之，不復贅。

時齋氏曰：憶予昔遊華下雲台觀，題朱陵宮詩曰：「雲台舊院問西鄰，曾此爇燈飽黍民。道士龍鍾今尚在，東窗猶記讀書人。」蓋予弱冠時讀書是宮，七八月終夜對燈，蚊集盈身弗覺也，道士皆嘖嘖異之，今傳先生，不禁有感舊事矣。又記予往應選，時方擇壯盛而予年少，或勸予增年，予弗肯，比當再選猶取盛壯而予年已稍過，或勸予減年，予直不應選。生平稍不實即與心乖，弗能為。觀先生不聽友應所親督學試，是亦李君行不欲子弟貫開封戶籍赴科場之心也。恨予不見先生與先生質素守耳。今士習不端，試場鑽穴，夤緣弊竇百出，其幸得之者揚揚然自詡於人，真不知人間羞恥事矣。安得起先生與講古人不欺之道，少挽頹風哉！先生他行姑勿論，及此正不禁為之三歎也。

嚴方伯傳

嚴方伯如熤者，湖南溆浦人也，字炳文。父君極，貢生，母何，生母李。生時，何夢大星墜懷中，因小字星滿。性穎異，讀書目十行俱下，與群兒嬉即以兵法部勒，父奇之，以是延師教甚嚴。年十三應童子試，學使者命為白桃花、荷珠二賦，酉陽懷古、田園雜興各詩，大激賞，取補邑庠。十七食廩餼，即講經世之學，益留心後事，取范希文先憂後樂語，自號曰樂園。乾隆己酉，以優行貢成均，學使稱其開大湖以西風氣。姜中丞晟訪得之，尤加敬異。

乙卯春，黔、楚苗蠢動，乾州太守福文襄康安討之。姜中丞郵書詢策，如熤草平苗議以進，姜韙其策，延幕署。至辰勷軍又獻練鄉勇、團丁壯、移提軍、重沅協策。畢總制沅亦重之，次第依議奏行。嘉慶元年丙辰，舉孝廉方正科。庚申廷試時，白蓮教匪亂蔓延川、陝、楚三省，承制草平定三省亂民善後事宜疏，擢第一，復承旨奏屯田方略。召見，詢外省吏治，胥稱旨。由是歷仕洵陽縣知縣、定遠廳同知、漢中府知府、陝安兵備道，至陞按察使，皆在陝西，以西方多故，上與大臣均任之也。

始在楚幕，議由楚復乾，而主兵者持黔攻計。黔兵頓烏巢河不進，姜、畢兩公使伸前議。如熤計由瀘溪至乾州犵狫村落，必先招大小章，募人至大小章得向國、果數人。大小章者，相傳有章姓兄弟官團練居此，其子孫習蠻俗，似苗非苗，似土非土，邊徼中別種也。其人勁健能抗苗，承平時常與苗為仇。苗破乾州，利浦市貲，假道大小章，大小章不應，苗忿，焚其寨，迺出保浦市。

江東諸兵集，黠者利犵狫所有，執為苗。犵狫不能作客語，無由辨，日有殺戮。群怒曰：「我力戰禦苗，焚莊舍逃徙至此，反以我為苗，魚肉我。」相率歸故地。犵狫既歸，苗誘與俱叛，官軍頻失利。是時苗視犵狫為部屬，日監察之。國、果能為犵狫語，日與苗遇，苗不疑，乘間為各頭目開示利害。已心動，遂偕張子宏等六人改裝至浦市。如熤推誠待之，同起居三晝夜，咸感泣，誓不叛，偕六人至辰謁姜、畢兩公。兩公喜慰六人，厚犒之。如熤恐苗復勾結，為陳兩公善諭，使各質子，得十九人，且令勿顯與苗絕，即用以偵苗。陽放火迫犵狫至乾州，隨調兩鎮兵兼程以赴。於是近乾州之三岔坪寨陽鬼者各苗頭吳廷舉等皆暗遣子弟請符幟，約至期以應，以主兵者欲專復乾州功，敕楚軍勿動，遂中止。如熤旋計犵狫大頭目雖數見，抽調壯丁必得其心，令各目共抵浦市之天王廟。時黔兵執平隴苗頭吳八月，八月子廷義糾眾數萬叛，勢洶洶，分隊至浦市約三千人，各營兵不能禦，退拒江東。如熤未之知也，督各質子土目以拒。苗益眾，質子泣曰：「事急矣。先生還渡河，我輩奮力衛先生出耳。」舟未抵岸而苗至，質子伏破船下。市口有男婦數百，苗徑欲前掠，苗頭執旗跳舞來近船，質子火鎗齊發斃執旗者數人，苗驚潰，遂得率男婦潰圍出。然質子雖戰河西而諸軍已避河東，無以解失各卡之愆。宣言大小章人明降暗叛，實引苗降目或逸過河則執為苗，戮以邀功，忌者群媒孽，竟紛傳大小章叛。如煜曰：「大小章各頭目慕義來，又力戰河西，不死于苗，死妄殺，弗慰安之，真叛矣。」集頭目數十人，開布至誠，賞以金帛，諭令歸寨聽後令。急達書姜、畢兩公，事得解。各頭目彌感激，誓死報。而流言藉藉，如煜因偕質子十九人回漵浦家居，請兩府令姑子舒致新入統各寨。

三省教匪時已起，畢總制回武昌，大帥卒於軍。黔營移近九龍溝，知無濟，檄楚軍會攻。駐瀘之兩鎮新得粵兵數千，鼓銳前。至丑蛇中，苗誘粵兵，死傷數百人，兩鎮被困不能出。致新語大小章人曰：「若屬報嚴先生在此時。」領數千人迂道掩苗後，大破之，救兩總兵。大小章人乘勝爭船徑渡，與苗戰二日，皆勝，斬俘數百，遂復河溪。河溪距乾州三十里，苗於此築壘拒我師，河溪復則乾之東路通。捷聞，姜帥大言曰：「嚴先生冤雪矣。」大營亦厚賞大小章各頭目，自是乾州平。平隆犵狫常為軍鋒，後大兵撤，留防善後。偶苗有侵軼無不調大小章人者，而大小章人於大府檄或不奉，得如煜手書無不行也。

及西宦，先奉委督修南襄城西寨堡。既補洵陽，於西門外半里許山埡，東城迤北小河口各建石礮台，于東路蜀河口，北路趙家灣，西路高北洋、閭河口各建石堡。蓋洵邑層巒疊嶂，袤延七八百里，與楚之鄖西、竹山、竹谿，秦之白河、鎮安、安康、平利各邊犬牙相錯。大兵剿賊，秦攻急則由此折而犯楚，楚攻急則由此竄而擾秦。先是失防，關廂被焚燒，故如煜至，先嚴扼守。而三省賊勢之熾實由刦人脅從日眾，且因糧於民。諸帥計行堅壁清野策，如煜親歷鄉諭民，胥依險結寨，平原亦為濠塹，畜牲資糧盡藏其中。寨有寨勇，各設長副，以大旗、小旗分管，十數寨為總寨，選紳士為之。並令民自公保近邊要隘各寨輸撥數人設卡防守，百姓自安耕作。各卡于高山眺望，偵有賊蹤，放一礮，耕作者即收檢農具；賊向此路，放二礮，人畜皆歸寨堡；賊近則放三礮，寨總會寨長，傳集寨勇，或堅守要隘，或伏林箐。賊至則截剿，竄則追搜。前卡信礮放，後卡聞接，數百里頃知警。常時擇各路適中地剋期訓練，並約鄰境協捕，日派長探以沿邊各寨戳記為驗。其操練，先演火銃、擊石子，以火銃擊賊百步外，不勝可避匿；石子，猝遇賊無兵亦可抵禦。伏兵少，遇賊大隊，勿迎擊，俟過截擒其後之委頓者。賊住，選健卒夜用大礮，過山烏遙擊之，使賊日有損折，且驚走不得息。凡此皆自勤巡，懲以嚴，賞以信，人因莫不奮勵，督領翠雲寨勇，遂生縛賊帥陳朝觀。大兵追樊人傑、徐天德兩賊於縣境，督馬鞍寨勇兜擊之，賊不得前，大兵追及張家坪，斬俘數千，馬鞍寨勇鎗擊徐天德，二賊不旬日滅。張天倫等七股大賊萬餘人攻縣屬太平寨、神仙洞，楊提督遇春率兵截賊前，如煜率寨民扼於後，七股賊一戰平。楚北賊逸入縣境，截擊蜀河口，溺死二千餘名，奪騾馬百餘。白河令黃袞死賊，方孝德督仙河寨勇擒之，滅王詳，亦巨賊也。嘉慶辛酉至壬戌，賊破滅多在洵陽，竄匿秦、楚邊界者憚如煜，至相戒不敢入境。

賊既滅，逸匪皆潛逃南巴山中，時出沒，擾川、陝。諸帥商以西縣屬遼闊，迄北折入川省，山谷林砦藏奸為易，奏割縣屬地二十五，就故鄉營增設廳治。是曰定遠，實陝邊門戶，定遠安則全陝俱安，故擢如煜為之。如煜以禦賊當在門庭之外，出母李節蓄數千緡，亟修城垣。規廳勢孤懸，於廳西南一百二十里之梨壩，廳南一百里之漁渡壩捐建石堡，詳請舊設簡池壩、姚家壩二巡檢移駐，三城始鼎峙成犄角。申嚴武備則與令洵陽同搜捕餘賊亦無數。

亡何，李沒，歸葬畢，那總制彥成奉命平海賊，趣延幕署，途中草議參用勦撫山寇方略，後海賊平多其謀。旋里傳觀察鼐兵備辰、沅，以向習黔楚事，延至筸城，酌定屯政。服闋，復抵陝，奉委捕同州。回民械鬭，逸匪至多，方撫慰安輯，回民悅，自效縛賊，皆伏法歸。

先視漢中篆時，寧陝新兵不靜，初招撫歸伍，尚悍不奉法，為推誠以待，兼恩威用之，咸帖然，而乃有實任漢中之命。在漢中凡十三年，思兵燹初息，善政宜殷，防奸息訟，裕食興化之事，先後無不舉。其防奸也，堡卡外各屬編立保甲而嚴行之，與兵燹時糾飭寨勇無異。其息訟也，前在洵陽案無留牘，嚴禁胥役歇主訛索。或因公下鄉團練，聽民時愬，荒村古廟為立馬訊結，民有嚴不再炊之頌，自定遠至漢中皆然。而錢財細故牽砌上控者多不理，以息刁健之風，裕食於兵。在洵陽，慮賊刦食迅走，官軍以糧艱多不及追，度當賊衝官軍經由之所最險寨堡，預營存貯，屬寨長於大兵至就近搬運。為民于洵作水田，開渠砌塍，使藝稻以免緣山溝窪雜穀滂傷。於定遠立社倉，以廳僻在萬山，商販不通，遇災艱賑，城中及南路漁渡壩，西路梨壩築倉三所，捐廉買谷為本谷，石收子穀半五升。自嘉慶十年至二十年止，惟收耗一斗，夏借冬還，出納時自稽驗，歲終閱簿，官弁不得挪移，棍徒不得強借，社長不得盤剝侵蝕，民獲實受其利。

而漢中當秦、蜀沖，上通河、隴，下扼荆、揚，關隘道路山川為最要，自蕭相鑿堰渠以足軍食，諸葛武侯、武安王相繼濬導水利，視他郡為重。其平壩田畝，小堰不下百餘，大堰如南褒之山河堰，城洋之五門、揚鎮二堰，各灌田數萬畝。堰務向歸水利同知管轄，自同知改治留壩，乏官彈壓，屢有控案。如熤於兩縣交涉堰務，詳請大府，飭府經就近管轄，親歷差委，蓄洩以時。南鄭班公堰舊渠近山，水不下注，別開新渠，自此各堰溝澮遂無不通。漢南向被兵，駐師州縣，動碾倉穀供運倉，貯告匱，請大府值秋稔籌買稻穀歸貯，卒復舊額。

辛未，奉董中丞教，增委往勘寧陝新舊二城工，定議改建舊城，增套城石隄，以並新城，駐總兵。是年，漢八屬傷潦歉收，道殣相望，歸，詳請賑撫。已屆歲梢，中丞以奏請災賑不得踰期，封篆後檄赴省垣商焉。如熤除日抵省，元日晉謁，面陳中丞曰：「今第一日，勸明公行第一德政。南山棚民乏食，得賑則生，不得賑則弱者捐瘠溝壑，強者恐流而為匪。明公能為災黎請命，造福南山匪小也。」中丞又以守令請賑踰期，不得請，且奪秩難之。慨然曰：「賑恤之請，數十萬生靈所系，如熤何敢愛一官格而不行？但示寬牧令吏議以轉詳遲咎，如熤雖罷官，上可對朝廷，下可對百姓，其榮多矣。」中丞壯其語，事遂得行。

時寧羌山有楚北王姓軍功，號荆州王，以喫大戶為名聚眾數百人。州牧飛章告急，如熤攜健役星馳至，善諭誘擒之，急傳示，罪止王姓軍功一人，即親賑各要處，餘遣委員分散，不假胥吏手於其間。計捕城固圓頓教首，猶縛王姓軍功。及岐、鄜廂匪之亂，鎮軍悉出，郡城空，募義勇，練回民丁壯，揚郊外，繕武備，略不殊楚幕以來。用兵時而奏請賑被賊之洋、西諸縣，猶之八屬也。初至洵陽撫饑黎，懲治刦掠奸民之尤亦如之。

興化以教學為先，於洵陽嘗重葺敷文書院，捐廉置產，議條規。軍書旁午之時稍暇，即集諸生講明正學與經史大義。定遠則就城外東嶽廟延師訓迪，講貫優給無異洵陽，即昔臨、同屬回境，亦為捐設義館二十餘所，然在漢中為尤詳。涖任，先集有軍功職銜者置酒犒勞，諭以守法為閭閻表率。值朔望親蒞城鄉市鎮，宣講聖諭廣訓，於犯法科條更詳陳之，各屬學宮時詣之講授，皆切於綱常名教。郡城漢南書院軍興後廢為行館，膏火田多為吏侵民占。委員履畝丈量，俵佃納租，諭士紳捐增經費，首出廉俸為倡，共得數千金，充修脯月米之需。重建講堂、齋舍，仿鹿洞、蘇湖學規。往者未仕時，姜中丞聘主沅州明山書院。已然，涖講外，拔其尤者置郡署漢台，親教之，終漢中任如一日。所成就士張日章、高樹勳、陳道垣、何星漢、李正儀、楊鑣、楊筠、李鑑數十人，皆以文章政事知名於時。修志旌節，諸事以漸舉，亦賴之。當是時，漢中嚴太守之名滿天下，諸大臣交章薦。仁宗召見，詢南山勦賊狀及吏治，奏對歷歷然。今上踐阼，遂擢陝安兵備道。

時內議南、巴二山老林棚民麇聚其中，偶值歲歉輒至蠢動，仿前明鄖撫例，於三省適中地設大員控制。卒析陝西安康縣之磚砰，改設撫民通判、巡檢兩員。磚砰縣丞則移略陽觀音寺，為略陽縣丞，盩、洋交界之教場壩增縣丞一員。移四川太平廳，同知、訓導、照磨駐城口為城口廳，城口經歷則移高觀寺，亦轄於城口同知。太平廳則為太平縣，知縣、典史、訓導各一員，巫山營屬之大昌汛設守備一員。析湖北竹山之白河口設撫民同知、學官、照磨各一員。竹溪縣之豐溪、房縣之板溪各設照磨一員。癸未，於盩、洋適中之佛爺坪設廳治，移安營汛，原設盩、洋縣丞為鎮坪縣丞，商州添撥千總、外委各一員，兵一百十八名。略陽觀音寺奏撥把總一名，兵六十名。如熤奉委相度，定議為多。其間，壬午賑南山棚民、木廂、紙厰、鐵厰災歉。乙酉，兼賑寧、沔、略、西、鳳五屬軍民，率本前法。因定遠設倉有成效，建議徧興朱子社倉，時有行有不行。甲申，盧中丞坤以秦川沃壤舊多資河渠灌漑，欲興水利，檄如熤查各境河瀆可修濬者甚悉，以經費不敷，亦止。

是年正月，上諭嚴如熤自任南山，地方寧謐，已加按察使銜。乙酉十一月，遂補授貴州按察使。丙戌正月，調補陝西按察使，入都，見圓明園，三次垂問內治法所急，則舉論語「足食」、「足兵」、「民信」，申奏詳切，上嘉之。歸，卒青門。卒之夕有大星孛于參井，喪聞，上下皆哀之。南山士民乞祀名宦，奏請俞允，晉贈布政使銜。

如熤性孝友仁厚，事母何與李並得歡心。官南山，民不知織紡，承母李意，傳民婦至署親教之。遇諸父兄弟均有恩，為宗族置義莊、義田、義學，漵浦盧峰書院亦捐廉置產。與人無城府，于人世得失榮辱澹如也。仕宦後，事大府以敬，處同官以和，待下吏以寬，撫士民以愛。南鄭令楊大垣、萬華前後卒，為營喪送櫬，以數千金存恤其家，他吏亦多如之。門下易良假需次知縣，猶從學漢中署，誨之曰：「為良吏無利心並無名心，無欺心並無矜心。口言之，身必行之，隨地隨時無容，執以此往則得矣。」生平政務暇未嘗一日廢書，其所講求，耆師宿儒，下至田父野老，皆不憚虛己下問，故於古今學術源流、理亂得失、天文、地理、日歷、河渠及兵法，無不精究，所著有苗防備覽、三省邊防備覽、洋防輯要、樂園詩鈔、樂園文集數十卷。

論曰：小范老子胸中有數萬甲兵，他政可知，豈不由學與行哉？如嚴方伯，庶幾不愧其志者。與聞嚴氏之先有名英者，以進士出守潭州，宋亡嘗圖恢復，不濟，始家溆浦。明英宗時有名秀者以諸生應募平苗，不受官，歲荒厚賑，鄉里多全活。方伯豈聞而起者耶？士無濟世戡亂猷，徒屑屑侈文墨，傅介子、班仲昇笑人矣。吾聞方伯名，未見其著述，于平苗議、平定亂民疏覘大略焉，著于後。

平苗議十二條，略曰：

一鄉導宜募。自古用兵先審地勢，宜募向入苗寨貿易之客民隨營自效，或兼用順苗共為軍導。凡進兵徑路與埋伏堵截之地、紮營屯糧之處逐一細詢，隨時酌量，自可得其要領。

一籌糧宜廣。現在附近州縣趕辦行營，糧餉倉貯所存無幾，宜飭協濟，各地攢運，附近收貯以備不時之需。盪平之後，修城汛與給難民之牛種俱可於此項報部支銷。

一堵禦宜密。近苗村落居民備知出入徑路，宜飭其什伍相聯，眾寡分配，輔以官兵，分扼要害，守望相助，互為犄角，不得聞風逃避。堵禦既密，凶苗無由散佈，逼歸巢穴，自可一舉盪平。

一稽課宜嚴。生苗服化日久，或薙髮出傭內地，或賣女結姻民戶，向之往來漢境者皆可為此日奸細，而漢地革退營兵、逃亡罪隸間亦窩藏其中，為逆苗耳目。宜於各處汛卡，凡遇可疑，嚴拿究詰，並於就食難民加意稽察，不使奸徒透漏，至用彼奸細供我驅使，似又在於運籌之臨機應變也。

一脅從宜寬。黔、楚紅苗生熟寨落不下數千，未必人蓄逆謀，脅從當亦不少。急之則同舟遇風，吳、越可為一家；緩之則各愛身家，詎肯共蹈水火？　宜許脅從自首而防其詐僞，必得質信。　明諭投誠者得免屠戮，效順者必獻首虜，大開自新之路，潛解從逆之心，是寬數百苗人之誅而數萬苗匪之黨可以冰散。

一設間宜參用。　逆苗合勢犯順，而各寨非盡凶頑，或非本意，平時並無酋長則爭雄，必相互猜。　且苗好打冤家，常時出門必攜刀鎗以防格殺，雖為賊首煽惑，釋仇同變而疑忌尚存，則黨與難固。　或因順苗轉相招誘，或諭爭雄之酋殺賊者准其為長，或飭有怨之家投降者助其得分，令彼自相魚肉，盪平之功庶為易奏。

一熟苗、熟猺宜防撫。　楚省各郡半與苗、猺接壤，黔省則苗居十六七，承平日久，地界膏腴多為漢人誘買。　生齒日繁，生計日艱，懦者傭作餬口，黠者間亦坐草行刧，此時震讋天威不敢遙作聲援，而狐兔之情未免意存觀望，固宜加意撫綏，留心防察。　至永順、保靖土人，前代征苗宣力最勤，即康熙四十二年亦藉以搜捕山賊，自雍正間改土歸流，土兵亦革。　察其耐勞習險，募為軍用，似足備官兵前驅，又不徒當計及防撫。

一招撫宜參權。　逆苗之性，大約弱則稽首請命，強則率衆跳樑。　我若興師問罪，彼則搖尾乞憐，我若奏凱而歸，彼則仍思跋扈，非經草薙禽獮，遽加矜恤就撫，既非真心暫降，已懷反意。　計惟廣為招納，藉以攜烏合之黨，仍密為區畫，隱以防狼顧之計，即痛剿之後亦必仍開湯網而機權自別。

一乾州宜急。　乾州失守，苗盤踞其中，浦市被焚、辰州受驚皆由於此，於勢為急，宜恢復。　乾復則由乾進永，可與保靖、松桃、鎮筸聲勢聯絡。　且賊首聞在乾州，擒賊擒王，餘賊自當瓦爭。　其攻乾之兵由瀘溪而進，直至兔兒巖為乾州對河，一路皆瀘溪民地，較他生寨為易攻。　恢復之後，一面進剿，一面防守，辰州重地，保無驚擾。

一賊巢宜急攻。　現在賊巢平隆、鴉保，左營、右營各寨介在永、鳳、乾之間，為生苗奧區，天門、猴兒峙其東北，老鳳、芭茅踞其西北，大、小臘兒橫其西南，地勢固極險阻，然鎮筸至永綏向來營汛絡繹，由正大營至鎮屬鳳凰營僅二十里，而鳳凰營至鎮筸六十里，中亦只為生苗邊地，大兵經過，自當聞風懾服。　若由鎮筸會集楚、黔兵，合勢進剿，小寨直用兵打，大寨則用礮擊，一路急攻而入，令苗人狡不及謀，健不及鬬，風馳雨驟，足令邊頑永懾。

一鄉勇宜優恤。古人云：「徵兵盈萬不如招募數千鄉勇。」護其梓里，人懷必死之心；知苗伎倆，士鼓爭先之氣；兼以生長此間，服習水土，諳熟徑路，登山上嶺，最為矯捷。揀其精壯，護守城汛，以為大兵聲援，及奏凱之後，酌功大小優加賞賚，倡義者議敘，從役者歸農，是疆場收募兵之益，國家無養兵之累。而以諳戰之民散在閭左，將來逃誅之苗，咸知地方有備，革面洗心，亦不敢復蓄奸謀。

一地方宜安輯。大兵會剿，附近州縣供夫運糧，莫不踴躍急公，而春氣漸深，東作難緩，道路之丁壯方事轉輸，閭左之餘夫宜勤耕殖，不可滋擾致妨農務。至於避苗難民，今春難以歸耕，是加數萬無業之民寄食各郡，設廠散糧，雖暫免於饑餓，離鄉別井，終難安其身家，誠恐市井無賴欺壓構釁，勾引滋事。宜飭所司當撫綏之時寓稽察之法，于向來無賴尤嚴加約束，被人告發即盡法究治，庶豪暴不敢為非，良民得安心耕作以濟軍需。

平定亂民疏略曰：

現在進剿之師日就疲罷，以數萬疲罷之眾與猾賊追逐於數千里長林深谷之中，宜其根株之難除也。至亂民之日增，一在投誠之賊無地安插，而已降復亂；一在難民之避亂者流離日久，生活無資，不能歸業，而良亦從亂；一在鄉勇營夫事棘時索重值充當，及兵撤餉停，依然遊手，多倖禍之心。為今之計，可使不能加之兵而使之加，日增之亂民而使之不增，其在行屯田一策乎？夫屯田，寓兵於農，自古善政，而向苦無田可給，今三省被擾地方，從賊而戮者有叛產，避賊而亡者有絕業，此項田畝不下數千萬畝，若用以作屯，可募勝兵二三十萬。現難民降賊有撫綏之資、道路之費，即將此項略加寬裕，而仿行晁錯實邊之策，開屯得以贖罪。虞集募民墾田之議，開屯得給散階，授以世職，設法鼓舞，經費自易。宜飭州縣先查清兩項田土，一面市牛種器械，將難民夫勇之無業及降賊之無歸者俱編入屯。簡重臣開府三省適中之地，總理屯政，改沿邊巡道為屯道，司稽察訓練之責，令各州縣兼理屯務，以墾荒之多寡、練卒之勇怯為殿最。二三年後，屯政之規模成，餉不必添而兵已增矣。當開屯之時，飭各大將畫地分守，不得使釜底遊魂稍有透漏，仍多設間諜，廣為招納，大昭好生之德，廣開自新之路。亂民既可自庇身家，孰忍終為戎首？賣刀買犢，化盜為良，未必不由於茲。

其屯政方略十二則：一勝算本自廟謨，一遠猷定自聖心，一屯地可裕，一屯丁備用，一審開屯次第，一修固屯守禦，一議開屯之費，一簡任屯之人，一分兵以護屯眾，一嚴軍以除賊萌。

桐閣先生文鈔卷八

吳橋知縣席雲占傳

自史記、漢書載循吏傳，諸史多因之，然馬遷創例，如子產、孫叔敖、李離、公儀休，不獨末吏也，後則州縣官為多矣。夫天下之治，始於州縣，州縣治則天下治。其得稱循吏者，治以德不以才，才而兼德，績乃愈著。諸史所載或以一節見稱，非盡才德兼全者，若膠東王成且以偽增戶口入傳，然則所謂真循吏其難乎？吾友席雲占以學問裕才德，晚而為宰，十年之間循聲大著，私幸以為吾邑光。既歿，其子遇庚詳書其狀，中庶胡君為之誌，事皆可法可傳，他日採之史無疑也。予欲文之，則仿史公之傳管、晏，書其軼事，為吳橋知縣傳。

吳橋知縣席雲占者，名光縉，朝邑縣東林人也。父太學生廷珍，喜讀書，未竟其志。雲占少聰穎，讀書目數行下。為諸生數十年，有名，以不遇，日為制義一篇，精其法，嘗自喜以為「使題小如蚤，吾為之百不失一」。年五十登鄉榜，又六年成進士。初仕為欒城知縣，繼署萬全，後乃調吳橋，其中攝篆淺者不具詳。雲占雖久困諸生，志未嘗潦倒，每言今學者讀書多欲為官，為官則忘所讀書，吾弗解，使果常持呂榮公三事，何事不可為？及仕乃不負其言。在欒城，民有爭一雞鬭訟者，諭之曰：「一雞值幾何，至成訟，使吾差役責汝錢，數雞不償矣。」呼侍者與雞值，隨問差喚者曰：「毋乃索錢乎？」民曰：「否。」各笑遣之。在萬全，滿洲人占漢民地，訟久未結，前知縣無如何。雲占據理直責滿洲人，事以釋。有錢店，一少年死非命，以私賄和解，少年素存店錢若干，則隱之。其家來控，遽怒押其人，忽命以他事出，過錢店，突入其門，至內室索計冊觀之，中有少年存錢，又有廚役存錢，遂拘主計者至縣，怒飭曰：「若店以賭斃人命，既私和又隱人錢，今有告者，當何罪？」其人飾辯，又怒曰：「若計簿不可欺，且非賭，廚人錢何為者也？此少年死情跡昭然矣。」其人服罪，則判曰：「事已解和，告者以存錢當數倍償之。」語告者曰：「若知怒押故乎，非是吾不得情矣。」乃皆服。吳橋多訟棍，一少年諸生慣為之，訪知其人，已果有控，閱所為呈，美才也，重責之，旋諭曰：「何苦不勉學而為此惡習？能改之，釋汝罪。」遂送之書院，給以膏火，月課文六篇，缺則責，未幾，是生遂登賢書。雲占有陞調，民多如失父母，其餽遺留止者比於山陰之錢、華州之解靴斷鐙不啻焉。歿之後，喪歸，至援柩哀號。他無論，有寡婦攜幼男頂香紙跪中途，問其由，則以姑聽旁言欲嫁婦，因誣告之，君明其事，且為婦存廉恥，不令上堂也。即此一事，又儼然見愛遺珥歌，誰嗣之休矣。

野史氏曰：世之為令者無善政及民，不計民之德怨，反謂民不知感。夫民豈盡無良知哉！觀吳橋知縣吾席雲占君，不責己而責民者亦自欺欺人矣。往吾松園前輩官吳橋，祀名宦，雲占復然。朝邑士風於天下不差不愧，今固猶昔也。

內邱知縣王景美傳

王景美字秀菴，號梅軒，華陰人。先世業農，祖自平，妣曹氏。父朝元，字巨卿，以家貧，從兄遠客遼東之復州，業攻木，思自振，早矢勤苦，一絮衣七冬不易，酒十年不入口。賈稍贏，嘗歸省。時惟母在，值歲饑，鄰人借糠粃，母如言，命朝元與之。朝元怪其重，撥視之，內實米，覆以糠。朝元問母故，母慘然曰：「糠粃何以食？但明與米恐感恩圖報，且或畏償不受也。」朝元少未學，居遼十年餘，多困於書算，歸年已逾三十，承顏之暇輒入里塾讀書，臨字竟皆有得。復之遼，遭母喪歸，葬以禮，服闋返遼。酬賻，眾要以飲，立飲十觥不醉，始皆知前此十年不飲，其志也。自此謀無不遂，家遂日以裕，而朝元性本磊落，饒志氣，又已獲益於學，奸猾者不能欺，豪強者不敢侵，邪者斥之，惰者責之，事親謹，御下寬，篤手足，樂賓友，自奉布衣粗食，不妄費。在遼，士大夫多喜與交。尤厚家鄉，時時記母以糧覆米事，不忘敬禮師儒，見幼童知向學，嘖嘖稱羨不衰。晚年儼然耆宿，人不知其為賈人也。七旬後自遼歸，步履未嘗需杖，耳目聰明如少年，出遊或見其長眉白髮，豐度偉然，以為壽星，亦以為福星。遼人每郵寄問起居，婦人孺子亦恒道其名。

先是朝元娶於家，氏姚，繼娶於遼，氏薛，生景美。少穎悟，年十四自遼歸，時嘉慶甲子也。為帖括，下筆敏捷，課一藝，同輩方苦思，景美談笑自若，倏濡毫若宿構。甲戌補博士弟子，丁丑餼於庠，為郡知名士，家乃中落，教授為生。善誨人，講解經義，聽者忘倦，閱文字，筆不停點而竄改各如其意。夏夜坐譚古今，口占詩文，諸生分外受益不淺。

丁酉，年四十八，以第六名舉于鄉。明年捷禮部，識者知其蓄之有素，一朝振奮而出，其所見必大可觀也。殿試即用知縣，分發直隸試用，授內邱。其地為九省通衢，士皆短褐，下車即飭戒之。設膏火，課文外，時時面諭之以儒者品儀，士皆化焉。在官一如諸生，衣無錦繡，食不過二簋，舊例供給悉蠲浮數。邑境凡歷兵差二、貢差三、帑差二、大犯一，一切官弁往來，酒食、車馬支應浩繁，俱出廉俸，不為民科派。尤以維持風化為首務，所至禁婦女燒香、樗蒱，狗馬之屬更嚴斥之，市井肅然。惡鬬詈犯者立杖以徇，並不許高聲亂呼聞於耳，署內外寂如也。勤於聽斷，隨狀即訊，至忘寢食。有訟田者，親丈量為下灰畔。性仁慈，不妄笞一人，聽斷時懇摯意流露言表，往往一二語使兩造感愧流涕，求息訟。不喜刀筆而發奸摘伏如神閻。馬五踢死楊大頭，燬其屍，訪獲置之法。邑生張某幼私鄰女，女嫁已數年，家送女歸省，至巷首，送者去，生誘女匿之。既兩家索女，訟不決，景美於審別案偵知之，以他事召生至，曰：「汝事吾已悉，何不自愛如是？」曲諭令出女，託諱其事，案遂息。生由此遷處城外，為良士。善治盜，偵知巨盜姚二匿劉某家，夜集丁壯聲言查官道窩鋪，出南門，繞而東，夜半至其所，破扉入擒之，盜風遂靖。自筮仕後嘗矢儉以養廉，然謂自養其廉，多為吏役害之，儉身以恤彼，厚其食而勤察焉，且嚴諭下，弊斯絕矣。每飭吏勿與府房陋規，書役感激，終景美任無作奸者。北去縣三十里，尹村驛所經處也，路狹而險，車僨馬顛，行人苦之。景美捐廉修葺，因稱坦途。壬寅，西師過，供張儲偫，日夜籌畫而民不知兵。以勞患怔忡，旋調署邯鄲，力疾視事，猶一如在內邱。日獲巨盜並其黨六人，三月破積案數百，疾復甚，恒暈，不能自立，遽引退，居邸一年。癸卯冬歸里，同年李梅塢贈詩云：「風清竹閣閑留客，雨濕莎庭晚放衙。」內邱孝廉張樹基前贈詩云：「宦囊滿貯青山色，野老猶知白水心。」內邱民戶感之，扁頌者不一。

家居後，布袍竹杖，時時從老農試田家事，見者皆目王知縣依舊秀才也。村建文昌閣，捐生息田三十畝為義學計。事母薛終身敬謹，友愛同生弟景新、庶弟景運如一。景新前死遼，病時為親嘗湯藥。然弟等有過，責之不少恕，曰：「吾懲吾過嚴，安得寬吾弟？」宦歸後，乙巳冬葬母，次年自遼反弟景新柩附葬之。景新有子家相、家瑞，教之如其子，家相卒，痛甚，髮為白。祖塋濱渭，渭南浸，勢且崩，謀遷，擴地二丈，費錢百緡，為文記之。篤宗族朋友，在官歲寄家百金給貧者。同年李某母老，落拓京師，來內邱，切諷以義，予之金，勸令歸林下。八年未嘗以事入公，邑令孫琴泉禮闈同榜，賢宰也，五邀之僅一往，嘆謂如閑雲野鶴，弗可跡也。同里李吉人，藩伯素重之，守保陽時，景美至署，李亟稱於賓。諸幕客眾深信，頃屬訊一案，客自屏後竊聽之，狂喜走告李曰：「不謂王君書生老吏弗如也。」李笑曰：「是區區刑名事，何足言？諸君未識其經濟耳。」海疆之變，冀牧某上招募書，大府飭諸州縣如其法，羽檄敦促，皆仓皇措辦，景美持不可。未幾，某以墨被訐，大府收前令。或問其故，景美曰：「財不足而招募將擾民，知其必有咎也。國家設水陸兵無慮數百萬，苟不能戰，募者奚為？帷幄中有能得人心，知運籌者，何憂小醜也？」蒲城相國王文恪公與大司空慧公治河歸，憩縣南四楊橋。邢臺民以私攘訐其令陳某，呼冤者數萬，老幼環泣圍公與景美，景美睨輿夫急弁相國去。而慧竟不得前，亟召景美，景美謂邢民曰：「汝等只二三人隨公去足白汝冤，何須多人？」邢民望見皆懽呼拜舞曰：「王青天言非欺我。」然散去。陳聞聽至，急求為道地。先是內邱車馬不敷，欲與陳運站，陳勿許，至是慮介意，而景美殊坦然。俄大司空召景美入，問陳令。景美曰：「吏役賊耳。」慧喜曰：「君能信邢民，必能辨此事。」景美許之。陳得免，按問家居。李吉人亦以病假歸，延景美為西席。將起復，勸景美同出，辭不肯，固勸之。一日皤然謂其子曰：「吾親葬弟柩反，男女婚嫁畢，事盡矣。所有生產汝等自為之，吾將以餘年報未報之國恩。」治裝擬北上，而病復發，不能起，病中囈語猶喃喃呼車馬，竟卒。子一桂，諸生，方弱冠。

論曰：景美喜梅，名其軒曰「笑梅」，因以為號，並名其詩文集，性蓋恬退者與？然天下惟恬退者淡於利祿又淡于名位，方能為事業。景美當與生徒講學時，豈急爭功名者？既成進士，為內邱，兩漢循吏不能邁也。二三年一病而歸，意固不復出，感知己之勸，忽念君恩，乃卒不能起。人或惜未竟其用，即未終其志，不知景美者也。可進可退，視吾之志、吾之力而已，無利祿、名位之私。我置我，天亦置我，何容心哉！所謂恬退者如是也。陶彭澤不為五斗米折腰，飄然而返，遇非其時，菊籬自娛，終其身不出，與景美之愛極同而不同也。吾傳梅軒，不以號而以名，彷國史例，蓋將以内邱之政遍告天下為今之人。

馬虞操先生傳

夫人之自立豈不難哉？學一而已，而世日變，學乃日歧。自孔子時，儒分君子、小人，學即分今古。古之學者為己，君子儒也；今之學者為人，小人儒也。而小人儒亦有兩途，曰要名譽、干利祿，求仕進者要名譽並干利祿者也；其不求仕進而不能忘情於人之美稱者，專要名譽者也。然此時學之事猶一事，故古人、今人，孟子皆以為修天爵，其實古人修天爵不止，忘人爵；今人修天爵亦不止，要人爵也。

異端之學亦不一，楊、墨、告子識不明而見之偏者也。莊、老齊物我，一死生，矯世厲俗者也。佛氏棄倫理，講心性，造輪回之說，貪生畏死，懷無厭之欲，害道惑世之甚者也。吾學之事乃今亦多端。漢人訓故，唐人文章，學之淺者爾；金谿、姚江，學之鑿者爾；濂、洛、關、閩，直接孔孟無可異議，宋史立道學傳，陸氏兄弟亦退于儒林，其見自卓。或謂多此一名，非也。近人務考據，欲以漢學駕宋儒，為文章欲以唐人爭宋人之先，襲取道學之稱又欲以陸王勝程朱，此皆爭名之心，雖君子亦不免流入小人矣。

顧此猶知學者，若後世科舉之學，是孟子所謂要人爵而並不修天爵者也。始進即非其心，又何有于古人？之功名是並不待得人爵而棄天爵也。然則考據之學、文章之學、陸王之學、科舉之學皆將斥之乎？曰：「不然。」考據、文章一衷於理，陸王之學、科舉之學求得其實，即濂、洛、關、閩之學之深也。其苟且剽竊，僅欲博一時榜上之榮，不足言矣。抑濂、洛、關、閩之學可易言耶？其俗者則以此為迂，其忌者則以此為僞，吾有以解之。濂、洛、關、閩當日即有僞學之禁，今何恤焉？自求捷徑者言之，科第以為榮也，得之者高爵厚祿，所為不齒于君子，何榮之有？不得則日逐逐於名場，終身在懊惱中，卒無一成，豈若立志為己，專心以學聖賢？此自由我，他日即不為濂、洛、關、閩，亦不失為濂、洛、關、閩之徒，雖或非之而其真終不可掩。昔之傳人可覆按也，孰迂孰否，亦足自決矣。吾以此教人，及門亦有從者或惑於人言而難之，知其難不顧其難則不難矣。友朋中同志而不以為難者，吾邑得二人焉。始交趙子斗屏，斗屏生多往來，書死志傳皆吾為之，晚得馬虞操，一見即別幽明，向見之有贈言，今又為之作傳。

傳曰：馬虞操先生者，朝邑縣北貝家莊人也，名大韶，字曰虞操，增廣生。先世自山西洪洞來遷，頗挾貲，購居於村之中，買田千七百畝，築舍列門堂三十六間。家有規範，無內外人皆端雅，以是咸稱「要巷馬家」，村婦鄙陋者相戒不過其門，云恐其女童笑也。累世風猶未泯，讀書雖無甚顯者而衣衿不絕。至虞操先生，家已貧，然少入村塾即喜學，不以貧為念，茹苦甘淡，未肯少移其志。始學為文，迥異群學子，師長皆器之。應童試，每前列，聲噪縣府而滯於院試，即入庠，又有名科歲場。秋闈復頻薦不售，先生知命不可以人力奪，以貧故，早授書，與生徒砥礪道學，諄諄啟牖，脩脯弗計也。然人或怪之，即生徒亦不盡解其説，而先生學日益進，志日益堅，律身亦益嚴，任異言喧豗，皆弗恤。先生見理明，善談論，與生徒講四子書及諸經古文至大關目意義輒出人意表，或偶有所觸，慷慨辨析，皆有奇趣，人不能屈。少喜仙佛，既講聖學，乃駁仙佛之説以歸於正。主敬主靜，常於艱難困鬱中獨坐一室，萬慮悉捐，别有自得之樂。闢小有書屋，教徒亦兼教子，前後館於外，晚歸入其中，曰「主人翁來矣」。花木殘毁，幾案蕭條，先生之樂自如也。

時齋氏曰：予久聞先生而不知其詳，遇於劉氏别墅，兩人皆老，談終日，各言志行。崇儉樸，厭紛華，敦實誼，惡浮名，講古禮，反時俗，不漫受餽，不輕交人，不妄事神，不嗜酒，不食菸，不喜茹肉，不樂觀劇，大概相同。予不自知其是非，聞先生言乃自信。先生長予數歲，時耳聾，予有言，子安吉為傳道之則掀髯高叫以為快，想見少年豪邁，予所不及也。先生凡事信于心，一毫不敢自欺，與予言及居喪不入內禮，先生言昔曾語安吉曰：「吾此事惟問之汝母乃明。」聞者皆笑而頷之。配史氏，將卒，謀附身衣，以母姑死均未有盛服，不敢過，願衣其築里雷笥所藏服式不如時者。先生曰：「吾一生不聽婦人言，如斯類不可違也。」從之。先生卒之日猶切屬安吉以入聖之門。病劇，索溺器，其小孫曰：「祖艱於轉移，可即便所藉。」怒叱曰：「一息尚存，此志不容少懈。得正而斃之，謂何可如是苟乎？」先生終身之所守於茲見矣。

平日言自箴即以訓人，然不為身後名，恒不自見於筆墨。安吉每録而存之，為志其要者。讀書志在聖賢，不到聖賢揔無了期。聖賢所道淡語便合道理，使將聖經賢傳藏去，即提別說仍自一樣。語不一樣，理自一樣，一二聖賢一樣，千百聖賢只一樣。聖賢吐詞為經正如蠶之吐絲，蠶吐出才是絲，如蜘蛛吐亦似絲，終不可用，故曰蜘蛛雖巧不如蠶。聖賢道理萬言難盡，一言可了，後儒發明聖賢道理，終說不出聖賢圈子，不學聖賢並不能入其圈。飲食男女，人之大欲存焉。理即寓於欲之中，欲嫌溢於理之外。今人好言喫虧、便宜，循理是大便宜事，好占便宜者偏嫌喫虧，遂欲是大喫虧事，不肯喫虧者反謂便宜。昧心之事不可偶為，明理之書須要多讀。舉念詎敢有差，博覽不可無疑。極苦處即極甘處，極甘處須向極苦處尋。人一生揔要項頸不倒，人一生揔要不嗔人毀詆，人一生揔要常與天相質，人一生用功揔要過一層，人一生處事揔要退一著。

論曰：　予交趙子斗屏，斗屏與予宗程朱者。虞操先生學似涉陸王，然極喜薛文清。吾鄉王仲復則亦以朱子為主矣。斗屏嘗註易、註春秋，皆未成者，有語録一冊，頗可觀，惜其災於火。虞操于經亦重易、春秋，註成，藏於家，予所見惟孝經註一卷，簡切可傳也。他文章多不存藁録，安吉所誌即以當先生語録耳。安吉少善畫，已入古人室，詩文亦有才，秋試嘗售而復黜，父亦以為是有命，仍勉之學古，學聖賢。近亦雅有志而若疑畏人言，是猶未深體其父教也，故予為虞操先生傳，與之論學，一以見先生之真，一還以勉安吉。

學博任莘田傳

莘田任姓，名仰伊，澄城人，窮經篤行，君子也。嘉慶丙子舉人，仕城固縣訓導。幼時其父太學生鳴雁口授小學、四書及詩、書、易，入庠後家有藏經注缺不完，借學官書，日夜校讀，月易一函。常達旦不寐，兩歲盡窮其義，遂至病目，然自是以通經著名郃陽。鄒天祿，經師也，尤深於禮經，五禮通考諸書無弗究治，莘田時就正，天祿亟推之。應科歲試輒列高等，督學陸有解經不窮之目。繼由博反約，潛心性命之旨，徧閱儒先書，有見即題簡首，細字密書，幾不能容。嘗語其子曰：「人可一日不作文，不可一日不讀書。」值試期，惟為講經、史、古文、唐詩，不知者或笑其迂。又嘗曰：「文章以龍門為先，此外歐陽五代史，他弗能及。凡讀史以佐經，取歷朝比較之，治亂興亡瞭如指掌，持身、應物、服官、從政皆有資焉。吾以讀經病目，讀史乃復瘳，觀諸經亦益明，書之牖我也多矣。」

始莘田年十三遭母葉喪，廬次讀戴記，手鈔喪禮一冊，兢兢仿其意而行之，後喪繼母權亦然。父老患嗽血，不飲藥，莘田閱本草經，擇和榮衛、足充食飲者為朝夕餐，未半年痊。自是不應禮部試十餘年，侍父跬步弗離。父既歿，以覓槨材，葬不時。冬月衰絰，不廬不裘，三年不御酒肉，不出里門。及營窀穸，不徇俗，一一酌士喪禮諸篇行之。

莘田無兄弟，有姊適張，貧，姊聟汝翩久困童試，勸之堅其志，得為茂才。子公燕從莘田學，飲食教誨與莘田子同，居八年亦列青衿。女曰荃，授女誡、閨範諸書，以汝翩食貧力學，字其季子。女弟適李氏而寡，家亦中落，撫其孤至成立。從弟志伊為諸生未久，夫婦相繼卒，遺孤數歲，無所依，攜之城固署，見之者疑為莘田少子。師事郃陽雷香畹廷蘭，香畹後與莘田同榜，鄉人傳為佳話。香畹沒，莘田方居父憂，聞訃伏苫大哭，衰絰奔弔，禮也。同邑張蘿谷先生肥遯洛濱，著述甚富，莘田命其子請于外舅戚連、孝廉毓秦，為捐梓二種。尋商諸邑，紳公舉鄉賢，其表微闡幽，扶翼風化如此。在城固與教諭王蔭山槐共事六年，誼如兄弟，王升去，揮淚別，莘田竟卒學署。子葆貞、葆渲。葆貞庚子舉人，承家學，亦深經術，與弟葆渲皆受業盩厔路太史閏生，德憶父命名意即律身以禮。路太史志其父墓，予因哀次為之傳。

論曰：韓子言士不通經果不足用。抑非特不足用，舍經尚可言學哉？通經又未有不通史者也。漢儒經學尚已，康成醇儒，後世尊之，則亦以其行也，惟敦行始不愧經術。然近言經術者，或尊漢儒而薄宋儒，予殊不以為然。宋儒如程朱言心性，言理，此乃經術之本，背理則無行，無行若馬融直不足為康成師矣。尊漢者以宋儒為空踈，程朱豈空踈者耶？予向不識莘田，觀其學與其為人，恨不相見與之上下其議論，且共砥礪訂忘年交也。為之傳，亦志心契耳。

楊丞傳

丞，三原人，名懷信，字實之。少失怙，讀書未卒業，承先世業鹽莢於蜀，然殊非意所屑，援例入太學，即為用世計。母卒，痛未及含殮，又恨未能榮親，思以貲仕，能為事業等耳，遂以縣丞俟補江西。聞兄歿，復速歸哭臨，雖將及任弗恤也。既試用，歷署清江典史，德化、大姑塘、永豐、表湖司巡檢，新淦縣丞，代泰和縣事。清江獄囚多瘐死，兼疫起，懷信自施湯藥，且請出官米以食，上僚弗許，因爭之，全活遂眾。府署被竊，懷信疑盜非外至，請察。署府怒，索盜益急，盜旋自首，果署中針工也。拘之來，將杖，府請釋，執法乃益堅。布衣上官豫，名士也，贈以詩句有云：「關中豪傑楊子雲，強項真如伯起孫。」表湖地介山僻，多淫祀，有殺犬祭門事，懷信毅然禁毀之。泰和鄰縣有介犯劉某，因灌園毆傷人罪，以謀殺當大辟。將赴省，懷信屬當，點名見之，疑其怯弱異群匪，年甫十八，語亦鈍，問及死者生平事多，多不知，慨然曰：「此悞殺也，當力拯之。」有以掣肘阻者，懷信曰：「事縱非吾職，彼固民命，果謀殺，受譴讓，吾弗恤。」移文所司，勸復讞，得流徙。又嘗鞫盜，諭以善，盜竟自新，苦力為生計，時來訟庭聽訊事，見而識之，召賞焉。又有兄弟爭財，訟久不決，懷信一訊而服，更諭以情理，各釋忿歸，胥吏並無得取求。懷信每事因心度理，鮮有不合，而猶愧未能濟之以學。已有子，購書千百卷，慨然解綬歸，專欲以成就後人為事。歸之日，多攜酒殽以送者。在家急難濟物，戚里間尤多賴之，不能殫述。年七十卒，四子棨、樸、榘、棣，棨、樸俱庠生。

桐閣老人曰：自漢以來，縣即有丞，唐宋每以進士為之，始多主刑獄、囚徒，後亦佐令，分管各事，俗謂之閑官。或以貲選輕之，皆非也，夫亦視其人耳。如懷信，恤罪囚、辨疑獄、責府盜，古大仁智大直率有之。諭盜使自新，非王彥方、陳大邱一輩人不能也。化兄弟之積訟，依然南清河之蘇瓊。禁表湖淫祀，近且比湯潛菴之斥五通矣。此豈可望之下吏，亦豈易責之不學人哉？朱子嘗勸人作縣丞可隨事以及物，楊萬里調零陵丞，張魏公教以正心誠意之學。予故樂為懷信傳，使人知丞不負余，亦毋漫謂余不負丞也。

李善人傳

李善人者，三原東里人也，名廷佐，字輔臣，別號右亭。先世無顯宦而家以素封，多隱德，至善人其行義乃著云。善人孤孑無兄弟，少未獲專儒業，弱冠後即經營家計。嘗適蜀視賈事，遇重慶饑，道殣相望，心惘然，輒傾數千金賑之，而故匿其姓名。後有司廉知之，上其事，得賜六品職銜，善人弗喜也。居成都，三義廟街災，火延數十家，男女多裸體奔，善人聞，陰使人人予之一金。已而感慰者皆知其實，為設木主於會館，題曰「西秦李善人某」，歲時拜禮焉。善人聞又使人陰毁之，而邑人仍復奉之。其於鄉里戚族，救荒歉、完逋租、恤孤寡、立學校、修橋樑、施棺槨，蓋率以為當有，不可勝紀者。家築室，夜聞呼賊甚急，持杖出，見有伏牆下者，就視之，素所識也，駭曰：「子耶？」而衆索賊者皆來，紿曰：「賊南奔矣。」既去，急命其人逃。他日人問之，終不以名告。涇邑有年少習賈者，遺五十金，覓之不可得，思投繯。善人聞，封金如其數，命送之，云拾得之道中。遺金者視之，知其非，不肯受。亡何，有將其原金來者，薙髪賤工也。問之，曰：「小人有母，謂小人曰：『李善人未嘗拾金乃自出金以活人命，吾子獨非人哉？』」一時遺金者及旁觀聽之皆感歎至泣下也。

善人早失怙，成童時，方讀書，忽有戚容，母詰其故，淚乃潸然下，曰：「兒何不得侍吾父也？」遂於墓傍為廬居之。後母歿，亦居墓三年，極哀毁，盡禮，此皆其天性然耳。嘉慶元年，詔舉賢良方正，邑紳議以善人應，慙然曰：「此曠世巨典，吾何以堪？」固辭之。十四年，年六十五，以疾卒，弔者徧泣遠邇。有子一，名應運，郡庠生。

論曰：吾里有劉善人大受可亭，其行事津津在人口，今觀李之所為，多與同者。仲尼嘆善人不可得見，秦中乃見兩人，誰謂世不如古與？或以兩人皆擁厚貲，其為善也較易，然世之擁厚貲者衆矣，何皆不以善聞？且兩人皆未學而所為乃自與古合，詎非其質之美哉？世又言富者貧所忌。如兩人，人不惟不忌之，而且爭以善名歸之，此亦見人心之皆善也。

李之事，他勿論，其脫盜與代償遺金，何減東漢末陳太丘、王彥方諸人。獨怪薙髮者何知，竟以李之償金出其金不肯私，則善人之所感良多矣。内翰星菴建北與善人同族，為予述其事，使著之。予久聞善人名，星菴不妄稱，故次其言為之傳，後之覽者又必有感而興者也。

三仙人傳

三仙人者，吾里瞽者井道然、吾族李對庭在門及河濱夫子叔則楷也。三人同時生明季，而道然神於匠，對庭神於醫，河濱神于文，故至今有三仙人之名。道然幼即眇，無所師承而自以意為匠，善辨木，以聲別之，人莫能欺。有買車輪者質於道然，道然敲以手曰：「餘皆槐，惟一輻楞耳。」賣者大驚。里有神閣，道然所造也，構制精巧，木不以牝牡相銜而自相牽搭，幾二百年未嘗壞。或欲更之，恐不能如其舊，終弗敢。嘗為牛馬莝草，使妻以手入，則故截其手，手斷落地下，妻大驚，號且怨。笑慰之曰：「無然，子有大厄當死，以此禳之。」急召李對庭。李對庭來，敷之藥，立愈。道然乃出木手貫妻臂，曰：「成此久，待今日耳。」後其妻竟以木手續也。

李對庭察人病不專以脈治之，亦不以古方。人言對庭之識病也，猶道然之識木也。其用方也亦猶道然之用木也，意所默見，投以刀圭，無不應手，而其法斷非他人所能喻。一少年過其前，忽謂之曰：「子五十後足發惡瘡，發必爛，以麥芒控其中，取紅絲必盡，否則死矣。」少年弗意也。既老，瘡果發，乃憶對庭言，如其言治之，稍稍愈，而以患痛採其病未盡，遂不起。有婦人腹如鼓，痛不可忍，對庭令縛伏馬上，驅馬逸，馬倦立而痛止，自下出潰膿幾盈盆，因愈，蓋亦惡瘡也。其他所醫治類如此。岸翁曰：「道然之匠、對庭之醫皆有天授焉。」

岸翁者，河濱子晚號也。其父戶部公聯芳年三十無子，禱於梓潼神，夢神抱一子與之，遂生河濱子。數歲讀書，過目即成誦。華山仙人馬峰顯見之，撫其項曰：「他日當以文名天下。」成童後即淹貫群書，為文頃刻萬言如夙構。又善書、喜飲，飲酒不可量，飲愈多文愈肆，書愈奇。其文出，天下寶之，書亦然。晚逃於佛，避亂江南，歸載金剛經數櫃，船覆失其半，默寫之，寘邑西沙橋寺，寺僧竊賣之，字一金。然則河濱不獨文仙也，書亦仙也，視道然之匠、對庭之醫又異矣。

論曰：儒者不言仙，余所謂仙，人而仙者也。道然以瞽者為神匠，姑勿論其截妻手旋補之，與對庭之視少年疾及婦人，皆若有異術，豈果有異術哉？心靜而識自明，智自生，世俗所驚，達者弗訝也。河濱子比諸謫仙之才無多讓焉，與匠者、醫者誠未可共論，然里中人以其異人，同以為仙，不亦宜乎？

五友傳

五友者，元春所交同里井文圃書田、柴秀峰毓靈、王葵圃克允、雷錦亭晟、張子範飭也。五人者皆人豪，與元春先後為性命之契，死之日元春皆在喪中，不得為之志，服既闋，每一憶及輒覺戚然於心而自有歉焉，故為五友傳。

井書田文圃與元春同里居而隔巷，家世書香，父鵬飛先生，老儒生，仲父丕勳先生，生員，元春師也。文圃生而貌秀，少讀書不能成誦，然善解悟，喜博涉。先河濱家多遺書，無論殘篇破帙，多借觀之，過輒得其意旨，為文章亦矯異不入時蹊。弱冠為諸生時，元春方為童子從其仲父學，側聞文圃講說為多。既共習業華下雲台觀，旋學潼川書院二十年，聚多離少。元春鄉薦之後，文圃乃絕意功名，以書牘受人聘，居洛陽典賈，賈人及洛陽士大夫皆重之。居三十餘年，於賈肆見異書必購觀，或借而鈔讀。宦洛陽者多名輩，文圃往來大小署，與談者莫能窺其涯涘，往嘗與蒲城王副相鼎學，為所心折，副相為總憲時過洛陽，訪與見，以是名益動中州。晚每思反里養親，已親歿，殯葬以禮，已亦竟卒外。

柴毓靈秀峰與文圃年相若，亦美丰姿，又同時入庠，人共稱之。秀峰性聰慧俊爽，善談論，並喜博觀，古今事無不悉，言之輒了了。以親串論，於元春與文圃皆為尊行，而聚晤為數，晤講文章道藝每終日，亦忘其形骸。元春始學為詩、古文，秀峰以父臨泉先生有禱雨衛墓事，求四方能文者颺之，元春亦有作。秀峰曰：「時齋他日造就，不至河濱，亦至山史。」後文圃之洛陽，秀峰亦病病不見人，見人則曰數日當死矣。元春往眎之，知其病在心，乃勸之出，又勸之為文。因復出，出多至桐閣，一月中至常數次，作為詩、古文，更有奇氣，葵圃甚賞之。葵圃至桐閣必召秀峰，兩人性俱爽，相見對飲，飲酣則意益豪，高談往事，目空一時，旁若無人。又十餘年，秀峰乃復病，病數年遂不起。

王葵圃克允，元春戊午鄉試同榜副貢也。少孤，質清瘦，年十七入庠，猶若不勝衣，及壯，貌轉魁，身長於中人數寸。戊午本擬定正榜，拆名，以朝邑中式多而邊邑人少，始易之。是後累薦不售，歷二十餘年方復雋。葵圃始與柴秀峰讀書關中書院，多交遊，因元春亦交井文圃。自戊午後，以家貧，二十餘年中多佐友朋仕宦幕府，在幕所至必問其利病，問而悉則作為文，文成輒遺予。故葵圃所佐王芝田、席雲占、劉慎堂皆為循吏，至使上憲知其邑有賢幕客，欲延見之，而文亦日進。葵圃篤內行，事繼母如所生，事兩叔如事其父。及晚，以兩叔不欲出，邑紳請於上憲，舉主華原書院，士服其教。一年，以先副貢職選寧夏教諭。到任，因往時佐政勞，遽病成駭，遂歸。一年亂語，時不安，兒輩云予至則帖然。予嘗往眎之，大笑語予曰：「吾評全唐詩，其精神昏憒猶寄學業也。」著有風蓬草，未付梓。

雷錦亭晟生，富室，以諸生捐布政司經歷。性豪邁，與人一言契，或託之身家即不辭。用金錢不計多寡，人有急丐，則佽之。宦朝邑者無不與交，雖上憲多知朝邑有雷錦亭，往往寄問。予初疑其氣燄盛，見則避，不近。偶一日謁王葵圃，錦亭亦當至，葵圃恐予先欲避，乃言錦亭篤實君子也，心亦願交子。既遇，見其恭謹無妄語，疑半釋，久之，相與坦白，無一欺心事，乃知尊官貴人之交錦亭者，交其篤實，非交其豪華也。予嘗有妻喪及兄喪，兩期不飲酒茹葷，錦亭宴客滿室，遇予至必為專席設素饌。即此一事，錦亭待物之誠可見矣。錦亭嘗隨其弟宦荆門，達於政事物情，來仕邑者亦多資之，因為人救禍轉福者不少。年既衰，亦厭聲氣，惟與予及葵圃、張子範遊，時至其家，非甚不得已不肯自出門。

張子範飭，自其高祖五經以明經起家，曾祖麟繼之，伯祖發祖進士，吏部主事，祖情祖，舉人，玉縣知縣，父夢弼，明經。子範與予同入庠，兄弟三人皆為名諸生，並群从兄弟，一時張氏門在邑中稱極盛。子範少即貧無立錐，家口眾，恃舌耕餬口，兄弟惟圖上進。已兄檢、弟縝先後歿，子範一身獨任其艱，終歲拮据萬狀，絕不自言貧。事繼母謹，撫諸子若孫以恩，皆教之讀書，或勸令稍鈍者改謀生，曰：「吾先人止餘數本書耳，他不知也。」性端嚴，人見之猝若不敢近，及相接轉嘆其平易。與予及葵圃、錦亭諸人聚，縱言終日，若忘其室無升斗也，諸人皆以為難。老主講西河書院十餘年，課諸生，猶時為制義，門下士多成就者。以明經卒，卒之日幾無以為斂。

論曰：元春生平不妄交，交皆盟白首。五人惟井文圃為忘年初交，柴秀峰則以親晚交，然予之知讀書實以文圃，其為詩、古文則秀峰先獎成之。葵圃、子範識於弱冠而好于中年，錦亭之交最在後，其愛我則一也。五人歿，秀峰猶無後。慮四人者，後皆有殖生之憂，吾取諸人固皆以重義而不重利，於今追念往時，恨不得復起諸人，粗謀朝夕外，仍與共樂餘年矣。

雲臺山人傳

山人不知其名姓，以華山有雲臺，下有雲臺觀，悅其地，故以自號。山人少時勤於學，終日守案吟不出戶外，父恐其為書駮，攜以遊華，自雲台觀徐步玉泉院，徘徊終日。將躋三峰絕頂，謂父曰：「人子不登高。」反，次觀西之朱文公祠，一宿歸，由是意有所寄。年二十，讀書西雲台觀之朱陵宮，時方盛暑，夜然燈坐誦東窗下，蚉集盈背，弗知癢也。道人及同學皆異之。父來，以語父。父曰：「是自就傅後即爾，豈能以山林終哉？」父老于文學，冀其子早達，故云。然山人體父志，辛苦功名之途凡數十年，然每家居，當春三月，山門開，必一至雲台下尋舊遊處。父已歿，或時扶母至，坐玉泉院後最上亭，亭高幾及雲臺山半，於此觀雲氣出入及遊山人絡繹如群蟻上下，母亦以此為樂，而山人顧自吟曰：「朝雲出岫，晚雲棲山。」識者以為其始志不可易云。既以母老，山人亦倦遊，侍母讀書教授復如少時，不恒出戶外。去華三十里，依一閣，開門正與雲臺山對，值晴明眎玉泉院瞭然在目，因亦如見雲臺觀。曰「以此當坐遊一日」，乘興攜數弟子至山下游朱陵宮。見前道士，禿頭黧面，目已昏，趺坐平地，問之，仰首曰：「誰也？」曰：「往時盛夏夜東窗讀書，蚉集其背者也。」道士驚曰：「今與君遇，憶前事如隔世矣。」時小道士在旁，皆竊議之。蓋道士曾以山人此事語其徒故耳。山人半生不得志，晚年聞乃益著，丐文者麕至，每自署其後曰「雲臺山人」。嘗欲構室朱文公祠側，以依母不果。或曰：「山人未嘗居雲台而自號如此，其終棲遯者與？」識者曰：「山人志堅而神靜，悅山，性也，棲遯非其好也。託于雲臺，近朱子，其少志也。然則山人非山人也，學人也。學人而為山人，不必在山，自當於雲壑間求之矣。」

桐閣主人傳

桐閣主人，河西渭上人也。居高閣，手植四桐，挺直茂翳，時愛而玩之，故以名閣，即以自號。主人少貧賤，父文學先生攜長男客湖楚，獨與一姊依母居。數歲不與群兒伍，既能負薪，日持鐮沙苑中刈蓬蒿、菅薪，或於村外冢場間拾柏子以供爨且備母冬炊寢床。然獨無資就傅學。一日過里塾，聞群兒誦，泣語母欲讀書。母喜，勉從之，猶半日讀書，半日拾薪。嘗日旰不得食，苦饑甚，母教之廉，不肯乞假人，舁磑取遺麩炊一餅，使與姊分啖之，乃然膏展書吟。已父自外聞兒知讀書，購佳書一簏歸，遂不復遠遊，主人自是始得為學人。

其初受書塾師，恒苦少，日求加。有一日加至二十頁者，父喜甚，因望速成。當是時，傍渭邑里間人多貧，至無書可讀。主人年十四五，所誦書輒能達于文，諸先達以為此直取青紫耳。既試，督學幾拔復落，遂厭試事，又自書肆得程朱書，悅之，夷然不欲為舉業，父弗之許也。至父卒，試竟弗售，哭曰兒負父心。道德功名一也，不能以功名慰父，安在其為道德哉？父卒後，貧如故，母鬻衣物使擇師遠學。學十年，旦夕誦，將曙起，四更後就寢以為常，往往終夜不解帶，雖盛暑亦然。值試期，學館旁婦女皆祝其速達，曰天當不負苦心人也。於其間，年二十四入邑庠，三十鄉獲鄉薦，皆曰稍可酬父願，報母苦矣。

主人既以力學聞，試又略獲效，時有願延主人為師者，主人謝之。計偕京師，或非舊相識，介人餽之贐，主人又謝之，負一囊，獨行二千四百里。公車凡九上，率如此，險阻艱辛備歷之。主人初不自難，所至惟吟詩自娛，或破衣敝履混跡行旅中，途中人不知其為詔士也。居京邸，未嘗以一刺謁人，朝夕恒不出門外，貴官有欲見者，主人一切謝弗面，惟時一遊書肆則終日弗能歸。入試院，下簾數日不啟，試題出，顧多相質，主人盡告之弗隱，亦弗厭。有出語鄉人者曰：「向與某同號舍。」或告主人，渠蓋幸之也。主人少應試，燭下不能書卷，無論數藝，一日輒就，就而出，人多疑其易，見其文又以為不易。榜出即落，主司于其文亦未嘗不亟賞。始主人應詔時私誓二十年，試不售則棄之，有知己為主人卜終身，曰：「十年後事業無窮，否則詔來學傳於世。」已母老，主人每出輒有齧指痛。最後試見擯，主人曰：「命也，吾初心不可易，當歸依膝下，與子弟生徒講程朱業耳。」自是公車累召，雖有勸之者，主人皆謝，弗肯應。

主人不飲酒，不蓄諸什物器玩，惟喜購書籍。少時試馮翊，見薛文清公讀書録，兩日不食，積錢以買之。後試都門，日限百錢為食費，費實常有贏，贏皆以購佳書。在家時亦鬻衣易之，漸積書萬餘卷，盡置之桐閣，倣唐四庫法，分經、史、子、集，朝夕以次自課，即以課諸子及生徒。評論諸書外，興至則為古文、詩歌，不甚構思，不用意規撫前人，奮筆頃刻立成。四方丐文者因日至，至則隨其人與之，有守而待者亦無不給，有所酬則弗受。然以此，丐者且愈多，主人亦厭之，計有所託以謝，卒弗能也。或邀主人，主人亦不往，於豪華勢燄則益不近，其近主人者無貴賤莫不以禮接。平日食飲甘淡泊，每飯有野蔌則飽，遇豐膮則弗飽，知者蒸蔬茹多邀之，或饋焉。客至亦不輕設肉，惟奉母日必肉半斤，親視治乃進之。

在鄉里間循謹，不敢溢一語，不自拗一事，義所在，威勢莫能怵也。于戚屬聯恤意常切，遇困乏每自損用以周之，手足朋友有患難則不惜以身殉。訓諸子曰：「學以企古人，不為名，試而售又其末也，然試而不售乃語高尚亦矯情。學問、文章、行誼、事業，無一不有極，上事隨其所值為、所當為，古人皆師也。此則可恃者，其不可知者聽之而已。末世之士患在儌幸，亦病苟且。存儌幸之心不必其果得也，情苟且之志不可與有成也。且夫古人不近名亦不逃名，實至而名歸，窮與達一也。名有小有大，有近有遠，疾沒世而名不稱。其稱也，豈盡在廟堂上哉？即在廟堂之上，稱與不稱，稱之美與不美亦自有分焉矣。然則名不必論，論其所以名者而已。名盛則爭者毀之，異者疑之，君子勿問，乃益自懼而自省也。」其日語生徒亦然。

主人著述凡數十卷，所自珍惜者經說、左氏兵法諸書。四方士或未見主人，聞主人名，意以為豐貌奇儀，及見之質實敦主人少有山林志，其壯年又急欲自見，今且為田野人矣。」或曰：「不然。主人自立早，所期者遠，其學亦不為無用，他日未必不出。」或曰：「主人之學迂而無當於時。」或曰：「主人不自揣，妄冀身後譽，徒自勞，何益？」是紛紛之說，知主人者以告主人，主人聞之皆笑而不答。

家君作此時年方五十餘，後同學王信廷作續傳，已刻其集中。今信廷死，幸家君年尚健，不知又誰為續作也。來瀚識。

孝婦雷氏傳

事不必由於諷勸，行不必成於黽勉，天性之淑，率而行之，自無不順之行，其背者自喪本心耳。故在閨閣有未嘗讀女訓而自知禮義者，未始不足為世法也。吾邑孝婦雷氏，予久聞其事而未悉，他日友人馬子信田為予書其畧，是不可不表而傳之。

信田之畧曰：雷氏者，邑北鄉雷子春女，處士聶懷珍繼配也，及笄于歸。姑舊有瘋癲疾，醫治罔效，經數年矣。氏當行見舅姑禮，家人辭之曰：「姑有疾，不能見新婦。」氏曰：「婦見姑，非姑見婦也。來為婦，原以奉姑，今尊長皆當拜，遺姑烏乎可？且姑有疾而婦不見，何以安？」固請之。於是使備梳具至姑所，姑以疾之痼，幾不醒人間事。氏即為櫛沐且衣服焉。姑忽若寤者，卒問曰：「系何人？」應曰：「新婦也。」則喜云：「新婦胡若是孝？」自是姑疾遂竟愈。鄰里競稱其事，皆以為姑之愈實氏所感云。是時邑方修志，或欲編入此氏。父曰：「靡不有初，鮮克有終。女尚幼，當俟後之君子。」後數年，氏產子遽殤。姑亦產一子，名又新。氏以姑無乳，代乳之。未幾，舅、姑皆疾終。氏念姑艱難遺一子，加意撫摩，且教之。又新已丱角，出外就傅，蓋猶隨兄嫂寢也。而卒賴之以底于成，嘉慶十一年遂入府庠，旋食廩餼，今名文新者是也。然氏無子，以文新長子仲麟為嗣，其教養不啻己出，凡文新數子者皆令晝耕夜讀，以紡績伴之，不少懈。氏既卒，仲麟及弟書麟均有聲童試，今書麟已入邑庠，又無非由氏之能篤祐也。夫氏始以孝著，繼以慈傳，雖吾儒之知禮義，志聖賢者，其所為奚以過？如使輶軒氏著之，後之覽者當以氏為何如人也哉？

李子曰：信田所書吾無以易之矣。吾觀自古稱孝婦者莫如崔山南祖母唐夫人。然唐夫人乳姑，使姑延其天年，視雷氏之拜姑而遂愈姑疾，孰難孰易耶？且唐夫人乳姑而雷氏又代姑乳子，兼能教育之，以及諸姪，皆成立，所遺更遠矣。山南曾祖王母夫人嘗祝新婦有子有孫，皆得如新婦孝敬，乃與唐夫人昌後。而今雷氏無子，天道安在哉？魏舒曰：「得八百戶長，將老嫂入官舍，斯願足矣。」雷氏雖死，猶當有以報之，是不得不望之文新父子也。

成貞女傳

貞女，朝邑縣成家莊人也。朝邑故有成氏，其始本為程，明初程編修濟為從難諸臣首，子孫畏禍，改為成，後或從成，或從程，而成家莊則編修故里。貞女，編修裔也，世代不可知矣。貞女名翠姐，父作興，早卒，以貧，母改適廣濟里雷爾榛，遺女育于其祖父某暨祖母某。他日母念女，言於夫，為其前妻子鳳集聘女，女自是不履雷氏門。二年，鳳集病卒，時女年十六，忽衰絰來奔喪，哭柩所盡哀，徑入廚炊爨數日。爾榛與女母怪之，諭令歸，女輒哭不應，翌日勸之，又哭不應。一日爾榛與女母尚寢，聞女哭柩所，哀甚，急起視之，則已挽髻婦妝矣。大驚。女乃曰：「母勿復勸兒歸，兒肯歸，向必不來，勸之急即死柩前耳。否則待天命以從亡者，因以事兩老人，此亦兒志也。」少頃，其祖至，爾榛與其母即知不可奪，商于其祖，以女志告鳳集柩，並召族媍告之，令女拜成禮，當是時無不嘆且泣者。女始來，祖父母堅阻之，女曰：「與雷氏既有成言，且母在，安得不臨其喪？喪畢當即歸。」某日祖幸來視兒，其所訂即挽髻成婦妝哭柩日也。比鳳集既葬，朝夕紡績，事舅與母十四年，禮踰人子，里中皆稱之，不能詳書也。然女自歸雷，深自晦藏，人鮮有識者，嘗值清明節，群女強邀之出觀劇。或問曰：「若亦出耶？」遽歸，自是，非視祖父母不踰外門限矣。嘉慶二十二年卒，年二十有八，邑侯永詳請旌表。二十四年，奉勅旌貞女，准建坊入祠，載邑志以勵風俗。

元春曰：當貞女初奔喪即有為予言者，曰「宜觀其後」。今女死矣，志全矣，其族郡曹錦亭倡同志欲颺貞女而丐予為傳，此予之所樂為也。吾邑高御史、程編修以雙節著史冊，昭爍古今，論者謂高之殺身成仁較程為烈，不知編修脫建文於難，艱難辛苦，萬死一生以事文皇之刻忌，數十年莫能蹤跡，仁智兼全，其事殆更難於高，宜天下無智愚賢不肖皆能道編修所為也。貞女生數百年後，以其裔孫從容就義，詎不後先輝映乎？夫女之事夫，猶臣之事君也。臣戴君之恩，女銘夫之誼，為之守志不變，宜矣。以未執巾櫛之弱女，素未嘗講大義，何所感而為之，何所慕而為之？而卒自完厥貞，豈非造物之正氣有所獨鐘哉？或言女守志亦為其母。信斯言也，非惟貞，抑孝矣。觀其始來，但哭，而不言又與其祖約期日，安知非欲以死決，果牽於其母，並念其舅之未有養者，而思以婦代子也。終獲兩全，不負初志，視夫俄頃，果孰難孰易與？至其母先棄女而改適，此中人貧而不能自保者之常耳。亦何必為女諱，且正足見女之無所視做而能自盡其性也。

節孝劉母李孺人傳

節孝劉母李孺人者，涇陽官道李氏某女，文學劉元龍之妻，其子椿，其孫予門人，今舉人世奇也。孺人始歸文學，年十九。育椿方五歲，文學卒。當是時，連遭歲凶，家口眾，謀食維艱，遂析箸，孺人僅得田十畝，架樓屋三間，老僕一人。而子幼，一女亦幼，為其子預訂婚，女方四歲，以母亡亦歸，孺人使字之。人皆為孺人難，孺人乃處之泰然，日課老僕力農事，值麥秋則持鎌往南畝，親自刈獲，諸親富貴人有過者則以草笠掩其面。蓋孺人來歸時劉、李兩家皆尚盛，未嘗不以年少嫠婦乍事隴畝辛苦為恥，然終不以貧窶告人也。

少時嘗墮馬傷足，近晚輒痛，篝燈時每令子若女迭按摩，少頃則起績麻，或縫羊皮衣，貫之以為常。家用大鐵燈，其夜操作時所遺也。初孺人姑曹性嚴，諸婦鮮當意者，惟孺人事之能得其歡心。教子讀書，府試嘗列前矛，以貧及已疾卒廢業。

有族子某私竊地券，又強鬻先塋中槐柏，孺人知，不與校也。享年五十八卒。老僕從家姓，名順，向性嬾，感孺人苦節，亦以勤慎稱，人謂之李元蒼頭云。

桐閣老人曰：自古貞臣少而節婦多，予嘗以節婦比於貞臣之從容就義，而節兼撫孤，家且貧，則猶託六尺而臨難不奪者，抑又難矣。國家旌恤之典，閭里舉節為大事，勵節婦操即勵貞臣也。顧往往持吏胥之手報，節皆富室而鮮貧家，司牧、司教者何人，乃置若弗聞，不勤體朝廷表勵風俗之意與？世奇為予言其父往欲以大母節上聞，不得，僅乞馬學憲賜「臺築懷清」四字榜於門。頃上諭命覆查前報節可準入祠者，涇陽舉十餘人，諭下，疑其少，己意擬續報而又恐不得，故丐文備傳耳。予因憶去歲予邑宰傳示舉節孝，此亦必奉上諭，而舉者仍稀，竊嘆此等事，陰梗而廢沮湮者不少，為可恨也。雖然，從來苦節無不報，陶、歐母其最著也。以予所颺守貞事亦不一，其後類多興。今世奇以年少捷秋闈，上春官，幾第，此不可謂非所以酬孺人也。然天所以酬孺人者必不止此也，予亦拭目俟之矣。

節孝薛孺人傳

韓五泉之為邑志也，以舊乘不載高御史、劉烈女事。烈女、烈臣令人同一感慕，不能忘，然則巾幗之節與鬚眉之節其足以維風俗一也。烈女龍門村人，自五泉有志，數百年來一邑中聞其事猶多興起，況其近者乎？往劉廷陞女適溫氏子如琨，夫死自經以殉，先後殆同一烈，予欲志其事弗果，至今為歉。廷陞者，庠生，捷三之父也。捷三早死，無子女，妻薛守嫠終身，其有感於前事與否，要不可謂非性情之貞焉。捷三弟學峻請為嫂氏傳，予故弗能辭。

傳曰：生員劉捷三妻薛氏，朝邑縣黃都村薛文英女，幼有至性，恬靜寡言，歸捷三時，年甫十九。舅廷陞治家嚴，氏守其法，動必由禮。姑梁有夙疾，小姑二，字扈氏者尚未出適，一僅七八歲，小叔峻甫三齡，閨門內無事不需人，氏以新婦皆一身任之。間一歲，捷三死，氏哀哭不欲生，舅姑溫言慰之，忽曰：「未亡人心隨亡人而亡久矣。顧念未亡人不能慰舅姑之哀轉使舅姑慰未亡人之哀，其何忍？今舅任家政勞，姑又善病，而室有幼子女，將誰代之撫？」於是滅其哀，惟孤燈下暗泣而已，對舅姑不復甚哭也。後姑病益篤，氏侍之益謹，無一日有倦容，乘間教小姑織紝、刺繡，妝奩之備皆其所預籌也。學峻幼弱亦多病，氏體舅愛憐少子情，保護調恤，纖悉胥至。姑梁以溫氏女亡，疾加劇，隨死。繼姑馬至，家事尚未諳，家子庠生學向亦死，無子，遺二女。氏復以慰舅之悲其夫者轉慰舅之悲其兄、公。亡何，學峻娶童氏妻，氏乃復以撫叔者撫娣。學峻繼娶張氏妻，亦如之。及舅歿，以舅姑僅留學峻一線脈，雖年已壯，視之殆如命，疾病危患時廑惄憂。學峻買妾張，產一女，又憂其不早獲男也，蓋其用心，有甚苦矣。氏自孀居後，綺紈不輕御，遇賽會不輕出，視諸伯舅一如舅，視諸伯姑一如姑，與諸築里爭勤劬讓有無歡如也。愛諸幼稚，讀書時以柿餅、胡桃作雞形，送家塾以為娱，無母者尤憐惜之。五旬後，學峻與諸姪循年例共請旌，命下，拜恩、告祖，人皆道其一生之志事，或至泣下。壽六十有三終，學峻為服期，一如韓昌黎、狄梁公之報其嫂也。

論曰：節、孝一也。如薛氏者，節定於一日而孝殫於終身，視倉卒殉夫，其事為順，其道為難，而其功為尤鉅。撫舅姑之子，重其為後，並望以為夫後，此其深衷又非尋常嫠婦所能窺測也。自旌節之典多格於吏胥，世皆謂富家有節而貧家無節，此憤辭也。謂貧家之節難而富家之節易，富家得旌而貧家反不得旌也。予以為不然，節何論貧富，惟其人耳。子曰：「人不間于父母昆弟之言。」節也，孝也，果乎於內外，得旌與不得旌，實均不可掩也。學峻之稱其嫂薛，蓋自幼小以來，數十年中心之所感，故人皆聞而信之，此真不愧乎棹楔者。世有五泉子，當與溫氏婦同續入邑志，為一家榮矣。薛雖幼孀，故秀才妻，又老而獲旌，自宜以孺人稱。

都孺人家傳

都孺人者，朝邑趙渡鎮葛東溪先生之淑配也。性慈祥端肅，精中饋，勤女紅。年十九歸東溪，姑韓已棄世，事姑王無閒言。其舅君會公喜謂王曰：「新婦能宜家，與汝相得歡，吾遠商湖省，無內顧憂矣。」十餘年，舅與姑相繼沒，喪葬祭祀佐東溪，能盡其誠敬，鄉鄰群稱之。東溪有弟朴齋及一女弟，王出也。其父母死之日皆少，昕夕之間惟都是依，都撫之不啻所生。樸齋與東溪子世清年相若，晝同硯，夜同衾，衣履飲食同寒溫美惡，見者不謂東溪難，謂都孺人難也。于女弟教女事，摒擋嫁具，出簪珥衣物以助資裝，尤克殫其心。鎮俗素號涫厚，近乃尚奢華，雖寒家婦女出，布素者少矣。都孺人雅不喜，平時於一絲一縷必惜之，澣濯補綴無虛日，暇則閉戶向緯車。每戒子婦輩曰：「女婦倫宜質儉，紡績為事，靡靡者奚為耶？」鎮之人或自惡其俗，亦未嘗不以此意教於家。曰：「何不觀都孺人？」世俗之最敝者，婦女在梱內，于戚屬稍疎遠，往往羞赧避弗見。獨遇賽會，拜佛禮寺，或觀劇，輒競往，溷亂眾中，不為恥，雖士大夫素守禮義知其弊多，弗能禁，都孺人家顧未有也。

初東溪下帷攻苦，每夜書聲輒達旦，其從姊亦以子女眾，操線纊終夜不息燭，而都孺人撫育六七人，晝勤井臼，務針黹，十指且盡敝。其伯舅嘗曰「吾家燈膏三人費用太過」，繼而曰「使盡若此，吾復何恤其始」云云，喜之甚，故給爾。然孺人竟以是積勞成嗽血疾，卒。有子三人，次者夢捷廩膳生，工書，能文章，與余善。

論曰：向余至趙渡即聞都孺人賢，既與夢捷交，循循然醇謹君子也，益知其家範矣。東溪故有學，敦行誼，都真良耦哉。東溪名邦憲，字程萬，邑諸生。

楊孺人家傳

戊午同譜，郃陽凡三人，予獨與范澹園氏相見為數，交亦因較厚。澹園有兄曰新園，與澹園以學問文章相砥礪，由庠生屢蒙恩得賜國子監學正。始館予里，往來亦最密，因並得悉其配楊孺人賢。亡何，新園與孺人相繼卒。已葬，其子楫以澹園所作新園傳來質，且為母傳，予以楊孺人之賢，有可以教世者，乃摭次成篇。

楊孺人者，儒家某女，范新園先生澡之配也。及笄歸新園，莊嚴淑肴，能執婦道，事姑舅，處妯娌皆有瀍則。舅某嘗屬續附身之衣，一掛不適體，孺人曰：「送死大節也，過此以往悔晚矣。」出己衣易衣衣之，不待新園兄弟謀，亦初不與稺婦計。范氏自前明參知公燧以來，科第衣冠凡九世，然詩書澤長而生計漸嗇。其族類多不習賈，不事農，惟以讀書教授為業。即與范氏婚者亦皆重其書香，於窮約不嫌也。近惟新園兄弟貧為甚，楊孺人始來歸，猶有數畝田，後乃無立錐矣。而孺人安之若素，晝夜自勤以佐新園下帷攻苦，冀其終有成。乾隆己酉，院試臨，家方無升合。孺人盡易簪珥服物，留少許暫給朝夕，餘為新園應試資。新園遂以是年得入庠。新園既授徒於外，子亦漸成人，則並殷殷望其子。有以貧勸其子庚業者，孺人怒曰：「貧，命也，寧餓死不願吾兒不為讀書人。」初新園弱冠時從其尊人命，廢學持家政，已乃恒竊讀，讀且廢所事，其尊人亦憐其志，命卒業。新園晚蒙恩自都門服紫歸，始語其子曰：「吾有今日，汝母之贊也。」新園卒後百餘日，孺人卒。卒之夕無他語，惟以其子讀書勿懈為屬。

論曰：予初見澹園時，澹園已五旬餘，衣甚單寒，既見新園亦然，詢知其家無長物業數十年。然兩君與人交，皆津津談學問文章不能置而絕口不言貧，予之喜新園兄弟以此也。楊孺人以巾幗中人，不惟能喻君子之志，且有以成之，豈非讀書之澤感人遠哉？然則北門交讁之室固不足道，王章臥牛衣，夫婦對泣，亦未免少損儒風矣。

三節婦傳

節義之重尚矣。或在忠臣，或在志士，或在高蹈之儒，亦或在於婦人女子，其事不同，其足以維世一也。三節婦者皆朝邑南鄉人也，一為吾里井七妻趙氏，一為吾族李大策妻曹氏，一為王某妻李氏。李于余為近族姑，三人俱貧家女，所適亦貧家，其生平節守皆世所難，余恐久而湮沒不傳，且無以勸也，作三節婦傳。

趙氏許字于井，昏已有日，夫以父商于外，匍匐往求貲，反途或誘之摴蒱，盡輸所有，遂遠亡，匿不敢歸。父與其家徧訪之，越三年不可得。時氏年已踰二十，且貧甚，兩家皆謀以為當別嫁氏於人，雖戚屬亦謂然。氏聞之，堅不可。其父母曲諭之，則潸然流涕，誓以死。徐云：「若以貧與吾年長故，吾願往夫家。」父母知不可奪，告其家，更擇日令歸，以女為婦。氏之歸也，室中寂無人，中饋中亦蕭條若懸磬，其舅氏又歿，堂上惟一姑殆老。氏乃自毀其容，日夜紡績以易粟米，得粟米則親推碾磑，操井臼，以此無近親可仰而姑不憂餒以至於終。然數十年間，氏之苦蓋有不堪言者，而夫卒不歸，而氏已老，今已以貞骨歸泉壤矣。

李大策之妻曹氏者與趙氏年相若，居亦東西相望。初成昏，夫偶與家人有違言，亦逃出不歸，其逃也即在昏之日。久之，曹已與家政使訪焉，幾得之輒復走。或者以為曹與趙與其夫皆非緣也，顧二氏遭逢略等，其立心不變亦致若一。曹不逮事舅姑，有姒某生三兒而寡，既以饑餓不可耐，謀于曹，欲共他適。曹正色曰：「饑餓自吾分，吾兩人嫁，此三兒其誰依？若令三兒從則李氏之室將墟，歲時伏臘，先人誰與祭。他適惟汝所欲，吾不食兩家飯也。」言已三兒皆至前，因顧而泣，旋怒曰：「此三兒必不令從汝。」而自是三兒之母竟持釵往撩新髮去矣。曹撫三兒如己子，亦恃紡績為生。己嘗終日餓，必令三兒分食。迄今曹年已六旬，三兒皆壯，貧困如故也。吾鄉處縣南鄙，或遇賽會，婦女競往觀，獨趙與曹，人未見其出。值麥秋，貧家婦盈阡陌，趙與曹常在室。老年時見攜筐拾禾穗，然猶不與眾相近，此皆人所爭道者。

李氏小字曰欠女，為女時與曹屬比鄰。適王門，惟夫婦二人，賴夫執鞭給衣食。居亡何，夫亡，氏年甫十九，未有遺嗣，又無族屬可承祧。服闋後，念己年少獨居，惡有強暴辱，他適實不忍，來質可否于先君子，先君子慰藉而勉之，乃歸。邀鄰之孀母為伴，常闔門紡績，以父母俱歿，雖兄與姪往迎之亦不至。十餘年勞苦成疾，昏憒臥床上，或往視之輒囑使闔門，曰：「無令強暴來。」數日卒，卒之時猶在趙氏前，而吾里之談貞操者言趙與曹亦未嘗不及李也。

時齋氏曰：余自丱角時即聞曹氏大略，私異者久之，既聞趙氏事，又以為奇焉。自世俗言莫不謂兩氏與其夫均未有伉儷情，或可去，而彼乃確然不惑，何也？當族姑李質于先君子時，余在旁，審其辭色已心嘉之，果能守其志以終。此三人素處深閨，初未嘗讀書講大義，顧如其所為例之，男子或拗，使聞於上三人者與忠臣志士抱道全節之儒爭烈矣。

趙烈婦傳

烈婦小字千香，朝邑步昌村趙英傑女，母氏秦，生烈婦于道光甲申某月日。年十七歸伏坡秦根管，時翁姑俱逝，家惟兄與嫂，嫂素疾癱，烈婦事之如姑。夫與其兄賈于外，烈婦靜守閨門，不露頭面。乙巳正月十六日拜母家，午後歸，嫂先已往母家，信宿未反，惟一姪十二歲，居其母室。里中有無賴子秦漢林窺烈婦，心豔之，夜踰牆入室，強求合，烈婦急喊。無賴子以巾裹錢塞烈婦口，手扼其喉，膝抵腹，須臾命絕。負屍擲村東深崖下，惟一纏腰在身。鳴於官，捕獲秦漢林，株連數人，三十七日實犯未定，屍未斂，其面如生，其目不瞑，屍亦不臭，真情得始歸棺葬之。邑侯上其事，朝廷頒詔旌婦烈，命營建坊地，入祠，即處斬秦漢林。

桐閣外史曰：予好談節烈而太平之世男子之節烈尠有見者，婦女閒顧往往不少，且多見於民間寒微之家，此天地之正氣無所往而不著，亦世道人心所賴以維持不壞也。趙烈婦事予略聞之而未詳，問之馬生安吉得其實，曰：「此不可不旌，亦不能不卒顯也。」文信國之死賴衣帶中絕命數語足以千古，杞縣劉文烈踵書之以自縊，賊猶知葬之。志士仁人自應不泯沒，自明哉？然終自明哉？金完顏陳和尚鈞州之敗大言於敵帥之前，折脛割口而不屈，亦豈真死尚顧身後名？如此名滅而不彰，天理絕矣。趙烈婦以年幼未聞道義之女死而赤身擲之荒谷，當春三十七日，事不明目不瞑，氣不臭，謂非烈魂之不散不可也。於此吾又有感於春秋「君弒，賊不討不書葬」之義矣。

張烈婦傳

張氏烈婦，朝邑縣南鄉北留社張承秀女，小字純。家傍沙苑，世業農，不知詩禮，許字於倉西同姓張際春子兆蓮。十四婚，年餘，兆蓮卒。氏無舅姑，亦無子女，撤去來嫁時華麗物不復御，惟依兩叔姑。事之惟謹，平時無故不出門，門前雖有俳優戲弗觀也。氏閒靚淑雅，在家又著賢名，人爭思得之以為婦。或有使人微示其意者，氏怒且泣曰：「畢生之事吾自有主，所不即從亡人地下者，以始來侍叔姑猶姑也，姑在不可違耳，何賤視我也？」其父母亦憐氏少寡，累勸他適，氏皆不答。父亡母改嫁，意將以氏婚其改嫁之姪。氏知，自是與母絕，弗見。家運乖，多死亡，先後凡四人寡，因貧甚。一人出，氏恃紡績兼常鬻妝飾以餬家口。近丙午、丁未兩年關中大荒旱，氏家日食粥不能，再忍餓延殘喘而已。叔姑亦謂氏曰：「可逃生則逃，何苦同困餒？」氏曰：「姑能耐，兒不能耐乎？」戊申正月叔姑李亡，氏哭之慟。四月十二日姑死之百日，氏自墳哭奠歸，曰：「吾事今了矣。」衆莫知其意，氏整容焚香拜先人主畢，遂闔門雉經以死，年二十七。視其室惟有破衣數件，線頭百余，人人哀而稱之，以為難。其族孝廉采商於予，欲釀金樹碑颺其事。予時方訂張太僕泰宇不二歌集，曰：「此關風化並足維綱常，不可不上聞。」使即報於學，且先為之傳。

論曰：自有天地，惟正氣常流行於兩間，故君臣、父子、夫婦、昆弟、朋友，三綱五常之道，人生性皆稟之。或謂五者二以天合，三以合人，非也。惟父子兄弟不可言節義，節義之大者莫過君臣夫婦，其實亦性也，天也。婦人從一而終，臣之於君有死無二，變亦常也，其有異焉？張太僕大淩之敗，死於十年以後，作不二歌，百折不回，此固由學得。張兆蓮之妻純，十五歲女子，與蓮年餘伉儷耳，出自農家，又何所稟程而十年之操始終早定于一心？雖所係大小不同，本之性生，夫復何殊？而巾幗之節烈亦不得謂朝廷無教育也。予所尤心傾者，張太僕之得全其節，本朝所以優待者實千古所未有。近修一統志，下教州縣吏書不得阻撓上所欲旌，則今張烈婦不必計霑榮恩而恩宜無不溥矣。

李烈婦傳

烈婦予友潼關廳李崙喬女也，小字妙兒。生未晬，母郭亡，董氏姨女之，更名曰存兒，祝其存而不死也。年十九適華陰縣郝治文，琴瑟稱靜好，其舅姑皆愛之，家人亦愛之。治文故儒生，應童子試，名心切，風簷中過刻苦，歸，病嘔血，不數日即死。烈婦撫柩哭之痛，舅姑與家人共慰勉，既而反怡然，則又皆以為疑，時防之。烈婦曰：「無疑我為也，我誼應死，始念亦欲死，顧以舅姑家人愛我甚，不忍舍而去，自此抱終身痛耳。」然眾卒疑之，防愈密，終不得間。久之，歸寧董氏母，受其家戒，亦防之。由董歸潼關視其父，既見，紿曰：「家有藥局，闕砒石，以錢百使兒託兒買。」父受董戒，大驚，亦不聽。其外家郭與李同在關城，相去僅咫尺。視父不及防，微走謁舅，舅乃為買之，盡其錢。歸即辭父還，于塗中舉所買砒石食之。既至家，近其夫七七期，聚家人告之曰：「吾腹痛，將負舅姑與家人去而從亡夫，今所衣斂服也，架上衾褥共一處，吾去即備之，亦我斂服也，餘所有若給某若給某。」言未已，血自口出如湧，乃哭曰：「夫以嘔血死，妾亦以嘔血死，當握手相訣時即許之，今不負矣。」舅姑與家人皆大哭，須臾卒。當是時，郝氏粗足食，恐官吏多叵測，有所利，反誣其事，加之禍，未敢以聞。里中紳皆爭之先斂金共祭，且榜其門，然後以事呈，時嘉慶十六年也。十七年旌表下。

時齋氏曰：烈婦始生時，予讀書關門，因與其父善，曾贈之銀鍵，忽忽二十年，餘已忘之矣。烈婦死，略得與聞，不知其為何人。已見烈婦父偶言其事，欲審厥詳，乃曰：「十年前所系鍵猶在也。」嗟乎！美哉！微論其父，予亦頓生光焉。關門李氏故衣冠巨族，烈婦兩伯、兩從兄皆名孝廉，諸兄亦學宮翹秀，董之教固不可沒，意得之李者多也，故不從所撫而從所生，稱曰李烈婦，然則烈婦身死而不存，綱常永存矣，不愧其名，更名者殆猶未知乎？

書陳媪事

媪范姓，河東人，陳士臣妻也，其邑籍由來不甚詳矣。夫婦羇潼關以賣餅為生。予初從三泖戴少白師課業潼川書院，士臣鬻食於院諸生，諸生以其食之潔，且不甚計值，皆喜之。已遭歲歉，鬻食不能餬口，士臣與媪謀並一女以二十金質于少白師為主炊滌，師母夫人雅愛媪，呼曰陳嫂。時媪年三十余耳，容甚修整，每自院出入，院諸生爭觀而媪目絕不旁睨。余亦時遇之，心異焉，以為迥不類賣餅家婦。

師亡後，師母攜孤兒穀持喪葬長安，而士臣與媼仍留關城。十年來，余每通問於師母及穀，渠夫婦則不知為何狀矣。當師喪將去，舊所積及賻布者約千金，余念西安奢華，師母不能持籌，又非有強近親可賴，恐終致衰落窮蹙，欲勸留余鄉，而其時治喪者有其鄉之舊，故未敢言。後聞士臣與媼止之累日，夜為嗟歎者久之。亡何，穀匍匐來，果貧乏不能自存，至潼關訪師門生故人無遇者，嗒焉如喪其偶。計無聊，乃問士臣家，或曰在也，引之至。時士臣已死，陳媼見之，初不識，言其兒時名始驚，少頃命坐定，媼淚橫面流，曰：「郎君何一困至此？」問母夫人，得其狀又哭，穀亦哭。媼旋諭慰之，出呼鄰兒市面作餅，兼買乳先為穀饌，又覩其履已穿，有舊所業屨，夜與女共緝，至旦成，使易之。穀之來也借他人衣，質錢千，僅為師母儲數日糧。適次日關人有赴省者，媼出笥中金三兩，曰：「此吾數年減食費所餘，可以二致母夫人，以一留為郎君途中資。」與穀坐，諄諄言歸語母夫人自今當忍食菜根，更屬復來潼。穀留二日，至朝邑見余，述其事，余亦不知涕之何從也，曰：「吾乃今知吾師與吾師母夫人之所以待媼者也。」雖然，媼一賣餅者婦耳，給事師家固非有主僕分，其視門生故人又遠矣。彼視金三兩應不啻素封者之萬鎰，顧出之略不吝，而一飯一屨，其情真依依若家人，獨何心乎？世之人於凡師若友當其有用爭相引託，惟恐無由致其慇懃，至其後或傷貧困，輒避之若逃臭，且慮不為己利乃陰訾議斥抑焉。此孝標所以廣朱公叔之論，而狄靈慶之有負于袁氏乳母，不免為氈狗所殺也。余以穀況呼于二三知己，並為道陳媼事，皆感慨至泣下，於是爭醵金贈穀。嗚乎！媼誠可以為忘恩者愧，為知義者勸矣，故書其事以傳。

先嚴文學公行狀

嗚乎！我父沒二年矣。不孝元春貧不能葬，思執筆略述我父生平以告當世君子，為他日乞銘計，而每一念及即心痛腕酸，故亦輒止。今年冬將謀窀穸事，能不和淚而勉為之言？

我父諱文英，字銳生，先世由山右洪洞遷朝邑縣南鄉之南留社，家焉。我曾祖諱星斗，生我伯祖諱淑世，我祖諱綿世，皆積行於鄉里。伯祖生我從伯諱文煥，謹厚篤學，早卒。我祖有子二人，長諱文秀，早卒，次我父也。我父少聰慧，讀書時目數行下，為文穎異，超出流俗，意青雲可立致也，乃以家貧兼我祖父母先後繼沒，幾不能自存，遂覓生理於湖北之應山。里中前輩嘗謂不孝曰：「汝父昔行時荷囊負書，辭同儕淚淫淫下。」嗚乎！不孝至今言之猶不覺肝膽痛裂也。乾隆甲午，當歲，案先是我父以書歸，命我兄代應縣府考，及夏返里就院試。四書題出中庸「以儌幸」至「失諸正鵠」句，我父文一揮成。督學楊疑不類童試作，明日而覆之，乃信，遂得入泮。已至家，痛我祖父母不及見，奔墓所號哭幾絕，此亦里之前輩屢為不肖言者。

嗚乎！我父之事我祖父母，不孝固未獲睹也，然聞諸人言莫不道我父之能忘其貧以奉親。自不孝稍能記憶，從我父寢，輒見睡夢中忽哭而醒，問其故，曰：「吾見汝祖父耳。」他日又復然，問其故，曰：「吾見汝祖母耳。」不孝之母亦語不孝曰：「汝父自汝祖父母沒，每如此，一月之內蓋恒數次也。」母又言：「往渭水溢，汝兄尚幼，汝父獨力持畚鍤守塋域，終日夜水勢光澤不可禦，沒水而歸，抱汝祖父母木主哭，數日不食，屢慰之，愁弗能解。曩時我甚憂之，恐成疾，此後雖累經水患，幸而不至吾先人兆矣。」

入庠後我父再游湖省，母在家命不孝就學。我父聞之，買經籍兩大簏，手自裝訂，書其面寄之於家，曰：「兒能讀書，以此與之。」未幾返，語同儕云：「教子讀書，吾自有樂事，雖一日食數合米，不為他人役也。」而自是我父遂日以教不孝為心，無復有四方之志。其教不孝也，見一先生長者則曰彼何人，有何長，當法之，有所不知當問之。見一物則云此有何典，何理，或即命之作詩作文，善則亟奬之，否則改之。雖於箕帚匙筯亦然。里中前輩皆言不孝初執筆時即不迷途，謂不孝為聰明，不知由我父勤于訓誨故爾也。不孝稍長，望之乃益切，嘗曰：「汝讀一部書，如我拾數百金；汝作一篇佳文，如我拾數萬錢。」今後不孝猶當日讀書作文，冀我父一課功不可得矣。嗚乎！痛哉！

然我父不獨于不孝之為學殷殷如此，凡遇後生子弟未嘗不訓誨之，激勵之，以冀其成就。里中讀書者多，我父謀于諸前輩，約社會文，每三八日聚關壯繆廟，扃戶終日，諸前輩親督之，又公斂錢買紙墨為獎賞。當是時人人爭自濯磨，雖久棄硯田者亦奮然復理故業，曰「不可負乃公意」。村之南有梓潼閣，前明家司徒公建以祀奎文，並附學舍於其中，頹廢久矣。我父慨然曰：「閣關吾里文運，不可以弗修。」呼於眾，一朝回應，募得七百金，仍結諸前輩共督之，三年而役竣。前輩皆歎賞，以我父為不可及。蓋誠有服之信之者也。

處鄉党戚友，質直和厚，懪懪乎常以維風俗為事。里有悍少年，方持利刃與人鬭，數十人不能阻，我父至，呵之立止。先達某出，衣破袴，不能蔽前後，即解便身衣典錢與之。他如此忘己恤人者不可勝數。不孝外祖母亡，有從母女貧無以為家，我父具酒肴召與偕祭，制錦為誄辭，並書其名，而渠無學猶不知也。

留意于尊祖敬宗收族之道。始祖塋在沙麓北，留社之東，側有大塚曰鄒氏陵，世傳始祖外家也，拜掃皆久廢，塚田或為旁耕者所侵。我父辨而復之，樹石其前與四隅，又敘族譜覓官地，定出貲法，使得歲祭以為常。在家事我伯祖父母尤篤。我伯祖年九十病失明，每以椅舁之出，或自他所歸，必問吾母曰：「今日伯父食飲幾何，曾泄利否？」嗚乎！于此亦可以見我父之昔之事我祖父母者矣。

初修梓潼閣時，一夕我父語我母曰：「吾夢見梓潼在人世矣。」嗚乎！夢寐之事豈遽以為信？孰意我父之遘疾即在修閣事謝肩後也。疾之日又語我母曰：「吾夢見吾父吾母，病必不起。」因召不孝而告之曰：「吾事畢，死無恨，恨汝學問功名未成耳。汝為文氣不揚，宜以三蘇集藥之，所講說當守程朱。吾地下猶望汝也。」嗚乎！不孝時方病憒，初不知其言之可懼，而我父竟自是日益劇，半月間遂逝矣。今思之，雖百身其何贖？嗚乎！痛哉！我父卒，里之人巷哭者數百，至今眾相聚語及我父皆慘然不樂，曰：「天何為奪若人？」里中有公事，眾不能理，曰：「使若人在必無憂。」二年來風俗稍變，少壯或傲慢不循禮，長者曰：「若人在乃不然。」或鄰人知友有禍災，則曰：「汝父在，必不使我至阽危。」其有爭訟者，既悔之，則曰：「汝父在必不使我對獄吏。」嗚乎！不孝亦未能言我父之德，而於既沒之後見人感之者猶如斯也。今苫塊中記其大略，散亂書之，俟大人先生擇焉。我父有子三人，長仙春為從伯文煥嗣，次不孝主我父後，次茂春為世父文秀嗣。

先慈張太孺人行狀

嗚呼！不孝元春罪孽深重，竟致吾母例贈孺人張太孺人非死之時而死也。不孝自母七十後即棄功名侍養，今母年且期頤，里中以覃恩公報百歲。母生辰在七月初四，不孝作百歲壽母賜果圖征詩四方，方待旌下謝恩兼為母祝，以吾母之德及平日精神卜之，又證以醫者術者之言，吾母壽必猶不止此，恩榮固應親見，而竟不待。又第八姪被盜陜州，不孝恐驚母，紿往視之，久之歸，乃實言，而吾母竟驚成疾，此豈國家例，果能為限耶？抑不孝不善事親，速吾母之逝也？吾母死而不孝之名不足齒于人世矣。不孝以白髮常如鄉音呼母媽，母亦常呼不孝小名，且視如嬰兒，故時藏果，於賜諸孫外竊賜不孝，人羨之，傳為美談。今後不孝將誰呼？亦安得聞母之呼，且受母之賜？視人世之呼不孝及致不孝者皆非不孝意，反均增不孝之戚矣。惟是母死。

母一生茹苦，事不孝兩世祖，佐不孝文學公艱難治家，教不孝讀書立品及惠好戚族親鄰，一切恩及物類，有不可殫述者。不孝不能揚其一二，則罪益積而不可逭也，故敢伏苫次尺地哭述之。母氏張，里中書香大族。先外祖德先，先舅氏廷魁，廩膳生，碩學負夙望，嘗語人曰：「吾有妹，才在吾上。」母及笄適先文學時，不孝家貧甚，薄田僅十餘畝。不孝曾祖衢天公年九十，不孝伯祖及伯祖母皆逮老，不孝父文學公以困小試，不得已習賈湖省，獲少值不能恤家，遺所得亦不能時至。母素嚴志節，又不肯乞假，日惟紡績市易，奉不孝兩世祖、祖母甘旨，而自采蔬蒸麩為飯以為常。暨不孝曾祖沒，不孝伯祖年亦躋九十，目失明，伯祖母前歿，食飲寢起，滌矢溺皆母任之，人皆以為難。不孝父歸家試入庠，再出外，又一年歸，家貧如故，父性又闊達爽豁，不營營生，產業日用所需常委之母不問也。自不孝能記憶，見父或以里中公事，若為人解紛難，常數日不歸，如客來至家呼食，母無不應且備。父亦恒言吾遊外遇日者多言吾一生恃內助亦神矣。父再出外時，不孝生，始能言，至七八歲貧，日拾薪未暇計讀書。母忽念曰：「兒非學何以成人？」時不孝族叔大成授童里塾，母使人言送塾中，然日拾薪歸始入塾。晝誦書畢，晚至家，母必使加誦，無夕不績伴至雞鳴。故不孝九歲入塾，十一即畢誦四書、三經，母之課也。顧猶記一日兩飯希粥，至夕言於母云兒腹飢，母淚珠因淫淫，扶家中碓，掃麩作兩餅，餤不孝及不孝姊，而不忍自食。言及此，真令人肝腸坼矣。不孝少喜書，見古籍輒欲之，言於母，母必鬻簪珥及衣物，立使購。以貧則時時訓不孝以節廉行誼，曰：「人生世上惟視乎志，志所到無不可為語。」及榮華殊不喜。不孝四十後棄功名，為侍母亦順母志也。

不孝有兩姑，柴氏姑早亡，遺一子讀書。不孝家母待之過於不孝等，既而夭，哭念數年猶不忘。李氏姑貧，半生居不孝家，與母相愛，年八十數日不見即相思，姑母子若孫時時來省，母亦如之。始不孝家與不孝再從伯同院居，伯家更貧於不孝，有食母常為老幼分給之。伯母臨終時呼母曰：「吾兩人將何以離？」母壽百歲，諸戚親鄰旁及素所不識無不以為德之所致。今死，有乞人婦望柩哀哭者，則母生平之感人並不待不孝言。而雞犬諸畜之伺雖瑣故其無日不周，不孝見家人固皆不能也。大約吾母秉心慈祥，其持家則惟勤儉而又明大義、謹禮法，八十後猶時績，九十後見諸婦于米鹽稍狼藉即厲斥之。或聞人有一不善事則切切戒不孝等及諸孫曰「無若彼」。屬纊前暑熱甚，猶令嚴衣被，無使露體，曰：「吾一生未慣也。」不孝昏迷之中憶母百年中事不能甚詳，語亦無倫，但祈見憐肯賜志傳者采其大略，使母得藉以傳，則不孝不勝哀感之至。

不孝先世山西洪洞人，元季徙朝邑沙苑鄉南留社。曾祖諱星斗，祖諱綿世，父諱文英，生員，享年五十有一，前葬，有志。母生於乾隆初年七月初四日，卒於今道光十五年閏六月初四日，享壽百歲。子三：長先伯兄仙春，為先從伯嗣；次不孝，嘉慶戊午科舉人；次亡弟茂春，太學生，為先胞伯嗣。不孝先娶例貢生仇大猷女，繼娶郭天有女。女三：一適霍，一適郭，一適井。孫二：來南，廩膳生，來瀚，皆不孝繼娶郭氏出。南兩娶張氏，瀚娶樊氏。曾孫四：南出二，花甸，花本；瀚出二，花苑、花研。詹九月十三日社會葬先考壙。

桐閣先生文鈔卷九

碑記類二十六篇

華山小記

太史公云：「詩曰『高山仰止，景行行止』，雖不能至，心嚮往之。」予性喜山而去華三十里，時遊其下，念人子不登高之義，終不能一陟絕巔，然心之嚮往者未可解也。閑日取昔人圖志，每一展玩輒如置身三峰，顧苦其取景太繁而名多不雅，作為此記，摭厥大略。

稱華山者高五千仞，直上四十里，削成而四方，秀出天外，然自絕峰之下有幢，有峽，有谷，有坪，有泉溜，有麓，有奇徑，有怪石嘉卉，有祠宇洞室，有異人隱君子之遺蹤。而必自嶽神祠始，祠祀金天，在華陰縣之西，官道之北。由此稍右入山門，折而南，視三峰如遇目。前行八里許有古觀曰雲臺，外鑿雲門池，護以石檻，圓而八角。又南不半里，行漸上為谷口，右有院曰玉泉，於此見前山不見三峰矣。入谷過三里竈入五里關，關之上為桃林坪，西南行數十步得巨石，書「張仙谷」，谷中水即谷口之玉泉。再前過石門至希夷峽，由峽南上越元關，抵莎蘿坪，坪一名曰洞天。其東絕巘為上方峰，突而攀鏁，險不可視，非抵三峰之要路，宜禁勿登。稍南歷盤十八，其上為青柯坪。回計谷口至此凡二十里，逶迤崎嶇，然尚可肩輿過，是非砍梯與索不可上，而履其境乃遽見西峰，已窺三峰之一斑。仰視山頭則至星宿潭，水落於蚍蠙穴外，下而為瀑布，為水簾，亦稱奇觀。由坪東上三里許為千尺幢，不一里曰百尺峽，峽上五里有山如礪，不可以足，中有溝宛如犁鑿石，牽挽而上，見三峰四面皆壁立，匃有嶺如刃，南高北下，遠望如龍脊，曰蒼龍嶺。自青柯坪過幢，歷峽越溝，徑皆奇險而無踰於此，然由此即抵三峰矣。三峰之高，南為最，曰松檜峰，一曰落雁峰，頂去青柯坪又二十里。西為蓮花峰，有二十八宿潭、仰天池、八卦池、太乙池、菖蒲池、巨靈足、玉井、黑龍潭，東為明星、玉女峰，有洗頭盆、石月、巨靈掌，自金日遠望之獨顯，近睨之反不著。下此有雲台峰，即三峰之北峰，在龍嶺東山麓，古觀之所由名。有北斗峰在青柯坪之西，有鳳凰山為青柯坪之嶺，鳳凰池在青柯坪之麓，有麓泉峽在希夷峽西，有雲峰谷在希夷峰東。

石之著者，下則谷內之雲根，上則東峰之石龜，西峰之摘星石。嘉卉之著者上則玉井之蓮，西南坪上之細辛，龍嶺上之將軍樹，下則莎蘿坪之莎蘿，玉泉院之龍藤、細辛。龍藤今有，他無矣。祠宇之著，金天祠、雲台古觀、玉泉院，外則莎蘿坪之混元菴，青柯坪上之青柯館，山頂中峰之鎮岳宮，東峰之玉女祠。洞室之著則山腹之水簾、昭陽、正陽、西元四洞，山頂西北峰之洞元石室，南峰北之避靜室，山麓西右之朝元洞，東峰東下奇巖之王刁洞，西峰西下奇巖之毛女洞。洞元石室有石道君像，不知其為仙為隱。毛女洞者秦皇宮人所修隱也。王刁洞者，王遙刁自然之所脫化也。避靜室，賀元希仙老之所遁，朝元洞其所藏也。又若岳頂之東南有老子之丹爐，其西北谷有修羊公之石榻，其東峰南上有衛叔卿之博石，山之西南有避詔巖，山之前左近谷口有王猛臺，而張仙谷則張公超之霧市。玉泉院則陳圖南之所偃息，雲臺觀則焦道廣之所坐臥，異人隱君子之蹟何可勝數！予欲學仙，無諸仙人之骨。予欲學隱，值太平之世，又不敢託其名以自高。昔者朱子嘗有主管雲臺之命，故今古觀之右猶存遺祠，而青柯坪下馮少墟講學之所在焉。余即不至守身岩邊，他日結廬於山麓，靜息塵煩，與兒輩及生徒講授其中，日仰止三峰，期以漸造絕巔，是則不負學山之志，並遂予喜山之性矣。

劉氏北園記

華山之麓有院曰玉泉，為高人達士屐游第一名勝地。當蓮峰峪口，依危岩為址，燠室涼亭，布置于水石之間，幽曲疏爽，異境疊開，游於其中者如入五花之陣，令人目眯。其間奇樹蘢葱，眾花錯雜，怪鳥時聞，盡皆仙景。予於每歲夏秋興至時往，問徑尋芳，隨處憩息，輒覺塵煩萬斛為之一空。嘗欲攜一二良友或生徒雋者數人讀書論文其中而不果。

癸亥，趙渡劉子孝堂敦予命子弟問業，而以其北園為講習所。予至而觀之，以為此殆華下之勝蹟也。趙渡為吾邑豪華地，賓朋燕娛，籥舞絃歌，昕夕不絕。然邇者科第聯翩，頗多名彥，而處城市若山林，別墅之築固亦不少，劉氏北園蓋其最著者矣。劉氏之里門南迫街井，園則在其所居城之後，故曰北園。為地數畝，面與華暗對，垣分前後，前則堂一，堂下西廂一面，廂亭一壁，印韓城王相國書。稍南當垣中風亭一，亭之軒楹六角，罘罳盡啟則面面風來。其上為樓，祀宣聖與貴相、奎星之神。梯而上之，三峰在指顧間耳。又南有短牆，有圓門。牆之西亭一，亭之南近外門書室一，書室西為廚，廚北為廁，而外門亦設而常關，所時出入者中亭東之小門也。其堂下有洞深邃盡堂基，堂中西壁有夾室，外有小街，隔以門，似碑，外則孝堂書陳師道借茶庫紙詩，內則臨先河濱書曹唐小遊仙句，自前垣來見其碑疑無路，啟碑而視之乃別一境矣。

孝堂語予云：「自此為後園，亦稱西園，向在前垣之東，後以貴官過，往往借宿，遂毀而改築焉。」夫吾儒藏修之處本欲擯冗遠紛華，而亦為官衙所擾，則與市鄽何異？譬猶玉泉院不高人達士之棲而顯爍者來持鞭躍馬，或令廝役噂沓其內，甚至責供具于近地居民，將山靈亦厭而苦之，況人家園林？一借居率為常例，久之累及主人，且有竟據為公所者，其何以堪？予與孝堂譚及此，不禁三歎息也。

由碑門而進，幾經委折，越門三，多疏窗小室，又相連為圓亭，有劉繼先前輩書「登樓」、「進艇」兩額以勵學也。出其西院，稍下面重牆，外牆累石為山立院中，仰睇亦髣髴視仙掌嵓。其南隅亭一，堂下之洞口出其中，以板為地平，去板觀，雖白日非燒燭不可入。南連書室一，外浴室一，與釀所鄰，隔壁借其水以洗濯。過園亭北，下小院四方亭三，瓴甋為衙道，宛轉相通，後復有低屋，散佈為廚、為廁。最後寬敞之處為池，其底至泉又穴地為道，直通前垣之外，以引潦水，而四旁則徧種蒲葦。雖皆出於人工，正如華下清流，源深而遠，瑩然間于萬叢之中。

蓋統兩垣言，堂為主，堂右夾室之上為平臺，至其上則兩垣之景盡入一覽。日者知己來游，畢引與俱登，遍指而目之。比瓦接桷，繡闥刻牖，似鼎、似屏、似扇、似印、似筆、似書卷、似綺羅、似鳥翼、似果，高卑橫斜，殺列參差，各相牽搭而自得其位置，或隨處穿穴點綴，尋之猝未易竟。木則鳳桐、龍槐、虬棗諸植，花則紫薇、紅榴、碧桃諸品，其他子猷之竹，淵明之菊，雜蒔於前後，望之亦朱綠相間，與亭堂共映，時有好鳥鳴於枝頭。遠眺則洪河東流，洛水西繞，當夏秋雨後，翻浪澎湃，遙入於耳。近者金鐵諸匠環居外場，朝夕錘鍊，聲響常與絃誦交應，客與予流連暢論，良久乃下。已而客去，召小子而問曰：「此中盡是文章，亦知之乎？大抵為文者先識主從，次明部分，其筆患平直，患易盡，其法有虛實伏應，有牽合烘託，或遠或近，若密若疎，而寫物則必形色俱肖。苟悟之，何在不可取以為例。」因舉與客所論者一一示之，又告曰：「讀書莫先於養心，心無物則城市山林也。心多累則山林亦城市也。居此當知活潑潑地觸目皆道，更宜滌盡煩塵，日月刮劘，庶幾遠於俗而可語聖賢之學，是即予向者結想玉泉之志也夫。」小子皆諾，予因書之以為記。

清白堂記

楊子南廬之室浸于洛水，垣屋盡圮，數月無居，不得已重構而築之。既成，顏其堂曰「清白」，而使予為記，予書而寄之曰：

此楊子之所以為志乎？楊子自號曰南廬，又嘗自稱曰雀舍，蓋皆以其遠祖太尉之志為志者，今之名堂猶是也。夫太尉之不立產業，欲以清白貽子孫，夫人而知之矣；太尉之不愧清白，夫人而知之矣。即其後若叔節，若伯獻，若文先，四世清德，著於漢世，夫人而知之矣。顧自漢以來，歷數千年，太尉之子孫遍天下，其澤雖長，太尉安得盡以清白望之？凡累代名賢輩出潔身行己，如唐之文簡公，固聞太尉之風亦其能卓然自立者也，然則楊子之志遠矣。

楊子自少貧無立錐，自他人言之，將走食不暇，楊子乃略不以系懷，攻苦下帷，卒成進士。非其志之不汙，何以能爾？進士奚足云，以楊子之才，使稍肯自貶，遨遊天下，不必取暮夜之金，即以饋贈所應得，攜歸以為生計，亦可粗足衣食，而顧夷然有所不屑，此楊子之所以終貧如洗也，此楊子之所以為清白也。

吾觀楊子之生平有與太尉類者，有與太尉不類者。太尉始以教授為業，楊子亦以教授為業，是其類者也。太尉數十年不答禮命，他人以為晚暮而太尉志益篤，楊子半生潦倒功名場，艱難萬狀不以為倦，是其不類者也。太尉五十始仕州郡，楊子四十九始舉禮闈，是其類者也。太尉歷二千石至三公，累上疏言阿母、劉護、周廣、謝惲、樊豐、王永之奸，忠直震于時；楊子一縣令不肯受，降而就冷署，不一歲竟辭歸，是其不類者也。太尉初退而終進，其退也自守其清白，故其進也不變其清白。楊子欲進而卒退，其進也欲行其清白，故其退也，亦恐玷其清白。設楊子得履太尉之位，一試其所欲為，詎不甚願，知不可遂遽斂而藏焉。以清白士為清白吏，子孫不可從斂，千載下一遙質耶？

今楊子歸理教授舊業，仍貧無立錐耳。豈惟田無立錐，以清白之志勉強拮据，僅有闔廬，且為造物者之所忌，使水伯侮而毀之，又何怪楊子之不立產業也。雖然，楊子亦同以不立產業為清白哉？命之所限，心自安之，必不肯覬非分以墮其潔。己之素清白在志行，寧在有無？昔者太尉歷轉劇郡公，廉不受私謁，子孫常蔬食步行，其蔬食步行者乃其能不受私謁者也。孫楙曰：「廉生公，儉生廉。」唐文簡公左右圖史，凝塵滿几席，及為相，大臣豪華者皆自減。守太尉之清白不得不尚太尉之苦節，隱處與用時一也。楊子之子孫知自今必漸昌，即能粗立產業，不如今日之家徒四壁，要於此堂之所以名，知思其本而不至於有忝也。是則楊子不言之志，吾固不妨代推而告之矣。

陳義堂記

陳義堂者，霍子松軒之堂名也。何以名「陳義」？取諸禮運之言也。昔者孔門言仁，孟子言義，義與利反，無所為而為之者義也，有所為而為之者利也。有所為而為之即私也，私即非仁也。以私害公，適己自便，不顧其心之所安，人情類然。其在禮云「修禮以耕，陳義以種，本仁以聚，播樂以安」，皆聖王之所以治人情也。人生而五性畢具，以性治情。分言之各有其用，合言之則一其體，故言義而仁在矣，不獨仁禮，與樂皆該矣。其以種喻者，義隨事而制宜，如種之有列，其理雖農夫皆可曉，故曰陳也。聖王為人陳，亦在人各自陳之爾。

霍子松軒以是名堂，蓋將稟聖王之教以教家焉。蓋將以聖王治天下之情者治一家之情焉。情合于義，何事不衷於義？無計利之心而利隨之，所謂利物和義是也。然則世之逐逐於利而置義不言者不亦惑乎？且夫霍氏之行義有此堂也，豈伊朝夕哉？自松軒之祖聲遠公以賈而行義，人皆稱之。其父雲衢公少孤，依母家，析箸不計多寡，所居僅有室廬，前餘地為堂基，未能構而皇皇然行義，如恐不及。比松軒兄弟能讀書，又以義誨之，曰：「吾及見汝兄弟之成立，則見此堂之成也。」松軒既鄉薦而雲衢公未幾卒，松軒有痛於心，遂無時不以此堂為念。今其堂成矣，松軒且進士矣，且出宰數大縣，為良有司矣。其弟紫階、潤清為名諸生而植庭，槐清又鄉薦矣。

雖然，吾見松軒春闈未捷之先嘗夢築此堂而未成也，又將捷則夢成此堂而有疑也。堂之成也難且苦如此，其成也宜喜且矜，乃不言榮貴而以義為名，松軒之志可知矣。夫榮貴，利也，非義也，譬如耕者種之而得穫，何嘗非利，然義者何知焉？試推言之，在家義則和睦而不至各營其私，在官義則廉能而不至徒計其食，為學義則無徼幸之心，與人知義則無便己之意。松軒為宰，方與紫階及季弟建清聯床共參吏事而使槐清課子弟讀書於家，兼督農桑，其邑民稱之，鄉人亦羨之，其為義可知也。他日擢升不次，高牙大纛，歸於此堂，告其祖若父，仍陳義以教家人，即以行義於鄉，其義又自有在也。吾且笑魏公之晝錦為非名矣。

壽陽行記

壽陽，古馬首邑，春秋時晉韓固為馬首大夫者是也。在平定州西南一百里，山川遼繞，雖四五月，朝暮常有肅風透人肌骨，不必陰雨為然，人謂之冷壽陽，蓋不誣云。予自計偕以來，不肯妄受饋送，往往負裝徒行，故由山右道為多，而最樂莫如壬戌下第歸，最苦則莫如乙丑。壬戌與南廬、星莽唱和，詩凡百餘首。乙丑，星莽捷，南廬倦於行，予獨歸耳。

當是時近麥秋，過獲鹿，由平定早發，欲覓蹇驢不可得，山行八十五里，困於囊背，及足並腫。而夕陽已入，道旁無旅館，因強勵前行，計宿壽陽，明朝訪晉大夫韓固之墟，補往時未有詩。忽肅風自西北來，黑雲暗山而暴雨已如盆傾，霹靂迅烈，恍在耳旁，足侵淖不能步，眼前道咫尺難辨，前進藉電光閃照而已。於此行未可急，反亦不欲急，因思虞書言「納於大麓，烈風雷電弗迷」，似非難事。古傳解此為使舜大録萬機之政，陰陽和，風雨時，無迷錯愆伏之災者，或有見焉。然方雷雨正厲時，輒聞馬鈴聲隨予行，意謂有騶來，比至縣已三鼓，立旅館外欲視其過，竟無有，亦不知何故也。次日日近巳，天始霽，啟行泥濘甚，兼以前宵困憊後舉步仍艱，至王胡復三鼓餘，旅館門皆閉，徧叩之，以孤客不肯納。不得已立街頭大呼，有作腐乳者招之宿。宿定，索幾取兩日事書之，使吾後之人知一時道塗之苦如此。雖然，吾見少年士一掛名榜上，奔走功名場，輒侈然自矜異，乞他人余錢貯囊中，高車大馬縱所欲。為甚者馳志花柳，謂慰風塵中寂寞，以呂黎壽陽題詩未免風流自喜，他何足論。或於此有笑吾者，未可知，然吾不恤也，蓋此苦也吾固甘之矣。

東行記

辛未將應禮部試，以季弟茂春在蘭陽，先期往過之。啟行庚午冬十二月六日也，以母命，不敢獨行，覓一力負囊與俱，過洛陽東行始異舊北去道。當是時急見弟，日計程百二三十里，歷偃師，歷鞏，歷汜水、鄭州及汴，古跡皆不暇訪。虎牢在汜，夜過之，圃田在鄭，夜宿而早去之，獨于偃師北望首陽，閱道旁夷齊碑，嘆古人有光于山川多假借訛傳。于鞏望洛口形勢，心悉往時漕運置倉貯粟之概而已。由汴抵蘭九十里，囊無餘錢，兩人食紅薯一觔，暮不能行，故至城已三鼓。季弟猶于燈下检藥，見之憐且喜，幾忘道途之苦、終日之饑也。

居三日，弟偕力歸，予羈留半月餘。蘭地濱河，堤高於城，日遊堤上，觀治河大要，間入鄉賢祠拜戶牖侯陳平，又東訪韓陵及儀封、內黃舊地。夜冷甚，每連衣共臥，比去，蘭之人不知予為何人云。去蘭擬訪家星莽于平陰。時辛未正月初六日，渡蘭河，天寒，亂冰壅船，幾陷，舟人皆仰號，予聽之還以慰眾，及到岸思之亦心悸也。自是負囊獨行，皆小道，道上行人甚少，欲覓力代負並不可得。憶往時母命見日起，見日宿，日惟行七十里，所過地多無名可志者。東明，古離狐；濮州舊治古帝丘；范縣，古廩丘，即孟子自范之齊者；壽張，古良邑，五代王彥章之所生；張秋，今巨鎮，運道所經。時東明令為同年朱霞標，過而未謁。次范縣，東門外惟小店兩所，亦無客，與丐者同處，終夜不能寐。抵張秋遇大風自南來，北上者車馬闐旅館，以予孤客多不納，擇宿一小店，夜詢主人始得平陰道矣。次日又行七十里，過東阿，宿山中民家，去平陰二十里，明朝始得至。計自蘭陽發，至此凡七日。當是時，山東多強盜，往往白晝即刦人。予在道，或有問者，謾應曰隸也，他日有問者，又謾應曰優人也。古君子混跡風塵，大抵多自詭其蹤，不使路人得識。陳平一遁客不免為船人所疑，解衣持楫，保身之術固在智不在力矣。是行也，亦予生平道塗之所最苦且危，故記之。

遊十三陵記

十三陵在都城北七十里萬壽山。往者王葵圃曾約遊，未能果。丁丑闈後，楊子永懷復自南口招遊。南口者居庸關之南口也。時楊子幕延慶，故招之，同游為霍子松軒、商南李子子實。至南口次日，各乘款段馬，行十里餘，遙望紅樓布山阿，忽隱忽現，與碧石綠樹錯出，不可辨其數。未幾至陵前，視其局甚嚴，四圍皆隨山為牆，前有坊，至坊下馬步行二十里，石馬、駝、虎、師、象魄然各相對，無一損者。當甬道有巨碑高數丈，為洪熙時所樹，陰書我純皇帝謁陵文及詩，言作陵制甚悉而意似尤其過侈，西側書今上謁陵文，則以明之亡不亡于莊而已亡于神宗、熹宗。此千古定案，遊斯陵者所同慨也。然諸陵殿閣垣屋本朝凡再修之，糜帑金數十萬，又置陵戶四十餘家，聖代之於前明不可謂不厚矣。

因至成祖陵，陵垣內外松楸雜果樹，甚茂。陵前殿果極巨麗，入其中雅寂闃，相與語，聲輒滿屋，如數十人聲，令人心駭。陵口作洞，洞上為樓，即前此最先望見者。入洞兩旁有小門，自此至樓上，僅及陵半。陵之高即為大山，榛莽翳密，疑有虎狼伏焉。子實精堪輿，直至陵後及四旁徧觀山脈所起伏，還意猶若甚嗛，曰：「此葬天子地，非出天子地也。」此山本名黃土山，相地者或以為山東王賢，或以為江西廖均卿。初擇得兩兆，其一為西山檀柘寺地，文皇乃親定於此，遂改山為今名。余語子實：「未知檀柘寺規模何如，但以勢言似西山為得。」既而曰：「文皇不都金陵而都燕京，有深意焉。使其在金陵恐明之亡不待莊烈矣，不然悉燕京不長為明有矣。舍西山而葬黃土，意蓋猶是耳。抑此亦人事與天時，不盡關乎地利，而地脈猶其後焉者也。」楊子、霍子皆以為然。由文皇陵望諸陵如列星分向，而亦有見有不見，擬徧遊，奈日已昳，問之陵戶，諸陵制皆如文皇而較小，因此即見彼於是。於是出陵外小憩，啜茶，即呼馬歸。由他徑則過思陵，共謁之。山石草木儼若皆有淒色，余默誦今上文，嘆息而已。陵前西側為司禮王承恩墓，世祖章皇帝親制碑文以旌之。嗚乎！明代諸亡國臣若有知也，豈不自愧乎？即後世凡事群臣苟獲見也，寧不自厲乎？自是歸，行無幾何回視如前所見然，然某為某陵，某為某陵，心殊了了矣。

夢醫疾記

湯陰南十餘里，高岡之上，扁鵲先生墓在焉。予過其地，四望低徊者久之。夜宿泥溝驛，皓月如晝，猶與洛川姜西亭談先生事。既寢，先生山巾道服于于然來，曰：「我，秦越人也。」予揖之，坐上座，問曰：「聞先生神聖，能起死而肉骨，何道而為之？見長桑君飲上池之水，洞見五臟癥結，其信然耶？抑世故傳之以為奇耶？」曰：「不然。凡人之疾病皆自內生，生於內必發諸外，此毫忽之所不容爽，於其外而洞見之即於其內而洞見之，奚啻肺腑之呈露也。且夫死生因乎心者也，一息不死則身一息猶生。吾醫夫心之不死而猶可以生者，若心亡而身斃，或身未斃而心已亡，天皆奪之魄矣，吾何能為？」予曰：「善哉！先生之言。予有夙疾，願先生醫之。」先生曰：「吾已見子之心矣。守乎中而不動，無他物之翳，固不類有疾者然。」對曰：「予之疾，予自知之。非陰陽風雨寒暑之侵，非飲食嗜欲勞瘵之患，亦有口而非瘖，乃病不能應對，亦有足而非跛，乃病不能奔走，亦有軀而非傴，乃病不能向人拊其心，非狂非騃而於世但覺其拙。是以榮利之場，逐之者必神王而氣盈，予病不能，每思之且面熱生汗，此其疾自生而然，今益甚矣。予悉以多疾之身致人之疾，終不可立於世也。先生何以醫之？」曰：「伸子臂，請更為子診方。」舒指瞿然曰：「吁，陰陽風雨寒暑之侵，吾可以針砭愈之，飲食嗜欲勞瘵之患，吾亦可以刀圭藥之。子之疾得于天，成於志，猶中於膏肓也，非針砭、刀圭之所能效也。雖然，子以為疾，吾以為非疾，何也？使子甚于口捷于足奮於軀，以往來周旋于榮利之場，恐其心已亡也，願子歸而自安，毋誤服世俗之劑，使轉生他疾。子以為何如？」予笑而不答。少頃，先生揖而去，予亦旋覺。時皓月猶未離窗，憶夢中之言恍然如在口耳。姜西亭亦言予之囈語方已也，爰起取冊而書之。

蟻鬬記

予讀書城南之梓潼閣，閣最高而曠，每飯後必散步自適。日偶歷階下，有蟻聚於前，數頗多，意謂是雨征，舉足避焉而不敢傷其生也。亡何，又過，蟻聚如故，而死者已十之六七，心疑，注目視之。蓋有兩穴相去約半步，而衆蟻紛紛有爭歸於穴者，有自穴復出者，有將死而未死者，有數蟻共擁一死蟻似欲速去者，又猶有相齧者。予不解其故，或曰：「此蟻鬬也。」關尹子云：「聖人師戰蟻而置兵。」蟻鬬之説古有之矣。又考後魏顯宗天安元年六月，兗州黑蟻與赤蟻鬬，東魏孝靜武定四年，鄴下黄蟻與黑蟻鬬。今之鬬其信然乎？獨怪夫蟻何所爭而相鬬以致死傷盈道，如此其可慘也。蟻之鬬不足怪，予未知以數萬生人之命使投疆埸未幾而兵刃相接，至於積屍滿野者，其可慘又何如也？

讀任釣台禮記章句記

任釣台著禮記章句，蓋病禮經之無傳，奮然以刪訂一經自任，心亦勤矣。今觀其書，凡十卷四十二篇，首大學、中庸二篇為一卷，次内則、少儀、玉藻三篇為一卷，次曲禮上下、王制三篇為一卷，次月令、世子記、大傳、學記四篇為一卷，次冠義、昏義、鄉飲酒義、燕義、投壺、身義、朝義、聘義八篇為一卷，次喪大記、雜記、喪服小記、奔喪四篇為一卷，次喪義、檀弓上下三篇為一卷，次祭法、祭義、明堂位、曾子問四篇為一卷，次禮器、禮運、樂記三篇為一卷，次表記、坊記、緇衣、哀公問、仲尼燕居、孔子閒居、經解、儒行八篇為一卷。篇次既易，部屬並改。自序云：「條其次，補其闕，正其違，通其異而尤慎於喪。」又曰：「君臣之交壞于秦，父子之恩薄于漢，唐為母三年而夫婦之序廢，明為妾母服斬而適庶之分淆。」凡有關倫紀之大，為秦、漢、唐、宋、元、明輕變者，著其説，此所持以為衡，未嘗不允。然禮記自漢以來，傳之數千年，驟易之亦難矣。故今任書雖已刊行，鮮有知者。嗚乎！聖人没而微言絕，諸子紛而大義乖，不得謂世遠年湮，更無好學深思，心知其意之人可以折衷群言，釐定紛亂，悉歸於畫一，力小任重，信之者寡耳，獨禮記乎哉？

增修梓潼廟學舍記

天下廟宇之為學所舊矣。梵刹、毘舍從來鴻儒鉅公當其未遇或退休之日往往借為居停。即今閭里間所在皆有神祠，而過其處輒聞咿唔聲，蓋自里塾既廢，貧士舌耕亦多依此故，然猶足見讀書者多而風俗之未始不如古也。予向妄意以為得有人焉如狄梁公，盡毁天下淫祀以興學而化民誠為快舉。即不能，悉廟中官田不為禿頭黃衣者所占，仿佛横渠井田法立為規模以資里中讀書其中者膏油薪水之公費，神異非分亦不廢其祀，此則不待紛，更不至駭俗而事自可為。特未能以之徧告天下，其將奈何？

己未自禮部下第歸，舊從數人蘄予講授于村南之梓潼廟。廟故有學舍，久而湮廢，經先君子等再修，未遑復也。予於是呼於二三知己，得醵金數十，於前殿為牆，與門神座兩旁亦隔以短隱，雖舊制仍俟異日，然稍可以鍵戶藏修矣。竊惟梓潼之神默掌桂籙，上應戴、匡六星，固讀書者所應俎豆，與他淫祀不同。是以學校之中，神與宣聖並崇，則鼓篋之士與神密邇，其來已久。而是廟址高而敞，面華臨渭，無人跡往來之擾，亦學者之靜地也。今廟内水田十餘畝，不藉檀樾，每歲計租入以奉神而常有贏，將來積既多，稍資貧家然薪暾齏之苦，以遂予素志，諒非神之所嫌。然則此舉也，豈予一人之私哉？抑予聞之，事親從兄，學問之本也。梓潼之神即詩與吉甫燕喜稱為孝友者，故河濱夫子以此題於坊，誠觸目而知惕。則為是學，居是地，對是神，庶幾乎不愧焉，不然非徒桂籙之所不取，亦先生長者所必逐也。爰書於板，為從遊之士勵，亦以告後之人。

樂群會創建至聖先師祠記

去朝邑三十里之北石鐵有八人者共為樂群會，歲於至聖先師生辰設祭瞻拜，因以講業論文。起嘉慶十六年，至二十一年遂議建祠，並為後進讀書地。工始八月，成於十有一月，甚速也。祠基在城內西北隅。先是為會人監生林君來儀所建書院，內有先師閣，八人瞻拜於此，既林君以其基盡施於會，因更闊之而有是舉。

凡為兩院，地闊七丈餘，長十三丈。西院閣一間，窑三所，窑上屋三間，其後大皂莢一株，皆林君舊址也。樹前新增小亭一間，又前為魚池，又外為廚室二間。東院新修大成殿三間，善誘亭一大間，兩廡六間，南山牆為圓門，前牌樓一座。又前大成門三間，垣後廁地闊三丈，長三丈強，有學者祠，可容三十餘人。計工三千餘，觀者謂非千金不可就，而費止七百金有贏。其貲蓋會人每歲各出麥穀二斗積而成之者也，余則李君芳時兄湧之所募而眾又共輔之者也。當役興，督工者三人，貲食私食而專公務，其經營約省具有法。會人或自學舍歸，無不親操作，至繪畫之事，半由自成，故費少而功速如此。

戊寅秋，事竣二年矣。及門李生懷庚來請予記，予曰：「都哉！是舉也。八人之用心何其勤乎！」向予嘗為毀寺觀議矣，繼又為毀一切淫祀議矣。或有疑其難者，以謂古廟名剎即為讀書之所，未始無益。然天下之建廟修剎者不為讀書計也，其祀之神尤多非儒者所當親也。夫儒者之所當祀惟孔子而已。日讀孔子之書，誦孔子之言，將以學孔子之道，而不祀孔子，其何以安？雖春秋釋奠、學宮之祭，諸生皆當有事，而去邑城遠者或累歲不一登其堂，則何如各奉一孔子而祀之？齊臧榮緒常於庚子日陳五經拜之。庚子，孔子生辰也。拜五經於孔子生辰，其拜孔子可知。拜之則敬心生，敬心生則學將益勤，況乎為宮而奉之？即讀書于其中，不啻與聖人朝夕親炙，其講誦之際如承耳提面命而生其警惕者，更當奚若？使天下皆知效此，則學不自此日興，教化不自此日盛者，斷不信也。吾故曰「八人之用心甚勤也」。雖然，始事難而多勤，繼事易而或懈。吾聞祀既成，八人之外多願與會者，是亦八人之所感也。後之人感八人之勤，祠不使頹，祀不使廢，因共勉于學而修於行期，不愧列先師之門牆，則八人之功又宏矣。不然，率沿舊而人心怠，人心怠而事亦將隳，學宮茂草之傷不徒在於都邑，非八人今日意也。八人者林君來儀、李君芳時外又有若某若某也。

韋林鎮義學記

今江西新建知縣即擢南呂府同知松軒霍君前日自鄱陽以木差謝歸，於同族量其親疎有無，人與金若干，又以己田十畝為同族祭田，閒復為韋林合鎮立義學。凡出白金三百兩，延里紳端謹老成若歲貢張翔九翰淩，生員王凝甫惠元諸生委理之。立規分置金鎮之同義、義興、義合三典，每歲得子銀二十有七兩，以二十四兩為先生學俸，以三兩為先生紙墨茶薪，諸費自道光某年起。即延松軒師王蓮仙之孫某某為先生，又某年翔九始屬予記其事。

予與松軒少同學，俱貧乏，歷艱苦，然對榻誦讀時即刻意勵名行，期各有濟於物。松軒由翰院出宦，今已二十餘年矣，宰劇縣凡六，政聲馳南北，於往時相勵者俱見諸施行矣。行於其所宰之縣，濟物蓋大焉，歸而行諸其族、其里，餘事也，顧亦貧乏艱苦時預矢之志也。夫濟物之事何常，隨其所在可為者為之，皆求愜乎吾之心耳，豈有濟於遠而不思濟於近？又豈分巨細哉？松軒為政不於分外取民，不以非禮賄上，不藉幕客，獄無留滯。官首邑，大僚咸倚重之，以是頻報卓異而職不遽遷，其所為惠皆其節省之所遺。在松軒固以為於夙心猶未愜，然升擢方自此始，他日則歷顯秩，其所以濟物奚有窮乎？義學之設，以己由貧賤食學之報，推而行之於其里。數百金，其權輿矣。

予棲遲田野，貧乏如昔，雖欲如松軒今日所為，阻於力，固無如何。念善不必專自己出，欲勉出數十金，倡吾族吾里共醵如數，因為所當為，如義學、義田，總以有濟於貧乏為得，久之尚未能就。觀松軒事可以證對榻讀書時之志，俱非虛想，且喜先我，足使吾鄉聞風而起也。況其里安知他日無慕其事，踴躍思效者也？松軒語里人曰：「此事吾子孫後不得有異議。」松軒之慮誠周，然亦過慮矣。松軒以艱苦自立，向負重債，索債者日在門。先與予讀書潼川書院，鄉薦後共居予里梓潼閣，至畏客侮不敢歸而薪膽之警無日忘之。兩人伴讀，常寒冬雞三鳴不寢，寢或臥石床，衣不解帶，雖積雪數尺未嘗有薪炭之設。其後予計偕，松軒以鎮遠任滿如京師，道路共行，每飯輒小衣向街頭共稠人坐平木上食米粥。自江西假歸，家居數月，日夕顧予梓潼閣，必科頭步行來。間與讌其家，食亦不過數盂。居常無事，又未嘗不早起，居官可知矣。由艱苦得貴仕，貴猶守艱苦節省為義，以副素願，其子孫皆見之而皆聞之，豈獨甘不肖哉？故於此事有異議，松軒之所不能不戒也，於此事踵而增之則非松軒之所得禁也。翔九與予兩人亦同志同學者，應命為此記，觸昔感今，不禁覼縷言之。若夫義學所教，皆貧家子弟也，未必無美材能如松軒由艱苦以終蘄于成者，則松軒於此又有厚望矣。

西河書院升祀雙忠及修屋藏書記

邑卷價之捐既成，董其事者借西河書院為居停。卷價事故為振興文教起也，以此凡關文教事，諸同人僉民於書院漸理之。考書院之建始國朝雍正時，神祀卜子子夏，而雙忠祀則起前明，繼乃移此，書院之前堂先後具有存碑可眎。道光戊子，主管書院某某欲起前堂新之，謀于掌教張明經飭，稟之邑侯雲南謝父母，升雙忠木主配享卜子，擴堂之三為五，隔其旁以居學子，試期即為經營卷價之所。時鄉大夫謝君正原刻苑洛五泉集，以其板舊在書院，出百金架樓，依舊藏之。諸同人因議並舉邑先達遺書，聚置於此，作簿存記，每年分主管書院及卷價各一人輪司，聽刷印以公同志，事定屬予為記。

予惟西河故魏地，郃與朝皆在其境，當時卜子設教被澤者廣，不得分彼是而此非，故吾邑祀卜子實文教聿興之端，建書院于學宮右隅即文教聿興之處。自卜子講道而後，累代豈系無人，特世遠年湮，傳者絕少。高、程兩公正千百載間氣之所生也。夫當靖難之時，死國從亡，何分優劣？高之死以同時論，宜與方正學比烈，以同鄉論，盡節猶在景真寧之先。而編修之亡，艱難萬狀，左右不離惟葉希賢、楊應能兩人共之，其以術濟厄則又非東湖樵夫、塞馬先生諸臣奇詭之所得與也。此豈非千百載所並驚為難能，而亦豈非千百載所均聞而感泣興起者哉？韓恭簡、雷侍御生明中葉，其論兩公不得不少委曲。

然韓、雷以下，吾邑名臣接踵而出，表章兩公不可謂無驗矣，今之升祀配卜獨是而已。雷侍御又謂兩公起明經祠，規先師廟壖而基之，將以近聖為愉快，亦安知兩公所為非皆有得于卜子之傳經？則藏書之事孰非文獻並征同源而合用者耶？且藏書自苑洛始，未祀苑洛，不啻奉苑洛而祀之。苑洛而下如苑洛者皆以兩公統之可矣。嗚呼！後之視今猶今之視昔。昔文文山謁鄉賢見歐陽公、楊邦乂、胡銓並祀，曰：「沒不俎豆其間，非夫也。」是在有志者耳。即以文章言，揚子雲之賦多規橅相如，學固無常師，要何必舍近而求遠？予言及此，所望於繼起者，切其幸毋泥卜子之祀，以西河而師衛人，謂予說之不廣也。

重修朝邑會館記

道光己酉三月，閻君省齋以其子戶部主政丹初敬銘書來，謀修京師邑會館，啟募捐。予即為作疏序，命兒來南約同人及省齋擇募邑中。既就，寄京師，丹初又致書宦外諸君，各以所捐來，知事可集，遂興工。又自邑延西莊孟生助其事，度基址，計木石，庀磚瓦，審匠作，贏半載而工成。公車歸，繪圖通致，眎規模略如舊，而局勢形像煥然一開耳目，來者咸稱之。又餘千二百金，圖寘典生息為會試者內寓入場之資。事定，將豎碑，丹初復致其父書，欲予為文。予方修邑志，不暇，久乃勉應之。

夫會館以妥公車，然非徒妥其人也。學之三年，試之一時，畢生之志見於此，即終身之業兆於此。易曰：「觀國之光，利用賓于王。」光何以觀，王何以賓？此儒生之榮，非儒生所可易言也。京師華麗地，亦首善地，繄古人物何一不出其中，視人之心有主與否耳。予于邑中立文會，意在講正學，不囿俗學，而即以科舉之學與正學為一。學術不誤則事業不謬，自窮而達，由體而用，本末始終一以貫之，不偏不雜，可進可退，此予夙所私見，願與同人質者。今老矣，未可復與有造有德之列，然邑立文會，京師修會館，幸不見棄，使皆得附驥。敢告同人曰：

昔者馮少墟既貴仕，與鄒南皋等築書院，日講學。是諸君子仕不廢學，正為政之本也，況方欲求仕者哉？自吾邑走京師二千餘里，歷春夏二時，將紆青而拖紫，一刻千金，大不同臨秀才場自有館，一如在家，不借居停主人，又非若湫隘囂塵不可以居，何幸如之，而忍弗自勵乎？學以靜為主，絕奔競，屏繁華，養心律身莫此為先，而各得安棲，弋科名真如拾芥矣。

更敢告曰：現今宦京者不一人，即如京者東道也。先後固分賓主，而實皆在會之人，則皆有其所當勉。會館在臧家橋北，鄰孫公園，園有富平館，孫少宰襄毅故宅也，園即以襄毅名。地因人傳，傳地卻傳人，斯並傳而不朽。予每過之，私心景仰，以為是亦吾邑苑洛一輩人，官北京則又如是著，今仕此者與試此者不均當心企耶？而至是為吾館光即吾邑光也。然則丹初仕遽倡修館，亦可謂知所先務矣。憶修館在予始赴禮部試時，去今吾十餘年，衰朽之身猶存，誠出望外，而以己所未能者望之後進英流，亦不可謂非公心也。

館制門房五間，中隔三屋，東側為正大門，西為車門，後皆為遊廊。院度數步隔牆為二門，當正院之中，內為前正院，兩旁東西相對廂房各三間，上為正庭五間，前兩旁有天井六尺，東出天井為過道，北出西為後正院。院分西廂三，東廂三，南為通門。東偏院少半亦有東廂三，正院後交偏院上房凡六間，西外有廚，廚西有甬道，後為廁圊。前有天井四尺，由東天井之偏院有隔牆有門，其上正室二間，東外為耳房兼廚，外亦有甬道。此亦邑人所宜共知者，敘之具得書碑。八十又三老人李元春時齋氏撰。

惜陰亭記

禹惜寸陰，陶士行乃惜分陰，古之聖賢何以如是其汲汲哉？天下事莫不以勤成，以怠隳。日月運於上而弗息，天固如是其勤，不敢怠也，況人乎？然勤者惜陰，怠者自翫之，其翫之也病有二：一則忽，一則委。忽者坐失良辰，委則有姑待之心。姑待明日勢將日復一日，與坐失等耳。人生百年如須臾，年與時馳，意與歲去，遂成枯落。君子傷之，故惕然爭光陰於分寸之間也。而昧者同生日月之下而不悟則亦末如之何矣。雷君某建別墅，延師教里中士，名亭以此，屬予記之。予時為學者訓勸，記此自惜晚暮無成，不知失幾許光陰也。

祛痾齋記

門人王生會昌以「祛痾」名齋，因見祈為記。余向書夕照編末已曰「筆墨止此」，作此又犯戒矣，辭之。然王生專心學吾之學者，是仍切切有請誨之意，不忍終無以告也。

王生舊患鼠瘡，予以其年少向道，亦嘗憂其疾，今疾已愈，憂何以猶未釋，至以名齋而乞吾之訓規？竊王生之意，所謂祛痾殆非此，痾在身與痾在心一耳，心之痾不能祛即身之痾不能祛。夫子告武伯：「父母惟其疾之憂。」固徹上徹下語也，然祛心之痾較難於祛身之痾。未有心之痾祛而身之痾不祛者，但一心向道，置夙痾於度外，忘痾久自無痾，此即祛之之法也。予嘗兩得殆死之病，惟以理道文章日養其心，未嘗服藥而病卒愈，故知祛心痾尤急於祛身痾，而心痾之祛實並不難，亦在平其心而已矣。生以夙痾懼年之不永，修學似乎太急，是亦病也。夫子告樊遲「先難後獲」，獲即求仁之病，此道無窮，循序漸進，終身事也，何容其計較哉？朱子答劉子澄曰：「追咎往昔念念不忘，竊恐徒自煎熬，無復理義悅心之趣。」又曰：「不遺寸晷，不計近功，終必有至。」足見系心過去未來皆學者所病。予初志道亦有望洋而嘆之意，且自患氣質不能猝變，今老，讀書日以多，便覺累心事少矣。生又嘗以學聖賢之學不免致人非議為慮，學恐人議是則志歉心怯，病之大者也。吾人不學聖賢，誰則當學聖賢？如其說，世豈得復有聖賢乎？君子不計死生猶易，不計毁譽為難，學至有真見，守其所是，於人之非議何有焉？邇吾憂名之太盛，鄉人尊吾亦過甚，將為天人所共忌。去歲欲祛民間之病，愬除流差換倉積弊，雖少減，不為當事所悅。今年為鄉人評事不徇眾議，鄉人遂大譁，非議沸騰，愛我者因以為病。予聽之而已，使余浮沉里閭，同流合污，予方甚病之，安能效此？抑處世之是非與為學之是非毫不容假，皆君子所必爭也，稍不嚴遂成痼疾，為疴矣。

曩閲蒲城劉伯容先生砭身録，喜其守程朱，辟姚江，足醫禪寂之病。然体用一源，顯微無間，先生亦言之，而標湛甘泉隨處體認天理為宗旨，教人全於用處致功，雖曰用之至當便是體之至明，未嘗遺體而畢竟輕體，終有矯枉過正之病。以中庸首章，先存養，次省察，末章又先省察，次存養，以見體先用後，而致功則循環無間，並不分先後，知是言乃無病，學乃無病。祛學之病者亦不可不知也。先生鄉後學張生純向見予，問以砭身録，則以「敬者，一身之主宰，而萬事之根本」二語未的，遂棄不觀。張生亦恪遵程朱，不知此本朱子語也，拘己見忽前人亦學者之病。予因王生欲祛疴，如其意，語以祛學之疴兼欲祛凡學者之疴，隨筆言及此，張生亦有意見王生，如見當為語之。予見張生論學，未知其體行何如，渠往並斥二曲之悔過自新，不知改過孔、顔之所急，此正所以祛心之疴，祛身之疴也。幸並語張生、王生，亦烏可不知？

拜忠獻崇祀記

拜忠獻，元之世臣也。考元史，自忠宣孔溫窟哇佐太祖，傳忠武木華黎、忠定孛魯，俱封魯國王，武靖霸都魯、忠憲安童、忠簡兀都帶俱封東平王。蓋七禩而至忠獻，仍襲封東平，誠所謂世篤忠貞，與國同休戚者，而忠獻為尤著。跡其正朝典、嚴國法、匡君非、恤民瘼，與同朝協恭和衷，奸邪不得肆，細微亦必謹，本傳所稱殆無一事不可法。三畏之説煌煌史冊，則直與楊太尉之「四知」，黄治之「五不欺」同炳今古。此豈一代之臣哉？使後世有良史復仿班孟堅為古今人表，亦當入最上列矣。

夫褒崇之典，論賢能不論貴賤，所以風勵天下，萬世綱常系焉。漢之麒麟，唐之凌煙，宋之昭勳、崇德無論，已自有學宮，忠義孝弟祠附之，雖匹夫一日之節皆得與於其中，而況功在社稷生民者乎？我國家旌揚善類，具有成例，近自陸宣公以下增祀學宮者凡六人，其入鄉賢者又所在多有。大荔拜氏，忠獻裔也，有家譜，有神軸，世系確然可詳。潛居以來，並塋域而遷之，故忠獻藏骨之所亦在沙苑。道光五年，其遠孫文偉等援例懇請崇祀，各憲遂上其事。天子曰：「俞，是不可沒。」命躋主忠義孝弟祠，並准奉祀六人。於虖！忠義、孝弟一也，盡其道者宜與天地共昭。拜氏居篆沙之深，誰復與問元代故事？此舉也，文偉等固能不忘其先，亦忠獻之精魂長留宇宙，神祇均陰右之，冥冥中有啟之心者也。予記其事，亦幸與表彰之末矣。

員氏先塋記

予與華陰員氏締姻數年矣，暇時相見，譚其家世，云明初自閿鄉來遷保德鄉，經元兵燹，譜帙俱亡，其存者但記初遷之祖，而名字已不甚詳。道光癸卯，閿鄉族聯譜華陰，修其祖塋既成，因以求文於予，而並敘其略言。

塋在焦村北二里，地數十畝，古塚數百，碑碣舊皆無有，蔓草荒煙，宗人春秋廑祀麥飯。今築牆數百堵，植樹百株，門楹一座。員姓出彭城，南宋劉凝之為部郎，齊受禪奔元魏，自以忠比伍員，改姓員。十世孫半千，唐高宗時以學問行義名，累封平原郡公，其孫俶，玄宗時有神童之稱，是本之唐書。又謂半千開元九年遊堯山、沮水間，愛其地，遂定居，年九十卒，即葬焉。據水經，沮水出北地，直洛縣東，過祋祤縣北，東入洛。堯山在今蒲城，與洛相值，伊邇漢馮翊郡，後又分設宏農郡。閿鄉古宏農地，去蒲、洛不遠，或亦遊斯地，即葬於是，其敘之俱徵學識。

予按前涼録已有金城員敞。員出伍員，蓋以祖諱為氏，員本音「云」，自此轉讀去聲。劉凝之改姓員，伍與劉同出堯，實一家耳。半千遊堯山，定居即葬之亦以此。蒲城今屬馮翊，與閿鄉境雖近而猶遠，固不得兩葬，然代遠年湮，事多疑似，古之賢聖名人其生卒之處，人亦或多假之以為榮。首陽、蒼梧、諸馮、鳴條，至今紛爭，則謂焦村為半千首邱，未始不可。即不然，員氏為半千之裔固無疑也。顏標不認魯公，猶之狄武襄不拜梁公墓，自是有志之士，然水源木本，豈可忘哉？半千傳：「咸亨中上書：『得天下英才五千與相榷，有一先臣者，願伏死都門。』」讀唐書至此，未嘗不擊節稱快，知半千誠五百年未易才也，葬此與否姑勿論，其後人固必有感而興者。今閿鄉之員與華陰之員，家多殷實，人文自輩出，青烏家言吾不信焦村之塋，久而復新，吾見墓樹之自茲日茂矣。予既衰老，他日有過其地者，當必以予言為驗。

創三戶祠堂並立祀田記

維風莫要於睦族，睦族莫先于尊祖，尊祖必有祠堂，有祠堂必有祀田。古之賢者如范希文輩由貧賤而富貴，未嘗不急留意於此。予生本長貧，讀書僅掇鄉科，又不得貴仕，思欲睦族尊祖，效法古人，首為祠堂祀田之建，而恨力未能也。然念自河濱祖後，至予始列賢書，已六世矣。是亦關乎祖德，且昔予未儁，族人望之，既儁，族人喜之，而生終無益于祖與族，心胡能已夫？事期有濟，不必其德自己出也，志期其能副，不必其行皆稱量也。負暄而謀獻曝，掬土而附高山，豈能為功？亦曰素願如是已矣。況人之欲善，誰不如我，特患無倡之者耳。倡之而眾從，合眾人之功視一人，孰與多哉？

堡東門內舊有三戶祠堂，地基中柏樹數株。先是族人賣之營息為建祠計，本微事不遽就。予因聚族人議之，自願出十金，眾有同者，多寡從意，竟皆踴躍樂成。又族兄元昌往許為本門祠建屋一所，未就而卒。予慫恿其子敬善移所欲為于此，渠亦心肯。亡何，堂之兩屋屹然克築而向營公資如故，惟門堂尚缺，則聯族人醵會為之。祀田猝難並集，予施一舊所醵會之，幾得者計數應有四十金。壬辰秋，會未終得金三十，乃以己地兩段如其值者亟予門中，外出金十兩，令別營之，而予願遂償，眾不能不更有同心以俟之異日焉。

於戲！事有基則恢之也易，祠堂成而享有處，祀田設而享有資，戶中夙營之資尚在，以此三畝田及十金歲所出者日積，其贏增多，夫亦何限？繼今後又有願輸如予或過予者，共注為不涸之源，藉祭餘以供昏喪，貧乏皆有資。誰非先人子孫，誰非先人所願庇，尊祖睦族，維風之道，不均在是乎？予自愧涓埃，姑記其事，守而擴之，固樂待後人也。祠堂眾輸之數，俱不容沒，列之石左，其為調戒規略，別有版書，此不及。

朝邑縣劉氏捐修貢院記　代

道光十一年辛卯，值鄉試期，先期十年九月，朝邑縣生員劉學寵暨其姪武舉加捐守禦所千總振清、捐職中書科中書際清、議敘八品頂戴照清，以增修貢院號舍兼及可修諸工呈請。今中丞史時任藩憲，而予方司臬，共議其事，喜甚，亟允之。因相度地址，使即興工。嗣史攝部院，予亦視篆藩署，旋皆授實，屢省厥工，兼委幹吏一員彈壓諸匠。及試期，各工已竣，劉氏遂以程費上。勘驗，凡補修舊號七千有八，增建號舍一千四百八十有二號，號前回廊九十八間，號尾茅房一百八間，磚砌號内隔牆一百八堵，增修瞭望樓四座。改修明遠樓一座，至公堂卷棚五間，精白堂五間，門内增建卷棚十四間，門外回廊三十間，點名官廳四座，座三間，協房八間，大門外砌石路一百四十丈，號外磚包圍牆二百四十丈。餘細工不計，計費銀四萬六千四百四十有奇。已，劉生又呈請願更捐銀一萬七千兩，備本年及向後科場不足經費，外以增關中書院膏火之資。

都哉！此皆吾屬所共籌而劉氏能為之，難矣。予先後詳於院，院以詳於部，部上之天子。天子曰：「俞，是宜優獎，諭部臣分別議敘，據各視修所費，與資於書院者，劉學寵給予道員職銜，劉際清同此，以本職再給予紀録三次，劉照清給予運同知銜，武舉劉際清不願議敘，奉諭旨給予『樂善好施』四字，由本司給銀三十兩，使自建坊。」蓋國家賞善如是其厚也。於是召劉氏諸人而勗之，且願以告全秦之民曰：

勉之哉！富可不好行其德乎？富，畐，古字同。富者福也，不獨自福，福及於人乃福也。聖人在上，務使民衣食足而禮義興。予自宦秦中，蒙特知，十餘年由縣府擢至今任，亦豈有他長，惟體天子意，兢兢以課農桑，敦風俗，興賢育才為急。竊謂禮義之興斷自富始，富而福及一鄉一邑多矣，福及一州一郡多矣，福及一省，多且大矣，福及一省之士則更著矣。如使擁貲巨萬，自極奢華，於人乃嗇而不肯少與，徒滋驕吝之罪，何取焉？然則如劉氏諸阮之用心行事，微論此日錫予之榮，他日福容可量耶？若使全秦之民有高貲如劉氏者亦如劉氏諸阮之用心行事，其為榮與福亦豈有異耶？

劉氏固可風，則又願以諗以全秦之士曰：士之學亦學為善，言其用且欲兼善天下，顧不由科舉出則奚自？秦，文、武、周公興化地，今幅員兼陝、甘，境遠而闊，民多士亦眾。聖天子作人之化無遠弗屆，邇來陝闈觀光者號舍實不能容，往年至設篷號，一值雨霖，苦狀難堪。吾屬切以為憂，諸士子親經之，劉生學寵亦親嘗之，爰有此舉。故其所為經營者不惜費且勞，匪但欲以安風簷之身，至廁圊亦為謀之。諸士子思劉氏所以為此者何如，是其公而誠，又念聖天子所以獎劉氏者何如，是其厚而薄尚孰可自菲薄哉？自今與校比之人咸砥根本，學行毋希詭遇，毋尚浮靡，一薦而達，必能矢忠善以副斯人望我之殷以報朝廷待我之勤。即以是科言，號舍既增，得一體入試，安知不如宋太平興國時試進士，一榜盡賜及第，有呂文穆、李文靖其人出乎？予於此事亦為國家有深冀焉。拭目俟之矣，事既成，當樹碑，劉氏請予文為記之如此。與其事者督糧道某某，西安府某某，長安、咸甯知縣某某，彈壓諸匠某，劉氏監工戚友某某，並得書名。

朝邑縣劉氏捐增書院膏火記　代

貢院、書院，一事也。貢院以拔才而書院以養才，書院之有膏火猶學校之有廩膳也。關中書院膏火舊五十分，各官捐廉增十分，近文風日盛，肄業諸生多至三四百人，值科試則又倍之，膏火實不足資，吾屬久切籌度。道光十年秋，朝邑生員學劉學寵暨姪振清、際清、照清呈請捐增貢院號舍及諸工。次年夏事竣，劉生又願出銀一萬七千兩備科場不足經費兼增書院膏火。因為計，議以二千兩為本科經費，四千兩交商生息以備後，萬一千兩入書院，增正課膏火六十名。及恩詔從優分別議敘，遂以兩項捐數給予劉生學寵道員職銜，是亦不可無記以示勸，記之曰：

士謀道不謀食，故三年學不至於穀。書院中獨急膏火乎？然張橫渠為學者營井田，許魯齋亦為來學之士先計生產，蓋日不舉火而歌聲出金石，惟若曾子者能之，稍不及此，枵腹而誦，未免生嘆矣。況膏火自養士者計，非士自計也。如劉氏之捐增，代上人謀之，蓋亦非欲士感矣。顧今以劉氏之德及於士，予竊有願與諸生言者。

書院自唐、宋嶽麓、衡山以來，時有盛有衰。其盛也賜額賜書，朝廷以厘睿慮；其衰也，師生均視為故事，有其事而無其實，徒靡費耳。今書院遍天下，上重之等於學校，至使好善者亦為之恤，其於士不可謂不厚。若使師倚席而不講，士束書而不觀，甚者遊蕩奕博，大負此意矣。即或稍知自好，不過剽竊時文為生活，平時弋取以邀賞，臨試幸得以博名，經義不窺鄭、賈，文章不知韓、歐，道德經濟更諱而不言，亦非書院育士之心也。且不聞關中書院為馮少墟講學地乎？其在當時，少墟倡明正學，實與顧、鄒相亞，關中書院之立亦幾與首善東林等，雖中間不無少阨，久之名乃益著。國初李二曲正聞風而起者，其主講猶少墟也。以近時言，孫酉峰學以程朱為宗，路梧齋之時文藝林傳之，岳一山之古文，名輩推之，非皆其鄉先達耶？論事業，王文端亦書院出者，其勳名不猶彪炳耳目耶？此皆諸生之所法也。聞劉生嘗問字于岳，于諸先達之教想亦皆能言之也。

抑予又有說焉。學問有正軌，患安於卑近亦患侈談高遠。性命之學一而已矣，文章也，道德也，經濟也，何一不本於性命？俗士昧此而不講，不足言矣。一二高才間有聞知之人，嘵嘵焉爭朱陸之門戶，問其行能事業究一無可見，此徒競虛聲以欺世者。或者薄科舉為無用，斥帖括為末技，詎知唐虞之世敷奏明試，成周盛時言揚行舉，科舉猶是古昔賓興、諸侯三貢士之法，其用帖括經義，正敷奏颺言之要。具眼者如王伯厚，識文文山並其人肝膽皆見之，故此法行之數百年而不改，不得因始宋以經術亂政之王臨川遂薄之也。謂科舉之文薄，人自以苟道為之耳。歸震川、方望溪諸大家作具在，可曰此徒時文乎哉？劉生捐增膏火，以予為籌處，因請予文，予不覺有感於夙昔體天子興賢育材，與區區愛士之心，為諸生瑣言之。諸生從此各務根柢，即由時文科學講聖賢實學，期無負於朝夕養贍，他日不肯尸位素餐已，基是，則劉氏之捐資所助亦不少矣。

咸豐二年壬子科題名碑

慈恩寺題名本唐、晉時事，記其始者張莒、盧肇兩言之，今為鄉試之例。壬子榜出，予門人高岫為冠，岫始學桐閣，門人中即列首科，數十年乃得發解，知榮落有定時，文章未嘗無定。予自少志學，謂科舉之學與聖賢之學本非兩途，秋薦後不久即侍母不出。既友人多以振興關學委予，予不敢任，亦不敢辭，每見後生，勸以正學，意或有助。頃天子諭崇濂、洛、關、閩，是天下文運大振之兆也，豈惟關學哉？作是碑緒語諸君，關中人文代為天下所推，他不勝舉。橫渠後，明之涇野當法第一人也。諸君想皆和勉，何待予言？雖然，予老矣。所厚望者固其公心也。此榜高生為首，史生清鑑其次，又有王生會昌，皆門人，余諸君俱未謀面，不應予言而言之，未免饒舌。諸君驥足方展，千里之志正不可限，尚祈毋以伏櫪老馬為笑也。

上憲飭諭同屬童試卷價頌德碑

國家右文重道，頒學政全書于學宮，其所以體恤士子者至周，而卷價乃其一端。予少應試郡城，卷價未甚違例，久之，數竟漸增，今且日增無已。士挾策而至，或旋抱槧而歸廢試，能無遺才？甚至士與吏爭，患將不可言。上之人特弗知耳，有陳其事者，不容不祛其弊也。

歲甲申，吾朝之士以童試卷價呈請撫憲涿郡盧，撫憲下其事，府憲龍南徐飭而諭之各縣。當是時學憲定安張以伏羌訓導荔邑，李君鐘璇稟亦下其事，使酌議，府憲又飭而諭之各縣。據學政全書，童試卷價每本銀三分、錢三十，即諸物稍貴，增以強半不為少矣。於是荔、朝遵諭以錢三十文為卷價，外以四十文當一切雜費，並鳩合屬諸君子共議之。乃以其數復於府憲，府憲以為然，而縣試、府試之卷價定。

乙酉春，學憲案臨同，闔屬士復稟之，學憲亦以為然，而院試之卷價俱定。闔屬之士讙焉曰：「此撫憲愛士之德也，亦學憲愛士之德也，亦府憲愛士之德也。」夫事有其會，物患其極，極而不返將于胡底？始荔、朝之士未嘗以卷價謀，同時而上之；撫憲、學憲亦未嘗以卷價謀，同時而下之。即由郡論之，各縣闔屬議無復不同，此中蓋亦有時數焉，顧非其人莫能為也。而以數十年之夙弊，士所咨嗟扼掔無可如何者一朝而祛之，誠快心事矣。抑使闔屬之士感上之德而爭自奮發以副聖世右文重道之至意，則今日之事有造於吾同也，又豈有既哉？院試竣，諸君子欲頌颺屬言於不佞。不佞主臣未敢任，第引蕪詞，約各憲飭諭勒于石，期垂永久，後之人睠此知必有護而持之者。

上懇流差換倉二事減弊記

朝邑流差、換倉二事，為弊久矣。流差自道光十五年歸運，兵差外益此非例之費，車馬浮使，弊皆日增。歲無一事，縻錢至三四千緡，運畢各有存簿。換倉本以常平賑荒，恐糧有霉變，聽民春借秋還，即以出陳易新，初無抑勒，公私兼得之道。迺三十年來出麥至萬余石，民間即賠累萬金，上下領納亦各有冊記。法因人壞，遂至於此。里中日叫此二事之苦，予既老，聞而傷之，思顧涇陽、高忠憲之言「士君子在上無日不念切朝廷，在下無日不心存民瘼」。予雖不仕，亦王臣也，縱不聞外事，桑梓之弊，漠不關心，其害何時可已？病民至失民心，亦非國是也。然難其事，計欲善為之，言於前縣公，常、淩兩明府皆謝不能任，言于姚明府，陽允之，實弗為也。擬上書大憲，亦弗克達，而以此吏役且愈無忌。不得已商於闔里士民，乃共謀上懇。

嗚乎！民胞物與，吾輩自讀書即講此，故凡事為一身謀者非士君子之道也。予生平不敢妄動，惟理所當為而為之，分所可為而為之，不為釣譽沽名，亦不計禍福利害，但此心所不能克其事，遂弗能置，為此有為予危而止之者，弗聽也。初，眾仍以二事擬冊呈于姚明府，渠迫於公議，評訂其規，並出示去弊，顧不嚴禁吏役，弊如故也。乃懇府，府飭去運弊，倉事則疑之。乃懇院，院批「據呈所稱大為地方之累，飭該道府查核，毋使稍累閭閻」。已聞中丞李不喜此事，恐長民刁風而又欲全，予未知信否。及府廳問，果大折抑，諸同事然許去弊之太甚。流差令照縣示具結，換倉謂斛面應有當。是時人為予危，予亦不恤，對獄則曰「第為民去弊，予雖任罪可也」。歸呈道轅，言許去弊之太甚，是明有太甚之弊，附上縣冊，祈示章程。九月潼關提審道憲劉，人稱明恕，謂二事之弊，為官者非不明，物去之未可驟耳。因深勸慰予，許行札出示戒飭其弊，且云據例則一錢一粒不得多取民也。示予詳院稟則言夙弊本不甚，宜遵舊章。問舊章，曰：「弊未滋之舊章。」予喜，出語衆曰：「府訊運去浮使，歲省錢應近兩千緡。換倉，民領民納，准收斛面，律言鼠耗及倉書、里差使費皆在斛面，隨云多收斛面者與盜同論。如民自用概，或領納時一驗斗斛，是亦自有限制。又依詳吏役自供，夙弊盡委之包戶，吏役、包戶實交通作弊，革去包戶，吏役自無容隱，此雖不盡如例，亦各憲查核酌減之惠也。事定，應書道憲看詳縣訂運規暨換倉減弊告示於榜並敘其事之始，末即以為引。嗚呼！予向無一字入公，為民請命，籌之蓋稔，有議此事者是非功過，予亦聽之耳矣。

重革運倉餘弊立規垂遠記

道光二十四年，予懇於上憲，去坐運、換倉太甚之弊，未幾弊仍如故。丙午、丁未，西、同兩府旱荒甚，時陜撫為林少穆中丞，繼護院為聊城今中丞楊至堂，因前後請賑，帶言二事。中丞楊准查明，申嚴前規，飭道及府命委員會邑尊傳集紳庶查稟。稟運中事但據已過六甲冊簿，衙署費點，運頭有鋪堂禮、堂上生節禮、初來贄禮、下車禮、門禮、常時門禮、兵房班廳里差規禮，一切饋送給賞，延請、酬謝、乞假無名之費甚多，計銀五百余兩、錢六百餘緡。以為民既於兵差外無事供應車馬，不應又有使費，朝廷常諭雜差車馬不得擾農，況忍格外朘削乎？車馬，民以供官，雖例本官自出價，民猶加出數倍，亦自甘之，如許浮費，實不堪其苦。惟兵房管差，衆議歲給銀五十兩，里差喚車馬歲給錢四十八緡，運中自裁費，歲不得累次。敬神、宴會、布施、外借一概不許，犯者自罰。雜費各自量裁。兩廟住持歲各費銀百餘兩，擬合一處而未定，此亦可歲省銀一千數百兩。車馬但照二十四年定額，出車內發紅票，書明何事，內亦有存簿對查。換倉亦照二十四年，審定出入，平斛納時外加斛面二升，倉斗里差領納共給錢二十文。上詳運中自裁費，不與衙署，費則概去之，並兵房銀五十兩、里差錢四十八緡、倉中斗級、里差錢二十文，悉去之。謂庶免藉口，其實單套車內出錢三百，運尚加錢五百。大套車內出錢六百，運尚加錢七百以為常。近荒又各加一百，併皆有抽分，納倉斛面斗役亦俱不虧也。詳下，撫憲楊批即依所議，飭令永遠遵行。里中見者皆感泣，顧以今歲征糧變法，運頭、里長皆受責，疑因衙署去弊，故不敢立規。

予曰：聞運中規例，官皆不受，知從來此中之弊皆由吏役，而官不盡知也。予亦以兩事民間歲費萬金，所去者不過十分之二，猶多非例，不可立石，姑為文以記。上憲之恤民，能徇民請，至於後之實遵行否，予垂死不敢復知。或後有賢父母，深恤民者，講求其法而盡去其弊，此邑無窮之福，予亦不敢知也。

附記

運事向皆有言，惟自有運，分為十年輪流之法，值現年九甲不管。此法本不可常行，設遇兵繁，有苦不能應役者。以糧言，兩年旱荒，民多逃亡，糧本難徵，而西邊不靖，糧又甚急，官固不得不向現年催截。然截封雖完，運頭、里長受責，無論出重息稱貸以益，畢竟使民催民，事更難言。弱者不能催，惟有自賠；強者取多數倍，貧民不死于荒又死於糧矣。故分年輪流，不但過大差不便也。意謂不如合里差、合辦糧、合封，各里里長自催各里，各戶戶長自催各戶，違限期者共罰，有抗違者稟官差喚責催，至期如數送運，運合封投櫃。如此，正與一甲截封九甲之法同而各辦較易為法，自公雖有罰責亦當其罪。是正急於國課不勞官逼，雖有過期，可寬之日終有輪限，何弗早圖？

邑初無運，設運本應兵差外惟供道憲以上到境差，餘流差出行車之家。道光十六年行車家醵銀自立車櫃，不成遂稟官歸銀於運，即歸差於運，今存典一千五百兩是也。查運中無事歲有使費約五千兩，上下運出一倍外須兩倍，是歲需銀萬兩。即民甘供官不去運復初，何如合一歲之費存留善計生息？無衙署浮費，車馬亦無詭欺，自己亦節省，不煩他費，載物於縣與自縣載物而出之車亦可少有幫補，而于過客不擾，初無他害，此似不悮，差不大費民之一法，但在嚴立規條先，自無弊耳。

換倉只有豐斂、凶散、減價平糶為立法本意，亦官民兩得之道。今所行乃民借一事，斛面二升，便足二分息矣。遇荒只加昔人平糶之法為善上，二條在民自商期不欠糧，不失差已矣。倉事主之在官，予亦只效芻蕘之一獻也。

桐閣先生文鈔卷十

誌表類三十二篇

趙行齋墓誌銘

公諱世用，朝邑縣南沙苑鄉之北留社人，父某，母張氏，生公於康熙六十年六月十七日。公生而醇樸，讀書能明大義，未卒業即任家政。平時循蹈規矩，事事不肯苟，較儒者為謹。與人言或教後生必以禮，往往以少時所讀書及所得於前人者律之。閱歷多，所見聞或事若人無不記。里之人於數十年內有所考決皆咨公，其慎密練達所謂老成典型者耶。予嘗嘆後人事事不如前人，不惟士大夫為然，觀閭里隴畝間亦不無今昔之殊。自予少時所見吾祖輩數人，教家處鄉，類篤實恭敬，致與公近，近則少年未更事每習為傷窕慱怟，坐巷首，一啟口輒拋瓦擲磚，至所為又令人不可究詰。世日就衰薄，禮義將淪亡而不復，予每不謂然，然於此正不無風俗之憂也。

公年九十餘猶善飯，能飲酒，行步不持杖，當農勤日必向田間持鋤把鐮，以為「人一日不死不可一日無事，吾非尚能有所為，以助子孫，示子孫宜勤耳」。予曾於眾賓座侍公，公慨然曰：「少時見八九十老人，私羨之，謂享此長年，殆未可冀，今忽忽不覺已至此，虛生一世矣。」嗚呼！此公敬慎之心雖耄而未忘也。今之人多為世蠹，豈惟虛生，又烏自知其虛生？又烏肯自言其虛生乎？

公有姪得軒公，少公十歲，事公如慈父，公亦愛之如嬰兒。得軒公八十稱觴時，公在坐，衆賓皆稱公叔姪篤愛，至老不衰，以為難。公曰：「憶予數歲時隨吾叔觀優，忽雨至，吾叔脱其帽加予首，吾何能報之哉？」因潸然淚下。以是見公于家人父子之間又篤矣。向予謂人：「吾生未見百歲人，必在公。」甲戌下第歸，聞公於四月十四日已卒。卒之時初無疾，命家人整衣冠，扶椅上，端向上坐，遂逝。公之年死亦可矣，其處死亦不苟矣。何足悲？予獨為鄉里悲老成人之不復作也。噫！

公配張氏，先卒。子二，女二，孫男三，孫女一，曾孫男六，曾孫女五，元孫二。卜嘉慶十九年十月二十一日葬公于村東北新阡，銘曰：公之年九嬴四，公之後見五世，公于國再沐賜，公目瞑，夫何媿？公死而典型亦逝，過公之藏者能不徘徊於其地？

趙得軒墓誌銘

公諱念仁，字得軒，予表伯也，朝邑縣南沙苑鄉之北留社人。父諱世賢，娶予王姑。實生公于雍正某年月日，享壽八十有四，以嘉慶十九年某月日卒。公少業農，生平無奇行可書，然醇樸勤謹，與鄉之俶詭儇詐呰窳偷生者殊異。當公疾，予自京師歸，至三河口遇其鄉人，言公日念予不置。至家即往視，公驚喜，旋且哭，予亦哭。自此有閒必省公，越日不往輒念之，不惟予，予兄弟及家人一不往輒念之。疾已劇，猶欲兒輩舁至予家，未能也。不惟疾時，往者公雖老，精神尚健，一月必數至予家。既漸衰，艱于步，不能出外門，子若婦曲意奉之，恒鬱鬱不樂，吾家人視之則輒喜。嗚呼！此公之至性也，篤於外家，其所以事吾王姑者可知也。

公有叔行齋先生，長公十歲，公事之惟謹，有佳物不先奉之不自用。公誕辰，行齋先生年九十餘，公親扶之至，拜跪視酒食，然後受客賀。行齋誇客曰：「吾今日猶有八十餘歲兒拜膝下。」衆哄然相笑以為樂。公孝于叔，其所以事父者又可知矣。吾家世耕讀，其自出者為農為士，大抵以吾先人為法，惟公聲音色貌皆與吾祖輩相似，亦與吾父相似，不惟其性情行事然也。吾曾祖沒時年九十二，伯祖沒時年九十一，皆得受庠養，公享長年與行齋同，時得沐天恩。或曰「似其叔」，或曰「此亦似其外祖若舅」。猶憶伯祖老病目盲，公不時來視，視後此之來吾家其勤尚過半。伯祖沒，與吾父數日必相見，吾見公恍然如見吾伯祖。吾父沒，見公則恍然如見吾父。公今往矣，予悲不得復見公，蓋又不勝吾祖、吾父之思也。

臨終安寢，不飲食十餘日，時聞呻吟，吾兄診之曰：「無他疾，但少時筋力過苦，今痛耳。」沒之日與行齋相去僅月餘，無少長皆感嘆，以為里中更無此老成人云。元配王氏，繼配井氏、燕氏，男三，燕出，女一，井出。孫男二，孫女二，曾孫男一。卜嘉慶十九年月日葬公於村東新阡，銘曰：木自有本，土亦有垠，生我不忘，親以及親。偽者失厥性而朴者全吾仁，何必讀書？吾不敢云耕田鑿井，儒者反遜其真醇。嗚呼！此亦無懷氏之民，葛天氏之民。

楊南廬墓誌銘

嗚呼！怪哉！天下事變出於猝倉而令人魂驚神愕若在夢寐者又如吾南廬今日之死耶？吾向視南廬，南廬方營室理匠事，歸越宿而凶問遽至，何天奪南廬之暴乎？南廬偕吾交二十餘年，其所遭無日不在艱難困苦中，與吾致相近而更有甚焉。然天能困南廬之身而不困南廬之心，能困南廬之遇而不能困南廬之才，困之不已而遂死之，且猝死之，使當措置繁劇之時，一切委棄不得顧慮，天於南廬亦太忍矣。夫以南廬之為人，不應猝死，以南廬之時若勢，又萬萬不可死。其死也，或天愛南廬之才，使人世間不得久沐其光，固未可知，或其傲岸不可一世之概為造物者之所忌而故與為難，亦未可知。顧既賦南廬以才，潦倒拂抑之，令不獲少享有才之福，理已云左，死南廬於轉眴之間，遺其老母、寡妻、稚子，並營葬之未能，況室廬未成而炊米已盡，南廬雖在地下寧得稍安？天心至仁，豈其絕不一憐？命也，如何？吾悲南廬之死故不得不痛恨於彼蒼之夢夢也。

南盧諱俊士，字秀選，為漢太尉關西夫子遠裔，世居朝邑縣南陽洪。其近祖未有聞者，父諱興春，母氏王，生南盧即貧無立錐。而南盧早負異才，長能自慕太尉之為人，故自號曰南盧。四十餘年，絕不以寒苦累心，饔飧稍給遂灑然絃誦。為文章援筆立就，不屑屑繩墨，而快意處古作者不能過。未弱冠入邑庠，秋試經九薦乃得舉人，春闈經五薦乃得捷，其間事變挫折，有恆情所不堪而南盧未嘗自沮，此吾所謂天能困南盧而不能困南盧者也。自古豪傑之士惟不敢怨天，故不為天所限。所幸者此身在耳，使南盧而在，其困迫猶自安之而奈何事又大悖也。

南盧貌瘦而神清，聲音若金石而傲骨天成，有諸侯不得友之概，見俗士則待以阮籍白眼，甚則為子翼之罵。成進士，用縣令，自度不能屈上官，降就漢中府教授，又不能屈，未一年遂告歸。凡意所不耐則望望以去，故人多疑其不可近者。然性爽直，胸中無纖毫蹊徑事。其因母董待其因母弟皆如禮，與朋友契合在性真而不以形跡。予生平亦寡交，而臭味之投惟南盧為至。始同學，繼同譜，往來京師，道路辛苦無不共。憶壬戌下第，攜手歸，途中約唱和以慰愁寂，觸景輒成詩，詩成輒共賞，大笑以為歡。其行韓信嶺，大雨如注，山泥淖不可上。南盧氣弱幾弗支，予兼負南盧裝，一手掖南盧，勉力行十里。至半嶺，雲霧當面，疑無路，有巨狼立其前，予呵之，狼徐去。晚就旅館，猶各吟詩大笑，竟不知共為苦也。辛未，南盧捷，予復見黜，予為南盧賀，南盧反為予下淚。比歸，予遘疾，南盧時時嘆息以為憂。嗚呼！今予疾無恙，南盧無一日之疾，何遽死乎？昔惠施死而莊子寢說，法虔亡而道林神喪。自南盧由漢中歸，復以教授家塾為事，方約更切劘道德文章以詔來學，今南盧死，吾誰與同業？豈惟無與同業，吾誰與同歡？誰與共苦？豈惟無與同苦，南盧母老妻寡子幼，室廬未成而炊米已盡，地下無窮之憂誰與任之？是天所以苦南盧者又適所以甚予苦也。嗚呼！吾安得起南盧而更與之一言乎？

南盧生於乾隆二十八年二月初二日，享年五旬有二，卒于嘉慶十九年十二月初五日。元配王文正女，繼配增廣生國子監學正白登岸女。子二：天泰出嗣，娶韓氏女；龜齡幼。女二：適王氏卒，一字張氏。孫一：騶虞，幼。卜嘉慶二十年正月二十四日葬南盧于沙阜之兆。銘曰：吾何忍志吾南盧，然吾何得不志吾南盧。吾志南盧即以哭南盧耳。聞南盧當易簀時，一切後事不言，惟再笑而卒。嗚呼！南盧其達者乎！蓋天雖死之，終莫能困之也。雖然，吾志此，肝腸痛裂矣。

中部訓導趙省齋墓誌銘

趙君省齋，吾講道之友也。始吾交君以霍子松軒，四十餘年同為程朱之學者惟君一人。白首遲暮，諸心知俱歸道山。松軒宦西江，久不獲相見。獨君與吾老田園，而君得癱瘓疾，吾亦病傷足，不得時晤。然兩人刻刻舊學，正無日不思，思之甚必勉相就，終日談，或有事亦必就相質。往者吾病頭瘍，危急，君肩輿來，視知無患，笑曰：「勉之，待為吾志後可死耳。」嗚呼！君長吾十餘歲，固宜為是言，然笑言竟成定約矣。今七月，洛、渭交溢，與君阻聲聞者月餘。中秋後忽報君沒，借車急往哭。哭已，君妾輩言君瞑目前尚望見吾，欲語者多，尤諄諄墓石耳。吾謂但急營葬事，此不待今屬也。是夜歸，即於燈前誌之。誌曰：

君趙姓，諱映奎，字斗坪，省齋其號也，朝邑縣趙渡鎮人。曾祖居廉，祖起祥，父大典，太學生，以君貴誥贈修職郎，母葛，誥贈孺人。君性剛直不容一毫私曲。初為科舉學，乾隆甲寅與霍松軒同中式陝魁，文梓闈墨中，人爭誦之。嘉慶辛酉大挑二等，補中部縣訓導。君家本素裕，赴任脫然舍之，去無所顧，仕中部八年，始專講程朱，于濂、洛、關、閩之書無不讀，近儒專取陸當湖，涉金谿、姚江者則毅然嚴辨之，勉學子亦以此。事關學校，執理為之，縣公莫能抗。以一事與陸學使爭，學使怒甚，君亦抗聲曰：「學使參卑職即參之，行且歸耳，何怒焉？」學使亦少屈，然自是君竟告歸矣。

君歸，益孳孳於學，日與吾切磋勉勵，有疑輒相質，虛心自下，初不少執成見。嘗與吾論理氣，君泥横渠、苑洛諸說，謂理在氣中，氣先而理後。予謂理在先，氣在後，反復近千言，君欣然以為然。他所辯論多，要者具見拙集。君凡事守程朱，持己接物，處家治官，恪遵禮法，不隨俗為轉移，人以非理干，拒之不假以辭色。於其生日卑親有來賀者，立麾諸門外，終不納，他可知。事親死如其生，仿朱子家禮為禮堂於寢東，歲時虔祭。鎮俗豐財者值親忌多宴客獻劇，君於其日必慘然閉門獨齋，次日始與家人饗所祭，此亦事必守禮之一驗也。君勤於自省，故號省齋。每謂吾曰：「常時反而觀理，真覺此心與天地同闊，少間猶不免私擾，何也？」吾謂此非君自省不能知，非君誠於自省亦不肯言，抑惟省之久則無擾矣。君生平過信吾，所言所行率謬以為可。吾選期迫，以年已逮七十，決意不復出，君食間曰：「必一出，當使天下知吾輩中猶有人。」是亦君以過愛而過信，要其凡待友之厚亦可見矣。君于財絕不營心而不可用者不肯苟用，故未嘗計較錙銖而所有時增，有所應與即與之。以甥白其韞窘，給之千緡錢不吝也。或有虧負及事多乖違則曰：「此分亦數當然，置之爾。」

所著有語録、文廟備考。嗚呼！篤行如君，髦耋不渝，亦無愧此生矣。但念老友僅余兩三人，君既沒，昨又聞松軒凶問，回念誰昔聚首談道之日，未免有情詎能遣此。吾誌君所以慰君也，亦以忬吾之哀也。痛哉！

君生於乾隆二十四年十二月十三日，卒於今道光十九年八月十二日，享壽八十有一。元聘葛孺人，鑑公女，元配景孺人，烈公女，妾侯，河南襄城縣人，俱先君卒葬。妾董，大茘文彩女，今稱未亡人。無子，以從弟登奎子詢為嗣，女二，一妾侯生，適生員劉廷樞，一妾董生，適王則榮。君自葬妻景、妾侯即為己壙，今道光十九年八月初四日啟而葬焉。

銘曰：君死，或以君無子為天道無知。予謂命有參差，以吾鄉論，苑洛、五泉皆無兒，于君何疑？記曰：兄弟之子猶子也。猶子而嗣，則子也。嗣子而賢，何必不愈於適嗣？皇甫元晏，古今所明推也。嗚呼！君又奚悲？

奉政大夫南昌府同知前翰林院庶吉士霍松軒墓誌銘

道光己亥七月十八日，吾友南昌府同知霍君松軒卒於官。予時方主講邑華原書院，訃聞，為位而哭，輟講者累日。次年四月，喪歸，又哭之以詩。嗚呼！松軒，予自少同志同道之交也。憶昔弱冠時先後同受知于周蓮塘先生，皆以第一人入庠，各負時譽。已受業潼川書院雲間戴少白師，居同室，學同業，同見器重。潼川書院會課及出應試，兩人名相若，亦同相信，行止常相隨。然當是時，兩人具貧困，予爨火恒不繼，無以為養，松軒身負重債，父羈濟南未得歸。兩人聯場對讀，發憤，恒徹夜不寐，中宵時或感觸下淚。人見之怪，不知其故，問亦各不答，而兩人談心則又常自激昂以意氣相期許，快則相笑以為樂，人亦多不知也。

松軒年二十五登甲寅鄉薦。戊午予始秋捷，自潼關歸教授桐閣，松軒命其弟輩就學，而已亦仍居閣，同商舊業，時兩人之貧困如故也。辛酉，同應春闈試，道濟南，松軒猶以債見責於人，予亦為憐之。是年，同下第。予歸，松軒以債憚歸，留京師，相別各不勝相傷。壬戌，松軒成進士，送予歸，又為予下淚。嗚呼！此吾兩個半生榮悴之況也。今松軒死矣，可堪一回念哉？自此兩人升沉始殊，予為學人而松軒則為宦途中人，聚晤者遂亦稀。乙丑，松軒由庶常出為宰，告近得鎮原。繼署平羅，以母憂歸，再丁祖母憂，哀毁之餘有所欲商則猶時時徒步至桐閣如昔日。服闋後，入都謁選，尚邀予偕行，再過濟南，應丁丑會試。是年予仍落第，決計侍母不復出，而松軒以例補江西新淦。嗣調臨川，改委鄱陽，以運萬年吉地木差事畢，假歸，予大病初起，尚聚晤數月。由是抵江省，調新建，以卓異陞南昌同知，因署守贛州，南安大吏多陰保薦者，而卒不得遷，以終始。

松軒與予同學也，各自言志曰：「不遇皆當為聞人，幸而遇，皋、夔之事皆可為也。」悲愁中恒自笑樂。以此予哭松軒詩言及昔志，固非謾語者。松軒既捷禮部，方望購甲業，由翰苑宰百里，謂勳章著旬宣指日事耳。然予勉松軒功名自有數，希合干進稍負素節，他日便不可以相對，松軒笑而頷之。往者松軒假歸里，邀二三相知劇飲盡歡，酒酣耳熱，狂言曰：「松軒得操刀藩臬之署，猶自謂遊刃有餘，如老州縣任，天負松軒矣。」蓋松軒憂時嘗佐嚴匡山由楚臬陞甘藩。匡山，黔南才子，為大吏風節矯然，天下知名，其所為事事咨松軒，故松軒云然，人皆知其非狂言。予謂松軒今日之樂作如是感慨，人生通塞何常，即躋極品，得意中不能無失意。以翰苑為百里宰即古旬宣之任意猶未慊，如予之潦倒山林何也？且以勳業論，豈關功名大小哉？松軒又笑而頷之。今觀松軒之死，此番語竟成讖矣。顧松軒宦數十年，歷縣六，自貳郡屢試劇郡，上官皆賴之而知之，即內僚亦無不聞之，松軒夫何憾焉？松軒歷任大抵興教學、省賦役、平獄訟、黜奸盜、救災卹患，多自為學時講求古人已試條目，其所自得者在實心行之、精心思之而已。請略言梗概。

其宰鎮原也，延邑進士張西原元鼎主中峰書院，捐廉增膏火，立章程，視昔潼川書院。時至書院親講解，懇懇勉以敦品立學，月望課署中，當夜自校文。待諸生饌必豐，有憐官苦請減省，謂之曰：「待士禮當如此，歲費錢百數十千，不累知縣也。」以此文風日上，科甲遂聯起。教民則朔望宣講聖諭。邑山多地少，價且廉，川原地價不過二三十千。有種地一二百畝者，陸續賣盡，還向買者索益價謂之杜絕，終而復始，數十年不已。往往所益價過賣價，不則控於官，酌量斷給，或以死圖賴，因之破家，民間畏苦之。松軒為立法嚴禁，控則重懲，賴而至死，驗明押埋，不累買地者，未半年此風遂息。某姓有地丁銀二十餘兩，歲需錢百余千，蓋糧小者附糧於大戶，猶吾鄉甲首里長之分，甲首任里長，多派亦如官為百姓多派，故遠鄉甲首久不見官，畏里長即如畏官。松軒訪知之，偶見其鄉人曰：「汝畏官乎？」熟視曰：「不敢言，似官家和易無可畏。」曰：「不畏官，何乃畏里長？」為詳諭之，飭紅簿別立戶名，絕其弊。於官征歲歲檢覈亦然，革衙差得錢抗糧之弊，不受散籽種口糧調劑缺苦之惠。守官箴，甘受處分，不恤也。張紳有市屋典賈生，賈生收租數年，轉典路生，張紳又鬻慕生，取半值，令慕生以半值贖于賈生。適市客騙人貨逃，控經官追封閉其屋數年，房舍漸塌，又被人偷運木植，遂成空地，以此控理二十餘年，官經十任不能斷結。松軒曰：「此但令修屋償慕生足矣。」然屋經官封閉，非路生折賣，賈生嘗得租，當以所得租作屋直，各以為允，事遂已。有監生被控，差票傳喚，一日差稟生抗拒毀票，驗視其票曰：「此必有故，改差另傳。」越日期至，審結原案，問毀票故，則以差役催急，視票各執半成兩斷也。又嘗出簽拘姚姓犯，差稟犯兄廩生某踏簽中斷，復擬改差，有紳數人稟見，為姚生辨冤，因悉差役圖賴狀。因使差役投簽于地，自踏之不斷，差弊明，故兩事皆重責差懲之，聞者皆服。典史屬役所居密近東門，每夜有飛石為擊，一夜潛出窺之，適遇所善役，遂執之以控訊，無實則管押是役。謂居者曰：「今夜有無飛石須報。」二更後親帶二丁至其居，役家偶見之大聲呼，乃由城濠行二三里，幾至東門，登樓俯窺其家無所見。歸，夜將半忽聞振木拍案，審聽久之。二日辰刻，居者報曰「昨夜又有飛石」，明與是役無干。命訪之附近居民，僉曰：「居上多墳塚，或有鬼祟。」因令居者遷他所，後是居為屠者宰豬所，亦無他異。吾鄉爭傳松軒作官能驅鬼，鬼道不可知，而陰為是役辨冤自有法，以屠者居之，無他異，果有祟信。工部詩：「子章髑髏血糢糊，手提擲還崔大夫。」能怖虐鬼亦有以矣。松軒本仁心為質，而才又長聽斷，凡投呈狀，登時批發，不待告期，不俟幕友。差票按道里限日傳喚，隨至隨審，一審即結，從無羈人犯。遇告期，巳刻升堂，二鼓退，日結數十案。嚴匡山多倚辦大獄。在任上憲多委審獄，有疑則反覆詳辨，時與上憲抗，總以使民無冤為主。嘗語予曰：「斷獄無他，在我無私，在彼者明悉情理而已。」初至鎮原任，邑城三月大會有官賭，四方賭棍或齎千餘金麇至，揶揄曰：「是何可訓？」即為嚴禁之。縣尉來告賭不可禁，禁則散賭隱處，且滋甚，曰：「賭愈多禁愈嚴，法在必行。」屆期時出不意，親往查拏，其風遂止。四方賭則立首告之法，慮首者誣，使出切結，犯則重坐，治奸盜皆然，民以之安。後涖他任，多因鎮原。

涖平羅，先後散賑紅水，按口不按戶，調劑銀錢，親給災民，歷五月餘散銀九千三百餘兩，民均沾實惠，書役鄉約絲毫未得侵，資斧皆自備。事畢制軍詰以銀易錢之故，曰：「利於民不敢拘泥也。」制軍亦信之。石嘴子界接蒙古，遇災例禁米糧出口。時方濬渠，刁民藉此，凡糧過率男婦百餘人攔搶，前任不為禁。簽差幹役查拏，為首者懲之，風亦息。

涖新淦，初至調闈差。時江西有拜門之風，松軒奉檄後乃寂然。入闈，有同年以關節託，笑而絕之。榜出，所得皆佳士。前在甘省，辦虧空接代多所調停，而不敢少有欺，隱然不無懲懼。至是見有征存銀四萬餘，多以民欠抵交，畏其弊，猝不肯接收，方有退意。闈後十月始至任，除陳、鄧兩大姓包納漕米之弊。以民健訟，駁告蔓延，立據原呈不使兩造互見之法。拏私鑄，奸民幾至危殆，而辦案從寬。于其間獲南贛搶奪、傷人、強姦、輪奸匪徒，據關報辦，得紀録二十二次。時有調廬陵之議，旋為有力者奪之，或咎其不自營，曰：「此有定數，營之亦不能得。」是年吉安、臨江、瑞州、南昌四郡旱災，特入省為民請命。上憲議半緩徵，爭之曰：「適來親見民苦，必全緩。」上憲首肯再三，以是得委署臨川。臨川前任秦君沆有善政，惟於訟多和解，積案遂多。三月為結三百餘起，其輕者取鄉保、鄰證及原差稟詞註銷存案。在鄱陽辦木差不辭其苦，交納亦無私。新建與南昌為省會地，居其任者專務應酬，此亦大概風氣。松軒甘於守拙，有詞案斷不假手。由新建陞南昌同知，連奉委查勘袁郡鉛鑛、南安郡崇義京控案、贛郡信、豐屯田事宜，胥洽人心，以此署守贛凡三次。贛地瘠民貧，山谷深邃，搶刦械鬥紛起，每諱匿不報，不得已以詳情了事。至任，奉委查辦大案，拏獲不少，而全宥寔多。遇疫設醫藥局，活者亦衆。龍南教職稟書差拜會，事涉逆跡，為辨明其誣。卸事後又勘定攸鎮行鹽地界，後又辦屯田，益善前事。在南康督濬蓼花池，返任辦木差，總運皆事之大者，事不可盡書，略書之。要於清勤慎三字俱不愧焉。予方與生徒評刻循吏傳，他日有輶軒之巡，以松軒政績采入國史，所可信也。而松軒向猶與予約宦成後歸老華山，或在沙苑中同逍遥餘年，整理舊業，以詔來世，今以喪歸，能不悲哉？幸予猶存，未至昏眊，能為松軒誌此，又其可慰者也。

松軒篤倫常，於兩世親生事葬祭俱無憾。有弟三，女弟一，生死情切，無少嫌。仲弟介石潤清賢而佐己，其沒也，尤痛惜之。前木差竣，假歸里，置祭田，設義學，為師王蓮仙置田恤其後，族人父執及同交之厚者並有贈。此皆本其天性學問，與為政固一原爾。松軒諱樹清，朝邑韋林鎮人，祖鎮南，妣氏倪、氏謝，所出妣氏張，父太學生登第，妣氏張，皆以松軒貴，前後獲封贈。

元配王，繼配趙，繼娶劉，皆先卒，繼娶孫，妾氏于。子四：為栻本弟槐清子，趙宜人撫之，娶於仇，於韓；為楷廩生，劉出，娶於王，於閻；為棻庠生，孫出，娶于河南偃師武；為栟，幼。女六：趙出二，一未字，一歸謝，皆先卒；孫出四，一字劉，卒，次女續之，次未字卒，次字華陰郗。孫男二：為楷元配王出，勤烈聘于趙，為為栻嗣，勤勳聘於華陰楊。孫女二，為栻繼配韓出一，歸於楊，為棻出一。松軒生於乾隆三十五年七月二十三日，享壽七十，卒之後，南昌人即請祀名宦。今詔已下，筮葬村東新塋，今道光二十一年十二月初六日也。

銘曰：學優而仕，仕原本學。歷宦大縣，試郡亦數，政績丕著，豈計升擢？擬之于古，唐何、漢卓。我誌且銘，非漫揚擢。

雷儀庭墓誌銘

儀庭雷君，予戊午同年友也。朝邑縣西闕秦安堡人，諱鳳至，將生時母李夢丹鳳止其屋，故名。曾祖代良，祖長勛，父璇。其族多聞人，曾伯祖代述，旌孝子，七世祖于霖以文章名，世所稱午天先生者也。

君生有異姿，少不與群兒伍，羈貫讀書即穎悟奮發。早入黌序，益刻苦自勵，問業于郃陽康百川先生之門，冬夜讀書常衣不解帶。先生門下士多，獨君與荔邑馬君亦白最有聲，予即聞人豔稱之。督學吳觀風同州，取君闔郡第一。批其文尾曰：「左輔名士。」當是時，君肄業關中書院，山長為北地路梧齋内翰，從遊者率兩省雋才。戊午秋試，予入闈，一西士大言於號舍中曰：「是科朝邑雷君某必高捷。」予從旁驚問之曰：「何所見？」其人曰：「但觀榜出自信耳」。蓋近試期諸大憲決科，君三次皆冠軍，故其人云云。而是科朝邑正副榜凡八人，君名果前列，予幸亦附驥，遂為交君之始。君語予曰：「午天與河濱舊交也。吾兩人當勉之矣。」

君既登賢書，念早失怙，未能盡心奉養，于堡南築蓼莪學舍以寓慕思，又寫小像，命他日沒，必懸置兩親之側。其教人亦諄諄以敦行孝弟為本。性孤介，舍傍邑城，臨孔道，然非公事不入衙署，非其人亦不交，終日閉戶講授，人罕面者。素所心非必面斥而拒之，嘗與一友痛論不孝不弟之罪，友問：「君意誰指？」曰：「首某，次即君也。」友慚而謝。有涉訟者攜金乞投竿，正色力卻之去。邑侯永親詣舍給之匾曰「孝存學守」。

始君捷秋闈，謂第南宫直如操左券，顧偃蹇久不售，遂就教職，選授甘肅靜寧州學正。至任，上官不即見，君意雅不耐，語門者曰：「教官本卑職，必過摧辱，當即投篆去矣。」上官聞，遽見之，自是反喜君而君得安於其職。在職六年，教士如家塾，懲劣勸良，士悅之。諸生李充實者為兄所訟，本詞直，君反責之。生意不服，君曰：「瞽瞍不底豫，誰之罪也？」生痛哭任過，即受業學署。君以其貧，時給衣食，值科試，並給資斧。亡何，是生獲雋。庚寅，西地不靖，君往來送餉，跋山涉水，不避風霜，督師楊以其勤，欲舉卓異，君不願推軍功，僅加一級，幸兩親已請封，遂告歸。歸即見予於桐閣，話數年契闊，意甚歡也。

時戊午同榜侶，盩山王虎拜、楊南廬、王粲若俱久返道山，其存者王葵圃病癱，張味田居稍遠。惟君相隔僅三十里，在縣郭，即不時見，音問猶易通，而乃以急疾長逝，能勿益增寥落之感哉？君沒，予不知，忽其子開程縗服來，驚問，知其故，涕不能自禁，而開程云君有遺命，使作誌。知君莫如予，誌將誰委，顧使予誌君，其詳與否，恨不能復起君與之一質也。君生於乾隆二十九年十月初二日，卒于道光十三年八月十七日，享壽六十有九，元配孺人嚴公進女，繼配歲貢生溫公遜女，繼配太學生鄧公永蘭女，妾二，一郃陽范榮第女，一華陰李茂繁女。子一，開程，妾李出。女五，鄧孺人出，張廷曆、劉應中、劉敏中、李楫、孫殿甲其壻也。筮今道光某年月日，葬君於先塋。

銘曰：於思者君耶，宜有執而著于文耶，何林下未久，遽棄邱墳耶，豈老而思親猶殷耶，有子尚幼，能無悵望于白雲耶？

張翔九墓誌銘

悲哉！吾不意吾友張君翔九之遽死也。君質直而精神健王，邇年來得喘疾，吾往視，君疾似稍加，然坐少時送我猶至外門外，何踰兩日遂不起耶？君大斂後訃始至，吾聞驚駭若駛，即哭而出，途中幾大哭不能忍。臨君柩，心如隨哭欲墮地。君弟哭云：「君目將瞑欲召我，已不及。」嗚呼！君吾總角之好，死生之交也。平時數日不見即相思，宜目將瞑而猶欲召矣。召之不及，君死有遺憾，使吾亦長有遺憾矣。然君有所欲言者不待召而語，吾固無不知之也。吾與君少貧相同，其早見譽于先達亦同，既而同學相砥礪，後又多同事相黽勉，吾兩人之矢志如青天白日無不同也。惟君急直而吾性稍緩，君遇不平輒發怒，吾每徐解之，君亦無不聽，則又終於同也。嗚呼！知君者孰如吾，雖君不言，吾道君夫何事不如君之自道哉？

君姓張，諱翰淩，朝邑韋林鎮人，祖斗文，父起榮，皆有隱德，至君以儒起家。外祖王無觀先生，名宿也，教君為門下士，供食飲，得小餘以養親兼佐讀書。君因是自奮於學中，以養不給，去學而賈，卒歸，勉入庠，科歲試屢前列，遂食廩。其為文清快入理，多予所點定，意見售較易而竟以明經終。始喪母，父在外，為別娶，請父歸，事所娶女敬謹如所生。同生三人友愛甚，貧恐不能俱娶，值婚期，先為弟室而已後之。設帳授生徒，門下士常盈。鎮五堡，凡事依以為重，獨難於嗣，累育皆殤，置側室，晚得一子，頭角崢嶸，三歲死於痘，此其疾所由得也。君嘗言：「人事本前定，吾非不達於命，但妻死妾年少，有子庶足為慰，而詎意天又奪之。有兩姪，先人祀可不絕，特主吾兄弟祭者尚缺一。一姪讀書，吾又不能目見其成，奈何？」嗚呼！君之臨死而欲為吾言者平日固言之矣。吾傷以君之為人，造物者始困以貧，中困以遇，繼又困以嗣，真人世不平事也。豈惟吾傷其不平，人人於君皆傷之，而君實無尤於造物，則君不得重為吾言者，固可無憾。吾亦何憾，終無以慰君，特吾知心之交，今寥寥已若晨星，如君之年猶可不死而亦死。君死，吾目前欲得如君者日夕往來歡語，復有幾人？能不悲耶？君生於乾隆三十一年二月二十四日，享壽六十有八，卒于道光十三年十二月二十四日。元配孺人李某女，前卒。卜道光十四年三月十二日，葬君於城西北先塋，以弟翰邦子家昇嗣，禮也。妾劉，河南禹州某女。女三，一李孺人出，歸樊振彩，卒。妾出者二，一許字吾井甥增壽，此當亦君所欲言者；一幼。

銘曰：此吾友文行素著君子張翔九藏也。君其死乎，其存乎？死則已矣，又何言乎？兄弟之子猶子也，無後而有何，何必言乎？

馬生士泰墓誌銘

悲夫，馬生士泰之死也。予何忍誌之哉！然誌生，予意也。予門人多矣，死者亦不一矣，予有誌有不誌，其誌者皆情之所不能已，而馬生為甚。生從予甚久，其事予甚謹，其為學亦甚篤，於吾門先後士獨甚失予望。生父鼎一、叔父信田兩孝廉，予舊交也。生學桐閣始與其兄士晉、弟士觀偕來，觀生舉止為文皆似其叔父，予于兄弟三人中尤厚期之。已士晉、士觀相繼去，生乃獨留。所居舍與予近，朝夕對案講誦，不輕出，始終無軼規事，與同研亦未聞少有牴牾。諸經左傳已皆卒業，文亦日進，益多有心得，予所望因亦日切，而竟一小試不能售。然予與諸生本不專講功名，生即窘場屋，必能終身守予教亦不愧其父，斯亦可耳。詎意又不年哉？

生病之初，來視予於桐閣，亦不言其病也。既去而始聞病，病且日甚，攝養於邑城。予聞，寄意戒善攝。亡何，生歸，遽死矣。訃至，悵悼不能自遣，始知向者之來，生固自知將不起，特與予訣也。予哀生以詩，命兒來瀚往弔之，聞生將死猶欲一至桐閣而不能，又聞生之死以愁悒。嗚呼！予生平謂責己以道則天下無可憂之事，生以此死，是生未盡得予之教也。然而難矣，命實不可問，其將如何？予誌生，痛生之宜遇而不遇也，痛生之不宜死而且死也，怪己之卜人他日十不失二三而獨失於生也。又嘆己之教人成就亦不少，獨于生兄弟無以報其父，生何又夭也，故誌生以抒予痛也，亦以慰生魂，庶幾生之死而不死也。

生字內天，朝邑縣寄樓村人，父鼎一，諱占鼇，其叔信田，志皆予作，世履可弗詳。生生乾隆六十年正月二十八日，得年三十有九，卒于道光十三年五月初九日。元配劉氏，繼娶趙氏。男一，福祿，劉出，女一，趙出。生舊塋已無次，生意必隨父葬，士晉、士觀卜建新塋於舊塋之北側，以生與其長兄士升並葬於此。時在生死之期內十一月十八日。

銘曰：生之目瞑乎，未乎？知予之為生志，其亦可以慰乎？

鄉飲耆賓乾行石公墓誌銘

公石姓，諱如元，朝邑縣西野鵲里人也。高祖廷璉以文學著，曾祖韻協，祖光聘，父學謙為其叔父光京公後，有子一人即公也。自曾祖以來皆業農，公性篤厚和謹，以子全潤學桐閣，予得與見。年已五十餘矣，然坐終日，予無所問則不輕發一言。生平安業守分，亦不輕出閭里。其待戚屬鄉黨，下至夥頤牧豎無不以謙。家不甚豐而好施，歲饑，屢賑不存簿籍，曰：「豈可以是望報哉？」或有負債不償者，亦弗責也。嘗膺鄉約役，凡村中有訟輒牽連至縣，役滿自費幾百金。訟者不問，公亦不言也。又嘗為里長，吏胥歲時饋贈向皆以官金厚償之，公曰：「自受饋贈而以官金償，非公，我不為也。」費亦至數十金。

予向謂天下縣邑之弊，賦役為甚，而賦役之弊吾邑為甚。賦役本兩事，自唐楊炎行兩稅，已併役於賦，至宋復別算丁口為役法，明萬曆時行一條鞭，又併凡雜征而一之。其實遇有軍行，役仍如故。吾邑三十九里分為十甲，輪流應差設運。邑中每歲里各有長，又有總長，坐運值一甲有差即不預別甲，然亦止供軍役。而近乃凡差皆索之運中，即無差，官長之餽，吏胥之求，里長之費，民戶所出，歲多於正賦數倍，一遇軍行，有盡鬻田產不副其供者矣。故每欲革坐運之規，而力不能也。至於鄉約，予亦曾作為論，以為此即古閭胥族師之設，後世不重其選，多用之非人，藏奸滋事，反皆以此。吾邑盜賊多而訟獄亦繁，如鄉約各得醇謹公正者，於此中絕無覬覦，則風俗庶幾少變爾。觀公二事，推而廣之，可以正一世之人心，可以維一時之政化，豈必多有可見之行哉？全潤從予遊，遇嗇而信道篤，狀公及此亦可謂能颺父德矣。公生於乾隆二十八年某月某日，卒于道光十七年四月十七日，享壽七十有四，配仇孺人，先卒。子二，全發、全潤，太學生。孫男二，秀升，全發出；秀春，全潤出。孫女四，曾孫男：培慶、培建、培萬，俱幼。筮道光十七年十月二十日葬公于村西北祖塋，仇孺人之壙左。

銘曰：名不必著，行不必奇。留一二事，湆古之遺。是人去矣，今亡也翳。我志其墓，用以諷時。

姬杏農墓誌銘

杏農，吾生平性命之交也，以道光壬辰五月初十日卒於諸馮里第。六月朔，專人赴桐閣，吾以侍母不獲往哭，哭之以文。赴者曰：「來時狀未定，定將來乞誌銘。」數日，其從子德風持狀至，哭言杏農易簀時囑家人畢，念予不置，語痛不忍述，稍頃語不成，則曰誌必李。或審屬誰何，張目曰：「此待問耶？」因皆知其謂予也。嗚呼！杏農念予語，德風不忍述，然予不待述固知之。即囑誌不待言知其必如此，抑予之為誌亦不以囑不囑也。狀之呈又多，此去來矣。德風已來，使淹一宿，為銜痛書予之。

杏農，姬姓，諱光璧，字特卿，籍永濟諸馮里義平北尊村，代多聞人。七世祖山陰王府助教，州庠生。秀山公四傳至其大父充九公，諱應剛，吾里岳一山舍人為作姬南唐傳。父諱履泰，字平安，庠生，吾里閻衣庭進士為作姬藜翁傳，予皆選入關中文鈔。母姚孺人，出名門，有婦德，舉子三，杏農為季。少聰穎異凡，其女兄秋闈能讀父書，口授杏農漢唐文及詩，稍長有作輒出人意表，藜翁譽之以後其伯兄彙征公。年十七補博士弟子員，乾隆己酉登賢書。予讀直省墨，知杏農之始。嘉慶己未，予計偕至京，杏農過予館，此與杏農晤之始。辛酉遇杏農於風簷矮屋，商推經義，交定其文，此則結契之始，而杏農遂成進士。歸，杏農訪予於趙渡學舍，談論數日夜，深入肺腑。又數年，杏農居予里劉氏西席，予訪之，凡兩夕對話皆達曙。杏農貌魁大，賦性爽直，承其父藜翁教，口不言貧，篤于天倫，又好友朋，然不妄交，與人接不以欺詐，疑論經史文章滾滾若懸河，間出諧語，聽者傾倒。自成進士，舌耕如昔，貧仍如故，亦無意仕宦。曰：「食祿千鐘而吾親不逮，何樂焉已？」以公文亟催，不得已乃出。蓋與予劉氏學舍兩夕之談即為相別之日，而杏農遂宰瓊南矣。

在瓊任樂會縣，縣故有魚稅陋規，歲獲數百金，及他弊有為民害，杏農至，悉除之。人民凋敝，戶耗散，前官類以虛數博上官歡，杏農悉以實對。民有獄，剖斷無枉，或察其色饑給食，計道里資遣之，人以神君慈母兩稱焉。又勸鄉里立社學，給燈火費。署偏設書院，公餘即與諸生講論，邑及鄰縣來學者數百人。鄰縣試，有投狀於府，願借姬明府試者。事雖不行，而杏農之賢明自是日上聞，凡赴任求見，上官悉諭以當法姬令。蔣礪堂制軍五十壽，同僚皆制錦，杏農貧，僅以小詞為祝，制軍大重之，政報最稱為海南第一，加二級調任陽江。方將以不次擢。然杏農早有賦遂初志，竟引疾解組歸。

始杏農本有疾，方適廣，予以廣遠，杏農老且病，恐無相見期。及歸信至，予狂喜如遇隔世人也。杏農歸，假館條麓八峰寨僧舍，日事吟詠，罕與人接。貽予書，擬即越河一晤。無何，當事者延教河東書院，士服其教，前後觀察重其品，十年不得辭。與予往來音問則不啻日相對，顧終思一面為慰，豈料其遽死哉！

杏農多情喜施予，少見賞葉觀察聞沚，令師事吳江宿儒王元音，後倡郡紳籲請葉入名宦，並為王立教澤碑。與閻衣庭進士厚，頻為予誦其詩文，卒為立神道石。在瓊修六君子祠，為作贊，在運刻金、陳二先生傳，袁了凡節録。先是館劉氏，刻習翁稾。自瓊歸，囊無一錢，主講書院十年，所獲修脯，悉散給親朋之貧乏者。湖南水災，民流移至醝城，為貸數十緡助之。獨未嘗一計立產業，予致書略言及之，杏農亦不答也。病歸，院諸生不忍離，書「九峯春雨」額懸講堂，杏農尚弗知此。可見杏農之為人，至老猶係人思矣。

杏農所著有過庭草、課徒草、抱甕草堂詩集、艾園詞鈔行世，中多向與予所質。元配朱孺人，宦門女，賢且淑，杏農有「老瓦盆邊伴紡車」句。生子一，德量，詩文業有成，與母暨妻俱卒樂署。繼苗孺人，生子翼孫，今裁八歲。杏農致予書每有子少之憂，予亦常以為慮。杏農卒之先，翼孫出痘，幸無患。前問赴喪人，知近以苗孺人慫慂，精置舍一區，典田七十畝，是則杏農可以瞑目，於予心亦稍紓者也。杏農生於乾隆丙子四月十九日，享壽七十有七，封贈兩世，皆以其貴。卜某月某日葬杏農於某兆，是宜銘。

銘曰：君本人豪，而膽獨操。道德文章，識者所褒。政成甘棠，教毓李桃。惟我與君，誼漆膠，思往從之，每阻長濤。聞君之訃，豈獨三號。文君墓石，稍紓焦勞。

王粲若同年墓誌銘

粲若，王姓，諱仲宣，副貢生，朝邑縣白塚人。國初，諱積孝者生加祿。加祿三子，季諱高，為粲若之曾祖，子亦三，長登學，其祖也。子四，仲諱敏，其父也。粲若生於乾隆二十三年正月二十四日，享年四十有八，卒于嘉慶十年四月十二日，距今二十五年矣。其子維戊以清明日樹柏於墓，來語予曰：「戊父沒時念吾大父尚在，遺命權葬祖塋旁。後八年，祖沒，欲遷葬，又以叔祖在弗果。今已久，戊不欲更遷，但誌石宜補，乞文焉。」

予向為王氏三世家傳，於粲若大略已詳，為誌不欲復贅，抑有感焉者。憶昔戊午，辱同譜曾一見粲若於其家，粲若醇謹寡言笑，相對無一毫世俗浮偽意。心傾之，以為篤實君子也。顧由此不得更晤，數年粲若即死，常恨文章道義與友朋砥礪，失此一人，未免無緣。然維戊從予學非一日，予見維戊即不啻見粲若，與維戊講論黽勉即不啻與粲若講論黽勉。吾門中他日不失吾學者於維戊固已信之，則吾亦可以質於粲若矣。特未審粲若泉壤中尚有知，以予為益友否也。粲若死，不肯先其父入塋，即此足見有曾子易簀之心，他可知已。而維戊不拘拘初葬心弗復遷，是固聞予之教者，亦善體其父之心以為心也。

粲若配蔚孺人，蔚公登榜女，有子二：維寧，娶楊福增女；維戊，戊子科副貢，娶馬本修女，繼娶歲貢生馬起潛女。女三：一先卒，一適武舉樊毓麟，一適穆邦相。孫男三：聘三，維寧出，先娶孟，繼娶吳，繼妻李；代三、鏡三，維戊出。孫女三：維寧出者二，一適薛，一字朱，卒；維戊出者一，未字。曾孫男一，來臨，聘三出。自積孝至來臨已九世，王氏家口近三百人，或問其數，無論長幼內外，率不答。予向聞此，竊怪之，既有言其家一日嘗添丁八者，亦弗信。比維戊讀書桐閣，值歲疫，使來以家人病召，云輕重染患者八十人。聞之驚甚，已乃信一日添八兒之可信，又始悟其不言家口多少之故也。常以此語于人為美談，比作王氏家傳，私念同爨之久，始立法難其前後之中為易漓之際，維持尤難，非讀書守道鮮不致敗。今誌粲若，益信粲若之大有勞于家，能人所不能，而維戊功名始進即繼其父，是亦天有意以彰粲若也。然豈但已哉，塋本不圖定而定，他日發祥之長，必有過墓而指其事以為言者。墓巳山亥向，補誌在道光十年三月。

銘曰：跡傳白塚，鎮號安仁，水深土厚，實產伊人。累世蓄德，萃其於身，同爨數百，吾鄉無倫。持之自己，往訓是遵，處心以平，待物以鈞，讀書有效，久飭儒巾，謬同秋榜，頭銜方新，吾曾與遇，言貌恂恂，傾蓋之交，即見性真，君處鏞陽，我居渭濱，謂砥道義，或可與頻，胡天不弔，沒未五旬，知君有志，含不獲伸，君幸有子，名豈終泯，我代君教，如與君親，榮君有時，誌君有因，古塚今塚，瑞聯錦茵。

張洛西墓誌銘

嘉慶二十年三月十有七日，洛西先生卒于商州學署，時予方在京師，比歸，先生櫬旋里矣。聞之悼甚，以夙疾發不得往哭，知其家將卜葬，姑俟之中。冬末，先生從姪子密持狀來，丏為誌，云葬期卜十二月二十四日也。

按狀，先生張姓，諱夢齡，字錫九，始號洛西，晚又號虛齋，世居朝邑之望仙觀。曾祖諱五常，祖諱岍，父諱榮祖，母氏閻，本生父諱學祖，本生母氏王。生數月即出嗣，七歲從學本生父，十一從學從伯父禮部公，十五嗣父沒，十八從學從叔父盂縣公，二十七補博士弟子員，三十六食廩餼，三十八舉於鄉。時母年已八旬，不赴禮闈者八年。生平舌耕為業，一主講直隸膏城滹陽書院，再主講邑西河書院。母沒後，五上公車不第，乃閉戶斂跡，手録先儒書，日以千字為率，皆蠅頭小楷。有半畝田園，稍暇則課童僕種蔬栽花，非甚不得已，足不履城市。性好整潔，凡書冊筆硯及衣服冠履，尋常需用物悉頓放有常處，且時拂拭之，語學者懇懇以立志持敬為言。自覺卞急，嫉惡心太嚴，因書「和緩」二字於座右以自警。不知謀生，常囊無一錢，「學乃身之寶，貧者士之常」禮部公每言之，亦時誦之不置也。在商州行鄉飲，舉節婦，修舊所已廢典。六十四歲，奉委散撫，跋涉險阻，不敢憚勞，兩閱月，役始竣。此皆先生自述于學署者，後數年事猶未及敘而先生遂卒。

予少從先君子晤先生于客座，見其儀度端嚴，言語亦不苟，侍終日不敢自懈，後每見之必肅然斂容。鄉薦後入都，共室處數月，始知先生外飭而內篤，又和易近人，忻然願執鞭，而先生亦若不以予為不肖，意氣雅相契。歸家有著述必示之，有事或商之，蓋雖老尚欲以學問道義共砥礪也。赴任後示予以商於士風及其山川之概，予勉之以書。方擬暇時往遊，訪幽隱，考古跡，覽形勝，並與先生證所學所為，而先生竟卒，豈不悲哉？先生無疾而先自為狀，豈數年之前早自見其卒之日哉？先生名門，自翊書公、景山公以學行稱一時，至禮部公孝舒先生、盂縣公孝蘊先生兄弟並掇高科，著宦業，名德雅望，在人耳目。先生繼其後，教諸姪俱有成，原欲益丕先緒，大有見於世，顧僅以博士老，非其志矣。然先生兢兢以士品自持，老而益勤，且慎於其先，夫何慚居學署？嘗夢王仲復先生至，歡談一夕，自為文以記之，謂非其志之所感耶？所録有復齋日記二卷、復齋餘稾一卷、太極圖集解一卷、儀小經一卷、古尺牘一卷、四禮慎行録一卷、宋名臣言行録五卷，非徒為鈔胥，亦即以此代弦韋耳。著有虛齋集、虛齋雜録各二卷，予曾為序之。在商州，自以搜羅未廣，又為商山補遺二卷，予未之見也。而其為補遺之日，即其自為狀之日。所為狀亦無一飾説，則其學之至死不怠而所著無非自證，信乎其為篤實君子也。

先生生於乾隆十六年四月初六日，距卒之日享壽六旬有七。元配孟氏，子一，孫女二。今將葬先生于沙苑新塋，予未弔而先為誌，誌之即以哭之也。然予之誌先生固其夙心，而其家使予為先生誌亦先生之夙心，而今日之所以瞑目者也，因並係以銘。

銘曰：予聞洛西先生自刻其印章曰「不學則老而衰」，此其生平所以言矩而動規，雖素志之未展自驗心之無虧。予又聞商之州守稱先生曰「卓雅」，則其信之者夫豈獨予一人之私。予誌先生即以先生之自道者，見其無欺然，則先生往亦而亦又何悲。

高太君蘇氏墓誌銘

高生岫之來學於予也，其祖乃德公年七十矣，送至桐閣，見其蒼顔黧色，與之言，朴而簡，肫然厚德老成人也。次年，岫即入庠，學文日有進，予喜其才美，謂可冀深造，乃以其祖沒，家惟祖母蘇及庶祖母宋，而蘇亦老，岫遂辭去。亡何，蘇遂卒，過小祥，將葬，岫自為狀，請誌銘。予閲之，知岫感太君深情惻惻，不啻令伯之于劉也，且敘次亦有法，因即以其狀為之誌。

岫之狀曰：嗚呼！我祖父沒十餘年矣，不孝猶得日讀書不為家務所奪者，我祖母有以肩之也。匪惟不孝之事賴以肩，我祖父數十年服賈於外無内顧憂者，亦我祖母力為多。蓋終身無日不勉屯艱之中，而永歸泉下，不孝岫何忍舉其生平一旦忘之。我曾伯祖諱文秦，無嗣，我曾祖諱文乾，生我祖父，我祖父失恃早，惟依我兩叔曾祖考以成。比我祖母來歸時，猶貧無資策，所有城東墓田數畝，又質於富人，遂徒手自覓生理於甘省大水坑。出外日，室僅留數百錢，泣囑我祖母曰：「以此勉給朝夕，勿令二親凍餓也。」我祖母紡績挪移，無日夜閑，閑則為人彈綿，坐濕屋，手一弓，至臂腕為腫，鄰婦猶記，謂吾祖母一人而周歲機聲常不絶。後於數月中連喪我兩曾祖考，衣帽衾褥悉典嫁時衣置之，有憐而助者，亦不受，外此艱難悲楚尚有不忍言者。後我祖父在外稍獲什一息，家乃少裕，孰知天意難測，既使裕之，旋復迫之，致我父竟不獲永年哉。我父之沒也，先母時年二十六，懷惟乳一數月女，旋殤。我祖母湣先母孤幃中無所守，恐不能卒其志，遂取其從兄興田公孫使為子，即不孝也。不孝後先母時甫彌月，恩勤育憫，我祖母代勞其半。未十年而先母遂見背矣。先是我父沒，我祖母致書于外，勸我祖父置簉室，數年遂娶我庶祖母宋。抵家始至，鄉音、女工未諳，我祖母則徐導焉，俾得至於成，暨我祖父沒，待之愈優。我庶祖母亦謹順，事我祖母無違禮。數十年室中無勃谿聲，鄰里蓋兩難之，然我祖母之慈惠不獨行於我母與我庶祖母也。凡鄰舍孤孀及親族中貧乏不能自存者亦莫不溫恤獎勵，以成其美。鄰有婦早寡，舅姑俱亡，惟與一幼女守室內，我祖母憐其苦，為諭以大義，其婦心折之，歌鵠十餘年，未嘗有甕言。遠族某商於外，亦留於幼婦，夜偶驚，不敢獨室處，寢食常依我祖母側不能去，我祖母素切直，有過輒督之，婦亦未始不感服也。他忘己之貧以惠及親族者，米糧之裏，牛种之貸，歲周尚不下數石，以是累日多，自奉益務節省，而於意外財不令不孝取分毫。家有村東田數畝，中多古墳，為一少年誣之官，云侵其遠祖塋，勒索無狀。及丈予地，尚為鄰畔侵畝許，又株連鄰畔者，鄰畔恐，賫酒許賠粟，乞我祖母釋其過。我祖母慰之，曰：「渠無似，吾豈亦無禮？」並其酒亦歸之。時有富人持白金數百為其父求葬地於吾地，族黨中多慫慂不孝厚其直，我祖母拒不受，曰：「人葬其親，胡忍以是為利，且貧富有命，奈何分外取於人。」後其人登堂跪謝，嘆息泣下，里中皆謂我祖母識量愈男子也。祖母馭家以嚴，而惜物力為尤甚。盤盂中偶遺飯顆必以暴天物、賊生祿惕之。不孝昔在外，水常傭人汲，歲終則總給其直。每天雨輒廣列盆甕，收簷溜以備澣濯，曰：「竭人力即為己造冥譴。」其平居教家人多類此，至於不孝讀書則督之尤殷。不孝甫五齡即送入里塾，不使與群兒戲。夜歸必趣令鍵戶，所授書必一一背誦乃能寢，後雖漸長亦然。今不孝家居四五年，於賽會市場無故未得一躡足，每天曙即催起，稍遲則痛加譴呵，甚或執杖責之。戊子冬，我祖母病勞嗽，醫皆不許服藥，曰：「此盛年心力過傷，老至二豎始尋及，何藥為？」我祖母窺其意顧指不孝謂醫曰：「我年七十余，尚活幾許？但恨此兒方在讀書日，家務一切猶未練，吾烏能瞑目？」不孝哭，我祖母亦哭。然以為何遽致不起，孰知醫言果驗，竟從此長逝也。嗚呼！痛哉！天之恨，人誰無之，獨念不孝自弱赤承祖父母祧，生未見父面，賴先慈嫠幃恩乳以活之，又不及待。今之長舉兩世之艱難愁苦盡用於不孝之身，實舉我母我祖父之艱阨一丁于我祖母之身而未獲不孝之報，負孽重重，無所控告，惟吾師憐而誌之，少慰我祖母畢生之苦，非惟不孝之罪孽賴以稍減，我父于地下亦且銜恩無既矣。

予點次岫所為狀至此，雖未見太君而回思其祖以衰老送岫至桐閣時，亦不覺心戚。岫既有美才，亦尚能學予，居太君喪以禮，況懇懇念太君所以撫己教己，如不負此心，他日必有以報太君也。太君西太夫村蘇公爾典女，生於乾隆二十二年十二月二十二日，卒于道光九年正月二十八日，享壽七旬有三。子自顯娶蘇氏，岫娶馬氏。卜今十年十二月十二日葬于村東南新塋，與乃德公不同地，岫遵太君遺命云。為之銘曰：撫子之兒，常過其子。親其鄰子，亦猶親耳。況歷艱辛，勞以至死，藐孤幸成，宜乎念此，他日無報，其何能已。

柴婦王氏墓誌銘

婦朝邑縣柴秀才耐園配，年十九歸秀才，勤十指，精五飯，明敏曉大義，凡事一王姑、三姑及舅皆以婦道。聞初來歸，王姑劉暨姑某皆在堂，婦昕夕左右兼奉之，無弗周者。亡何，姑得心疾，婦先意承志，飲食滌溺糞能委曲使安。自春徂冬，疾大漸，婦憂甚，割左股以療，冀萬一能愈，而姑竟不起。婦不恤己痛，亦不與人言，惟撫姑柩哭不止也。斯時王姑劉年已高，兼病股痿，婦念姑已沒，事王姑惟己是責，因依依劉膝下不少離。所居宅分東西，家人皆居東而劉處西。婦曰：「吾隨吾王姑西耳。」於是劉一切起居食飲無弗適，積始終殆如一日。劉疾且革，遺婦六十金，語其舅曰：「吾非于諸婦有厚，報若十年勤也。」其舅後再娶，婦皆能彌縫無閒言。既舅老將終，適隆冬，婦從夫侍側，夜不入閨者月餘。秀才語予曰：「妻于吾學時常殷殷勸吾讀，吾理家政時常懇懇勖吾公，憐吾苦及吾有子有女又切切代吾教，此不足言，獨事吾母、吾祖母、先君，吾甚感之，且難之，自謂不及。至割股事，蓄之數十年而未言，今妻死矣，不忍沒也，煩吾子誌之。」予諾焉，不果為也，及婦葬有日乃踐前言，摭其實。婦生於乾隆某年月日，享壽六旬有三，卒于嘉慶某年月日，子女各一，孫男一，以由其夫秀才請故稱婦。

論曰：割股事無旌，世亦頗有之，且多在巾幗中，予故不喜言。然竊以為當視其人平日何如耳，如柴婦者事兩世親凡五人，皆稱焉，始之割股可不謂出於意之誠然哉！是宜銘。

銘曰：姑之疾不可藥而療，婦之肉乃可煎而效。吾驗諸畢生之所以自盡，不惟其一時之貌。覩劉之遺金，豈徒為一己酬而乃以作兩世之報。勃谿者胡為也，詎不顧為柴氏婦笑？然則吾何以銘，銘當銘之曰孝。

家兄蓬山墓誌銘

兄諱仙春，先文學之長子。始從世父早亡無嗣，先文學即以兄後之。讀書未成，隨先文學商湖省。歸道遇警，至家，先文學延善拳勇者，命之學。二年盡其技，然自是不復出，技亦不一試。時予方入里塾，三年畢四書及三經，先文學時為講授，兄于其中獨愛易及大學，中庸亦受而讀之，書經註不遺一字。以其餘力習書，先學右軍執筆法，一年乃專臨魯公帖，喜其骨力，頗得之，趙、董諸家，皆弗屑也。已得勞瘵疾，先舅氏張迂齋先生教之攝養，兼習醫，後疾漸愈，醫亦漸深。初宗前明張景岳，繼于諸名醫書無弗讀，有弗解則遍問四方諸耆儒先達，時亦與予相質，不盡詢之通醫者。嘗謂予曰：「醫原于易，素問、難經皆易理耳，吾讀之皆無疑。獨五運六氣之說未能悉，人亦少知者，無處問，奈何？」及予讀書漸多，乃與𢍆論之，則喜曰：「今始可言醫矣。」其治病不甚拘舊方，方或與時醫相反，曰：「病因乎人，亦因乎氣運，氣運歲歲殊即處處異，其在人則又各有其氣運，操成方以應用或因所患而加減之，均殺人之道也。今人稍聞藥性便為醫醫人，人遂以病委之，使嘗試，豈不大悞？」聞其說者多弗省，又見其用方險，非甚病不敢延。延之至，斷死生時日，皆奇驗，苟可生則投之劑，立愈。甚惡人有恃而驕，驕則百方致弗往，或以重謝，拒之。其應貧乏者請則日弗給也。性急直，習儉而憎奢。讀書學醫外，承先世教，又力農以自食其力，與人接稍指意即怒，怒則如疾雷飆風，疑不可受，然少頃則如故矣。五十後見性理大全書，曰：「此皆醫理之原也。易與大學、中庸之藴畢發於此。太極、通書、正蒙、皇極經世諸篇不明即素問五運六氣之説秖見一偏耳。欲醫疾何如治性，治人不可，自治宜易矣。」蓋由是見醫益深，視醫疾益難，且悔向時之不自忍其性，延醫者往往謝弗往，惟畜三五羊，無問春冬旦暮率之飼于田野以自樂，即藉以自化其性。終歲一袍裘，不嫌破爛，獨食不肯自苦，時作佳味與吾母共食，於外事概弗問。有所欲為必語予，予所當為又必教之，學館中日不憚數至。或亦為質易、大學、中庸、性理諸書中疑義，後又見予天文圖，展眎數十日夜，數更恒呼予指認列星。每語人曰：「吾生平於人少所取，並或不自信，今惟信吾弟也。」顧予兄弟性情多相近，予素恃所稟，心思筋力不知自愛，惜時有疾，不輕服藥。夏月飲水常過甚，兄亦然。飼羊時曠野風霜之侵初不自覺，兼以起居飲食不過謹，必有陰受其毒者。一日以事適邑中，燥熱之餘飲水，食冷粉、宿糕，歸遂病矣。予亦以卷價事先羈邑城，既返兄病方二日，侍之僅一日夜遂卒。嗚呼！老母尚在堂，雖兄弟各已就衰，屈指已過之春秋，曾幾何日而朝夕更迭母左右，談笑論説，方覺如嬰兒依依膝下時。一旦天忽奪之於意外，使伯康不能待友愛之報，夫焉得而不痛，況又何以慰吾母哉？

兄生於乾隆二十四年九月二十三日，享年六旬有六，卒于道光四年四月初四日。配陳氏，生子五：來祥，娶張氏，俱先卒；來瑞，郡庠生，娶張氏；來賢，縣庠生，出嗣；來臨、來馨，俱娶田氏。孫男一，濟才，來臨出，為來祥後。孫女三：一來瑞出，二來臨出。卜道光某年月日葬于村東祖塋。

銘曰：吾誌吾兄，吾淚交横。人所難遣，手中之情。完山烏悲，死離甚生。常時不知，臨訣乃明。況吾同産，半世棘荊，不乞人憐，不希世榮，守貧與困，豈賴人銘。銘此墓石，如語堂楹，兄其起乎，亦聞哭聲。

長姑墓誌銘

姑先大父仲永公之長女也，擇配時大父不慎字同姓，夫名乾。既嫁，家貧，夫賈外十餘年始歸。生一子，旋出，貧益甚。姑與子依我家，與吾母及吾兄弟同食以為常。性剛烈而聰慧，明大義，人莫敢輕干其怒。裁衣剪花卉，戚鄰多倩之。且能體恤，為解爭忿。夫又久不歸，不獲已，攜子出尋之李官橋。居八年，勉為子娶婦。值白蓮教匪亂，涉河，僅獲免，乃偕夫與子若婦俱歸，而貧如故。時予已登鄉薦，稍能為摒擋，姑子又漸長，因不愁餓矣。憶先大父生世父暨先文學兩人，又生吾兩姑。先世父不及見，先文學客湖楚，亦數歲不得見，兩姑愛吾皆如掌珠，次姑嫁柴氏，歸寧時見吾輒急抱懷中，以手批兩臀。亡何，次姑亦遽亡，吾至今過其墓淚即欲流也。長姑既多在吾家，吾少朝夕依不離，比老，五日不見，吾思姑，姑亦思吾不能已。今姑沒矣，吾何以為情。念姑終身之貧苦，有人世不堪者，又何以為情？姑疾甚，子賈外不能歸，哭泣望之，吾在側慰焉，一夜不至而姑遂瞑目。念姑之生貧苦，死復窮獨，又何以為情？吾父享年止五旬餘，吾母九十尚在堂，方藉姑共居以伴衰暮，而姑竟先逝，吾何以為情？吾母又何以為情？嗚呼！吾欲頓足而籲天矣。

姑始生於乾隆九年十月初三日，享壽八十有三，卒于道光九月二十日。子忠恕，娶秦氏。孫長興，娶王氏。葬姑于卒後之十一月十八日，其兆姑丈所葬村北某山某向舊塋也。銘曰：天於人何不均，蚩蚩者袵席而明達者臥薪。雖然，如吾姑之老死猶見傷於親鄰，夫亦奚恨乎生貧。

霍氏姊墓誌銘

吾兄弟三人，女兄弟亦如之。姊先文學之長女，小字金，生於乾隆二十九年七月二十九日，卒於道光九年十一月二十三日。卒以足瘍，瘍生腫方甚，姊自知病難醫，來省吾母，謂吾曰：「母年高故折兒女壽，然減吾年以益母，吾甘焉。弟勉之矣。」當是時，吾母年九十有二，吾兄與次妹皆先亡，姊因云爾。予聞之心惕甚，詎知此果即姊訣别語耶？姊歸，吾兩甥皆賈外，吾為延醫治，治稍效而醫暴卒。姊病遂日劇，吾往視，姊又哭曰：「吾不得復侍母矣，然吾弟在亦無憂也。」十餘日姊遂卒。吾經戚屬長幼死亡，多以哭致傷，今踰六十復哭吾姊，尚堪為情哉？吾兄弟姊妹既長，鄉人多譽者，吾亦不知其故，而命皆較苦於人，吾姊之命苦尤甚。憶少時家貧，父遠賈，吾與姊日拾薪炊爨。母嘗命姊引吾索父寄貲于族好，無所得，至晚弗獲食，饑甚。家有礱，母舁起，掃遺麩燒兩餅，與吾及姊分啖之。已父歸，字姊于霍氏，既嫁，不復愁衣食。吾與姊倩方讀書潼關，而姊以盜驚遂成瘋癲疾。嗚呼！姊之苦自是又百倍未嫁時矣。蓋自疾瘋癲，先後三十餘年，時作時愈，作時晝夜無一刻自安，他人止之則益甚，吾勸之猶時帖。其間艱危有令人不忍言者，恃吾能時時保持，即諸甥、甥女之生皆在吾懷抱為多也。然姊性孝慈而仁惠知禮義，儉於其家，當疾時人見之莫不憐，曰：「是何應有此疾？」稍瘳，于諸親長輒盡愛盡敬，見卑幼無弗體恤，雖雞犬亦不肯稍傷，米鹽之屬未嘗一毫妄費，晚年猶時拾薪路旁如少時。比兩甥皆良賈，有獲，方謂以吾姊之苦，天宜有以援之，以吾姊之賢，天宜有以報之，詎意瘋癲疾愈數年而遂以瘍死耶？嗚呼，天心茫茫，毋乃於斯人之榮悴大不系懷乎？吾誌吾姊，知必有常憐吾姊之苦，常念吾姊之賢者也，而地下含恨無窮矣。痛哉！姊兩子：長慶、重慶，俱娶藍田某氏。女一，適張氏。孫一，長慶出，尚在抱。姊卒，天寒不可營壙，葬未有日，吾豫為之誌。銘曰：人生百年，命固難全，何獨吾姊，終慨顛連，生無樂境，死誰酬焉，賢不獲佑，匪人也天。

郭氏妹墓誌銘

妹先文學之次女也，適同里馬坊頭郭永業。少聰慧，先文學于吾兄弟姊妹中尤鍾愛，字之曰玉。方二歲，嘗誤食礁石，竟不死，人曰此女當有厚福。先文學沒時，吾兩妹皆尚幼，遺屬宜擇適士人，故郭氏妹年二十一始成婚。然妹倩學竟未能就，命也。妹性明達爽直，吾同乳六人，小心謹細，皆似吾母，獨妹似吾父。居常有拂意輒怒，怒輒言，女黨中無少長有不順必面斥之，然明義理，言出鮮不折服。吾兄弟有所愁郁，妹亦多能解諭之。事舅姑，處妯娌，獨以和敬，十四年無閒言。精女紅，既嫁，吾家中冠服巾履猶常賴之。甲戌春，值計偕，予將北上，衾褥及筆袋硯囊等皆已敝，妹手為縫緝數日，意若甚慘者，予亦不敢問。已之京，得惡夢，夢指爪落，又夢吾兄身衰絰，甚惡之。榜出，不第，急裝歸。遙遙遠道，二千五百里，不能一蹴至，積悶幾成疾。大抵以母老懷疑不能釋，旋亦疑及吾兄，旋亦疑及吾弟、吾姊及井氏妹，以郭氏妹素爽達少疾，初無疑。五月踰端午始抵里，見人即問吾母，以為安，問家人皆無恙。至家徧見之，始釋然。問姊若妹，曰方歸。越二日，母始哭曰：「玉兒死矣。」予聞之不覺其魄之落也。嗚呼！夢耶？真耶？天耶？人耶？不疑死者而竟死耶？往吾離家時，見妹狀意謂憐吾久不第，不堪征途之苦，或以吾見母老意若不忍別故不樂，詎知此即與妹永訣期耶？使吾早見及此，微諭以母故不能遠去，亦安能逐身外不可必得之名忍與吾妹終不相見以貽終身之悔乎？嗚呼！積痛萬端，椎胸自責耳。欲起吾妹一言之，其可得哉？其可得哉？母見吾慟，反慰曰：「勿過哭，人生終須死，彼葬以美棺佳衣衾，葬之日舅姑及兄公及家人皆向墓哭不能歸，曰：『天不欲成我家耶？』得此亦足矣，夫何恨。」雖然，數月之間，吾去妹送我于門，而吾歸乃哭妹于墓，其將奚以自遣也。思欲為文祭妹，痛不能搦管，百日後和淚勉書此誌，一以寫吾之痛，一以紀妹之賢，亦使吾甥他日補勒于石，庶幾見此如見其母也。妹生於乾隆四十五年七月初十日，得年三十有四，卒以嘉慶十九年二月二十四日，吾京師惡夢正其期也。卒之日即葬於其村北祖塋。有二子：福德方十歲，全德方四歲。

銘曰：事不可料，命不可恃，賢明而強固者反夭死，無限之福，死乃皆已。獨恨吾與妹相違幾日遂為永離，能無嘆功名之誤己？妹慕讀書，不得於其夫，猶望於其子，泉壤可封，吾未知吾甥他日能省此乎否。

井氏妹墓誌銘

妹小字蘭，為吾父文學公、母張晚生女，最鍾愛。父沒妹幼，母尤憐之，然教之實嚴。稍長，聰明賢慧，才德俱似吾母，女工五飯無不精，求婚者母不肯與。同里井與李本世親，上庠老生井國香，舊家也，為其孫樹椿納采卜吉于妹，母遂許焉。既歸井，家人內外皆稱之。伯姑、王姑語其家曰：「他日吾得婦如是足矣。」族伯明經介福先生，里負學品長者，與其配陳媼見吾妹，稱吾父母，語人曰：「若所生男女不知何以皆過人也。」初妹納徵時有羊儀二金，吾體吾母意為妹別營，加妹織紡箴黹所出，數十年竟積百金，今所恃以不憂衣食者，胥其遺也。吾母老，妹以密邇，在吾家代吾事母時多，吾亦賴之。妹所生子女二人：女芙香已許婚亡；子生祖已老，名之曰增壽，後讀書能應試，吾易之曰顯秦。甫知問字，吾稱其寧馨，妹遂望之亟，今功名不早成。妹以少勤苦，晚加子女之憂，因成勞疾，久乃日增劇，近似略平復，吾猶謂其可瘳，如何似差而復犯。吾一日兩視之，顧不易日而卒。時今道光二十五年六月十九日也，距生於乾隆四十八年，享壽蓋六十有三。視吾今尚減年。嗚呼！痛哉！吾兄弟姊妹六人已亡其五，吾年逮八旬，雖子孫滿前，他務不以係心，人謂吾餘生之樂時少有及者，而吾視同生更無一人，念向者天倫聚處，曾復幾日？駒隙之迫，真不堪一回首矣。而情切如吾妹，年少於吾，如吾妹皆待吾誌，未必非彼蒼故延吾殘喘，使誌其所可誌，以存人世，則吾妹之死不亦可瞑目哉？妹將死，對吾目瞪不能言，知所不甘心惟吾甥讀書為人，是又顯秦所不可不知，所不可不識也。顯秦娶歲貢張翰淩女，有子一，玉潤。筮九月二十九日葬妹于村東新塋，從嗣舅姑期除死月為三月，不盡如禮而猶禮也。為銘以申之曰：賢哉吾妹，教符其生。立家訓子，志遠識宏。死不副心，終稀有成。甥不忘母，幸憶吾銘。

亡妻仇氏墓誌銘

氏華陰縣例貢生仇公丕謨女，幼端秀明慧，丕謨公甚愛之，適予家，吾父與母亦雅心喜。丕謨公故號素封而予家貧，氏至門，吾父母恐其習奢逸，呼堂上諭之。氏曰：「舅姑勿以新婦為慮，奢逸非所願，且予家今雖貧，安知異時不富貴也。」廟見後，天未曙即入廚操炊爨。翌日，吾父誇于人曰新婦竟能習勤，而自是氏遂以為常。或一朝家之人有先己興者輒驚愧自責起遲矣。吾母素以勞苦治家，每夜績必至雞鳴，氏至能伴之，稍倦則歡語為樂，鄰之人皆以為難。性好潔，旦灑掃堂上畢，入治其私室，枕巾簞笥必令端整無少塵垢。於家中及己私物雖細微莫不愛惜，人借之，時有吝者，亦其性也。始丕謨公以予知讀書，故以氏字之。未及婚，丕謨公殂于河南道，氏哭泣屢成疾，比來予家二年餘，枕席間猶常見有淚痕。問之，曰：「妾悲吾父也。」曾語予云：「妾父以妾許君故，君知之，宜努力。」當予應督學試，曰：「少時相者相妾貴，是在君。」嗚呼！孰知予未貴而氏遽死哉？人言性潔而過於惜物者不壽，豈其然耶？顧氏生富家而知勤儉，乃不永其年，豈吾家當常貧耶？抑相者之言胡不應耶？嗚呼！痛哉！氏生於乾隆三十一年正月初六日，卒於乾隆五十六年四月初七日，得年二十六，權葬于村東祖塋之西南側，銘曰：氏視家計，何亡何有？氏在閨中，為我良友。奚為乎天？遽奪之使不得久。予未知予之貴否，願氏之骨且勿速朽。

妻郭氏墓誌銘

氏邑馬坊頭郭天有之女，生而粗醜，年二十蹇修無問者。吾喪仇氏妻，家貧甚，以再聘為難。母舅張迂齋許入庠後為娶潼、華士族，而吾兄憂之，迺求婚于郭，未許也。適是考吾補博士弟子，且首列，媒氏反索聘，兄聞其醜則反拒之，商於吾，吾弗肯，遂委禽焉。比氏歸，吾已食廩餼矣。

氏無婦容，亦不善婦功，然於言於德兼有之。歸家順於吾母，又謹事吾嫂，依其教。異居後，吾母既老，始自持家政。以食口漸眾，吾賓客日填門，米麵鹽菜，氏摒擋計較，常終夜不能寢。近二十年，吾日居桐閣，僅晨昏一省視吾母，而氏與母同處，凡母身之所適，意之所欲惟氏能奉侍揣度之。其宜告於吾者則謹記之，而告之雖時有怒責，然母一日離則弗能安，所怒責者亦不自怒也。于親戚鄰舍，承吾母意，餽問乞假無失者。衣食間毫無所計，終身果腹止蘄兩餐，附身不過數領，糟糠敗絮習以為常，夜寢至無氈褥。吾安之，氏亦安之，見履厚席豐者弗羨也。其母家世力農，氏來，獨喜讀書，既有子，知問字，日趣吾教之。兒來南之生，吾年已踰三十，來瀚之生則已幾四十，不無舐犢之愛，教之常過寬，而氏則督以嚴，一刻嬉戲不學輒弗容。兩兒皆漸長，教之律身處世，每指吾以為訓，于功名榮貴不甚急。吾秋薦，兒來南入庠，取高等，人或慶慰之，氏則若固然耳。始氏有疾，既甚危，久益劇，吾母恐，每呼神禱其生，吾姑姊等及鄰婦來視者或走神祠代乞藥。已沒，吾母言於眾曰：「吾家事无主矣。」有來弔者，曰：「天何不使我死，使若生。」嗚呼！吾無莊生之達，未免有情，誰能遣此？況自昔有尹吉甫之戒，曾子之約，衰年煢愁，何以慰之？故吾憂吾母之無人代養，即吾家無人助理，轉憂吾母之為吾憂，並為吾兒、吾兒婦憂也。誌氏，慰氏，亦自慰而已。

氏生於乾隆三十八年十二月初九日，享壽五旬有四，卒于道光六年十二月二十五日。子來南，生員，始娶增廣生員張照臨女，繼娶張純清女；來瀚，娶樊嶽齡女。道光七年月日葬氏於新塋。銘曰：吾鄉有傳言馬坊頭堉無白丁，似有驗。以氏之貌，婚之遲，既歸吾，吾功名乃漸達。及有子，氏又殷殷於讀書，人言氏宜有厚福憫其勞亦由此卜也，氏死遂皆謂天於氏所酬似不值。然榮祿虛也，德名實也，氏之賢勞在人口，是即福也。且安知氏歸泉壤，他日之報不速耶。

陳氏兩世墓表

雒南陳生現來學桐閣踰年矣，視其質亦醇謹可教者。一日自為其曾祖屏山公暨其祖述章公狀，丐予為墓表，無以辭也。按狀，陳氏本潼關人，國初有諱盡庫、盡忠者始徙雒南故縣川之北原，皆業農。盡庫六世至列，讀書未竟，習堪輿術，是為屏山公父。屏山公諱三謨，字帝俞，廩膳生。試督學，累冠軍。嘗值試期遇疾作，勉入場，日亭午即出，謂人曰：「予自試未嘗為二等秀才，今以病，草草畢事，此考居三等矣。」及榜出，猶第一也，名由此大噪。然窘於秋闈，終不售，識者惜之。其父九十餘，事之甚謹，夜必侍寢，不使他人代，稍有動息即燃燈視問。父沒，治喪一稟文公家禮。性直諒寬厚，在鄉里多為人排解紛難，遇貧乏輒周之，或詢問則盡心告之。農事興，每率子若孫田間作，若暇即讀書教授。生徒多同族及他姓，入庠者數十人。子四：綸，歲貢生；維、纓、紹俱庠生，纓即現祖述章公也。生而質樸，屏山公謂其配趙曰：「諸男皆穎悟可讀書，三兒恐不能，當習勤立產業耳。」遂使牧羊。而公于牧羊時過塾門必久立，竊聽人讀書。屏山公偵知，復語其母曰：「兒喜讀書，獨何為棄之？」時公年已十餘歲，棄牧鞭，抱籍入塾便朝夕咿唔不厭，年二十三竟與仲兄同時補博士弟子。已，兼耕讀，未得專儒業，然歲常試高等，與諸兄弟爭後先。事屏山公及母趙、王無少懺色。父母沒，朝夕省塋墓，三年之中不飲酒，不茹葷，動必以禮，一如屏山公居喪時。塋地其祖所定也，寬廠五六畝，公手植松柏四十株，親汲水肩運以灌。四十後，兄弟析箸，移居張家嶺西，去舊居三里，時猶無子，置田立舍，自任之。既有子方傑，教之讀書，卒時方傑年十七，生現已二歲。謂王孺人曰：「予有子遲，未得視其成。予沒後，勿使廢學，即不能望之，孫庶幾繼予志也。」王孺人泣誌之。孺人王某公女，逮事王舅、王姑並舅姑，皆能承歡。述章公沒，子以孤弱當門，又值荒亂，學未終，督現學，晝夜勤劬，兼師道，臨終又屬方傑必成之，而現遂亦早入庠。

桐閣學人曰：隋史杜氏一門三秀才，人豔稱之。屏山公以名諸生教四子皆如己，且有舉明經者，即未掇大科，可不謂難與？至述章公始不圖為學而終躋士伍，不慚其兄弟。路溫舒為人牧羊，承宮為人牧豕，雖所就不同，其難亦均矣。凡事無患倡聞，現諸父兄亦多列青衿，皆屏山公倡之也。然又有進焉者，現遠來學於予，予不足為倡，以現父命現之意，知猶稟屏山、述章兩公未副志，不能無厚望矣。兩公生卒葬年月日附書之，系以銘：松柏滿塋，知其蒼蒼。植之有年，例應發祥。我思遊雒，往過其旁。吾道如南，或更裕芳。東嶺之外，承卜益昌。

文學王左卿墓表

邑文學王左卿，醇謹士也。予與少相識，每遇之，見其坐必端，言不苟，無世俗周旋酬應浮態，心雅敬焉。其後，君絕意功名，以經學教里中，足跡罕及閭外，則相見益稀。沒三年矣，將葬，其門人同族鈞與諸弟子謀所以表君墓者。鈞嘗從予學，為予言向從學十年，十三經皆親授，凡句讀義旨講示無不詳，又言君精者音韻之學，於釋神珙字母及康熙字典、宣城梅氏字彙所載等韻、横讀、直讀、反切、標射諸法皆會而通之。教學者讀書先以是，不使誦字少有訛。予驗鈞所誦諸書，信然。鈞既入庠，自謂受益于先生實多，其欲表宜矣。即弟子受益于君猶鈞也，其欲表之宜矣。予亦以教授為業，方患今學者小學不明何以入大學，謬譌相因，是正為難，得君久教，庶幾有望焉，而遽作古人。君之宜表，予之表君，又烏能已哉？

君諱邦輔，字左卿，號菊亭，生韓苑洛之里南陽洪。曾祖廷薦翰林院官，生祖正方。父應祥，太學生，母韓，生君兄弟三人，君為長。凡四娶，曰白氏、楊氏、張氏、李氏。與張屢舉男不成，一子啟泰，白出也，七歲殤。今李氏與先楊氏皆無出卒，以仲弟子大海為後，少問字外大父韓文學輝先。先生既長，有志經學，先後受業諸先達名宿，如同里劉繼先先生輩甚久，遂以第一人入庠。秋闈試嘗薦不售，久之以艱嗣且病痔，遂不復應試，然束修其身，逮老里中猶以為循循如少年諸生。家本以舌耕餬口，嘉慶初歲薦饑，君勉施銀者一，施粥者一，施豆者一，曰：「濟世無廣狹，惟其力耳。君子曰：『於天無求者，天不忍苛，於人有補者，人必思酬。』」左卿不慕名利，淡然一無所爭，不中造物之忌，何至一子竟不得有，然天之所忌人之所惡也，左卿不見惡於人則不見忌於天，承先祀，姪猶子耳，何憾焉？至少而學，繼而教，功在後進，鄉之人生而愛之，死而思之，即今諸弟子之爭表其墓，君亦可瞑目矣，其他謹身寡過而為德不泯者勿論也。生於乾隆二十三年十一月二十五日，享壽六十有九，卒于道光六年三月初九日，葬於茲兆，在九年三月十八日。銘曰：學欲其是，行欲其砥。有益於人，死而不死。猶子可繼，弟子亦子。豐碑長存，過者視此。

明經楊君捷三墓表

予識潼關楊明經捷三蓋數十年於茲云。明經性端平恬靜，少事其父玉書公暨母師太君，稱意承志，無少違迕。兄光霄、弟森，式好無間言，後以故析箸，有無猶不分物我。接人恭而有禮，無論宗族、鄉黨、朋友罔弗愛敬者，然疾惡甚，非其人輒不交。讀書敏，以父屬望殷，益加勤。入廳庠，旋食廩餼。乙卯秋薦，以額滿見遺，後舉明經科。教人諄諄，訓誨惟恐弗解，時以宋五子書為提撕，處事惟恐不如古人。治家以勤儉，屢遭荒歉，未極困也。三子因材為業，各教之，無愧於人，為賈、為吏、為士。家不求豐，亦不憂衣食，以子瑾沒，抱西河痛，竟亦染疫卒。遺命治喪不用浮屠，讀書所得蓋如此。

始予識明經當同州院試，試歸，相見於邑城之西郭，韓親慎齋為之介，一晤已稔其為人。後雖不數見，與慎齋談又多得其實。已予主講關西書院，明經季子琨課院中，文理頗清，見其人雅似明經，問之果然。旋見琨兄瑾、玘均有父風。予嘗小飯其家，居在潼河之西，近南水關，巷隘徑仄，幽室數間，人跡所不能輕到，重城之中寂然山麓。聞明經處其中，恒數十日不出，此亦足見其人矣。唐宋明經次進士，進士多少年顯達，而明經皆老儒，非卑職即退藏，然士不通經，果不足用，明經亦進士之本也。語云「經明行修」，修行又明經之實也。琨父白首詩書，以明經終關門，未有物議，名實稱矣。琨以狀乞予表其墓，其所述皆人之所道也，亦予之所聞而信也，豈必甚貴顯哉？雖然，貴顯何常？琨從予久，立志勤學，試秀才，累優等，又嘗冠軍，他日益大明經之門一運掌事耳。顧予所謂顯貴窮達一也，不自失其為人，窮而在下可，達而在上亦可。窮與窮不同，達與達亦不同，處之得則皆得，處之不得則皆不得，孔子、文王皆盡其士行而已。明經不仕，教子讀書而有效，豈不望其自是益進而顯？求其在己不求在人，明經之志如此，予之所以表明經者亦如此，琨兄弟皆當知之。明經諱聯第，生於乾隆四十五年七月十七日，卒于道光二十六年四月十三日，享壽六十有七，今擇於南門外西陶家莊城北新塋安葬，其地壬山丙向。

明經張健菴墓表

張健菴諱涵，鳳翔郿縣人，橫渠三十一代裔孫也。曾祖允中，邑庠生，貤贈修職郎，祖榕，邑庠生，父起�，邑庠生、鄉飲介賓。健菴本貤贈修職郎起�公長子，為介賓公嗣。性聰慧，倜儻不羈，弱冠後即入郡庠，旋食廩餼。博稽群書，筆翰如流，然不樂舉子業，惟以力行實踐為歸。又心虛喜友，凡朋類有敦本尚實者必造訪之資講論，並規己過，嘗言：「吾自視恒如童稚，不論貴賤、長幼、生熟，遇之即欲獲彼之益。有告我以未明之典，未悉之理者，吾良友也；有責我之差失，導我以善行者，吾嚴師也。」時誦呂新吾語曰：「道德書盡讀，事業書多讀，文章書少讀，閒雜書休讀，邪妄書焚之可也。」又擬此論交云：「道德士盡交，學問士多交，才辨士少交，鄙俗士休交，隱怪士遠之可也。」健菴蓋如夫子之論子賤，能尊賢取友以成其德者，知此可以得健菴之大略矣。

健菴年五十四貢成均，既戚友族黨欲舉鄉飲賓，謙不肯，曰：「國恩何可濫邀？」事生父、嗣父如一，以家政冗繁，不獲如願，沒後日殷殷思補之，祭薦一如家禮。又囑兒輩已沒衣衾棺槨勿從厚，逢忌日具蔬菜謁墓前，以明吾過，惟令節宗祠之供必豐，時新未薦不先入口。祭畢，講論持身治家之法，家人有過差，於祠中跪香，又掩戶自撾，必人共叩頭謝罪乃已。此萬石君家法與繆彤事，當切記。其與兄弟友愛非一端，從弟小溪漣官耀州學博，年八十思之即往視。哭其弟鶴林曰：「天何不喪予而喪弟。」群從有不順者但自愧不能統帥，無以見先祖，因好諭同居而終不能至。健菴與人言學必勉以崇品，教子每以身示，寢門書一聯云：「業負人皮，餓死不嫌方有骨；既生子息，逸居無教怎為親？」庭前書一聯云：「詐僞盈念，人可欺己可欺，怎能逃鬼神鑒察？早暮籲天，富非急，貴非急，但願得孫子賢良。」自異爨後貧不堪，怡如也。崇禮讀書，此橫渠與二程所以及朱子異于陸王者。精岐黃，人延之無厭色，亦不受謝。人有善稱道不已，或爭業欲興訟來質，教以讓輒皆已，此即西銘一視同仁之意。

癸卯，予以事至省，健菴來入闈單，訪予于長安旅舍。予答拜，問之，知年與予同，驚其老，志猶在功名，曰：「吾來訪友耳。」語久，知其人之詳，生平之功求友寡過為多，以為此又橫渠東銘戒戲言、戲動，慎思、慎謀之意也。論語「不重」一章，功凡四條，盡始學之要，而吾鄉涇野、二曲宗旨皆不外此。然則關學仍在，健菴家學，健菴固自得之矣。抑吾夫子之教在求仁，橫渠之教又重禮，仁、禮皆性之實，四端之要也。孟子言學主性善，宋五子皆得之，性於四端無不該，救時必求其原，亦視其所重。張考夫喜關學，謂治今天下以禮，猶孟子救戰國以義。予謂治今天天下以儉，亦即學不外博約，禮以已亂，奢儉皆必中禮之旨。陸王重本，偏內遺外，意在砭俗學，先坐不識性矣。健菴著有寡過録、節録綱鑒、答童蒙言、瑣言、喻言。予行敏不憚五百里餘，持狀求表其父墓。予為撮敘梗概而論之如此，即當健菴求友自當忠告質健菴於地下，並以質關中所交之友及凡過健菴墓者。

健菴生於乾隆三十四年九月十一日，卒于道光二十八年二月二十一日，享壽八十，配馬孺人，庠生錦堂公女。生男五：行恭、行寬皆前卒，行信庠生，行敏善畫，來乞表，覩其意狀亦似健菴，行惠庠生。孫男十：警良、型良、矩良、模良、預良、範、惕、循、坤、晟皆幼，孫女二。曾孫男二：釐新、釐迪。曾孫女三。葬健菴在卒之次年九月二十六日，其兆則此宅西新塋，丙山壬向也。行敏來，令少留，夜書此與之。予生無一日不先家人學徒起，無一夜不對燈三四更，狀言健菴之勤如此，亦可相質以質人。

檢討孫西峰先生墓表

予自十四五聞武功太史孫西峰先生之名，心竊向之。先生諱景烈，字孟揚。曾祖國良，縣學生，祖起相。父鎮，母劉，以康熙四十五年八月十二日生先生於㯋封里。年十八入邑庠，旋食廩餼。雍正十三年乙卯中式本省鄉試第二名舉人，乾隆丁巳會試取明通榜第一，授商州學正，是年舉孝廉方正。己未會試成進士，選庶吉士，散館授檢討，直武英殿兼經史館校對。未幾致仕歸，乃與學者日講性命之學。凡三主關中書院，一主蘭山書院，一主鄠縣明道書院，家居授徒又三十餘年。自致仕，學日益粹，名亦日益高，以少讀書西麓山房，遠近稱西峰先生。卒在乾隆四十七年九月，年七十有七，嘉慶二十年崇祀鄉賢。往予續關學編，近六七十年以來惟得先生及其門人臨潼王零川巡泰。

先生之學，朱子之學也。世不講正學，講正學者又或分門戶之見，予以為道本別無門戶，而不免於歧者則其見之偏。偏其偏大者亦其學之未至，偏而彌甚，遂至自持其見以相詆諆，若未涉藩籬而亦妄有是非，此門戶以外之人不足道矣。邇陸王學熾，其與程朱幾成孔孟、楊墨之相爭。就中論之，象山此意猶微，陽明則甚焉，學陽明者又甚焉，託陽明者又甚焉。予講程朱之學而不敢斥陸王，以皆躬行實踐，則皆正學也。即人所斥其說之非，非必盡非不可誣也。特幾微之差不能以不辨，正不似今人好名，多取朱子而橫詈之，將為世道人心之憂也。西峰先生恪守朱子，雖博覽群籍，以四書為主，即以朱子集註為主。諸經子史悉薈萃印證於此，講之亦體之，持身用世皆有本末。其識精養粹，言事一準以理，而於物無競，蓋真得朱子之傳，並無門戶之見者。其始家貧力學，喜讀小學、近思録諸書，已確有所守，比登賢書，官學博，念父望已深，志本不在小。既獲大科，復毅然棄詞垣歸，杜門不仕終其身，出處不苟固如此。以父沒，佳節忌辰不自御酒肉，又營立家祠，置祭田。母劉老，辭大官之聘，朝夕侍不離側，疾則衣不解帶，死葬盡哀禮。與弟景昌、景熙相友愛，教之皆成名，其本原之篤則如此。

在商州學，革去一切陋規，倡復社學，修鄉賢名宦祠，為諸生闡發經義，究義利之辨，不率教者嚴加戒飭，其後之教書院與教西麓山者皆可知矣。先生嘗稱真西山之言曰：「古之學者為己，為青紫而明經，為科舉而業文，去聖人之旨遠矣。」此固猶是朱子之意也，故生平以此為學，即以此為教，所交遊皆當世理學名儒。孝廉方正崔虞村中丞實舉之，主講關中書院則陳文恭公延之，蘭山書院則尹文端公延之。弟子講程朱之學者王零川外復多名臣，韓城王文端相國其首也。浙江楊梅似先生為一時制義宗工，督學關中，服膺先生，並俯首其諸弟子，謂皆南中所未有。予意先生之沒宜有巨筆為之表，今先生已等古人，其曾孫鋌乃不遠數百里屬文於予。前喆謂百世之上百世之下，此心同，此理同，則皆可以校志而衡德焉，予何敢言此？獨念自少嚮往先生，既而敘先生于關學編，茲乃為之表，惟其同主朱子，此中之緣似亦有先啟之機。第表先生，予于先生竊幸得附以不泯矣，未識先生冥冥中其尚許予否也？先生著述多，有關中書院講義、課解、蘭山書院講義、課解、明道書院講義、可園草、可園拾遺、西麓山房存槁、滋樹堂存稿、易經管窺、詩經講義、性理講義評點、康對山武功志、對山集選、郃陽縣誌、鄠縣誌、王渼陂族譜、漦封聞見録、古漦文選、關中文粹、菜根園慎言録，一生精力畢萃四書講義中。鋌謂諸書已刊者皆有序，獨關中書院講義未有，亦屬予補之。予主臣不敢在，然亦無以辭也，故序其著述於後而附及此。

馮硯農先生墓表

予與頻陽馮硯農先生心交四十年矣，而未一面也。其始以先生悮聽外論，聞予名，又見予桐閣集，謬許可，予亦因得知先生。自此時運同，或以文字相質，兩地契合遂日深。予每擬西游訪先生于其里，先生亦有過予之願。今予老矣，先生已捐館舍，予誌之以言，自以同世相知不相晤為生平一憾事。壬寅春，先生孫啟瑞持一冊詣門求表先生墓。表先生，予心也，雖老棄硯田，此不能不勉為之。閱所持冊中有春雨種花圖，對此乃如面先生，生平之恨庶幾一釋矣。昔先河濱於漁洋亦晚契，未獲見，漁洋自謂所交關中士推河濱為第一，至關中題其小照，傾心殊甚。予不克繼河濱而先生不愧漁洋，閱圖後諸吟跋，恨不預其中，而得為今日之表猶幸終得忝列先生知交之末也。圖前又有先生自為無能居士傳，言好讀經，好觀史，好吟詩，好為文，好書，好花，好酒，好友，而皆謙以無能。閲先生自敍暨諸題跋，凡先生所自為無能者乃其所獨能而為他人所罕能者也。四十年來，以先生雅不棄予，意其性情嗜好與予略同，庸詎知先生篤志好學，老於藝闈中，又終身風流豪曠人耶？先生於十三經、二十三史及百家書無不讀，所為詩文盈筐篋，予惟此略可質先生。書雖粗講而未從事于墨池，花酒二者則全疎，至朋友之誼，足不經門户，知交數人，或患難死生以之而先施未能，與先生心交四十年而未面，他可知也。然先生自言所好，予謂猶闕其一。讀書窮達一也，窮則獨善，達則兼善，獨善非兢自好之謂，好行其德，為德於人亦己之德，此孟子所謂尊德，此孟子所謂不失義也。觀先生為二願齋題語云「願天生好人，願人行好事」，此聖賢公善之心也。雖願不能副，而此心不可已，斯所行無所擇，故知為先生傳宜有好義一條，而先生不言，亦謙辭爾。予貧無能行義，力所能為則為之，亦時為裴叔則之挹注，亦謂善淡必在己，但自人為之，自人受之而已，即妄有著述猶此心耳。向者桐閣自著外有西河詩文録、關中道脈四種書、關中兩朝文鈔、詩鈔、河濱集、叢書諸編，同里同心而有力者皆梓之，以為表章前人，啟牖後人，善更不止當推於一世。或疑其未名名心，皆付之不聞也。先生著述亦然，予選兩朝詩文時，先生以所刻受祺堂、頻陽二布衣詩寄，得之如獲拱璧，喜此心之不孤，且有助我見聞。讀其自敍所著，如拜石軒詩文、五貞女傳、義貲記、樵雲家訓、讀史臆説、讀史偶吟、豆棚新語、擁爐閑記等論，所述者如讀經偶鈔、楚辭香草、水經注勺録、文心雕龍摘鱗、藥書、麻疹痘疹科編，無慮數十種，何一不有資於世，而予有見有不見，則又恨生不得與共討論而傳之。因語先生孫，使予為表不如乞有力者梓先生書之為得也。然則予之表先生能得先生之萬一否？未敢自信，亦姑道四十年知契之所在耳矣。

先生名雲杏，字文木，號樵雲，晚號硯農。父純齋公，由洮州教授陞新化知縣，教先生自少即見器于諸前輩，應督學、古學屢冠。十七屬補明經，遂絶意功名。八十後，一任涇州學博，遽策蹇歸，稱硯農，從其志也。生於乾隆年月日，卒于道光年月日，享壽八十有三。銘曰：頻陽，人文淵藪也。他無論，明如孫少宰之勳業無負，楊斛山之忠諫不朽，本朝如家子德之才儲八斗，皆古今所尠有。先生刻受祺堂集，此殆其所尚友乎？予始志欲達而既安於窮，與先生少似，不敢與先生耦，表先生門，當生前之面語，先生其知乎否？

槐門李氏三世墓表

槐門李氏者，河濱叔則之裔也。河濱以文名天下，國初時碩學為海內冠。河濱季子郡司馬標、赤、建，建生學生孟、金、衛。衛生雲菴，遂以嗣貢官府谷教諭，衣冠未替，然家漸貧。府谷公生獻公奉世，獻公子因之宗禮，終身讀書守家風，以儒老而貧實，甚至無立錐田。府谷公予所聞也，獻公公予所見也，因之公予少猶及同應試也。三世俱葬於茲，其家外門外有古槐，枯已久，今因之公子某始棄儒賈於外，家復振，槐乃重茂。吾族大，故稱槐門李氏以別之。某兄弟由童稚求衣食於中州，赤手習擔推多年，方獲重利，歸，須長已及寸。雅敬予，每事恒咨問。每言兒時與吾弟茂春日攜筐往南灘采苜蓿，苜蓿在灘者即吾兩家之米麵饔缶。吾弟今已死，予聞竊傷之，某因以閑乞為三世墓表，曰：「但欲道先人苦示後人耳。」

予嘗謂富厚之家好行其德者終當以詩書顯，詩書之家不失其德者亦必以富厚報。先是戶部公父諱邦忠，本以寒素秀才啟戶部公兄弟，戶部公既貴而富有，河濱以下累世通儒，府谷公猶以公私立教，為學者所仰，其後詩書之報似中歇矣。今復漸積，逮于富厚，門外槐以應之，此其德之流長可知也。憶予少以知學多為長者所愛憐，年二十居父憂，百日內哭不絕聲，時獻公公已七十餘，一日來視予柩，諭曰：「吾聞子朝夕哭，甚傷之。古人居喪廢業，然未葬讀喪禮，既葬讀祭禮，子亦知之乎？一於哭而滅性，非乃父心也。」予以是知公之學，至今猶感其意，而歎前輩用心之厚，近亦尠有也。因之公應院試，屢見録復斥，予少嘗聞其談史，津津然。其為人寡言笑，家日不舉火，與父恒閉門不出，未嘗一有乞假於人，則河濱之家風不墜也。天道人事，昭昭不爽，孫某已能從師為學，不憂修脯費，貧困不常書香亦未斷。予竊以先世勉之，他日如能紹聞衣德則於予今日之表為不負矣。雲菴公葬有誌，不復贅。獻公公沒于嘉慶十一年九月初五日，享壽九十六，以祀生屢膺庠養。配兩井氏，一閻氏，兩子俱井氏出，因之公長，次學禮，早亡。因之公享年五十六，亦先父沒于嘉慶八年六月初八日。配郭氏，有婦德，與因之公常侍獻公公側，視飲食。予蓋時見之，享壽六十一，沒于嘉慶五年十一月初二日。生子五：出嗣者三，某某某。樹石系以銘曰：

予表槐門三世，猶記獻公公之從弟諱牖世者，少時應縣試，應冠軍而邑侯使讓於人，其後竟不復售。晚年貧更甚，朝不能謀夕，然予日見其取架上遺書，手一一編不釋，有得心輒為予言，有所疑亦時向予問，若不知予之年與相遠也。此猶獻公公之視予於柩前，皆昔人不可及者也。嗚呼！誰使人之云亡乎？予能無心傷乎？並書之，後有見者得無同愴乎？

處士貞堂賀君暨配蓋孺人墓表

及門三原楊生秀芝為予言其邑賀生瑞麟居父母喪能守禮，間見其文亦脫俗蹊。已，瑞麟偕楊生來，執修脯求為弟子，因出所為父母狀，丐表其墓。閱狀，覼縷數千言，細大不遺，哀慕之心溢於詞表。賀生之性情又見矣。記曰：其先無美而稱之，是誣也；有善而弗傳，不仁也。吳因之求唐荊川文以揚其親，久不能得，百累書，必欲得之。予無荊川筆而賀生謬為因之之請，蓋其仁親之心鬱不能自已，遂漫信楊生之言，重視予以謂予足表二親之德。予雖老，謝文字應酬，烏得而辭也？按狀，貞堂君諱含章，氏賀，一字德光。性不能為骫骳，自號曰質直先生。先世渭南人，始祖光輝遷于三原，生泰昌，泰昌生興宗，方正有品，鄉人矜式之，為四十八堡約正。生梅菴公應祥，善畫，乾隆時應畫試詔，名起公卿間，豪俠好義，不蓄藏一錢，貞堂祖也。配秦氏，生海峰公瀛，貞堂父也。貞堂生六歲，海峰公卒于賈。母王氏矢靡他志，事舅即鬻子，旌表節孝。貞堂少聰強，體祖與孀母志，讀書應試。幾售不果，年十七娶于蓋，遭歲歉為謀生事，學其祖梅丹青，又學岐黃術，始猶授童子句讀于鄉，自咬菜根供兩世親甘旨，旋鬻廳屋，預為其祖謀殮葬。祖歿，貧益甚，不得已乃就賈，寓鎮江，往來蘇、揚間，過洞庭，覽西湖勝，登金、焦二山，閱人亦多，得山水人文助，醫畫兼進，閑吟詩自娛，人不以賈人目。先是，遭人命牽連，在市邸同夥竊銀去，主進者疑君與謀，鳴於官。然君生而坦白，尚義不計利誣，卒皆白，至使竊銀人遺字出君冤，其不以患難自污而終能見信於人如此。有某督學臨蘇得瘟疾，劇甚，君活之，謝弗受，督學且以詩質君。自是君之醫與其能詩亦如乃祖之畫，名著公卿矣。歸里嘗為羅督學診病，羅欲以醫官君，君亦弗受，曰：「老矣，不能隨人步趨也。」晚惟以教子為事，尤殷殷於瑞麟讀書。屬纊之先，訓誨不已，有自述貽子一編，瑞麟具存之。

蓋孺人，邑吳村人，父秉仕，母李，高陵士族，淑慎有閫範，孺人性行頗如之。歸賀，事祖及孀姑無少怠，以簪珥佐歉歲，傭女紅以易粟米。貞堂君賈外，孺人摒擋內事，實皆賴之，或訶責子輩，見其姑不喜輒止。子皆娶室，姑誨之曰：「若等事而姑當如而如姑之事我。」而孺人待諸婦如女，諸婦亦遂事孺人如母。然孺人教諸婦嚴，每切戒閨門不可有嘻嘻狀。生平不好議人短，不與人爭是非，不忘艱苦境，飲食不尚美好，親串往來，禮謹而簡，老鍼黹猶不去手，為瑞麟縫一裹腹亦不假其婦。同生弟家西城，無音耗，每年必命其子拜掃父母墓，其仁孝在家與在母家一也。以瘍後貞堂年餘卒，子五：𡋯、圻、域、堤、均。均即瑞麟也，年十七入庠，二十食廩餼，未易才也。顧述其父母狀，似以不早登科心傷無以慰父母。瑞麟悞矣，狀述其父感懷詩云：「總因衣食拋書史，豈為饑寒變性情？」思親云：「省身每愧曾參學，負米常懷季路賢。」寄諸子云：「千言萬語吳江外，切切因循入下流。」麟之父非終儒者，而醫與畫與詩皆足見重於人，且不專意名利，其為麟望似亦非僅科第，而麟胡抱恨於此？如麟之居喪守禮，念親如孺子，又近道異流俗。予謂後生能此，他日必不止科第之榮，即以科第言，當若端毅、康僖、谿田始不負少望，而今世之所謂顯揚何足言哉。然則貞堂與蓋孺人之報斷在瑞麟，而瑞麟之所以報二親，固斷可知矣。貞堂君生於乾隆四十八年正月十九日，卒于道光二十五年三月初四日，享壽六十有三。蓋孺人生於乾隆五十一年七月十四日，卒于道光二十六年七月二十五日，享壽六十有一，卒時有孫三：伯鎔、伯鑫、伯鈺，俱圻子，鎔繼𡋯，以本年十月二十五日葬於南李莊之南阡祖塋丁山癸向。銘曰：

居心之良，制行之方。型立家庭，名孕鄉邦。雖遭屯艱，衍慶流芳。有子承訓，其後永昌。道追賢聖，乃克用光。

賢孝張孺人墓表

賢孝張孺人，朝邑縣倉西張繼遠之配也。故微族，且貧甚，弗審於禮，訂婚于韋林之張，先以女育，而後為婦。其姑亦張也，事之孝謹，里人無弗知。其舅舊司韋林之社倉，為同事者所患，虧負多，盡鬻田宅償之，貧益甚。繼遠搡屨為生，又本祁氏姑子而子于張，遊四方不能餬口，遂棄家不歸。當是時，孺人舅已沒，姑年老，一子小字甲午，今名興順，時尚幼，別無生養計，乃乞食。至人家倚門，慘不言，與之食，雖少不爭，終日積殘餌盈筐亦不食，歸食其姑然後食。久之，人皆知，或憐而多與之，其子別乞人家亦然。無幾何，子長，有心計，販山木，或斲為器賣之輒得厚利，利日贏，以此家遂裕。孺人之姑享年九十，猶及獲豐養，孺人處樂境且數十年，親見易里宅，買田連阡，方興未艾。人謂興順方乞食時，豈意有今日，而以孺人之孝，卜之有今日固天道也。然孺人方乞食時，不惟養其姑，並養其姑之子而生之，養其姑之女而嫁之。姑所生之幼子曰紹遠，始習畫，家既裕，娶妻買妾，育子女皆孺人視之。紹遠幼呼孺人為姊，語予曰：「姊氏成我恩難忘，吾無以報，樹石懸額以彰之，吾志也。」於虖，此又可見孺人之賢矣。憶予少從母宿外家，孺人本外家族而相親，予呼孺人之姑曰親婆，呼孺人曰姨，相習久，從未見孺人有仇言遻語，即後年老亦未見有高聲繁詞也。鄙性樂道人善，屢欲表孺人為世勸，今應紹遠舅氏請，且使語興順曰：「母嗛我不諱母之乞食，乞食非辱，諱乞食則母之賢孝不大著，亦無以為勸，子其諒之乎？」母生於乾隆某年月日，卒于道光某年月日，葬於此。不表其夫，夫死于祁，孺人不從夫而從姑也，稱孺人以孺人之賢孝，亦本儲光羲田家詩，非僭也。

節孝陳孺人墓表

孺人朝邑縣南陽洪人，故王君諱得信字子實淑配也，陳姓，父大策卜妻孺人于王。結褵僅六載，子實君以疾卒於外，孺人年二十七，守節四十三年，沒迺與子實君合葬焉。先是，孺人六十後，其姪今寧夏學博葵圃克允欲乞旌，以貧格於吏，因計偕籲京師鄉大夫具狀請諸部。既得旌，以狀授予，俟作傳，存之篋笥六年矣。孺人沒，葬有日，葵圃子衡哀請銘，予烏能辭？謂是即可以代傳也。

按狀，子實君父諱大振，為叔父耀菴公後，孺人來歸時公姑年皆六十，雖家貧，奉養曲得其歡。兩尊人先後亡，喪葬盡哀，感動戚屬。無子，取伯氏復菴公子允恒為嗣，自一歲至就傅，及婚娶，恩勤逾所生，凡所資多以十指助。性溫和，言笑不苟，孀居後，非歸省父母不輕出門，家中差徭一聽兩從伯氏，娣姒間終身無間言。撫諸幼皆如其所後，自奉儉素，然以一盂粥，數尺布惠人者固不可勝計也。始子實君卒，孺人本欲殉，為兩尊人故止，艱難辛苦，不負初志，親見褒榮以沒，是亦可慰矣，是亦可勸矣。子實君生於乾隆三十年十一月十九日，卒於乾隆五十五年正月初六，得年二十有六。孺人生於乾隆二十八年五月初七日，卒于道光十二年五月初三日，享壽七旬。子允恒先孺人四年卒，娶閻正女，孫男鈺娶韓為楨女，孫女二，一字韓氏。卜今道光十二年八月某日啟子實君窆，易櫬與孺人俱葬，禮也。

予與葵圃勉學古人，妄意維風砥節。葵圃篤內行，其堂上又得如孺人者為之助，故常貧而安於禮。葵圃有女姪青蓮將嫁，以父喪謝止壻家。喪畢，壻卜娶，死於外。女欲奔喪，使衡來問義於予。予曰：「此志為難，然非正也。」居無何，女病將死，欲以喪歸，又問予，答以非禮。女曰：「吾病以是，心已許之矣。」家卒從女志。衡請孺人銘，又言適有族人女小蘭許韓氏，壻亦死於外。女聞，哭數日。父母更議婚，女拒之，竟竊奔韓。勸其家歸壻柩，家尚恍惑不知所為。予曰：「是不能返也。當視其後耳。」嗚呼！理在人心，至不易為之事人人知為之。或率其性而然，或有所感而動，即稍過乎禮，于義則何尤？予誌陳孺人，復觸二事，竊歎士不能保名守節，動諉於世教風俗之不如古，是亦自賊者矣。銘曰：禮定於初，義堅於後。心念亡者，他復何有？所天不負，凡百不苟。世終弗壞，綱常弗朽。墓道綽楔，古今同久。觀陳孺人，繼起豈偶？

旌表節孝王郝氏事略

氏華陰縣鄉飲介賓郡增生郝用九萝暘之女，太學生王澤方季子敷教之妻也。郝氏故儒家，居近華凹子里，自前明以來科第不絕，且世守渞素，敦行誼。華人言家風者皆稱之。氏生而明慧婉娩，又早聞教，于閨範悉嫻之，年十八歸王氏。王氏居小張里，亦儒家。敷教兩兄，一恩貢生敷功，一增廣生敷言。敷教讀書亦有聲，與氏稱佳耦，乃琴瑟之友僅三年而敷教死矣。家素貧，氏矢志守節，事翁姑亦先以孝聞。翁姑憐且嘉之，使以敷功子年方九歲之席珍為嗣。氏撫之愛踰所生，而教以嚴讀書，筆墨膏火之費，俱出其手。席珍弱冠遂入庠，娶于史，早逝。當是時，家已分爨，貧愈甚。所有薄田數畝，不能餬口。氏紡績，命席珍舌耕為業，僅得免饑寒。繼娶於耿，居亡何又逝，而其年席珍亦竟沒，留一女甫四歲，一子尚在懷抱。婆孫三口零丁孤苦，氏晝夜勤勞較昔倍甚，然處之怡如也。

始氏年已五十，侍姑疾奉湯藥恭謹如新婦，及沒，哀毀幾成疾。翁感之，欲以節孝聞，拘於年例未符，止。暨翁沒，盡哀禮猶昔喪姑也。今氏六十余，孫女已及笄，字於人。孫男已成童，日夜課讀不倦。氏為婦、為母、為祖母之職俱殫矣。獨自紅顏歌鵠以至白髮，中遭死亡貧困，有曠懷之男子所不能遣者，而氏獨甘之，故其遇足悲也，其志足褒也。今聖天子方偏搜節孝於郡縣，每歲統賜坊旌表，以勵風化。氏同乳弟鄉進士漢斗乃以其事上。俞旨既下，欲樹碑當坊而屬文於予，予亦樂為之述其畧如此。

論曰：節不難於奇而難於苦，孝不難於始而難於終。匹夫匹婦一念之感發，每堅金石，以盟心一經挫折，順逆之形著而義理之心灰，中變其操者多矣。此宋之文、謝所以無慚於蹈海之陸、張也。郝氏以三族之婦撫非所生之子，教之列衣衿，且再娶婦遺子女，亦可對槁砧、報尊嫜矣。迺又抱孫而哭子，卒以殆老之嫠婦攜兩弱息，黽勉有亡，先後送舅姑歸泉壤，宜其舅氏向以旌氏為念。而今果獲烏頭綽楔之賜也。自范蔚宗以列女入漢史，歷代因之。今學校中遂歲有報往者統俞建坊之命下，各縣報聞者皆至數百人，足徵風化焉。然考元史，載列女不過五十人。明史所載不過七十餘人，其中蓋不無取擇。氏之弟欲上氏事，恥與冒濫者同科，遲延兩歲而後有今舉碑之樹。天實憐氏，知必有輶軒氏能鑒別也。

桐閣先生文鈔卷十一

哀祭類六篇

哭楊伯楨文

嗚呼！伯楨真死耶！痛哉！怪哉！去歲九月伯楨來視吾，吾徒皆相顧而駭，問其故，曰：「人言伯楨死矣。」是言也，吾不聞也，亦不知何自起也。然伯楨既不死，今之死何為乎？吾聞伯楨之死在三月末也，始告吾者吾初不以為信，以為猶前言之妄耳。繼而告者衆，吾猶疑之，以為因前言誤耳。詎知前之妄言乃應於今，而今之言竟不誤耶？豈天下不祥之語遂能中人，抑鬼神預知伯楨之死，冥冥中陰播之也？

伯楨之問字於吾也最後，吾視吾門中沈思而善悟無如伯楨者，其志之向上亦無如伯楨者。窺伯楨之志自鄉薦後益殷焉，以讀書持品學聖賢之學為務，而不專銳意於功名。往者取吾書一囊去，繼來又取吾所為經解、古文四五冊以去。當是時，吾口不言而意不無私憂，恐伯楨遂因此而致疾。吾亦不解吾何忽有此疑而使應於今日也，然亦悔當時不以戒伯楨，至今日而轉抱無已之痛也。

人或言伯楨之死以學吾而死，信如是也，吾之應死久矣。為伯楨之所學者不死而伯楨以此死耶？伯楨向視吾，坐定即曰「欲來久，無可以對先生者」，他日至又如是云云。由此言之，人言亦非無因。夫吾無可學者，而伯楨乃欲學吾，且以學吾而死，此吾之所以爲伯楨痛也。伯楨以學吾恐無以對吾，吾以伯楨所學亦恐無以對伯楨。伯楨死，吾將與誰共勵耶？自伯楨與吾别，每歲必一視吾。去歲來，約今春復至，吾有新聞，方蓄之以待告，而豈意竟成永隔。以吾痛伯楨之情度之，不知伯楨于地下又何如悲惋抑塞也。嗚呼！伯楨，吾愛汝之志勇，而胡不稍自節也？吾懼汝之質弱，而胡不善自攝也？伯楨以學而死，吾恐天下之不學者將以伯楨爲説也。然伯楨以學而死，如伯楨之自恥實不副者，庶亦可稍雪也。伯楨自以多過，每欲求吾文以爲戒，吾無以應也。今死，乃以文哭。吾痛矣。吾痛矣。伯楨知也耶？不知也耶？

哭周通衢文

維道光元年四月朔十日，朝邑友弟李元春謹遣人以蒸食殽酒之儀致奠于通衢大兄先生之靈前，而自爲文以哭之曰：

嗚呼！明日兄葬期也。昨予已率井文圃子維甸、霍松軒子爲栻乘素車親來臨，至河，水漲方落，淖甚不能渡，擬舍車乘馬，又不能，欲使人負送，灘遠險甚，又不能。悵望逾時，不得已乃返，兄知之耶？吾兄弟相别久矣。文圃以遊，松軒以宦，予已絶意仕宦且倦遊，而以病軀困守蓬廬，亦不得時相聚，然思之未嘗一日忘。去歲聞兄疾，不能舉步，念予已漸衰，兄又長予二十余歲，桑榆日暮，會面有幾？思來一晤以慰渴想，即以當永訣。而夙疾復作，臥床兩月。稍瘳仍欲來，自約期不過十日内，詎料兄之訃遽至乎？嗚呼！生死，命也；離合，時也。胡至積思已久，冀一見亦不得自遂也？向之不得見亦已矣，今一來哭臨亦不得，令人何以爲情哉？鬱悒悲哀，獨坐自悼耳。昔者張元伯柩至壙不進以待巨卿至。嗚呼！吾恐兄之待我也。

始予與井文圃、霍松軒讀書翠雲亭，兄與馥園四兄日夕相見，其肝膽吾三人盡知之，吾三人之肝膽，君兄弟亦盡知之，而意氣之孚又彼此不言而各自相喻。每一憶及向時把酒坐對，依依如在目前。二十年來無此況矣，今已矣，勿復望矣。四兄没，予以故不得弔，僅遣松軒之弟槐清一來祭。兄死乃復然，痛結將何時釋？嗚呼！吾哭兄也，哭予之方欲來視兄而兄竟死也，哭予之欲哭兄柩而竟不得哭也。吾哭兄又以哭四兄也。吾率文圃之子、松軒之子又代文圃、松軒哭兩兄也。嗚呼！前數十年歡聚之好，寄之一哭而已。去歲欲一來視，所懷無盡之語，寄之一哭而已。親哭不得而使人致哭，吾心之哭，冥冥中本惟兄知之而已。兄行矣，與四兄相見，知予之哭，其亦同哭地下也耶？所齎祭物與文圃、松軒共之。松軒又自外寄來白金十兩，本系生前慰問之意，今即以當賻，並告。嗚呼，尚饗。

李儉菴哀辭

公諱某，予之疎族也。既沒三年，其子始將舉葬而戚友屬文于予，以述公生平。公村農耳，少未嘗讀書，故生前未有字，予謂戚友將以文頌公於沒後，不得斥其名，為追字之曰「儉菴」，非常例也。或問曰：「此有說乎？」曰：「御孫有言：『儉，德之共也。』此因公名亦肖其行耳。」或復以「儉，德之美」問。曰：「儉之美自御孫言之，儉之德自文命著之，世日趨於奢，風俗之壞皆壞於不儉。老子三寶，其二曰儉。晏子一狐裘三十年。曾子謂國奢則示之以儉，子亦曰『與其奢也，寧儉』，凡以云救也。今世不儉之弊更百倍于古。自予少時，民間雖極富，衣不過絹帛，而今則錦繡為常服矣；食不過雞豚，而今則珍錯為恒饌矣；器飾不過磁漆銅錫，而今則金玉未足為寶玩矣；出行不過柴車羸馬，而今則華轂到處，充閭里矣。富者倡之，貧者效之，有朝極歡宴而夕粥田宅者。至士大夫日讀聖賢書，本出寒素，一旦腰懸印綬，攘君剝民無所不至，以為一日娛，卒之累於宦途，欲復歸守繩樞之室亦不能得。乃曰祿薄用侈，官不可為，豈真官不可為耶？夫在中天之世，禹已以儉稱，想其時即有患奢之意。然謂踵事增華，積而彌文，儉之為奢，此亦氣運使然。如今之世不復還滀反古，將伊于胡底哉？予嘗著儉說二篇，以為上下皆一於儉則天下治，非徒為矯弊之言也。世亦有儉者，其所以守身、守家、守國，可驗而知也。」

儉菴公之為儉，予固非無見矣。公自其祖父以來，世安貧乏，至公壯年，家猶無擔石儲。而公日習儉樸，銖積寸累，遂至家日以裕，晚年乃稱素封。由世俗言之，辛苦半生，自奉稍厚以樂餘年，亦以為酬耳。公終身服惟短布衣，食惟脫粟飯，數十年未嘗一宴客自費，不知者或以為陋，而予不謂然也。公少從其父習拳勇，里中無賴子皆見而憚之。既粗有衣食，轉折節為謙抑，雖或面見侮亦避不與校。其見士人及謹愿有善行者則推而敬之，與予師秦芙園先生雅相善。予於公為卑幼行，而公辱敬之，過於同等者。或勸公納粟易衣頂。公曰：「吾鄙野人，豈可與士人伍乎？」嗚呼，此則公之儉非物儉於財矣。

公沒之年，予方應詔公車，不獲襄喪事。今葬公，因戚友命字之以儉，即以概其生平。公泉壤有知，當喜予之能知己，而聞予之說者亦可念公之行而稍以自裁其驕奢也。並為蕪詞以哀公，其詞曰：

儉與奢異，亦與嗇殊。石紐見美，何況愚夫？夫世俗侈靡，日習歡娛。貧鮮立錐，猶效華膴。一食萬錢，尚未為逾；一釵卅萬，尚不足誅。朱輪翠蓋，豈第宦途。仕宦之人，乃更過誣，事事極欲，終至獲辜。如公之儉，保家良圖。為語時人，無笑守株，予贈以字，非敢為諛。傷公已死，惜公不蘇，他日過墓，能勿踟躕？

祭古塚文

嗚呼！此壘壘並列而三者，其為何代之壟耶？在隋唐之時，春秋霜露之更已越有千；在秦漢之時，愈遠而歲月更湮。吾聞近地居人有獲於壟旁者，曰「此建武中元時物也」，無以信其真而斷其必然。第觀於赤日遞易，黃沙屢遷，古木鬱鬱，野草綿綿，農夫犁耕者墓側之田，車馬日過者即其墓道之前，墓之人骨化於抔土而魂棲于九泉，胡為乎生不詳其世而死不知其年？夫古之君子或貴而榮寵，或賤而為賢，與其當時之赫赫，不如沒後之克傳。然此固非封窆之所能留，而亦並非殘碑之所能全。墓之人貴耶？賢耶？賢應為之置守，貴亦宜於表阡。向有掘得甲冑者矣，有掘得劍帶者矣，有掘得瓶罍瓦缶者矣。人去而物存，物出而人終已。悲夫！滄桑雖變，兆域未毀，歲時拜掃，人無半紙。當其葬也，不知其尊崇何似，而今之寂寞乃至於是，豈其等若敖之鬼竟致餒耳？墓之人有知應亦噓欷而不止。嗚呼！幽求之墓昔曾傳疑，扈鍔之塚後乃名市。豪傑湮没，古今同此，幸與不幸，各未可恃，苟能顯於千載之後，則雖死而未死。惟斯三壟依然在余之里，独何其泯没而不紀？魯酒一杯，毋謂不旨。竊願聚靈而飲之，兼更示以遺基，余將取而記之野史。

祭妻郭氏文

維道光六年十二月二十八日，期服生李元春謹率兩兒來南、來瀚，以香酒庶羞之儀致祭于吾妻例贈孺人郭氏之柩前，曰：

嗚呼！汝病一年，竟不復起耶？汝自去歲十二月生喉癰，或以為鼠瘡，屢經醫不能猝愈，然實非外病也，積勞於內，因生瘍於外，故外瘡小愈而內病不除也。自夏月汝病，累瀕危，吾兒于汝之斂具已悉備矣，顧猶切切然日禱其愈，數奉汝珍養于親屬之家。乃離家病小愈，而歸家病輒復犯，豈非憂勞內政之驗耶？汝之憂勞非一日，汝之病已積有年。汝嘗言腹有痞塊。當未發瘡之前數月，大婦偶言汝食不能下嚥。吾驚汝成嗝噎疾，汝恐吾憂，尚不肯確言。亡何瘡發矣，非嗝噎而竟以是死矣。向汝使卜者言命，或言生，或言不生，吾皆置不問。謂以汝之勞於家，當有後福，不應遽死。非獨吾云然，吾母亦云然，即親戚閭里亦云然。故吾於汝之病雖憂之，時復慰之。入冬，吾一日自館歸，見汝依吾母坐門首，吾謂兒瀚曰：「汝母病將增，面色可憂。」果自是日加沉矣。

嗚呼！汝與吾共甘苦三十餘年，為吾勤事吾母，為吾生兩兒已成立，各娶婦，且稍能讀書，功名庶可就。吾病二年，幾殆，汝奉湯藥侍側，日夜不解衣，使吾病癒，今精神猶如少壯。凡謂汝宜有福報以是也，而汝何不待耶？是月初，汝自知不起，欲使吾別寢，令兩兒更迭侍。吾方鼾睡不能醒，汝呼而泣曰：「與汝一夕之寢耳，何如此安寐耶？」越兩日，汝又泣語吾：「前宵來瀚捉吾乳，哭曰：『母為兒再生十年。』吾非不欲生，命不少假，奈何？吾死亦安之，但憂九十歲之老母，吾背天良而舍之也。憂汝年已衰，至家未免寂寞，不似有我能應之也。憂吾兩兒入門欲呼我無人答也。憂兩兒南悞一科，兒瀚悞一考也。憂吾兩婦無人率也。」且曰：「我死尚無葬地，權厝我於東宅之門屋，當此極寒月，吾兩兒居喪何以堪，諸學生皆歸，所留衾可暫借之。」嗚呼，言此令人腸斷矣至。吾所憂于汝死者汝皆憂之矣。吾應客不哭汝，背輒流涕。在汝柩前，吾兒哭不絕聲，不忍聞。去而侍母，吾母撫汝所理米豆什物，吞聲嗚咽，幾成疾，又不忍見，則索抱幼孫女向里門外無人處徬徨躑躅，強自遣。汝冥冥中亦知之耶？雖然，吾痛汝，汝亦暗痛，痛何以解？死者人所必有，死之時亦復何常？吾向言汝死於吾前勝死於吾後，吾將作志，道汝畢生之勞，汝亦可不恨矣。今汝死之四日，吾行一獻，告汝以文，哭汝仍慰汝，使吾兩兒終其祭，亦參昔人禮也。嗚呼！哀哉！尚饗。

哭訓女孫端娥

嗚呼！汝今寡矣。吾不意汝婚未及兩載而遂寡也。吾年七十有五，何忍汝以十有七歲之弱質竟成孤雁也。日與汝惟有哀啼，即不汝見，啼淚亦忽不知何自而生。吾非不能自遣，而今獨弗克恝置，無如何也。自汝生彌月，吾即抱而撫之，以至於成。汝一歲餘患病，數十日不食，奄奄殆斃，其肌膚外至見窺肝腸。吾偶以米汁試之，而忽就飲，自此遂漸食得生。及能言，頗見聰慧。四歲教之字即能識，五歲教之書即能誦，故未十歲，詩、易、禮言婦女之道者及曹大家女誡，朱柏廬家訓皆習而志之，間亦能誦唐詩十餘首。吾以是卜汝之有後福也。他日汝父抱寘巷側，去駕車，牛驚，車將轢汝，過平地忽自覆。人言於吾，謂汝之命必有大異於人也。向為汝擇壻，再三慎重以此，詎意今事之乖違竟如是哉！言至是，直欲仰天大號，撞九閽而問之矣。命不可測，其將如何？汝但安受之而已矣。古嫠婦稱未亡人，以夫亡己亦以待亡也。汝自今但時以亡者存之於心，去脂粉，屏華飾，不輕出閨閣，不閑觀優劇，無事不往來親串，在吾家惟依汝母，在汝家當依汝祖母。嗚呼！汝真無生人趣矣，吾焉得不為汝悲？雖然，男子遭窮而見節，女子喪耦而見節，節兼以孝，亦代為亡者盡道。朝廷旌典，此非尋常婦人所能邀也，入祠入志亦非尋常婦人所能受也，然則天之苦汝，安知非即天之厚汝哉？吾以淚和墨，書紙已盡，不可盡言。吾鄉有以貧家女而奔喪者更以是為汝解，且自解矣。

雜文類十一篇

祭朱子文

先生道本尼山，功闡鄒嶧，自漢、晉以來正學若周、程，非先生亦誰與紹？即元、明而後真儒如許、薛，非先生又誰為開？鄭、賈經說猶病其細，陸王良知自形其偏。眄先賢之遺澤，知婺源獨長；由後此而問流，冀泗水堪泝。某積深舊慕，敬築新祠，不敢擬瞻拜于黌宮，惟是慰祇承於鄉塾。一尊素定，庶不昧別白之心；歷世相傳，用以弭雌黄之口。茲獻嘉羞，神其尚饗。

自訟辭

吾生有質兮，各賦命於彼蒼。業官骸之無異兮，豈寸衷之不良？慨往喆之云遠兮，胡千載而留芳？今亦靦然斯世兮，乃姓字之不揚。鳳有采而為瑞兮，麟有德而稱祥。屈軼呈異於帝廷兮，蘭處幽谷而亦香。物負奇而必著兮，士無實而不彰。苟沒世而無聞兮，固君子之所傷。期道明而德立兮，所貴不息而自強。神禹乃惜夫寸陰兮，吾寧無一日之或荒？功既不免於偶懈兮，業亦猶留夫可商。理未究乎中庸兮，誼終慚乎圭璋。時內省而不能無疚兮，鬼神且糾汝之中藏。況經術遜夫康成兮，文詎詣乎歐陽？人或先我而著鞭兮，奚以自絜其短長？奈何責世而無已兮，反於己而若忘。念時數之不齊兮，遭遇固知其無常。如聖賢之抱道兮，尚窮蹙以皇皇。矧余之不堪自信兮，漫恨賫志之不償。雖欲盜名而欺世兮，其能免中夜之彷徨？吁嗟乎！道無終盡，功復何殫？榮不可冀，譽不可干。閒居獨處，時有旁觀，人之視己，如見肺肝。欺人猶易，問心為難，一念自足，失已多端。誠在我而無玷兮，何憂乎索垢而求瘢，惟黽勉以從事兮，毋悲時而長歎。

斷蠅蚊獄文

盛暑之月，李子袒衣坐於室，蚊來嚌其額，欲撲之輒去，已而復來，飛於前，聲甚惡。有蠅與之左右飛，亦薨薨作聲，似與相爭者然。李子聽之不能審而竊揣其意之所言。蠅之意曰：「黍民氏何為至此？吾沾丐於是而乃復有爾，且自張其聲勢，使人驅我實因乎子，吾將愬子於天，子毋自喜。」蚊之意曰：「人之惡子與我更別，而反誣我自多其說，欲與爾相決，飽爾之血。」李子並掩而得之，以一髮系兩足，置於前，因窮其罪。

蠅曰：「吾沾餘瀝，豈盜盤盂？或時食人之液，拂人之鬚，亦非有害，而何遽當誅？彼生於草木溪水之隈，暮而成市，聚而成雷，嚙人於闇，實為切身之災，其罪豈可擢髮數哉？」蚊曰：「若丑類也，無人不媚，意在屬饜，妄思附驥，變亂白黑，使人堊鼻猶不以為恥，常交足而搖翅，加之腐刑，不足為異。」蠅曰：「吾輩小人，君子所原。不聞死友尚結虞翻；牛相公將貴，拜賀而不嫌其喧騰。庭後有疾，聯詩而不惡其煩；酒匠之卑賤，入獄而為鳴其冤。如斯類者，罪亦可逭。彼黨甚眾，時紛窗牖，鹿蝱豹腳，無非厥偶，以辰勤、羅威、吳猛之孝不為戢其毒口，況露筋之女其仇已久，尤神怨而人所共為疾首。」蚊曰：「嚶喝咬人，我咎難辭，然其為害尚使人知，若以什麼營營于盛暑之時，令人心煩如攪亂絲，終受其汙，莫由以麾，又或招逐臭之眾糞蟲，類於三尸。故王思拔劍以逐之，厙狄伏連以門者不禦而杖之，韋皋之客以豆擊之，武儒衡以扇揮之，盧記室以錫撲之，張乖崖罵之，歐陽公憎之，凡天下正人烈士，無不痛絕而恨之。據公以斷，罪將在誰？」李子曰：「無爭也。蚊狡而險，奸人也，惡人也，爾欲食我之肉，吾將殺之，碎其尸以為快。蠅柔而亂，小人也，佞人也，殺之恐浼我，我將覓蠅虎而飼汝，此亦詩人『投畀豺虎』之意也夫。」

責鼠文

梓潼閣為余講學所，凡圖書皆置閣中。有制義一冊，久而失之，尋視，但遺殘紙數片，近於鼠穴。探其穴又得數片，尚有十餘字可識，乃知文為鼠齧也，恨甚。然自是鼠日嗅而來，竊膏油食物無已時，且肆然輒近於人前。因以機餌獲之，投於甕中，罵之曰：「天下之貪者無如汝矣。余將使貍奴啖汝。」言未已，鼠拱立，作拜揖狀，類所聞對柴再用者，然不解其故。注目久，悟，曰：「汝以汝之腹饜于文章乎？」鼠聞之若首肯。余乃悚然駭，莞然笑罵，為文而切責焉。曰：黠哉！鼠。汝形則小，汝腸則俗，穿穴而行，其途甚曲。隴右之禾，西囷之粢，盜而去之，私為汝積。汝不啖字，尚不為毒，我所誦習，胡果汝腹？聖賢之遺，豈汝所讀？意欲假文，常竊祿穀，乃緣此故，並忘畏縮，本以夜動，反不晝伏，迎貓而至，有時弗服。如汝輩者，其保以戮。將倩張湯，為汝具獄；將延王肅，設丸以逐；將起東坡，借刀以擊。既而思之，俱可不必，汝冒文名，還以文告，請自思之，汝罪奚贖？文成投之於甕上，覆以板，詰朝往視，鼠愧而死。

梓里賦

李子自北歸，將由蒲津朝渡，西望邑里，歎息者再。有塗中友，揖而問曰：「先生何歎也？」李子曰：「旭日遠射，是吾桑梓，幅員雖隘，形勝無比，風土人物之美，舊皆足紀，越至於今，乃少替矣。當有人焉救其弊而振其靡，而吾不知其誰是，能無慨乎？」友曰：「盛衰之理伊古無常，國家猶爾，況子之鄉？但若所言，某實未詳，願請道之。」李子良久未答，既渡行十餘里，憩於道旁之客館，為蕪詞以告之。曰：「某欲作賦，才愧孟堅，矧述鄉土，辭遑求妍，敢攄大略，吾子裁焉。」

溯自芮伯，肇國於先，臨晉築壘，厲共之年。周時大荔戎與芮國皆在邑地。秦滅芮，至厲共公伐大荔戎，取其王城，築高壘，以臨晉國，更名臨晉。歷漢及晉，名猶相沿，後魏之時，析置五泉。真君七年置五泉縣，太和十一年分置南五泉縣。蓋邑鐮山麓有太奇、象底、檪莊、苦泉、西莊五泉，故名。西魏分壤，邑隸東偏。始錫今稱，以據朝阪。朝阪亦曰華縣，其東偏自北至南數十里，日映之山光燦爛，故名。俗讀「朝」音為潮，誤甚。河濱、河西，唐初易前。武德三年析晉河濱縣，乾元三年改河西縣。自是以來，舊治復還。子試觀其疆域，識其川原叶：

南繞渭水，北枕鐮山，西為臨翊，東扼蒲關，河騰湧於左側，洛蜿蜒於中間。誠三秦之隩區，重百二之防閑。若乃流或等金，縣北五十里舊有金水河，即洽水，入縣界東折入河。土人資以溉田，重之如金，今流絕。陂目通靈。在縣西北十里，舊溉田，今亦廢。沙苑一帶，崇阜壘壘，在縣西南，洛、渭之間，起縣界，西跨同州至渭南，凡八十里。池澤四所，野草青青。縣西北五十里有鹽池，唐書所謂小池有鹽者也，今不恒有。西南沙苑中有太白池，洞然深黑，常有雲氣，亦能致雨。太白池北五里有麻子池，皆鹹瀉之地。又有蓮花池，在二池間，今為風沙所沒，不可復識。斯並勢兼利害，時有廢興，不必共侈夫極威，要皆言之而足聽。況乎考厥名蹟，亦云多有。稽廢宅于吳起，霸里村外因存遺祠；縣南二石獅，高五尺許，身有金星，傳起宅中物。賜食于絳侯，高陽城中常沽美酒。今西高城為古高陽，周勃食邑也。一名懷德城，舊出美酒。望仙立觀，原屬漢武之基；今上官村有武帝祠以此。長春作宮，永憶隋代之後。長春宮在縣城西北華原山上，周武帝保定五年宇文護築，隋置殿其上。唐高祖起兵，西濟河，至邑舍此休士，資永豐倉，後嘗命太宗鎮此。又李怀光據此宮，馬燧百計攻之不能下，曰：「三面懸絕，不可攻也。」杜子美詩云「天晴宮柳长春」，亦謂此也。肅宗時為安慶緒所焚。宮鐵牛鎮于古渡，明皇偕從臣而吟詩；唐開元十二年鑄鐵牛置河兩岸，各四牛，下為鐵山，尾施鐵紬以系浮橋，旁置鐵人象系牛。宋嘉祐中，河漲橋壞，盡曳西岸牛於河。元僧懷丙為機法取牛河中，已得三牛，以人有異議，丙怒去。明初一牛猶在河中，東岸具存，不知何時並沒。明皇有渡蒲津詩，時張九齡等並有和章。牧馬置夫舊坊，宇文戰高歡而植柳；宇文泰與高歡戰于沙苑，既勝，命騎士各植柳以旌武功。又以地宜六畜，置沙苑監，養上供牛羊。隋唐因置馬監，宋置牧龍坊。又唐王重榮敗朱孜亦在沙苑。石多前喆之題，新市鎮饒益寺有藏春塢，貯古名賢石刻，多不存，今獨殿壁上有宋賈炎諸人題名、金趙抃記。縣城西華原山東嶽廟碑有唐初功臣魯國公等手蹟，官莊里有元子山復王由義札行書佰十五字，又縣西南鏇箕掌靈應觀有張三豐題詩碑。寨紀平章之築。縣東北四十里干社寨，元戈平章築以為保障之所，今湮。小荀之故里傳疑，有魏荀丞相墳，或云魏文侯庶子繁墳。王林之名村已久。晉臨晉令王林之墓所在。幽求空留夫塚宅，在縣東北六十里華原之麓，金水之南洿洛堡，或云葬其真宅。皀鍔尚護其邱首。白塚鎮以有皀鍔塚名，舊有居塚旁者，夜宿，見一人甲冑來，曰：「我白馬將軍也，此吾宅，安得據之？」由是知為鍔墓。延祥有鎮，封祀何主？倉頭村，故延祥鎮，以永豐倉得今名。向有土神祠，宋真宗祀華嶽，渡渭阻風，夢老父出迎，且曰「助以冰橋」。帝感其靈，物色之為土神，賜冕旒，封城隍。載中邑乘，均傳不朽。產則瓜、柿、梨、棗、葱、韭、蒜、姜，貓眼、枸杞，沙焦、麻黃，河水之鯉、苦泉之羊，苦泉一名雙泉，其水飲羊易肥而不羶。同州藺耳羊以出苦泉者為上。夭桃繁於洛岸，洛北岸種桃數十里，三月花開，乘舟賞玩為邑中勝景。桃亦甚佳。木棉重夫南陽。木棉絲出南陽洪者，斷則易續，引之易長。俗則男耕而力，女織而善。服賈為多，執技較鮮。士砥廉隅，人恥巽愞。王事爭勤，公旬易藏。賦贏三萬，無不樂輸車牛；里凡卅六，誰復忍為絲藺？邑舊三鄉曰長春、洛苑、都仁，今分東、西、南及東北、西北，通計五路，有八鎮：南新市、趙渡、北白塚、雙泉、兩女，東舊大慶關、新大慶關，西伯市、高城、洿浴、故現、永興。今舊大慶關與西五鎮俱廢。村在明初凡三百有奇，里分八十有二。以後沿至國朝，村僅百八十一，計地丁連閏共徵銀三萬八千七百一十七兩有奇，起差大約銀百兩。為甲十，甲為里十二，里為運，運分為三，里分為三十六。是以世毓俊彥，共仰前蹤，則有嚴、雷數代，高、程兩忠；韓家之父子並美，樊門之弈葉俱榮；王有三族，李稱三宗。嚴氏之著者翰林，當後漢而顯名，遺胄不絕；東漢初，嚴彭祖為左馮翊，子孫因家臨晉。至漢末有嚴翰林復守本郡，翰林四世孫祥玉仕北魏，封郃陽侯。祥玉四世孫協仕唐為洮州都督，襲封。協子方約，方約子損之，損之子司業，司業弟士良俱貴顯，以行義友愛著於時。善思舉銷聲而及第，平寃有功；严譔，字善思，父延，通儒術，曉圖讖。善思傳其業，明天文，善風角，褚遂良等奇其能。高宗封泰山，舉銷聲幽藪科及第。武后時擢監察御史。又為詳審，使活死囚八百余人，斷疑獄百人。後繼李淳風為太史令，占諸張敗及諸陵墓事，俱驗。子向為鳳翔尹，有聲。懿絳縣之良宰，擢台憲而乃終。明嚴天祥，字叔善，嘉靖甲辰進士。知絳縣，廉直得民，三年擢河南道監察御史。行過傅說廟，從者皆見天祥讋語，與傅丞相約見期。居御史任三月遂卒。天祥，望仙里人，未知與善思皆翰林後否。雷氏之著者，將軍著矢而不動，賊帥懷疑而緩攻。雷萬春，朝邑人，舊志不載。爵號耿介，霓亦廉能，爵，防於里人。明成化丁酉舉於鄉，先知清苑、邳州兩任，楊文襄大重之，陞大名府同知。霓登成化丙午科，知中牟，志稱其忠厚。國柱諫臣，雷士楨，字國柱，新市鎮人，韓苑洛外孫。少穎悟，有風節，從苑洛學，長登萬曆甲戌進士。為御史三日即疏論潘晟，直聲動朝廷。其他詳具邑志。族弟元善亦登萬曆丙戌進士，知仁壽縣，有政聲。伯華神童，雷子真，字伯華，安仁里人。少時與韓五泉並稱奇童，正德辛巳登進士，授潛山縣知縣，未之任卒。相傳子質為諸生，李九疇後身。惟柏林之居士，乃藝苑之子龍。雷於霖，字午天，號柏林，縣西寨人。崇禎癸酉舉於鄉，幼負奇志，入國朝隱居，以理學文章自任。睢陽湯文正公兵備潼關時造其廬。先河濱曰：「柏林文以膽勝，真文中子龍也。」所著有柏林集、太極圖說等編。至於程編修之偕亡，徒保身之哲；高御史之死難，甘受滅頂之凶。村暨咸道，縷述無庸。韓氏之盛，始自蓮峰，按察七閩，明正五刑。韓紹宗，字裕復，号莲峯，南阳洪人，成化丙辰进士。为福建按察副使，執法不挠。嘗辨壽寧侯客樊舉人獄，人服其剛直明允。又嘗論義男婦死亂者，三原王塚宰亦心折。弘治初疏論時政，多見俞允。有四子，長邦彦，正德丁卯舉人，官至鄭州知州；次苑洛先生邦奇；次五泉先生邦靖；季邦翊，為固始縣丞。苑洛實間世而出，五泉本天授之聰，事業既著，學術俱鴻。苑洛字汝節，正德戊辰進士，官至南京兵部尚書，事業著述具見史志，為一世大儒，卒謚恭簡。弟五泉，字汝慶，十四舉於鄉，二十一同苑洛成進士，官至山西左參議，抗直素著。其詩文，康對山、王浒東俱屈服其才。與苑洛尤友愛，卒之先呼苑洛曰：「吾其逝矣。十九日必大雷雨。」其日果然，遂卒，年僅三十四，無子。樊氏之先參政譽隆，幸英廟之能識，惜擬議之成空。樊冕，北石村人，明初進士，為河南參政。先為都給事，吏部擬冕戶部侍郎，英廟方嚮冕，曰：「冕可吏部。」無何大行，不果用。掾吏之才何止堪尉，樊資，成化時以掾吏任滎縣典史，嘗出俸賑饑，單騎諭盜，弘、正間滎之宦游秦者多登堂拜謁，或至泣下。恕夫之馬不愧乘驄。樊得仁，字恕夫，苑洛門人，以正德丙子舉人知河津縣，擢御史，上嘗褒曰：「忠勞可嘉。」三王分洛水之南北，三李傍渭濱之西東，高城多賢，河汀為最。王河汀先生名學謨，字子揚，嘉靖癸丑進士。初仕至山西按察司副使，兵備嵩嵐，放還。後起山東，視海防，遷左參政，分守山西河東。歷官屬直有為，議兵尤見方略，而文章著述先河濱稱其派宗扶風，與少華槐野頡頏。兄學詩子言，嘉靖庚子第三人，鄉薦知河內縣。從兄渭汀學古，與河汀同中壬子舉人，至壬戌成進士，仕至郎中，出知漢陽府，俱有聲。弟學讓子皞如念塘，以萬曆壬午舉人，官至貴陽知府。郭子章大重之，薦擬貴寧道，未報，以憂去。起復補兩浙鹽使，奏最為天下第一。渭汀子家允錫吾，以萬曆乙酉舉人，仕至永平郡丞。河汀孫孫綬紫侯，萬曆壬子舉人，以會試語侵宦官，抑置副車，教授聞喜，後鹽使聘主秦、晉、豫三省館，教聞譽大起。紫侯子堯日陶都以國朝丙戌歲貢，歷官莘縣知縣，書法絕一時。念塘子斗三在璣以崇禎癸酉舉人，入國朝官邵陽知縣，與父俱工書。他如王報春育萬登國初乙酉科，官永年，有善政。子鵬翼六翮登康熙辛酉科，鵬程搏九為己卯省元，皆有名，至今科第不絕。泊里盡貴，文石誰同？泊村王氏自弘治時郎中汝器卺始著。以後卺子朝雍仲和以正德丁卯舉人，仕至山西按察僉事；朝塗仲冕以正德丁丑進士，仕至宿州知州；朝弼季良以嘉靖乙酉舉人，任井陘、永清兩縣。仲和子三省誠甫以正德癸未進士，歷任彰德、保定、潞安知府；三益謙甫以嘉靖己酉舉人，仕至保安知州，政行俱著。誠甫子雁峯公傳，嘉靖庚子舉人，任高邑，以詩鳴于時。雁峯子嗣蕃育之，萬曆癸酉舉人；嗣美實之，萬曆庚辰進士，仕至山東按察，生平以剛直著。文石先生，按察兄副貢在宇子也，名於陛，字啟宸，別字文石。少有神童名，萬曆丁未進士，歷官岢嵐兵備，陞布政。告歸，作漫園，自稱漫公，著有漫公集。改革後閉戶不出，日長偃臥，卒不受弔，不樹碑。先河濱公稱其達不玷名，窮不懈節。文石從子鑰字翼扃，崇禎辛未進士，歷汶上、東阿令；鏷字翼治，國朝順治丙戌舉人，為陽信令，俱有聲，後尚兩世登科，凡九世。侍郎名臣，獄察奸小；王之寀字藎甫，又字心一，萬曆辛丑進士，嘗訊挺擊，事詳載明紀。復齋隱士，理守中庸。復齋先生名建常，侍郎猶子，年三十以諸生丁前明改革憂，閉門謝人事，讀書窮理，篤志力行，翼朱子，斥陽明，著述甚多。許督學作關中六君子詠，以復齋為第一，題其門曰「真隱」。余謂復齋學術之正不在馮恭定下。若論一人雅望，足媲兩姓之休聲。侍郎後惟復齋一人，余謂可與高城、泊村二王並。季白真太白之後，李朴，字季白，街子里人，萬曆辛丑進士。性骨鯁敢言，由主事陞至郎中，先後上章無數，人爭傳誦，而朝臣多忌之。放歸，吟詩自娛，所著有調刁、雪亭二集。孫育才，康熙甲子舉人。河西振隴西之風。河西自樂平公李聘後四世高科。吾家由司徒而初昌，昆季比三珠之美；司徒為余七世族祖，諱聯芳，字同春，萬曆丁未進士。兄諱時芳，平度州知州。弟諱繼芳，三河縣知縣，政行並顯于時。令聞至叔老而益茂，著述推一代之雄。叔老諱楷，號岸翁，一號河濱，學問之博，著作之富，書法之肆在國初海內皆推無兩，至今共稱河濱夫子。此後固難歷數，要尚不少宏通。河濱三子俱知名，文章著述及書法推三老，立菴最後，尚多作者。他如遠有文徹之清名，隋時人。仲方之世德，元王由義，字仲方，禮部侍郎。歐陽元嘗贊曰「由義真賢者也」，作王氏世德記。王嘉議之醇篤，王良，健兒村人，洪武時貢入太學，仕至刑部侍郎，授嘉議大夫。喬參知之謹飭，喬誠，安仁里人，歷官山西布政司參政。一統志稱其處心忠信，措事寬平，不愧長者。周通政之殃後明冤，名彧，明初以人材進，每彈劾著緋衣，見之者皆待罪。卒有忌者譖其貪，下獄死，籍其家始知冤，因賜祭。楊方伯之仕等家食，名恭，西莊里人，文皇時為陝西布政，事詳邑志。蔚光祿由吏胥而獲旌，名能，字惟善，受春里人，宣德五年，以吏員進，歷事五朝，終光祿卿，嘗賜錦衣金帶以旌其忠。三原溫公純廳署芳規，標公事以為法則。劉太守以老成而盡職。名偉，中曲里人，成化戊子舉人，由文水知縣為御史，旋出知兗州。志稱其老成寬厚，又以孝著。清楊疆張，楊珪，中曲里人，天順壬午舉第，三仕至太僕丞。張澄源，字靜夫，倉西村人，嘉靖戊子舉人，仕至解州知州，自號一可。同一介直。近有標赤太史，名流亟賞其文；讓伯戶曹，逸老特嘉其志。張太史表，倉西村人，順治己丑館選未遇，時著肥游草，熊雪堂令合肥時為梓傳者也。族子柟字讓伯，順治己未進士，始受業于王仲復，稱其立志直欲趕上橫渠，仕由巴縣陞戶部主事。提學無慚弓冶，冠帶生輝；張好奇，字知天，順治壬辰進士，為河南提學。父綸音，字作欽，萬曆辛丑進士，官至湖廣按察，邑城內人。筠石克紹箕裘，辭華獨備。劉峒，字星柱，號筠石，故現人，康熙戊午舉於鄉，仕為榆林教授。父璽，字爾符，號三峯，順治丁亥進士，官烏程稱廉幹。父子皆肆力古文，著書若干卷。峒弟㟔，康熙己卯舉人，亦有名。無不自奮而出群，故致宏聲而弗墜。又若趙良純孝，元人。李濟守法，懷恩里人，明初副都御史。一統志稱其才敏學優，歷官守法。周道之舍騎卒，道沙底人，由助教擢御史、山西按察司僉事。舍騎卒事詳邑志。姪瑄以舉人為通判，亦稱廉。靳能之識門甲，能沙底人，正統時舉人，仕為馬邑教諭、山陰知縣。在馬邑恤門者某事詳邑志。蕭都諫事不避難，蕭斌，嘉慶里人，正統乙丑進士，官吏科都給事，通政司通政。志稱事不辟難，門無私謁。牛郎中峻而非狹，牛斗，字應宿，蔡家堡人，宏治甲戌進士，官至兵部郎中，革先朝冒濫不通夤緣，詳邑志。君儀之卻金比四知而適类，程範，字君儀，正德丁卯舉人，初任開封府通判，嘗叱卻倉官余金，後除大名府，善治盜，然以勁直不容於時。公見之興利，列三賢而允洽。段朝宗，字公見，魯坡村人，嘉靖乙未進士，官至給事，廉介改言，後知徽州，為利民事頗多。郡故有彭澤、王繼禮二祠，以朝宗參之，名三賢祠。別有鑑寰樸誠，言動必循禮節。翟事心，字鑑寰，平羅村人，貧時授經高陽，言動以禮。萬曆丁酉舉於鄉，知保昌縣，士民建祠祀之。後調判東昌，署濮州，歸著抱甕集十卷。綠野豪放，笑傲皆成文章。張徵字祚康，號綠野，白塚人，萬曆丙子舉人。初仕山右，守城禦盜有方，繼調河南孟縣，作堤，民名張公堤，又調寶豐。感時政，作旁觀、抵掌等書。綠野才佚宕笑傲皆成文章。松園講學，王鉞字敔甫，號松園，崇禎己卯舉人。入國朝官吳橋，遽歸，以著書講學為事，所著有松園集、性理三解等書。穉仲退藏，郭肯穫字穉仲，陽昌村人，崇禎己卯舉於鄉。明運終，隱居不仕，與復齋為道學友。弟肯堂亦棄諸生。逆闖入關，強征肯穫，肯穫亡去，系其弟肯堂，亦不屈，兄弟卒得全節，時稱二難云。獨鶴保身體而常泰，關中俊字遜伯，號獨鶴，望仙觀人，慕馮恭定之學，以力行自任。入國朝，去諸生，隱居讀書，著有巢居野人集、鶴陰鳴和集。學以孝為本，將歿，口占句云：「衣冠還太古，身體亦歸全。七十八年內，一心常泰然。」弟中偉亦棄諸生不試。公黼裂冠衿而豈狂？王扆字公黼，泰安堡人，因求父屍不得，絕意仕進。嘗以諸生揖貴者，見忤，遂自裂其冠衿。性嗜山水，工繪畫，詩亦多警句。柏林、先河濱皆深重之焉。其餘亦屈指之而不盡，總可為閭里生光者也。

友曰：「如子之說，歷世未遠，典型匪遙，且古今等耳，何事感喟於一朝？」李子乃復慨然而嘆曰：「此有故矣。地之靈秀惟人主之，風自上行，俗由下移。古道不講，積而日漓。富者習驕逸而輕絃誦，貧者謀衣食而廢經畬，弗求者甘自棄，從事者安於卑固，應大賢之希覯，至詣之莫追焉。得司牧善治，志士共維，庶乎昔日之盛可以指日而期。」友笑曰：「人之好善，誰不如，吾信斯言也，豪傑具在，胡不持子說而偏告乎？」

秦賦 有序

班孟堅賦西都，張平子賦西京，後多因之，或意存諷規，或言主鋪張，各極巨麗，難復續矣。余生其地，念今昔之殊勢，知隆替之有由，意有所感，不敢擬於前賢，故為秦賦。疆域山水外獨詳人物，並略遠而述近，以川嶽鐘毓，何代無之，用以自勵勵人云爾。

有金天之奧府兮，實少皞之所司。卦占兌而為說兮，候應秋而及時。既天門之伊邇兮，亦時首之在茲。本日星之所入兮，即山水之所基。翦鶉首而開國兮，肇鳳鳴於西岐。歷代以為都會兮，今則以為極要之藩籬。疆域緣以益拓兮，設官遂有合而有離。始則京兆之獨理兮，繼則金城之分治。東則徙函谷而為潼兮，洪濤長抱而迅馳；西則嘉峪遙固夫肅、涼兮，沙漠直抵於遠夷。少習名曰武關兮，南通楚、蜀而巘巇。延、榆並邊于靈、夏兮，北俱接乎鄂爾多斯。其山由崑崙而祁連兮，自此原分為兩支。左則賀蘭遠暨乎遼海兮，橋山自內而附之；祁連山在張掖西南，東逕永昌南為雪山，逕涼州南為姑臧，直抵中衛為沙山，又東紿為黑山，迄黃河，復東出為南北二支。北支東北出為賀蘭，掖黃河北行，逕靈州、寧朔、寧夏抵平羅，北三百里為黑山，又北出，逕古定襄東至高闕，又東為陰山，綿亙萬里，極遼海。南支東南出為橋山，逕慶陽東、鄜州、延安，西南盡三水分水嶺，北盡葭州艾蒿坪，綿亙八九百里。右則肇積石而抵隴兮，吳嶽自標夫異姿。由大積石至西傾，又東至鳥鼠，又東南至朱圉，又東為隴，為岍，為吳嶽。岍、隴實據秦、寧、鳳、漢，當陝、甘之交。由是又界而為二兮，胥自秦、鳳而東移。九嵕嵯峨之相繼兮，終南、太華之咸祠。由岍、隴東北出，踰鳳翔為岐山，又東北至乾州為梁山，又東至醴泉為九嵕，又東北至淳化為甘泉，又東北上為韓城之少梁，為龍門，皆在渭北。其東南出者，踰寶雞為太白，又東為終南、秦嶺，又東為驪山。其陰為藍田山，又東為少華，為大華。其陽為洛南之熊耳，熊耳南出為商山，商山東出為武關。大華東為潼關，北偏依河，皆在渭南。褒、沔由嶓冢而大巴兮，循漢而又多參差。嶓冢在寧羌，亦岍、隴之南出者。其水則漢本分為兩源兮，河自出於一枝，二者環其外以作衛兮，渭則中貫而委蛇。西漢水由秦州嶓冢而西，南會白水為嘉陵江，又西南迄四川之廣元。東漢水由寧羌嶓冢而東北，又東而南，穿興漢之境，至白河入湖廣界。河貫於甘肅者自河湟東北盡寧夏之北境，河繞於陝西者由府谷北，南至於華陰。河之上灕、洮、湟、浩、高平、奢延、野河、禿尾、延秀、濯筋之盡納兮，河、蘭諸水皆入灕，洮、岷諸水皆入洮，西寧、碾伯諸水皆入湟及浩亹，固原、中衛水皆入高平川，榆、靖、懷、遠水皆入奢延，神木諸水皆入野河，葭州、禿尾河、清澗、延川諸水皆入延秀河，延安數邑水皆入濯筋河，而黃河盡納之。其下渭攜汧、涇、沮、洛、灃、澇、滻、灞、潼、戲而偕罹。自渭源隴西以東諸水皆入渭，由靜寧、秦安以下諸水皆入隴，隴州以下水皆入汧，鳳翔合郡水皆入雍。其北自平涼以東南合馬蓮河，逕邠州、醴泉、涇陽、高陵水皆入涇。自同、耀至富平諸水皆入漆、沮。自安化東南，逕鄜、延州郡水皆入洛。其南盩、鄠以東諸水皆入灃、潏、澇、滻、灞，新豐諸水皆入潼、戲，而諸大水皆入渭。渭至華陰三河口入河。漢合瀘、沮、褒、廉、堉、洋、木馬、饒、風月閭、洵、丹以共奔兮，此皆名川之可考而知。夫惟勢據天下之上游兮，設險直嚴於坤垸。

若其秀靈之所結兮，鐘毓尤歷古而多奇。遠者吾不暇數兮，指近今而無非。懿儀以宦業著者，莊敏獨識夫廉恥兮，端毅盡輔弼之職，楊莊敏鼎，字宗器，咸寧人。少貧，常恨學晚，銳意力學，登鄉薦為第一，正統中會試亦第一，由編修仕至戶部侍郎。嘗折中貴牛玉，欲折江南糧實內帑，諫延，綏用兵預征邊餉。尋致仕，為縉紳宗，謂諸子曰：「吾生平無可取，但識廉恥二字耳。」王端毅恕，字宗貫，三原人，正統中進士，庶吉士，孝宗朝仕至戶部尚書。自初仕，敭歷中外凡四十五年，持正盡忠，疏三十餘上，皆剴切。年九十猶考論著述，卒贈太師，明三百年稱名臣者以恕為首。子承裕，字天宇，弘治進士，仕至南京戶部尚書，卒謚康僖。人云明有端毅、康僖，比宋之二范。公度立朝而正色兮，廷臣使外而盡力。王竑，字公度，河州人，正統己未進士，授戶科給事，彈劾不避。郕王監國時六科劾王振，振党馬順叱眾，竑捽順髮，咬其面，因並劾振党王、毛二長隨。景泰初，總督漕運，不待奏，賑民饑，民立生祠。英宗時陞兵部尚書，規畫事機，中外賴之。後以薦岳正、張寧不報，乞休。卒贈太子少保，謚莊毅。黃諫，字廷臣，蘭州人，博學工書，登正統壬戌第一甲第三名進士，歷官編修、侍講、尚寶寺卿。使安南，風節凜然，交趾人至今稱之。嘗出金屬自霍州歸葬曹月川于澠池。以鄉人忠國公石亨事敗謫判廣州，從學者甚眾，人為立祠。著有書經集解、使南稿、從古正文、蘭坡集行世。胡光祿見憐於俳優兮，閻考功雅重於相國。胡恭，字敬之，扶風人，景泰中舉人，仕至光祿卿，清貧幾不舉火。一日內宴，俳優為一人體貌羸瘁，傍一人問曰：「爾非胡光祿耶？何至此？」曰：「俸祿不給耳。」上惻然，因賜金幣。子宗道，成化中進士，仕至四川參政、應天府尹，以清慎著。閻仲實，字光甫，隴州人，早慧善屬文，成化中進士。為考功，每規時宰，時宰重之。弟仲宇，字泰甫，亦成化中進士。按察山東，擒妖僧，巡撫湖廣，擒劇賊，陞兵部尚書，有略，劉瑾欲奪其位者，遂移病去。同族价，字允德，亦成化中進士，庶吉士，巡案河南，以奏劉瑾罰米，家為一空，後陞四川參議。世隆比高於華嶽兮，達夫家裕夫燕翼。雍泰，字世隆，咸寧人，成化中進士。初為吳縣知縣，濱湖作堤，民名雍公堤。擢御史，聲震京師，巡鹽兩淮，淮人歌之，巡撫宣府，士民祇畏。陞南京戶部尚書，劉瑾以不附己斥歸。靈寶許襄毅嘗曰：「關西有二高，一華嶽，一雍世隆也。」卒謚端惠。著有奏議五卷、正誼菴詩六卷。劉聰，字達夫，中部人，成化中進士。性剛果，仕歷太平推官，彰德知府，僉都御史，巡撫順天，皆著風裁，有異績。弟璋，字尚德，以舉人仕南和令，陞知霸州，修水利，禁豪俠，具著奇政。子佐，登進士，授戶部主事，監收小灘稅，豪勢請託不行。著有北原集。次侃，次仁，皆舉人。次倌，以舉人知聞喜、石州，稱廉潔。璋子仕，字以學，正德中進士。為刑部主事，爭興獻禮，為郎中，劾武定侯郭勳，累受廷杖，謫戍。穆宗起太僕少卿，不就仕。居家至孝，著有鄜南集。仕弟儒，字以聘，亦以孝著，以舉人令安邑，補完縣，陞敘州同知，皆有惠政。遷慶藩長史，以禮繩王，王不聽，遂致仕。儒正己率物，太保楊兆出其門，既貴，每見猶侍立終日，語人曰：「吾侍兩宮不若先生嚴。」著有劉氏家禮、橋麓集。仕子光升，官新泰知縣。儒子光文，官招遠知縣，真定通判，俱有家風。嗚遠共綿於政和兮，琛、璽、琦疑出於一域。劉鏞，字嗚遠，清澗人。以舉人歷仕長沙知府、山東參政，以清介名。子介，字師惠，弘治中進士，仕至太常少卿，有聲譽，與羅圭峰善，著有南都、北都集、東峰詠稾。鏞族子蘭，字庭馥，弘治中翰林檢討，後由王府長史晉嘉議大夫，不附閹瑾，著有石台集。介子維綸，字子孚，正德中進士，由滑縣令擢御史。介孫大觀，由孝議令歷仕至趙府長史。大觀子士麟，以舉人令定襄，皆不愧父師之訓。白行順，字政廣，政績赫然，載名臣録。弟行中，字大本，正統中舉人，仕至監察御史。按廣東，貪墨望風去，總兩淮鹺政，尤以清白自持。後白璧以舉人令定襄，白宗舜以舉人知蒲州。宗舜子慧元，崇禎甲戌進士，令任丘，死難。璧孫日可，以舉人砥德鄉里，著有敦本堂稾，門人私謚文靖先生。白氏科第至今不絶。劉琛，宜川人，與弟璽同舉弘治中。琛登進士，官至按察司僉事，璽官衛輝通判，兄炎，亦成化中舉人，政績俱著，號長安三劉。璽，馮少墟外祖也，關中理學蓋多出其門。劉琦字庭珍，洛川人，正德中進士，仕至兵科給事，累抗疏，謫戍。後上亦念之，曰：「是嘗進讜言者也。」赦還，以疾卒。天啟中劉秉三紘以省元登進士，以文章名，與中部、清澗、宜川劉皆世科第。東氏盛于咸林兮，兩王在佘邑而亦匹。東思忠，字進伯，華州人，成化進士。為刑部主事，多平反，轉四川按察副使，屬勦逆命，西北倚為長城。子漢，以舉人仕至員外，不愧父風。郊，字希守，正德中以進士歷官監察御史，諫武廟幸居庸，論錢寧納賄，江彬竊權，止張陽鬻鹽蓆，以剛直著。野，字希孟，以進士知陳留縣，息訟防河，治盜興學，誦聲徧野，陞刑部主事。佘邑泊里王氏，自郎中壘興，凡九世科第，與高城王氏並詳梓里賦。道伸學蓮峯而不愧其名兮，伯翔全塾師而已見其德。屈直，字道伸，華陰人，成化中進士。嘗學於佘邑蓮峯先生。蓮峯，韓苑洛父也。苑洛弟五泉妻屈安人即直女。直仕至南京都御史，剛直敏達，所至宦跡有聲。蓮峯由福建按察入覲，駐通州，使苑洛先至京見屈。屈時與韓新締姻，食惟設生韭一品。苑洛飽食之，歸謂蓮峯曰：「關中猶有人，屈秋官不愧門牆。」張羽，字伯翔，南鄭人，弘治中進士，授行人。塾師陳以事戍遼東，羽請遼差傒師，卒全師以歸。正德時不附宦瑾，瑾敗，授御史，仕至南京工部侍郎，亦以廉直多才著。卒，上為震悼。韓廷德隨事而納忠兮，彭濟物屢出而勦賊。韓鼎，字廷器，合水人，成化中進士，為給事。孝宗即位，首陳公銓選、經財用、嚴兵衛、崇天道四事，又諫西夷貢病，宜罷遣，皇嗣未廣，宜多置後宮，不當建設齋醮，又發神樂觀董素雲奸事，隨事納忠，無不稱旨。嘗謂「攻君過不若養君德，諫官言事宜在經筵進諫」，人以為名言。陞江西按察副使，後討平吐蕃，陞兵部侍郎，著有斗菴集。彭澤，字濟物，蘭州人，弘治中進士。為人長大，腰帶二十圍，平居寡笑，雖恒語如叱吒，有文武才略。初守真定，有閹宦竊權，人爭附之。澤曰：「吾豈有附人者哉？」置一棺於堂後，曰：「有不測即附諸棺。」歷官按察使，總制湖廣、四川，先後討平霸州賊劉六、劉七，蜀賊薛廷瑞、鄢本恕，累加太子少保、太保。老，致仕，卒謚襄毅。緊御史之起于秦安兮，王璠亦先後而顯於西北。秦安張錦，字尚絅，成化中進士，仕至副都御史，巡撫宣府，以直正聞。子潛稱才子，仕至巡撫。王璠，字廷瑞，寧遠人，以進士仕至山西參議。其鄉評宦績俱稱明時之鼎足。寧夏有知兵之僉事兮，誰又彈學士而著直。張嘉謨，字舜卿，寧夏人，宏治中進士。初為兵部主事，以偏師破山東賊，陞員外。彭澤征蜀賊，疏請與行，乃告彭以大兵取重慶，己由漢中入夔峽交蹙之。卒奏功，陞山東按察僉事。生平好書，詩文亦敏捷，著有雲谷集、西行稾。黃綬，亦寧夏人，嘉靖中進士，望重朝紳，巡按山東，督學北直，士仰民懷。大學士翟鑾二子登第，綬彈之，有「一鑾當道，雙鳳齊鳴」之句。尚書聞仲房之恂樸兮，太保傳夢鏡之贊翊。馬汝驥，字仲房，綏德人，正德中進士，貌恂恂若無能，而沉毅有大節。以編修極諫武宗南狩，受廷杖，後陞禮部侍郎，典禮多資訂，加侍講學士。卒，上悼之，加贈尚書，謚文簡。楊兆，字夢鏡，膚施人，御史本深子，嘉靖中進士。仕至兵部尚書，明達國體，才兼文武，朝廷倚重者數十年，卒贈太保。希文之名重朝廷兮，惟貫之勳在社稷。溫純，字希文，三原人，嘉靖中進士。除壽光令，殲巨寇馬天保，擢給事中，發巨璫陳淇不法事，雪沈鍊冤，歷陞至左都御史。劉哱之亂，畫坐圍、火攻二策，卒平之。嘗請行考選、罷鑛稅、釋逮系諸臣疏，十四上不報，乃約諸大僚伏闕泣請。上怒，問誰倡者。對曰：「臣純也。」上亦霽威。告歸，行義於鄉。講學諄諄於精一、一貫兩言，著有歷官疏草、學一堂全集、杜律一得、大婚彙紀。卒，贈太保，謚恭毅。弟編，字希孔，守漢南，有包待制之稱。子予知，以恩冑進南雍，人目清公子，馮少墟雅重之。以子瓊官贈戶部郎中，日知舉人，文太青嘗以方之康武功。魏學曾，字惟貫，涇陽人，嘉靖中進士。初授戶部主事，分宜為相，欲一見改吏部，終不肯。督餉宣府，適敵騎薄城，遽戎衣乘城，指授方略，敵遁去，擢光祿少卿，尋拜僉都御史。撫遼東，以計擒叛卒黃勇，晉吏部侍郎。新鄭、江陵同在政府，方皆倚為重，學曾以不附江陵斥歸。江陵敗，起為尚書，督西三邊軍務，破明、莊二部，晉太子少保，叛寇哱拜父子之殲皆其謀也。或友剛峰而無愧兮，或甘與楊、左而同卒。李世達，字子成，涇陽人，嘉靖中進士，仕至南太宰，與海剛峰意氣相期，卒謚敏肅。張問達，字誠宇，萬曆中進士，由高平令仕至少司寇。神宗大漸，與顧命，光宗不豫，消選侍之謀。後以客、魏亂政告歸，削職追贓，曰：「吾得與楊漣、左光斗同，死無憾。」崇禎立，贈卹有加。月餘之閣臣文莊靡忝兮，三事之自誓攻父何失？馬文莊公，名自強，字體乾，同州人，嘉靖中進士，有轉導神宗功，進文淵閣大學士，月余卒。長子怡，以舉人仕至山東參議，有政聲。季子慥，萬曆中進士，仕至南尚寺卿，生平匿名跡，遠權勢，以足疾不獲大用。張士佩，字攻父，韓城人，嘉靖中進士，仕至開府，屢立戰功。嘗曰：「吾有三事：在官不取贖錢，遷陟不用賄賂，居家不行請託。」終身不愧斯言。叔孝聲餘于所居兮，藍石抱憤而成疾。孫丕揚，字叔孝，富平人，嘉靖中進士，為人亢率爽豁。仕至吏部尚書，峻節碩畫，為世名臣，再兼銓衡，獨以遴選，撫臣為兢兢。今京師猶名其所居地曰孫公園，蓋重之也。孫瑋，字藍石，渭南人，萬曆中進士，仕至順宰，以婞寺擅權，慘及楊、左諸人，抱憤成疾，卒。生平忠直敢諫，清廉不受餽遺，以名分定皇儲，尤得大體，謚曰莊毅。耀州推後泉之父子兮，潼川美盛家之作述。王邦憲，字後泉，耀州人，嘉靖時舉人，由徐溝令陞萊州府通判，民立生祠。文章氣節關輔稱美，子孫顯者三十余人。長子國，萬曆中進士，負將相才，仕至後部右侍郎。巡撫保定，討平大盜劉應第、董世耀等，晉都察院右都御史，與弟禮部尚書圖稱二難。康熙間累征其章奏，惜經後燹，存者甚少。圖謚文肅。盛訥，字敏叔，潼關人，隆慶中進士。少從馬文莊公遊，年十七以父都尉德戰亡於洛南盜，泣請當道兵，卒平之。仕至吏部郎，亢直敢言，節操清正，主試最稱得人，著有玉堂日記百餘卷、定敬軒集八卷，卒謚文定。子以宏，字子寬，萬曆中進士，選庶常，歷官祭酒，引疾歸。光廟踐阼，起為吏部侍郎，以鑑才為己任。熹廟登極，充日講，因事開導，能以至誠動人主。以不附魏璫，不得以閣員用，晉禮部尚書，憂鬱卒。蘭有劾分宜之蘭谷兮，復有抗江陵之汝立。鄒應龍，號蘭谷，嘉靖中進士，剛正敢為，以御史席藁劾分宜父子，罷之，仕至副都御史，巡撫雲南。吳執禮，字汝立，以進士仕至戶部侍郎，屢與江陵抗，見嫉，乞歸，江陵敗，復起。張給事能救夫忠滑兮，劉中丞日討夫軍實。張萬紀，字舜卿，狄道人，嘉靖中進士。以禮科給事疏救楊忠滑，遂外補。著有講學語、超然山人集。劉四科，號健菴，紫陽人，隆慶中進士。仕至兵部尚書，巡撫薊鎮，日討軍實，卒贈太子少保。山輝脫闖難而卒申兮，茂衍治刑名而罔失。朱廷璟，字山輝，富平人，前兵部侍郎國棟子。闖逆據西安，械致之，得免。中順治己丑進士，仕至登萊副使、河南參政，嘗散庫金弭兵變，又招降逋寇於卞。後致仕，惟留心彝鼎書畫。王孫蔚，字茂衍，臨潼人，與叔元衡、元士同登順治壬辰進士。初仕刑曹，都下有「玉銘錢谷、茂衍刑名」之謠，玉銘謂大司農三原王宏祚也。後歷官湖廣按察、福建布政，值軍興，判事如風雨。詩才亦婉麗，著有韜香集。子天寵，登賢書。楊素蘊能謚夫逆藩兮，梁子遠甘處於僦室。楊素蘊，宜君人，順治中進士。由東明令擢御史，以奏吳逆被謫。變起，起山西督學，有關西夫子之稱，後歷仕安徽、湖廣巡撫。梁鑑，字子遠，三原人。博學篤行，順治時登進士，選庶常。仕至倉場總督、戶部侍郎三十年猶僦屋而居。閭里道劉老之清介兮，宸衷知張公之謹謚。劉蔭樞，字相斗，韓城人，康熙丙辰進士，性至孝。由蘭陽令入諫垣，章數十上，皆關大計，後仕至黔撫，諸苗皆感其恩信。雍正初上篤念老成，賜金歸里，里人榮之，至今閭里猶爭稱劉鬍子，以其多須而老也。張大有，部陽人，康熙中進士，十年為總漕，人稱其一塵不染，雍正時賜以清勤二字，卒謚文敬。嘉魯如之墨吏見憚兮，異遜功之慈烏共瞻。劉曾，字魯如，臨潼人。父秉擶，邃易學，有學易寤言八卷。曾弱冠從李二曲學，康熙己未成進士，由溆浦令擢吏部主事，遷員外。有墨吏以千金為壽，正色曰：「劉曾豈受暮夜金者耶？」後仕至雲南按察使。王承烈，字遜功，涇陽人，康熙癸酉以五經發解，乙丑成進士，選庶吉士，累陞至刑部侍郎。嘗召對養心殿，講大學「明明德」章，賞賚甚渥。卒之夕，有慈烏數千繞室。賜祭，葬有加。所著有日省録、毛詩解、尚書今文解。至文端之正色立朝兮，榮遇視前人而且為遠軼。韓城相國王文端公，乾隆辛巳殿元，畢生以清白剛介自持，兩朝寵遇俱極隆，今上稱其正色立朝云。

以儒術著者，余邑之韓氏為優兮，渭上之南家多賢。韓苑洛邦奇，著有易占、經緯四卷，性理三解七卷，志樂二十卷，文集二十二卷。五泉邦靖，著有詩集四卷，朝邑志七篇，詳見梓里賦。南大吉，字元善，渭南人，正德中進士，官至戶部主事，以文行名世，當官任事屹然有執。罷歸，構書院教四方學者，成就甚多。著有瑞泉集、紹興府志、渭南志。弟逢吉，字元貞，嘉靖中進士，仕至督學副使，雁門兵備，著有姜泉集、越中紀傳，關中至今稱二南云。逢吉子軒，字暘谷，嘉靖中進士。以主事較京闈試，甄拔，皆時俊，擢四川副使，攝督學，萬曆時遷山東參議。著有渭上藁、文獻志、訂證通鑒前編、續編、渭南志、南氏族譜、詩文繩墨、古人字法。好學不倦，沒之夕猶賦遠遊篇以訓子。軒第三子師仲，字子興，萬曆中進士。以少司成典試留都，稱得人，後仕至南大宗伯。體臒，素腰盈圍，隔膜見臟腑，而目精炯爍，神氣倍王，較録至夜分不倦。蒐輯王允寧文集三十八卷、劉東陵集十卷、兄憲仲集三十六卷，增定關中文獻志八十卷，成父未竟之業，所著有元麓堂文集五十卷、集杜詩五卷、渭南志二十五卷。大吉孫企仲，萬曆中進士，崇禎時仕至吏部尚書。自成入關，不食卒。軒孫憲仲子居益，字思受，萬曆中進士。貌清臒，弱不勝衣，而懷經國大略。撫閩，破擒紅毛寇高文律等，崇禎時仕至工部尚書，寵遇極隆。自成僭號，怒加炮烙，終不屈死。著有青箱堂集六卷、晉政略二卷、撫閩疏四卷、三署摘稾五卷、軍中小簡二卷、瀑園志六卷、致爽堂詩二卷。企仲長子居業，字思誠，萬曆中進士，官禮部主事，自成加害，贈太僕寺少卿，有詩文數十卷。企仲次子居仁，字思敏，天啟中進士，仕至祭酒，卒贈禮部侍郎，著適修堂集十卷。三水衍太青之奕葉兮，三原溯陽伯之薪傳。文太青翔鳳，萬曆中進士。其先振拔，洪武中御史，以諫忤太祖，將加劓頭刑，擁土至頸，色不變，太祖奇而釋之。傳八葉至在中，字少白，萬曆中進士。廷對擬第一，江陵以策對有「一氣未通，兩孽未除」之語，抑置三甲，仕至祠部郎。以忤馮璫，掛冠歸，建樂育書院，講內聖外王之學，從游士萬計。所著有觀宇、觀宙、天經、天雅、天典、天引、天朔、天極各三十六帙，人稱關西夫子。在中弟在茲，字少元，萬曆中進士。讀書目數行下，長古文詞，尤善書，與衡山伯仲。太青，在中長子也，八歲通五經，即得大人尊天作聖之學，弱冠已破萬卷。闔中雷何思得其論策，曰：「此必三水文翔鳳也。」歷官山西督學，擢南光祿，以彈魏璫回籍。所著有九極等書，餘充棟莫殫。尤深于易，推自有生民以來二百七十萬二千六年之所未有，覃心二十六年，著太微經，表裏皇極。其為詩不肯襲唐，賦在漢人以上，博奧人不能讀，四方從學者三萬余人。卒，門人私謚曰文公。弟毓鳳，字太彤，舉人，為武城令。歸，日與及門講論，著有森園集、琳園集、學水園草。來復，字陽伯。其先世恭，洪武中以貢士仕至僉都御史，彈劾不避權勢。有讒恭者，上輒私幸其第，見夫人績綿，恭方荷鋤園中，遂誅讒者而益重恭。嘉靖中有來聘，以進士擢御史，議大禮受廷杖，遷四川丹稜令。嘗為文驅虎，虎就捕，歷陞至按察使。復，萬曆中進士，歷官方伯，負琦瑋經濟之略，學問淵博，文詞贍雅，書、畫、琴、碁、醫學、星占靡不精究，至不拜魏祠尤稱其節。弟臨，博學宏才，與兄齊名，以明經仕為州守，以忤時歸，著有叢筆斋集三十卷。景叔之行足師世兮，玉墨之手不釋篇。喬世寧，字景叔，耀州人，嘉靖中以解元成進士，仕歷湖廣督學、四川按察使，以憂歸，遂不出。自讀書外，絕無所好，行足師世，蔚為儒宗。王元正，字順卿，盩厔人，與兄元顗同舉正德中進士。元正授翰林庶吉士，補檢討，以議禮謫戍四川茂州，有善政。其為人外和內剛，自幼至老手不釋卷，為文宏博典則，尤長於詩賦，著有四川總志、威茂通志、玉堂志、玉壘集、四樂同聲諸書。初號三溪，後戍茂，更號玉壘，學者稱玉壘先生。夫子譽播洽陽兮，有自得之庠生亦不慚於儒先。褚錦，字文勷，郃陽人。性至孝，親沒，廬墓。平居與人寡合，家城市，絕跡公門，言動必遵於道，鄉人呼為褚夫子。任無極令，未幾歸。國朝王茂麟，蒲城人，孝友睦婣，樂道好學，家營自得菴，每題自況有「洙、泗源流，濂、洛授受，落花皆文，好鳥亦友」之句。教授生徒多通籍者，長子仁成進士，諸子各授一經，有先儒風。文含訂交于北海兮，曲江之明經實同邑而比肩。王宏度，字文含，咸寧人。邃情古道，恥為帖括學。順治以茅拔至都門，孫北海少宰一見定為性命交，與編道統明辨録，有正傳、單傳、別傳，羽翼四指。尋卒，北海作傳哀之。著有南塘遺稾八卷、片石語八卷、語雀齋日録二卷。劉祐，字篤生，性孝友，為諸生試輒冠軍，尤工古文辭，於曆象醫卜家言無不窺，問業者戶外屨滿，歲薦後益鍵戶教授。嘗立仁義社倉以賑貧，沒而學者思之，如喪典型，著有曲江草。其子鑑，以第八人成進士。

以文章著者，空同首振於北地兮，武功與鄠杜而齊起。李夢陽，字獻吉，慶陽人，號空同子，母夢日墮懷而生。十八舉鄉試第一，宏治癸丑進士，為主事。嘗彈壽寧侯，既為韓文草疏劾劉瑾，放歸。瑾敗，起江西提學副使，一變士習，卒以才高負氣免官。振興古文，直追先秦兩漢，古詩法漢魏，近體法盛唐。著有空同集，為明前七子之冠。康海，字德涵，武功人，弘治中進士，廷試第一。負俊才，於書覽而不誦，悉其意而遺其詞，為古文詞，扶衰振靡。性豪放，不閑小禮，恃才淩人，人多忌之。以救李夢陽於劉瑾，瑾敗，罷不復用，益縱遊覽，肆力詩文，故雖廢而名益著。嘗為樂章，求律於太常氏，審定黃鐘，研易數，曆律、太乙、六壬、鍼熨、藥餌、陰陽、卜宅靡不窮究，著有武功志、對山集。其父鏞，字振遠，世稱康長公，以文章名世，仕平陽知府。其兄皐，十八卒，有集。弟員外浩、主事演皆有文名。王九思，字敬夫，鄠縣人，弘治中進士，翰林檢討，仕至郎中，以劉瑾同鄉左遷。遂歸以詩文自娛，著有渼陂集、碧山樂府、鄠縣誌，與李空同、康武功為前七子之三。弟九皋，舉人，九峯，監察御史，亦有聲。孟獨久列於詩人兮，光世早頌夫才子。張治道，字孟獨，長安人，正德中進士。由長垣令徵刑部主事，與部僚薛蕙、劉儲秀、胡侍以詩名都下，稱西翰林。意不樂官，引疾歸，家居四十年。著有太微前後集、嘉靖少陵志、長垣志。劉儲秀，字士奇，咸寧人，正德中進士，仕至戶部尚書，為陶仲文、嚴嵩構罷。胡侍，字承之，咸寧人，仕至鴻臚少卿，以議禮被謫。張鳳翔，字光世，洵陽人。少穎異，日記數千餘言，能左手書。弘治壬子楊邃菴督學關中，以李獻吉及秦安張潛為三才子，秋試同舉，丙辰入對大廷，俱高第，名出李上。無何卒，年三十，李為作哀鳳操。涫若可泉之擬古兮，捷若景仁之伸紙。胡纘宗，字可泉，秦安人。七歲學春秋，即知大義，長潛心橫渠之學。正德中登進士，仕至河南巡撫，政績卓然。以火災引咎歸，日閉閣著書，有辛巳集、丙辰集、鳥鼠山人小集、擬古樂府、春秋本義諸志書。趙時春，字景仁，平涼人。年十四舉鄉試，十八舉禮部第一，改庶吉士。仕至山西巡撫，為人嚴毅介特，一時文學氣節政事之聲振動天下。槐野原宗乎馬遷兮，河汀派出于班氏。王維楨，字允寧，華州人，嘉靖中進士，選庶吉士，歷仕南祭酒、諭德。與袁煒典順天試，受知肅皇。煒枚卜，上問維楨，而維楨死矣。維楨有深沉大略，而獨以著作名世，古文自空同而下論者以槐野為次。王學謨，號河汀，予邑人，詳梓里賦。惟訓落筆而千言兮，道甫之詩亦可以名世自予。張光孝，字惟訓，華州人，嘉靖中以舉人為西華令，工詞藻，落筆千言，著述甚多。李三才，字道甫，臨潼人，萬曆中進士，與魏允貞、李化龍以名世相期，仕至戶部尚書，詩亦卓出一時。世珍趙屏國之鐫華兮，人傳武叔卿之錐指。趙崡，字屏國，盩厔人，萬曆時举人。才高學博，文宗秦漢，詩法盛唐，書初法虞伯施，後綜諸家，尤喜搜金石遺文，悉加評跋，著有石墨鐫華，一時紙貴。武之望，字叔卿，臨潼人，萬曆中進士。由霍邱令歷陞至太常寺卿、副都御史、登萊巡撫、三邊總督，所在稱能。著有扣缶集、雞肋編、海防要疏、舉業厄言等書籍。河濱獨極其閎肆兮，聖秋力挽夫頹靡。先河濱，諱楷，字叔則，衣缽太青，漁洋嘗言關中文人以河濱為第一。韓詩，字聖秋，三原人，崇禎時舉人，學問淵邃，為詩文以力挽頹靡為己任。在廣陵與涇陽馬御輦元御、榆林王相業雪樵及先河濱號關中四子。著有學古堂集、明文西行世。豹人會征夫鴻博兮，天生嘗召而修史。孫枝蔚，字豹人，三原人，博學工詩，康熙中舉博學鴻詞，以年老授內閣中書歸，有溉堂集。李因篤，字子德，一字天生，富平人。年十一為諸生，當明季亂，遂棄去，肆力為古文辭，尤長於詩歌，著有受祺堂集，康熙十七年詔選儒臣，纂修明史。天生以薦授翰林檢討，天下稱天生及盩厔李中孚、郿縣李雪木為關中三李。雪木之學貫百家兮，無異之王公倒屣。雪木名柏，以諸生避兵入太白山，屏居讀書數十年，其學貫穿百家，著有槲葉集。王宏撰，字無異，號山史，華陰人。父之良，字虞卿，天啟乙丑進士。仕至都御史，巡撫南贛，屢平大寇，如普薇等，明稱前後兩王公，謂文成與虞卿也。無異遭明末亂，讀書不出，品誼詩文重一時，所至王公倒屣。顧寧人訪之華下，居數年，同被徵，名愈著。有周易筮述、山志、九軍圖、文集等書。其兄宏學、宏嘉尤博雅高潔，畢生不出華山，著述亦富。雲雛之華山名經兮，太乙之聞逾遺仕。東雲雛蔭商，舉人，淹通古今詩文，重法度而盡諸變化，自極才人之致，足跡半天下，交遊多賢豪，尤好書畫，善鑒賞。著有華山經一卷、隱略十卷、文集十卷。康乃心，字孟謀，號太乙，以題莊襄王墓詩受知漁洋，其所為文亦橫絕一時。總貫如建侯而足傳兮，吟詠如幼華而堪企。王豫嘉，字建侯，扶風人，順治中進士，有操行，博綜典籍，所著詩古文詞甚多。王又旦，字幼華，郃陽人，順治中進士，令江南。從孫豹人受詩，入為給諫，與漁洋為詩友，名著京師，著有黃湄詩集十卷。屺瞻有集而寧湮兮，稺恭落筆而爭市。涇陽李念慈屺瞻，嘗為令，薦鴻博，不第，隱居峪口山，詩曰峪口山房集。張恂，字稺恭，以進士為江南理刑，工詩文，又善畫，落筆片紙值千錢。

以節義著者，王朴之烈猶張紞兮，程濟之忠猶高翔。樸，同州人，洪武中以進士官御史，日奏事爭辯。上怒，命斬之。反接至市，復赦還，曰：「改乎？」曰：「臣無罪，不宜戮，有罪又安用生之？」復命，反接出，過史館，呼曰：「學士劉三吾志之某月日，皇帝赦無罪御史樸也。」臨死作詩寄父。行刑者復命，上怒其不先聞，並坐死。張紞，字文昭，富平人，建文中為吏部尚書。文皇即位，自經吏部後堂，死。程濟、高翔，予邑人。濟有道術，為岳池教諭，上書言某日西北有兵起。責其妄，將殺之，呼曰：「陛下且囚臣，至期無兵，死未晚。」已而靖難兵起，赦為編修。從建出，遇險濟輒以術脫。翔與濟同學，官御史，金川門破，濟曰「願為智士」，翔曰「願為忠臣」。文皇召翔，翔喪服入見，大哭，語不遜，遂族誅。韓永未可為奸党兮，景清之死有餘芳。永，西安人，建文時為兵科給事。北師入，與陳迪等同以奸黨逮至，欲官。永曰：「吾王蠋耳。」不屈死。清，真寧人，洪武中第二名進士。初赴舉，宿淳化，主家女為妖所憑，是夕妖不至，翌日女詰之，曰：「避景秀才也。」女父追及清語之。清書「景清在此」，令帖戶首，妖遂絕。領鄉薦，游國學，同舍生有秘書，清求之不與，固請，許次日即還，而生旦即索。清戲曰：「我書也。」生怒訟之祭酒，祭酒命各背誦，清誦徹卷，而生不能誦一句，祭酒叱生，清乃笑還之。建文時為御史，太宗即位，方孝孺、鍊子寧等皆死，清獨委蛇，人疑之。太宗夜夢緋衣人帶劍犯闕，星者亦奏文曲犯帝座甚急。次日朝，清獨著緋，果搜得劍。清罵不絕口，斷其舌，含血噴帝衣。命殺之，剝其皮實草，掛朝門。帝出郊祀，草人斷索逼帝前，為犯駕狀。是夕精英又迭見，後時入殿庭，為厲。帝命籍其鄉，名曰瓜蔓抄。更有巨敬之願為族滅兮，爰啟李著之稱下官於奏章。巨敬，靈台人，為御史，建文之難被逮，責問不屈，與景清同族滅。李著，鳳翔人，由太學授御史。土木之變，景帝監國，漸起即真議，著爭之，章疏不用「群臣」，秖稱「下官啟殿下」，言頗切直。景帝曰：「御史醉耶？」對曰：「下官正言，非醉也。」終不屈，遂得罪。英宗復辟時特旌其忠。尚文沒沙漠而獲褒兮，閆鉦敗蠻中而卒有旌揚。王尚文，商州人，性剛直，正統中進士，授戶部主事。己巳之變，沒沙漠，朝廷以衣冠葬之。閆鉦，字靜之，涇州人，成化中進士，仕至貴州布政。蠻人福米祿作亂，鉦同將官討之至安南，裨將潘江輕敵深入，鉦言不聽，同敗死。事聞，褒卹有加。斛山被逮而不肯辭家兮，友石避畫而何嫌踰牆。楊爵，字伯修，號斛山，高平人，嘉靖中進士。身長七尺，美姿容。年二十始發憤讀書，師事韓恭簡，恭簡歎為畏友。官御史，時大旱，上方為方士修雷壇，竭責役民，爵上疏言甚切直。下詔獄，考掠備至，幾死復生，械系五年得釋。會熊太宰諫仙箕忤旨，上大恚，曰：「固知釋楊爵妄言者至矣，速逮。」爵時抵家方十日，忽校至。爵曰：「若復來乎？」謬答曰：「往一省公耳。」爵曰：「吾知之矣。」與校同食已，曰：「行乎？」校曰：「盍一入為別？」爵立屏前曰：「朝廷有旨見逮，吾行矣。」即行。又系獄三年始還，未幾卒。卒之前有大鳥至，爵歎曰：「伯起之兆至矣。」援筆自誌，惓惓以作一等事，做一等人教其子孫。在獄中著有周易辨録、中庸解、文集五卷。米萬鐘，號友石，安化人，萬曆乙未進士，累官太僕寺卿。博雅風流，當時推第一，尤善書畫，名傳海內。魏忠賢欲令畫屏，萬鐘聞之踰牆走江南，終不與畫。廟中莫解兵備之袍帶兮，詔獄恨殺主事之魏璫。張春，字泰宇，同州人，萬曆中舉人。備兵關左，與大司馬王之臣同事。杏山破，絕粒不食，求死，或勸之。春屏居廟中，衣南國袍帶，百結不解，死之，人皆為隳泣。王之寀，予邑人，由無極令入為刑部主事，首發張差挺擊事，朝野韙之。未幾，魏璫得政，以三案殺忠，削籍下詔獄死。崇禎時贈侍郎。華陰建雙烈之祠兮，汴橋增同姓之光。楊呈秀，字實甫，華陰人，萬曆中進士。博極君籍，歷任長山、太谷、靈清、棗強縣令，擢司農主政，出軌順慶，有「愛民親若子，執法定於山」之句，以忤貴宦罷歸。會流寇亂，結鄉勇，每戰獲捷。崇禎七年，賊眾大至，迎戰於縣西二十里，不勝，或勸之退避，喝曰：「丈夫受國恩，臨難當致死，豈甘縮首求生？」遂奮呼當先，賊磔殺之。直指傅永亨以聞，贈光祿少卿。弟呈芳，字酒源，體貌魁梧。呈秀被執，芳單騎入賊營，橫戰至暮，身帶重傷，猶殺數十人，項將斷，呼兄之聲不絕。直指以聞，建坊旌表。順治間，督學田厥茂檄縣建雙烈祠。從弟呈芬，字含蔚，博學善書。闖賊入關，獨守母不去，賊感而舍之。姬文引，字士昌，華州人，萬曆中舉人。令滕縣，天啟二年到任甫十七日，妖賊犯境圍城，五更城陷。賊逼文引從，文引罵不絕口，寫遺狀一紙並印付家人，題詩一首，衣冠北望、西望，再拜投繯死。文引初膺鄉薦，夢長髯金冠緋袍者曰：「吾與汝同姓，異日見汝汴橋。」及之任，過泗水，謁季路祠，宛如夢，其地則汴橋也。暨聞警，父籙嘆曰：「吾兒死矣。」事上，贈太僕卿。子琨以廕歷仕郎中、保定巡道，有善政。融我之磔殺於貴兮，勉南之被斮于商。張耀，字融我，三原人，萬曆中舉人。嘗從學於溫恭毅，仕至貴州布政。乙酉，獻賊至，力戰被執，大罵，賊磔殺之，眷屬十三口同被害。盛以恒，字勉南，潼關人，訥之姪，鹿邑令翊之子，萬曆中舉人，嘗受學於馮恭定。令商城，練鄉兵，降賊一丈青，擒賊一字王、展翅飛等，陞開封府丞，以商城急留守。城陷被執，賊以好官，命釋縛，恒痛罵被斮。事聞，贈河南按察司副使。二岑聲佛而援范兮，仲玉誓神而斥姜。馬嗣煜，字元昭，號二岑，同州人，文莊公從曾孫。父朴，歷官洱海道副使，文章著述聞天下。二岑以明經仕濟南通判，攝武定州事，始至議守禦，繕睥睨，命各村落備樹枝、車兩賫送關廂。亡何兵至，令以所備塞道路。恐眾亂詭，謂曰：「昨夢關帝告我城無虞。」遂刑牲於壯繆廟，且令守禦者皆聲佛。賊果阻且疑，他去。會新守范如遊至，二岑將歸濟南，士民留之，二岑與范分城守。賊大集，城破，賊欲脅之降，大罵不屈。羣刃二岑，火之，范亦死。范，郃陽人，其族自嘉靖中參政燧以來為著姓云。衛景瑗，字仲玉，韓城人，萬曆中進士。官御史，首劾閹臣周延儒，後巡撫大同。甲申二月，自成犯太原，佈置戰守法。寧武告急，欲援，阻於鎮臣姜瓖。三月初一日，賊至，瑗出力戰，而姜瓖內變，城陷被執。自成好諭之，乃大呼皇上，哭不顧。顧見姜瓖，罵曰：「賊奴賣我，關帝必殺汝。」越三日，自成謂：「爾真忠臣，吾送爾歸。」曰：「國破，何家可歸？速殺我。」奮罵，以頭觸堦石，血被面，賊卒不殺。越六日，行至海會寺，南向痛哭曰：「臣失守封疆，願為厲鬼殺賊。」呼二子德、敏訣別，繼母自經死。姪秦翰，順治辛丑進士，由禮部主事出知龍安府，剛正有能名，景瑗所育也。攜笏有洋縣之李兮，受刃有扶風之王。洋縣李遇知，字仲伯，萬曆中進士。令東明，築隄防河，民名曰李公堤。為給事，薦鄒元標，共論彈魏忠賢。忠賢欲害之，卒不能。冊封蜀藩，嘗卻其餽金。後以修慶陵功陞倉場尚書，五經枚卜，見沮於烏程相，加宮保，轉南吏部尚書。自成陷京師，遇知攜笏印縊紅廟，為人所持。賊執之，七日不食死，妻亦先於城日自縊，胡世安宗伯議謚曰忠節。扶風王玑，字玉溫。任國子學正，奉命協修二十一史，陞戶部郎中，後為鳳陽副使。流寇至，極力禦之。忽降兵內潰，玑憤甚，執刃轉戰，被執。賊百計脅從，罵不絕，令殺之。望闕再拜，延頸受之。毓初原自為名族兮，振聲詎真為賊兄。文毓初，米脂人，崇禎中進士。官南陽兵備，闖賊破城，慷慨死。其族郢允以進士官司李，告歸，極有學守，學者私謚文貞先生。郢允子元復為侍御。李振聲，米脂人，崇禎中進士，由偃城令擢御史，巡按湖廣。闖賊陷承天，被執。賊詐呼為兄，執禮甚恭，振聲大罵曰：「速殺我。」至裕州加害，振聲遙拜帝及親而死。死之日黃霧四塞，義者推牆掩其屍。苟復守棺而不去兮，馬琾遇害而足傷。苟復，字元煦，山陽諸生。明末流寇陷商州，父日躋罵賊遇害，復遍覓父屍歸葬。甫及壙，遇賊至，復守父棺不去。賊問，曰：「甯與父同死。」賊感其孝，為共葬之。馬琾，武功人，以貢生知永嘉。耿精忠叛閩，琾與副使陳丹赤協謀防禦，守將租鴻勳殺丹赤，倡眾叛，琾不屈，遇害。贈浙江布政司參政，謚忠勤。彼滑令之死難誠苦兮，自古更未若昭代之旌揚。癸酉，妖賊林清勾結河南滑縣賊李文成，約期九月十五日進京滋事。滑縣知縣強克捷先訪拏李文成及牛亮臣，逆黨馮克善因於九月初六日劫獄，強遂死之。署中凡死三十六人，家屬俱遇害，惟二子逃歸。長子婦徐氏罵賊，被活釘臠割。上聞，甚痛悼之，稱其功在社稷，敕專祠致祭，謚忠烈，並以三十六人從祀。徐氏賜謚節烈，贈恭人，別立祠。蔭子逢泰騎都尉，官工部主事。丁丑，賜子望泰進士，庶吉士。強，戊辰進士，韓城人。上以此念韓城士風，又增文武學額。惟道學之不絕兮，世賴扶以弗傾。在關輔而尤盛兮，更閒氣之篤生。自張、呂之倡始兮，遂接踵於前明。容思或方于伊川兮，默齋當疑于文清。段堅，字可久，初號柏軒，改號容思，蘭州人，景泰中進士。早讀即知正學，人以伊川目之。仕福山令，陞萊州及南陽，所至倡明周、程、張、朱之學，在南陽，創志學書院，治行皆天下第一。告歸，講授東園，卒，門人私謚文毅先生。著有柏軒語録、容思集。張傑，字立夫，號默齋，鳳翔人。父璡，工部主事。傑正統中領鄉薦，以親老就山西趙城訓導。薛文清公與講身心性命之學，嘆曰：「此聖人徒也。」家居，弟子日眾，以五經教之，學者稱五經先生。晚學欽小泉之有造兮，得師慕大器之品瑩。周蕙，字廷芳，號小泉，山丹人，後徙秦州。年二十聽人講大學首章，始奮然感動，讀書。為臨洮備軍，戍蘭州，守墩，聞段容思講學，從之，慨然以程朱自任，卒為大儒。嘗正冠、婚、喪、祭禮，學者至今遵之。張鼎，字大器，咸寧人，蒲州知州廉之子，成化中進士，歷官戶部侍郎。幼受學薛文清公門，得其真傳，嘗搜輯文清集為序傳之，著有仕學日記、自在詩、文囊齋博稾。介菴能棄夫詞章兮，思菴自近夫朱、程。李錦，字在中，號介菴，咸寧人。嘗學於周小泉，遂棄記誦詞章之習，專以主敬窮理為事。天順時舉於鄉，官松江同知。靈寶許襄毅屬督學楊文襄表其墓。薛敬之，字顯思，號思菴，渭南人。成化中貢入太學，與陳白沙並名。仕山西應州知州，陞金華同知。卒，呂涇野誌其墓，又嘗曰：「薛敬之從周小泉學，嘗雞鳴而起，為灑掃、設座，至則跪而請教。」又述其言曰：「李介菴，關西之豪傑也，好學守道，至死不倦，今亡矣夫。」則薛子亦見介菴起者。仲木、伯循之共相切劘兮，外夷且聞而景行。

呂涇野柟，字仲木，正德戊辰擢南宫廷對第一。少問道於薛思菴，後又聞薛文清之學，遂一衷程朱。其教人懇懇以安貧改過為言。朝鮮國嘗奏稱狀元呂柟、主事馬理為中國人材第一，乞大用，又請頒賜其文，使本國為式。後仕至南禮部侍郎。卒，隆慶初追贈尚書，謚文簡。著有四書問、周易說翼、尚書說要、毛詩說序、春秋說志、禮問、内篇、外篇、宋四子抄釋、南省奏稾、詩樂圖、諸史約、高陵志、解州志、文集、別集。馬谿田，名理，字伯循，三原人，正德甲戌進士，仕至南光禄卿。弱冠時，王唐僖主宏道書院，因受學，與秦西澗偉作告文告先師，共為反身循理之學。楊邃菴督學，見康得涵與呂仲木及先生，驚曰：「康之文章、馬、呂之經學皆天下士也。」既游京師，與陳雲逵、呂仲木、崔仲鳧、何粹夫、羅整菴等交，日切劘，學益進。其仕也，崔仲鳧嘗以為愛道甚於愛官。安南使者來，願一見之，而先生已致仕矣。著有四書註疏、周易贊義、尚書疏義、詩經删義、周禮註解、春秋修義、陝西通志、詩文集若干卷。秦關欲效夫和叔兮，少墟有得于文成。王之士，字欲立，號秦關。其先咸寧人，後遷藍田。先生嘉靖時舉人，潛心理窟，毅然以道學自任，為養心圖、定氣說自箴，閉關不出者九年。蒿床糲食，尚友千古，行己必恭，與人必敬，一時執經者戶外屨滿。謂居鄉不能善俗，如先正和叔何？乃立鄉約，為十二會，赴會者百餘人，設科條，身自率之。已，入京師，如鄒、魯，拜先師。著有理學緒言、信學私言、大易圖像卷、學道考源録、易簡詩傳、正世要言、正俗鄉約、王氏族譜、正學筌蹄、關里瞻思、關洛集、京途集、南遊稾。馮從吾，字仲好，號少墟，長安人，萬曆乙丑進士。垂髫即深契王文成「人心有仲尼」語，因自任聖學，出入必以理學書自隨。為御史，以言事放歸。建關中書院，擇士朝夕討論。里居二十六年，來學者千余，人稱關西馮夫子。熹宗初與鄒忠介同召，以中丞佐西台，善類依兩人為重，復議紅丸、挺擊，群小側目。於是刺講學者接踵，乃求罷。後二年即家拜工部尚書，未幾，削籍。阿璫者授撫臣意，辱之，毀書院，曳先師像擲城隅，遂憤恚，趺坐二百餘日卒。逆黨誅，復原官，謚恭定。著有關學編、疑思録、少墟集。節至仲復而今云真隱兮，道如二曲而亦云心亨。王建侯，後名建常，字仲復，號復齋，予邑人，侍郎之宲從姪。年二十為諸生，學使汪喬年歲試，取第一，應食廩，棄不就。三十遂絶意功名，篤守濂、洛、關、閩之傳，又以朱子小學為入德之門，自勵即以教人。學使許孫荃造門，匿不見，因題其門曰「真隱者」。有小學句讀記、大學直解、兩論輯說、詩經會編、尚書要義、春秋要義、四禮慎行録、太極圖集解、律呂圖說、思誠録、復齋別録、復齋餘稾、復齋日記，凡五十餘卷。李中孚，號二曲，盩厔人。自少棄舉業，為陽明之學，於書無所不窺，然一以反躬實踐為主。康熙時累征不起，著有四書反身録、二曲集。其他若大參之自勵於隴西兮，仲白之同學于高陵。張鋭，字抑之，秦州人，成化中進士。仕至山東參政，專心正學，隴西稱為夫子。李仲白，亦名錦，號龍坡，渭南人，潛心理學，與呂涇野同學於高龍灣先生。正德中領鄉薦，為宿遷令。其没也，涇野銘之，稱其學求根本云。愧軒、蒙泉、石谷之授受有源兮，一時而振譽於涇。呂潛，字時見，號愧軒，涇陽人。父應祥，嘉靖壬辰進士，禮科給事中，為時名臣。潛師事呂涇野，一言一動必以涇野為法。以舉人辟，入京為國子監學正，調工部司務。卒，天下皆謂得涇野之真傳。郭郛，字惟藩，號蒙泉，涇陽人，嘉靖戊午舉人，與愧軒同筆研。潛心性命，歷仕獲嘉學諭、國子助教、戶部主事、馬湖太守。歸田二十餘年，讀書講學外無他事。沒，門人以其德履，私謚曰貞懿先生。張節，字介夫，號石谷，涇陽人。其父皤，官通州同知。隨之任，學於湛甘泉先生，歸復學於涇野先生。為諸生四十年，以貢授訓導銜。生平獨與愧軒、蒙泉相切劘，讀書窮理涵養本原，至老不倦。傷正立之死盜兮，推班爵之魁經。李挺，字正立，咸寧諸生。學於涇野、谿田兩先生，嘗自誦曰：「生須肩大事，還用讀春秋。」往來三原，死於盜。尚班爵，字宗周，宏治時經魁。父衡為浙江參議，隨任從王文成公學，後令安居縣，馬谿田亟稱之，著有小淨稾、雲林集。昆與季而競爽兮，孰似子諴之與子誠。劉子諴，字伯明，宜川人，嘉靖時舉人，與溫恭毅砥行明經，為一時宿儒。會試，楊啟元擬元，與他房陶望齡爭，因北卷置之。楊不平，曰：「斯人道學淵懿，非吾曹所及。」為刊其卷布之。自是退講於鄉，隨人皆有成就。一日謂弟子曰：「學無體用，便分物理性命為二。吾學繕性治世，放諸百世可也。度設施能澤斯人，便可出而仕矣。」尋卒，學者稱大劉夫子。子誠，字伯貞，讀書國學，授湖南訓導，教士以不欺為本，立行藝二格，擇人習容講禮。督學董文敏聞之，聘入幕，擢鹽山令，陞橫州，所至至有治績。後卜居青門，與文翔鳳、崔爾進結耆英社。著有杖履三篇、尚書遺旨二卷，詳倪元璐志中。伯善、廉夫之表於先達兮，豐川、西峰於當世而繼興。張國祥，字伯善，臨潼人，萬曆中進士。以理學自任，由大行歷官禮垣、戶垣，與楊、左諸人銳意傾否，每一諫章出，天下傳之。生平不邇聲伎，不作佛事，馮恭定稱為名儒。沈自彰表之曰「理學名臣居白先生」。趙應震，字廉夫，膚施人，為少墟及門第一，督學汪喬年表其墓曰「理學真儒」。王心敬，號豐川，鄠縣人，學於李中孚。為邑弟子，歲試，督學待之不以禮，脫巾幘出，除其籍，專意理學。故相國公軾督學時，數造廬問業，名始起。孫景烈，字孟揚，號酉峯，乾隆中進士。授翰林檢討，告歸，潛心理窟，累主講關中、蘭山書院，日惟勸止子書為教，成就多人。著有關中書院講義、蘭山書院講義，及課解、文集若干卷。此近代賢亦難殫述兮，當隨所就而為評。但知守夫一是兮，自爾統緒之克承。不必分夫窮達兮，要期無負於昭昭冥冥。雖屬西土之所產兮，舉可為天下之型。敢語一十六府，三廳、二十二州、一百二十五縣之士兮，無曰學焉而未能。陝西七府、二廳、五直隸州、五散州、七十三縣。甘肅九府、一廳、六直隸州、七散州、五十二縣。

續秦賦 有序

秦賦之作已十餘年，永濟友人姬杏農屢以節義不及楊畏知為言。當時作據省志，固有取有舍，然遺者亦多，即為楊忠節事載明史，新舊志皆不言也。往閱幽蹤仙跡，又得真甯劉永貞，他書俱不載，用是更補前賦，略山水，止及人物，兼附將家，而掛漏仍不少矣。

緊三秦之盛地，記兩朝之嘉儀，向屈指而未盡，更搜簡以征遺。予祖戶郎始以才知，諱鏊，洪武中以才舉。潘尚書特賜鄉宴。名友直，字孟舉，澄城人。從剿陳友諒，後告歸，賜鄉宴終其身。馬翰林最稱工詩，名京，字子高，武功人。洪武中官刑部，洪熙時念啟迪功，贈少傅、禮部尚書，謚文簡。文易退隱，郭良，字文易，華陰人。洪武時兵侍，永樂中征安南，加大司馬，後退隱羅敷山。善詩，與解大紳競敏。克聲濟饑，呂震，字克聲，臨潼人。洪武中以鄉舉入太學，官至僉事。永樂中官禮尚，歸省值關中饑，即命所司賑之，還以聞，尤善薦士。剛骨御史同朝難犯，楊印，鄜州人，洪武中人稱剛骨御史。枕石太守一力自隨。張毅，字宏道。洪武中官廬州知府，不挈妻子，止隨一家人，布衣糲食，家人私市酒肉，竟逐之，嘗枕一石塊。卒官。康郁諫削燕藩，扶風人，由御史至臬司。李暹使達罕兒。長安人，永樂時使西域，歷諸國，至撒馬罕兒，皆得歡心，官至戶左侍。天祿之德量過無可紀，李錫，咸寧人，永樂時解元，歷仕五朝，官至通政，無過可紀。居敬之廉介囊無餘貲。邢簡，咸寧人，景泰中進士，官至戶侍。張氏直言，箕裘自紹，張曉，字光曙，三原人，成化進士。官御史，論萬貴妃事，同列皆縮舌。子原，字士元，正德中進士。官給事，上書凡四十余章，後以議大禮杖斃闕下。麻家清操，弓冶永貽。麻永吉，字慶川，慶陽人，嘉靖中進士，授庶吉士。官御史，正色立朝，不避權貴。子禧，萬曆中進士，庶吉士。官給事，以直言劾魏璫罷歸，人服其清正。袁、薛同傳，袁應泰，字大來，鳳翔人，萬曆中進士。歷官多善政，代熊廷弼經略遼東，後兵敗死。薛國用，雒南人，應泰死，代為經略，日夜憂勤戰守，卒於官。孫、雒共時。孫振基，字肖岡，潼關人，萬曆中進士。官給事，累劾湯賓尹夤録門生韓敬中式會試第一，又劾熊廷弼，以抗直敢諫稱。子必顯，亦進士，官員外，為趙南星所推崇，崇禎時擢右侍郎。時潼又有張惟任，以舉人由巫山令擢御史，巡按河南、巡鹽兩浙，著公清，嘗疏録方正學，後陞大理寺卿，與太保王之臣及盛氏稱四大家。雒于仁，字少經，三原世族。萬曆中進士，官大理評事，進神宗四箴皆忠言。兆坤曾稱忠亮，牛應元，涇陽人，萬曆中進士，歷官至比部侍郎。乞骸骨，上慰留，有素稱忠亮之語。叔憲亦仰賑施。解經邦，韓城人，萬曆中進士。經略遼東，廉約愛人，家無積而好施，人多賴之。執炳天燭之一炬，袁楷，鳳翔人，天啟中進士。知開封府，剖決積訟無枉，人稱為袁天燭，終河北道。疇飲江水之半巵。王秉鑑，字儒賢，扶風人，天啟中進士。守鎮江、京口，有止飲江心水之謠，歷官浙江參政。少華古族，王、史並盛；王振祚，字熙寰，由進士官至山東布政。時建魏忠賢祠，抗不列名，引疾歸。子帷籌，本朝解元，山西祁連令，民為立祠。孫廷誠，由進士授繁昌令。曾孫文煥，由進士官歸順知州。玄孫士棻，由進士官刑部侍郎，用錫河間知府；士萃舉人。史流芳，康熙壬戌進士，少讀書勤苦，冬夜匿足草籠中。子振孟，以舉人官臨潼教諭；昌孟，以進士官浙江於潛縣。振孟子茂田，由進士官至順天府丞。昌孟子藻，由進士官至肇慶知府。卒贈道銜，賜祭。朝阪名吏，兵民咸治。張召南，字仲文，朝邑新莊人，順治乙丑進士。知安福縣，民不供役，諭之皆感泣樂輸，楚寇再陷安福，再復之。此以宦業著者也，然而功名之昭皆由學問，無論乎窮達，人亦各有聲聞。考菴之集久播，陳祥，蘭州人，成化中解元，進士，官山西按察僉事，著考菴集。棕棚之疏誰進？虎臣，麟遊人，以貢入太學。憲宗於萬壽山起棕棚，具疏極諫。太白山人風格超逸，孫一元，字太初，慶陽人。李空同極重之，為作傳。奉天老民著述充牣。不傳其名，有臂僮記。馬祥、馬理先後共稱，祥，字文瑞，同州人，成化中進士。官至山東都運，博學能文，人稱關西夫子。馬理，字允莊，涇陽人。弘治時貢入太學，夢母病，即告歸，後官吳江。著五經正義、四書中說諸書。弟璿，為順義主簿，家居，建議開北仙里二渠。宗魯、宗樞交遊相信。許宗魯，字東侯，咸寧人，正德中進士，官至遼撫。著少華、遼海、歸田諸集。李宗樞，字子西，富平人，嘉靖中進士，官至僉都。著石壘集，許宗魯為序之。思齊布衣，閻思齊，延安人。伯直賢儁，何棟，長安人，正德中進士，官都御史，大同巡撫。楫與鍊並有名德，管楫，咸寧人，正德中進士，官文選員外，道術亂政，引歸。世廟時陞山東巡撫，母疾還。著平田集。鍊，字伯涫，武功人，嘉靖中進士，官給諫，被杖幾死。著太乙稾、經濟録、雙溪樂府。劉若李均能早奮，劉序，字元禮，長安人。八歲能文，為督學楊一清所賞，正德丙子鄉試第一，丙子進士，仕至太僕卿。李汝蘭，字幼滋，咸寧人。七歲有才子稱，嘉靖中進士，官至戶部員外，著詩文、覆瓿集共十四卷。統也彥也一姓同輝，趙統，字伯一，臨潼人，嘉靖中進士，官戶部郎，著有驪山集。趙彥，膚施人，萬曆中進士，兵部尚書，著籌邊略。鶴也藉也異才共振。王鶴，字子皋，長安人，嘉靖中進士，官至應天府尹。

博學宏詞，為關中文獻，著有皇華集。蕭藉，文縣人，萬曆時舉人，澤州知府，善詩文。西台御史諫草聞載國書，張邦俊，字襟黃，萬曆中進士，官御史，言事多載國史。史記事字義伯，渭南人，萬曆中進士，官西台，敢諫，以觸忌歸，著有效愚草諸書。太常少卿官閥知符素蘊。耿志煒，字明夫，武功人，萬曆中進士，官太常少卿，著逸園詩集。李應策，字成可，蒲城人，萬曆中進士，太常少卿，著諫垣題稾及文集。錢來應推毓翰，張毓翰，字廷揆，華陰人，萬曆時舉人。學通古今，文法左國，著錢來山房叢書百卷。渭上厥有光訓。楊光訓，字汝若，渭南人，萬曆中進士，官至順天府丞，著西台疏草。洽陽多人，康國相，字芝函，舉人。崇禎時上封事，兵部尚書梁廷棟稱為文海。車樸，字中甫，號望莘，進士，兵部郎中，有文名。李穆，字元谷，諸生著率意稾。潼水遺韻。楊端中，字樹滋，本朝順治中進士，官臨淄令，著潼水閣集。曾孫鸞，字子安，進士，嘗學詩於蒲城屈悔翁，復與三原劉繼貢紹攽交善。著邈雲樓集。此以文儒著者也。然而文學之士更重持節，則有教諭為仙，降乩成偈。劉固，字永貞，官教諭。弟國，娶景清姊。固、國並與依清，靖難兵迫，不肯去，闔家受誅。後屢降乩為詩，自言死狀，極悲烈。人問「公何仙」，曰「財」，入童幼宮。趙義不屈，商州人，洪武中進士，官都督府經歷，死於靖難，親族為盡，今名所居為趙峪。韓永自決。西安人，建文時兵科給事。成祖即位，逮至欲官。曰：「吾王蠋耳，奚官為？」死之。心不附瑾，膽真是鐵。王綸，字汝言，扶風人。弘治中舉人，由真定令擢御史。許襄毅督宣大，餉劉瑾，欲致其罪，令往勘，陰有囑，綸不肯阿瑾，怒逮，擬重典，弗懼。瑾旋敗，人稱鐵膽御史。廷杖初攖，降謫一轍，王懋，字昭大，咸寧人。正德中進士，授行人。諫南巡，廷杖，尋拜御史。議禮，諸臣有杖死者，懋復論救，謫高縣典史。涇有良甫，王徵，字良甫，涇陽人。天啟中進士，仕至登萊監軍僉事。當道薦王佐才，未展其用。京師失守，設帝位，哭於家，不食七日死。著兩理略、奇器圖、學庸解、士約、歷代發蒙、辨道說諸書，學者私謚端節。潼有大烈，武大烈，字海寧，天啟中舉人，永甯知縣。李自成攻陷城，執大烈，欲活之。罵不屈，索印又不與，燔燒以死。關僉事足繼壯繆，名永傑，鞏昌人。會試入壯繆廟，道士言夢神告吾後人當登第，繼我忠義，後死陝州。永傑貌亦似世所繪壯繆像。任監軍亦堪秉鉞。名棟，永壽人，陳沒開封。罵闖者支解，焦源溥，字逢源，三原人。兄都御史，宣府巡撫。源清家居，以闖賊入關，不食死。源溥，天啟中進士，歷官大同巡撫。闖賊入關，亦家居。賊欲授三邊總督，罵甚厲，賊拔舌支解之。抗孫者心竭。楊畏知，寶雞人。崇禎中歷官雲南副使，平土官吾必奎，復楚雄，又拒沙定州。後賊將孫可望入雲南，敗定洲，尋西略。畏知拒戰，敗，投水不死。可望以同鄉慰之，謂欲共翊明。畏知要以去僞號、不殺人、不焚舍三事，後可望邀封秦王，畏知憤以頭上冠擊可望，遂被殺。時官桂王東閣大學士，論畏知者云與瞿式耜同烈。其餘若池陽之黨，洋縣之吉，膚施之馮，青漳之白，甯州王信，武功王鑰，多與忠義之列，皆不可磨滅者也。党還醕，進士，知良鄉；吉孔嘉，舉人，知寧津；馮登鼇，舉人，知靈壽；白慧元，進士，知任邱；王鑰，舉人，知文安，皆死節。清兵入，吉與黨闔門盡命。王信，靈璧訓導，流寇之亂，罵賊，剖腹而死，俱載明史忠義傳。然而節義之著，知道乃然，是以理崇正軌，學有真傳。雞山不尚舉業，張舜典，字心虞，鳳翔人，萬曆時舉人。自少潛心理學，受知督學許孚遠，後遊江南，復從許講學，偏交鄒南皋、顧涇陽、馮少墟諸前輩。為開州學正，與諸生講程朱，不以舉業為先。陞鄢陵令，後陞兵部員外。著明德録諸書。季泰無愧儒先，楊復亨，咸寧人，莊敏公鼎後，天啟中舉人，學於馮恭定。官長治、昌樂，有善政，被讒歸。逆闖破長安，僑居澤潞，講正學，後歸里，著養正録、就正録諸書。有懷前躅，楊楠，盩厔人。以明經仕龍安同知，倡明心性之學。為霍州守，力請曹月川從祀。居家，日與馮恭定、張心虞、史蓮勺諸人講學學古書院，秦士多從之。著有克己藥言。中白後肩，劉濯翼，華陰人。從馮恭定學，以明經為武昌訓導，範士以禮，大學士賀逢聖稱為有道君子。譚夫子大似維斗，譚達蘊，本朝城固舉人，步趨古人，有過失動相戒，曰「無為譚夫子知也」。似元蕭刺。王茂才亦宗伊川。同州多虛心之耆士，馬棫土相九、白煥采含章、黨孝子兩一，皆年倍二曲，而延之問業。武功聞講道之高賢。孫檢討，孟揚、景烈講程朱學，臨潼王進士巡秦，為其傳道弟子。此均讀書不負性命，吾儒所當勉旃也。然而詩書以教全材，文武並歸成德。自古將略每出西北，王真忠壯，咸寧人，洪武中燕山右衛百戶。靖難淝河之戰被圍，馬上自刃，封金鄉侯，謚忠壯。高恂兼職，恂字士信，徽州人，自少文武兼長，洪武中以父斗南薦，知新興州，攝司馬，討平安南道，卒，年僅三十七。楊洪威嚴，洪，字宗道，漢中衛百戶，有威嚴，善騎射，累立邊功，敵呼楊王。景泰時封侯，卒贈潁國公，謚武襄。從子能，武強伯，子彰信伯。孫鑑剛直，鑑，字克明，潼關衛指揮。為人剛直，內衛政，見稱當道。從子以官舍從征，為遊擊將軍，功多，封定遠伯，旋封侯。旺掛平蠻之印，陳旺，慶陽人，嫻韜略，兼通譯語，為淮安參將，掛平蠻大將軍印，陞右府都督，以名將稱。宏著鎮藩之力。楊宏，西安左衛指揮使。守固原，請於總督楊一清，築紅古城，慕眾屯田。鎮松潘，平大盜鄢本恕、廖麻子。陞南京都督，改淮揚總督，稱智將。著漕運志、武經類編。郭宗舜十事切時，宗舜，岐山人，有膽略，涉獵書史。正統初為生員，以計擒群盜授巡檢。歲凶，詔求直言，伏闕上十事，指斥權要。土木之變，入塞省侯，論功陞後軍都督。蕭如薰一門報國。如薰，延安人，以父蔭百戶，歷平樂參將，平叛卒哱拜、劉東暘，佩大將軍印者九，都督京營者三。持重不輕戰，好學善詩文，以經術濟武功。王世貞、袁宏道、陳繼儒、王穉登皆相友善。祖漢，父文奎，兄如芷、如蘭、如蕙皆總兵，一門號將才，忠義皆著於朝廷。有征滿俊而死戰，蘭州千戶陳鐘。惟世督戎而習律，榆林杜松、弟桐、子文煥、孫宏域，三世為本鎮總兵，人望其威為一道最。可揭名於御座，岳可，延安人，有大將材，富韜略，善詩，歷戰功至大同副將，世宗揭其名於左曰：「今之岳可，宋之岳飛也。」芳馳譽於番域。馬芳，榆林人，少掠於北番牧羊，即陰習彈射，後歸鎮邊城練習家丁，戰無不捷，北番皆知其名，為一代名將。愈懋請纓，楊愈懋，潼關人，萬曆末為中軍都督，天啟時請纓，討蜀奢寇，遂推轂總鎮四川，與賊戰五捷，卒以援兵不至，授印巡撫，深入戰死。事聞，贈太子太保，贈三代，廕三子。世威奮翼，尤世威，榆林人，官總兵。李自成陷長安，眾十萬掠延、綏，世威與劉廷傑、王世欽誓師約戰。賊猝至，戰敗，又巷戰兩日夜，世威與弟世祿、王世欽、劉廷傑等皆被執。誘以降，脅之跪，皆不屈，遂斬之。王世欽亦榆林人，總兵威子，山海總兵也。榆林之陷，城中婦女死義者數千人，井為之滿。化鳳重臣，梁化鳳，字灃源，長安人，順治三年武進士。初仕山西高山衛守備，五年姜瓖從逆，從征，平之。進崇明總兵，破海寇張名振。改蘇州水師總兵，破鄭成功，進都督。卒贈少保，謚敏壯。子鼐，由恩廕，曆官浙閩總督。非熊良弼，張勇，字非熊，洋縣人。初隸陝督孟喬芳，以標兵剿賊山間，繼征臨鞏，克甘肅，授總兵，調隸洪承疇。平黔，提督雲南，復調甘肅。吳逆亂，延、洮、岷、蘭、鞏悉定之，又掃寧夏、平涼、漢中，晉太子太師，封靖逆一等世襲侯。卒贈少師，謚襄壯。雍正十年入賢良祠，子雲翼嗣侯，提督江南全省軍務。龍宜立祠，李化龍，榆林人，從征黔、蜀，進遊擊，駐防建寧。江右賊入盤湖，出擊，戰死，民立祠。鶡終進秩。孫一鶡，富平人，中武科，官廣西總兵。李定國之亂，與陳奇策戰死，贈太子太保。此其或樹勳猷，或弄文墨，節或不渝，理豈有忒？要亦士林之所尚，能無搦管而續述？

狗蠅賦　有序

狗蠅，狗所生，似蠅而略小，頭腹堅頑，手措之不能遽死，夏秋間狗患苦之，然於人無害也。有止於窗間者，將殺之，旋憐其命，釋焉。既乃藏予之袖，嚼予之臂。嗚呼！是我以德往，蠅以怨來也。天下固多此可恨之事乎，感而作賦以戒將來。其詞曰：

何什麼之小物，質僅生而如豆。具兩翅而六足，色微黃而少瘦。頭既堅而鮮血，腹本空而皮厚。惟天地之甚寬，亦產汝於宇宙。無他技之可見，獨犬臊之是齅。或如蟻而為群，向氈豪而輻輳。比蚊蚋而無聲，較蒼蠅而為陋。時撲殺之不能，疑衣甲而戴胄。汝於人兮無害，人亦如於汝兮無覯。彼窗上之所止，想失依而有疚，懼近我而肆毒，將捉汝而去脰。廼我心之慈仁，於凡物而無詬，念于汝乎何仇，遂於汝乎是宥。意獲生而即去，且銜恩而疾走。胡吾德之不感，反附身而入袖。嚼我臂而不恤，直刺骨而欲透。我既難以姑忍，爰袒衣而尋究。搜蚤蝨之巢穴，乃見汝之為寇。嘆施惠之無益，始於汝乎詛咒。信世俗之所云，但宜殺而勿救。

創修朱文公祠募緣疏　代

學至孔子而堯、舜、禹、湯、文、武、周公之道大明，學至朱子而孔子之道大明。自孔子講明二帝、三王遺訓，道如日月在天，萬古不可掩矣。然非有人焉繼之，則如處日月之下者，日月非不明也，或且忽其明而不覺，兼以邪說紛起，晦蝕方不免焉。故接道統者所以明道，不必有加於日月之明。指示其明常使人不惑，故其人為世所不可少之人。

孟子生於戰國，闢楊墨，明仁義，功不在禹下，其時去孔子猶近也。歷秦漢以至北宋，訓詁詞章僅得學之膚末，雖以董子、韓子慨然以正學自任，而於仁義道德亦祇見其粗者。蓋孔子之傳幾二千年不能明矣。幸也周、程、張四子倡于前而朱子繼於後，斯道乃無纖毫之或隱。是朱子明周、程、張四子之道即以明孟子、孔子之道也。由是以來，道學之名立而天下之學者始昭然知有准的。乃見道實難，行道亦非易，於此本多望而畏之，遂至敢於非而毀之。陽明倡陸學而從之者眾，朱子一厄矣。近人講漢學而和之者亦不少，朱子再厄矣。夫陸學與漢學不無可取，顧以視朱子則偏而淺。讀朱子之書稍窺門戶遂思爭勝，而執此與之為難，甚或以門外之人，學本不足言，品更不足齒，反故意吹求朱子之短，以為口實。嗚呼！使朱子之道不明，即孔子之道不明，而堯、舜、禹、湯、文、武、周公之道俱不明，天下之學為何學，天下之世將為何世哉？

予久痛此，以為端學術、衛世道計，莫如使者知尊朱子。而欲使學者尊朱子，莫如家舉朱子而尸祝之。昔顧寧人與王山史聚華下，以朱子有主管翠雲臺之命，遂共議肖像建祠，至今瞻拜者莫不肅然生敬。此亦轉移人心之一機也。但既各崇其祀，自當咸樂其成，意之所達，何分彼我？今予將彷寧人、山史之事，建祠於予里，四方君子皆知向學，雖不學亦願其子弟之學。苟與予同心，有從而效之者，當先有欣而助之者矣。

書箋

伊川初游胡安定之門，安定問顏子所好何學。伊川退，便作顏子所好何學論，開口曰「學以至乎聖人之道也」，一句說破學之所以然。今人言學，開口便錯。須皆體得安定問意，伊川對語，終身庶不至安于小成，入於迷途。趙生文治箋。

讀書須是腳踏實地，書中一字一句不可錯過，不特要見得是，並要見得非。古人未定之言，待後人論定者多矣。論之而是，古人且以為知己，如朱子與象山各言其是，然不相忌也。後人論之便有門戶之見，以此質之朱、陸，亦未必不盡以為然。馬生安吉箋。

孟子言「養心莫善於寡欲」，予謂養心莫善於讀書，蓋心在書則百凡嗜欲皆可忘。予嘗遇疾，初不肯服藥，但以記憶書中旨趣，則病輒輕。惟須有節度耳。讀之稍困便姑置之，思之不得，亦且擱過一邊，功夫有常，久而自化矣。孟子所謂勿忘勿助，皆養之道也。劉生維翼箋，時劉生以讀書多病。

聖門講「仁」字，惟為顏子說最盡，「克己復禮」以為兩層功夫可，以為一層功夫亦可。克去己私，便是復還天理，此一層功夫也。然人固有能去私而不能復禮者，故又須兼言之。大學以省察克治言自修，是以克己該自修之事，此下則又以歸併復禮。註言「己身之私欲」，又曰「制外所以養中」，則兩層仍是一層。程子曰：「克己復禮則事事皆仁。」謝氏又曰：「克己復禮須從性偏難克處克將去。禹飲旨酒而甘，遂疏夷狄，絕旨酒，亦其一事也。」楊生秀芝箋。

七月間獲來書，未能答。生，美才也，一見即識其志，今固有不能不言者。古之師友全在心源，心同即道同。窮理修身，異地遙質，猶覿面也。況日與聖賢相對，誰非師友，豈必一堂講授哉？閱書中有家務旁午恐遂廢學語，此大不然。聖賢之學正在處事耳，讀書論道不于應事處考驗則理終不明，學終無實，微論處常處順。艱難困苦、是非毀譽人世變態無恒，隨其所遭皆吾斂心之地也。生年少際遇尚安，物來順應，暇即講書，功名聽之天，學問勉之己，不逐時，不立異，可為之日多為之亦易，將來所望無窮矣。所問樂府體裁，有舊說一段在益聞散録中，今鈔出附寄。又吳兢有樂府解題，見說郛，近刻詩觸一小函亦載之，可以購閱。

學不為聖賢，非學也。為聖賢而不能刻苦自勵，非學也。知所當知，有不知，學者恥之；行所當行，有弗行，學者恥之。理皆在於吾心，知之而心有未悉，行之而心未甚安，不可以信心者即不可以對天，其功只在一敬其道，只在一誠。人不為第一等人便是自棄，詩文末技也。然亦須目無古人，取法乎上，僅得其中，天下事皆然，半上半下者終不濟事。志節要立，志節全要打破富貴貧賤關頭。故「學守」二字盡吾儒之事，然有守亦須有為，為之在我者無論窮達一也。劉生世奇箋。

學問全在變化氣質。氣質之偏有剛有柔，柔者或怠惰自安，剛者或乖僻自恣。任其氣質便卒于無成，是自悞也，惟君子能不悞。思變化氣質，亦仍以學問耳。「學問之道求其放心而已矣」，孟子一語最為得要。程亦云：「聖賢千言萬語，只是將已放之心約之，使入身來。」心不可一刻放，稍放則便遠馳，不可收矣，在初學尤宜知此。父師之教時時體察，詩書之言日日觀玩，皆有入處。讀書只患間斷，其間斷者皆心放也。要知質無敏鈍，只不間斷便無不可讀。古人之學問淵源者非盡聰明過人也。蒙生汝勤箋。

學須是學聖人，聖人亦只是一個學。觀志學章，聖人之學終身豈有一日之懈哉？開首一「志」字最難，聖人十五志學，注云：「此所謂學即大學之道也。」觀今大學聖經，大學之道何道哉？今人患無志，不志學謂之無志，学不志聖人仍謂之無志。前輩云聖人言志直結裏到章末，二「矩」字可見，志一定則終身不踰矣。子曰「好古敏求」，此四字便非講陸王之學者所知。曰好，曰敏，可見學古不是略去涉獵便了，聖人之學上不遺下，精不遺粗，但自本末兼該，由本而及末，又非今人講考據者推求細故，務為穿鑿。楊生蘊蕚箋。

古人造與年俱進。其始不知學，無論矣。既知學而猶玩時愒日，使歲月銷沉，是自棄也。吾自十四五欲學聖賢，不得其門。又安排數年，以為學聖人之學全在讀聖人之書，閱朱子讀書五法，頗覺有主。時年已十九，便有失時之懼，自此立定功夫，今七十有六，未嘗一日懈也。只天曙即起，夜半又然，亦習以為常，近吾者誰不見之？故見學者每自恨不得閑日讀書，吾不信也。人安有閑日？作事亦學也，況半夜不抵半日乎？吾邇作傷老詩，傷老而事業無成也。凡學者可以惕矣。

學問之事，道德文章一也。有能文章而道德不立者，然未有道明德修而不能文章者。故道德日進則文章亦日進，文章亦道德之驗也。一無成即皆無成，此不可以自欺，亦不可以欺人者。時過自傷，倏忽為枯木朽株，悔無及矣。至於試場之遇不遇，此有命焉，固未可以概論。然學問成否，人斷未有不知可諉之命耶？井甥顯秦箋。

人生固須質美，安詳恭敬，張横渠教小兒之法，近此者用功便易，然亦貴有起。性一向純厚，不能振發，終不濟事。一振發更不可已，湯銘「日新又新」，王罕皆以「又」字為振發意，非也。振發在「苟日新」一「苟」字。

君子之學勉焉日有孳孳。「勉」字當思，「勉」乃常振發。朱子取以言聖人之憤樂相循，聖人尚自勉，況學者乎？「不勉而中」，自學者觀聖人耳，聖人之用心不爾也。

學問文為先，行為後，然行為本，文為末。文理不明，未知所以行也。然文必由行出，文乃為真文、至文，不然亦虛言、謊言耳，且無行不可為人，何有于文？

文不可有一句一字之累，行亦不可有一念一事之非。此皆不能自欺，即不能欺人。薛生佩蓮箋。

學問真力量全於處境驗之。富貴、貧賤、患難、夷狄皆境也。人之所處，富貴貧賤為多，故審富貴而安貧賤，聖人特于此喫緊為人，然貧賤之境尤多於富貴，能處貧賤方能處富貴。人生不得意事常八九，郝文忠公家訓「人能忍窮則百事可做」，此正天委責於人處，處貧賤失學問非士也。蒙生士純箋。

世云讀書者為士，此不知所謂士也。無論貴賤，有士行乃謂之士。孟子言士舉孔子、文王可見矣。言士猶言儒，荀子曰：「道通天地人曰儒。」言「通」亦不僅通其理也。儒有大有小，士亦然，至分君子、小人，又難言矣，讀書者可概論哉？然既讀書便入士類矣，一入其中豈復可自諉為非士？是當思其名不愧其實，終身以之。士全在立志，志一立何得復弛？所謂「匹夫不可奪志」也。註云「如可奪則亦不足謂之志」，解得如此醒人。楊生樹椿箋。

朱子論讀書之法曰：「熟讀精思，大抵書全在讀，讀不熟則不能思，思不精則不能得，猶不思也。」隨讀隨思，一日有一日之功，今日思之而不得，明日或讀彼見此。予於今有悟，前數十年所未悟者豈可強探力索，此所以又貴循序漸進也，此所以又在虛心涵泳也。吾子之志不患不著緊用力，患在躐等耳。切己體察一條亦最要，知此方可讀書，如此方可思之而得。朱子又嘗言隨事觀理，亦正切己體察之法。知行合一，知行並進，讀書如是而已。理之是非，吾自知之，多讀多經事，又自知之。王生會昌箋。

世謂習賈者不欺則不得贏，予不謂然。韓康伯賣藥長安，市口不二價，雖婦人皆知之。又如趙岐賣餅，嚴君平賣卜，其事更微，然千古下均知其為士，人不以所業污也，君子貴自立耳，術足論哉？

甯戚飯牛有歌，古人吟詠，雖里巷之人亦有之，要皆言其一心之所欲言，非強作也。惟言足以見其人之品，詞旨悱惻深厚，又足以感人，乃可傳後。模山范水，批風抹月，即有佳句，何益於世？至如唐人萬楚五日觀妓，自詡風流，此類甚多。若宋人歐、蘇輩自皆君子，作詩或託之於酒以見高致，近如吳蓮洋諸人，謂詩必有禪意，吾皆不取。樊生紹閔箋。生永濟人，賈涇陽，有義氣，善畫能詩，廣交文士，又魁貌有膂力，旋以弓馬入武庠，謁予請為弟子，求書，贈以此。吾門中有未受業而為弟子者，亦有業不為士而自為士類者，吾不堪為師，然昔人云不愧門牆，亦有望于諸生也。

學求為聖賢，此向往之心先定則終身途路不差。然非讀書烏識所謂聖賢者為何如？讀書全在六經，張橫渠反而求之於此，此時尚未有四書也。自有四書，六經之理皆在其中矣。但不貫穿六經仍不足以讀四書，而諸子百家又其緒餘。石生汝璧箋。

學問知行互進是終身事。弟子「行有餘力，則以學文」，明是行為重。成童自知讀書，則讀書求知之功多，聖門博學于文，求知亦讀書為重也。然讀書聞古人言語、見古人事，實皆為自己一身體行，中年後或窮或達，復如少時。行餘力得讀書則驗之事物之際，如湛甘泉本李延平隨處體認天理，只得大學慮而後得一層，此亦所謂知行合一也，與陽明旨近而微異。陽明歸行於知，甘泉並知於行，均偏一邊耳。要之，書讀不盡，天下之事亦經不盡，當讀書觀理，以為行之端，當處事審理以驗知之素，時地不同而理有定，聖賢之道如此。成生竹箋。

人生遭際，富貴、貧賤、患難、夷狄盡之。有生而富貴者，有生而貧賤者，有由貧賤而富貴者，有由富貴而貧賤者。至患難，或厄於天，或撓於人。厄於天，如堯之水，湯之旱，仲尼之窮而東西南北，絕糧陳、蔡皆是也。撓於人，堯、舜有不肖子，有四凶，舜父母傲，弟皆欲殺之，箕、文遇紂之君，周公遭管、蔡流言，以孔子而桓魋欲殺，武叔屢毀，為上為下，在內在外皆是也。古之大聖所遭有如此，何論他人？君子素其位而行，註「素猶見在也」，聖人遇此以為皆其素爾，何異之有？惟盡道行者能隨遇而安，故曰「居易俟命」，曰「反求諸其身」，言忠信，行篤敬，雖蠻貊之邦可行亦然。拜生志誠箋。

為聖賢之學易，為利祿之學難。聖賢之學，孟子所謂求則得之，舍則失之，求在我者也。利祿之學，孟子所謂求之有道，得之有命，求在外者也。予與後生論學，如孟子談王道，多見以為迂，曉之曰：「如殫心力，窮日夜，逐逐富貴，有得者有不得者，不得則末路途窮，其學亦一無可問，悔之何及？即得之，一富貴人何足多？若全無行，雖極勢位，益羞辱。秦檜非狀元宰相乎？千古第一罪人，牧豎皆知罵之，奚取焉？」張生若會箋。

人生不患無美質，患在不知學。子曰：「十室之邑必有忠信如丘者焉，不如丘之好學也。」註以忠信為美質，則美質非資性聰明之謂。十室必有，是美質固不少，則美質豈可恃，此須知聖人好學為何如。「發憤忘食，樂發忘憂，不知老之將至」，是豈常人所能？又須知聖人所好為何學，志學、志道兩章，固聖人所言，又觀其所以教門人者。朱子曰：「聖人作止語默，無非教也」。其學亦大概可知矣。雷生爾卿箋。

曾子之學以魯得之。註：「魯，鈍也。」鈍者，遲也。想曾子記誦思悟必皆遲而難，然誦不休，思不已，未有不得者，今人如此者亦多。吾族河濱之季父三河公繼芳，讀書不能成誦，文思亦不遽開，父責之嚴，至腐其兩臂，而成名尚在兩兄之先。若如聖門，知而守之不離乎道，不同乎俗，則又異於求在外者矣。王生善濟箋。

二曲之學盛吾鄉，幾如陽明之學盛天下，以本皆正學，非俗學也。方望溪謂天下真正讀書者二人，孫夏峰與二曲也。而二曲孤起為尤難。全謝山稱天下三學人：顧寧人、黃藜洲、李二曲也。皆為立傳，而以二曲為最。王豐川為二曲高足弟子，名亦亞之，學本均異朱子，其動一時者均有志節，能躬行實踐耳。二曲布衣，豐川秀才，又皆出寒家，能如是，豈非有志者所望而興乎？然其學之未純亦不可不知。學者患不知為己亦最患只知有己不知有人。試問孔孟終身周流，此何等心？儒生之學即帝王之學，今汲汲功名，所謂功名者本非功名，故一人官途但知有己，何知有民？又何知有國？然而不為國為民，仍是不為己也。張生星燦箋。

南有潔己之志而甚惡匪僻，宜知所以寬之。瀚有慎事之見而太求分明，宜知所以厚之。子曰「躬自厚而薄責於人」，固寡怨之道，理亦宜然。論理宜厚責己薄責人，處事則又微之端，豈應苛刻？特有關係者不可悞墮小人術耳。治國治天下全在孝、弟、慈，而天下大事非有生財之道不可，家亦然。故張橫渠、許魯齋、張考夫皆言治生。陽明以許魯齋治生為不可訓學者，吾見今士大夫子弟多乞憐見賤於人，不敢以治生為非也。但治生惟治產，耕田為本，此外無術也。張考夫農書亦不可不參看。子弟之學斷不可廢，學成而仕，致君澤民，吾分內事也。不仕，教授生徒，亦成己成物之道，兼亦資生之術，但必為正學，則進退皆可。自古終是正道常行，今世先生覓館之難甚於求官，其可羞亦如求富貴利者，當思其故。謂兩兒。

道問

靈均作天問，弇州作人問，先河濱作地問。天地人皆道也，非道則三才息矣。作道問以括之。

大初之飑，渾渾噩噩，無體無形，而道于何著？

兩儀未判，誰為之垠？一元未肇，誰為之因？謂其中之有主，誰見厥真？

道其費乎？畢竟何量？道其隱乎？畢竟何狀？一陰一陽之謂道，何以解于無陰而無陽？

丑闢子開，開而終已。戌閉亥消，消而復起。已者卒盡，起者胡恃？

陰陽互宅，孰啟其先？動靜互根，孰立其前？豈一氣之圇圇，固始合而終聯？

謂一生道，一何主？謂道生天，天誰乳？詎眞無極而太極，又造化之大姥？

萬物一太極，何萬物之生，怪彭參差，至不可以測億？

鴻鈞一氣，如卵含黃，卵殼之外何如茫茫？既包裹而同轉，恐大塊之在中亦不盡方。

門其安監？石其安補？既補而或裂，綱維何主？

陽烏西移，何唐堯之時十日並馳？何十日出而羿又射之？若木焉所樹？燭龍焉所駐？奚騏驥之馳，乃有遺步？

白兔搗藥，為誰生疾病？何終古而不謚？嫦娥竊婦，胡上帝之明竟不見叱？

圓靈靈常周，胡蟾蠩走而不收？胡既圓而又缺？尚賴八萬三千戶之修。

歸邪格澤，何以為忒？天雁地雁，何以為賊？欃槍旬始，何不為順而為逆？

虹奚貫日？慧奚襲月？果孰是而孰非？奚星象而不施斧鉞？奚放勳之仁而反有淫雨？奚重華之聖而反遭烈風？即無害乎至德，奚不與以和沖？

列缺誰使？震肉誰附？既代天而施刑，何掊擊而時誤？

何辟非之煙入人而不可憑？何膠葛之氣雜亂而不可乘？緊蒼昊之無道，夫又焉懲？

柔氣在內，剛氣在外，何大地之屋而攝如芥蒂？

坤雜之屋云同于天，何章亥之步僅至於二億三萬三千？媪處天腹同巨同長，誰處邊側，誰處中央，謂四面而皆海，不應在吾下者皆等洪荒。

大夢何地？單女何國？既八殥、八紘之外尚有八極，豈九州之區區獨守法則？

鼇足其焉依？ 天柱其焉施？ 何黃乾之心地猶缺，陷之待持？ 墜涵於莄，非莄所蓋，宏狹相遠，何云兩大？ 父事、母事，禮何並拜？

山胡為乎成谷？ 川胡為乎成陵？ 柔祇主靜，云胡不寧？ 胡水生罔象？ 胡山出梟陽？ 胡木生畢方？ 胡井生墳羊？ 胡窫生海人？ 胡海人生若菌？ 胡若菌生聖人？

羽嘉、飛龍、建馬、毛風、陽瘀、程若、海閭、華容果孳息而相因，何形性之不同？

埃胡為湏？ 湏胡為金？ 金胡不溢乎地以濟宇内之貧？ 豈坤元而不仁？

世分今古，古宜近治，何綯髮闒首之時反無禮義？

倨倨盱盱行無乖，獉獉狉狉思無懷。 胡九皇在上而妓有洪崖？

奚康回而妄怒？ 奚九黎而亂德？ 奚榆罔而庸柔？ 奚帝摯而荒惑？ 奚唐侯而諸侯遂以擁立？

明良之遇，理宜相因，何伊祁、鵃吺乃為君臣？

風伯胡為乎飄屋？ 河伯胡為乎溺人？ 胡九嬰、窫窳之共誅？

至以崇宗布之神，胡有窮之後襲其名而反以殺身？

杜伯、左儒云何不朽？ 朱矢、朱弓，何君臣之義不如朋友？ 何共、和兮有忠名，奚不為乎彘之迎？

檿弧、箕服兆于夏，何豔妻兮刺于雅？

重瞳之孝，瞍何惡焉？ 姬旦之弟，鮮何忌焉？ 盜蹠之横，惠何安焉？ 魋頎之暴，犂何歎焉？

武公攻墓，何言睿聖？ 宣姜美姣淫，子女胡盛？

蠭目豺聲，安得享楚國之榮？ 詎理宜害於所生？

震旦之主以撫民人，胡為而亦判偽真？ 胡蹈東海者乃不肯帝秦？

誰為草元？ 誰為美新？ 何儒者而習於媚人，何後世之儒反以為大醇？

黔婁守志，因而長貧。石崇劫人，因而暴富。何兩間之爵祿不以德祚？孰有衰而不振，孰有往而不還？疑世運之降，日即于艱，胡堯舜之聖不如尼山？尼山傳道，道亦以中傳而益遠。于何折衷？何邃古之是删盡以為空？鄭、賈為壇，韓、歐樹幟，道學儒學孰闕孰至，何朱、陸之一原，亦分同異？同者愈不同，異者且日異，豈斯道之難言，奚所守於一是？

桐閣先生文鈔卷十二

附 語録鈔凡二百六十四條

學者須知四不愧：不愧天地，不愧父母，不愧聖賢，不愧吾心。惟不愧吾心便皆可以不愧。然學者多愧心之事，往往自謂不愧，是喪其心者也。

世間只有一理二氣，分而為天地人物四者。就人言則有人我，就我言則有身心。人我兼盡，身心交修才可為人。不然則上負天地，下不如物矣。

天下無不可為聖賢之人，只患未有倡之者。

世間佳子弟亦為俗學汨沒大半。

世學不講，一言聖賢之學輒共嗤之，是非薄人，實自薄也。能不自薄，亦勿恤人之薄己，天下事何不可為？

學者不可有上人之心，然孟子言恥不若人，何也？上人是爭勝私心，恥不若人是策己至意；上人是為名，恥不若人是為實；上人之心不可有，恥不若人之心不可無。

今人言每曰功名，不知於「功名」二字已誤認矣。靳裁之分道德、功名、富貴為三，其實功名、道德一也。道德者隱居之所求也，功名者行義之所達也。道德初不藉於功名，而功名亦足彰其道德，惟富貴非學者之所可言也。今人所謂功名乃富貴而已，二曲言之甚詳。

天地之理一陰陽盡之，陰陽之道一動靜盡之，動靜之理一屈伸往來盡之。

陰陽，氣也。陰陽之所以行者，理也。理有方有氣，然纔說氣便不離理，說理亦不離氣。無氣則理何以見耶？故曰「一陰一陽之謂道」。

理氣猶可說先後，到動靜便說不得先後，蓋既自無而之有，便已動靜悉具矣。故無論動靜，此氣總無息時，此理亦總無滅時。

朱子小學題辭曰：「元、亨、利、貞，天道之常；仁、義、禮、智，人性之綱。」首釋論語「學」字云：「學之為言效也。人性皆善而覺有先後，後覺者必效先覺之所為乃可以明善而復其初也。」皆提出「性」字，最得學之本原。此旨自堯、舜、禹、湯、文、武、周公傳之孔子，至子思而愈著，至孟子而愈暢，至朱子而愈切。

復性之事不外立身、盡倫兩大端。立身、盡倫不過慎言、敏行兩大端。復性之功則曰知行並進，存省效致，而其要惟在主敬、存誠、行恕而已。持此數端讀聖賢之書，為聖賢之學，庶不患散而無統矣。

人須是時時提醒此心，使神清而不昧，志悚而不懈，則一動一靜，一言一行，自無不有所檢攝。此在學者即謝氏「常惺惺」法也，在聖人即「文王之緝熙」也。

致知自是致吾之良知，然舍卻格物更無致知法，聖人自是說得切實。予嘗指眼前筆硯示學者曰：「此筆此硯其理俱在吾心，故專言良知，便未免落空。」

克己是為仁要著。前輩說聖人為顏淵言是殺賊工夫，為仲弓言是防賊工夫。而欲最易犯，自是殺賊時為多。

克己不獨于一心克正，多從一身應接處克，故朱子謂己身之私欲也，但見於身者皆生於心耳。

古人言「屋漏」，言「神格」，言「鬼瞰」，亦皆落下一層，儆人惟只曰「毋自欺」，曰「慎獨」，便自儆切，所謂不愧吾心者也。慎微者宜於衾影，驗心者端在夢寐。

原憲言「克伐怨欲不行」，此亦煞用過力，四者皆私，欲則凡聲色貨利皆該，獨居末者，常人自是犯欲處多，君子自是犯上三般處多。

「克」即欲上人之心，「伐」即顏子之所謂伐，「怨」即夫子稱顏淵之所謂「怒」，怨未有不怒者也。有克、伐之心便只見得己是，有怨之心便只見得人非，故予言克己，亦多於逆境克。

顏子之「犯而不校」與「不遷怒」固是一般工夫，聖人稱顏子與曾子之所稱皆在此處，可見怨怒最難除。

人有克己而不能復禮者，正坐於心上克，故聖人更言復禮。下文「四勿」便併作一事，此予所謂當從一身應接處克也，大學以學修盡明德工夫正此意也。知顏子「四勿」與原憲之所謂「克伐怨欲」，則所謂己者盡得之矣。

視聽言動盡吾身之事，獨處時尚有檢點，況在倫物間乎？修身須先慎度。予最愛呂榮公理會氣象之說，聖人言自修全功先以不重為戒，正此意也。

自詩、書至孔孟及程子四箴言，慎言之道盡矣。予尤愛易「吉人之辭寡」一語，人不知慎言，獨奈何不為吉人乎？程子云：「涵養須用敬，進學在致知。」知無盡，行亦無盡。其言「涵養」該得「省察」二字，此二端皆行之事，亦貫徹終始。

子思開口言性道即說出存養省察功夫，以後說向遠，說入微妙神化皆從此做去。

微妙神化實際處不外達道，仍是盡倫而已。

孝順，德也，順親之心、順親於道皆順也。故孟子言「底豫」，則順親可該得親，然非先得親之心亦無由順親也。

事親使親有一毫不悅處便是己意不盡處。

天下無不是的父母，何為有爭子？父母在，子未有不是處，若得罪於人，皆子之罪也，故幾諫為難。

不弟而言孝不得也。孝弟二字相連，直是分開不得，兄弟皆當盡道，畢竟在弟者多，故古人言弟處多於友。

兄弟不和多是由妻子起見，不知兄弟是父母所生，子是己生，妻自外來，胡可比也？

為妻子因爭有無，不知有無皆身外之事。兄弟是同乳之親，且有者或至無，無者可復有，兄弟一世而已。蘇瓊曰：「假令得田地失兄弟心如何？」細思之。

張子解「式好無猶」曰：「猶，似也，言兄弟宜相好，不要相學。」此解亦出人意表。兄弟原難一般，不知道者不足責矣，必有一人知道者，不可不自盡也。或兄弟多，更不可不盡心調停於其間。

夫婦之間有不盡道處，多由褻狎。古人相敬如賓，匡衡說關雎詩曰：「情欲之感無介乎容儀，燕私之意不形乎動靜。」此為得其本矣。

婦人多不知道，此須善教之，默化之，其要總以嚴為主，嚴即敬也，易所謂「有孚威如」是也。

家之分異多由婦人爭長競短，嫌隙日積，久之私匿盜竊，事漸以壞，勢不可反矣。此當于未離心時早定規矩，又須主家者公而無私，乃可長久。或小有異議則張公藝有云「忍之而已」。若前人已壞之緒，宜用力整頓，整頓無法，不得已而析箸，在知道者仍以一家一體視之耳。

嫡妾之間最難處，然所以難處者亦由中多私而威不孚也。

有子不可娶妾，有子而娶妾是好色也，是自使家多故也。有子亦不當娶後妻，尹吉甫可以為戒，曾子可以為法。

事君無他道，一忠字盡之。愛君、敬君皆當以忠，忠亦誠之謂也。有一毫不盡心，一毫不盡職，即不可言忠。吾見邸報中朝廷每責臣下作事糊籠，不實心辦理，此最責得切當。凡後世人臣誤國，皆坐此弊。

呂滎公當官三事曰「清、勤、慎」。清即六計之廉，大僚小吏皆以為此為本，勤則職不隳，慎則事不誤。予嘗謂又當持之以儉而歸之於忠，然後有以相濟。

不勤勢必多延幕僚，則祿俸無以償幕僚矣。不儉勢必多侈浮費，則祿俸無以供浮費矣。大僚以利責下吏，下吏以利取百姓，不為聚斂之臣亦為盜臣，作事又安得不糊籠？此皆由於不忠也。

作官莫艱於為宰，以事煩而上官又多牽制也。持此五者兼不愛官而要不自失禮，夫何畏乎？

作大寮又須公，須明，公明則處下吏得宜，然所以不公不明者由利欲蔽之也。

宦于外者眷屬多，廝役多，亦是大患。為公則不能恤私，至為廝役者又豈有一人不為蠹者耶？

胥吏最宜防，今之為官者不如胥吏之例清，何以防之？此又在清、勤、慎三者。

京官講聲氣亦非為官之道。薛文清為都諫，三楊求一見不可，如人人相往來，設有過又誰肯彈劾乎？

豈惟為官，閭閻之奢侈不啻百倍於昔，民貧有由，勢將焉極？上之人以身倡之，以例嚴禁之，當有以自返矣。

後世朋友之倫廢，其病正在於濫，濫則無真交，故易離也。朋友之情易隔，隔則浮，一信字盡之。朋友之情易狎，狎則弛，一敬字盡之。

舜明庶物，察人倫，即庶物亦是人倫中事。

明物察倫是盡心知性大綱，考古證今是明物察倫功夫，而學問思辨則其中功夫之詳密處要皆反諸吾之身心耳。

陰陽處便是接物，天下無一物不在倫理中，此亦多於不如意處求自盡。

為學須破貧富順逆念頭，貧富之念不破即不可言學，順逆之意不破亦難與為學。

天下無難處之事，亦無不順之事，知逆者皆順，是故難處者亦易。

凡人處逆時每曰「我何獨遭此」，不知我不處逆誰當處逆者。逆境正須能處者處之，聖賢本領皆從逆處磨鍊。

天斷無獨苦一人之事，人自見得己苦耳，即使己之苦世皆難堪，然身極苦道總無苦時也。

西銘「富貴福澤將厚吾之生也，貧賤憂戚庸玉汝于成也」即孟子「降大任」章意，此理誠有之，然皆落下一層，為豪傑勉勵，若孔顏之樂自不見得貧賤困苦。

五倫之間皆有逆事，但在己只可說道不盡，不可說逆見。為橫逆者皆尋常之人，無端而加於我者耳，感之而終不化，故孟子以為妄人，以為禽獸，不與校也。

凡私欲之生皆是氣質用事，氣量之小亦為私欲狹小。

養量須是平氣，平氣須是觀理。

人之氣不平者皆得他人有不是處耳，不知聖賢道理只有自責，更無責人處也。常取孟子「愛人不親」章及後「三自反」

之説以自省，則無不可平之氣。

凡人須事事受得虧，其實受虧終不虧己，何也？　人虧人，天不虧人也。　然君子亦豈計天之虧己與否哉？

逆在人者不敢校，逆在天者豈敢爭？

處逆境、逆事者當自寛，處順境、順事者當自惕。

凡情之可平者自是事無關要，有可以理遣之處，若利害在君親，或在民社，不得以此藉口。

學者終日在過之中，惟勤自修，愈見得過多。　一念之非，一言之悮，一行之諐，皆過也，故聖賢屢言改過。

今人動云畏人笑，此有兩説，不畏人笑必為小人，畏人笑亦恐不能為君子，只看笑者何如。　君子之笑可畏，小人、衆人之笑豈可畏？　君子有時笑之，是可畏，笑之非則亦不必畏矣。

李二曲亦有立名字、爭名之意，觀其始著書求先河濱序，足明欲立名也。　後言文章，華下有人，謂山史；　節介，朝邑有人，謂復齋；　所云躬行實踐，世無其人，則自謂也，是明爭名矣。　然于山史、復齋尚言之未盡，山史亦不止文章，復齋亦不止節介。

復齋不如二曲之高才博學，然醇正精密當在二曲之上。　吾嘗見一什物，置之不端，或非其所便，與此心不合，可見此心一毫違他不得。

理之在心，本是自然，然行之卻須勉強，勉強久則自然矣。　故孟子言「強恕而行」，正為始學者示下手法。　思之「強」字煞是難，孔子告顔子以「四勿」，「勿」字亦尚是「強」。

朱子解「過則勿憚改」云：「不可畏難而苟安，學者惟畏難尚安最害事。」

在今日説姑待明日便不可寛，此事曰當嚴，彼事亦不可。　時不可令有閒，事不可令有缺，一有閑缺則苟且之心日滋矣。蓋始本以苟且之心有閑缺，既有閑缺遂益生苟且之心，以前此已慣也，譬如物已破壞便自不甚愛惜矣。　時墨「戒慎乎其所不覩，恐懼乎其所不聞」二句，題中比有云君子以全心運之，又云君子以恒心貞之，吾最愛此二語，因此見時文亦有益於學。

持守最艱，有一姑如此之心，他日便能作賊。某嘗思刻意勵行，「刻意」二字宜常存。

物已破壞，固不成物，無論人己皆弗愛之。然祇此物也，更補之便為完物，若遽輕棄，豈不可惜？學者宜痛自猛醒，一日為善即一日為君子，前此之失，己既弗蹈，人亦不復念矣。而亦須知一日不為君子，即一日為小人，故當及時勉學。

能見得大學功夫之密，自見得中庸道理之大。

讀論語則見道理之平淡，讀孟子則見道理之發皇，讀六經、諸史及群書皆以四子書觀之，道理俱不能欺我矣。

程子由大學、中庸合論、孟為四書，此大有功于萬世處。

經、史日日不可闕，子、集可分日讀之，讀之亦宜擇。

讀子、集當以周、程、张、朱及后来诸正学为先。

讀書隨讀隨向自己身心體驗，聖賢語言皆我程課。常讀常將自己身心考核，朝夕熟復即當叮嚀。

讀書為學，自古聖賢皆有要約。聖門言仁言恕，孟子辨義辨利，周子主靜，張子主誠，程子、朱子主敬，皆就切身可守處標出宗旨。推之則萬理皆該，行之則凡功皆備。

朱子白鹿洞條規即就諸書指出要語，其示學者切矣。予既列於初學典故之前，今又得書中要語二，曰「細行不矜，終累大德」，曰「永肩一心」。自守之，願與學者共守之。

由恕可以為仁，即可以為義。由敬可以立誠，即可以慎靜而制動。朱子敬齋一箴「勿貳以二，勿參以三」，即誠也。敬自該得誠，今欲由程朱以學聖人，約之為一字之守當以敬為主。

學者自當為用世之學，用世與不用世在天在人，不可必，惟有為聖為賢由得己。聖賢之事業窮達一也，自古窮士貴於達官者多矣，勉之哉。以上閒居鏡語。

古人之節儉者不必詳論，摘録吾邑韓苑洛屈西溪傳一事可以為法。傳曰：

弘治壬子，西溪陞刑部廣西司員外郎。甲寅，朝邑韓邦奇侍父福建按察副使蓮峰先生入覲，駐通州邸，命邦奇訊公。時邦奇來自閩七千里，又蓮峰先生與公新結男女好。公留食，出生韭一品，湯粟數盂。邦奇飽食之。公曰：「子饑甚也？」邦奇曰：「尊公以古人自處，亦以古人待邦奇，不敢不飽也。」明日邦奇反命，蓮峰先生方與同覲者參政陳公奕。邦奇言：「陝西有人，屈秋官不愧門牆。」因言留食事。邦奇時年十七，陳公以手執碁，熟視邦奇，謂蓮峰先生曰：「此子顔子之志也，若他兒必嫌其簡矣。」此一事不惟西溪可法，苑洛亦可法，即陳公之為人亦可知也。西溪名直，字道伸，華陰人，蓮峰授經生，五泉妻屈安人之父。

少時閱涇野語録，言何粹夫居翰林六七年，惟衣一布袍，至今記之不忘。游京師，每見京官多患窮，私謂使我為之，俸尚可有餘。觀屈、何事，知其必能勵清操作事業，況處家乎？韓苑洛在家，縣官道經南陽洪，聞鑼鳴即起立候其過，此一事最足法。富貴如此，貧賤可知，於官如此，于里可知，暗中如此，顯見可知。以上教家約言。

學兼體用，今之士大夫諱言學，是諱言治也。

朝廷有六官，縣官有六房，天下之治統之矣。

縣皆治則天下治，縣官分朝廷之治者也。故古者謂天子亦曰縣官。

官治則民治，六官所以先吏部。

明之魚鱗圖，今亦無有，當仿其意，分志其地區畝數，各為簿，使民自存而縣存其總，時時察考之。

教官，天下之本也。博士倚席不講，明倫堂為虛設矣。今學校外有書院，未免於贅，然既有之，自當於此益廣其教。今皆上官薦人，直以書院為不得已之人情，可歎也。

學者第一要能安貧，但不餓死便能作事業。即餓死，於道無虧亦自安也，為官者亦然。

或言作官者陋規不可裁，非也，但行之有方有漸耳。朝廷有官，方在曉之，使其人各自勉而已。吾見今世一二大吏竟有能為此者，奈何不共慕而效也？

海剛峰母壽日買肉二斤，人皆傳之。當時以為笑，載在明史則欲以為萬世法也。

予戒水菸，此似無關緊要，然所系實大。明知一人不能絕天下之弊，然心知其弊便不可不自我絕之，故雖尊客至，予亦不設。諸生有守其教者，亦有欺予違其教者，予於此即徵今日之學力，即卜他日之造就。

毀天下寺觀，毀一切淫祀，予作兩議，見今日世俗此亦為害甚大，竊意前人屢為之，事後當復有同心。近聞河南某縣尹竟有為此者，莫謂當世無人也，他日當訪之。

「修道之謂教」，修謂品節，品節即禮，是中庸開口言性道亦便言禮。

講禮尤是救衰世之法。

禮有先王所制，又有溫公書儀、朱子家禮及後諸大儒所訂，當參納行之，參酌之以義而已。

古禮有今不可行者，亦有昔人所制未盡當者，譬如器用亦隨時隨地改變，故禮書世有著述，惟明理義之至者，一心自有權衡。要其斷然不可易之端，萬世當因而不革，君子必不惑於流俗。

冠禮久廢，四禮之首先失，不可不補行。

婚禮不稱主人，遠恥也。參酌禮文：「祖在，祖主之。無祖有父，父主之。無父，伯叔兄弟主之。無伯叔兄弟，師友主之。」

師友可主則伯叔兄弟雖不同居亦可主也，但啟柬須詳明為某婚耳。

毛西河婚禮辨正引公羊有母主婚之說。據公羊，母命不通，實無主婚之文，毛氏悞也。然婚姻兩家皆無祖父、伯叔兄弟，母命亦未始不可通。

「三月廟見」，鄭註謂無舅姑者。賈、服、熊諸人皆謂三月廟見然後成婦，然後成婚，故女未廟見而死，歸葬於女氏之黨，亦據左氏陳鍼子譏鄭忽先配後祖為說。毛西河極辨此義，謂婦至必先見舅姑，登堂交拜，舅姑率之以告祭，成婚。亦據鍼子所議為說，然反覆幾無定見，終不能駮「舅姑沒，三月廟見」之言。朱子謂鍼子所譏是據春秋禮，似亦以鍼子意當先祖，為婦至當先祖也。予謂古禮自有深意，但此禮當自春秋已變矣。

舅姑均歿，然後待三月廟見，此亦思嗣親之意，而又重有傷焉，故不廟見不成婦，亦不成婚，死便不當遷祖祔皇姑，便宜歸葬女氏之黨，賈、服之言未可非也。儀禮：「厥明，舅姑饗婦，贊醴，婦廟見，老醴，婦明醴之。」則成婦一事也，一三日、一三月，常變異也。然則舅姑在，三日成婚，是矣。據儀禮「交脫纓，設枕席」，似當夕成婚，然禮本於情，亦准於義，意聖人制此兩節，先示成婚之事實，必成婦乃成婚耳。

曾子問：「壻有喪，致命女氏，女氏許諾而弗敢嫁。壻免喪，女之父母使人請壻，弗取而後嫁之。」孔氏、陳氏意皆以嫁為嫁他族，後儒辨之，皆謂嫁即嫁此壻，但自女言嫁，見壻之猶不肯取爾。予舊亦云然，但玩文義，終似不順。竊意古者七出之條甚嚴，喪經三年，安知此女無嫌？據孔疏，男請女，女不許，亦別娶，此亦以變者言，後世事皆有之，故曰「弗取而後嫁」，取自常也，弗取萬有一然之事也。

喪禮，禮之大者，其事亦甚繁，而近世尤無狀。吾居父喪方年少，便一一依家禮。往居兄喪亦然，及居妻喪亦然。然人或竟有議其于妻為過而問予者，予曰：「禮文甚詳，子不知妻服杖期，為妻之重者乎，且不知夫婦居五倫之中乎？晉梁龕明日當除妻服，今日宴客，劉隗奏免其官爵，衰世猶然，況先王時耶？」人言予固不恤，然亦有聞予喪妻而化之，凡遇喪守禮者。

灰隔，予於磚壙外為之，似亦可行。

叔于嫂不可稱弟，然自稱不可曰叔。家禮「嫂叔在義服之列」，稱曰「義服」，弟自分明矣。

曲禮：「餕余不祭，父不祭子，夫不祭妻。」朱子以為下二句承上言自妥，戴東溪、顧寧人皆謂下二句別言，不祭恐受者不安也。戴以為祭當各使其子，顧以為宜使人攝之。予謂古于妻子自有祭禮，如其說不自祭，猶不祭耳。予于妻喪自行一獻禮，揖而不跪，使兒輩終其祭，想古人禮，祭亦必變通，不失禮而又使心各得其安，但禮文今不盡詳也。即此推之，他可知，凡所以處之者皆可知矣。以上授徒閒筆。

孟子曰：「人有不為也而後可以有為。」註「有不為，知所擇也」似重識一邊，然學守意均在「有」字中，此孟子本意。學守固是學者大頭目，其曰「後可以有為亦非，有守即當得有為」，須知非有為亦不足言有守，窮則獨善，達則兼善，有為並不專在用世。獨善獨字如修己成己，己字須看得寬。聖賢在下有為，事業正自無窮，不惟儒者教人即成己事。嚴君平賣卜長安，與子言孝，與父言慈，何在不可遂其利濟之心？裴叔則歲請梁、趙二國租百萬以散食，或譏之，曰：「捐有餘以補不足，天之道也。」容城孫徵君隱居不仕，出呼于仕宦富貴之家，得佽助以贖楊、左諸子罪。顧寧人至山東，以妖人見收，富平家子德奔走數千里往保之。此方皆無愧於魯仲連國士之目，規之聖賢道理亦自應爾也。

有守更須有為，吾更為學者淺言之。譬如不肯作盜賊是有守，然鄉閭有盜賊亦須為設法除去始得。以上華原書院附志。

某大宦以嘆夷之亂主和下獄，自言富貴功名之念俱打得破，惟死生關打不破。或以語予，予曰：「死生關打不破仍是富貴功名之念打不破。」孟子曰「妖壽不貳，修身以俟之」，固舉最易貳其心者言，然貪生而惡死皆因不能忘世間榮利，本一心也。予嘗謂死生榮利之念不能忘，常人耳。論君子則惟毀譽為難忘，計毀譽猶有名心，亦私也。知常人之毀譽不足憑，期自信于一心，可以對天地而質鬼神，非真知有道德者不能。

蒲城王相國以嘆夷之亂議和為非，人傳欲入奏極言，家人竊其章不得上，因自經圓明園私第。向在京，渠屢求見，予謝之，於此自謂失人矣。恨其章不傳，不得一見詳其實也。

「無適無莫，義之與比」，「言不必信，行不必果，惟義所在」，事不論大小、常變，知義者無一定，然守之者自有定也。夫子「義以為質」章更說得盡。義與禮亦不相離，曰「孫」，曰「信」，又何有幾微之失？得其理之至是而存一虛心，存一實心，天下事更何不可處？

易抱龜南面，天子袞冕北面示不伐，以尊天也，即此亦見卜筮之重。觀三易，自神農以來即主卜筮。宓犧畫六十四卦，未必不即主卜筮。想六十四卦名，即斷辭亦如後來子雲太玄、溫公潛虛、皇極八十一首之例。大抵天生人，人生事，事必本天道，學以盡性至命為主，以盡人合天為歸，亦此義也。朱子以易為卜筮之書，諸儒多不取，看得卜筮輕，未識聖人尊天之心耳。

張乾伯不許人稱後學，云本孟子守先王之道以待後之學者，以為稱後學是自大。予謂學之為言，效也，大不在後在學，則人不敢為學矣。又云「非程朱不可受人之稱後學」，予以孔廟不宜稱後學折之。然朱子祭至聖乃自稱後學，此於予心亦不合，抑據此足見後學之無不可稱，而渠說固皆難通也。

女子許嫁纓，非有大故不入其門。舊說皆以門為女之閨門，予按八年男女不同席，即為近親言，其有別已如此。俗言女不離娘，古者女有姆，所居可言室戶不可言門，此其門承上許嫁則指夫家門也，許嫁而纓已系夫家矣。世固有未合婚而死，生不背者，如此解正以通未嫁奔喪死節者之未始非禮。猶丈夫始從主即定群臣之禮，如關、張死之於先主及明代生員孝廉不少死節之臣也。

孟子曰：「治人不治反其智。」「智」字亦可思，不惟自治以化之，中許多難處自有所以善處之方。家庭、鄉黨、異域、朝廷之上一也。

舜不順于父母，周公見疑于管、蔡，孔子致毀于武叔，誣圍於匡人，幾殺於桓魋，孟子于薛有戒心，程朱皆遭偽學之禁。凡行有不得者，一身盡道之外，無復可慮矣。

思患預防，臨難毋苟免，一事也。聖賢只隨時盡道，不容有一毫私意計較。

蒲城郭進士牖心言明末馮少墟諸人講學之害，予謂此尚不如宋兩次偽學之禁之禍。然「學之不講，是吾憂也」非夫子之言耶？朱子之學之精全由與友朋反復講論而得。禁偽學，忌講學，世衰政亂時也，扶衰救亂還在明正學。此根本事，惜不知者皆以為迂。郭進士嘗為宰，一年即歸，予以為急流勇退，嘆息與予言：「使孔子生今日而仕亦不能不取陋規。」予以為若使孔子取陋規，孔子必不仕。自有陋規之說，凡取非其分，至於無藝者皆託於陋規之說，二字豈可訓哉？向聞今上有裁陋規意，此堯舜之心也。已聞有言其不可者，心疑之，竊謂此裁之固當有方有漸耳。

予嘗戲闢輪回之說云：「若如此，自開闢以來只一世人反復託生，造化亦將運轉不來。」朱子答廖子晦書云「若一受其成形，此性遂為吾有，雖死不滅，自開闢以來至於今日，重併積疊，已無地可容矣」，亦此意也。儒家多惑老、佛，亦見此理不明，為形亡神存之說，正私欲之大者，其愚亦殊甚也。

生氣盡便死，生理盡便可死。死訓澌滅，氣盡形亡理還天地，夫復何有？所餘者子孫耳。故列子云：「子孫者天地之委蜕也。」謝上蔡論祭祀云：「子孫之精神即祖考之精神。若無子孫，自盡一生之理，無愧天地父母，亦死而不朽，猶生也。」故子曰：「君子疾沒世而名不稱焉。」然子為此言，為生不盡道者警也，其實君子盡道只求無愧於生，並不計身後之名。郭進士相見即問「未知生，焉知死？」二句，書此一段，並以告學者。以上殘墨拾遺。

邵子「元會運世」，朱子不知從何處推起，看來亦由干支既定之後，以理推其數當如是耳。然子會生天亥，會消之說恐不然，既有天地，宜無終窮，若果有消滅，當成何狀？

分野之星與諸星所居當皆本紫微垣，取其位分與星之形狀定之，然分野先儒皆以為難明，想古有之，後來又說得不同。如周初無鄭，春秋時無益州，疑世所言亦自漢哀、平之間，與讖緯同也。其應驗亦如讖緯，不可盡信。

地不滿東南之說，前人有不以為然者。想禹治水，河自東北入海，亦自是就下，後世漸決而南，天地氣運古今固皆有變遷。

地理較天文為難，明天文舉目可見，地理非親歷其地即據經傳心不能了也，雖從來所傳之圖亦有悮者。如胡明經朏明禹貢錐指多駁前人之悮，自言每與閻潛丘參校，然潛丘劄記旋駁其嶺南為有虞聲教所不及之說之非。可知地理之學確鑿為難矣。

天地無始終，亦無邊際，列子、屈子言皆是也。朱子外有硬殼之說亦就天地形如雞卵之狀想當然耳，但如雞卵亦當有著處。

五臟心為主，五行火為主。火在南故天道由南，火旺夏故萬物盛于夏，非火則天地闇矣。五臟統於心，五臟無靈而心有靈，理在故也。心統性情，謂五臟皆通於心可，謂五臟皆見性情卻不可。心為天君，其靈全是理為主，非理則與諸臟等矣，故性、情、才，孟子皆謂之善。

仁、義、禮、智、信五者盡性之理，分屬五行，自是分屬五臟，然一言心則諸臟可不言，譬天下係於一人，有亶聰之后天下皆得其理矣。

仁統四端而斷於義，著于禮，藏于智，成于信，一行中五行皆兼。五性亦然，以仁言，其品節即禮也，其裁制即義也，其運用即智也，其真實即信也，四端皆可以此例之。

四端統於仁，五臟統於心。天之生人所以元為始，亨為通。乾元者，始而亨者也。始則未有不亨，亨乃可以言始。利貞者性情也，性情不利則不和，不貞則不固。

勢、分二字亦當知，天下有義可為而分不可為者，亦有分可為而勢不可為者。然如朱雲之請斬安昌侯，陳東聚太學請斥六奸用李綱，此似不守分亦不度勢，而義自伸於天下，天下無此等人，公義竟不著矣。特非其人不敢為此，正不可以輕效。

予欲治天下以儉，儉須中禮，中禮則儉可不言矣，故禮當常講，張橫渠欲天下以禮，意正如此。

儉非世俗所謂固陋之儉也。禹克勤克儉，作平天成地之功只此二字。世人慣道二字以為常語，可嘆。

「中夜以興，思免厥愆」，伯玉寡過未能，聖賢同此心也。「內省不疚，無惡於志」，「志」字切內省還問之心。問之志耳，志者，心之所之，其本也志在是，理即在是，本心斷不容昧，是所謂性也。然自見雖明，總須內省，人有咎己者，安知非己之咎？若自以為無咎也，至於省之而無惡，咎己者固可不問，而既藉以自省且感之矣。故子路告過則喜亦聖賢之所難。

君子治己以善，並欲化人於善，不獨欲化，常並欲化小人。舜處家庭，孟子明曰「横逆」，舜卻不見得是横逆，只見己不是，家庭然在外亦然。己不能化人便是己之過，既曰人性皆善，豈有不能化者？是所貴乎自反矣。

顔子犯而不校，是顔子明有犯也。有犯想亦須先自省而無失，仍是不校。

孟子三自反至待人以忠，盡矣。不與為難亦不校也，然曰「妄人」，曰「禽獸」視人亦刻矣。顔子當並不作此語。

吕文穆不問嗤己者姓名，富鄭公佯置詈己者若不知，是自養寬量，自勉厚德，與聖賢處横逆皆尚隔一層。婁師德處武曌之時，唾面自乾，懼罹於禍，與吕、富之心又隔一層。然須知量固不可不寬，德亦不可不厚，君子遇大節固不畏禍，小故可忍，亦何必故罹於禍，昔人蓋均足法矣。

嚴君平借卜筮以化人，況古之聖賢斷未有不欲人同歸於善，即皆措人于安者。明德、新民是一事，富、教亦是一事，聖賢在上在下亦是一心。但無權行之亦難，孔孟周流固有不容已者，非大聖大賢，此理真未易言也。

今人開口說情理，情有不衷於理者，然論理亦有原情之時，情可原固即理也。

女未嫁而奔喪，儒者多以為過中之節。教孫花研讀禮記，偶思「女子許嫁纓，非有大故不入其門」，則有大故當入其門，大故孰如夫死，則奔喪是也。然與「嫁，未廟見而死，歸葬女氏」之禮顯背矣。意謂大禮未成而已許之，奔喪本出女意，自當成其節。若殉節先死，此非常人所為，更未可訾，至悔婚改禮，恒情所為，亦弗禁也。要之反葬女氏，禮不可。

人以事問者，吾皆據理答之，且陰欲思息其紛爭，人皆謬信之。但問者日繁，或非理而見屈，吾言亦招怨，欲辟匿絕此患又無法辟匿，奈何？

合宗族、立社規、聯保甲，為闔邑謀當舉之事，除當除之弊，此自吾居鄉分内事，亦多略有效而不能盡效，中且有梗之者。細思以朝廷之權尚不能盡如法，況在下之人乎？吾亦盡吾心耳。今老，不復能有為，人皆謂非吾則法將皆壞，吾亦無如何也，以俟更有人而已。

今年近八十，每夜半猶必起，或讀未讀書，隨手乙點十餘頁，或書所見，或興至偶為文，應手細書七八百字。昨又裝訂新得書數十卷，燈下猶能穿針。人皆問吾何以得此精神，吾亦不知，細思之，一生嗜欲少耳。又語學者曰：「愈勤則精神愈生，其亦信之乎？」

教小兒未嘗無益。向因授孟子悟王子當貫比干、箕子，「匐匍往將食之」，「將」宜訓「取」，「舜為天子」二句不可平對。學者當知雖老不可一日不讀書，日以書自娱即自省待死而已。近人以元、亨、利、貞為四德，據文言以駁朱子之串說，解乾卦猶可，解坤卦便不可通，向嘗言之。又如駁朱子解「元亨」為大通，以為「大哉乾元」可曰「大哉乾大」乎？不知一字而數義皆具，一語而數義兼該，方是聖人之言。元有大義，亦有始義，即此見孔子正就文王之串說分作四德，不待文言也。天道之流行即其對待者，本如此。

彖傳以「元亨」訓「大亨」者多矣。駁朱子者殆未通思孔子之言也。

錯卦、綜卦、互卦，說卦實發之。

序卦以理言，錯卦、綜卦以象分，文王卦之次第蓋以二者參訂之而皆符，足見聖人作易合天地之撰。錯卦正對相錯，綜卦反對相綜，天地之運，一正一反，對看、顛倒看，如斯而已。

上經首乾、坤，卒坎、離，以天地始，以日月終，在人則始父母，終中男中女。乾、坤以後皆一卦而顛倒為二，頤、大過附，後則山、雷、澤、風、少男、長男、少女、長女相合而為卦也。下經首咸，則澤、山相合，亦少女、少男相合而成夫婦，為人倫造端之正。後中孚、小過則風、澤、雷、山相合，亦長女、少女、長男、少男相合，而以日、月、水、火、中男、中女反覆相合終也。始終次第皆非漫然。

卦變諸儒不取，一卦可變六十四卦，本義亦偶言其例耳。書吾以「惟聖罔念作狂，惟狂克念作聖」為道學要語。聖、狂只分於一念，一念在欲聖便狂矣，一念在理狂便聖矣。「罔」字、「克」字亦著力，「罔」與「妄」不同，「罔」無也，昧也。念不在理，直猶無念，雖有念亦昧心。「克」訓「能」，卻與能不同，有勉力意。念念在理，理全勝欲，譬如戰勝，非偶然也。文王克明德，必德無不明方是克，則聖人亦非勉力不可。

「永肩一心」，此有恆意，「克念作聖」須是「永肩一心」。

古人解經即是文章，不知用多少力量方練得出。鄭氏解「雖有其位節」云：「言作禮樂者必聖人在天子之位。」朱子解「死而後已」云：「一息尚存，此志不容少懈。」解「無罪而殺士則大夫可以去」章云：「禍已迫則不能去矣。」此皆反寫法，何等簡明，可以為法。

呂新吾有四禮翼，又有四禮疑，看來禮經之言可疑者多矣。千百年簡編固多偽竄，即聖人製作亦不能無因革損益也。婦未廟見而死，歸葬於女氏之黨，據「許嫁，大故入門」已確見不可。解禮者謂廟見為父母已死，歸葬為未見父母，竊思婚之夕已成夫婦矣，歸葬豈情乎？亦豈理乎？為未見父母不可謁主以補之乎？父母未死，三月當祭之時亦當廟見，祖死而可見，父母死而不可見乎？婚大禮即曰成夫婦，次日以夫婦見父母是也。父母死以其日見廟自謁見之禮，不必待三月時祭也。今吾鄉俗士庶人婚，次日設祖主或軸，拜祖因拜父母，此禮之可通者也，向論之，今更酌論之。

親迎禮久不行，吾行之亦多效之者。向訂自女家拜受于父母，于女轎前揖，先行至門，又揖，轎前先入，女侍後扶女下。今思於女門只當視上轎揖，辭主，至已門揖，婦亦答而後入，於禮為合。

禮大夫士皆三月而葬。何休以左傳士踰月為非。鄭氏云：「人君殯數來日，葬數往月。大夫殯葬皆數來日、來月。士殯葬皆數往日、往月。士之三月，大夫之踰月也。」此等皆不讀註疏不明。

哀十一年，公孫夏命其徒歌虞殯。杜注云「虞殯，送葬歌曲」，並不解『虞』字義。明倪璠註庾子山集，以殯葬下棺日將虞謂之虞歌，又謂此即挽歌，舊說挽歌始田横門人，非也。又云：「晉荀愷以送葬不宜有歌去之。」摯虞駁之曰：「君子作歌，惟以告哀，葬有歌不為害也。」予謂告哀非喪哀也，摯虞說非。

大夫祭五祀，士庶人祭其先，此禮自是。今士庶人亦祭五祀，未始不可，但祭法自當殺于大夫。惜乎大夫之祭五祀皆不如禮而妄祭外神，則皆謂之失禮可耳。

昔人有氾濫于釋、老者，以為不觀其書則不知其非。予不以為然。吾儒之書汗牛充棟，終身讀之不盡，何暇旁及？如釋、老，前人闢之已悉，豈必以有用之日月為無益之博濫？且其書本竊吾儒而多近似之言，又為求勝之說，惑人甚易，理稍不明反慮隳入其中。釋、老固宜絕，神仙怪異淫媟戲玩之語尤不足道，朱子文集言釋、老亦如此。

立言最難。不究群經終無以澈其理，不讀全史終無以既其實，不觀諸子百家終無以盡其變。

作偽書，造偽言，壞亂經典，誣謗先聖、先賢，此奸人之尤，其心皆不可問。竹書紀年載太戊殺伊尹，括地志載舜囚堯，此等語不知何自而起，後人之遭誣者不足怪矣。

孟子曰：「好事者為之。」又曰：「齊東野人之語。」此足為千古造誣者之斷。然不盡此也，誣古人為己寬責，誣今人好稱人惡亦恥獨為小人，人心難言，正非不可測度。

君子不可有非人之心，然世間固有不可化之人。子言「下愚不移」，下愚非盡獸者。程子以孟子所言自暴自棄之人即下愚，是也。近人或謂荀子言性惡為疾世之為惡者多，是憤詞。此不足以救荀子立言之害道，而人氣質大駁雜者，性之善固不能勝也，況又有俗染乎？

論文是非不明猶論人也。人論理之是非，文章明道亦然。理明者文自精，道高者文之魄力亦大。今人論文多曰漢唐八家，不知孔孟後，道至宋五子而明，文亦然。予嘗謂論語之文無論長短，大學、中庸不能也。大學、中庸，漢唐人不能也。以短者論，「君子不器」四字耳，下一「器」字，其精且深非人所能矣。「不曰如之何」章兩語耳，連下三「如之何」不別加一字，文何等空靈？意何等深遠？非聖人能之乎？「辭達而已矣」下一「達」字，為修辭之准，任唐、漢以下諸子論文百千萬語不能過也，又如「堯曰」章敘唐、虞三代相傳，文自宜稍長，而言得要領，詞有繁簡，體寓變化，收結非有意為文，自至文也。又如後「子張」章五美四惡，以問答自為總起，下自分兩截，而五美又作兩問，下復一問而連答，答於中間兩條，又作變調，此皆自然之文也。

大學如聖經，一章綱領條目起結分明。人所不能處又在敘綱領，於「知」一層即帶「止」字，抽出提起說。敘條目首句即跟綱領，照前領後，倒說起，不曰「平天下」而曰「明明德於天下」，即此一語，豈易造得到？「致知」變文曰「在格物」，下復順勢復說一遍，一例用而後字以醒，上「先」字結到修身，猶三綱領之結歸明德也，而前結帶起先「後」字，後結又歸前結本字。此孰非天造地設乎？末又跟本，末反結四語，似不關緊，然必有此則意益明，文亦掉撥綽饒餘致。故予向又謂近儒有云知、止兩節合後「聽訟」章為「致知格物」傳者，不惟不明道學功夫本末次序，亦不解文理。

大學「平天下」章，中庸「哀公問政」章皆整齊，中寓變化，千古長篇極大文字，合大學一書為一篇，合中庸三十三章為一篇，又千古極大文字。程子合論語、孟子為四書，千古極大著述，朱子集註亦千古極大著述，其中亦自為文字，絕大識力，人不知也。

予以大學之至善即中庸至善，中庸即論語之「仁」字。中庸、大學書出一手，論語、孟子傳本一脈。

朱子大學、中庸序，詩序，文集中為上乘，極似漢文，然漢人說理不能也。周子太極圖說、張子西銘、程子易傳，此等篇，微論其理，起結接轉，筆力之簡洁高健，直謂六經後未有之文字可也。

天下事變無常，惟守理為無失。理惟一是，守其是者，自處待人終身以之，一任翻覆，並無懊惱。

欲天下皆如己，不能也；欲天下人皆順己，亦不能也。不惟不順，違者且多矣。然吾守其是，同志、同德信之者當亦不少。

名者人之所忌，亦天之所忌。天何以忌人之名，此亦日中則昃，月盈則虧之理也。然君子不好名，不求名，正不必避名。好名、求名，私也，避名亦私也。君子惟有謙己而已，謙己但益修德。

問一生：「『在明明德』註云：『學者當因其所發而遂明之。』此一語一層乎？兩層乎？」生嘿然。語之曰：「所發即良知也，因之則舉念皆明，遂明之則無時不明，後條目具在其中。」又曰：「明德或言心，或言性，聖人何以必言明德？註云『人之所得乎天』，如此講方切『德』字。」生曰：「註：『虛靈是氣，不昧方是明德，具眾理應萬事是明德之能。』」予曰：「虛者，理含於氣也。陳北溪曰：『理與氣合，所以虛靈。』惟虛故具眾理，惟靈故應萬事。惟虛靈故不昧，合下體用皆得。註三語方盡『明德』二字。」又曰：「『止至善』，『止』字，止於是而不遷，亦兩意。『至善』與論語『仁』字及『中庸』

字一也。註解『至善』云『必盡夫天理之極而無一毫人欲之私』，講『仁』字云『當理而無私心』，講『中庸』云『非義精仁熟而無一毫人欲之私者不能及』，是豈有二乎？」又曰：「或言『知止』節兼行說，是亦講良知者語。行自在能得，一『能』字中帶起，後文自兩層事。」又曰：「『致知在格物』，物兼精粗内外，非吾心之私，所謂在者隨事精察也，下言而後者貫通候也。」

郃州王天如前輩為二曲門人，著四書心解，講良知以知該行。其鄉人求予序，予不能阿曲。友人路閏生亦為序，原之曰：「明、誠一也，世言認真即誠字，真即誠，認即知，固非有二。」門人楊生秀芝以問予，予曰：「認真即誠字，予亦有此語，此言知行合一為較得。然言認真必加辨事二字方實該得行。宋儒亦言知之方能行之，行之不到仍是知之不至。顧不曰知行並進乎？聖人誠而明，明即在誠中。賢人由明而誠，明、誠自兩事，至於誠，知行亦合一，要遇一事豈得曰『吾已明』，竟坐廢其事不理？擇善必曰『固執』，學問思辨必曰『篤行』？子言學必言守，顔淵博文約禮並重，孟子養氣之功尤多，於知言養氣，此為兩層事，並非純任自然，皆不待辨而明者。即二曲言孩提之童無不知愛其親，及其長也無不知敬其兄，固以知見行，然自孩提稍長，事不成既知之則愛之，敬之，孩提稍長便合聖賢耶？抑猶待講說擴充也？」張生純於此似能見之，他日以語石生全潤，石生曰：「『知及之，仁不能守之，雖得之必失之。』此數語尤分明。」以上夕照編。

立言著書最似近名。不知前人所未言而吾言之，或前人言之有誤而吾更言以正之，或前人言本不誤，後人駁之反誤，而吾又言以辨之，皆以發明前人，留示後人為道之公心也，非為名之私心也，一涉私則著述皆謬矣。

吾學宗朱子，見人駁朱子者輒惡之，然于朱子有駁之是者，亦未嘗不以為然。不但此也，己所見或與朱子不合亦未嘗不辨之，又不但于朱子有然，於己說後之駁前者且不一而足，惟存一公心然後可以論人，亦然後可以使人論己。

蘇氏父子持論有不同者，蔡氏受朱子之命為書傳，其中說亦不盡與朱子同，古人立言不阿如此。若用意摘古人之非以伸己見，本私也，私則多蔽，故其說往往不能通。

為學惟家計最足累心，然累心者心自累之，非家計能累心也。心自累，不惟家計窘足為累，即家計裕亦為累。不然任所處之豐約，吾心自有主，于境何有焉？

許魯齋為學者先計生業，後儒多議之。吾不以為非者，以為魯齋之心即橫渠買田畫井之意也。君子謀道不謀食，如謀食而忘道，或謀食而非道則食為道外之事，若為道而謀食與謀食而合道則食亦道中之事，且使仰不足事，俯不足畜，舉家嗷嗷，心能自安乎？故第為養生計，並無求豐之心，非謀之也，無其心則不為累。

吾見士人困于生計者甚多，其窘急真有不堪言之景。窘急而不壞行品，吾憐之；窘急而至失志操，吾恥之。總以為不善自為謀也，善其謀無他法，勤儉而已。

吾生平未嘗一乞假於人，且少謬自立志，並不肯妄受人，亦未始別為生計，只自鄉舉後以教授為業。其教授也，于館穀之多少有無從不一計，然至今家口日繁，粗免向日之窘急，朋友竟多本不窘急而日憂窘急者矣。或問予何術，予曰：「無術也，不為窘急之事也。不為窘急之事者不為非分之事也。」

人之所以為人，忠孝其大端也。忠不必有位之人，四民各守其職，安分奉公，不蹈罪戾，此亦在下之忠矣。孝不止隆親之養，悅親之心，蹈道勤德，不貽父母羞，此則君子之孝矣。

富為貧者之所忌，善亦不善者之所忌，故往往媒孽生謗，知其謗生於忌則亦可以平矣。

世人畢竟公道不可誣，果能信之於心，謗者自謗而譽者自譽，孟子所謂多口無傷，合見慍不隕問，兩邊言之自盡。人生在世一日，不可一日不自檢點，耄而荒則少壯皆不足言，偶而失則終身即以為累。

老年無他營，亦無他苦，惟夜間多不能寐，此血氣衰也，吾笑語人曰：「俗言老人愛錢、怕死、不渴睡，吾不犯其二，犯其一耳。」以上餘生録。

論人不當苛，守道則須嚴。一念之寬假、一事之苟且即自欺也，自欺必欺人，非小人而何？

教人以禮，率畏俗議。無知者畏俗，固也，明明知禮之士，違禮而徇俗，豈不可怪？

科舉防檢太嚴，由士自卑也。不特科舉，孝廉諸目近於鄉舉里選，自漢以來，自投文券，與三代異矣，志節之士固有恥之而不就者。

舜明於庶物，察於人倫。須知庶物亦人倫中事，故不可不明此，與「知者無不知也，當務之為急」語略同，孟子之言，自無滲漏。

不矜細行，終累大德。畢公克勤小物亦此意也。予嘗戒學者食水菸、衣馬褂，多忽焉不聽。予曰：「可已之事而不已，易戒之事而不戒，即此便不可入道。」

人即有當與亦須是分己之余以行惠，己不足而強與人，無為也，己不足而乞他人以與人亦不必也。或力閒能與人而薄親者厚疎者亦失宜矣。吾輩仁心為質，遇此等多過於與，然行仁正當裁之以義。若見有當，前軀命名節所關則又難執，此概論耳。

廉、讓二字相因。讓所以為廉，然非可讓者，己居讓之名，須思彼將何以自處，故彼我之間各得分願，願當因乎分。己為其厚而予人以薄，以君子自處而以不肖待人，亦非君子之道，所謂恕與絜矩亦不如是只見一邊。

小人之意只見人非，君子之心惟思己過。

教人宜寬嚴並用，不在責以法，在繩以道，尤在率其身，寬不是恕其非，謂化以漸，人鮮有終不可化者，至於子弟，更無終絕之理。

古人律管候氣，吾亦不盡信。所在地氣不同，年年地氣不同，執定律定月以候之，何以能准？至用之以審樂，亦必非死法也。

分野自古莫明其故。先儒言者多不合，即僧一行本天漢為山河兩戒之說亦不盡然。嘗思之，黃帝畫野分州，帝嚳序星辰，似此類上古以來即有，故周禮亦載之。然分野所言之國，鄭、宋、燕、吳、越、齊、衛、魯、晉、秦、周、楚皆周封國，據周與三河同分，又是東周，趙又在趙國之時，益州又是前漢所設，則分野並非定于一時。而益州與晉相隔遠，又何以同一分野？觀左傳，辰為商星分野，亦不止二十八宿，其說亦似主於五運，因星與地所屬參酌漸定，但五行之運無常，一時推衍如何可憑，其或時有應者，亦天即因世人所言以警世人也。

論語記聖人疾病者二，聖人非不謹疾而有疾，病氣之盭，雖天亦無如何，于聖人奚怪？然觀請禱不許、為臣深責，聖人生平之所以盡人達天者于疾病時具見矣。以上病床日劄。

道先天地即太極。道統開自堯、舜，堯典曰：「克明俊德，以親九族，九族既睦，平章百姓。百姓昭明，協和萬邦。」舜典曰：「百姓不親，五品不遜，汝作司徒，敬敷五教，在寬。」道統之大概已見。

人之所得乎天者謂之德，行道而有得於心者謂之德，俊德自其得於天者言，此時未有性之名，曰俊則性之體已見。

「人心惟危，道心惟微。惟精惟一，允執厥中。」德具於心即性也，此四語斷非魏晉人所能，故以大禹謨為偽書者吾不敢云然。

湯言：「惟皇降衷，若有恆性。」真西山謂言性始此。曰「恒」，曰「降衷」，性之善可知。傳引太甲曰「顧諟天之明命」，性本天命，性命一也，即所謂德也。康誥曰：「克明德。」詩曰：「天生蒸民，有物有則，民之秉彝，好是懿德。」大學曰：「在明明德。」傳三引書證之。中庸曰：「天命之謂性。」孟子因言性善，亦引詩言證之。程朱講學，提性善為主，一脈相傳，源頭分明不可得和易，後人更何用各出宗旨，紛紛多事？

自其純一不雜者曰道，自其倫類各適者曰理。理氣不離，當有是氣即理，故理先氣後。理即太極，尚無形不可見，有氣之初仍只是清淑不雜，其雜者非本然也。人得天地清淑之氣以生，理全載之，與物不同，曰性善，原其初而言固純善無惡。明道曰「論性不論氣不備」就不離乎氣者言，言其初之合乎理也。伊川曰「性即理也」就不雜乎氣者言，言其初之合乎氣也。氣積而為形，形生而知感，因感而有習，乃不純善，然其初念之發無非本然之理，隨感而見，此善之確可驗者。吾自三十年前已見此分明，今不能易，群言猶多淆者，可無惑已。

天與人以性，人不能復性，不為聖賢即負其生，即負乎天，故復性為學之大原。

道心則性也，人心則氣也，曰危曰微，辨之謹之，只在毫釐。堯舜五教即父子、君臣、夫婦、長幼、朋友之倫，親、義、別、序、信之有即於人倫見性，性豈空寂之謂？

近人多言孔子不言性善，獨孟子言性善，非孔子旨，此讀書未明也。子曰「性相近也，習相遠也」，謂以氣言，剛柔中正不同，以理言則善隨剛柔中正而見，故曰「相近」。子貢曰「夫子之言性與天道」，非不言也。性本天道，豈有不善？其屢言仁，四端之首，正性善之實。孟子言性善即實以仁、義、禮、智之心，其旨何殊，又證以今人乍見孺子入井，其驗甚明。

易系曰：「一陰一陽之謂道，繼之者善也，成之者性也。」此直從天道原頭見人性之善。又曰「成性存存，道義之門」，言性之用亦無不善。孟子言情，言才皆將善字直與說盡。

「動心忍性」，孟子亦言氣質之性。「性也，有命焉；命也，有性焉」又將氣質之性、義理之性、義理之命、氣數之命為人指示分明。然氣質之性非儒者所謂性也，或反以孟子言性為非，真令人駭。

孟子言良能、良知仍是申性善之說，故曰「親親，仁也；敬長，義也」，猶前實以四端之旨，「無他，達之天下也」，言何以謂是仁，何以謂是義，以愛敬之知，無不然也。以知該能，愛敬中自有能字，非重知也。孟子先言良能，後言良知，意亦可見，此章書義人多不明，遂使舍性善而別標良知，亦殊無謂。

言心、言良知本皆不謬，但其見偏，功夫因俱悞，皆只見得氣之後半截，於此過用其力耳。

學之本，復性盡之；學之功夫，知行盡之。以輕重言，行為重，知亦為行也；以先後言，知為先，非知胡能行？謂知行合一者，以知之即能行之，既行之則知之益明。然能知即能行，惟上哲如此，下此固多知而不能行矣。既行，自知之益明，學者驗知于事為亦是功夫之一端，然不知而作，愚妄者或有，聖人所深斥也。謂知行並進，行無盡知亦無盡，斷無到豁然貫通然後行之理，然當行則行，當知則知，並進亦互進，總以知為先，其當行而素未知者，事變無窮，措置多端，亦須思講問，豈得純任自然之見？大學知止本是特提起知見前一層功夫，而曰知止則已到豁然貫通時矣。要亦漸積，致有一旦之候，雖曰頓悟，正不知先用多少功夫，豈偶得之哉？豈易得之哉？定、靜、安後臨事尚有慮一層，則良知亦待格物以致之也。

以「格物」為格去吾心之物，不但混於克己，即在上「正心誠意」裏面亦不明。「物」字，物非盡外物，天下之物何一不在吾心？即吾心亦物也。格者，格其理，如不訓至而訓去，吾心之理可去耶？

明德、新民是當知當行之兩大綱，至善即在二者之中。不曰復性而曰明德，正對新民言。民非止百姓，家國天下之人皆民也。下文八條目由天下、國家以至身、心、意、知，見學之大而密，下倒申之，又有序如此，前後兩結，內外本末具備，何得專守此心，且任自然之知，以為得其原乎？

孔子語顏子以「克己復禮為仁」，指其目曰視、聽、言、動，是就身以內言。告哀公以五達道，曰君臣、父子、夫婦、昆弟、朋友，盡家國天下之人皆身所接者言，所以行之，曰知、仁、勇三達德。終言功夫只擇善、固執。擇善，知也；固執，行也。知之功四：曰博學、審問、慎思、明辨，行只一篤字盡之。其自辭生知則自任「好古敏求」，其言作事則曰「多聞，擇其善者而從，多見而識」，教學者則惟「博文約禮」，以至顏子亦然。聖學如此，可無疑所從事矣。

言行一也，分之亦二事。「多聞闕疑，慎言其餘，多見闕殆，慎行其餘」四語盡言行之大概，亦恃聞見以為先。

「志學」章聖人自敘一生之功，亦首先立志，至十五方能，然則自聖人而下，凡孩提之良知良能可盡恃耶？立最難，聖人猶到三十乃能自信，大賢以下之人可知。四十而不惑，五十而知天命，知豈易言？知天命方見本原，又豈易言？六十耳順，七十從心不踰矩，知能始可，皆云自然，以為大易者，吾總未敢信。

註云：「學，大學之道也。」前輩云：「志學，志字直結到不踰矩，足見凡學者立志即當以聖人為准，志一立則終身不變，大人之學無上下。」胡氏曰：「聖人言此，一以示學者當優遊涵泳，不可躐等而進，一以示學者當日就月將，不可半塗而廢，斷無簡捷徑易之事。」

志道章教為學之全功，註「道，則人倫日用之間所當行者是也」，又補「知」字於前，知行固皆在此，「據德」即據所得之道，所謂立者正如是。「依仁」，註「仁，則私欲盡去而心德之全也」。此先須識「仁」字，仁為心德即是性之實然，無私當理，必兼內外言。曰「私欲盡去而心德之全」，專言之仁，偏言之仁皆見之，蓋愛是仁心，專言則統四端，必無一毫之私，無私方見是愛，全德則非一事之仁可知，一事之仁以許常人，全體之仁以責學者，曰「依」則與仁為一矣。聖門以仁為教，予自十三四已殷殷於此而辨之求明，今六十餘年，為生徒講不外此也。遊藝亦所以涵養德性，豈嫌支離？總註，志道則心存於正，則不他據，德則道得於心而不失，依仁則德性常用而物欲不行，遊藝則小物不遺而動息有養。學者于此有以不失其先後之序，輕重之倫則本末兼該，內外交養，日用之間無少間隙，而涵泳從容，忽不自知其入于聖賢之域矣。觀此章及註，學亦何容更有他歧？

本末之辨，內外之分為學最要。以大學言，明德為本，新民為末；以志道章言，道、德、仁為本，藝為末。而道、德、仁、藝，明德、新民中皆有之，細分中又各有本末。即以內外言，成己，仁也；成物，知也，合外內之道也。自是內外本末而心性則在內之大本，由本及末，由內及外，固未可易，然兼該交養，何可偏廢？內虛而外實，內操其本，驗之外者正多也。推之事有始有終，道有體用，時有動靜，象有顯微，均所當知。小學始也，大學終也；下學始也，上達終也。蘊之中為體，見於外為用，靜宜存養，動宜省察，形而上者微，形而下者顯，始終一致，體用一原，動靜相因，顯微無間，要皆不得執其一而遺其一。

世運不壞，道統系之，道統不絕，學術主之。俗學非學，異學亦非學。堯、舜、三代，以至孔、孟，道與學明於上下，並無道學之名。宋濂、洛、關、閩直駕漢、唐，以接孔、孟者，故宋立道學傳，似乎為贅，而正不可少，其只列周、程、張、邵六子及程、朱門人與張敬夫，亦自有見。

堯、舜以來，聖學以敬為要功，直至程、朱始指示得明白。敬即中庸戒慎恐懼功夫，但「道不可離」節是說靜，「莫見莫顯」節是說動，動靜內外者皆有敬，又兼乎動靜。中庸首章先靜後動，見靜為動本，下以戒慎恐懼歸一「慎」字，曰「慎獨」，動與大學誠意章同，則尤慎於動之幾。至後承性道說出中和，直到致中和，位天地，育萬物方盡動靜之義。末章先動後靜，又見動靜之相因，終於不顯篤恭而天下平，祗此為己之心遂能以人合天，還首章之意，亦即大學聖經之意。明德傳云「天之明命」，中庸以天始以篤恭合天，結自古聖人言性道本天，言敬亦以事天，孟子言性善卒歸盡心知性，存心養性，立命事天。朱子言明善復初，以敬為聖學之所以成始而成終，其旨初不少殊。

程朱明道全在表章四書，闡發諸經。今功令取士，得其道矣，而士不知講求聖賢，徒為弋科名之具，故曰「俗學非學」。其甚者專事詭遇，並科名亦不務實，斯君子所深鄙，且以為世道憂也。然務為聖賢之學，講求稍偏，雖皆聖賢中人亦不免近於異學之疑，各執己見，遂成門戶。金谿、姚江至今與朱子聚訟，而左袒陸、王者多間亦自覺其偏，或為調停之說，又或援儒入墨，卒不脫老、佛藩籬，非見之不真則有護前之私，同塗殊趣，未能歸一，學術仍于世道有害。予憂此五十餘年，今老矣，仍述少所講求者，申告後人，願皆無迷所往也。

往為道學圖，所取甚嚴，亦恐不嚴，即或有歧，於宋濂、洛、關、閩外，以舊有定論，雖從祀者不復臚列，元儒祇取許魯齋，明儒祇取薛文清，本朝祇取陸稼書。今思明從祀者胡敬齋自當與薛並列，以見學固不論窮達。後從祀者寧陵呂新吾為正，其未從祀者如河南澠池之曹月川，東莞之陳清瀾建，安陽之崔後渠銑，吾鄉高陵之呂涇野柟，皆恪守朱子者也。本朝如桐鄉居士張考夫履祥則初從劉念台為陽明之學，而後歸朱子。吾里隱士王仲復建常，儀封張中丞伯行，皆始即學朱子，皆未從祀，然所造甚醇，均足為學者矣。

金谿、姚江頗斥朱子，陽明為朱子晚年定論，真是援儒入墨，是己之見牢不可破。在朱子公心衛道，初無此意，然後來衛朱子者，如呂新吾、張考夫、陸稼書、王仲復斥陽明亦有過處，陳清瀾作學蔀通辨，辨朱、陸、王甚明，而譏陸、王亦太甚，為陸、王之學者偏駁不一，而中固多非常之人，不可謂絕無得於聖學也。

劉念台有聖學宗要，孫夏峰有理學宗傳，濂、洛、關、閩、金谿、姚江並收而所宗終主陸、王，范彪西有理學備考，不分兩家軒輊，亦非也。其中如陳白沙、湛甘泉，不盡與陽明同，而亦相近，高忠憲、顧涇陽、陳幾亭、馮少墟不欲與程異而亦有殊者，皆不可以不辨。意欲分濂、洛、關、閩一宗為正編，金谿、姚江一宗為副編，又如理學宗傳以張子韶九成諸人為附録，各擇其闡發四書、六經而有心得者簡裁為書。桑榆之日有限，不能也，以俟後人。

宗陸、王者喜頓悟簡捷而譏朱子為支離，不知朱子非支離也，今考據家則多支離矣。然讀書惟窮理與考典，典有必不可不知者，非詳考何以明？特考之而不盡可據則必以理明之。理學家每不究心典故，惟朱子為博洽。抑豈迥無疎脱，迺考據者或指其失，至毛西河作四書改錯，直如唾罵，擊朱子幾無完膚，顧多取朱子所不用者而反用之以相刺，且本暗於理，亦欲效顰妄言。予嘗謂斥朱子者猶以子孫而議其祖父，必遭大譴，近見婺源戴大昌著駁四書改錯，是知世自有明者，天之所屬終不可沒所當去彼存此。

凡讀書，于古人語皆須詳其意。周子「無極而太極」，此一語天然渾成，筆力萬鈞，下「太極本無極也」解得簡易明瞭，又見筆力。疑「無極」二字出老子，不應添此，又疑周子本無此二字，皆夢夢也。「主靜立人極」即「人生而靜，天之性也」之意，「教之以仁義中正」所謂主靜者如此。白沙等專一習靜，真近老、佛，不知者以為得本，悮矣。

明道云「生之謂性」，兼氣質而言，與告子意自異；又云「善是性」，就前一截言；「惡亦不可不謂之性」，就後一截言，亦字意甚明，與或人言人性各不同。論語次章註引程云「性中只有仁、義、禮、智四者，曷嘗有孝弟來」，此謂孝弟在仁之中，正要見孝弟是行仁之本，明白文「為」字，不知者或疑之。毛西河直指謂程子悮解「為」字，真妄人。

西銘正是孔門言仁之意。首三句突起挺接，冒一篇意，並括得四書、六經意，筆力亦四書、六經外所未有，講陸、王者以此開其心，擴其見，何如？

陸象山講心學，陽明主良知，朱子註孟子引范氏心箴，其徒蔡氏序書言二帝三王之道本於心，曷嘗不以心為本？大學「明德」註「本體之明」即是良知，然言心，學問之道求其放心，終身正未能盡。陽明言良知亦曰「致」，「致」便不能任自然，且雖有本體之明，不免氣拘物蔽，非學問又何以致？陸、王既皆以「格物」為格吾心之私，便謂「致知」是致其「知所先後」，及「知本」之「知」，並氣拘物蔽不謂然，毛西河亦云爾，則學問之道真一切可廢矣。

陽明謂「無善無惡心之體，有善有惡意之動」，人心、道心之謂何？　如其說，孟子性善、情善、才亦善之說皆非，並良知之說亦非。　顧涇陽等皆斥之，而湯潛菴猶尊信師門，以為不謬，何也？

李延平教看未發前氣象，是亦偏於靜也，曰看氣象則又多一念而近動矣。　靜少動多，何如只持一敬？　此心惺惺外又整齊嚴肅，但是存理於未發，推之一念之動、一身之動，無時無處不戒慎恐懼而先慎於獨知。　故朱子云：「審其幾，幾在初動，易故曰『動之微』，書亦曰『惟幾冐貢』，非幾則動處功夫尤要。」毛西河謂「審幾」二字無謂，亦昧於學矣。　然慎獨在動，良知亦在動。　延平隨處體認天理，湛甘泉主之亦在動，吾鄉張雞山、蕺山劉念台皆標「慎獨」二字為主，似又皆略靜，存一邊。

答王生會昌問體用動靜。　體靜而用動，前謂王輔嗣靜為動本之說不悞，即周子主靜立人極意，程明道說亦然。　論語志道章註「學者于此有以不失其先後之序、輕重之倫，則本末兼該，內外交養」，看來體是本，用似不得盡為末。　然體用對說自分本末，如內外，內似本，外似末，而內外兼有動靜，靜皆本也，動皆末也。　以事言，動又自有本末，但人生靜少動多，靜暫用常，畢竟用處功夫多。　惟本先而末後，本重而末輕，由本及末，由重及輕，亦自由內及外，此朱子之學也。　程子「涵養須用敬」，敬兼知行，敬兼體用、動靜、內外、本末，「敬以直內」是務本亦即存理。　此即所以異於老、佛之虛無寂滅而並異于金谿、姚江，內外、本末、先後、輕重之未免猶失其當也。

批王生「是故君子有大道」節解。　大道或解作平天下之道，或解作絜矩之道，義皆直捷，但前說到慎德，正謂平天下必本於德，是明德為新民之本也。　註謂修己治人之術即此意，特兼說明、新于平天下不切，說平天下，說絜矩與前公好惡、慎德、理財用人皆不貫，此註之慎也。　言術則上文皆該，道亦非虛器也。　凡傳言一端則本末兼該，故曰文理接續，血脈貫通。　忠信對驕泰言即前慎字，忠主內，信則由中而外，本誠意傳來，誠一不貳即主一無適，故予嘗謂誠、敬一也，敬即慎，慎即戒懼，即誠。　予謂大學、中庸一脈相承亦以此。　大抵此數章言好惡皆本誠意傳，此章「慎」即「誠」，亦即「敬止」之「敬」，中庸中言誠，前言戒懼，正與無忌憚之小人相反，後言不動而敬，言篤恭，程子言「敬」，張子言「誠」，一也。　又此章本公好惡，亦即本明德而事以理財為重，用人為本，後大道節中言理財，又曰務財用，必自小人，是雙結而意自有主從，于文亦是斷續參錯之法。

批王生書楊龜山與程子論西銘書後。龜山疑西銘言體不及用，其流近於兼愛。程子以分殊解之，所以然者此心不可有異而其事不必竟同。墨子正坐將事理看為一也，異端與吾儒毫釐之差遂為千里之謬。言各有當，西銘亦從易得來，起二句便盡通篇意，學者斷不可無此胸襟，視天下皆隔膜。世何貴有天子，明德即當新民，人物之性亦我之性，此理一也。修身為本，篤恭而天下平，此分殊也，西銘正此意。大學、中庸是統挌說，論語是散亂說，卻亦無一不有，六經是各說一項。只此依序讀去，參互考證得道理無窮，句句當身體帖，便可成人。

四書、六經外，大文章無如太極圖說、程子定性書、識仁說、顏子所好何學論、張子東、西銘，其要皆在近思録。讀四書、六經後即讀此以觀他書皆可不惑。

張考夫讀近思録始近正學者，讀書須如此方見有益。邵子皇極經世，孫夏峰極取之附孟子後。其中言數，安排配合，儘有不必然者，然就其說亦自有理，固在太玄、潛虛之上。

朱子小學書，立教、明倫、敬身，端蒙養之事盡矣。教小兒非此斷不可，讀此方可讀大學、中庸，讀論、孟、六經、近思録，再讀四書集註，此後日讀一般經，一般史，一般子集，溫習涉獵，隨其輕重，終身不能盡，終身不可已，推之於行，又將朱子白鹿洞條規時時記憶，時時自省，如此方不愧學人，方不愧聖賢。

為學必本心性，盡性必驗之視、聽、言、動，推之學，君臣、夫婦、昆弟、朋友極之。事有巨細，遇有常變，無處可離於道，逐外失內，偏內遺外，幾微不謹，顛沛失常皆君子之累。

太簡易者則必疏略，過直捷者亦恐放誕，學者須知束身名教，勿為名教罪人。

張南軒最講義利二字，凡其無所為而為之者皆義也，有所為而為之者皆利也。此利以利益言，見義如此則亦小人矣。然世間正以急急財利害義者多，其所為至不堪言，故學者取捨之分為第一事。

仁、義、禮、智、信五性之實本皆在內，而驗於外者為多，在日用倫常隨感而發。仁、義、禮為多，智則本心之明能辨，凡事之是非者是也，信則本心而見於事，貫乎四端，內外如一，即誠是也。仁統四端，四端實則舉一端，無不皆有，而人與事，事與時又各有其所重，故孔子言仁，孟子則兼言仁義，而尤重義以救時之尚利也。然孔孟言仁義未嘗不重禮，如孔子告顏淵為仁，必曰「復禮」，語學者知必曰「博文」，行必曰「約禮」。孟子曰：「上無禮，下無學，賊民興，無禮義，則上下亂。」禮義多對言，又甚嚴於辭受、取予，皆可見矣。

張考夫最喜關學，以橫渠急於講禮也。予欲以儉救世，儉只在守禮，作禮俗辨略見其意，立文會，不徒講文，亦欲以文明道，且急以禮正俗，後有志者當知之。周公制禮，孔子欲損益四代，朱子作儀禮經傳通解，使門人成之。唐、宋以來皆有禮書，本朝五禮通考尤為大觀，不獨三通、會典時有續補也。此等著述，盛世以為重事可知，學者博古亦當通今，豈得厭其支離，但求簡捷徑悟？特精要不可不知，精理不可不求，其本循序漸進，隨有求以期其得，毋記醜而博，毋務廣而荒，何至有玩物喪志之病？

父母存不許友以死，似無父母便當死生以之。竊謂身父母之遺體，且雖父母歿，家中尊長、卑幼依己者猶多，若為友死，如左杜並君臣之誼不顧，非中正之道也。但宜竭力周旋，有可拯則必拯之，此即所謂患難與共也。

表記：「以德報德則民有所勸，以怨報怨則民有所懲。」又曰：「以德報怨則寬身之仁也，以怨報德則刑戮之民也。」註者以此章為非夫子之言，予謂此當從論語脫出，蓋祖老氏者以怨報怨，則老氏猶不出此，而說到民有所懲，亦自有見，然不免怨讎相尋。論語「直」字殆非聖人不能道，註「愛憎取捨一以至公而無私，所謂直也」，此亦非朱子不能道，而毛西河於此類乃皆非之。

君子講厚德，以德報怨，或以為善世之法，故曰「寬身之仁」。而論語夫子詰之曰「何以報德」，直捷明快，此亦他人所不能。註云：「以聖人之言觀之則見，或言皆出於有意之私，而怨德之報皆不得其平矣。」亦發得明曉盡理，能得聖人之意。

一生問：「冠禮『見母，母拜』，後儒多疑之，果孰是？」曰：「吳氏以為拜禮非拜子近是，觀燕義，禮無不答，即君臣之分可知家庭之際。」以上餘暉録。

名之所在即謗之所由興，有愛名之心便終不可以為君子，有弭謗之意即不免於為小人。

君子闇修亦不是避人知，避人知之心即近於求名，為己二字要認得真，亦須看得己字大。

與萬物同生天地即欲萬物各得其所，上下同之，但有任其責與不任其責，各隨分自盡耳。

孔、孟周流，志在行道，以當時不得越境求賢，不能不出而俟其遇合，亦隨在觀化，乘機利濟之心多。後魯仲連庶幾國士，天祿閣外史記黄憲亦周流者，或有因，然本僞書，不足信。三代下有道之士只有席珍待聘，否則便涉干謁，朱子雖云孔、孟生今日不能不應科舉，然如搜撿待士非禮，孔、孟必不應也。即如孝廉方正之舉，自漢以來，自投文書，予亦不能應，況有使費，孔、孟豈為之乎？

予居東城外，前迫近族人墳兆，本絕戶也，其近支人舊處外，後歸家甚貧，累言遷兆鬻其地。予曰：「便己居而遷族人之先骸於他所，予不忍也。」戒子姪勿侵其兆而已。久之，生畜佚，時或履其域，其人復倩人言，予終不肯令遷。或以不祥且便己便人勸，予曰：「杜氏之葬不在季武子西階之下乎？」乃思以錢十緡質其前後餘地為之築牆，不使馬騾，得人心庶少安。語子姪曰：「他日渠欲贖歸餘地，亦聽之，牆不可去。」

心中只有理，合理則心安，否則不安，凡作背理之事皆自昧其本心。

凡作事無不與人交者，以己度人即推己及人，視人猶己，亦盡己為人，一「恕」字兩無所歉，故終身可行。

非作事則讀書。程子格物九條，以讀書為主，讀書盡道，死而後已，故良知不可盡恃，以有氣拘物蔽時也。良知性所發，有自發亦有觸物而發，只屬動靜，不但無事時，無事而念動即非靜，靜少動多，動靜皆當任其自然，皆以敬為主，靜時而敬正存。理以為動地，把持求靜，非靜也，便入佛矣。觸物而動即當問所觸之合理與否，自發亦當問。由氣質發，由道理發，截然不同，所同發者即當窮究，即動靜之分亦須分析明白。予讀書刻刻思此，見諸儒多不免鶻突，説及此，復不禁瑣屑。
以上檢身冊綴説。

桐閣文鈔後序

近世朝邑講正學者渭野王氏最醇，後有桐閣先生。桐閣著述富，印行書目之見於四書簡題者無慮數十種，而手訂初續諸集，衷類尤繁。壬戌兵亂以來大半殘缺，其全集之板則一燬諸其家。先生每以章表儒先，倡率後進為事，豈必劍南之詩以多致佚乎？幾不若復齋諸刻之至今存，盛而弗傳，論者懼焉。文會之初立也，時先生主講華原書院，其卷價科資會約壹是實主持之。光緒癸未，愚從諸君子司會事，謀約厥要以付諸梓。楊君信甫來知、清麓賀先生已編訂成十二卷，爰資工費，就三原刊校如右，凡需金四百強。記曰：

反本修古，不忘其初，如是而後宜。先生之德之學之行之言之美，讀是書者當自得之。獨慨當其時，一編甫脫，厚貲者爭附以傳，沒不三十年，整理遺書，僅在文會，邑之盛衰概可見。今縣試文童且不滿二百，夫世之視理學如怪物，上下相蒙，拘泥于帖括榮利之間，學者尚不問古子史百家，若詞章，若考據，若陸、王，雖日挾孔、孟、程、朱書以為博塞之策耳，遑知正學？推先生論學之大旨，實用則刻其亦所謂醫者之欲進其豨苓也，豪傑具在，安知不有由是而奮？希諸先正者哉？良所殷企矣。正字者，邑楊信甫鳳詔、大荔扈仲榮森、郃陽王反之照，皆清麓門人也。同會凡四人，維周楊楨初齋、安克仁警齋、嚴鼎銘月塘、安桂蟾。光緒十年秋季庚戌，邑後學馬思遠謹識。

經傳摭餘

經傳摭餘引

予有諸經緒說，皆自所偶見者，外此數紀典故，在有經藝一門則輯前人類說，此摭其餘耳。彼所載者，此不載也。入叢書次編，亦即備前人經說之餘。時齋。

經傳摭餘一

易同類句

彖備言「元亨利貞」者六：乾、屯、隨、臨、無妄、革，惟坤曰「元亨，利牝馬之貞」。言「元亨」者四：大有、蠱、升、鼎。

彖、爻總言「利貞」者十一。彖：大畜、恒、大壯、既濟；別言者四：蒙、漸、渙、中孚。爻：明夷五、損二、鼎五。

「利永貞」二：坤用六、艮初。

「利居貞」二：屯初、隨三。

「元永貞」一：比彖。

「利艱貞」二：大畜三、明夷彖。

「利女貞」二：觀二、家人彖。

「利於不息之貞」一：升上。

「利貞亨」一：離彖。

「亨利貞」四：咸、兑、小過彖；別言者：萃彖。

「亨」二十。彖：蒙、小畜、同人、謙、噬嗑、賁、復、遯、萃、困、震、豐、渙、節、未濟；別言者二：履、大過。爻：否二、大畜上、節四。

「小亨」三：旅、巽、既濟彖。

「貞」一：師彖。

「可貞」二：無妄四、損彖。

「吉亨」一：泰彖。

「光亨」一：需彖。

「貞吉」二十一。彖：需、頤、蹇、旅。爻：需五、比二四、履二、謙二、豫二、隨初、臨初、遯五、大壯二、晉初、家人二、損上、姤初、升五、未濟二。

「安貞吉」一：坤彖。

「貞吉亨」一：否初。

「利艱貞，吉」一：噬嗑四。

「永貞吉」二：賁三、益二。

「居貞吉」二：頤五、革上。

「渝安貞居」一：訟四。

「吉」四十一。彖：比。別言者：師、離、咸、萃、升、困、漸、中孚。爻：乾用九，蒙二再言、五一言，師二，比五，小畜二，否五，同人四，大有五，謙初，臨五，復二，頤四，大過四，離五，遯三，明夷二，蹇上，解五，益二，萃二，艮上，漸五上，歸妹五，豐二五，巽五，渙初，中孚初，未濟五，多以事言。

「元吉」十：坤五、訟五、履上、泰五、復初、大畜四、離二、損五、井上、渙四。

「大吉」二：家人四、升初。

「夙吉」一：解彖。

「終吉」九：需二上、訟初三、履四、謙三、蠱初、賁五、鼎三。

「往吉」二：無妄初、晉五。

「征吉」二：革二、歸妹初。

「小事吉」一：睽彖。

「無咎」五十三。彖：比、隨、復、恒、困、艮。爻：乾四、需初、師二四五、比初、小畜四、否四、同人初、大有二四、臨四、噬嗑初二、賁上、剝三、無妄四、頤四、大過初、坎五、睽初、解初、損四上、夬三、萃二五上、井四、革二、鼎初、震上、艮初四、漸初四、豐初三、渙五上、節初三、中孚四五、小過二四、既濟初。

「元吉，無咎」二：損彖、益初。

「大吉，無咎」一：萃四。

「終無咎」一：坎四。

「厲，無咎」三：乾三、復三、睽四。

「何其咎？吉」一：小畜初。

「艱則無咎」一：大有初。

「考無咎」一：蠱初。

「小有悔，無大咎」一：蠱三。

「既憂之，無咎」一：臨三。

「小吝，無咎」一：噬嗑三。

「貞厲，無咎」一：噬嗑五。

「凶，無咎」一：大過上。

「無咎無譽」二：坤四、大過五。

「往何咎」一：睽五。

「往無咎」三：履初、萃初三。

「厲，無大咎」一：姤三。

「吝，無咎」一：姤上。

「無悔」三：復五、大壯五、渙三。

「悔亡」十三。彖：革。爻：恒二、晉三五、家人初、睽初五、夬四、萃五、革四、巽四、渙二、節上。

「悔厲，吉」一：家人三。

「貞吉，悔亡」四：咸四、大壯四、巽五、未濟四。

「貞吉，無悔」一：未濟五。

「利有攸往」十。彖：復、大過、恒、損、益、夬、萃、巽。爻：大畜三、損上。

「小利，有攸往」一：賁彖。

「則利有攸往」一：無妄二。

「君子有攸往」一：坤彖。

「有攸往」三。彖：解。爻：大有二、明夷初。

「利見大人」六。彖：訟、蹇、萃、巽。爻：乾二五。

「用見大人」一：升彖。

「利涉大川」九。彖：需、同人、蠱、大畜、益、渙、中孚。爻：頤上、未濟三。

「用涉大川」一：謙初。

「凶」二十一：師三、比上、豫初、剝四、復上、大過三上、坎初上、離三、咸二、恒上、益上、困三、鼎四、漸三、豐上、兌三、節二、小過三上。

「貞凶」五：隨四、頤三、恒初、巽上、中孚上。

「蔑貞凶」二：剝初二。

「貞凶，悔亡」一：節上。

「征凶」五：頤三、損二、革三、震上、未濟三。

「君子征凶」一：小畜上。

「征凶，無攸利」一：歸妹彖。

「征凶無咎」一：困二。

「否臧，凶」一：師初。

「後夫凶」一：比彖。

「夫子凶」一：恒五。

「起凶」一：姤四。

「終凶」一：訟彖。

「終有凶」一：夬上。

「小貞吉，大貞凶」一：屯五。

「吝」四：同人二、巽三、未濟初、賁五。

「有他吝」一：大過四。

「貞吝」四：泰上、恒三、晉上、解三。

「小吝」一：萃三。
「往吝」二：屯三、咸三。
「以往吝」一：蒙初。
「往見吝」一：蠱四。
「終吝」一：家人三。
「吝有終」一：困四。
「君子吝」一：觀初。
「有悔」一：乾上。
「遲，有悔」一：豫三。
「動悔，有悔」一：困上。
「有攸往，見凶」一：姤初。
「無攸利」一：未濟彖。
「勿用有攸往」二：屯彖，遯初。
「不利涉大川」一：訟彖。
「不可涉大川」一：頤五。

易古義

「日月為易」，參同契、虞仲翔皆云然。王應麟困學紀聞云：此一奇一耦，陰陽之象。又曰：鄭康成詩箋多改字，注易亦然。如謂「包蒙」，「包」作「彪」，文也。泰「包荒」，「荒」作「康」，虛也。大畜「豶豕之牙」，「牙」為「互」。大過「枯楊生荑」，「枯」音「姑」，無姑，山榆。晉「錫馬蕃庶」，「蕃庶」讀「藩遮」，藩遮，禽獸也。解「百果草木皆甲宅」，「皆」讀如「解」，「解」謂「坼」呼皮曰甲，根曰宅。困「劓刖」為「倪仇」。萃「一握為笑」，「握」讀如「夫三為屋」之「屋」。繫辭「道濟天下」，「道」當作「導」。「言天下之至賾」，「賾」當作「動」。說卦「為乾卦」，「乾」當作「幹」。其說多鑿。鄭學失傳，釋文中間見之。

近惠定宇尊鄭學，則謂康成不輕改經，後儒無及者。如大有九四象「明辨遰也」，「遰」讀如「明星晢」之「晢」。繫辭「有功而不置」，「置」當為「德」。「極深研機」，「機」當為「幾」，微，據范式碑「探嘖研機」，是古義皆作「機」，今王弼本直作鄭所訓字，失其初矣。

又曰：唐郭京著周易舉正，洪氏隨筆載之，以漢易考之，乃知其妄。如屯六三象「以從禽也」，云上脫「何」字，不知「從」古「縱」字。師六五「利執言」，「言」作「之」，不知虞翻、荀爽皆作「言」，翻以「言」取。比九五象「失前禽，舍逆取順也」，二句倒，不知虞翻云「背上六，故舍逆。據三陰，故取順。不及初，故失前禽。」倒亦妄也。

乾五象「大人造也」，「造」，劉歆父子作「聚」。

文言「君子體仁」，京房、董遇作「體信」。「物利」，孟喜、京、荀、陸績作「利之」。「聖人作而萬物覩」，「作」，馬融作「起」。「其惟聖人乎」，王肅作「愚人後結，始作聖人」。

坤文言「為其嫌于無陽也」，「嫌」，鄭作「謙」，荀、虞、陸、董作「嗛」。

屯大象「君子以經綸」，「綸」，鄭作「論」，謂論撰書禮樂，施政事。初九「磐桓」，仲秋下旬碑作「股桓」，釋文「磐」作「般」，云本亦作「盤」，今本象傳如之。六二「乘馬班如」，「班」，鄭作「般」。「婚媾」，鄭作「昏冓」。六三「即鹿無虞」，「鹿」，王肅作「麓」。「幾不如舍」，「幾」，鄭作「機」，弩牙也。

蒙彖「童蒙求我」，高誘引作「來求」。釋文云：「一本有『來』字。」上九「擊蒙」，釋文：「馬、鄭皆作『蒙』。」

需，鄭讀秀，陽氣秀而不直，前畏上坎。需象傳「位乎天位上」，「位」，鄭作「莅」。大象「雲上于天」，王肅作「雲在天上」。九二「需于沙」，「沙」作「沚」，惠定宇云：「當作沚，同沙。」九三「致寇至」，「寇」，王、鄭皆作「戎」。

訟象「有孚窒」，「窒」，鄭作「咥」，注「覺悔貌」。上九「終朝三褫之」，「褫」，鄭作「拕」，義同。晁以道、楊慎解作「拖紳」之「拖」，惠定宇譏之。九二象「患至掇也」，「掇」，鄭作「惙」，憂也。

師象「丈人」，子夏傳作「大人」。九二「王三錫命」，「錫」，鄭作「賜」。象「承天寵也」，「寵」，王作「龍」。

九五「三驅」，費氏、鄭氏作「毆」。

小畜九三「輿脱輻」，「輻」本作「輹」。九五「有孚攣如」，「攣」，子夏傳作「戀」。上九「月幾」，子夏傳作「近」。

履象傳「履帝位而不疚」，「疚」，陸本作「疾」。九四「愬愬」，馬融作「虩虩」。上九「考祥」，古本或作「考詳」。

泰大象「財成」，「財」，荀作「裁」。初九「拔茅」，古作「茁茹」。「以其彙」，「彙」，古作「夤」，出也。鄭云：「動也。」傳氏曰：「古『偉』字，美也。」六四「翩翩」，古作「偏偏」，王作「篇篇」。

否九四「疇離祉」，「疇」，鄭作「𠷎」。

謙，鄭作「嗛」。謙象傳「福謙」，京房作「富謙」。

豫象「四時不忒」，「忒」，京房作「貣」，古字也。大象「殷薦」，「殷」，京作「隱」。六二「介於石」，「介」，古作「砎」，馬融作「拾」。六三「盱豫」，「盱」，子夏作「紆」，京作「汙」，姚作「旴」，日始出。九四「朋盍簪」，「盍」本作「盇」。簪，子夏、鄭元、張揖、王弼皆訓「疾」，陸作「貣」，京作「撍」，馬作「臧」，荀作「宗」，虞作「戠」，云坤為盇，戠，聚會也，坎為聚，坤為眾。惠以戠之力切，依韻虞為是。按：虞言，坎，互體也。又侯果謂漢始有簪，此當作笄，惠以為非。

隨大象「嚮晦」，王肅作「鄉」。初九「官有渝」，「官」，蜀才作「館」，「官」本古文。

蠱大象「振民育德」，「育」，王作「毓」。

觀象「盟而不薦」，「薦」本作「廌」，王作「盥」而觀薦。

噬嗑九四「噬乾胏」,「胏」,子夏作「脯」。

賁,傅氏以為古「斑」字,惠以為非,本曹憲直音奔,以被寄反,亦非。大象「明庶政」,「明」,蜀才作「命」。初九「賁其趾」,「趾」一本作「止」,鄭、張作「輿」。六四「賁如皤如」,「皤」,董音槃,鄭、陸作「燔」。六五「束帛戔戔」,子夏作「殘殘」。

剝六四「剝床以膚」,「膚」,京作「簠」,祭器。上九「得輿」,董作「德車」。

復初九「無祇悔」,王作「祖」,陸云:「安也。」九家作「趍」,同「祇」。

無妄,鄭注猶無妄,無所希望也。彖傳「天命不祐」,馬作「右」。六二「不耕獲」,釋文:「一本作『不耕而獲』,下句亦然。」

大畜,本亦作「蓄」。大象「多識前言往行」,「識」,劉作「志」。九三「良馬逐」,鄭作「逐逐」。六四「童牛之牿」,說文、九家作「告」,牛觸角著橫木,所以告,鄭作「牿於前足」。上九「何天之衢」,王伯厚曰:「何音賀,梁武帝、釋文引之。」鄭注云:「人君負荷天之大道。」

頤初九「朵頤」,京「朵」作「椯」。六四「其欲逐逐」,子夏傳作「攸攸」,荀作「悠悠」,劉作「跾」,遠也。

坎大象「水洊至」,「洊」,京作「臻」。六三「險且枕」,「險」,鄭作「檢」,注:「在手曰檢,在首曰枕。」「枕」古作「沈」。六四「納約自牖」,「牖」,陸作「誘」。九五「祇既平」,京作「禔」,安也,鄭云當作「坻」,小邱也。上六「繫用徽纆」,「繫」,范寧作「繼」,義同。「寘于叢棘」,「寘」,子夏傳作「湜」,范作「示」,劉表亦然,言眾議於九棘之下;姚作「寔」,置也;張作「置」。按:示、寘、置古通。

離,鄭作「离」。九三「不鼓缶而歌」,「鼓」,鄭作「擊」。「大耋之嗟」作「差」,下無「凶」字。九四「突如其來如」,周伯琦六書正譌云他骨切,子不順生,有「玄」之義,俗作「突」,乃竃窗。

咸九五「咸其脢」,「脢」,王音「灰」,灰、胲、脢同。上六「咸其輔」,「頰」,舌輔,虞作酺,玉篇「酺」、「輔」同近口,在頰前,虞解如權。上六象「滕口說」,鄭、虞作「媵」,送也。送,口語相感而已。惠云「媵」本古「騰」字。

恒初六「浚恒」，「浚」，鄭作「濬」。上六「振恒」，「振」，張作「震」。

遯，釋文云字又作「遂」，今歸藏易亦然。九三象「有疾，憊也」，「憊」，王作「斃」，荀作「備」。

大壯九三「羸其角」，「羸」，馬云「大索也」，鄭、虞作「纍」，王作「縲」，蜀才作「累」，張作「虆」。六五「喪羊于易」，「易」，鄭音「亦」，狡易也； 陸作「埸」，疆埸也。上六象「不詳也」，「詳」，鄭作「祥」，注：「善也。」

晉，說文引作「晉」，古文奇字作「晉」。九四「鼫鼠」，子夏傳作「碩鼠」。六五「失」，孟、馬、鄭、康、王作「矢」，馬、王云「離為矢」，虞云「矢，古誓字」。

明夷彖傳「文王以之」，「以」，鄭、荀作「似」，下箕子同。六二「夷于左股」，「夷」，鄭作「睇」，注：「旁視也。」「股」，馬、王作「般」，云旋，日隨天左旋，姚作「右槃」，云自辰右旋入丑。「用拯馬壯」，「拯」，子夏傳作「抍」，說文同，云上舉也。

家人九三「嗃嗃」，荀作「確確」，劉作「熇熇」，鄭注：「若熱意。」「嘻嘻」，張作「嬉嬉」，陸作「喜喜」。

睽六三「其牛掣掣」，子夏作「契」，說文作「觢」，鄭作「犎」，荀作「觭」。上九下「弧」字，釋文謂本作「壺」，諸家皆作「壺」說，通設，設壺者禮之。

損彖傳「二簋」，蜀才作「軌」，古文或作「匭」。大象「懲忿窒欲」，「懲」，釋文作「徵」，古通，鄭云：「徵，清也。」初九「巳事遄往」，「巳」，虞作「祀」，「遄」，荀作「顓」。

益六三「用圭」，王作「桓圭」。上九「象偏辭也」，「偏」，孟作「徧」，云周匝也。

夬九三「壯於頄」，「頄」，鄭作「頯」，夾面也，蜀才作「仇」。九四「次且」，鄭作「趑趄」。九五「莧陸夬夬」，「莧」，虞謂讀如「夫子莞爾而笑」之「莞」，說也，陸「和睦也」，釋文一作「莞」。項氏曰：「莧，音丸，山頭陸其所行之路也。」按：莧，古莞字； 陸，古睦字。

姤，鄭作「遘」。大象「施命誥四方」，「誥」，京作「告」，鄭作「詰」。初六「系于金柅」，「柅」，子夏作「鑈」，說文作「檷」，云絡絲趺也，王作「抳」，蜀才作「尼」。「蹢躅」本作「躑躅」，古文作「蹢𨇨」。

萃象，馬、鄭、陸、虞本無「亨」字，彖傳「聚以正」，「聚」，荀作「取」。六二「孚乃利用禴」，「禴」，蜀才作「躍」，劉作「爚」。

升，鄭作「昇」。「用見大人」，本或作「利見」。大象「積小以高大」，本或作「以成高大」。九四「來徐徐」，子夏作「荼荼」，王作「余余」。九五「劓刖」，京作「劓劊」，荀、王作「臲卼」。上六「于臲卼」，薛、虞作「劓杌」。

井象「羸其瓶」，鄭讀「虆」。上六「井收勿幕」，「勿」，釋文一本作「网」。

鼎九四「其形渥」，鄭作「刑剭」。

「震來虩虩」，荀作「愬愬」。按，以履九四「愬愬」作「虩虩」例之，二字漢以來蓋通用。九四「震遂泥」，「遂」，荀作「隊」。

艮九三「列其夤」，「夤」鄭作「瞚」，危。「薰心」，「薰」，荀作「動」。

漸大象「居賢德善俗」，王作「善風俗」。六二「鴻漸於磐」，「磐」，釋文作「般」，與屯初「磐桓」同。九三「婦孕不育」，「孕」，荀作「乘」。

歸妹彖傳「所歸妹也」，釋文本或作「所以歸妹也」。六三「歸妹以須」，鄭云「須有才智之稱」，是與「胥」通，荀作「嬬」，陸如之，云：「妾也。」

豐彖傳「日中則昃」，本作「吴」，孟喜作「稷」，古通，說文、鄭作「陌」。初九「遇其配主」，「配」，鄭、虞作「妃」。「雖旬無咎」，「旬」，荀作「均」，劉昞作「鈞」，皆古今字。六二「豐其蔀」，鄭、薛作「菩」，云小席也。九三「豐其沛」，「沛」，鄭作「韋」，云祭祀蔽膝也。「日中見沫」，「沫」作「昧」。上六象「天際翔也」，「翔」，鄭、王、虞皆作「祥」，孟喜曰：「天降惡祥也。」「際」，鄭注亦讀「瘵」，病也。「自藏也」，「藏」，鄭作「戕」，傷也。

旅初六「斯其所取災」，「斯」，王輔嗣解為「斯賤」，唐、鄭、京謂當作「廝」，王伯厚本後漢、左傳「職斯祿薄」云：「無庸改字。」九四「得其資斧」，「資斧」，子夏及眾家作「齊斧」，張動云：「黃鉞也。」應劭云：「齊，利也。」虞喜云：「齊當作齊，齊戒入廟而要斧也，下卦同。」

巽，說文作「顨」。

既濟六二「婦喪其茀」，「茀」，子夏作「髴」，荀作「紱」，董作「髢」。六四「繻有衣袽」，「繻」，古文作「襦」，「袽」，子夏作「茹」，京作「絮」。九五「不如西隣之禴祭」，漢郊祀志引之，顏注「瀹，新菜以祭」，蓋以禴為瀹。

繫辭傳「八卦相盪」，「盪」，說文云滌器，諸家此皆作「蕩」。「坤作成物」，虞、姚作「化物」。「坤以簡能」，姚云「能」當為「從」。「所樂而玩者」，「樂」，虞作「變」，釋文音「岳」，適會也。「樂天知命」，虞作「變天」。「範圍天地之化」，「範圍」，馬、王、張作「犯違」。「故君子之道鮮矣」，「鮮」，鄭作「尟」。「藏諸用」，「藏」，鄭作「臧」，訓善，然說文舊無「藏」字，「臧」即「藏」，後「退藏」「藏往」同。「見天下之賾」，「賾」，九家作「冊」，京、許作「嘖」。「言天下之至賾而不可惡也」，「惡」，荀作「亞」，次也；惠以為「亞」古「惡」字。「慎斯術也」，「慎」，一作「順」，慎之至。坤文言蓋言慎。「同則言語以為階」，「階」，姚作「機」。「慢藏誨盜」，「誨」，虞作「悔」，謂悔恨。「冶容」，鄭作「野容」，謂飾其容而見於外。

坤之「策策」，釋文作「筴」，「引而伸之」，「伸」作「信」。「可與酬酢」，「酢」，京作「醋」。「易有聖人之道」，明僧紹作「君子之道」。「其受命也如嚮」，「嚮」，一作「響」。「遂成天地之文」，一作「天下之爻」，見釋文。「聖人以此洗心」，京房、荀爽、虞翻、董遇、張璠、范長征皆作「先心」。「莫大乎蓍龜」，「大」，釋文作「善」。何休注公羊、漢書藝文志引之皆然。又「以尚賢也」，「又」鄭作「有」。「乾坤其易之緼」，「緼」，虞作「韞」。「夫乾確然示人易矣」，「確」，說文作「隺」；「隤然示人簡矣」，「隤」，孟作「退」，陸、董、姚作「妥」。「聖人之大寶曰位」，「寶」，孟作「保」，古「寶」字。「包犧」，孟、京作「伏戲」，云：「伏，服也；戲，化也。」「以佃以漁」，一作「田魚」，「魚」，何休公羊傳讀語音。「斲木為耜」，「耜」，說文作「相」。「變則通」句一本無。「服牛乘馬」，說文引作「犕牛乘馬」，「犕」，古「服」字。「不封不樹」，虞以「封」為「窆」。「象也者，像也」，孟、京、虞、董、姚下「象」字同。「天地絪緼」，古字作「壹壹」，見說文。「男女搆精」，「搆」，鄭作「覯」，見詩草蟲正義。「因貳以濟民行」，「貳」，鄭注「當為『式』」。「損德之修也」，「修」，馬作「循」。「為道也屢遷」，「屢」，古文作「婁」。「雜物撰德」，「撰」，鄭作「算」，數也。「噫」，古文作「意」，歎也。

說卦「參天兩地而倚數」，「兩」，說文引作「㒳」，「兩」乃斤兩字。「倚」，鄭注周禮引作「奇」，蜀才同，古字也。「日以晅之」，「晅」，本又作「暅」，徐：「古鄧反。」「妙萬物而為言者也」，「妙」，王肅本作「眇」，董遇曰「眇，成也」。惠定宇以為妙近老莊語，予謂九經更無「妙」字。「基盛乎艮」，「盛」，鄭音「成」，襄也。「水火相逮」，釋文有「不」字，鄭、王、陸諸本無。「震為龍」，「龍」，虞作「駹」。「雲蒼色為旉」，虞本作「專」，延篤以「專」為「旉」，惠定宇以為「專」、「旉」古「布」字。「其於稼也為反生」，「反」，虞本作「阪」，陵阪也。惠云：「反，古字。」「巽為寡髮」，「寡」，釋文「寡」又作「宣」，虞翻為白故為宣髮，鄭注考工記，頭髮皓落曰宣。「為矯輮」，京作「柔」，荀作「撓」。「為弓輪」，「輪」，姚作「倫」。「為蠃」，「蠃」，京作「蚹」，姚作「蠡」。「為科上稿」，于作「熇」，「為指」，鄭本作「為小指」。「為黔喙之屬」，「黔」，鄭作「黚」，謂虎豹之屬。「為堅多節」，一無「堅」字。「為羊」，鄭作「為陽」，此「陽」謂「養无家女，行賃炊爨」。

序卦有「大者不可以盈者」，鄭作「有」，「有无妄然後可畜」，「妄」下鄭本有「物」字，見項安世。

玩雜卦「廉輕而豫怠也」，「怠」，京作「治」，虞作「貽」，皆與上時來韻。惠定宇以為「怠」，古有苔音。按：怠之為苔是所謂協也，兌見而巽伏也，見鄭作。「說蠱則飭也」，「飭」作「飾」，見釋文。「大有眾也」，「眾」，荀爽作「終」，惠氏曰：「眾古有終者。」

易異義

易「元亨」，焦弱侯以為「元亨」。乾九三，淮南人間訓「夕惕若厲」為句。文言，左傳穆姜稱之，則非孔子作也。梁武帝以為文王所制，釋文引之。

坤象，折中以「先迷後得主」為句，「利」字屬下，言乾者坤之主，居先無主故遂居後，則得主矣。西南，坤代乾，致役之地，非合衆力不足以濟，故利得朋，得朋即得主也。東方受命之先，北方告成之候，稟令歸功，己無私焉，又何朋類之足云，故必喪朋而後得主也。按：如此，後文言「後得主而有常」亦不必依程子添「利」字。

坤六二「直方大」，熊氏經說引鄭氏古易云：「坤履霜、直方、含章、括囊、黄裳、玄黄協韻，故象傳、文言皆不釋『大』字，疑『大』字衍。」

屯上六「泣血漣如」，「漣」，惠定宇以為本波瀾字，說文引作「㵐」。

歸藏易「需作溽」，惠定宇本禮記儒行「飲食不溽」謂與大象合。予謂：如此，按之爻辭皆不合矣。

需九二，惠又本穆天子傳，以「需于沙衍」為句。

比，惠本鄭氏尚書「毖成五服」及說文作「毖」。

履九二「幽人貞吉」，虞翻曰：「二在坎獄中，故稱幽人。」荀子曰：「公侯失禮則幽。」禮說云：「今學者輒目高士為幽人，非也。」

履六三「武人為于大君」，顧寧人謂非武人為大君，惟武人効力于其君，其濟君之靈也，不濟則以死繼之。

泰六五「帝乙歸妹」，荀爽以為湯，虞翻以為紂父。

大畜彖傳，釋文：「大畜『剛健』絶句，『篤實輝光』絶句，『日新其德』絶句。」鄭又以「其德」連下句。

大過，易說云：「凡卦皆二應五，初應上，惟大過之象無所不過，故二過應上，五過取初。」

兑，少女，稱女妻。巽，長女，稱老婦。不然「過以相與」之語，何所謂耶？此見虞氏易解，又郭京得王輔嗣手寫易「士夫」為「少夫」。

坎六四，釋文「㮷酒」絶句，「簋二」絶句，「用缶」絶句。

咸六二「咸其腓」，鄭注：「腓，膞腸也。」

革「已日乃孚」，六二「已日乃革」，朱子發讀為戊己之己，謂己過中將變，故受之以庚，庚者更也。

震六三「震蘇蘇」，馬云：「蘇蘇，尸祿素餐貌。」王肅云：「躁動貌。」

漸上九「鴻漸于陸」與九三同，胡安定改「陸」為「逵」，朱子從之，云韻協。顧寧人謂詩「儀」字凡十見，皆牛何反，不與「逵」葉，仍當作「陸」。折中以此「陸」疑「阿」字之悞，阿，大陵也，江昚修亦云然。

豐上六「闃其無人」，惠謂說文無「闃」字，當從「闃」，即「閺」字，低目視也。此解亦迂。

中孚九二「吾與爾靡之」，「靡」，孟喜、韓嬰、虞翻皆云共也。

既濟九三「高宗伐鬼方」，惠以鬼方即荊楚。

歐陽公疑繫辭非孔子作，同時廖稱意與之合，公喜不自禁。又劉若愚稱其師陳矩遺書一卷，謂周公作繫辭始孔穎達，其實文王作之，與周公無涉。

歐陽公不信河圖，東坡、南豐皆非之。

繫辭「參伍以變，錯綜其數」，王山史以此為言洛書。

「何以守位？曰人。」釋文云桓玄，明僧紹「人」作「仁」，今本乃從桓玄，悞也。本義作「人」，云呂氏從古，所謂非眾罔與守邦。

上繫七爻，起中孚九二，下繫十一爻，起咸九四。王伯厚謂卦氣圖自復至咸八十八陽，九十二陰，自姤至中孚，八十八陰，九十二陽。咸至姤，六日七分，中孚至復亦六日七分，自然之數也。全謝山謂卦氣說起漢儒，十翼未必有此義。胡氏炳文則謂此皆彖傳之文言，是繫辭亦錯亂矣。

說卦「數往者順，知來進逆」，是故易，逆數也。本義本邵子，以此上二句為指圓圖而言卦氣之所以行，下一句指橫圖而言卦畫之所以生。諸儒多謂已往而易見為順，未來而前知為逆。易主於前民用，故曰「易，逆數也」，顧寧人、王山史說皆然。

王昭素講序卦「離者，麗也」下有「麗必有所感，故受之以感，咸者感也」十四字。晁以道古易取之增入正文，謂後人妄有上下之辨，吳仁傑從之。沙隨程氏迥則謂二篇之策從韓康伯本。張文饒行成曰：「序卦上經不言乾、坤，下經不言咸者，天地人物之本，必藏諸用也。」朱新仲希真謂一行易纂引孟喜序卦曰：「陰陽養萬物，必訟而成之。君臣養萬民，亦訟而成之。」然則序卦亦雜以經師之言與？

易要義

王氏應麟曰：「危者使平，易者使傾，易之道也。處憂患而求安平者，其惟危懼乎？故乾以惕無咎，震以恐致福。」

文言：「乾九二，君德也。」顧氏絳曰：「為人臣者必先具有人君之德而後可以堯舜其君。」此說固爾，予謂乾卦六爻皆可以君言。

王氏應麟曰：「履霜，戒于未然。月幾望，戒於將然。易貴未然之防，至於變則危矣。」又曰：「潛龍以不見成德，管寧所以箴邴原也。全身以待時，杜襲所以戒繁欽也。」

陸氏振奇曰：「乾元始物而無其始，故用九曰『無首』。坤成物而無其終，故用六曰『利永貞』。坤之元皆乾之元，故曰『順承天』，曰『承天而時行』。然坤之貞亦非坤自為貞，故曰『以大終』，曰『無成而代有終』。」

王氏應麟曰：「乾、坤之次屯，曰建侯，封建與天地並。共和存周，封建之效；匹夫亡秦，郡縣之失也。」

胡氏炳文曰：「屯、蒙之後繼以需、訟，需由於屯，世不屯，無需；訟由於蒙，人不蒙，無訟。然需以有孚而光亨，坎在上也，訟以有孚而窒惕，坎在下也。」

俞氏玉吾曰：「象言訟不可成，初象言訟不可長，孔子為戒之意深矣。」

陳氏際泰曰：「三政不廢兵，五材不去金，訟繼以師，大刑用甲兵也。」

顧氏絳曰：「以湯武之仁義為心，以桓文之節制為用，斯之謂律，卦辭所謂貞也。論語言子之慎戰，長勺以詐而敗齊，泓以不禽二毛而敗于楚，春秋皆不予之。故先為不可勝，以待敵之可勝，雖三王之兵未有易此者也。」

任氏啟運曰：「姤風行天下，故以施命誥四方。小畜風行天上，則但美其文德而施未行也，然誥四方之本已備。詩曰：『矢其文德，洽此四國。』」

陳氏際泰曰：「大畜畜極而亨，聖人有慶倖之辭。小畜畜極而和，聖人有傷切之意。」

胡氏炳文曰：「大畜九三與長一陽同德，故其輿利往。小畜九三近巽之一陰，而為其所制，故其輿不可行。」

耿氏南仲曰：「歸妹初九不中則為跛，九二不正則為眇，六三不中不正則為跛眇。」

王氏應麟曰：「泰之征吉，引其類以有為。否之貞吉，潔其身以有待。」

胡氏炳文曰：「泰變為否易，故於內卦即言艱貞。否變為泰易，故於外卦始言後喜。」

楊氏萬里曰：「同人離在下而權不自專，故止於類族辨物。大有離在上而權由己出，故極於遏惡揚善。」

王氏應麟曰：「嗚謙則吉，鳴豫則凶。鳴者，心聲之發也。」又曰：「信君子者治之原，故隨九五曰『孚于嘉，吉』，信小人者亂之機，故兑九五曰『孚於剝，有厲』。」

楊氏時曰：「卦以五為君位而曰母者，陰尊之稱，如晉六二稱『王母』，小過六二稱『遇其妣』，皆指六五也。」

胡氏炳文曰：「坤、艮皆土也，有敦厚之象。復曰『敦復』，艮曰『敦艮』，臨曰『敦臨』，皆厚於終者也。」又曰：「繫辭傳於一卦而兼釋二爻者惟噬嗑與解，解難不可以急，故於上六乃許君子之動，噬嗑不可以緩，故於初九即言小人之德。」

陳氏際泰曰：「噬嗑，武治也；賁，文治也。噬之而合則車書大同矣，故受之以賁。」

邵子曰：「復次剝，治生於亂也。夬次姤，亂生於治也。」

俞氏玉吾曰：「復言天地之心，咸、恒、大壯言天地之情，心發乎微，情動乎顯，故見天心，指動極靜初言。」

邱氏富國曰：「豫五不言豫，豫由於四也。頤五不言頤，頤由於上也。」

葛氏懋哉曰：「君子求同理不求同俗，故獨立不懼而其守過人；求天知不求人知，故遯世無悶而其量過人。」

陸氏振奇曰：「坎曰『習坎』，險不重則平陂之勢而趨避之情見，智者可得而遠也。如需可不陷，蹇能以止，非真險也。習坎則遠近無可避之理，智愚無自脫之人，而後天下之真豪傑出焉。其惟心亨者乎？」又曰：「六十四卦獨離象言『大人，古之明明德於天下者也』。」

程子曰：「咸，少男在少女之下，以男下女，交感之義。恒，長男在少女之上，以婦從夫，居室之常。」

胡氏炳文曰：「至健莫如天，君子以之自強。至明莫如日，君子以之自昭。」

王氏應麟曰：「六爻有得有失，惟謙三吉三利，家人一爻悔亡，五多皆吉。」

葛氏懋哉曰：「遯之遠小人，君子自守之常。睽之見惡人，君子避咎之道。」

任氏啟運曰：「蹇五得三曰朋來，解四得二曰朋至。」

張氏清子曰：「他卦言利往不言利涉，益兼之，益以興利也。」

葛氏懋哉曰：「損、益十二爻，未有及財賦者，獨益上九甫求益而凶立至，聖人不言有無如此。」

李氏元量曰：「夬，一陰不能為主者，陰往而窮也，故曰剛決柔。姤，五陽不能為主者，陰來而長也，故曰柔遇剛。」

李氏開曰：「剝之貫魚，柔從剛也。姤之包魚，剛制柔也。」

蔡氏清曰：「損之時，二簋不為儉。萃之時，大牲不為侈。」

胡氏炳文曰：「易言天地萬物之情者三，咸之情通，恒之情久，萃之情一。」

徐氏之祥曰：「豫上樂極故『冥豫』，升上進極故『冥升』。」

易氏祓曰：「易取諸物以名卦者鼎與井而已。井以木巽水，鼎以木巽火。二卦以養人為義，故皆以實象明之。」

王氏應麟曰：「卦具四德者七，乾、坤、屯、隨、臨、無妄、革，乾不言所利。」

鄭氏汝諧曰：「革以改命，鼎以凝命，知革而不知鼎，天下之事滋矣。」

任氏啟運曰：「六子皆不言元，元在乾、坤，六子已不可見也。」

程子曰：「不獲其身，忘我也。不見其人，不交於物也。外物不接，內欲不萌，所見者理而已。」陸子以程說為鶻突，曰「只是無我無物」，其實陸說捷而程說較實。

陳氏際泰曰：「不失其時而已，未嘗廢應也。不出其位而已，未嘗廢思也。此聖學之宗旨也。」

陸氏振奇曰：「漸為男下女，故貞吉。歸妹為女說男，故征凶。」

任氏啟運曰：「剝將終而復息，豐將極盛而將消，故俱言消息盈虛。謙以虛而受益，豐既滿而將誤，故俱言天地鬼神。」又曰：「子言時義者五，豫之時雷出地上，可大行也。姤及遯時，猶可為，不妨藏也。革之時，除亂去暴，子不能也。子之周流，其旅人乎。」按：革言時不言義，大過、解亦然，睽、蹇言時用，隨言隨時之義，其實一也。然不言義者專言義，猶難焉。變言用者，蓋其用無方焉，若隨不以時言則更無隨之道。

郭氏雍曰：「凡卦有巽者多言文教風俗，觀省方觀民，姤置命誥四方，巽申命行事，君子之德風也。」

蘇氏濬曰：「解曰三狐，去小人。巽曰三品，親君子。」

李氏光地曰：「來兌者，我感而物來。引兌者，物引而我去。」

任氏啟運曰：「剛柔分之卦獨節與噬嗑言之，電即雷之聚，難分故言分。剛柔分之卦，剛居五者十，惟漸與節言得中，漸之進易急，節之貞易苦，難中故舉中。」

鄭氏汝諧曰：「孚於中則鶴鳴自有子和，孚於外則翰音徒登於天。」

葛氏懋哉曰：「易貴當位，惟小過九四以不當為當，三百八十四爻之變例也。其有當位而不利者則履、兌之五爻，亦變例也。」

黃氏淦曰：「古今治亂相倚伏，既濟之後，泰將否，未濟之後，否將泰。」

郭氏雍曰：「六爻皆應者八卦，然應而皆得位者六十四卦中獨既濟一卦而已。」

王氏應麟曰：「諸卦爻皆及卦名，惟坤、小畜、泰、大畜、既濟無之。」又曰：「易者，象也。木上有水為井，以木巽火為鼎，上止下動為頤，頤中有物為噬嗑，小過有飛鳥之象焉，餘卦可以類推。王輔嗣忘象之說，蒙莊之餘爾。」又曰：「八卦之象又有六，巽曰木，坎曰雲曰泉曰雨，離曰明曰電。」

顧氏絳曰：「夫子作傳，傳中更無別象，其所言卦之本象，若天、地、雷、風、水、火、山、澤之外，惟頤中有物本卦名，有飛鳥之象本卦辭，而夫子未嘗增設一象也。荀爽、虞翻之徒穿鑿附會，象外生象，以同聲相應為震、巽，同氣相求為艮、兑，水流濕，火就燥為坎、離，雲從龍則曰乾為龍，風從虎則曰坤為虎。十翼之中無語不求其象，而易之大旨荒矣。豈知聖人立言取譬固與後之文人同其體例，何嘗屑屑於象哉？王弼之注雖涉玄虚，然已一掃易學之榛蕪，而開之大路矣。不有程子，大義何由明乎？」

王氏應麟曰：「易者，數之原也。屯十年，需三人，訟三百戶、三褫，師三錫，比三驅，同人三歲，蠱先甲、後甲三日，臨八月，復七日、十年，頤十年，坎簋貳、三歲，晉三接，明夷三日不食，睽二女、一車，解三狐，損二簋、三人、一人、十朋，益十朋，夬五剛，萃一握，困三歲，革三就，震七日，漸三歲，豐三歲，旅一矢，巽先庚、後庚、三日、三品，既濟七日、三年，未濟三年，其數例總釋於乾鑿度，如『月幾望』、『巳日乃孚』，皆陰陽氣數之變。」按：閻氏百詩又補乾六位、六龍、四德、四支，蒙再三瀆，離百谷、四方，咸二氣，革二女，震百里、九陵，乾萬國，師萬邦、萬國，謙、頤萬民，明夷四國，離、姤四方，乾、豫、觀、恒、革、節四時，乾、坤、泰、否、無妄、頤、咸、恒、睽、萃、歸妹萬物。程易田以閻取空數無義者，非王氏指，予謂王所取亦有鑿者。王氏又云：「朱子發謂需『利用恒』者，需之恒也，蒙『順以巽』者，蒙之觀也。『乾道乃革』者，乾之小畜也。小畜之中又有離、兑，故曰是謂天下之至變。」張真父謂易無所不變，蒙曰『困蒙』，小畜曰『復自道』，曰『牽復』，履曰『夬履』，離曰『履錯然』，歸妹曰『跛能履』，泰曰『帝乙歸妹』，臨曰『咸臨』，咸曰『執其隨』，艮曰『不拯其隨』，噬嗑曰『頤中有物』，睽曰『厥宗噬膚』，損曰『弗損益之』，曰『或益之』，夬曰『壯於前趾』，曰『壯於頄』，遯曰『執之用黃牛之革』，鼎曰『鼎耳革』，兑曰『孚於剝』，未濟曰『震用伐鬼方』，六十四卦相錯而不亂。」此亦似有之，而未可盡拘也。

顧氏絳曰：「卦變之說不始孔子，周公繫損之六三已言之矣：『三人行則損一人，一人行則得其友。』是六子之變皆出於乾、坤。」按：朱子啟蒙卦變圖亦自可備一說，江昚齋別有卦變說，則以凡易中言剛柔、往來、上下即取切近相反之卦，非別取諸他卦也，又晉荀顗嘗難鍾會易無互體。王炎問張南軒：「伊川令學者先看王輔嗣、胡翼、王介甫三家易，何也？」曰：「不取互體。」此載於日知録，亦顧氏所取。然左傳莊二十二年，陳侯筮，遇觀之否，曰「風為天，於土上山也」，注「自二至四有艮象」，是互體之傳已久。朱子不取互體而大壯五、六言卦體似兌，合兩爻為一言之，頤初九靈龜謂伏得離，亦可見易象無所不通矣。

吳氏慎曰：「不可為典要，變無方也。既有典常，理有定也。」按：繫辭此二語盡易之義。

易傳授著述

商瞿受易孔子，傳魯橋庇子庸，歷江東馯臂子弓、燕周醜子家、東武孫虞子乘至田何。

孟喜，蘭陵人，從碭田王孫受易，為章句，授同郡白光、沛澤牧。後漢窪丹、鮭陽鴻、任安皆傳孟氏學。

梁丘賀，瑯邪人，本受京氏易，後更事田王孫，傳子臨，臨傳五鹿充宗、琅邪王駿，充宗授平陵士孫張、沛彭祖、齊衡咸，及後漢京兆楊政、穎川張興，皆傳梁丘易。

焦延壽嘗從孟喜問易，以授京房，房為易章句，說長於災異，授東海段喜、河東姚平、河南乘宏。後漢戴馮、孫期、魏滿並傳之。

費直，東萊人，傳易，授瑯邪王璜，本以古字號古文易，無章句，徒以彖象、繫辭、文言解說上下經，劉向謂諸家易皆祖田何，惟京氏為異，惟費氏經與古文同。後漢書言京兆陳元、扶風馬融、河南鄭眾、北海鄭玄、穎川荀爽皆費氏學也。

沛人高相治易與費直同時，易亦無章句，專說陰陽災異，自言出丁將軍，傳子康及蘭陵毋將永。

施讎亦沛人，易亦得之田王孫，授張禹、瑯邪魯伯，禹授淮陽彭宣，伯授泰山毛莫如、瑯邪邴丹，後沛人戴賓傳東昏，劉昆亦施氏易。

漢初立楊氏易，宣帝立施、孟、梁丘易，元帝立京氏易，費、高不得立。後漢費氏興而高氏微，晉永嘉之亂，施氏、梁丘易亡，孟、京、費人無傳者，惟王輔嗣注行世，後鄭注亦失傳矣。

王肅注易十卷，今不傳。其注「噬乾胏，得金矢」曰：「四體離陰卦，骨之象。骨在乾肉，脯之象；金矢所以獲野禽，故食之反得金矢。君子于味必思其毒，於利必備其難。」見太平御覽。

王氏應麟曰：「愚嘗觀顏延之庭誥曰：『馬、陸得其象數，取之於物。荀、王舉其正宗，得之於心，說以荀、王為長。』李泰發亦謂一行明數而不知其義，管輅明象而不通其理，自輔嗣學行而象數之說隱。然義理、象數一以貫之，故李鼎祚獨宗康成之學，朱子發兼取程、邵之說。」又曰：「古易五家：呂微仲、晁以道、睢陽王氏、東萊呂氏、九江周燔，又有程迥、吳仁傑二家，而洪興祖以一行所纂古子夏傳為正，以諸書附注其為下考異釋疑。」又曰：「子夏傳張弧作也，關子明傳阮逸作也，麻衣正易戴師愈作也。」

元、明講易者以來瞿塘為最。

經傳摭餘二

書古句

黄帝誨顓頊曰：「爰有大圜在上，大矩在下，汝能法之，為民父母。」見呂氏春秋。

黄帝曰：「道若川谷之水，其出無已，其行無止。」

顓頊曰：「至道不可過也，至義不可易也。功莫美於去惡而為善，罪莫大於去善而為惡。故非吾善善而已也，善緣善也；非惡惡而已也，惡緣惡也，吾日慎一日。」

帝嚳曰：「緣巧者之事而學為巧，行仁者之操而與為仁也。故節仁之器以修其財，而身專其美矣。德莫高於博愛人而政莫高於博利人，故政莫大於信，治莫大於仁，吾慎此而已矣。」此皆見賈誼書。

堯戒曰：「戰戰慄慄，日慎一日。人莫躓於山而躓於垤。」見淮南人間訓，困學紀聞引之，謂皆典謨以前書，其實不類書詞也。

書古義

堯典「文思安安」，考靈曜作「晏晏」。「克明俊德」，今文無「俊」字。「平章百姓」，大傳作「辯章」，史記作「便章」。「平秩」，史記作「便秩」，「宅嵎夷」作「居鬱夷」，考靈曜作「禺銕」。「孳尾」，史記作「字微」，「南訛」，「訛」作「譌」，司馬貞本作「為」，成也。「宅西曰昧谷」，今文作「度西曰柳谷」，史記作「柳谷」。虞翻以鄭康成不識古「丣」字，誤以「柳谷」為「昧谷」。「閏月定四時」，古文「定」作「正」，開元悞作「定」。「否德忝帝位」，史記作「鄙德」。

舜典「舜讓於德弗嗣」，史記作「不懌」，班固典引作「不怡」。「徧於群神」，「徧」，史記作「辯」。「輯五瑞」，「輯」，史記作「揖」。「如西禮」，馬本作「如初禮」。何休注公羊又有「還至嵩，如初禮」。「黎民阻饑」，「阻」，今文作「祖」，史記作「始」。「夙夜惟寅，直哉」，「寅」，釋文音「夷」。「分北三苗」，「北」，虞翻謂古「別」字。序「帝釐下土，方設居方」，釋文上「方」字句。

大禹謨「帝德廣運」二句，呂氏春秋引作「天子之德廣運」。「乃神，乃武，乃文，惟影響」，「影」，古作「景」。

皋陶謨「擾而毅」，「擾」，一作「柔」字，本作「犪」，馴也，玉篇引之。「天敘有典」，釋文、馬本作「五典」。「有庸」作「五庸」，「天明畏」，「畏」作「威」。「民明威」，「威」，古文作「畏威」，衛包改。「思曰」，釋文：「思，徐，息吏反。」「贊襄」，爾雅作「讓」，因也。

益稷「艱食」，馬本「艱」作「根」，云根生之食。「謂百穀作會」，馬、鄭「會」作「繪」。「藻火」，「藻」，本又作「藻」，徐作「⿰糸米」。「予欲聞六律」句，漢書律曆志「在治忽」，今文作「采政忽」，史記作「來始滑」，漢書「七始詠」，「忽」又或作「曶」，鄭康成曰：「笏也。」「予弗子」，「子」，鄭讀「字」。列子云禹纂業事仇，子產弗字，過門不入，蓋本書。

禹貢「作十有三載」，「載」，馬、鄭作「年」。「濰淄其道」，釋文本亦作「維岱」。「畎」，徐本作「畎谷」。「赤埴」，鄭作「戠」。「草木漸包」，或又作「蔪苞」。「篠簜」，釋文「簜」或作「篡」。「瑤琨」，馬本「琨」作「環」，韋昭音「貫」。「沿于江海」，「沿」，鄭本作「松」，馬本作「均」，云均平。「雲土夢」，漢書作「雲夢土」。「杶幹」，或作「櫄榦」。「滎波既豬」，馬、鄭作「滎播既都」。「和夷」，鄭讀「和為」。「桓水出蜀山西南渭汭」，「汭」又作「内」。「導岍」，「岍」，馬作「開」。「陪尾」，漢書作「横尾」。「大伾」，釋文本又作「岯」。「導漾」，「漾」，鄭本作「瀁」。「五百里納秸」，「秸」或作「稭」。「二百里男邦」，史記作「任國」，「男」古又通「南」。「二百里蔡」，「蔡」，吳仁傑謂當作「粲」。序「帝告」，史記作「誥」，司馬貞曰「一作佶」。

五子之歌「逸豫」，釋文本又作「佾伃」。「盤遊」，本又作「槃遊」。

湯誥「罹其凶害」，釋文云本亦作「羅」。

伊訓起，漢歷志引作「惟大甲元年十有二月乙丑，朔」。

咸有一德「七世」四句，呂覽引作「五世之廟可以觀怪，萬夫之長可以生謀」。王肅云古「五」字如「七」，因訛。「以」、「怪」字，惠定宇以為傳寫之訛。

盤庚「由蘖」，古史作「由枿」，徐楷曰：「說文無由字，本甹字省。」「予迓續乃命於天」，「迓」，匡謬正俗作「御」，古字。

說命，釋文本又作「兑」。「高宗亮陰」，禮作「諒闇」，大傳作「梁闇」，漢書作「諒陰」。

西伯戡黎，釋文：「伯亦作柏，古字。」「戡黎」，大傳作「戓耆」，史記作「伐阢」，一作「戓肌」，「黎」又作「黧」、「𨞬」。

微子「我其發出狂」，「狂」，史記作「往」。「天毒降災，荒殷邦」，史記作「天篤下菑，亡殷邦」，毒、篤、竺，古字通用。「又讎斂」，「讎」，馬作「稠」。「我舊云刻子」，「刻」，論衡作「孩」。

泰誓古作太誓。太、泰異文，始後漢。「予有亂臣十人」，釋文：「亂下本無臣字。」劉原父以子無臣母之義，以婦人為邑姜，王伯厚謂不必改。「牧野」，史記作「坶野」。

武成「旁死魄」，「魄」，張霸偽尚書作「霸」，古字。「肇基王跡」，惠定宇以「跡」為古「績」字。

洪範「無虐煢獨」，大傳作「無侮矜寡」，史記同，而「矜」作「鰥」。「無偏無蔽」，本作「頗」，唐玄宗詔改之以協韻，「吳才老以下「義」字音「俄」，原與「頗」葉，宋宣和中詔從舊文，惠定宇以頗、陂通，下「義」字本作「誼」，唐改之非，吳說亦非。「無有作好」，「有」呂覽引作「或」，高誘曰：「古有字皆作或。」「曰蒙」，鄭、王本皆作「雺」，在「曰驛」下，史記亦然，又作「霿」，與「雺」通。「驛」，古文作「悌」，今文作「圛」，史記作「涕」，「悌」字之失。「五者來備」，史記作「五是」，荀爽謂之「五韙」，李雲謂之「五氏」。

金縢「丕子」，史記作「負子」。「我之弗辟」，「辟」，鄭作「避」。「信噫公命」，「噫」，馬作「懿」，猶億也。「新迎」，惠定宇古義本作「親迎」，鄭注改，先時之心更自新以迎周公，訓「親」為「新」，今本乃作「新」，然則大學「親民」之讀「新」不自程子始矣。

大誥，釋文亦作「肻」，「邦」，馬本作「大誥」。「繇爾多邦降割」，馬本作「降害」。「民獻有十夫」，「獻」，大傳作「儀」。「予造天役」，「造」，王莽作「遭」，亦古字通也。

亡書「歸禾」，始記作「餽火」。嘉禾序「旅天子之命」，史記「旅」作「魯」，古魯、旅字皆作「𣃨」。

康誥「克明德」，大傳有「俊」字。「人有小罪非眚」，「眚」，潛夫論作「省」。

梓材，大傳作「杍材」。「戕敗人宥」三句，今文作「彊人有王開賢，厥率化民」，王充云：「言賢人彊于禮義，故能開賢率化民也。」

洛誥「無若火始燄」，「燄」，梅福上書「燄燄」作「庸庸」，注：「微波皃也。」釋文「厥攸灼敘」句，「王在新邑烝」句。

多士序「遷殷頑民」，史記作「遺民」。「大淫泆，有辭泆」，史記作「佾」，馬作「屑」，惠氏作「屑」。

無逸，大傳「毋逸」，漢書「逸」作「佚」。「不遑暇食」，惠氏：「『遑』當依國語作『皇』。」「譸張」，馬作「輈張」，詩、爾雅「譸」作「侜」。「皇自敬德」，「皇」，王肅作「兑」，益也。惠氏曰：「兄，古況字。」

君奭「遏佚前人光」，「佚」，王莽引作「失」，「天難諶」作「天應棐」，諶古通。「成王政」，馬作「征」。「將蒲姑，序踐奄」，史記作「殘奄」。

多方「胥伯」，大傳作「胥賦」，謂賦稅也。

立政「灼見三有俊心」，「灼」，古作「焯」。「受德暋」，釋文「受」作「紂」。

康王之誥，史記作「告」。「底至齊」，馬本句。

冏命，大傳作「臩命」，或作「煚」。

呂刑「苗民弗用靈」三句，墨子引作「苗民否用練」。「制以刑，惟作五殺之刑，曰法」，禮記「靈」作「命」，「否」不通「用練」，惠疑悞。「皇帝哀矜」，惠云此皇帝始見，據孔傳，「皇」本作「君」。「折民惟刑」，漢書刑罰志作「悊民」。「俾我一日」，楊賜封事作「假我一日」。「告爾祥刑」，後漢書劉愷傳引作「詳刑」。「惟貨惟來」，馬本「來」作「求」，有求，請賕也。「上刑挾輕，下刑挾重」，劉愷傳亦引之。「罰鍰」，史記作「罰率」，率，徐引「刷」，索隱云亦作「選」，師古本作「鋝」，鋝即鍰，古音同。「哀敬折獄」，「敬」，本作「矜」，漢于定國傳作「鰥」。

費誓，古文本作「粊誓」，史記作「肹」，大傳作「鮮」。序「東郊不開」，匡謬正俗作「闢」，云古「闢」字。

秦誓「若弗云來」，「云」本作「員」，衛包改從今。「惟截截善諞言」，公羊云：「惟諓諓善諍言」，古文「截截」本作「戩戩」，今文作「戔戔」。「俾君子易辭」，「辭」，公羊「佁怠」，亦古文尚書。

書異義

堯典「稽古」，鄭解為同天，王肅以為順考古。

「道四岳」，孔傳謂即羲和四子分掌四岳之諸侯。迂齊云：「齊、許皆四岳後，堯讓許由，其一也。」

舜典「納于大麓」，孔謂納使大録萬機之政。

「文祖」，馬以為天，天萬物之祖也。

「肆類於上帝」，上帝，太乙也，在紫微宮。

「璇璣玉衡」，伏生謂之北極，京房、孟郁皆作「旋機」。晉志「魁四星璇璣，杓三星為玉衡」，是北斗也。

「羣后四朝」，馬、王以為四面朝方岳，鄭以為四時朝京師。

范蜀公正書：「舜五刑：流、宥、教、贖、賊，以寬三苗之墨、劓、剕、宮、大辟。」皇王大紀本此。

困學紀聞：「程子謂共、兜之徒及舜登庸之始，側陋之人，顧居其上，此凶亂之人所不能堪，故其惡顯而舜誅之。韓非曰：「『堯欲傳天下於舜，鯀諫，共工又諫，堯不聽。』此可證程子之說。」按：舜誅四凶，不以此。

呂覽：「重黎舉夔於草莽之中，舜以為樂正。」

史記以放勳、重華、文命為名，釋文以堯、舜、禹為名。

困學紀聞：「淮南子『皋陶瘖而為大理』，猶夔一足之說也，陳謨賡歌豈可謂之瘖？史記秦本紀大費為柏翳，索隱云『即柏翳』。陳杞世家：『柏翳之後封秦，垂、益、夔、龍，不知所封。』是柏翳明非伯益。水經注：『偃師九山有百蟲將軍顯靈碑，云將軍姓伊氏，諱益，字隤敳，是伯益也。』然則今之蟲神為伯益矣。」又「無若丹朱、奡」，王氏本說文謂論語「奡盪舟」即丹朱，閻百詩、何義門皆以為非。

沿于江海，達於淮、泗。東坡書傳云：「吳王夫差辟溝通水，江始有入淮之道，禹時無之。」王伯厚云：「吳之通水有二，左傳吳城邗溝通江、淮，此自江入淮之道也；吳語夫差起師北征，為深溝于商、魯之間，北屬之沂，西屬之濟，以會晉公于黃池，左傳哀十三年會黃池，此自淮入泲之道也。」

甘誓，啟事。說苑「子貢曰『禹與有扈氏三年不服，修教一年而始服』」。莊子亦謂「澤不勝，修德朞年而服」，皆與書異。蔡邕銘論又言湯有甘誓之勒。「乃如六卿」，古注：「天子六軍、六卿皆從。」李子真以為別有六卿，若當用兵之時，冢宰不得屬於司馬，三山林氏是之。「予則孥戮汝」，孔傳謂辱及汝子。王莽傳「孥作奴」，顏注：「戮之以為奴也。」

五子之歌五章皆述皇祖之訓。蔡氏：「『以予視天下』，『予』，五子自謂。」王伯厚謂「予臨兆民」之語，恐非五子自稱。「關石和鈞」，韋注：「關門關之征也，石斛也，一曰『關，衡也』。」李善引賈逵注國語曰：「關，通也。」孔安國則謂金鐵曰石。

左傳「夏有觀、扈」，楚語「士亹曰『啟有五觀』」，韋注「大康弟也」，水經注亦云，王伯厚以為非。

胤征「辰弗集于房」，大衍曆議云：「新曆仲康五年癸巳歲九月庚戌，朔日，蝕在房二度。」王伯厚云：「皇極經世『仲康元年壬戌，征羲和五年丙寅』，與曆不同。」

釋文：「逸書帝告五篇，舊解為夏書，馬、鄭之徒以為商書，兩義俱通。」

論語引「予小子履」節，孔注「墨子引湯誓，辭若此」。疏云「湯誓無此文而湯誥有之」，又與此小異，惟墨子引湯誓文正與此同。

日知録：「伊訓，十有二月乙丑元祀者，大甲之元年，十有二月者，建子之月。蓋湯之崩必以前年十二月，殷練而祔祀于先王，祗見厥祖祔湯於廟也。先君祔廟而後嗣子即位，故成之為王，伊尹乃明言烈祖之成德以訓于王也。若自桐歸，以三祀之十有二月則適當其時，而非有取爾。又曰即位者，即先君之位也，未祔則事死如生，位猶先君之位，故祔廟後嗣子即位。殷練而祔，即位必在期年後。周卒哭而祔，故踰年斯即位矣。有不待葬而即位，如魯之文公、成公，其禮之末失乎？三年喪畢而即位，舜也，禹也。練而祔，祔而即位，殷也。踰年，正月即位，周也。世變愈下，柩前即位為後代之通禮矣。」

困學紀聞：「漢志引『伊尹祀于先王，誕資有牧方明』，說者謂祀先王于方明。朱文公曰『方』當作『乃』，即所謂『乃明』，言烈祖之成德繼序。」按：「方明」見覲禮，非「乃明」之悞。

鄭氏云：「陽甲立，盤庚為臣，乃謀徙居湯舊都。上篇，盤庚為臣時事，中、下篇為君時作。」正義以為妄，書稗傳謂鄭必有據，而全謝山亦不然。

書序「祖乙圮于耿」，孔注：「圮于相，遷于耿。」殷本紀：「祖乙遷邢。」皇極經世謂圮耿徙邢，蘇氏曰：「祖乙圮耿，盤庚不得不遷，以經世紀年考之，祖乙乙未踐位，後有祖辛、沃甲、祖丁、南庚、陽甲，而後盤庚立，其立以己亥。自祖乙踐位至此一百二十五年，不應如是久也。」

咸乂。書序：「伊陟相大戊，祥桑穀生於朝。」韓詩外傳以為湯，大傳以為高宗，劉向以為大戊，又以為高宗。

高宗肜日。陳氏祥道謂祖庚祭高宗，非高宗主祭也。

泰誓。「十有三年」，釋文：「或作十有一年，後人妄以序文改之。」「雖有周親，不如仁人」，孔安國注論語言雖有管、蔡為周親，不如箕子、微子之仁人，與注尚書異。

歸熙甫考定武成，移「厥四月，暨受命于周」一段于「萬姓悅服」下，通篇皆仍舊文。「式商容閭」，據禮記「行商容，復其位」，容蓋嘗仕於紂者，鄭注乃以「容」為禮樂，復位謂復禮樂之官，妄矣。

大傳「惟王后元祀，帝命大禹洪祀六沴，用咎於下」注：「祀六沴之用咎于下」，袁子才據此以「洪範」為祭名，此疇非洛書。明王褘、近先河濱、王山史、江昚齋皆言之。

逸書旅巢命。李杞謂湯放桀南巢，巢人納之，終湯之世，遂不朝，至此始來。

困學紀聞：「金縢書異說有二，魯世家：『周公卒後，秋未獲，天動威，成王乃開金縢。』梅福傳亦云，皆本大傳，伏生未見古文也。蒙恬傳：『成王病，公揃爪沉河，書藏記府。及王能治國，賊臣言周公欲為亂，公奔楚，王觀記府得沉書。』此又以武王為成。索隱云：『不知出何書。』」

三監，孔氏謂管、蔡、商，鄭以為管、蔡、霍，蘇氏從孔，林氏、蔡氏從鄭。

三亳，孔謂亳人之歸文王者三所，為之立監。鄭云：「湯舊都民服文王者分三邑，其長居險，故曰阪尹，東成皋，南轘轅，西降谷也。」

周書作雒解：「俾康叔宇于殷，中旄父宇于東。」注：「康叔代霍叔，中旄父代管叔。」是亦康叔之封在徐、殷後，然武寤解已稱衛叔封傅禮，子貢詩傳又稱三監將叛，康亦諫不聽，則康叔蓋先封衛輔三監，康誥之作當在此時。誤解者皆以首冠洛誥之文，錯簡也。程綿莊謂誅管、蔡者武庚，非周公，「罪人斯得」，武庚以管、蔡為罪人。

君奭。史篇：「召公名醜，古醜字從奭，奭與醜相似，故悞。」

散宜生，孔傳云「散」氏，大戴禮「堯娶散宜氏之女，謂之女皇」，是「散宜」為氏。

周官「六年，五服一朝」，孔傳謂六年一朝會京師，是五年中諸侯皆無事。江昚齋云：「六年者五服皆朝徧，正與周禮大行人合，惟言五服者，六年要服當朝，以蠻夷道遠略之。」又云：「左昭十三年，平丘之會，叔向云歲聘以志業，間朝以講禮，再朝而會以示威。孔疏引此語以為彼六年一會與此適合，是不然，叔向臨時撰出以抵齊人。如其言是，六年再朝，先王豈有此煩諸侯之制哉？」

康王之誥釋喪而被衮冕且受黄朱圭幣之獻，諸儒以為禮之變，蘇氏以為失禮，朱子又以為是，蔡傳取蘇氏而不用其師説，閻百詩、顧寧人皆依朱子。又顧氏謂顧命不言殯禮，知有闕文，「狄設黼扆」以下當屬康王之誥，自此以上記顧命登遐之事，自此以下記明年正月上日康王即位朝諸侯事也。

困學紀聞：「趙岐注孟子引甫刑曰『帝清問下民』，無『皇』字，然以帝為天則非。」

又子夏問「金革之事無辟」，孔子曰：「吾聞諸老聃曰：『昔者魯公伯禽有為為之也。』」鄭注：「有徐戎作難，喪卒哭而征之，急王事也。」後世起復者皆以伯禽藉口。嘗考多方「王來自奄」孔注云「周公歸政之明年，淮夷、徐戎又叛，魯征之，作誓」，魯世家亦言「淮夷、徐戎與管、蔡並興」，則伯禽之征在周公未沒時，非居喪即戎也。左傳殽之役，晉始墨，若伯禽行之，晉不言始矣。

又周益公謂文苑英華賦多用「員」來讀秦誓，正義知今「云」字乃「員」之省文。按：漢書韋孟諫詩，顔師古引秦誓「雖則員然」。

日知録：「有秦誓故列誓，有秦詩故録秦詩，述而不作也。邵子謂夫子逆知天下將並于秦而存之，小之乎于聖人矣。」

書要義

王氏應麟曰：「前賢謂皋陶、稷、契有何書可讀，不知顓、黄之書，武王拜於望，雲鳥之紀，孔子訪於郯，孰謂無書可讀？」又曰：「始二典猶詩之首二南，取費、秦之誓猶詩之有魯頌。」

桓譚新論曰：「秦延君能説堯典，篇目兩字之説至十余萬言，但説『曰若稽古』三萬言。」

薛氏瑄曰：「自古帝王之德莫要於敬與明。堯允恭，舜兢業，禹祗台，湯慄慄懼，文翼翼小心，皆言敬也。堯欽明，舜文明，禹曰明明，湯曰克明，文曰若日月之照臨，皆言明也。」

王氏炎曰：「堯、舜、禹相授一道，而法自不能無損益。堯分劃九州，舜則析為十二。堯分命羲、和，夏則合為一官。」

黃氏鎮成曰：「堯分四仲，憑南面以考中星，舜齊七政，取北面以參斗建。」

顧氏絳曰：「古時堯典、舜典本合為一篇，故月正元日，格于文祖之後而四岳之咨必稱『舜曰』，以別于上文之帝也。至其命禹，始稱『帝曰』，問答之辭已明，無嫌也。」王氏柏曰：「堯之試舜甚詳，至遜位絕無丁寧告誡之語。魯論堯曰篇二十四字以補書缺可也。」

黃氏宗羲曰：「文祖，堯始祖廟，舜承堯廟，禹承舜廟，至私親則別設廟以奉祭祀，兩者未嘗合。若依祭法宗堯、宗禹之文，則虞有無父之嫌，夏又有僭上之非矣。」

錢氏時曰：「日月五星謂之七政者，天文之休咎，君政得失之符也。」

陳氏經曰：「巡狩所以維封建也。」陳氏際泰曰：「古者天子不如後世之尊，故歲巡四岳而已不以為勞。古者省方不如後世之費，故時巡五載而民不以為勞。」

王氏樵曰：「孔子曰『舜臨民以五，堯臨民以十二』，是舜定以五載一巡，警民也，至周復堯十二年一巡之制。堯時風古事簡，天子不必頻出，周世文又不能頻出也。」

黃氏宗羲曰：「五刑者，墨、劓、剕、宮、大辟也。或謂五刑為不率五教者設，非呂刑、肉刑也，肉刑始有苗，設唐虞有此，非格有苗乃為有苗所格矣。『流宥五刑』，重者流，輕者宥，賊刑亦流也。觀四罪止於流放竄殛，殛亦似殺，然記言鯀之殛死與舜野死連文，則經書殛死特不與生還耳，仍非肆諸市朝也。」

蔡氏沈曰：「五刑有流宥而無金贖，金贖特以寬鞭撲之刑耳。周禮秋官亦無其文，至呂刑始設五罰，周之敝政也。當刑而罰失之輕，宜赦而罰失之重，且使富者倖生，貧者獨坐，非法之平也。」

錢氏時曰：「不除四凶，堯之所以為大；不宥四罪，舜之所以為君。」又曰：「堯時薦舉者四而吁者三，舜時疇咨者或謂帝世四而俞者八，一則四凶未除，一則四罪咸服也。」

王氏應麟曰：「禹以平水土，若百工各一官，而周同領于司空。周以兵、刑分夏、秋二官，而虞則兼掌於士。蠻夷外委州牧，內委刑官，所謂大刑用甲兵也。」

董氏鼎曰：「皋陶之命但言五刑、五流，未嘗言兵也，後世征苗之兵掌之益，贊之不命皋陶，疑兵、刑亦非合一。」

范氏紫登曰：「禮、樂二官，周兼掌而虞則分司，然觀秩宗之命伯夷，讓夔，則禮樂之原未嘗不合。」

王氏天與曰：「于范見禹之淵源，于貢見禹之事業，于謨見禹之敷陳，大禹所由稱歟？」

胡氏士行曰：「舜竄三苗，竄其君也。『分北三苗』，黜其黨也。民逆命，更立之君仍梗化也。『三苗丕敘』，竄者亦賓服也。」

真氏西山曰：「唐虞時未言誠，塞即誠也；未言仁，惠即仁也。」

王氏柏曰：「二帝一德，故堯、舜合典，五臣同心，故益、稷附謨。」

萬氏經曰：「頑莫如瞽瞍，而父亦允若。傲莫若丹朱，而賓亦德讓，舜之式化者微也。」

陳氏際泰曰：「康衢之謠，堯時國風也。關雎以下無及焉。喜起之歌，虞時雅詩也，鹿鳴以下無及焉。」

陳氏櫟曰：「典以欽始，謨以欽終，治功一心學也。」

萬氏經曰：「升禹謨于虞書，以明三聖相傳授之道。冠禹貢于夏書，以見大禹有天下之本。」

章氏如愚曰：「禹貢分州昉井田之法。」

楊氏慎曰：「禹貢紀山川不紀風俗，風俗由上之教也；紀物產不紀人才，人才由下之化也。」

蔡氏沈曰：「賦高於田者，地廣而人稠也；賦先于田者，賦非盡出於田，並場圃園田漆林之類而征之也。」又曰：「田第一等而賦第六等者，地狹而人功少也。」

傅氏寅曰：「河之患在九河，疏其下則上易為力。江之患在彭蠡，豬其上則下無足憂。」

呂氏祖謙曰：「治水不出兩端，達於海者使有所歸也，不可達海即因其勢以為澤，使有所容也。」

王氏樵曰：「九州言山四十有五，言川三十有六，言澤十有二，而實則山川澤不止是也，故以九山、九川、九澤總之。九州雖各載達河之道，而四方趨帝都者不止是也，故以四海會同總之。」

徐氏天儀曰：「賦曰慎，知無過取；曰成，知無紛更。」

陳氏櫟曰：「甘誓恭行天罰之心即秖承於帝之心。」

黄氏宣猷曰：「禹禪位則征有苗，啟繼祚則伐扈，亦敬承之一證。」

顧氏絳曰：「夏、商封建之制多不同。太康有弟五人而后羿猖獗，以無親戚屏翰也，後少康封其庶子於會稽以奉禹祀，豈監孤立之失歟。」

陳氏經曰：「小弁之詩，父子之怨。五子之歌，兄弟之怨。」

董氏鼎曰：「甘誓特書戰者，所以著有扈之強，胤征不諱征者以能承仲康之命。」

錢氏時曰：「桀在上，何以湯誓書王？湯奉行天罰，即不自王天下已王之矣。若謂史氏追稱，仲虺作誥，湯猶未反國。曰『錫王』，曰『惟王』，曰『王懋昭大德』，謂之追傳，可乎？」

陳氏際泰曰：「慶曰『徯予』，怨曰『後予』，夏之亡，無一義士焉，殷之興，無一頑民焉。」

王氏天與曰：「天子告萬方則曰予一人，對上帝則曰台小子。」

王氏柏曰：「湯、伊君臣之際，書中無一交儆語，以心相契也。至伊訓以下五篇，垂戒大甲至深且官，輔弼後主，不忘責難也。」

閻氏若璩曰：「五子之歌用述禹訓，三風之儆爰制湯刑，聖人防範之道，于貴胄尤加嚴焉。」

王氏樵曰：「盤銘之義，仲虺發之。『德日新』，慎終惟始是也。盤銘之義，伊尹傳之，『時日新』，終始惟一是也。虺誥曰『王懋昭大德』即日新也，而欽崇天道必申之以『惟其始無自滿，慎厥終』知湯之銘有自來矣。大甲篇『王昧爽，丕顯』

亦日新也。而『率祖攸行』，必戒之以『克厥初，無豫怠，圖厥終』知湯之銘有自遠矣。」

孔氏穎達曰：「商人稱殷自盤庚始。」又曰：「殷未立諱法，故始則以所生日為號，後即以君名篇。」

黃氏淦曰：「孔傳以亳、囂、相、耿，合盤庚為五遷，然經言先王，明是追述往蹟。馬、鄭均以商丘、亳、囂、相、耿為五遷，無論前八遷以湯終，後五遷以湯始，一事未便兩屬，因遷亳兼數商丘，于文亦乖，於是引史記遷邢之文以足之，不知索隱曰『邢音耿，耿即邢也』。惟竹書載祖乙二年自耿遷庇，南庚三年遷奄，合遷囂、遷相、遷耿為五遷，是。」

顧氏絳曰：「冀方失而夏祀替，豐、鎬失而周運衰，天子棄故都未有能國者也。獨殷之遷，圮於河，非伺於敵，勢不同也。」

王氏樵曰：「唐虞命官皆面命者，以命名篇自傅說始。」

萬氏經曰：「說命中篇論政及攸居，治統乎學也；下篇論學及監憲，學賅乎治也。」

黎在朝歌西，文王事殷，不應稱兵畿內，故通鑑前編列為武王十一年事。

陳氏際泰曰：「伐葛為十一征之漸，所以警夏。戡黎為滅五十國之漸，所以警殷。」

顧氏絳曰：「殷亡天下在紂之自焚，而其國之亡在武庚之不靖。使紂不自焚，武未必不以湯之放桀者待紂。使武庚不畔，則存殷固不止十餘年。觀蔡仲之命辟管叔，猶存商名，至作大誥、書序，始有黜殷之語。始則其跡可疑，故伯夷之諫斥言易暴，久則其心乃白，故箕子之歌秖怨狡童。」

林氏之奇曰：「棫樸詩美文王官人則曰『六師及之』。泰誓言武王會孟津，皆以出師時合諸侯之師言之，非文武先備六師之制也，觀牧誓但稱司徒、司馬、司空可見。」

陳氏際泰曰：「湯用元牡，見無急於革夏之心。武秉白旄，見無急於取商之志。」

黃氏度曰：「夏、商誓師皆有孥戮之語，獨牧誓無之，文王罪人不孥，亦家法也。」

黃氏鎮成曰：「列爵分土，武成與孟子合，獨周禮大司徒自五百里以迄百里，均以五等之爵遞加，何也？列爵所以稱德，分土所以等功。德異而功同，故公侯均百里，子男均五十里。地同而附庸異，故公侯伯子男有五百里至百里之殊，三等之地正封也，五等之附庸廣封也。正封則尊者嫌於過甚而無所屈，故公之地必下而從侯，卑者嫌於過削而無所立，故男之地必上而從子。至於廣封者，尊者不嫌大，故公之地必五百里而異于侯，卑者不嫌大削，故男之地止百里而異於子。」

吳氏澄曰：「洪範綱九、目五十，天下之道包舉無遺，故曰洪範。」

林氏之奇曰：「洪範一禹謨秘旨：『彝倫攸敘』，惠迪吉也；『彝倫攸斁』，從逆凶也；『嚮用五福』，戒之用休也；『威用六極』，董之用威也。」

洪氏适曰：「古君臣父子間言無顧忌。周公作金縢，呼三王而『爾』之。箕子陳洪範，對武王而『汝』之。天保為報上之詩，而曰『定爾』。閟宮為頌君之詩，而曰『俾爾』。大明曰『上帝臨汝』，指武王也。民勞曰『王欲玉汝』，指厲王也。至於告神之詞，武成曰『惟爾有神』。詩曰『既昭格爾』，禮曰『假爾泰龜』，皆與神相親之意也。」

陳氏際泰曰：「三叔興殷，忠而愚者也。武庚叛周，孝而闇者也。」

蔡氏沈曰：「金縢言管叔而不言武庚，所以著其罪。大誥言武庚而不言管叔，所為諱其親。」

金氏履祥曰：「管叔之惡與象等，象則封之，管則誅之。象至亂家，叔至亂國。東征非聖人所得已也。」

錢氏時曰：「康圻內國，叔封衛稱康，從其始封言也，與微子不書宋同。」

林氏之奇曰：「諸侯始封則有命，微子、蔡仲是也。叔封衛不曰命而曰誥，豈封在前，誥在後與？傳言命以康誥，又合命與誥為一。」

近張船山問陶直，以康誥為康叔封康時之誥，如此則篇次在誥後，蓋取與酒誥為類也。

呂氏祖謙曰：「以商舊法治商民，人情所由安。以周新法革商民，殷亂所由撥。」

陳氏櫟曰：「康誥、酒誥言刑殺，至梓材惟以寬宥刑期，無刑之意也。」

陳氏經曰：「鎬得洛為夾輔，實四方和會之區，洛無鎬為屏藩，乃四面受敵之地。夫子登秦誓于周書，降王風為列國，見東遷之失在後人，非周、召營洛之過也。」又云：「多士不曰『受命』曰『佑命』，原天興周之心；不曰『革命』曰『勑命』，見周取商之正。」

蔡氏沈曰：「不讀立政不知罔攸兼於獄、庶言之慎。不讀無逸不知文王自朝至於日中昃之勤。」

王氏樵曰：「賢臣以人事君，故冏命言迪上帝，必慎及簡僚。賢君以人事天，故立政言尊帝，必推及籲俊。」

錢氏時曰：「自大誥以迄立政，未有以周稱者，惟設官分職為昭代大典，故以『周官』名其篇，以周王大其統。」

孔氏穎達曰：「周禮分列九服，書但曰『六服群辟』，何也？蠻夷鎮籓四服，羈縻之而已，合畿內稱六服，詳內而略外也。」

蔡氏沈曰：「顧命，成王所以正其終。康王之誥，康王所以以正其始。」

王氏應麟曰：「觀盟、向之民不從鄭，陽樊之民不從晉，東周之民不從秦，見殷戴周之久。觀周公治殷以誥毖君，陳治殷以寬和，畢公治殷以旌別，見周革殷之難。」

蔡氏沈曰：「文之謨非陰行其善，故曰『顯武之烈祇善』，繼其志，故曰承。」

葉氏時曰：「呂刑言敬者七，言中者十，克天德，作元命，祇此耳。」

陳氏際泰曰：「兵以恭刑天罰謂之天吏，刑乃具，嚴天威謂之天牧。」

夏氏僎曰：「民之生有善無不善，故曰嘉師刑之，設糾不善以保善，故曰『祥刑』。」

萬氏經曰：「書録文侯之命何？王跡熄而伯圖興，微晉，周其喪鼎矣，存晉所以存周也。録費誓何也？望魯也。文、武不作，東周可為，故以此望之也。録秦誓何也？穆公據有岐豐，文武成康之澤其替乎，所以以儆周也。」

王氏炎曰：「夏書終胤征，商書終戡黎，周書終秦誓，一也。故魯有頌，而詩絕，秦有誓而書亡。」

書傳授著述

古文尚書，家語以為孔騰並孝經、論語藏於壁中，漢紀尹敏傳以為孔鮒，陸德明釋文以為孔惠。

陸氏曰：「馬、鄭所注並伏生所誦非古文也。孔氏之本絕是，以馬、鄭、杜預之徒皆謂之逸書。王肅亦注今文，而解大與古文相類。或肅私見孔傳而秘之。」又曰：「漢始立歐陽尚書，宣帝復立大、小夏侯博士，平帝立古文。永嘉喪亂，眾家書並滅亡，而古文、孔傳始興，置博士，鄭氏亦置博士一人。近惟崇古文。馬、鄭、王遂廢。今以孔氏為正，舜典一篇仍用王肅本。」

李氏延壽曰：「齊時儒士罕傳尚書業，徐遵明兼通之。遵明受業于屯留王聰，傳授浮陽李用仁及渤海張文敬、李鉉，河間權會，並鄭康成所注，非古文也。下里諸生畧不見孔注解，武平末，劉光伯炫、劉士元焯始得費甝義疏，乃留意焉。焯小與炫友，賈、馬、王、鄭所傳章句多所是非，著五經述義。炫聰明博學，名亞于焯，時稱二劉。」

劉氏昫曰：「孔穎達明鄭氏尚書，同郡劉焯名重海內，穎達造其門，焯初不之禮，穎達請質疑滯，焯改容敬之。」

朱子曰：「諸經皆以注疏為主，書則兼取劉敞、王安石、蘇軾、程頤、楊時、晁説之、葉夢得、吳棫、薛季宣、呂祖謙。」

真氏德秀曰：「蔡季默沉，西山先生元定子也，從文公遊。文公晚傳諸經略備，獨書未及整，環視門生，求可付者，遂以屬君。君沉潛反復數十年，然後克就其書。考序文之誤，訂諸儒之説，發明二帝、三王、群聖賢用心之要，洪範、洛誥、泰誓諸篇，往往有先儒所未及者。」

陳氏振孫曰：「陸佃農師撰二典義通考一卷。佃為王氏學，長於考訂。」又曰：「葉少蘊夢得博極群書，書與春秋之學視諸儒為最精。」

吳氏師道曰：「東萊呂成公倡明正學，四方來學者千余人。清江時氏名鑄字壽卿，公同年進士，與弟鋹率其群眾弟子十余人悉從公遊，若澐、若瀾、若涇尤時氏之秀。成公輯書説，自秦誓泝洛誥未畢而卒，瀾以平昔所聞纂成之。」

方氏岳曰：「滕溪齋璘與其弟珙同登晦翁之門，學者謂之新安兩滕。和叔漸涵于二父之淵源，披剝於百家之林藪，著尚書大意。」

金氏履祥曰：「蔡氏書傳成于朱子既没之後，門人語録未萃之前，猶或不無遺漏放失之憾。」

楊氏士奇曰：「書傳纂疏，元陳櫟輯，今讀書傳者率資此書及董鼎纂注，尤詳備。」

歸氏有光曰：「王荊公、曾文定公皆有洪範傳，其論精美，遠出二劉敞、攽，二孔武仲、平仲之上。」

李氏維楨曰：「金壇王中丞樵日記哀録百家訓詁，於經旨多所發明。」

經傳摭餘三

詩同類句

「樂只君子」見三詩：周南樛木三章各一，南山有台五章各一，采菽三章、四章、五章各二。

「之子於歸」見五詩：桃夭三章各一，漢廣次章、三章各一，鵲巢三章各一，燕燕首章、次章、三章各一，東山末章一。

「之子於征」見二詩：車攻末章一，鴻雁首章一。

又「之子于苗」一：車攻次章。

「之子于垣」一：鴻雁次章。

「之子於狩」一、「之子於釣」一：采綠三章。

「未見君子」見六詩：汝墳首章一，草蟲三章各一，車鄰首章一，晨風三章各一，出車五章一，又與草蟲首章凡五句同，頍弁首章、次章各一。

「既見君子」見七詩：汝墳次章一，風雨三章各一，揚水首章、次章各一，蓼蕭四章各一，菁莪四章各一，頍弁首章、次章各一，隰桑首章、次章、三章各一。

「豈弟君子」見五詩：湛露四章一，青蠅首章一，旱麓首章、次章、三章、五章、六章各一，泂酌三章和卷阿前六章各一。

「淑人君子」二見詩：鳲鳩四章各一，鼓鐘前三章各一。

又「顯允君子」一：湛露三章。「假樂君子」一：假樂首章。「展矣君子」一：雄雉次章。「允矣君子」一：雄雉末章。「嗟爾君子」二：小明四章、五章。

「君子萬年」三見詩：瞻彼洛矣後二章各一，鴛鴦四章各一。既醉前二章、六、七章各一。

又「天子萬壽」一：江漢六章。「壽考萬年」一：信南山三章。「天子萬年」一：江漢五章。

「君子至止」二見詩：終南二章各一，瞻彼洛矣三章各一。

「彼其之子」五見詩：揚水三章各一，鄭風羔裘三章各一，汾沮洳三章各一，椒聊二章各一，候人前三章各一。

「我覯之子」三見詩：伐柯次章，九罭首章，常華前三章各一。

「有美一人」三見詩：蔓草二章各一，澤陂三章各一。

「豈無他人」三見詩：褰裳、唐風羔裘二章，杕杜二章各一。

「乃如之人兮」：日月前三章各一。「展如之人兮」：君子偕老末章。「乃如之人也」：蝃蝀末章。

「豈不爾思」四見詩：竹竿首章一，大車前二章各一，東門次章一，檜風羔裘三章各一。

「以饗以祀，以介景福」四見詩：楚茨首章一，中多「以妥以侑」，大田末章一，旱麓三章一，潛一。

「以孝以享，以介眉壽」一：載見。

「是饗是宜，降福既多」一：閟宮三章。

「以介景福」一：行葦末章。

「介爾景福」二：小明末章，既醉首章。

「降爾遐福」一：天保次章。

「詒爾多福」一：天保五章。

「卜爾百福」一：楚茨四章。

「報以介福，萬壽無疆」三見詩：楚茨次章，信南山末章，甫田末章。

「報以介福，萬壽攸酢」一：楚茨三章。

「來假來饗，降福無疆」一：烈祖。

「萬壽無疆」二：天保四章，南山有臺次章。

「萬壽無期」一：南山有臺首章。

「祀事孔明」二：楚茨二章，信南山卒章。

「受天之祐」二：信南山四章，桑扈首章。

「日居月諸」見二詩：邶風柏舟末章一，日月四章各起句。

「習習谷風」二見詩：前谷風起一，後谷風三章各起句。

「悠悠蒼天」二見詩：黍離三章各一，鴇羽三章各一。又「悠悠昊天」一：巧言首句。「旻天疾威」二：一小旻，一召旻。

「瞻卬昊天」三：雲漢末二章，瞻卬首句。

「王事靡盬」四見詩：鴇羽三章各一，四牡前四章各一，采薇三章一，小雅杕杜前三章各一。

「春日遲遲，采蘩祁祁」二見詩：七月次章，出車末章隔二句。

「執訊獲醜」二：出車末章，采芑末章。

「昔我往矣，今我來思」二：采薇末章，出車四章。

「昔我往矣，豈不懷歸」見三詩：四牡首章、次章、五章，出車四章，小明前三章。

「不遑啟處」二：四牡次章，采薇三章。

「不遑啟居」二：采薇首章，出車四章。

「經營四方」三：北山二章，何草不黃首章，江漢次章。

「行道遲遲」二：邶風谷風次章，采薇末章。
「宴爾新昏」三：邶風谷風次章、三章、末章。
「覯爾新昏」：車舝末章。
「毋逝我梁，毋發我笱，我躬不閱，遑恤我後」二：邶風谷風次章，小弁末章。
「約軧錯衡，八鸞瑲瑲」二：采芑次章，烈祖「瑲瑲」作「鶬」。又「八鸞鏘鏘」二：烝民七，韓奕四章。
「我客戾止」二：振鷺、有瞽。
「為酒為醴，烝畀祖妣，以洽百禮」二：豐年、載芟。
「媚于天子」二：假樂末章，卷阿七章。
「民之父母」二：南山有臺三章，泂酌首章。
「邦家之光」二：南山有臺次章，載芟。
「瞻彼中林」二：正月四章、桑柔九章。
「南有樛木」見二詩：樛木三章各起句、南有嘉魚三章一，下「甘瓠纍之」亦類樛木「葛藟纍之」。
「荏染柔木」二：巧言五章、抑九章。
「翩翩者鵻」見二詩：四牡三章、四章，南有嘉魚末章。
「鴥彼飛隼」二見詩：采芑三章一，沔水三章各一。
「集於苞栩」二：鴇羽首章、四牡三章。
「駕彼四牡」三：采薇五章、車攻三章、節南山六章。又「駕彼四駱」一：四牡末章。「四牡騑騑」見二詩：四牡首章、二章，車舝五章。又「四牡騤騤」三：采薇五章、桑柔次章、烝民末章。「四牡奕奕」二：車攻三章、韓奕次章。「四牡業業」二：采薇四章、烝民七章。又「四牡翼翼」一：采薇五章。「四牡龐龐」一：車攻首章。

「每懷靡及」二：皇華首章、烝民七章。

「揚之水」見三詩：王風、鄭風、唐風，皆篇名。

「有杕之杜」見三篇，唐風、小雅皆以杕杜為篇名，唐風即以全句為篇名。

「我黍與與」一：楚茨首章。

「黍稷彧彧」一：信南山三章。

「黍稷嶷嶷」一：甫田首章。

「君子有酒」三見詩：魚麗前三章各一、南有嘉魚四章各一、瓠葉四章各一。

「和樂且湛」二：鹿鳴末章、常棣七章。

「我心寫兮」見三詩：蓼蕭首章、裳華首章、車舝四章。

「是以有譽處兮」二：蓼蕭、裳華首章。

「陟彼高岡」二：卷耳三章、車舝四章。又「陟彼岡兮」一：陟岵末章。

「射夫既同」二：車攻五章、賓筵首章。

「照臨下土」二：日月首章、小明首章。

「神之聽之」見二詩：伐木首章、小明四章、五章。

「汎汎楊舟」二：菁莪末章、采菽末章。

「君子之車」二：采薇四章、卷阿末章。

「言采其芹」一：采菽二章。

「薄采其芹」一：泮水首章。

「言觀其旂，其旂淠淠，鸞聲嘒嘒」一：采菽二章。泮水首章三句類，「淠淠」作「茷茷」，「嘒嘒」作「噦噦」。

「濟濟多士」二：文王三章、泮水六章。

「芃芃黍苗，陰雨膏之」二：下泉末章，黍苗首章，又下泉末句。

「郇伯勞之」；黍苗首章末句。

「召伯勞之，溫溫恭人」二：小宛末章、抑九章。

「戰戰兢兢」二、「如履薄冰」二：小旻、小宛各末章。

「衣錦褧衣」見二詩：碩人首章、豐三、四章。

「其釣維何」二：何彼禯矣、采綠各末章。

「觱沸檻泉」二：采菽二章、瞻卬末章。

「自貽伊阻」一：雄雉首章。

「自貽伊戚」一：小明三章。

「云何籲矣」一：卷耳。

「云何盱矣」一：都人士末章。

「云何其盱」一：何人斯五章。

「實獲我心」一：綠衣末章。

「實勞我心」見三詩：燕燕三章、雄雉二章、白華七章。

「女子有行，遠父母兄弟」三：泉水次章、蝃蝀首章、竹竿次章。又蝃蝀次章下句作「遠兄弟父母」。

「心之憂矣」見十詩：邶風柏舟末章、綠衣前二章、有狐三章各一、園有桃二章各一、蜉蝣三章各一、正月八章、小弁首章、次章、四章、五章、六章、小明前三章、苕華首章、瞻卬六章、七章。

「憂心孔疚」二：采薇三章、小雅杕杜末章。

「我心傷悲」二：采薇末章、杕杜次章。又「我心傷悲兮」一：素冠次章。又「憂心忡忡」、「憂心惙惙」見草蟲，「憂心悄悄」見邶風柏舟，「憂心殷殷」見北門，又見正月。桑柔「殷殷」作「慇慇」，「憂心欽欽」見晨風，「憂心烈烈」見采薇，「憂心京京」、「憂心愈愈」、「憂心惸惸」、「憂心慘慘」見正月，「憂心奕奕」、「憂心怲怲」見頍弁。

「憂我父母」二：小雅杕杜三章、北山首章。

「靜言思之」三：邶風柏舟四、末章，氓五章。

「駕言出遊，以寫我憂」二：泉水、竹竿末章。

「哀今之人」二：正月六章、十月之交三章。

「孔填不寧」二：瞻卬首章、召旻三章。

「民之訛言」三：沔水末章一、正月首章、五章各一。

「泣涕如雨」一：燕燕首章。

「涕零如雨」一：小明首章。

詩古義

齊、魯、韓三家以周南、關雎、葛覃、卷耳、召南、鵲巢、采蘩、采蘋、騶虞皆康王時詩。釋文：「關雎『荇菜』，『荇』本作『莕』。『悠哉』，悠音由，思也。葛覃『覃』本作『蕈』。兔罝『中逵』，韓詩作『馗』。芣苢，釋文本作『苡』。漢廣『休息』，韓詩作『休思』，荀子『息』作『諰』。『江之永矣』，『永』，韓詩作『羕』。汝墳『惄如調飢』，『惄』，韓詩作『愵』。『調饑』，楊修作『朝饑』。『麟之定定』，字書作『頕』。」

正義：儀禮歌召南三篇，越草蟲而取采蘋，詩說謂齊詩先采蘋而後草蟲。「夙夜在公」，「夙」，尉氏令鄭君碑作「[歹凡]」。

「於以湘之」，「湘」，韓詩作「鬺」，音傷，飪也。「勿翦勿伐」，「翦」，韓詩作「剗」。「何以穿我屋」，「穿」，釋文云亦作「穿」。劉向列女傳：「申女許嫁於酆，迎不備禮，女不往，夫家訟之。女作行露以明其禮未備，持義不往也。」「摽有梅」，「梅」，韓詩作「楳」。「白茅純束」，「純」，箋讀如「屯」，國策「錦繡千純」，高誘云「純」音「屯」，古字通。「何彼襛矣」，「襛」，韓詩作「莪」，厚貌。新語：「文王以騶牙名囿，虞為虞人。」射義：「騶虞，樂官備也。」韓、魯說騶虞，天子掌鳥獸官。墨子曰：「成王因先王之樂命曰騶虞。」文選注：「琴操曰：騶虞，邵國之女傷失嘉會所作。」王伯厚：「騶虞、騶吾、騶牙，一物也。」

劉元城：「周分商畿內為邶、鄘、衛，序詩者以其地本商畿，故在王風黍離前。」柏舟「不可選也」，「選」，朱穆絕交論引作「算」，選、撰、算通。「胡迭而微」，「迭」，韓詩作「臷」，常也。日月「報我不述」，「述」，韓作「術」，古文。擊鼓「契闊」，韓詩云「約束也」。雄雉「自詒伊阻」，釋文：「『詒』當作『貽』。」谷風「黽勉同心」，「黽」，釋文本亦作「僶」。「薄送我畿」，「畿」「機」通。呂覽「招蹷之機」，高誘曰：「蹷機，門內之位也。言乘輦宮中，遊翔至蹷機，蹷即橛閫也。」「旄邱蒙戎」，左傳作「尨茸」，「尨」、「蒙」古通。「瑣尾」之「瑣」，釋文謂當作「璅」，少好貌。「流離」，鳥名，爾雅：「少美長醜為鶹鷅。」「簡兮渥赭」，堯廟碑作「屋赭」。「泉水毖」，韓詩作「祕」。「飲餞于禰」，韓詩作「坭」，義同。「北門敦我」，韓詩：「敦，近也。摧作誰，就也。」「北見虛邪」之「邪」，箋讀如「徐」，曹大家幽通賦引之作「徐」，惠定宇云：「弟子職志無虛邪亦然，狐疑也。」「新臺酒」，韓詩作「漼」，鮮貌，「浼浼」作「泥泥」，盛貌。

柏舟「我特」之「特」，韓詩作「直」，相當也。「牆茨中冓」，玉篇引作「冓」，韓、魯詩同。廣雅：「冓，也。」「不可讀也」，傳云：「讀，抽也。」匡謬正俗曰：「抽當為籀，籀，讀也，抽、紬並通。」偕老「象服是宜」，「象」本「襐」字。「鶉之奔奔」，禮記、呂覽俱引作「賁」，高誘云：「色不純也。」韓詩「奔奔彊彊」，乘匹之貌。定之方中「升彼虛矣」，傳云：「虛，漕虛。」蝃蝀，爾雅作「螮蝀」。相鼠，白虎通以為妻諫夫之詩。幹旄「素絲祝之」，箋云：「祝當作屬，著也。」

淇澳「綠」，爾雅作「菉竹」，韓詩作「薄」。「匪」作「邲」，美貌。「咺」作「宣」，顯也。考槃「澗」，韓詩作「干」，文選注引云「地下而黃曰千」，惠定宇曰：「千、澗通。」「邁」，韓作「過」，美貌。碩人「庶姜孽孽」，韓詩作「钀钀」，長貌。氓「體無咎言」，「體」，韓詩作「履」。「桑葚」，釋文：「『葚』本又作『椹』。」竹竿「檜楫」，釋文：「『楫』本又作『檝』。」芄蘭「能不我甲」，韓詩作「狎」，古文省作「甲」。

齊、魯、韓三家以王風為衛詩。史記：「箕子刺紂賦黍離。」新序：「衛宣公子壽閔其兄伋之見害，作憂思之詩，黍離是也。」韓詩：「黍離，伯封作。」曹植云：「尹吉甫殺伯奇，其弟伯封作黍離之詩。」

淄衣「敝」，釋文作「弊」。清人「重喬」，韓詩作「重」。鷮鷮，雉名，懸其羽。「逍遙」，釋文本作「消搖」。山有扶蘇次章「橋松」，釋文本亦作「喬豐」。「俟我乎堂」，箋云：「『堂』當作『棖』，古通。」子衿「嗣音」，韓詩作「詒音」，詒，寄也。出其東門「員」，韓詩作「魂」，釋文作「云」，古通。「溱洧渙渙」，韓詩作「洹洹」，「洵」作「恂」。

南山「衡從」，韓詩作「衡申」，東西耕曰衡，南北耕曰申。「敝笱魴鰥」，箋云：「鰥，魚子，與鯤同物同音，古昆弟之昆作罤。」「唯唯」，韓詩作「遺遺」，言不能制也。

伐檀「漣漪」，釋文作「瀾漪」。碩鼠「三歲貫女」，魯詩作「宦女」。羔裘「居居究究」，爾雅云：「惡也。」有杕之杜「噬肯適我」，噬，肯噬，傳訓逮也，爾雅作「遾」，韓詩作「逝」。

「載獫歇驕」，「載」，箋訓始，謂始達其搏噬。

東門之枌「穀旦於差」，「差」，韓詩作「嗟」，差，省字。「逝」作「噬」，知噬、遾、逝古通。衡門「棲遲」，嚴發碑作「西遲」。防有鵲巢「誰侜予美」，「美」，韓詩作「娓」。澤陂「有蒲與荷」，「荷」，樊光注爾雅作「茄」。

破斧「四國是皇」，「皇」，齊詩作「匡」。

齊、魯、韓三家以鹿鳴、四牡、皇皇者華為康王時詩。伐木「許許」，傳云：「許許，柹貌。」天保「俾爾單厚」，「單」，傳訓信，潛夫論引作「亶」，亶、單，古今字，箋訓盡從單也。「吉蠲」，釋文「蠲舊音圭」，惠定宇云：「三家詩本作『圭』。」「如月之恒」，釋文「『恒』本作『縆』。」出車「玁狁於襄」，釋文「『襄』本或作『攘』」。杕杜「檀車幝幝」，韓詩引作「緩緩」，音同，車敝也。釋文「魚麗『君子有酒旨』為句」。蓼蕭「龍光」，「龍」，惠定宇謂當讀寵，傳訓寵，焦氏易林即作「寵」，古字通。湛露「厭厭」，韓詩作「愔愔」，和說貌。

六月「輊軒」之之「輊」，考工作「摯」，淮南人間訓作「蟄」。車攻「搏獸于敖」，水經引作「薄狩于敖」，鄭箋：「田獵，捕獸也。」何休公羊注：「狩猶獸也。」惠定宇曰：「獰，古獸字，若經本作獸，箋不已贅乎？」又曰：「吉日『既伯既禱』，伯即大司馬。『表貉』之『貉』，先鄭云『貉』讀『禡』，禡，師祭也。『甸祝表貉』，杜子春讀為『百』，百即伯也，『甸祝』又云『禂馬』，杜子春『禂，禱也』，即引此詩。翼奉曰：『南方惡行廉貞，寅午主之；西方喜行寬大，己酉主之。二陽並行，是以王者吉午酉，詩曰「吉日庚午」。』」「庭燎」，鄭箋云：「在地曰燎，在手曰燭，門外大燎，內曰庭燎。」「鶴鳴于九皋」，韓詩章句「九折之澤」，孫叔敖碑「九罭之利」，「罭」即「皋」字。

斯幹「如矢斯棘」，「棘」，韓詩作「朸」。「如鳥斯革」，「革」作「勒」，翅也。「載寢之裼」，「裼」，韓詩作「褅」，音義同。無羊「或初或訛」，「訛」，韓詩作「譌」，覺也。節南山「瑣瑣姻亞」，釋文「瑣瑣」或作「璅璅」。十月之交「蕃惟司徒」，「蕃」，古今人表作「皮」，蕃有皮音。惠定宇云：「家伯維宰，古今人表有太宰冢伯，是家伯作冢伯，故鄭箋以冢宰釋之。」按：據此，今本作家伯、冢宰非也，蓋已異惠氏所見矣。「豔妻煽方處」，傳云：「豔妻，褒姒。」魯詩『豔』作『閻』，以為厲王事中侯，擿雒戎，剡者配姬以敖賢。」孔穎達云：『剡、豔古今字，以剡配，姬為其姓，知非褒姒，故鄭從魯詩為厲王時事。』」「抑此皇父」，韓詩「抑，意也」，箋云「抑之言噫」，徐邈即音噫。雨無正「淪胥以鋪」，三家作「薰胥以痡」，薰，帥也。

小旻「謀猶回遹」，韓詩「遹」為「歓」，義同。「是用不集」，韓詩「集」為「就」，古音通，與咎協。「如匪行邁謀」，左傳引之，杜注：「匪，彼也。」顧寧人云古「匪」字或作「彼」。「民雖靡膴」，韓詩作「靡無」，猶無幾也。小宛「宜岸宜獄」，韓詩「岸」為「犴」。「握粟出卜」，惠定宇曰：「古者卜筮先用精鑿之米以饗神，此言貧者但有卷握之粟也。」趙岐云：「『伯奇仁人，而父虐之，作小弁之詩。』」「怒焉如擣」，韓詩「擣」作「疛」，或作「𤺋」。巧言「僭始既涵」，韓詩「涵」作「減」，注「少也」，鄭音咸，云同也，惠氏云：「『涵』省作『函』，與『咸』通，毛傳訓容，謂減少，失之。」「居河之麋」，釋文「麋」本又作

「湄」。何人斯「亦不遑舍」，熊氏經說：「舍與車、盱協，音舒。」春秋「齊人弒其君荼公」，公羊作「舍」，音舒。惠氏云：「日月所舍，舒氣也，是舍字並有舒義。」「我心易也」，韓詩「易」作「施」，善也。巷伯「萋菲」，釋文「菲」本或作「非」。大東「佻佻公子」，韓詩作「嬥嬥」，音挑，往來貌。

嚴華谷曰：「楚茨以下四詩皆述古以傷今，若非小序且皆為正雅矣。」「倬彼甫田」，韓詩「倬」作「箌」，早也。大田「俶載南畝」，箋讀「俶」為「熾」，讀「載」為「菑」，正義「：菑、戴聲相近，故鄭讀俶、載為熾、菑是，詩『載木』又作『戴』也，古字通。」「去其螟螣」，惠氏云：「螣，古作蟣，呂覽作『蟘』，高誘注讀近『殆』，孫叔敖碑作『貸』，唐公房碑作『蟘』。」「瞻彼洛矣」，傳云：「天子玉琫而珧珌，正義未知所出。」說文玉部，言佩刀，引逸禮與此略同。

桑扈「彼交匪敖」，左傳引之，上「彼」字作「匪」，匪彼通音。頍弁「頍」古「規」字，「樂酒今夕」，王逸注：「楚辭『夕』作『昔』，古通。」車舝「以慰我心」，韓詩『慰』作『慍』，怒也。采菽「彼交匪紓」，荀子勸學篇引之，「彼」作「匪」。角弓「見晛曰消」，韓詩「見」作「曣」，日出也，曰「作聿」。

采綠「薄言觀者」，韓詩「觀」作「覩」。白華「英英白雲」，韓詩作「泱泱」，「視我邁邁」作「怖怖」，意不悅好也。瓠葉「有兔斯首」，箋「斯白白首，兔之小者」，今俗語斯白之字作「鮮」，聲相近。

大明「俔天之妹」，韓詩「俔」作「磬」，譬也。「涼彼武王」，韓詩「涼」作「亮」。「會朝清明」，傳云：「會，甲也，古以甲為一。」皇矣「其菑其翳」，韓詩「翳」作「殪」。「串夷載路」，鄭本「串」作「患」，謂患中國之夷，一說古「患」字作「䀎」，古貫字作「毌」，明堂位言：「『貫鼎』，『貫』，國名也。」「侵阮徂共」註疏：「文王欲侵阮，阻共三國，徵兵於密，密拒之，故文王怒，出却止徂國之衆。」又「以篤周祜」，「篤」下有「於」字。「度其鮮原」，孔晁云「鮮原，地名，近岐周，見周書」，鄭訓善，正義及蘇氏以為程邑皆非。」箋「不大聲色」二句，言不虛廣，言語以外作容貌。「不長諸夏」，以變更王法。「臨衝」，韓詩作「隆沖」，後漢殤帝諱隆，改「隆」為「臨」，隆，隆車也，即樓衝衝車也。下武「昭茲來許」，「許」，傳訓進，東觀漢記引作「御」，蔡邕云：「『御進』疑『許』，乃傳寫之悮。」

生民「釋之叟叟」，釋文「叟叟」又作「溲溲」。行葦，漢儒班叔皮、王符等皆以為公劉之詩。假樂「宜君宜王」，釋文作「且君且王」。「篤公劉」，「三單」，箋以為滿三軍之數，單者無羨卒，王肅云：「三重相襲，止居婦女在內，老弱次之，強壯在外。」民勞「汔可小康」，箋：「汔，幾也。」古幾字作饑，見碧落文，音與「汔」通。板「無然憲憲」，傳「憲憲」猶「欣欣」也，欣、憲、獻皆有軒音，與難韻。「天之牖民」，「牖」，譚長以為「甫」上「日」，非「戶」也，韓詩作「誘」，古今字。

抑「用遏蠻方」，箋：「『遏』當作『剔』。」桑柔「孔棘我圉」，箋：「『圉』當作『禦』。」大風，箋：「『大』音泰，西風也。」雲漢「蘊隆蟲蟲」，韓詩作「鬱隆烔烔」，「胡寧瘨我」之「瘨」作「疹」。崧高「王纘之事」，韓詩「纘」作「踐」，「往近王舅」，「近」音「記」，箋：「辭也，古作『釘』，今作『辺』，譌為『近』。」烝民「古訓是式」，箋：「故訓，先王之遺典也。」惠氏以為「古」猶詁。韓奕「燕師所完」，鄭以「燕」為燕安，王肅、孫毓並指北燕國。江漢「匪疚匪棘」，箋作「急」，惠氏云：「棘、悈、戒古字通。」常武「緜緜」，韓詩作「民民」，後載芟同。瞻卬「蟊賊」、「蟊疾」，釋文「蟊」作「蛑」，云本又作「蟊」，惠氏云：「蟊宜為蠿。」

清廟，釋文「廟」本作「庿」，古今字。維天之命「於穆不已」，正義：「子思論此，孟仲子曰：『於穆不似，似、以、巳通。』」「假以溢我」，左傳作「何以恤我」，廣韻引云：「『誐以謐我』，誐、何音相近，溢相類，謐又與恤通，皆訓慎。」思文「來牟」，韓詩作「嘉麰」，劉向傳引作「釐麰」，「釐」字本從釐。徐仙民讀與「來」同。豐年「萬億及秭」，韓詩「陳穀」曰「秭」。潛，爾雅、韓詩作「涔」。

閔予小子「嬛嬛在疚」，釋文「疚」本又作「宂」。載芟「有畧其耜」，「畧」當作「䂮」。絲衣「鼐鼎及鼒」，史記音義「鼒」作「哉」，郭音才，張平子碑「往才汝諧」，才、哉通，音茲，失之。酌，儀禮、漢書俱作「勺」。般詩末，齊、魯、韓三家俱有「於繹思」。

有駜「歲其有」，釋文本或作「歲其有矣」，或作「歲其有年」。泮水「言采其茆」，字本作「茆」，徐仙民音柳。「狄彼東南」，「狄」，釋文作「鬄」，降也。閟宮「實始翦商」，「翦」，勤也。「戎狄是膺，荊舒是懲」，「膺」，傳作「應」，當也，「舒」作

「荼」。
玄鳥「奄有九有」，韓詩作「九域」，長髮「桓撥」作「桓發」。「駿厖」，荀子作「駿蒙」，「武王載旆」作「載發」讀拔，與下韻協。

詩異義

漢書杜欽傳「佩玉晏鳴，關雎刺之」，後漢明帝詔「應門失守，關雎刺時」，襲三家之說，謝太傅妻則以關雎諸詩為周公作。

檮園詩評以葛覃澣濯、歸寧皆非實境，卷耳陟山、飲酒皆夫人憶文王行道之難，欲自遣，兔罝為兵象兆端。王豐山據左傳郤至語，以「干城」為美，「腹心」為刺。

芣苢，毛傳以為后妃之美，韓詩以為夫有惡疾，列女傳以為蔡人刺夫。

周磐誦汝墳為親從仕，是大夫辭家為祿養之作，則卒章父母為己親。

鵲巢，劉向以為邵國男悅貞女，檮園以為言鳩譬女德無非無儀。

采蘩，毛、鄭、孔皆主小序「夫人奉祭祀，不失職」，朱子以先儒有親蠶之說，兩存之。但夫人助祭，首服副告桑，服編受繭，服副于末章服被不合，解者以服被為祭畢之時。匯纂謂就蠶事言止是享先蠶。

草蟲「亦既覯止」，毛傳以為男女覯精。

采蘋，江眘齋以為大夫妻將嫁，教成祭于宗子之詩。

行露「鼠牙」、「雀角」，檮園以為預防之辭。

羔羊「退食」，鄭箋以為減膳。

洪容齋以小星即殷其雷之旨，蓋使臣宵征不敢慢也。

王文憲柏改甘棠、野有死麕、何彼穠矣三詩入王風。近顧寧人、江昚齋、袁子才于何彼穠矣「平王」、「齊侯」皆不取毛、鄭說。然匯纂辨莊公元年當齊襄五年，莊公十一年當齊桓三年。據傳，桓娶王姬，於時皆不當稱齊侯，子襄亦不足污經，其說甚確。王豐山謂國初未有謚法，文稱平不足疑也。

邶、鄘、衛分為三，顧寧人以為漢儒之悮。據左傳，季劄觀樂總邶、鄘、衛，北宮文子引衛詩「威儀棣棣，不可選也」。

王豐山云：「淵明為外祖孟嘉作文有云「凱風」「寒泉」之感，似不以凱風為不安其室之母。

「燕燕於飛」，列女傳以為定姜送婦作。

谷風「涇以渭濁」二句，呂祖謙謂涇比新昏，渭比舊昏，合則易惑，而淺沚猶見渭清也，程子亦主是說。本朝考得涇清渭濁，則涇比舊昏，渭比新昏，又與常解異。

泉水「出宿于干」，王豐山謂邢州有干山，賦泉水者當為邢國夫人。

白虎通：「相鼠為妻諫夫之詩。」王豐山：「關尹子謂聖人師拱鼠制禮，爾雅『鼠翼見人交前足而拱之，謂之禮鼠』，相鼠蓋取諸此。」

碩人，列女傳以為衛人刺莊姜之淫冶而作，姜聞之悔過改行。鄭箋於「碩人」一切作大德解，惟于白華「碩人」為妖大之人。

大車，毛傳以為刺周大夫不能聽訟，劉向謂息夫人作。

韓詩解黍離：「詩人求亡不得，中心憂懣，不識於物，視黍離離，悮為稷苗。」

緇衣，「適館」之「館」，鄭箋以為諸廬。

「雞既鳴矣」，毛傳以為思賢妃，韓詩以為刺讒人。

載驅「齊子豈弟」，鄭箋以為即齊子發夕之義，謂闓明發行，又引古文尚書以「弟」為「圛」翻，毛傳「樂易」之說謂與他

「豈弟」不同。

「坎坎伐檀」，劉向以為衛女閔傷怨曠。

衡門「可以樂饑」，箋作「療」，訓治也。

「墓門有棘」，劉向以為采桑之女斥晉大夫解居甫。「夫也不良，歌以訊之，凡百君子，莫肯用訊」，江永謂「訊」以韻讀之皆當作「誶」，告也。

顧寧人謂自周至豳統謂之國風，此先儒之悞，程泰之嘗辨之。二南，南也，豳風不屬國風，周世無豳國，非太師所采。周公追王業之始，作為七月，兼雅頌之聲，用之祈報，鴟鴞以下皆附之耳。鴟鴞，趙岐以為刺邠君詩。

仁義陵遲，鹿鳴刺焉，見史記。

伐木為刺，見蔡邕集。

十月之交「朔日辛卯，日有食之」，顧氏以為此幽王六年乙丑，周正十月辛卯朔，夏正則八月建酉，去之數千年，歷年猶能追算。此日入交加時在辰，非夏正建亥也。正月篇以下為幽王詩，非東遷後詩，亦即以日食決之。則褒姒滅周為逆料之辭，東周以後有風無雅亦信矣。

甫田「曾孫來止，以其婦子，饁彼南畝」，箋謂「婦子」即「曾孫」之王后，「婦子」，成王勸農必與王后太子同行。

毛傳：「裳裳者華『左之左之』為陽，道朝祀之事，『右之右之』為陰，道喪戎之事。」

都人士「言從之邁」，箋謂將自殺以從之。

采綠「五日為期，六日不詹」，傳謂妾年未五十必與五日之御，婦人過五十必有思男子而不得之病。

樗園詩評：「自菀柳至何草不黃，多似風體，二雅之音響盡矣。存之于雅，不忍周之舊也。」

文王，毛詩以為文王受命而作。

思齊「雝雝在宮」，箋以為辟雍之宮。「不諫亦入」，亦謂入太廟。

皇矣「以遏徂旅」，「旅」，孟子作「莒」，韓非云：「文王克莒。」

生民「履帝」，傳謂履高辛之武以行祭，鄭以帝為天。

抑詩「屋漏」之「屋」，箋以為小帳。

韓奕「韓城」，鄭以為馮翊夏陽縣西北，姬姓之國，王肅曰「涿郡方城縣有韓侯城」，顧氏、江氏皆從王說。顧氏又曰：「水經『濕水徑良鄉縣之北界，歷梁山南，高梁水出焉』，是所謂『奕奕梁山』也。」又曰：「左傳戰于韓，『涉河』下言『及韓』，是韓在河東，非今之韓城。文十年，晉伐秦，取少梁，始得今韓城之地。」

「昏椓靡共」，箋以「椓」為「椓」，女子之陰。

「昊天有成命，成王不敢康」，箋以為成此王功。

「執競不顯」，成、康以為成，安祖考之道。

「玄鳥降商」，毛傳以為玄鳥至之日，簡狄祈高禖生契，鄭以為吞鳦卵生。

汎歷樞言「四始」曰：「大明在亥，水始也；四牡在寅，木始也；嘉魚在巳，火始也；鴻雁在申，金始也。」郎顗曰：「四始之缺，五際之厄。」「五際」本齊詩，見典故前編，「四始」與毛詩異。

詩要義

顧寧人日知録：「詩有入樂、不入樂之分。二南也，豳之七月也，小雅正十六篇，大雅、頌也，入樂者也。邶以下十二國附于二南而謂之風，鴟鴞以下六篇附於豳而亦謂之豳，六月以下五十八篇之附於小雅，民勞以下十三篇之附于大雅而謂之變雅，不入樂者也。」又曰：「正義言變雅亦播于樂，或無算之節，所用隨事類而歌，又在制禮之後，樂不常用。今按以變雅入樂，如衛獻公使太師歌巧言之卒章是也。」按：據此則詩皆可入樂，特當時有人不入耳。又曰：「二南，南也，非風也。豳謂之豳詩，亦謂之雅，亦謂之頌，非風也。南、豳、雅、頌為四詩，而列國之風附焉。」

朱彝尊經義考：「詩多失古人之次：『褒姒威之』，幽王詩也，次於前；『召伯營之』，宣王詩也，次於後。碩人詠莊姜初歸，次於後；綠衣詠莊姜失位，次於前。黃鳥為秦穆公薨後事，次於前；渭陽為秦康公為太子事，次於後。左傳邲之戰據楚莊言，以武為大武卒章，賚為大武三章，桓為大武六章，與今詩皆不合，豈楚歌別有節奏與？」又曰：「聖人有正樂之功，無刪詩之事。『趨以采齊』節以貍首、下管、新宮、金奏、繁、遏、渠及笙詩六篇，商頌十二篇皆著于樂被于禮者，聖人必以意去取之，俾禮壞樂崩，何也？季札觀樂於魯，夫子未刪訂詩也。即以風論亦無出今國風外者，魯論曰『詩三百』曰『誦詩三百』，豈從刪後言之與。歐陽子又云『刪其章句字』，『唐棣之華』，門弟子胡為取之？『衣錦尚絅』，門弟子胡為述之？『素以為絢兮』，子夏胡為質之？然則詩何以逸也？一厄于嬴秦之虐焰，一裂于齊、魯、韓之分門，一缺於竹帛之脫遺，一亡於瞽矇之記誦。」又曰：「風、雅之有正變流傳，舊矣。豳何以言變風？六月、車攻諸詩何以言變？小雅崧高、韓奕諸詩何以言變？大雅季札觀樂論詩，夫子教小子以興觀群怨，皆未嘗有變之說。」毛奇齡以變為變操，似未然。顧寧人以宣王之詩如車攻、韓奕詞多誇大，豳為變風豈誇大乎？

孔氏穎達曰：「樂之大綱，頌用於郊廟，大雅用於王朝，小雅通于侯國，二南用於鄉。然國語言『肆夏、繁、遏、渠，天子享元侯用之』，孔子燕居言『升歌清廟，客出以雍，徹以振羽，兩君相見用之』，文王世子言『反登歌清廟，天子視學用之』，是頌不獨用於郊廟矣。燕禮及鄉飲酒皆升歌小雅，合樂二南，是小雅不獨用於朝，二南不獨用於鄉矣。」

邵子曰：「諸侯千有餘國，風止十五，西周十有二王，雅取惟六。」

周氏世樟曰：「治國先齊家，故以二南居三百之首。亂極則思治，故以豳風居十三國之終。」

晁氏景遷曰：「騶虞王道成也，風其為雅與？魚麗可告神明，雅其為頌與？」

顧氏絳曰：「吳、楚無詩，非以僭王刪之，太師本無也。楚辟在荊山，周無分器，岐陽之蒐守燎，不與盟，亦無詩可采矣。況吳自壽夢以前未通中國者乎？滕、薛之無詩，微也。若虢、檜皆為鄭滅而虢獨無詩，陳、蔡皆列春秋之會盟而蔡獨無詩，有司失其傳爾。」

蘇氏轍曰：「甘棠篇三言召伯，而周南無一周公詩，公讓善於君且義為子弟也。」

張子曰：「周之興也，商民後革，及其衰也，衛風先變。」

蘇氏轍曰：「木瓜雖美齊桓而在衛，猗嗟雖刺魯莊而在齊。詩皆系於所作之國也。至泉水、載馳、竹竿，皆衛女已嫁時作，非本國詩而系衛者以其聲衛聲與？」

崔氏銑曰：「鶉奔先定中，著衛之所以亡，木瓜次有狐，著衛之所以存。」

王氏應麟曰：「季劄觀樂已為之歌王，降王為風非孔子也。」

朱子曰：「王不為雅而為風，東遷後政教止及畿內，與諸侯無異。不曰周而曰王，使天下猶知有王，亦以見西周之不復也。」

胡氏紹曾曰：「周之衰，衰于鄭，故以鄭次王。」

嚴氏粲曰：「緇衣詩為周人所作而系鄭，猶破斧以下四詩，皆周大夫與東人所作而附豳。」

朱氏道行曰：「春秋之始，鄭最強，嗣後齊桓創霸，故次齊。蓋魯既升頌，諸侯無先齊者，且齊風多魯事，不可言魯有頌無風也。」

朱子曰：「周初封魏，後為晉獻所滅。蘇氏疑其詩為晉作，故列于唐前，猶邶、鄘先衛也。篇中公行、公路、公族皆晉官。」

高氏朝瓔曰：「首蟋蟀，知唐之所以興，終采苓，知唐之所以替。」

徐氏與喬曰：「齊、晉更霸，秦穆繼之，爭自奮厲，胥遠昏淫，已有超八州，統六王之概，故詩次齊、唐。」

朱氏公遷曰：「變風訖于陳靈，檜、曹尤小，且有思治之詩，故二國不先陳風。」

黃氏文煥曰：「七月見君人之道，鴟鴞見人臣之義，東山見用民之宜。」

徐氏與喬曰：「規諷政事主于和，故小雅近風，弼直君德主於敬，故大雅近頌。」

真氏德秀曰：「鹿鳴以臣為賓，伐木以臣為友。」

朱氏公遷曰：「四牡勞使恤以情，皇華遣使諷以義。」

孔氏穎達曰：「采薇遣戍，預計歸期於歲暮；出車勞帥，不嫌踰時爽信者，聖人欲一勞永逸之心。」呂氏祖謙曰：「兵事以哀敬為本而所尚則威，出車之戒懼，二章之奮揚，並行而不悖。」程子曰：「觀朔方之城知守備為本，不以攻戰為先。」

黃氏櫄參：「六月詠武事而燕飲則有孝友之張仲，可見內有賢臣，外斯有大將。」

徐氏與喬曰：「宜臼能為小弁之親愛，何必預驪山之大惡？申后能為白華之忠厚，何不戢父兄之逆謀？詩固多他人代作。」

沈氏萬鐘曰：「詩詠周受命無備於大明者，自王季，而太任，而文王，而太姒，而武王，見夫婦、父子、祖孫、婦姑、君臣、天人之同德，故八百年之祚不卜而定。」

郝氏敬曰：「文王伐崇作豐而王業基，武王伐商作鎬而王業成。文王求甯觀成以始武，武王翼子詒孫以終文。」李氏來泰曰：「鎬名京，豐不名京，見文王臣節之克終。」

朱子曰：「太王創立皋應二門，後遂以為天子之門，立塚土，後遂以為天子之社。」孔氏穎達：「『六師及之』，周家六軍始於此。」又曰：「君之宗，之師，周禮大小宗之制，其軍三單即大國三軍之制，徹田為糧即什一而稅之制。」

劉氏瑾曰：「衛武公風、雅皆有詩，風有淇奧無可疑，賓筵、抑戒，得入二雅者，豈公在王為卿士時作，故其體制章節有合於大、小雅與？然但列變雅，與先王雅樂固無相亂。」

孔氏穎達曰：「雅不言周，以雅與國風殊絕，又無異代相涉也。頌言周者，以別商、魯也。」黃氏櫄參：「宋，王者之後；魯，聖人之後，天子巡狩不陳其詩，所以禮之也，故宋、魯無風而有頌。」

李氏廉曰：「春秋僖十七年以前魯事見經者甚少，魯頌四篇即補春秋之缺。」

朱子曰：「詩以商頌終，不忘本也。」

詩傳授著述

孔氏穎達曰：「近代為詩義疏者有全緩、何允、舒緩、劉思軌、劉醜、劉焯、劉炫等，焯、炫特為殊絕。」

韓氏愈曰：「施先生士丐明毛、鄭詩、大學，習毛、鄭者皆其弟子。」

劉氏昫曰：「許叔牙精毛詩，貞觀初撰毛詩義纂以進。」

宋氏祁曰：「張士衡，瀛州人，北齊博士，劉思軌授以詩，唐興，士衡授永平賈公彥，公羊傳李元植，元植授齊威。」

歐陽氏修曰：「梅堯臣、周堯卿學長毛詩，予欲志鄭學之妄，益毛詩疏略不至者合之於經。」

朱子曰：「詩自齊、魯、韓氏說不傳，盡宗毛詩，推衍毛說者又獨鄭箋。唐初諸儒為作義疏，不能出二氏區域。至本朝劉侍讀敞、歐陽公修、王丞相安石、蘇黄門轍、河南程氏、横渠張氏始用己意，有所發明。」

魏氏了翁曰：「永嘉錢文子以呂成公集眾善，存異本，朱文公復古經，主葉韻，於是併去講師增益之說，惟存序首一言，約文實指篇為一贊，曰錢氏集傳，又别為詁釋，如爾雅例。」

陳氏日強曰：「雪山王先生質删除詩序與文公合。」

吴氏師道曰：「由漢以來，毛、鄭之學專行。宋程純公、呂成公猶主序說，至朱子灼見其謬，每篇則定其人之作，每章則約以賦、比、興之分，葉韻以復古，用吟哦上下，不加一字法，略釋而使人自悟。自北山何先生基得勉齋黄公幹之傳而王魯齋柏、金仁山履祥授受相承，逮許白雲謙四傳無聞，益大以尊。」

胡氏一中曰：「輔傳貽廣親炙朱子門，著詩童子問，羽翼集傳。」

李氏德潤曰：「南渡後，李迂仲樗、張南軒栻、戴岷隱溪、嚴華谷粲各自名家，咸宗朱氏。」

宋氏濂曰：「胡一桂得朱子源委之正，著詩傳附録、纂疏，梁益著詩傳旁通，發揮朱學。汪氏克寬作集傳音義會通。」

楊氏士奇曰：「安成劉瑾著詩傳通釋，能闡朱子之藴。」

經傳摭餘四

春秋三傳略例

顧氏絳曰：「魯春秋必起于伯禽，朝覲會同征伐皆在焉。故韓宣子曰『周禮，其成之者良史也』，隱公以下史失其官，孔子懼而修之，所謂『作春秋』也。」

江氏永曰：「春秋始隱，疑惠公以上，魯史不存，夫子因其存者修之，未必有所取義也。使伯禽以後之春秋猶存，夫子何不存其盛世之事以為法？顧獨存衰世之事以為戒耶？」

「春王正月」，劉原父以「王」字為聖人新意，顧氏謂此魯史舊文，言「王」者，别于夏、殷，並無他意，以一年為元年亦古人常語，獨時月並書，于古未有。毛西河則謂「春王」為「春旺」，未免好異之甚。

「天王」之稱，顧氏以為當時楚、吳、徐皆稱王，故稱天以别之。又曰：「邾儀父稱字，附庸之君無爵可稱，直書其名，又非所以待鄰國之君。左氏曰『貴之』，公羊曰『褒之』，皆非。若『郳黎來』，來朝稱名，下矣；『介葛盧來』，不言朝，又下矣；『白狄來』，略其名，又下矣。」

江氏曰：「周初冢宰總百官，後改制，總百官者卿士，而宰為庶職。宰咺、宰渠伯糾、宰周公、宰孔，皆非周初冢宰，說春秋者猶以冢宰釋之，疎矣。」

顧氏曰：「隱元年『仲子』，穀梁謂惠公之母，孝公之妾，得之。左氏以為桓公之母，桓未立而以夫人之禮尊其母，又未薨而賵，皆違於人情，不可信。所以然者，以魯有兩仲子，孝公之妾一仲子，惠公之妾一仲子，隱夫人又是子氏，三傳所聞不同，故有紛紛之說。」又曰：「春秋十二公夫人見於經者，桓夫人文姜、莊夫人哀姜、僖夫人聲姜、宣夫人穆姜、成夫人齊姜，皆書薨、書葬。文夫人出姜不書薨、葬，隱夫人子氏書薨不書葬，昭夫人孟子變薨言卒，不書葬，不稱夫人。妾母之見於經者，僖母成風、宣母敬嬴、襄母定姒、昭母齊歸，皆書薨、書葬，稱夫人、小君。惟哀母定姒變薨言卒，不稱夫人、小君。他若隱母聲子、桓母仲子、閔母叔姜，皆不見經。定母則經傳並闕，而所謂惠公仲子者，惠公之母也。」按：此即僖公成風之例。又曰：「二年，夫人子氏薨，穀梁以為隱妻。是左以為桓母，公羊以為隱母，皆非。其不書葬，春秋之例，葬君則書葬，君母則書葬，妾則不書。隱見存，夫人薨，故不書葬。注謂隱弑，賊不討故不書，非。又曰成風、敬嬴、齊歸書夫人、小君，邦人稱之，舊史書之，夫子焉得貶之？後世若秦芊氏、漢薄氏稱太后，直書而失自見矣。定十五年，定姒書葬不書夫人、小君，哀未君也。魯有兩定姒。孟子則並不書卒，不成喪也。」又曰：「君氏從左氏為是，子氏非一，故系之君，以為別夫人。子氏，隱之妻，嫡也，故書薨。君氏，隱之母，惠公之繼室，妾也。不書葬者，春秋之初嫡妾之分尚嚴，僖公以後，日以僭踰，於經可見矣。」

江氏曰：「原廟不始漢惠，成王作雒，立五宮。見周書。魯亦有文王廟，鄭有祖廟，在祊，周公別廟在許田，皆原廟也。魯桓、僖廟，定、哀時猶存，此有故，兄終弟及，或以兄繼弟，或兄弟多人為君，祧遷不得如常制，禮宜有以通其窮。或曰『當如後世同堂異室』，然明堂宗廟異制而二公居之者，然則何以通之？曰：昭穆之世，諸侯不得過四。親昭穆之廟不必限以四也。兄弟相繼則別立廟。高、曾親未盡者不毀，親既盡，兄弟同昭穆者當兩朝並祧。桓以弟繼隱，僖以兄繼閔，豈可同父子，易其昭穆，宜別立廟以待他年之遷毀。魯頌閟宮因僖公他日當別立廟，于生時因作路寢，猶漢文帝作顧成廟也。名曰『閟宮』，常閉而不啟也。隱桓廟祧當在成公時，季孫行父以桓為三家所自出，祧隱不祧桓，閔、僖廟祧當在昭公時，季孫宿以僖賜田邑，祧閔不祧僖，所以猶存於定、哀間始權宜立廟，豈意末流至此哉？」

顧氏絳曰：「滕侯降而子，薛侯降而伯，杞侯降而伯而子，非貶之，貶之可人可名，降爵，非情也。衛稱公，及其末貶而侯，貶而君，滕、薛、杞猶是也。襄十年伐鄭之會，齊世子光列滕、薛、杞、小邾上。十一年再會，又進在邾、莒上，時為之也。

左氏謂以先至而進之，亦託辭。」又曰：「桓三年至九年、十一年至十七年無王，皆春秋之闕文，後人之脫漏也。穀梁有桓無王之說，竊謂夫子于繼隱後書『公即位』，桓之志見矣，奚待去王以為貶？王使榮叔來錫桓公命，不書天，亦闕文也，文五年歸含且賵同。若以錫桓貶之，桓之立已公之矣。商臣書楚子，商人書齊侯，五等之爵無所可貶，孰有貶及于天王耶？」又曰：「文十四年，叔彭生不言仲；定六年，仲孫忌不言何，亦闕文。」

邵國賢寶以「夏五」為春秋之闕文，非魯史之闕文。范介儒則以「紀子伯」、「郭公」、「夏五」之類傳經者之脫文，非夫子之闕疑。邢凱乃以「郭公」為草名，又引公羊以「戎捷」為「戎菽」作證，謬甚。

莊元年，夫人孫于齊，左氏曰「不稱姜氏，絕不為親」，二傳皆以為貶。二年，會禚，復書姜氏，高氏閌曰：「稱姓氏，貶不再也。」顧氏曰：「此見魯人復以小君待之，忘父與讎通也。中不書歸魯，為國諱，此夫子削之。」閔二年，夫人姜氏孫于邾。賈、服等皆以為文姜殺夫罪重，故去姜氏，哀姜殺子罪輕，故不去姓。按：袁子才枚以為莊元年不書姜氏，蒙上甫書公與夫人姜氏如齊省文也，則知莊二年、閔二年，夫人之書姓皆文義宜然，說最平允，但袁似以閔二年之哀姜為即文姜，又以孫邾為孫齊，以賈、服說為何休說，則大疎謬矣。

顧氏曰：「繼立之君踰年，正月乃書即位，然後國人稱曰君。未踰年稱子，未踰年又未葬稱名，父前子名之義，莊二十二年，子般卒，襄三十一年，子野卒是也。已葬，子而不名，文十八年子卒、僖二十五年衛子成公、二十八年陳子共公、定三年邾子隱公是也。踰年改元，國不可曠年無君，故不待葬而即位。文元年、成元年正月公即位，定元年夏六月公即位，桓十三年衛侯惠公、宣十一年陳侯成公、成三年宋公共公、衛侯定公是也，公羊曰『君存稱世子，君薨稱子某，既葬稱子，踰年稱公』得之。未葬亦有不名者：僖九年宋子襄公、定四年陳子懷公從，同也。已葬亦有名者：昭二十二年王子猛，示別也；鄭伯突出奔蔡，已即位之君，鄭世子忽復歸於鄭，已奔未踰年之子皆名，別嫌也。杜以為賤之，非。里克殺其君之子奚齊，未葬居喪之子，里克弒其君卓，踰年已即位之君，此皆臨文不得不然。穀梁以為國人不子，非其有先君已葬不待踰年而先即位者。宣十年，齊侯使國佐來聘頃公，成四年，鄭伯伐許悼公，稱爵者從告，亦著其無君之罪。」又曰：「春秋卿不書族有二義：無駭卒、挾卒，柔會宋公、陳侯、蔡叔，盟于折溺，會齊師伐衛，未賜氏也。遂以夫人婦姜至自齊，歸父還自晉，僑如以夫人婦姜至自齊，豹及諸侯之大夫盟于宋，意如至自晉，婼至自晉，一事再見，因上略其辭也。隱、桓之世，卿大夫賜氏者尚少，莊、閔以下無不賜氏者矣。」又曰：「周制，子為爵，大夫雖貴不稱子，僖以前並以伯仲叔季為稱。魯孟孫稱子自蔑始，叔孫稱子自豹始，季叔孫稱子自行父始，晉魏氏稱子自犨始，欒氏稱子自枝始，趙氏稱子自衰始，中行稱子自林父始，郤氏稱子自缺始，知氏稱子自首始，范氏稱子自會始，韓氏稱子自厥始。晉、齊、魯、衛執政稱子，他國惟鄭間有之，餘則否。雖稱子不敢稱於君之前，唐孔氏以為大夫皆稱子，非也。後匹夫為學者所宗亦稱子矣。

左傳摘釋

杜氏謂左丘明親受經于仲尼。顧氏曰：「左氏書成之者非一人，録之者非一世。聖人未必見也。啖助、趙匡以為左氏非人，特古者書動之左史，左丘明只作國語耳。」惠定宇棟亦云然，殆未足以為據。

顧氏曰：「春秋因魯史而修，左氏傳采列國之史而成。考僖五年，晉侯殺其世子申生，經書春，傳在上年十二月。十年春里克弒其君卓，經書正月，傳在上年之十一月。十一年，晉侯殺其大夫丕鄭父，經書春，傳在上年之冬。十五年，晉侯及秦伯戰于韓，獲晉侯，經書十有一月壬戌，傳書九月壬戌。經、傳之文或從夏正按當時晉用夏正，或用周正，所以錯互如此。又曰：僖二十四年冬，晉侯夷吾卒，疑經為錯簡，當在二十三年冬，傳言九月，晉九月周之冬也。」又曰：「隱六年冬，宋人取長葛，傳作秋，宋蓋用殷正，建酉之月，周以為冬，宋以為秋。桓七年夏，谷伯綏來朝，鄧侯吾離來朝，傳作春，劉原父以為據夏正。文十六年，齊公子商人弒其君舍，經在九月，傳在七月。隱三年夏，四月，鄭祭足帥師取溫之麥，秋又取成周之禾，若云周正，麥禾皆未熟。秋，諸侯之師敗鄭徒兵，取其禾而還，亦在九月之上。是夏正六月禾亦未熟。注云『取蓋芟踐之』，終是可疑，傳雜取三正。」按：東周不頒朔，故列國雜用三正。左氏雖發其例于隱元年春王周正月，而間有失於改定者。又曰：「文元年，傳於是閏三月，非禮也。」襄二十七年，十一月乙亥朔，日有食之，辰在申，司曆過也，再失閏矣。杜云：「斗當建戌，而在申，知再失閏。」哀二十年冬十二月，螽，仲尼曰「今火猶西流，司曆過也」，並是魯曆。杜云：「火西沒未盡沒，知是九月，曆官失一閏。」春秋各國之曆不同，經特據魯曆言之。按：正朔異故曆亦異。成十八年，春王正月，晉殺其大夫胥童，傳在上年閏月。哀公十六年春王正月己卯，衛世子蒯聵自戚入于衛，衛侯輒來奔，傳在上年閏月，皆魯失閏之證，杜以為從告，非也。江氏曰：「昭二十二年，劉子、單子以王猛居於皇。經書六月，傳在秋七月戊寅。劉子、單子以王猛入于王城，經書秋，傳在冬十月丁巳。王子猛卒，經書冬十月，傳在十一月乙酉。經書十二月癸酉朔，日有食之，傳此年末有閏，明年辛丑正月為壬寅朔，則經十二月癸酉朔日食即傳之閏月，是周曆、魯曆置閏不同。蒯聵入衛，經傳年月之異是衛曆、魯曆不同，魯曆正月有己卯，推是二十九日，故夏四月己丑孔子卒，推之是四月十日。衛曆閏在十五年之末，則十六年四月無己丑，蓋月朔不同，置閏或在歲終，或不在歲終，亦不同也。雖其間未必無史誤，而杜注或以為傳誤，或以為經誤，皆不足信。」

「履端於始」，為步履以冬至為始，故云「序則不愆」。杜謂步履之始以為術之端首，似推曆元，非也。推曆元，漢太初曆以後法，「舉正於中」，謂正朔之月，故云「民則不惑」。杜云：「舉中氣以正月，非也。古曆惟有八節，後世乃有二十四氣，以冬至為始，以閏餘為終。故舉正朔之日雖周正建子，若在『履端於始』之前而言，先王之正時通三代言也。」

春秋時曆術甚疎，梓慎、裨灶、史墨之徒但言災祥，不長於推步，日南至常先天二三日。僖五年春王正月日南至，當在癸丑，其定朔壬子，則癸丑是二日，而傳云「正月辛亥日南至」，則氣先天三日，朔先天一日矣。昭二十年之日南至當在正月三日辛卯，而傳曰「春王二月己丑日南至」，則亦先天三日，而其悞以正月為二月己丑，不言朔則以戊子為朔，亦先天一日。後世曆家無識，謂僖之南至必是實測，故傳云「遂登觀台，以望而書」，不知望而書者雲物，非測日影也，欲強增歲周以求合辛亥之南至，又失己丑之南至矣。

古曆皆用平朔，謂日月皆平行，故朔日或失之先，或失之後，日食有不在朔者。文元年二月癸亥，日有食之，姜岌、大衍、授時皆推是三月癸亥朔入食限，經書「二月癸亥」，不言朔，蓋悞，以癸亥為二月晦而以甲子為三月朔也。三月甲子朔則四月宜有丁巳，故經書「四月丁巳葬僖公」。是年本無閏三月，左氏以為日食必在朔二月，為癸亥，朔則四月，無丁巳，意其間必有閏月，故憑空發傳云「於是閏三月」，非禮也。所謂「歸余於終」者，以置閏或三年，或二年，常置於歲終，今置於三月，故云非禮，不知是年本無閏三月，其閏在僖之三十三年即經書「乙巳，公薨於小寢，隕霜不殺草李梅實之月」也。此四月有辛巳，八月有戊子，故閏十二月有乙巳，不言閏者略之，猶襄公二十八年經書「十二月甲寅，天王崩，乙未，楚子昭卒」。甲寅至乙未四十二日，亦是不言閏。閏在歲終，凡經、傳言閏月者上無十二月，若言十二月則不復言閏，似史體省文之常。僖公薨於三十三年閏十二月乙巳，至文公元年夏四月丁巳葬，正五月而葬，非緩也。文二年，傳言「葬僖公緩，作主」，杜讀「緩」字為句，誤，並以經乙巳為十一月，經書十二月為悞，不知經省閏月兩字也。閏十二月是夏正亥子，間時燠反常。杜云：「周十一月今九月，霜當微而重，重而不殺草，又悞。」

宣十七年六月癸卯，日有食之，此史悞，姜岌、大衍、授時皆云此年五月乙亥朔入食限，六月甲辰朔不應食，食當在五月，而朔又非癸卯。此等悞處後世史如晉書天文志、帝紀、宋書五行志，魏、晉兩朝日食，月日參差，非可數計矣。

曆無比食之理。襄二十一年、二十四年皆兩月比食，漢高、文時亦有之，俱史悞。

襄二十七年日食，經書十二月，傳作十一月，傳文是經文傳寫訛耳。此年七月，經有辛巳，則乙亥朔必十一月，姜岌、大衍、授時所推皆然。則辰在戌非在申，而左傳云辰在申，司曆過也，再失閏矣。此左氏之妄也，春秋時曆術不精，失一閏者有之，昭二十年，日南至在二月是也，然亦隨時追改，豈有再失閏之理？如再失閏，則近此數十年日食皆不合。杜氏曲循傳文，雖作長曆，非知曆者。

昭十七年六月甲戌朔，日食，姜岌、大衍、授時皆云當在九月，然傳有祝史請用幣，平子不從之事。太史云「日過分而未至」，又云「當夏四月謂之孟夏」，又確是六月，蓋明十五年六月丁巳朔日食之事，左氏誤系於此，而此年實以九月甲戌朔日食，時史誤書六月也。

閏常在歲終。昭二十年傳，閏月戊辰，殺宣姜，乃閏八月。似春秋之季，曆家漸改閏法，不必在歲終。如昭二十二年，劉子、單子以王猛居於皇，經在六月，傳在七月，以後皆差一月，似魯曆閏六月也。

哀十二年冬，十二月螽，十三年又書十二月螽。杜云：「是歲失不置閏，雖書十二月實今九月，曆悞一月。九月尚溫，故有螽。季孫不正曆失，明年十二月復螽，實十一月。」按：傳、注皆非。即唐僧一行所推亦依傳說，予以經、傳日月考之，實未嘗失閏。魯曆置閏當在十年末，與一行推當在十一年春者未甚遠，而一行云十二年冬失閏已久，則未細校也。然則何以言火猶西流？司曆過也。蓋十二年冬十二月，火已伏，經書螽者，時燠也。至明年置閏稍遲，十二月當夏正九月，於是火猶西流而復書螽。季孫聞夫子之言乃十三年十二月螽之事，傳悞系之十二年耳。

春秋之歲星不可以今法推，見僧一行歲星議。

又云：「桓五年『魚麗之陣先偏後伍，伍承彌縫』，宣十二年『楚君之戎分為二廣，廣有一卒，卒偏之兩』，成七年『申公巫臣以兩之一卒適吳，舍偏兩之一焉』，此三處杜注皆失之。據杜，偏有三法，魚麗用二十五乘之法者也。杜注：『司馬法二十五乘為偏車居前，伍次之，承偏之隙而彌縫其闕。伍人為伍，此魚麗陣法也。』然伍亦是車伍，周禮夏官注『車亦有卒伍』，賈引司馬法『百二十五乘為伍』，昭元年荀吳五陣。服虔引司馬法云『五十乘為兩，百二十乘為伍，八十一乘為專，二十九乘為參，二十五乘為偏』，見孔疏，『百二十乘』當作『百二十五乘』，脫『五』字。則此所謂伍者，五倍其偏之乘。蓋以二十五乘居前，以百二十五乘承其後而彌縫之，言車則人在其間，杜以五人為伍釋之，悞矣。楚廣及巫臣之偏皆十五乘者也。一偏十五乘，兩偏三十乘，故云廣有一卒。『卒偏之兩』言楚，以三十乘為卒，卒居偏之兩，故下楚子為乘廣三十乘，正是兩偏一卒之乘。」又云：「分為左右，謂有左右二廣，合之則六十乘也。」杜意分為左右，謂分三十乘之半為十五乘，於是卒之數不明而以百人為卒，二十五人為兩，釋之悞矣。注云：「此君之親兵，十五乘為一廣。」司馬法：「百人為卒，二十五人為兩，車十五乘為太偏。」今廣亦用舊偏法，復以二十五人為承副。巫臣以兩之一卒適吳謂合兩偏成一卒之軍，即三十乘也。舍偏、兩之一，謂留其卒之一偏，此偏居兩之一，即十五乘也，質言之，以三十乘適吳，留其半耳。若杜卒、兩以人言，

「兩之一卒」句如何可通？豈可云二十五人之百人乎，又悞矣。注云：「司馬法百人為卒，二十五人為兩，車九乘為小偏，二十五乘為大偏，蓋留九乘及一兩二十五人。」蓋車徒各有卒伍，徒法五人為伍，五伍為兩，四兩為卒。車法，兩偏為卒，五偏為伍，二十五乘之偏，五十乘為卒，百二十五乘為伍，十五乘之偏，三十乘為卒，七十五乘為伍。「楚若敖之六卒」注云：「子玉宗人之兵，此卒恐亦是車卒，六卒，一百八十乘也。」

又云：「司馬法『甲士三人，步卒七十二人』，杜牧注：『孫子又有將重車者二十五人，炊家子十人，守衣裝五人，廄養五人，樵汲五人，合之凡百人。』炊家以下合二十五人，意惟大蒐講武如此。觀傳諸言戰處，甲士被傷未聞車下人力救，遇險猶待御者下推車，似車徒各自為戰，而徒亦不甚多。」

左傳有後人所加。僖十五年，韓之戰，敘穆姬語自曰：「上天降災至，乃舍諸靈台。」杜云：「此四十七字，古本皆無，疑後人所加也。」

襄三十年，絳縣人言年曰：「臣生之歲，正月甲子朔，四百四十五甲子，其季於今三之一也。」「季」言其餘，謂三分六甲之一，得甲子、甲戌盡，是日癸未。

史趙曰「亥有二首六身，下二如身，是其日數也」，謂下亥上二畫豎置身旁作「刘」，為二萬六千六百六旬。正義曰：「古『亥』字體殊不然，春秋時『亥』有二六之體，異古制。說文是小篆，又異於此。」江氏云：「二首者，二萬也。六身者，六千也。下首之二畫如其身之六則又得二六，是為六百六旬，注疏尚未明畫。」

襄九年，穆姜薨於東宮，始往而筮之，遇艮之八。史曰：「是謂艮之隨。」杜云：「雜用三易，以七八為占。」朱子曰：「艮卦六爻，三上以九，初四五以六變，惟二得八不變，故云遇艮之八。」按：國語重耳筮得國，得貞屯，悔豫皆八，內曰貞，外曰悔。震下坎上，屯；坤下震上，豫。得此兩卦，震在屯為貞，在豫為悔。據朱子說，此兩卦初四五爻變震，二陰爻在貞、在豫、在悔皆不變，故曰「皆八」。予謂此貞悔亦指本卦之卦言，初四五爻變，餘八成震，筮得國，故專以震言。又董因為晉文筮得泰之八，韋昭謂泰三至五，震為侯，陰爻不動，數皆八，此取互爻，非也。泰下三陽動而上，三陰不動，變為坤耳。

王山史謂易以變為占，三四五變皆占。兩卦彖辭，江氏謂穆姜占得艮之隨，二不變，其繇曰「係小子，失丈夫」，正與穆姜通僑如，廢東宮事相合，史但依違其說。穆姜姑就史說隨彖言之，其實正法當占隨六二。

江氏曰：「醫和言六氣：陰、陽、風、雨、晦、明，與素問風、寒、暑、濕、燥、火若不同，其實一也。今推之，陰淫寒疾，大陽寒，水也；陽淫熱疾，少陽相，火也；風淫末疾，厥陰風，木也；兩陰腹疾，大陰濕，土也；晦淫惑疾，少陰君，火也；明淫心疾，陽明燥，金也。」

定七年，齊人來歸鄆、讙、龜陰田。注：「三邑皆汶陽田。」疏：「汶水北皆名汶陽，此季氏賜邑外別田也。」

公羊傳摘釋

隱元年，諸大夫扳隱而立之。注：「不起者在春秋前，明王者受命不追治前事。」

立適以長不以賢，立子以貴不以長。注：「禮，夫人無子立右媵，右媵無子立左媵，左媵無子立適姪娣，適姪娣無子立右媵姪娣，右媵姪娣無子立左媵姪娣。質家親親，先立娣，文家尊尊，先立姪。質家親親，先立弟，文家尊尊，先立孫。其雙生也，質家據見立先生，文家據本意立後生，皆所以防愛事。」按：左傳襄三十一年，立敬歸之子子野。子野卒，立齊歸之子裯。穆叔曰：「太子死，有母弟則立之，無則立長，年鈞擇賢，義鈞則卜。」昭二十六年，王子朝告諸侯曰：「王后無適則擇立長，年鈞以德，德鈞以卜。」正義曰：「適嗣立而死，當立娣之子，姪與娣同，無姪娣乃于諸妾之子擇立長，年鈞擇賢與年鈞以德，皆謂母之貴賤等者。子朝之母必賤於猛母，故專言立長之義。」此亦本公羊立說。

公及邾婁儀父盟于眛，傳曷為或言會，或言及，或言暨？會猶最也，及猶汲，汲也，暨猶暨，暨也。注：「最之為言聚，若今聚民為投最。」

鄭伯克段于鄢。傳：「母欲立之，已殺之，如勿與而已矣。」注：「如即不如，齊人語也。」按：左定六年，子西曰「不能如辭」亦然，古人語急多有之。

二年，公會戎於潛。注：「王者不治夷狄。録戎者，來者勿拒，去者勿追。」

紀履綸來逆女。傳：「何以不稱使？婚禮不稱主人，稱諸父兄師友。宋公使公孫壽來納幣，辭窮也，辭窮者何？無母也。紀有母乎？有。有則何以不稱母？母不通也。」按：注不稱主人，為養廉遠恥也。左傳孔疏：「卿為君昏行者，必稟君母之命。婦人之命不得通鄰國，若言卿輒自來，故裂繻不言使。無母者辭無所稟，不得不稱君命，故公孫壽言宋公使。」「公羊言無母者，稱諸父兄師友，諸侯臣其父兄故不得稱。記曰『宗子無父母命之，親皆沒，己躬命之』。以宗子之尊，尚不稱父兄，況諸侯乎？稱父兄師友謂大夫以下非宗子者耳。」

又按：孔氏曰：「天子尊無與敵，不自親迎，使卿逆而上公臨之，諸侯親迎，有故得使卿。」程子曰：「親迎者，迎於其所館。詩稱文王親迎於渭，未嘗出疆也。」胡氏曰：「親迎，禮之正也。邦君爵有尊卑，國有大小，道途有遠邇，或迎于其國，或迎於其境，或迎於其所館，禮之節也。紀侯于魯，以小大言則親之者也，而使履綸來；魯侯于齊以遠邇言，則親之者也，而使公子翬往，是不重大昏之禮，失其節矣。」一親迎之禮，先儒説多紛歧，取長刪短，附議於此。

五年，公矢魚於棠。傳：「得來之也。」注：「得讀登，齊人語。」「百金之魚，公張之」。注：「百金猶百萬也，古者金重一斤，若今萬錢。」薛瓚曰：「漢以一斤為一金，一金為萬錢。」

六年，鄭人來輸平。傳：「輸平猶墮成也。」左作「渝平」，云更成，更為約束，結平不盟，其義同。

八年，公及莒人盟于包來。古「浮」「包」字同。

桓五年春王正月甲，戌，己丑，陳侯鮑卒。曷為以二日卒之？怴也。甲戌之日亡，己丑之日死而得。注：「怴，狂疾也，齊人語。」

六年，寔來。傳：「慢之也。曷為慢之？化我也。」注：「行過無禮謂之化，齊人語。」

十一年，宋人執鄭祭仲。傳言古者鄭國處留，先鄭伯有通鄫夫人叔妘，取國遷鄭野留，祭仲省留事。康成非之，惠定宇謂桓公寄帑與賄於虢、鄶，幽王之亂，東京不守，宜有處留事。

十六年，衛侯朔出奔齊。傳：「屬負茲舍，不即罪。」注：「天子有疾稱不豫，諸侯稱負茲，大夫稱犬馬，士稱負薪。」此皆足補禮。

莊四年，公及齊人狩于郜。傳：「其餘從同同。」疏者不譏，見與重者同，一同也；都與無讎同文論之，一同也。故注曰「凡二同」。

十七年，鄭詹自齊逃來。傳：「何以書？甚佞也。曰『佞人來矣。佞人來矣』。」惠定宇以甚佞猶孔壬，本書。孔傳又云：「佞讀年。天王殺其弟年夫，左作佞，國語輿人誦曰『果佞其田』，『佞』與『田』協，讀年，『年』讀壬，『田』讀陳。」

僖五年，杞伯姬來朝其子。傳：「與其子俱來朝也。」注：「禮，外孫初冠有朝外祖之道。」

十五年，震夷伯之廟。傳：「夷伯者季氏之孚也。」注：「季氏所信任。」用「孚」字新。

十六年，霣石于宋五。傳：「霣石記聞，聞其磌然。」楊士勳曰：「磌，說文、玉篇、字林無其字，學士多讀砰，公羊古本並為「磌」，張楫讀填。」傳：「是月者何？僅逮是月也。」注：「在正月幾盡，劣及是月也。」

十九年，邾婁人執鄫子用之。傳：「蓋叩其鼻以血社。」惠氏云：「『血』當為『衈』壞字，山海經言『祈衈』，郭云以血塗祭為『衈』。」

三十一年，猶三望。傳：「天子有方望之事，無所不通。」注：「凡三十六所：四方群神四，通日與月為六，五星為十一，十二辰為二十三，風伯、雨師二十五，五嶽三十，四瀆三十四，餘小山川為二。」

三十三年，晉敗秦於殽。傳：「秦伯怒蹇叔曰：『宰上之木拱矣。』」注：「宰，冢也。」列子曰「望其壙，宰如也」，亦言冢。

文十三年，陳侯朔卒。注：「不書葬者，盈為晉文諱。」疏：「盈，接足之辭。」

鄭伯會公于斐。傳：「往黨衛侯會公於沓，至得與晉侯盟。反黨，鄭伯會公於斐。」注：「黨，所也，所猶是齊人語。」

宣五年，齊高固及子叔姬來。傳「其諸為其雙雙而俱至者與」，疏以山海經大荒南「雙雙之鳥」為解，似鑿。惠氏主之，非。

十八年，歸父還自晉。傳：「聞君薨，家遣。」注：「家為魯所逐。」

成二年，齊侯使國佐如師。傳：「君不行使乎大夫，此其行使乎大夫何？佚獲也。」注：「已獲而逃亡也。」釋文：「『佚』一作『失』。」惠氏云：「古『佚』字皆然，又同『逸』。」

十三年，公自京師會伐秦。傳：「其言自京師何？公鑿行也。」注：「鑿猶更造之意，本欲直伐秦，不敢過天子而不朝，復生事修朝禮而後行。」

十五年，仲嬰齊卒。傳：「魯人徐傷歸父之無後也，於是使嬰齊後之也。」注：「徐，皆、共之辭，關東語。」

十六年，晉人執季孫行父，舍之于招丘。傳：「在招丘悕矣。」注：「悕，悲也。」

襄五年，叔孫豹、鄫世子巫如晉。傳：「莒將滅鄫，相與往殆乎晉，取後乎莒也。莒女有為鄫夫人者，蓋欲立其出也。」注：「殆，疑，疑讞于晉，齊人語。時莒女為鄫後夫人，無男，有女嫁莒有外孫，鄫子欲立之。」

七年，會鄭，鄭伯髡原如會。傳：「鄭伯髡原何以名？傷而反，未至乎舍而卒也。」按：鄭伯不從楚，為大夫所傷，注云爾者，古者保辜，辜內以弒君論，辜外以傷君論。

十一年，同盟於京城北。惠氏據服注以公、穀為是，左傳亳城為訛。

二十七年，衛侯之弟鱄出奔晉。傳：「公子鱄挈其妻子而去之，盟曰『苟有履衛地，食衛粟者，昧雉彼視』。」注：「昧，割也。」時割雉為盟，猶曰「視彼割雉也」，予謂死而瞑目曰昧。

昭二十一年，華氏入宋南里以畔。傳：「宋南里者何？若曰因諸者然。」注：「因諸，齊故刑人之地。」

二十五年，齊侯唁公于野井。傳：「子家駒曰：設兩觀。」注：「天子、諸侯臺門，天子外闕兩觀，諸侯內闕一觀。」牛馬維婁，委已者也，而柔焉。注：「系馬曰維，系牛曰婁，委食已而柔順，喻季氏專賞罰，宜得民。」

定四年，吴子及楚子戰于柏莒。傳：「伍子胥挾弓而去楚。」注：「禮，天子彫弓，諸侯彤弓，大夫嬰弓，士盧弓。」疏言古禮無文。惠氏云：「彤弓見詩，盧弓即旅弓，黑弓也。又見荀子大略篇『獨嬰弓兮無聞』。」朋友相衛而不相迿。注：「迿猶先也。」

穀梁傳摘釋

隱三年，日有食之。傳：「吐者外壤，食者內壤。」注：「凡吐出者壤在外，所吞咽者壤入于內。」疏：「壤讀傷。」麋信云：「齊、魯間鑿地出土，鼠作穴出土皆曰壤。」

四年，衛人殺祝吁於濮。傳：「祝吁之挈，失嫌也。」疏：「不書氏族，提挈其名而道之。」

五年，初獻六羽。傳：「天子八佾，諸侯六佾，大夫四佾。初獻六羽，始僭樂矣。」尸子曰：「舞夏，天子諸侯皆用八佾。初獻六羽，始厲樂矣。」注：「厲訓減，厲此亦自記異義。」

莊元年，築王姬之館於外。傳：「不言齊侯之來逆，何也？不使齊侯得與吾為禮也。」疏：「舊解齊侯親迎不至京師，文王親迎不至於洽，天子諸侯親迎皆不至婦家，今恐不然。此時王姬，魯主婚，故不至京師。詩稱親迎於渭，為造舟為梁。張本焉知文王不至大姒之家？略舉所疑持諸來哲。」予按：既曰親迎，自當至婦家，不至猶弗迎。禮言親受之于父母，天下無生而貴者，天子諸侯皆假士禮行之，豈宜別乎？或既立為君後，當有異爾。程子又有卿大夫以下皆迎於館之說，恐殊不然。親迎，大禮也，因録公、穀異說，特並詳之。

十六年，同盟於幽。傳：「不言公，外內寮一疑之也。」注：「魯與齊仇，外內同一疑公事可齊，不書公，以著疑焉。」同官為寮，謂諸侯也，是諸侯亦稱寮。

二十三年，公如齊觀社。傳：「以是為尸女也。」注：「尸，主也。主為女往，以觀社為辭。」

僖五年，晉人執虞公。注：「江熙曰：『春秋州公、郭公、虞公，凡三公，非爵也。』嘗試論之：五等諸侯，民皆稱曰公，存有王爵之限，沒則申其臣民之稱，三公生死齊稱，蓋春秋所賤。」

僖八年，禘於太廟，用致夫人。此以夫人為成風，胡氏因之。顧氏曰：「哀姜也，薨七年矣，魯人疑焉，故不祔于姑，至是因禘致之，不稱姜氏，隨元年夫人姜氏勞累于夷之文也。成風尚存，何以致？」按：此謂立為夫人，亦非。

文十二年，叔姬卒。傳曰：「男子三十而冠，冠而列，丈夫三十而娶，女子十五而許嫁，二十而嫁，此與禮合。」注引譙周說，成王十五而冠，著在金縢，據禮與此皆合，謂期不過是耳，非必差十年後為夫婦也。疏引金縢鄭注天子諸侯十二而冠，成王此年十五，於禮已冠，爵弁者，承天變。譙周云云，本鄭玄之徒約大戴禮以為文王崩之明年，成王始生，文王年十五生武王。文王九十七終，終時武王年八十三，崩之明年，武王年八十四也。武王九十三終，則武王崩時成王年十歲可知。據此，武王生成王，年已八十四。疏又引書傳云：「天子年十八，稱孟侯。」作康誥之時，成王稱孟侯，則年已十八。以孟侯為稱成王，此皆異說。顧氏曰：「左成五年又出一叔姬，杞再娶魯而再出，無此理，殆一事而悞書。」按：公、穀皆有，則非悞也。當是兩人。

成三年，新宮災。傳：「新宮者，禰宮也。追遠不敢稱謚，恭也。」注：「迫近言新禰，桓、僖遠祖則稱謚。」按：即此可知死而稱字之非。

昭二十二年，大蒐於昌間。傳：「秋而曰蒐，此春也，其曰蒐，何也？以蒐事也。」按：桓四年傳「春曰田，夏曰苗，秋曰蒐，冬曰狩」，與此同，與左異。

二十五年，宋公卒于曲棘。傳：「邡公也。」注：「邡當為訪，謀也，謀納公。」

春秋三傳總斷

吳氏澂曰：「春秋經十二篇，左氏、公羊、穀梁各有不同。載事則左氏詳于公、穀，釋經則公、穀精于左氏。左氏必有案據之書，公、穀多是傳聞之說，況人名、地名之殊，或因語音字畫之舛，此類一從左氏可也。然有考之於義，確見左氏為失而公、穀為得者，又豈容偏狥哉？漢儒專門守殘護闕，不合不公。唐啖助、趙匡、陸淳三子始能信經駁傳，以聖人書法纂而為例，得其義者十七八，自漢以來未聞或之先也。觀趙氏所定三傳異同，用意密矣。惜其予奪未能悉當，嘗再為審定，如朱子意，專以左氏為主，義有不然則從其是而已。」

袁子才枚非公羊曰：「春王正月以為黜周、王魯，宋穆讓國以為釀禍，叔術妻嫂以為賢行止，弒父而有時，赦宋襄敗泓而以為文王之戰，祭仲廢君而以為合聖之權。外大惡書，內大惡諱，則內之亂臣賊子無忌憚矣。賊不討不書葬，晉靈、齊莊皆暴露矣。子同生以為病桓，是直彰公縱夫人淫奔，而與大惡不書自相矛盾。諸侯不再娶，何以晉少姜卒，齊人請續婚？叔向為博物君子，不引不再娶之禮，乃以喪辭耶？母弟稱弟，母兄稱兄，以同母弟為加親于群公子，是知母不知父也。仲嬰齊卒，謂弟可以後兄，是亂昭穆也。商人兄終弟及，皆君臣也，未聞有父子之稱。仲嬰齊與歸父皆大夫也，無君臣之分，可有父子之稱乎？以為人後，故不稱姓而稱仲嬰齊。襄公二十二年之叔老卒，彼又為何人之後而不稱姓乎？以昭六年書仲孫忌為譏二名，啟王莽禁二名之漸。以齊襄公復九世之讎為合禮，啟漢武開邊之禍。以天王出居於鄭為不能乎母，啟武后易唐之漸。實與而文不與，聖人不若是之舞文也。享國長故不為之諱本惡，享國短故為之諱本惡，聖人不若是之齷齪也。以諸侯未葬為稱子，桓十三年，衛宣未葬，亦書衛侯。僖二十五年，衛文公既葬，盟於洮，反書衛子，何也？謂立子以長不以賢。太王之舍泰伯而立王季，文王之舍伯邑考而立武王，何也？以齊人執單伯，執子叔姬為道淫，不知行人者官名也，不稱行人，非貶也。稱子者先公之女也，亦非少女而始嫁也。魯有送者，齊有迎者，單伯烏得而淫之？襄六年，莒人滅鄫。左氏「鄫恃賂也」，謂恃賂魯而慢莒也。鄫滅而晉人且來討，曰：「何故亡鄫？」公、穀兩家以為立異姓，蓋惑於昭四年魯又取鄫而曲解之，不知取即取之莒也。立甥非禮，而竟以為滅國，亦顯無此書法，又非。穀梁曰杞伯姬遇于防，謂僖公愛女，使自擇配，近鄉曲小說。魯桓子同生日，疑，故志之，此即王莽幸增秩、懷能，生男皆置新郡意，乃後世小人心事，豈聖人于君父有此書法？朱竹垞以為書子同生者，正斷定為魯公子，以同生十二年，桓公始會齊侯於濼，遂與姜氏如齊，足信會濼前文姜並未至齊，故特書之以明其為魯君子。故特書之，此正與穀梁相反。詩「展我甥兮」箋云「明非齊侯子」，亦此意也。許止弒君，以為不嘗藥。」按：左氏以為飲許止之藥而卒，故曰弒也。又慮其藥悞而非有心於弒，故曰「盡心力以事君，舍藥物可也」。如僅不嘗，何得直以弒書？

經傳摭餘五

周禮雜釋

周禮本周官。周官有三公、三孤，而周禮無有，正所謂官不必備也，不備則六卿兼之，故天官之長即名太宰。然曰官不必備，惟其人或有備時也，周官、周禮，法蓋兩存之。近侯官林氏喬蔭謂周禮三公有專職，三孤無專職，又謂太宰非丞相，似異舊說，實非也。

江氏永曰：「入則治都鄙。注專指埰地，然亦當兼公邑言之。」又曰：「内史八枋即太宰八柄，爵祿以後其序各異。太宰詔，王有寬大意，故先予置生而後奪廢誅。内史詔，王有嚴肅意，故廢先於置，殺先於生，而且以殺易誅，予奪如故，有予而後有奪也。」又曰：「九職任萬民，皆任之以生財，外有學士習道藝，巫醫卜筮守世事，府史胥徒服公事，皆非所以生財，故不在九職之數，而大司徒並之為十二，天下之民盡此矣。九職生財即閭師入貢與無職者之夫布，然亦稍有不同。九職合虞衡為一而有臣妾聚斂疏材，閭師無疏材之貢而分虞衡為二，亦得九太府，所謂九功者也。」按：九職生財通天下言，故有臣妾八貢九功不及此者，上寬之也。

三農。先鄭云：「平地山澤。」後鄭云：「原隰平地。」王氏與之、惠氏士奇皆本管子以上農、中農、下農言，江氏主之，義疏云當從先鄭。按：後鄭言原隰亦即山澤，二說一也。

九穀。先鄭以為黍、稷、秫、稻、麻、大、小豆、大、小麥，後鄭無大麥、秫而有粱、苽，多從後鄭。予謂麻非穀，豆種甚多，不止大小，當去二者而存先鄭之大麥、秫，後鄭之粱、苽。

八材。先鄭以為珠、象、玉、石、木、金、革、羽，賈疏據爾雅，易珠為骨。爾雅釋詩，間及諸經是也。

閒民傭力之人即閒師無職者。

江氏曰：「九賦者皆九功之財，別出關市山澤幣，余蓋九賦因九式而分者也，觀大府職可知矣。賓客、芻秣、工事、匪頒、幣帛、祭祀、羞服、喪荒、好用，因國之用財有此九事，故于通國之賦先分為九，以待九式之用，酌其出入之多寡，約略相當，准以為式，非謂王之膳服必出關市，國之喪荒必出山澤也，他皆放此。惟幣餘一賦從八式所用之餘而生，因王不能無賜予，故於八式所用常留有餘，物設職幣掌之。」

正月，周之正月。正歲，夏之正月。鄭注「是歲終」，鄭主周正言，諸儒多主之，江氏亦然。近侯官林喬蔭獨指夏正，謂太史正歲年以序事，歲夏正，年周正，故此歲終下直接正歲。

江氏曰：「縣法疑一歲有兩正月，縣之挾日為萬民觀也。正歲又縣使屬官觀之。」林氏謂正月布治，正歲乃縣，非一日也。

雉門兩旁名象魏，亦名兩觀，在庫門內，萬民得入。江氏以為為縣法十日，特許之。

王氏昭禹曰：「大司寇五刑無宮刑，以小宰建之也。士師職亦有宮禁，宮禁掌于士師，而治之者小宰也。」

王氏應電曰：「膳夫，凡王之饋，總言饋食之物有是數而已。觀月令，孟春食麥與羊之類，則四時錯共非必一日盡共之也。」

江氏曰：「太府職凡邦國之貢以待弔用，亦謂取之諸侯者還用之諸侯而已，非謂弔用必取給于九貢，而九貢必不可為他事用也。凡萬民之貢以充府庫，此對邦國之貢言之，即九功所出之財賦，非別有貢物也。」

鄭氏鍔曰：「內宰屬太宰者，以治家之地為大臣格心之所自出也。」

高氏紫超曰：「王宮內嬪妃奄寺雜處，可以盜國柄者不可勝計。一以內宰統之，內宰復統於冢宰，所謂宮中、府中俱為一體，而權無所不統也。」

大司徒序官：鄉老，二鄉公一人，六鄉則三公。鄉大夫，每鄉卿一人，即六卿。蓋皆兼職，即三公仍六卿兼職也。兼之中又有兼焉，故附見鄉大夫。江氏謂鄉老是三公致仕者，非。

鄭氏云：「以土圭測土深，謂測東西南北之深。」

義疏自四邊向内以漸而進，故曰土深。

日南、日北、日東、日西。鄭氏謂地於日為近南、近北、近東、近西。義疏：「地中有二，有形之中，有氣之中，主形言，天包地，地之中乃天中也。惟赤道之下二分，午中日去無影處為然。主氣言，陰陽五行沖和，會合乃可謂中。以周髀之説推之，二極下晝夜極偏，地大寒。赤道下，晝夜常均，地大暑。中國當赤道北，無偏勝，而洛邑又其中者，此言天地之所合，地之中氣與天之中氣合，日至之景，尺有五寸，是其標識耳。」

地周之度與天相應，每二百五十里而差一度，每三十度而差一時。四遊之説謂地與星辰升降於三萬里中，又謂日景於地千里而差一寸，其説皆不可通。蓋地惟至静，故能載萬物，必無升降之理，觀星辰距地無四時遠近之殊可見。至日至之景，南北長短之參差懸絕非一定之數，不可以千里一寸計也。鄭、賈未解地圓之説，故引無根之説。

江氏曰：「景之差，日近天頂則少，遠天頂則多，本非平差，何得限以千里？唐太史監南宫説自滑台至上蔡、武津，分地節測之，謂大率五百二十六里有奇，晷差二寸餘。」

當時測景惟于東都王城測之，漢儒乃謂潁川陽城，陽城今登封，在洛東南。此有故，蓋黄赤道間之緯度，古闊而今漸狹，漢時王城夏至日稍偏南，而景微長，必進至陽城然後合土圭。然唐志言陽城景長四寸七分八釐，則漢時宜更短。按此亦尺有短長。又測景惟能知南北，若東西則隨人所居而移，日東景夕，日夕景朝，言其理如是，非真能同時立表知東表日已昳，西表日未中也。西法東西里差以月食時刻定之，疏立五表之説亦然。

諸侯之地，土田為實封。周禮就其虚寬者言之，孟子、王制惟舉實封，里數皆言其大略，豈能截然無增損哉？

子產對晉之辭「天子之地一圻，列國一同」，與孟子、王制合，蓋欲言晉人兼數圻之失，惟舉實封言耳。按：漢志一同百里為大夫之封，亦舉虛寬之數言之，與此不同。

江氏曰：「司馬法通、成、終、同、封、畿，以十起數，計里也。小司徒井、邑、丘、甸、縣、都，以四起數，計賦也。甸、乘，古字通，井田與道里有實數，有虛數，皆約計，通率謂山川、沈斥、邑居、園囿、術路，除三之一有奇耳。鄭注：『甸八里，成十里，緣邊一里治溝。都八十，同百里，緣邊十里治洫。』此以意言，溝塗之積無幾，豈能占百分之三十六哉？注引司馬法，一乘士十徒二十人，與甲士三人，步卒七十二人之法異。七十五人者，丘乘之本法，三十人者調發之通制。」

江氏曰：「六遂之外，公邑埰地亦當有比閭族黨州縣之法。」

「鄉大夫職各縣之於其所治」為一句，「國大詢於眾庶」為一句，賈疏可考，唐石經「國」上悞衍「之」字，俗本注疏遂以「之國」屬上文，鄉中安得有國乎？

葉氏曰：「封人，掌設王社壝而不及稷，以見尊祖重農之意。」

江氏曰：「鼓人所掌不止鄉民，凡王朝用樂之鼓亦此官掌之，不屬大司樂者，因兼教四金磬鼓，為軍旅田役之用，故屬之地官。」

按：載師任地廛里，當兼市廛民居宅田。授宅而餘者：士田，如今學田；賈田，賈人子之田，蓋賈人亦有攜妻子而來者；官田，庶人在官者祿所取，特非所耕也；牛田，專為飼牛，而牛人所受亦在其中，言牛者，重祭祀，且任耕也；賞地，專為賞賜。牧田，為君芻牧，而牧人所受亦在其中。數者，先、後鄭說互有短長，而江氏所主亦未盡合，公邑以下，舊說是也。

御案言公邑尤備。

載師：「民無職事者，遊民也。」閭師：「無職者，太宰閒民無常職者也。夫家之征謂任力役，夫布謂任役錢。」

連斗山輯注：「太宰以九職任萬民，列其職也。閭師則按職命以序定。」

高氏紫超曰：「大司徒十二教，教於既荒之後。廩人九谷，籌於將荒之際。委人委積，備於未荒之先。」

章氏本清曰：「役法莫詳于周禮。伍兩師軍之法，兵役也；師田追胥之法，徒役也；府史胥徒之有人，胥役也；比閭族黨之相保，鄉役也。司徒因地之善惡而均役，族師校民之衆寡以起役，鄉大夫辨年之老少以從役，均人論歲之豐凶以從役。」

葉氏時曰：「周官諫諍之職惟師氏、保氏，然平時長幼卑尊無非詔王之人，出入起居無非聽詔之地。」

魏氏：「師、保氏主輔導王躬，使兼教國子者，因其宿衛也。」按：司諫一職乃主救民，曰諫，見王者愛人之心。

江氏曰：「調人有辟讎之法，謂過失殺人，法不當死，使和之。不可，乃使之辟。不辟，與保者瑞節，使執至官治之，亦不許其殺。」按：辟讎當亦調人陰教之，非例也。

易氏祓曰：「外府列於天官而泉府則屬地官，以掌市之征布也。」按：關市無征以盡仁，文王所行是也。有征以抑末，周禮所設是也。孟子則兼言之。

惠氏士奇曰：「司關掌國貨之節以聯門市，自外入者，征于關，關移之門，門移之市。自內出者征於市，市移之門，門移之關。自內不由於市，自外不出於關，然後罰之，否則征其廛，不稅其貨。康成謂參相聯以檢猾商，失之能。」江氏曰：「關市不兩征，是也，但主征廛言則未是。廛人有絘布、總布、廛布。絘布，市之屋稅；總布，貨賄之正稅；廛布，市之地稅。古者市屋皆公家所成，故有屋稅；廛者市中空地，停貨則有稅，二者皆非商賈正稅。閭師云『任商以市，事貢貨賄』，正是貨賄之稅。貨有貴賤，稅有重輕，舉其總數以計布，故曰總布。三布總布為多，肆長隨時，斂之以歸廛人，而廛人以入泉府。司關掌征、廛，此征、廛是二事：征者貨賄之稅，廛者貨賄停閣邸舍之稅也，若不停閣則無廛布矣。不得以征、廛為一稅，遂當關上貨賄之稅。」

掌節，掌守邦節。舊謂邦節為珍圭牙璋等，非，彼自掌於典瑞，此下玉角虎人龍固邦節，璽旌通行於民者亦邦，列國之使各用其虎人龍節。王朝遣使邦國則必用玉節，但為道路之信，亦如守邦國者之玉節，非典瑞所掌圭璋等。

連氏曰：「英蕩，蕩竹為物，英為毛飾，三節之外又加手執之物以為輔。注以為函，非輔義。」

江氏曰：「草人糞種，『種』字皆讀去聲，謂糞其地以種禾也。舊謂取法漬種，非用獸者，以骨灰灑田，用麻者以麻油渣布田，漬種如何能使肥土？」按：麻渣糞地，用之者多用獸骨者，今亦有之。

江氏又謂廩人「鬴為五區」乃八斗非六斗四升，蓋㮚氏所謂「深尺」「方尺」以周尺言，周尺當夏尺八寸一鬴，八斗僅得四斗零九合六勺，日食四升一合弱耳。又以商尺當夏尺一尺二寸半，鬴八斗當夏十五斗六升二合有奇。後世營造尺同商尺，今時方尺、深尺容四斗，周鬴四斗九合有奇，商鬴一十五斗六升二合有奇，約為四之一而稍贏，今量四斗周量一斗稍贏，日食八升，當今量一升稍贏，此較連氏所算為合。

春官「肆獻祼」，舊解為祫祭。「饋食」，舊解為禘祭。吳氏紱以「肆獻祼」為際禮，「饋食」為殺禮，皆不專一祭。予謂「肆獻祼」該薦血毛二祼，朝踐，「饋食」即薦熟也。江氏謂非禘祫行三祭時，以饋熟為始，亦未然。

王氏應電曰：「天下事必有序而後和，禮先樂後，故宗伯兼掌禮樂。」

顧氏絳曰：「大司樂『奏黃鐘、歌大呂』云云，取斗與辰合，太玄經所謂斗振天而進，日違天而退，先王作樂以象天地，故必有以合之。」按：圜鐘為宮，圜鐘即夾鐘，屬卯，正東方之律。致天神為宮，以所出之方，黃鐘，角；太簇，徵；姑洗，羽。子、寅、辰三者陽律之相維，蓋皆陽月，與卯同維方也。函鐘屬未，西南方之律，致地示為宮，以致養之方，太簇、角；姑洗、徵；南呂、羽。寅、辰、酉三者，律呂之相生，太簇生南呂，南呂生姑洗也。黃鐘屬子，正北方之律，致人鬼為宮，以陰幽之方，大呂、角；太簇、徵；應鐘，羽。丑、寅、亥三者律呂之相合，子與丑合，寅與亥合，亦同維方也。自卯至申，其數六，樂六變者圜鐘之數極於六；自未至寅，其數八，樂八變者，函鐘之數極於八；自子至申，其數九，樂九變者，黃鐘之數極於九。即太玄子午九、丑未八、寅申七、卯酉六、辰戌五、巳亥四之數。

易氏祓曰：「六律左旋為序，六同右轉為序。太師教六詩，詩樂章。」顧氏曰：「古人以樂從詩，今人以詩從樂。」又曰：「古人詩與樂合，今人詩與樂分。」又曰：「先王制樂具五行之氣，水火不可得而用也，故寓火于金，寓水于石。」

江氏曰：「保章氏『以星土辨九州之地，所封封域，皆有分星，以觀妖祥』，春秋內外傳下至歷朝史志及諸家論分野之言詳矣。以職方外紀考之，大地如球，周九萬里，分五大州，皆有山水人物，皆有君長臣民，則必與普天星宿相關，災祥禍福隨地有之，豈止中土九州分十二次之星，而徼外遐方即無與哉？蓋分野之理如人身經脈，內應藏府，各有孔穴，暗相聯絡，疾病因之，而大地之精華聚於中土，猶人身之精華聚於面部。善於叔服許負之術者能按部位占氣色，知其吉凶，即占分野之理也。」按：此說固然，然五大州自利西江入中國所見言之，即其所見中國猶不正在天中，況所見未必盡乎？分野之說由來失傳，惟僧一行據雲漢言為近，而必如其說以求符應，古猶不能，無論今日矣。

王氏志長曰：「後世以御史專主諫，周官無此意。古者師箴，瞽誦，百工諫，士傳言，庶人謗，無人不可以言，又何事事立諫官？」按：「師氏、保氏之諫亦以近王而非專官，御史贊冢宰受法令，一切皆與議，雖小臣亦後世都官之所本。」

呂氏祖謙曰：「自夏后命胤侯掌六師，舉政典以誓眾邦，政之掌于司馬舊矣。國事非非，政獨戎事。謂之政者，寓兵于農，編伍合聯，賦役百為於是乎施，乃政之所從出也。天下有事則舉兵討亂，邦之安危系焉，政孰大於是哉？」

葉氏時曰：「司徒掌教不言財，司馬掌政不言兵，鄉遂九畿兵財在其中，井田封建，足食足兵之本也。」

江氏曰：「九畿里數皆不能畫方如棋局，周禮立法謂制畿封國大略如此，亦有近在內地而其俗已近戎狄者，又有蠻夷戎狄與中國雜處者，恐周初已有之。」

「夏茇舍」，江氏謂習夜戰，謂夜涼宜故。將帥以號名，亦便於夜，爾雅「宵田為獠」是也。按：若是，則獠即苗，說亦似，然不必盡爾。注：「草舍自該。」

有功者銘書于王之太常。以此知古書不盡在方策。

葉氏時曰：「司險一官，無事則通達道路，所以絕侯國負固之原，有故則藩塞道路，所以杜奸寇入侵之漸。」

黃氏溍曰：「射人掌朝位，主初受命而見，故詳於摯而畧于位。司士正朝儀，主日日常朝，故詳於位而不言摯。」

鄭氏鍔曰：「職方所掌地圖即大司徒土地之圖也，然大司徒所掌以知中國九州可以建坌之地，且辨土宜而施教也。職方所掌則兼中國、外藩而知其土之所有，司馬施九畿之政，職必本是圖，故屬司馬而不屬司徒。」

王氏安石曰：「禹貢言治水之次第，自下及上。職方言德化之難易，先遠後近。」

黃氏曰：「匡人達法則而邦國之臣皆承王吏，撢人誦王志而天下之民皆內向京師。」

葉氏時曰：「大司寇為刑官，不曰掌邦刑而曰掌刑禁，蓋以刑禁民而非以刑刑民。」

王氏應電曰：「入鈞金束矢則心有所惜，雖健訟多和解而止，此禁民訟獄之法。」

邱氏富國曰：「束矢鈞金非貧民可辦，理直固當還之，雖貧民未嘗遽困也，況其不能致者又有肺石路鼓以達之乎？」

王氏昭禹曰：「士師有宮禁而大司寇無宮刑者，以宮刑小宰專掌之也。」

易氏祓曰：「古者有五刑，無五罰。觀士師職，左右刑罰有五禁，先後刑罰有五戒，周公建典非特欲其無刑，亦欲其無罰。司圖職罰不虧財，不過如虞書之贖刑，施於宜鞭撲者而已。至穆王作五刑之罰，視司刑所掌者增至三千，而宮及大辟皆得以金贖，觀其跡亦近矜恤，究其實，富者得生，貧者得死，害義傷教甚矣。」按：罰較贖刑稍重，贖施於官府學校，罰行于萬民。書曰「罰弗及嗣」，唐虞時已有罰矣。

葉氏時曰：「政官不知有土地之圖，則不慎固封；守刑官不知有人民之數，則不愛惜民命。」

掌戮墨者使守門，劓者使守關，宮者使守內，刖者使守囿，髡者使守積，似非不近刑人之義，然先王于刑餘之人各因其材以全其養，用之未嘗不更審其人，且必有以防制之，而亦不輕近之也。

黃氏曰：「典命所掌者，諸侯在國之儀。大行人所辨所等者，王朝待賓之禮。」

按：江氏謂君相朝用交擯，及廟惟上相入，臣來聘用旅擯，惟下相入。諸侯朝覲于天子亦有迎賓之法：初至庫門外有朝位張大，次掌訝入白，王擯者傳達之。侯氏止于次，王出入廟，負黼，依以待大門外，乃陳擯介傳辭。侯氏先自道來，王意介擯以次傳于王。王之擯大行人、小行人、嗇夫也。此雖交擯而無三辭，侯氏一請天子即有許入之辭，侯氏入至廟門有小次，止以待事，復陳擯介，侯氏出次，執圭傳道，其將入，奉贄之嗇夫承命告天子，天子又有許入之辭。所云朝位賓主之間者，止謂賓與大門相去之間也，然則諸侯朝覲天子，降于諸侯相朝而隆於聘賓禮，酌於交擯旅擯之間耳。

諸侯之禮，朝位賓主之間七十步，立當前疾。惠氏士奇據論語邢疏、小雅蓼蕭章孔疏，俱引周禮作前「医」，以為古文「侯」作「医」，與「疾」相似，字亂耳。江氏謂說文引周禮作「前軓」，軓，車軾，前軾前曲中下垂拄地，如人之頸，故曰侯。侯、胡古通，二説俱得。

易氏祓曰：「大行人掌客諸官，列于司寇之屬，首其伯夷降興折民，惟刑之意與？」

江氏曰：「考工，東周時齊人作。冬官掌事，事不止工，以諸經傳證之，當有大司空、小司空、匠師、梓師、豕人、嗇夫、司里、水師、玉人、雕氏、漆氏、陶正、圬人、舟、牧、輪人、車人、芻人等官。後人果于妄作，如俞廷椿之徒紛紛割裂牽補，致五官無一完善，周禮之罪人也。」

「粵無鎛甚」，言四國能此者多，雖有若無，真謂不置，是工亦非真謂國人皆能作也。注泥，又以夫為丈夫，尤謬。

兵車乘車三人，故輿廣而輪高。田車惟射御二人，故輿可狹，輪可卑，馬可低。詩謂之輶車，亦因逐獸欲輕捷故也，輪卑故以田馬配之，注謂以馬大小為節，未確。

趙氏溥曰：「考工工名有依物而名者，如梟氏為鐘，㮚氏為量是也。有假意而名者，如築氏為削，鐘人染羽是也。至物無可假，意無可取，直以所制器名之，如輪為輪，矢人為矢，磬人為磬是也。」

江氏曰：「戈戟可刺可鉤，皆有胡，是鉤、二矛皆刺兵，後世曰矟，又曰槊，今曰長槍。」

三侯分明有大射、賓射、燕射。記曰「天子諸侯之射也，必先行燕禮」，是燕亦為射而燕，不可謂五采之侯亦是燕而無賓射、祭侯、祝辭。向亦疑之，後思之射本武事，因而文之以禮樂，若使諸侯皆屬於王，所安用射？射正為諸侯不順服者，故以大司馬九伐之意寓於射。侯作射義者未見此，記乃謂射中得為諸侯，不中則否，其說迂遠。王明齋又欲曲避諸侯之義，謂「侯」字古文作医，象矢集於布，然則何不並侯之名而易之？

按：「水地以縣」，江氏謂四面注子說正合此。經五室，五室並四室為九。大戴所謂二九四七五三六一八，鄭氏以為法龜文，朱子所謂井田遺意者是也。大戴又謂九室十二堂，舛矣。當四方之中者，可謂之堂，不可謂之室，既有九室，安得復有十二堂？大戴又謂四戶八牖，凡三十六戶、七十二牖，亦未必然。四隅之室不必開四戶，蓋在堂廉兩邊未必有牆也。四門中階見明堂位，門有堂室見此經，疑惟南門有之。

按：考工文奇古，自成一體，如「夏后氏世室，堂脩二七」，蓋夏度以步，二七十四步也；「廣四修一」，謂廣加修之一十四步外分四七之一七為二，則十七步半也；「五室三四步」，十二步也；「四三尺」，十二尺也，十二步又十二尺，仍是十四步，此皆故拘其詞而意自甚明。又如「弓人相角，角長二尺有五寸，三色不失理，謂之牛戴牛」，蓋用方言以成，古篇中多此。

儀禮雜釋

郝氏敬曰：「十七篇不言天子、諸侯禮。鄭康成因冠、昏、喪、虞禮皆稱士，遂謂禮獨存士，拘也。士先四民，禮由士出，故言禮系之士，公卿大夫皆士之仕者，上而諸侯，又上而天子，可引而伸矣。故特牲不言士，少牢不言大夫，士用特牲，不止士也，大夫用少牢，不止大夫也，但舉隆殺為例耳。」

士冠禮三加備三代之禮。

江氏永曰：「此未命之士，皮弁、爵弁，他日仕朝則可服。六卿冠禮，黨正教之，是婦人亦有冠禮，皆可用此。惟野處之甿與工商之子不可用此服，則一加緇布冠而已。」

盛氏庸三曰：「見母，母拜受脯，以從尊者處來，拜脯非拜子。特牲饋食主人拜受爵，蓋餕鬼神之餘，拜養亦非拜子。」不見賓者，賓既禮之，已交拜。不見父者，父為冠主耳。

顧氏絳曰：「士嫡子之繼父，故奠摯見君。」

黃氏曰：「孟子『大丈夫之冠，父命之』，士冠禮無父命辭。賓三加之辭，醴辭、字辭皆父命也，抑亦或有缺文。」

士昏禮。朱子謂士庶皆得用雁，亦攝盛之意。又贄不用死，不得不越雉用雁。惟納徵不用雁，以自有幣帛可執也。

鄭氏樵曰：「氏同姓不同者，昏姻可通；姓同氏不同者，昏姻不可通，然則姓氏宜明矣。同姓異氏，如魯之季、孟，宋之華、向是也；異姓同氏，如宋孔氏為子姓，衛孔氏為姞姓，晉欒氏為姬姓，齊欒氏為姜姓是也。但自太史公以來已混姓氏為一，此禮總宜慎之。」

顧氏絳曰：「『主人爵弁，纁裳緇袘』注：『主人壻也，壻為婦主。』『主人筵于戶內』注：『主人女父也，親迎之禮自夫家行，故壻稱主人。至婦家女父，故不嫌同辭。女父為主人則壻當為賓，故曰賓。』『東面答拜』注：『賓，壻也。對女父之辭也，至賓出而婦從則變其文，直稱曰壻，對婦之辭也。』曰主人，曰賓，曰壻，一人三異其稱，可見禮時為大，而義之由內也。」

敖氏繼公曰：「據孟子，女子之嫁，母命之，而昏禮有父命。孟子言母送之門，而昏禮言母戒諸西階上，不降庶母及門內施鞶，豈禮至後世而異與？」

江氏永曰：「『婦乘以几，姆加景』注：『景之制如明衣，加之以行道御塵，令衣鮮明，景亦明也，今文「景」作「憬」。』」按：此當音俱永切，與詩「褧衣褧裳，中唐尚絅」同，皆婦人始嫁襌縠之衣，為御塵之用。中庸惡其文之著，斷章取義耳。景、憬皆假借字。

夫婦大倫始見宜有交拜之禮，士昏禮無之，交拜者世俗之禮，不可以論古人，古人拜必有先而後答之，先拜主人者必有贄，不徒拜也。夫婦匹偶，異賓客，故壻導婦入寢門，共牢而食，合巹而飲，合體同尊卑以親之，壻不以婦為客，故無拜至之禮。婦亦不自處於客，故無執贄拜壻之禮。

郝氏敬曰：「婦初見舅姑，首去次，不服純衣，纁袡，降如姆，服宵衣，示執役，卑賤也。」

吳氏廷華曰：「廟見必三月者，時祭無過三月，故以久者言之。若昏遠于時祭則不必三月矣。」馬氏驌曰：「若舅沒姑存則當時見姑，三月亦廟見舅。若舅存姑沒則婦人無廟可見，或更有繼姑，自當如常禮。」

周氏世樟曰：「納徵，庶人緇幣，士大夫玄纁，諸侯加大璋，天子加穀圭。親士乘，大夫墨車，大夫乘，卿夏縵，卿乘，孤夏篆。士服爵弁纁裳，卿大夫皆服袞冕，自孤以上各用本等車服，不攝盛。嫁者之車，王侯重翟，三夫人、上公夫人厭，翟侯伯子男夫人翟車，九嬪、孤妻夏篆，世婦、卿大夫妻夏縵，女御、士妻墨車，娣媵各依次下一等。嫁者之服，王后、上公夫人禕衣，侯伯夫人揄翟，三夫人、子男夫人闕翟，九嬪、孤妻鞠衣，世婦、卿大夫妻展衣，女御、士妻褖衣，王姬車服不系其夫，下王后一等。凡娶，諸侯不内娶，大夫不外娶，士内外皆可娶。天子娶于諸侯，同姓諸侯為媒，迎後使卿往，以公監之。諸侯親迎，或于國，或於境，或于館，諸侯以下皆迎於家。夏后氏于庭，殷人于堂，周人於戶。送女，公女嫁敵國，姊妹上卿送之，公子下卿送；于大國，雖公子亦上卿送之，于天子，諸卿皆行，公不自送；于小國，上大夫送之，諸侯以下各遣有司送之，昏後大夫以上有反馬之禮，蓋嫁時留其車馬，示不敢安。及三月廟見，使人反馬。留車者，妻之道，反馬者，壻之義也。」

士相見禮以經首摯用雉故以士冠之，然公卿大夫、士、庶人于本國、異國之君若友初見時，摯雖不同，其禮則一。

桑氏弢甫曰：「大夫無境外之交，非以君命使者，謂非行聘禮而以他事奉使鄰國，如春秋晉侯使韓穿來言汶陽之田歸於齊之類。」

盛氏曰：「交際情不洽則睽，分不嚴則褻。先王防微，自士相見始將之以贄，先之以介紹，五請後許，一見輒退。合之難，交始不濫，終不易離。猶慮未足達賓主之情，為之燕以伸其欵曲。燕不于始入而於反，見者謂不可以下盛禮。鄉飲酒禮，升歌，堂上人聲也，堂下則尊者以管卑者，以笙不見擊磬之人，言磬南可知矣。狗不在牢，數燕與大射皆用之，以燕射輕於饗食也，鄉飲不可加于燕，鄉射不可加於大射，故皆用狗。」

馬氏駧曰：「鄉飲酒有遵以禮樂，教民欲共遵法之。凡堂上行禮，本皆立行，不脫屨，至安燕乃說屨，升堂，屨賤不宜空陳于席側，故降堂下說之。」

馬氏駧曰：「古者鄉大夫之射也，必先行鄉飲酒禮，尊于賓席東，不于房戶間者，以射在序，無室也。」

郝氏敬曰：「尊下於賓，有至有不，故鄉飲酒禮畧序於旅酬，飲畢後以不至者言也。鄉射禮詳序于未作樂前，以至者言也。」

燕禮、鄉飲酒樂皆四節，鄉射止合鄉樂，不笙不歌不間；大射止歌鹿鳴、下管、新宮，志在射，畧于樂也。不畧合樂者，二南鄉樂，不可畧其正也。「不笙亦獻笙」，合樂有笙，但不獨奏耳。

馬氏驌曰：「大射，侯用皮，王虎、熊、豹，諸侯熊、豹，大夫麋，棲皮曰鵠是也。賓射，侯用布，畫為正，王五，由中朱，次白、蒼、黃、玄，諸侯三，朱、白、蒼，大夫、士朱緣畫布曰正是也。燕射，侯以質，天子白，諸侯赤，大夫、士不采，皆畫獸以象正鵠。」

呂氏大臨曰：「燕禮以飲為主，食禮以食為主，故燕禮有薦俎而無黍稷，食禮酒漿以漱而不獻，此燕、食之別也。饗禮，爵盈不飲則不卒爵矣，有體薦則俎不折矣。几設不倚則無說屨升坐矣，此燕、饗之別也。」

江氏永曰：「人臣拜於堂下，君辭之而升，成拜。見於覲禮者三，覲時，拜送圭，請事時及賜車服。拜受命，侯氏皆於堂下再拜稽首，擯者延之，曰升乃升，成拜。若享時拜，送幣西階，前拜，再拜，稽首，擯者不辭，蓋是時王之尊益君，侯氏之卑益臣也。見於燕禮者三，公取觶、酬賓及公為士舉族裔時。公賜爵與賓媵爵於公皆於堂下，再拜稽首，公命小臣辭乃升，成拜。若公卒觶後，賓下拜，小臣辭賓，升，再拜，首賓，易觶，升酌時亦如之。賓媵嘗拜下也，不下輒拜者禮殺也。至無算爵後，公命徹　則卿大夫皆降，再拜，稽首，公雖命，小臣辭而不升，成拜，明雖醉，正臣禮也。此皆己之臣也，其於大國之臣見聘禮者一。私覿時賓降階，東拜，送幣，君辭拜也，君降一等辭擯者，曰『寡君從子雖將拜起也』，賓栗階升再拜，稽首，不云成拜也。見於公食大夫者一，拜至，時賓階下答拜擯者，辭拜也，公降一等，辭曰『寡君從子雖將拜』，興也，賓栗，階升不拜，命之成拜乃再拜，稽首，至侑幣時則賓降將拜公辭賓即升再拜稽首，不云成拜也。卒裔後賓階降西東，再拜稽首，公降答之，不辭之使升者禮有終也。又已之臣亦有在堂上，拜時燕禮無算爵，公賜之爵則降席拜，而不下拜者禮殺，從略也。他國之臣亦有在階上拜，時聘醴賓時，公拜送幾，賓客答拜不降者以主人禮未成，從略也。」

大射不言禮，言儀者以射禮盛威儀多，特顯之禮，總名儀節文也。

黄氏曰：「大射犧與鄉射異者，執射事之人，鄉射惟司射一人，此則有大射正，有射人。」敖氏謂射人亦大射正也，小射正且有數人，鄉射惟司馬一人，而司馬即前日之司正，此則大射正為司正，不為司馬，而别有司馬正一人，司馬師一人。鄉射惟獲者一人，此則服不氏主大侯，又有二侯之獲者，及三侯卿相代而獲者。三人鄉射惟釋獲者一人，此則有太史，又有小史。至三耦以及納器、張侯、設楅、取矢、設豐之等，鄉射皆以弟子，此則三耦以士，納器以有司，張侯以量人，巾車設幅以小臣師，取矢以小臣，設豐以司空，士其執射爵者，鄉飲以贊者，此則以僕人師。此外又有盡物之工人、梓人，掃物之隸僕人，薦服不之宰夫。有司若樂事，則鄉射特縣，此軒縣其北方之縣，雖不具而人已多矣。鄉射不必有太師，此則有太師、少師與工為六，惟小樂正始終一人，與鄉飲無異。

常樂用笙，盛禮用管。大射下管、新宮，亦仍有笙管，即笙師司之。

馬氏駉曰：「鄉射三耦立堂西，射器在西，統於賓也。大射三耦立堂東，射器在東，統於君也。」

黄氏曰：「大射不升西階而適阼階，不告於賓而告於公，亦異鄉射。」

劉氏敞曰：「騶虞、采蘩、采蘋皆在二南，貍首亦必其儔，豈夫子删詩時已亡與？或曰貍首，鵲巢也，篆文『貍』似『鵲』，『首』似『巢』。」

敖氏繼公曰：「聘禮，聘君用瑑圭，聘夫人用璋，享君用瑑璧，享夫人用琮，尊卑之差也。聘用圭璋以為信也，享用璧琮以為禮也。圭璋特達以其尊，幣不足以稱之也。璧琮有加以降於圭璋，可用幣又以將厚意也，聘享夫人之禮，惟聘有之，諸侯相朝無是禮。」

吳氏廷華曰：「璧圓象天，故享君；琮方象地，故享夫人。璋，半圭，夫人用之，陽半陰全之義。典瑞：瑑、圭、璋、璧、琮以頫聘，皆八寸，與玉瑞不同，故用以享小行人。六幣，璧以帛，琮以錦，此不用錦則彼諸侯享天子及后之禮也。」

黄氏曰：「圭有執于本國者，使者受圭，垂繅受命是也。有執于聘時者，賓裼執圭，擯者入告是也。」按：論語執圭自指聘時，然當入門時，介已授使者圭矣。

李氏如圭曰：「襲者，禮主敬，尚質；裼者，禮貴和，尚文。賓執圭，公受玉皆襲，所謂無藉者則襲。公裼降立，賓裼奉束帛加璧享，所謂有藉者則裼也。」

吳氏曰：「請覿不用羔者，聘時已見公，故不用摯。用束錦者，如聘後有享，不束帛，嫌如正享也。」

賈氏曰：「苟敬，苟實也。賓實主國所宜敬也。」

江氏曰：「古人宮室之制，注疏謂天子、諸侯有左右房，大夫、士東房、西室，朱子疑之，謂聘禮『君使卿還玉於館，賓退，負右房』，則大夫亦有右房矣。鄉飲酒禮記薦出自左房，少牢禮主婦薦自東房，亦有左房、右房之稱矣。」愚按：宮室之制，上下不同者皆同，如東房、西室則室戶牖偏西，堂上設席，行禮者不得居中，且鄉飲酒，賓皆專席，若偏於西則西序以東為地無多不能容眾賓矣。左房無北墉，有北堂、北階，異于右房，故凡陳器服及婦人立位常在此。經或省文，但言房即知是東房，非謂無西房、右房也。士亦有左右房，室雖迫狹亦自足行禮，先儒東房、西室之制由鄉飲酒義，悞。義云：「尊于房戶之間，賓主共之。」按：設尊於堂，除燕、大射外，房戶之間是設尊之常，非必謂此處為中，賓主共之也，其云坐賓於西北，賓在戶牖間，主人自阼階上望之，若在西北耳。

孔氏謂食禮有二：一禮食，大行人食，禮九舉及公食大夫禮；一燕食，大夫士與賓客燕食。按：君與臣皆有燕食，士相見禮，侍食於君，君祭先飯。論語鄉黨亦有之，謂之小禮食，是有三矣。

黃氏曰：「玉藻賓祭，主人辭，敵禮也。公食大夫賓祭，不辭，臣禮也。水漿不祭，此祭漿，亦臣禮也。」

設饌之始禮由主人，故公先拜，饌備之後，禮當由賓，故賓先拜。

朝覲禮通言覲，則四時之朝皆該，但惟朝天子稱覲，餘止得稱朝。覲有於廟中者，此經自篇首至饗禮乃歸是也，有覲於國外者，自諸侯覲于天子是也，有覲于方岳者，王巡狩一方之諸侯皆覲是也。

朱子曰：「覲禮既畢，降而肉袒請刑，故大行人等官屬之司寇，所謂懷諸侯則天下畏之。」

按：會同非常禮，朝覲畢乃為壇於國外，而命事亦來朝，朝賓多特見，恐久留，王亦不勝其勞，且廟朝不足容，於是為壇國外以受之。不於明堂，明堂以祀為主，因助祭見諸侯四海偕來，又非常之典，或間世一舉也。

喪服、士喪，顧氏絳多補釋。日知録曰：「古人以祥為喪之終，中月而禫則在除服之後，故喪服四制，言祥之日鼓素琴，示民有終也。檀弓言孔子既祥，五日彈琴而不成聲，有子蓋既祥而絲屨組纓。」又曰：「祥而外無哭者，禫而內無哭者，樂作矣。故也，自魯人有朝祥而暮歌者，子路笑之，孔子言踰月則善。孟獻子禫縣而不樂，夫子曰『獻子加於人一等矣』，於是禫後乃謂之終喪。」

王肅據三年問「二十五月而畢」，檀弓「祥而縞，是月禫，徙月樂」之文，謂為二十五月。鄭玄據服問「中月而禫」之文，謂為二十七月。古人祭當卜日，小祥卜於十三月之日，大祥卜於二十五月之日，而禫或於大祥之月，或於大祥間一月，自禮記時行之已不同矣。

父在為母齊衰、杖期，此從夫制，家無二尊，子不得自專，所謂夫為妻綱，父為子綱也。

父在為母雖降期，而心喪未嘗不三年。傳曰：「父必三年然後娶，達子之志也。」繼母如母，以配父也。慈母如母，貴父之命也。然於其黨則不同矣。服問：「母出則為繼母之黨服，母死則為其母之黨服，為其母之黨服則不為母線之黨服。」注：「雖外親喪無二統，為慈母之父母則無服。」見喪服小記。

出妻之子為母。傳曰：「出妻之子為母期則為外祖母無服。」下傳曰：「絕族無移服，親者屬此。」傳中引傳下「出妻之子為父後者則為出母無服」，經文也，傳曰：「與尊者為一體，不敢服其私親也。」此當各為一條，今本悞連之。

「父卒，繼母嫁」合下「從」字句，謂年幼從母嫁也。母已絕于父而恩猶在子，不可不為之服也。報者，母報之。

有適子者無適孫，家無二主，亦無二副。

為人後者為其父母，此臨文不得不然。歐陽公據此以為未嘗沒其父母之名，辨至數千言，不若趙瞻之辭窮直書為簡而當也。傳言報，謂所生之父母報之，亦為服重，其繼大宗也，不以出降。

繼父同居者，母所嫁之夫，長而同居，為之服齊衰，期。先同居，後別居則齊衰三月。為此制者所以寓恤孤之仁，教天下不獨子其子也。

宗子母在則不為宗子之妻服，禮無二敬。正義謂母年未七十尚與祭，非也。

君之母、妻，民不服，而嘗仕者獨為之服也。古之卿大夫有見小君之禮，而妻之爵服則又君夫人命之，是以不容無服。

齊衰三月，不言曾祖已上。沈括筆談曰：「曾，重也，自祖而上皆曾祖也，自孫而下皆曾孫也。雖百世也，苟相逮者則為服齊衰三月。」

兄弟之妻無服。外親同爨猶緦而此不為服者，以其分親而年相亞，故聖人嫌之。嫌之故遠之，不獨以其名也。存其恩於娣姒而斷其義于兄弟，聖人所以處此者精矣。檀弓子思之哭嫂也為位，是制之所有，抑情之所不可闕也。正義曰：「兄公于弟妻不為位，卑遠之；弟妻于兄公不為位，尊絕之。」

先君，餘尊之所厭。諸侯既沒，餘尊猶在，故公之庶子於所生之母不得伸其私恩，則為之大功。大夫既沒則無餘尊，故其庶子于父卒為其私親並依本服，如邦人親不敵尊故厭尊，不敵親故不厭。

貴臣、貴妾，此謂大夫之服。貴臣，室老也；貴妾，姪娣也，皆有相助之義，故為之服緦。士無姪娣，故喪服小記曰「士妾有子而為之緦」，然則大夫之妾雖有子不得緦也，惟有死于宮中，為之三月不舉祭。

外親之服皆緦，外祖父、母以尊加故小功，從母以名加故小功。

報于所為後之兄弟若子，此謂出而為後之人為人後者于兄弟降一等，自期降為大功，兄弟之子報之亦然。若子者兄弟之孫，報之亦降一等，自小功降而為緦。

庶子為後者，其外祖父、母、從母舅無服，與尊者為一體，不敢以外親之服廢祖考之祭，故絀其服也。言母黨則妻之父母可知。

吳氏廷華曰：「既夕禮盥，第言祖下，又第朝祖而不朝禰。記言二廟則饌於禰，禰則先祖而後禰。鄭以此謂士一廟，祖禰共，別無明據。」

黃氏曰：「祭子初獻，母亞獻。獻禮男子為主，故母不先子，亦夫死從子之道，宜然。若執事，則吉祭陳饋時薦豆、薦敦、薦鉶皆主婦也。虞則一以贊者為之，惟于己獻時自薦兩邊而已，此正以辟子助母祭之嫌。」

吉祭有男尸無女尸，陰統于陽，抑亦立男尸不便更立女尸也。虞、卒哭、祔、練、祥、禫，若女喪則男不可以為女尸，故須立女尸，或並喪則虞、祔等祭必有先後。賈氏謂男女別尸異几，似一時並立兩尸者，非。

士一廟，祭止及父母，為犆祭言也。特牲饋食禮則祭其祖亦犆矣，若祫則祖禰並祭，迎二尸可知也。程子謂祭必及高祖，但疏數不同，朱子然之。疑一廟祖禰共，曾、高無廟，不妨于祖禰廟，祫祭如士為其祖承重而祔以其班，自當祭高祖而以祖祔，此其一徵。

祭必立尸，據夏官節。服氏：「郊祀二人執戈，送逆尸從車，是郊亦有尸。」宗廟之尸必以同姓，取精氣合也；以孫之倫，昭穆同也；必以適不敢以賤者，依吾親也；必以無父者，兩無所妨其尊也。喪祭、吉祭皆同，有不同者，喪祭不筮尸，吉祭筮尸，練與大祥亦筮尸，漸吉也。吉祭無女尸，喪祭有女尸，吉祭而後同几，有胖合之道，斯不用女尸矣。喪祭雖用尸而尸偶不備，無尸者亦有之。若吉祭則不可無尸，無尸是殤之也。

少牢饋食禮，筮必旬有一日者，客散齋七日，致齋三日也。祭禮，日與尸皆用卜。

諸侯有君道，雖附庸之國亦五廟。遠乎王而其尊得伸，公卿大會皆臣道，雖天子之相亦三廟，近乎王而其尊不得不屈。

郝氏敬曰：「特牲禮殺，執事人寡，視牲視濯，先日為之。少牢禮盛，執事者多以速為敬，殺牲、概器，當日為之。」

吳氏廷華曰：「『有司徹』，注以為祊、繹，據詩及爾雅，祊，祭前求神之禮；繹，明日又祭之禮，皆別用牲，賓尸又祭之餘節耳。此篇有賓而無祭，牲即尸食之餘，不可曰繹，又『有司徹』三字不足以概一篇，劉氏以為少牢下篇是也。」

黃氏曰：「賓尸為敬，禮不賓尸，禮之殺者，故別言之。」曰：「若不賓尸，時祭有四，或三時賓尸而一時不賓尸，或秋冬賓尸而春夏不賓尸，惟人酌而行之耳。」

郝氏敬曰：「今人用字尚象，古人用字尚音。然文字以義理為主，如『角柶』之『柶』為『匙』也，『賓厭介』之『厭』為

『壓』也，『孝子圭』之『圭』為『蠲』也，『苴剝茅』之『苴』為『藉』也，『一溢米』之『溢』為『搤』也，『栗階』之『栗』為『曆』也，『閭中』之『閭』為『驢』也，『錫衣』之『錫』為『緆』也，『交錯以辯』之『辯』為『徧』也，『酳爵』之『酳』為『胤』也，『綏祭』之『綏』為『墮』也，『面枋』之『枋』為『柄』也，若此類音切而意合，故古人隨宜用之。若夫『緇布冠缺項』之『缺』以為『頍』也，『騰羞』之『騰』以為『媵』也，『媵爵』之『媵』以為『騰』也，『握手牢中』之『牢』以為『樓』也，『幎目』之『幎』以為『縈』也，『酳酒』之『酳』以為『演』也，『純衣』之『純』以為『緇』也，『崇酒』之『崇』以為『充』也，『旅酬』之『酬』以為『周』也，『參侯』之『參』以為『糝』也，『錫衣』之變而為『髲鬄』也，『芋』之變而為『全葅』也，若斯之類，牽強附會，不可從也。」

江氏曰：「漢書藝文志『漢興，魯高堂生傳士禮十七篇』，按：十七篇惟冠、昏、相見、士喪、既夕、士虞、特牲七篇是士禮，其餘則為天子諸侯大夫之禮，而喪服一篇上下通用，不得言士禮也。此志『傳士禮』三字恐悞。儒林傳『高堂生傳禮十七篇，無士字。』賈公彥序周禮廢興引此志云：『漢興，高堂生博士傳十七篇，蓋「博士」之「博」訛為「傳」而「傳」字易為「禮」，遂誤作「傳士禮」耳。』賈氏所引唐初本尚未悞也。」

顧氏絳云：「十三經中，儀禮脫悞尤多。士昏禮脫『壻授綏，姆辭曰：「未教，不足為禮也。」』一節十四字，賴有長安石經，據以補此一節，而其注疏遂亡。鄉射脫『士鹿中翿旌以獲』七字。士虞禮脫『哭止告事畢，賓出』七字。特牲饋食禮脫『以授尸坐取觶興』七字，此則秦火之所未亡而亡於監刻矣。」今按：儀禮經傳通解本亦有缺。

禮記雜釋

任氏啟運曰：「禮記惟軍禮無專篇，或古人尚德之意，然車乘之禮、田獵之法、征伐之用散見曲禮、王制、月令諸篇，冠、昏嘉禮，燕飲、投壺、射、朝聘皆賓禮，喪凶禮，祭吉禮，大體具焉。」

曲禮「年長以倍」謂二十年也，人生以十年為節，倍之則二十年。鄭氏謂自二十成人時言之，倍則四十者，太拘。應氏鏞謂不定限以二十，然大約如此。

主人請入為席，然後出迎客。江氏永謂二句讀本虛言，實不入也，舊說失之。按：此常時猝至之客故然。

席南鄉、北鄉，以西方為上；東鄉、西鄉以南方為上。朱子曰：「南向、東向之席皆尚右，北向、西向之席皆尚左。」嘗以此問學者，多不明其實，此由不知席制故也。古人席狹而長，橫鋪之，以一頭為上，上自織席已有識，故云布席如此，解此則自明矣。然此言平常布席法，孔氏曰：「禮席則不然。」案：鄉飲酒禮，賓席牖前，南面；主人席阼階上，西面；介席西階上，東面。

「父不祭子，夫不祭妻」，朱子謂蒙上餕餘說，謂雖父不以祭子，夫不以祭妻。戴氏溪、顧氏絳皆以此為別言，謂以尊臨卑，死者不安，祭則使人代之。任氏啟運亦主其說。然如父主子喪，夫主妻喪，使人代，何以為主，且使誰代乎？

「尸必式，乘必以几」，江氏以疏謂几在式上，悞，此言尸登車，自下乘，猶王登車立乘右也。等常登車不履物，如孔子正立執綏是矣。

人死，主稱皇，古者皆然。元大德時，人臣改題「顯」，任氏謂此自韓魏公已然。若夫主妻祭，母沒父存，主題顯嬪，不書奉祀，父沒然後改題，觀此則知前說代祭之非矣。

檀弓「子之先君子喪出母」，沈氏德樹以出母為生母，即庶母，先君子指孔子，據此辨孔氏無三世出妻之事，蓋本周櫟園說。

孫氏濩孫謂孔子少孤章「不知其墓殯于五父之衢」十字當連讀，蓋「殯也，問于郰曼父之母」為倒句，江氏永是之。則孔子將合葬，啟柩不知其淺深，疑於為殯為葬耳。問郰曼父之母，知柩之淺實是殯，可啟也，然後啟而合葬。

伯魚之母死，期而猶哭。時夫子在，為母當期，過期猶哭，故夫子甚之，疏以為出母。

顧氏曰：「太公，汲人，封齊，入為太師，薨葬于周，事未知，即有之亦亦薨而不葬，不擇地之常耳。記以首丘喻之，已謬，又云五世皆反葬于周，齊去周二千餘里，更無此理。」按：即此可見檀弓多誣說，有不足辨者。

從母之夫、舅之妻，二夫人相為服。上不言妻之姊妹之子，下不言夫之甥，語繁而冗，不可以文。

同母異父之昆弟不當有服，子夏曰「我未之前聞也」，此正說，又曰「魯人則為之齊衰」，多此一言矣。

出母無服，古之正也。禮家為齊衰、杖期，非正也。同母異父之昆弟，子游曰「為之大功」，亦非正也。後世既為出母制服，雖異父之子亦以母故為之服，此其失在不明父母之辨，一統之尊，不別同姓、異姓之親而致然也。及後世父在而升其母三年之服，若堂舅、堂姨之類亦相緣而升，失之原其來遠矣。

子卯不樂，猶稷食菜羹，存亡國之戒。翼奉謂子為食狼，卯為陰賊，此術家之說，非經也。按：江氏永亦主子卯相刑之說。

古無二謚，戰國時乃有之，不應公叔文子有三字謚，況文子實無以死衛君。豈因南楚以肩受矢，後謚為貞易，名同，時記者得之傳聞，並屬之文子與？

任氏曰：「古人用摯者皆卑見尊之禮，敵體相見亦有之，尊者見卑則無此法。」曲禮：「天子鬯，以見神言也。哀公執摯見蕢尚，尊賢以自卑耳。」

郝氏敬曰：「王制與孟子異者，不以天子列于五等，尊王也；不以國列於六等，尊君也。」

陳氏祥道曰：「尊者嫌于盛而無所屈，故公之田必下而從侯；卑者嫌於削而無所立，故男之地必上而從子。」

趙氏岐曰：「由鄉而上祿浸厚，不為之殺則地之所出不足以供，故三等之國異；由大夫而下祿浸薄，更為之殺則臣之所養不能自給，故三等之國同。」

葉氏時曰：「內諸侯命數偶，臣陰也；外諸侯命數奇，君陽也。」

黃氏震曰：「外諸侯自唐虞以來世守其國，新朝所封不過十國耳。周初蒲姑滅而後齊封，奄滅而後魯封，唐滅而後晉封。其滅者有罪者也，不然，先王且有興滅繼絕之典矣。若上無可封之地，即四友十亂亦止於畿內授之采邑，周、召、畢、榮皆畿內也。後周公封魯，召公封燕，別建國而采邑猶世，畢公封魏，康叔封衛，外世國而采邑不世；凡祭、芮、榮外無國而其邑則世，皆度其功而差次之。如康叔為司寇，聃季為司空，滕叔為卜正，皆兼其官，郕叔以親，世邑而無官，至芮伯有刺厲王詩，則又以賢任職矣。他如宰周公、師尹，凡以官舉皆任職者也。仍叔之子、武氏之子未嘗任職，無官可稱，有使令則亦及之，胡氏譏為世官，悞矣。蓋畿內九十余國，而任職者止六卿二十七大夫，豈必人人官之乎？至上士以下並不世禄者也。諸侯之卿、大夫雖不世，然如齊之高、國則皆受邑于王，世其禄亦世其職。魯之季氏受費，臧氏受防，亦世有其邑，而季文子之父無佚、臧文仲之父伯瓶皆未嘗為大夫，則世禄不世官，亦與天子法等。後魯三家、晉六卿由世禄變為世官，周末之失也。」

湯氏三才曰：「以地言則侯從公為大國，以命言則侯從伯為次國。」

任氏曰：「司馬主兵而征伐之官有時論及官材，司徒主教而禮樂之余有時教以車乘。」

江氏曰：「月令本周時之書，汲塚周書存其末篇，有序，呂不韋因作十二月紀，雜入秦時官名、制度，秦實未嘗用也。」

方氏慤曰：「日與月會稱日不稱月，陽以成歲為事而陰持之，故以日為主，與書言納日不及月同意。」又曰：「古者賞以春夏為主，而亦未嘗不用刑，月令『孟夏斷薄刑』是也。刑以秋冬為主，而亦未嘗不行賞，祭統『嘗之日發公室』是也。」

黄氏曰：「月令五祀，冬水亦於義為宜。易曰『往來井井』，豈祀井於汲道之旁故云行與？若行道之神出祖則祭之不宜列五祀中。」

周氏世樟曰：「有虞祀先霤，夏后先戶，殷人先門，周人先竈。」按：此則媚竈之說，不為無本，但云殷人先門，不如路史殷人五祀，有井無門之說。

曾子問「壻免喪，女之父母使人請，壻弗娶，而後嫁之」，孔氏、陳氏皆以為壻不欲娶女，嫁他族。羅氏欽順、鄧氏元錫謂壻不忍遽娶而女家終歸嫁之意，若自女家起，此于文義究不順。予謂壻不娶有嫌者也，孔氏謂女免喪，壻請之女家亦然，亦必有大故可離昏者也。古人未廟見成婦，雖禮成可廢，視成婦而絕猶為愈矣。

文王世子釋奠無尸，有牲幣，有合樂，有獻酬。釋菜皆無之，籩用脯果，豆用笱韭，不言脯。祭言釋菜者取新且潔也。

釋菜食為主，釋奠飲為主。

任氏曰：「風氣漸開而漸薄，以唐、虞視羲、農則唐、虞已覺其文，以夏、殷視成周，則夏、殷猶存其樸，故曰禮運。」

魯之郊禘非成王賜周公，竹書惠公使宰讓如周請郊廟禮，若成王賜，何待請？抑桓文翼戴天子，止賜命授筴？則平王亦無賜魯惠之事，且晉文請隧，襄王不許，惠公並不敢自僭也。春秋書禘郊自僖公，則閔、僖僭之明矣。郝氏、任氏皆如此說，江氏則謂成王賜魯重祭，但賜之立文王廟。宣王博古圖有文王方盟銘云：「鹵公作文王尊彝。」鹵公即魯公，予謂此亦不足據。

陳氏澔曰：「禮器『器』字有二義：學禮者成德器之美，行禮者明用器之制。」又曰：「周祭后稷，尸尊不與子孫為酬酢，毁廟之主又無尸，故惟六尸。」

江氏謂郊特牲坐尸於堂上，有尸無主，故周禮諸職言尸出入、逆尸、相尸，沃司特詳，惟司巫共匰主，無奉王出入之文。鄭主朝事延尸於戶，西南面，布主席東面，或漢禮如此。按：韓苑洛謂主以表尸，似鄭說為古禮。江氏又謂廟制，朱子初從孫毓說，晚年修儀禮經傳通解從賈逵說，廟皆南向，非群昭，列太祖之下。楊信齋亦依此，作圜廟既南向祫祭，堂上七尺，亦皆面向。予謂不然，廟以相隔，不嫌並尸，恐不可也。

王氏應麟曰：「君之於民亦曰忠。季梁曰：『上恩利民，忠也。』子之於親亦曰慈，內則『慈以旨甘』是也。」

玉藻「若賜之食而君客之」，此小禮食，與士相見、鄉黨言侍食正同。則「命之祭，然後祭」虛言其禮當如此，實不敢當。命祭故云先飯，徧嘗差下，若有嘗羞者俟君之食然後食，此謂同侍食之人。或有尊者，非以膳宰為嘗羞者也。數處諸儒多悞解，至今鶻突。

昔者周公朝諸侯于明堂之位，天子負斧，依南鄉而立，此指成王，周公自侍左西向。

顧氏曰：「喪服小記言為妻、長子禫，蓋夫為妻，父為長子喪之主也。服除而禫，非夫非父誰主之，若祖父母伯叔父母及兄弟各有主之者。」

殤無為人父之道而有為殤後者，謂大宗之子殤，取殤者之兄弟、若兄之子為後，則以為人後之服服之如父，不以殤而殺，重大宗也。

喪無二主則無二杖，故庶子不以杖即位。夫為妻杖則其子不杖，父為長子杖則其孫不杖。婦人不為主者，女子在室，父母死無男昆弟則女子一人杖，姑在為夫杖，必其無子也，母為長子削杖必其無父也。

大傳言：「牧之野，既事而退，遂追王太王、王季、文王。」中庸謂：「言周公追王太王、王季、文王。」顧氏絳據武成、金縢稱三王，信大傳，疑中庸，又據緜詩上稱古公下稱文王，疑大傳意謂追王在武王，追王文王又在二王之先。周柄中曰：「中庸言周公追王，以禮制定自周公，豈謂必不在武王時哉？緜詩以敘居邠避狄，稱古公不足泥也。」顧又謂金仁山說謂武王舉兵之日已稱王，武成非，史臣追書更無理。

曹氏之升謂大傳所言追王是改號，中庸所言是改葬。改葬者，改其墓飾度數，當是文王先已改而太王、王季後改耳。

王氏應麟曰：「學記時教，必有正業，詩、書、禮、樂也，若易掌于太卜，春秋掌于史官，學者兼通之。孔子以詩、書、禮、樂教弟子，蓋三千焉。及門高弟方授以易、春秋，故身通六藝者七十二人。」

任氏曰：「禮樂異事而同源，后夔典樂屬於伯夷，周官樂正統于宗伯。樂記本別為一書，劉氏、馬氏合之禮記。禮至大備大順，則樂興焉，周子所謂理然後和，禮先而樂後也。」

顧氏曰：「雜記：『親喪外除祥為喪之終，其哀未忘，故中月而禫。兄弟之喪內除如其日月而止。』喪大記：『期之喪十一月而練，十三月而祥，十五月而禫。』此言父在為母，亦備二祥，節也。以十月當大喪之一周，踰月則可以練矣。以十二月當大喪之再周，踰月則可以祥矣。又加兩月則與大喪之中月同，可以禫矣。父在為母，其禫父主之，則夫為妻亦當十五月而禫，其他期服祥禫之祭皆不在己，則亦以十一月而練，十三月而除，故鄭氏曰『凡齊衰，十一月皆可出弔』。」

妻之黨雖親弗主即無族，前後家、東西家皆可。

楊氏復曰：「壇墠之說出金縢，因有祈禱為之，非宗廟外預為壇墠以待他日之禱也。孝經為之宗廟以鬼享之，非去墠為鬼也。晉張融云『祭法所言難信』。」按：七祀之說陳氏註亦疑之，皆可備一說。

緇衣引葉公之顧命，「葉」當為「祭」，此祭公謀父臨終之言，見汲冢周書祭公解篇，註謂沈諸梁，悞。按：王伯厚、惠氏、江氏皆云然。

鄉飲酒之席本是賓居牖戶間，為堂之正中，衆賓席不相連而在西，介、次賓在西階上，主人在阼階上，與介相對。若僎鄉中，卿大夫致仕者或有或無，或來或否不定，如來觀禮則俟賓介正禮畢後入坐于尊，東南向，與賓夾尊，既不傀正賓之位，亦所以示特而優僎。作鄉飲酒義者不得其說，乃云坐賓於西北。夫賓位正中，自阼階望之若在西北耳，通一堂言何嘗在西北。又云四面之坐象四時，僎之有無不定，如無僎豈四時缺一時乎？先儒因尊于房戶之間，賓主共之，又云坐賓於西北，遂有大夫士東房西室之說。

射義「諸侯以貍首為」節，即原壤所歌兩句也。「執女手之卷然」，「女」為「爾汝」之「汝」，蓋久役於外，歸與其室家會遇，是以執手致其欣慰。故射義云貍首者，樂會時也，首句興體引起耳。此詩以兩句為一章，下仍當有四章，亡之矣。射至三射，歌詩擊鼓為舍矢之的，每歌一詩，上射下射各發一矢，奏樂者於其間，若一發矢者遲疾亦必與之相比，詩句不可過多，故於短少者取之。采蘋、采蘩四句，騶虞三句，貍首四句，於詩義不甚重，重其音節耳。貍首兩句似太少，歌永言，鼓節宜，疏緩亦宜容兩矢。意當時皆有譜，如投壺之圖，若射義「曾孫侯氏」八句乃詠射事之詩，其詩仍不止八句，今見大戴投壺篇，此豈可為射節，且篇名又何所取義？鄭注：「貍首換之矣。」惟呂氏知引原壤歌，又謂曾孫亦貍首詩，二詩豈可強合？皆不明射節詩句不可多耳。按：若此則前劉氏、惠氏說皆非。

惠氏禮記古義：曲禮「拾級聚足」，「拾」當為涉聲之悞耳。「跪而遷屨」，「遷」或為「還」，義通。「笑不至矧」，釋文「矧」本又作哂。「左右攘辟」注：「攘，卻也。」按：「攘」或古「讓」字。「畛於鬼神」注：「畛，致也。」「四足曰漬」注：「漬謂相瀸汙而死也。」檀弓「曰何居」注：「『居』讀為姬姓之姬，齊、魯間語助也。」「細人之愛人也以姑息」注：「息猶安，言苟安取容也。」「池視重霤」注：「如屋之有承霤，木為之，漢銅為之。」「設蔞翣」，「蔞」，周禮作「柳」，通。「櫝棲僂衛」，有太史曰：「『柳莊』，古今人表作『柳壯』，讀為莊。」「洿其宮而豬焉」注：「豬，都也，字通。」「文子其中退然如不勝衣」注：「中，身也，退一作追。」王制「西方曰棘」注：「『棘』當作『僰』，讀如匐，逼也。」「王三又」注：「當作『宥』，古『宥』作『又』。」「執左道」，左、邪古通。「有圭璧金璋」，「璋」本作「章」，是印章也。

四書雜釋

顧氏絳講大學格物，引「有物有則」，君子以言有物，仁人不過乎物，孝子不違乎物，孟子「舜明於庶物」，「萬物皆備於我矣」，看「物」字甚大而切。

江氏曰：「大戴禮『武王有盥盤銘』，湯之盤銘疑亦盥盤銘。盤不可日日用也，銘其上亦疑於褻。」按：注言沐浴，沐洗頭，浴洗身，注亦連言之，今人暫洗身亦有用盥槃者。

康誥，謂成王時作者多，周柄中謂述武王時，意亦難通。近張船山問陶直以為封康之誥書，書文更不合從。朱、蔡說不可易，予向有說，自有據。

顧氏曰：「古人以財為末，故舜命九官，未有理財之官。周官財賦之事一皆領之於冢宰，予謂理財養之康也，實平天下之要務，理之以道則非理矣。」

楚書舊多引王孫圉事，匯參兼指昭奚恤事，曹寅谷欲辨昭奚恤事為烏有，仍指王孫圉言，然此語亦未確見為國語也。註不實指自得。

中庸，近人以為漢儒作，據「載華嶽」云「子思胡不言載泰山？」予以衛婦人詩有「涇以渭濁」語折之。閱注以此為遠棄所經而言，然詩末言「伊余來塈」，固不似遠離後作也。

顧氏曰：「喪服自期以下，諸侯絕，大夫降，說者以為期以下之喪皆其臣屬，故不服，然制禮之意不但為此。古人有喪不祭，諸侯有山川社稷宗廟之事不可以曠，故惟服三年而不服期。大夫亦與于其君，駿奔在廟之事，但人數多，不至曠，故但降之而已，此古人重祭之義，後人但以為貴貴而已。」按：此說固然，然在本節貴貴意自切。

顧氏又曰：「諸侯亦有期服，如始封之君不臣諸父昆弟，封君之子不臣諸父而臣昆弟。且亦有大功服，姑姊妹嫁于國君，尊同則不降，記舉其大概言之耳。」

達乎天子，舉其重而言，然三年之喪不止父母。左昭十五年傳「王一歲而有三年之喪二焉」，謂穆后與太子也。太子、王后謂之三年。據「達子之志而言其實，期也」，是天子亦有期喪。

江氏曰：「『薦其時食』，犧牲、粢盛、籩豆之實皆是時食，與月令薦新不同。春行羔豚膏香之屬，生人之食，非祭物也。」

「車同軌，書同文」亦言其大概，車間有不同軌，亦或小有異。外國服屬之人各有文字，然不害其為同也。

江氏曰：「論語北辰非指樞星不動，亦非不運動，但不移動耳。正如人君無為而治，非真無為也。」

北極出地三十六度，南極入地三十六度，此天文家舊說，其實人見北極隨地而移，每南北相距二百五十里則極差一度，出地三十六度者，河南洛陽等處耳。

曹寅谷以包注解輗為轅端横木縛軛為㮁，看來本不㮁也。邢疏引說文以為轅端持衡則㮁矣。包解軏亦不㮁，朱注之寅谷非之亦非是。

江氏曰：「魯禘只禘周公，非禘文王。趙伯循解魯禘如天子，非。」

江氏曰：「奧喻近臣，灶喻執政。」顧氏又以媚奧喻結君於朝廷，媚灶喻結君于燕閒，亦可備一說。

江氏曰：「『射不主皮』，此非儀禮正文，乃鄉射篇後記云『禮射不出皮，主皮之射，勝者又勝不勝者降』，注『禮射、大射、賓射、燕射』是矣。」按：三射實惟大射之侯棲鵠有皮，賓射設正燕畫獸，皆無皮。鄉射用賓射之侯，亦無皮。主皮之射，張皮侯而射之，乃田獵後習武取獸之射。

「禹致美乎黻冕」，黻者，裳之一章，舉後以該前，若蔽膝之韍則從韋。

江氏鄉黨圖考頗精核，於「復其位」為位在內朝，不如近時鳳應韶為在外朝考據之的。

緇衣「羔裘」節，江氏說詳矣。姚殿撰又疑公服之說，予以為此只為裘辨裼不分。公裘，常裘也，有制義一篇明之，據邢疏葛上無裼領緣，是二俱是。

「侍食先飯」，江氏考及童君璜文皆極明，猶有不明者，以與玉藻兩節終未融洽也。須知先飯正在膳夫授祭時品嘗食而猶未嘗時，疏謂膳宰不在，亦非也。予前作兩解亦未盡悉，有制義明之。

袁氏枚曰：「『克己復禮』是成語，左氏楚靈王敗於乾谿，孔子曰：『克己復禮，仁也。楚靈王若能克己，豈其辱於乾谿？』」按：臼季稱冀缺于文公曰：「臣聞出門如賓，承事如祭，仁之則也。」依此，則夫子告仲弓亦是成語，然安知非左氏取孔子言衍之為文？

顧氏曰：竹書，帝相二十七年，澆伐斟鄩，大戰於濰，覆其舟，滅之。楚辭天問：「覆舟斟鄩，何道取之？」王逸強解，以滅斟尋、奄若覆舟。孔安國乃以澆為能陸地行舟，其實盪舟猶盪陳之說。

邢疏：「駢邑三百，是三百家。」顧氏曰：「史記孔子至楚，昭王與之書社七百里，子西沮之。七百里恐謬。」江氏曰：「二十五家為社，籍書致之，書社七百，一萬七千五百家地，因二十五家為里，故悮為七百里耳。」

召忽之死自是，惟邢疏有此意。

曲沃衛嵩以性相近即堯舜性者，湯武反之之謂，孔孟言一也，顧氏取之。

喪致乎哀而止。孔氏曰：「毀不滅性，亦簡而得。」

袁氏曰：「高麗本集解以『三月不知肉味』，『三月』乃『音』字之訛。『恂恂如也』，劉修碑作『遜遜如也』，祝睦碑作『逡巡如也』。集韻『鏗爾』為『愌爾』。仲長統以『風乎舞雩』為『諷乎舞雩』。韓愈以『浴乎沂』為『沿乎沂』，『夫人自稱曰小童』為『小妾』。廣韻以『彼哉彼哉』為『柀哉』，漢書『齊桓公正而不譎』，『正』為『法』，『涅而不緇』，『緇』費鳳碑作

『滓』。」

江氏以孟子書為自作，予亦以為然。按：後稱高子、屋廬子、陳子，又前後事不以序，似亦有門人成之者。

梁惠王有後元年，顧氏、江氏、曹氏之升皆以為然，然如至梁、齊及齊人伐燕，按之通鑑，終不合。通鑑固未可據，曹氏即以孟子證孟子，作年譜亦不以為然，然臧用中分孟子為兩截，似也而亦未盡合。

邢疏解「遊」、「豫」二字云：「遊者有縱而至於適也，豫者有所適而至於樂也，其義甚明。」

江氏曰：「曾西即曾申，曾子子，非孫。楚、鄭大夫名申者，多字子西，申，西方也。」

孟子過薛，薛君當齊宣王時即田文。

戴盈之，閻百詩即以為戴不勝，「勝」讀升，古人名字或相成，故字盈之。

「愛人不親」三語見穀梁僖二十二年論宋襄，似不知兩處誰本。

「五世而斬」，趙氏曰：「自高祖至玄孫，善惡之氣乃斷之。」閻氏若璩主之。

公行子有子之喪，顧氏、閻氏皆以為喪子禮為長子三年，故孟子與齊臣皆弔。按：此則弔不必奉王命也，言朝廷之禮以為例耳。

顧氏曰：「知天子一位之義則不敢肆於民上以自尊，知祿以代耕之義則不敢厚取於民以自奉。」按：數語甚精。

金氏履祥曰：「費本魯季氏私邑，孟子稱小國之君，蓋季氏專魯，春秋以後自據其邑，如附庸之國矣。」顧氏謂春秋有兩費：左成十三年，呂相絕秦曰「殄滅我費、滑」，此費亡久矣；季氏費即隱元年費庈父之費。

「不挾兄弟而友」，江氏以兄弟為婚姻，如張子之于二程，程允夫之于朱子。又曰：「春秋時，曹已滅，曹交或是曹國之後，以國為姓，或是鄒君之族人，鄒本邾國，邾本姓曹。」

「王子母死」，注引儀禮「公子為其母練冠、麻衣、縓緣，既葬除之」，閻百詩以為厭于父，非厭於嫡母，朱子沿趙岐、孔疏之悞。

風俗通：「孟子著中外書十一篇。」顧氏曰：「史記伍被對淮南王安引孟子曰『紂貴為天子，死曾不若匹夫』，桓寬鹽鐵論引孟子曰『吾於河廣，知德之至也』，又曰『堯舜之道非遠人也，人不思之耳』，鮑昭河溝頌引孟子曰『千載一聖，猶旦暮也』，梁書處事傳序引孟子曰『人之於爵祿，得若其生，失之若其死』，索隱引皇甫謐曰『孟子稱禹生石紐，西夷人也』，豈皆所謂外篇耶？」袁氏曰：「四書之異者，中庸『費而隱』，鄭氏謂世道違則君子隱去。『天地位，萬物育』，直指帝王。『動乎四體』，承上言軀之四體。『大德敦化』，指天子。『小德川流』，指諸侯。『屋漏』為小帳，論語『人不知不慍』為人有所不知，教之而不慍怒。」顧思齊解「賢賢易色」，指妻重德不重色也。此章論五倫兼夫妻父母君臣朋友，學則不固，固陋也，能學則不固陋也。天香樓偶得解「父母惟其疾之憂」，父母畧讀斷，其字指父母，言人子首當以父母之疾為憂。馬融曰：「孝子不妄為，除疾病外不使父母憂也。」馬周以犬馬有養主人子說，故疏稱「臣早失父母」，犬馬之養已無所施。趙氏解「為力不同科」為力役之征，有上中下三科。孫季昭解「哀公問社」以為哀公欲去三桓，同社問不用命戮於社之義。宰我勸之，曰「使民戰慄」，孔子非之，曰「成事不說」，言三桓之勢已成，不可咎其已往也。孔氏謂朝聞有道之世，夕死亦可；「無所取材」謂無所取於桴材，以子路不解微言，故戲之。曹操解「吾與女弗如也」，言我與女皆不如顏淵。梁武帝、韓昌黎以宰予晝寢為畫寢，孟子宿於「晝」，「晝」即作「畫」。毛西河註「山節藻稅」是諸侯所居，文仲以大夫僭諸侯之禮，與居蔡是兩事。衛瓘讀「必有忠信如丘者焉」，「焉」字連下言「十室之邑焉知不亦有如丘之好學者」。「予所否者」，晉欒肇以「否」為否屈，言我道之所以否屈者乃天意也。曾幾解「弋不射宿」，言孔子不欲陰中人也。方密之解「沽酒」：沽，惡也，周禮「功沽之沽」。宋翟公巽言「式負版者」非版籍，乃喪服也。鄭謂「皆不及門」為不及仕進之門而失所。韓昌黎以「吾以女為死矣」，「死」，「先」字之訛。王充言曾點志于禮樂，將為舞雩之祭，所云童冠者，歌童也。袁清溪以「惟求則非邦也與，惟赤則非邦也」，「與」為夫子之言，蓋引求、赤以證哂由為不讓，非為其為邦也。歐陽詹以「片言可以折獄」乃夫子戒「由也率爾」之意，非許之詞。毛西河以樊遲請學稼是許行並耕而治之意，故夫子有上好禮、好義之言。李穆堂解「鄭聲淫」，淫為怗滯，非男女媟狎。賈逵注「當仁不讓于師」，師，眾也。黃東發以「見其二子」句在「至則行矣」之下，否則子路無向空舍曉曉之理。趙氏序孟子，以七篇取天有七政，其章二百六十有一者，三時之日數也，三萬四千六百八十五字者可以行五常，施七政，故法五七之數而不敢盈也。注「為長者折枝」為按摩支體，「遁」辭即秦客之「瘦詞」。鄭氏以「大人不失其赤子之心」即「如保赤子」意，趙氏以「望道而未之見」為文王為殷祿未盡。按：此類亦未可枚舉，如大學「致知在格物」，鄭以知為知善惡吉凶之始終，以格物為知善深則來善物，惡深則來惡物。論語「媚奧」「媚竈」，孔以奧喻近臣，竈喻執政，顧氏絳則謂媚奧喻逢君於朝廷，媚竈喻逢君于燕閒。孟子引詩「以遏徂莒」，鄭氏、趙氏皆以莒以國，言密侵阮、共並及莒，皆非朱子之意也。

袁氏又摘九經注疏曰：「漢人好臆造典故，如鄭康成以郊天之鼓必蒙麒麟之皮，孔融笑其寫孝經必用孔子家竹。然非典之典亦資博雅，如註『文王受命』，引元命苞禹觀河見長人；皋陶在洛見黑公；舜為太尉與堯坐舟中見鳳凰含圖置軒轅前，黃帝再拜受之；湯登堯台見黑鳥；文王坐靈台見赤雀含丹書止戶；武王伐紂見白魚入舟化為赤鳥，以穀俱來。註『伐崇』，引外傳天黿即玄枵星，齊之分野；大姜之祖也有逢伯陵者，殷之諸侯，封之齊地，逢公之死，其神馮焉，周出姜姓，故為外祖所助。註中庸『必得其位』引援神契孔子黑龍之精不合代周家木德之蒼。註『獲麟』言血書于魯之端門，子夏往觀之，化為赤鳥，文曰『孔聖沒，周姬亡』；周王為天囚；孔子作春秋時卜得陽豫之卦，蓋夏、殷之卦也。注『九月大雩』，引古之人重請，請乎應上公，應上公，古之神人，通乎陰陽者，其雩之祝辭『寡人當死，百姓何謗，願撫百姓以塞無狀』。註周官引緯書云：『太山失金雞，西嶽亡玉羊。』。註春秋『西宮災』云魯僖公先娶楚女，齊媵後至而脅之，故西宮災乃楚女之怨氣。註『季姬遇鄫子於防』言魯季姬先配邾婁而淫鄫子，故二國交仇。宋襄為曹南之會以和解之，邾子不從，乃執鄫子用之。註『垂斂之盟』言公孫會宋公盟垂斂者誅商臣也。三諫者，月三日而成魄也。孔子行乎季孫，三月不違，齊人歸鄆讙之田，公受之，此不違之驗。孔子曰：『三皇設言民不違，五帝畫象世順機，三王肉刑揆漸加。』注『秦公子』云：秦嫡子生，不以名，令子四境擇勇猛者而立之。古者諸侯出師，世子率與守國，次宜為國者持棺絮從。註「大雩」云魯僖公放佞臣郭都等，理寬獄四百人，天乃大雨。注君奭云散宜生受學于太公，太公除師學之禮，酌酒切肺，約為朋友。注

「吳入楚」云子胥鞭平王屍，血流至踝。昭王將入海，父老曰『以眾不如吳，以必死不如楚』，乃戰而勝，得復國。注『啟征』云有扈氏為啟庶兄，賢堯舜而薄禹，以為不讓賢而傳子，故啟伐之。註文王世子云文王戒太子云『我終之後，但稱太子，河、洛復，告遵朕稱王可也』。文王問太公用兵孰先，太公請伐密，管叔曰：『不可，其君天下之明君也。』太公曰：『臣聞先王伐難不伐易，伐逆不伐順。』遂伐密，密之人縛其君而來歸。註生民詩，引馬融曰：『帝嚳四妃，上妃姜嫄生稷，次妃娵訾生摯。當三妃生子時姜嫄未生，故禋祀求子。姜任身之月，帝嚳崩，崩十月而后稷生，蓋遺腹子也。雖為天所授，以寡居而生子，為眾所疑，不可申說，知后稷之奇必不可害，故棄之，以著其神，堯知其然而聽之。」註說命云傳說蒙胥靡之衣，入高宗之夢，云我徒也，姓傅名說，天下得我者豈徒也哉？武丁悟而推之曰：『傅者相也，說者悅也。天下當有傅我而悅民者。』明日以夢視百官，皆非也，乃使工寫其形，求諸天下。果有築者胥靡衣褐，露索役于虞、虢之間。註金縢云成王有疾，周公揃爪投河，乃書而藏之記府。有人言周亂，公出奔楚，所云『罪人斯得』者，周公之屬與知攝者，周公出奔二年，盡為成王所得。公傷之，恐其刑濫，乃作鴟鴞之詩貽成王。白華疏言褒姒在母腹四十六年而始生。摽梅箋言三十之男，二十之女不待禮會而行之，十月男女同巷相從，夜績女功，一月得四十五日，有所怨則相從歌詩。里正男女年六十以上，其有辨護伉健者官衣食之，使入民間采詩，移鄉遂以達天子。註『禹作司空』云堯時冬官為共工，知禹有聖德，必成功，故改名司空，以官名寵之，非常官也。至禹登百揆之任，舍司空之職，為共工與虞，故曰『垂作共工，益作朕虞』。注『洛誥』引書傳稱周公將作禮樂，優遊至三年不能成，君子恥其言而不見從，恥其行而不見隨，將大作，恐天下莫我知，將小作，恐不能揚父功業，乃營洛邑以觀天下之心。於是四方諸侯率其群黨各攻位於其庭，周公曰：『示之以力役猶且至，況導之以禮樂乎？』然後敢作禮樂。康成言：『太王遷岐，一年成邑，三年五倍其初。』注『弼成五服』以為禹之疆土，三倍於堯。註『哆兮』引顏叔子獨處，鄰婦遭雨，室壞趨之，叔子納之而使之不審矣，若其審者宜若魯男子矣。註采薇云西伯將遣戍役，先與之期以采薇之時，今薇生矣，先輩可以行也。註鴛鴦章，古明王所乘之馬系於廄，無事則委之以莝，有事乃與之穀。註甫田詩，甫田，丈夫也，太古之世以丈夫稅田。」

益聞散録

益聞散録引

向於說經外，子、史皆有說，數紀典故亦分類及之，然展卷日有益，微論益所不知，即素知而遺忘者復觸之亦益也。益聞散録皆時益吾之聞者，或取而觀之，雖前人已有之說，未及遍觀，於此亦可先得其益矣。時齋。

益聞散録上

經註遺言

尸天子。書序：「康王既尸天子，遂誥諸侯，作康王之誥。」傳：「尸，主也。」

畢公為東伯。康王之誥疏：「太保召公為西伯，太師畢公為東伯。」

馬稱幣。「奉圭兼幣」疏。

五刑不降相因。呂刑注言「各入罰」。

背文自古即然。詩子衿疏：「傳言古者教學子以詩，樂誦之謂背，文闇誦。『背』或作『倍』。」

纓環。盧令傳：「令令，纓環聲。」

討羽。小戎「蒙伐」疏引周禮注以蒙為討羽。討，擇也。

睫攡。宛邱「鷺羽」疏引爾雅郭注：「白鷺頭翅上長翰毛，今江東人取以為睫攡，名之曰白鷺縗。」

大夫乘駒。見株林疏，箋云：「馬六尺以下曰駒。」

涼草。下泉「苞稂」箋以為稂當作涼草，蕭蓍之屬。

麥無禾稱。七月疏：「禾是大名，非徒黍、稷、重、穋四種，其餘稻、秫、禾、粱之輩皆云禾，麻與菽、麥則無禾稱，故于麻、麥上更言禾字以總諸禾。」按：今吾鄉菽、麥率皆稱禾，麻則無之。

善同門。棠棣箋解「良朋」。

昆夷、玁狁是二。采薇序：「文王時，西有昆夷之患，北有玁狁之難。」疏：「玁狁大於西戎。」昆夷，西戎也。

中輩。采薇首章箋：「薇生矣，先輩可以行也。」疏二章：「為中輩。」三章：「為後輩。」

解轡紟。采薇五章「象弭」箋：「弭，象骨為之，以助御者。」「解轡紟」疏：「紟與結義同。」

搯土。斯干「椓之橐橐」箋：「椓謂搯土。搯，丈牛反。」

牆祗。斯干正義：「縮約皆謂以強纏束之，若今之牆祗，又曰搯，是以手平物之名。」

遇犬為犬名。巧言箋：「遇犬，犬之馴者。」疏引王肅，謂兔與犬遇，又曰「知是馴擾者」，謂田犬也，是不破注之例。

丈夫田。甫田箋：「甫之言丈夫也。」

嘗地。甫田「嘗其旨否」疏引王肅，以為嘗地之美惡旨否，解上句亦以為除草萊，今集傳從鄭箋。

稼如嫁女。大田「多嫁」疏引地官司稼注：「稼如嫁女，有所生。」

小人幽王。裳華序：「小人在位則讒諂並進。」箋：「小人，斥幽王。」疏：「今用小人，幽王在於天子之位。」

都人士「為命民」。疏：「或以書傳『古者有命，民得乘飾車駢馬，衣文錦』，『彼都人士』為命民。」

磬作。詩大明「俔天之妹」傳：「俔，磬也。」疏引韓詩云：「如今俗語，譬喻物言磬作然也。」

瓜紹。緜詩傳：「緜緜，不絕貌。瓜，紹也。」

制二兼四。皋門「應門」疏：「魯庫雉制如皋，應成王褒周公，使之制二兼四。」

時台、囿台。靈台疏引公羊傳說：「天子三台，靈台以觀天文，時台以觀四時施化，囿台以觀鳥獸魚鱉。諸侯卑，不得觀天文，無靈台。」何休又云：「天子囿百里，公、侯十里，伯七里，子、男五里。」

人先。生民疏引蔡邕月令章句云：「高禖謂之人先。」

稷有弟妹。傳解「先生如達」云：「姜嫄之子先生者是稷，有弟妹也。」疏以書傳無文，從鄭義。

破坐。「實覃實訏」疏：「嬰兒既坐而後弄口，破坐而後匍匐。」

伏瘞。見周禮秋官犬人，鄭司農云：「伏瘞，伏犬以車轢之。」疏引之釋「取羝以軷」云：「天子用犬，諸侯用羊。」

分別皂白。桑柔「匪言不能」箋：「賢者見事之是非，非不能分別皂白言之于王。」

西風成物。大風箋：「西風謂之大風。」疏：「西風成物。」按：世惡西風者，非也。西風，秋風，每當禾成時必有西風則物熟。

渴雨。雲漢詩箋：「時旱渴雨。」按：此猶公羊言「渴葬」，今人當旱輒云「禾渴」。

菜殽。韓奕傳：「蔌，菜殽也。」又「賓筵殽核」箋：「凡非穀而食曰殽，謂凡籩豆之實皆是。」

曲顧。「韓侯顧之」傳：「曲顧，道義也。」

鬯草。江漢「秬鬯」傳：「鬯，香草。」疏：「鬯非草，傳蓋謂鬱為鬯草。」

束修從遷。天作疏引書傳：「太王遷岐，周民束修從之。」

摩曳。小毖「丼蜂」傳：「摩，曳也。摩同掣。」疏：「爾雅釋訓文，孫炎謂『相掣曳入於惡也』，彼『丼蜂』作『甹夆』，古今字耳。」

信按。般「墮山喬嶽」箋：「皆信按山川之圖而次序祭之。」

暀暀。泮水「烝烝皇皇」箋：「皇皇當作暀暀，猶往往也。」疏引釋詁：「美也。」

后稷為司馬。見閟宫箋。

太公為司馬。見長發疏。

孤聖。長發疏：「天以孤聖獨興。」

投最。春秋公羊隱元年傳：「會猶最也。」注：「最，聚也，若今聚民為投最。」

恩録。公羊隱三年傳注：「諸侯記卒，記葬，設有王后崩，當越紼奔喪，不得必其時，故恩録之。」謂王者亦當加以恩禮。

負茲。公羊桓十七年傳：「天子有疾稱不豫，諸侯稱負茲，大夫稱犬馬，士稱負薪。」疏：「負茲言負事繁多故致疾。」

狎敵。穀梁莊十七年傳：「齊人殲焉，狎敵也。」

尸女。穀梁莊二十三年「如齊觀社」傳：「觀，無事之辭，以是為尸女也。」注：「尸，主也，主為女往，以觀社為辭。」

諾已。穀梁僖元年傳：「慶父聞之曰：『嘻，此奚斯之聲也，諾已。』」註：「諾已皆自畢語。」按：此與衛莊公「諸哉」語異。

季氏之孚。公羊僖十五年「震夷伯之廟」傳：「夷伯，季氏之孚也。」註：「季氏所信任臣。」

劣及是月。僖十六年，公羊「是月六鷁退飛」傳：「是月者，僅逮月也。」注：「在正月之幾盡，故曰『劣及是月』。」

卓佹。公羊上傳「春秋不書晦」註：「事當日者日，平居無他卓佹。」解：「無他卓異佹戾，平常之事。」

女器。僖二十二年，左傳：「鄭文夫人芊氏、姜氏勞楚子于柯。君子曰：『戎事不邇女器。』」又正義云：「禮無二適，而有兩夫人者，當時僭恣，不如禮。」

會正。文四年，左傳「曹伯如晉會政」注謂：「會受貢賦之政。」

禹、皋、益皆兄弟。杜釋「八愷」云「垂、益、禹、皋陶之倫」，釋「八元」云「稷、契、朱虎、熊羆之倫」。

挍室。宣十五年，穀梁傳注：「井田法：一夫受田百畝，五口為一家，在田曰廬，在邑曰里，一里八十戶。八家共一巷，中里為挍室。擇耆年高德者名曰父老，其辨護伉健者為里正，受倍田，得乘馬。」

家遺。宣十八年，穀梁傳：「歸父還自晉，至檉，聞君薨家遺。」注：「家為魯所逐遣。」

佚獲。成元年鞌戰，穀梁傳注：「佚獲者，已獲而逃亡，謂齊頃。」

錮漏。見成元年，左傳：「子反以重幣錮巫臣。」注引說文：「今人言錮漏鍋本此。」

甚甚。成二年，穀梁傳：「夫甚甚之辭焉。」注：「鄭嗣曰：『君子聞戰于鞌，言因齊之敗，逼之甚。』」

趨風。成十六年鄢陵之戰，左傳：「郤至見楚子，免胄而趨風。」「趨風」二字佳，左氏鍊字多如此。

悕矣。成十六年，晉人執季孫行父，舍之于招丘。穀梁傳：「舍之者何？仁之也。」曰：「在招丘，悕矣。」注：「悕，悲也。」

白癡。成十八年，左傳：「周子有兄而無慧。」注：「不慧，世所謂白癡。」

索馬牛。襄二年，左傳「齊侯伐萊，萊人使正輿子賂夙沙衛以索馬牛皆百匹」注：「索，簡擇好者。」正義：「司馬法『邱出馬一匹，牛三頭』，則牛當稱頭，而亦云匹者因馬並言之耳，傳之文此類多矣。易繫辭云『潤之以風雨』，論語云『沽酒市脯不食』，玉藻云『大夫不得造車馬』，皆從一而省文。」按：馬牛云索猶羽云計，疏因牛連言匹，推類言之。袁子才舉此等為經書語病，蓋未讀是也。然子嘗論是三者，如「東風養萬物，亦能潤；酒言食，猶今人曰喫酒；馬云造，自兼鞍轡刷飾言」，意固猶可通也。若孟子「威天下不以兵革之利」之類，真省文連言而有語病者，袁卻何未指及。

厚夜。襄十三年，左傳：「楚子疾，告諸大夫曰『惟是春秋窀穸之事。』」注：「窀穸，厚夜也，猶長夜也。」按：今人言終夜曰「透夜」，字亦雅。

軋辭。襄十九年，取邾田，自漷水。穀梁傳：「軋辭也。」注：「軋謂委曲，隨漷水言取邾田之多。」

曾臣。襄十八年圍齊，左傳：「獻子禱曰曾臣彪」。註：「彪，晉平名。曾臣，猶末臣。」

因諸。昭二十一年，穀梁傳：「宋南里者何若？」曰：「因諸者然。」注：「因諸，齊故刑人之地。公羊齊人，故以齊語。」

蓑城。定元年，公羊傳：「晉人執宋仲幾于京師，不蓑城也。」注：「若今以草衣城，仲幾不治所主。」

餬帛。左正義解正考父鼎銘：「餬口猶今人以粥向帛，黏使相著，謂之餬帛。」

沒振。昭十一年，左傳：「叔向對韓宣子言：『楚不可沒振。』」注謂：「沒不可復振。」此拗句也。

枚雷。昭十二年，左傳：「南蒯枚筮之。」註：「不指其事，泛卜吉凶，或以為枚雷總卜，禮所謂毋雷同也。」

奧主。左昭十三年，叔向曰「國有奧主」，謂楚棄疾。
屏攝。左昭十八年，宋、衛、陳、鄭災，傳：「使子寬、子上巡群屏攝。」註：「屏攝，祭祀之位。」
野司寇。見前傳。注：「士也。」
小廟。夏官祭僕「大長復於小廟」注：「小廟，高祖以下。」
乞鞫。周禮朝士「凡士之治有期，日期內聽，期外不聽」注：「若今徒論決滿三月，不得乞鞫。」
行戒。儀禮士冠禮「黑屨青絇」注：「絇之言拘，以為行戒。」
疑立。儀禮昏禮注：「主人西北面疑立。」疑立，正立也，自定之貌，亦見鄉飲酒、公食大夫禮。
案酒。鄉射禮「乃羞」注：「燕設，啗具，所以案酒。」
繁豎。鄉射禮「君國中射，則皮樹中」注：「皮樹，獸名，今文為繁豎。」
坐勸酒。見大射禮「就席坐行」注。
並夾。大射儀注：「鍼箭具，矢著侯高，人手不能及，則以並夾取之。」
益君益臣。覲禮「以馬主授人」註：「王以使人受馬者，至於享，王之尊益君，臣之卑益臣。」又下「乃右肉袒於廟門之東，入告聽事」注：「凡以禮事者左袒，入更從右者，臣益純也。」
㡿帷。士喪禮「君使人弔，徹帷」注：「徹帷，㡿之。㡿音去，閉也。」
通裁。士喪禮「浴衣」注：「制如今通裁。」疏謂無殺。
擐衣。士虞禮「佐食鉤袒」注：「若今擐衣。」疏：「擐衣以露臂。」
掖門。士虞禮注：「婦拜賓於闈門內，闈門如今東西掖門也。」按：此即便門也。
紂如魚。「有司徹魚匕」疏引鄭注尚書中侯引春秋緯璇璣樞曰：「紂如魚乃糾之謂。紂雖有臣無益于股肱，若魚雖有翼不能飛。」

貨人。禮記曲禮疏：「司貨掌金玉，稱貨人。」

體盤。文王世子「眾至然後天子至」疏：「尊者體盤故也。」

沂鄂。效特牲「雕幾」注：「幾，漆飾。沂，鄂也。蓋當時語。」

鹿矮。內則「宛脾」疏：「益州人取鹿殺而埋之地中，令臭乃食，名鹿矮。」

苦衣。深衣「完且弗費」注：「言可苦衣而易有也。」

燕尾。棺小要，一名燕尾，見喪大記疏。

可身。孟子「口之于味」章註：「凡人有情從欲而求可身。」

梱斗。群書遺言可射鼠，見說文。

離膢。說文：「楚俗以二月祭飲食也。一云祈穀食新曰離膢。」

大殑。俗謂死。

迦互。令不得行也。徐鍇曰：「猶犬牙左右相制也。」

夾。俗謂盜竊物也。

匫古器。匫，呼骨切，古器也，後世稱骨董之始。

挈令。律令之書。

磊竴。重聚也。竴，丁罪反。

夜市。鹵俗以夜市。按：如今京都西市謂之小市。以上俱見說文。

𤈦𤇄。猶烽燧，見史記周本紀。

餁人。百里奚乞食於餁人，見秦本紀。

稀膏棘軸。田敬仲完世家：「淳于髡謂鄒忌曰：『稀膏棘軸所以為滑也，然而不能運方。穿弓膠昔幹所以為合也，然而不能傳合疏隙。』」

真母。呂不韋傳：「莊襄王真母夏姬。」

甌脫。界上屯守處，見匈奴傳。

導官。酷吏傳：「謁居導官。」如淳曰：「大官之別主酒。」

漚庾。漢舊儀：「顓頊生三子為疫鬼，一居江水為虎，一居若水為罔兩，一居人宫室區隅為漚庾，善驚小兒。」虎一作瘧鬼，罔兩一作蜮鬼。

輓輅。漢書：「劉振脱輓輅。」輓輅，牽推小車。

十半。枚乘說吴王還兵疾歸，尚得十半。謂十分有五分無患。

蓝女。關尹子嬰兒、蓝女、金樓、絳宫、青蛟、白虎、寶鼎、紅爐，皆言物欲。

生貴。漢書「田蚡貌侵，生貴甚」注：「生貴自尊高。」

扈魯。子虛賦注：「張晏：『瓠盧，扈魯也。』」疑即是葫蘆。

顔行。同上，猶雁行，在前行者。

詩細。趙曄撰吴越春秋，又著詩細，蔡伯喈讀而嘆息，以為長於論衡，今其書竟不傳。

山郎。漢故事，令郎出錢乃得出沐，名曰「山郎」，楊惲罷之。

尤備。責備也。通鑒：「王莽自即位，尤備大臣。」

白的。弩名。秦昭王時募得郎中彝廖中以白的殺白虎，見華陽國志。盧長公：「白的可與黄間對。」「間」或作「肩」，見楊胡解紛。白間、黄間皆弓弩。

孤露。魏晉人以父亡為孤露，見嵇康與山巨源絶交書，亦曰偏露，見孟浩然送莫氏甥詩。

露橈。綱目：「吴漢留夷陵，裝露橈繼進。」即今篙挑也。

露蓍。見漢書張禹傳：「將筮露於星宿下，得天氣，明日乃用。」

辦嚴。通鑒：「吳漢每出師，朝受詔，夕引道，初無辦嚴之日。」

若盧。詔獄也，見王商傳。

小步馬。西域傳：「烏秅國出。」今川馬也。

雇山。後漢書光武紀：「女子犯徒者出錢於山伐木，名雇山。」

中準。即平準，質帝時改。

負負。猶愧愧，見張步傳。

具劍。寶玉裝飾之劍，光武賜馮異。

竿磨車。董卓僭乘此。注謂「相逼」，近俗以事干人謂之「相干磨」。

仲家。袁術僭號壽春，自稱「仲家」，見通鑒。

辭觀。綱目：「青州人隱蕃見孫權，陳時務，甚有辭觀。」

落度。三國志楊儀語，不得志貌。度音鐸。

纂嚴。綱目：「石勒纂嚴，將襲王浚。」纂，集兵也。

粈盆。以麻滓浸油為庭燎，粈音莘，歲時記名「蕡燭」，鄭司農作「墳燭」，玄曰：「墳，大也。」

纖兒。晉孝武時，范寧望宮闕嘆曰：「好家居，纖兒欲撞壞耶？」纖兒猶小兒。

將牢。將，養也。諸將謂姚萇將牢，苻登大過故敢來。

刺閨。宮中職名，在宮中刺取事者。陳文帝令刺閨夜刺取外事。

白著。唐肅宗時，元載擇豪吏為縣令，督逋負租調，籍所有中分之，甚者什取八九，謂之白箸。注：「今人猶謂無故費散財物者謂之白箸。」

雀離。佛塔之高者又有舍利者曰聚相，無舍利者曰古提。又僧袈裟曰水田衣，錫杖曰波若眼，僔檀時，沙門曇霍持此與人，云可得仙。僧亡焚化曰荼毗。

私白。唐時諸道歲進閹兒，名曰私白。

六峜。管子：「伏羲作六峜，以迎陰陽。」峜音計，計算之義。

三全。亢倉子：「道筋骨則形全，剪情欲則神全，靖言語則福全。」

人門。北魏裴植自以人門不後王肅，謂人才、門地。

護前。梁主與沈約各疏栗事，約少上三事，出謂人曰：「此公護前，不則羞死。」護前，忌人前。

雉噫。歌嘆聲似雉。楊子言：「孔子去魯，曰：『不聽政，諫而不用。雉噫。』」楊升菴以為即彼婦之歌。

迓鼓。宋儒語録：「今之古文如舞迓鼓。」迓同衙，以村里效官衙，謂無古人之學而效古人之言。

喬宇鬼瑣。荀子非十二子篇：「喬同譎。宇，大也。嵬，狂險之行。瑣，奸細之行。」

婸徒。漢書西南夷人自稱曰婸、徒婸。婸音陽，我也。

崽子。即變童。崽音宰，見水經注。阮籍詩「昔日繁華子，安陵與龍陽」，謂變童、崽子。

獠婢。南史：「王琨，獠婢所生。」獠音搔，世罵人恒以此。

研研然。忿爭強辯之貌。北涼劉祥入言事，蒙遜曰：「汝聞劉裕滅秦，敢研研然也。」

語忘、敬遺。二鬼名，婦人臨產呼之，不害人。

牝朝。唐以人武后為「牝朝」。

俗綿。亦作芊綿、千眠，光色盛也。

赭繩。見商君書。古匠人用赭繩，即今之墨斗。

吹綸。見漢書注，煖扇之類。

管穴。通鑒：「漢和帝時陳忠山書言：『如其管穴，妄有譏刺，且宜含容。』」管穴，所見小也。

欹案隱囊。曹公作欹案，六朝人作隱囊，今牀几靠枕類。

星施。見周書王會篇，旌旄之屬。

閭櫨。櫨即閭，省「門」從「戶」。

窔窨。屋深響也，如空谷之傳聲。

街彈室。周名鋤，今之申明亭也，見周禮鄭注。

露田。不栽樹之田。魏書：「詔諸男夫十五以上受露田四十畝，婦人二十畝。」

丹的。釋名：「婦人以丹注面。」

鐐子。庖人別稱。宋仁宗索漿，屢顧不見鐐子，問之，恐所司得罪。

影國。後梁為北魏影國，猶附庸也。

猴池。獼猴池，佛五精舍之一，王勃益州德阳县善寂寺碑：「火炎昆岳，高台与雁塔同平；水浸天街，曲岸与猴池共尽。」

盤渦。蜀江三峽中水波圓折者名盤渦，音旋。

蔭戶。綱目：「燕王公貴戚多占民為蔭戶，悅綰請罷之。」

雁臣。北魏聽北方酋長秋朝春還，名曰雁臣。又唐書：「編氓有雁戶，謂遊民。」

銀鐺。大鎖也，見後漢書。又有葳蕤鎖，鎖有骨節者。

屈戍。門上著鎖，鐵嘴，取屈而戍守之義，今訛讀為窟須，以「戍」為「戌亥」之「戌」也，又名曰鳥嘴。

句投。投，徒鬪切。句投猶句讀，見馬融笛賦。

梓榷。漢五侯梓榷物貨，以罪制人，而獨榷取也。

遙同。見唐詩，即遙和也，非同遊。

飛塼。寒食兒童飛瓦礫戲也。梅都官詩：「窈窕踏歌相把袂，輕浮賭勝各飛塼。」塼音陀。

步打。懸空觔斗謂之跌打，不在馬上能與人角力謂之步打。唐僖宗好蹴毬，自以為能步打，謂優人石野豬曰：「朕若應步打進士，合得狀元。」野豬曰：「若遇堯、舜、禹、湯，作禮部郎不免駁放。」步打，史作擊毬，然則步打即擊毬。又唐詩「上相閒分白打錢」，王建宮詞：「寒食内人長白打，庫家先散與金錢。」齊雲論：「白打，蹴毬戲。兩人對踢為白打，三人角踢為官場。」武林舊事：「宋理宗秖應人有女廝撲十人，即唐時步打之遺。」是步打亦名白打、擊毬、打拳，一事也。又翻觔斗，本名跟頭，戲俗訛傳耳。

犛軒眩人。見史記張騫傳。犛軒，國名。眩人，能吐火吞刀，植瓜種木，屠人割馬者，其名曰眩人，大抵有障眼之術以眩亂人耳。明太祖時又有吞船者，陶凱上曰：「臣惟見繞船走。」

唐梯追人。見鹽鐵論。唐梯，今上高梯者。追人，即割截身軀者。

高絙。通典：「梁有高絙，即今走索。」按：此亦曰繩技，漢即有之。

潑寒胡戲。唐中宗時有之，張說奏云：「裸體跳足，汩泥插水，何觀焉？」

撲滿。漢公孫宏為賢良，鄒長倩贈撲滿一枚。蓋以土為器，用蓄錢，有入竅無出竅，滿必碎其器，錢始出，故曰撲。士大夫積而不散者將有撲滿之患，贈此所以為戒。

磨兜堅。此秦人座右三字銘，謂謹言也。鄧州穀城門有石人，刊其腹曰「磨兜鞭，慎莫言」，李敢書座隅「摩兜堅」，宋學士作「箴堅」，酉陽雜俎作「鞬」。

布施馬。淳白駱馬也，見後漢輿服志。

身手。顔氏家訓：「頃世離亂，衣冠之士雖無身手，或聚徒眾。」杜詩：「朔方健兒好身手。」

精手。沈約自序「得二千精手」，又見南史齊高帝紀、梁書武帝紀。亦曰快射手，見宋書黃回傳。亦曰快手，見王鎮惡及建平傳，今稱差役以此。

火長。漢制，兵五人一戶灶，置一伯曰戶伯，亦曰火伯。古今注亦曰「伍伯」，今稱差役以戶長本此。

底宣。唐寫詔書為三本，一曰底，一曰宣，在中書所可檢核者曰正宣。古人用大小二啟曰雙書。

樓羅。唐書回紇傳：「冊可汗有含俱録之名，華言樓羅也，聰明才敏之意。」

短陌。抱樸子：「取人長錢，還人短陌。」梁時有東錢、西錢、長錢之分。以七八十為一百，所謂短串也。今京師又有大錢、小錢之異，小錢五百為串，大錢滿十為串，而京北又或以四百為串，所在又通行單底、雙底之說，皆短陌也。

飛錢。唐憲宗時有飛錢，馬端臨以為會票，予謂今錢票。

氣樓。造米倉為樓，通氣防霉變也。陸游南唐書盧絳傳：「絳未遇時從氣樓入倉盜米。」

冬住。冬至前一日，見老學庵筆記。

被池。被，當也。古樂府：「裲襠雙心共一襪，袙複兩邊作八撮，襻帶雖安不忍縫，裁孔裁穿猶未達。」

養和。靠背也，見松陵集，亦即隱囊。

耆臘。老人也，見宋書。

半褒。魏明帝好衣此，東漢書所謂「諸公繡裾」，古亦曰半臂，今曰背心。

假兩。漢和帝制胸兜，名假兩。廣博物志：「文王制袜肚，名腰巾子。」謂袜肚，今有之，猶同名，非腰巾。胸兜即袄也，一云袄始伊尹，又倚勸窩兜也，見南齊武陵王紀。

哲那環。僧衣肩下所帶大環，名見鄭元祐遂昌襍録。

水引餅。齊書：「太祖好水引餅。」傅玄七謨曰：「面游水而清引。」今切麵也，「麵」字見王莽傳。又古人謂切麵為索餅，饅頭為籠餅。又南齊書：「太廟薦起麵餅。」起麵，發酵，即饅頭，而凡蒸食亦皆然。搜神記以饅頭為孔明渡瀘水作，南史作扁米糊，即今饊子。又陸放翁有食野味包子詩云：「放箸摩便腹，呼童破小團。」

河洛。北人以菜羹和蕎面為「和洛」，本唐明皇射鹿血賜安祿山熱洛河。

釘座。今之看桌也。唐劉遠貌美無才用，人以為釘座梨。

錯喉。言食塞喉間也。元宗與寧王同食，王錯喉噴上髯，黄幡綽曰：「此噴帝。」

沿夔離。宋王易燕北録：「契丹俗，戎主及太后噴嚏，近位臣僚齊呼『沿夔離』，猶中國呼『萬歲』也。」今人兒嚏，母亦呼千歲。

沫餑。晏子春秋：「三戈五邢，茗菜而已。」王褒僮約：「武陽買茶」。吴志：「韋曜不能飲，孫皓以茶荈代酒。」茶經：「酌茶置諸盌，令沫餑均。」湯華薄曰沫，厚曰餑。按：說郛：「茶有蟾目、是目、龍舌、蟹眼、琉璃、碧玉池等名。」

客食。内府賜食，亦曰別食。

金叵羅。飲器也。高齊祖珽公宴，竊藏金叵羅于髻上。

阿剌吉。元時名燒酒。通雅「再燒為碧琳腴」，樂天詩「燒酒初開琥珀香」，則唐時已有此名。

玉浮梁。清異録：「李白好飲此酒，未甚熟，但浮梁者耳。」

若下。秦時程林、烏金二家善釀酒。吴興箬溪多生箭，南岸曰上箬，北岸曰下箬，土人取下箬水釀酒，極美，曰若下酒。

百末。漢時酒也。漢書「百末旨酒布蘭生」注：「合百草花木之末釀成之。」龍城録：「蘭生即百末酒。」

索郎。續古今注：「即桑落酒也。」水經注：「蒲阪西劉墮釀。」知新録：「河東劉白墮驢酒，京師朝貴遠相餉遺，名曰鶴觴。」

洪醉。南史：「梁元帝徐妃嗜酒，多洪醉。」洪，大也。

淡巴菰。菸草也。韓慕廬命庶吉士賦詩，見分甘餘話。

楦頭。字書無「楦」字。方言：「輾工木胎為楥頭。楥音絢，俗改楦。」朝野僉載：「唐楊炯每呼朝士為麒麟楥，曰：『今弄假麒麟，必修飾其形，覆之驢背，及去其皮還見驢。無德而被朱紫，何以異是？』」

太瘦生。六一居士詩話：「李白戲杜甫詩：『借問如何太瘦生，只為從前作詩苦。』唐人語也，至今猶以生為語助，如『怎生』、『好生』是也。」

當對。世說新語「王長史徃與支遁語不大當對」，言非敵手也，俗語「門當戶對」本此。

古方言。方言轉變，今古不同，古有今無，古且為新典矣。袁子才又有摘出者：如淳曰「齊人以不知為邱」，高誘曰「楚人以恨不得為柸治」，淮南子云「淮南人呼母為社，蜀呼老為波」，世語、吳語以冷為母、乃洶，長安志「秦人以水驟長為霸長」，大戴「楚人塚曰琴，故皋陶塚名公琴」，越絕書「越人謂鹽曰餘，故鹽官曰朱餘」，唐韻「江、淮之間以韓為河」，匡謬正俗「山東謂眾為洋」，內則注「齊人呼紛為巾」，喪大記注「齊人呼棺索為緘繩」，今皆無此音。予杭人，偶閱田汝成委巷叢說，杭人以快速為「鯽溜」，此語尚存，以好為「現薩」，醜為「懷五」，久無此音矣。按「老波」、「現薩」，吾鄉今有此音，可見方言亦隨地轉變，子雲所作宜更有續者也。

事典遺義

「云為」之「云」訓「聲」，見易繫「變化云為」疏，詩「昏姻孔云」注「云，旋也」，義自別。

「斥」字兼美訾。書疏：「昭乃顯祖，不知所斥。」以晉上世有功名，惟唐叔故，以獎勵之。

「極」古只訓「中」，註多，詩園有桃「罔極」之「極」，傳亦然。

「陸」為「中」。左傳曰：「在北陸。」正義、爾雅釋天：「北陸，虛也。西陸，昴也。」孫炎曰：「陸，中也。北方之宿，虛為中；西方之宿，昴為中。」然則「日在北陸」謂日體在北方之中宿。

「載」為「識」。詩大明「文王初載」箋：「謂文王適有識，天為生配於氣勢之處。」指洽陽渭涘也。氣勢之處，亦雅。

「耆」為「惡」。皇矣詩「上帝耆之」疏：「耆，老也，人皆惡己之老，故耆為惡。」

「能」猶「伽」。見民勞詩「柔遠能邇」傳，疏解「伽」為「願」。

何休註齊桓伐楚次陘之義，註云：「時楚強大，卒暴征之則多傷士眾。桓公先犯其與國，臨蔡，蔡潰，兵精威行，乃推以伐楚。楚懼，然後使屈完來受盟，修臣子之職。不頓兵血刃，以文德優柔服之，故詳録其止次，待之善，其重愛民命，生事有漸，故敏則有功。」按：此正得伐而書次為善之意，亦見兵法。

繼母得歸寧。杞伯姬來朝其子，正義：「伯姬未必是成風所生，但哀姜既死，成風為夫人，縱非其母，亦得歸寧。」

外孫冠朝外祖。僖五年，穀梁「杞伯姬來朝其子」傳，何註：「禮，外孫初冠，有朝外祖之道，故使若來朝其子，以殺直來之恥。」

大夫不稱君。見僖三十三年左傳疏。然大夫亦有時稱君者，喪大記「大夫，君不迎於門外」是也。

王亦言服。左文十四年，周公將與王孫蘇訟于晉，王叛王孫蘇，使尹氏與聃啟訟周公于晉。

魯人以為敏。左「文十五年，宋華耦來盟，無故揚其先臣督之罪，魯人以為敏」，蓋笑之反以為敏耳，杜云：「明君子所不與。」正義曰「魯人，魯鈍之人」，非。

婦姜稱。左宣元年「遂以夫人婦姜至自齊」注：「稱婦，有姑之辭。不書氏，史闕文。」疏：「夫人以姜為姓，舉姓稱姜氏，去氏稱姜則不成文義。此言氏既不明舉姓為姜，或專言姜皆不得，然則後人稱婦人系氏、去氏俱非也。不但婦人，凡稱人皆然。太史公列傳皆曰姓某氏人，直以為不明姓氏矣。」

凡軍帥自來有家兵。左宣十二年「邲之戰，楚熊負羈囚知罃，知莊子以其族反之」注：「族，家兵。」

迫近不敢稱謚。穀梁「成三年新宮災」傳：「新宮者，禰宮也。迫近不敢稱謚，恭也。」以此知喪祭祝辭、赴辭稱親字為不可。

自通昏亦禮之權。成八年，宋公使公孫壽來納幣。據公羊，昏禮不稱主人，此稱主人，辭窮也。辭窮者無母也，禮有母則母命之，宋公無主昏者，故自命之。據先儒言，母不交禮，里尹、師父皆可主昏，若更無有，母在母主，否則自主亦可。又按母主昏，如杞伯姬來朝子，亦其例。

生代父位。成十年，「公會晉侯、齊侯、宋公、衛侯、曹伯伐鄭」傳：「晉侯有疾，五月立太子州蒲為君，以伐鄭。」杜云：「晉侯稱爵，生代父居位。」

共為徐。成十五年，仲嬰齊卒，公羊傳：「魯人徐傷歸父之無後也。」注：「徐者，皆共之辭。」

卜筮通言。成十六年，左傳「鄢陵之戰，公筮之，其卦遇復，曰『南國蹙射，其元王中厥目』」註：「此卜者辭。」正義曰：「實筮也而言卜者，卜筮通言耳。」此不用周易，蓋卜筮之書更有此類。按：古易蓋別有繇辭，當亦同用筮而別一占法，已亡之矣，焦氏易林蓋擬補之。

跗注即今套袴。見左鄢陵之戰，杜注：「戎服也，若袴而屬跗。」

肅手至地若今揖。左鄢陵之戰「敢肅使者」注。按：先儒以肅拜為婦人拜，其實不但婦人也，男子肅拜即長揖。古所謂揖蓋有二：長揖謂之揖禮，三揖三讓是也；若今進舉兩手亦曰揖，論語之「揖所與立」「上如揖」是也。因思拜亦有不屈膝之拜，所謂長揖不拜，以屈膝之拜與揖對言耳。但婦人肅拜亦自有屈膝之拜，又疑拜手、稽首亦不屈膝，只是聯兩手下垂，以手伏首而稽之。

嗣位不居喪。成十八年，左傳「晉悼公即位於朝」注：「朝廟五日而即位。厲公殺絕，故悼公不以嗣子居喪。」正義：「悼公自外入，即位之日即命百官，施布政教，居喪即位，其禮不同。」釋例曰：「厲公見殺，悼公自外紹立，本非君臣，無喪制。」若然，禮喪服小記云：「與諸侯為兄弟者服斬。」鄭玄云：「謂鄉大夫以下也，與尊者為親，不敢以輕服服之。」言諸侯者，明雖在異國猶來為三年喪也。」計厲是文公之曾孫，悼，文公之玄孫，有緦麻之親，法當服斬。而云無喪制者，悼之父祖去晉適周，與本親隔絕，無往來恩義。厲既見殺，悼即被迎，迎之以為晉君即與厲公體敵。且葬厲公以車一乘，國內尚不以為君，不可責悼公以服斬也。按：無論隔絕與否，嗣其位即當服其服，不服者通晉國不以厲為君耳，否則君道未絕，當有討賊之義矣。

往殆乎晉。襄五年，叔孫豹、鄫世子巫如晉。公羊傳：「莒將滅之，故相與往殆乎晉也。」注：「疑讞于晉，齊人語。時莒女嫁為鄫後夫人，無男，有女還嫁莒，有外孫。鄫子愛後夫人而無子，欲立其外孫也。」按：六年書莒人滅鄫，注謂以莒公子為後，猶莒滅之。先儒取左傳鄫恃賂之說，不信此事，然可為以異姓為後之戒，而公羊乃以為善。

夫人稱君。襄九年，左傳：「穆姜筮往東宮，遇艮之八。史曰：『君必速出。』」

十二年未可冠。襄九年，左傳「晉侯謂國君十五生子，公十二年可以冠矣」疏引「文王十三生伯邑考，十二加冠用天子禮」，晉語「范文子冠時十六七」，則大夫十六冠，士庶人二十而冠，不言諸侯正當何年冠，以例推之，當在十四。此言可以冠則非正冠之年也，然謂天子十二年冠，文王用天子禮冠，十三生伯邑考，俱未可據。

姑姊姑妹。襄十二年，左傳：「靈王求後於齊，齊侯問対，晏桓子曰：『先王之禮辭有之曰『夫婦所生若而人，妾婦之子若而人，無女而有姊妹及姑姊妹，則曰先守某公之遺女若而人』。」正義：「父之姊為姑姊，父之妹為姑妹。」梁有節姑妹，入火救兄子。猶古人稱祖父，今人單稱祖。

周巡狩不必十二年。襄十三年，左傳：「石臭言於子囊曰：『先王卜征五年。』」正義：「唐、虞、夏皆十年一巡守，在周陳前代法，或周巡守不必十二年。」

女從母姓。襄十九年，左傳「齊侯娶于魯，曰顏懿姬，其姪鬷聲姬生光」注：「顏、鬷二姬，母姓。」

驂乘是同車。襄二十三年，左傳「范鞅逆魏舒，請驂乘持帶，遂超乘」，是同車也。

兵不止言器。襄二十五年，左傳「蔿掩賦車兵、徒卒」註「車後甲士、徒卒、步卒」，又「昭十四年，楚子使然丹簡上國之兵于宗邱」疏「兵者，戰器之名，戰必令人執兵，因即名人為兵」。顧寧人以論語「足兵」專指兵器似失考。

家有寺人。襄二十七年，左傳：「崔子家亂，寺人御而出。」

以祭為會。昭元年，左傳「趙孟適南陽，將會孟子餘」注：「往會，祭之。」

羊舌與李同姓。世族譜：「羊舌氏，初姓李名果，以遺羊事改姓授羊，後以叔向食楊為楊。」是羊、楊、李皆一家。又如辛、董亦一家，見左十五年，辛有之二子董之晉，於是有董姓。又耿、趙亦同姓，世族譜：「趙夙，趙衰之兒也，其孫穿生旃，旃生勝，勝生午，為耿氏。」

夫子稱因大夫。左昭七年，正義：「夫子，身為大夫乃稱夫子。」孟僖子語大夫「必屬說與何忌于夫子」，此時仲尼未仕，是丘明以意尊之而失事實如是，則後世概稱夫子者，悮矣。

禆竈「陳將復封」解。左昭九年四月，陳災。鄭禆竈曰：「五年，陳將復封，五十二年而遂亡。」子產問故，對曰：「陳，水屬也。火，水妃也，而楚所相也。今火出而火陳，逐楚而建陳也。妃以五成，故曰五年。歲五及鶉火，而後陳卒亡，楚克有之，天之道也，故曰五十二年。」註：「陳，顓頊之後，故為水屬，火畏水故為妃相治也。楚先祝融，為火正治火。大火，心星，出於周為五月，今四月出，以長曆推，前年誤置閏。水得妃而興，陳興則楚衰，故曰逐楚而建陳。五行各相妃合，得五曰成，故五歲而陳復封。是歲歲星在星紀，五歲及大梁，自大梁四歲及鶉火，後四周四十八歲，凡五及鶉火，五十二年。天數以五為紀，故五及鶉火，火盛水衰。」正義：「木畏金，以乙為庚妃。金畏火，以辛為丙妃。火畏水，以丁為壬妃。水畏土，以癸為戊妃。土畏木，以己為甲妃。逐楚建陳，去楚之人在陳者。五行各相妃合生數，以上皆得而成，故曰『五歲，陳將復封』。歲星，天之貴神，火得歲星之助故火盛水衰。」又曰：「陳是舜後，舜土德，不近言土屬而遠舉顓頊，禆竈知陳將復興，假此以為言，未必帝王子孫永與所承同德。楚之先世為火官，即以火為楚象，豈復五行官後世皆依其行？此皆賢哲有以知之，非吾徒所測。」又曰：「如杜所註，歲星每年行一次，至昭三十二年，歲星在寅，未至於丑。其傳曰『越得歲而吳伐之』，故服氏以為『有事于武宮』之歲。龍度天門，謂十五年歲星從申越未至午。曆家以周天十二次，次別為百四十四分，歲星每年行一百四十五分，是行一次外剩一分，積一百四十四年乃剩行一次，故十五年得超一次。今杜無此義，而三十二年，歲星得在丑者，歲星之行，天之常數，超辰之義不言自顯。若然，楚卒城陳在哀十七年，歲星當逾鶉火至鶉尾。而云『五及鶉火』者，以顓頊歲在鶉火而滅，故禆竈舉大略言云『五及鶉火』，不復細言殘數。雖至鶉尾，亦經由鶉火。天有五星，又大微宮中有五帝座，又四方中央亦有五，故天數以五為紀。」按：「妃以五成」即河圖五位相得而各有合之義。十干上下，陰陽相配，如河圖一六皆水，然水以火配後成為水，余可知也，五行家五合說亦即此。「天以五紀」即河圖、洛書皆五居中之義。宋以前河、洛未出，故註疏解此皆未明當。吾以此見河、洛之圖古即有之，後儒不信者非也。孔謂裨竈知陳將亡，假言及歲星跳辰之說，得矣。然五運之推，俱不可據。天動物，有常而無常，分野之傳，通儒猶不盡信，何論五星行次？吾謂古術家皆以理斷，推驗人事，間參之數，抑有不盡應者。子產曰「是烏知天道」，後人當無泥矣。

孟懿子及敬叔雙生。見左昭十一年傳註。按：敬叔為兄，此似以後生為長，然據譙周之論雙生，自當以先為長。

始祖兄稱皇祖伯父。左昭十二年，楚子曰「昔我皇祖伯父」。

遠祖稱高祖。昭十五年傳：「王謂荀躒曰：『昔而高祖孫伯黶。』」

漢水為夏水。左昭十三年「沿夏將欲入鄢」注：「夏，漢別名。」按：漢、夏音相近。

行理即行李。左昭十三年：「行理之命。」理、李古字通，皋陶為大理，故其後姓李。世謂老子生李下，因指為姓，非。

身號、代號。左昭十七年疏：「大皞，伏羲身號；伏羲，代號。」

祝鳩為司徒，知教民主孝。左昭十七年傳註：「祝鳩，孝鳥也。」按：「教」字本從「孝」。

父兄為親戚。左昭二十年：「棠君尚謂員曰『親戚為戮』。」

犧實用人解。左昭二十二年，賓孟告王寵子朝云云。言寵之如犧者，實所用人以犧，寵人則有難，以犧寵己子何害？註意殊未明。

次正當位。左昭二十二年，正義：「猛、朝俱王子，單、劉必欲立猛，明猛是次正當位。公羊多有次正語，杜取為說。猛為次正，不知所本，蓋是太子壽之母弟，或是穆后姪娣之子，或母貴也。」

政在季氏說。左昭二十五年「樂祁曰：『政在季氏三世矣』」註：「文子、武子、平子。」疏：「悼子未為卿，故不數。」後儒論論語「政逮大夫」多本此，予向謂悼子自是一世，然朱子亦以文子忠於公室，不欲有專政之名也。

古即有騎。予向以古有「鞍」字，禮記有車騎證之。又左昭二十五年：「左師展將以公乘馬歸」，杜云：「欲與輕騎歸」，劉炫云：「欲單騎歸」，此又是確證。

妾不稱母。左昭二十八年，叔向曰：「吾母多而庶鮮。」正義：「此據庶弟而言，故謂父妾為母。」按：以此推之，父更無適子而以妾子為後，妾子亦不得稱所生為母，否則可自母也。

彰惡亦曰旌。左定元年，季孫將溝昭公墓，榮駕鵝曰：「生不能事，死又離之，以自旌也。」

言字分別。左定四年，趙簡子哀叔向曰：「夫子語我九言。」正義曰：「古者一字、二字並為一言，今一字為一言，三字以上為句。」按：據九言之説，一字為一言，一句亦為一言。即論語定公問一言，子貢問一言，亦可見。

孔仲達解「華夏」。左定十年，正義：「中國有禮義之大故稱夏，有服章之美故稱華。」

佐為承。左哀十八年「巴師至，楚子使子國帥師而行，請承」註：「承，佐。」

姊妹孫為從孫甥。左哀二十五年：「彌子飲公酒，納夏戊之女以為夫人，其弟期，大叔疾之從孫甥也」註：「姊妹之孫為從孫甥，與孫同列。」按：此稱于祖母之兄弟。前二年，宋景曹卒，為季桓子外祖母，康子使冉有弔，稱彌甥，此對父之舅稱。以此推之，祖母兄弟對從孫甥當從祖舅父之舅對彌甥，如稱彌舅，似不雅。注：「彌，遠也。」正義：「彌，增冀之義，或稱增舅，皆可。」又詩猗嗟末章傳：「外孫稱甥。」疏：「凡異族之親皆曰甥，如爾雅『姑之子為甥，舅之子為甥，妻之昆弟為甥，姊妹之夫為甥』。」鄭樵謂甥猶生然，今皆不可用。

婦亦有學。周禮天官「九嬪掌之」，可見成周無不學之人。

侯國大夫士禮或與王朝同。周禮大行人：「大夫三獻，士一獻。」儀禮冠禮注同疏，引左傳季武子曰「得貺不過三獻」，及禮記郊特牲「三獻之介是侯國與王朝大夫同」，所謂禮窮則通也。

禮不必事。儀禮昏禮「擯者出，請事」注：「禮不必事，雖知猶問之，重慎也。言雖有常事，慎之不敢必定。」

夫婦始接，情有廉恥。士昏禮「婦至，媵御沃盥交」注：「媵女從者御訝也。夫婦始交，情有廉恥，媵御交道其志。」

古殽饌皆不在席。昏禮：「贊爾黍，授肺。」脊注：「爾，移也，移置席上。」以此知饌本不在席。

酌滿為實。儀禮：「如燕禮主於飲酒，則言實之。如大射禮云酌，不言實之，略於飲酒也。」

軷祭與祭行為二。聘禮注「行神位在廟門外西方」疏：「大夫雖三祀，有行無常祀，因行使始出有告禮，至出城又有軷祭，祭山川之神。」按：俗有五道神，行神也，或訛為盜。

繅有二。聘禮疏：「以木為幹，韋衣之。天子五采，公侯伯三采，子男二采，采皆再。行奠玉於上，此事無垂屈之事，一絢組尺系玉于韋版，使不失垂，此乃有屈垂之法。」又聘禮賈人亦有二，一行，一不行。

以相人偶為敬。聘禮「每門每曲揖」，註、疏以人意相存偶也。

摯見不論上下。聘禮：「賓既將公事，復見訝以其摯。」敖繼公則以復為還摯。

書必璽之。聘禮「主人使人與客讀諸門外」註：「璽之即用印也。」

蓋為會。公食大夫禮：「啟簋會。」

饌非飯。公食大夫「禮不以醬湆」註：「初時食加飯用正饌，此食正飯用庶羞。」

鄉亦稱士。喪服「公士大夫之眾臣」注：「士，卿士也。」

異居同財。見喪服「世父母」、「叔父母」。傳：「此非析箸之謂。」

婦人歸宗。喪服傳疏：「此言女子已嫁父卒者。天子、諸侯絕宗無歸宗之義，宗謂小宗。」按：父在歸，父卒歸宗，服未絕也。

大功同財。喪服「繼服同居者」傳：「子無大功之親」，注「同財者也」，知古來大功多同財。

庶母別，庶子不別。即「庶子與眾子同為其母服」可見，然為後之次自異。

同室安座。喪服傳注「同室不如居室之親」疏：「同室直同舍，同居又安座。」

飾棺為見。既夕禮「藏器於旁，加見」注：「見，棺飾。」疏：「即帷荒。」

足跗為轂。見既夕禮「有前後裳，長及轂」注。

男女不共廁。見既夕「隸人涅廁」疏。

為尸亦須預習禮。如「祝入，尸謖，不告」，尸非習禮烏乎知？

北牖名鄉。見士虞禮「祝從，啟牖鄉，如初」疏。

士亦有君道。有司徹「主人于其群，私人不答拜」疏：「大夫近君，屈己之臣名為私人，士言私臣，明有君之道者，士卑不嫌近君。」

釋奠墓左在既葬反哭後。禮記檀弓「既反哭，主人與有司視虞牲，有司以几筵釋奠于墓左，反，日中而虞」注：「周禮『冢人凡祭墓為尸』疏『禮地神也』，今行此，主人猶俟，失速反而虞之義。」

穀亦稱財。喪大記「納財」注：「謂食穀也。」

朱子解「學」字兼二義。訓「效」，亦訓「覺」。

士有德之稱。論語「子貢問士」章邢疏：「解士字該通上下，得之。」

心者，人之北辰。「盡心」章趙注：「此語最精，已透事天意。」

以卦主歲。見易乾鑿度：「以太歲為歲紀，歲七十六為一紀，二十紀為一蔀，首即置積蔀。首歲數加所入紀歲數，以三十二除之，不足除者以乾坤始數二卦得一歲，未算即主卦之歲。」

「仕」即訓「學」。說文：「此可見仕、學之相通。」

說文於「佛」字無「釋迦」稱，衹云「見不審」，蓋釋古文，古原未有佛。

「字」可為「戒」。如同田為富，分貝為貧，言從家，起為害是也。

古文「亥」即為「豕」。說文：「十二象，『亥』為『豕』悞，『己亥』為『三豕』即此可釋。」

小兒書為「笘」。說文：「笘，折竹箠也。」

外祖亦稱大父。漢書婁敬傳：「敬言以公主妻單于，至其子，外孫豈敢與大父抗禮？」

父稱子為公。晁錯父稱錯，此忿辭。

人臣亦稱即位。綈槧五辛：「左傳『鄭子展卒，子皮即位』，是代父為上卿。」

門生為婦翁。綱目：「張博從京房學，傾巧無行，以女妻房。」

稱名因舊。漢以前外域稱中國曰秦人，自漢以來稱曰漢人，至今猶然，今倭國猶稱中國曰大唐。

葷粥禹後。路史：「淳維，夏裔，夏亡遁北野，隨畜轉徙，號『葷粥』。」

舜遊岩廊。漢書董仲舒傳：「制策語，言無為而治。」

成、康不式。同上，言刑措不用。

夫亦稱寡。左傳：「崔杼生成及彊而寡。」

稱老臣為父。通鑒：「文帝問郎署長馮唐曰：『父家安在？』」

稱兄曰阿干。鮮卑俗也。吐谷渾與慕容廆以鬬馬之隙遠徙，廆思之，作阿干歌。

即真不專指為君。三國志楊洪傳：「亮表洪蜀郡太守，眾事皆辦，遂使即真。」

撐犂孤塗稱天子。匈奴俗。元晏春秋：「予讀匈奴傳，不識『撐犂孤塗』事，一胡奴執燭，問得之。」又永叔代王狀元謝啟：「陸機閱史尚靡識於『撐犂』，枚皋屬文徒自成於『骩骳』。」

酉日不會賓。姓原樞機：「杜康造酒，以酉日死，故忌之。」予謂以酉字近酒以為戒。

年少功名。顓頊十歲相少昊，帝嚳十五相顓頊，帝堯十五相摯，甘羅十二相秦，介子推十五相楚，韋康成十五為郡主簿，司馬元顯、高澄俱十六開府輔政，崔英十七為諫議大夫，子奇十八為漢淮南太守，賈誼十八為博士，終軍二十為謁者。又蒲衣八歲為堯師，項橐七歲為孔子師，列女傳「澤子五歲贊禹」，是則最幼悟者。

反支日。見王充論衡。用日〔二〕朔為正，戌亥朔一日反支，申酉朔二日反支，午未朔三日反支，辰巳朔四日反支，寅卯朔五日反支，子丑朔六日反支。明帝時，公車反支日不受章奏，帝蠲之。

日食占水旱。世多云日食三日必雨。按：左昭二十一年七月壬午朔，日食，公問，梓慎對曰：「二分、二至日食不為災，他月則為災，陽不克也。」又昭二十四年五月乙未朔，日食，梓慎曰：「將水。」昭子曰：「旱也。日過分而陽猶不克，克必甚，其能無旱乎？陽不克，莫將積聚也。」盧長公云：「梓慎以數斷，昭子以理斷，理故勝。」

舜有兄。越絶書：「舜兄狂弟傲。」尸子：「舜事親養兄。」又象以酒酖兄，見列女傳。

半面識。東觀漢記：「應奉詣袁賀，賀時將出，閉門，造車匠於閤内開扇，出半面視之。後數十年，應于路見車匠，識而呼之。」

等身書。宋賈黄中幼讀等身書。

詅癡符。和凝有集百卷，自鏤板以行，識者非之曰：「此顔之推所謂詅痴符也。」

月忌説。王棠知新録：「俗以初五、十四、二十三為忌，蓋三日乃河圖數之中宫五數耳，五為君象，故庶民不敢用。」

按：五在十中，前盈後減。

往亡日。立春後七日，驚蟄後十四日，清明後二十一日，立夏後八日，芒種後十六日，小暑後二十四日，立秋後九日，白露後十八日，寒露後二十七日，立冬後十日，大雪後二十日，小寒後三十日。四時初起，各有一日，餘各以倍加，蓋時日已過之説。劉裕伐南燕，或曰：「今往亡日，不利行師。」裕曰：「我往彼亡，何為不利？」

無羊月。宋制，官員于寅、午、戌三月，例減祿料，今命書以此三月為無羊月。

解土。漢時繕治宫室，鑿池掘土，功成祀土神，名曰「解土」。王充論衡斥之。

〔二〕「日」當作「月」，後漢書王符傳注曰：「凡反支日是，用月朔為正。」

握水。魏書：「甲午春祠，魏武令曰：『臨祭就洗者皆以手擬水而不盥。祭神如神在，吾必受水而盥也。』」今皆不如魏武。

弟子、門生不同。後漢賈逵傳「皆拜逵所造弟子及門生為千乘、王國郎」，是弟子與門生為二。歐陽公孔宙碑陰題名跋：「漢世親受業者為弟子，轉相授者為門生。」顧寧人曰：「漢人以受學者為弟子，依附名勢者為門生。」又南史：「門生，門下之人也，其初至皆入錢為之。」南齊書謝超宗傳：「白從，王永先又曰門生。」王永先謂之白從，以其異於在官之人。

古紀歲日與今不同。顧寧人曰：「甲至癸十日，寅至丑十二辰，凡二十二名，古以紀日不以紀歲。紀歲則閼逢至昭陽，攝提格至赤奮若為歲名。又洪范、周禮馮相氏、屈子自序其生、呂才祿命書皆言歲月日不及時。」

兄弟不相為後。日知録：「唐書禮樂志自憲宗、穆宗、敬、文宗四世祔廟，睿、玄、肅、代以次遷。自武宗崩，德宗以次當遷，而於世次為高祖，禮官始覺其非，以謂兄弟不相為後，不得為昭穆，乃議復祔代宗。而議者言已祧之主不得復入太廟。禮官曰：『昔晉元、明之世已遷，豫章、潁川後皆復祔，此故事也。』議者又言廟室有定數而無後之主當置別廟，禮官曰：『晉武帝時景、文同廟，廟雖六代其實七主，至元帝、明帝，廟皆十室，故賀循曰：「廟以容主為限而無常數。」』乃復祔代宗而以敬、文、武同為一代。」

繼國統者越世可立。日知録：「左傳昭十九年，鄭駟偃卒，生絲，弱，其父兄立子瑕。子產對晉人『私族于謀而立長親』，是叔父繼其兄子。唐宣之為皇太叔，蓋昉於此。又晉元帝大興三年正月乙卯，詔曰『吾雖上繼世祖，然於懷、湣皇帝皆北面稱臣，今祠太廟不親執觴酌而令有司行事，於情理不安，乃行親獻』，可謂得春秋之意者。」按：國統異於家，社稷為重，世可絶，國不可亡，故越世而上，越世而下，皆得立。鄭立駟乞，為子游叔父，此本家事而通于國，亦繼氏非繼世也。然絲弱可立長親，自私族之事，若國有嫡嗣，雖弱不得立長。晉靈其已事也，無嗣乃取旁支，旁支世不相接，雖越世亦可。第即越世而上，先亦有為臣之義，生而親獻，宜也。惟世次不可紊，死則以別廟為當，而祭則如其世次祔之，非若兄弟可以同堂異室也。至兄弟昭穆本同，不得以大小紊先後，此春秋所為以躋僖為逆祀耳。

漢人追尊近古。日知録：「太上皇，高帝父也而不帝。戾太子、悼皇考，孝宣之祖若父也，太子、皇考而不帝。春陵節侯、郁林太守、鉅鹿都尉、南頓令，光武之高、曾、祖若父也，侯而不帝，太守、都尉而不帝，君而不帝。此皆漢人近古，作俑者，定陶共皇一議也。」

繼父不當制服。父死母嫁謂之繼父。儀禮：「同居繼父，齊衰不杖，期；不同居，齊衰三月。」傅玄曰：「父無可繼之禮，此焚書後俗儒妄增也。」袁準曰：「此則自制父也，亂名之大者。」

五服皆為衰。汪堯峰曰：「斬衰、大功、小功、緦麻，服通謂之衰。」楊氏朝服圖：「衰裳之制，五服皆同，前有衰後有負版，左右有辟領，惟子為父母用之，旁親則否。大功衰、小功衰、緦麻衰、錫衰、疑衰者著見於經，近世士大夫自大功之喪舉無服衰者，皆不可謂知禮。」按：檀弓「衰與其不當物也，寧無衰」，似不專指前及負版言，然此父母喪服自是本制也，他則因此皆名為衰耳。然古喪服皆公服，制上衣下裳，其制略同。今衰服皆深衣制，俗曰孝衫，堯峰所謂大功以下不服衰者，不服此也。

小宗適子不繼大宗。見喪服傳，此各以適為重之義。袁子才引「孫速死，無子，弟重以長子彬後之，曰『重宗也』」為世俗大房無子，次房不得有子所本。此古禮可變通者，然使更有子則以次子繼，古禮是也。且孫速所謂宗亦小宗之大宗，非古大宗也。

古無四拜。郊天祭地止再拜，可知別無四拜禮也。考戰國蘇秦之嫂四拜，自跪而謝，此四拜之始。蓋因謝罪加拜，非禮之常。然四拜自唐已然：家禮「祭神四拜」，明會典「見父母行四拜，餘則否」。

壻拜婦家祠廟。程子昏義有此一條，張子全書以為同居則朔望皆拜，蓋即古同爨緦之義。

袁子才論禮有兩歧之非。如云「異姓可為後」，引魏陳矯以劉氏子繼舅，吳朱然以施氏子繼舅，晉周逸以左氏子養于周，皆非禮，不足據。如望溪說，代祀可也，姓其姓不可也。云「女可主喪」，引白下朱草衣命女主喪事，又引禮「婦為夫杖，母為長子削杖，女子在室為父母杖」，以杖為擔主之名，宜可主喪。不知「喪無二主，即無二杖」專以男子言，女子杖自為女主拜女賓，實非主也，故禮有里尹、東西鄰、朋友主喪之說。大記「無男主，女主拜男賓於阼階下」，暫時無主，或在外，並無同室之鄰與里尹、朋友，偶憐而命之出拜可耳。云「喪可弔」，引曾子齊衰哭子張。曾子明曰「我弔也，與哉」，則弔非也。云「兩夫人可並祔」，引唐鄭余慶有二祖妣，韋公肅議自秦以來，一娶、再娶皆適，引溫嶠三夫人並祔，顏真卿祖室有殷、柳兩夫人為證。然妻死而再娶，適也；妻未死而再娶，妾也，非適也。妾有子祔，猶不並祔也，無子則不祔也。云「同姓可為婚」，引康成弟子王伯輿為其子稚賓取王處道女。按：王氏有兩宗，後世太原、瑯邪多為婚因此，然兩宗始本一也。其引鄭夾漈言姓不同而氏同可為婚，如孔子之孔出孔父，孔文子之孔本姓姬，似於無嫌，而後世氏、姓不明，亦正不可不慎也。

昏禮可賀及用樂說。禮言婚禮不賀，又有賀取妻之文，袁子才又引晉罕虎如晉賀夫人謂可賀。予以為賀於他日可，賀於取之日，非禮意也。袁子才又引詩「琴瑟鐘鼓，式歌且舞」，謂昏可用樂。予以為此詩自言其樂，非取日用樂也。

舊事辨訛

文改正朔。春秋公羊傳以經首稱「王」為文王，又謂始改正朔，俱非。左傳疏言「諸侯改元」亦非。

諸侯有功立祖王廟。桓十四年左傳疏以此為周禮，非也。

姪娣有嫡望。莊十九年，公羊「諸侯娶一國，二國往媵之，以姪娣從。諸侯壹聘九女，不再娶」註：「二國自往媵，所以一夫人之尊，以姪娣從，防嫉妬，重繼嗣，不再娶，開媵路。」解云：「謂亦有嫡之望。」按：姪娣疏族為媵亦可，然有姊妹亦何必姪娣？注謂開媵路，解謂有嫡之望，以媵非妾也，然嫡一而已，豈有二乎？

井田之壞始管仲，不始秦。管仲作內政，井田已壞矣。元陳孚題管仲井詩：「畫野分民亂井田，百王禮樂散寒煙。平生一勺潢汙水，不信東溟浪污天。」

魯莊先淫哀姜而後娶。見莊二十三年盟扈及四年逆婦傳注，然傳未明言，不知何氏何據言之。

馬遷悞讀左傳亦有因。成三年，左傳「齊侯朝于晉，將授玉馬」，遷固以悞「玉」為「王」，有齊尊景為王之說，亦以是年晉作六軍故也。

趙朔事史記與左傳乖。左傳成八年「武從姬氏畜公宮」疏曰：「史記趙世家：『趙朔娶晉成公姊為夫人。』」案：傳趙衰適妻是文公女，若朔取成公之姊則亦文公之女，父之從母不可以為妻。且文公之卒距此四十六年，莊姬此時尚少，不得為成公姊也。賈、服先儒皆以為成公之女，杜從之。史記又稱有屠岸賈者有寵於靈公，此時為司寇，追論趙盾弒君事，誅趙氏，殺趙朔、趙同、趙括，滅其族。案：二年傳，欒書將下軍，于時朔已死矣。同、括為莊姬所譖，此年見殺，不得與同、括俱死。于時晉君明，諸臣彊，無容有屠岸賈輒廁其間，得如此專恣。又說云公孫杵臼取他兒代武死，程嬰匿武於山中，居十五年，因晉侯有疾，韓厥乃請立武為趙氏後，與左傳背違，馬遷妄說不可從。

張騫乘槎本附會。杜詩：「乘槎消息近，無處問張騫。」此沿世俗張騫悞入斗牛宮事。然宋之問詩「還將織女支機石，重訪成都賣卜人」是明用荊楚歲時記織女使問嚴君平也。君平，王莽時人；騫，武帝時人，附會者多如此歧互。

漢高元年五星聚東井之訛。劉攽曰：「太白、辰星去日率不過一兩次，今十月從歲星于東井，無是理也。五星以秦十月聚東井，秦十月，今七月，日當在鶉尾，太白、辰星得從歲。」顧寧人曰：「此以秦之十月為漢之十月失，追改耳。」

雁足傳書非蘇武事。蘇武事本常惠教漢使者欺匈奴語。元郝經使宋，為賈似道所留，凡十六年。有獻雁者書詩係雁足，釋之，世祖得之，遂南伐。二年，宋亡。又古詩「遺我雙鯉魚」、「貽我尺素書」，書本書緘，雙鯉、剖鯉亦寓言耳。今人寄書用魚雁字，多悞解。

蔡邕有子。晉書：「羊祜為蔡邕外甥，以爵讓其舅子蔡襲、蔡充。」別傳：「祖睦，雍孫也，司徒謨充子。」世傳中郎無後，非。

君苗非姓應。楊升菴以應場有與從弟君苗書，遂以君苗為姓應，不知場與陸氏兄弟相隔百年，安得有「見兄文，自燒筆硯」之語？陸清和集云「登臺賦未成，崔君苗作之」，是君苗姓崔也。

韓壽無通賈女事。漢晉春秋與韓壽通者陳騫女，女未娶亡，乃別婚賈氏。晉書似惡充，故揚其惡，然騫亦以從弟雉與其子忿，誣加女穢行耳。

陶詩題甲子無意見。宋濳溪曰：「今人皆云淵明不用劉宋年號，故編詩但書甲子，此悞也。陶詩凡題甲子者十，皆是晉未亡時。最後丙辰，安帝尚存，瑯邪王未立，安得先棄晉年號？其自題甲子猶今人纂詩編也。」

太白無黃鶴樓詩。太白見崔顥題黃鶴樓詩，歎服不復作，去賦鳳凰台。後有禪師用此事作偈云：「一拳槌破黃鶴樓，一足踢翻鸚鵡洲，眼前有景道不到，崔顥題詩在上頭。」人竟悞為李詩。樂史編太白集亦入之。

太白未嘗輕杜甫。人言李寄杜只飯顆山一首以為輕甫，不知外有沙丘城寄甫一首，又有堯祠贈杜補闕一篇，安見白之輕甫？

韓文公稱昌黎非今昌黎。日知録言：「昌黎地有五，皆非文公所生。唐書本傳『公鄧州南陽人』，稱昌黎者以遠祖韓麒麟，魏昌黎棘城人，唐人重氏族，故稱其本宗世望，宋元豐七年，因封公為昌黎伯，皆非今昌黎。今昌黎在永平府，金大定二十九年始立，本名廣寧，契丹之定州俘戶親置者。」

昌黎未嘗輕崔群。韋絢嘉話録有云：「韓十八愈輕薄，謂李程曰『崔同年群真聰明，往還二十年不曾說著文章』，蓋輕之也。」袁子才曰：「按韓集中與崔書極其欽服，有『輝光日月』之語，詩則有和崔舍人詠月二十韻、遊青龍寺贈崔補闕作，歐陽詹哀辭，讀書一通，與崔群投贈如此，豈得不悅其文章？」

文公不服金石。孔毅夫雜說：「退之晚年服金石藥死，引香山詩『退之服琉黃，一病訖不痊』。」呂汲公辨之云：「衛中立字退之，餌金石，求不死反死，中立與香山交好。若韓公痛詆金石，見李虛中諸誌，豈有自服之理？」

梁顥八十二登第之說。王朝渠艾學閒譚云：「梁太素顥，雍熙二年廷試甲科，景德元年以翰林學士權知開封府，暴疾卒。時論有方當委用，中塗夭折之傷。故朝野雜録考少年狀元，顥與張舍人孝祥、王尚書佐皆二十三歲中。自有倡為八十二歲登第之說，或且偽擬其謝啟云：『白首窮年，少伏生之八歲；青雲得路，多太公之二年。』即淹博如王伯厚，著三字經亦言之。元修宋史遂沿其訛，謂梁卒年九十二，上距登第十九年，則為七十一登第，如此則謝啟已乖其實矣。細玩本傳，工元之始與鄉貢，梁依以為學，嘗以疑義質，王拒不答，梁發憤讀書，不期月復有所質，王大加賞。初舉進士不第，雍熙二年舉甲科。」按：元之以太平興國二年擢進士，前雍熙二年只二年。梁初舉不第當即癸未年，王卒于咸平四年辛丑，年四十八，先梁卒亦只二年，梁依王學，齒必更少於王，則洪容齋駁陳正敏，謂梁卒年四十二，魏和公因云四訛為九，非無據。又遍核梁之生平，散見正史，俱不似晚達享遐齡，何前人屢論，時俗猶沿其說也。

歐公一娶薛簡肅。宋人詩話載歐公兩娶薛簡肅，故有「舊女壻為新女壻，大姨夫作小姨夫」之句。按：薛公墓志明記：「五女，一適張奇，一適喬易從，一適王拱辰，一適歐，又適王拱辰。」然則大、小姨夫，王也。歐先娶於胥偃，繼娶于薛耳。

蘇小妹系訛傳妻。墨莊漫録：「延安夫人蘇氏，丞相子容內，有辭於世，或以為東坡女弟適柳子玉者所作，非也。」菊坡叢話考蘇之女幼而好學，嫁其母兄程璿子之才先生，有詩考二書。東坡止有二妹，一適柳，一適程，俗傳為秦少游妻，妄矣。

梁山泊非宋江等所據。俗傳宋江等三十六人據梁山泊，此悞也。據宋徽本紀、侯蒙、張叔夜兩傳，紀江事者並無據梁山泊之說。惟蒲宗孟傳言梁山濼多盜，宗孟痛治之，雖小偷必斷其足，盜雖衰止，而所殺甚多。孫公談圃云：「蒲宗孟知鄆州，有盜黄麻胡依梁山濼。」此是神宗時事，與宋江起事宣和間相隔已數十年。

露筋祠非蚊啮之女。俗傳女子不肯宿人家為蚊啮死，旦而露筋，後人祀之。袁子才曰：「宋沈倫好佛，恣蚊囓，冀邀福。」不見南史孫謙夜無帳，蚊不敢近。豈蚊不囓良臣，反囓貞女？宋人是齋日記云：「『露筋』乃『爐金』之訛。昔有朋友二人于此開爐冶金，分財甚均，故後人義而祀之。」此一說也。查慎行詩：「舊是鹿筋梁，何年祀女郎？」則又以為古地名。然人亦有死於蚊者，談圃云：「秦州西溪多蚊，一廳吏大醉，為蚊啮死。」是或死於醉也。若魏胡太后時，蠶蛾食人無算，又不可解。

雁塔題名事訛。袁子才云：「予有舊搨雁塔題名記十餘，皆搢紳大夫與僧流羽士之名，非止新進士也。唐進士宴曲江，多有各題名姓者，今遂指為稱賀進士之言，悞矣。」按：唐進士偶于雁塔題名，或謂始盧肇，或謂始張莒，遂為進士故事。今陝甘鄉舉乃皆題名雁塔，又文舉人題于大雁塔，武舉人題于小雁塔，亦竟成故事。

世傳八仙本烏有。八仙説起於元。一鐘離權，從周孝侯戰敗，隱終南，遇東華真人得道，嘗出渡純陽。純陽者，呂洞賓嵒，唐永樂人，嘗舉進士不第，得道化劉海蟾、王重陽、張珍奴、何仙姑，八仙之次也。一張果，隱中條，見召開元時，與葉靜能皆言堯時為侍中，識者以為混沌時白蝙蝠。一藍采和，嘗持木拍板，唱踏踏歌行乞。一韓湘子，為昌黎從子，能開頃刻花，世傳藍關獻詩事。曹國舅，宋丞相彬子，求雲水出家，過純陽得道。何仙姑，零陵市人女，純陽以一桃與之，遂不餓。李鐵拐名元中，開元、大歷間人，學道于終南，陽神出身為虎殘，得一跛丐尸附之。此皆好事者以傳聞附會。以予言之，張果見唐書，本妄説。洞賓見宋史陳摶傳，亦不可盡信。韓文公姪無名湘者，昔人曾有辨，餘人皆不見正史，即世傳黃粱夢，亦寓言耳。或曰張、韓、呂、何、曹、漢、藍、李為老幼男女富貴貧賤之寓言。

呂翁非洞賓。王弇州云：「盧生所遇呂翁系開元間事，時純陽尚未生。」厲氏宋詩紀事以洞賓為唐德宗朝呂渭孫。按：即此愈見皆傳聞附會也。

余忠宣公之訛。袁子才云：遼、金、元史於人姓名少者合姓名書，字多則書名，而後以姓書于下，後人不知，但摘取其名之第一字為姓。如稱唐兀余闕為余忠宣公，謬矣。或以「余」為「佘」之訛，讀「蛇」，楊升菴已辨之，古無「佘」字。

秦良玉拔刀斷袖之訛。朱竹垞詩話野紀：「秦良玉征播立功，有男妾數十人。」李長祥為辨誣云：「綿州知州陸遜之按營，良玉冠帶佩刀出見。酒數巡，遜之悞引其袖，良玉取佩刀斷之，其嚴潔如此。」汪太史舒懷駁之云：「良玉征播，萬曆二十七年事，陸遜之按營，崇禎十三年事，相隔四十二年。征播時良玉必二十左右，又四十年則六十餘成人矣，何嫌之避而必以刀斷袖然？為帥領兵豈得旁無男子？如二申野録、蠻司合志等書誣以男妾，豈所謂論世知人乎？」

舊語辨訛

唐孔氏不識甘瓠。詩「八月斷壺」疏「壺為瓠，甘瓠，就蔓斷取而食之」，不知瓠無就蔓食之者，斷蔓而取，自當烹食。

六十閉房不可信。見公羊隱元年傳注，家語亦言此。然人不死則精不竭，武王八十四生成王，吾亦見有八十生子者。又丙吉曰：「九十生子，日中無影。」生子有之，無影之說亦不可信。國朝有享年百四十九十始娶妻生子而貴者。

諸侯五年再朝非周制。左文十五年「曹伯來朝」傳：「諸侯五年再相朝，以修王命，古之制也。」鄭以古為前代。」疏謂：「此正周禮，文、襄之霸，務不煩諸侯，更制三年一聘，五年一朝，以說諸侯。五年一朝亦謂朝大國耳。」按：諸侯頻朝，于周天子將何如？此必霸主之制，諸國因之也。

文四不視朔非示齊。十六年五月，公四不視朔，疾也。注疏：「春秋二百四十二年，以疾廢視朔當非一，餘不書，書此明公實有疾。正月及齊平，使季文子會劉非詐。」按：此自見屢廢朔耳。史書事豈常以示外國，而以此明非疾乎？謂聖人于後世修史存此亦有此意，又不通矣。

成王稱孟侯。宣十一年，穀梁疏：「書傳云『天子年七十稱孟侯』，作康誥時，成王稱孟侯，年已十八。此皆妄說。」

屈蕩戸之。左宣二十年，邲戰，屈蕩戸之。戸，今本作「尸」，無止義，古戸為止。前漢書王嘉傳：「坐戸殿門失闌免。」蓋立戸所以禦人，故為止，楊升菴辨之是也。又「九扈」之「扈」亦訓止，與此通。

春秋稱天子。成八年「天子使召伯來賜公命」左傳疏：「經稱天王者二十五，稱王者八，稱天子者一，三稱並行。」傳無異說，二傳多以此為褒貶。予謂褒貶固不以此，文亦宜書「二王」，不稱天，闕文也，稱天子，字之悞也。

養以之福。成十三年，左傳「劉康公論成肅公曰『能者養之以福』」注：「養威儀以致福。」疏：「養其威儀禮法以往適於福。」玩此，當是「養以之福」，與下向對，傳本悞耳，顧氏絳說是也。然三國志諸葛瑾、步騭連名上疏用此與今左傳同，則此悞久矣。

「降殺」或作「隆殺」，非。左襄二十六年，子產曰：「降殺以雨。」

「夏聲」非諸夏之聲。左襄二十九年：「季札觀樂，為之歌秦，曰：『此夏聲』。」夏，春、夏之夏。注：「以諸夏言，諸詩皆夏聲也。」

文、武克殷。左昭二十五年，王子朝使告諸侯曰「昔武王克殷」。正義引服虔、王肅註，並作「文、武克殷」，以下言成王、康王並逮母弟曰「吾無專享文、武之功」，疑此悞。按：上言武王，下亦不妨兼言文、武，若言文、武克殷，未免語涉誣文。

賈公彥疏鄉飲酒禮亂說。解「注達尊」謂孟子不得已而朝宿景丑氏，明背趙岐注。解「合樂」以召南是文王未受命已前之事，周南是文王受命稱王后天子之禮，皆謬之甚者。燕禮鄭注謂太王、王季躬行召南之教以興王業，文王行周南之教以受命，亦非。

賈氏解周易鑿。士喪禮「命筮」疏：「以周易乾為首，取天周匝四時。」

鄭氏言父篡子非名。禮記檀弓「孔子哭子路」注：「時蒯聵篡輒而立，殊不明于父子之義。」

以象、敖為名。祭法疏引大戴禮文云：「瞽瞍生舜及象、敖。」此皆連言之悞。

趙岐以琴張謂子張悞。孟子註又曰子張善琴，亦無據。

萬章悞萬子。「一鄉皆稱原人」節，「子」本「章」之悞。注「孟子録之，以其不解于聖人之意，故謂之萬子」，鑿甚。

柴籬非寨。說文徐注：「師行野次，豎散木為區落，名曰『柴籬』。」後人語譌轉入去聲，又別作「寨」字，非。

反璧本用重耳事。盧長公云：「今人作謝刺稱反璧，此本晉重耳事，庸俗悞為藺相如，遂有『謹趙』等字，堪為冷齒。」左傳又有叔向反錦事，獨不用，何也？

舜讓禹以鐘石笙筦之變。宋書符瑞志：「舜奏樂，天大雷風，鐘筦亂行。舜乃讓禹，和氣普應。」盧長公曰：「若是則舜讓禹固不得已耶？」

「棠陰」非「甘棠」。沈約碑「痛棠陰之不留」、「棠陰日入地」語非佳，人猶喜用。如「瓜代」本襄將亡事，「九頓首」本申包胥哭請師事，「椽筆」本王珣將草哀冊謚號夢見與事，今人顧多以佳祥用之。

常娥奔月亦附會。月中常娥說始淮南子及張平子靈憲，三餘帖云：「羿妻常娥奔月，羿思之，以粉米作團呼而祭，常娥遂歸，今在月者乃結璘也。」此蓋附會常儀占月之說，儀、娥古同音。通雅、淮南言羿請不死之藥於西王母，姮娥竊以奔月，「奔月」本「坋肉」之訛，蓋以藥分肉也，此亦一說。

萱草不可稱母。詩「焉得諼草，言樹之背」注：「背，北堂也。」人以此傅會稱母。詩疏「萱草忘憂」，風土記「萱草宜男」，西漢叢話「萱草不雙開，今人多用鰥居之人」，然則母稱萱草俱非佳語也。珍珠船又言：「萱草，妓女，比母，悞矣。」此說蓋本魏人吳普本草。

「形名」非「刑名」。申、韓形名之學其法在審合形名，故曰「不知其名，復修其形」，以為刑罰之刑，悞。

宰相本不稱閣老。袁子才云：「唐人稱給事為『閣老』。」國史補：「唐宰相呼曰『堂老』，兩省相呼曰『閣老』。」按：稱閣老蓋自宋加閣銜始。

翰林本不稱太史。通雅：「古太史今欽天監也，故史遷自言近乎文史星卜之間。今詞林兼古官僚禮官，著作即起居郎諸職，不得專稱太史。」袁子才云：「隋書文帝以史官屬秘書省，此呼翰林為太史之濫觴。」

玉堂非稱翰林。今人動稱翰林為金馬玉堂。按：漢武帝命文學之士待詔金馬門，「金門」與文臣微有干涉。至「玉堂」二字見谷永對成帝「抑損椒房玉堂之盛寵」，又三輔黃圖「未央宮殿閣三十二，椒房玉堂在其中」，是云「玉堂」乃妃嬪之所，與翰林何涉？或云本宋太宗賜翰林「玉堂之署」四字。

泮水非學宮。戴氏鼠璞：「泮，魯水也，非學宮也。若以泮水為半水，泮杯豈是半杯？況魯頌泮宮乃僖公獻馘演武之所，非尚文之地。」據此，則王制「諸侯曰頖宮」亦因此附會立名。

教官不當稱廣文。明皇愛鄭虔才，特設，增于國學外，非今學官也。

教官稱苜蓿之訛。唐開元中，東宮官僚清淡，薛令之以詩自悼，有「苜蓿上闌干」句，蓋見詹事等官非今學博也。

櫺星門訛稱。程綿莊云：孔子廟有櫺星門，其悞已久。按：詩小序：「絲衣，繹賓尸也。」高子曰：「靈星之尸也。」漢高祖始令天下祀靈星。後漢書注：「靈星，天田星也。欲祭天者先祭靈星。」宋史禮志：「仁宗天聖六年，築南郊壇，置靈星門以郊。壇外垣為靈星門，所以象天體，用於聖廟以尊天者，尊聖也。」移用始宋。景定建康志、金陵新志並言聖廟立靈星門。元志悞以「靈」作「櫺」，後人隨用，遂不知其義之所在矣。或曰「義取疏通，直以為窓櫺之櫺」，更悞。

國子監訛稱。周官以師氏、保氏教國子，皆指公子冑子而言，非謂民間之俊秀，而俊秀亦附其中。漢以前統名「太學」，晉咸寧間始專名「國子」，隋又改學為「監」，今監中並非國子，而乃猶沿其名。

司業訛稱。業者，栒簴大板也。今學中不奏樂，則司業之名悞。朱子居喪讀書，人譏之，以為大功廢業。朱子曰：「廢業者不聽樂，非不讀書。」

四月不稱清和。張平子歸田賦：「仲春令月，時和氣清。」小謝詩因之曰：「首夏猶清和。」今人略「猶」字，竟以四月為清和。

忌偶年入學悞。聞見録：「俗有偶年入學之忌，云出李繪傳。」按：北齊書：「李繪年六歲自願入學，家人偶以年俗忌約而勿許，繪竊其姊筆牘，遂通急就章。」所云「偶」者，「偶然」之「偶」，非忌偶年也。

洪容齋悞本賈氏。容齋五筆以周易乾為首本賈天周匝意，袁氏又引之。予謂如此何以對夏、殷易，是輔以訛也。

后妃非大姒。癸辛雜志：「詩序『關雎，后妃之德也』，『后』作君子解，云夫人不稱后，天子夫人稱后自秦始。」

奚斯作廟非作頌。閟宮云「新廟奕奕，奚斯所作」，其文明甚。王延壽靈光殿賦「奚斯頌僖」悞，顔師古曾證之。

晉文獻狀非令獻罪狀。蓋憤駢脅之觀故云，猶云拜賜之師，見匡謬正俗。

媵非專妾。伊尹為夏之媵臣，井伯媵秦穆姬，是非皆妾也。

世婦非妃。魏了翁云：「世婦皆先世御女老而無子者，命宮中掌事，不在進御之列。」

免非服。鄭注：「袒免，以布廣一寸從頭項前交於額，又向後繞髻。」程氏演繁露以「免」為解除義，即「免冠」之「免」。五世袒免，始死未成喪男子免，皆此義。

女再適不曰再醮。禮言「父醮，子醴」，女則：「女再適當云再醴。」

納采非納幣。采，擇也，擇定其人而納告，人多以為納幣。

牛衣非牛皮。王章與妻卧牛衣。師古注：「以亂麻為之，號龍具，非牛皮。」

龍陽君、鄭櫻桃俱非男寵。國策本注：「龍陽，幸臣也。」鮑彪正之曰：「是幸姬，『前魚』即易『貫魚』義。魏王令曰『敢進美人者族』，幸臣無進理。」崔鴻十六國春秋半襲晉書載記，獨鄭櫻桃云是鄭世達家女姬，石虎惑之，與載記云男寵不合。

孫臏、衛輒非名。臏以刖足稱。輒，兩足不相過也。齊謂之「綦」，衛謂之「輒」，見穀梁。

王嬙非名。嬙，婦官之名，非昭君名也。

阿堵非錢。王衍不名錢，謂妻曰：「去阿堵物。」「阿堵」猶云「彼個」。

寧馨非佳語。山濤曰：「何物老嫗生寧馨兒？」「寧馨」猶云「那樣」，世作佳稱，非也。

軒渠非笑。薊子訓傳：「兒見父母，軒渠笑說。」「軒渠」，開懷暢適意，非笑也。

老泉非明允。眉山蘇氏塋有老人泉，子瞻取以自號，故子由祭子瞻文云：「老泉之山，歸骨其旁。」世以稱其父明允，蓋悞于梅都官有老泉詩。

考亭非稱朱子。唐黄端公葬父建陽玉枕山，名其亭曰「望考亭」，朱子之父卜居焉，故曰「考亭」。文公家譜有鄭人葬父，求題其亭，公書「考亭」二字與之，則二字與公無涉。或曰：「朱子年六十一，自崇安移居竹林，名精舍曰「竹林」，以居學徒，奉先聖，後人遂掩其父稱之。」若此則亦非朱子所安。

末下鹽豉。陸機云：「千里蓴羹，末下鹽豉。」末下，地名。東坡詩「肯將鹽豉下蓴羹」，是以「末下」為「未下」，悞。

隸書非八分。庾肩吾曰：「隸書，今楷書也。」張懷瓘六體書論：「隸書，程邈造，字皆正，亦曰真書。」悞以八分為隸自歐公集古録始，趙明誠駁大覺寺碑陰云：「古大覺寺碑陰題銀青祿大夫韓毅隸書，蓋楷字也。」

郢曲訛說。今人稱曲高者曰郢曲，此悞也。宋玉曰「客有歌於郢中者」，則歌者非郢人也。又曰「下里巴人，國中屬和者數千人；陽春白雪，和者不過數十人；引商刻羽，雜以流徵，則和者不過數人」，是郢之人但能和下曲也，以其下者稱為高，謬矣。

郢削之說亦悞。今人求人改文曰「乞郢削」，不知莊子郢人鼻堊，匠石斲之，不得云郢削也，斧削猶可。

竹、箭非一物。沈存中曰：「東南之美者有會稽之竹、箭焉。」竹自竹，箭自箭，非采竹以為矢也。

振濟非賑濟。「振濟」本左氏，振廩同食之義。說文「振，舉，救也」，與「賑」異說。說文：「賑，富也。」

笏非手板。隋書禮儀志「近世惟八座尚書執笏。笏，白筆也，以紫囊裹之，號曰笏染。其餘公卿但執手板」，是笏與手板異。又通考以用笏始宇文，亦因通鑑而悞。通鑑但言宇文用笏之始耳，禮玉藻已詳言笏矣。

省試非鄉試。唐稱省試乃尚書省之試，今鄉試唐之州試也。

試帖非詩。唐明經先帖文然後試帖經之法，以所習經帖其兩端，中留一行試之。毛西河以詩賦為試帖，悞。然明經亦有試詩者，王貞白有帖經日試宮中瑞連詩。

露布非專告凱旋。漢書注「漢制，書璽封，尚書令重封，惟赦、贖令司徒露布州郡」，是非專為武功設也。

色絲非絕。蔡邕以「色絲」為「絕」，不知「絕」字「糸」旁「刀」，「刀」下「巴」，非「色」也。

稾非稾官之稾。顏之推笑許純儒解「稾」字為禾，則相如封禪文「稾一莖六穗於庖」，下當「麟雙觡共觝之獸」，不成文義，故以「稾」為稾官之「稾」，作「擇」字解，此本非相如意。如許說，以云禾耶則有一莖六穗於庖矣，以云犧耶則有雙觡共觝之獸矣，徐楚金說文繫傳解之最明。

隨非走。隋文帝惡「隨」字為走，改為「隋」，不知「隨」字從辵，安步，「隋」裂肉也，改此反祥為不祥矣。

昔人考核多悞。袁子才曰：「洪慶善注楚辭九歌『絙瑟兮交鼓，簫鐘兮瑤簴』，以簫、鐘為二器。一蜀士曰：『簫即⿰扌蕭，廣韻「擊」也，楚辭以「擊鐘」對「絙瑟」耳。』章懷太子注漢書，悞『元二』為『元元』，不知乃建初元年、二年也。楊彪碑：『中遭元二，西戎寇殘。』章懷太子注漢書，以錢塘為漢人華信所築，以錢易土故名，劉義慶世說以為晉人沈信所築，竟忘秦始皇本紀已有錢塘之稱。蔡謨悞以計然為范蠡，所著書名不知。漢書古今人表列計然第四等。皇覽載然為濮上人，姓辛名文子，其志沈沈不肯自顯，故稱曰『計然』，馬總意林亦載之。酈道元水經注悞以中平二年『街彈碑』為『衛彈碑』，不知周禮里宰注『合耦於耡，若今街彈之室，於此合耦，使相佐助也』。顏之推家訓以古樂府『趙、李日經過』為李夫人、趙飛燕，不知趙季、李欵成帝時陽翟大俠也，見漢書蓋諸葛等傳。李善注西京賦，以『屬玉之館』為玉飾，不知『屬玉』水鳥名也。漢柏梁災，故多以水鳥名觀，見西京雜記。張文潛明道雜記以『嬸』字為世母切音，不知世母伯母，非叔母。唐類函：『陳遵與宣帝博，宣帝數負進，及即位，遷遵太原太守，曰「可償博進矣」。』按：漢書乃陳遂事，遵之祖，非遵也。「王伯厚困學紀聞悞陸希聲為陸質，不知一侍順宗，一相昭宗。悞盤谷李願為西平王晟子，不知西平王子願非隱者，為檢校司空、河中節度使，見裴晉公所撰神道碑，唐別有李願，隱居盤谷。又悞嚴延女羅紨為昌邑王妻，不知妻昌邑者乃執金吾嚴延年，非御史嚴延年，一字長孫，一字次卿，見百官公卿表。黃魯直詩『月黑虎夔藩』用少陵課伐水詩序『有虎知禁，必昏黑撐突夔人屋壁』。夔者，夔州人也，魯直以『夔』字當『窺』字解，為周益公題跋所譏。東坡南安軍學記有『弟子楊觶而序點者三』，此用禮記「射於矍相」語也，將「序點」作虛字用，竟忘「點」是人名，為洪容齋五筆所譏。謝眺贈王融詩「阽危賴宗衮」指謝安，李周翰注以為王導，並云謝公同破苻堅，則年代隔遠矣。『黃姑』即『河鼓』之訛，王道俊悞以為『牛宿』。趙凡夫說文長箋以懷素改『極』為『笈』，不知『負笈』二字見李郃傳。以翻胃釋『痏』，不知『疻』、『痏』二字見薛宣傳。楊升菴悞以王筠為王融，以南朝劉休賣皂莢事為北齊事，為胡應麟所譏。葛常之韻語陽秋悞以曹復興為曹霸，為方密之所譏。錢牧齋註杜詩，悞以潼關為唐所立，竟亡孔明出師表早有『曹操殆死潼關』之語。高似孫緯略引金樓子云：『劉子玄為水仙花賦，不減洛神。』」按：劉子玄即劉知幾，唐人也。金樓子乃梁元帝所作。考御覽引金樓子云劉休元為水仙賦，休玄者南平王鑠也，劉宋時人，水仙非花，即洛神也。「汪鈍翁為人作墓誌云『爵至太傅』，不知太傅非爵也，官也，為閻百詩所譏。寧人又駁漢書段熲為叔段之後，言古無以祖名為姓者，不知鄭樵通志載以祖名為姓者乃有二百餘人。」

古人有常典而悞忘者。湘素雜記忘「麥秋」所出，不知出月令「孟夏之月，靡草死，麥秋至」。能改齋漫録忘「首如飛蓬」見毛詩，而乃以左思賦為始；忘「樹桃者夏得休息」見韓詩外傳，而乃以為狄梁公事。劉貢父不解「爆槊」之語，高似孫緯略以為爆牛最勇，故刻之於槊。李綽輦下記：「爆槊者，取爾雅爆牛抵觸百獸之象，仗内有爆矟庫，刻爆牛形於其上。」宋八矟安朝堂，行禮前導，其夾大將軍者名衛司爆矟。宋王禹偁作月波樓詩，自注不知「月波」出處。按：漢樂府「月穆穆以金波」，韓文公詩「微風吹空月舒波」已用之。

古人有似知而悞者。韓非子謂叔向譖萇弘，舅犯諫晉平公。太史公以楚優孟為在淳于髡後。班固古今人表以范武子、士會為二人。鹽鐵論文學曰：「臧文仲治魯，勝盜而自矜。子貢曰：『民將欺，而況民盜乎？』」子貢與文仲亦年代隔遠矣。漢孫叔敖碑「君有曾、閔之行」，又曰「繼伍舉、子文之統」，子文非叔敖所繼，曾、閔皆叔敖後之人。陶宏景真誥以鄭子真為康成後，子真固在康成前也。如此類，若故悞者蓋多矣。

事有屢見

嘗藥不止神農。黄帝使岐伯嘗百草，典藥療疾，經方本草之書咸出。

履跡不始姜嫄。帝王世紀：「太皡包犧氏母曰華胥。燧人之世有大人跡出於雷澤，華胥履之生包犧，長於成紀，取犧牲以充庖廚，故曰包犧，後世皆謬謂之伏羲，一號皇雄氏。」又太任夢大人生文王，事亦相近。

龍生不止漢高。帝王世紀：「炎帝神農氏母曰任巳。有嬌氏女名女登，為少典正妃，游華山之陽，有神龍首感女登于尚羊，生炎帝。繼無懷，納奔水氏女曰聽詙。」

皋陶亦如契以鳥卵生。史記秦本紀：「顓頊之裔孫曰女脩。女脩織，玄鳥隕卵，女脩吞之，生大業。大業娶少典之女華，生大費。大業，皋陶也。大費，益也。」

加級非始秦。僖左傳：「王使宰孔賜齊侯胙，曰：『加勞賜一級，無下拜。』」

禹亦吐哺握髮。通志：「禹曰：『吾不恐四海之士留道路，恐其留吾門，一饋而十起，一沐三捉髮。』」

湯樂亦有韶名。左傳：「季札觀樂，見舞韶濩者。」

酒池、糟邱有三。韓詩外傳：「桀為酒池可運舟，糟丘可望十里，牛飲者三千人，群臣和歌。」三輔黄圖：「秦酒池在長安故城中，廟記云在長樂宮，上有肉炙樹，始皇造。」又曰：「武帝作以誇羌胡，飲以鐵杯，重不可舉，抵牛飲。」

九合不止齊桓。晉悼八年之中九合諸侯。

買肉食子不止孟母。孟母買豬肉食孟子，見列女傳，朱子小學引之。禮記引曾子：「兒啼，妻云：『兒勿啼，吾當與女殺豕。』曾子知，以為教兒欺，即殺豕食兒。」，是先于孟母事矣。然呂東萊以為孟母買肉實信是一誑兩誑，此義亦不可不知。

射石飲鐵三見。一楚熊渠，見韓詩外傳及劉向新序。一李廣，一北周李賢，皆見本傳。熊渠、廣皆疑石為虎，賢疑兔也。

長城不始始皇。燕代傳：「燕王曰：『齊有長城钜防。』」竹書梁惠成王二十年，齊閔王築防為長城，蘇秦曰：「魏西有長城。」築此皆非北邊長城。

迎佛不始漢明帝。帝王世紀：「秦時西域實利房來聘，始皇囚之，竟飛去。」漢武帝得西域祭天金人，置甘泉拜禮。續大事記以哀帝時月氏使者伊存口授弟子秦景浮圖經為佛入中國之始。尸羅朝穆王，其出青龍、白虎，見拾遺記，又在先。

黄鵠歌有二。一魯陶嬰作，一漢武時江都王建女細君嫁烏孫思歸作。

剖冰求魚不止王祥。西河王延亦嘗為繼母卜叩冰得魚，見晉書。又查道亦有為母鑿冰求鱖事，見宋書。

掘鼠殺愛妾，臧洪先于張雎陽。袁紹東郡之圍，歷年不下。洪卒見執，責袁紹曰：「袁氏事漢，四世三公，今因際會，希冀非望，惜洪力劣，不能為天下報仇。」時陳容在紹坐，責袁紹見殺，在坐皆嘆曰：「奈何一日殺二烈士？」

悋、李二人。王戎有賣李鑽核事，嘗疑李核何以遍鑽，既思之當如今世所賣雕梅，還得賣價也。又和嶠家有好李，帝求之，僅與數十，此其悋殆不減戎。一日，王濟候其入，直率少年詣園，共啖畢，伐樹而去，殊大快人意。

避瘧有二桓。晉書桓鎮惡、石虔威震敵人，有患瘧者稱其名以怖之即愈。又南史桓康威布江南，人以其名怖小兒。病瘧者圖形床壁，立愈。

吹笳退賊二劉。一劉越石崐，為賊圍數重，夜吹胡笳，賊皆流涕，並起圍去。又劉王喬疇，為賈胡所窘，吹笳為出塞、入塞曲，賊皆泣去，俱見晉書。又後魏河間王琛為秦州刺史，諸羌叛，琛令婢朝雲假為貧嫗吹篪乞食，諸羌皆降，見伽藍記，事亦相近。

用鎖子兵，慕容恪在金兀朮之先。擊魏主閔於常山，擇鮮卑善射者，以鐵鎖連其馬。又侯景敗慕容紹宗，以短刀斫馬足，亦在武穆先。

王鎮惡解放舟艦即沉舟之變計。伐秦，率水軍自河入渭至渭橋事。

面具先見。人知狄武襄戴銅面具，然朱伺隨陶侃討杜弢于夏口，戴鐵面。侯景軍攻台城，亦皆著鐵面。

府兵不始唐。宇文泰藉民之才力者為府兵身，租庸調一切蠲之。

夢授筆數事。一梁書紀少瑜夢陸倕與青鏤一束，文思日進；一齊書江淹夢郭璞授五色筆，文思日進，後又夢璞索筆，遂更無佳句，人稱江郎才盡。江淹事一以為夢張景陽先與一疋錦，後索之，怒其割截，顧與邱遲。又唐李嶠字巨卿，亦有夢人授雙筆事。太白亦有夢筆生花事。

文章紙貴不止左太沖。太沖作三都賦，洛陽紙貴。又謝莊作殷淑妃誄，宋文帝覽之流涕，都下傳寫，紙筆為貴。邢邵文章典麗，亦一出紙貴。

偷書不惟郭象。向秀注莊，秋水、至樂二篇未竟而卒。郭象竊為己有，自注秋水、至樂二篇，又易馬蹄一篇，餘點定文句而已。宋俞炎席上腐談云：「化書乃譚峭所作，峭字景升，攜其書求宋齊丘序，齊丘殺之，竊其書。」今化書序云景升化齊丘，齊丘不悟，出書與之，不知所終，齊丘遂竊其書。

文章傳異域多人。溫子昇文傳吐谷渾。馮介夫文傳新羅，源寂使，見其黑水碑、畫鶴記，又傳西蕃，韋休符使，見寫商山記於屏。張鷟文新羅、日本爭購之。白樂天詩，雞林賈人買之，云其國宰相以百金易一篇，偽者輒辨之。宋梅堯臣詩，西南夷織於弓衣。魏野詩，契丹得其上帙，願求全部。吾鄉呂涇野柟、馬谿田理，高麗上書請其文為式。

文章愈疾不止陳琳。魏武讀陳琳檄愈頭風，人皆知之。漢武帝時，太子體不安，苦忘，詔王褒等之太子宮，朝夕誦奇文及所自作，疾平乃歸。又按詩話，有病瘧者，子美教誦己「夜闌更秉燭，相對如夢寐」二句不止，更誦子璋「髑髏血模糊，手提擲乃止」，是詩亦愈瘧也。

郡縣不始秦。春秋時楚有九縣，薳啟彊論晉曰「其餘四十縣」，趙簡子曰「上大夫受縣，下大夫受郡」，此皆郡縣之先，但制不同耳。

漕粟不始蕭何。國策張儀說魏王「粟糧漕庾不下十萬」為「漕」字初見。史記「秦攻匈奴，挽粟起黃腄、琅邪，轉輸河北，率三十鐘致一石」，亦其先事。

輿圖不始東漢。西王母貢舜益地圖，周禮屢言「土地之圖」，漢淮南王諫伐越曰「按其輿圖不過寸許」。武帝元狩六年，御史奏輿地圖，孔穎達以為司空郡國圖始東漢，非。

九品官不始曹魏。周禮已有九命文，國語外官不過九品，是自古已然，以數極九也。

從品官用笏俱不始宇文。漢官志有二千石、比二千石，比即從品，通典謂始宇文，非。玉藻言「史進象笏」，通考以笏始宇文，亦非。

獻生荔枝不自唐。通鑒：「漢時嶺南舊獻龍眼、生荔枝。唐羌上書，令罷之。」

青苗不始王安石。舊唐書：「代宗永泰十年，說青苗地錢。十一年詔，青苗地頭錢三分取一。」新書大歷元年詔：「天下苗，一畝稅錢十五，以國用急，不及秋，方苗青則征之。」宋李參為淮南轉運使，令民自度麥粟之贏，先貸以錢，穀熟還。安石知鄞縣，倣此行之，後引周官府二十而五之說，一歲中兩輸息錢，遂至流毒天下。

射潮不始錢鏐。索勱至樓蘭屯田，水漫斷堤，勱厲聲鳴鼓且戰且射，水為之平，見水經注。

海運不始元。杜詩「雲帆轉遼海，粳稻來東吳」，又曰「吳門持粟帛，泛海達蓬萊」，是唐已有海運。

函關有二。一在陝州靈寶縣西南十里，老聃西度，田文東出，皆此關。左右有望氣、雞鳴二台。一在河南府新安縣東二里，項羽坑秦降卒處，漢樓船將軍楊僕有大功，恥為關外人，上書乞以家財徙關，武帝為移於此。

曲江有三。枚乘七發「觀於廣陵之曲江」，今浙江廣陵有曲江；今韶州；司馬相如弔二世賦「臨曲江之隑州」，今長安。曾鞏鑑湖圖有所謂廣陵斗門者，在今山陰縣西六十里。江都更名廣陵在元狩三年，其時枚乘已卒，不應見之于文。至元年間試羅刹江賦，獨錢惟善以錢塘江為曲江，遂冠三千人之上，見升菴外集。

三揚州。漢以揚州屬徐州，今壽春也。杜詩之「何遜在揚州」蓋指建安王記室時，今金陵也。隋開皇九年改梁之南兗州為揚州，置總管，則今江都矣。禹貢揚州之域所統甚廣，晉書、隋書均以交、廣為禹貢揚州，杜佑非之，以三代時尚無南越，不知堯典之「宅南交」即交趾也。故史遷舜本紀有「北發息壤，南撫交趾」之語。至北朝所僑置之揚州則更紛攪矣。

水精宮二見。闔閭造水精宮，見述異記，今蘇州也。後楊濮守湖州詩有「清光合作水晶宮」之句亦此，湖州亦稱水晶宮。

會稽太守二人後又有倣其事者。朱買臣為會稽太守，人皆知之。漢書：「嚴助，會稽吳人，郡舉賢良對策。嘗侍讌從容，上問助居鄉里時，助曰：『家貧，為友壻富人所辱。』上問所欲，對曰：『願為會稽太守。』於是拜為會稽太守。」是吳人為會稽太守者不自翁子始也。吾里楊藩伯恭，明宣帝謁選，言事稱旨，上欲大用，時獨陝西布政缺開，即授之。有言非例者，上引買臣事而不引嚴助事，其與知縣不相能，見之亦略與買臣同。

古事相類者多。袁子才曰：「周櫟園作同書十卷，桐城方氏作古事比二十卷，古事原多相類者。如齊母之對，左氏國佐拒晉入蕭同叔子之請；國策諒毅亦有平原君母之對。齊威王朝周，趙肅侯亦朝周。魯仲連不帝秦，孔子順亦不入秦。酈生勸高祖立六國後，許攸勸曹操立九州。漢蘇武在外十九年，尚有同行之常惠，馬宏亦在外十九年，後魏于什門在北燕全二十四年。客星犯帝座者嚴子陵，桓帝與河南尹對博，太史亦有此奏。周澤彈妻犯齊禁，晉劉毅亦有彈妻犯齊禁。劉曄殺父妾，嚴武亦殺父妾。妻甥女者先有漢惠，後有孫休。樊英拜妻，顧悌亦拜妻。阮修三十始婚，顏延之亦三十始婚。殷洪喬投人之書，張翔先投許靖之書。梁鴻命葬近要離田，豫西門豹亦命葬。近景陽植表知水沒表，裴行儉行軍亦知水至。朱邑戀桐鄉，顏裴亦戀京兆。晏子以一桃殺三士，南朝張纘以一杯酒殺吳規父子三人。段秀實倒用司農印以拒朱泚，李崧倒用都統印以拒郭崇韜。曹丕不信火浣布，蕭叔之譏皇子不識火浣布已見列子。郭象竊向秀之注莊，何法善竊郗紹之晉中興頌。漢宣時有楚王侍者馮嫽錦車持節行賞賜于西域，諸夷敬信之；梁、陳時，洗夫人張錦繖行南粵中，亦嫁馮氏。魏東阿王見邯鄲淳，先傅粉裙襦誦俳優小說，繼乃正衣冠與論皇王大道；隋長孫儉見梁使，先列軍機戎服作鮮卑語，日晚乃紗帽裙襦引客宴於別齋，快論仿古。以少兵詐多，一見於臧宮屯洛，因轉輸軍至，鋸斷城門，令車聲回轉出入至旦；再見于虞詡在涼，令兵從東郭門出，從東郭門入，八日轉數周；再見于董卓來長安，自嫌兵少，率四五夜潛出，軍近營，明旦大陳旂鼓而退，以為西兵復至。是一術也，而東漢已三用之。晉青州刺史檀秖破司馬國璠，漏未盡遽打五更；梁武帝破東昏，幸臣孫文明亦漏未盡打五更。段秀實則故遲之，命擊四鼓，而天曙以破王童之謀。請於書尾加一點以為驗者，一見於高歡之于侯景，再見于隋文帝之于蜀王亮。以樗蒱納交，故為拙行輸財者，一見於范曄之于孔熙，再見于宇文述之于楊約，再見于高斌廉之于裴寂，再見于王叔文之于王伾。傅昭儀為元帝當熊，魏吏部尚書王叡為胡太后當虎。漢王太后握璽，魏胡太后亦握璽。秦散三千金而天下之士相與鬥，太平公主以儒者多窶人，謝以金帛而皆為所用。東漢樊曄以笥餅得都尉，孟佗以一斗酒得涼州。趙王倫必起兵于賈后廢太子之後，梁元帝必入援于簡文被殺之餘。漢蘇不韋報仇殺李暠之妻子，鬲殺不韋，不韋之子殺鬲，段熲又殺不韋之子。南齊朱謙之報仇殺朱幼芳，幼芳之子惲殺謙之，謙之之兄選之又殺惲。晉以陸玩為司空，玩笑曰：『玩作三公，可知當代無人。』唐以鄭綮為相，笑曰：『歇後鄭五作宰相，時事可知。』王思政自以非宇文舊人，乃誓梟盧，以刀橫膝，文帝方止之，竟一喝成盧。劉信見疑于徐溫，斂子唱曰：『苟無二心，當成渾花。』一投六子皆赤。唐明皇賜賀知章鑑湖，楚文昭王賜戴偃湘湖。以武將攘儒生之功者，韓信之於酈食其也，李靖之于唐儉也。以儒生攘武將之功者，栢耆之于萬洪也。惟韓封侯而栢賜死，微有不同。宋主義隆之王曇首即漢文之宋昌也，杜讓能之于李茂貞即晁錯之于七國也。突厥拒武延秀之婚，即匈奴碎王莽之印也。李懷光之子璀告其父反而已死之，即令尹子南之子棄疾也。唐韋后有天子嫁女，皇后娶婦之說，而漢張放先有此說。避父名不得舉進士者李賀，而陳之王泰為詹事已有此說。王績善酒，焦革善釀，餉之，亡何，革死，其妻袁氏善釀，復餉之，亡何，袁亦死。白樂天能詩，鄧魴好之，亡何，魴死，唐衢繼魴好之，亡何，唐亦死。郭子儀與李光弼不協，郭為元帥，能釋怨；韓世忠與王德不協，韓為宣撫，能釋怨。慕容熙幸其妃於死後，晉平原王幹亦然。楊愔娶孝靜帝后為夫人，元燕帖木耳娶泰定帝后為夫人。」按：隨園好言鄙褻，此所集如慕容熙、楊愔事，固以類及，要徒資笑罵耳。

古事亦有相反者。應邵風俗通有十反一篇，古事如此亦多。若蕭繹欲用王偉，以湘東一目之檄誅之；朱溫欲殺徐寅，則以一眼僋夫之賦用之。韋元不拜姚興而拜勃，勃反為所誅；李文遠拜王世充而不拜李密，反為所重。劉裕討盧循至下邳，祝風息而天如之；張少傑奉少帝航海，祝舟覆而天如之。張文孝公一生不作草字，杜祁公一生不作真字。張齊賢啖一桶肉為相，晏元獻日食半餅亦為相。蔡魯公一日無客則病，蔡元度一日有客則病。鄭仲以地衣獻秦檜而怒，周忱以地衣獻王振而悅。歐陽公貶官泊采石，聞夜呼參政船，已而驗；黃魯直貶官泊石塘，聞夜呼侍郎船，已而竟死。晉卞望之稱郗公有三反：方于事上而好下佞己，治身清而太修計較，好讀書而憎人學問。劉實譏王肅有三反：方於事上而好下佞己，性嗜榮貴而不求苟合，吝惜財物而治身不穢。唐人譏李嶠亦有三反之說，其事略同。南朝陰子春終日不浴，而何佟之一日十浴。王濟好驢鳴，孫楚于墓上作之；王仁裕惡驢鳴，聞必擊殺之。又如李廣以寬為名將，程不識以嚴為名將。

趙括之母諫用其子，後周柴克宏之母薦用其子。子賤治單父，彈琴而治；巫馬期戴星出，戴星入，單父亦治。管子治齊以奢，晏子化齊以儉。皆其類也。

事互異者難拘。同一事有傳聞互異者，有昔人隨意言之者，有記之不審、約略言之者，亦有本非一事而相似者，何可拘也？孟子子濯孺子事即左氏尹公佗學射事，而不盡同。乘輿濟人，孟子以為子產，說苑以為景差。殺子般者，左氏以為圉人犖，公羊以為鄧扈樂。戮亂行者，左氏以為魏絳，國語以為韓厥。蔡聲子勸子木所返遠臣，左氏以為伍舉，國語以為湫舉。國語所載楚材晉用四五人，又盡與左氏不合。左氏哭秦庭乞師救楚者申包胥，國語以為棼冒勃。蘇吳入郢戰死者，左氏以為左司馬戌，淮南子以為莫敖。「大心近實，公室乃貧」，左傳韓厥語，水經注以為魏絳語。問舜冠而不對者，家語以為哀公問孔子，尚書大傳以為成王問周公。世稱有鳥三年不飛不鳴者，楚世家以為伍舉，呂覽以為成公賈，新序以為士慶。世傳老萊子七十綵衣娛親，曹子建靈芝篇以為伯瑜。償債表者，秦紀以為商鞅，韓非以為吳起。世傳欒巴噀酒救火，漢書方技傳以為樊英、郭子横。世傳蔡邕焦尾琴，傅公琴賦以為司馬相如事。識鼫鼠者終軍，文選註以為竇攸。范巨卿與張邵為死友，水經注以為張邵與陳平子。晉書孝武帝每賜侍臣文詞不雅，謝邈焚毁之，通鑑「武帝好為手詔賜人，文詞率爾，徐邈應時收斂」。杯中蛇影，世說、廣樂事、風俗通以為杜宣。蒼蠅傳赦事，異苑以為晉明帝，載記以為苻堅。武后雙陸不勝之夢，同時而對者狄梁公、王方慶，新唐書以為狄，大唐說纂以為王。滿床笏多云郭令公事，而唐書置笏滿床者乃崔神慶也。

語有數說

女媧數說。或曰伏羲之妹，或曰伏羲之妃，或曰男子音汝，或曰女子。離騷注：「女媧無夫而生子。」或曰女媧自別一代君。

三恪二說。鄭康成云：「三恪尊于諸侯，卑于二王之後。杞、宋以外別以三恪，謂黄帝、堯、舜之祝、薊、陳。」杜預則以為舜後陳與杞、宋。

春秋僖八年用致夫人三說。穀梁范氏解曰：「左氏以夫人為哀姜，因禘祭致之於廟。公羊以為僖公本娶楚女為嫡，娶齊女為媵，齊女先至，遂脅公使立為夫人，故因禘祭見於廟。此傳則以夫人為成風致於太廟，立為夫人。如左氏說，哀姜元年為齊所殺，何為今乃致之？若公羊以為齊媵女，僖公賢君，豈得以媵妾為夫人？今傳云『一則以宗廟臨之，而後貶焉；一則以外之弗夫人而見正焉』。撿經傳文同，故知成風也。」按：此穀梁義為長，亦可見媵妾不得為夫人，即公羊亦可見。媵不必同姓，不必姪娣也。

委質二說。「質」本同「摯」，「委質」猶「委贄」。杜預讀「質」如字，謂屈膝拜君，委質體於地。

卜郊三說。左傳言禮不卜常祀。公羊言三卜禮，四卜非禮。周禮太宰祀五帝，前期十日帥執事而卜日。然則冬至之郊不卜，餘郊一卜。

文王辟風雨兩說。何休云：「兩殽之間險阻隘勢，一人可要百，故文王過之驅馳，常若避風雨。」杜預云：「古道在二殽之間南谷中，谷深委曲，兩山相嶔，故可以辟風雨。魏武西討巴漢，惡其險，更鑿北山高道。」

繞朝贈策兩說。服虔以策為策書，即上秦君止士會者，杜預以為馬檛，正義辨服說之非，而楊升菴又取之。予謂策書當言示不當言贈，且贈馬策亦正寓已見其計策耳。文家好翻舊為新，又或取舊為新，杜翻舊，楊又取舊。

笠轂四說。左宣四年「以貫笠轂」，服虔云：「轂之蓋即笠，以蔽轂上禦矢。一曰笠，車轂上鐵，一曰兵車旁幔輪。」杜云：「兵車無蓋，尊者則邊人執笠，依轂而立以禦寒暑。此言箭過車輈及王之蓋。」

作丘甲二說。在成二年傳，註說以甲為鎧，謂民不能作甲而使民作之。杜預以甲為士，由此知兵亦可為卒。

士燮、叔孫婼祈死兩說。兩人皆以憂變祈死而得死。杜預以為因祈自裁，劉炫以為適與死會，似杜說為長。

左昭二年三老凍餒兩說。服虔云：「三老者，工老、田老、商老。」杜預謂上中下壽。正義曰：「四民，士亦當恤，不當獨遺，故杜不取服說。」

讒鼎兩說。叔向引讒鼎之銘。服虔以為疾讒之鼎，一云禹鑄九鼎于甘讒之地。

十二章分合三說。孔以日也、月也、星辰也、山也、龍也、華蟲也六者畫於衣服、旌旗，山、龍、華、蟲四者同。宗彝，宗廟彝器。藻也、火也、粉也、米也、黼也、黻也六者繡於裳。鄭以宗彝為一，粉米為一，序亦不同。杜分華蟲為二，無宗彝，餘如鄭。

五祀五神分合兩說。賈逵云：「句芒祀于戶，祝融祀於灶，蓐收祀于門，玄冥祀于井，后土祀於中霤。」杜以為別祭五行神，以五官配之，非祀此五神於門、戶、井、灶、中霤。

晉賦鼓鐵兩說。服虔以鼓為量名，杜以金鐵不用量。又一鼓鐵不足鑄鼎，人賦一鼓又太多，謂各出功力共鼓石為鐵。按：此于文義不明，鼓當是大鼓之鼓。

昏禮「下達」二解。鄭康成以為媒氏通達兩氏之言，敖繼公以為天子下達庶人。

干將、莫邪四說。吳越春秋：「干將、莫邪作劍，夫妻俱入爐中，劍成，陽曰干將，陰曰莫邪。」世語：「干將，吳人，其妻莫邪抱鐵柱心有感，產一鐵。楚王命莫邪鑄為劍，一雄一雌。進其雄後，劍悲鳴匣中。王問知怒，殺莫邪。」列士傳：「干將為晉君鑄劍，留其雄藏山中。君覺，殺干將。妻生男，赤鼻，告以劍藏處，欲報仇。君因夢感，捕之。逃朱興山中，遇客欲為之報，刎首以奉。令煮之，不爛。君視之，客以雌劍刎君頭墜鑊中，客亦自刎，三夜悉爛，不可分別。葬之，名三王塚。」拾遺記：「吳武庫中兵鐵為雙兔食盡，掘穴得兔，開其腸胃，皆鐵。鑄腸為劍，一干將，一莫邪。」吳越春秋又載鉤師殺二子吳鴻、扈稽釁鉤，獻吳王求賞，呼二子名，鉤遂躍起，事亦相近。

鯀殛不專以治水。論衡：「堯以天下讓舜，鯀欲得三公而堯不聽。鯀怒其猛獸，比獸骨為城，舉尾為旌，阻戰為彊，舜乃殛之。」

測天三家外諸說。測天者宣夜、渾天、昕天三家，人皆知之。今西洋法，渾天遺也。此外，論天地有奇者，唐書太宗收骨利幹，其地夜短，煮羊脾未熟，天即明。宋戴五原云：「嘗登崆峒巔，見日光非從海出，太陽之氣朝聚而圓明，暮散而昏黑，人惧以為穿地而過。」癸辛雜志：「趙都統見海神，黃衣眼頂頂日出。」元史：「沙弼國日入聲洶湧，必擊金鼓亂之，否則小兒怖死。土哈國日入不一時即出。」季氏臺灣雜記：「其東紅夷國，有商泊其地，無晝夜。又一年至，期黑如徹夜，碑有字云春旦秋暮。」王方平云：「月至梁時周圍已減寸。」郭守敬云：「古日舒長，今日促。」孫大初云：「今日不如古日之熱。」

西王母三說。據爾雅，西王母本國名，故竹書紀年「舜西王母獻玉琯」。據穆天子傳、漢武内傳，西王母，女仙也。據山海經「豹尾虎齒」，則人而幾獸矣。

鮑焦死二說。韓詩外傳：「焦敝衣持蔬，與子貢語言所以貧。子貢曰：『吾聞非其君者不履其土，非其世者不生其利。』於是棄蔬，立槁雒水之上。」風俗通：「焦嘗於山中食棗，或曰：『此棗子所施耶？』遂嘔吐，立枯而死。」

楚宮細腰三說。韓非子以為楚莊王，又見東漢馬廖疏。集覽以為楚靈王，引國策、墨子為證。劉禹錫踏歌行以為是襄王。

樹桃李語兩見。「樹桃李者，夏得休息，秋得其實；植蒺藜者，夏不得休息，秋得其刺」，一見韓詩外傳，趙簡子語子質，一見演繁露，簡子語陽虎。

聶政刺韓二說。國策、史記皆言聶政為嚴仲子刺韓相俠累。琴操又有聶政刺韓王，云政父為韓王鑄劍，不成見殺。遺腹生政，壯知，故思報仇。初學塗，殺王不得，逃入山。學琴，吞炭變音，以妻識並毁齒。幸以琴謁王，殺之。

燒尾數說。一說河鯉登龍門，雷火必燒其尾。一說虎豹變人，惟尾不化，必燒之。故士子初登科及初官遷除，親朋慰賀，謂之燒尾。唐大臣初拜官，獻食，天子謂之燒尾。蘇瓌為相，以食貴獨不進。韋嗣立入三品，趙彦昭假金紫，崔湜復舊官，中宗令于興慶池燒尾。此則天子賜食臣下亦曰燒尾。

措大三說。一曰有士人貧居新鄭之野，以驢負醋而鬻，邑人以其醋馱名之。一曰鄭有醋溝，士人多居其溝之東，以甲乙名族，故曰措大。李濟翁以為皆謬，謂其舉措大事而已。

嚴君三稱。易家人「有嚴君焉」，父母之謂也，母亦稱嚴君。國策秦人稱樗里子為嚴君，是並不止父母。漢王朗曰「家人『有嚴君焉』，進竈之謂也。」又一說。

考妣三稱。易：「過其祖，遇其妣。」是祖母稱妣，今人多以稱母。爾雅：「生曰父、母、妻，死曰考、妣、嬪。」然東漢郭君碑：「哀哀考妣，追惟實靈。卜商號咷，喪子失明。」則父母生時亦稱考妣。

府君二稱。陳元方曰：「府君，高明之君，稱祖也，今多以屬父然。」漢碑往往稱太守曰府君，邛都夷稱張翕之子曰「類我府君」。

先君亦稱遠祖。今稱亡父曰先君，而孔子順稱六世祖曰先君，孔安國稱三十七世祖亦曰先君。

高祖亦遠代之通稱。今人稱五世祖為高祖，而郯子稱始祖少皞為高祖。周景王謂藉談曰「昔而高祖孫伯黶」，以九世祖為高祖。

先子數稱。袁子才引國語「公父文伯之母曰『吾聞之先姑』，又曰『吾聞之先子』」注：「先子，先舅也，稱夫之父，蓋季悼子也。」又引爾雅「舅姑在稱君舅、君姑；舅姑亡，稱先子、先姑。」按：孟子曾西曰「吾先子之所畏也」，據集註，曾西，曾子之孫，是先子稱祖。閻百詩以為曾西即曾申，春秋名申者多字西，取西為申方。是曾西為曾子子，稱父為先子。

太公二稱。文王謂呂尚曰「太公望子久矣」，此太公稱祖也。而漢高初稱父曰太公。劉表與袁尚書稱其父紹亦曰太公。

孺子兩稱。國策「薛侯所寵七孺子」，妾也。漢書顔師古注「東城侯劉襲為孺子所殺」，乃妻也。杜預注左傳「南孺子」，亦云妻。

稱謂之異。慕容泓與秦苻堅書「速送出家兄皇帝」，謂慕容瑋也。蜀李雄稱范長征為天地大師。魏胡太后稱其父為太上秦公。唐明皇稱寧王為大哥，有同玉真公主過大哥宅詩，而稱其父睿宗為四哥，曰「四哥仁孝」，同氣只太平一人稱哥，且皆以輩行，棣王琰亦稱明皇曰「惟三哥辨其罪」。裴勳稱父坦之為十一郎。朱滔與王武俊書稱「大王二兄時節度」，亦有互稱大夫二兄者。朱溫賀蜀王建稱八兄皇帝。宋仁宗聞李宸妃不得其死，開棺驗之，玉色如生，乃詣太后靈前曰「自今大娘娘平生分明」。金世宗封海陵，父為皇伯太師。元世祖呼董文炳曰「董大哥」，征八百媳歸，兵敗，曰「董二哥之言驗矣」。二哥者，董士選文炳子也。又宋書槃達國上書稱「大吉天子足下」。西夏稱自青天子，稱中國為黃天子。又唐明皇命稱己孔昇元好真人，宋徽宗稱己為教主道君皇帝，明正德自稱威武大將軍太師鎮國公，康陵又自稱大慶法王，真怪異不祥矣。至楊復恭謂昭宗為門生天子，則大亂矣。

別稱。稱母為少君，見左氏蒯瞶語。稱亡母為先妾，國策匡章之對。稱祖為家公，見後漢侯霸傳。江東士庶痛則稱禰禰，禰乃父之廟號也，見顏氏家訓。呼寄養父母為郎婆，見北史李憲傳。稱人父為尊府，見昌黎送湖南李正宗序。

說互異者難據。宵明、燭光，帝王世紀以為舜二女，淮南子以為地名，在河洲，照方千里，蓋燭龍含照之義。世傳太公八十遇文王，宋玉賦曰「太公九十乃顯榮」，東方朔曰「太公七十二乃用於文、武」。公羊以申生為雉經而死，說苑以為伏劍死。呂氏春秋子培所射者隋兕，說苑以為科雉。

益聞散録中

事物原始

曆用二十四氣之始。萬充宗謂始漢之太初曆，蓋二十四氣在夏正則安，在周正則戾。後齊信都芳觀雲氣知氣至，嘗為二十四輪扇埋地，測之不爽。

七十二候之始。此見周書時訓，月令有增易耳，載曆則始自後魏。

甲子之始。知新録：「一甲子起黄帝元年，七甲子在堯，九甲子到禹，二十七甲子紂，三十六甲子周定王，四十二甲子秦始皇，四十九甲子漢靈帝，五十五甲子梁武帝，五十七甲子唐太宗，六十二甲子宋太祖，六十七甲子元世祖，七十二甲子嘉靖四十二年，七十四甲子康熙二十三年。」自黄帝元年至康熙五十二年，共四千四百六十年。又曰：「歷日後只留六十甲子，其來已久。宋至道二年，楊文鎰言曆日六十甲子外更留二十年，今曆本十二月，後只六十年。」

三伏之始。史記秦德公二年「初伏」註：「三伏始秦，周無伏也。」釋名：「金氣伏藏也，故三伏皆庚。」

論隻雙日之始。唐制，天子以隻日視朝及命輟朝，故朝皆雙日。竹坡詩話：「隻日學草書，雙日學真書。」

子夜二字之始。古詞「三更出門去，始知子夜變」，謂半夜也。舊說是文子名，又云鬼夜唱子夜，非。

上九日始見。古樂府「初七及上九，嬉戲莫相忘」，此言上九之始。又初七為上七日，見方秋崖詩「云上七日為人日，為人雲蒸潤墼春」。

上巳之始。此始周公。癸辛雜志：「巳當作十干之己，古如上己、上丁，無用支者，魏後但用三日。沈佺期詩有三巳字，展上巳三月十三，展重陽九月十九，始唐文宗。」吳才老云：「古『巳』『午』之『巳』亦讀如矣。」

都試日始見。漢以九月為都試日，太守、都尉共課最之日也，集生徒講授則曰大都試。

地名所始。虎牢者，穆天子傳：「七萃之士禽虎，獻之天子。天子命為柙畜之東虞，是曰虎牢。」良常者，秦始皇曰：「巡狩之樂莫如山海，今以往良為常也。」陽關者，漢將陽興敗逃出關，故曰陽關，見清波雜誌。匡廬者，漢封真人匡俗為越廬君，以其所廬處故也，遂名其山為廬山，與焦山之名因焦先所居同義。匡字君孝，見杜陽雜編。錢塘者，漢書朱儁傳註引錢唐記云：「杭州郡議曹華信所築，每土石一石與一錢，不崇朝而集，故名。」任昉述異記：「吳人賣瓜于江畔，故曰瓜步水。」際曰步，湘中有靈妃步是也。句容山形曲而有容，故曰句容，見真誥。邯鄲者言邯山至此而盡也，見寰宇記。餘干者，梁武帝時童謠「王氣在三餘」，乃置餘干縣。金山者，唐有僧獲金江中，因建寺，猶始皇埋金建業，故名金陵也，俱見九域志。奔牛者，漢武帝掘鐘山得一僧於龕中，僵坐不動，竇志公曰：「此入定僧也，可以磬醒之。」遂起而走，逐之至丹陽四十里，化為牛奔去，見白醉瑣言。餘杭者，禹杭之訛。杭，舟也，言禹至此舍車而登杭也，見地理音釋。會稽者，禹于此朝諸侯，會計天下之財幣，故名，見咸淳臨安志。孔廟東南有雙石闕，故名闕里，見水經注。彭祖二子，長曰武，次曰夷，所居山名武夷，見通雅。

臺城之始。六朝時以禁省為臺，故稱禁城為臺城，官軍為臺軍，法令為臺格，使者為臺使。

官稱大學士之始。李泌傳：「肅宗加集賢殿崇文館大學士，泌言學士加大始張說，己不敢當，乃以學士知院事。」至崔圓加大學士，引泌為辭。宋設集賢院大學士一人，以宰相充之。丁謂為資政殿學士，在翰林學士下，帝乃加大字，班承旨上。然則大學士之尊久矣。

協辦大學士之始。此即宋參知政事，唐同平章，同三品也。

學士之始。蕭梁有壽光殿學士之號，為學士之始。唐中宗采上官婉兒之言，設宏文館學士，親近陪宴，以至權重于宰相，李鄴侯、陸宣公皆為之。明洪武初仿宋殿閣學士之制，設華蓋殿學士等名，不過五品備顧問而已。自胡惟庸作相敗後，屢召學士解縉諮詢，而權遂重，永樂時至加師保。

丞相、相國之始本不同。吳仁傑兩漢刊誤補遺言：「百官表『蕭何為丞相七年，遷為相國』，何傳又言使拜丞相為相國。史記秦惠王拜張儀為相，又以樗里疾、甘茂為左右丞相。是丞相為佐相國之名，相國尊于丞相也。」

尚書、尚書令、領録尚書事之始。尚書名始秦時，在殿中主發書。漢武帝時有尚書令之名，不過宦者職。成帝才用士人，故勵堪以尚書令陞光祿卿。六朝其職漸重，唐六典尚書令正二品，六尚書其屬也，皆三品，又置左丞相一人、右丞相一人，從二品。是尚書令尊在丞相上，即秦漢柱國也。淳化時詔升尚書令在三師上。大臣薨，贈尚書令者必兼他官，惟韓魏公得單贈。其正一品止司徒、司空、太尉，皆贈官，或以太師致仕，或以太尉致仕，或死後加贈，起用則反免落。文彥博落太師致仕，平章軍國重事，是已至。尚書加領之名始漢武，時霍光領尚書事。有録之名始章帝，時以太傅趙熹、太尉牟融並録尚書事。和帝時太尉鄧彪以太傅録尚書事，位上公，在三公上。每少帝立則置此官，猶古冢宰總己之遺。隋唐録尚書一人，位在尚書令上，若衛宏。漢儀以太史位元在丞相上，晉灼非之，謂百官表所無。于文公以位為朝著之位，非爵位，如唐宋螭頭記注之制，在人主左右耳。

尚書有侍郎諸職之始。古尚書、侍郎皆不甚尊，漢尚書奉六百石，李固有北斗喉舌之稱，主納王命故也。侍郎掌守門，有儀郎、侍郎、中郎諸名，比四百石。漢儀：「初從三署諸臺試箋奏，由尚書郎陞侍郎，有遷縣令者。」東漢尚書權漸重。以六曹尚書當周六官始武后光宅元年，以侍郎貳尚書亦自此始。

御史諸職之始。周有御史，本小官，贊冢宰、受法令、贊書，後又有柱史，專掌書策。御史大夫之尊自秦漢始，持書侍御史即柱史也，漢已有之，監察之職本唐而漢亦有監之名。

侍讀之始。盧懷慎薦馬懷素為侍讀，此侍讀二字見史傳之始。

員外之始。唐書：「李嶠為吏部，欲市私惠，置員外官數十人。」此其始。

主事之始。日知録：「主事始後漢，光祿勳有南北庭主事，其職掾史也。隋有主事令史員。」黃梨州云：「宋制六部自尚書下只有侍郎、郎中、員外郎，其主事、録事、令史、書令史皆吏也而非官，三省樞密皆有之，不獨六部。」

刺史之始。刺史始漢，以六百石糾二千石，居無定所，似明之巡按。魏晉刺史統轄數州，兼領軍務，似今之總督，隋刺史猶知府、知州也。今州小於府，止以刺史稱知州。

監司之始。監司二字始見徐邈與范寧書「擇公方之人以為監司」。

學政之始。古舉士由郡府，無學政。宋諸路設監司一員，提舉學政。元初設各道儒學提舉司，正副二員，掌學校考試。明初入學由巡按及布按，太祖使宋濂、王禕為江南、江西儒學提舉，特偶然，後始設各省提學。南、北直隸用監察御史，他用按察副使僉事。本朝初因之，稱學道，惟北直用翰林稱學院，今各省專差學政矣。

稱制府之始。今稱總督為制府，二字見宋史李全傳，以有安撫制置使之官，故有制府、制閫之稱。許國為此官，命全參謁，全不參，制府則曰「在我幕府」。章夢先亦令隔簾貌喏，貌喏猶今請安也。

巡撫、都統、總漕、總河之始。巡撫二字始見晉咸寧中，詔劉頌巡撫荊、揚。唐高宗以薛元超為河北道大使，分道巡撫。都統之名始晉書，苻堅以秦州主簿趙盛之為少年都統。都漕之名始明太祖之命吳楨，總河之名始永樂之用陳瑄。明之總督、提督皆御史差也，差畢回院，乃自部卿藩臬陞授，即唐之大總管、大都督也。

縣官升御史之始。明及國初知縣得擢御史，此本晉時不宰縣不得入為臺郎。北魏縣官乃以廝役為之，元文遙力除此弊，乃集神武門唱名慰諭之。唐語林以得縣令為入畜生道，以得學博為入餓鬼道。宋寧宗語改官必作令，謂之須入除，殿試三名外雖宰相子無不宰邑，是輕重無常也。又按：古今官尊卑多不一，如秦漢侍中本丞相史，不過掌虎子，捧唾壺等事，而晉以後侍中乃宰相。南朝選貌美者為之，以何偃、王韶為一雙，似又與漢相似。唐同平章事處資淺之人，在同三品下，而宋則以同平章事為正相，參知政事次之。漢中書令不過宦者所為，而六朝遂為正相。郭子儀力辭此職，以為太宗曾為中書令。韓琦薨，贈中書令，以為曠典，他人贈者必兼他官。唐樞密使亦宦官，五代安重誨領之，遂改為宰相之要任。尚書、侍郎古小而今大，檢校、提舉古大而今小。古內外官輕重率輕重時異。漢陳咸思入京城，楊僕恥居關外。齊茹法亮為中書舍人，出為大司農，懸職而泣。唐班景倩入為大理寺少卿，李若水送之「班生此行無異登仙」。乃天寶間薛邕貶左丞為歙州刺史，家人恨降之晚。崔祐甫任兵部員外，求為洪州刺史別駕。賓佐有忤意者薦為臺官，其當遷臺閣者皆以不赴取罪。元載以仕者多樂京師，惡其逼己，乃制俸厚外官而薄內官，常袞之始加六千緡。後漢郭威以樞密使過洛陽，平章王守恩留守西京，以使相自處，肩輿出迎。威憎之，即日以頭子命白文珂。守恩方坐館待見，而吏已報新留守已視事於府。然大抵內重於外為多。

未入流之始。此即唐所謂流外也。張元素始流外，太宗問出身，自覺慙恧。黃旛綽見醉人臥池側，告文宗曰：「此令史也。」問何以知，曰：「再轉便入流。」

丁祭之始。祭孔子用丁，鄭氏以為取文明，蓋本月令，上丁命樂正習舞釋菜。其有學始蜀守文翁，有學即有教者，袁子才以為教官始宋慶歷，非也。新官到任謁廟，顧寧人以為始何武。

書院之始。起唐玄宗時，麗正書院、集賢書院本建朝省，為修書地，後衡州李寬建石鼓書院，始為士人肄業之所。白鹿洞書院，南唐所建也。應天書院，宋時富人曹誠建也。

山長之始。袁子謂名始見元史學校志「丞相帖木兒奏『第舉人年六十以上者，與教授無出身者，與山長、學正』」，不知宋史已有之。宗紀：「何基婺州教授兼麗澤書院山長，徐璣建寧府教授兼建安書院山長。」蓋為此稱者以書院始建多在山，又昌黎人仰之如泰山、北斗，則自唐後已有也。

試事之始。試三場始天寶十三載，舉人問策外加詩賦、帖經為三場。通考以為始武后時，唐宋諸州試即用八月，省試即用春。元仁宗從李孟議，三年一開科，八月鄉試，明春二月會試，中者策於廷，殿試始宋初。賜及第出身，此始太平興國，凡二百人，並賜及第。又閱經十舉者賜出身，不中格，以老賜同出身。分三甲進士，只與八品官。唐宋選官不過簿尉，場規亦始此，凡犯御名、廟諱及塗註五十字以上者不准謄録。謄録、彌封始宋景德。用硃書有對讀，官卷首書三代年貌、貫籍，用印鈐縫，糊名用監試官印，始晉清泰三年。場內毋得諠譁。排坐號始大中祥符時。試官漏洩試題者治罪，貢士懷挾者治罪。唐試進士許帶書策，後復搜索。杜牧李飛墓誌：「飛赴試，聞吏唱名，熟視符驗，勃然曰：『國家如此待賢耶？受如此之待猶自以為賢耶？』」唐武宗會昌元年定舉士人數，國子明經每年二百人，進士三十人，又以地分多少。宋太宗始南北分額，歐公言欲均攤南北，南人百中取一，北人十中取一，又言南人好文故進士多，北人尚質，故明經多。洪武時，劉三吾取宋琮等五十二人，多南士，帝怒其偏，竄三吾于邊。親閱試，取任伯安等六十一人，多北士。洪熙時命楊士奇定額，南人十分之六，北人十分之四。宣德間又分南卷、北卷、中卷，以百人為率，南取五十五名，北取三十五名，中取十名，中者四川、廣西、雲、貴、廬鳳二府也。其先進士之少，唐初止十九人，張籍哭孟寂詩「十九人中最少年」是矣，多者宋太宗誇得五百人，宣和中放至百人。洪武十七年詔鄉試不拘額數，宣德後又或增至二百、三百人。主考之始，隋唐有京師主試官，無各省秋試官，宋始有漕試、類試、秋試之名。淳祐三年分附州郡試，增設試官二員。明初外省主考用教官，今布按同巡撫推舉。嘉靖時以張璁請，方遣京官，翰林部科等官每省二人。萬曆四年乃用知縣分校。唐制試許燒燭二條，白居易奏得通宵。唐長興二年，改令晝試，竇貞固請，復給燭。覆試，王圻續通考以為始唐長慶時，錢徽知貢舉，放進士鄭朗等三十三人，段文昌言其不公，詔白居易覆試。袁子才以為左雄秀舉孝廉，先試於公府，重覆於端門，此即覆試之始。唐開元七年，考工員外郎李昂為舉人詆呵，帝以員外郎望輕，乃移貢舉於禮部，以侍郎主之，禮部選士自此始。然非試吏部得用，則終身布衣，並不釋褐。韓文公所以三試不中受張建封之辟也。宋紹聖初于進士登科後試之，取不過數人，此即今之館選。明洪武初，有庶吉士之選，後時多時少，又時廢。弘治中，徐溥始請復館選，以翰詹資格深者課之，謂之教習，三年學成者授編檢，次者為給事、御史，謂之散館。試用時文，歐公言之，本猶指詩賦。宋文鑑有經義二篇，皆尚書題，有似乎論此，王荊公所定格式。元皇慶三年，定第一場經問五條，大學、論語、孟子、中庸用朱氏章句，惟卷尾以己作大結。二、三場增古賦詔誥等樣。明初，劉基始定四子書，做宋經義，代古人語氣為之，體用排偶，謂之八股。

士人色目之始。生員本太學生之稱，在鄉學者惟稱庠生。太學始漢元朔，州郡縣學始後魏。唐太宗增廣生員，增太學之額也。宋諸路皆設學官，元因之，明極盛，學生皆有廩餼。宣德間增太祖原額，又於額外附之，謂之增生、附生。監生即太學生，但古太學有國子，今無國子，則不當稱國子監。明制，入國學者通曰監生，舉人曰舉監，生員曰貢監，蔭生曰蔭監，捐資曰例監。太祖取英敏者為小秀才，明道者為老秀才。馬后置米紅倉，養其妻子，未娶者賜婚聘，一旦擢用便至布、按兩使，犯法者乃謫遠方典史。自景泰初納粟入監，監生遂輕矣。歲貢初見董仲舒策，宋謂之明經。初命各學選文理優者歲貢一人，後但取食廩年深者。弘治中，章懋奏令提學行選貢，即今拔貢，唐宋拔翠科也，遇覃恩選者曰恩貢。舉人、貢士名見漢昭帝〔二〕建和元年詔，隋唐秀才舉進士者即曰舉人，亦曰貢士，無今秋試法。宋慶元始定解額，有試法，不試而貢者曰拔解，即免解也。貢禮部中式，經殿試始曰進士，自有殿試即有狀元。然鄭谷登第後宿平康里，詩曰：「好是五更殘酒醒，耳邊聞報狀元聲。」谷登趙昌協第八名，則狀元唐已有之，特不必第一人也。探花之稱亦始唐，天中記：「唐進士杏園宴，使少俊二人探花遊園，他人先折名花則二人被罰。」是探花亦不必第三名也。李熹長編：「陳若拙中進士第三名，以貌陋，人稱瞎榜。」蓋宋以第三名為榜眼，榜眼非二名也，今三鼎甲之稱蓋自明初始定。

鹿鳴宴、瓊林宴之始。袁子才以鹿鳴宴始唐時，見昌黎送楊少尹序，然其名義實本詩。袁又云：「唐摭言『新進士尤重櫻桃宴』，今之瓊林宴也。」又曰：「聞喜宴最大者曰團宴，即曲江宴。又有宴主司父母兄弟子姪之宴，朋僚賀酒則曰燒尾宴。」

匿年二字之始。今考試有已冠、未冠二項。有已冠為仍作未冠者，謂之匿年。魏志：「司馬朗年十二試經為童子郎。監試者以其身壯大，疑其匿年，劾問。朗曰：『朗之內外累世長大，朗雖稚弱，無仰高之風，損年以求早成，非志所為也。』」

關節二字之始。杜陽雜編：「元載姬薛瑤英之父宗本、兄從義以搆賄賂，號為關節。」

巡鋪之始。宋太宗時詔禮部引試，分差官廊下察視，勿容私相教授，此巡鋪之始。真宗時命喬希顏等為巡鋪。又仁宗

〔二〕「漢昭帝」，疑為「漢桓帝」之誤。

時始有巡鋪官，今所謂巡風是也。

門卒始見。隨園隨筆：「東漢庾乘給事縣庭，為門士，郭林宗拔之入學。」按：左傳言諸司大夫門子，此本大夫之子，即禮所謂諸子、庶子也，然今用賤吏為門子，名實本此。

慈幼局之始。宋淳祐七年創慈幼局，乳遺棄小兒。民間有願收養者，官為倩貧婦就局乳視，官給錢米，如今世有私立育嬰堂者，亦大盛德事。

六房始宋。六房固仿周六官，然州縣六房之設始宋徽宗十二年。

加耗之始。後唐明宗嘗入倉觀受納，吏白主藏者多破家竭産，明宗惻然，乃詔自今每石取二升為雀鼠耗，為加耗之始。

罰俸始見。宋刑法志有奪俸一月之說，金史選舉志言奪俸三月。明太祖制，凡朝會失儀者下鎮撫司獄杖之，萬曆時改罰俸。

婦人飾容之始。李石博物志：「婦人傅粉自秦始。」張華博物志：「紂作粉。」墨子云：「禹作粉。」李石又云：「三代降塗臙脂。」按：秦始皇宮中用紅妝。漢宮額上塗黄。黑眉見曹子建七啟，黛眉見庾信詩，周靜帝令宮人黄眉黑妝，唐詩亦曰「纖纖初月上鴉黄」。韓文言「粉白黛綠」，則婦人飾面五色皆用矣。穿耳不知起何代，據三國志，諸葛恪獻孫權馬，鑿其耳，范慎嘲之，以為傷仁。恪曰：「母於子恩愛至矣，穿耳附珠，何傷於仁。」庄子云：「天子之諸御，不爪翦，不穿耳。」則穿耳其來已久。又髮鼓，假紒圈也，見周禮注。釧臂環，古曰條脱，見說文。指環，古者群妾當御用銀環，娠則金環。退之「春秋繁露紂刑九侯，取其指環」，是皆男女同用。訶子，抹胸也，始楊貴妃為祿山爪傷胸乳，作此蔽之。

諸衣冠帶所始。幞帽，秦漢已有之，即氈帽，後以幞為骨，謂之幞帽，今涼笠也。油帽，陳始有之。網巾，元汪澤民所作，謝宗可有網巾詩。氅，羽衣也，劉先主好結之。開骻缺襟衫，馬周為之。犢鼻，褌袴也，似犢鼻，有前幅無後幅，便執事，阮咸著之。古男女袴皆無襠，漢上官皇后始使為襠。帶銙，帶上飾，唐人用金、犀、銀、鐵，明革帶合口處曰三台。

瓷器之始。相傳瓷器始柴世宗，然潘岳笙賦「披黄包以授甘，傾碧瓷以酌醽」，柳子厚有代人進瓷器表，則其來已久。

稱雅量二字所本。本劉表酒器三雅之名。

觴政始魏文侯。說苑：「魏文侯與大夫飲，使公乘不仁為觴，曰：『飲若不盡，罰以大白。』文侯不盡，不仁舉白浮君。」予謂飲酒為令，惡俗也，必效此為樂如朱虛侯以軍法行之，豈不大快？

點心二字見唐史。鄭傪之夫人顧其弟曰：「我及未餐，爾且可點心。」

乳腐始見。穆贊兄弟四人，贊為酪，質為酥，員為醍醐，賞為乳腐。乳腐亦見謝諷食經，知有此久矣。

祝由科之始。能以符咒治病。南史薛伯宗徙癰於樹，此其始。

痘瘡見文字之始。古醫書無痘說，左傳、史記好言人狀貌，不言面麻。李時珍以為始馬援征武溪蠻染此疾，名曰虜瘡。惟文苑英華載陳黯面瘡初脫，見清源牧，詠河陽花，牧戲之曰：「藻才而花貌，胡不詠？」黯應聲曰：「玳瑁應難比，班犀定不如。天嫌未端正，滿面與妝花。」此言痘之始，痘字蓋象形。又今疾有見於古者：湯偏枯，今半肢風也；伊尹如斷菑，傅說如植鰭，今枯瘦也；文王眼如望羊，猶陳豹望視也；周公背僂，今背彎也；孫叔敖突禿，今頂禿也；晉侯張，如廁，腹脹欲泄也；齊侯之痁、趙羅之痁，瘧也；孔子反羽，今翻唇也；徐偃王目瞻烏鳥之微，近視也；子雲離眴，今眼數動也，或曰怔忡也；史記樊荒侯不能為人，今天閹也；范漢女開元出內庭，有姿貌而慍羝，今狐臭也；韓女腰痛，淳于意欲男子而不得，思瘵也；素問淡飲即痰飲也；周禮春秋時痟首疾，說文之酸痟，頭痛也。

廟祀設像之始。古人有主有尸，春秋後尸即廢而像設。宋玉招魂有像設君室之文。漢文翁設孔子坐像，足斂後，膝屈前，若今之跪，明初始改用主。丘瓊山：「廟塑像非中國之俗，自佛教入，盛行之。」

立祠、立生祠、立石之始。漢景帝時，文翁為蜀守，終，民為立祠堂。于定公之父于公為縣獄吏，決獄平允，民為立生祠。武帝時石慶為齊相，民為立祠。豎石德政碑始梁，蕭恭為雍州刺史時，碑有湧起之怪。

燒香本焫蕭。漢武內傳已有燒香之說，蓋自前漢已變古矣。昌黎有行香詩，行香是行時香在手，撚香則入爐內焚之。朱子曰：「撚香不當叩，宜退而降拜。」

焚紙錢起漢瘞錢。漢世葬者瘞錢，後里俗以紙寓錢。唐王璵乃用以禳祓，又用楮為幣，邵康節春秋祭祀亦有楮錢。

紙馬之始。紙馬亦曰禺馬，古祭祀用牲，秦用馬，淫祀浸繁，始用禺馬，與紙錢皆起六朝。

印章之始。秦以上璽皆正字，不可印，印則反，刻字大不過寸許。用白文始于漢，唐用朱文。

花押之始。韓非子：「田嬰令官具押券，斗石參井之計。」北史：「斛律金不識字，初名敦，苦難署，改名金，猶以為難，神武指屋角令識之。」北書：「庫狄干不知書，署『干』字逆上畫之，時人謂之穿錐。」又有武將王周，署名先為『吉』而後成其外。」後主紀：「開府千餘，儀同無數，領軍一時二十，連判文書作花字不具姓名。」此則花押之始，唐人或只用押字。

税契之始。始宋高宗建炎五年，令諸州印賣田宅契紙，云「自今民間爭田，執白契者勿用」，載食貨志。又宋元豐三年，瓊管奏海南收税，較舡之尺丈謂之格納，此舡税之始。志又言：「添置專攔奴，檢遇士大夫行李則搜囊發篋，甚者貧民貿易村落，指為漏税而加罪。」專攔者，今之巡攔也。貿易村落之税，今之陸地税也。

用石灰始見。後漢楊璇守零陵、桂陽，賊來攻，璇以排囊盛石灰于車上，順風鼓灰，賊不能視，遂破之。袁子才以此為石灰始見。按：禮有蜃炭，炭即石灰。

檠燈始見。三代上無「燈」字，古樂府：「中庭生桂樹，華燈何煌煌。」此「燈」之初見。

用凳始見。「凳」字三代亦無有，世説顧和外孫暝在凳下，此「凳」之初見。又今有杌子，宋時惟宰相始得用杌子。

文集之名始東京。隋經籍志：「集之名東京所創，蓋指班、史某人文幾篇，某人詩幾篇而言，實後人集之，非自為集也。齊、梁間始有自為集者，王筠以一官為一集，江淹自名前後集是也。有一人之集止一題者，阮步兵集五言八十四篇，四言十三篇，題皆曰『詠懷』。應休璉詩八卷，總名曰百一詩。亦有一集止為一事者，梁元帝為燕歌行，群臣和之，為燕歌行集。唐睿宗時，李適送司馬承楨還山詩，朝士和者三百余人，徐彥編而序之，號白雲記。有一集止一體者，崔道融唐詩二卷皆四言。有數人唱和而成集者，元、白之因繼集，皮、陸之松陵集，溫飛卿之漢上題襟集是也。

行狀之始。漢丞相倉曹傳胡幹〔一〕作楊原伯行狀，見文章緣始。江淹為宋太妃周氏行狀，見文集。

墓誌之始。西京雜記：「杜子夏葬長安，臨終作文，命刊石埋墓，此墓誌之始。」或曰：「顔延之為王珍作，以其素族無碑銘故也。」刊于羨道則自裴子野始，見事物紀原。

祭文之始。曲禮：「知生者弔，知死者傷。」孔疏：「弔辭面致，傷辭當書於版，使人讀之而奠殯前。」此祭文之始。

檄文之始。始周穆王令謀父作威讓之辭，以責狄人。

上樑文始。溫子昇集有閶闔門上梁文。

文字摹仿。袁子才曰：「古人作文摹仿，雖韓、柳不免。退之毛穎傳彷南朝驢九錫文，以驢封大蘭王。諱辨『父名仁，子不得為人』彷北齊顔之推云『桓公名白，傳有五皓之稱；厲王名長，琴有修短之目。不聞改「布帛」為「布皓」，改「腎腸」為「腎修」也』。祭十二郎文『汝病吾不知時，汝沒吾不知日』，用宇文護與母書『我寒不得汝衣，我饑不得汝食也』。柳子厚作記俱訪漢馬第伯封禪儀記。」按：古人固有摹仿，然亦有讀書多，其中暗合者，匪但文，即立題亦有因有創。

紀事始昔人多有。高承增事物紀原：「房德懋有事，馬鑑之有續，事始此，皆專書而亦不無疏漏。」

袁子才集古事不知所本。韓詩外傳：「仁者好偉，和者好粉，智者好彈，有殷勤之意者好麗。」周宣王時采薪歌曰：「金虎入門吸元泉。」歸藏易曰：「宵梁為酒尊於兩壺，兩羭飲之，三日才蘇。」大傳：「曲名桐鼓殺，空桑作。孔子疾，齊景公不用，乃樹鴟夷于田常之門。」莊子：「堯伐宗膾、胥敖。」尸子：「舜灰于常羊。」又曰：「衣不務於隅肶之間，冠無觚嬴之理。」荀子：「藍苴路作，似智而非。」陸賈新語：「文公種米，曾子駕羊。」淮南子：「武王弑紂宣室，湯禽桀焦門。」又曰：「成湯約于郼薄，武王窮于畢程，羿死於桃棓，祀為宗布。」又曰：「子胥傷五藏之實，毀十龍之種。子貢觀魯廟之北堂，九蓋皆繼。禹以身解于陽盱之河，堯舉舜于童土之地，邯鄲淳受命述鳴王，除壇三揖以俟。」古樂府：「舟張辟

〔一〕「傳胡幹」，據文章緣起註（民國九年上海涵芬樓影印清道光十一年晁氏學海類編叢書本）當作「傅胡幹」。

雍，鶬鶬相從。」又曰：「目作宴填胞，腹作宛腦饑，刀作離婁僻。」張衡綏笥賦：「周公惟事，七涓有鄰。」大象賦：「出石所以旌處士，谷風所以應騶虞。」又曰：「杜伯乘火氣以流精，彭生托水變以立形。」鹽鐵論：「孔子能方而不能圓，故饑于黎丘。」桓譚新論：「孔子名牲，牲聞野人之歌而知之。」又曰：「子思好佩銀珮。」列女傳：「天遺白鹿乳夷齊，齊欲食鹿，鹿不來，乃餓死。」論衡：「子貢滅須為婦人。」劉晝新論：「微子感牽牛，樊噲感狼星，范蠡吠于狗，竇鮑申戴石而飲。」劉子謹獨篇：「顏淵夜浴不改容。」崔駰賦：「顏淵明仁於度轂。」馮衍賦：「許由隱於負黍，又皋陶漁于雷澤。」孔璋曰：「有子重複勝斐然之志。」曹子建求自試表曰：「恐犯詩人胡顏之譏。」三國志秦宓傳曰：「三皇乘祇車出斜谷。」又曰：「成湯見野魚而有獵逐之失。」魏志或取證於逢公，或推變於衡午。晉書地理志：「武皇帝受八堯之禪。」樂論曰：「君子惡大陵之歌。」皇甫謐言：「紂剖比干之妻，覩其胎。」葛洪枕中記曰「二儀始分生元蟲，元蟲生剛須，剛須生元始天王」，亦猶淮南子所謂「黃湏生青曾，青曾生苦菌，苦菌生聖人之類也」。莊子注：「務光長八寸，張仲師長尺二寸。」南齊劉璡傳曰：「曾子孝親而沉乎水。」又曰：「曾子不逆薪而爨，知其不為暴也。」顏氏家訓曰：「曾子七十乃學，名聞天下。」蕭子顯曰：「仲尼贊周易，黜八索，述職方，除九丘。」劉歆革終論曰：「但設茅君之虛位，伯夷之杅水。」文心雕龍曰：「應瑒之鼻方於盜削卵，張華之形比於握舂杵。」隋書帝紀曰：「刑溏之所，文命動威，雷門之間，句踐戮卒。」孔穎達正義曰：「三始之目，章於帝軒；六經之道，光於禮記。」顏師古策題問：「陰康、驪畜，行序孰當？封鉅、大填，胡寧遊處？翠嫣、玄扈，臨之而安得？綠純黃玉，所表其奚事？」又曰：「地皇出於雄耳、龍門之嶽，人皇生於刑馬山提地之國。」唐策問：「范蠡逞能於千樹，文子開教於五神。」又許氏說文：「象牙，郎也。」象牙郎不知何官。郭有道碑曰：「委詞召貢。」召貢未知何解。周敔敦銘曰：「惟王十月，王在成周，內伐浪昴，裕敏陰陽，命敔迎於上洛，百執俟臽，雜孚三百，鄙于艾伯之頤。」齊鎛鐘銘曰：「或再稽首，受君公之錫，光不顯。穆公之孫，其配喝公之妯、鍼公之女。雩生叔，都都俞俞，造而明剿。」堨工、鍼工不知何人。北史李崇傳：「崔諶世有惡疾，以呼沲為墓田。」呼沲墓田，不知何疾。按：古書多亡故，有用之不知其本者，然此所記亦或用意造為新語，不必盡有本也。此外，不甚隱僻之事，亦不盡録。

古書僞託。袁子才曰：「爾雅相傳周公所作，乃有張仲孝友。水經，西漢桑欽著，乃有『江水東經宮之語』，永安宮，昭烈託孤處也。星經，甘石著，有羽林郎將等名。甘石，周以前人，羽林郎將皆秦漢官名。元命苞，春秋書，有公輸、魯班等名，皆戰國時人，張平子深駁其僞。蒼頡碑，李斯書，中有『漢兼天下』語。易林，焦延壽作，有『昭君是福』等語。延壽，宣帝時人；昭君，元帝時人。蘇、李河梁詩「獨有盈觴酒」，不避惠帝名，俱可疑。」按：古書僞託者多，如列子本莊子寓言，今其書且列莊子之前，而文實平弱。東晉所出之古文尚書，唐孔氏，宋朱、蔡諸大儒俱取之，近顧、閻、惠、王諸人且横詆。此袁所記，足補方氏古今釋疑所記僞書之缺，獨謂中庸出於漢儒，近人亦多言之，而予謂不然，辨見文集中。

事斷

共和不當系年。據史記，國人逐厲王，將殺王子，召穆公以其子代之，而匿王子，於是周、召攝政。共和十四年，厲王死於彘，乃立太子，是為宣王。孔疏、左傳韋注、國語、史通，後儒多宗之，竹書紀年、莊子、魯連子、呂氏春秋、帝王世紀、史記索隱、正義、羅泌路史則以有同姓諸侯共伯名和者入代政，已立宣王，歸國，逍遥於共首。予謂以理斷之，史記為是，而代子之說不可信。十四年，即號共和亦不當，何也？是時去周初未遠，周、召尚應秉政，況穆公虎之賢見詩，周公、召伯屢見春秋，其世相周明矣。共伯之為諸侯，經未見也，入代政，復歸國，毫髮無私，是賢在旦、奭之上，又有大功，且不比周、召二相輔政之為常，何孔孟亦不言也？以子代王似開程嬰之先，然國人逐王，未嘗殺王，不殺王，何以必殺其子？王在而國人不殺，此十四年自當系之王，不當竟若無統，直以共和為號，此天王出居於鄭，帝在房州之義也。若周、召在而共伯入攝，是顯以諸侯代立矣。如魯連子、司馬彪說共伯果即天子位，直同王莽、劉豫，而乃為篡繼，非篡立之言，豈不為天下萬世口實？後雖廬火歸國，何以自解？近江都陳逢衡不以十四年系共和，於義為得，但據竹書謂有共伯名和，而不信周、召之共和，予不以為然。

左儒之死有三失。周宣王殺杜伯，左儒死之。此不惟非義，而有三失焉。君臣之義重于朋友，為友而貽君以殺二賢之名，為非臣。不惜父母之遺體，為友而死，非子。君殺其臣，為非義，諫而不聽，去之可也，與之同死，待朋友亦過厚。此皆不足為後世訓也。

雍糾妻事。雍糾之妻，祭仲之女也，聽其母之言以殺夫，本無足深論。呂東萊博議為推本之説，謂此仁人孝子所不必遇，其意高矣。然萬一不幸而遇此，何以處焉？兩以微諫，不然則用陰謀以撓之，更不能，為夫為父均死之耳。

左氏不達義。如宣四年以子家為「權不足」，又曰「仁而不武」。子家直有殺君之心，豈止「權不足」？例君以畜，豈得曰仁？從子公，豈但不討為不武？

穀梁不識仁，亦不識道。如僖二年，城楚丘，傳曰「仁不勝道」是也。宣六年，傳又載陽處父語曰「趙盾賢，夜姑仁」。

帝乙非賢君。文二年，左傳「宋祖帝乙，鄭祖厲王」注：「二國不以其不肖而猶尊尚之。」

酒悞軍事。周甘人敗戎於邥，乘其飲酒。子反鄢陵之敗以醉，後世如此者多矣。

宋伯姬節感息兵。澶淵之會，徐邈以為趙武、屈建感伯姬之節，息兵八年。註疏不以為然，然其説不可不存。

楚棄疾殺父。左襄二十二年，楚子將殺令尹子南，子南子棄疾為王御士，王泣語之曰：「爾其居乎？」對曰：「父戮子居，君焉用之？洩命重刑，臣亦不為。」王殺子南，棄疾請尸而葬，遂縊。按：棄疾但當乞哀於君而請諫其父，不聽，勸父逃他國，又不聽，己自當先死之。如此是直與殺其父也。

晏子應討賊。左襄二十五年，崔杼之亂，晏子與其人所論自正，然不應死而應討。崔子不勝而死，亡不可與同朝也。

子產見理不明。左昭七年，伯有為厲，子產立良止，是見理不明也。立洩又多委曲矣，聖賢于此必不為動。「然則何以治之？」曰：「禁民亂走而已。吾以何休之言為是，鄭玄之言為非。」

穿封戌巧諂。左昭十四年，正義：「穿封戌對靈王，必致死息楚。此對是諂，非悖也。」

奪子妻皆致大亂。衛有宣公，楚有平王，後有明皇，其禍一也，若蔡景侯更不足言。

許止舍藥物斷。二傳以為不嘗藥，左氏曰：「舍藥物可也。」杜釋左，謂藥當信醫。予謂醫不可盡信，而藥亦當審。藥既審，醫足信，猶必嘗之，否則不如舍之。俗所謂不服藥得中醫者，左意蓋如此，杜解非也。

董安于之死以趙孟不用其言。不然是墮党崇仇也。

鄒穆公知小不知大。鄒穆公令食鳧雁者必以秕，以二石粟易民一旦秕。吏請以粟食，穆公曰：「汝知小計而不知大會。鳧雁不可食民粟，以倉粟移之民，與在倉何異？」盧長公曰：「鄒君亦不知大也，知食粟害民何如去雁存粟？」

虞卿巧于自藏。沈幼宰曰：「虞卿解相印，捐萬戶侯，間行而急魏、齊之難，此巧于藏拙而藉以為名者也。彼與趙孝成王非深相知，黃金、白璧之賜，上卿之號，特初時向慕耳。長平之戰，樓昌欲發重使媾秦，虞卿欲附楚、魏而王不聽。六縣之割，趙郝、樓緩以為然，虞卿以為不然，而王無適從則虞卿正計無復之，會其去志已久堅，而適有魏、晉之緩急以藉手，棄圭爵如敝屣何難哉？窮愁著書固可謂賢，但不當以信陵君之存邯鄲為平原請封。因人成事，此盜名之故態也，而虞卿之微巧益信。」

漢庭丈夫惟樊噲。高后時，匈奴冒頓遺高后書曰：「兩主不樂，無以自娛，願以所有易其所無。」高后令張澤報書曰：「年老氣衰，髮齒墮落，行步失度，單于過聽，不足自汙。敝邑無罪，宜在見赦。」盧長公曰：「漢即弱，匈奴即強，來書侮慢如是，復書卑醜乃不可述，辱詎足言？若如噲議，敗猶勝也。孰謂季布以勇稱哉？漢庭將相皆婦人，宜高后之為君也。」

陳平不盜嫂。史記：「陳丞相少家貧，好讀書。有田三十畝，獨與兄伯居，伯耕，使平遊學。平長大美色，或曰：『平何食而肥？』嫂嫉平不視生產，曰：『食糠覈耳，有叔如此，不如無。』伯聞，逐其婦。」觀嫂之言，孰謂平嘗盜之乎？觀伯之為平逐嫂，孰謂平敢盜嫂，忍盜嫂乎？

漢廷賢相惟田千秋。盧長公曰：「武帝三大過，戾太子也，好方士也，窮兵絕域也。田千秋上急變訟太子冤，天子乃大感悟。征和二年，千秋上書請罷遣方士言神仙者，上曰：『大鴻臚言是也，天下豈有神仙，盡妖妄耳。』當時所當言者，千秋罷其二，為漢室何如？作史者謂以一言悟主，旬日取卿相封侯，烏知車相之功哉？」

古今二快事。盧長公曰：「袁紹誅中官，閉北宫門，勒兵捕之，無少長皆殺焉，有無須而悞死者。冉閔誅石氏，班令內外無貴賤男女少長皆斬之，死者二十余萬戶，城外悉為野犬豺狼所食，高鼻多須有濫死者。雖漢以此戹，棘奴亦不能令終，事之暢快無出于此。」

王夷甫、張九齡知人。王夷甫識石勒於一嘯，一生惟此是嘉。安祿山討奚、契丹，敗績，張守珪請斬之，祿山大呼，乃執送京師。張九齡批曰：「失律喪師，不可不誅，且其貌有反相，不殺必為後患。」上曰：「卿勿效王夷甫識石勒，枉害中庸。」竟赦之。張溫不殺董卓，明皇苦留犖山，皆千古恨事，亦俱自貽伊戚。當斷不斷，反受其亂，誠然。

張說下賤。唐書：「說為並州刺史，諂事王毛仲。會仲巡邊，大宴，忽勑授尚書，說喜起舞，為仲嗅靴鼻。」

渾瑊似汾陽。瑊性謙，雖位窮將相，無矜大之色，每貢物必躬自閱視，受賜如在上前，繇是為上所親愛。上還自興元，雖一州一鎮有兵者皆務姑息，瑊每奏事，不過輒私喜，曰：「上不疑我。」此善保功名大類汾陽，即尉遲公晚年亦正如此，恃功而驕者可勿戒哉？

元祐、元符、建中、紹興諸人。困學紀聞：「元祐諸賢不和，是以為紹聖小人所乘。元符、建中韓、曾不和，是以為崇寧小人所陷。紹興趙、張不和，是以為秦氏所擠。」

富鄭公能忍辱。人有罵公者，公如不聞，人告之，曰：「恐罵他人。」人曰：「呼姓名而罵。」曰：「天下無同姓名者乎？」告者慙。及公為相，嘗曰：「忍之一字，眾妙之門。」

周、程之生應時、地。困學紀聞：「周元公生於道州，二程子生於明道元、二間，天所以續斯道之續也。」何義門云：「如是則孔子不當生於闕里。」予謂此固非天有意，然其巧應者亦足以彰有道矣。

朱文公立言不朽。困學紀聞：「朱文公五十年間歷事四朝，仕於外者僅九考，立於朝者四十日，道義重而爵祿輕，所以立言不朽。」

許魯齋為學者計生產猶橫渠之設井田。衣食足而後禮義興，此固為凡民言，非為學者言，世故或以為學者計生業議魯齋。然世以不能餬口而廢學者多矣，魯齋於此亦猶橫渠設井田之意，自為始學者計，非使既學者亦計此也。觀元史本傳：「家貧躬耕，粟熟則食，不熟則食糠覈、茹草，處之泰然。謳誦之聲聞戶外，如金石。才有餘即以分諸族人及諸生之貧者，人有所遺，一毫弗受也。」學者可以知其教矣。

錢唐真鐵漢。象山錢唐貌魁梧，善飲食，元末隱遁山谷。年將六旬，見四海定於一，赴京敷陳王道。先獻一詩曰：「大明洪武元年春，春雷一聲天地響。龍飛在天雨如膏，大地山河真氣象。山人昔在海東山，山形如象山色丹。丹山之南有白日，山人隱遁山林間。一朝雲氣蔽白日，天昏地暗人變顏。人人變顏心鐵黑，山人鐵心仍鐵肝。山人名不掛唇齒，山人不與人相似。吳江江上吳山清，吳山有城高百雉。好風吹步上京師，鐵杖麻鞋見天子。天顏悅懌天開明，謹身殿中承聖旨，致君堯舜端有時，山中事業當如此。」詩既稱旨，授刑部尚書。明年己酉孟冬，上讀孟子告齊宣節，怒其言過甚，縛草人為孟子，令金人吾射之，並使罷配饗。錢唐上疏諫，不聽，舁棺袒胸為孟子受射。上感之，命太醫療其箭瘡，配享得不廢。如唐者真鐵漢也，以身衛道，直可從祀。

王端毅謙德。端毅一日出朝，有狂夫向之呼萬歲。入部延屬僚諮之，婁駕部曰：「昔張忠定公詠行，三軍呼萬歲。」公曰：「止，勿言。」即回戒閽人，謝賓客，反復思得數策。明早請婁駕部語之，婁不答，公問：「當時忠定何以處之？」曰：「亟下馬，亦呼萬歲。」公喟然曰：「吾輩安能及古人？彼倉猝應變有餘，吾終日思之不足。子倉猝中能舉忠定事為告，吾不及也。」按此事乖崖之才、婁之學、端毅之謙俱足為法。

文衡山不愧文苑。明史文苑傳：「衡山，長洲人，初名璧，以字行，更字徵明。幼不慧，稍長穎異挺發。學文于吳寬，學書于李應禎，學畫于沈周。為人和而介，巡撫俞諫欲遺之金，指所衣藍衫曰：「敝至此耶？」徉曰：「遭雨敝耳。」諫竟不敢言遺金事。寧王召之，以病辭。正德時，以歲貢授翰林待詔，預修武宗實録，乞歸。先是父林識張璁于諸生中，及用事，諷附己，辭不就。楊一清見之，謂曰：「子不知乃翁俱我友耶？」正色曰：「先君棄不肖三十餘年，苟以一字及者弗敢忘，實不知相公與先君友也。」一清有慚色，尋與璁謀徙徵明官，力謝之。乞詩文者接踵，富貴人不易得片楮，尤不肯與王府及中人。外國使者道吳門，望里肅拜，以不獲見為悵恨。文筆徧天下，門下贋作者亦多，徵明亦不禁。按：文苑傳中有放佚之士，而少無節行者，而衡山尤謹敕，唐伯虎與之友，後乃欲師之，可知其為人矣。

文評

古文多複字。如尚書「曷其奈何弗敬」，「奈何」即「何其」也。「不遑暇食」，注：「遑」即「暇」也。詩「既庶且多」，「庶」即「多」也。越語「范蠡曰『靡王躬身』」，谷永「陛下當盛漢之隆」，班氏曰「高帝行寬仁之厚」，陳壽曰「躬履清蹈」，古樂府「暮不夜歸」。此類甚多，古人不譏，惟壽見譏于裴松之。袁子才摘此外又有數條，皆以為語病。予謂此自各有意，且或故以複字見古拙，非語病也。

古文多省字。如論語「惟求則非邦」節，問答俱省「曰」字。孟子梁惠王「以土地之故」，上無「曰」字。此類亦多，如左傳「王亦能軍，入而能民，使之年，楚國第則勿如勿傷」，魯語「宗人夏父展曰『君作而順則故之』」，臧宣叔曰『齊、楚同我也』」，晉語「張老曰『士首之』」，左氏「吳子門於巢」，公羊「無人門焉者」，檀弓「手弓而可」，東漢郅鄆「子在吾憂而不手」，皆省一字。此類亦不可枚舉，可悟古人鍾鍊之法。

文人寓言。隨園隨筆：「如晏子一桃殺三士；史記魯連射聊城書，齊將自殺；優孟假孫叔敖衣冠而莊王即欲用之；國策秦滅六國，而安陵六十里以唐雎故存；夏禹之鼎沒泗水；張華之劍躍龍津；相如作長門賦，武帝讀之寵陳皇后如初，實並無此事。他如孔稚圭北山移文、嵇康與山巨源絕交書，皆偶爾興到之作。孔與周交好無間，而山巨源與嵇亦並未絕交也。按：一部莊子皆寓言，諸子而外，若劉向新序率然，即孟子言理中譬況亦多，設言執而求之則泥矣。

公羊、穀梁文多不相變。此類甚多，疑兩人同一師承，然事有絕異而文多不相變，何也？

疏家多支。諸經疏多詳核不可少處，於事之難據亦有駁正處，然亦多支，如引一事必具全文，直如官府詳文矣。

左氏書名變文。如潘尪之黨、申鮮虞之傅摯，皆本父言其子，此亦文法之變，不知者必以為闕文矣。

諺作倒語。左昭十九年，楚令尹子瑕言蹶由於王，引諺曰：「室于怒，市於色。」

撮引經語。如泰誓「受有億兆夷人，離心離德。予有亂臣十人，同心同德」，左傳引之曰：「太誓所謂商兆民離，周十人同衆也。」又如僖三十三年，臼季引康誥曰「父不慈，子不祇，兄不友，弟不共，不相及也」皆是。又淮南子「舜釣於河濱，期年而漁者爭處湍瀨，以曲隈深潭相予」，爾雅引之曰：「漁者不爭隈。」日知録以為此略其文而用其意也。

辭字變文。定十四年，天王使石尚歸脤。穀梁傳：「其辭石尚，何也？士也。何以知其士也？天子之大夫不名，石尚欲書春秋，請行脤，貴復正也。」注：「辭猶復也。」按：石尚欲書名而請事，果得書名，愈於廢事者矣。

古繇詞如詩中之詰。哀十七年，左傳衛侯貞卜，其繇曰：「如魚竀尾，衡流而方羊，裔焉大國，滅之將亡，闔門塞竇，乃自後踰。」「流」句形容魚將死之狀絶倒，而句法亦拗。古卜筮繇詞類如此。又正義：「『裔焉』二字為助句。」據此，則詩亦間有不韻者，然予謂「裔」字與下「踰」字乃隔句韻，古多此體。或有單句韻，每在末句，焦氏易林多效之。

賈公彦注禮亂説。如解注引孟子，謂孟子不得已而朝。

鄭氏不盡祖讖緯。少牢饋食禮疏引鄭注禮記瑚璉、簠、簋等言制之異同，未聞以不信孝經鉤命決云云，則王肅謂鄭氏祖讖緯，不盡然也。

檀弓語病。柳莊死，公當祭，請於尸曰：「有臣柳莊也者，非寡人之臣。」疏云：「君入廟全為臣，請尸言寡人者，作記者之言。」按：即自作記者言，亦語病。即此推之，他語病亦多。

鄭、孔不識「德」字。王制「明七教以興民德」，注疏皆以「德」為「得其所」。

古用虚字多異。如左氏「衆而後定」，子庚曰「若可，君而繼之」，「斬之蓬蒿、藜藋」；公羊曰「然而宮中甲起」，「然而甲起於琴」；如戰國策「道而聞之」；禮記祭義「語焉而未之然」，「國人稱願然」，哀公問「寡人願有言然」，三年問「焉使倍之」；莊子「尸而祝之」，「社而稷之」；史記「人之攻之必萬之於虎」。漢文屢用豈、況及連用耳、矣、也字。唐文粹倣莊子，有「日而月之」，「星而辰之」等語，皆今所駭異。

袁子才評諸子。商子二十六篇，雖奇崛不可句讀，而殿中御史之號實出是書，其非孝公之世明矣。晏子春秋偶淺已甚，參入孔子、曾子見晏子等語，尤為不倫。管子龐雜，非一人之筆，或本文列前而解自為篇，或有篇而無解。其自相矛盾者如桓公十日齋戒，召仲，仲三觴三行而趨出。又曰「樂飲數旬而後誅」，「勿用豎刁、易牙」等語，屢稱而屢不同，且有西施、毛嬙等語，年代隔遠。墨子奧澀難讀，既曰非攻矣，乃有備城、備水等篇；既曰非儒矣，乃南游使衛，載書甚多；所染篇抄襲呂覽，兼受三篇、明鬼純盜佛經；至詆孔子為白公，尤悖。漢人每敷衍湊集成書，故淮南子要略一篇全用莊子，大戴禮哀公問、曾子大孝篇半抄戴記，保傅一篇全寫賈子，投壺一篇又倣儀禮。按以是觀餘子，其駁雜大率皆同。

袁子才評揚子。法言十三篇，如評子胥曰「卒眼之」，評六國曰「方肉」、「方木」，問餘耳曰「光初稱」，稱文帝曰「宮不女」，全是測度猜謎，讀之欲嘔，末云周公以來未有如安漢公之懿，尤屬無恥。乃前見美于韓公，後見美于溫公，實不可解。或云美新投閣是谷永，非揚雄，雄年七十有一卒，不逮天鳳五年。予按：揚子年固四十餘入京城，帝方郊祀甘泉，是永始四年，次年王根秉政，薦之。由永始至天鳳五年計三十年，揚子以四十餘入京，又三十年，正七十一，今必欲諱其莽大夫之恥，以為不逮事莽，乃自成帝建始元年數之，則移揚子入京之歲在二十年前，自可從而為之辭矣。夫建始、初元王鳳秉政，非王根，成帝並未祀甘泉，揚子必不祐坐京師二十年以待王根之薦。若谷永則死于王根之世，有明文矣。按：袁子才博學善文，為世所推而不自持品，議論往往輕薄乖理，其論揚子一條獨為允當。吾鄉王山史極右揚子，所論正如袁所駁，予嘗非之，録此可以折矣。

史記不及國策。盧長公曰：「史記韓購知刺韓相者千金，下衍出聶政姊嫈一段，謂政以己故重自刑，何肯畏沒身之誅，終沒弟名，因大呼死政旁。夫政皮面抉眼，恐累嚴仲子也，豈姊嫈之故哉？姊乃呼仲子而死，是欲為俠累報仇也，有是理哉？史記逞筆生波，文致縹緲而情事未當，此不如國策也。」

漢書不如史記。盧長公曰：「史記『蒯通說韓信曰：「相君之面而不過封侯，又危不安，相君之背，貴乃不可言。」』漢書云：『通欲說信令背漢，乃先微感信曰：「僕嘗受相人之術，相君之面不過封侯，又危而不安，相君之背，貴而不可言。」』『乃』字通意通人，一易『而』字，相失千里矣。」按：文之工拙在事理亦在字句，以是求之，方望溪于史、漢取馬不取班，取韓不取柳，有以也。予謂班本學馬而遜馬，馬不學左氏、國語、國策而遜國策、國語，又遠遜左氏，又不可語大學、中庸，後人之不如馬、班、韓、柳，宜也。然謂世道日降，文章亦日降，今人必不能如古，不然矣。

文中不可用釋老。隨園隨筆：「韓、歐文集無一字及釋老者，文品最高，曾、蘇便不免矣。范文正公有水陸齋薦祖先之文，文文山有誕節升遐保安等語，俱非文章上乘，至宋金華、焦弱侯侏儒雜引，江河日下矣。」按：正如經義不可雜用子書語，然亦間有粹語可取者，如樂記「人生而靜」四句，本古本老子語，用以入經，朱子且屢引之。三年問本出荀子，不讀荀子猶不知也。

陸機文悞。日知録：「陸機漢高功臣頌『侯公伏軾，皇媼來歸』，侯公說羽，羽與漢約，中分天下，九月歸太公、呂后，並無皇媼。蓋高帝起兵時，母已先亡，機未詳考史文也。」

庾子山賦悞。日知録：「庾子山枯樹賦『建章三月火』。按：太初元年冬，柏梁災，春二月起建章宮，是災者柏梁，非建章而三月。又秦阿房非漢也。哀江南賦『栩陽有離別之賦』，按漢書藝文志，別栩陽賦五篇，詳上下文，當是人姓名，以為離別之別，非。」

王伯厚評詩。陶淵明詩：「羲農去我久，舉世少復真，汲汲魯中叟，彌縫使其淳。」又曰：「此中有真意，欲辨已忘言。」東坡云：「淵明欲仕則仕，不以求之為嫌；欲隱則隱，不以去之為高；饑則扣門而求食，飽則具雞黍以迎客。古今賢之，貴其真也。葛魯卿為贊，端良為記皆發此意。蕭統疵其閒情，杜子美譏其責子，王摩詰議其乞食，何傷於日月。述酒一篇之意惟韓子蒼知之。」又曰：王胄以「庭草」一句為隋煬所忌，初學記載胄雨晴詩「風度蟬聲遠，雲開雁路長」，亦佳句也。又曰：「忍過事堪喜」，杜牧之遺興詩也，呂居仁官箴引此，悞以為少陵。俗言「忍事敵災星」，司空表聖詩也。又曰：少陵善房次律而悲陳陶一詩不為之諱，昌黎善柳子厚而永貞行不為之諱，公義之不可掩如此。又曰：羅昭諫詠松詩「陵遷谷變須高節，莫向人間作大夫」，其志亦可悲矣。昭諫説錢鏐舉兵討梁，忠義可見，視奴事朱温之杜荀鶴猶糞土也。

王漁洋論詩：「唐詩主情故多藴藉，宋詩主氣故多徑露，此其所以不及，非關厚薄。」又曰：「王、李自是大方家，鐘、譚餘分閏位，何足比擬？然錢牧齋『王、李以矜氣出之，鐘、譚以昏氣出之』，亦是定論」。又曰：「自何、李、王以來，不肯用唐以後事，似不必拘泥。然六朝以前事用之即多古雅，唐宋以下用之便不盡爾，此理亦不可解。總之，唐宋以後事須擇其尤雅者用之，如劉後村七律專好用本朝，直是惡道。」又曰：「陸魯望『無情有恨何人見，月白風清欲墮時』恰是詠白蓮詩，而俗人以為詠白牡丹、白芍藥亦可，此真盲人道黑白。在廣陵有題露筋祠絶句云：『翠羽明璫尚儼然，湖雲祠樹碧于煙，行人系纜月初墮，門外野風開白蓮。』一後輩好雌黄，曰：『安知此女非嫫母而輒云翠羽明璫耶？』余一笑而已。」按：此前辨露筋之訛，若作詩亦辨之，又成惡道矣。

李白詩悞。日知録：「『漢家秦地月，流影照明妃。一上玉關道，天涯去不歸。』按：單于之庭直代、雲中，玉關是公主嫁烏孫所經。太白悞矣。」

石鼓文。世傳石鼓文為周成王物，又傳為周宣王物，又傳為北周宇文泰物，程綿莊則以為秦文公物。文公十六年敗西戎，以兵七百人東獵，自西垂營邑汧、渭之間，其風有小戎之詩。唐人言石鼓在陳倉野中，陳倉，漢屬右扶，正文公所得陳寶之地。其文曰「公謂天子」，是文公為諸侯之詞無疑。字近大篆，亦合史籀所作東周文字。按：程説亦本鄭夾漈秦權斤之證，汪太史師韓則篤信馬子卿之説，以為必後周物，曰：「武帝建德二年，詔皇太子贇西巡，太子于岐州獲白鹿以獻。今鼓中稱鹿者四，其稱天子嗣王，當是大象元二年追紀刻之，天子稱宣帝，嗣王稱静帝也。」

瓦當文。秦漢間古瓦當皆有文，後人或掘土得之以作硯，然僞者實多，好古之士或集其文為書。尤雅者有「延年益壽」，出甘泉宫址，「仁義自成」、「都司空瓦」俱出漢城，「高安萬世」、「延壽萬歲」、「千秋萬歲」俱出漢舊城，「長樂萬歲」出未央宫萬歲殿，「平樂宫阿」出平樂館，「便」字瓦出便殿，「衛」字瓦出衛尉廬舍，「上林農官」、「右空」、「右將」皆出其署，

「鹿甲天下」出上林雙鹿館，「飛鴻延率」出秦飛鴻台。

千字文。舊唐書經籍志：「周興嗣、蕭子範各有千字文一卷。」宋史李至傳：「千字文乃梁武帝時得鍾繇書破碑千餘字，命周興嗣次韻而成，本傳則以為王羲之。」隋書經籍志：「子範千字文，其弟子雲注。」梁書本傳則謂子範作，蔡遠注。文字傳聞各異如此。又隋書文苑傳：「潘徽為萬字文。」隋書、舊唐書志又有深千字文，不知何人作。

事例

歲節異常。漢書：「八月帝與群臣祓灞上。」劉楨魯都賦：「素七二節，天漢指隅，人胥祓除。」時七月十四日，是上巳不定三月。宋廣平賀表：「時則仲秋，日惟端午。」是端午不必五月。隋文帝七月與群臣登高，是登高不必重陽。太平廣記盧頊傳：「冬至除夜，盧家備粢盛之具。」是冬至夜亦名除夕。

名月不紀年。漢陳寵傳：「十三月，陽氣已至。」牛宏傳：「十三月不以太簇為宮，便是春水不旺。」註：「十三月，正月也。」金石録：「古公緘鼎有十四月，戍命尊有十九月。」歐公問貢父而不知，王鳳洲以為是閏月，是齋日記以為嗣王即位，雖踰年不忍改元。汪師退作史記十六表言秦漢之際，陳涉起陳凡六月，武臣起趙凡四月，皆系以月而不年，而其有四十八月、三十八月。何以不年？其時統無所屬，不得以正元起數故也。故管子亦有二十四月之文，知此則十四、十九月之說亦可以明。

六更。楊誠齋詩「天上歸來已六更」，人多不解。蓋宋忌五更之讖，故改作六更，不知五更乃五更亥中，非夜之五更。宋大内五更已絕，梆鼓遍作，曰暇蟆更，亦曰六更。司馬法之「發煦」，張衡賦之「楚嚴」，今之「發擂」也。

官有領、行、兼、假。漢官以上兼下曰領，以下攝上曰行，以本官任他職曰兼，暫署曰假。假即今署事也，亦曰攝篆，即今實受也。調繁簡亦始漢，如薛宣傳以平陵之薛恭易钜鹿之尹賞是已。

爵、官、職、秩。爵者，公、侯、伯、子、男；官者，宰相、尚書以下；職者，一品至九品；秩者，光祿大夫至文林郎。俸之深淺曰秩，二千石、六百石則又以祿言。唐宋有勳階、封號、食邑、實封，如宋程琳碑「贈太師累階開府儀同三司」是階也，「上柱國廣平郡公」是勳也，「封七千四百戶」是封也，「賜推誠保德守正翊戴功」是號也。此本皆起唐，如封開國公，賜號開元功臣、寶應功臣之類，食邑、實封如宋余襄公食邑二千六百戶，實封三百戶是也。唐實封食租稅，宋皆為虛名。又有賜金紫之例，則非其本秩應有之章服，如南齊任遐為王晏乞一片金，晏為啟，上賜金紫，後凡賜紫金袋，賜銀青緋皆沿此。

過堂。今選士、選官皆過堂。唐三銓三注後予官，季春始畢乃過門下省是也。今告勅即唐告身，唐天寶初官爵濫而米粟貴，所以有「將軍告身易一醉」之語。

貤封。古爵不上逮，南北朝時始有封贈祖父之例，而自父以上官以差殺，未如今制之隆。郭令公二十四考中書，父止贈太保，權文公官宰相，其祖止贈郎中，然權文公嘗貤封外祖，宋李昉貤叔父。

致仕官朝參。此即孔子致仕，朝服而朝之義。唐貞觀二年，詔致仕官朝參在本品現任官上。

移文。文書平衡者號移文，此始劉歆移太常博士。三國志王肅傳：「薛夏為秘書丞，以公事移蘭臺。蘭臺自以為臺，秘書署不得用移文，夏曰：『蘭臺為內臺，秘書為內閣，何不可移之有？』」

礮石可破。明末吳中用兵，所在多列礮石自固。王行私語所知曰：「兵法，柔能制剛。若植大竹於地，系布其端，布隨之低昂則人不能害，而礮無所用矣。」後常遇春取平江，果如其法。或言桑皮紙厚葺則箭亦不能入。

喪事之權。喪服小記：「久而未葬者，主喪者不除，其餘以麻，終月者除喪則已。」魏晉，祖父未葬者不聽服官。宋何子平八年不得營葬，晝夜號哭，常如祖括之日。梁殷不佞唐，歐陽通玄孫瑾皆然。鄭志：「趙商問：『假葬異國，三年闋矣，可得除否？』答曰：『葬者，送親之終。假葬，後代巧偽，不可以難禮。』晉郤詵母亡，假葬，三年即吉，詔用為征東參軍，論者以為不合禮。左傳崔慶既死，齊人遷莊公殯於大寢。古人改殯不以宮庭為忌，不以兵死為嫌，送往慎終之禮如此。冊府元龜載後唐莊宗時，遣李瓊往曹州簡行哀帝陵寢，令所司選園陵，備禮遷葬，以年饑止。其非父母服而不服者，韋義、楊仁、劉衡皆以兄喪去官，范滂、圉令、趙君皆以兄憂不應徵，曹全、譙公以弟憂去官，陳重以姊憂去官，王純、陶淵明以妹喪去官，賈逵以祖父喪去官，戴封以伯父喪去官，度尚以從父憂去官，楊著以從兄憂去官，馬融以兄子喪去官，嵇紹以長子喪去官，潘岳妻喪，期年既周然後之官，延篤、孔昱、劉焉、李膺皆以師喪去官。雖亦漢晉人過中之行，然奪情起復者觀此亦足愧矣。

衣履古今所尚不同。古衣公服皆對衿，今公服皆深衣制也。古衣皆用緣，今以用緣為邪色人矣。古人有履有襪，有行縢。行縢，周時曰邪幅，漢後曰纏著，此又著襪後著履，襪，小襪也。今纏惟勞力者用之。小襪惟小兒用之，長則通用長襪矣。古人立而行禮皆衣履，坐席則脫履，在堂上則脫履堂下，賓長則脫于堂上席側，席在室中則脫履戶外，長者一人脫履。戶內脫履即脫襪，故褚師聲子襪而登席，莊公以為怒。其必脫履、襪者，古人盤膝坐，以履襪履地為不潔，不嫌赤足為汙者兒賓登席必洗足也。今坐椅凳，不當脫履矣。靴始趙武靈，梁簡文時嚴亶學北人著靴上殿，人呵之，是時猶以著靴為不敬，今則以不著靴為不敬矣。

食飯用箸、用手。古人言飯有二：一稻粟之飯，一蒸食亦曰飯，今吾鄉猶有此稱。禮「共飯不澤手」，注言古人飯以手，不澤，不捼莎之，恐人惡不潔。又「飯黍毋以箸」疏「當用匕」，匕即匙。按：黍滑，用匙宜。古有匙有箸，飯何為以手故？張子解為有器有物以取故曰「不澤手」，此亦專以飯稻粟之飯。予謂「不澤手」謂蒸食，下「毋摶飯」亦指此，則食稻粟之飯用箸宜，食黍用匙宜，蒸食用手取或奉人不澤宜。餌屬自小，為加饌，非作飯之蒸食。

古有上下通言而今不可者。師古曰：「古屋高大通呼殿，非止天子宮。」顧徵君曰：「鮑宣為豫州牧，行部去法駕。是人臣亦稱法駕。裴度為節度兼招撫，以郾城為行在，是人臣亦得稱行在。」後漢劉寵傳「山谷鄙生，未嘗識郡朝」，魏書劉鯤傳「造府朝」，潘岳為長安令，作西征賦曰「勵疲頓以臨朝」，是郡縣皆得稱朝。按：此亦古私朝之說，然在今皆不可。又西林燕語「南朝御史中丞、建康令皆有鹵簿」，呂東萊大事記墓之稱陵，古無貴賤之別。晉詔「山太常尚居諒闇」，列子「季梁疾，七日大漸」，夏侯湛昆弟誥曰「我王母薛妃登遐」，馮煖為孟嘗君焚券，民稱萬歲，此皆今所禁。

生稱諱謚。金石録：「生稱諱見石刻者甚眾。」孝宣元康二年詔其更諱，許靖等上言：「名諱昭著，此在漢已有之。」王褒洞簫賦「幸得謚為洞簫兮」，李善注：「謚者，號也。號而曰謚，猶名而曰諱也。」史家生稱謚多是追書，然如史記周公戒伯禽曰「我文王之子，武王之弟」，即于其人口中自稱，亦非例矣。

自稱字。漢書註：「匡衡字鼎，世傳與貢禹書上稱『衡敬報』，下言『匡鼎白』。」羲之書有逸少白，此自稱字之例。

名字兼稱。有加字於名上者，如子玉得臣是也；有加名於字上者，如馯臂子弓是也；有名字上下分稱者，如劉琨答盧諶詩「宣尼悲獲麟，西狩涕孔丘」是也。

名字排行。日知録謂此起晉、宋，如德宗、德文，義符、義真之類，漢人所未有，然論語記八士非即排行耶？

老先生。漢書賈誼傳：「河南守吳公聞其才，每詔下，諸老先生未能言，誼為之對。」弇州觚不觚録：「明代門生稱座主不過老先生，自嚴分宜，當國門生方有老師之稱，外省司道巡撫曰老先生，稱按院曰老先生大人。」按：今稱翰林必曰老先生，翰林稱先入院者曰老前輩，對老前輩自稱晚生，見必以連三素手本，于他人則否，他官亦無此例，此皆相沿成習。其實古人凡于尊長大人，語之惟曰前輩，而稱惟曰先生、曰大人。其於父兄，公稱亦或曰先生，本論語；面稱亦或曰大人，本曾子；凡投刺亦不過一，今習俗亦不可為例也。又俗師有不聽弟子稱先生者，此直未讀四書之見。

稱名多亂例。稱名亦有例而自古變亂不能一，前言之，又補詳於此。春秋時以稱公為僭，然不獨楚縣稱公，「吾公在壑谷」，大夫皆稱公矣。後毛遂曰「公等碌碌」，凡人皆稱公矣。君豈可僭？然不獨大夫有君稱，漢王陵曰「諸君不在耶」，五代和凝妻曰「君非陸贄門生耶」，凡人皆稱君矣。漢初，人多稱臣，乃戰國之余習，如呂公曰「臣少好相人」。張晏曰：「古人相與言，多自稱臣，猶今人稱僕也。」賈誼新書有尊天子，辟嫌，不敢稱臣之說，則文、景後此風漸息。」僕，謙稱也，太史公乃稱「走」，項羽傳「鯫生說我」或自稱「鯫生」，今人反有以平等人稱僕為傲者，可怪也。顧徵君曰：「今人但見秦閻樂數二世稱足下，遂以為相輕之辭，不知此戰國時人主之稱，如蘇代遺燕昭王、樂毅報燕惠王皆然。」按：漢以來亦多有，後或以稱平等，予向以稱平人，人竟怪之矣。因話録：「古者三公開閤，郡守比古公侯，故世俗書題有閤下之稱，今布衣相呼，盡曰閣下，則不以為怪也。前代拜相封公乃稱相公，今則老以稱年少，近京師以稱歌童，如稱士人則反以為怒。」

文例

列名題上。公羊傳序題曰「漢司空椽任城樊何休序」。

未詳書某。成十二年，穀梁「晉侯、衛侯會於瑣澤」范注：「瑣澤，某地。」此以未詳故云然，然不如直曰未詳。

一卷為一弓。道書以「一卷」為「一弓」，音「周」，與「軸」通，陶九成說郛用之。佛書以一條為一則，洪景盧容齋隨筆、史繩祖學齋占畢用之。佛典又用多羅樹葉書，凡二百四十縛，縛古絹字，亦借為卷也。

書不當兩序。序始書序、詩序。史記、漢書有自序。左思作三都賦，求序於皇甫謐。顧氏絳曰：「序止一篇，或別有發明則為後序，亦有但紀歲月而無序者，今則累序，非體不當，其人亦非職也。」

編集不應首詩賦。隨園隨筆：「文以賦裝頭始文選。」劉禹錫曰：「文章家先立言而後體物，今之以賦裝頭者非也。」按：以詩冠首亦非例。

自註其文之非。歐公譏元微之桐柏宮銘自註典故，非作者法。按：古典不必註，或系今事人不明者，註之可也。

古韻、今韻。隨園隨筆：「漢書高惠功臣侯表，『符』與『昭』韻；西南夷兩粵傳，『區』與『驕』韻；楚辭大招，『昭』與『遽』韻，王岐公作墓誌倣之為銘。」按：此類亦多，古音隨時轉變，詩之有叶皆當時本音，即楚辭有與詩韻不同者，漢韻有與楚辭不同者，唐韻有與漢韻不同者，宋禮部韻、元陰時夫韻、明洪武韻皆然。音以時轉亦以地異，五方不同，一地數十里便不相合。古同文之教，書名之達，因方音之自然固自甚寬。隋作切韻，聚五方之人，酌以求合，原難盡准。然歷代有歷代之韻，古詩或可不拘，律定當恪守，然擬漢則漢，擬唐則唐，于古韻亦不可不講求也。

古詩平仄本寬。隨園隨筆：「杜詩『側聽中興主，長吟不世賢』，「中」作平聲用，『百年垂死中興時』作仄聲用；『到此應常宿，相留各判年』，『判』作仄聲用，『先判一飲醉如泥』作平聲用；『刺史諸侯貴，郎官列宿應，為問彭州牧，何時救急難』，『應』字、『難』字均應仄用，皆以平押之。元微之遣春詩，寒韻中用『聲名老更判』，憶開元舊事則韻中用『安能罷謗訕』，送侍郎之嶺南，咸韻中用『洞照失明鑒』，皆以仄押平。」按：此類亦多，足徵古韻有同。古人音韻平仄亦本寬，蓋字以義分，義可通，音亦可通，故予謂趙秋谷聲調譜未盡合也。而自有四聲之作，古、律既分，律詩定當如律，古詩或可不拘。秋谷論律詩太寬，論古詩太嚴，惟「古必拗之，不與律同」一言為得其要。

詩賦不拘隻偶。李德裕言詩不拘隻偶，文選有五韻者，七韻者。子建七音有回、泥、諧、旅四韻，王粲五言有攀、原、安三韻。按：古詩、古賦對偶對韻皆不拘長短多寡，或反用意間錯，即律詩或有隔類對法，然不可輕學。古詩、古賦又有一句韻法，多在末句，前人直以為無韻，或亦古音之難以今音讀也。

文中用韻。經書中有間用賦者，如洪範「無偏無陂」節，禮記「將入戶，視必下；將上堂，聲必揚」是也。有全用韻者，如易小象傳是也。後之文人或文反以賦體行之，或賦反以文體行之。又如碑、記宜不用韻，而或反用韻；銘、誄宜用韻，而或反不用韻。又如文後附以詩歌，此皆體無一定，漢唐以來，諸大家文可覆按也，井蛙之見且以為怪矣。

詩賦不可為典要。隨園隨筆：「上林不產盧橘而相如賦有之，甘泉不產玉樹而揚雄賦有之，簡文雁門太守『日逐康居與月氏』，蕭子暉隴頭水而云『北注黃河，東流白馬』，皆非題中所有之地。唐皇幸蜀不過峨嵋，而香山長恨歌乃云『峨嵋山下少人行』。宣州去江數百里，郡中無江，而謝眺登城樓詩乃云『澄江淨如練』。蘇武詩有『俯首江、漢流』之句，其時武在長安，安得有江、漢。」按：如此則日知録前所言庾子山、太白詩之悞可不論，然不如得其實之為安。顔氏家訓所謂文章地理必須愜當是也。

古詩轉韻不轉韻可弗拘。隨園隨筆：「顧寧人言詩不轉韻則板滯不靈，三百篇無三四句不轉韻者，後人詩一韻到底者始於漢而終於蘇。然文心雕龍曰『賈誼、枚乘兩韻輒易，劉歆、桓譚百句不遷，亦各從其志也』，則不轉韻由來久矣。」按：轉韻固取其靈，亦便於用韻也。果適用詩之靈亦不盡在轉韻，故此可弗拘也。至轉韻或自首句入韻，或以次句易韻，古人亦不拘，然予謂首句即是轉則以徑換為叶。

詩先于樂。宋國子丞王普言：「古者既作詩，從而歌之，然後以聲律協和而成曲。自歷代至本朝，雅樂皆先制章而後成譜。崇寧乃先制譜後命辭於是，辭律不相諧協，且與俗樂無異。」朱子曰：「樂為詩而作，非詩為樂而作。詩出乎志者也，樂出乎詩者也。」顧寧人曰：「詩三百篇皆可以被之音而為樂，自漢以下乃以其所賦五言之屬為徒詩，而其協於音者則謂之樂府，宋以下，其所謂樂府者亦但擬其詞，與徒詩無別。」袁子才曰：「七言律即樂府，舊唐書音樂志享龍池樂章十首，姚崇、蔡孚等十人之作皆七律也。沈佺期之盧家少婦一章即樂府之獨不見也，陳標飲馬長城窟一篇亦是七律。楊升菴瑞草堂詞選序以唐七言律即填詞之瑞鷓鴣，七言仄韻即填詞之玉樓春。按：填詞即王普所謂先制諸譜後命詞者。然填詞亦或不可以入樂，蓋入樂必論聲音清濁，不但論平仄也。其實聲音清濁、長短、高下，無論何詩皆可抑揚折縮，其字句隨人所制，故三百篇雖采之民間婦女者無不可以入樂，唐人如李白清平調詞，直七言絕句耳，但後世精音律者少，詩遂有可入樂、不可入樂也。今作樂府用古題謂之古樂府，制新題謂之今樂府，以絕句為之，或用古題或不用古題，又謂小樂府。其用古題者略仿其意而實自為意，用其調不用其調亦不拘也，要必旨托諷勸，詞取深穩，否則亦未可妄為矣。

益聞散録下

訂俗

急急如律令。袁紹檄豫州，曹操檄江東將校部曲末皆云「如律令」，言當嚴尊如律令也。今道家符呪類言急急如律令，蓋竊此語。李濟翁資暇録乃謂「令」讀「零」，「律零」，雷邊捷鬼，善走，説誕怪不足信。然唐詩寒山子集中、昌黎祭江龍文皆有之，可知此語相傳已久，而用之詩文未免兒戲矣。

拔河之戲。唐景龍文館記中宗幸梨園，因命侍臣為拔河之戲，以大麻絙系十余小索，以力弱為輸。時七相二駙馬為東朋，三相五將為西朋，韋巨源、唐休璟以年老，隨絙而踣，不能起，帝以為笑樂。此蓋見河上牽船者從泥水拔出，因效之，今小兒有曳牛之戲，正此事，然當時君臣作如此戲，亦大失體統矣。

石敢當。史游急就章有「石敢當」，顏師古注「石氏敢當，所向無敵」，據此，似古人名，後世藉以禳災耳。又群碎録「五代劉漢時有勇士石敢當」，應是慕古人之名者。今人立石牆頭，加「太山」二字。夫于雜録云：「石敢當能暮夜至人家醫病，人呼曰石大夫，以此訛書太山。」或曰石敢當，太山人。

鍾馗。日知録：「考工『大圭終葵首』，終葵，椎也，古人以逐鬼。今人戶上畫鍾馗象，云唐進士，死能捕鬼，玄宗嘗夢見之，事載沈存中補筆談，未必然也。又淮南王佗子名鐘葵，魏書『堯暄本名鐘葵，字辟邪』，唐王武俊將有張鐘葵，古人多以此為名。」

同年不專同榜。後漢書李固傳有同歲生得罪于冀。風俗通「南陽五世為廣漢太守，與司徒長史段遼叔同歲」，又云

「蕭令吳斌與司徒韓演同歲」；三國志武帝紀「公與韓遂父同歲」；孝廉漢敦煌長史武班碑「金鄉長河間高陽、史恢等追惟昔日同歲郎署」；孝廉柳敏碑「縣長同歲犍為屬國趙台公」；晉書陶侃與陳敏同郡，又同歲舉吏。是同時而生或同時舉官，舊皆謂之同歲，同歲即同年也。唐時乃以同科第稱同年，憲宗謂李絳曰：「人于同年有情乎？」絳曰：「同年乃四海九州之人，偶同科第，或登科後相識，情于何有？」明季則私恩結而朋黨興矣。

撒帳。漢京房女適翼奉子，房以其日青羊、烏雞、青牛三煞在門，犯之損尊長及無子。奉以為不然，以麻豆谷米禳之，自是後新婦入房以麻米撒之。新安人雜果實撒帳中，謂之撒帳。吾鄉則擲草豆，謂欲新婦不為食草之人，而尚為食豆之人，非也。

喫醋。懷鉛録：「蘇子瞻嘲陳季常以河東獅子吼，故世以悍婦比獅子。」續文獻通考：「獅子日食醋、酣、蜜、酪各一瓶。」喫醋本此。

人中。趙文敏問陳鑑：「如人唇以上號人中，何也？」曰：「自此上皆二竅，自此下皆一竅，故曰人中。」三畫陰，三畫陽，泰卦也。

稱呼俗異。杜詩稱父母為「耶娘」，韓昌黎祭女文稱父為「阿爹」、「阿八」。按：集韻引說文「爹，父也。」說文無父部，集韻悞引。今多稱父為爹，爹本音「舵」，南史始興王還朝，人歌曰：「始興王，人之爹，赴人急，如水火。」今北人乃呼若「迭」音，西安人稱父為「八」。八，夷語以稱老者，或曰「巴巴」，後人加「父」為「爸爸」。婆，上聲，今乃同「八」音，或音「霸」。耶古作爺，今作爺，以稱祖，言無是也。又吳人稱父為「父者」，唐竇懷貞以壻韋后乳媪稱為「阿父者」。明朝臣稱王振為老爹，今人乃以稱尊姻。至俗稱母為媽，媽本音「姥」，俗讀若「馬」，或作平聲。稱老母為「婆」則「皤」之轉。

丈人。本長老之稱，今以稱外舅。本漢時單于謂漢天子「丈人行」，或謂太山有丈人峰。宋元嘉時呼婦翁已如此，張說壻鄭某遷官，黃番綽曰：「太山力也。」

乾阿嬭。北齊陸令萱以乾阿嬭授封郡君，此後世有乾母、乾父之始，然不可訓也。

外甥亦曰外生。世説：「郗超未亡，獻之兄弟甚修外生禮。」

稱壻布袋。孫氏日鈔：「宋馮布贅于外，舅家有事輒曰令布代之，俗遂訛壻為布袋。」

丕珓。昌黎登衡嶽廟诗「手持盃珓導我擲」，「盃珓」亦曰「筊盃」，漢時郎有筊卜，今神廟所在有之，多不知其名。

籤。廟有籤卜始宋末關壯繆祠，然自晉、宋即有典籤官，今吏書帖紅籤以便批決，謂之籤押，亦曰簽押。

念珠百八。取十二月、二十四氣、七十二候，見瓦釜漫記。

土炕。日知録：「北人以土為床而空其下以發火，謂之炕，古書不載。舊唐書東遼高麗傳『月背作長坑，下然熅火以取煖』，此即今之土坑也，但作『坑』字。」

鈔袋。號方便囊，見陶穀清異録，今曰撒。

窩兜。今婦女首皮圈名此。

頓説。杜詩「頓頓食黄魚」二字出荀子，又前漢書「一頓而成」，唐書「打汝一頓」。

骨牌。骨牌乃骰子之變。宣和譜以三牌為率，三牌六面也。後人天九之戲見明潘之恒續葉子譜，衣分華夷二隊，好事家又變為三十二葉。今官署多為之，或以為酒令，亦巧於賭矣。

丫頭。二字見劉賓客贈小樊詩「花面丫頭年十四」。

東西。南齊豫章王蕭嶷傳：「嶷願武帝壽百年，帝曰：『百年亦何可得，但得東西一百，于事亦濟。』今俗混稱某物為東西，取東作西成之義。一曰南方火，北方水，不便執持，若東木、西金皆可手取，故泛號物曰東西。」

考祀

天神、土神。人皆戴高履厚，祭天神、土神不為僭，予舊言之，但只可為位而祀，不宜廟祭也，方士有金闕玉皇之名，殊乖。外此，天星有可祭者如司命、人星皆宜祭，故周禮有周民之祭，而世反不知。王勿翦以城隍為司民亦非也。

天苑牛神。見沈氏春秋說，以類推之，又有天雞、天狗、天豕，此等皆畧有其神。

天酒、酒神。今作酒家兼飼豕，宜祀天酒、天豕二星，俗乃祀太公，本封神妄書謂之金山神，真堪大噱。

司祿財神。司祿星有二：文昌宮末星，貴人之祿也；虛北二星，常人之祿也。世祀財神，宜為此，但以財名神，俗矣，又紛紛為人神之說，妄矣。

文昌祠貴相。文昌宮六星，三曰貴相，此文昌天神也，即總祀六星亦可。世所祀梓潼帝君出道家，云蜀劍州人張亞子，又名善勳，字霧夫。與齊萬年戰，沒，神棲劍閣七曲山，見夢于姚萇，為立廟。唐玄、僖二宗入蜀，常擁護。宋淳熙時降乩自書九十七化，化書遂由此出，中言十三化掌桂籍，八十九主文昌職貢，舉世以為文昌由此。然事多誕妄，不足信，今重其祀，要不可與天星混。

奎星非魁。孝經援神契「奎主文昌」，此祀文昌兼祀奎之由。世乃訛奎為斗魁，即肖字為像，非也。然魁第五星玉衡主文，今登科為奪魁，又魁與文昌近，即如世訛祀亦可。杭董浦以魁為北斗第一樞星，不主文，似拘。

壽星祀自周。壽星即老人星也，周立祠在下杜，見通典。世稱南極，庶人壽亦言之，謬而且僭。

五瘟使。五氣之神，或以為黄帝子，或以為張、許二公，南方春初在神舟送之，黄黄生有神船一章詩曉之。

山神宜隨山祀。軷祭人人宜行，常時在山自宜祀山，然各主一祀耳。世俗祀韓文公取泰山、北斗之義爾，藍關之度，妄說也。又書院、太學皆祀文公，書院稱山長亦以此，又自唐末書院如衡山、嶽麓皆在山故云。

城隍非人神。魏明帝熙平二年，韶州鎮城隍各嚴齊會。南史邵陵王祭城隍，將烹牛，有赤蛇自牛口出。北齊慕容儼鎮郢城，城有祠號城隍。李陽冰縉雲縣城隍祠碑以為城隍之祀起吳、越，水旱皆禱。按：易言「城復於隍」，城隍不過此一城之土神。既有社神，故張南軒亦以此為贅。鮑至撰雍州記云「南陽城有蕭何廟，相傳為城隍神」，文載通典。吳澄江州城隍廟後殿記云：「江右列郡以漢潁陰侯配食，世傳京都城隍是文丞相，蘇州城隍舊姓白，或云蘇州城隍是明高祖，杭州城隍胡總制，又曰周御史，此大抵因夢幻而傳信，有之亦秖如潁陰侯之配食可耳。俗以五月十一為誕辰，不知誰之誕辰也。」

社公、社母。社祭，一方之土其有賢者功被其地配食，如欒布可也。俗有社母，則不必然。

東嶽治鬼。知新録：「仙論起周末，鬼論起漢末。據鹽鐵論，祈嶽倡舞，自西京已有之。遁甲開山圖『泰山在左，元父在右，元父知生，梁父知死』，後漢方術許峻傳『峻病篤，謁泰山請』，三國志管輅謂弟辰曰『泰山治鬼，不得治生人』，如博物志『泰山主招人魂』，古怨詩『人間樂未央，忽然歸東嶽』，劉楨贈五官中郎將詩『常恐游岱宗，不復見故人』，應璩百一詩『年命在桑榆，東嶽與我期』，皆以泰山治鬼也。」按：顧寧人亦言此，不過東方生育之方，附會輪回必由地獄二王有泰山王，今所在祀泰山府君以此。

關帝事略。六朝時祀蔣子文為蔣帝，今已湮。宋以來關壯繆侯之祀乃日益隆。知新録：「侯本字長生，改雲長，當時有范長生亦事昭烈，至李特時年一百三十歲，壯繆字想因范而改。」林鹿菴歲寒堂集言：「侯祖審，字問之，父名毅，字道遠，並侯三世習春秋。侯娶胡氏，以光和元年生子平。侯殺豪右呂熊等七人，逃難於涿。」智僧傳：「陳光大中，智顗于當陽山見關神，乞地為道場，遂立神祠。」此佛家以侯為伽藍之始，委宛餘編則以為事在開皇三年。范攄雲溪友議：「荊州玉泉祠有關廟，緇流不敬則大掌見於面。」姜西溟以此為唐貞元十八年事。湧幢小品：「宋崇寧中，道士張虛靜攝關神，破蚩尤於鹽池，神見形，禁廷封崇寧真君，此道家立趙、溫、關、馬四帥之始。趙、溫不知何代人，馬是馬伏波。明太祖定鼎，夢神索祀雞鳴山，成祖征木雅失禮，見神前驅，一載金陵瑣事，一載帝京景物記。消夏録載現形助破王倫事，如此類歷代不可勝紀。故自崇寧追封，大觀二年封武安王，宣和五年加「義勇」，洪武元年復原封漢壽亭侯，嘉靖時復原封漢前將軍，萬曆時勅封三界伏魔大帝神威遠鎮天尊關聖帝君，並封夫人為九靈懿德武肅英皇后，長子平為竭中王，次子興為顯忠王，將軍周倉為威靈忠勇公，左丞相一員，宋陸秀夫，右丞相一員，張世傑。道場馘魔元帥以鄂王岳飛代，佛家護國真君以鄂公尉遲恭代。國朝順治九年，帝君改稱大帝，「關聖」上加「忠義神武」四字。

宜祀人神。先炊祀燧人，見論語疏，今乃不祀。先蠶宜祀西陵，漢書乃有菀窳婦人、寓氏公主名機神，祀黃帝臣伯宗，以其作衣，或以為祀織女，祈祀高禖為女媧，小說乃有三霄之名。藥王會典祀韋慈，藏俗以為孫真人，又有藥上古良醫，人不知也。

世俗神祀。「真武」本黑帝之祀，明周洪謨引圖志為靜樂王太子，修煉武當山，帝命披髮跣足鎮北方，此道家附會之言。宋避諱改「真武」為「玄武」，亦取北方，方宿為龜蛇，七星劍旗亦以是。三官神起張角弟修，為人禱病，為符三通，一上之天，一埋之地，一沉之水，故為天地本官，明一統志則以為皆仕周者。九郎神，宋人祀趙文子，以救郎訛為九。二郎神祀蜀太守李冰次子，以助父與蛟鬬也。蝗神俗傳劉猛將軍，為宋紹興進士、金壇將軍宰，宋史有傳，曾為浙東倉司判官，字平國，有惠政，然無捕蝗之說。朱坤靈泉筆記「宋景定四年封劉錡為揚威侯，天曹猛勅書除蝗」，則劉猛將軍為中興四將之一。然予以為蝗神即八蠟中昆蟲之神，張說有捕蝗法，以配享亦可。南旺分水龍王為永樂時工部尚書永寧宋禮，明史有傳，又見河渠志，用汶上老人策，堽城匯諸泉水盡出汶上，至南旺中分之為二。朱國禎湧幢小品云：「萬曆時總河萬恭為禮立廟。」九原丈人管河瀆水怪龍蛇之神。金龍大王姓謝名緒，晉太傅裔。金兵熾，以戚畹不仕，隱金龍山，咸淳時賑饑，全活甚眾。元入臨安，義不臣，赴江死。明興，助傅友德與元戰。呂梁洪，永樂時鑿會通河，禱輒應，建祠洪上。隆慶時漕河塞，督河潘季馴為文責神，神攝一書史詰示，自是益著靈應。

世俗妄祀。元始天尊生太玄之先，度經四十一億萬載，姓樂名靜信，見魏書釋老志。天翁姓張名堅，字刺渴，漁陽人，養一白雀為報信，奪天劉翁之位，見諸皋記，說大抵托自張角輩。碧霞元君相傳為太山神女，博物志：「太公為灌壇令，文王夢神言嫁為西海郎君婦，行必有風雨，因灌壇令不敢過。」宋崇寧五年封碧霞元君，並封其弟為炳靈公。通考以為泰岳有玉女池，側有玉女石像是也。

三世佛以本性為法身，德業為報身，並其真神而三。三清曰玉清、上清、紫清，皆老子化神，蓋倣三佛為之說，起崇寧時，朱子嘗斥之，明倪岳亦嘗正之。崇應真君姓薛名堅蜀，宋徽宗時嘗從張虛靜、林靈學法，而玉樞火符天將王靈官又嘗從薛真君傳法。明永樂時，道士周思得以靈官法顯京師，附體降神，乃於禁城西建天將廟。宣德時封薛真人為崇恩真君，靈官為隆恩真君，倪岳皆罷斥之。

泗州大聖，和尚也，西域河國人，見孫奕示兒編。劉玄城杜門屏跡，人以為過南京不見劉待制猶不見泗州大聖。

女神。地與山川之神多以婦人為主。漢書郊祀志有媼神。楚辭湘君、湘夫人，本指其水言神，郭璞注山海經，謂天帝二女，或以為堯二女。水經注：「會稽禹廟有聖姑，禮樂緯言禹治水畢，天賜神女、聖姑。」河伯夫人，姓馮夷，與淮南言馮夷、大丙之御不同。巫山神女，宋玉寓言，水經注以為天之季女瑤姬。洛水宓妃，陳思王寄興也，如淳以為伏羲女。啟母，天問雜說也，少室有阿姨神，以為啟母。妹神溪小姑為蔣子文第三妹，並州妬女為介之推妹，一見楊炯碑，一見李褌詩。俗正月十四請七姑，以笊籬為人稱之則重，又有箕姑、竹姑、葦姑、針姑。針姑，魏文夫人薛靈芸也。又正月十五請紫姑，姑姓何字麗卿，為人妾，妻妒殺于廁，帝命為廁神。東坡集有子姑神，又有三姑問答。又有戚姑，戚夫人也，王勿翦以七姑即戚姑之訛。

天師。按後漢書，張超子陵叱梁冀奪劍。按：奪劍本名臣，而世多以為天師之祖，蓋別一人也。據邵伯溫聞見録，張陵造作符書，授其道者出米五斗，時謂之米賊。陵子衡，衡子魯，以位相付，自號師君，其眾曰鬼卒，曰祭酒，大抵與黃巾相類。道家言陵留侯八世孫，漢武十年生天目，生拜江州令，棄官隱北邙，章帝征，不起，上龍虎山司符録，一統志同。漢書劉焉傳謂順帝時學道鶴鳴山，見聞録即本此。天師之名起元魏時寇謙之，乾隆時左都御史梅轂成奏革其稱為五品真人。

遺文

易逸文。漢郊祀志劉向引易大傳曰：「誣神者殃及三世。」

詩逸文。左襄二十一年，叔向曰：「『優哉遊哉，聊以卒歲』，知也。」註：「詩小雅。」正義曰：「今小雅無此全句，惟采薇詩有上句。」按：後人託作尼父詩本此。又昭二十五年，晏子引詩曰：「我無所監，夏后及商，用亂之故，民卒流亡。」注：「逸詩。」此等皆似撮引經語也。國語單穆公引支詩：「天之所壞，不可支也。其所支，亦不可壞也。」此全不用韻之詩。史記范睢說昭王引詩曰：「本實繁者披其枝，披其枝者傷其心。大其都者危其國，尊其臣者卑其主。」此亦無韻。

書逸文。左文十八年，季文子言周公作誓命曰：「毀則為賊，掩賊為藏，竊賄為盜，盜器為奸，主藏之名賴，奸之用為大凶德，有常無赦，在九刑不忘。」注：「九刑之書亡據，言誓命必亦周書也。」又通考：「宋張齊賢議曰：尚書盤庚『有商及王』，史記云『陽甲至小乙，兄弟四人相承，故不稱嗣子而曰及』。」今書與史記俱缺。

周禮逸文。左文十八年，季文子曰：「先君周公制周禮曰『則以觀德，德以處事，事以度功，功以食民』。」據此則周禮非未成之書，蓋缺者多矣。

禮記逸文。喪服「朋友麻」傳疏引禮運云：「人其父生而師教之，朋友成之。」今無「朋友成之」句。白虎通又有云「六經者，所以扶成五性也」。

孟子逸文。「泰山之高參天入雲」見文選注，「堯、舜不勝其美，桀、紂不勝其惡」見史通，「人之所知，不如人之所不知」見漢武帝神滅論，「君王毋好智，毋好勇，智勇之過，禍患所生」，見蕭子良與孔中丞書，今逸，孟子亦無之。

孟仲子語。詩「維天之命，於穆不已」傳：「孟仲子曰：『大哉，天命之無極而美周之禮也。』」又閟宮傳：「孟仲子曰：『是禖宮也。』」

左傳逸文。說文「私降暱燕」，又詩塚土箋「春秋傳『賑宜社之肉』」，今三傳皆無此語。

國語逸文。說文引「兵不解医」，医，盛弩矢器。

國策逸文。史記索隱引「豫讓斬襄子衣出血，襄子回輪而亡」，又「吳子問孫武曰：『敵人保山據險，擄之不出，奈何？』曰：『分兵守要，謹備不懈，探其情密，候其怠，久無所得自然變改。』」今國策皆無之。

爾雅逸文。「䙰䙰禬禬」，亦見說文。

老萊子語。「可食以酒肉者可加以鞭捶，可授以官禄者可隨以斧鉞。」

莊子逸文。「孔子病，子貢出卜。孔子曰：『汝待也，吾坐席不敢先，居處若齊，飲食若祭，吾卜之久矣。』」今莊子逸篇亦無此，見御覽。

墨子逸文。「二三子復子墨子曰：『告子勝仁。』墨子曰：『告子為仁猶跂以為長，偃以為廣，不可久也。』」見文選注。

汲塚周書逸文。「幽王欲殺太子宜臼，使虎食之，宜臼叱之，虎帖耳服。」詩疏引之。

竹書逸文。杜預曰：「竹書七十一篇，外一篇曰師春，全集卜筮語。」今師春篇紀諸國世次，無卜筮語。

淮南子逸文。「禹治水，通轘轅山，化為熊，謂塗山氏曰：『欲餉，聞鼓聲乃來。』禹跳石悞中鼓，塗山氏往，見禹方作熊，慚而去，至嵩高山化為石。禹呼還我子，石破北方而生啟。」師古注武帝紀引之。

春秋繁露逸文。「『三皇驅車出谷口』，寰宇記引之。「劍之在左，蒼龍之象也，冠之在首，玄武之象也」，通典引之。

史記逸文。「漢祀太乙，以昏時祀到明」，今民間夜遊觀燈是其遺事。御覽引樂書，今無之。

漢書逸文。「韓信贊曰：『淮陰毅毅，伏劍周章。』」南朝劉之遴得古本漢書有之，又古本有中篇無敘傳，外戚傳在帝紀下。

後漢書逸文。襄楷傳引宮崇所獻神書，其太平經與帝王篇云：「開其玉戶，施種於中，比若春種於地也。十二象應和而生，其施不以時，比若冬種於地也。十二象盡死，固無生者。」

出師表逸句。文選所載「先帝之靈下」有「若無興行之言」六字，較三國志為完。

白虎通逸文。「王者、諸侯所以田獵者，上以供宗廟，下以集士眾也。春謂之田何？舉本名而言之也。夏謂之苗何？擇其懷任者也。秋謂之蒐何？索肥者也。冬謂之狩何？守地而取之也。」見左傳正義。

博物志逸文。「李子敖身長七尺，遊鵠嗉中。秦胡乞身長數丈，一步渡河，與齊、魯戰折板傷齒。」見御覽重名稱續紀。

堯、舜、文王、周、召、孔子俱有重名字。漢有唐堯為臨武長梁史，有虞舜，官太常丞，建明堂議。唐貞觀時，新羅有宰相名文王。竇融字周公，袁安字召公。通鑑「秦征西將軍孔子率兵討吐谷渾」，光武本紀有城頭子路，晉書有顏回為羌帥，又如九張良、五李彪、二王褒、八王吉，指不勝屈。蕭繹、陸善終俱有同姓名録，後多繼者，予前亦有之，茲更續其逸而顯者猶不能盡也。

兩嬰齊。魯有仲嬰齊，莊孫，又有公孫嬰齊，文公孫。晉有兩桓叔，昭侯之叔父成師，悼公祖父捷，襄公少子。

兩士匄。范宣子、士文伯。

兩優施。國語晉獻公之優曰施，穀梁「夾穀之會，齊人使優施舞于魯君之幕下」，豈優多名施與？

官名少正，春秋兩見。鄭少正公孫僑，魯少正卯。

鄭兩子石。公孫段字子石，亦曰伯石。印段字伯石，亦曰子石。

齊一時兩賈舉。左襄二十五年，崔杼之亂，公鞭侍人賈舉。書侍人以別於下同死之賈舉也。

楚兩屈蕩。左宣十二年，邲戰有屈蕩，為屈建之祖父。昭二十五年，屈蕩為莫敖，別一人。

兩史嚚。左莊三十二年，虢有史嚚。昭二十年，齊梁丘據欲誅祝固、史嚚。服虔以為欲誅祝史之固陋，嚚闇者，杜以為兩人。

兩專諸。一陳俊孫，見後漢書。

三公輸般。檀弓言季康子母死，公輸若方小，般請以機封。史記言公輸之攻，墨子之守。古樂府「公輸與魯般似為二人」，山海經「般作弓矢」，又似三人。此猶王良、伯樂、郵無卹，人物表以為三人。

兩孟賁。一後漢中常侍，見梁商傳。

兩四皓。南朝徐伯珍兄弟亦名四皓。

兩虞美人。一項羽姬，一漢桓帝美人。

兩宋弘。一中常侍，見前漢書王嘉傳，一光武姊湖陽公主願嫁者。

兩楊寶。一莽河東太守，為鄧禹所斬；一楊震祖，飼雀者。

兩昭君。一王嬙，一王莽時方士。

古今兩鮑謝，三李杜。宋鮑昭、謝眺，唐鮑防、謝長弼。漢李固、杜喬，李膺、杜密，唐李白、杜甫。

兩張華。曹魏時據酒泉郡者張恭令其弟攻之，弟亦名華。

兩徐邈。一曹魏徐邈，一晉謝安薦徐邈為中書舍人。

兩蔣幹。曹魏有蔣幹，北魏又有大將軍蔣幹。

兩武侯。苻堅亦以王猛為武侯。又魏胡昭亦字孔明，見管寧傳。

兩孟敏。一後漢墮甑不顧者，一北涼沙州刺史。

兩杜尚。一後漢黨人，一北涼殿中監。

兩朱買臣。漢有朱買臣，梁亦有朱買臣。

兩杜度。隨園隨筆：「焦竑曰：『杜操字伯度，避魏武諱，以字行，昌黎悞用杜度。』不知晉衛恒傳言漢章帝時有杜度上草書，昌黎不悞也。」

兩張衡。漢有張衡，隋亦有張衡。

兩王肅。北魏又有王肅，亦以文雅稱。

兩郭汾陽。三國時郭淮字伯濟，封汾陽王，不如唐汾陽之著。

兩徽宗。金史景宣帝廟號亦曰徽宗。

兩王偉。梁湘東王誅王偉，又明初學士王偉。

兩唐伯虎。宋史文苑傳，唐庚字伯虎。

逸名字

蒼頡為侯剛氏。見逸史。

推移、大戲。桀寵勇力二人，見晏子。

惡來、革。一説蜚廉子惡與革。一説惡來名革，慕容垂言于秦王堅曰：「臣叔父評燕之惡來革也。」

仲雍字。字孰哉，見史記，字用「哉」，僅見此。

陰競、吉祥。俱脱文王於羑里者，一見稽古名異録，一見漢賦。

鄧元。賈子：「陳靈公殺洩冶而鄧元去。」

越象。王符潛夫論：由餘生于五翟，越象產於八蠻，而功施齊、秦，德立諸夏。

伯嚭字。字子輿，見左傳注。

文種字。吳越春秋，字子禽。

旋波、移光。越美女，與西施、鄭旦同進者。

王良字。字子期，見韓非子。

論語直躬者。韓詩外傳以為石奢。

董之繁菁。戰國人三字名，「之」語助，猶庾公之斯，尹公之他也。

陳仲子字。字子終，見皇甫謐高士傳。

王翣。與李冰同穿蜀江者。

厲狄。與項羽同起兵，至正時，因禱雨降乩，告其名。

外黃小兒名。外黃令仇明子仇叔，見太平清話。

壺關三老名。漢武故事以爲鄭茂、荀悦，漢紀以爲令狐茂。

髡子。賈誼新書引其言曰「太平之世，父無死子，兄無死弟」。

東海孝婦姓名。姓周名青，見搜神記。

馮子都名。名殷，見晉灼注。

楊王孫名。名貴，見西京雜記。

卓文君前夫。程鄭子皋，見曹璠文君傳。按：程鄭見貨殖傳，是富人女嫁富人也。

高獲。與嚴子陵同徵不起，見池州府志。

蜀才。見易注疏，宋儒以爲范長生，楊升爲二人，蜀音葵。

臣瓚姓。註史記者，劉孝標以爲于瓚，索隱以爲傅瓚。

師圭。善相者，嘗相陶侃，左手中指有豎理，可爲公，侃以針決之，見血灑壁爲公字。

楊軻。晉隱士，石虎徵之不起。

薛濤字。字度宏，見研北雜字。

絡耕道。唐隱士，嘗言修養之士當書月令置座右。

蒲禹卿。成都人，王蜀之世，對策直言，擢第一。宗衍欲至天水，上疏諫不聽，不一年遂亡。

虞爲一。唐嵩山隱士。通鑑綱目脱一字。

軒轅集。唐宣宗迎至京師，問學長生，對曰：「王者屏欲崇德，自然受天遐福。」

鄭條。興宋古文，在歐公之先。

楊世昌。道士也。高似孫緯略以爲東坡遊赤壁吹洞簫者。

名姓字之異。或一名一字，屈原名平，項羽名籍；或名二而字一，鄭當時字莊，張九齡字壽；或以名為字，有若字子若，會稽王道子字道子，郭子儀字子儀。

姓之異者，國語有狸牲，韋注以狸姓為丹朱後。趙簡子問壯馳，茲是姓壯也。趙襄子曰「莧譆犯我以義」，是姓莧也。貨殖傳有姓偉，姓姓也；漢書有誰如，誰姓也。穀梁隱九年俠卒，俠者，所俠也，前漢有所忠，後漢有所輔。鄭樵氏族略有苑姓。宋掌禹錫、家鉉翁，姓亦希，而鉉翁則家父後也。

名之異者，左傳齊有石之紛，如楚有耿之不比，皆用語助。儒林傳有丁姓、子孫從榮廣受春秋。丁姓，姓名也；子姓，孫名也。漢文時中大夫令免則名姓俱異矣。名之惡者，北齊有顏惡頭，南唐有馮見鬼，蜀有何見鬼，遼皇族有西郡王名驢糞，金宣宗時濮皇傳名豬糞，金史忠義傳有郭暇蟆，元史有石抹徇徇、郭狗狗。

補說

春秋之初猶有王。以石碏語子定州吁曰「王覲」為可見。

楚之強橫抗中國全自子文父子始。初以鬬伯比教武王，繼以子文輔莊王。

虞為西吳。左傳疏：「仲雍嗣太伯後，武王以其庶孫處中國，為西吳，後世謂之虞公。」吳、虞，語亦通。

左傳時補經缺。以此見杜預丘明親受經于仲尼之說非。

江昚齋為冕圖，有前旒無後旒，本漢法。見司馬彪漢書輿服志注。

惡事亦稱祥。左傳僖十六年，隕石于宋五，襄公曰：「是何祥也？」疏引五行傳青祥、白祥之類云惡事亦稱祥。

三公非爵。江熙曰：「春秋有州公、郭公、虞公，凡此三公，非爵也。」按：此亦如葉公之類，後世人皆稱公，由來久矣。

害道僞書。大抵多小人托以藉口。如僞周書、竹書紀年之類，直藏之冢中以信後世，今世所傳者特什一也。其中言舜囚堯，禹距舜，伊尹通末喜，太戊殺伊尹，武王斬紂頭，後人或取之以爲新奇，豈不害道之甚。又如梁四公子傳，一曰蜀闖，一曰覰傑，一曰㸞䵍，一曰仉䜭，故爲詭異，其實鄙俚，或且託藏名山矣。

女狀元。蜀臨邛黃崇嘏嘗作詩上蜀相周庠，庠薦之，屢攝府縣。庠欲妻以女，以詩辭之，曰：「一辭拾翠碧江湄，貧守蓬茅但賦詩，自服藍衫居郡掾，永抛鸞鏡畫蛾眉。立身卓爾青松操，挺志堅然白璧姿。幕府若容爲袒腹，願天速變作男兒。」庠大驚，具述本末，乃嫁之。傳奇有春桃記，於是有女狀元之名。又魏元乂妻爲女侍中，孔貴嬪爲女學士，宋林妙玉爲女進士。

女嬃之疑。隨園隨筆：「施愚山辨女嬃非屈原姊。天有須女星，世以使女爲嬃女，呂后妹名嬃，亦此義。屈所云從上美人生端，謂下賤之女見美人遲暮，詬厲之耳。然賈侍中云楚人呼姊曰嬃。水經注引袁崧曰『姊歸在歸州，因屈原姊聞弟放逐來歸而名』，高唐賦亦有姊歸思婦之句。」

昭君青塚之疑。漢書匈奴傳，單于子雕陶莫皋立，復妻昭君，生二女，即王莽所召入侍者。范史南匈奴傳，昭君入宮，不見御，因單于求女，自請行。與匈奴生二子，呼韓邪卒，前閼氏子欲妻之。昭君上書求歸，成帝勅令從俗。與西京雜記毛延壽畫昭君索賂之説不符。琴操又言昭君爲齊國王穰女，端正雅麗，足不窺門，年十七進宮，未及見御。會欲賜單于美人，昭君越席請往，後不肯妻其子，吞藥自殺。初潭集亦載之。歸州圖經稱胡中多白草，王昭君春塚獨青，今人有過其地者，亦不甚驗。

馬肝石染鬚髮。石出郅支，漢元鼎時外國貢此。帝坐群臣於甘泉殿，髮白者以此拭之，皆黑。漢書更始元年，王莽外示自安，乃染髮鬢。

般若經載五種黃門。一半釋迦，有男根，不生子。二伊利，半釋迦，此云妒行，欲即發，不見即無，亦具男根，不生子。三肩撓，半釋迦，本來男根不滿，不生子。四博乂，半月能男，半月能女。五留拏，半釋迦，此云割被，割形者。以此五者爲人中惡趣，晉五行志謂之人屙。惠帝時，京洛有兼男女體，能兩行人道，此山海經靈狸之類，皆亂氣所生。乃世又有男而飾女，女而飾男以肆奸，真亂民矣。

笑矣乎。菌類，人食之得乾笑疾。太白集有笑矣乎一篇。

小底。晉公談録：「劉承規在太祖時為黄門小底，今奴僕稱小底本此。」

酒旗。始于宋人，沽酒懸幟甚高，見韓非子。

水車。魏略馬鈞作翻車，即水車。

茶託。隨園隨筆：「毛西河在馮益都相國座，辨茶盤引禮記『棜禁』為言。」按：周禮司尊彝皆有舟。注「若今承盤」，蓋盤形如舟也。蜀相崔寧女病茶杯熨手制茶託，此後世俗名。予謂古無茶則茶託實始崔女，今為舟形實本周禮，亦曰茶船。

剔齒。陸雲與兄平原君書曰：「一日案視曹公器物，床、薦席具，梳、篦、剔齒皆在。」剔齒，今之牙籤也。

提燈。吴獬事始以為今之提燈即古之懸火。魏明帝詩「猛燭繼望舍」，亦懸火之類。管子弟子職「捧梳以為緒」，緒即提燈。

牙尺。晉書庾后以牙尺打帝頭，即今界尺。

笢笏。手循笛孔也，見馬融長笛賦。

平楚。謝朓詩：「寒城一以眺，平楚正蒼然。」楚，叢木也。登高遠望，見木杪如平地故云。

銑鋧。音跣現。短兵也，形如小鑿。陳伐齊，齊用西域胡，善弦無虛發，又有長軀多力者，持大刀居前隊，陳人憚之。吴明徹曰：「若勝此，齊軍奪氣矣。」蕭摩訶曰：「吾為君取之。」召降人指識胡，馳馬沖齊師，胡彀弓未發，摩訶擲銑鋧，中其額，應手僕。大刀十余人出戰，摩訶又斬之，於是齊軍大敗。

金人司更。元順帝紀：「宫女三，聖奴十六人舞天魔，金人司更。」即今自鳴鐘。

衩衣。通鑑：「唐僖宗乾符元年，王凝、崔彦昭日舉進士，凝衩衣見彦昭。」衩，初懈反。廣雅：「捎結衽謂之襀衩，一曰襢衣。」李義山詩：「芙蓉作裙衩。」

雞。雞去勢也。與宦牛、閹豬、扇馬同義，見賽齋瑣綴録。又牝驢為草驢，見北齊書楊愔傳。郭璞注爾雅，牡馬為騭，牝馬為草馬。今人以牡馬為兒馬，牝為課馬，則本唐時散民種馬也，課或作騍。又牝貓為女貓，見隋書外戚獨孤陁傳。

罣丸。腎囊也，見靈樞經。

跢跢。攜小兒引行也。

不夠。俗以不足為夠，本魏都賦「繁富夥夠」，夠音搆。

嘓嘍。遊蕩匪人也。今之賭博者亦呼曰光棍。

唆哪。近樂器中有鎖吶，正德時詞曲作唆哪。資治通紀劉瑾伏誅，宦官之勢猶不已，楚人王西樓作一詞曲戲之曰：「喇叭、唆哪，曲兒小，腔兒大，眼見他吹翻了這家，吹壞了那家。」

餤段。唐有傳奇，宋有戲曲，金有院本、雜劇，一也。元院本、雜劇始分而二之，院本則五人，又謂之五花爨弄。或曰宋徽宗見爨國人來朝，衣裝鞾履巾裹傅粉墨，舉動如此，使優人效之以為戲。又有餤段，亦院本之遺，但差簡耳，取其如火餤易明易滅也。其間副、淨有散說，有道念，有筋斗，有科汎。王棠曰：「今世有爨段二字，蓋出此。」

雲韶班。演戲以班名自宋雲韶班始。宋教坊外又有鈞容直、雲韶班二樂，宋太祖平嶺表，得劉氏閹官聰慧者八十人，使學於教坊，初賜名簫韶班，後改名雲韶班。鈞容直，軍樂也，在軍中善樂者，初名引龍直，以德行幸騎導，淳化中改為鈞容直，後世總稱為班。

合生。即院本、雜劇也。唐書武平一傳，中宗宴殿上，胡人襪子何懿唱合生而歌言淺穢。平一上書曰：比來妖妓胡人街童市子，或言妃主情貌，或列王公名質歌詠舞蹈，號合生，始自王公，稍及閭巷。按玄宗梨園之戲實本此，今戲以生腳為先亦本此。

淨旦末丑。懷鉛録：「古梨園傅粉墨者謂之參軍，亦謂之靘靘，音靜。」廣韻：「靘，妝飾也。今傅粉墨謂之淨，蓋靘之訛；扮婦人者謂之狚，音旦，又音達，又通獺。」南華經「猨猵狚以為妻」，東廣微云：「猨以獺為婦，蓋喻婦人意，遂省作旦也。」蒼鶻謂之末者。末，北方國名，周禮四夷之樂有韎。東都賦「偞佅兜離，罔不畢集」，優人作外國裝束者也，一曰末泥，倡家隱語，如爆炭、崖公之類。又云末泥色主張引戲，分付副末色打諢。又都城紀勝：「雜扮或名雜旺，又名鈕元子，又名拔和，乃雜劇之散段，多是借裝為山東、河北村人以資笑，今之打和鼓、撚梢子、散耍是也。」丑腳蓋鈕元子之省文。

鮑老。魁櫑本喪家樂，漢時嘉會用之，唐戲之首舞也。漢高困平城，陳平造此，舞陣間，樂家翻為戲。顏氏家訓：「古有禿人名郭好，恢諧謔。今云傀儡郭郎，有詩云：「鮑老當年笑郭郎，笑他舞袖太郎當，若教鮑老當筵舞，舞更郎當袖轉長。」」

數紀典補

易筮貞、悔二說。內卦為貞，外卦為悔；本卦為貞，之卦為悔。凡變卦之主，主本卦、之卦而言。

僕御君車之節有五。將駕，一也；已駕，二也；驅之五步，三也；君出就車，四也；車至大門，五也。

大教五。祀明堂教孝，食三老五更于大學教弟，祀先賢于西學教德，耕藉教養，朝覲教臣。見祭義。

弔實有五。既夕禮引雜記：相趨也，出宮而退；相揖也，哀次而退；相問也，既定而退；相見也，反哭而退；朋友，虞祔而退。

非喪而以凶禮處者三。游氏桂曰：「戰勝以喪禮，重用兵也；凶災以喪禮，重天災也；去國以喪禮，重去本也。」

鶡冠子五至。北面事之，則伯己者至；先趨後息，先問後墨，則什己者至；人趨己趨，則若己者至；憑几據杖，指麾而使，則廝役者至；樂嗟苦咄，則徒隸者至。

侯應為元帝言罷邊塞吏卒十不可。示夷狄大利一；安不忘危二；單于犯約三；諸屬降卒逃亡四；生漫易忿爭之漸五；從軍子孫貧困亡出六；邊人奴婢逃亡七；盜賊犯法走出八；障塞破壞，累世功不可復九；單于自以保塞，稍失意必成隙十。

嚴尤為王莽言窮追匈奴五難。兵不遽集，師老械弊一；邊糧空虛，內調不及二；糧重牛故，人不能負三；胡地風寒，師有疾疫四；遇險銜虜，要遮前後五。

桓彬過人者四。夙智早成，岐嶷也；學優文麗，至通也；仕不苟祿，絕高也；辭隆從窊，潔操也。

李固駁發兵赴日南七不可。長沙、桂陽被徵發，復擾動一；兗、豫徵發，迫促必叛亡二；瘴氣死亡三；遠涉疲勞，不堪鬬四；道遠多費五；割心腹補四支六；苦四州之卒，赴萬里之艱七。

武侯言安南中三不易。南中平，皆即其渠率用之，或諫之，亮曰：「若留外人則當留兵，留兵則無食，一不易；夷新破，留外人，無兵必成禍，二不易；吏累有廢殺，自嫌釁重，留外人，終不相信，三不易。」

王昶為司馬宣王陳治略五事。一崇道篤學，使國子入太學而修庠序；二欲用考試，不可空論能否；三令居官者久於其職；四約官實祿，勵以廉恥；五務崇節儉，反民于樸。

鄧艾策姜維必出祁山有五。彼有乘勝之勢，我有虛弱之實一；彼上下相習，五兵犀利，我將兵新器伏復二；彼以船行，勞逸不同三；狄道、隴西、南安、祁山各當有守，彼專為一，我分為四四；從南安、隴西因食無穀，若趣祁山，麥熟千頃，為之縣餌五。

王昶名子四字。默、沈、渾、深，云欲顧名思義。

仇璋七無。無諾責、無財怨、無耑利、無苟說、無伐善、無棄人、無蓄惑。

封軌四戒。務德、慎言、遠佞、防奸。

徐鉉保身八戒。屈己、任運、觀行、守一、忘言、省己、存神、量味。

冠萊公六悔。官行私曲，失時悔；富不儉用，貧時悔；藝不少學，過時悔；見事不學，用時悔；醉發狂言，醒時悔；安不將息，病時悔。

冊府元龜三十一部。帝王、閏位、僭僞、列國君、儲宮、宗室、外戚、宰輔、將帥、省邦計、憲官、諫諍、詞臣、國史、掌禮學、刑法、卿、監、環衛、銓選、貢舉、奉使、内臣、牧、守、令、長官、幕府、部陪臣、總録、外臣。

文章正宗四目。詞令、議論、敍事、詩賦。

傳八法二十三人。蔡邕受八法于神人，傳崔瑗及女文姬。文姬傳鍾繇、衛夫人，夫人傳王獻之，獻之傳外生羊欣，欣傳王僧虔，虔傳蕭子雲，子雲傳智永，永傳虞世南，世南傳歐陽詢，詢傳陸柬之，柬之傳侄彥遠，彥遠傳張旭，旭傳李陽冰，陽冰傳徐浩、顏真卿、鄔彤、常玩、崔邈。

古帖五益。一消永日，汰俗情；二分別六書宗派；三多識古文奇字；四先賢韻態如在筆端，且可搜其遺行逸籍，交遊宅墓；五不必鉤榻，日與聚首，如薰修法，自然得解。

畫八格十二忌及諸家。八格：石老而潤，水淡而明，山要崔嵬，泉宜灑落，雲煙出沒，野逕迂迴，松偃龍蛇，竹藏風雨。十二忌：布置拍密，遠近不分；山無氣脈，水無源流；境無夷險，路無出入；石止一面，樹少四枝；人物傴僂，樓閣錯雜；滃溪失宜，點染無法。四聖典型：首顧虎頭，精神推吳道子，衛協調古，陸探微功新。若曹不興、張僧繇比之於書，猶是皇、索之倫耳。二家：孫位畫水，張南本畫火。三品：黃筌神而不妙，趙昌妙而不神，徐熙兼之。宋畫山三家，董元得神氣，李成得體貌，范寬得骨法。南渡後四大家，李唐、劉松年、馬遠、夏珪。元四大家：趙孟頫子昂、吳仲圭瑱、黃子久公望、王叔明蒙。

演算法十書。九章、海島、孫子、五曹、五經、周髀、綴術、緝古，張邱建、夏陽侯又有記遺、三等數二書。

全子棲三焚文集。子棲一文必三草，十年悟其淺，盡付於火，生平凡三焚。

已知五厄。隋牛宏謂仲尼後書籍凡五厄：「秦火一，王莽之亂二，董卓之亂三，永嘉南渡四，周師入郢五。」盧長公云：「六朝後復有五厄：大業一也，天寶二也，廣明三也，靖康四也，紹定五也。其中厄于水者二：漢蘭台石室諸書，董卓遷都載舟西上沈沒河中；武德時王世充平，命宋尊貴以舟載之，漂沒風浪，十僅餘二三。」又書籍之盛有八：春秋也，西漢也，蕭梁也，隋文也，開元也，大和也，慶歷也，淳熙也。

士有五瘴。宋梅摰之嶺表，有士有五瘴：急催暴斂，剝下奉上，此租稅之瘴；深文以逞，良惡不白，此刑獄之瘴；晨昏酣宴，弛廢主事，此飲食之瘴；侵牟民利，以實私囊，此貨財之瘴；盛揀妻妾，以娛聲色，此帷薄之瘴。

三虎三豹。王鼎遷轉使，楊紘為判官，王綽在京東，慶歷時三人稱嚴肅，官吏嫉之。三豹：王旭，黑豹；李嵩，赤豹；李全交，白豹。京師以嚴酷稱。

明初三高士。山陰楊鐵崖維禎，華亭陸雲松居仁，錢唐錢曲江惟善。

北郭十友。高啟、高遜志、余堯臣、王行、徐賁、唐肅、宋克、張羽、呂敏、陳則。

吳中四才子。祝枝山允明、文衡山徵明、唐伯虎寅、桑民懌悅。

諸子雜斷

鬻子

非非者行是，惡惡者行善，而道踰矣。

民者，至卑也，而使之取吏焉，必取所愛。故一人愛之，一人之吏也；十人愛之，十人之吏也；百人愛之，百人之吏也；千人愛之，千人之吏也；萬人愛之，萬人之吏也。故萬人之撰，卿相矣。卿相者，君侯之本也。

昔者帝顓頊年十五而佐黄帝，帝嚳年十五而佐帝顓頊。禹之治天下也，得杜子業、既子、施子黯、季子甯、然子堪、輕子玉七大夫，以佐其身，以治天下。以五聲聽政，門懸鐘鼓鐸磬而置鞀，以得四海之士。為銘於箕簴曰：「教寡人以道者擊鼓，教寡人以義者擊鐘，教寡人以事者振鐸，告寡人以憂者擊磬，語寡人以獄訟者釋鞀。」嘗一饋而七十起，日中而不暇飽食，曰：「吾猶恐四海之士留于道路。」是以四海之士皆至，朝廷間可以羅雀。湯之治天下也，得慶誧、伊尹、湟里且、東門虛、南門蝡、西門疵、北門側七大夫，以治天下，二十七世，積歲五百七十六至紂。

發教施令為天下福者謂之道，上下相親謂之和，民不求而得所欲謂之信，除去天下之害謂之仁。仁與信，和與道，帝王之器。凡萬物皆有器，故欲有為不行其器者雖欲有為不成，諸侯之欲亦然，不得帝王之器不成。

歸震川諸子匯涵以鬻子為首，本非全書，予又刪取之，精要亦得。

管子

牧民 凡有地牧民者，務在四時，守在食廩。國多財則遠者來，地辟舉則民留處，倉廩實則知禮節，衣食足則知榮辱，上服度則六親固，四維張，則君令行。四維不張，國乃滅亡。何謂四維？一曰禮，二曰義，三曰廉，四曰恥。禮不踰節，義不自進，廉不蔽惡，恥不從枉。錯國於不傾之地，積於不涸之倉，藏於不竭之府，下令于流水之原，使民於不爭之官，明必死之路。不為不可成，不求不可得，不處不可久，不行不可復。錯國於不傾之地者，授有德也。積於不涸之倉者，務五穀也。藏於不竭之府者，養桑麻、育六畜也。下令于流水之原者，令順民心也。使民於不爭之官者，使各為其所長也。明必死之路者，嚴刑罰也。開必得之門者，信慶賞也。不為不可成者，量民力也。不求不可得者，不強民以其所惡也。不處不可久者，不偷取一世也。不行不可復者，不欺其民也。此第一篇已盡治國之大要。

權修一年之計，莫如樹穀；十年之計，莫如樹木；終身之計，莫如樹人。一樹一獲者，穀也。一樹十獲者，木也。一樹百獲者，人也。我苟種之，如神用之，舉事如神，唯王之門。此第三篇，以樹穀、樹木喻樹人切，下四語尤深而奇。

乘馬凡立國都，非於大山之下，必於廣川之上，高毋近旱而水用足，下毋近水而溝防省。因天材，就地利，故城郭不必中規矩，道路不必中準繩。第五篇首言建國之制，中多論因地制賦，故曰乘馬。

無為者帝，為而不以為者王，為而不貴者霸。不自以為所貴，則君道也。貴而不過，則臣道也。管子亦辨王霸，而語特奇。

幼官第八篇也，文似月令而更奇。「小卯出耕」，據下小郢、中郢註，以為節氣別名近是，小卯疑即始卯。

數戰則士疲，數勝則君驕。驕君使疲民，則國危。數語言兵近乎王。

宙合第十一篇也。夫天地一險一易，若鼓之有揨，擿擋則擊。天地萬物之橐，宙合有橐天地。揨，宅耕反，架鼓具。擿，丁歷反；擋，丁用反，言架定。宙合猶六合也，有同又。

夫成軸之多也，其處大也不究，其入小也不塞，猶迹求履之憲也。夫焉有不適？善注：「擬迹而求履法，猶施恩而求善心，善心可生。」喻意皆新。

法法第十六篇。聖人精德立中，以生正明。正以治國，故正者所以止過而逮不及也。亦粹語。

兵法第十七篇。明一者皇，察道者帝，通德者王，謀得兵勝者霸。

大度之書曰：「舉兵之日，境内不貧，戰而必勝，勝而不死，得地而國不敗。」境内不貧者，計數得也。戰而必勝者，法度審也。勝而不死者，教器備利而敵不敢校也。得地而國不敗者，因其民也。

三官不繆，五教不亂，九章著明。三官：一曰鼓，二曰金，三曰旗。五教：教其目以形色之旗，二曰教其身以號令之數，三曰教其足以進退之度，四曰教其手以長短之利，五曰教其心以賞罰之誠。九章：一曰舉日章則晝行，二曰舉月章則夜行，三曰舉龍章則行水，四曰舉虎章則行林，五曰舉鳥章則行陂，六曰舉蛇章則行澤，七曰舉鵲章則行陸，八曰舉狼章則行山，九曰舉𩊚章則載食而駕。三官、五教、九章始乎無端，卒乎無窮。始乎無端者，道也；卒乎無窮者，德也。

故至善不戰，其次一之，雖勝不勝。破大勝強，一之至也。亂之不以變，乘之不以詭，勝之不以詐，一之實也。此篇孫、吳所未有，亦荀子所不及。

大匡、中匡、小匡第十八、十九、二十，敘齊桓、管仲始末，當與左、國參看。

白心第三十八。名滿天下，不如其已也。名進而身退，天之道也。滿盛之國，不可以仕任。滿盛之家，不可以嫁子。驕倨傲慢之人，不可與交。此盈虧謙益之道，守道者所最宜知。

水地第三十九。卑者道之室，王者之器也。謙之道通乎上下。

五藏：酸主脾，鹹主肺，辛主腎，苦主肝，甘主心。五藏已具而後生肉，脾生隔，肺生骨，腎生腦，肝生革，心生肉。五肉已具而後發為九竅，脾發為鼻，肝發為目，腎發為耳，肺發為竅，五月而成，十月而生。是以水集於玉而九德出焉，疑蹇而為人，而九竅五慮出焉。

故曰水者萬物之本原也，諸生之宗室也，美惡賢不肖愚俊之所產也。是以聖人之化世也，其解在水。天一生水，載地皆水，此理須知。

四時第四十。東方曰星，其時曰春，其氣曰風星，掌發與風。南方曰日，其時曰夏，其氣曰陰辰，掌收為陰。北言曰月，其時曰冬，其氣曰寒月，掌罰為寒。

五行第四十一。是故人有六多，六多所以衔天地也。陽至六為純陽，陰至六為純陰，衔取聚義。天道以九制，地道以八制，人道以六制。此篇言土寄王，四時各十八日，月令土寄王，夏季皆言五行者，分配之法，其實土無不在也。蚩尤明天道，故使為當時。大常察地利，故使為廩者。奢龍辨東方，故使為土師。祝融辨南方，故使為司徒。大封辨西方，故使為司馬。后土辨北方，故使為李。此與後來設官異。

天為粵宛。粵，厚也。宛，順也。厚順不逆時氣。

合上篇當與幼官參看。

明法第四十六。大臣相貴而不任國，小臣持祿養交不以官為事，故官失其能。切中大小官之弊。

治國第四十八。治國之道，必先富民。故治國常富，而亂國常貧。為國之急者，必先禁末作文巧。末作文巧禁，則民無所遊食；民無所遊食，則必事農；民事農，則田墾；田墾，則粟多；粟多，則國富；國富者兵強；兵強者戰勝；戰勝者地廣。

霸者之意而實王者之道。

河、汝之間蚤生而晚殺，四種而五獲。言四時種五穀皆收也。此地利亦多有，民得之何其幸也。

內業第四十九。我心治，官乃治，我心安，官乃安。心以藏心，心之中又有心焉。數語精，天下何事不以心，心之用無窮。

封禪第五十。管子言：「古封禪者七十二君，而夷吾所記者十有二。自無懷至湯九君，皆封泰山，禪云云，惟黃帝封泰山，禪亭亭。禹封泰山，禪會稽。成王封泰山，禪社首。又曰古之封禪，鄗上之黍、北里之禾，所以為盛。江、淮之間一茅三脊，所以為藉。東海致比目之魚，西海致比翼之鳥，然物有不召而至者。今鳳凰、麒麟不來，嘉穀不生，而蓬蒿藜莠茂，鴟梟數至，而欲封禪，毋乃不可乎！」此古大臣事也。

地員第五十八。凡聽徵如負豬豕，覺而駭。凡聽羽如鳴馬。凡聽宮如牛鳴窌中。凡聽商如離群羊。凡聽角如雉登木。以鳴譬物，精妙，自是奇文。

弟子職第五十九。先聖之遺教也。

版法第六十六。生長之事，文也。收藏之事，武也。文事在左，武事在右。聖人法之，以行法令，以治事理。凡法事者，操持不可以不正。

凡將立事，正彼天植。天植者，心也。管子每篇皆有創語如此。

海王七十二。朱長春曰：「海王開盛世鹽鐵之孔。」

國蓄七十三。民有餘則輕之，人君斂之以輕。民不足則重之，人君散之以重。輕重斂散之法，籌用劑平法無出此。

「以重射，以賤泄平」二語新。

山國軌第七十四、山權數第七十五、山至數七十六，所謂官山也。

王者藏於民，霸者藏于大夫，殘國亡家藏於家。朱長春曰：「此理財之至言。」

地數七十七。武王有巨橋之粟，貴糴之數，立重泉之戍，令曰：「民自有百鼓之粟者不行。」楚有汝、漢之金，齊有渠展之鹽，燕有遼東之煮，亦可當武王之數。此霸術，並說壞武王。

揆度七十八。上農挾五，中農挾四，下農挾三。上女衣五，中女衣四，下女衣三。農有常業，女有常事。一農不耕，民有為之饑者；一女不織，民有為之寒者。饑寒凍餓，必起於糞土。此皆本計也。

輕重甲第八十。女華者，桀之所愛也，湯事之以千金。曲逆者，桀之所善也，湯事之以千金。內有女華之陰，外有曲逆之陽，合而得成其為天子。此湯之陰謀也，說壞湯矣。

輕重乙第八十一。歲有四秋，言男女四時皆有工作。

輕重丙第八十二。亡。

輕重丁第八十三。石璧、青茅之謀，一憂賀獻不足，言于天子，令諸侯以已陰里刻璧朝天如一。憂天子養不足，令吏守江、淮菁茅。諸侯從封禪必得菁茅為籍，又見霸謀之深。

晏子

晏子見於他書甚多，中亦多互異。近陽湖孫太史校勘甚詳，以為非僞書，然決非自作，與管子正同，文平正却肖其人。

內篇諫上景公飲酒，七日七夜不止，弦章以死諫。晏子入見，公告之，以為聽之則臣為制，不聽則愛其死。晏子曰：「幸矣，章遇君也。令章遇桀、紂者，章死久矣。」於是景公遂廢酒。此與三數圍人之罪皆譎諫，可法。修礼，拘歌人虞，与諫信用讒佞等，又皆直諫也。

內篇諫下諫獄多直諫，述民歌、諫大台之役，作歌流涕，諫長庲之美又譎諫也。因獵見蛇虎，告以三不祥，因事納諫也。諫珠履巨冠長衣，無事不諫也。愛妾嬰子死，不食不斂，托醫能起死，以斂諫，又有權矣。走狗死，共棺給祭，諫自有正矣。

內篇問上問治國何患？曰患社鼠。社鼠猶城狐。酒酸以狗猛，國之用事猶猛狗。此喻亦善。問古盛君之行，曰：薄於身而厚於民，約於身而廣於世。問謀必得，事必成，曰：謀度於義者必得，事因於民者必成。問患善惡不分，曰：審擇左右則百僚各得其宜。皆要言也。

內篇問下問人性有賢不肖，可學乎？曰：詩曰「高山仰止，景行行止」者，其人也，故諸侯並立善而不怠者為長，列士並學，終善者為師。是知貴賤皆以學尊。

內篇雜上據此篇，崔杼之難，晏子已以諫退居海濱數年，則人可不與其難，後戟拘其頸，劍承其心，終不與崔慶，亦見堅操。此較左傳為詳。

賀反雀鷇，此孟子謂不忍牛觳觫，可以致王之意也。憂乞塗嬰兒無歸，曰：君存何為無歸。此又即文王收枯骨之意也。

內篇雜下田梧丘，夢五丈夫，掘其穴而葬之，國人不知夢，以為君憫白骨。亦天下感文王之意。

使楚，楚待之殊無禮，其對答固非過甚。

鑿楹藏書，遺其子曰：「士不可窮，窮不可任。國不可窮，窮不可竊。」亦使告君之言。

外篇一二篇多岐出者。西郭徒居布衣之士盆成适，為孔子門人，不能葬母而夜哭，公聞之，晏子言之，非孟子所言之盆成括。

三數燭鄒亡鳥之罪，與數圉人亡馬同。

治東阿，前得罪而後獲賞，可以明宦術矣。

高糾治家，三年而逐之，足為順事不能弼過者之戒。

外篇二鞠語服喪，哭泣甚疾，與盆成适事同。

安老妻拒奔女，貞臣一事也。

東海赤水有棗，花而不實。佯問，佯對，後來東方生大有似此者。

子華子

子華子姓程名本，即夫子所遇程子也。辨黃帝百神受職鑄鼎成，乘龍上升，群臣攀髯不得，上墜弓袠，藏衣冠，以為寓言。梅升菴謂其大有關於世教，文亦暢達。末引丁氏穿井得一人，明其傳訛，又見文不遽盡。辭趙簡子召一篇後引五臣不為武王解系韈，結云「夫人臣能致其君，能有所不為，然後可以有為。人臣能有所不為，然後能無不為，本也；未能無不為也，能有所不為矣。」透理之言，足見其人。

奕秋，通國之善奕者也。當其奕也，有吹笙過者，傾耳聽之，將屬未屬之際，問以奕，則不知也。非奕道之深有暫暗也，笙滑之也。孟子鴻鵠將至之說似從此化出。

老子

道經佳語道可道，非常道；名可名，非常名。無名，天地之始；有名，萬物之母。

天下皆知美之為美，斯惡已；皆知善之為善，斯不善已。故有無相生，難易相成，長短相形，高下相傾，音聲相和，前後相隨。是以聖人處無為之事，行不言之教，為而不恃，功成而不居。夫惟不居，是以不去。

不貴難得之貨，使民不為盜。不見可欲，使心不為亂。

道充，而用之或不盈，淵兮萬物之宗，吾不知誰之子，象帝之先。

天地之間其猶橐籥乎？虛而不屈，動而愈出。

天地所以能長且久者，以其不自生。

上善若水。水善利萬物而不爭，處衆人之所惡，故幾於道。夫惟不爭故無尤。

金玉滿堂，莫之能守；富貴而驕，自遺其咎。功成名遂身退，天之道。

三十輻共一轂，當其無，有車之用；埏埴以為器，當其無，有器之用；鑿戶牖以為室，當其無，有室之用。故有之以為利，無之以為用。

五色令人目盲，五音令人耳聾，五味令人口爽，馳騁田獵令人心發狂，難得之貨令人行妨。

六親不和，有孝子。國家昏亂，有忠臣。

唯之與阿，相去幾何？善之與惡，相去何若？衆人熙熙，如享太牢，如登春台，我獨泊然其未兆，如嬰兒之未孩。

孔德之容，惟道是從。

聖人抱一，為天下式。

飄風不終朝。驟為此者，天地尚不能久，況於人乎？

跂者不立，跨者不行。自見者不明，自是者不彰，自伐者無功，自矜者不長。

有物混成，先天地生。寂兮寥兮，獨立而不改，周行而不殆，可以為天下母，吾不知其名，字之曰道，強名之曰大。道大、天大、地大、王亦大，域中有四大而王居其一焉。人法地，地法天，天法道，道法自然。

重為輕根，靜為躁君，是以君子終日行，不離輜重，雖榮觀燕處超然，奈何萬乘之主而以身輕天下。

善行者無轍跡，善言無瑕謫，善計不用籌畫，善閉無關鍵而不可開，善結無繩約而不可解。

知其白，守其黑，為天下式。知其雄，守其雌，為天下谿。知其榮，守其辱，為天下谷。

天下神器，不可為也。以道佐人主者不以兵強天下，其事好還。師之所處，荊棘生焉，大軍之後，必有凶年。

夫佳兵者不祥，物或惡之，故有道者不處。不得已而用之，恬淡為上，勝而不美。

吉事尚左，凶事尚右。偏將軍處左，上將軍處右。殺人衆多，以悲哀泣之，戰勝以喪禮主之。

知人者智，自知者明。勝人者有力，自勝者強，知足者富，強行者有志，不失其所者久，死而不亡者壽。

將欲歙之，必固張之；將欲弱之，必固強之；將欲廢之，必固興之；將欲奪之，必固與之，是謂微明。柔勝剛，弱勝強，魚不可脫于淵，國之利器不可以示人。

德經佳語 上德不行，是以有德；下德不失德，是以無德。

大丈夫處其厚，不處其薄，居其實，不居其華。

天得一以清，地得一以寧，神得一以靈，谷得一以盈，萬物得一以生，侯王得一以為天下貞。貴以賤為本，高以下為其，侯王自謂孤、寡、不穀，此其以賤為本耶？非乎？故至譽無譽，不欲琭琭如玉，珞珞如石。

上士聞道，勤而行之。中士聞道，若存若亡。下士聞道，大笑之。不笑不足以為道。

上德若谷，太白若辱，廣得若不足。建德若偷，質真若渝，大方無隅，大器晚成，大音希聲，大象無形。

道生一，一生二，二生三，三生萬物，萬物負陰而抱陽，沖氣以為和。

人之所教，我亦教之，強梁者不得其死，吾將以為教父。

天下之至柔，馳騁天下之至剛。無有入於無間，是以知無為之有益也。

是故甚愛必大費，多藏必厚亡。知足不辱，知止不殆，可以長久。

大成若缺，其用不敝。大盈若沖，其用不窮。大直若屈，大巧若拙，大辯若訥。

天下有道，卻走馬以糞。天下無道，戎馬生於郊。

罪莫大於可欲，咎莫大於欲得，禍莫大於不知足。故知足之足，常足。

不出戶，知天下；不窺牖，見天道。

聖人無常心，以百姓之心為心。百姓皆注其耳目，聖人皆孩之。

蓋聞善攝生者，陸行不避兕虎，入軍不避甲兵，龍無所投其角，虎無所措其爪，兵無所容其刃。夫何故？以其無死地。

善建者不拔，善抱者不勝，子孫祭祀不輟。

以正治國，以奇用兵，以無事取天下。

禍兮福所倚，福兮禍所伏。

治大國若烹小鮮。

美言可以市，尊行可以加人。

圖難於其易，為大於其細。

為之於未有，治之於未亂。

合抱之木生於毫末，九層之台起於累土，千里之行始於足下。

輕諾必寡信，多易必多難。

民之從事，常于幾成而敗之，慎始如終，則無敗事矣。

江海所以能為百谷王者，以其善下也。

我有三寶，實而持之。一曰慈，二曰儉，三曰不敢為天下先。

禍莫大於輕敵，輕敵幾喪吾寶。

知我者希，則我貴矣。是以聖人被褐懷玉。

天之道，不爭而善勝，不言而善應，不召而自來，坦然而善謀。天網恢恢，疏而不漏。

人之生也柔弱，其死也堅強。草木之生也柔脆，其死也枯槁。故堅強者死之徒，柔弱者生之徒。

天之道，其猶張弓乎？高者抑之，下者舉之，有餘者損之，不足者補之。

天道無親，常與善人。

老氏言多近道，其旨大抵無為。然聖人所謂無為者，為之順道，為之本德，即無為也。主柔勝，然有時當剛者，如君父之難，捨生取義是也。主下，然不若聖人之言謙。宋儒解謙為有而不居也。主退，然赴義自當爭先，「當仁不讓于師」，吾夫子之言也。又曰知希我貴。吾夫子則曰「人不知而不慍」，「君子疾沒世而名不稱也」。讀老氏者當以是觀之。

亢倉子

全道篇人之性壽，物者抇之，故不得壽也。物也者，所以養性也，今代之惑者多以性養物，則不知輕重也。此見後世人多不盡其天年，不得盡諉之命。

君道篇堯、舜有為人主之勤，無為人主之欲；有為人主之位，無為人主之心，故天下各得肆其心。君道之要盡此。

賢道篇凡視，察其貌鄙俗而能有賢者，萬不一；視察其貌端雅而實小人者，十而九是。賢人難得，小人難識也。

農道篇人農則朴，朴則易用，易用則邊境安，安則主位尊。

農則其産復，其産復則重流散，重流散則死其處無二慮，是天下為一心矣。

故曰：穀者人之天，是以興王務農，王不務農是棄人也。農事之重如此。

文子

君子能為善，不能必得其福；不忍於為非，而未必免於禍。故逢時以進，得之以義，何幸之有？不時即退，讓之以禮，何不幸之有？

太剛則折，太柔則卷，道正在於剛柔之間。此兩節純儒之言也。

凡人之道，心欲小，志欲大；智欲圓，行欲方；能欲多，事欲少。孫思邈所本。

五帝貴德，三王用義，五霸任力。

能戴大圓者履大方，鏡大清者眎大明，立大平者處大室，能游於冥冥者與日月同光。

文子，范蠡師計然也，學於老子，故語多相近。

列子

天瑞篇子列子居鄭圃四十年無人識者，將嫁于南。「嫁」字奇。

有太易，有太初，有太始，有太素。太易者，未見氣也。太初者，氣之始也。太始者，形之始也。太素者，質之始也。此正因氣與形質分出名。

天地無全功，聖人無全能，萬物無全用。三語獨立。

若鼃為鶉，得水為𢇁，得水土之際，則為鼃蠙之衣。生於陵屯，則為陵舄。陵舄得鬱棲，則為烏足。烏足之根為蠐螬，其葉為蝴蝶。蝴蝶胥也，化而為蟲，生竈下，其狀若脫，其名曰鴝掇，鴝掇千日化而為鳥，其名曰乾餘骨。乾餘骨之沫為斯彌。斯彌為食醯頤輅。食醯頤輅生乎食醯黃軦，食醯黃軦生乎九猷。九猷生乎瞀芮，瞀芮生乎腐蠸。羊肝化為地皋，馬血之為轉燐也，人血之為野火也。鷂之為鸇，鸇之為布穀，布穀久複為鷂也。燕之為蛤也，田鼠之為鶉也，朽瓜之為魚也，老韭之為莧也。老羭之為猨也，魚卵之為蟲。亶爰之獸，自孕而生，曰類。河澤之鳥視而生，曰鶂。純雌其名大要，純雄其名稚蜂。思士不妻而感，思女不夫而孕。后稷生乎巨跡，伊尹生乎空桑。厥昭生乎濕，醯雞生乎酒，羊奚比乎不筍。久竹生青寧，青寧生程，程生馬，馬生人。人久於機。萬物皆出於機，皆入於機。此言物之變化，不可思議，文句變化亦然。

林類百歲，拾穗而歌。孔子使子貢問之曰：「死於是者，安知不生於彼？安知營營求生之非惑，又安知今之死不愈昔之生？」觀此與榮啟期三樂，人生而之死固無不樂者。莊、列皆同此旨，然吾儒所樂，樂得其道耳，亦有所憂者，憂不得其道耳，又如君父之難，亦烏得不憂。當憂而憂，當樂而樂，此其不同也。

子貢問所息。仲尼曰：「望其壙，睪如也，宰如也，子息焉，小人伏焉。」此聖賢之旨，所謂死而後已。君子曰終，小人曰死也。指墳墓告之，正用意為文，公羊「宰之木拱」與此「宰」字同，而有死活之分。

烝對舜，寓言也。「身天地之委形，生天地之委和，性天地之委順，子孫天地之委蜕。」意自是，然吾儒須見得和順二字，則不得謂皆非吾有也。

齊國氏富，向氏貧。國氏語向氏以為盜，向氏不悟盜天而心盜獲罪。此意在下東郭告向氏以生與形皆盜天地，與上同意。

杞人憂天，見此篇是其本。

黃帝篇黃帝夢游華胥而悟道以治天下，卒登假，不言其仙也。

梁鴦養虎，心無順逆。痀僂丈人承蜩，處若橛株駒，執臂若槁木枝，皆專一忘物。莊、列同意。

游呂梁之水者習乎水，不知其為水也，家語有之，從石火出者，熠乎石火，不知其為石火也，莊子有之。

狙公養狙，朝四暮三。謂聖人智籠群愚，非也，聖人不敢愚民。

紀渻養雞，至如木雞，養到如此。

惠盎告宋康王，雖有勇刺之不入，雖有力，擊之不中，謂天下皆愛利之，如孔、墨。故有仁義，勇力皆無用。

周穆王篇分六節，遊幻夢，忘迷誑，只一有無，同真妄意。

西極化人，世容有之，然不可以之為教。

老成子學幻于尹文先生，觀漢時西域進幻人、幻術，亦有之，而聖人于此皆置之不言。

尹文述老聃之教，曰「有生之氣，有形之狀，盡幻也」，知莊、列皆祖老氏而又變之，此佛所由興也，如此則無世教矣。

覺有八徵，曰故、為、得、喪、哀、樂、死、生，盡世故矣。「六夢」同周禮意歸，「真人無夢」同莊子。

西極南隅，古莽國，以夢為實，覺為妄，常眠不覺。東極北隅，阜落國，常覺不眠，惟中國一覺一寐。此日月之照否，想當然也。

鄭人蕉鹿之夢，真亦夢也。遇此非夢，正可以夢置之，說到彼夢、我夢，是夢是真，以至爭訟，士師亦夢，意辨無窮，文心如此，世故如此。

國相不能辨夢，覺歸其能于黃帝、孔丘。列子之尊孔丘如此。

宋陽里華子病忘，魯有儒為治之而愈，反怒曰：「不忘何若忘？」概忘，非也，意必固我之忘，此為仲尼。

秦人逢氏子迷罔之疾，其父求治于老聃。老聃以為使天下之人盡如汝子，汝反迷矣。此翻常而過甚，不若袁粲狂國、狂井之說為善。燕人受誑，見晉國之城社廬壠以為真而悲，至燕見其真，悲心更微。始之悲心，雖發於誑，乃真也，繼以間於誑，真心遂若減矣。

仲尼篇言仲尼多翻從已說。

叔孫氏言顏淵，謂孔丘廢心而用形，無心，形何以用？陳大夫言耳視而目聽，是又不能廢心矣。

孔子對商太宰，三皇、五帝、三王皆不以為聖，而言西方有聖者，是後世託言仲尼稱佛也，不知列子亦託言也。

龍叔，鄉譽不以為榮，國毀不以為辱，得而不喜，失而不憂，視生如死，視富如貧，視人如豕，視吾如人，視吾之家如逆旅，視吾之鄉如戎蠻之國。文摯曰：「子心六孔流通，一孔不達。」謂以聖智為疾也，然後四語亦過。

目將眇者先覩秋毫，耳將聾者先聞蚋飛，口將爽者先辨淄澠，鼻將窒者先覺焦朽，體將僵者先亟奔逸，心將迷者先識是非，物不至者則不反，此理之常也。

公儀伯以力聞諸侯，周宣王問之，言能折春蟲之股，堪秋蟬之翼，王曰：「吾之力者能裂犀兕之革，曳九牛之尾，子以力聞，何也？」曰：「臣之名不以負其力者也，以能用其力者也。」此理亦當知。

魏公子牟辨公孫龍言射，後鏃中前括，又言鴻超射，其妻引烏號之弓，綦衛之箭，矢注眸子而眶不睫，又髮引千鈞，白馬非白，孤犢未嘗有母之說。樂正子輿非之。孫月峰曰：「此只是合名實意。」

力命篇設為力、命問答，奇。

力固不如命，然力守義理之命，氣數之命亦無如力何。

楊朱篇舉名實、富貴、貧賤、賢愚、治亂、道德、聲色、貨利、患難、死生而一空之。

有晏平仲問管仲語，子家設言固不恤此。

楊朱曰：「伯成子高不以一毫利物，舍國而隱耕。大禹不以一身自利，一體偏枯。古之人損一毫利天下不與也，悉天下奉一身，不取也。人人不損一毫，人人不利天下，天下治矣。」禽子問楊朱曰：「去子體之一毛以濟一世，汝為之乎？」曰：「世固非一毛之所濟。」禽子曰：「假濟，為之乎？」楊子弗應，此與孟子意同。

三皇之事，若存若亡。五帝之事，若覺若夢。三王之事，或隱或顯，億不識一，當身之事，或聞或見，萬不識一。目前之事，或存或廢，千不識一。太古至今日，年數固不可勝紀。伏羲以來，三十餘萬歲，賢愚好醜，成敗是非無不消滅，但遲速之間爾。矜一時之毀譽以焦苦其形神，要數百年中餘名，豈足潤枯骨？何生之樂哉？此篇大意是段盡之。

諺曰：「人不婚宦，情欲失半；人不衣食，群臣道息。」鬻子曰：「去名者無憂。」老子曰：「名者，實之賓。」其旨一也。

說符列子曰：「色盛者驕，力盛者奮，未可以語道也。」故不班白語道失，而況行之乎。

宋人有為其君以玉為楮葉者，三年而成，鋒殺莖柯，毫芒繁澤，亂之楮葉中，不可別也。此人遂以巧食宋國。子列子聞之，曰：「使天地三年而成一葉，則物之有葉者寡矣。」故聖人恃道化而不恃智巧。

客言列子于鄭子陽，子陽遺之粟，不受，其妻言之。列子曰：「以人之言而貽我粟，其罪我又且以人之言，此吾所以不受也。」

宋人行仁義，三世不懈，黑牛兩生白犢，孔子皆以為吉祥，而父子先後俱盲。後楚攻宋，父子免乘城戰死。此塞翁失馬之說所本。

伯樂薦相馬者九方皋于秦穆，牝牡驪黃之不知。伯樂曰：「皋之所相者天機也，得其精而遺其粗，在其內而忘其外。」相物、相人皆如是矣。

狐丘丈人謂孫叔敖曰：「人有三怨，爵高者人妨之，官大者主惡之，祿厚者怨逮之。」孫叔敖曰：「吾爵益高志益下，官益大心益小，祿益厚施益博。」後戒其子受寢丘之惡地，卒以不失。

楊子之鄰人亡羊，追而反，不獲，曰：「歧路之中又有歧焉。」楊子變容不怡。弟子心都子入，以仁義愛身後名，殺身成名，身名俱全三術問。楊子以學泅多溺死，曰：「本學泅，不學溺。」孟孫陽怪之，心都子曰：「大道以多歧亡羊，學者以多方喪生。」

楊朱之弟布素衣出，天雨，黑衣反，其狗吠之。將樸之，楊朱曰：「無然，鄉使汝狗白而往，黑而反來，豈能無怪哉？」楊朱曰：「行善不以為名而名從之，名不與利期而利歸之，利不與爭期而爭及之。故君子必慎為善。」

人有亡鈇者，意其鄰之子，視其行步，竊鈇也；顏色，竊鈇也；言語，竊鈇也；動作意態，無為而不竊鈇也。俄而得其鈇，複見其鄰人之子，無一似竊鈇者。

齊人有欲金者，旦衣冠之市，適鬻金之所，攫其金去。吏捕得之，問曰：「人皆在，子攫金何也？」曰：「當攫金之時，不見人，徒見金。」

此篇多見道醒人語。

湯問篇 湯問夏革。夏革，人名。革，莊作棘。

古初無物，今惡得物？

始或為終，終或為始，物何有後先？

上下八方，無極無盡。

四海之外猶齊州。

天地亦物，物有不足，故女媧鍊五色石補天，斷鼇足立四極。

後共工與顓頊爭帝，怒觸不周山。天術折，地維缺，故天傾西北，地不滿東南。

渤海之東有大壑曰歸墟，八紘九野之水皆注之而無增無減，中有五山，曰岱輿、員嶠、方壺、瀛洲、蓬萊，隨潮波上下。禺疆使巨鼇十五戴之，迭為三番，六萬歲一交。龍伯之國有大人，一釣而連六鼇。

中州東四十萬里，有僬僥國，人長尺五寸。東北極有諍人，長九寸。荊南有冥靈，五百歲為春，五百歲為秋。上古有大椿，八千歲為春，八千歲為秋。

朽壤菌芝，朝生晦死。春夏蠓蚋，因雨而生，見陽而死。終發北溟海者，天池也，有魚名鯤，化為鵬，翼若垂天之雲，其體稱焉。大禹見之，伯益名之，夷堅志之。

焦螟巢於蚊睫。吳、楚之國有大木，名為櫾，碧樹而冬生，實丹而味酸。食其皮汁，已憤厥之疾，渡淮而北而化為枳。鴝鵒不逾濟，貉逾汶則死矣。何以識其巨細、修短、同異哉？此問對，莊、列寓意略同，所言有可憑，有不可憑，正見世故難窮，物變難測，人當委而任之。然理不可易，自吾儒之所守，此等置之不言而已。

愚公移山，夸父追日，一心而往，不必問其終也。

南國之人祝髮而裸，北國之人鞨巾而裘，中國之人冠冕而裳。越東輒沐之國鮮食長子，謂之宜弟，其大父死，負大母而棄之，以為鬼妻。楚南炎人之國，其親戚死，剔其肉，埋其骨，乃成孝子。秦西儀渠國，其親戚死，柴積焚之，煙上謂之登遐。風俗之異，大抵如是。

兩小兒爭日，孔子不能辯。此仰視則小，平視則大，日中時近也。

詹何以獨繭絲釣盈車之魚。用心專，猶蒲且之弋也。

魯公扈、趙齊嬰有疾，扁鵲治之而愈，以公扈志強而氣弱，齊嬰志弱而氣強，為換其心。於是公扈反齊嬰之室，齊嬰反公扈之室，妻子皆弗識。二家訟，扁鵲為明之。此同志怪小說矣。

薛譚學謳于秦青，未窮其技，辭歸。青餞於郊，撫節悲歌，聲振林木，響遏行雲，譚乃不敢言歸。青謂其友曰：「昔韓娥過雍門，鬻歌求食，既去，餘音繞梁。見辱逆旅，曼聲哀哭，老幼垂涕，追還復為曼聲長歌，一里喜躍，此見一謳歌技固無窮也。」偃師為周穆造倡人，歌舞應節，瞬目招王之侍妾，則又神矣。

飛衛學射于甘蠅，巧過其師。紀飛昌又學射于飛衛，飛衛教之先學不瞬，以目承牽挺，亞學視虱如車輪，故技至貫虱。泰豆之教御，黑卵之御劍，亦人所不測也。

莊子

內篇逍遙遊此一書大指。

引齊諧、志怪，便不嫌言之怪誕。

野馬，遊氣也。

列子御風亦見列子，寓言也。

庖人不治庖，屍祝不越樽俎而代。各安其所為。

宋人資章甫而適越，越人無所用之。

宋人善為不龜手之藥，世世洴澼絖。客買其方百金，說吳與越水戰獲封。

犛牛若乘天之雲，不能執鼠。皆言物各有宜。

齊物論 人籟、地籟、天籟，以是推之，物各有賴。

儒、墨之名，分之已久。

人物、彼此、是非、可否、成虧，欲揮而齊之。故曰有成與虧，昭文之鼓琴也；無成與虧，昭文之不鼓琴也。

天下莫大於秋毫之末，而太山為小；莫壽乎殤子，而彭祖為夭。天地與我並生，而萬物與我為一。

六合之外，聖人存而不論，六合之內，聖人論而不議。春秋經世，先王之志，聖人議而不辯。

庸詎吾所謂知之非不知耶？庸詎知吾所謂不知之非知耶？

孟浪之言皆妙道之行，妄言亦妄聽可矣。

死生夢覺亦一也。周夢蝴蝶，現身說妄皆為真。

罔兩問景。罔兩，景外微陰。

養生主 為善無近名，為惡無近刑。達刑名為善養。

庖丁解牛，奏刀騞然，進乎技矣。三年之後，未嘗見全牛，官知止而神欲行，批大郤，導大窾，技經肯綮之未嘗。解數千牛，刃若新發於硎。以無厚入有間，恢恢乎遊刃有餘地。動刀甚微，謋然已解，如土委地，提刀而立，為之四顧，為之躊躇滿志。文惠君曰：「善哉，吾聞庖丁之言得養生焉。」此結點法。

公文軒見右師而驚，曰：「是何人也？惡乎介也。天與？其人與？」曰：「天也，非人也。天之生是使獨也。」有與獨無非天。

人間世 堯攻叢枝、胥敖。他書不見。

內直者與天為徒，外曲者與人為徒，成而上比者與古為徒，是皆欲與為無町畦也。螳蜋怒臂以當車，則不自量矣。

櫟社之枝，商丘之木，以不材為幸，異于荊氏之楸桑。

德充符 王駘、申徒嘉、叔山之兀，哀駘它之醜，猶之支離頤、闉跂無脤、甕盎大癭，人固不以貌也。

大宗師 善吾生者乃所以善吾死也。佳語。

藏舟于壑，藏山於澤，夜半有力者負之而走，昧者不知也。雖藏之固不可恃。

副墨之子，作書者；洛誦之孫，讀書者。

子輿曰：「浸假而化予之左臂以為雞，予因以求時夜。浸假而化予之右臂以為彈，予因以求鴞炙。浸假而化予之尻以為輪，以神為馬，予因而乘之，豈更駕哉？」體化合變，無往而不因，無因而不可，解之甚明。

子桑戶、孟子反、子琴張三人相與友，曰：「孰能相與於無相與，相為於無相為？」三人相視而笑，莫逆於心。俄而子桑戶死，二人相和而歌，曰：「嗟來桑戶乎，而已反其真，而我猶為人猗？」孔子曰：「彼游于方之外者也。游方外則難言禮矣，故以生為附贅懸疣，以死為決疣潰癰。」

孔子曰：魚相忘乎江湖，人相忘乎道術。吾曰：至人常足故常忘，得其意矣。

許由曰：「吾師道術。吾師乎？韲萬物而不為義，澤及萬世而不為仁，長於上古而不為老，彫刻眾形而不為巧。」四語不嫌過高。下言子桑淋雨十日，子輿裹飯往食之。子桑若歌若哭，鼓琴曰：「父邪？母邪？天乎？人乎？父母豈欲吾貧哉？天無私覆，地無私載，天地豈私貧我哉？求其為之者而不得也，然而至此極者，命也夫。」即此知莊子言無心猶未免自露其心，若真無心，須並貧而不知，並命而不知，于子桑乎何稱？是莊子之放達亦窮而後放達者耳。

接輿告肩吾曰：「經式義度是欺德也，其於治天下，猶涉海鑿河而使蚉負山也。」

南海之帝為儵，北海之帝為忽，中央之帝為渾沌。儵與忽謀為渾沌鑿竅，七日而渾沌死。

外篇駢拇 駢拇、支枝出乎性而侈於德，附贅懸疣出乎形而侈於性。

鳧脛雖短，續之則憂；鶴脛雖長，斷之則悲。莊子之文亦是善喻。

離仁義於德，莊子固不識德也。外仁義於性命，莊子固不識仁義也。謂經式義度治天下迂且難，莊子固不可治天下也。

馬蹄 馬蹄可以踐霜雪，毛可以禦風寒，齕草飲水，翹足而陸，此馬之真性也，雖有義台路寢無所用之。是一篇大意。

胠篋 絕聖棄智，大盜乃止，即聖人不死，大盜不止意也。其語害道，其所以然則謂盜亦竊道，然深言之，道仍可化盜也。擿玉毀珠，小盜賊不起，此意是。

在宥 聞在宥天下，不聞治天下。亦無為而治意，然悞認無為。

不恬不愉，非德也。恬、愉字自好。

神動而天隨。注：「神順物而動，天隨理而行。」作對說。

雲將、鴻濛之問答明託虛空。

天地 黃帝玄珠之索言求道也。離朱、喫詬索之不得，明與力皆不可恃。罔象得之，惟玄得玄。

堯之師曰許由，許由之師曰齧缺，齧缺之師曰王倪，王倪之師曰被衣。其人有無皆不必泥。

華封三祝。封人稱君為女，古俗也。

聖人鶉居而鷇食。注：鶉居，無意期安。鷇食，仰物而足是也。

子貢教漢陰丈人灌園。注：云用時之所用者，乃純備也。斯人欲修純備而抱一守古，失其旨矣，翻得是。

厲之人夜半生子，取火而視之，汲汲然惟恐其似己也。喻人皆自欲善。

天道 士成綺見老子而問曰：「吾觀子非聖人也，鼠壤有餘蔬。」老子曰：「呼我為牛也而謂之牛，呼我為馬也而謂之馬，不爭名稱。」

桓公讀書，輪扁斲輪，以書為聖人之糟粕，借工言教學無益，非也。

天運 天其運乎？地其處乎？孰主張是？孰綱維是？孰居無事，推而行是？意者其有機緘而不得已邪？此不可知而未始不可知。

在谷滿谷，在阬滿阬。道無不周如是。

刻意 無天災，無物累，無人非，無鬼責，是誠足樂，然而難矣。

繕性 不為軒冕肆志，不為窮約趨俗。二語吾取之。

秋水 秋水時至，百川灌河，經流之大，兩涘渚崖之間不辨馬牛。河伯東行，至於北海，望洋向若而歎曰：「吾嘗見笑於大方之家。」北海若曰：「計四海之在天地之間也，不似礨空之在大澤乎？計中國之在海內，不似稊米之在太倉乎？號物之數謂之萬，人處一焉。人卒九州，穀食之所生，舟車之所通，人處一焉。此其終比於萬物也，不似豪末之在馬體乎？」「世之爵祿不足以為勸，戮恥不足以為辱。」「大人無己，約分之至也。」此言道之無量可矣，薄伯夷之讓，慊仲尼之博則非也。

牛馬四足，是謂天；絡馬首，穿牛鼻，是謂人。亦任自然之意。

夔憐蚿，蚿憐蛇，蛇憐風，風憐目，目憐心。各相憐者各自足。

「水行不避蛟龍者，漁父之勇也。陸行不避兕虎者，獵夫之勇也。白刃交於前，視死若生者，烈士之勇也。知窮之有命，知通之有時，臨大難而不懼者，聖人之勇也。」此段語佳。

莊子與惠子游于濠梁之上，莊子曰：「儵魚出遊從容，是魚樂也。」惠子曰：「子非魚，安知魚之樂。」莊子曰：「子非我，安知我不知魚之樂？」善辨見相非，不必相知。

至樂 莊子妻死，鼓盆而歌。非所樂矣。

柳生滑介叔之左肘，不以為惡。即生寄之意。

髑髏見夢于莊，不願棄南面王樂而復為人間之勞，即死歸之意。

達生　仲尼適楚，出於林中，見痀僂者承蜩，猶掇之也。仲尼曰：「子巧乎，有道邪？」曰：「有道也。五六月累丸二而不墜，則失者錙銖；累三而不墜，則失者十一；累五而不墜，猶掇之也。吾不以萬物易蜩之翼，何為而不得！」孔子顧謂弟子曰：「用志不分，乃凝於神。凡有為者皆當然。」

齊桓公見委蛇，大如轂，長如轅，紫衣朱冠，聞雷車之聲則捧首而立，此澤鬼也，見之者殆乎霸。齊士皇子告敖語之，亦見博物。

扁子謂孫休飾智以驚愚，修身以明汙，告以至人之德，恐其驚而遂至於惑也，因言「鳥止魯郊，魯君悅，具太牢以饗之，奏九韶以樂之，鳥始憂悲眩視，不敢飲食」，又譬之載鼷以車馬，樂鴳以鐘鼓，其意亦同。

山木　莊子行於山中，見大木，匠者弗視，曰：「此以不材終其天年。」反舍故人家，故人命豎子殺雁而烹之，一不能鳴，請奚殺。曰：「殺不能鳴者。」豎子曰：「此以不材死，先生將奚處？」曰：「吾處夫材與不材之間。」材與不材之間似之而非也，莊子固自言之。

方舟而濟於河，虛船來觸舟，雖有褊心之人不怒，有一人在其上則呼張歙之，再呼不聞，三呼必以惡聲隨之。向也不怒而今也怒，向也虛而今也實。人能虛己以處世，其孰能害之？

太公任語孔子曰：「東海之鳥名曰意怠，翂翂，翐翐似無能是以免於患。」又曰：「直木先伐，甘井先竭。」又曰：「功成者墮，名成者虧。」

孔子語顏回曰：「鳥莫智於鷾鴯，目之所不宜處不給視，雖落其實，棄之而走。」此皆莊子處世之道，與老氏俱相近而又自有意。

田子方田子方稱東郭順子于魏文侯，曰：「其為人也，人貌而天虛，緣而葆真，清而容物，物無道，正容以悟之，使人之意也消。」此處無道為得。

顏淵問于仲尼曰：「夫子步亦步，趨亦趨，馳亦馳，夫子奔軼絕塵而回瞠若乎後矣。」夫子曰：「吾終日與交臂而失之。」形容孔、顏之詣為近。

夫子問老聃之言語，顏淵曰：「丘之道，其猶醯雞與？」何小孔推老如是？

莊子見魯哀公，公曰：魯多儒，少為先生方。莊子曰：「魯少儒，儒冠圜冠知天時，履句屨者知地形，緩佩玦者，事故至而斷。」使號于國中，曰「無此道而為此服者，其罪死」。獨一丈夫儒服立乎公門，問之，千轉萬變而不窮。莊子曰：「以魯國而儒者一人耳，可謂多乎？」此莊子藉以自稱，恐漆園無見哀公事。

宋元君，公將畫圖，一史解衣槃礴，君曰：「此真畫者。」注曰：內是神閑而定。

文王見臧丈夫鈞而無鉤，亦如高宗託夢見傅說，是明太公事也。

列御寇射，措杯水其肘上，伯昬無人登高山履危石，臨百仞之淵，教以不射之射。注：德充于內，神薄于外，何所憂愁？

知北游知見無為謂，問而答。黃帝曰：「言者不知，知者不言。」是託言不言之教。

「人生天地之間，若白駒之過郤，忽然而已。」如是，終身何愁？

東郭子問莊子道何在，曰在螻蟻，屢問，曰在稊稗，在瓦甓，在尿溺。東郭子不應。莊子曰：「夫子之問也，正獲之問於監市履狶也，每下愈況。」前輩謂此段亦猶中庸言道之費，但說來特怪。

冉求問仲尼：「未有天地可知乎？」曰：「古猶今也。」又問，「無古無今，無始無終。」此言當邵子「子生亥消」之說，亦推測之見耳。

雜篇 **庚桑楚**首稱老聃之役庚桑楚。役猶徒也。

庚桑楚謂南榮趎曰：「奔蜂不能化藿蠋，越雞不能伏鵠卵，魯雞固能矣。」言己不能化南榮趎，欲使見老子也。

老子告榮趎曰：「能兒子乎？」兒子動不知所為，心若槁木而形若死灰，禍亦不至，福亦不來，不知禍福固無禍福也。

兵莫憯於志，鏌鋣為下。寇莫大於陰陽，無所逃於天地之間。

以天下為之籠則雀無所逃。數語當知。

徐無鬼徐無鬼告魏武侯以相狗馬，女商問之曰：「子不聞越之流人乎？去國數日，見其所知而喜；去國旬月，見所嘗見於國中者而喜；及期年，見似人者而喜。逃虛空者，藜藋柱乎鼪鼬之徑，踉位其空，聞人足音跫然而喜矣，又況乎昆弟親戚之謦欬其側者乎！久矣夫！莫以真人之言謦欬吾君之側。」言告君以所好則君喜，而形容去人者之見人，特肖。

黃帝將見大隗乎具茨之山，方明為御，昌寓驂乘，張若、謵朋前馬，昆閽、滑稽後車。至於襄城之野，七聖皆迷，適遇牧馬童子，問塗焉。知具茨之山，又知大隗之所在。請問為天下，小童曰：「為天下者，亦奚以異乎牧馬者哉！亦去其害馬者而已矣！」牧馬喻功，小童即當老童。

莊子與惠子言，求唐子，未始出域。唐子，失子也。

莊子過惠子之墓，顧謂從者曰：「郢人堊慢其鼻端若蠅翼，使匠石斲之。匠石運斤成風，盡堊而鼻不傷。宋元君聞之，召匠石為之。匠石曰：『臣之質死久矣。』自夫子之死也，吾無以為質矣！」此言惠子善已死，若已死也。

管仲病將死，不薦鮑叔而薦隰朋，自實事亦公心也。

仲尼對楚王：「丘願有喙三尺。」意為不言之辨也。

「羊肉不慕蟻，蟻慕羊肉，羊肉羶也。舜有羶行」，可謂善喻，豕虱、卷婁之譬則非。

風日過河皆有損，經驗語。

則陽 戴晉人以蠻觸戰蝸牛之角譬，魏侯罃止其戰，奇想奇喻。

長梧封人問子牢曰：「君為政焉，勿鹵莽；治民焉，勿滅裂。予為禾耕而鹵莽之，則其實亦鹵莽而報予。予芸而滅裂之，其實亦滅裂而報予。」莊子曰：「今人之治其形，理其性，多有似封人之謂。」然則為農、為政、為學一也。

蘧伯玉行年六十而六十化，未嘗不始於是之而卒詘之以非也，未知今之所謂是之非五十九非也，是非之見何窮？

外物 螴蜳不得成。螴蜳，音陳敦，氣不安定也。矜之愈重，莫知所守，故不得成。

莊周貸粟于監河侯，為譬以涸轍之魚，今救人者惜升斗之水，則枯魚之肆見索者多矣。

飾小說以干縣令，譬未聞任公子之釣大魚也，言不可與經世也。

「臚傳」字本此篇。

仲尼曰：「神龜能見夢于宋元君，而不能避餘且之網；智能七十二鑽而無遺筴，不能避刳腸之患。」言神智不可盡恃。

堯與許由，許由逃之。湯與務光器，光怒之。紀他因率弟子踆于窾，申徒狄因以踣河，言其波蕩傷性遂至此。

筌者所以在魚，得魚而忘筌。蹄者所以在兔，得兔而忘蹄。言者所以在意，得意而忘言。忘言之人始可言。

寓言 寓言十九，言九見信。重言十七，言七見信。卮言日出，和以天倪，卮滿則傾，空則仰，況之於言，因物隨變，故曰日出。

曾子再仕而心再化，曰：「吾及親仕，三釜而心樂；後仕，三千鍾不洎吾心悲。」心在親，不在祿。

讓王 堯讓天下于許由，舜讓天下于子州支伯，又讓於善卷，又讓于石戶之農，皆不受，非其任也。非其任則未必讓。

原憲捉衿肘見，納履踵決，對子貢「貧也，非病」。顏淵對仲尼：「回有郭外之田五十畝，足以給飦粥，郭內之田四十畝，足以給絲麻，不願仕。」是回之境猶愈於憲，然皆貧也。憲固甘貧，回則自樂矣。

湯將伐桀，因卞隨而謀，曰：「非吾事也。」謀於務光亦然。湯勝桀，讓二人，二人辭，一投稠水，一投瀘水，甚于許由、巢父矣。

盜跖　盜跖為柳下季之弟，孔子與柳下季為友，往說之，明是寓言，然太貶孔子，害道之甚。

滿苟得答子張之言與盜跖亦近。

孔子不見母，匡子不見父。二句何語？匡子，匡章也。莊子與孟子同時，兩家之書胡不相及？

知和答無足：「平為福，有餘為害者，物莫不然，而財甚焉者也。」又曰：「及其患至，求盡性竭財，單以反一日之無，故而不可得也。」言富人營利足以為戒，方百川文取之。

說劍　莊子為太子悝說趙文王，止其喜劍，亦辨士之尤者。

漁父　孔子游乎緇帷之林，休坐乎杏壇之上，弦歌鼓琴。漁父聽之而去，孔子反服教焉。郭注「無江海而問者能下江海之士」是也，然漁父之所教非教也。

列禦寇　戶外之屨滿矣，伯昬瞀人以是見列子，因以教之，言其不能保真。

朱泙漫學屠龍于支離益，單千金之家，三年技成，無所試其巧。注云：事在於適，無責於遠功。

宋人曹商使秦，其往也，得車數乘，王說之，益車百乘。莊子曰：「秦王有病召醫，破癰潰痤者得車一乘，舐痔者得車五乘，所治癒下，得車愈多，子豈治其痔邪？」是言事下則功高祿重也。

孔子曰：「人心險於山川，難於知天，其就義若渴者，其去義若熱。」此言人之難知，誠然。觀人九徵，譎術也，恐非孔子語。

或聘于莊子，莊子應其使曰：「子見夫犧牛乎？衣以文繡，食以芻菽，及其牽而入於太廟，雖欲為孤犢，其可得乎？」此莊子之志也，然猶為吏漆園，將不免貶志。

天下詩以道志，書以導事，禮以導行，樂以導和，易以導陰陽，春秋以導名分。莊子固深於六經。

宋鈃、尹文作為華山之冠以自表。

此篇盡斥墨子以下禽滑釐、田駢諸人，末並己亦駁之。宋鈃即孟子所言宋牼也。

「惠施多方，其書五車，其道舛駁」，駁惠即駁己也。

以謬悠之說、荒唐之言、無端崖之辭，時恣縱而不黨，不以觭見之。又曰：「其書雖瓌瑋而連犿，無傷其辭，雖參差而諔詭可觀。」自論其書，何待人論？

孫子

始計要語校之以計而索其情，曰主孰有道，將孰有能，天地孰得，法令孰行，兵衆孰強，士卒孰練，賞罰孰明。

兵者，詭道也。能而示之不能，用而示之不用，近而示之遠，遠而示之近。利而誘之，亂而取之，實而備之，強而避之，怒而撓之，卑而驕之。佚而勞之，親而離之。攻其無備，出其不意，此兵家之勝，不可先傳。

作戰要語兵聞拙速。

不盡知用兵之害者，則不能盡知用兵之利。

役不再籍，糧不三載，取用於國，因糧於敵。

謀攻要語不戰而屈人之兵，善之善者也。故上兵伐謀，其次伐交，其次伐兵，其下攻城。用兵之法，十則圍之，五則攻之，倍則分之，敵則能戰之，少則能守之。不若則避之。

知己知彼，百戰不殆。

軍形要語 昔之善戰者，先為不可勝，以待敵之可勝。

不可勝者，守也；　可勝者，攻也。

善守者藏於九地之下，善攻者動於九天之上。

善戰者之勝也，無智名，無勇功。

善戰者立於不敗之地，是故勝兵先勝而後求戰，敗兵先戰而後求勝。

善用兵者修道而保法。

勝者之戰，若決積水於千仞之谿者，形也。

兵勢要語 凡治眾如治寡，分數是也。　鬥眾如眾寡，形名是也。

凡戰者，以正合，以奇勝。　善出奇者無窮，終而復始，死而復生。

奇正相生，如環之無端。

善戰人之道，如轉圓石於千仞之山者，勢也。

虛實要語 凡先處戰地而待敵者佚，後處戰地而趨敵者勞。　故善戰者致人而不致於人。

形兵之極，至於無形。

水之形避高而趨下，兵之形避實而擊虛。

軍爭要語 合軍聚眾，莫能於軍爭。　軍爭之難者以迂為直，以患為利。

捲甲而趨，倍道兼行，百里而爭利，擒三將軍，勁者先，疲者後，其法十一而至。　五十里而爭利則蹶上將軍，其法半至。　三十里而爭利，則三分之二至。

不知諸侯之謀者，不能豫交；　不知山林、險阻、沮澤之形者，不能行軍；　不用鄉導者，不能得地利。　故兵以詐立，以利動，以分合為變者也。

金鼓旌旗者，所以一人之耳目也。

夜戰多金、鼓，晝戰多旌旗，所以變人之耳目也。

三軍可奪氣，將軍可奪心，是故朝氣鋭，晝氣惰，暮氣歸。善用兵者，避其鋭氣，擊其惰歸，此治氣者也。以治待亂，以靜待譁，此治心者也。以近待遠，以佚待勞，以飽待饑，此治力者也。無邀正正之旗，無擊堂堂之陣，此治變者也。高陵勿向，背丘勿逆，佯北勿從，鋭卒勿攻，餌兵勿食，歸師勿遏，圍師必闕，窮寇勿追。

九變要語 凡用兵之法，合軍聚眾，圮地無舍，衢地合交，絕地無留，圍地則謀，死地則戰。途有所不由，軍有所不擊，城有所不攻，地有所不爭，君命有所不受，故將通於九變之利者，知用變矣。

行軍全篇 凡處軍相敵，絕山依谷，視生處高，戰險無登，此處山之軍也。絕水必遠水，客絕水而來，勿迎之于水內，合半渡而擊之，利。欲戰者無附水而迎客，視生處高，無迎水流，此處水土之軍也。絕斥澤，惟亟去勿留，若交軍於斥澤之中，必依水草而背眾樹，此處斥澤之軍也。平陸處易右背高，前死後生，此處平陸之軍也。凡此四軍之利，黃帝所以勝四帝也。凡軍，好高而惡下，貴陽而賤陰，養生處實，軍無百疾，是謂必勝。丘陵隄防，必處其陽而右背之，此兵之利，地之助也。上雨，水沫至，欲涉者，待其定也。凡地有絕澗、天井、天牢、天羅、天陷、天隙，必亟去之，勿近也。吾遠之，敵近之，吾迎之，敵背之，軍旁有險阻、潢井、林木、蒹葭、翳薈者，必謹覆索之，此伏奸之所也。近而靜者恃其險也，遠而挑戰者欲人之進也。其所居易者，利也；眾樹動者，來也；眾草多障者，疑也；鳥起者，伏也；獸駭者，覆也；塵高而鋭者，車來也；卑而廣者，徒來也；散而條達者，樵采也；少而往來者，營軍也；辭卑而益備者，進也；辭強而進驅者，退也；輕車先出，居其側者，陣也；無約而請和者，謀也；奔走而陳兵者，期也；半進半退者，誘也；仗而立者，饑也；汲而先飲者，渴也；見利而不知進者，勞也；鳥集者，虛也；夜呼者，恐也；軍擾者，將不重也；旌旗動者，亂也；吏怒者，倦也；　殺馬食肉者，軍無糧也；　懸缻不返其舍者，窮寇也；　徐與人言者，失衆也；　數賞者，窘也；　數罰者，困也；　先暴而後畏其衆者，不精之至也；　委謝者，欲休息也。兵怒而相迎，久不合戰又不解去，必謹察之。兵非貴益多，惟無武近，足以併力、料敵、取人而已。夫惟無慮而易敵者，必擒於人。卒未親附而罰之則不服，不服則難用也。卒已親附而罰不行則不可用也。故令之以文，齊之以武，是謂必取。令素行以教其民則民服，令不素行以教其民則民不服，令素行者與民相得也。

地形全篇 地形有通者，有掛者，有支者，有隘者，有險者，有遠者。我可以往，彼可以來曰通，通形者先居高陽，利糧道，以戰則利。可以往，難以返曰掛形，掛形者敵無備，出而勝之，若有備，出而不勝，難以返，不利。我出而不利，彼出而不利曰支，支形者，敵雖利我，我無出也，引而去之，令敵半出而擊之，利。隘者，我先居之，必盈之以待敵。若敵先居之盈而勿從，不盈而從之，險形者我先居之，必居高陽以待敵，若敵先居之，引而去之，勿從也。遠形者勢均，難以挑戰，戰而不利，凡此六者，地之道也。將之至任，不可不察也。故有走者，有弛者，有陷者，有崩者，有亂者，有北者，凡此六者非天地之災，將之過也。勢均，以一擊十曰走；　卒強吏弱曰弛；　吏強卒弱曰陷；　大吏怒而不服，遇敵懟而自戰，將不知其能曰崩；　將弱不嚴，教道不明，吏卒無常，陳兵縱横曰亂；　將不能料敵以合衆，以弱擊強，兵無選鋒曰北。凡此六者，敗之道也。將之至任，不可不察也。夫地形者，兵之助也，料敵制勝，計險阨遠近，上將之道也。知此而用戰者必勝，不知此而用戰者必敗。故戰道必勝，主曰無戰，必戰可也。戰道不勝，主曰必戰，無戰可也。故進不求名，退不避罪，惟民是寶，而利於上，國之寶也。視卒如嬰兒，故可與之赴深谿；　視卒如愛子，故可與之俱死。愛而不能令，厚而不能死，亂而不能治，譬如驕子，不可用也。知吾卒之可以擊，而不知敵之不可以擊，勝之半也。知敵之可擊，而不知吾卒之不可以擊，勝之半也。知敵之可擊，知吾卒之可擊，而不知地形之可以擊，勝之半也。故知兵者，動而不迷，舉而不窮，故曰知己知彼，乃不殆，知天知地，勝乃可全。

九地要語 諸侯自戰其地者為散地；入人之地不深者為輕地；我得之亦利，彼得之亦利，為爭地；我可以往，彼可以來者，為交地；諸侯之地三屬，先至而得天下之從者為衢地；入人之地深，背城邑多者為重地；山林、險阻、沮澤，凡難行之道為圮地；所由入者隘，所從歸者迂，彼寡可以擊吾之眾者為圍地；疾戰則存，不疾戰則亡者，為死地。是故散地則無戰，輕地則無止，爭地則無攻，交地則無絕，衢地則合交，重地則掠，圮地則行，圍地則謀，死地則戰。

問：敵眾整而將來，待之若何？曰：先奪其所愛則聽矣。兵之情主速，乘人之不及，由不虞之道，攻其所不戒也。

善用兵者譬如率然，率然者，常山之蛇也。擊其首則尾至，擊其尾則首至，擊其中則首尾俱至。

善用兵者攜手若使一人，不得已也。

投之亡地然後存，陷之死地然後生。

始如處女，敵人開戶，後如脫兔，敵不及拒。

火攻要語 火攻有五：一曰火人，二曰火積，三曰火輜，四曰火庫，五曰火隊。行火必有因，煙火必素具，發火有時，起火有日。時者，天之燥也。日者，月在箕、結、翼、軫也。此四宿者，風起之日也。

火發上風，無攻下風，晝風久，夜風止。

以火佐攻者明，以水佐攻者強。

主不可以怒而興師，將不可以慍而致戰。

亡國不可以復存，死者不可以復生，故明主慎之，良將警之。

用間要語 用間有五：有因間，有內間，有反間，有死間，有生間。因間者，因其鄉人而用之。內間者，因其官人而用之。反間者，因其敵間而用之。死間者，為誑事於外，令吾間知之而傳於敵間也。生間者，反報也。三軍之事莫親於間，賞莫厚於間，事莫密於間，非聖智不能用間，非仁義不能使間，非微妙不能得間之實。微哉！微哉！無所不間也。

凡軍之所欲擊，城之所欲攻，人之所欲殺，必先知其守將、左右、謁者、門者、舍人之姓名，令吾間必索知之。

吴子

圖國要語 昔之圖謀國家者，必先教百姓而親萬民。有四不和：不和于國不可以出軍，不和於軍不可以出陳，不和于陳不可以進戰，不和于戰不可以決勝。是以有道之主，將用其民，先和而造大事。

凡制國治軍，必教之以禮，勵之以義，使有恥，則大足以戰，小足以守，然戰勝易，守勝難。

簡募良材，以備不虞。

使賢者居上，不肖者居下，則陳已定矣。民安其田宅，親其有司，則守已固矣。百姓皆是吾君而非隣國，則戰已勝矣。

料敵要語 凡料敵有不卜而與之戰者八：一曰疾風天寒，早興寤遷，剖冰濟水，不憚艱難；二曰盛夏火熱，晏興無間，行趨饑渴，務以取遠；三曰師既淹久，糧食無有，百姓怨怒，妖祥數起，上不能止；四曰軍資既竭，薪芻既寡，天多陰雨，欲掠無所；五曰徒眾不多，水地不利，人馬疾疫，四隣不至；六曰道遠日暮，士眾勞懼，倦而未食，解甲而息；七曰將薄吏輕，士卒不固，三軍數驚，師徒無助；八曰陣而未定，舍而未畢，行陂涉險，半隱半出。敵如此者，擊之勿從。有不占而避之者六：一曰土地方方面面，人民富眾；二曰上愛其下，惠施流布；三曰賞信刑察，發必得時；四曰陳功居列，任賢使能；五曰師徒之眾，兵甲之精；六曰四隣之助，大國之援。凡此不如敵人，避之勿疑。

用兵必審虛實而趨其危，敵人遠來新至，行列未定，可擊；既食，未設備，可擊；奔走，可擊；勤勞，可擊；未得地利，可擊；失時不從，可擊；涉長道後，行未息，可擊；涉水半渡，可擊；險道隘路，可擊；旌旗亂動，可擊；陳數移動，可擊；心怖，可擊。凡若此者，選鋭沖之，分兵繼之，急擊勿疑。

治兵要語 治兵先明四輕二重一信。使地輕馬，馬輕車，車輕人，人輕戰。明知險易則地輕，馬芻秣以時則馬輕，車膏鐧有餘則車輕，人鋒銳甲堅則人輕。戰，進有重賞，退有重刑，行之以信，審能達此，勝之主也。

武侯問曰：「兵以何為勝？」曰：「以治為勝。居則有禮，動則有威，進不可當，退不可追，前卻有節，左右應麾，雖絕成陳，雖散成行，與之安，與之危，其眾可合而不可離，可用而不可疲，投之所往，天下莫當，名曰父子之兵。」

凡兵戰之場，止屍之地，必死則生，幸生則死。其善將者如坐漏船之中，伏燒屋之下，使智者不及謀，勇者不及怒，受敵可也。故曰用兵之害，猶豫為大。三軍之災，生於狐疑。

武侯問三軍進止。對曰：「無當天竈，無當龍頭。天竈者，大谷之口；龍頭者，大山之端。必左青龍，右白虎，前朱雀，後玄武，招搖在上。將戰之時，審候風所從來，風順致，呼以從之，風逆，堅陣以待之。」

論將要語 將之所慎者五：一曰理，二曰備，三曰果，四曰戒，五曰約。理者，治眾如治寡；備者，出門如見敵；果者，臨敵不懷生；戒者，雖克如始戰；約者，法令省而不煩，受命而不辭家，破敵而後言返。故師出之日，有死之榮，無生之辱。

武侯問曰：「兩軍相望，不知其將，我欲相之，其術如何？」對曰：「令賤而勇者，將輕銳以嘗之，務於北，無務於得，觀敵之來。一坐一起，其政以理，其追北佯為不及，其見利佯為不知，如此者名為智將，勿與戰矣。若其眾讙譁，旌旗煩亂，其卒自行止，其兵或縱或橫，其追北恐不及，見利恐不得，此為愚將，雖眾可獲。」

應變要語 武侯問：「若敵眾我寡，為之奈何？」對曰：「避之于易，邀之於阨。」

千乘萬騎，兼之徒步，分為五軍，各軍一衢，五軍五衢，敵人必惑，莫知所加。敵若堅守，急行間諜以觀其慮，彼聽吾說，解之而去，不聽吾說，斬使焚書，分為五戰。戰勝勿追，不勝疾走，如是佯北，一結其前，一絕其後，兩軍銜枚，或左或右，而襲其處，五軍交至，必有其利，此擊強之道也。

武侯問曰：「若遇敵于谿谷之間，旁多險阻，彼衆我寡，為之奈何？」曰：「深山大澤，疾行亟去。若高山深谷，卒然相遇，必先鼓噪而乘之，進弓與弩，且射且虜，審察其治，亂，擊之勿疑。」

武侯問曰：「左右高山，地甚狹迫，卒遇敵人，擊之不敢，去之不得，為之奈何？」曰：「此謂谷戰，雖衆不用。募吾材士，與敵相當，輕足利兵，以為前行，分車列騎，隱於四旁，相去數里，無見其兵，敵必堅陣，進退不敢，於是出旌列旆，行出山外營之。敵人必懼，車騎挑之，勿令得休。」

武侯問曰：「吾與敵相遇大水之澤，傾輪沒轅，水薄車騎，舟楫不設，進退不得，為之奈何？」曰：「此為水戰，無用車騎，且留其傍。登高四望，必得水情，知其廣狹，盡其淺深，乃可為奇以勝之。敵若絕水，半渡而擊之。」

武侯問曰：「天久連雨，馬陷車止，四面受敵，三軍驚駭，為之奈何？」曰：「凡用車者，陰濕則停，陽燥則止，貴高賤下。敵人若起，必逐其跡。」

武侯問曰：「暴寇卒來，掠吾田野，取吾牛羊，則如之何？」曰：「暴寇勿慮其彊，善守勿失，彼將暮去。其裝必重，其心必恐，還退務速，必有不屬，追而擊之。」

凡攻敵圍城之道，城邑既破，各入其宮，銜其祿秩，收其器物，軍之所至，無刊其木，發其屋，取其粟，殺其六畜，燔其積聚，示民無殘心，其有請降，許而安之。

勵士要語 君舉有功而進享之，無功而勵之。

有死事之家，歲使使者勞賜其父母，著不忘於心。

一人投命，足懼千人。

荀子

勸學篇青，取之藍而青于藍；　冰，水為之而寒于水。二句似對不對，古文法也。

篇取喻太多，未免詞勝。

其數始乎誦經，終乎讀禮。其義始乎為士，終乎為聖人。真積力久則入，學至乎沒而後止也。此一篇之要。

學莫便乎近其人。亦要語。

修身篇良農不為水旱不耕，良賈不為折閱不市，士君子不為貧窮怠乎道。數語佳。

蹞步而不休，跛鱉千里。語喻亦佳。

不苟篇五寸之矩，盡天下之方。矩即絜矩之矩。

榮辱篇與人善言，煖於布帛；　傷人之言，深於矛戟。

乳彘觸虎，乳狗不遠遊，不忘其親也。喻鬭者忘親，當戒。

凡鬭者，必自以為是而以人為非。己誠是也，人誠非也，則己君子而人小人也。以君子與小人相賊，害也。憂以忘其身，內以忘其親，上以忘其君，豈不過甚矣哉？此意亦善，然猶非聖賢不見己是，不見人非之心。

公生明，偏生暗，端慤生通，詐偽生塞，誠信生神，誇誕生惑。此六者，君子慎之，學者可不知哉？

非相篇相形不如論心，論心不如擇術。要語。

仲尼面如蒙倛，周公身如斷菑，皋陶色如削瓜，閎夭面無見膚，傅說身如植鰭，伊尹無須麋，禹跳，湯偏，堯、舜參牟。

桀、紂長巨姣美，古人之相略見。

五帝之外無傳人，五帝之中無傳政。名語。

非十二子君子能為可貴，不能使人必貴己。能為可信，不能使人必信己。能為可用，不能使人必用己。大醇語言。

子思、孟子固不同于諸子，然二子不可非，非二子先自非矣。

仲尼篇道歸仲尼，知所尊矣。尊仲尼先在斥五伯，而言桓公與管仲書社三百而富人莫之敢距，正合仲尼之旨。

儒效篇周公為大儒，儒固不分上下貴賤。

兼制天下，立七十一國，姬姓獨居五十三人，而天下不稱偏。與左傳成鱄對魏獻子語小有同異。

儒者在本朝則美政，在下位則美俗。窮達一也，但為事須審其分，因其時。

以淺持博，以古持今，以一持萬，君子言有壇宇，行有防表，道有一隆。皆語之醇者。

王制篇澤人足乎木，山人足乎魚。即二句便見王制之善。

一與一是為人。此人字即聖人。

富國篇此篇闢墨為多。

上不隆禮則兵弱，上不愛民則兵弱。已諾不信則兵弱，慶賞不漸則兵弱，將率不能則兵弱。上好利則國貧，士大夫衆則國貧，工商衆，無制數度量則國貧，下貧則上貧，下富則上富。此段強兵富國之本。

王霸篇用國：義立而王，信立而霸，權謀立而亡。有仁義乃可言信，五霸假之，信亦權謀耳。

君道篇有亂君，無亂國，有治人，無治法。四語已道盡。

臣道篇四臣之中，有態臣。容悅之臣也，字新。

致士篇師術有四而博習不與焉。尊嚴而憚，耆艾而信，誦說而不陵不犯，知微而論。此與非相篇「人有三不祥」皆格言。又曰「水深則回，葉落糞本，弟子通利則思師」，亦為師為弟子者所當知。

議兵篇觀此篇則孫、吳言兵不厭詐者皆後世之術。

以桀詐堯，若以卵投石，以指撓沸。此喻甚明。

齊之技擊不可以過魏氏之武卒，魏氏之武卒不可以過秦之銳士，秦之銳士不可以當桓、文之節制，桓、文之節制不可以當湯、武之仁義。指實言之，其效昭然。

彊國篇堂上不糞則郊草不曠芸，白刃扞乎胸則目不見流矢，拔戟加乎首則十指不辭斷。末喻人君當先務禮義，然後及他事及能為彊國。

天論篇本荒而用侈則天不能使之富，養略而動罕則天不能使之全，倍道而妄行則天不能使之吉。

天不為人之惡寒也輟冬，地不為人之惡遼也輟廣，君子不為小人匈匈也輟行。此皆箴語。

正論篇此篇意多與孟子同。

肉刑古今所同。

湯、武非放伐，堯、舜非擅讓，堯、舜非不能教子。皆孟子意。

薄葬非禮，闢墨子。

禮論篇養欲給求，正禮義之所起，所謂禮義生於富足也。

論禮、論樂，戴記取之，荀子足輔經矣。

銘與重皆書名，荀子時已無此，變禮之當者宜知。

荀子發語多用焉字，或用案，或用安，亦或用之，今人鮮解。

解蔽篇墨子蔽于用文而不知文，宋子蔽於欲而不知得，慎子蔽於法而不知賢，申子蔽於勢而不知知，惠子蔽於辭而不知實，莊子蔽於天而不知人。解六子之蔽是主。

垂作弓，浮游作矢，浮游即牟夷，聲相近。

空石之中有人，名曰觙，其人善射以好思。此或有之，不可不知。

有子惡臥焠掌，可謂能自忍，謂忍苦。

厭目而視者視一以為兩，掩耳而聽者聽漠漠而以為洶洶。荀子亦多經驗語。

正名篇辨公孫龍等堅白、異同之說。

名有三，一命物之名，方圓白黑是也；二毀譽之名，善惡貴賤是也；三況謂之名，賢愚愛憎是也。註頗明。

性惡篇荀子之謬全以此篇。

以聖人為僞而非性，則世無聖人矣。禮義何自生？

反復辨論，悖理顯然。近人以為疾人之僞而奮激言之，胡可解也？

君子篇言天子之事，為天子必不愧君子。

成相篇用韻以相其辭也，其章節即後世彈詞之祖，而調法亦無定。

賦篇注：荀子賦多，存者惟此。

雲賦「友風子雨」語佳。

大略篇此篇弟子雜録荀卿語，多言禮之大略。

學者非必為仕，而仕者必如學，此可與子夏語參觀。

宥座篇多引之孔子家語。

子道篇子路盛服見孔子，家語亦引之。

法行篇子貢問貴玉，戴記引之。

良醫之門多病人，檃栝之側多曲木。二語亦世所習稱。

此與下哀公問篇亦多為家語所引，足見荀卿為一時經師，而家語亦非王子雍偽撰。

後段以荀卿擬孔子，妄甚矣。

韓非子

非術刻覈，文亦刻覈，讀其文，勿襲其術，慎之。

難言 伊尹于湯七十說而不受，身執鼎俎為庖宰。宓子賤、西門豹不鬭而死人手。宰予不免于田常。戰國以來，附會誣聖賢如此。

愛臣 社稷將危，國家偏威。謂主威散，臣威布。

王道 道者，萬物之始，是非之紀也。語佳。

有度 郎中官名始見。

「直湊單微」言朝廷群下不敢相踰越。

二柄 韓昭侯醉寢，罪典冠之加衣，一為越職，一為失事。

楊權 去甚去泰，身乃無害。語成常典。

八奸 一在床，二在旁，三父兄，四養殃，五民萌，六流行，七威強，八四方。

十過 一行小忠，二顧小利，三行僻，四不聽治，五不貪愎，六耽女樂，七遠遊違諫，八過而不聽忠臣，九不量力而恃諸侯，十國小無禮。

孤憤重人謂權見重者。

和氏枝官即冗員。

奸劫譎詼，細語也。

亡征木雖蠹，無疾風不折；牆雖隙，無大雨不壞。言有能服術行法為亡徵之風雨者，則可以兼天下。

備內其母好者其子抱。諺語真。

鴆毒扼昧。扼昧，暗中縊也。字法。

水沸竭其上，火熾焚其下。言有釜鬲間之。

飾邪家有常業，雖饑不餓。國有常法，雖危不亡。此諺語亦足取。

非學亦宗老氏，故有解老、喻老兩篇。

千丈之堤以螻蟻之穴潰，百尺之室以突隙之煙焚。亦不可不知。

王壽棄書，是學不學也。

說林蚘一身兩口，爭相齕，遂相食。人臣爭事而亡其國，皆蚘類也。短說多同國策。

觀行目短於自見，故以鏡觀面。智短於自知，故以道正己。

用人以表示目，以鼓語耳，以法教心。

人臣苦以一負二。

以德追禍，是斷手而續以玉。

功名非天時，雖十堯不能冬生一穗。

堯為匹夫，不能正三家。至治之國，君若桴，臣若鼓，技若車，事若馬。亦皆語之可取者。

內儲 鱣似蛇，蠶似蠋。人見蛇則驚駭，見蠋則毛起，然而婦人拾蠶，漁者握鱣，利之所在皆為孟賁。

秦伯嫁女，楚人鬻珠，喻飾文忘用。

宋人請為棘刺母猴，妄說之喻。

畫莢同髹莢，喻美而無用。

郢人遺燕相書，過書舉燭。舉燭非書意也，燕相以悞舉賢而治，非以況學者之悞成。

王登言于襄王，舉中章、胥已。王曰：「我舉登耳而目之，登又耳而目之。」用賢當如是，亦文學之勸。

外儲 以肉驅蟻，蟻愈至；以魚驅蠅，蠅愈至。非所驅也。

韓宣子菽粟多而馬臞，多與實少，未審騶之情也。

樹橘柚者，嗅之則甘；樹枳棘者，成而刺人。喻陽虎樹非其人。

堯欲傳天下於舜，鯀諫之，於是誅鯀。共工諫之，又誅。此少見，不可信，以後尤誣聖無忌憚之甚，文當分別觀之。

孔叢子

嘉言 解書「大麓」為「大録」。萬幾之政，孔傳所本，與淮南子異。

論書 孟懿子問書「欽四鄰」。孔子曰：「王者前疑後丞，左輔右弼，謂之四近。文王胥附、先後、奔輳、禦侮，謂之四鄰，以免羑里之難。」懿子曰：「夫子亦有四鄰矣。」孔子曰：「自吾得回，門人加親，非胥附乎？自吾得賜，四方之士日至，非奔輳乎？自吾得師，前有光後有輝，非先後乎？自吾得由，惡言不至於耳，非禦侮乎？」此嘉魚金氏論人才所謂周後數百年有孔氏之門也。「四近」字他書未見，「四鄰」亦曰「四友」。

【記義】秦莊子死，孟武伯問孔子曰：「古者同寮有服乎？」答曰：「同寮有相友之義，貴賤殊等，不為同官。聞諸老聃，昔者虢叔、閎夭、大顛、散宜生、南宮适五臣同寮比德，虢叔死，四人者為之服。朋友之服，古之達理者行之也。」此可補喪服。

【記問】子思問于夫子曰：「物有形類，事有真偽，必審之，奚由？」子曰：「由乎心。心之精神是謂聖，推類究理，不以疑。」精語也。

哀公以幣如衛迎夫子，而卒不能賞用。夫子作丘陵之歌曰：「登彼丘陵，峛施其阪。仁道在邇，求之若遠。遂迷不復，自嬰屯蹇。喟然回慮，題彼泰山。鬱確其高，梁甫廻連，枳棘充路，陟之無緣。將伐無柯，患茲蔓延。」龜山操，後人不信，此歌辭似又彷之。

楚使使以金幣聘夫子，宰予、冉有以太公、許由問夫子。夫子曰：「今世無文王之君也。」歌曰：「大道隱兮禮為基，賢人竄兮將待時。天下如一兮欲何之？」此亦不似夫子歌。

【雜訓】孟子幼見子思，子思悅其志而敬之。子上疑，子思諭之，足征孟子親受業子思，亞聖之才，基之久矣。

【居衛】曾子謂子思：「昔吾從夫子巡守。」以「周流」為「巡守」，奇。

子思困于宋，曰：「祖君屈于陳、蔡，作春秋。」「祖君」字亦奇。

【公儀】穆公因子思欲相公儀潛，子思曰：「若徒以高官厚祿餌君子，臣不能操釣竿以蕩守節之士。」薦士當如此。

子思貧，受友粟一車而辭酒脯，曰：「乏食飲宴，非義也。」此亦辭受之衡。

【抗志】李音世農，子思薦于衛，薦士固不以類。

費子陽憂宗周而涕泣，子思曰：「以一人憂世之不治，是猶憂河水之濁而以泣清之也。惟能不憂世之亂而患身之不治者，可與言矣。」此處亂世之道。

詰墨墨子誣聖，此篇不可不有。

淮南子

原道訓篇中每間有韻。

節節變調，雖有排比亦不嫌。

淮南用喻多出自造，古人文皆不相襲，間或有取，必用變化。

牛歧蹄而戴角，馬被髮而全足，天也。絡馬之口，穿牛之鼻，人也。循天者，與道遊者也；隨人者，與俗交者也。此本莊子而略有增損。

越王翳逃山穴，越人熏而出之，不得已為王。此亦讓國一奇事。

凡人趨舍指湊，日以月悔，故伯玉年五十而知四十九年非。

時不與人游，故聖人不貴尺璧而重寸陰。大禹之趨時也，履遺而弗取，冠掛而弗顧。

無形者，物之大祖也；無音者，聲之大宗也。大怒破陰，大喜墜陽，薄氣發瘖，驚怖為狂，憂悲多恚，病乃成積。

知大己而小天下，則幾於道矣。

形者生之舍也，氣者生之充也，神者生之制也。皆此篇要語。

俶真訓牛哀病，七日化虎，殺其兄。物之孽亦難測。

傷死者，其鬼嬈。時既者，其神漠。此亦經驗而知。

萬物一圈。

凍者望兼衣於春，而暍者望冷風於秋。

辯解連環。

蜂蠆螫指而神不能憺，蚉虻噆膚而智不能平。

曆陽之都一夕反而為湖，勇力聖智與懦怯不肖者同命。巫山之上順風縱火，膏夏紫芝與蕭艾俱死。

皆此篇語之可取者。

天文訓 虎嘯而谷風至，龍舉而景雲屬，麒麟鬬而日月蝕，鯨魚死而彗星出，蠶珥絲而商弦絕，賁星墜而勃海決。人主之情上與天通，故誅暴則多飄風，枉法令則多蟲螟，殺不辜則國赤地，令不收則多淫雨。此理皆所當知。

四時者天之吏也，日月者天之使也，星辰者天之期也，虹蜺、彗星者天之忌也。

太陰在四仲，歲星行三宿。

太陰在四鉤，歲星行二宿。二八十六，三四十二，故十二歲而行二十八宿。四仲：卯、酉、子、午四方之中，為二繩。四鉤：丑鉤辰、申鉤巳、寅鉤亥、未鉤戌，謂四角也。熒惑常以十月入太微，受制而出行列宿。鎮星以甲寅元建斗，歲鎮行一宿。太白元始以正月甲室內與熒惑晨出東方。辰星常以二月春分効奎、婁，五月夏至効東井、輿鬼，八月秋分効角、亢，十一月冬至効斗、牽牛。効猶見也，天之四時，全以日、月、五星、七政驗之，此可詳考也。

墬形訓 地形昭之以日月，經之以星辰，紀之以四時，要之以太歲。正地以天也。

東方，川谷之所注，日月之所出。其人兌形小頭，隆鼻大口，鳶肩企行，竅通於目，筋氣屬焉。蒼色主肝，長大早知而不壽。其地宜麥，多虎豹。南方，陽氣之所積，暑濕居之。其人脩形兌上，大口決眦，竅通於耳，血脈屬焉。赤色主心，早壯而夭。其地宜稻，多兕象。西方，高土，川谷出焉，日月入焉。其人面末僂，修頸卬行，竅通於鼻，皮革屬焉。白色主肺，勇敢不仁。其地宜黍，多旄犀。北方，幽晦不明，天之所閉也。其人翕形短頸，大肩下尻，竅通于陰，骨幹屬焉。黑色主腎。其地宜菽，多犬馬。中央，四達，風氣之所通，雨露之所會也。其人大面短頤，美鬚惡肥，竅通於口，膚肉屬焉。黃色主胃，慧聖而好治。其地宜禾，多牛羊六畜。

凡海外三十六國，自西北至西南，有修股、天民、肅慎、白民、沃民、女子、丈夫、奇股、一臂、三身；自西南至東南，有結胸、羽民、讙頭、裸國、三苗、交股、不死、穿胸、反舌、豕喙、鑿齒、三頭、修臂；自東南至東北，有大人、君子、黑齒、玄股、毛民、勞民；自東北至西北，有跂踵、句嬰、深目、無腸、柔利、一目、無繼。此盡中外之要。

洛源出獵山。他書不引。

時則訓即本周書時訓解呂氏月令，而間有不同。

正月官司空，二月官倉，三月官鄉，四月官田，五月官相，六月官少內，七月官庫，八月官尉，九月官候，十月官司馬，十一月官都尉，十二月官獄。十二月之官，此獨詳。

季夏行桴鬻。

孟春始贏，孟秋始縮，仲春始出，仲秋始內，季春大出，季秋大內，孟夏始緩，孟冬始急，仲夏至修，仲冬至短。季夏德畢，季冬刑畢，亦可與周書、呂氏參觀。

精神訓越人得髯蛇以為上肴。用各有不同。

本經訓周鼎著倕而銜其指。明大巧不可為也。

主術訓非澹泊無以明德，非寧靜無以致遠。武侯語本此。

心欲小而志欲大，智欲圓而行欲方。又孫思邈所本。

不失小物之選者，惑於大數之舉，譬猶狸之不可使搏牛，虎之不可使捕鼠。與以蝍捕鼠，以蟾捕蚤之喻同。

繆稱訓 夫子見禾三變，言始於粟，生於禾，成於穗也。曰：「我其首禾，不忘本也。」

矜怛生於不足，華誣生於矜。

福生於無為，患生於多慾。害生於弗備，穢生於弗耨。

原心反性則貴矣，適情知足則富矣，明死生之分則壽矣。皆精語。

齊俗訓 乘舟而惑者不知東西，見斗極則悟矣，性亦人之斗極也。淮南乃獨明於性。

廣厦潤屋，連闥通房，人之所安也，鳥入之而憂；高山險阻，深林叢薄，虎豹之所樂也，人入之而畏；川谷通源，積水重泉，黿鼉之所便也，人入之而死；咸池、承雲、九韶、六英，人之所樂也，鳥獸聞之而驚；深谿峭岸，峻木尋校，猨狖之所樂也，人上之而慄。形殊性詭，所以為樂者乃所以為哀，所以為安者乃所以為危也。

帝顓頊之法：婦人不避男子于路者，拂之于四達之衢。誰謂上古無禮義哉？

道應訓 此篇顯從莊子衍出，段段用老子，斷之即作老子外傳可。

孔子勁杓國門之關，能繼家聲，此亦言之。

公孫龍在趙用能呼者。注：弟子之籍。往說燕，得呼船之力，凡有能者皆有用。

楚將子發用偷。齊圍楚，偷者夜解齊將之幬帳獻之，又取其枕，取其簪，子發皆使歸之，齊將遂去。此事後有效之者，乃知管仲取盜，二人非無為也。

尹需學御，夢受秋駕，明日往朝師，師授其術。需曰：「臣有天幸，昨夕固夢見之，此誠之通也。」弟子于師稱朝、稱臣見此。

氾論訓 武王欲築宮於五行之山，周公諫不可。五行，太行也。周公不欲據其險，持滿之道也。

蒼梧繞娶妻而美，讓其兄，非所讓也。孟卯妻嫂，為魏能臣，不得以此為弗玷於行。

溺則捽父，祀則名君。此禮之權也。

水生蠪蝂，老槐生火，山出梟陽，木生畢方。此似怪而非怪。

饗大高彘為上牲，葬死人者裘不可以藏。相戲以刃者，太祖軵其肘。枕戶橉而臥者，鬼神蹠其首。此非令而為令。

炎帝死為竈，禹死為社，羿死為宗布。此可神而為神。

兵略訓 聖人之用兵也，若櫛髮耨苗，所去者少而所利者多。得用兵之義。

將軍之心滔滔如春，曠曠如夏，湫漻如秋，典凝如冬。得為將之道。

示之以柔而迎之以剛，示之以弱而乘之以強，為之以歙而應之以張。得用兵之術。

勝在得威，敗在失氣。勝敗之要盡矣。

說山訓 楚申喜尋母，聞母行乞，歌聲感，視得之。朱壽昌事正似此。

人不小學不大迷，不小慧不大愚。

執獄牢者無病，罪當死者肥澤。

蝱散積血，斲木愈齲，膏殺鱉，鵲矢中蝟，爛灰生蠅，漆見蟹而不乾。此人事物理皆不可不知。

說林訓 刺我行者欲與我交，訾我貨者欲與我市。人情如此。

蝮蛇螫人，和堇傅之則愈。和堇，野葛也。

人間訓 智慮者，禍福之門戶也。動靜者，利害之樞機也。老莊佳語。

雖有戰勝存亡之功，不如仁義之隆。

狂譎與華士同見誅於太公，蹇佗與弦高同謀犒秦，楊翁子與蒙恬同築長城。人多不知。

蠹啄剖樑柱，蟁虻走牛羊。經驗語。

曹君欲觀重耳駢脇，使袒而捕魚，遂搆禍。與左異。

牛缺厚德而卒殺于盜，單豹修內而見食于虎，張毅好恭而終於內熱，梁虞氏以墮鼠而見滅于俠客。其事同田子言憐老馬，齊莊公避螳螂，其事類。

失火而鑿池，言無及也。被裘而用箑，言無當也。

終日乾乾，以陽動也。夕厲，若惕，以陰息也。解易精。

修務訓 皋陶馬喙可補非相。

此亦言契生於卵，其說古矣。

楚人烹猴為狗羹，既客知其猴也，乃吐之，非知味也。邯鄲為新曲，託之李奇，人爭學之，既知其非也，乃棄之，非知音也。

遺腹子土壟以禮，哭泣而無所歸心，本不哀也。然生不見父，便當哀，故曰「喪思哀」。

泰族訓 淮南以修務及此篇為醇。

以「納大麓」為「大麓」，今書說多如此。

文公樹米，曾子架羊，猶之知也。以弋獵、博弋之日誦詩書，聞識必博矣，可以勵讀書。

要略訓 摠敘一書之要。

註以祿父為紂兄子，異常說。

揚子

學行篇 仲尼駕說，謂乘行而贊述之。首推仲尼，知所尊矣。

孔子鑄顔淵。

桐子命于師，桐子洞然無知者也。

師者，人之模範，模不模，範不範，不少矣。一鬨之市不勝異意，一卷之書不勝異説，數語盡師之失。

吾未見斧藻其德若斧藻其楶者。「斧藻」字佳。

晞驥之馬亦驥之乘也，晞顔之人亦顔之徒也。顔常晞夫子矣。

百川學海而至於海，丘陵學山而不至於山，是故惡夫書也。

顔苦孔之卓，勉學語皆有意。

吾子篇 或問吾子少而好賦，曰童子雕蟲篆刻，壯夫不為也。

詩人之賦麗以則，詞人之賦麗以淫。如此，孔氏之門用賦也，則賈誼升堂，相如入室矣。作賦者當以是斷之。

好書而不要諸仲尼，書肆也。好説而不見諸仲尼，説鈴也。

古者楊、墨塞路，孟子辭而門之廓如也。後之塞路者有矣，竊自比於孟子。或曰人各是其所是而非其所非，將誰正之？曰：「眾言淆亂折諸聖。」揚子尊孔又尊孟，不可謂非卓識。

修身篇 以性為善惡混，修其善則為善人，修其惡則為惡人。氣也者，所適善惡之馬也，是不知性則亦不知修，即不盡識孔孟。

或問治己，曰：「治己以仲尼。」曰：「仲尼奚寡也？」曰：「率馬以驥。」千古名言。

或問：「倚孔子之牆，誦韓、莊之書，則引諸門乎？」曰：「在夷貉則引之，在門牆則麾之。惜乎，衣未成而轉為裳也。」亦斷得允。

觀乎賢人則見眾人，觀乎聖人則見賢人，觀乎天地則見聖人。三語亦醇。

或問禔身，曰：「其為中也宏深，其為外也肅括。」此揚子自道。

問道篇或問：「雕刻眾形者匪天與？」曰：「以其不雕刻也。如物物而雕之，焉得而給諸？」見天道矣。

天常為帝王之筆舌。天常，五常也。

或曰：「子將六師則誰使？」曰：「御得其道則天下狙詐咸作使，御失其道則天下狙詐咸作敵。」當知道其本也。

虞夏之書渾渾爾，商書顥顥爾，周書噩噩爾，天地為萬物郭，五經為眾說郛。此讀書折衷。

問神篇龍以不制為龍，聖人以不手為聖人。不手，不執持也。注非。

言心聲也，書心畫也，聲畫形，君子小人見矣，此觀人一法。

寡見篇惟五經為辯。說天莫辯乎易，說事莫辯乎書，說體莫辯乎禮，說志莫辯乎詩，說理莫辯乎春秋。此即五經為眾說郛意。

古之學者耕且養，三年通一經。今之學非徒為之華藻，又從而繡其鞶帨。言華多實少。

五百篇或問：「聖人有詘乎？」曰：「有。於南子見所不見，於陽虎敬所不敬。」曰：「衛靈公問陳，何以不詘？」曰：「詘身將以伸道也，如詘道而伸身，雖天下不可為。」此揚子自飾之辭，道在身也，程子論之當矣。

聖人之言遠如天，賢人之言近如地。其實遠自兼近。

先知篇穀人不足於晝，絲人不足於夜，之謂惡政。

問大器，曰：「大器其猶規矩準繩乎？先自治而後治人。」

什一，天下之正也，多則桀，寡則貉。此皆宋儒所取。

重黎篇或問：「仲尼何以不祚？」曰：「無土。」「舜、禹有土乎？」曰：「舜以堯為土，禹以舜為土。」此意本孟子而語特奇。

君子篇或問：「君子言則成文，動則成德，何以？」曰：「以其弸中而彪外。」弸，滿也。彪，文也。言有本有文。

孝至篇事父母自知不足者，其舜乎？不可得而久者，事親之謂也，是故孝子愛日。意本孔、孟，發人深省。

揚子之深在太玄，然深而鑿，適形其淺。

抱樸子

稚川講金丹仙術，閱者斷不可惑，獨其造語取譬多足觀者。予與淮南雋説半引入拾雅、釋言，此亦間有取焉。

內篇五聲八音，清商流徵，損聰者也；鮮華豔采，煇煌炳爛，傷明者也；宴安逸豫，清醪芳醴，亂性者也；冶容媚姿，鉛華素質，伐命者也。顧盼為殺生之神器，脣吻為興亡之關鍵。

水性純冷，而有溫谷之湯泉；火體宜熱，而有蕭丘之寒焰；重類應沉，而南海有浮石之山；輕物當浮，而牂牁有沉羽之流。

壤蟲假翼，川蛙翻飛，水蠣為蛤，荇菜為蒩，鼉為虎，蛇為龍，楚姬為黿，秦女為石。

形骸己所有也，而莫知其心肺之所以為。壽命在我者也，而莫知其修短之能至。

鼠滿百歲能馮人而卜，名曰仲。

陳仲弓異聞記郡人張廣定避難，置四歲女于石穴中。三年往視之，女猶生，云效一物飲氣，乃大龜也。

太昊師蜘蛛而結網，金天據九雁以正時。終歸知往，乾鵲知來，魚伯識水旱之氣，蜉蝣曉潛泉之地。

伐木而寄生枯，芟草而兔絲萎，川蟒不歸而蛣敗，棄樹見斷而蠹殄。

出潢汙而浮滄海，背螢燭而向日月，聞雷霆而覺布鼓之陋，見巨鯨而知寸介之細。

龍泉以靡割常利，斤斧以日用速弊，隱雪以違煖經夏，藏水以居深避暑。

漏脯救饑，鴆酒解渴。

探燕巢而求鳳卵，搜井底而捕鱔魚。

齊桓時少稷高枕陋巷。

重江河之深而不知吐之者崑崙也。珍黍稷之收而不覺秀之者豐壤也。

風波駭而魚鼈擾於淵，纖羅官而羽禽躁於澤，豺狼眾而走獸劇于林，爨火猛而水鮮糜於鼎。

色斯而遊，句法不可為訓，此亦用之。

侏儒之手不足以傾嵩華，焦僥之脛不足以測滄海。

登璇璣之眇邈則知井谷之至卑，覩大明之麗天乃知鵂金之可陋。

黃精一名免竹，一名救窮，一名垂珠，服其花勝其實，服其實勝其根。

五芝：石芝、木芝、草芝、肉芝、菌芝。

毛女，秦王子嬰宮人，食松葉、松實。成帝時獵者得之，已三百歲。漸逼食穀，毛落轉老而死，然則毛女非終仙也。

嚴子卿、馬綏明有棊聖之名，衛協、張墨有書聖之名，張衛、馬忠有木聖之名。

陳侯憐可憎之敦洽，海上之女逐酷臭之夫，周文嗜不美菹，魏明好椎鑿之聲。

沖風赴林而枯柯先摧，洪濤淩崖而拋隙者頹，烈火燎原而燥卉先焚，龍椀墜地而脆者獨破。

以明鑑給矇瞽，以絲竹娛聾夫。

牽牛羊以詣屠所，每進一步而去死轉近。

搜尋仞之壟，求幹天之木。漉牛跡之中，索吞舟之鱗。

死王樂為生鼠。

恥迅走而待野火之燎爇，羞逃風而致沉溺於重淵。

外篇 周公遭流言，東征適南楚，見此。

恐濕而泳深淵，憎影而不就陰，穿舟而息漏，猛爨而止沸。

論太公誅華士為過，非也。

觀萬古如同日，知八荒若戶庭。言學亦只得其粗。

民不附，唐虞不能致同天。本古註解「稽古」。

大廈既燔而運水于滄海，洪潦陵室而造船於長洲。

卻行以逐馳，適楚而首燕。

仲尼未嘗仕昭公、哀公。稚川言之皆悞。

卉茂者土必沃，魚大者水必廣。虎尾不附狸身，象牙不出鼠口。

鴻羽所以沉龍舟，群車所以折勁軸，寸飆所以燔百尋之室，蠹蠍所以僕連抱之木。

顏生整儀於宵浴。

新創以詐刻增價，弊方以偽題見寶。

罽錦麗而且堅，未可謂之減於簑衣。輜軿妍而又牢，未可謂之不及椎車。

魚質龍文，似是而非，遭水而喜，見獺即悲。此顯脫化揚子羊質虎皮語。

袞冕非禦鋒鏑之服，典誥非救饑寒之具。

士以三墳為金玉，五典為琴箏，講肄為鐘鼓，百家為笙簧。

抱樸子外篇皆儒家語。

喻語尚多，後又有博喻，一篇不能盡録。

文中子

王道篇易樂者必多哀，輕施者必好奪。

無赦之國，其刑必平；多斂之國，其財必削。

廉者常樂無求，貪者常憂不足。

叔恬曰：「舜一歲而巡五嶽，國不費而民不勞，何也？」子曰：「兵衛少而徵求寡也。」

楊素問禦邊之賢，曰：「羊祜、陸遜可使。」曰：「已死矣。」子曰：「今公能為羊、陸之事則可，如不能，廣求何益？通聞邇悅遠來，折沖樽俎可矣，何必臨邊也。」

天地篇此已言河圖、洛書，世謂始希夷，非也。

李密問王霸之略，子曰：「不以天下易一民之命。」

子居家，雖孩童必狎；其使人，雖童僕必斂容。

子曰：「無職者罪無所逃於天地之間。」

古者不以死傷生。

事君篇葬自仲尼以來未嘗無誌。

周公篇子有內弟之喪，不飲酒食肉，郡人非之。是誠過也，然可以矯居喪食肉飲酒之非。

鄭和譖子於越公，曰：「彼實慢公。」越公使問子，子曰：「公可慢則僕得矣，不可慢則僕失矣。得失在僕，公何預焉？」

賈瓊曰：「甚矣，天下之不知子也。」子曰：「爾願知乎哉？姑修之，天將知之，況人乎？」

問易篇文中子信書危微精一之語，今人乃以為僞。

讚序卦曰：「大哉！時之相生也，達者可與幾矣。」歐陽公乃疑之。

賈瓊問群居之道，子曰：「同不害正，異不傷物。」

述史篇薛收問仁，子曰：「五帝之始也。」問性，子曰：「五帝之本也。」問道，子曰：「五帝一也。」

魏相篇聞謗而怒者讒之由也，見譽而喜者佞之媒也。

仇璋問君子有爭乎，子曰：「見利爭讓，聞義爭為，有不善爭改。」

立命篇治亂相易，澆淳有由，興衰資乎人，得失在乎教。其曰太古不可復，是未知先王之有化也，詩書禮樂何為哉？

關朗篇或問關朗，子曰：「魏之賢人也，穆公死，關朗退。魏之不振，有由哉。」

薛收問曰：「今之民胡無詩？」子曰：「詩者民之性情也。性情能亡乎？非民無詩，職詩者之罪也。」

子曰：「罪莫大於好進，禍莫大於多言，痛莫大于不聞過，辱莫大於不知恥。」

人不里居，地不井授，終苟道也。

不以三代之法統天下，終危道也。

揚雄擬易，王通擬論語，皆僭。荀卿自擬仲尼，阮逸以通為聖人，皆妄。然而通之立言飭行在荀、揚之上，其自比董仲舒，殆不誣也，而論性又為較得。

桐閣先生性理十三論

性理十三論序

自性理之說不明，而人不求知性盡性，不求明理循理，學術壞而治術亦壞。近世以來，滅性昧理，日出日多。士蔽於異端邪說，往往反詆性理為迂腐。是必使世拂其本然之性，失其自然之理而後已，尚能講明而體行之哉？嗚呼，此世道人心之大憂矣。

文皇帝之初立，即命以性理論試士，蓋有見於此，思有以振興之，固大聖人因時立教之心也。吾師時齋先生，一生踐履著述無非性理之學，老為孫輩作此十三論示之，式亦先生講學之書也。學者讀先生之論並體文皇帝試士之心，益於性理實究心焉，則學術純，治術正，即於斯世有厚幸焉，故重刻以俟。光緒辛卯秋八月朔，三原門人賀瑞麟謹識。

桐閣先生性理十三論

朝阪時齋李元春著

太極本無極論

太極者，道也。惟道故無極，無極即無形聲之謂。由無形生有形，故曰「生兩儀」。兩儀，陰陽也。老子曰：「道生天地。」天地，一陰一陽也。太極動而生陽，動極而靜，靜而生陰，靜極復動，動靜循環，互為其根，無始終，無邊際。有道即有氣，氣後道先，刻不相離，毫不相間，亦略不相雜，道即氣之所以然。道與氣合，所謂「無極之真，二五之精」。萬物之生，人得其秀而最靈。書言「道心」，言「恒性」，至孟子言性善，程朱言學主復性皆如此，濁而雜者不足以言道也。「無極而太極」語高且渾，「太極本無極」語確又明，豈謂太極之上別有無極哉？朱子與象山往復論此甚多，朱子以太極為至極而象山以屋脊比之，且謂無極二字出老子。不知老子言性道主虛無，惟此與道生天地之言為得其本，周子正有取焉，而象山何乃非之？象山又言：「極為中，乃取諸洪範、皇極，道固相近而義不同，未可混也。」華山王無異山史晚作正學隅見，致知格物主朱子，太極無極之說主陸子，猶未免騎牆之見。

主靜立人極論

「聖人定之以中正仁義而主靜立人極。」此就成性後言性善耳。记曰：「人生而靜，天之性也。感於物而動，性之欲也。」性體情用，性靜情動，理固如是。然程朱主敬，陸王主靜，陸王因多據周子以斥程朱，此說何以解哉？曰：言各有當。「定之以中正仁義」，周子全主理言性，故曰「立人極」，此陸王所未知也。且程朱主敬以工夫言，敬兼動靜，即戒謹、恐懼、愼獨之意。周子主靜乃由動自然而靜者，主靜正存理，猶主敬也。陸王主靜則皆有意習靜，故焚香靜坐。兩人如一，則眞近佛氏矣，白沙、甘泉又其甚也。易復卦「至日閉關」，王輔嗣謂靜為動本。說者以輔嗣學老子，猶有遺議，程子謂靜以養微陽則皆以為得矣。

誠通誠復論

周子之學以誠為主，故通書首章、二章合天道、人道，皆言誠。元亨，誠之通，利貞，誠之復。此就天之四德流行者言，對待者其體，流行者其用，一也。因是可知朱子本義釋易乾彖專主上卜筮為事，折中、御案解之甚詳而諸家皆不知。考據家至笑以元為大，「大哉乾元」豈可作「大哉乾大」？不知夫子彖传，易元亨為大，亨者不一矣。以此笑朱子者眞是不知讀書，又不值一笑也。程朱學皆主敬，亦本周子，而敬可該誠，敬者主一，無適之謂是矣。

幾善惡論

天下之事莫不動於幾，書言「惟幾」、言「萬幾」，易曰「幾者，動之微，吉凶之先見者也」，善惡之分，好惡之端，全在於此。大學「誠意在愼獨」，朱子言「審幾是也」，周子加「幾」字於善惡字之上，意又深而旨又微矣。何也？人於世動多靜少，「幾」字後皆動，其前即靜，正須善養。養之只有誠，敬以存理，為動之根。朱子以天下之物理皆在心，由靜而動，靜亦為動，與周子意同。太極之生，先動後靜，學者重內輕外，原為應天下事，當知內亦分動靜。陽明破宸濠全用靜坐，其靜實是動。若良知二字亦全是動，反恐未解此「幾」字也。

太虛即氣無無論

有者不可言無，無者不可言有。張子曰「太虛即氣」，是有也，有氣自無無。此意豈與周子太極、無極之説異哉？曰：不然。張子與周子言氣言理皆本于易，即皆本孔子。正蒙首言「太和所謂道」，本乾彖「乾道變化，各正性命，保合太和，乃利貞」四語，是就乾坤陰陽始分言，後言「太虛不能無氣」，即不能無理。太和，正氣也，正道在其中可知。周子無極、太極本易繫辭「太極生兩儀」。太極所以生氣者即道，有道斯有氣，氣成而道皆因之，不離亦不雜，有雜者不可言太和。張子不又曰「知死之為生，可以知性」乎？不又曰「氣質之性，君子弗性」乎？太極之理，始生即生，理不見不聞，生天生人生物皆然，濂、洛、關、閩無異旨也。中庸引夫子之言鬼神，亦曰「視弗見，聽弗聞」，曰「微之顯」，有乎？無乎？氣之微似無而實有理，何待言理氣一？「太和謂道」，「太虛即氣則無無」與太極、無極之語惟知道者能合觀之。韓苑洛以張子言謂濂溪、伊川、紫陽置氣言理為非，予久不敢然其言。

乾父坤母論

甚哉！天地之道大也。甚哉！人之道大也。甚哉！横渠西銘之道大也。天人之道同其大，其大以仁。聖門言仁，横渠亦言仁，而首以乾父坤母該之，何其大耶！乾四德曰元亨利貞，賦於人為仁義禮智。乾四德統於元，猶義禮智之統於仁。天地始生而即大，人稟仁義禮智之全，故元訓始、訓大，仁之大亦然。西銘言宗子，言家相，民胞物與，皆以乾父坤母例之，直合天地古今為一。存順沒寧，非其人能知之哉！程子云：「西銘，某亦有此意，但無子厚筆力。」康對山謂：「自漢以來文章斷推宋人。」正指濂、洛、關、閩，以其言理大耳。五子之文，予以太极图、西銘為大。

為天地立心論

橫渠，儒者中豪傑也。其志與氣，本皆過人遠甚，自見范文正公歸，讀孔門書，見識之卓越過端木賜，立行之果決過仲由，眞有不可一世之概，於「為天地立心」四語見之。西銘「天地之塞，吾其體；天地之帥，吾其性」即「為天地立心」意也。有天地之心，則「為生民立命，為往聖繼絕學，為萬世開太平」事皆不容已矣，惜乎世不見用耳。橫渠豈為大言以欺人者哉？世之士多無志，因亦不能養浩然之氣，讀數卷書得入學，獲薦舉，成進士，意便足。下者又營營於利，甚至敗行不可問，上者不過自顧名節而已。竊欲書橫渠四語萬紙，勉己以勉人，公心也。雖然，橫渠豈惟自大，觀於皋比之撤，謙抑亦不可及，此皆學者所當法。

性合內外論

性合內外本中庸之說，而明道與張子書言之為詳，今更推而論之。夫內外亦視其說之所指耳。有內外則亦有本末、體用、動靜之分。以人己言，己內也，人外也。治己，本也，體也；治人，末也，用也。然成己仁也，成物智也，皆性之德，則皆內也；成己、成物皆有事，又皆外也，故曰「合內外之道」也。以身言，內本也，體也；外末也，用也，無事則皆靜也。渾然在中，內也，本也，體也；有所感而情發，應乎物，則皆外也，末也，用也，動也。專以內言，未發，本也，體也，靜也；發即末也，用也，動也。以事言亦有內外、本末、體用之殊；而以理言，則內外、本末、體用、動靜未有不主於理。顧天下之事物，外多而內少，亦動多而靜少，特內皆為本為體而外皆為末為用。人道由內，由本，由體，由靜而及外，及末，及用，及動，必盡其事物之理，乃所以為内也。雖吾身内亦豈不分事物與理哉！明道與張子言，質之濂溪，一也。講陸王者每據濂溪、明道非伊川、朱子，謂不知本，本不知伊川、朱子，並不知濂溪、明道也。

名實一物論

天下有無實之名者哉？無實之名，非名也。自古欺世而盜名者多矣，本懷非人之心而用智飾詐。大奸大惡，身都將相猶覬覦非常，而陽託古人，亦未嘗不自疑，其實終不能掩。人畏之，詈之且陰圖之，己亦狡作藏身之計。人不可欺，天亦不可欺，心亦不可欺也。乃身竟保終，即後益增其福，卒乃厚集其毒，因愈彰其惡名，究何？違其實也。而實在賢聖亦然。賢有賢名，聖有聖名，德行者以德名，政事、學問、文章，各以實名。實小名亦細，實大名亦宏。名之所在，人多忌之。青蠅污白，衆煦漂山，然亦不待辨而自辨矣，猶夫過情之聲聞，涸可立待也。名者，勵世之具，明道名實一物之説亦孔子沒世名不稱之旨也，特本其意論之。

性即理論

世無無本之物，而世又何本？理而已矣。理生氣先而人為主，聖人定之以中正仁義，則五常之理皆聖人定之，即皆聖人名之，聖之心即天地之心也。理無形，氣有形，故雖合而不雜。無形故静，合氣則有感而動。合清明之氣，則善似無而實有，在中渾然，發則各以類應，本亦無不善，此固有莫知其然而然者。從其先入為主者言之，故曰「性即理」，伊川之言，正本孟子耳。或曰：「明道謂『論性不論氣不備』，又曰『惡亦不可不謂之性』，又曰『生之謂性云何』，明道之旨則指孟子忍性不謂性之言，示人知也。告子曰『生之謂性』，孟子亦第斥其指凡生者為性也。」「道外無性，性外無道」，此亦非明道之言乎？合二程子言，全乎仁義禮智乃性之真，否則非性矣。言性至今，此處不明，至謂孔子不言性善，孟子之言為非，講孟、王者亦皆坐此而非。羅整菴、韓苑洛，皆遵朱子者，且有氣先理後之疑。伊川之言，朱子引之中庸注，以直捷了當，三字更不可易。

學始不欺闇室論

古之學者為己，故曰「君子之道闇然而日章」，非有意求闇也。不求人知在闇室，恐為己之心不篤，稍疎而自放，將漸而難收矣。不欺者，誠也。君子以誠自矢，以敬自持，無一刻之懈，無一處而忽，何闇室之有？管幼安自言其過曰：「嘗入廁不冠。」王彥方自言其過曰：「嘗鞭荊牛一。」東漢之士刻意勵行，容有太甚者，然即此例之，其不欺闇室可知。劉念台人譜：「坐之過，列交股。」予嘗犯此，秦芙園師責之。予推此知微過皆不可寬，在明在闇一也。伊川不欺闇室之言，即君子慎獨之意，曰「始下手功夫也」，靜處便是動處。

知行先後輕重論

知、行兩事，義甚明也。知在性中為智，行在性中為仁，為禮，為信。夫子曰：「知及之，仁不能守之。雖得之，必失之。」中庸知、仁、勇為三德，勇在知、仁中。知、仁是兩事，擇善固執亦兩層工夫，博學、審問、慎思、明辨，功之詳，凡四皆知，篤行只一。孟子得力知言養氣，亦知行也。夫子言智愚、賢不肖不行由不明，不明由不行，此知行合一之旨。朱子曰：「知先行後，知輕行重。」二語甚明，故學者讀書窮理之功皆為行。知行為終身事，循環互用，亦知行合一說也。自阳明本孟子標良知為宗旨，以知該行，純任良知，大段本象山。諸儒皆以為千古不傳之秘，雖遵朱子者不敢以二字為非，有辨之者，至今不勝。予嘗論之，孟子此章意原證前性善，故曰「親親，仁也」，吾謂性中之仁也；「敬長，義也」，吾謂性中之義也。「達之天下」即解上「無不知」三字，先言良能亦重行也。良能在性中即前「才」字。云「所不学」，明有當學者。在孩提知愛，稍長知敬，今孩提有詈父母者，稍長亦不盡如黄香之扇枕，孔融讓梨。孟子曰「無不知」，亦言大概耳，非果無一不然也。講良知者，只明孟子此章之説，其失處自即易辨。予久切于辨程朱、陸王，故此復瑣瑣如是。雖然，陸王固皆重躬行者，與俗學不同，不能不以為道學。陽明之破宸濠，論者以為有用道學。信然，特所見偏耳。良知只是用，言本者又遺本，謂行皆為知，又其自相矛盾者。

動止語默皆行論

學者不能躬行，無論學為何如，皆猶不學也。經書言行每合言，言亦是行，而朱子動止語默皆行之説尤備。學者善體之則無往而非學矣，今不須更論。又録朱子論行大略，使學者日記之以為終身之所守。朱子嘗言：「人最須有廉恥，則有所不為。論語以審富貴、安貧賤為仁，直説到終食無違，造次顛沛必於是可見。」又曰：「人能於一日十二辰，點檢自己，念慮、動作都是合宜，仰不愧，俯不怍，如此而不幸填溝壑，喪軀隕命，有不暇恤，亦不問人向背，只成就得一個是字。」又曰：「古人遇國家大事，係死生存亡之際，有不可直情徑行處，亦要權其輕重而為之。」

張子釋要

張子釋要序

讀關學編見吾門中前賢之為人，而又不可不讀吾關中前賢之書。前賢之書即在關中已不得偏讀，而不可不讀其要者，讀之亦自當由張子始。張子東、西二銘，人固全讀之矣。正蒙及他語録或不全讀，讀之亦未必得其要也。吾邑韓苑洛先生有正蒙拾遺，雷柏霖先生有西銘續生篇，劉繼先先生有正蒙管見，予取三書，參以己意，於二銘因人全讀全釋之，於正蒙、語録皆釋其要，或於一節中止釋一二語，亦彷苑洛拾遺之意，如劉繼先之自抒管見云爾。蓋予欲表關學，故參關中先儒畧注關中先賢書，若夫篤學之士，讀書不肯放過一字，此自有張子全書及朱子與諸儒注釋在。李元春仲仁甫。

張子東銘全注

東銘，正蒙乾稱篇之終。西銘，正蒙乾稱篇之首。張子初著此二篇，揭於東西牖，東銘曰砭愚，西銘曰訂頑。伊川以其啟爭端，改為東、西銘，而又專取西銘。張子後著正蒙，以二書為首尾，今列正蒙前釋之，原其始也。韓苑洛曰：「西銘工夫闊大，言天道也，東銘工夫謹密，言人道也。先東後西，由人道而天道可言矣。聖賢之學，言其小極於戲言戲動，過言過動，無不曲致其謹，推而大之，則乾坤父母而子處其中，蓋與天地同大，此西銘、東銘之旨。

戲言出於思也，戲動作於謀也。發乎聲，見乎四支，謂非己心，不明也；欲人無己疑，不能也。

非所言而言，皆戲言也；非所動而動，皆戲動也。言動皆由中，中不自信則不可以信人。

過言非心也，過動非誠也。失于聲，繆迷其四體，謂己當然，自誣也；欲他人己從，誣人也。

韓苑洛曰：「上言有心之失，此言無心之失。」按：過本無心，自誣誣人則不能改過者也。

或者以出於心者歸咎為己戲，失於思者自誣為己誠，不知戒其出汝者，歸咎其不出汝者，長傲且遂非，不知孰甚焉！

以過為戲，以戲為誠，斯則文過之小人，終且不自知其非矣。自以為智，實大愚也，可畏哉，可哂哉。

張子西銘全注

乾稱父，坤稱母；予茲藐焉，乃混然中處。

三才一耳。雷伯林曰：「參贊位育祇是膝下經綸，七尺微軀，一片鴻濛，天地人誰得而分之？」

故天地之塞，吾其體；天地之帥，吾其性。

天地以全德生，人同此氣、同此道則同此體、同此性，一人然，人人皆然，斂之甚近，推之無窮。雷伯林曰：「吾體一肢一節咸通法象，一呼一吸潛通闔闢。」又曰：「天之四德鈞旋一氣，人之五性輻輳一元。」

民吾同胞，物吾與也。

同生故然。雷伯林曰：「上八句從乾父坤母說起，明天地民物同是一本。下九句從同胞兄弟列成品次，以定天下一家之規，以通天下一家之親。」

大君者，吾父母宗子；其大臣，宗子之家相也。

家不可無宗子、家相，國不可無大君、大臣可知，天地所以責成矣。

尊高年，所以長其長；慈孤弱，所以幼其幼。

此以齒言，高年自同胞中所當尊，孤幼自同胞中所當慈。雷伯林曰：「體既衰而不當再役，性既倦而不當再勞，杖於朝，飲於庠，憲其行，乞其言，衣之帛，食之肉，刑弗加於耆艾，此當慰吾父母，安老之心者。體方芽而育之使壯，性方蒙而導之使明，捧之惟恐不壽，祝之惟恐不似，罰弗及於後嗣，此當愜吾父母懷少之願者。」

聖其合德，賢其秀也。

此以品言。雷柏林曰：「河清嶽降，聖賢出焉。先知先覺，父母為我闢家程；見知聞知，父母為我續家傳。吾傳聖人之心，齊賢人之步，所以奉天之至教。」

凡天下疲癃殘疾、惸獨鰥寡，皆吾兄弟之顛連而無告者也。

此又抽出言，以盡天下之人。雷柏林曰：「同胞中有疲癃殘疾，天若刑其體。同胞中有惸獨鰥寡，天若傷其性。斯人也，灑淚乞靈，蒼蒼者何高？拊膺悔罪，茫茫者何厚？吾既與之為兄，何忍有溝壑之弟？吾既與之為弟，何忍有踣蹶之兄？此不待接於几席而後悲憐之。吾具父母之耳，遙聞呻吟者在隅；吾具父母之目，靜見蹙額者在旁。告於君相，定賑恤之典，告於聖賢，預補救之方，所以釋父母之憾也。

于時保之，子之翼也；樂且不憂，純乎孝者也。

雷柏林曰：「此下至篇末條列事天之事。道本於誠，而修主於敬。一日失腳，為百年遺憾；千秋斷痕，由一夕罔續；冰淵之凜，直易簀而後免。故曰孝翼，又曰敬畏者，順天循理，胸次自是悠然。」按：誠敬皆在翼字中，惟畏天馴至樂天，樂天乃真能事天，斯純孝矣。

違曰悖德，害仁曰賊；濟惡者不才。

稍離斯悖，害仁甚矣，濟惡又甚矣，此皆非子不足言也。

其踐形，惟肖者也。

此句人多不明，上三字畧斷則明矣。言踐形斯為肖子，下四句皆承此而言。

知化則善述其事，窮神則善繼其志。

踐形者為聖人，知化即大而化之之謂，窮神即聖不可知之謂。二句樂天之事，固踐形惟肖者也。

不愧屋漏為無忝，存心養性為匪懈。

此又申畏天之事，亦踐形惟肖者也。

惡旨酒，崇伯子之顧養；育英才，潁封人之錫類。

此下各舉一事而言，皆以事親明事天。惡旨酒，遏人欲之一端；育英才，廣教化之一事。

不弛勞而底豫，舜其功也；　無所逃而待烹，申生其恭也。

其上能使天悅，為天之舜；　其次於天不違，為天之申生。

體其受而歸全者，參乎！　勇於從而順令者，伯奇也。

全天之理者為天之曾子，順天之命者為天之伯奇。　此兩節亦承上樂天畏天而指其類也。

富貴福澤，將厚吾之生也；　貧賤憂戚，庸玉女于成也。

順逆榮悴皆天之所以愛我，則無不可事之天矣。

存，吾順事；　沒，吾寧也。

無愧天地乃為無愧父母，自然生順死安。

張子正蒙釋要

太和篇

太和所謂道，中涵浮沈、升降、動靜、相感之性，是生絪緼、相盪、勝負、屈伸之始。

韓苑洛曰：「太和是陰陽迭運，絪緼交密者，乃化育流行，天道也。孔子所謂一陰一陽之謂道是也。自孔子而下，知道者惟橫渠一人。」劉繼先曰：「太和二字出易乾彖傳，以道之用言。」按：　道有體有用，天人一耳。以人言之，天命之謂性，体也；　率性之謂道，用也。天亦有性，發則謂道，以陰陽言，道是矣。故苑洛獨推橫渠為孔子後知道一人，然陰陽必以太和言乃為道，此正朱子所謂與發而中節之和無異者也。陰陽，氣也，其理則謂之道。道不離乎陰陽而亦不雜乎陰陽，與此俱合。苑洛非之，予不以為然。

散殊而可象為氣，清通而不可象為神。

劉繼先曰：「此從有象說歸無形，神即下『太虛』字。」予謂神與氣皆在太虛，非有二也。神又在氣之先，為氣之精微者爾。

太虛不能無氣，氣不能不聚而為萬物，萬物不能不散而為太虛。循是出入，是皆不得已而然也。

氣有聚散，無止息，聚散相循，烏得而已。

聚亦吾體，散亦吾體。知死之不亡者，可與言性矣。

反之人乃實而切。身死而理不亡，一人之氣盡，天地之氣未盡也。

知虛空即氣則有無、隱顯、神化、性命通一無二。

氣一，道亦一也。

氣坱然太虛，升降飛揚未嘗止息。易所謂絪緼，莊生所謂生物以息相吹，野馬者與？

此狀氣之形，老、莊非全不見道，但其說失於偏且異耳。

浮而上者陽之清，降而下者陰之濁。其感遇聚散為風雨，為雪霜，萬品之流形，山川之融結，糟粕煨燼，無非教也。

陰陽分清濁，陰陽又皆有清濁，互為宅也。有清濁則有純雜，有純雜則有善惡。

知太虛即氣則無無。

韓苑洛曰：「太虛無極本非空寂，只有形不形之異耳。」按：說到無即無可說，此老、莊之失，朱子謂邵子元會運世不知從何處推起，亦此意也。

由太虛，有天之名；由氣化，有道之名；合虛與氣，有性之名；合性與知覺，有心之名。

張子言道皆自有天地後言，故為切實。韓苑洛曰：「氣未可言道，由氣化可以言道矣，此亦朱子陰陽之理為道意。『合虛與氣，有性之名』，則氣非性也。『合性與知覺，有心之名』，則知覺非性，乃心也。」

鬼神者，二氣之良能也。聖者，至誠得天之謂。神者，太虛妙應之目。

劉繼先曰：「鬼神以天言，聖神以人言，因論鬼神而及於聖神也。然聖曰得天，神曰太虛，則人即天矣。」

兩不立則一不可見，一不可見則兩之用息。兩體者虛實也，動靜也，聚散也，清濁也，其究一而已。

劉繼先曰：「二氣之分實一氣之合。」

造化所成，無一物相肖者，以是知萬物雖多，其實一物。無無陰陽者，以是知天地變化，二端而已。萬物無一相肖而無一不相肖，此造化之一而二，二而一也。

參兩篇

地所以兩，分剛柔男女而效之，法也。天所以參，一太極兩儀而象之，性也。

方故兩，圓故參。方法乎圓，其實圓者運之爾。或謂地之形非方也，方亦以其理與氣言爾。

一物兩體，氣也。一故神兩在故不測，兩故化推行於一，此天之所以參也。

神本太極，化自陰陽，參仍是兩，兩仍是一。

地純陰凝聚於中，天浮陽運旋於外，此天地之常體也。恒星不動，純系乎天，與浮陽運旋而不窮者也；日月五星逆天而行，並包乎地者也。地在氣中，雖順天左旋，其所系辰象隨之，稍遲則反移徙而右爾，間有緩速不齊者，七政之性殊也。月陰精，反乎陽者也，故其右行最速；日為陽精，然其質本陰，故其右行雖緩，亦不純系乎天，如恒星不動。金水附日前後進退而行者，其理精深，存乎物感可知矣。鎮星地類，然根本五行，雖其行最緩，亦不純系乎地也。火者亦陰質，為陽萃焉，然其氣比日而微，故其遲倍日。惟木乃歲一盛衰，故歲歷一辰。辰者，日月一交之次，有歲之象也。

恒星麗天故不動，然下於天亦少動，此歲差之所由生，但其動猝不覺耳。七政逆天，並包乎地言，其所以遲者至矣。月行尤遲於日，或言速者以退為進也。金水附日，存乎物感，所謂受光於火，日陰受而陽施者。日月交次，歲之恒象，術家六合之所由名。

天左旋，處其中者順之，少遲則反右矣。

物無不在天中，即無不順天而行，少遲則右，右又有遲速。

日質本陰，月質本陽，故於朔望之際，精魄反交，則光為之食矣。

日食惟今西法言之最明。西法云日食月掩日，月食地障月，月借日光，月在日下則無光而魄掩日，日在地下，雖有光而精礙地。食不同於晦朔者，食時月去日較近也。月食不同於望者，日去地較近也。精魄反交，即謂不交亦此理爾。劉繼先曰：「精，日質。魄，月質也。」

陰陽之精，互藏其宅，則各得其所安。故日月之形，萬古不變。

二氣相得則其形固。

閏餘生於朔，不盡周天之氣，而世傳交食法，與閏異術，蓋有不知而作者爾。

朔不盡周天之氣，即謂氣盈朔虛，氣二十四氣也。節氣十五日亦有十六日者，故每歲常盈，五日餘，月不及日，一月有三十日者，有二十九日者，故每歲常虛五日餘，積三年而閏生焉，氣朔之盈虛，亦生於時刻。

天道篇

天道四時行，百物生，無非至教。聖人之動，無非至德，天何言哉？

此孔子所以教子貢以德也。聖人之教猶天，惟德耳。

天體物不遺，猶仁體事無不在也。「禮儀三百，威儀三千」，無一物而非仁也。「昊天曰明，及爾出王，昊天曰旦，及爾遊衍」，無一物之不體也。

仁即天心，故同。

天不言而四時行，聖人神道設教而天下服。誠于此，動於彼，神之道與！

誠無不應。

谷之神也有限，故不能通天下之聲。聖人之神惟天，故能周萬物之知。

谷虛故亦有神，但小耳。天太虛故至神，聖人同之。

神化篇

神天德，化天道。德其體，道其用，一於氣而已。

氣自有體用。韓苑洛曰：「德，天之性也。道，天率天之性而行也。」按：分言之有道有德，合言之，道德一也，故神自化，化本神。

鬼神常不死故誠不可揜，人有是心在隱微，必乘間而見，故君子雖處幽獨，防亦不懈。

不死即不息意。君子戒慎省察，無須臾之離道，所以質諸鬼神，以人合天。

動物篇

動物本諸天，以呼吸為聚散之漸；植物本諸地，以陰陽升降為聚散之漸。物之初生，氣日至而滋息；物生既盈，氣日反而遊散。至之謂神，以其伸也；反之為鬼，以其歸也。

天地間無物不本陰陽，亦無物不有鬼神。鬼神之神即神化之神也，物不外飛潛動植，言動則飛潛皆該。

賢才出，國將昌；子孫才，族將大。

此亦漸滋之意。

誠明篇

诚明所知乃天德良知，非闻见小知而已。

以良知歸誠明，自聖人言之，然人人皆有良知，知人人皆可聖也。良知本孟子，不得以象山之宗旨為疑。

天人異用，不足以言誠；天人異知，不足以盡明。所謂誠明者，性與天道不見乎小大之別也。

聖只盡人，自能達天，何有小大？

性者萬物之一源，非有我之得私也。惟大人為能盡其道，是故立必俱立，知必周知，愛必兼愛，成不獨成。彼自蔽塞而不知順吾理者，則亦末如之何矣。

萬物歸於性，在人與在天一也，此即西銘之意，兼愛非墨氏無差等之愛。

心能盡性，「人能弘道」也；性不知檢其心，「非道弘人」也。

性道一也，故即以性明道。

形而後有氣質之性，善反之，則天地之性存焉，故氣質之性，君子有弗性者焉。

氣質之性亦性也，而非其本也，君子必反其本。

大心篇

大其心則能體天下之物，物未有體則心為有外。世人之心，止於聞見之狹。聖人盡性，不以見聞梏其心，其視天下無一物非我。

視天下無一物非我，斯謂見性，斯謂為能大其心。

中正篇

中正然後貫天下之道，此君子之所以大居正也。

不中不正者非道也，大居正只在吾心，言正亦該中。

可欲之謂善，志仁則無惡也。誠善於心之謂信，充內形外之謂美，塞乎天地之謂大，大能成性之謂聖，天地同流、陰陽不測之謂神。

孟子所言盡人之品，張子此語得孟子之實。

高明不可窮，博厚不可極，則中道不可識，蓋顏子之嘆也。

高明未易仰，博厚未易鑽，中道恍忽不可為象，顏子形容言之，張子亦形容言之。

意有思也，必有待也，固不化也，我有方也。四者有一焉，則與天地為不相似。

天地無盡而成化，聖人無心而成能。

善人，欲仁而未致其學者也。欲仁，故雖不踐成法，亦不陷於惡，有諸己也。不入於室由不學，故無自而入聖人之室也。

學者四失，為人則失多，好高則失寡，不察則易，苦難則止。

務外者逐物不窮，志遠者遺物不見，昧者輕為，憚者輕棄。

學者捨禮義，則飽食終日，無所猷為，與下民一致，所事不踰飲食之間、燕游之樂爾。

禮義，學者所以持身，捨之則非學者矣。

洪鐘未嘗有聲，由扣乃有聲。聖人未嘗有知，由問乃有知。

韓苑洛曰：「洪鐘本有聲，聖人本有知。此言聖人之教無偏主，無預定，隨人所問而答之。」按：人有聲而言未嘗有聲，有知而言，未嘗有知，不扣則聲不出，不問則知不見。

以責人之心責己則盡道，所謂「君子之道四，丘未能一焉」者也；以愛己之心愛人則盡仁，所謂「施諸己而不願，亦勿施於人」者也；以眾人望人則易從，所謂「以人治人改而止」者也；此君子所以責己責人愛人之三術也。

此釋「道不遠人」章盡之。

至當篇

至當之謂德，百順之謂福。德者，福之基。福者，德之致。無人而非百順，故君子樂得其道。

至當猶至善也。德不逆，故福皆順，相因之事也。

制行以己，非所以同乎人。

韓苑洛曰：「獨立不懼，一家非之而不顧，一國非之而不顧。」

敬斯有立，有立斯有為。

張子言道主誠，誠未有不敬。言學主禮，禮亦未有不敬。

作者篇

始言作者七人：伏羲、神農、黃帝、堯、舜、禹、湯，制法之聖，與朱子異。

以知人為難，故不輕去未彰之罪；以安民為難，故不輕變未厭之君。及舜而去之，堯君德，故得以厚吾終；舜臣德，故不敢不虔其始。

解舜去四凶之結。

三十篇

始釋論語志學章。

鳳至圖出，文明之祥。伏羲、舜、文之瑞不至，則夫子之文章知其已矣。

韓苑洛曰：「麟至而夫子之文章顯於世矣。」

顏淵從師進德於孔子之門，孟子命世修業於戰國之際，此所以潛見之不同。

顏子之難，難在潛，孟子之難，難在見，皆以聖人為歸。

有德篇

首釋有德者必有言。

言有教，動有法，晝有宵，有得，息有養，瞬有存。

學必無一端之失，一刻之間，括以言行，保於夙夜，貞之動靜。

安土不懷居也。有為而重遷，無為而輕遷，皆懷居也。

此釋懷土為切。

困辱非憂，取困辱為憂。榮利非樂，忘榮利為樂。

外至之困辱非困辱也，寵我之榮利非榮利也。

有司篇

有司，政之綱領也。

有司皆賢則政得。

為政不以德，人不附且勞。

此與「為政以德」「無為而天下歸之」反看。

大易篇

橫渠於六經尤邃於易。

大易不言有無，言有無諸子之陋也。

無無自不必言有，亦理氣合一之謂。王輔嗣言易涉老、莊，豈知易哉？

易為君子謀，不為小人謀。

所謂忠信之事則可為，邪謀者勿占，易也。

樂器篇

象武，武王初有天下，象文王武功之舞，歌維清以奏之。成童學之。大武，武王沒，嗣王象武王之功之舞，歌武以奏之。完者舞之。酌，周公沒，嗣王以武功之成由周公，告其成於宗廟之歌也。十三舞焉。

三詩樂之要。

九疇次敘：民資以生莫先天材，故首曰五行；君天下必正己，故次五事；己正然後邦得而治，故次八政；政不時舉必昏，故次五紀；五紀明然後時措得中，故次建皇極；求大中不可不知權，故次三德；權必有疑，故次稽疑；可徵然後疑決，故次庶徵；福極征然後可不勞而治，故九以嚮勸終焉。五為數中，故皇極處之；權過中而合義者也，故三德處六。

次敘明而九疇明矣。

王禘

「禮不王不禘」。夏、商以禘為時祭，知追享之必在夏也。

禮莫大於祭，祭莫大於禘。夏、商禘為時祭，想亦有五年大禘，三年大祫之祭，即於夏、冬時祭日行之。但當大祭，時祭不更祭，不欲數也。周因禘為大祭，故易夏祭之名，以春禴而以春祭為祠，遂有「不王不禘」之說。橫渠兩句說是而餘未盡合，諸註家亦不合。

庶子不祭祖，不止言王考而已。明其宗也；明宗子當祭也。不祭禰，以父為親之極甚者，故又發此文。明其宗也。

不祭，仁人孝子何以自處，是安可泥古而不酌今？

祭社稷五祀百神者，以百神之功報天之德爾，故以天事鬼神，事之至也，理之盡也。

天下無物非天也，況社稷五祀百神哉。劉繼先曰：「天與鬼神二之則非，故祭百神即所以祭天。」

乾稱篇

凡可狀，皆有也；凡有，皆象也；凡象，皆氣也。氣之性本虛而神，則神與性乃氣所固有，此鬼神所以體物而不可遺也。

神與性皆氣所固有，所謂道也。曰性曰神，體用具矣。

浮屠明鬼。惑者指遊魂為變為輪廻，未之思也。

韓苑洛曰：「輪廻之說，釋氏豈不知無是理？彼見聖人謂為善得福，為惡得禍不盡然，故人率怠於為，乃云生雖不得報，死後亦須報。將驅天下之人於善，然欺之也。聖人之教以誠，釋氏之教以僞。感人以誠，猶懼不從，況僞乎？」予按：報應自不爽，但有遲速爾，不於其身必於其子孫，此驗之古今，昭昭可見者。況善則稱揚，惡則罵斥，不容誣耶？吾儒之言如是，釋氏未能言也。

釋氏語實際，則以人生為幻妄，有為為疣贅，以世界為蔭濁，遂厭而不有，遺而弗在，與吾儒二本殊歸矣。

釋、老之指歸一也。昔人謂釋本於老，信然與。正蒙一書全在明有，故始終皆斥老、佛。若老、佛之言無，則無人無世矣，又何道之足云？

張子語録釋要

子貢謂夫子所言性與天道不可得而聞，既云夫子之言，則是居常語之矣。聖門學者以仁為己任，不以苟知為得，必以了悟為聞，因有是說。明賢思之。

入耳非聞也，聞字深，「朝聞道」之「聞」又較此為深。

舜好問，仲尼每事問，德同矣，學亦同否？

無不同也。

賢者在堯舜之世，亦有不得遇者，亦有甚不幸者，是亦有命也。即智之於賢者不獲知也。

是即知人惟帝其難之意。

大凡禮不可大段駭俗，不知者以為怪，且難之，甚者至於怒之疾之。故禮亦當有漸，於不可知者，少行之已為多矣，但不出戶庭親行之可也，毋強其人為之。己德性充實，人自化矣，正己而物正也。

居末世而行禮，當知此。

有志于學者，都更不論氣之美惡，只看志如何。「匹夫不可奪志也」，惟患學者不能堅勇。

委於氣質者無志也，堅勇二字亦盡，先當勇，後當堅。

學須以三年為期，孔子曰：「朞月可也，三年有成」，大凡事如此，亦是一時節。朞月是一歲之事，舉偏也，至三年事大綱慣熟。學者又且須以自朝及晝至夜為三節，積累功夫，更有勤學，則于時又以為限。

言為學之功候盡矣。

人一己百，人十己千，如此不至者，猶難罪性，語氣可也；同行報異，猶難語命，語遇可也。氣與遇，性與命，切近矣，猶未易言也。

氣有不化，非性也。遇特偶然，非命也。

靜者善之本，虛者靜之本。靜猶對動，虛則至一。

無欲則虛而靜，非寂守。

天地以虛為德，至善者虛也。虛者天地之祖，天地從虛中來。

此即無極而太極之意，虛非無，無極亦非無。

中宮土寄王之說，於理非也。大率五行之氣，分王四時，土固多於四者，然其運行之氣，則均施錯見。金木水火皆分主四時，獨不見土之所主，是以有寄王之說。然于中央在季夏之末者，且以易言之，八卦之作，坤在西南，西南致養之地，在離兌之間，離兌即金火也，是以在季夏之末。

均施錯見，此語從來未發。言寄中宮，寄季夏王，四時之末，五行家以戊寄巳，巳寄午，六壬家以戊寄巳，巳寄未。素問又以戊寄戌，巳寄辰，皆以此爾。不特此，言一行四行無不在也。

五緯，五行之精氣也。所以知者，以天之星辰獨此五星動，以色言之又有驗，以心取之，亦有此理。

五星各象其行之色，此確見不易者。

坎惟心亨，故行有尚，外雖積險，苟處之心亨不疑，則雖難必濟而往有功也。今水臨萬仞之山，要下即下，無復凝滯險在前，惟知有義理而已，則復何回避！所以心通。

中庸「素位」章盡之，義理在，險阻艱難皆平地也。古之豪傑所以鼎鑊刀鋸甘之如飴。

人所以不能行己者，於其所難者則惰，其異俗者雖易而羞縮。惟心弘則不顧人之非笑，所趨義理耳，視天下莫能移其道，然為之人亦未必怪。正以在己者義理不勝，惰與羞縮之病，消則有長，不消則病常在，意思齷齪，無由作事。在古氣節之士，冒死以有為，於義未必中，然非有志槩者莫能，況吾于義理已明，何為不為！

惰甚害事，羞縮亦害事，均之非勇也。知此可不疑其所行矣。

草木至怪也，以其有定形故不怪。人之陶冶舟車亦至怪也，以其有定理故不怪。今言鬼者不可見其形，或云有見者且不定，一難信；又以無形而移變有形之物，此不可以理推，二難信。又嘗推天地之雷霆草木，人莫能為之，人之陶冶舟車，天地亦莫能為之。今之言鬼神，以其無形則如天地，言其動作則不異於人，豈謂人死之鬼反能兼天人之能乎？

今更就世俗之言評之：如人死皆有知，則慈母有深愛其子者，一旦化去，獨不日日憑人言語托人夢寐存恤之耶？言能福善禍淫，則或小惡反遭重罰而大憝反享厚福，不可勝數。又謂「人之精明者能為厲」，秦皇獨不罪趙高，唐太宗獨不罰武后耶？又謂「眾人所傳不可全非」，自古聖人獨不傳一言耶？聖人或容不言，自孔孟而下，荀況、揚雄、王仲淹、韓愈，學亦未能及聖人，亦不見略言者。以為有，數子又或偶不言，今世之稍信實亦未嘗有言親見者。

有向予言鬼哭者，予曰：鬼血肉已化，無體則無目，何以哭？然鬼神非無也，其有者造化之跡，死之聽明正直者爾，能為禍福亦惟此，尋常人鬼不能也。夫善惡之報以類應，天地非夢夢者，人鬼亦或天地所使，佚罰失報，偶然之事，其應未至也。天生趙高，以罰秦皇之暴，天生武后，以罰太宗之殘虐兄弟。秦皇、太宗又安得而罰之？張子之言以儆夫過信鬼怪之愚而妄者，又不得以是藉口。即尋常人鬼，無狀亦有氣，其始也，氣散而未盡散，其久也，氣之散仍歸天地。所幸者，又有遺氣在，子孫可以氣相感召焉，故人之祭祀亦不可謂無鬼神。

心統性情者也。有形則有體，有性則有情。發於性則見於情，發於情則見於色，以類而應也。

體用內外數語盡之，此色字闊，即孟子生色之色。

井田而不封建，猶能養而不能教；封建而不井田，猶能教而不能養；封建井田而不肉刑，猶能教養而不能使。然此未可遽行之。

非謂不可行也，行之自有法有漸爾。

為天地立心，為生民立命，為去聖繼絕學，為萬世開太平。

如此方可為學，如此方可為人。

春秋之書在古無有，乃仲尼所自作，惟孟子能知之，非理明義精，殆未可學，先儒未及此而治之，故其說多鑿。

五經皆難治，惟春秋尤多壞於先儒之說，此在平心觀義理爾。

始學之要，當知「三月不違」與「日月至焉」內外賓主之辨，使心意勉勉循循而不能已，過此幾非在我者。

內外賓主四字當反己自認。

人又要得剛，太柔則入於不立。亦有人生無喜怒者則又要得剛，剛則守得定不回，進道勇敢。載則比他人自是勇處多。

夫子所以思見剛，惟剛可任道。横渠自是稟受過人，然吾人正當學此。

舜之事親有不悅者，為父頑母嚚不近人情。若中人之性，其愛惡略無害理，姑必順之。親之故舊，所喜者當極力招致以悅其親，凡于父母賓客之奉，必極力營辦，亦不計家之有無。然為養又須使不知其勉強勞苦，苟使見其為而不易，則亦不安矣。

如此則吾人事親皆可學舜，中庸、孟子一誠字盡之。

斯干詩言「兄及弟矣，式相好矣，無相猶矣」，言兄弟宜相好，不要廝學。猶，似也。人情大抵患在施之不見報則輟，故恩不能終，不要相學，已施之而已。

此解猶字異，然知此則於處兄弟之道兼盡。

橫渠先生曰：「兵謀師律，聖人不得已而用之。其術見三王方策，歷代簡書。惟志士仁人為能識其遠者大者，素求預備而不敢忽忘。」

學者不必談兵，不可不知兵。太平時多患武弛。

古者有東宮，有西宮，有南宮，有北宮。異宮而同財，此禮亦可行。古人慮遠，目下雖似相疏，其實如此乃能久相親。

近李穆堂別籍異財議，可與此參。

理則須窮，性則須盡，命則不可言。

窮理盡性以至於命，言義理之命也。此言氣數之命，故曰不可言。

禮言天地之祭為越紼而行事，此事難言，既言越紼則是猶在殯宮，于時無由致，得齋雙安能脫喪服，衣祭服，此皆難行，縱天地之祀為不可廢，只消使家宰攝爾。父在為母喪則不敢見其父，不敢以非禮見也。今天子為父之喪以此，見上帝是以非禮見上帝也，故不如無祭。

于此見古人禮有宜變通者。

與正叔論唱名，云：「只先出榜，使之見其先後，何用旋開卷呼名。」

後世科舉入場，待士皆非禮。李二曲亦極論之，然士正不可不自重。

四禮辨俗

四禮辨俗序

古制之在今日，有不復者，有不必復者，有不可不復者。孟子告時君行井田，當時井制雖廢，遺蹟猶存，舉而行之，易易也。張橫渠欲復於曠廢既久之餘，難矣，此其所不能復者也。尸之易而為主也，席之易而為案也，俎豆之易而為桮盂，簡策之易而為縑紙也，此其所不必復者也。至於冠、婚、喪、祭之禮，制自聖人，議自天子，本人所不敢違者。而今士庶家冠禮久廢，昏禮六禮不備，喪禮服制僅存，而所謂不飲酒、不茹葷、不入內者，未嘗一日守也，祭禮名存而實亡。嗟乎！四禮者所以立人之幹也，而廢壞若此，則俗為之也。有心者烏可不起而辨之？吾師李時齋先生敦行古禮，恪守王制。維戊初至桐閣時，先生適有期功之喪，守禮惟謹。平時狃於陋俗，謂禮經載必不可復，至此始知喪禮之猶行於世也。繼又見先生事事遵禮，不顧俗驚，俗亦幾於丕變。因請于先生，勒成一書，以廣革敝俗，未暇也。久之乃出是編，且命戊序其緣起。予讀江陰陳定九滇黔土司婚禮記，言土司冠、昏、喪、祭一秉周禮。嫡長女嫁必媵八人，古諸侯一娶九女之遺也。予謂娣姪之媵，此古禮之必不可復者，然亦可見其能遵古矣。邊徼荒裔尚知守禮，士君子生長中土，沐朝廷文明之化，而乃甘自廢棄弁髦禮制？使聖治昌明，禮教覃敷之日，國無異政而家有殊俗，且明知其非，因循苟且，莫為是正，又躬蹈之，是禮制之廢不廢於不知禮之編氓，而廢於知禮之儒者也。出身加民，尚安望出其所學牖民化俗，以輔國家禮治之隆哉？然則遵憲制，復古禮以變今俗，四禮非其急務與？先生是書之刻，非獨辨俗也，講明，力行，而變俗為三代之俗，是所望於讀是書者。受業王維戊。

四禮辨俗

冠禮

冠禮久不行，不冠是不成人也，豈惟如冠義所云廢四者之行，五倫俱無自講矣。其禮可不復乎？然今人廢此，病在未冠先冠，此不過慮小兒寒熱，苟加首耳。或極其奢費，又敝俗也，戒之。

俗廢冠禮，自無失禮。今當酌儀禮、家禮行之，不泥古，不可失古意。

古行禮先辨室堂陛庭，今為宅能如古，可；不然宅不如古，又或未有祠堂，只於其家前堂行之，而堂多是一階，只於一階上辨東西可也。或宅非南向，辨左右可也。

告先、戒賓、宿賓略如家禮，但告先之酒殽即不妨以此款賓，則告先之日即戒賓，次日即宿賓。賓無論親友，亦不必過遠。冠之日，他賓俱可不延，有同胞之親異居者，或冠者之外祖父、若舅，可啟之以陪賓觀禮。陳器隨所有，今不用席而猶呼卓椅為席，此必有者。卓幃、搭座、鋪墊可有可無，有之亦不必過取華美，盥洗之具陳一方，賓主盥洗，冠者自盥洗於內。

三加冠服，當以應用，貴賤分三等，亦須各隨其時。

三加及醮禮祝辭，朱子謂亦不必依古，只以俗語易曉者告之。予謂宜先誦古詞，為講一番，然後以切其人者諭戒之，或賓以己意加勉，亦不必為韻語。

字，今所謂冠名也。古人幼名，冠字，或兒時任意呼喚，謂之小字，至使後來最難避諱，及長不冠而別為冠名，士人後又別自為字。鄉里或並無字，老大人猶呼以小名。此自春秋以來已有之，末俗益甚，然非禮也。今生子當即命以佳名，既行冠則以字易之，使尊者呼名，常人呼字，乃事之宜。其名字或相配，或相成，皆當寓規勵意。族如繁大，須審辨先世及同時，不可犯復。無知者往往自大其名且不知避忌，皆萬不可。字辭亦當兼古今祝之，又古人有雙名無雙字，此亦當知。

冠後拜先亦宜有饌，亦即以此禮賓。

家禮參神、辭神之禮四拜，餘皆再拜。今四拜猶然，或有九拜者，過矣。余或一拜，又簡矣。

古禮拜母不拜父。說者以父于行禮拜賓時已兼拜也。今酌行禮時，每節於賓各兩拜，禮賓時宜更有四拜謝之。家禮拜先後，父母並坐堂上，摠四拜，或有祖、曾祖，亦宜四拜，旁尊長在者，各以其等再拜，於卑幼，已揖而彼拜，亦受之，此皆可行。

古拜母、拜兄弟皆答拜，說者以為拜禮蓋以重禮而答拜，實則明是答拜子弟。或又以拜只是撎，義疏謂拜無不屈膝者，然古注婦人肅拜只俯手，而拜手亦曰拜。家禮酌拜時，父母尊長只為之起立。今酌男答以撎，女答以肅拜，則於禮重而於尊者不屈矣。

見鄉先生及父執，于戚族之近者亦當詣其家拜之，餘相知者，見一揖之而已。

適子、衆子之冠，古本有分，今只於設筵稍異隆殺，餘從同。

女子笄而字，家禮略如男，但母為主，賓亦女。今酌不告先，不用賓，但母一加笄服，醮而字之。字時一為戒女辭，禮畢不告先，惟再拜父母及家之尊長可。

昏禮

古者二十而冠，三十而娶，謂自既冠至三十皆可娶也。世俗娶有太早者，固不可，遲至三十亦似太晚，今酌昏以二十前後為准，昏之前一日即可冠。今俗有所謂洗頭者，近冠之意而非冠，于此補古禮，亦省事之法。告先固可統告，拜先、禮賓、拜賓、拜父母、家尊即可於冠日，拜外賓及鄉先生、鄉人皆可於昏後一日行之。

古六禮多是前後續行，今定昏多早，其間每有變故，不可為訓。或指腹為昏，又或各與一物為信而不用禮柬，吾見翻覆者不少矣，皆不可為訓。

家禮於六禮略去問名、納吉、請期，止用納采、納幣、親迎。丘瓊山以問名併入納采，以納吉、請期併入納幣，於書辭間略及之以存古，當矣。但今親迎亦多不行。荔邑淡蓮洲先生教家瑣言謂親迎不必定行古禮。予謂以此坊民婦猶有不至者，古人之戒深矣，此斷不可不行也。

納徵用幣，故亦曰納幣，幣即古所謂財也，今又加以金。昔人非之，但行之云為奩資，若不可去，惟過多則真論財矣。不惟金不可多，幣亦不可多，即女家奩亦不可多，皆取適用而已。風俗之奢壞至使男廢昏而女嫁非其偶，富者使貧者視效，或以之破產，可不戒哉？

羊、酒昔人所用，花布吾鄉所行，皆可從也。

親迎用雁，取從陽之意，亦取貞不失偶，實以為贄而攝盛。無雁者或刻木，或書雁牌，皆虛文耳。士贄本用雉，以雉不可生得，故越用雁。吾鄉代以家雞，似亦無害於義。

俗昏娶信，選擇最害事，每以此稽延歲月，致愆昏期。不知古者仲春會男女，時多以此，但卜吉日耳。今即不卜于春時，從曆書擇吉日，事莫善於此者。

告先、行禮、陳器、祝辭、書式皆可酌家禮為之，醮亦如冠禮，先講古詞，後申以己意。

主昏以父，有祖則祖，否則伯叔兄弟及近族長者皆可。女不主昏，難與為禮也。不自主昏，遠恥也。若家自有長，異室或更有尊長，不得以異室尊長主昏，恐事之違也，此皆禮有明文。

親迎禮云親受之于父母，然壻至女家，主人迎入，壻奠雁，再拜，行賓主之禮，並不見母。丘氏以為婦未見舅姑，是也。惟父母立堂上，視女過然後壻出，此即親受之于父母耳。俗男家用迎姑二人，女家用扶女二人，此不過女使之意，妝飾乃如新婦，務文而失其初，遂至如此，壻用伴郎更甚無謂。至引婦入房，與扶女、女賓交手為壻、婦換花，至夕結年少同伴鬧房，此皆害禮傷教之甚，真不顧人間羞恥事，宜痛革之。

古無交拜禮，家禮有之，今皆遵行，不可易也。鍼子謂先配後祖，據馬氏言，非此之謂。

明日見舅姑，以婦見也。三月廟見，以婦見祖也。必三月者，因時祭也，值祭時則不待三月，舅姑沒亦不待三月，故家禮以三日易三月。古人謂不廟見則不成婦，或女先廟見而死，即歸葬於女氏，以未廟見即不得入廟耳，然此禮今皆不必行。

吾鄉于婦至時懸神軸于堂，夫婦先拜之，然後交拜。此禮想昔人已行之，鍼子譏鄭忽未必據此俗禮，若朱子所云也，但如此則廟見直廢而禮亦稍通。

昏禮不用樂，昏禮不賀，古人自有深意。淡蓮洲以此禮為非，予謂不然。但俗用樂，俗皆賀，因之亦可，若用樂過盛，因賀多延客，或女家多納賀客而送至男家禮之，此皆敝俗，萬不可效。

古有喪冠無喪昏，今喪昏固不可行，即喪冠之禮亦如溫公說，勿行為宜。

古以不冠不可服喪，今訂冠與昏連，不昏自不必冠，但年已成人，缺其禮即喪而冠，古說正如是也。若不遇喪，萬一貧家有成人而不能昏者，將終不冠乎？

喪禮

始死招魂之禮最宜行，往往有招而復生者。

今人沐浴必于未死時，吾見本未絕氣，有以沐浴轉動而絕氣者矣，古禮不如是也。

斂以時服，聖人許其知禮，今定以綿衣，亦無不可。

三日大斂，猶冀其復生，此亦恒有之事。若夏月尸一日便腐，豈待三日？此古人所不忍言，以為人可自喻者。果實見其死，斂不可待，不必拘經言也。

古人衣衾棺椁，禮皆太繁，今不盡可用。然今人事精而密若勝古人，其實多務僞飾，不如古人之盡誠。即如一棺，帮蓋多善而底多劣，全幅猶可而當獨薄，此非欺乎？今擬各隨其力，或柏，或松，或杉，或楸，但用四方兩當皆三寸厚，為京匣式，不用出稜。惟以多漆為主，漆厚一韮葉餘，渾黏不分，其中木便不易朽，即朽，漆亦能自豎，此雖不用椁亦可。若富家棺椁俱有，其漆法又自有盡心加厚之道，禮所不禁也，視他處盡文為何如？但漆以生漆為善，灰漆不可用，生漆入木，灰漆木瘦則與木分矣。惟合縫須灰漆，當和以磁屑。夏后氏殯阼階，殷人殯兩楹，周人殯西階。今士大夫家多無東西階，當依家禮，殯之于中堂，或卑幼者死，宜殯之於右序近上。

古人神重如權衡狀，設之於庭，今人多不知。家禮以其難用，代以魂帛，今之內訃，魂帛制也。近代復用重狀，如主而稍高，亦無內陷。禮曰：「重主，道也，不書面亦可，書之自當如主，依主喪者為文，然亦不書奉祀某。」銘旌是相知者識之，只如家禮題某銜某字某公之柩。私謚在古如黔婁、柳下惠固有之，然非其人則不可，不當效也，世俗之支詞，更不足訓。

喪有二孤，無二主。父母而外，承重者，父為子，夫为妻，親兄弟同家皆為喪主，餘不得也。世俗有不應主而主，又有應主而不主者矣。其主喪事之人自有家長，家禮所謂護喪則別立知禮喪事之人耳。

三日成服，實死之四日定禮也。不知禮者未成服而先服，固不足言，成服而不行成服之禮，又擇日開弔。試思始死近者即弔，訃至遠方自弔，弔豈待開乎？俗之擇日亦是以待客為慮，不知喪事哀素，客至，飯與不飯何計焉？又何費焉？

訃告近遣人，遠亦可寄柬，柬就即發，其書式只書「某銜府君，痛於今某年某月日疾終正寢，謹訃」。或前書「某罪孽深重，不自殞滅，禍延某親，疾終正寢」，下又書「距生於某年月日，享壽若干」，已近文矣，然猶可也。俗加書某日開弔，或云某日成服，或云某日設祭，或又加書敢煩陪奠，京師人或書領帖，俱以事謬而言遂謬，不思自己成服，何以為人告？成服有定日何必告？喪事奠而非祭，朝夕奠、朔奠、殷奠本定禮，云某日設祭，某日設奠，又何以說已奠而招人陪？固萬不可。領帖謂受奠禮耳，喪雖有賵贈，豈有自索儀物之說乎？甚矣，古禮之不可易，俗禮之宜革也。

家禮訃書自主喪者言。予謂若更有家長當自家長言，前加書孤某現在喪位，或無孤書以某承重，或以某後現在喪位。父在母死有子，若妻死有子更有家長則書孤某現在。某主喪後，先書命訃告之人，後書主喪之人，以喪無二主言，自應只書一人。如有主喪者而又有子，此孤也有數人，皆當書，餘則不必矣。俗凡有服者皆書，至書及袒免，甚至以嫂喪書小叔，又因難為稱而書弟，書夫弟，此皆可笑之甚者。予向以俗禮語人，謂叔于嫂，義服也，女有男為家，小叔自謙，當稱家弟，然在喪服斷無容也。

儀禮：「祝辭，子於考亦稱字。」家禮：「訃辭亦然。」竊思幼於尊生皆無面呼字之禮，死何獨異？況子父乎？或曰：「儀禮自祝辭。」不知上稱考，下為子語，文自甚明，訃辭又可知也，此亦古禮之不必遵者。如謂不書字則不知何人有主喪之名，尚何疑乎？至訃同姓不稱姓，赴異姓後稱姓前不稱姓，亦當分別。

俗開弔出訃，無謂又剪紙為長團掛高竿。開弔即出紙，此又佛氏之流說，宜痛革之。殯後廬次在中門外，拜賓在階東，朝夕哭於殯所，朝夕奠於室，不於殯，亦不哭不拜，殷奠於堂，此禮世俗多未甚明，家禮亦不盡然，予以古為是。殯今在堂，奠摠於殯前亦可。

奠不哭，以生事之也。家禮此外又有食時上食之禮，亦可行。

服制自唐以來有加于古者，實多失古意，然沿而未改，自有時王之制，遵之可也。

葬有時月，但當如禮，世俗多信青烏家說，擇地選日，此大惑也。於親之死，專意圖子孫福祥，豈復人子之心？且不圖福祥於立心行事，而圖之於寸地片時，天地即無理有氣，氣豈滯而不行？況以目驗，選擇極善而無應者甚多。顧群然信之，往往停喪不葬，致使死者不得入土，骨魂不安。問之子，心其何以安？又何以獲福？

喪具稱家之有無，為斂葬言也。今人多求厚于文，大抵酒席為甚，抑思不飲酒、不茹葷、不聽樂？此自讀論語後人皆知之。於此求厚，自謂重親喪，試思此于親何益？況違禮乎？相習既久，士大夫皆不能改。問其故，曰：「恐人非笑。」喪為親耶？為人道好耶？此小人之心也。且遵禮而非笑，笑之人可知矣，何恤焉？或諉曰：「事不能猝行，尊長在上，己不自由。」容有難行者，然以理勸之，未必不聽。即不聽，一身斷不可不遵禮，既得自由，一切斷不可不遵禮。吾見人家有治喪狥俗至破產者，並有以求厚不得，兼選擇不合，遲延不葬至卒不能葬，苟且為之者，又不可以不戒。

居喪守禮須以誠，最要在不入內。古人于父母之喪及妻喪明著不入內之文，余雖兄弟期喪亦不言，此禮所弗制，或以嗣續有重於是者，是又在人之心耳。

吾輩不但己喪守禮，即遇人之喪亦當守禮。既不能以禮自處，又不能以禮處人，劉湛之起不為過也。

葬事灰隔最要，無論近水不近水，皆當為之，蓋亦以拒樹木根入及蟲害也，家禮載其制甚詳。吾鄉用磚葺壙，向思得一法：先掘坎為長方，用三分石灰一分沙一分黏土，或少加石根，以糯米汁拌和，使黏而不過濕。鋪坎如其方，長木槌漸打作五寸厚，然後於上葺磚為壙。四面皆餘鋪底五寸，即如鋪底法依磚自兩邊而上，葬後再於前樹板填灰漸打，直令上下四方渾成，無縫堅洞。此較家禮法作之較易，不過稍費錢耳。然與其外為無益之費，何如於此盡心哉？

死者北首，正也。明以前墳皆子午向，猶依乎古。近世選擇家乃多定為偏向，謬矣。又地道尚右，今人族葬亦如生者以左為上，非也。

喪禮有相，無論貴賤皆然。今云必貴乃延賓行禮，此直俗說。其禮祀土神，題主必用大紳。相禮用生監四人，貴者又用六人、八人，皆不知何出，但當行禮時皆吉服絢爛，于滿堂哀素之中忽參此形狀，豈不駭人？但習焉不察耳。至祠土神，題主之人雖延未仕者，必衣蟒袍服，出乘肩輿，列執事，引馬喝道，鄉人盒酒賀任，直同作戲，言之令人發笑。不知祀土神本為開壙，只於開壙先後，一人吉服祭之，題主只一人，能書者司之，相禮只一人，習禮者為之。家禮所載甚明，世俗於親之死不盡哀而務文，弊乃至若今之甚，此又不失于鄉里之常人，而作俑于士大夫也，誠知禮者必有以漸易之。

書主自主喪者，子于父母，承重于祖，父于子，夫于妻，同居親兄弟皆然，但非子、非承重者則不書。奉祀後漸改易，用粉面正為此，別有尊長不與，以不祭也。禮言之，諸儒注經又申言之，義至明矣。然任釣台謂父主喪者，父死乃從子改書，書奉祀。予向亦主其說，今思之又疑不盡然。父主子喪，夫主妻喪即主奠祭，既葬，主入廟亦然，祥禫後則不祭矣。以後吉祭更無父祭子，夫祭妻之理，主便當改書，書奉祀，不待父死也。然則曲禮「父不祭子」，「夫不祭妻」二語即不承餕餘言，亦主吉祭言。顧徵君使人代祭之説，不惟事理不合，推求亦未審也。

書主粉面。子于父只當云顯考某銜府君神主，母曰顯妣某姓孺人，祖加以祖，祖妣亦然。夫于妻曰顯嬪某姓孺人，子曰亡幾男，下直書名。冠時親延賓命字，死稍異之，書字亦可。於主字上不書神，或加一之字助文，世俗皆加皇字。先書時代，粉面可改易者，現在不知時代乎？皆書己姓，曰某公家，豈有別姓主待分別乎？無頭銜者概書處士，綱目書處士不過數人，此豈易當乎？孺人本七品封號，然儲光羲田家詩稱稚子、孺人，不嫌也。

父祭子、夫祭妻當為一獻，奠而不揖不拜。讀祝時，子代跪，餘獻亦可令子代行之，無灌禮。奠獻有牲牢殽核，如有老親自奉之，否則當以頒人。葬前夕之奠祖，奠也。俗徹夜不止謂之伴喪則非。柩行，親賓祭於道，家禮亦有之，此亦祖奠意，富者為棚極陳設則過文。

禮有方相，無以為神而祭之説，富者為極大金剛之像，以此矜顯，謬甚，不知此當以人為之。

葬後虞祭，士本三，今但一行以延賓待客，竟廢禮矣。何勿盡禮而省文？

有不得已三年外始葬者，未葬斷不得即吉，方葬亦不得即禫，踰月則可矣。有不得已數喪並葬者，當各以喪主行禮，無則一人主之可矣。若以事不備，或選擇不合而停積柩，至難以為禮，何苦如是。

祭禮

自卒哭後，主入廟，皆吉祭也。無廟者主在寢亦然。

無廟則立祠堂，自漢時已有其名而不詳其制，家儀、家禮始詳之。宮室此為先者。萬一無此，於寢宜別為龕，以靜闃為主。

程子言：「自士以上皆當祭及高祖」，今已皆行之。此四親主在祠堂自當異龕，家禮有男左女右之說。據禮，祭時鋪筵設同几，男有尸，女有主無尸，以為陰統乎陽。似在廟亦不分左右，然禮祔廟各以班祔祖姑之文，此為夫未死者。意廟中夫婦同龕而相隔，或各有木櫝藏主稍寬，故可更祔主，祭時主即在木櫝，同几合享方不嫌男女雜亂。

祭始祖、祭四親皆如程子之說，不嫌其僭者，不立廟耳。呂涇野以今人神軸為是，然如此則世世皆祭，似又干大祫毀廟之禮，特世俗私行之，意無可厚非也。古有薦，有祭。薦者，薦新。祭有專祭、有合祭，專祭以忌日及有祈禱，合祭，四時祭也。士庶于先何有祈禱，而忌日之祭為要，俗以此為周期，每三年或一重祭，亦於義無害。四時皆祭，在士庶似嫌於數，俗於正月朔望後歲節、重端陽、中秋，於此設祭本非古禮，然合首歲、冬至計之，亦有四祭，其亦可也。

四祭，歲首之節為重。今族祭畢，家各自祭亦如之耳。忌日所謂終身之憂，是日必齋，次日乃餕餘。

死祭忌日，不祭生辰。死之年，俗亦祭生辰，是也，但于此猶有為文而祭者，謂之冥壽，則大謬可笑。

祥、禫皆祭名，非服名。今人行釋服之祭，名柬稱禫服子，悞矣。不知古人父于子、夫于妻期亦有禫，可稱禫服父、禫服夫乎？在禮，三年之喪與杖期，祥後皆有禫，餘無有禫。據鄭康成在二十七月，據王肅在二十五月，以父與夫期喪十三月，而祥十五月，而禫例之。鄭說是也。顧氏以為大祥即除服，禫又祭耳。今人必終三年三十六月之制，即於忌日祭，過於古人，實非也。于其日乃張樂延客大宴，益非也，又何怪名柬之悞乎？

古祥、禫未有延賓之說。延賓故有柬書，柬非曰煩陪奠，即曰煩光奠。奠、祭之名並不分，無論招人奠，使人陪之非，又無論自稱名之非。今酌祥、禫，定當如禮，況有王制，不容過也。禫與祥因，本以祥日即易服，可頻延客乎？於其日或有客祭者，謝柬。就俗言之，大祥以柬招，書曰某日祥祭某親，敢告，禫祭亦然，自書名。如以俗言，大祥於祥前致柬，則當因小祥曰練服子，禫祭前致柬則當因大祥，曰縞服子。然皆非稱也，蓋喪在殯稱子，既葬即不當稱子。禫、祥事前致柬，服未終，惟書制字於名上，而概不加稱。禫後則書從吉，於名上而亦不加稱，此為較當然。事後拜謝，自用柬。事前如更有家長，自當以家長名柬致之，前書則曰某日命某祥祭某親，或禫祭某親，敢告。

顏淵之喪饋祥肉，是古人終歲不食肉，分頒祭肉於人之證。

祭皆吉禮，但祥、禫猶未純吉耳。惟柩已葬而主入廟，以神事之，祭即當有降神之禮。俗於葬後值祭期前一日以紙幡引魂於墓，雖古未有，亦似可行。

禫期，世俗近親有掛紙幡幢者，亦猶始死出紙，均屬緇流之說，是皆以有罪待其親也。

祭有饋熟，有薦腥，人鬼尚熟則饋熟為主，故儀禮只載士大夫饋食之禮。

禮，薦血毛，告幽全也。俗殺牲亦令賓客嘗血，惜不薦耳。

俗陳牲於饌前，似兼有薦腥之意，然其陳者備次日又用耳。禮有祊有繹，見古人事神之周，乃今皆不行，而留以酬客。吾邑北鄉無此俗，予嘗稱其善，南鄉行之，直多一日事矣，不如為又祭用，以其餘者饋當饋之賓也。

祭有尸，古人用意甚精。予以鬼有通傳，憑人則如生，信之。此等禮儒多不取，惟吾邑韓苑洛以用尸為善，今即不行不可謂古人之非也。

士庶人祭其先則外神皆不當祭，然如里有社祭，先有鄉之賢者，或取配之，又如古聖先賢，或過祠墓而拜謁，或有所思慕而告祭，又如祈谷告田祖，或以水旱蟲災而祭，又如過山、過水，或有險阻則有禱。此皆無害，但今人往往立廟，又多以無名之神遍天下立廟，是實習俗大弊。祭之何益？祇為識者所笑。

正旦日有見人家立竿於其院中祭天地者，此雖無狀，然亦不害。孰不戴高履厚？野人負暄思獻吾君，吾嘗取譬，是不過各隨人意為之，初不制此禮也。

五祀上下皆祭，不自大夫以上。日用間人人不能離者，自當有神，自當皆祭。家禮有祭竈之禮，此外祖道之祭，自來人人皆行，此祭行神也。知祭法二祀、三祀、七祀之說俱非矣，昔人亦有言及此者。

凡墓前及神道立碑，在外非在家，男書姓字，女宜書配，必有題銜，後鐫子孫某。立石總碑則本遠祖為稱，祭祀、祠廟、麗牲之碑亦然，世多混者。

雜說

冠履衣服之式變易無常，君子豈必隨時，揔以敦朴為尚。禮貴得中，與其奢也，寧儉。儉，禮之本，儉而當即是中，奢則全非禮意。

張子教人以禮，是使人從顯然可據處致力。禮主於誠敬，微論事物有禮，一言、一動、一坐、一立無不有禮，幾微之間未可違也。大約五常之理不但仁兼萬善，信貫四端，舉其一則皆通，盡其一則皆得。禮最繁委，有因革損益，經世全在於此，故不可不講。

禮，時為大。即先王之禮有未盡善者，亦有尚缺者，有於今不宜者。大禮制自朝廷，其細微處則在知禮之君子。

古為室必南向，言左右皆以向南言，此因天道在南也，故朝廷、宗廟准以為制，其他何能盡拘？如京師四面街市，居必向街，即官府不能盡南，況其他乎？外各衙門南向者以為一城之主也。予作室及一切冠、昏、喪、祭皆不用選擇，近居城外，依城東向，有堪輿家言南向吉。予曰：「予舊宅北向，以東西城向言，居北者南向，其南列當空缺乎？予里往日發貴與富，何北向宅偏多也？」或曰：「南宅向日。」予曰：「東方者春，物生之方，予意迎日出耳。」

自先君子以來，昏禮納聘准四時只用四幣，予守之，常以為人家有不能此者，此已足矣。銀飾不過二三兩之費，金珠不用。蜜蠟石吾鄉盛行，北鄉尚少，他處未有，此本偽物，吾深惡用者多為所欺，見人於此等事過奢，直以為愚矣。

俗昏姻宴會多設酒席，又設飯席。吾家自先君以來不飲酒，家素不置酒。予立家規，常時客至亦不待以酒，有事亦不專設酒席，將飯延客于席，彷古人法，酒只三五巡，此不惟省費，亦省事，且使客無醉酒喪儀之失。

娶親宴會，俗於飯後以大碗酌客，客將去又行攔門，酌皆以大碗，若必欲其醉，此皆不可效。

有子喪妻，不可再娶，吾屢言之。向郭氏妻亡，勸再娶者多，予終應之曰：「若娶失節之婦，不犯程子已失節之戒乎？

且彼嘗事人者，半路相合，能一心乎？又幾見失節者有可信之人乎？若娶少女，老夫女妻，易固言之，然以年不逮吾所生之女而為妻，其忍之乎？吾子其何以事之乎？況吾老而彼少，雖強合，保安之而無虞乎？吾没之後又何以處此乎？抑凡再娶者吾見與前子婦，百無一合，勢必使父不父而子不子，婦不婦也。方將以偏戒天下之處此者，顧不能自克，不能自守哉？」或曰：「老甚終須人事，奈何？」曰：「吾自有子。」

居近河者葬最宜慎，必求遠水之地，將來不虞崩決，時有水漲亦須防築。

祭祀最重宗法，則家譜之修亦要，凡墓田、葬埋、昭穆皆須載於其中。

清明拜掃，雖先世已絶孤墳亦必及之，不可忘也。

淡蓮洲太守教家瑣言中亦有可取者，録數條於後：

人生無時不在可懼之中，當得意時不可生驕心，宜生怕心；失意時不可生怕心。

律己當以程正叔為本，待人當以程明道為法。

古人詩有最足醒人者，如：「知事少時煩惱少，識人多處是非多」，常想此二句，省人多少交涉。「逢人且說三分話，未可全抛一片心」，常想此二句，禁人多少放肆。「美服患人指，高明逼神惡」，常想此二句，增人多少藏晦。「多少朱門鎖空宅，主人到老不曾歸」，常想此二句，省人多少營造。「黄金用盡教歌舞，留與他人樂少年」，常想此二句，淡人多少高興。「親戚歡娱僮僕樂，始知官爵為他人」，常想此二句，冷人多少宦情。「相知盡道休官好，林下何曾見一人」，想此二句，攝人多少假語。「舉世盡從愁裏老，誰人肯向死前休」，想此二句，怵人多少妄思。

語曰：「事到認真成苦海，境從識破盡浮雲。」涉世未深，見理未透，所以生出多少貪、嗔病根，若看得雪淡水清，任人間翻雲覆雨，皆談笑揮之矣。

見人為不善事，即宜正色戒之；見人為善事不果斷，即宜好言勉之；聞人揚人中冓閨閫及祖父曖昧之行，即嚴詞以抑阻之，此皆盛德事。

親友有困者必量加周濟；　乞丐到門不可喝叱，當量與飲食；　與常人交，皆須遜讓，毋自佔便宜；　家經苦牛馬老不可賣，死則埋之。

子弟於非禮事不惟不可涉，亦不可看，亦不得談，及不正之書亦不可看，並不可存。

有借書者即簿記之。借人書宜愛惜，早還書，不可常置私房。

居家衣服止宜布素，非見官貴、新親，子弟不得衣紬緞。

客來，便飯，蔬菜。請客，二葷二素。成席不過五碗四盤，或七碗九碗而止。非十分希貴客不可用海菜，酒數巡而已。

娶新婦，拜親戚止令到外家與附近姑姊妹家，餘非要親或稍遠者，但令新郎拜之。

俗嫁女，妝奩衣服飾架顯揚車上，非雅亦誨盜，不可如此。迎送婦女必子弟，不可用小兒。

再娶婦往前婦母家，俗謂積腳，此最涉嫌疑，初娶一拜，後不可多往，亦不可住宿。

禮言婦人不客宿，古者父母沒不許歸寧，故非至親之家，切勿輕往。

家不幸有孀婦，防宜嚴，待宜寬，獎勵其節，如有外意，強留之反生他虞，當擇妥家嫁之，不可索厚禮。

俗認乾親，最非雅事，戒之。

禮：　男上十歲，無故不入中門。女上十歲，無故不出中門。家眷廚竈宜與客廳遠，門戶不可大，多須時防水火盜賊，語云：　門前莫栽靠牆樹，家里休教外人住。此皆宜知。

喪事謝禮，近者步行，親詣其門，遠者帖代之亦可。

四禮辨俗後序

俗非禮也，世乃多求禮于俗，何也？禮曰：「禮從宜，使從俗。」又曰：「入鄉問俗。」俗不悖於禮，則俗亦禮矣。吾家冠、昏、喪、祭不敢徇俗，亦不故違俗，然皆一時參酌，未有成式。諸同學請家君子著四禮辨俗，其不辨者事之無害於義者，從之也；其所辨者，事之大害乎義者，必正之也。夫四禮者，皆有弊俗而喪為甚，如大殮後置瓦缶柩次，化楮其中；葬時孝子拜缶先履出，作厲聲毀裂，謂之破盆。前人曾言及之，知此俗已久，近且公然據此以定嗣，是誠何禮？始死之奠，其餘閣也，俗薦湯餅，實以土，殯後埋柩側，既致蟲蟻，且褻鬼神之餘，亦何必故為臭汙使人不可食乎？劉氏青照堂方校刊叢書，諸同人又乞入此編，附呂新吾四禮翼後，令南為後序，南又舉一二則以質家君，家君命補言之，然則斯禮也，願同志者日有講求，且日有訂證，則禮俗之厚幸矣。道光癸巳重陽前一日，來南書。

芻蕘私語

芻蕘私語

朝邑南濱渭水，吾野人，處渭之滸，半生足跡不出門，於天下事不問，而邑中利病間亦留心。向與同類所共語，録而識之，聞者或有採焉，不敢當芻蕘之詢，而聊當芻蕘之獻。不然，野人固私語，想不至以為罪也。語不甚悉，畧得七條。

一曰稽農田。四民以農為本，國家財計亦全出於農。農之業在田，井田不行，田在民間得私賣買，而印契猶系之上，雖私而非私。其或民自為進，或傍河曲可興水利，猶之井田也。但舊時民間田畝，官皆時行清釐，故自明以來，猶有魚鱗圖之頒，此法廢則田土之訟多矣。朝邑黃河居東，洛、渭居西南，濱水之地淹決無常，則以灘單為憑，不以印契為重。印契固有不通眾知而私印者，然灘單亦多假借原本而私造者。水有淹決，地即有變更，豪強者每無地而忽有地，或地少而忽種多，孱弱者地非迫之水中，則竟存空糧而無寸畝。至濱渭者朝有華地，華亦有朝地，地名寄莊，以隔縣益多不肯印契，而灘單彼此益各不同。惟地出水南則華陰之人多強種，地出水北則朝邑之人多強種，以此遂多爭鬬致傷。今華陰北社與東柵、朝邑城所訟，固渭水南侵，久在水中之地也。黃河兩傍界山、陝，地多沙滷，亦多無糧，雖時有爭，此患猶少。遠水高田，以灰為憑，赤契亦重，而亦有積久灰不可覓，或有白契而無赤契者。竊以為近水之地，既重灘單，宜令盡搜灘單，從其同之多者定為合總灘單，官為用印，各存公所，如有變更，據此為准。其有賣買分析，必印、赤契與灘單合，又同眾於灘單註明，自難容其詭弊。遠水之地，灰契兼憑。灰必在地之四角，地長必有腰灰，土積灰深，又合隣接之令顯。有賣買分析則將地之闊狹長短及各灰所在印契一概書明，詭弊亦絕。特往時以印契法重，多據白契而不印赤契。近有據契過糧法，此弊稍革，而舊日未印之契，准灘單與灰未免虧人。朝邑向來每兩地價以五分半印契，比他縣本重，官將陞去，始減作三分半，猶祇爭印新契，而舊契畏罰，終不肯出。謂當出示限日，新舊契一概許從輕印，過此雖有白契無赤契，告發定從重罰，並無白契者即以無地論，此公私兩得之道，尤良民之所同願也。田弊既清，則農事當重。古勸課巡省之法，今久不行，為擾民耳。如似古攘左右、嘗旨否，等於家人父子，何擾之有？而民感之，自忘勤苦，無荒廢之田，有庾積之慶，亦免收多收少之爭，竊秉盜穗之患，此即盛世事也。

一曰均賦役。古者賦出於田，役責於民。三代後，惟唐租庸調之法為近。自楊炎兩稅，既併地、丁而一之，宋復於兩稅外更有役法，然猶止兵役也，後則常役仍責民矣。各邑民之田賦，法多不同，役法亦不同，其實朝廷皆無過分之求，不同者官法耳。朝邑三十九里民情甚順，每歲所賦，法之所行，莫不習而安之，從未有宿欠者。惟里分三運，又分十甲，輪流坐縣應役，本以急公，較之他縣則苦也，何也？役本為兵，無兵亦常坐縣，官署規費，胥役情費，里長、運頭及祀神用費，歲便需銀三四千兩，而民亦安之。獨流差、私差車馬例皆非民所出，予向屢言之，今又諄諄焉。流差時興時革，向幫潼關銀五百兩，遂永不應此，惟飛差猶時應之。至私用車馬，本官自出，遠者勿論，隍廟現有乾隆十二年喬郡守碑，此項皆不得擾民，嗣是此項乃歸於三十村行車之家。後三十七村有不行車者，而出車如故。前數年，三十七村有坐運者稟於董明府，聯三十七村出銀一千五百兩，置典生息，令人別立腳櫃。本府以腳櫃動擾客車，事不得行。董明府遂以苦樂不均上，詳論此項於三運，然一時上憲亦未稔此中苦樂與利弊也。自此項歸運，取之甚便，而用之遂多。有囚過，一人坐一車者，有一戲箱過，需車至費三十千錢者，有差役、轎夫不應坐車而坐車者。始僅正堂用之，繼東西廳學署皆用之。始惟官用之，繼官親過皆用。且往時兩馬之車每日出錢八百，自歸運後，出錢加至千二百。或用車一時可返，必索運一日之價。或兩日可返，而必索三四日之價。試思以農人坐縣應役，無事於田賦、丁賦外常出數倍之差，又別出數倍無名之差，有日贏而不復減，將來殆不可勝計，設遇大差，民何以應之？聞此等差，每車官尚自出錢三百，合民出錢有千五百，問之車夫，實得錢六百，是官有出之名，民仍暗出數倍之實。民不應出者而剝筋削骨以代出，行車之家應出此項，不惟不出，而何以反享厚利？此中情弊灼然，均乎不均，吾朝之民急公畏法，此等亦自安之而不問。往欲亦出銀二千合前三十七村所出之一千五百兩，並置典生息，以幫此項，不足則現在行車之家應供役自應出行規。或仍立腳櫃，令兵房自管，合官出及往項加以行規，必不至廢公，又善立條規，亦何至擾客？後如有留心民隱，實心奉公之長上，於此酌而行之，為民計實為國計也。夫賦役均見民苦，陳文貞公以能減加耗為第一循吏，役能依公亦猶是耳。即不然，但寬一分，民即受一分之福，銜恩者亦長額手而頌矣。

一曰謹儲蓄。各邑有儲蓄，社倉、常平倉是也。社倉在民，常平倉在縣。社倉但擇家素殷實，品望端主之人司其事，官亦時稽之，自可無弊。常平本豐斂凶散，貴糴賤糶，以平谷價，使不至傷農傷賈為主，故曰常平。然豐則穀賤，酌增其價而貴糴，凶則穀貴，酌減其價而賤糶亦不傷官也。但自有此法，當時已有言其弊者，非其人則善政遂為厲民之端矣。貴糴非糴也，故不必豐年無糴之實，而有糴之名，採買是也。請上糴本民，實不得，紅封是也。民所納者依糧攤派，使於糧外別出，大約不下三分之一。凶年亦無糶事，穀壞使民平而概虛斛領，次年尖頂實斛以新穀納，此謂換倉。外又別有出此，謂補賠，其他撒頭、納費、包納諸弊叢生。大約一換倉，民於糧外亦出三分之一。野人記採買、換倉或間歲一行，前永明府十年無此兩項，祇此一事，其歿，民即肖像祀之。近採買不行而歲歲換倉，托於邑地卑濕，倉谷易敗。然何以歲歲民納其新而皆領其敗也？又何以十年不換，未聞盡敗也？豐斂凶散，只如此納換足矣。乃或凶年斗麥千有餘錢，猶不減價平糶，而依常換倉，常平之設豈如是哉？野人於此不能不三嘆也。

一曰謹禮俗。明丁積宰新會，師事陳白沙，為政主於愛人而以風化為本，申洪武禮制，參以朱子家禮，擇耆老誨導百姓。野人向亦謂宜約耆紳為文會，非專會文，意正在講明禮俗，乃事幾就而不就，由無長官倡之耳。官能倡之，為會於縣，而又使各為會於鄉，申聖諭廣訓，參以朱子家禮，與士人並講經籍要義，文章要旨，於風化當不無補。又世俗之弊，半在驕奢，如鄉間無故立會，演劇祀神，男女混雜，遊玩燒香，至少婦在會飲饌或食水菸，今又多浪子暗食片菸。曾子謂奢宜示儉。野人謂此皆緣愚不知禮，遂染於俗也。至四禮既多不行，行之亦皆非禮，而婚、喪尤甚。婚禮惟講資妝、宴客，喪禮惟飾外觀，而於化者毫無所益。作樂、食肉、飲酒以為恒事，至如生辰忌日雖為親年年演戲延賓，極意歡娛，無論傷教，竟有富者以此數年輒貧，貧者相效，至無以為生者。此固須明禮，又在上之人嚴立法以禁之矣。

一曰嚴保甲。保甲之法，在宋本以兵法防盜，今鄉間偷盜即大盜之漸也，固在所多有。荔、朝為隣，南濱渭河，回、漢相交，尤藏盜之藪。數十年來，此間多有巨窩，往往聚數十人，每年殺牛宰羊為會，出偷直挾長鎗大鞭，向晚公然結夥托為賣馬之人，近人村莊。三更以後有縛更夫踏門入室，並縛主人者，劫去銀兩動至千百。又多盜騾馬，盜去次日即許歸贖。此案每年不知多少，人皆習以為常，有案並不報官，至傷人不得已而後報。報之，差役多與賊通，亦竟不能捕賊。或自拿送縣，賊賂差役，往往捏病保放，以此賊日以甚。野人向以為憂，聯沿渭十四村，請於府縣，立保甲之法。而民間富者惜錢，貧者憚苦，又恃官不能時時料查，行之因皆不力。雖亦拿辦數賊，賊且益挾讎欲與為衡，擾之彌勤。竊謂果十家為聯，每於村外村內持鳥鎗弓箭暗巡三數次，如有警動一村鳴鐘，數村截應，賊必不敢復來。其有名巨盜，官欲捕之，如于青天於魚壳，何慮不得？況一家藏奸，十家坐罪，處處以是責成保長，苟或懈弛，法不少貸，一切匪類又何所容之哉？

一曰禁凶賭。到處有凶賭，嘓匪盜賊藏此中，良家子弟亦多為此輩誘壞，開局設賭，稍不如意便結夥打降，致傷人命。故凡賭者皆為凶人，縱之且為患不測。野人向作戒賭淺言，聽者少而不聽者多，則惟以重法制之，未嘗不可除。但此輩如盜賊，多與差役交通，官欲捕之，差役先與之訊，故雖極禁而終不能絕。前任朱明府著意禁賭，始也賭局稍遠，繼乃反皆移於近縣，其故曉然可見。竊謂禁賭弭盜皆須嚴治差役，兼以保甲行之，責成保長，犯者均不輕恕，則此風息矣。

一曰平爭訟。在下之人，凡事反己則可無訟，在上之人能以德化，亦可無訟。其次，如古循吏之諭民息訟。其次明審用刑，而不留獄。民不得已而訟，即無鬻獄賂直之事，或深恃間出，使民叩籲無由，或懶於聽斷，有獄積久不決，致民有冤者不遽伸，無情者反得意。甚至吏役詐兩造之錢而官不知，弊端百出，訟者拖累，欲告不能，欲息不得，官亦置而不問。或反託於趙豫之「明日再來」，不知彼欲反復曲諭，非不理也，不理則下作奸矣。故野人嘗謂為民父母者無如親民，親民則下無由欺，而凡弊皆可弭也。

病床日劄

病床日劄

一息尚存，此志不容少懈。甲午春病頭瘍，勢甚危，每當痛極輒息心一慮，委此身為外物，覺痛便可忍稍輕，非夢寐惟參會此理，則痛亦如忘，因思古人刀鋸鼎鑊可甘，患難死生之際無一時廢學，蓋實有道力存焉。吾萬不逮古人，亦無古人不幸之遭，值此病姑勉之而已。擁被所思，時起書之，似猶有可存，名之曰病床日劄。

人只一敬謹之心便成聖賢，只一怠忽之心便成庸眾，只一放肆之心便成宵小。

小人而飾為君子，小人之尤者也。世云偽君子乃真小人，其實飾之愈甚，著之彌彰，何也？多一飾之變又多一飾之罪也，一敗不可復收，則難言矣。

持敬則心無累，主一之謂敬，無適之謂一。喫飯時只喫飯，著衣時只著衣，處事時只處事，讀書時只讀書。匪特讀書學也，處事亦學也，喫飯著衣亦學也，當一件則了一件，心何至累？當一事則盡一事，學何至荒？主一之謂敬，不貳之謂誠，故誠敬一也，非敬不可言誠，非誠不可言敬。

蔡氏書傳序一部書全歸心法，今人動斥金溪心學，不知陸子之失不在言心，在言心而遺物耳。孟子言萬物皆備於我，自見得大備於我者，備於我之心也。陸子亦恐人逐物而忘本，故偏於言心，不如孟子大體之辨，朱子内外本末之分自說得周匝。

性善、良知皆自孟子標出，朱子宗性善，陽明宗良知，一也。特性善言其本，為旨較徹，良知言其發，為說易見耳。今人疑性善固門外之見，即斥良知者亦未免耳食，至守良知之說者反以是抵朱子，則又吠聲吠影矣。

以良知該良能，二曲說得最明，此自無失，其失處亦在專守良知。良知固無終蔽時，然自有蔽時矣，蔽則非積學何由徹。

金谿、姚江本由學悟得，心悟良知，後來反見得學輕耳，是高明之過也。不學而言心、言良知以自高，吾恐其徒欺人矣。靜坐焚香之說的近於禪，然陽明靜坐中極有得力處，惟真矢志聖賢，由其一得之偏自有大作用，況所見所守之有是而無非乎？

學術門戶之見皆由矜心未化，程朱絕無此意，陸子靜便不免，陽明則甚矣。後來袒陸王者猶不敢極詆程朱，右程朱者於陸王直若不容，如呂新吾以陽明為妖人，上書欲殺之，亦大激切。

以聖教博文約禮觀之，則程朱、陸王之是非何事紛爭？以聖門材不一科，說不一致觀之，匪特陸王，即漢、唐、宋諸儒之入學宮者亦不當苛論。

鄭康成解經訓典，韓昌黎以文衛道，宋諸子專講身心性命，皆不可少，惟通儒自能兼之，要當以身心性命之學為主。

予少恪守朱子，讀陸當湖、王復齋諸書，於陽明亦斥之過甚，近自覺此前意氣之未平也。

論人不當苛，守道則須嚴，一念之寬假，一事之苟且，即自欺也。自欺必欺人，非小人而何？

張橫渠以禮教人，世風之壞亦全由禮教不明，無禮則無度，無度則費繁，俗之偽、民之貧皆由是也。

教人以禮率畏俗議，無知者畏俗固也，明明知禮之士，違禮而徇俗，豈不可怪？

道理無半上半下事，一半從禮，一半從俗，猶無禮也。

守之不定，固由見之不明，畢竟學守自是兩件事。

事業無窮達，經綸無上下。

科舉防檢太嚴，由士自卑也。不特科舉，孝廉諸目近於鄉舉里選，自漢以來自投文券，與三代異矣，志節之士，固有恥之而不就者。

即科舉亦鄉舉里選之遺，但舉士太多耳。舉士少則懷徼幸之心者少，又以諸藝詳校，自得真才，何須防檢。

道光初，孝廉方正之舉，西江楊中丞護言於霍松軒欲移書吾省諸憲，以予名應。已邑侯果使人致意，予曰：「自投文券，予不為也。投文券而索費，更不為也。同舉非人，亦不為也。且欲舉予而先言於予，予將自信以為孝廉方正乎？」遂不應。

鄉飲，古禮也，大賓之舉人以為榮，予謝，不敢與也。

「舜明於庶物，察於人倫」，須知庶物亦人倫中事，故不可不明此。「與知者無不知也，當務之為急」，語畧同孟子之言，自無滲漏。

「不矜細行，終累大德」，畢公克勤小物亦此意也。予嘗戒學者食水菸，衣馬褂，多忽焉不聽。予曰：「可已之事而不已，易戒之事而不戒，即此便不可入道。」

仁義禮智信五常皆性也，不特仁統四端，盡一端則推之皆通。學者順而治之，當各因性之所近；逆而治之，當各因素之所失。

斥君子者每以好名，不知真君子不好名亦不避名。

理曰名理，義曰名義，無名則理義滅矣。

君子疾沒世而名不稱，沒世則名之真定矣。故當世之名可竊，沒世之名不可竊也。

史書是是非亦有枉者，然有識君子即一端固能窺之。

言不可信其行，然言固不能掩其行也。一時之言行可欺也，平日之言行不可欺也。非真立言修行之君子，則其真必有自露者矣。

世間不肖之徒，孟子以自暴自棄兩樣括盡，看孟子意本是言其最下者，今思之，不求為聖為賢皆自暴自棄者也。呂氏曰：「君子所以以學者為能變化氣質而已，氣質用事全是私意，故變化氣質，只在克己。」程子曰：「克己須從性偏難處克將去，此又是用功切要之法。」

「修道之謂教」，修，品節之也，品節之即禮。故禮者，先王治世之法，仁義之範也，中庸之矩也。

過中之行多是近名無實，刲股無旌典而鄉里兒女猶多為之，固不無孝心，然總未免名意。報其事者不旌而亦予之額善，善從長也。特其事無益而有害，不如意不聽報，則此風息矣。

廬墓非禮也。速反而虞，此後以奉主為重，三年於墓，主將不入廟乎？入廟則主誰奉乎？讀書之士多為此事，直是不達於禮。

孔門塚場之居是弟子不忍忘師之範，非若孝子廬墓也，然非施於聖人則亦不免過行。

一介不以與人，一介不以取諸人，與人非徒傷惠亦傷廉，熊次侯「文人必自忘其廉恥而後謂他人之廉恥不足惜」是也。此大家文有實見處，人知不當取而取之非廉，不知不當與而與之亦非廉，伊尹之學所以為聖處又嚴在一介之間。

人即有當與亦須是分己之餘以行惠。己不足而強與人，無為也，己不足而乞他人以與人，亦不必也。或力問能與人而薄親者，厚疏者，亦失宜矣。吾輩仁心為質，遇此等多過於與，然行仁正當裁之以義，若見有當前軀命、名節所關，則又難執此概論耳。

廉、讓二字相因，讓所以為廉。然非可讓者，己居讓之名，須思彼將何以自處，故彼我之間各得分願。願當因乎分，己為其厚而予人以薄，以君子自處而以不肖待人，亦非君子之道，所謂恕與挈矩亦不如是只見一邊。

小人之意只見人非，君子之心惟思己過。

教人宜寬嚴並用，嚴不在責以法，在繩以道，尤在率以身，寬不是恕其非，謂化以漸。人鮮有終不可化者，至於子弟更無終絕之理。

世間人著無益之書，非但費功縻財，亦大壞人，不知何苦為此，亦亂道者也。

古人書中多不可信之事，當斷之以理，勿為所惑。如卜筮多神其斷，鬼怪多幻其說，此皆不盡然，惟感應有極不爽者，亦古人有意緣飾以教人，然揔不如教以吾心之理。

古人律管候氣，吾亦不盡信，所在地氣不同，年年地氣不同，執定律定月以候之，何以能准，至用之以審樂，亦必非死法也。

天文斷不可憑，凡星象與人世應者多是後世因世間之形似而配之，其間有符驗不爽者，天心亦因人心以示警耳。分野自古莫明其故，先儒言者多不合，即僧一行本天漢為山河兩戒之説亦不盡然。嘗思之，黄帝畫野分州，帝嚳序星辰，似此類上古以來即有，故周禮亦載之。然分野所言之國，鄭、宋、燕、吴、越、齊、衛、魯、晉、秦、周、楚皆周封國，據周與三河同分，又是東周，趙又在戰國之時，益州又是前漢所設，則分野並非定於一時。而益州與晉相隔遠，又何以同一分野？觀左傳辰為商星分野，亦不止二十八宿，其説似主於五運，因星與地所屬參酌漸定，但五行之運無常，一時推衍如何可憑？其或時有應者，亦天即因世人所言以警世人也。

地理志説是論山水向背，非今堪輿家所言，況山水亦因地氣，地氣周行無定，奈何以現見之形定吉凶禍福？微論目力之到與不到也。通儒猶有習其説者，則仍見理之未明矣。

六藝是小學，古者小子皆習之而通，今通六藝者便以為大儒，然亦少矣。太史公謂聖門之中身通六藝者七十二人，恐亦只據漢儒臆説耳。

人於夜間當檢點一日所為有缺者，次日則補之，有失者則改之，晚年檢點一生所為亦然。在世間總無可寬之一日，並無可寬之一時。

論語記聖人疾病者二，聖人非不謹疾，而有疾病，氣之盭，雖天亦無如何，於聖人奚怪？然觀請禱不許，為臣深責，聖人生平之所以盡人遠天者於疾病時具見矣。

予生平見什物，一有不端，非急正之，此心便不能克。

或一言不實便不能語，一星不實便不能為。予母年九十六，多勸報百歲者，予曰：「猶未至百歲，今舉之必誣增歲，誣增歲則非吾母，是事親不以誠，且欺朝廷矣。」前病方劇，除懼抛吾母外，他事亦概不念，既漸就愈，祈事母至百歲，得報於上，願足矣。

予病不輕就醫，不輕服藥，以良醫少，僞業多也。病中猶念學爲文，兩次重疾，自覺其愈得力於此者爲多，信乎學問文章之益於人也。

桐閣雜著四種

刻桐閣雜著四種引

桐閣所論著前及驢所刻者，四書簡題七卷、桐窗課解二卷、四書文法三卷、諸經序説八卷、諸史間論五卷、數紀典故前後編共二十二卷、桐閣文集、詩集前續共二十九卷、餘藁六卷、青照堂叢書八十九種、關中道脉四種十六卷、兩朝文、詩鈔四十五卷、西河古文録八卷、西河詩録八卷、七種古文選三十八卷。其見于叢書者，圖書檢要七卷、拾雅十卷、經傳摭餘五卷、左氏兵法二卷、益聞散録三卷、四禮辨俗一卷、桐窗囈説一卷，皆自著。此外又有雜著三種，兩年以來復得雜著四種。噫！師于此事亦老不知疲矣。予並以付梓，使學者知一息尚存，此志不容少懈，微論此中無一語非學者所當省而行也。受業張文寶。

喪禮補議

「父母在，不遠遊」言在即恐其不在。又子已能遠遊，是謂父母已逮老矣。得已斷「不遠遊，遊必有方」爲不得已者言也。由今思之，禮言五十始衰，父母自五十近六十，人子事親之日已少，且疾病無常，固有數日而即死者。以服賈言，遠可圖，近亦可圖。以就傅言，遠有師，近亦有師。以仕宦言，則遠近不得自專，惟有迎養一法。而父母固有不願就養者，人子銜君命，亦有不得久衙署者。世云盡忠不能盡孝，惟當仕而已仕之人可以言此也。酌於未仕之先，事親重乎？事君重乎？如曰爲禄養仕，耕田外謀生之計尚多，但不自失品古人皆不羞爲，況既能禄仕、舌耕，詎不足餬口？萬一運乖，菽水亦可承歡。故父母已老遠遊斷無不得已之事，聖人言不遠遊則是必不可遠。「遊必有方」濟南陳永橋謂言近遊是也，百里以外即遠而非近，以晨昏便缺，又不能呼之時至耳。

侍父母之疾，頃刻不得離側。雖別有至親可代己，一有歉於心，悔之莫追矣。

人子當父母在日皆不自覺，一日父母見背，欲一覩父母之面，一聞父母之語，一殫孝養之心，復何可得？終天之恨，眞有難言者。慎於喪葬亦稱補心之萬一而已。

禮：親没後，沐浴畢，有冒，爲孝子不忍見親形。則沐浴即當使人爲之。冒，韜尸，以生人想之似太拘束，今人家多不用亦可。

予前言漆棺不可用灰色漆，然碾礓石及磁屑和漆，漆之最善。俗言漆如韭葉厚便可自立，若再加如箸厚，所費亦無幾，人子何不省他無益死者之費以盡心於此也。

棺內漆只可用生漆三次，髹之便可。

棺內有以松香沃之者也，云可御諸蟲。然松香久必束尸，以待生者之心度之，亦不安也。

大斂茵須厚，衾須大，令可覆尸。實棺不可用他物，只以斂餘衣實之。

作磚壙後作灰塥，此河灘地葬埋善法。然卽高原地亦宜然，何也？河灘地墳外土固日加厚，高原地土亦日生而多。此皆於已啟之舊墳目驗知之。如古人於板外灰塥，板久而敗，土日加多，墳必頹矣。然灰塥必乾，久乃堅，此須預作方可，若隨作隨葬，葬後灰埋地下終濕而不乾，灰塥亦徒然耳。特有磚壙者後或遇久旱，猶可乾也。

灰塥大約三寸卽可，家豐裕者加厚無妨也。和灰之法：灰三斗，踝礓石一斗，無礓石，膠土亦可，沙一斗，各篩去渣，以糯米汁和之，不用大濕，但潤澤可粘而已，漸用漸和，勿令復乾。

磚壙在內，灰塥在外。須先令匠師以尺量定其地，作磚壙當幾尺外餘幾寸作灰塥，然後按尺寸掘成方坎，不可太深，令地面可掩壙足矣。壙亦不可太濶，亦不可太長，棺兩旁各餘一尺，棺上去磚壙不過尺五，前去壙口餘二尺許備藏明器。

掘坎定，先須滿布炭末數寸，然後布灰數寸，亦滿坎，各椎實，俟稍乾乃於上作磚壙。四邊各將灰塥，讓磚用雙幹、雙頂，且用純灰粘之乃固。作磚數重，便以灰填，徐椎令堅，磚灰漸作漸塥。切記鋪底磚不可到坎邊後於磚上布灰，如是則灰塥下又塥磚一層，水亦能從磚入矣。予葬母，匠工不解，悞如是作，既成，予知，使毀之另作，此不可不謹也。

壙門必葬後別作灰隔，先以磚封閉其口，純灰泥之，乃用板障其外，以灰塥堅椎，總令與先作之壙渾成一團而已。但先時灰已乾，須以糯米汁浸之令濕，方可粘合。

葬後先勿填土，須寢宿守視，令乾然後填土，椎寔，乃永無患矣。

喪未葬，有朝夕奠。奠固非祭，然或卽以此當上食亦非，家禮言之甚明。後世有上香之禮，奠可使人設，然上香奠畢酹酒自當主人。父主子喪，夫主妻喪，親兄弟亦主喪。然主喪者，主答客弔也，若朝夕奠、上食、居盧自仍屬之子。

喪無二主，今人赴帖、啓柬、謝柬凡有服者皆書，是人皆喪主矣，不書者反或見責，可怪也。

喪無二杖。就死者言，若有子數人，適長爲主而衆子不爲主，然無不杖者，是非二杖也，但不以杖卽位猶不杖耳。

杖終喪其置之亦有漸，今人葬卽置之，非也。

古人廬次在中門外，喪位在阼階下，婦人無廬而喪位在堂上。今婦人多居柩右，男子多居柩左，且卽於此拜客，是合廬次、喪位爲一，而廬次實非廬次，喪位實非喪位也。

今世事多不與古同。一宮室也，堂庭不相接，堂亦無左右階，庭亦或無中門，則殯宮、廬次皆無置所矣。須知古人殯於西階固是賓之而近階，卽置喪轝上以泥塗之，亦防火災。其廬次在外，常闔中門，亦爲死者以幽靜爲主也。今父母之喪卽安厝中堂亦可，而不設殯宮，子亦不恒在此，則直不居喪矣。

嘗思制喪車作四低輪，兩轅如古乘車一轅之制，前屈向上而垂以人駕之車，上作平板，三面皆有鐶，扞衛後爲活扞柩上，然後轄置，上爲柳翣。總以柩不動爲主，而車則惟取輕利。若險阻之地則不用車制，如家禮所言，人舁之可矣，遠路亦然。

吾鄉處渭水之側，久後十餘里皆恐不無崩決，今之葬近渭有止四五里者，俱非計也。他日如有此患，須及早圖之。遷葬宜爲布囊，取骨合土納之，以土中皆死者血所漬也。細檢約無遺骨，乃更置小棺葬焉。

喪未葬有奠無祭，至虞乃名祭。古者祭必有尸，故曰「虞而立尸」，有几筵。凡宗廟之祭，男有尸，女無尸。虞祭則女亦有尸，以死者是女則亦必有尸也。此亦可見祭必有尸，今祭皆無尸，先自虞失之。

古三虞，見人子所以安死者之魂，意甚摯也。吾鄉葬後止一虞，則禮簡而意已怠矣。

俗廢次虞、三虞，以相禮必延四賓，煩而憚行，不知相禮用四賓固非，虞亦不用相也。

卒哭後，主有廟者祔廟，則子易中門外之廬次而爲屋處之，仍不入內，然不必寢處於廟。廟尚嚴肅，門常闔，亦無中門，而位次自在阼階下。有葬後弔者，間亦有除喪而弔者，檀弓所謂待於廟是也，否則主入於寢，客或弔仍在堂，薦獻卽在寢，亦入中門但不入室而已。其有祠堂者爲一家之祠堂主可入，爲闔族之祠堂亦不必入也。

小祥本名練，大祥名祥，皆祭名，以漸卽於吉，故練亦名祥，而與祥分大小。祭皆卜日，俗皆以死之日祭，非也。死之日自爲忌日之祭，所謂終身之喪也。練而慨然祭，自在十三月。祥而廓然祭在十五月。祭卜日，但易月即可，以不必終一月之日。惟父在爲母期練，以十一月祥，以十三月禫，以十五月減練，祭之日以備祥禫之祭也。今則無此禮矣。

禫祭，夫於妻、父於子皆有。今人行三年之祭，於子輙稱禫服，使語以此必大嗢噱矣。甚矣，不知禮者之難言也。

鄭康成以禫爲二十七月，王肅以禫爲二十五月。義疏主王肅，據「是月禫」之文爲定，以「是月」承上「祥祭」，即中月之義。康成謂中月爲間一月，遵鄭學者則以是月起，下文若曰「是月禫」則當徒月樂，此亦可謂善解。看來中月亦非是月之說，鄭作間一月，予意「中」，滿也，猶「中二千石」之「中」。祥後更滿一月則禫，亦間一月矣。唐制二十七月終服，蓋遵鄭說。今制猶依唐，微論禮父母之喪寧過毋不及，則二十七月不易之典也。王制：「喪三年不祭，惟祭天地、社稷，爲越紼而行事。」此禮，程子是之，以天地尊於父母也。張子則非之，以孝子居母喪不見父推之，天地亦然。看來吉凶不相干，君亦尊於父母，如當喪可祭天地，則君亦可奪情矣。且祭必以誠，故三齋，七日致齋，三日誠至而後神祇可格，若哀痛悲切之時銜哀而祭，是僞也，僞不可行於宗廟，豈可行於天地、社稷？王制之說，漢儒未精審於禮，依違之說也。大學衍義補丘瓊山謂亦當使冢宰代之，是矣，以此見三年之喪更無有可與之事也。喪有無後，無無主，主喪者正爲拜弔者。未成服以前除斂，不拜客，不暇拜也。葬前之奠，葬後之祭，客奠、客祭皆不答拜，非爲已奠祭也。今人皆答拜，謂之謝禮，家禮以爲可行。此類行之，原無甚害禮，則不必不行以戾俗。

葬前之奠，葬後之祭，皆無延客之禮。客自助奠助祭可也。

葬後謝孝，前輩曾辨之，丘瓊山亦以爲可。予葬親後遵其說行之，至人家爲予設素饌，强予食。予不覺涕泗橫溢，曰「今日予不應至此」，坐者及主人皆覺不安，然則出門謝孝殆不可行也。

大功以下之喪可弔於人，大功以上不可也，三年之喪無論矣。然於有服之親雖有三年之喪亦哭之，哭也，非弔也。友之厚者猶兄弟，雖無服，情亦當哭。曾子哭子張，未可肉待人。

喪未終，已未飲酒食肉，即不當以酒待人。

顔淵之喪，餽祥肉。餽之，可也，宴客於家，不可也。

有父母之喪，凡有慶喜皆不可受賀。兒瀚入庠，予時喪尚在大祥前，鄉隣親來賀者不能却，且多責以酒，因援吉凶不相干之意。兒輩倍侍而已不與，然細思之，非也，此便有狥俗意，狥俗便守禮不嚴。

凡爲人後者無論所後之遠近，於所生之服皆以本服降。

今人於出後者但於本生父母稱降服子，不知既後於人則本生凡親服降則皆可云「降服某」也，但非父母，出後者皆不應書於本服耳。

喪無二主，赴告之柬，謝禮之帖，凡有服者皆書，本非。以俗通之，書衆子，書同家，降服之子猶之可也，餘斷不可書。若出後遠族，卽降服子亦不必書。

喪有無後，無無主。以此言之，則主不必爲後者也。主喪非家禮，爙喪之人亦不盡爲後之人，如夫主妻喪，父主子喪，豈爲後者乎？若以子及承重之孫言，則爲後卽爲主。然亦有不同，如居母喪而父在，雖爲後不得爲主也。居祖喪而父既不在，則爲後卽爲主矣。其他或無子、繼嗣不定，或在外並無親族，是暫無後之人，亦或無論在家、在外並無可繼嗣者。大宗不可絶，小宗則不妨絶，是終無後之人，無後則同宗、里尹、朋友皆可主喪，所謂有無後，無無主也，重主道也。然主有題，而重無題，今人書重，全未明重之象，作重亦全非重之制。卽作主，書奉祀之人，亦俗規，非古禮也。任釣臺謂主書粉面當隨時改易，母亡父在，不書奉祀。此亦以俗言之，且未審乎禮之精也。主皆不書奉祀，何獨分別於母亡父在？以禮言之，有廟之主與在寢者亦不同，有廟之主三年喪畢，始自爲廟；未三年則各以其昭穆。或母亡喪畢而父在，婦人無廟，主仍祔廟而已。在廟之主，廟門常闔，固不恒見也。在寢之主則日見之，然爲廟主者有宗子，爲家主者有家長，此則書主當何從乎？曲禮言「父不祭子，夫不祭妻」，詳考喪禮，父於子，夫於妻，有虞及祥禫之祭，此外無祭也。主之故祭之，則書主、從主之者宜也。又如母亡父在，而上猶有祖、有曾在廟，不見其主，或可不論。尊者在寢，書主不當從家長乎？今以禮俗衾之，古在廟之主，廟隨世易，書主易正，題主者自可知奉祀之人，不必書也。在寢者正題，但從家長不書，奉祀奉祀者自祀之，而已或書奉祀則正題卽當從奉祀之人。家長雖有祭，不過一饋獻耳。拜祭以成其禮，自奉祀者事也。

禮「夫稱皇辟」，以此見婦亦有主。夫喪之時，此必更無人主者，固不得不權主之。推之在內、在外，若更無人，婦亦可主舅姑、王舅、王姑之喪，未嫁之女亦可主父母、祖父母之喪。

劉繼先先生無子，自以族中昭穆不合不立後，此亦本之禮，但已更無兄弟，揆諸古者大宗不可絕之義，亦不合近族無嗣，只當更於遠族求之。若遠族亦無，則亦未無之何矣。

今人信風水，以無善地而緩葬其親，是其用心在子孫之富貴，而以親骨骸爲聚脉之物，全不在死者之安否，眞不可以爲子，無論其愚也。又或拘於世俗，務外飾觀，計力不能葬而緩之，則全不知喪具稱家之有無，其所爲厚葬者，究毫於親無益，而徒使其親久不得爲地下之安也。夫親一日不葬，則人子一日不得釋服，古人有不幸而不獲葬者，朝夕號痛自以爲罪人。今人雖不葬，日滿服輒釋，竟如無服者然，宜乎終其身有不葬之喪也。久喪新葬，或俟三年而葬，葬日卽釋服，此皆爲省費，大非禮也。憚費不葬，葬後又計費，皆非人子之心，與違禮而厚葬者同一罪耳。禮文甚詳，何皆不講乎。

喪大事，禮惟言喪極委屈詳悉，今人皆置之不讀，非古人讀書之道也。

今人居喪，事事非禮，大非者，酒肉待客、作樂、作佛事。予痛欲革之，諄諄爲人言，間有一二行者，其不行者則曰不能自守禮，他皆僞耳，此則難言矣。曾子曰：「人未有自致者也，必也親喪乎。」於此而不用吾誠，惡乎用吾誠。

凡行禮若計人非議便不是誠心爲禮。行禮而人議之，議者非也，彼亦豈能阻吾？今行喪禮尤當知此。

潼川書院志

書院之設，本是贅事，各郡縣有學，有教官，又何用書院？有書院致教官亦閑無事，然書院以廣教也，既設之，自當重之。

國家立法掌教，由本縣紳士公舉學品兼優者以報上憲，然後上憲諭本縣官延請。近上諭又命紳士以所擬之人報學官，學官報學使，亦重其事矣。迺積年多由士人鑽穴，求上憲薦剡，書院遂如官缺，全操自上憲，而不由紳士，雖有上諭亦皆不恤。竟有以毫無學品之人爲掌教者，或掌教而全不言教，惟奉行月課故事，或掌教者羈留衙署，別司幕事，食書院之俸，並不一到書院，遂使書院學徒無獎不有。以此言之，書院不惟贅設，且縻費而有害矣。

吾家舊貧，本以舌耕爲業，然不託人薦館，以爲學至而君求之，況館乎？託薦便自賤矣。入庠食廩後，即有敦請者，然吾猶不肯輕就，就之，見其意不誠，輒辭去，故居人西席惟于趙渡劉氏有五年之久。自此歸，遂設教桐閣，有延請者皆不出，至書院之聘，概不應也。館劉氏時，邑侯永請主教華原書院，劉氏代予却之而不使予知。次年，永又使人來延，方知前事。予謂劉氏曰：「却之，予意也，何必諱？」因並謝來使。後謝明府新移書院又延之，亦却焉。

謝明府既修華原書院，予時方聯邑人公醵卷價，以餘貲入書院銀一千兩，又增舍于西河書院，又增西河書院掌教束脩。本欲合兩書院，更立文會，以振邑中文教，因公具呈撫憲，立規樹碑，定公舉本邑耆宿，而上憲猶時薦之。往郡伯徐承甘、省藩伯方意薦一孝廉，諸紳謂必以予暫作公舉之人，可却上司之薦。予曰：「予本不能膺，權舉之，他日又多一番事。且予身在事外，舉他人可由己訴，既舉予則予不能言矣。」諸紳不聽，竟以予名呈。郡伯果批其尾曰：「如所舉李君能實任之則無可言，又聞渠有老親，不肯離側，某孝廉之薦無容易也。」諸紳急又使予代舉一人而辭郡伯，時邑侯楊亦强予往，不得已至府。郡伯曰：「此出，方藩伯囑先生能任之，我亦能辭之，否則無可易者。」歸言於諸紳，乃不復爭。某孝廉居僅一年，院無一人肄業，遂辭去。

自吾母年九十，吾時不得已出外，不能越宿也。劉訒籛藩伯嘗見盧中丞，適商州牧在座，問及書院，答曰：「上憲薦某未至，非所願也。」中丞曰：「既不願，量給束脩謝之而已。」遂問予於劉訒籛，訒籛曰：「渠奉老親不能出，且書院之聘本非其素意也。」

華陰初設書院，延予，以束脩少致意，使予率學徒俱來，予不答。潼關司馬余、向、張前後皆欲延予於鳳山書院，並教其少君，亦以束脩少致書，命率學徒。答曰：「予在家塾，學徒之來皆不計束脩，即計束脩，既受束脩於官，尚可受束脩於學徒乎？然予以侍親，無論束脩多寡不能至也，負厚意矣。」聞向、張兩司馬終以不能致予爲歉，予至今亦未嘗不感之。

吾侍親數十年，兼教授生徒，四方有數百里至者，其中亦多美才有志之士，甚樂也。邇來吾母老，家運遂衰。遷居築室後，吾弟先亡，姪輩旋遇盜，於外失八百餘金之貨。又以連歲荒饑，斗麥錢千三四百，兼之食指浩繁，而吾母復歿殯，葬後遂負重債，生平未嘗輕受人財，以此刻刻在心。且在家不見吾母，日日悲不自勝，遂有外出之意矣。

潼關書院之聘，本劉訒籛薦也。訒籛知予近況，又以予居憂過戚，遂以此書院薦。予於楊中丞、時中丞又有門生求書院者，以予及其門生，並薦之。然訒籛意必專薦予，以事至會城見中丞並見諸上憲，言及此事，因曰「潼關人望李時齋掌教書院久矣」，諸上憲並慫恿中丞，中丞乃移書云觀察專以予薦，然予不知也。

六月初六日云觀察關書至，又問到館日期。蓋劉訒籛示意，書來適在吾母初四日周期後也。予答曰：「鯫生學術無似，抗顔爲師，殊深慙愧，而命出尊者又不敢辭，但踰月當行先母小祥之祭，七月初四又爲母在壽長，今酌以初五日來接，初六日受謁生徒。」是其至書院之期也。

予既受書院關書，本邑諸紳有以予舍本邑而教他處爲言者。老友張明經子範以書來，曰：「足下守禮，一毫不苟，服未終而教授他鄉，得毋乖於禮乎？」他日見，又言之。予曰：「予非不知其非禮也，然竊權於輕重之間矣。在家既不能謝生徒，而桑榆晚景恐以悲憂致疾。又恐旦暮不諱，負債不償，大違生平之志，目不能瞑，此行不得已耳。」

吾以上憲薦書院爲非例，爲本邑立規拒之，何以自受上憲之薦？以潼士本望予至潼，且自上憲薦人書院，有師而無教，徒成虛設，予至潼循吾素教，庶幾稍改其風耳。然向不受書院之聘，正月鑒於上憲薦人，不能自安皋比，未免徒招侮慢，況又不習俯仰隨人，此行未嘗不自計不可久也。

書院薦書未下之先，吾選班行取文已到，兒輩以現在服憂呈報。私念夕日餘暉，豈復能作事業，尚可歷宦途平，然或值覃恩到官，便可爲父母請封。且書院教官、縣官皆天下之要，而今之最不可言者，自試一爲之亦未嘗不可。如是，則書院之膺勢又不能久，然此念存於心，與人言固未始一及之。

時云觀察本攝篆，實受爲傅秋屏觀察，未至也。或言傅有戚屬，現居馮翊，俟潼川書院席者，此事恐必不可久。予曰：「予亦聽之而已，抑不必問之人，卽以予卜之，凡夤緣書院者必事趨承迎合，予不能也，久不久又可預定哉。」

初五日至潼，舊例本先接入道署，飯後始到院。予以在制道中，不能變服，亦不能飯道署，飯徑至院，日已暝。云觀察使人以夜不便出謝罪，時予已寢矣。

初六日，早起，先出拜友。云觀察將出拜，有追言於予者，予乃反，至道署見之。以是日卽送諸生謁見，使到院中卽行禮，蓋云當是時已將謝任去矣。

予以分見道憲應用手本，則以手本見之，至用柬自稱，例當以晚生，予曰：「予之生本非晚也。」但書曰「節下鯫生制某頓首拜」。

云觀察將去，或曰：「當先至署問行期。」予曰：「渠不言，予不知其去，何問行期？去不辭亦將不送。」亡何，觀察送餽院中，且來辭，曰：「甫相見便別，惜不能切劘，共成後學也。」

暫護道篆爲同州福郡伯，以書院所出不敷用商於予，輿其事，意似賴予呼將伯者，曰：「此等事予固樂爲之，然所居非其任也。」未幾傅觀察至，事遂罷。

傅觀察到任之日適及門王生維戊殁，予往哭之。返至院，門者稟予應往道署。予命覘觀察昨有先來意乎，無則予更待數日，不先至，便束裝以歸而已。門者覘之，則觀察早命西城門卒，予入城即當報，予感其意，乃往見之。觀察曰：「至省即聞先生學品，及教規事稍理當徐談耳。」問及著述，予以叢書及文集、制藝呈。他日報以多儀，予酌受其少者。

凡薦至書院者，於始薦之上憲必有禀，每歲終定來年之聘亦然，予皆不能。叔向不謝私恩，禰衡懷刺不投，予謬見素固如是也。以是度之，書院亦未可久居。予少從雲間戴少白讀書潼川書院十年，至今幾歷四十寒暑，老友存者僅三四人，皆七十餘，相見眞如隔日。即諸友之子弟，見之一如吾子弟，咸相親愛，時有饋遺。微特此，隣舍顧姓者往時其祖供食院中，今其孫猶然，問之亦不勝憶舊之心。隔院聞其兒啼聲，且憐之矣。

受潼川書院聘，本以甫離親側，不忍家居，又此爲舊學之地，處之或可稍安。乃至院閑時便念吾母，人有饋遺，思吾無可致，不言，獨深悲愴，夜間頻見吾母於夢，醒而淚濕枕席者不知凡幾矣。又所居即戴少白師位，門窗榻几無非故物，開眼更時增一場傷惋，則不樂家居者，此仍非其所樂居也。

鳳山書院山長歷城周二南，山左名宿，到關訂交，盡出其所著述相商榷。予爲評點，惟此爲論文一稍釋悶事。二南制義善用書，古文善持論，多與予合，而尤長於詩，大半已梓行，見予著述亦謬賞之，以爲生平未嘗一二遇也。

秋屏觀察，東昌聊城人，爲開國狀元少保星巖公元孫。少年登大科入詞垣，由京職歷外任。見予著述，以爲毛西河不能過也，因出少保公書義、易義、試義四五百篇，屬校閱。予讀之，嘆先輩功力之深，宜其福澤之厚也。

秋屏有別勉夔府諸生詩，娓娓以品學爲訓，且語予曰：「事稍理，亦當擇諸生才雋者別教之。」諸生感其意，閱其詩，或有和章，兒來南亦作焉。秋屏閱之曰：「諸生中阿郎詩較善，但皆多譽詞，故不敢置評也。」

九月中李裔雲司馬言于予，有欽差薦一官吏部，現在居憂之期，朱姓，明年掌教書院。秋屏意甚不慊，別思所以處予者。已聞秋屏寄書福郡伯，予邑常明府共圖其事。予聞即見秋屏，言予仍歸桐閣耳，然予邑中諸紳聞此早定延予局矣。

一日諸紳書來求懇。予辭之曰：「素以書院之聘爲戒，今果數月而止，悔此出矣。吾邑書院尤不願者有三，不關束修之多少：一則公舉之規定自我，嫌於後自爲計。一則上憲薦人風猶未息，我在事外則可爲謀，在講席則不能也。一則邑中多相知，亦避賢者路耳。以予論，今當居此席者莫如張子範，後延邑宿但當以人品、學問不當論功名，李二曲固嘗主講關中書院也。」廼次日常明府關書卽至，又次日諸紳來書院，竟强予不得辭。

始予至書院，酌桐閣教規分爲十條：

一曰學者學爲聖賢也，諸生入學須先辨此志，乃不誤於從事，卽文章功名皆有根柢。

一曰爲學不外知行兩端，而求知之道莫要於讀書。讀書字字句句皆反諸身心，驗之世情，驗之處事。知在是，行卽在是，爲文亦自眞切，所謂立言有本者此也。

一曰讀書以經爲主，史爲輔，旁及諸子百家，不特制義也。以制義論，代聖賢立言，自王半山創此體，本卽說經之古文，今雖曰時文，然試看自明。及國朝諸大家，孰不從經史及諸子百家中出？則卽以此爲古文可矣，抑卽以此學諸體古文不難矣。

一曰諸生入院已皆成人，於書應亦畧讀，卽未讀者應補讀，循序漸進，毋躐等，毋畏難，毋懈一日之功，久之自有成效。子曰「先難後獲」「先事後得」，董子曰「正其誼不謀其利，明其道不計其功」，古人專心爲學，知與行一也。

一曰學當立定課程，方不至見異思遷，亦不至作輟無常，所謂有恒者如此。今擬每日所讀四子書爲先，當合註讀，經一般，史一般，諸子百家總一般。讀經分三類，易、書、詩循環讀，春秋三傳循環讀，三禮循環讀，諸史、綱目、通鑑、全史各有簡本，當從約漸博，諸子百家宜選讀，今坊間古文選本是也，但當求其選之稍多而善者耳。詩當讀漢、魏以來諸體詩，試帖帶讀制義，每日早起讀之。

一曰四書每日講，一日帶講經史，一日帶講古文詩，一日帶講制義，皆講其要者，期定辰刻，過期不候。

一曰字韻本小學，午間看四書畢，可看數條，既明點畫聲音並辨其意義。典實類書自隋唐後始有，乃資博覽之捷法。四書考隨四書看，他類書於讀諸書畢可看數條。二者係餘功，亦係要功。

一曰大課月一次。內閱文院中小課月兩次，此外私課月三次，五日一周，皆當一日畢一藝一詩，次日及早閱課不到者不閱。

一曰在院宜謹守約束，出必告，反必面。非講論書文不得聚談，平時不得聚飲。不得閒入街市，不得於大門首閒立，不得私出觀劇，不得口舌相爭。諸條犯者重責，再犯者斥出。食片菸、犯賭及有邪行者卽刻斥出。

一曰孟子以雞鳴而起分舜、蹠之徒，可見一日善氣全基平旦。諸生晨興務早，今黎明鳴鑼以當呼喚，聞之不起者責至晚更定後鎖門，鑰交於上不得私開。

予少讀書院中十年，早聞明炮聲卽起，夜讀，四更時聽司更者喊夜始寢。今早起猶然，夜寢不能如昔矣。關門人至今猶有能言予往讀書時事者。予來，關人共慶有福，予去，關人又共嘆無福，然關人欲讀書豈以去來哉？予之教法具存也，予去固猶在耳。

自潼關歸，或言書院來年主教是秋屏外兄先所約延者。予聞之亦不問，曰：「我固不失爲我也。」

華原書院志

華原書院舊日書板之條規，予所立也，大約不出今初學典故前所載者。予往時爲學之要不過如此，教桐閣與學者日諄諄亦不過如此，在潼川書院酌分十條猶是也。今別立新規，亦分十條，語不同而意相近，首條諄諄以守板規爲囑。聞院中舊有賭，又有食片菸者，又以此二者爲切戒。

聞院夫亦食片菸，本欲逐去，既思天下無不可教之人，吾姑訓諭而已。因召諭曰：「食片菸，死道也。汝不急絶此，吾察汝貌恐不能久生矣。」自此伊似亦惕然自懼，在院中固不敢犯規。

書院本在道北東嶽廟東偏，講堂向東，今移道南，向北。舊板聯皆不甚切，謝明府所題聯意甚好，學者皆當體之，微嫌其起各用成句以調平仄，畧改之便不甚自然。因憶予鄉薦時劉繼先前輩贈以聯，首二句一云「有志者事竟成」，一云「苦心人天不負」，惜其各下句已忘之矣。

書院外門内立卷價二碑，石額一云「慎終於始」，一云「有基勿壞」，張子範題也，匠氏不知東西亦誤鈐。謝明府記予所代東碑有予題數語，先未作記時所擬者。記既成，將刻石，予命去此，諸友未檢，竟並鎸之，則意復矣。

日講授生徒與在潼關時同，或旁觸一事，或旁憶一典，苟有益者必詳語之，諄諄戒以勿倦，未知生徒專心聽受否也。

在潼關書院時，永濟甯生煥章美才也，但專心舉業，日惟讀制義而已，切告以當務根本。從至華原書院，乃欲一意聖賢之學，不應科舉，則又語之曰：「聖賢之學不能廢科舉，視之爲一則一也。」然永濟去太原十餘日，試者或苦資斧。生意欲學成而後試，予頷之。

學者多欲剽竊求售，教以根本，或疑其迂，語之曰：「吾以學問功名一視之，但功名在天，惟學問可由我，學成則本末兼該，固未有不售，卽不售，吾學固在耳，故此可進可退之道也。剽竊亦容有售者，設不售則學問並荒，一事無成矣。且學問至，文章亦至，此理本不易，人弗悟也。剽竊者終淺，其得也亦幸，得之卽幸，而得他日學不足道，人不足道此可云功名乎。」

學者立志先節行，一趨勢附利則品斯下矣。予走京師二十年未嘗一與顯貴者交，顯貴之人有求見者，亦謝弗通，非傲也，守寒素之分也。在家亦然，爲富爲貴皆不輕登其門，然或舊交，或非交而偶遇，未嘗不以誠與之，以和待之。學者須知誠與和，吾所以接物也，吾所以自處也，否則矜而爭矣。故驕富貴者諂之漸，過矜持者屈之萌，易曰：「介于石，不終日，貞吉。」以六處二，柔而守中，和平之道耳。

士人處鄉尤忌輕入公門，一切賦役雖有非分，吾力能言可以公免則免之，否則隨衆應之而已。吾向在家，非公事不得已，不但不入公，並不入縣。去歲主講潼關，愚民多有以訟求言於憲署者，予惟笑拒之。今在華原書院亦然，常明府每言閒時或可入署一談，予曰衙署是非地，不可入也。常明府卽來院，惟言文事不及他。他事有問，可言則言之，不可言則亦不言。惟流差車馬，舊例本屬官自出覔，後歸三十七村行車之家，既三十七村有不行車者出車如故。前任董明府時三十七村釀銀一千五百兩具禀存官生息，歸三十九里運中應差，自此運中常受此苦。且初出差，每兩馬車日出錢八百，今出錢至一千五百。以是歲出此項銀幾二千兩，民實不堪。諸里長求予一言之，而常明府以事已禀於上憲，未易更張，諸里長亦不能乞哀於上，則亦聽之而已。

常明府作二十四條以教百姓，鄉中或有疑出予意者，予告之曰：「不在其位不謀其政。」

憶在時宦邑者未嘗一有交，或有欲爲官乞文者，予曰「爲官文是交官矣」，不應某明府。時予弟以賣馬客未及稅，馬自予弟手爲公役所誤奪，近麥秋予具呈請，某明府意嫌予不入署面言。予曰：「予有事尚可而入署耶，如此有舍馬而已。」遂歸。一朋友代言之，明府使歸馬。又某明府初署邑，曾以公事共會，及再至有友諷予當見，予不應。某明府語人曰：「時齋先生以古人自處。」予聞之曰：「我不敢以古人自處，不當學古人耶？」又往時朱幹臣總漕，以俱爲周蓮塘尚書門生，曾有一席之會，及觀察潼關有向同坐者，一友具儀往見之。予時適在潼，或言亦當見，予曰：「非不慕其人，然禮不可往也。」今講華原書院已一年，於向時云、傅兩觀察、署事福郡守未嘗通一字，猶守是志而已。

語諸生曰：「吾十四五始立志，二十始實攻苦，所以畧畧可自言者志定後不復變，自二十至今七十無一日怠而已。其中艱難困苦，是非變幻，甚有不可堪處，吾皆不以爲意，不以自阻。惟少所資勵故，雖白首自覺去古人尚遠。然人便有謬以虛聲欽仰之者，今諸生皆年少且皆非甚庸材也，其可不厚自待乎。」

爲聖賢之學勿見以爲難，勿見以爲易，見以爲難則畏而生懈，見以爲易則輕而自弛，惟立定課程，日日勉進而已。

「潛龍以不見爲德」，管幼安之言，處其地者當深思。以潛得名是卽不見而見也，故古人亦以爲懼。

吾向侍母之日不敢言老，亦實覺其猶少，今離母乃自知衰矣，所以爲諸生言不憚煩，不辭苦者，恐爲諸生講授之日無多也。卽日孳孳，不停丹鉛，欲以留後者，亦非爲名也，猶是勤教諸生之心也。

吾自侍母不赴公車，卽入選班，以爲學原期致用，且念先嚴始望之奢，本猶有欲出之意。今吏部公文屢催，初意服闋後可試一往，值恩詔爲二親及先兄請封。既思已及古人致仕之年，豈可甫歷宦途，又欲守己素，以入官場必不可行，故不得不負父之初望，而從吾母不喜仕之心也。

向有評選諸家古文，去歲在潼關輯經義文要，今又輯經世文要，命生徒鈔而自評之，又自鈔評綱目大戰録，續前左氏兵法，畧存本欲自見於時之意。又命蒙生省三鈔輯問學文要而評之，亦懇懇欲諸生端其趨向也。

常明府以二十四條教百姓，中保甲、講聖諭爲最要。保甲立則姦宄無所容，聖諭明則風俗自然厚。然此二事凡爲政者非不時爲諄諄，患在立法不嚴，立法不嚴則糾督不勤，甫行旋怠矣。抑不惟在上多不實心督之，亦在下多不實心奉之，故閭里亦賴有一二士君子倡導勸勵之者。

鄉保主察盜賊姦宄，鄉約主正禮義風俗，則聖諭之講當鄉約司之。此二事實一事也，然主之正須有二人。

不處縣中不知邑事之多，不見邑事不知爲宰之難。故曰「縣官治則天下皆治」，其治之也吾以爲有要言三焉，曰：敬上愛下、勤身約己、察吏親民而已，其本又只在一誠。

縣官與君甚遠，然毋謂遠也，天下之治否因之。刻刻奉君上於此心，則事未有不敬者矣。

敬上官卽敬君，然敬非順其所欲也，循分守道乃所以敬耳。

縣官民之父母，吾見民有不以父母爲父母，而未有不以父母奉縣官者，况實視民如子之縣官哉！觀其求於下者無不應，或有一事如民之願，亦且感頌之不已，故民最易治也。念及此不以愛憐體恤爲心，則亦負百姓矣。

取民不以分，徵求需索日有增，則上有愚民之心，民豈得無欺上之意。爲官者只見民一欺上，卽視民如仇，顧亦思己之欺民者可勝言哉。夫官之取民，無一不踰分，則無一非欺也。分者何？聖人有教，朝廷有法，一毫或違，不干憲典亦有陰咎，况其違之甚耶？惜乎咎未見於身者之不悟也。

身不勤則百弊皆生，己不約故凡取皆過。

勤身者事事皆親而已。宰貴得人，得人則事皆責之有司，而已總其凡。明此，宰非親民之宰官也，宰全在得有司，則凡有司以上之官皆可知矣。欲得有司而專責有司之承奉，何以得有司？故凡務承奉者卽非賢有司也，賢有司不奉上，亦不抗上，自盡其敬，自勤其職足矣。

奉上以禮不以賂，委婉中自守堅剛。治事以道不以私，繁劇中亦覺暇豫。

上官可委之有司，有司不可全委之吏胥。卽委之有司，而治有司亦有法；不委之吏胥，而馭吏胥猶必嚴。吏胥舞弊不可勝窮，以勤督之，以廉化之而已。

信民而不信吏，故吏胥侵民之弊，一親民可得之。吏胥敢侵民，亦敢盜官，嚴明者自不受其欺，然亦在一身端其本。

無訟之化未易幾也，子路之忠信明決未始不可勉，故今世良有司務先不宿訟。然子言「畏民志」，曾子言「哀矜勿喜」，吾儒讀書其可忘諸。

積貯本爲兵荒，官不得侵，亦不得借，吏胥不得盜竊，此非廉且勤者亦難言。

倉儲素實本可不需採買，採買之名特私立以取民。其買也官出銀謂之紅封，其實但使民見而不發，仍從民糧攤派，亦並未有買也，此借其名以加賦耳。又或歲歲換倉，謂出陳以糴新，於外別取加耗，亦曰補賠，無論官之侵漁，倉斗吏役包戶無不取肥於此。每歲補賠者幾需正糧之半，其實歲所換者猶皆陳粟也，雖遇凶年亦然，民何以堪乎？宰邑者能於此加體恤卽良有司矣。體恤如何？守其常法，豐斂凶散以平糴爲主，官無侵漁，又詳察之而已。

治盗莫如保甲，其上者平時以德化，而臨時審盗亦有感化法，然而難矣。

兵宜有實籍，雖承平亦不可一日不操練，聖人所謂足兵也。馬亦宜覈實，民壯亦宜操。

凡吏役皆不可多人，多一人則爲民多一害。平時人如其數，急則雇役法亦可行。

工役不可頻興，以得已而興，以詳督減費爲要。吾既不欲仕，以今催仕急，不禁言及於仕，諸生他日有仕者亦當知之，然吾自腐儒之談耳。

爲學不爲身心，爲官必不能爲君民，不爲君民卽不爲身心。爲己之學自謹獨直至篤恭天下平，皆己事也。今人爲俗學直是忘己，其誤總由於立心之初，然立心之初雖誤，固可以自反也。聖賢語言具在，切莫誤了一生。

吾教學者諄諄於聖賢之學，明知多以爲迂，吾自盡吾之心而已。夫畏人之以爲迂而不講聖賢之學，此世所以終無聖賢之學也。吾雖老，與學者共講共勉，苟有一二從者卽吾道不孤，他日或幸有繼也。

去歲去潼關，傅道憲卽有再延之約，吾未之許也。今秋終使常明府復致意，予曰：「若復反潼，是以利爲去就也，吾豈老而騃誖哉？」計此亦不能久居，行且反家園矣。

書院謝明府題聯意極佳，可以訓學者，而語未甚穩。用「所學何事」「有志竟成」二句以調平仄，畧改原語，亦殊不合。予易之云：「為學當志大人，須信修齊治平皆吾人本分事；業儒必爲君子，要知道德文章從此地勤加功夫。」擬另書板本，欲成謝明府之善而未果也。因憶予初登鄉薦，劉繼先前輩贈聯，首一云「苦心人天不負」，一云「有志者事竟成」，對便工而自然，惜其下已忘之矣。

先河濱以書名，生平凡有書，無書現成者。予不善書，然人求書聯者亦皆應，時作存留，已成一冊，爲謬愛者竊去，今皆不能記憶，但記爲紬錦局一聯云「黼黻由唐虞以上，文章在秦漢之先」。大抵凡有句皆文也，粘滯俗淺均不免爲大方所笑。附誌於此。

書院前明府朱題兩聯，本皆書院舊在北寨時所有，于此亦不甚切。予在講席，生徒院不能容，擬於後閣下及東旁開增齋舍，爲後門，或東出，或南出，堪輿家亦以爲合，然亦不果也。他日有爲者，朱明府所題「望嶽觀河見者大，知水仁山得其深」一聯可移也。

趙斗屏年八十餘矣，視予於書院。兩人扶載一車，又攜一少婢，云已便溺皆非人不可。予曰：「此行役以婦人之義也。」細思古人，此等義亦有不必盡行者。曲禮注云：「婦人善事人。」老賴其事則必少者，賴侍便溺則必待寢，以八十餘歲之人而使如孫曾之年之女侍之，其何忍？他日又何以處此女？古人固有買婢之事，以侍桑榆餘日，而使此女由己失節，其何忍？且人一日不死，精血俱不能枯，萬一生子，又將何以處此女？吾鄉有自遠道病，婦昏瞶不能言，而未侍室之婢生子者，婢云已侍室，事竟不能明白可鑒也。

石生全潤爲子聘趙生文治女，病鼠瘡已劇，年可昏，家皆不欲娶。石生問於予。予曰：「七去有惡疾一條，以此論之似不娶於禮不悖。然未病而聘之，或娶之已病而棄之，此女豈不冤而可憐。情所不忍，卽理所不安，故古人此等禮於今皆不可行。若以方在未娶，延日以觀變，此心尤不可有也，必娶之。但不得已而娶，禮宜從簡，勿過費耳。」

穆生志敬作魏象樞論，深慕其人，以疑象樞由舉人試春官者爲非。明末舉人出試本朝不少，象樞自不可非。然細論之，舉人，已舉之人，不仕宜也。論又引或言馮翊諸生劉奇烈死節以衡象樞。明代諸生死節者亦不少，諸生不仕可也，死，過也。此正由女未嫁而奔喪，或殉節，皆過也。然此亦正王山史所謂欲發孟子死傷勇之論而不敢者也。

穆生又疑今父母喪皆斬衰三年爲是，禮「父在爲母期」非。此未審父天母地之義，又未聞顧徵君父喪終，可祭，子不得祭之說。然此禮既改，欲復古亦不能也。偶講及論語「北辰」語，諸生曰：「南北極，天地之中，然北辰不動，南極却動，則知北極乃天首。」此予向所未言，當記之。

學問之不講，讀書者直多不識字，何論典理，何論行誼？今小試以廩生保結童生，吾見大半誤讀「楦倩」之「倩」字，論語「申棖」之「棖」率讀「棖闑」之「棖」，而不知「申棖」即家語「申棠」，此讀長，如是類以訛傳訛，積久不能改也。吾何知？今七十日孜孜覺眼前尚多疎昧，惟欲與人共講爲通人，因共砥爲實學，以變往日之習，而啟後來之志。私心又謂先當自吾鄉始，在書院日講，但有觸必盡説，説多氣枯，至嗽血。語諸生曰：「吾非有求於諸生，亦非諸生感我億我也，計與諸生講授無多歲，惟恐諸生有不知耳。」然即窮日教之，數年能講幾何？聞院中讀書，誤讀字者不能盡正，亦無如何也。惟吾所已刻之書，與古人書固在，又有吾所立用功次第，守之而漸進，賴有其人，即吾文會之立亦望後有其人。吾日老，不能更爲計矣。

諸生登講堂，有衣冠簡褻不如舊者，曰：「此即學之怠也。」

諸生有爲人代課者，曰：「此即欺人自欺之事也。」

夫子七十從心不踰矩。任釣臺以爲夫子自設到八十、九十必更有進益處，此眞知聖學矣。

餘生録

自吾母殁，直覺人世無一怡心之境，鮮民之生不如死之久矣，始信詩人言之眞而至也。今年迫七十，視息人世能復幾日，幸而目不遽瞑，自謂皆餘生耳，然一日生存卽生平事業未終，吾身不可苟也，吾言亦不可已也。

人心之私，名利二字盡之。其實名亦利也，故聖賢只以利對義。來瞿唐最不抹殺「名」字，以爲「名」字無在可廢，卽「如義」亦曰「名義」是矣。予謂名從實出者，名不可無也，名以僞得者，名不可有也。有得名之心便是僞名，雖得亦不可久，孟子所謂「聲聞過情，君子恥之」者也。然則夫子何以爲人言疾没世而名不稱乎？生前之名非無眞名，然有不以實得者，没後之名豈盡皆實？然蓋棺論定後人又反復推詳，久之則實不可僞。故陳大士云：「此非疾其無名也，疾其無實也。」夫疾其無實何必言名？夫子正爲有名心者言之，以見没世之名不可妄得，因名以勵實，不得不如此言，非教人又計没世之名也。計没世之名則亦不得没世之名矣。河濱言少時思立名於天下，占於焦氏之易林，得推車上山，力不能任之繇。予思此數言得三義焉：古人言三不朽，曰立德、立功、立言，不曰立名，名豈可有立之心乎？有立名之心，雖勵實亦不免搀以僞心矣。且既有意立名，勉於三不朽，名自無不可立，何事於占？抑占得推車上山，力不能任，則是名不可得矣。然而他日河濱之名滿天下，可見占不盡應，亦奚取乎占也。

三不朽皆盡吾所當盡之事，理自應不朽耳，如已有不朽之心，便是爲名。

立言著書最似近名，不知前人所未言而吾言之，或前人言之有誤而吾更言以正之，或前人言本不誤，後人駁之反誤，而吾又言以辨之，皆以發明前人，留示後人爲道之公心也，非爲名之私心也，一涉私則著述皆謬矣。

吾學宗朱子，見人駁朱子者輒惡之。然於朱子有駁之是者，亦未嘗不以爲然，不但此也，己所見或與朱子不合，亦未嘗不辨之。又不但於朱子有然，於己說後之駁前者且不一而足。惟存一公心，然後可以論人，亦然後可以使人論己。

蘇氏父子持論有不同者，蔡氏受朱子之命爲書傳，其中說亦不盡與朱子同，古人立言不阿如此。若用意摘古人之非以伸己見，本私也，私則多蔽，故其說往往不能通。

朱子之學主於敬，吾生平得力亦只此一字。無論動靜常變，何時何事，隨在觀理以自處，天下無足累吾者，吾無往而不自樂矣。

有以多事不能專一於學爲憂者。予曰：「處事卽學也，古人之學正全在此。如子所謂學者不過讀書而已，讀書，學中致知之一事也。卽讀書亦全於處事驗之。以多事爲憂，多事孰如予？自少貧苦，日以衣食爲事，後學稍有進，謬負文名，應酬文字之事日不暇給，及生徒漸多，爲生徒講授課文，亦事也。而終予之讀書未嘗一日廢，亦未嘗一日不有進益，何也？爲生徒所講課卽以爲予之功，生徒所未及者則加補焉。至家務及文字應酬，率於生徒作文一日了之，不能了者亦乘隙爲之，或有意外之事則隨機應之，其實有進益處大半得之應事。然則多事何害於學哉。」

爲學惟家計最足累心，然累心者心自累之，非家計能累心也。心自累，不惟家計窘足爲累，卽家計裕亦爲累，不然任所處之豐約，吾心自有主，於境何有焉？許魯齋爲學者先計生業，後儒多議之，吾不以爲非者，以爲魯齋之心卽橫渠買田畫井之意也。君子謀道不謀食，如謀食而忘道，或謀食而非道，則食爲道外之事。若爲道而謀食，與謀食而合道，則食亦道中之事。且使仰不足事，俯不足畜，舉家嗷嗷，心能自安乎？故第爲養生計，並無求豐之心，非謀之也，無其心則不爲累。

吾見士人困於生計者甚多，其窘急眞有不堪言之景。窘急而不壞行品，吾憐之，窘急而至失志操，吾耻之，總以爲不善自爲謀也。善其謀無他法，勤儉而已。吾生平未嘗一乞假於人，且少謬自立志，並不肯妄受人，亦未始別爲生計，只自鄉舉後始以教授爲業，其教授也於館穀之多少有無從不一計。然至今家口日繁，粗免向日之窘急，朋友竟多本不窘急而日憂窘急者矣。或問予何術，予曰：「無術也，不爲窘急之事也，不爲窘急之事者不爲非分之事也。」

一生美才，數月廢學，問其故，知困於境，日爲衣食謀也。勉之曰：「境不能困人，吾實親嘗而深悉之。雖日一食稀粥，不至廢學也。白日奔走樵採，夜猶可讀書也。且子毋謂志士不當困，惟志士始當困，故自古惟志士恒多困，何也？志士乃能處困，常人則不能，天之困志士，所以試志士也，所以勵志士也，所以厚志士也。人有本不困而終困者，困由自致，此直當困死耳。若困於人，困於天，天與父母既生我，亦無坐待困死之理，亦自當求生計。又或有父母親長，愈不能不求生計，雖乞假亦所不辭，但乞假須有義，亦須乞假於義者。自古豪傑潦倒爲丐，固不以爲辱也，然處困而能自立，則不終困，其困死者仍皆自暴自棄之人耳。『見利思義，見危授命』，夫子爲子路言成人，子張言士而倒其語，亦無別義，其以『授命』爲『致命』，即致身之義，致亦授也。以『見利』爲『見得』，謂利之能得者，如作文，正可從此語勢字面着眼。金正希於夫子語成人，全從上何必然討題，神亦有此意。若以理言，聖賢諄諄于此，可見此爲學人之大節。」

危既曰見，則于命直致之授之而已，更着不得思。見利，雖素窮理之士于此正須思子張「易思」義，於下亦與下兩「思」字合也。

授命、致命，細思亦有分，授則直與之，致正有事在。以事言，大抵此爲君父之難說，而亦不盡然，如兩人同行而遇難，斷無一人獨逃之理。吾鄉近有三農者遇豹，其夥先見擒，其主直前擊豹，豹復舍夥而擒主，主之子急擊豹首，遂殺豹。此一事也，本皆農耳，危迫之際爲夥爲主各致其死力，皆義也，不待思而能然，可見義在人心也，又以此知見危授命，亦義也。

人之所以爲人，忠孝其大端也。忠不必有位之人，四民各守其職，安分奉公，不蹈罪戾，此亦在下之忠矣。孝不止隆親之養，獲親之心，蹈道勤德，不貽父母羞，此則君子之孝矣。

人子侍親，乃日之誠自不容已，斷不能以忠易孝，然孝固即所以盡忠也。

知事親之樂，則知違親之慘，親没之後始知所以負親者甚多矣，然已無及也。人生于父母則孝宜較易於忠，然自古忠臣多，孝子少，親恩不可報也。

吾絶意功名，侍母數十年，自覺不盡道者實多。邑中士大夫乃共陰舉吾孝行，不使吾知，並不言於兒輩，不言於及門諸生。事已成而文猶未上，吾微聞之，急爲呈，陰達之常明府曰：「聞邑紳舉某孝行，大驚且愧，某以爲是以愛我者使我滋罪也。人子侍親，自己分耳，即盡道豈有加於分之外？況自覺不盡道者多，不可以欺心，不可以欺天，不可以欺親，顧可以欺人，並欺吾君哉？如使此事行，詔命下逮，吾何以受之？不拜詔則爲罪，拜而受之是自以爲孝也，自以爲孝卽不孝之尤者也。吾餘生幸不盡一日溘冒孝之名則一日負不孝之譴，其可自安耶？某非甚老瞶，懇恩急已此事，不使某無顔立於天地，則受賜良多矣。」

凡割股、廬墓本皆違理，且其中多非眞孝，故無旌表之例。然有上其事者，類無不旌，朝廷勸人爲善之心固甚寬也。吾以爲此直依例不舉之爲是。

自來國史、邑乘皆有孝友傳，此例固不可少也。然志之最不可不愼，若割股、廬墓事直不當志耳。士盡孝友，官爲循吏，學如此亦庶幾其可矣。命石生全潤於全史中摘録此二傳，他日續之叢書，亦少有補於世。

吾生平盡志於師友，於貧困者每不能自克。師友之無以爲生，無以爲後，直若吾身之顛連，惜乎力不能盡恤，不能不借資於人，而資於人又卒無以全其生，善其後，此亦衰年未了之憾矣。

晉裴叔則歲請梁、趙二國租錢百萬以散親族。或譏之，叔則曰：「損有餘以補不足，天之道也。」夫朝廷猶有勸富賑恤之道，況在下者哉？吾生平未嘗自有乞假，而爲人借助之事不少，亦猶幸一二有力者之不見棄也。常時外來無名之人亦多乞假，遇之亦少靳者，或曰：「此不盡可與，往往亦不免見欺。」然視其當前可憐，雖受欺，吾自盡吾之心而已，且與之無多，非果有傷，不能以此爲戒也。

富爲貧者之所忌，善亦不善者之所忌，故往往媒孽生謗。知其謗生於忌，則亦可以平矣。世上畢竟公道不可誣，果能信之於心，謗者自謗而譽者自譽。孟子所謂「多口無傷」，合「見愠不隕」、「問兩邊」言之自盡。

以直報怨，當知犯而不校亦直也。

吾本有恩，而人或以怨報，此亦不足計。須知吾有恩，吾自行吾之心，本非望報，卽彼以怨來，亦彼之失耳，吾視其可寬者寬之，可避者避之，益修吾之德而已，何害焉。

人生在世一日，不可一日不自檢點，耄而荒則少壯皆不足言，偶而失則終身卽以爲累。

吾少時見楊丹山師年六十餘猶能日書細字，甚羡。吾今七十，不用目鏡，夜間猶能書小字千餘，日光下猶可作芝蔴字，人問何以養之，自思亦惟生平寡欲而已。

老年無他營，亦無他苦，惟夜間多不能寐，此血氣衰也。吾笑語人曰：「俗言老人愛錢，怕死，不渴睡，吾不犯其二，犯其一耳。」

居喪數年未爲文，一服闋，案頭乞文狀便塡委，每半夜輒起，爲文一篇。自惟衰老亦當少養，謝絶文字之應酬，友朋宜爲我諒也。兒來南，吾本視功名可早發，今三十有餘，亦復逾時矣，科舉尚未可寘，但不必專意功名，爲學教子是其事也。來瀚三十始入痒，家計更無可諉，亦不能專意爲學，但須知吾生平有匡衡之貧而無董仲舒之富，不能如仲舒不問家事，却未嘗以家事自累。汝應務之暇卽當讀書，日間不能讀書，夜亦可補讀書，又應務時事事以書理証之於身心，反之卽是爲學。功名聽天，既已爲學中人，汝等皆須念吾，毋以碌碌自安也。

姪來瑞、來賢本皆可上達，而四十猶爲秀才，各須念乃父深心。吾憶吾兄少廢學生理，二十後忽又欲讀書，日夜讀學、庸、性理，而卒無成，至今猶心酸。

吾弟幼欲讀書，而以貧未能，吾念往時亦輒不禁淚下。生四子今惟留來俊一人，讀書不可不記乃父切望之心也。

郭甥全德、井甥增壽，吾供讀書，亦爲吾妹，皆切切欲子爲士人耳。若等如無成，負其母，亦負吾矣。

今諸孫尚皆幼，未見其才，花苑於讀書甚難，然正當善教之讀書，他日尚可以範其人耳。

予題中門上曰「閑有家」。治家之初全在閑之，閑於人心未變之先則易爲，既變則難爲矣。又治家內外之閑爲先，古人立中門閑內外全於此。男不入，女不出，外人尤不可入，外人入必主人導之，故主家者必曰在家，不可離也。

題屏風上曰「敘樂事」，兒瀚問其義。曰：「太白不云乎『敘天倫之樂事』，然太白知宴桃李園，敘天倫之爲樂，未知庭前自有樂事也。詩曰『兄弟既翕，和樂且耽，宜爾室家，樂爾妻孥』，此言無人不樂也。子曰『父母其順順』，亦樂也。凡家一有間言則不樂，一有私心則不能無間言。或是非過於刻繩則多責望，亦不能無間言。吾子姪及諸孫多幸皆順吾教，飲食燕處聚於此，談笑歡對，豈非樂事？顧吾之樂在生平，自問天倫間無一不可對人，即與外人交亦無不可信心之處，故於此可自敘，可自樂。吾子孫知此而守之，常仰視三字，日於此敘，則日於此樂且敘其所以可樂，則得眞樂，而知太白以宴遊爲樂，非樂也。他無論矣。」

吾人出而仕，治國，治天下一己事也；不仕，能化一鄉一邑亦一己事也。古人不分窮達，但當看得天下國家即一身，而一身即天下國家，則物我皆性分中事，皆學問中事矣。高士雖遇堯舜不出，志小而具淺也。孔孟雖衰世亦周流皇皇，有其具且道行，畢竟及人者廣，於己分方盡也，但節不可失耳。

吾聯十六村爲保甲法，此宜常行，不可失也，久之皆當共和其效。但在各村主持得人，不可畏事，不可多事，不可稍涉私心，則事不壞矣。

吾一身之外，家人、里人、鄉人、天下之人皆人也，處之以和，處之以讓，總之凡事自責而恕人，則無往不可行。然人不盡知禮讓，則調停一里一鄉亦難，要亦在漸化之耳，不化則仍己之分不盡也。

吾處里中，幸無尤怨於人，人且謬敬而愛之，間有挾私媒孽欺侮者，吾亦置之不校，則自無事。或爲害於鄉，不能化，必思所以制之，但此亦有善處之方，不得去害反自罹害也。

人皆言吾生禀受强，用功雖苦不自傷，不知吾亦善養耳。孟子曰：「養心莫善於寡欲。」吾則曰：「養心莫善於存理。」吾生平嗜欲固少，然此心雖靜坐，或夜寢，非思書則思理，自覺惟書理最能養心。今七十益自信，少閑則身反不快，但心疲未有不自知者，知其疲則姑置之而已。

聖人假年學易，曾子一日三省，吾不敢祈年，但延世一日則一日自省其過，一日自求其所不知、不能，是亦所以自養也。

桐窗囈說

桐窗囈說

合天下之物而為天，地亦天也，人亦天也，物亦天也，凡在地之上者皆在天腹之內耳。君子觀于天地人物之形，可以同上下，泯內外，齊物我，忘死生。

天無心，人是已，地其質，而人其靈機也，故曰「人者，天地之心也」。知我為天地之心，則不可以自隘其量。

世言天指高高在上者耳，不知天地無間也。天在地上，亦在地中，亦在地下耳。目前天不可測，億萬里天豈可量？不知其內，烏知其外？不知其外，不知其始，烏知其終？

兒麟方四歲，偶與言女媧鍊石補天事。兒問曰：「天壞乎？」曰：「傾耳。」曰：「傾之時有兒乎？」曰：「有。」「有在何所？」曰：「不知也。」兒笑。予以兒為知天。

欲窮天地之始，不啻誇父之追日也，徒見其渴而斃耳。欲窮天地之際，甚于張騫之尋河也，恐不免欺而報矣。元會運世猶言旦暮，大章、豎亥盡步咫尺。

世無古今，以今視三皇之世遠矣。吾安知千萬代之後不以今為有鑿混沌、揭日月者耶？

世之不息，氣運為之；世之不敝，理道為之。氣運行於天，理道寄於人。行於天者天不能自主，寄於人者人可以共持。今必不如古，春秋之世不應生孔子矣。如曰世趨而日下，事變而日非，豈當然者皆應已乎？此之謂自誣，此之謂誣世，此之謂誣天。

三皇之世，妓有洪崖，知上古猶衰世矣。或曰：「洪崖，古仙人也。」古初無妓之名，亦無仙之名。可以妓，可以仙，可以妓而仙，可以仙而妓，百家之說，吾惡乎信之？

天道人事，五行而已。五行不乖，萬類和平。乖而復，順世所以生。

一行之中各有四行，理皆易驗。惟水中之火，濟南陳未橋、漆霞牟應震兩人嘗言，驗之而不得。予謂酒，水也，可以然。水中之產無非陽物，海水生火，世恒見之，其明著也。惟一行各具四行，故五行相濟而後平。天以陰陽五行化生萬物，其生一人也，即以生萬物之理生之，天之付於人者重矣。五性在心，五倫在世，五材在人，其應於天，一也。知其重者，一人任乎萬物，道以五推，符以五驗。

上古之君非有取也，非有讓也，衆推之而已矣。君一域者能生一域者也，君天下者能生天下者也。可以治一人即可以治天下，然而天下易治，一人不易治。一人不治，未可以言天下之治也，顧以一人阻天下之治則未之有也。

以一人阻天下之治，獨患人君悮任一人耳。任一人害天下，其究也害仍歸於一人與任一人之人。

天下之衆紛而難齊，此心之同近而易見。事業無窮，操其全，不遺一物，握其要，祇在方寸。

居山者便於取薪而不無虎狼之患，傍河者便於食魚而不無浸沒之憂。人之處世，未有皆投其願而不逢其所忌者也。

渭水之濱有十家之邑，食水之利而時遭其患。雨潦水漲，匝城垣，衆皆擁隄。里嫗者依城而獨處，計往者挹水之艱，穿城址，引其水，須臾水盡入，城壞屋崩，十家俱沉。見小利而昧大害及己且害於人，此里嫗之謂矣。

聖人之治天下也，貽民以利不必民之皆利，去民之害不必民之無害。貽其可貽者，去其可去者，而聖人之事盡矣。且夫有教以布天下，使天下之人皆智而明於所為，斯其益無窮。特其教之也，亦不能教其所不可教。天下之人，又在乎各自為耳，不自為而議聖人之政教，是亦天下之暴民哉。

仁義者，衛天下之柵也，賢者守其中，不肖者軼其外，奸猾者入柵而盜其所有，或並攜柵而去之。然竊之而去猶將由柵入，因假柵以為己用也。不然，其不為猛獸之跳㮘奔哭，並不顧夫柵也者幾何？

去民之病猶醫然，和平之方，功緩而多效，急疾之藥應速而易危。先王施政因時以宜民耳。或得異劑以醫寒疾，立愈。他日有喝者，治之遽死，累用之皆斃，人以為言。醫曰：「疾非也，非藥悮也。」已有疾，自食亦死，聞者快之，獨惜乎一人之身不足償群生之命也。然吾竊意其家人又必有服其劑而死者矣。

有跛人追奔馬，見者皆笑之，以為不量其力也，既而跛人將馬還，則又咸異之。跛人曰：「吾向固必其能及馬矣。夫馬以驚而奔，迫逐其後則驚者愈驚，奔者愈奔。吾徐從之，不待遠馳而馬已定，蓋以不追為追，視夫人之追者猶逕庭也。」李子曰：「此之謂靜可以制動，逸可以馭勞。」

王良御馬，終日馳騁而馬不逸，惟意所使而法不亂，天下之稱善御者固必歸之矣。使其釋馬而駕兔，不奔而走林，則亦不能使之服衡。謂兔小而狡，又使其釋馬而駕虎，不怒而噬人，則亦不能使之循轍，此非王良之不善御也，兔與虎非駕車之才也。

系馬之蹄而使馳遠道，吾知其不能至矣。刺駝之背而使負重載，吾知其不能勝矣。愛其才者宜縱之使盡力，賴其用者當恤之使全生。

馬之走逆風而不能息天地之吹，鳶之鳴應雨而不能救夏秋之旱，驢夜鳴應更而不可以代漏，雁霜天傳信而不可以為郵。物非其所任，偶符者不足憑也。堯舜之世不能無共、驩，文、周之家不能無管、蔡。天生奸惡，何擇于時？惡未著，聖人則容之；惡已著，聖人則去之而已矣。

許由為四岳，堯老而勌勤，將以天下歸之。召而告之，對曰：「諸臣皆聖，方岳之任臣不堪也，況天子邪？且夫天下有賢于諸臣者，而君胡不知溈汭之民、瞽瞍之子，孝而篤行，化于其方，歸之者眾。以臣觀之，天下非此莫與矣。」退而告於其侶巢甫、中卷，巢甫、中卷曰：「許乎？」曰：「未也。吾屬老，方岳之任將不堪也，今之天下非瞽瞍之子莫可矣，民皆歸之矣。且諸臣皆聖，自是以後，天下之難將定，繼而興者其在伯鮌之子矣。」巢甫、中卷曰：「然。」入，同辭而薦舜。堯既巽，三人亦皆遯而歸於野，故世無論可否，士之進退宜自度也。

宋、鄭之人共隴而耕，慕古者文王之化也，私與議而讓畔，各指其隴以相委久之。鄭人讓而宋人侵，遂並其地而有之。鄭人不能平，與之爭，爭之不已，終至於鬭。宋人據其隴，鄭人亦據其隴。鄭人曰：「子所據者吾所讓也。」宋人曰：「讓於吾者固吾地也。」鄭人結舌而不能答。李子曰：「宋人貪且黠矣，鄭亦無取焉。與其爭，何如勿讓？始讓之而終爭之，不惟不獲其名，且受其害，而反以昭其偽。世有能讓千乘之國者，非獨簞食豆羹可以敗其情也，令受讓者並其國而據之，不以為讓者之恩。讓之人不出怨言而相爭，蓋亦寡矣，而知微之人於其讓已窺之。是以君子之處事也，以循理不以要譽。聖人之御世也，尚大公不尚異行。」

樗之實似眼，不以察物；柳之葉似眉，不以為容；榆之莢似錢，不以當費。具其形而無其用，誰能用之？

河內之貴公子生而好釣，取湘水之竹為竿，系以五綵之繩，飾以于闐之玉，綴以隋珠，守河側而釣之，無所得也。既而移於河之下游，三月始獲中尺之魚，喜棄其竿，急持以歸，召賓友而饗之，詡詡然誇於眾，自以為幸矣。然置千金之竿而食百錢之魚，所得小而所失大，其相去為何如也？聞之者皆傳以為笑，而渠不悟。

貌醜者好自矜，出則臨鏡，行則顧景，動必作態，言必易聲。人遇之，群指而訾焉，不知其訾也，乃以為喜，已矣。

君之知人也與士不同，士之知人以己，君之知人以人。人者君之所素知者也，以素知之人求未知之人，無不知矣。人易知也，素知之人不易知也。然知之于一時，不易知也，知之於平日，不難知也。君知人，人亦知君，君知彼以素，彼亦知君以素，素知之人又果不易知也。故知人以人，知人之人，知之終以己，君之知人也與士正同。

以名取士猶問馬走于鬻馬之人，飾行求知猶刷馬毛于市馬之日。

魯委巷之人有豕，將賣之，見豕方食矢，怒而系其蹄，語其子曰：「賣此畜宜諱所食。」既至市，有買豕者，云將殺而饗賓，子以父言少索直而賣之。歸以語父，父懼其殺之而見矢也，使以厚直贖豕。買者不悟其故，已而聞之，大笑曰：「騃者巧欺人，可嘆也夫。」

盧杞貌醜而為奸臣，昌宗貌美而亦小人。於盧杞則惡之，於昌宗或憐之，世之眯於目而昧其實者多矣。然昌宗之美能使人見憐，盧杞之醜亦能使人不惡，觀人者慎之哉。

知人不易，而平情亦難。東坡之惡伊川，瓊山之惡端毅，非獨不知人，其情未平也。然君子亦自平其情而已矣，必求無惡於人，是鄉願也。

伯夷既諫武王，將與叔齊偕隱首陽山，蒼黃西往，三日不食，面目黧墨，宿道旁之逆旅。主人失其冠，徧察諸客，獨疑伯夷，閉其戶，不使去。問之他客，亦疑焉，伯夷無以辨也，解衣而償之。世皆知伯夷之廉，而逆旅竊冠之疑固不可得而辨矣。

鄠之人有山居者，生子而愚，年二十不知人世有聲色之類，美惡之說也。一日其父帥而至於市，兩婦人過其前，一美而一惡，父指以問曰：「彼為美，彼為惡，子何好？」子曰：「吾好夫美者。」他日至市，數婦人又過之，父紿之，指其美者曰：「彼為惡。」指其惡者曰：「彼為美。」「子何好？」曰：「好惡者。」父喜而語人曰：「吾子不愚也，美與惡不可欺也。」雖然，其子烏知美惡？乃變亂其說以誣之，而終不能者，美惡之名可得而易，美惡之實不可得而易也。

諫珂憎烏而好狐，雖其為皮亦好之，性不可解矣。

富者，貧人之所怨；名者，下士之所忌。亟亟於名，謗之所由从也，自修者不如問名於獨知。

好名者實不足，畏謗者行未至，面譽我者少真情，私訛人者多僣德。

置玉於案，不免蠅糞之汙，埋金於溷，不免豕屎之垢，然拂拭而去之，金玉之質自在也。故君子患不為金玉而不患有外至之辱。

衛有鯫生，與揚子雲同其名。或問之曰：「子之為名猶長卿之于藺乎？」曰：「不然。百世之後，吾使子雲為我耳。」或笑之。鯫生曰：「子何知？凡名皆虛也。以子雲為子雲，其即子雲乎？以我為子雲，其非子雲乎？猶是名也，彼何必不我，我何必不彼哉？子雲之為子雲也難，我之為子雲也易，勞勞焉憂元之為白，無為也。」或曰：「子之計得矣，雖然，又有易焉者，何如即以惡名為美也。」

有問止謗之道，曰：「毋議人短。」又問，曰：「反己自責。」

譽常獲咎，謗或得名。

偽行世所惡，自有偽行，小人乃得以議君子。以行言，小人有偽也，君子無偽也。以名言，君子有偽也，小人無偽也。

小人不以君子為僞，則君子無可議矣。君子以有僞行之議而惡之，是即僞矣。惡其僞之名而反其行之實，世豈復有君子哉？

小人好議君子，亦非其心也，護短飾非，則惡直醜正矣。在下而議之，無害也，擠於朝廷之上，不可不知也。在上而擠之，猶淺也，陷以刑殺之禍，不可不畏也。是以聖人之言遠小人，著象於遯。

天下有山，山在天之下，至顯而言遯，何也？不顯則不必言遯。山，止象也，止即遷矣。以山之高且顯，而止於天之下，天固無如山何也，故遯非藏之謂。

遯世者不慕堂陛，用世者反思山林。堂陛之上雖至榮易辱，山林之士以無辱為榮。

名山之業未易希也，名世者終且托之。

名不成由行不立，行不立由學未至。

古人之學皆今人之所斥，其實古人之學收效也易，今人之學收效也難。效之難者難其在人者也，效之易者易其在己者也。知其效之難易，古今之學亦可以辨而擇矣。

膏粱文繡，學者封心之域也；粗糲布帛，學者策足之鞭也。有心者宜去其封，鈍足者勿舍其策。

為學者當如乞兒之乞食，一日不乞則恐餓，一日不學則恐荒。終身乞，終身未有餘，終身學，終身常不足。眇目者自識其家，刻心以求之，尺寸以計之，銘於中而弗忘，未見跬步之有差也，鈍者之為學亦然。

苦學者不知有貧賤、富貴、患難之境也。處三者之中而不累，斯豪傑之士矣。

兩人共榻讀書，一富而一貧。富者之子終日嬉遊，束書而不視；貧者之子終歲抑鬱，展書而不觀。貧者之抑鬱，有所希也；富者之嬉遊，有所恃也。有所希，累也；有所恃，亦累也。兩人之學既皆無成，富者不過為富焉，貧者終未免貧焉，相見乃各悔之而無及矣。

晉有富者，積金滿笥，晝不能食，夜不能寐，戚戚然恒蹙其額，若患難之在身。雇一力，處馬廄，終日高歌以為樂。富者之妻謂富者曰：「吾觀子朝夕懊惱，反不如廏兒之自得，若為傭乃常高歌。」富者曰：「吾能使若不歌。」封白金三十兩，置於廏兒之寢側。」廏兒得之驚，終夜輾轉不成寢，翼日食且減，歌遂已。富者謂其妻曰：「信乎，吾能若使復歌。」詰朝呼廏兒，言其故而索之。廏兒無以辨，盡與之，復歌如故。富者又謂其妻曰：「信乎，若如我又焉能歌？」富者之于廏兒可謂明其情矣，惜乎自溺于所有，甘終身在懊惱中也。

好積金者如蕭、劉，為之封識而不用於所可用。其積書也亦然，錦函牙籤，為架上之觀，手觸之不願也，或借之亦不與也。愛書如愛金，若知所愛矣。愛之而無所多於己，無所賴於人，徒留以待後據者，金與書之積，其為愚也等。

以漆髹物，堅不可破，然而不免屠割其身。令漆還而自髹，使天下之不戕己，漆固不能。利在於己，欲自以利，不得也。

學非為富貴也，而可以富，可以貴。學自有富貴也，而富非富，貴非貴。以富貴勵學，世之所謂學，未可言學矣。以學言富貴，世之所謂富貴，淺視富貴矣。

富貴而廢學，肉食紈絝同一鄙也。鄙之甚，事將難言。

獄中受尚書，在黃難，在夏侯亦難。古人之處患難，可知矣。

學不求諸古，猶觀優而弗讀書。學不驗諸身，猶制服而弗被體。

儵魚已憂，未必能釋杞人之慮。條草治惑，未必能開井蛙之胸。猼訑療畏，服之者未必見虎而不奔。橐𩇯當雷，服之者未必遇震而不怖。內不足求諸外何益？馬蚿笑夔，曰：「子一足而行，天之生子也亦苦矣。吾百足猶若不足，去子之一足，將何恃？」夔怒而跳躍，曰：「爾烏得笑予？天之生物，賦形各異，不以多為贏，不以少為虧。蠪龍九首九尾，非必尊于麒麟；酸與四翼六目，未能勝於鸞鳳。且夫以多助而自恃，是敗之端也。以吾之一足，視天下之四足、二足者猶以為多，豈願子之百足邪？況子之足無用之足也，而何笑我為？」奮其一足而去，曰：「不意見嗤於什麼矣。」

齊兩生耕南畝，其一持耒，一驅牛，反服其耜，犂不能下。持耒者曰：「伏牛首則下。」試之弗效也。驅牛者曰：「吾見人之耕由彼隴耳。」去西而自東，耕耜脫更服之而得，犂乃下，兩人皆喜。夫去西隴而耕東隴，其視伏牛首之見無幾也。

試之偶中，不知其故，猶自以為智矣。

蜀中不產兔。有游于秦者，僑野而居，見兔伏窟中，以為大鼠也，持杖驚而起，有狗來逐之，亦不以為狗也，而以為貓。須臾從狗者數人至，得其兔，憩於蜀客之舍旁，問客曰：「蜀之狗奚若？」客指狗曰：「蜀之狗似此貓。」數人大噱，曰：「此狗也。」曰：「狗何為捕鼠？」數人笑而絕倒，曰：「所捕者兔耳。」蜀客以其笑，以為欺己也，而終不以為然。人之渺見寡聞者昧於此，並昧於彼，悞非為是，執是為非，不知凡幾也，雖或告之，且以為欺而不能悟，皆蜀客之類也夫。

雁銜蘆以自衛，蟬得蔭以自隱，蛣蜣佯死以欺人，物之智也。然而雁以食麥，農者擊之；蟬以善鳴，則童者捉之；蛣蜣穢，而人棄之，夜或投火。清濁之性不同，各有所以自致，其害皆其智之所不及矣。

飲酒而醉者自以為不醉，猶之愚人之處事也，本愚也自以為不愚，斯其所以為愚也。

晉之傖父夜坐，對燭而讀書。客至，將烹茶，出而求火。既反，客曰：「是有燭。」自咎其愚，滅火向燭而然之。客掩口而笑。始之舍燭而求火，偶悞耳，知其悞矣，又欲滅所求之火，何也？是亦愚者之揜其失而失愈甚者也。識蔽者不見己，心私者不知親，其蔽也。遇鏡而照之，不悟鏡之中為我也，見其笑且詈之矣。其私也奉主而薦之，不曰主之設為祖也，慮其累且委之矣。

郢人之燕，道遇侏儒，髮白而須黑，與之言，甚玄辨。既謂郢人曰：「我識汝五世之祖。」郢人訝之，以為數百年人也。問：「至楚乎？」「未也。」問：「何以識？」曰：「遇於此。」郢人曰：「先世不適燕也。」曰：「吾遇之已。」又曰：「我識汝五世之孫。」郢人哈曰：「狂夫哉！不則誑誘我者也。」將毆之。道旁過者解之，問其故。郢人曰：「彼自謂為數百年人，識吾之先世，可以欺我也。吾未有五世之孫，彼識之，不可以疑我也，是誑誘我者也。」過者詰侏儒，曰：「若五世之孫即若五世之祖。」過者亦駭。侏儒曰：「若即若五世之祖，若即若五世之孫。」過者掩耳走，以為亂言。侏儒止之，曰：「汝亦即汝五世之祖，即汝五世之孫。自汝之五世生四世，四世生三世，三世生汝父，汝父生汝，汝生子，生孫，及五世之孫，一而已矣。吾之識若猶識汝也，豈惟五世哉？且識五世以上，五世以下也。」郢人與過者聞之，皆笑而罷。

人愛其親不如愛其子，同一體也，分之有先後之異矣。先久而後近，先過而後來，疑若性然，非性也，質也。出乎性，道也；狥乎質，私也。私不勝道，至乖于父子之間，天下之大罪，孰踰於此？

王福畤之譽子，子可譽也。不可譽而譽之，私其子，悞其子矣。然則天下有子者皆福畤也，天下之子不必皆福畤之子也。福畤非癖也，天下皆癖也。

中牟東鄙之男娶婦而悅，里中不譽也，日冀遇一鑒者而不獲。一日將其婦歸，婦之母候於門，佯望而美之，曰：「誰之婦也？」東鄙之男私喜，反而告人曰：「新婦得鑒者矣。」人曰：「何自得鑒？」曰：「得之外姑。」人笑之，東鄙之男曰：「知親婦者孰如外姑哉？」此以私心信所私也，凡以其私譽為信者恐皆外姑譽婦之類也。

豕汙而面乖，其生子也皆就豕，使豕之子就羊，不能矣。彼生己者不知其乖，亦不以為汙也。舍所生而他暱，是謂反天之性，雖蠢者不能。

豕之嗜矢也，亦其性也。服車之馬終日食粟，見豕游於圂而笑之，問之豕，豕曰：「彼高足者徒罷於道耳，惡知味？」矢非馬所食也，馬怪之，豕視矢則且不啻馬粟。物之生而不能無圂也，其所異者安可強同哉？然非其可嗜者而嗜之，豕於世不自知其苦而亦苦矣。

物出其鄉則貴，人出其鄉則賤，世俗云爾，不盡然也。戴茅而適遠方，不以為椒桂之用，使舜而處異俗，皆知其為聖喆之才。人情不甚遠，不得於此而求之彼，視其所携者何如耳？

物之無用者，天不能不生之，即不能盡去之，匪特無用也，有厲於世者。自古及今，人之所欲殺，天且日生之，以此見天地之寬而人終隘。

地之神曰媪，自崑崙游於東海，反過少室之下，有自崖而溺者，正污其身。清泠之童子方從之，怒，欲為禍，媪止焉。歸以語西王母，西王母曰：「童子淺矣。」

小人不忌君子不足以為小人，君子不容小人不足以為君子。然害在一己之私者，可容也；害在天下之公者，不可容也。不容則去之，去之而不得其道，急則為京房，緩亦為張猛。謀天下者，害乃在一己矣。害己而終無益於天下，知幾之君子猶以為惜。

小人之逐利也，猶蒼蠅之逐臭也。曠野方糞，不知其所自來，群聚而不舍，雖欲撲殺之，未可盡也。不知此類之善藏邪？抑天生此類之衆邪？

蒼蠅逐臭於曠野，其於人也為遠。青蠅沾汙於燠室，其於人也為近。肉腐物敗，趨臭者反自野而入室，其害又甚矣。至一蠅而百蛆，其害又多矣，欲敺之則已緩也，君子固自有善防之道焉。

趨利者自小人，立名者自君子。吾以為不盡然，何也？趨利而又愛名，小人之尤者，亦欲自托于君子；立名而復計利，君子之淺者，不免時流於小人。故超乎兩端之外，始可以論人。

名不可好，然世無真名，為善而遇窮者無所以酬矣，故曰「君子疾沒世而名不稱」。當世之名非名也，沒世之名真名也。當世有忌我者，毀不足為毀；當世有暱我者，譽何足為譽？沒世，毀譽之私俱泯矣，是非久而不著。是以當世之名可偶邀，沒世之名不可倖獲。聖人以真名勵人，不得已也。勵以真僞者，無容也。若夫「素隱行怪，後世有述」，非其人則亦非其名。

俳優之場以潘美為奸，此恨事也，然可以欺里俗而不可以欺有識。諸史亦俳優也，安得而盡辨之？孟子曰：「盡信書則不如無書。」君子之審察是非，豈徒一時哉？

是非善惡斷以理而氣因之，天人一也。感召施報，其機不爽，詳驗之自知。

豕待豢而無能，屠者日宰之。狼噬人而甚狠，獵者卒殺之。鼠窮粟而善藏，貍奴亦捕之。物之於世，天待之甚寬，要亦不可恃也，使物而皆可自恃則世且終壞。曹瞞之奸，千古無踰焉，而數世有天下，報平禍亂也。秦檜之奸，後世共憤焉，而老死保爵祿，報歸帝后也。然則其奸也何以報之？曰：「報之以惡名。」而操之弑逆有報，檜之賊虐無報，故後世之憤檜也甚於操。

留之人有患鼠者，為主而祠之，餅、饃、麥、豆日置於前，數易而新之，以鼠為神，冀其感己而不竊也。鼠喜，招其眾而聚焉，食不足，齧其衣盡敗。主人怒且詈，鼠亦若弗聞。鼠非可祠者祠之，貪而竊且日甚矣，其性不可化也。凡天下之如鼠者皆有所以制之，不制之而加厚，非所以待鼠類也。

畜貓捕鼠，貓與鼠同嬉，無用乎畜貓也。不捕鼠而捕雞，貓之患甚於鼠矣。畜犬吠盜，犬視盜如主，無用乎畜犬也。不吠盜而吠客，犬之有益招盜矣。

治外盜易，治內盜難。外盜之治在一時，內盜之治在平日。一時治之於已形，非力不克；平日治之於未見，非治不全。

才須學也，學在道則聰明日生，學在私則耳目日蔽。

婁師德能八戰而克，所以唾面自乾。諸葛武侯待三顧之勤，所以鞠躬盡瘁，是故善勝者每自屈，善藏者可有為。

古之世，上與民近；今之世，上與民遠。與民近者自忘而民愛之，與民遠者自貴而民疏之。與其使民疏也，不如使民愛也，愛之亦尊之矣。

自高者卑其身，自侈者窘其遇。足於一己，人不以為足也，快于一時，後不必其快也。

嗇於身以裕民，不得以為鄙。取諸人以自縱，未可以為豪。

上好察則有司皆夜行矣，上自苦則群吏皆胝足矣，上惜物則屬寮皆敝衣矣。君子最患無自立之真而以其情予人。

鳥巢于高樹而生卵，童子持竿取之。木長於高岡而成材，匠人以繩度之。自謂無患，患亦時隨，處愈峻者且愈危。

長安有賈，借主人之財以殖利，豪縱自幸，非肉不食，非馬不出，與人不立語，貧者有市若恐其浼己，不屑也，遠近皆惡之。山賊起，燒其邸舍，眾賈皆逃，有受其侮者欲得而甘心，獨逐之。賈方服襪，覓其一不得，裸一足，走至涇側，逐者不舍，和衣而急涉，幸不死。其主人聞之，不復用。賈自是益貧，赤足傍市門乞。或詰其往態，何前倨而後卑。賈者亦不恥，曰：「彼時也非此時也。」

呂不韋射利而大獲，乃謀貴，謀貴不足且盜國，盜國不足且盜名，以賈人而著書，呂之春秋是已。著之者何人？甘以其學之所得自揜晦為賈人用也？然天下讀之者則曰呂書，不曰呂作，假諸他人之手，可欺於千古以下哉？

聖人之作書，非著述也，不得已而有言也。後世多盜竊之事，著書為甚。郭象註莊竊向，其劇賊也。今也存郭而反失向，其存郭也，乃所以存向也。

居貧賤者豔富貴，久廊廟者忘鄉里，榮祿易溺也。倦而逃之山林，猶以逃名為釣名，是亦賊而已矣。君子可隱可顯，足乎己不移於世，是之謂達。

逐嗜慾之場者曰為後世之譽不如為目前之樂。非也，嗜欲之場無樂地。得所欲則樂，失所欲則憂，天下之事得之者少，失之者多。得之而不足，無非其所失也；得之而足，問之於心不能無疚則無非其所憂也。小人長戚戚，小人而見人忌小人之名，小人而自問不能昧小人之實，其樂安在哉？是故君子盡道，以小人為戒，非為人也，求自安而已矣。

中虛者無不有，守一者無不達。懷懼心者無畏途，能遯志者無失步。

江河之大海能容之，其所容者不止江河也，天下之水皆歸焉。問海之何以能受，海不知也。或曰：「水流而復反，四海之周迴如一。」非也，如是則四海且溢，于洪荒之先，萬古長澤國矣。或曰：「海之受水者曰尾閭，其深無底，一名曰沃焦，引水而納之，自古及今尚未盈半。」信斯言也，世又如是，江河皆西乎？或曰：「江河，水之小者也，四海之外大於江河者不知凡幾矣。」或曰：「東海，水之近者也。四海之外如四海者不知凡幾矣。」吾不得而見也。天地之大，萬物生焉，水其一焉耳。水之生何往不有，吾之所見，江河與海亦其一焉耳。四海在天地之中，見其小不見其大，江河之於海也亦然，入焉而化，烏知其誰為受哉？

周公而自有其德，非周公也。仲尼而自知其聖，非仲尼也。道大而聖人小，其不自有、不自知者非故讓也。管、蔡之亂，陳、蔡之戹，周公、仲尼必有愧於心者矣。親者而非之，于人可知。人違之，于天何咎？故東都之待罪，猶金縢之藏書，自罰之心也，非欲自明於後也。援琴而歌，以和解難，非信己也，然不自有、不自知者正其德也，其聖也。

裹糧以適千里，勵其足勿計其程則至之速矣。履屐以陟高山，勉其下勿望其巔則升之易矣。善邀功者驗於至與升之後，不期於未至未升之先。

底柱之東側有老父，依崖而居，患河水之升高而過，謂終有浸沒之患，視山之傍石有可以塞三門者，日守而鑿之。或笑謂曰：「門未可塞，石亦未可鑿也。石之大如門，何時鑿而得？得之，誰與塞。」老父曰：「石不加于初，而吾鑿之日無已，石不能拒我矣。鑿之而出，吾將遍告於澠、洛之人，共移而豎之。不可，吾走告東海之神，必有以牖我也。」或以父為騃，不復與言。父于石終不能削其址，河神聞，感而憐之，咒其水，至底柱之下至今常輯其威，為老父弱也。

遇火災者閉目而出，不見火之威，倏過之，火不能驟熱也。見而驚，驚而亂，則弗逃矣。君子之辟難皆然。

遇事者，中有主則弗亂，以理裁之則有主。

三代以下有高才而持以小心者，惟武侯耳。

膽欲大而心欲小，非才無憑。智欲圓而行欲方，非學無本。

水流雖疾，未聞追人以為禍，而人常溺之，狎也。善水者沒于水，非其習者不至也，易之，有時習者亦絀矣。利涉大川，不利則不涉，其涉也，宜其皆利也。

吾嘗渡富平津矣，風暴舟駛逆巨浪之中，轉眴數十里，不沒者偶耳。此時危坐而聽之，不知其當怖也，既而思之，不如不渡之為愈也。又嘗履水矣，晚寒凍薄，近岸十余步，歸之急，隨人而輕試之，陷一足，疾走而脫，心不以為悸，既而思之，不如不履之為愈也。是故危地不蹈，險地不涉，君子之慎，恒在事先。

郃之邑，地陿民眾，傍河之人櫂舟以為生，往來覓載，以一舟餬八口。富者買舟如買田，或連數十艘，彌望岸側。夏秋雨盛，暴水至，覆沒者不可以數計。然而有舟之家，使其買田而舍舟，不為也。東州蘭、儀之間，河高於地，恃金隄以為衛，民居布焉。春冬水瘠，或降水側，浸沒之患在前，使其徙而去亦弗能也。天下之事利與害常相隨，趨利者忘害，罹害者又貪其利，溺者自甘耳，吾安得人人而拯之？

有觀提休之戲而心蕩者，使思其為提休，則弗蕩矣。溺燕婉者皆當以提休觀之。俳優之場閱忠義則思勵，見淫冶則心馳，是故所感者不可不謹。

世不止一人，故有五常；人莫不一心，故有五性。五常在人皆有之，不仕亦有君臣，相接無非朋友，他可知已。五性之在人也，人所常言者，即其所守之次也。仁體之，義裁之，禮範之，智達之，信統之。先言仁義，猶四時之舉春秋也。以五性合五常，無一而不有，本其心之自然，隨遇而行之。人之心，天心也，一人之心，人人之心也。任常變，忘禍福，物我、上下、内外、死生，無所不得矣。

福不當邀，聖人何以獲福？禍不當避，君子豈必樂禍？不當邀而妄邀，雖福亦禍。不當避而不避，雖禍亦福。生不必為人，死不必為鬼。非人而生，生亦鬼也。鬼而神，猶生矣。氣與道合，屈且復伸，其厲者仍鬼耳，故死與生一也。

死猶見罰，非罰鬼也，鬱氣在天地，死猶不安。

吾儒之教人，以天道，以人性，為賢士言之。佛氏之動人，曰天堂，曰地獄，為頑民言之。民不可使知，警其所不知，事亦可弗爭矣。

人心各一天，人心各一鬼神。莫近于天，而人心之天為尤近；莫靈于鬼神，而人心之鬼神為尤靈。死生亦在其心，不在其身也，聖賢雖死而其言在，其行傳，是謂不死。

濟南陳鶴峰永橋，貧而力學，困于諸生，常日不舉火，而著述不輟。辛酉，予與楊南廬、霍松軒過訪之，記其碎言數則。聞已死，不忍使湮也，附録於後。

利害明，不敢言者多矣。是非定，不必言者多矣。敬畏存，不欲言者多矣。寡言善默，謹言善發，謹言之至，可以折沖。

怨生不如安命，避嫌不如守真。

權輕則民慢，大亂之道也。狡獪之徒不挫其鋒，將不可馴，故屈在一人，安在天下。

畏熱者暴日則緣陰自涼也，畏寒者履水則敞廬自燠也，艱于行者加負戴則徒步自輕也，嗜於味者食糠覈則脫粟自甘也，是加一倍法。惡水者勿近濕，惡鬧者勿近市，敬賓者掃庭除，尊親者嚴幾杖，是先一步法。王之制禮也，常先一步。君子之力學也，必加一倍。

易曰：「剛柔始交而難生，動乎險中，大亨，貞益。」真陽將出，群陰為蔽，掩阻抑遏，激駭震盪而後真陽出焉。真陽既出，群陰攸伏，呈能效順。凡陰胥以陽養也，未之出也，譬如陷陣，苟非真陽何克當此？君子觀之，其有克己之思乎？

精神者，福之宅，所為能徹，精神足也，固不在客氣耳。

水之流也，火之然也，氣之可見者也。火焰中空，水花內實，誰其信之？火滅歸於何處？非木也，木其棲焉耳。水源生於何方？非地也，其竅焉耳。

慢我者誨我以敬，欺我者誨我以忠。

好言慷慨者有吝心，善傲睨者有媚骨，廉於受者必報德，寡於求者不忘恩。小人內外不符，其貌常恭；君子終始如一，其情常淡。

天氣下降，地氣上騰，二氣相薄，乃聚乃凝，迫無所之，觸地而生。故先有樹後有種，先有樹者，化生也，後有種者育生也。張子曰：「一故神，兩故化。」陰氣一也，遇陽而兩；陽氣一也，遇陰而兩。兩則止矣，止而後能化，化而後能育，而生生無窮矣。故古人立言皆曰化育，不曰育化。

鑑不擇妍醜，空者自若。衡不擇輕重，平者自若。寒暑相反，物情鮮通，量斯褊矣。

與儉者居，食粗糲也可；與奢者居，食粱肉也可。流水不辭垢故能成其清，君子因時已矣。

人皆吝其財，而用財者遂易見德矣。人皆嗇其力，而施力者亦見德矣。故世愈仄則愈寬。

遇物當看背面，視有若無，視生若死，視樓臺為荒草，視美人若白骨，則可以息吾心之躁妄。將飛者戢翼，將捕者縮爪，物澤者人瘁，外彊者中乾，耀武者無鬥志，毀軍者有異謀，此可以覩物情之樞機。

桐窗囈說後序

今之學者守章句，勤記誦，非學也，雖殫見洽聞，自矜博雅，問以身心性命之理，日用倫常之道，茫乎未有知焉。且其學無非為竊名，名倖獲則復計利，世不之察，咸譽為通。有一二篤實之士，守正不阿，反目為迂拙。噫！彼昏不知如日在夢中而不覺也。吾友李子憂之，恐正言之而莫入，乃托為囈說百十餘條，彙集成帙。余養疴於其里，獲讀之。其中天德、王道、學術、事功、慎行、謹言，法戒俱備，而首尾則括以天人合一之旨，後復附濟南陳子碎言數則，皆足以發明其意，蓋不啻如暮鼓辰鐘，喚醒憒憒，囈云乎哉？

夫人生莫不有性，性本乎天，具于心，達於日用倫常，聖與凡一也。自放其心而不知求，求其心於學而又不知所以學，遂致背其道，失其心，汩其性，棄其天而不顧。俗學之害與異學、曲學等，世道人心之患有大於此乎？李子之志亦良苦矣，觀其說者常惺惺思寤，余固樂為之倡也。旹道光庚寅暮春廿八日，風蓬子王克允撰。

夕照编

夕照編

晚而家居，人世事一切謝絕，文字亦概不復理，以待瞑目而已。然一日不死則此生之責亦一日未盡，行有愧於心，言無益於世，可以衰老自寬耶？況人多以事問，以學質者，欲效家二曲之泥門，勢不可得，安得竟拒人不答？復訂一冊，逐記所可記者，比於日將落猶有餘明也，名之曰夕照編。

邵子元會運世，朱子不知從何處推起。看來亦由干支既定之後，以理推其數當如是耳。然子會生天，亥會消之說恐不然。既有天地，宜無終窮，若果有消滅，當成何狀？

阨運有之，然陽九百六之說亦不然。天地之氣本是動物，動則不定，故其數似有常而亦無常，雖天地不能自由，所以古今來推數者有應有不應也。

日月之食自是運行之常，然當食而不食，不當食而食者皆有之，亦以氣有定而時或無定也。

分野之星與諸星所居當皆本紫微垣，取其位分與星之形狀定之。然分野先儒皆以為難明，想古有之，後來又說得不同。如周初無鄭，春秋時無益州，疑世所言亦自漢哀、平之間與讖緯同興也。其應驗亦如讖緯，不可盡信。

四海如人血之周身，自當通轉。特北海與東西南之通，人未見耳。

晝夜隨地不同，其見星亦不同，占星當亦不同。

地不滿東南之說，前人有不以為然者。想禹治水，河自東北入海，亦自是就下，後世漸決而南。天地氣運，古今固皆有變遷。

或問：樹影遠照何故？曰：此氣機之感，如響之應聲，前世有遠及數百里之異，銅山西崩，神鐘東應亦是也。

六十四卦方圖：乾在西北，即天門之所在；坤在東南，即地戶之所在也。

地理較天文為難明。天文舉目可見，地理非親歷其地，即據經傳，心不能了也。雖從來所傳之圖亦有悞者，如胡明經朏明禹貢錐指，多駁前人之悞，自言每與閻潛邱參校，然潛丘劄記旋駁其嶺南為有虞聲教所不及之說之非。可知地理之學確鑿為難矣。

地理非親至其處，鮮有不悞。古人圖考未可枚數，至如風水之說尤難盡據。論地須合天，大勢既定，對待流行二者自不可分，對待中自有流行，而流行亦因對待。且天地之大，古今之運，不知其極也，何得以一方一時拘論哉？

天地無始終亦無邊際，列子、屈子言皆是也。朱子外有硬殼之說亦就天地形如雞卵之狀想當然耳，但如雞卵亦當有著處。

消息之理，貞元之運，時如日如月如年，以此分之盛衰循環，不必今不如古，後不如前。故大年之中有小年，大運之中有小運，不可窮也，窮則難言矣。

理、氣二字不可離，氣非理則不生，理非氣則無屬，自是理先氣後，亦有則俱有。

「性」字從心不從生，故告子言「生之謂性」，程子書亦有之。孟子詰告子，只問其即生即性，與若言即生只是生之氣也，言其所以生乃理也。孟子言性善，宋儒言性即理也，直捷了當。雖曰不雜乎氣，專言理卻不可，故先曰「不離乎氣」。朱子解「明德」曰「虛靈不昧」，陳北溪曰「理與氣合，所以虛靈，惟虛故靈，惟靈故不昧」，則明德即性，固夫子之言也，言性不明皆從其後而言耳。孟子前言性善，後言動心忍性，言性命又分性為二，示人何嘗不明，後人反又紛紛，殊無謂矣。

朱子謂「人之所得乎天」解「明德」甚切。此正從易「一陰一陽之謂道，繼之者善也，成之者性也」及子思「天命之謂性」得來。世儒乃謂性善獨孟子言之，何其滯與？然制義者若以明德為性便泛而不當，故予嘗謂道學不以四書為主，講四書不從制義入手終是粗。

五臟心為主，五行火為主。火在南，故天道由南，火旺夏，故萬物盛于夏，非火則天地闇矣。五臟統於心，五臟無靈而心有靈，理在故也。心統性情，謂五臟皆通於心可，謂五臟皆見性情卻不可。心為天君，其靈全是理為主，非理則與諸臟等矣，故性、情、才孟子皆謂之善。

仁、義、禮、智、信五者盡性之理，分屬五行自是分屬五臟。然一言心則諸臟可不言，譬天下系於一人，有亶聰之後，天下皆得其理矣。

仁統四端而斷於義，著于禮，藏于智，成于信，一行之中五行皆兼。五性亦然，以仁言其品節即禮也，其裁制即義也，其運用即智也，其真實即信也，四端皆可以此例之。

四端統於仁，五臟統於心。天之生人所以元為始，亨為通，乾元者始而亨者也，始則未有不亨，亨乃可以言始。利貞者性情也，性情不利則不和，不貞則不固。仁有主愛言者，有主無私言者，無私方可言愛，然於言愛處參涉無私意，言無私處參涉愛意，或不當矣，此制義所以貴精也。

無私統四德言，但愛之理無私則皆得，故專以無私系仁。

義制於心，然處物為義。因事裁斷者多見義不為，無勇也。義但患不見耳，見之即為之，盡義斯盡我矣。

勢、分二字亦當知，天下有義可為而分不可為者，亦有分可為而勢不可為者。然如朱雲之請斬安昌侯，陳東聚太學請斥六奸，用李綱，此似不守分，亦不度勢，而義自伸於天下，天下無此等人，公義竟不著矣。特非其人不敢為此，正不可以輕效。

予欲治天下以儉，儉須中禮，中禮則儉可不言矣。故禮當常講，張横渠欲治天下以禮，意正如此。

儉非世俗所謂固陋之儉也。禹克勤克儉，作平天成地之功只此二字，世人慣道二字以為常語，可嘆。

禮主恭敬，能儉未始不能勤，恭敬者不怠弛之謂。心不怠，身亦不怠，無一事之怠，無一時之怠，不以境累，不以老荒方是勤。

屈秋官以生韭一盂待親賓，海剛峰母壽奉肉二斤，何敬叔居翰林十年一布袍。居奢靡之世，此似過，然居奢靡之世正須如此矯之。「國奢示儉，國儉示禮」，知此二語，可以處世。

學先求知，而智居仁、禮、義之後，此德所為必曰明知行合一，固終身之事也。

在天曰誠，在人曰信，信於性兼有忠字在。

性之四德全是信貫之，故欺人即是自欺。人可欺，己可欺乎？己不可欺，人烏可欺乎？且欺人即欲欺天下，知天無不燭，更不可欺。

人只將五性倫常體驗於身心，斯無失德矣。

於我盡人性，盡物性皆盡吾性也。此無論在上在下，造次顛沛之際皆當隨分自為，隨時自勉。

孔孟周流非盡急急得君，亦欲隨處化濟天下也。孟子見平陸大夫，請發棠邑之粟，固非多事，曰其君用之則安富尊榮，其子弟從之則孝弟忠信，亦豈自誇？君子為義，有始即當有終，為義而不終是又以義為利也，然此中自有智焉，固非冒昧為之。

孟子在戰國言義斥利，求時切務，正以上下交征利也。開首一章是初出時語，一生學問事業具見於此。

為官講聲氣，又言官清民刁，此非民之福也。世固有刁民，亦易辨耳。

嘉石平罷民，肺石達窮民，成周之政足見。聖人之用心，惟恐民隱莫達也。後世令御史風聞奏事，猶有此意，但非行其人不可。

天生民而立之君，是有君以為民也。朝廷設官，其專為民可知也。立政、立法惟專為民所以未有不善者。為民非盡任民，除莠安良皆為民也。善宦者皆但知有己，何知有民？為己因庇其下，庇其下多一人皆毒民之爪牙，至為己徒縱一己之欲，百方朘削，使民萬不聊生，甚且盜君之府庫。天心昭然，不思一己下落，歷閱前史，曷勝感慨！

能善於一家即能善於一國，能善於一鄉即能善於天下。國與天下治之有法，秉道守法足矣。在家中守之，必以正處之，則以和眾君子盈朝，天下無不治。一二小人間之，便難為矣。故曰「舉直錯諸枉則民服」。

君子在下欲化一鄉，本非難事，亦最患有小人間之。小人固不欲人為君子也，為小不善者制之猶易。

德修謗興，道高毀來，自古如此，雖周公、孔子不免，況其他乎？向謂君子無名心，並不計毀譽，只有反己自省而已。文中子止謗之道曰「無辨」，向以為落下一層，今思之，二字亦不可不知。何也？雖反己自省，固無如謗何，若辨之，是又興謗也。益修身思愆，置謗於不言，則謗自息矣。

待小人最難。易曰「不惡而嚴」，孔子之待陽虎，孟子之待王驩，是家法也。

「精神到處文章老，學問深時意氣平」二語吾最取之，寓謹慎於勇敢之中，行圓通于正直之內，亦求理之無愆而已矣。

「中夜以興，思免厥愆」，伯玉寡過，未能聖賢，同此心也。「內省不咎，無惡於志」，志字切，內省還問之心，問之志耳。志者心之所之，其本也，志在是理即在是，本心斷不容昧，是所謂性也。然自見雖明，揔須內省，人有咎己者，安知非己之咎？若自以為無咎，是即咎也。至於省之而無惡，咎己者固可不問，而既藉以自省，且感之矣。故子路告過則喜，亦聖賢之所難。

君子治己以善，並欲化人於善，不獨欲化常人，並欲化小人。舜處家庭，孟子明曰横逆，舜卻不見得是横逆，只見己不是。家庭然，在外亦然。己不能化人便是己之過，既曰人性皆善，豈有不能化者？是所貴乎自反矣。

顏子犯而不校，是顏子明有犯也。有犯想亦須先自省，而無失仍是不校。

孟子三自反，至待人以忠盡矣。不與為難，亦不校也，然曰妄人，曰禽獸，視人亦刻矣。顏子當並不作此語。

呂文穆不問嗤己者姓名，富鄭公佯置詈己者若不知，是自養寬量，自勉厚德，與聖賢處横逆皆尚隔一層。婁師德處武曌之時，唾面自乾，懼罹於禍，與呂、富之心又隔一層。然須知量固不可不寬，德亦不可不厚。君子遇大節固不畏禍，小故可忍者亦何必故罹於禍，昔人蓋均是法矣。

嚴君平借卜筮以化人，況古之聖賢斷未有不欲人同歸於善，即皆措人于安者。明德、新民是一事，富、教亦是一事，聖賢在上在下亦是一心，但無權行之亦難。孔孟周流固有不容已者，非大聖大賢，此理真未易言也。

魯仲連為人排難解紛，自是戰國第一流人物，若孟子豈但如此，即荀子亦尚不止此。

史記孟、荀合傳，似識得荀子，然尚未識得孟子。荀與孟不但見理相去遠，其所守所養亦迥不能同，使用於世，作用固當天淵，即其書、其文字便可見。

韓謂孟子功不在禹下，又曰「荀與揚也，擇焉而不精，語焉而不詳」，似識孟子矣，然於道亦只見其粗，故論道統斷當以程朱接孔孟。

今人開口說情理，情有不衷於理者，然論理亦有原情之時，情可原，固即理也。教孫花研讀禮記，偶思女子許嫁纓，非有大故不入其門，則有大故當入其門。女未嫁而奔喪，儒者多以為過中之節。然與嫁未廟見而死，歸葬女氏之禮顯背矣。意謂大禮未成而已許之，奔喪本出女意，自當成大故孰如夫死，則奔喪是也。若殉節先死，此非常人所為，更未可訾，至悔婚改禮，恒情所為，亦弗禁也。要之，反葬女氏，禮不可。其節。邑高希冉子汝槐聘李吉霄女，早入庠，將娶，遘急疾死，女亦疾，兩家退婚。有更求婚于李者，女不欲，旋以疾死。死之時語其母曰：「當葬兒于李氏墓側，勿許他人鬼婚也。」里紳聞此，聯名舉女貞於學校，且求喪歸高氏。高氏疑之，又恐有訐其事之非實者，以問於予。予曰：「前退婚是也。女疾，不願許他人，死欲歸高氏，此情可原可憐也。當使李氏以貞女求旌並請喪。」「當何歸？」「如許歸高氏則情事兼得矣。」

人以事問者，吾據理答之，且陰欲息其紛爭，人皆謬信之。但問者日繁，或非理而見屈，吾言亦招怨，欲辟匿絕此患又無法辟匿，奈何？

合宗族，立社規，聯保甲，為闔邑謀當舉之事，除當除之弊，此自吾居鄉分內事，事亦多略有效而不能盡效，中且有梗之者。細思以朝廷之權尚不能盡如法，況在下之人乎？吾亦盡吾心耳。今老不復能有為，人皆謂非吾則法將皆壞，吾亦無如何也，以俟更有人而已。

今年近八十，每夜半猶必起，或讀未讀書，隨手乙點十餘頁，或書所見，或興至偶為文，應手細書七八百字。昨又裝訂新得書數十卷，燈下猶能穿針。人皆問吾何以得此精神，吾亦不知，細思之，一生嗜欲少耳。又語學者曰：「愈勤精神愈生，其亦信之乎？」

教小孫花研讀書，全用口授，煞喫苦，固甘之，將來成否究未可知。稍有識，當亦念吾心。教小兒未嘗無益，向因授孟子悟王子當貫比干、箕子，「匍匐往，將食之」「將」宜訓「取」，「舜為天子」二句不可平對。學者當知，雖老不可一日不讀書，日以書自娱即自省待死而已。

易道十翼言之幾盡，何後人猶有不信者。

河圖、洛書天一地二節兼言之，以為專言河圖者，非。王山史以參伍，以變節為言洛書，亦非。

易主卜筮，繫辭言之甚明。問焉而又言其受命也如響，即此數語斷可識矣。

近人以元、亨、利、貞為四德，據文言以駁朱子之串說。解乾卦猶可，解坤卦便不可通，吾向嘗言之。又如駁朱子解「元亨」為大通，以為「大哉乾元」可曰「大哉乾天」乎？不知一字而數義皆具，一語而數義兼該，方是聖人之言。元有大義，亦有始義，此見孔子正就文王之串說分作四德，不待文言也。天道之流行即其對待者本如此。

錯卦、綜卦、互卦，說卦實發之。

序卦以理言，錯卦、綜卦以象分，文王卦之次第蓋以二者參訂之而皆符，足見聖人作易，合天地之撰。

錯卦，正對相錯，綜卦反對相綜。天地之運，一正一反，對看，顛倒看，如斯而已。

上經首乾、坤，卒坎、離，以天地始以日月終，在人則始在父母，終中男、中女，乾、坤以後皆一卦而顛倒為二，頤、大過附後，則山、雷、澤、風，少男、少女、長、女相合而為卦也。下經首咸則澤、山相合，亦少女、少男相合而成夫婦，為人倫造端之正，後中孚、小過則風、澤、雷、山相合，亦長女、少女、長男、少男相合，而以日、月、水、火，中男、中女反覆相合，終也始終次第皆非漫然。

卦變，諸儒不取，一卦可變六十四卦，本義亦偶言其例耳。

來瞿塘以剛柔、上下、來往皆以卦之錯綜言，不如程子皆以乾坤言之。

書吾以「惟聖罔念作狂，惟狂克念作聖」為道學要語。聖狂只分於一念，一念在欲，聖便狂矣；一念在理，狂便聖矣。罔字克字亦著力，罔與妄不同，罔，無也，昧也。念不在理直猶無念，雖有念亦昧心。克訓能，卻與能不同，有勉力意。念念在理，理全勝欲，譬如戰勝，非偶然也。文王克明德，必德無不明方是克，則聖人亦非勉力不可。

「永肩一心」，此有恆意，「克念作聖」須是「永肩一心」。

論語「思無邪」一言及「誦詩三百」、「何莫學詩」、「謂伯魚」、「伯魚答陳亢」，盡學詩之法，作詩者亦可知矣。

禮記陳澔集說不愜人心，未可為讀本，命甯生煥章更註。儀禮難讀，欲令兒來南更註。皆授之意曰：學者讀至禮，已漸有識悟，取其簡而明不煩解者勿解也，又須知古人解經即是文章，不知用多少力量方練得出。鄭氏解「雖有其位節」云「言作禮樂者必聖人在天子之位」，朱子解「死而後已」云「一息尚存，此志不容稍懈」，「無罪而殺士，則大夫可以去章」云「禍已迨則不能去矣」，此皆反寫法，何等簡明，可以為法。

連斗山周官精義本御纂，自可讀。

呂新吾有四禮翼，又有四禮疑，看來禮經之言可疑者多矣。千百年簡編固多偽竄，即聖人製作亦不能無因革損益也。婦未廟見而死，歸葬於女氏之黨，據「許嫁，大故入門」已確見不可。解禮者謂廟見為父母已死，歸葬為未見父母。竊思婚之夕已成夫婦矣，歸葬豈情乎？亦豈理乎？為未見父母，不可謁主以補之乎？父母未死，三月當祭之時亦當廟見。祖死而可見，父母死而不可見乎？婚大禮即日成夫婦，次日以夫婦見父母，是也。父母死，以其日見廟，自謁之禮，不必待三月時祭也。今吾鄉俗士庶人婚次日設祖主或軸拜祖，因拜父母，此禮之可通者也。向論之，今更酌論之。

陳鉞子譏鄭公子忽先配而後祖，解者謂娶未告廟，此是也。吾鄉又有初迎婦至即拜祖者，亦非也。以此例之，疑禮亦不止呂氏，如汪堯峰駁繼父之說，固皆煌煌補經經世之文。

親迎禮久不行，吾行之亦多效之者。向訂自女家拜受於父母，於女轎前揖，先行，至門又揖轎前，先入，女侍後扶女下。今思於女門只當視上轎揖，辭主，至已門揖婦，婦亦答而後入，於禮為合。

禮：大夫士皆三月而葬。何休以左傳士踰月為非，鄭氏云：「人君殯數來日，葬數往月。大夫殯葬皆數來日、來月。士殯葬皆數往日、往月。士之三月，大夫之踰月也。」此等皆讀註疏不明。劉炫規杜疏皆引駁之，近人猶有復專刻劉書者，可不必。

哀十一年，公孫夏命其徒歌虞殯。杜注云「虞殯，送葬歌曲」，並不解虞字義。明倪璠註庾子山集，以殯葬下棺日將虞謂之虞歌，又謂此即挽歌。舊說挽歌始由橫門人，非也。又云晉荀愷以送葬不宜有歌去之。摯虞駁之曰：「君子作歌惟以告哀，葬有歌不為害也。」予謂告哀非喪哀也，摯虞說非。

大夫祭五祀，士庶人祭其先，此禮自是。今士庶人亦祭五祀，未始不可，但祭法自當殺於大夫。惜乎大夫之祭五祀皆不如禮而妄祭外神，則皆謂之失禮可耳。

通鑑綱目，諸史之權衡也。御纂兩書評斷為精，朱子綱目斷自周威烈王，而前編、後編之補緒似亦不可少。讀諸史亦當參觀野史，自漢魏以下，皆有別録、外紀，又如宋李燾之長編，明之吾學編，皆出正史之先，其中互異者亦在以理斷其是非耳。

予評三傳，評綱目尚多，今檢閱亦不少獨見，惜老倦不能盡録也。

簡編不可勝覽，亦賴有哀集者，漢魏百家文鈔、本朝全唐詩、全唐文、宋文鑑、焦漪園明獻征録，近出皇朝經解、皇朝經世文，此等皆不可不有。若購書之難，借讀亦古人恒有事。

太平御覽分類五十五部，其實亦只是天地人物。所引雖多，皆撮以供博覽，於一事未嘗言其本末，實濟以歸畫一，諸家多資以綴緝遺書，故多不成體段。

永樂大典有鈔冊無刊本，非讀中秘不可輕得。本朝圖書集成尚嘗刻刷以頒大僚，吾同豐登書院有舊守李君星曜所遺，予嘗借觀之，鐫補精工完備，惜已失散不全矣。

叢書之刻自說郛以下，如漢魏叢書、唐宋叢書、津逮秘書皆博取可觀，然蕪雜重疊，予皆患其不能畫一得要。近如知不足齋叢書，所取亦多遺書，可資聞見，而瑣細者不少。平津館叢書、張氏叢書中有鈔硎考訂益於世者，而未能備也。龍氏叢書、藝海珠塵諸編意在表章令人。予欲合而一之，去其複，擇其最有用者，力不能也。

類書之輯，以後來者為上，如虞初志、白孔六帖、北堂書鈔、天中記、萬花谷諸編，今書林已少矣，然間有得者，亦如古物，所當珍也。

三通舊列之史部，予列之類部，要皆經世大著作也，與他專供詩文用者不同。本朝子史精華、淵鑒類涵取擇最精，自有淵鑒，唐之類函可廢矣。

字韻，小學也。字典、韻府二書卻是終身所考閱。

世之不壞，賴有理存，理之不亡，賴有書籍存。書籍之存凡其所言於人皆有所裨，要以理為主，非理害道之書，不觀可也。昌黎論佛氏云「人其人，火其書」，此最有關於世教之言，勿以為過。

昔人有氾濫於釋、老者，以為不觀其書則不知其非，予不以為然。吾儒之書汗牛充棟，終身讀之不盡，何暇旁及？如釋、老，前人闢之已悉，豈必以有用之日月為無益之博濫？且其書本竊吾儒，而多近似之言，又為求勝之說，惑人甚易，理稍不明，反慮隳入其中。釋、老固宜絕，神仙怪異、淫媟戲玩之語尤不足道，朱子文集言釋、老亦如此。

立言最難，不究群經，終無以澈其理，不讀全史終無以既其實，不觀諸子百家，終無以盡其變。

著、述二字不同。著，自著也；述，述古人也，凡編葺者皆述也。二者皆須有得於己，有益於人，其言為世所不可少之言，其書方為世所不可少之書。然聖人自謂述而不作，則後世雖有自著，亦因前人，皆等於述而已矣。

著述不可盡信，此亦猶其人雖存，不可以言取也。然言固可偽，君子觀人於微，彼終不免自發其覆。言即能自掩，生平事敗露者亦多，一生即彌縫甚固，一行敗，君子不齒矣。錢牧齋、王盟津輩名高一時，著述傳於世者亦多，何貴焉？

作偽書，造偽言，壞亂經典，誣謗先聖、先賢，此奸人之尤，其心皆不可問。

竹書紀年載大戊殺伊尹，括地志載舜囚堯，此等語不知何自而起，後人之遭誣者不足怪矣。

孟子曰「好事者為之」，又曰「齊東野人之語」，此足為千古造誣者之斷。然不盡此也，誣古人為己寬責，誣今人好稱人惡，亦恥獨為小人。人心難言，正非不可測度。

君子不可有非人之心，然世間固有不可化之人。子言下愚不移，下愚非盡獸者，程子以孟子所言自暴自棄之人即下愚是也。近人或謂荀子言性惡為疾世之為惡者多，是憤詞，此不足以救荀子立言之害道，而人氣質太駁雜者性之善固不能勝也，況又有俗染乎？

論文是非不明，猶論人也。人論理之是非，文章明道亦然。理明者文自精，道高者文之魄力亦大。今人論文多曰漢唐八家，不知孔孟後道至宋五子而明，文亦然。予嘗謂論語之文，無論長短，大學、中庸不能也。大學、中庸，漢唐人不能也。以短者論，「君子不器」，四字耳，下一「器」字，其精且深非人所能矣。「不曰如之何」章兩語耳，連下三「如之何」，不別加一字，文何等空靈？意何等深遠？非聖人能之乎？「辭達而已矣」，下一「達」字為修辭之准，任漢唐以下諸子論文，百千萬語不能過也。又如「堯曰」章敘唐虞三代相傳，文自宜稍長，而言得要領，詞有繁簡，體寓變化，收結非有意為文，自至文也。又如後子張章，五美四惡，以問答自為總起，下自分兩截，而五美又作兩問，下復作一問而連答，答於中間兩條，又作變調，此皆自然之文也。

大學如聖經一章，綱領條目起結分明，人所不能處又在敘綱領。於「知」一層，即帶「止」字抽出提起說。敘條目，首句即跟綱領，照前領後倒起說，起不曰「平天下」而曰「明明德於天下」，即此一語豈易造得到？「致知」變文曰「在格物」，下復順勢覆說一遍，一例用「而後」字以醒上「先」字，結到「修身」，猶三綱領之結歸「明德」也。而前結帶起先「後」字，「後」結又歸前結「本」字，此孰非天造地設乎？末又跟本，本反結四語似不關聚訟，然必有此則意益明，文亦掉撥綽，饒餘致。故予向又謂近儒有云「知止」兩節合後聽訟章為「致知格物」傳者，不惟不明道學功夫本末次序，亦不解文理。

傳十章文理接續，血脈貫通，非朱子不能見，又須知各章自有變化。

大學平天下章，中庸哀公問政章皆整齊中寓變化，千古長篇，極大文字。合大學一書為一篇，合中庸三十三章為一篇，又千古極大文字。程子合論語、孟子為四書，千古極大著述，朱子集註亦千古極大著述。其中亦自為文字，絕大識力，人不知也。

予以大學之至善即中庸至善，中庸即論語之仁字。中庸、大學書出一手，論語、孟子傳本一脈，讀朱子註自見得。故以四書制義為科舉首場，制義守朱子集註皆不可易也。但制義命題宜革，割截朱子，間有悞處當分別觀之，反復參證以求其是。後人橫議能免庸妄之罪乎？請以此俟同心之論。

朱子大學、中庸序，詩文集中為上乘，極似漢文，然漢人說理不能也。周子太極圖說、張子西銘、程易傳，此等篇微論其理，起結接轉，筆力之簡潔高健，直謂六經後未有之文字可也。

理有定，氣數皆無定，微論揚雄太玄，焦、京卦氣，關朗洞極，温公潛虛，即邵子皇極經世皆不免勉強安排。壬奇之說雖大儒多講之，又不足憑也，但係儒家之說，亦當通其義耳。

范文正公嚴先生祠記已開八股之體，然在集中亦極有筆力，而佳者如朱潛溪鄧弼傳，絕得史公寫生處，皆集中名篇。大抵選本所登皆擇其勝，固當先讀，然後以次覽其全。

近人喜讀放翁，朱子於放翁早疑其為人。讀其集畢，意味淺短，詩猶多勝於文。

明人及本朝名家以制義傳者，其古文不能過也，如黄陶菴「人而無信」章文「一行敗而百行盡屬可疑，片言虛而千言皆為偽說」諸語真經義也。如金文毅「德行」節文一講起語，中比起句、對句下全作翻空議論，此皆何等筆力？李安溪不喜此等文，以為亂世之音。然非真有氣骨之人，真講古文人能為是乎？故予欲合古人、今人而理之，又欲合道學、記誦、文章、古文、時文而一之，世或有韙予言者，顧未敢必也。

天下事變無常，惟守理為無失。理惟一是，守其是者自處待人終身以之，一任翻覆，並無懊惱。

欲天下皆如己，不能也。欲天下皆順己，亦不能也。不惟不順，違者且多矣。然吾守其是，同志同德在之者當亦不少。

名者人之所忌，亦天之所忌。天何忌人之名？此亦日中則昃，月盈則虧之理也。然君平不好名，不求名，正不必避名。好名，求名，私也，避名亦私也。君子惟有謙己而已，謙己但益修德。

孔子、孟子直以鄉原為德之賊，蕭夫子集地震答問似以鄉原為善人，非。

蒲城張生純少即不應試，作八比文，旋棄之，志聖賢之學，以程朱為主，與予同。家貧，借典親友衣，為資奔走，重趼謁予。予閱人多，惟生於此道為近正而深，然未免鑿且執，見前人語一不合己意即棄其書不觀，聞有講學者輒訪之，顧多齟齬。予語之曰：「此即君學之未至也，意見未融，氣氛亦未化。且問講聖賢之學何必棄科舉之學？孔孟道理不由科舉入者，見之終不能精細。」生最惡講良知，最喜讀大學。予曰：「良知不悞，陽明講良知偏重前截輕後截耳。大學聖經一章，其學之全功即足以正之。」因問：「『在明明德』註云『學者當因其所發而遂明之』，此一語一層乎？兩層乎？」生嘿然。語之曰：「『所發』即良知也，『因之』則舉念皆明，『遂明之』則無時不明，後條目具在其中。」又曰：「明德或言心，或言性，聖人何以必言明德？註云『人之所得乎天』，如此講方切德字。」生曰：「註虛靈是氣不昧，方是明德，具眾理應萬事是明德之能。」予曰：「虛者，理含於氣也。陳北溪曰：『理與氣合，所以虛靈，惟虛故具眾理，惟靈故應萬事，惟虛靈故不昧，合下體用皆得。』註三語方盡『明德』二字。又曰『在新民』，不是泛言百姓，家國天下之人皆是也。又曰『止至善』，止於是而不遷，亦兩意。至善與論語『仁』字及『中庸』字一也。註解『至善』云『必盡夫天理之極而無一毫人欲之私』，講『仁』字云『當理而無私心』，講『中庸』云『非義精仁熟而無一毫人欲之私者不能及』，是豈有二乎？」又曰：「或言『知止』節兼行說，是亦講良知者語，行自在能，得一能字中帶起，後文自兩層事。」又曰：「致知在格物，物兼精粗內外，非吾心之私，所謂在者，隨事精察也。下言而后者，貫通侯也。」又曰：「作經文宜照傳文，但不可占實，此皆非。」應科舉為制義，恐不能如此體會。與生一日吾生平講學之要且見，故備記之，生年少，詳思予言，所造當未可量。

邠州王天如前輩為二曲門人，著四書心解，講良知以知該行。其鄉人求予序，予不能阿曲。友人路閏生亦為序，原之曰：「明、誠一也。世言認真即誠字，真即誠，認即知，固非有二。」門人楊生秀芝以問予，予曰：「認真即誠，予亦有此語。此言知行合一為較得，然言認真必加辦事二字方實該得行。宋儒亦言知之方能行之，行之不到仍是知之不至。顧不曰知行並進乎？聖人誠而明，明即在誠中，賢人由明而誠，明誠自兩事，至於誠，知行亦合一。要過一事，豈得曰吾已明，竟坐廢其事不理？擇善必曰『固執』，學問思辨必曰『篤行』。子言學必言守，顔淵博文約禮並重，孟子養氣之功尤多，於知言氣，此為兩層事，並非純任自然，皆不待辨而明者。即二曲言孩提之童無不知愛其親，及其長也，無不知敬其兄，固以知見行，然自孩提稍長，事不成，既知之，則愛之敬之，孩提稍長便合聖賢耶？抑猶待講說擴充也？」張生純於此似能見之。他日以語石生全潤，石生曰：「『知及之，仁不能守之，雖得之，必失之。』此數語尤分明。」

二曲標悔過自新，張生純見之，以為學不止此，便棄其他不觀。吾以為此又生不思之過也。古人講真學，每各就其心所見、性所近自標宗旨。二曲偏講良知，不愧躬行實踐者，正在悔過自新。涇野生平自勵亦然。聖人屢言改過，不重章，以此終正重之也。而二曲於「過」上先加一「悔」字，又其所以誤於良知處。陽明啟悟渭南南氏蓋以此良知之說，所以能動人也。吾為進之曰：豈無悔過而不改過之人乎？子曰：「吾未見能見其過而内自訟者。」訟便進於悔。故朱子曰：「悔悟深切，然亦必改之方見其悔。」曰「自新」則悔字得矣。

言寡尤，行寡悔，可見全無尤悔之難。然君子之言行免悔可也，並非為免尤也，寡尤亦其驗耳。

吾為鄉人言事處事，人多信之，兇暴亦或化之，為講聖諭，婦女有聽者，然亦有忌之厭之且陰排之者，吾能奈何？待之以道，感之以誠而已。

吾生平之過多在濟人、化人一邊，此無可悔而時見尤。張生純曰：「君子常失於厚。」吾不敢言君子，而過厚亦自知之。既老，韜晦自省，寡行亦寡言、寡交接，自寡尤悔固其時也，筆墨亦止此矣。

書此次夕，夢作一聯云：「跟斗雲直通天地，隨車雨應澤古今。」醒，疑為不祥，以語兩兒。來南解之曰：「首聯似言心無所不至，次聯似言有及於人。」吾終不能自解，俟驗於後而已。又自跋。

閒居鏡語

閒居鏡語

學者須知四不愧：不愧天地，不愧父母，不愧聖賢，不愧吾心。惟不愧吾心便皆可以不愧，然學者多愧心之事，往往自謂不愧，是喪其心者也。

世間只有一理二氣，分而為天地人物四者。就人言則有人我，就我言則有身心。人我兼盡，身心交修，才可為人，不然則上負地，下不如物矣。

天下無不可為聖賢之人，只患未有倡之者。

世間佳子弟亦為俗學汩沒大半。

世學不講，一言聖賢之學輒共嗤之，是非薄人，實自薄也。能不自薄，亦勿恤人之薄己，天下事何不可為？

學者不可有上人之心。然孟子言恥不若人，何也？上人是爭勝私心，恥不若人是策己至意；上人是為名，恥不若人是為實。上人之心不可有，恥不若人之心不可無。

今人言学每曰「功名」，不知于「功名」二字已誤認矣。靳裁之分道德、功名、富貴為三，其實功名、道德一也。道德者隱居之所求也，功名者行義之所達也。道德初不藉於功名，而功名亦足彰其道德，惟富貴非學者之所可言也。今人所謂功名乃富貴而已，二曲言之甚詳。

「仁者先難而後獲」，獲謂得效，只當急急求仁，若云何時，或仁即是計效。今人讀書，以功名為效，悞矣，由其讀書之心原不為求仁耳。

古今雖言天地，然地實對不過天，故分言之曰天地，專言之則言天即該地。是土不過五行之一耳，豈惟地？人、物，吾向一視之，物之身即我之身也，我之身即天地之身也。觀吾身之理須觀天地之理，方見得濶，又須將天、地、物之理一一驗入吾之身，一一返入吾之心方見得切。

天地之理一陰陽盡之，陰陽之道一動靜盡之，動靜之理一屈伸往來盡之。

陰陽，氣也，陰陽之所以行者，理也。有理方有氣，然才說氣便不離理。說理亦不離氣，無氣則理何以見耶？故曰「一陰一陽之謂道」。

理氣猶可說先後，到動靜便說不得先後，蓋既自無而之有，便已動靜悉具矣。故無論動靜，此氣總無息時，此理亦總無滅時。

朱子小學題辭曰「元、亨、利、貞，天道之常；仁、義、禮、智，人性之綱」，首釋論語「學」字云「學之為言效也。人性皆善而覺有先後，後覺者必效先覺之所為，乃可以明善而復其初也」，皆提出「性」字，最得學之本原。此旨自堯、舜、禹、湯、文、武、周公傳之孔子，至子思而愈著，至孟子而愈暢，至朱子而愈切。

復性之事不外立身、盡倫兩大端。立身、盡倫不過慎言、敏行兩大端。復性之功則曰知行並進，存省效致，而其要惟在主敬、存誠、行恕而已。持此數端讀聖賢之書，為聖賢之學，庶不患散而無統矣。

金谿、姚江講心學，何嘗不得要，但專言心便有異端寂守意。

人須是時時提醒此心，使神清而不昧，志悚而不懈，則一動一靜，一言一行，自無不有所檢攝。此在學者即謝氏「常惺惺」法也，在聖人即「文王之緝熙」也。

致知自是致吾之良知，然舍卻格物更無致知法，聖人自是說得切實。予嘗指眼前筆硯示學者曰：「此筆此硯其理俱在吾心，故專言良知，便未免落空。」

克己是為仁要著。前輩說聖人為顏淵言是殺賊工夫，為仲弓言是防賊工夫，而欲最易犯，自是殺賊時為多。

克己不獨于一心克，正多從一身應接處克，故朱子謂己身之私欲也但見於身者皆生於心耳。

古人言「屋漏」，言「神格」，言「鬼瞰」，亦皆落下一層，儆人惟只曰「毋自欺」，曰「慎獨」，便自儆切，所謂不愧吾心者也。慎微者宜於衾影，驗心者端在夢寐。

原憲言「克伐怨欲不行」，此亦煞用過力。四者皆私欲，則凡聲色貨利皆該，獨居末者。常人自是犯欲處多，君子自是犯上三般處多。

「克」即欲上人之心，「伐」即顏子之所謂伐，「怨」即夫子稱顏淵之所謂「怒」，怨未有不怒者也。有克、伐之心便只見得己是，有怨之心便只見得人非，故予言克己，亦多於逆境克。

顏子之「犯而不校」與「不遷怒」固是一般工夫，聖人稱顏子與曾子之所稱皆在此處，可見怨怒最難除。

人有克己而不能復禮者，正坐於心上克，故聖人更言復禮。下文「四勿」便併作一事，此予所謂當從一身應接處克也，大學以學修盡明德工夫正此意也。知顏子「四勿」與原憲之所謂「克伐怨欲」則所謂己者盡得之矣。

視聽言動盡吾身之事，獨處時尚有檢點，況在倫物間乎？

修身須先慎度，予最愛呂滎公理會氣象之說，聖人言自修全功先以不重為戒，正此意也。

言行一事，行可以該言，言亦可以該行。溫公語劉元城可以終身之者曰「當自不妄語始」，此即夫子告子貢「先行其言」之意。

自詩書至孔孟及程子四箴言，慎言之道盡矣。予尤愛易「吉人之辭寡」一語，人不知慎言，獨奈何不為吉人乎？

為人作文有不實處，亦是妄語，當戒之。

自致知而後，誠意、正心、修身、齊家、治國、平天下一行字可以該之，即言亦在裏面，且亦俱不出立身盡倫之外。

誠意雖在正心之先，其實意亦是心裏事。誠意為正心也，心有動靜，有意以後則俱是動矣，故只說身心便了。

程子云：「涵養須用敬，進學在致知。」知無盡，行亦無盡，其言「涵養」該得「省察」二字，此二端皆行之事，亦貫徹終始。

大學言本末即體用，心之體用為動靜，身之體用為明德、新民。

中庸擇善功夫多，言行只一篤字。篤即敬，即誠。

子思開口言性、道即說出存養省察功夫。以後說，向遠說，入微妙神化，皆從此做去。

微妙神化實際處不外達道，仍是盡倫而已。

盡倫以孝弟為先，故有子曰「孝弟為行仁之本」。然孝弟說到極處，至於明天察地，德福兼隆，如文王，如虞舜，曷嘗不盡得仁。

事親之道，愛也，敬也，誠也，三者盡之矣。

孝順，德也。順親之心、順親於道，皆順也。故孟子言底豫，則順親可該得親，然非先得親之心亦無由順親也。

事親使親有一毫不悅處，便是己意不盡處。

世間有溺愛子之父母，無論子之是非，只見得好。此不可言悅親，父母信得，他人未必信得也。故夫子稱閔子曰：「人不間於其父母昆弟之言。」

子夏言「事父母能竭其力」，竭力字好，力不竭，空言盡心不得也，此方是誠之實際。

天下無不是的父母，何為有爭子？父母在，子未有不是處，若得罪於人，皆子之罪也，故幾諫為難。

不弟而言孝不得也。「孝弟」二字相連，直是分開不得，兄弟皆當盡道，畢竟在弟者多，故古人言弟處多於友。

兄弟不和多是由妻子起見，不知兄弟是父母所生，子是己生，妻自外來，胡可比也？

為妻子因爭有無，不知有無皆身外之事。兄弟是同乳之親，且有者或至無，無者可復有，兄弟一世而已。蘇瓊曰：「假令得田地失兄弟心如何？」細思之。

張子解「式好無猶」曰：「猶似也，言兄弟宜相好，不要相學。」此解亦出人意表。兄弟原難一般，不知道者不足責矣，必有一人知道者，不可不自盡也。或兄弟多，更不可不盡心調停於其間。

夫婦之間有不盡道處，多由褻狎。古人相敬如賓，匡衡說關雎詩曰：「情欲之感無介乎容儀，燕私之意不形乎動靜。」此為得其本矣。

婦人多不知道，此須善教之，默化之，其要總以嚴為主，嚴即敬也，易所謂「有孚威如」是也。

家之分異多由婦人爭長競短，嫌隙日積，久之私匿盜竊，事漸以壞，勢不可反矣。此當于未離心時早定規矩，又須主家者公而無私，乃可長久。或小有異議則張公藝有云「忍之而已」。若前人已壞之緒，宜用力整頓，整頓無法，不得已而析箸，在知道者仍以一家一體視之耳。

嫡妾之間最難處，然所以難處者亦由中多私而威不孚也。

有子不可娶妾，有子而娶妾是好色也，是自使家多故也。

有子亦不當娶後妻，尹吉甫可以為戒，曾子可以為法。

事君無他道，一忠字盡之，愛君、敬君皆當以忠，忠亦誠之謂也。有一毫不盡心，一毫不盡職，即不可言忠。吾見邸報中朝廷每責臣下作事糊籠，不實心辦理，此最責得切當。凡後世人臣誤國，皆坐此弊。

不忠皆由計身家，子夏所以言致其身也，非徒臨患難時如此。

呂滎公當官三事曰清、勤、慎，清即六計之廉，大僚小吏皆以此為本；勤則職不隳；慎則事不誤。予嘗謂又當持之以儉，而歸之於患，然後有以相濟。

不勤勢必多延幕僚，則祿俸無以償幕僚矣。不儉勢必多侈浮費，則祿俸無以供浮費矣。大僚以利責下吏，下吏以利取百姓，不為聚斂之臣亦為盜臣，作事又安得不糊籠？此皆由於不忠也。

作官莫艱於為宰，以事煩而上官又多牽制也。持此五者兼不愛官而要不自失禮，夫何畏乎？

作大寮又須公、須明，公明則處下吏得宜，然所以不公不明者由利欲蔽之也。

宦于外者眷屬多，廝役多，亦是大患。為公則不能恤私，至為廝役者又豈有一人不為蠹者耶？胥吏最宜防，今之為官者不如胥吏之例清，何以防之？此又在清、勤、慎三者。

京官講聲氣亦非為官之道。薛文清為都諫，三楊求一見不可，如人人相往來，設有過又誰肯彈劾乎？

朝廷待士之禄原自不薄，譬如教官不过下士耳，俸至五六十两，尚不足餍八口耶？不足者事事侈於古也。

豈惟為官，閭閻之奢侈不啻百倍於昔，民貧有由，勢將焉極？上之人以身倡之，以例嚴禁之，當有以自返矣。

五倫盡天下之人。凡所接者皆是朋友，但有厚薄耳，不相接者無所行吾道也。

後世朋友之倫廢，其病正在於濫，濫則無真交，故易離也。

朋友之情易隔，隔則浮，一信字盡之。朋友之情易狎，狎則弛，一敬字盡之。

舜明庶物，察人倫，即庶物亦是人倫中事。

明物察倫是盡心知性大綱，考古證今是明物察倫功夫，而學問思辨則其中功夫之詳密處，要皆反諸吾之身心耳。

除獨處便是接物，天下無一物不在倫理中，此亦多於不如意處求自盡。

為學須破貧富順逆念頭，貧富之念不破即不可言學，順逆之意不破亦難與為學。

天下無難處之事，亦無不順之事，知逆者皆順，是故難處者亦易。

凡人處逆時每曰「我何獨遭此」，不知我不處逆誰當處逆者。逆境正須能處者處之，聖賢本領皆從逆處磨鍊。

天斷無獨苦一人之事，人自見得己苦耳，即使己之苦世皆難堪，然身極苦道總無苦時也。

西銘「富貴福澤將厚吾之生也，貧賤憂戚庸玉汝于成也」即孟子「降大任」章意，此理誠有之，然皆落下一層。為豪傑勉勵，若孔、顏之樂自不見得貧賤困苦。

五倫之間皆有逆事，但在己只可說道不盡，不可說逆見。為橫逆者皆尋常之人，無端而加於我者耳，感之而終不化，故孟子以為妄人，以為禽獸，不與校也。

凡私欲之生皆是氣質用事，氣量之小亦為私欲狹小。

養量須是平氣，平氣須是觀理。

人之氣不平者皆見得他人有不是處耳，不知聖賢道理只有自責，更無責人處也。常取孟子「愛人不親」章及後「三自反」之説以自省，則無不可平之氣。

凡人須事事受得虧，其實受虧終不虧己，何也？人虧人，天不虧人也。然君子亦豈計天之虧己與否哉？逆在人者不敢校，逆在天者豈敢爭？

處逆境、逆事者當自寬，處順境、順事者當自惕。

凡情之可平者自是事無關要，有可以理遣之處，若利害在君親，或在民社，不得以此藉口。

學者終日在過之中，惟勤自修，愈見得過多。一念之非，一言之悞，一行之僭，皆過也，故聖賢屢言改過。念或有已知之而猶見於身，非過也，惡也，故身過少，念過多，日日改之則過自消。譬如作文，疵者去則留者盡美矣。

今人動云畏人笑，此有兩説，不畏人笑必為小人，畏人笑亦恐不能為君子，只看笑者何如。君子之笑可畏，小人、衆人之笑豈可畏？君子有時笑之，是可畏，笑之非則亦不必畏矣。

李二曲亦有立名、爭名之意，觀其始著書求先河濱序，足明欲立名也。後言「文章華下有人」謂山史節介，「朝邑有人」謂復齋，所云「躬行實踐，世無其人」則自謂也，是明爭名矣。然于山史、復齋尚言之未盡，山史亦不止文章，復齋亦不止節介。

二曲論躬行實踐一段語似夫子「素隱」一章語，然夫子言惟聖者能之，卻不是自任，二曲實自任也。辨聖賢須於此。

復齋不如二曲之高才博學，然醇正精密當在二曲之上。

先河濱嘗言少時即思立名於天下，此亦才人之志。聖賢之學，立行可也，立名不可也，故曰行成而名立。

司馬溫公晝之所為，夜必焚香告天，是亦不必效，但事事反問之自心便得。

吾嘗見一什物，置之不端，或非其所便，與此心不合，可見此心一毫違他不得。

理之在心，本是自然，然行之卻須勉強，勉強久則自然矣。故孟子言「強恕而行」，正為始學者示下手法。思之，「強」

字煞是難，孔子告顔子以「四勿」，「勿」字亦尚是「强」。

朱子解「過則勿憚改」云：「不可畏難而苟安，學者惟畏難尚安最害事。」在今日説姑待明日便不可，寬此事曰當，嚴彼事亦不可。時不可令有閒，事不可令有缺，一有閑缺則苟且之心日滋矣。蓋始本以苟且之心有閑缺，既有閑缺遂益生苟且之心，以前此已慣也，譬如物已破壞便自不甚愛惜矣。時墨「戒慎乎其所不覩，恐懼乎其所不聞」二句，題中比有云君子以全心運之，又云君子以恒心貞之，吾最愛此二語，因此見時文亦有益於學。

持守最難，有一姑如此之心，他日便能作賊。某嘗思刻意勵行，「刻意」二字宜常存。物已破壞，固不成物，無論人已皆弗愛之。然衹此物也，更補之便為完物，若遽輕棄豈不可惜？學者宜痛自猛醒。一日為善即一日為君子，前此之失已既，强蹈人亦不復念矣。而亦須知一日不為君子，即一日為小人，故當及時勉學。

晉人言鬼神，言死，多附會假説。觀子路之問，夫子之答，知聖人斷不言此。

鬼神與死皆荒渺故易假，惟易假故聖人愈不言，只看自盡如何。

鬼神與死可以警愚頑，命可以安中人，名可以勵下士，若聖人、大賢惟求自盡其為人，不為聖人、大賢即非人。

讀書是考古事，抵窮理大半功夫。昔人謂須將聖賢言語一一皆作自己説，看此方是讀書法。

李二曲有四書反身録，凡書皆當如是讀。

朱子謂先讀大學，次讀論語、孟子，然後讀中庸。予謂當先讀朱子小學，次讀大學，次讀中庸，則功夫道理一一見得綱領條目，然後讀論語、孟子乃有法矣。

能見得大學功夫之密，自見得中庸道理之大。

讀論語則見道理之平淡，讀孟子則見道理之發皇，讀六經、諸史及群書皆以四子書觀之，道理俱不能欺我矣。

程子出大學、中庸，合論、孟為四書，此大有功于萬世處。

經、史、子、集，唐分四庫，此不可易者。然後世類書日多，以類書入子，非宜也，當別為一部。

經、史日日不可闕，子、集可分日讀之，讀之亦宜擇。

讀子、集當以周、程、张、朱及后来诸正学为先。

讀書隨讀隨向自己身心體驗，聖賢語言皆我程課。常讀常將自己身心考核，朝夕熟復即當叮嚀。

讀書為學，自古聖賢皆有要約。聖門言仁，言恕，孟子辨義，辨利，周子主靜，張子主誠，程子、朱子主敬，皆就切身可守處標出宗旨。推之則萬理皆該，行之則凡功皆備。

朱子白鹿洞條規即就諸書指出要語，其示學者切矣。予既列於初學典故之前，今又得書中要語二，曰「細行不矜，終累大德」，曰「永肩一心」，自守之，願與學者共守之。

由恕可以為仁，即可以為義。由敬可以立誠，即可以慎靜而制動。朱子敬齋一箴「勿貳以二，勿參以三」即誠也。敬自該得誠，今欲由程朱以學聖人，約之為一字之守當以敬為主。

科舉以經義，以問策，未始非古者詢事考言之意，但恐為之者不為其實，取之者不取其實耳。以是求之，參以薦剡，加以慎簡，則法得矣。然求得其人者，公明實難，上之人何以信之？

學者自當為用世之學，用世與不用世在天在人不可必，惟有為聖為賢由得己。聖賢之事業窮達一也，自古窮士貴於達官者多矣，勉之哉。

桐窗鏡語跋

道與天地相終始，而時有顯晦，以發明之待於人也。言不足道而強言者，道不足也。言足明道而不言者，道仍未足也。言足明道而襲前人之言，無補於一己之身心，自以為道足，猶未足也。吾師時齋先生著述甚富，無一不衷諸道。往採緝關中道脈一書，蓋明夫諸儒先爲關中道脈之所系，間又成桐窗鏡語一編，先生曰：「吾以自鏡云爾，豈敢昉儒先録以貽後人哉？」雖然，學患無心得，亦患不切己，於此見先生之所以自治焉。由先生之所以自治學者皆可得所以自治焉。先生即不敢自信任道，自謂明道，而道其誰歸？全潤從先生游，久沉滯試場，欲絕意功名，學先生專治身心之學，先生當不我棄也。讀此敬跋數語，即以當提撕矣。受業門人石生全潤百拜跋。

教家約言

教家約言

吾不仕，自治之外今惟有教家，然家者國與天下之本也，各自正其家即國治而天下平矣。古人云：「教家難於治國平天下。」吾教吾家，吾著吾教，或亦有酌取之者。

易於家人專著為卦，此亦可見治家一事為難。然此卦彖、爻、象傳於正家已說盡，時玩之講之，各反於己而行之則其要得矣。

治國平天下皆不外化之、處之，此即教養兩端也。但化之言教，卻自身始，處之言養亦尚有許多事，且凡以身先者皆是化，凡為民謀者皆是處，教養正未始不通，家亦然。

家政內外皆當有一人主之，主之自定屬長，或長者不可任則眾推其可者。既推之，凡事宜聽之矣。但非長而任家政，凡要事猶必稟於長者，或有不率則同家人責之，己或有私則家人亦可共易之。

教家須立條規，事事依而行之，行之久或有怠弛，當於每月朔望聚家人申明一番，或旁及古事之可為法戒者數條亦可。

士農工商四民缺一不可，然盛世嘗抑末作，則惟士農為貴耳。吾家先世為農，自吾父始入邑庠為士，今後耕讀當世守之。子弟才質可讀書者即命讀書，不可，稍識字解義理則使為農。如丁男多，賈事不得已為之亦可，但自耕讀中出人自無市井氣矣。

吾曾祖以來，鄉人稱其精於農，吾父母亦能道之，吾不及見也，然吾父吾兄於農，吾猶見之。但吾少為士人，不甚留心於農，今約所讀書，以合先訓，不可不敬誌也。

吾母嘗述祖訓云：「如吾鄉上地人五畝，則食用皆足。」因思古人百畝之田可養八口，以古尺計之，百畝只當得今二十五畝六分，是就不易之田言，尚不得人五畝。吾少時家口不過五六，有田三十畝，今口漸增至三倍餘，吾承母訓，勤苦節嗇，增田至百畝，計口與田恒如此數，故不致餓死。然當吾身累遇歉歲，其艱難窘迫亦有不堪言者，古人云「耕三餘一，耕九餘三」，此道又不可不細講矣。

同一田也，此收多而彼收寡，收多則人五畝可有餘，收少則人五畝尚不足，收之多少視所以為農者何如耳。孟子曰「農事不可緩」，又曰「糞多力勤為上農夫」，又曰「深耕易耨」，數語盡之矣。吾先訓大約如此，記之，體之。

牛馬，農家所恃。勤治圈則糞多，時字畜則孳息蕃肥而可用。吾鄉收麥競飛車最有害，駕轅以牛則免此矣，宜世守。

豐時預備歉時之儲，每歲所收麥谷豆不足儲一年不可輕糶，賤糶貴糴，出入之數亦不能副此，大足戒。

雞豚狗彘之畜，材木桑麻之樹，孟子皆說得周密，此亦吾家世講者，吾母於此尤留心。

凡園塲隙地可植材木，亦可植蔬菜，不時之需，有備亦即省費。

治生不過衣食，男耕女織，吾鄉之常。非耕不食，非織不衣，尤吾家之教。吾母生平賣布買棉，歲權其子母，以所餘布為衣，謂之翻紡，常衣亦自裁，不倩針工，後皆當效之。

冀缺之耕，敬姜之績，士雖貴不廢也。後世以此為美談，然亦徒習為美談，而鮮能法之者，可嘆哉。

開財之源，節財之流，此王道也，為上為下皆如此。上為下計之，人家即奈何不各自計？開財源在經畫有法，而為之以勤，節財流不過曰儉而已。勤儉二字亦成習語，然道未可易，吾向有說，不惟治家也，而於治家為尤要。

儉非嗇。孟子曰：「食之以時，用之以禮。」以禮則即儉矣，禮自有先王之禮與先儒所言，可參也。

古人之節儉者不必詳論，摘録吾邑韓苑洛屈西溪傳一事可以為法。傳曰：弘治壬子，西溪陞刑部廣西司員外郎。甲寅，朝邑韓邦奇侍父福建按察副使蓮峰先生入覲，駐通州邸，命邦奇訊公。時邦奇來自閩七千里，又蓮峰先生與公新結男女好。公留食，出生韭一品，湯粟數盂。邦奇飽食之。公曰：「子饑甚也？」邦奇曰：「尊公以古人自處，亦以古人待邦奇，不敢不飽也。」明日邦奇反命，蓮峰先生方與同覲者參政陳公奕。邦奇言：「陝西有人，屈秋官不愧門牆。」因言留食事。邦奇時年十七，陳公以手執碁，熟視邦奇，謂蓮峰先生曰：「此子顏子之志也，若他兒必嫌其簡矣。」此一事不惟西溪可法，苑洛亦可法，即陳公之為人亦可知也。西溪名直，字道伸，華陰人，蓮峰授經生，五泉妻屈安人之父。

少時閲涇野語録，言何粹夫居翰林六七年，惟衣一布袍，至今記之不忘。遊京師，每見京官多患窮，私謂使我為之，俸尚可有餘。觀屈、何事，知其必能勵清操作事業，況處家乎？

人所以自奉，不過衣服食用，其不堪聊生者，半由頹惰，半由奢靡。以奢靡久成風俗，不如此或畏人笑，且有以豪華為名流者。試看屈、韓、何皆何等人，則所以自奉者可知其道矣。

人有自奉儉約而厚於妻子者，亦大惑也。婦女豔妝，是謂誨淫，幼穉極欲必折後福，惟奉親長則不可不稱其心耳。

讀書者日日有教，自不待言。家人衆，教以治生，不教以盡道，亦將不可為家矣。

教家先要嚴内外之辨，中門之限，男不輕入，女不輕出。男教分一項事，女教分一項事。男教男主之，女教女主之，實當家長一人總之。

教家外尚嚴而内則以誠，家人上九曰「有孚威如，終吉」，吾頻言之。吾母亦嘗述吾曾祖衢天公教已者以教諸婦，曰：「入此門心不可一日散，心散則家敗矣。」意正同此。

欲卑幼盡道，須先尊長自盡道，尤在主家者一人自盡道，所謂「威如之吉」，反身之謂也。盡道不外齊家，傳慎舉動，公好惡二義，然盡道各在己，卻不可更相責望。

五倫之事，在家者半，在外者半。父子、夫婦在家者也，群臣、朋友在外者也，長幼，家與外皆有。孟子、易、中庸昆弟為長幼，正欲咸該耳。此五者皆當於家教之，但在家則盡道於家者為尤切。

家中中門外須別搆室為家長治事之處，置一簿記家中所有什物，置一簿記日用出入。又於此擇置書籍，小學、四書、九經、史、鑑外如溫公家範，文公家禮，陳榕門養正遺規之類，皆當有之，暇時便宜觀玩，以為教資。即凡子弟在家者，暇時觀書求教亦於此。

家中授事須平，分物須均，此全在家長，然在家人卻不可覓隙懷望。

教內外皆須因人因事為教，有小過亦各因人因事為責，惟朔望分內外坐，統教之，有大過，或內外主教者各公責之。

子弟一切奕博玩好之端皆不可涉，茶酒游燕之地皆不可往。予舊有天下宜裁之事五論，宜共玩之。

凡為士，為農，為商，教之只責以當盡之事，當守之道，勿責其效也。

教在士所讀書說已盡，即農商之事，書中亦無不有，固在時取而丁寧之。約要質言，則曰：存好心，行好事，說好話，斯不愧好人，不壞家風，天必報之以休祥，人亦予之以美名，如此而已。

家人卦彖詞曰「利女貞」，此抵止正家多半事，故獨言之。女貞三從四德盡之，然婦女未讀書尤須與時說古事，如內則、列女傳、女箴等篇，當常為講解，令略知大義，或使稍識字亦可。

婦德不外貞，其次則順，家人卦皆言之。言一謹字盡矣，容一端字盡矣，功則針黹外卻該中饋事，故女紅五飯之精皆婦教之要也。

卜家教全於婦女。予嘗謂入人家，見其靜肅，絕不聞內人聲息，此即有家規者，當各勉學之。

婦當常不離姑側，女當常不離母側。

吾鄉婦女游賽會，遠出觀優，此最惡風，切禁之勿效。朱氏家訓曰：「三姑六婆，淫盜之媒。」此亦最宜戒者。

俗云：「明教子，暗教妻。」婦人亦在其夫各自教之。

和氣致祥，乖氣致異，國家皆然，而家為甚，凡內外總宜以和忘彼我，置是非，斯和矣。

予有忍說，以張公藝書忍字為是。然曰忍是家教已不行，不得已保持之法也。張公藝居已九世，處之固宜。然畢竟和之原在於公，特人非聖賢，不能無偶失，此卻須忍，若懷小嫌恐漸積成大釁，不可也。

朱氏家訓曰：「黎明即起，掃庭除院，要內外整潔。既昏便息，關鎖門戶，宜親自檢點。」此亦最要者，故首言之。起時卑幼尤宜先起灑掃，男之卑幼者司外，婦之卑幼者司內。昏息則卑幼後息，亦非即寢也。夏時無事，昏可即寢，春秋以二鼓畢為度，冬以三鼓畢為度。門戶之關鎖當男之卑幼一人常司之，無專司恐有躭悞也，然餘人亦宜各經心。

食宜同案，男從男長，女從女長，但尊長食必別品，餘則同。

男夜讀可兩人共一燈，女夜績可於尊長處共一燈，有針線之事偶自一可耳。

家中饋贈燕享皆宜如分裁省，不惟減費，亦少事。世間人日勞勞，總多為冗雜所役，無為也。

吾鄉處濱渭，治宅基宜高固，室則以卑為主，此前輩傳教。禹卑宮室是美德，蕭何治宮室，曰：「後世賢師吾儉，不賢毋為勢家所奪。」吾父取以名堂本此，記之。

器物不必悉具，必用者置之，取其質而潔，此亦朱氏家訓所云。

處富貴之家有道，處貧賤之家亦有道，富貴不必求，貧賤宜自安，守道以聽其所遇可也。諄諄丁寧，道皆不外勤儉二字。吾父取一儉字，謂勤未有不儉，儉未有不勤者。吾又思得保家之道曰謙，此一字約言之，儉亦可該，所謂儉德之共也。

富貴而知好禮則不驕不淫，貧賤而知好禮則志不懾，勤也，儉也，謙也，禮而已矣。

吾家舊貧賤，世安之。吾生平尤持廉介二字，此非儉豈能？故非分一毫不取，亦無負欠於人，稍能自立，且精立家以此。

凡尋常所用，皆不可賒貸，賒貸則用之易，便至奢侈，無由償，積久則窮蹙不可為矣。

富不可極，極則須散，貴不可極，極須退，貴時又萬不可一有富家之念。

得罪鄉黨多事縣庭，最處家者所宜戒。吾於村社凡事未嘗敢先公分未嘗敢後，非關骨肉大不得已，未嘗有一字入官，而於國課未嘗不先完，特有益一鄉益一縣事能為者未嘗不思為之，亦未嘗肯依同詭隨也。

韓苑洛在家，縣官道經南陽洪，聞鑼鳴即起立，候其過。此一事最足法，富貴如此，貧賤可知，於官如此，於里可知，暗中如此，顯見可知。

左傳士有隸子弟，服虔云：「士無家臣，即以子弟為隸役。」子曰：「惟女子與小人為難養也。」吾家向未宦，今後即有宦者，雖由士以上，在家亦不可用婢僕。此等最生事，不得以富貴恤體統，且古人不廢藉口，當有創家難，保家亦難，保家者但常思創家者之難，常守創家者之法則無難矣。儀禮注：「大功以下可異財。」此亦不必拘，古人累世同爨者多矣。即吾里安仁鎮王氏今十一世，家二百餘口，猶同居。即有異心異議，須更振之救之，救之不可尚不如各早自謀之為得。世有委曲隱諱至家敗不可復為者，足鑑也。

吾兄弟分爨，吾勸之不得，至哀痛成心疾。所信者吾與弟少分以讓伯兄，田宅之糧皆自占其實，以空讓兄，什物毫不自取。既分後，粗自立即皆為伯兄謀，伯兄死之先猶嘗曰：「吾終身賴弟也。」然伯兄向復欲闔家，吾不可，以家人之心難既合而復分，嫌隙愈甚，所見甚多。田氏兄弟亦古今所僅有，尚不如異爨互相體恤也。總之，行道以實不以名，吾教家亦然，言至終曲，曲通慮以所已歷者告之，吾後人宜諒之，且可皆酌所以處之矣。

教家約言後序

家君侍家大母，不應春官試二十年矣。家居授徒，來南與弟來瀚日侍膝下，訓誨執勤，愧未能領萬一，近以教來南等之言著為書，名曰教家約言，前聞之視為無足異，今讀之無非聖賢格言也。猶記丙戌冬，家慈藥養，家君率來南等行士喪禮。戊子秋，同人將應省試，來南制未終，私以酒肴餞，實未嘗自飲酒食肉，家君知，杖責之。同人王信廷曰：「君為禮受責，雖可以此責為榮也。可次年服闋，踰月為來南、來瀚特設餐以成禮也。」於戲，此可知家君之教矣。豈徒托諸空言已哉，然亦可知是編所言之非空言矣。向家君又著四禮酌宜，未成，友朋多見，詢今數條，先見授徒餘筆中，他日全書脫稿，亦將續刻之，以質諸同好。男來南識。

授徒閒筆

授徒閒筆

學兼體用，今之士大夫諱言學，是諱言治也。

朝廷有六官，縣官有六房，天下之治統之矣。

縣皆治則天下治，縣官分朝廷之治者也。故古者謂天子亦曰縣官。

官治則民治，六官所以先吏部。

明之魚鱗圖，今亦無有，當仿其意，分志其地區畝數，各為簿，使民自存而縣存其總，時時察考之。

勸課法不行是上自憚勞耳，豈法之有弊耶？

教養一事皆司徒掌之，古法最得，而今統曰户部，蓋以人為主。

吏莫如廉，户莫如詳，禮莫如嚴，刑莫如簡，兵莫如慎，工莫如省。

教官，天下之本也。博士倚席不講，明倫堂為虛設矣。今學校外有書院，未免於贅，然既有之，自當於此益廣其教，今皆上官薦人，直以書院為不得已之人情，可歎也。

立教之地不復有教，毋論非所教也。

科舉用時文，人皆非之，予不以為然。用時文則人知講四子書，聖賢傳道之言有踰於四子書者乎？試觀自明以來，以時文傳者率皆不愧聖賢，其劣者不過數人而已。

今鄉、會試第一場四書文用三藝，第二場五經各一藝，第三場策五道，法皆善，但須絕弊竇，正文體，求實才耳。

策學自漢以來尚之，今人曰以不策為策，此最惡習。即策者亦多備料，則無實才矣，然填料者明眼自能辨之。

今時文之道不尊，吾欲以古文之法為時文，即欲由時文之道求古文，且欲以時文見考據，明道學，二三子各勉之。

許魯齋教人先讀小學書，未讀者亦使補讀之。吾年二十方補讀小學，後每歲自元旦至十五日，人皆鬧節，吾溫習小學書一過方起一歲功課，願諸生亦然。小學立教，明倫敬身，嘉言善行當與朱子白鹿洞書院條規及讀書法、敬齋箴時時參驗於身心。

文廟備考一書予因趙斗屏初刻，別訂者傳多本之。鈞台余氏新傳，予所撰也，今予又刊關中道脈一書。此二書皆當常置案頭，日讀他經書畢，便誦數頁，然後記典故一二條。

文廟備考與關中道脈書可迴圈看。

吾欲振興關學，故有關中道脈書之刻，然力小不勝，因蒙蔭堂關中文刻之舉並刻之，不能無望於吾鄉同志者之推輓矣。至天下自有人，又誰不如我乎？

朱子名臣言行録宜補續，為作官者珍玩，歷代循吏傳亦可輯。

仕而優則學，此一句可為言作官，更不必為讀書者箴。學而優則仕，此一句可為甘高蹈與徒榮鄉里者箴。

縣官結勢，豪士人趨衙署，此亦大惡習，猶之京官講聲氣也，戒之。

學者第一要能安貧，但不餓死便能作事業。即餓死，於道無虧亦自安也，為官者亦然。

不受餽遺為其非分，亦以養廉也。無故而餽遺，未有無故者，更須辨之。

或言作官者陋規不可裁，非也，但行之有方有漸耳。朝廷有官方，在曉之使其人各自勉而已。吾見今世一二大吏竟有能為此者，奈何不共慕而效也？

習俗奢侈，即生日一事可見。古無生日之說，今人於親壽有破產為之者，以此孝親，孝於何有？以此榮親，榮亦安在？無益親而徒勞費，舉世皆然，殊堪一嘆。

海剛峰母壽日買肉二斤，人皆傳之，當時以為笑，載在明史則欲以為萬世法也。

程子曰：「人無父母，生日當倍悲痛，更安忍置酒張樂以為樂，若具慶者可矣。」予謂具慶之日亦無為己壽不為親壽之理，直不如省一事，一家自娱為安。

「貧而樂，富而好禮。」每思此兩語，真非大賢不能，今世難其人矣。

樂宴，樂宴，直當解作宴飲，有事無事，世以此破產者亦多，其損何如。

世人多附熱，此最可恥且無益。我寒而彼熱，彼自冷視我耳，何如自勉為第一流人之為得。

袁子才真才子，名動天下，人爭附之，然輕薄殊甚，微論其人，即其著作亦多悖理傷教，他日必如李贄、屠隆之見攻於守道君子矣。

富者欲貴，貴者又慕名。袁之重一時，以慕名者多也。不知名與富貴之心皆欲心也，且亦當求其在我者耳。李二曲名重一時，至動聖主，此即不求富貴，何至患貧？然常日不舉火，知其不妄受也。

「知之明，守之定」二語當常勉之，知不明，何以為守？不能守，非知也。守不定，亦非守也。

守道先亦是強把持，把持之力不可稍有遊移，久則成自然矣。

朱子誠意傳註不可徒苟且以狥外，而為人自欺者有此三層：始之不慎而苟且，漸至狥外，狥外漸至為人，為人實專知有己，則遂無所不至矣。

為人作文或狥人情，亦非守道之君子事也。昌黎不免劉乂諛墓之譏，難矣哉。

予戒水菸，此似無關緊要，然所系實大。明知一人不能絕天下之弊，然心知其弊便不可不自我絕之，故雖尊客至，予亦不設。諸生有守其教者，亦有欺予違其教者，予於此即徵今日之學力，即蔔他日之造就。

毀天下寺觀，毀一切淫祀，予作兩議，見今日世俗此亦為害甚大，竊意前人屢為之，事後當復有同心。近聞河南某縣尹竟有為此者，莫謂當世無人也，他日當訪之。

凡事為之有機，予欲禁里中賭博，恐諸棍徒不可遽制，因渠輩以賭致鬬，幾成人命。兩存畏心，為明其曲直，各戒飭之，因立條規，永息此弊，未知後之何如也。

處鄉黨亦難，不要求稱好，卻不可得罪，守道弗移而以和接物斯得之矣。予於此久留意，今事無害於義者，聖人亦從俗至，其敝俗更之亦有漸，身陰倡之，言徐諭之，乘機立法，法立斯少戾矣。族黨中亦皆有條規，而猶未盡變其舊，且俟諸後。

張子曰：「學者終日舍禮義則無所猷。」為此即「禮不可斯須去身」之意。以禮義為猷為則，無時無地不有猷為矣。然夫子「義以為質，禮以行之，孫以出之，信以處之」四句尤說得盡，當常誦之。

「修道之謂教」，修謂品節，品節即禮，是中庸開口言性、道，亦便言禮。講禮尤是救衰世之法。

禮從宜，使從俗。宜者義也，從俗，俗之無害於義者也。次句承上，舊解使字非。

禮有先王所制，又有溫公通儀、朱子家禮及後諸大儒所訂，當參納行之，參酌之以義而已。

古禮有今不可行者，亦有昔人所制未盡當者，譬如器用亦隨時隨地改變，故禮書世有著述，惟明理義之至者，一心自有權衡。要其斷然不可易之端，萬世當因而不革，君子必不惑於流俗。

冠禮久廢，四禮之首先失，不可不補行。

想古者未冠之前即不冠，今兒童皆待以成人矣。

冠禮：「見父，父拜，見母，母拜。」予解經謂拜禮非拜子，然此今畢竟難行。近仁和吳廷華著儀禮章句，謂此拜只是手拜，其實禮言拜本謂跪拜，而此手拜之說今卻可從。

婚禮不稱主人，遠恥也。參酌禮文，祖在，祖主之。無祖有父，父主之。無父，伯叔兄弟主之。無伯叔兄弟，師友主之。師友可主則伯叔兄弟雖不同居亦可主也，但啟柬須詳明為某婚耳。

毛西河婚禮辨正引公羊有母主婚之說。據公羊，母命不通，實無主婚之文，毛氏悞也。然婚姻兩家皆無祖父、伯叔兄弟，母命亦未始不可通。

宋公使公孫壽來納幣，公、穀以為無母辭窮，似謂有母即可主婚者，其實非也，此春秋書法耳。宋公無父不待言，即有母，可曰宋公之母使來納幣乎？不稱使，直曰公孫壽來納幣，又似自納幣矣。竊謂使大夫來納幣即大夫主婚，猶天子使諸侯主婚，大夫以下使師友主婚也，但當稱主人之命而已。

天子諸侯繼體而立者，自無祖父即以旁支繼，有祖父不猶夫在下者稱尊也。他凡有祖父伯叔師長稱尊不待言，否則若弟若友雖稍卑亦可，是斷不得自主婚矣。

異居者有父，或又有伯叔祖、世父，亦不得主婚。今吾鄉概求親近而尊者主之亦可，但亦當書明為誰婚，乃無他虞。

納采、問名、納吉、納征，吾鄉只作兩次行之，合問名、納吉於納采，其實少問名、納吉兩次。問名欲得名而卜，古人本與納吉一日行之，得卜然後納吉。今禮柬簽式當書納采、納吉於其下，側各書男女，名雖行於一日，三禮皆不失矣。

問名卜吉，或問卜不吉當如何？朱子曰「便休」。顯然，至禮於其家，卜而不吉遂休，此女何以更與人乎？今皆先闇采詳審後行媒，女家許然後行納采禮，此亦變古而可遵者。

求婚而不許者多矣。納采後男家問名而卜，女家豈不問名而卜？古禮意在以女從男，故無女氏問名卜吉禮。然懿氏卜妻，敬仲非卜乎？今婚定行禮，男家有禮柬，女氏有答柬，故謂當各書男女名。

春秋納幣即古納征禮，今曰納聘，不如仍曰納征為得。

請期今不能廢，但不行古禮則褻矣。

親迎，六禮之終。據齊詩，俟著廢之已久，且多矣。此斷不可不行。坊記云：壻親迎，見於舅姑，舅姑承予以授壻，事之違也。以此坊民婦猶有不至者，奈之何？世竟蔑棄乎？

婚禮奠雁本以為贄，毛西河說是也。舊註以為取陽往陰來之義，或云取其貞亦有此意。古士贄用雉，取其介，婚禮本士禮，即庶人亦假士禮行之，用雁攝盛也，然豈有義不可而用之者？但無雁而書雁字為牌，殊無謂，不如以雞代之為妥。

「三月廟見」，鄭註謂無舅姑者。賈、服、熊諸人皆謂三月廟見然後成婦，然後成婚，故女未廟見而死，歸葬於女氏之黨，亦據左氏陳鍼子譏鄭忽先配後祖為說。毛西河極辨此義，謂婦至必先見舅姑，登堂交拜，舅姑率之以告祭，成婚。亦據鍼子所議為說，然反覆幾無定見，終不能駮「舅姑沒，三月廟見」之言。朱子謂鍼子所議是據春秋禮，似亦以鍼子意當先祖，為婦至當先祖也。予謂古禮自有深意，但此禮當自春秋已變矣。

舅姑均歿，然後待三月廟見，此亦思嗣親之意，而又重有傷焉，故不廟見不成婦，亦不成婚，死便不當遷祖祔皇姑，便宜歸葬女氏之黨。賈、服之言未可非也。儀禮「厥明，舅姑饗婦、贊醴，婦廟見，老醴，婦明醴之」，則成婦一事也。一三日、一三月，常變異也。然則舅姑在，三日成婚，是矣。據儀禮「交脫纓，設枕席」，似當夕成婚，然禮本於情，亦准於義，意聖人制此兩節，先示成婚之事實，必成婦乃成婚耳。

必三月廟見，一時祭期也，亦不必定九十日。當祭期，先行奠菜禮，舅姑若偏存，庾氏、崔氏一謂饗婦後猶有廟見，一謂更不廟見，予謂據遷祖之文，猶有廟見是也，見舅姑即見祖矣。

毛西河「婦至，交拜後，舅姑率之以告祭」，禮無明文，然據鍼子語，今婦至即拜祖亦可，但必舅姑率之拜祖，拜舅姑然後交拜，即無舅姑亦先拜主。蓋此古為舅姑見婦，明日為婦見舅姑，今俗禮想即自春秋以來已變者也。

曾子問：「壻有喪，致命女氏，女氏許諾而弗敢嫁。壻免喪，女之父母使人請壻，弗取而後嫁之。」孔氏、陳氏意皆以嫁為嫁他族，後儒辨之，皆謂嫁即嫁此壻，但自女言嫁，見壻之猶不肯取爾。予舊亦云然，但玩文義，終似不順。竊意古者七出之條甚嚴，喪經三年，安知此女無嫌？據孔疏，男請女，女不許，亦別娶，此亦以變者言，後世事皆有之，故曰弗取而後嫁，取自常也，弗取萬有一然之事也。

喪禮，禮之大者，其事亦甚繁，而近世尤無狀。吾居父喪方年少，便一一依家禮。往居兄喪亦然，及居妻喪亦然，然人或竟有議其于妻為過而問予者。予曰：「禮文甚詳，子不知妻服杖期，為妻之重者乎，且不知夫婦居五倫之中乎？晉梁龕明日當除妻服，今日宴客，劉隗奏免其官爵，衰世猶然，況先王時耶？」人言予固不恤，然亦有聞予喪妻而化之，凡遇喪守禮者。

灰隔，予於磚壙外為之，似亦可行。

嫂叔無服，自魏鄭公以後定服小功，任釣臺以為年相絕，或有恩者宜服大功，年相若者宜服緦，亦斟酌得宜，然又曰素服九月，則不必矣。

叔于嫂不可稱弟，然自稱不可曰叔。家禮嫂叔在義服之列，稱曰「義服」，弟自分明矣。

曲禮：「餕餘不祭，父不祭子，夫不祭妻。」朱子以為下二句承上言自妥，戴東溪、顧寧人皆謂下二句別言，不祭恐受者不安也。戴以為祭當各使其子，顧以為宜使人攝之。予謂古于妻子自有祭禮，如其說不自祭，猶不祭耳。予于妻喪自行一獻禮，揖而不跪，使兒輩終其祭，想古人禮，祭亦必變通，不失禮而又使心各得其安，但禮文今不盡詳也。即此推之，他可知，凡所以處之者皆可知矣。

圖書在版編目(CIP)數據

李元春集/［清］李元春著；王海成點校整理．—西安：西北大學出版社，2014.12

（關學文庫/劉學智，方光華主編）

ISBN 978-7-5604-3549-7

Ⅰ.①李… Ⅱ.①李…②王… Ⅲ.①李元春（1769～1854）—關學—文集 Ⅳ.①B249.9－53

中國版本圖書館 CIP 數據核字(2014)第 313472 號

出品人 徐 曄 馬 來
篆 刻 路毓賢
出版統籌 張 萍 何惠昂

李元春集 ［清］李元春 著 王海成 點校整理

審定專家 郭文鎬 責任編輯 陳 芳
裝幀設計 澤 海 版式統籌 劉 爭
出版發行 西北大學出版社
地 址 西安市太白北路 229 號 郵 編 710069
網 址 http://nwupress.nwu.edu.cn E－mail xdpress@nwu.edu.cn
電 話 029-88303593 88302590
經 銷 全國新華書店
印 裝 西安華新彩印有限責任公司
開 本 720 毫米×1020 毫米 1/16
印 張 55.75
字 數 865 千字
版 次 2015 年 1 月第 1 版 2015 年 1 月第 1 次印刷
書 號 ISBN 978-7-5604-3549-7
定 價 195.00 圓